北京乡村振兴研究报告

（2020）

张光连　主编

中国言实出版社

图书在版编目(CIP)数据

北京乡村振兴研究报告 . 2020 / 张光连主编 . -- 北京 : 中国言实出版社 , 2021.10
ISBN 978-7-5171-3838-9

Ⅰ . ①北… Ⅱ . ①张… Ⅲ . ①农村—社会主义建设—研究报告—北京— 2020 Ⅳ . ① F327.1

中国版本图书馆 CIP 数据核字（2021）第 189847 号

北京乡村振兴研究报告（2020）

出 版 人：王昕朋
责任编辑：张　朕
责任校对：赵　歌

出版发行：中国言实出版社
地　址：北京市朝阳区北苑路180号加利大厦5号楼105室
邮　编：100101
编辑部：北京市海淀区花园路6号院B座6层
邮　编：100088
电　话：64924853（总编室）　64924716（发行部）
网　址：www.zgyscbs.cn　E-mail：zgyscbs@263.net

经　销：新华书店
印　刷：北京九州迅驰传媒文化有限公司
版　次：2021年11月第1版　2021年11月第1次印刷
规　格：710毫米×1000毫米　1/16　44.25印张
字　数：1080千字

定　价：148.00元
书　号：ISBN 978-7-5171-3838-9

前言

北京市农村经济研究中心自1990年7月正式成立以来，始终围绕北京郊区农村改革与发展的一系列重大问题开展调查研究，不断取得新的研究成果。自2010年起，北京市农村经济研究中心开始公开出版年度研究报告，主要收录上一年度的重要研究成果。2010年出版的调研成果名为《北京城乡一体化发展的研究与思考2009》，2011年出版的调研成果名为《城与乡：在博弈中共享繁荣——北京市农村经济研究中心2010年研究报告》，2012年出版的调研成果名为《城乡统筹发展的改革思维——北京市农村经济研究中心2011年研究报告》，2013年出版的调研成果名为《城乡发展一体化：探索与创新——北京市农村经济研究中心2012年研究报告》。为了进一步规范年度调研成果的出版，提高调研成果质量和水平，自2014年起，我们将年度研究报告统一定名为《北京农村研究报告》，收录上一年度北京市农村经济研究中心完成的主要调查研究报告成果，并标明年度。

当前，我国已进入了全面实施乡村振兴战略的新时期，北京市农村经济研究中心作为农村研究智库，重点围绕推动具有首都特点乡村振兴开展调查研究，取得了一系列的研究成果。为适应全面实施乡村振兴战略的需要，自2021年起，我们将北京市农村经济研究中心年度出版的研究报告更名为《北京乡村振兴研究报告》。这本《北京乡村振兴研究报告（2020）》是北京市农研中心2020年完成的、可以公开发表的主要调查研究成果。全书共分5篇，第一篇为

“加快发展乡村产业”，第二篇为“培育壮大集体经济”，第三篇为“稳步推进乡村建设”，第四篇为“加强和改进乡村治理”，第五篇为“他山之石”。

希望本研究成果能为农村工作的决策者、实践者、研究者提供一些参考与启示。

由于水平有限，本研究成果难免存在一些不足之处，恳请读者批评指正。

编　者

2021年4月

目录

第二篇　培育壮大集体经济

第三篇　稳步推进乡村建设

第四篇　加强和改进乡村治理

第五篇　他山之石

第一篇

加快发展乡村产业

我市设施农业发展历程

一、设施农业在保障农产品有效供给中发挥的作用越来越大

北京市设施农业从 20 世纪 50 年代初开始探索起步，发展了 60 多年，对完善我市都市现代农业形态、保障农产品有效供给发挥了重要的作用，近两年设施农业对农业产值贡献率接近一半。有四组数据：即设施农业已占蔬菜用地面积的 60% 左右，播种面积占蔬菜播种面积的 85% 以上，设施农业蔬菜产量占本市上市量的 70% 左右，产值占农业（狭义农业）产值的 45% 左右。

2017 年、2018 年，我市农林牧渔业总产值分别为 308.3 亿元、296.8 亿元，其中农业产值（狭义农业）分别为 129.8 亿元、114.7 亿元，我市设施农业产值分别占当年农业产值（狭义农业）的 42%、45%（见表 1）。

分作物类别来看，蔬菜及食用菌是北京市设施农业的主要品种。设施蔬菜（以下蔬菜含食用菌）已经成为我市蔬菜种植的重要生产支柱。我市蔬菜产业从 1978 年发展至今，大致经历了两个阶段。

第一阶段（1978—2002 年）

具有劳动密集型特征，主要以传统露地种植为主（设施农业约占 20%），产量从 1978 年的 164.5 万吨增长到 2002 年的 545.6 万吨（2002 年为新中国成立以来北京蔬菜产量最高峰）。

第二阶段（2003 年至今）

以提高土地产出率为主要目标，具有技术、资本密集型特征。这一阶段中，在北京市城市化进程和农业结构调整步伐加快的背景下，蔬菜总产量下降较快，而设施蔬菜产量占比逐年显著增加。2003 年，设施蔬菜产量占全市蔬菜总产量比例为 29.26%，2018 年这一比例提高到 73.41%（见表 2、图 1）。可以看出，这一阶段，设施蔬菜种植逐渐超越了露地种植，成为我市蔬菜生产供给的主要方式。

二、北京市设施农业发展的三个阶段

北京市设施农业大致经历了三个发展阶段。市统计局从 1998 年起开始对设施农业情况进行统计，其间统计指标经历了多次变化，我市设施农业（1998 年至 2018 年）实际利

用占地面积、播种面积与收入情况见表 3、图 2。

阶段一：探索起步、点状发展（1950—1994 年）

该阶段为我市设施农业发展起步期，持续时间较长，该期间主要为农户自主建设阶段，后期政府开始介入温室技术推广，加大技术引进，国有或集体资本集中投资建设了一批科技示范型大型温室。这一时期具有点状零散发展、探索示范的特点。

1950 年，海淀完成了土地改革，海淀农民李墨林联合其余 6 户农民成立了互助组“李墨林温室生产合作社”，后来该合作社规模逐渐扩大，入户农户达到 300 多户，成立了“四季青公社”。四季青是北京市最早自建蔬菜温室的地区之一，早在 20 世纪 50 年代初期就开始实践温室种植蔬菜，因为一年四季可以种植蔬菜，故名“四季青”，当时温室种植能手李墨林经常被邀请至各地传授温室技术，在一定程度上推动了北京前期温室技术的探索起步。

到 20 世纪 70 年代，北京大型连栋温室开始起步。1972 年 12 月，北京市委同意由海淀区玉渊潭公社组成大型蔬菜温室筹建小组，标志着北京发展大型连栋蔬菜温室的探索起步。1977 年 3 月，坐落于玉渊潭公社的北京市第一栋自行设计施工的 $4hm^2$ 钢结构钢化玻璃大型蔬菜温室建成投产（玉渊潭公社投资）。1979 年 9 月，四季青公社从日本引进的 4 栋计 2.2 hm^2 现代化大型蔬菜温室建成投产（原农业部投资），该温室是北京也是我国第一座从国外引进的进口温室。玉渊潭、四季青温室的先后建成，引领了北京和全国大型温室的发展，第一次兴起了引进建设大型温室的高潮。1979—1987 年间，北京在全国率先引进屋脊形、拱圆形玻璃或硬塑连栋温室 10 套，所建温室主要用于土壤蔬菜栽培、蔬菜育苗、花卉栽培与苗木养殖等探索。

从效果上看，这些引进与自建的大型连栋温室存在明显的“水土不服”问题，由于冬春季节燃油燃煤的高能耗，计划经济的蔬菜低价格，温室生产无效益，导致引进建设的大型温室逐渐停用或改变用途。

阶段二：大力发展、集中建设（1995—2003 年）

该阶段为我市设施农业集中建设期，政策性资金带动社会资本发展设施农业的效果较为明显。

“九五”以后，北京同全国一样出现了农产品相对过剩，从 1997 年底开始，提出要主动避开大路货市场，抢占技术、市场制高点，发展有北京特色的“六种农业”（籽种农业、精品农业、创汇农业、观光农业、设施农业、加工农业）作为调整农业结构、推进农业现代化建设的突破口和发展重点。针对设施农业发展，制定了《关于扶持设施农业发展的意见》（京政农发〔1999〕007 号）、《关于大力发展六种农业的考核奖励意见》（京政农发〔1999〕011 号）等文件，同时以现代设施农业为载体，大力推进农业科技园区建设，从政策、资金、人才等方面给予支持，鼓励民营企业和农民兴办农业科技园区。1995 年，以色列赠送北京中以示范农场 1.24 hm^2 大型连栋薄膜温室建成投产，是北京农业科技园区建设起步的重要标志。截至 2002 年，全市共有农业科技园区 375 个（含国家级农业科技示范园区 1 个：北京小汤山现代农业科技示范园有限公司；国家科技部工厂化高效农业示范区 6 个：

顺义“三高”、通州宋庄、大兴长子营、房山韩村河、朝阳朝来农艺园、王四营示范区；市级农业科技园区25个），占地总面积达到23.5万亩，总投资达到42.3亿元，固定资产34.4亿元，年产值达38.4亿元，辐射带动农户9.4万户。

该阶段是我市设施农业发展的高峰期，根据《北京统计年鉴》有设施农业统计指标以来的数据，以设施农业实际利用占地面积数据为例，1998年至2003年，年均增长16%，最高峰为2002年和2003年，分别为35.2万亩、35.3万亩。6年间，温室年均增长17.57%、日光温室年均增长15.66%、大棚年均增长16.96%、中小棚年均增长11.04%、阳畦年均增长43.41%（见表4）。

该期间，由于市场经济的发展和政府在“六种农业”上的大力引导与扶持，北京的设施农业发展迅猛，有效保障了农产品数量供给（测算2002年，蔬菜自给率高峰时曾达到70%—90%），改善了产品品种周年均衡供应问题，极大地丰富了市民“菜篮子”品种，成为我市都市型现代农业的重要组成部分；同时，由于这个时期也是乡镇企业、工业大院蓬勃发展时期，为追求更快的发展、更高的利润，导致城市周边的一些大型现代温室被异化应用，比如朝来农艺园引进的荷兰大型温室被改建为“红太阳”生态餐厅（经营面积1.5 hm^2）等。

阶段三：持续发展，稳定运行（2004年至今）

相对于上阶段，我市设施农业发展更加趋于稳健和理性，总体发展是健康的，农民受益明显。但伴随着一二三产业快速融合发展，特别是鼓励开发设施农业的观光休闲功能，却又未设置发展的边界上限和保护耕地的红线，吸引了一批社会资本快速涌入农业园区建设中，造成设施农业从“纯生产型”向“生产+休闲型”快速转型发展，这期间也付出了“大棚房”这样的深刻教训。从统计数据来看，2004年是我市设施农业从集中建设爆发期转入稳定运行期的重要转折年，与上年相比，2004年设施农业的实际利用占地面积减少了近30%，之后一直保持相对稳定发展（2000—2003年这一时期的高利用率面积可能与统计口径变化、2003年非典等偶然因素影响有关）。

2006年市农委会同市发改委等8个部门印发了《关于发展设施农业的意见》，2008年市政府印发了《关于促进设施农业发展的意见》（京政发〔2008〕30号），规划了全市设施农业“两区两带多群落”的发展布局，明确了发展思路、基本原则和建设目标，通过五项工程支撑和八项扶持政策引导，加速推进我市设施农业又好又快发展。

2004年至2017年，我市设施农业实际利用占地面积基本稳定在22万—28万亩之间，这期间，由于受城市开发建设、重大工程占地、百万亩平原造林及农民设施地利用意向的调整等影响，设施农业面积减少近10万亩，同期因政策持续扶持引导新建新增，基本保证了设施农业实际利用占地面积大体稳定。总体来说，规模数量变动较小，但质量效益不断优化。其中设施结构和产业结构得到明显优化，其中温室面积占比从23%提高到54%，大棚面积占比从35%提高到40%，中小棚占比从42%减少到7%（见表5），出现了较多单体面积较大的温室大棚。设施农业区域化格局逐步形成，“两区两带”设施面积达到97.9%，已建成设施群落占比4.9%。效益稳步提高，设施农业收入逐年增长，2017年设施农业收入达到54.5亿元，比2004年增长93.3%，年均设施农业收入增长速度为7.5%。培育了一批新型农业经营主体，带动了有机绿色农业产业发展，如乐平西瓜、老宋瓜王、北菜园有机蔬菜、小汤山生态蔬菜、兴寿草莓等。2018年，我市设施农业发展虽受到了“大棚房”整治的影响，但总体效益仍在提升，2018年设施农业亩均效益实现2.5万元/亩，比上年提高2.2%。

三、主要结论

1. 继续发挥好设施农业在保障农产品有效供给中的重要作用。从历史和现实的实践经验来看，设施农业是我市都市现代农业，尤其是生产型农业的重要组成部分和现代化农业的主要实现形式，对于促进农业高效高质绿色发展，丰富城市“菜篮子”供应，保障农产品鲜食供给、持续增加农民收入、稳定农民就业、促进农业可持续发展和提高农产品质量安全水平具有不可替代的作用。

2. 稳健审慎推动大型智能温室工厂化生产模式。尊重现阶段北京市设施农业发展的资源禀赋规律，综合现阶段北京发展设施农业的主体、人才、投资、科技、用地等因素和条件，选择适宜北京农业生产、流通、技术服务条件的农业设施类型和发展方向。我市目前设施农业仍以塑料大棚、钢架温室为主，成本收益率保持在60%—80%之间，对农业来讲仍算是一个比较好的选择，建议今后的改造发展可适度提高单体占地面积、扩大生产空间。

而对于大型连栋智能温室的发展，我市在设施农业发展的第一、二阶段中，大部分从国外引进的大型连栋工厂化智能化温室均未坚持下来、走向辉煌，主要原因是不符合当时我们的市情农情（全国农产品大市场大流通、用能成本高企、技术国产化水平低、市民消费习惯等），最后只能以失败告终、退出发展，我们应汲取历史经验教训。综合我市大型智能温室工厂化发展现状来看，仍存在初期建设投资高（每平方米造价3000元左右），中期能源、技术、人才、折旧运营成本高，后期产品同质化、产销衔接不畅、营销费用高等因素导致的投资收益不匹配的问题，以目前的番茄生产为例，加上设备使用折旧和各项管理费用，企业的成本收益率为-23%左右。2016年以来，首农、供销社、宏福、极星等几家企业虽已投资建成十几公顷的智能温室，但现阶段这种高投入的大型智能温室工厂化生产模式仍没有形成可持续推广的商业利润模式，因此对该类温室的发展，建议主要还是以企业等社会资本投入为主，政府可在工厂化生产集成技术研发、专业化社会服务体系、技术培训、用能等环节做好产业扶持，助力其发展，鼓励其示范引领。

3. 加大对设施农业绿色扶持力度。当前设施农业发展的最大症结仍在于比较收益低，总体发展后劲不足。建议从促进设施农业绿色高质量发展角度，从土地、资金、人才、科技等要素渠道，从产业链延伸、区域品牌营销、社会化服务体系完善、绿色生产资料推广、配套技术研发等环节加大政策扶持力度。同时，也要尊重产业发展规律给设施农业发展留出合理的用地保障空间，包括配套必需的分拣、预冷、净菜加工等设施用地，也包括满足合理地促进培训、教育、科研及休闲功能等用地需求。

4. 着力规范农民合作社发展，提高农民组织化程度。目前，农民组织化程度低不仅成为提高设施农业利用效率的主要瓶颈，同时也成为提高设施农业扶持政策执行效率的重要障碍。建议进一步规范我市农民合作社发展，真正提高农民组织化程度，以缓解设施改造资金投入压力，提高新设施新技术采用度，拓宽市场渠道，减少设施农业扶持资金的漏出效益，综合提高设施农业的比较收益。

表 1　2017 年、2018 年设施农业产值占农业产值比例

	农林牧渔业总产值（亿元）	其中：农业	其中：设施农业	设施农业产值占农业产值比例（%）
2017 年	308.3	129.8	54.5	42.0
2018 年	296.8	114.7	51.7	45.0

数据来源：《北京统计年鉴 2018》《北京市 2018 年国民经济和社会发展统计公报》和统计局网站上农林牧渔业生产情况第一季度数据。

注：2017 年国民经济行业分类（GB/T 4754-2002），农业包括：谷物种植，豆类油料和薯类种植，棉麻糖烟草种植，蔬菜食用菌及园艺作物种植，水果种植，坚果、含油果、香料和饮料作物种植，中药材种植，草种植及割草，其他农业。

表 2　1978—2018 年蔬菜耕地面积、播种面积、总产量和设施农业蔬菜产量

	蔬菜占耕地面积（亩）	蔬菜播种面积（亩）	蔬菜总产量（吨）	设施农业蔬菜产量（吨）	设施农业蔬菜产量占比（%）
1978 年	442560	844935	1645071	—	—
1979 年	439320	816045	1813260	—	—
1980 年	417495	767985	1759280	—	—
1981 年	446655	824745	1727686	—	—
1982 年	487980	886575	2082559	—	—
1983 年	466485	851925	1991150	—	—
1984 年	462540	866430	2179734	—	—
1985 年	447075	813705	2039647	—	—
1986 年	465525	871965	2227037	—	—
1987 年	475245	902865	2410674	—	—
1988 年	491940	952440	2712814	—	—
1989 年	522165	1017105	3309988	—	—
1990 年	519720	1057425	3561193	—	—
1991 年	528360	1099050	3683839	—	—
1992 年	525195	1124520	3814257	—	—

续表

	蔬菜占耕地面积（亩）	蔬菜播种面积（亩）	蔬菜总产量（吨）	设施农业蔬菜产量（吨）	设施农业蔬菜产量占比（%）
1993 年	527385	1172730	4187710	—	—
1994 年	633840	1368555	3500000	—	—
1995 年	671955	1363245	3972875	—	—
1996 年	629535	1313415	4031666	—	—
1997 年	637035	1332603.0	4102903.6	—	—
1998 年	640185	1352665.5	4061261.5	770378.0	18.97
1999 年	647366	1402768.5	4267718.0	995179.0	23.32
2000 年	762371	1617270.0	4891457.0	1274332.0	26.05
2001 年	804203	1798702.5	5228671.0	1274332.0	24.37
2002 年	846614	1831123.5	5456330.0	1478575.0	27.10
2003 年	778878	1744342.5	5273417.0	1543195.0	29.26
2004 年	695402	1501083.0	4891525.0	855384.0	17.49
2005 年	581955	1328344.5	4238928.0	676372.0	15.96
2006 年	474630	1223265.0	3941572.5	817078.0	20.73
2007 年	448845	1051495.5	3401037.3	1037903.0	30.52
2008 年	409125	1022833.5	3213118.7	1084533.0	33.75
2009 年	409830	1027282.5	3171115.0	1058482.0	33.38
2010 年	406845	1013071.5	3029821.9	1056825.0	34.88
2011 年	421605	1001953.5	2968700.9	1101359.0	37.10
2012 年	414510	961356.0	2799019.5	1122964.0	40.12
2013 年	400650	929770.5	2668593.0	1152600.0	43.19
2014 年		862228.5	2361634.5	1083607.0	45.88
2015 年		814060.5	2051446.8	1218899.0	59.42
2016 年		711753.0	1835771.2	1178016.0	64.17
2017 年		627729.0	1568184.0	1096009.5	69.89
2018 年		540152.9	1305512.0	958410.6	73.41

数据来源：1978—1996 年数据来自《北京农村统计资料 2013》，1997—2017 年数据来自《北京统计年鉴》。

数据注释：1. 市统计局从 1998 年起开始对设施农业情况进行统计，故没有 1978—1997 年设施农业蔬菜产量的统计数据。

2.1998—2011 年设施农业蔬菜产量统计口径不含食用菌，2012—2018 年设施农业蔬菜产量统计口径含有食用菌。

3.1978—2008 年蔬菜总产量含有食用菌。

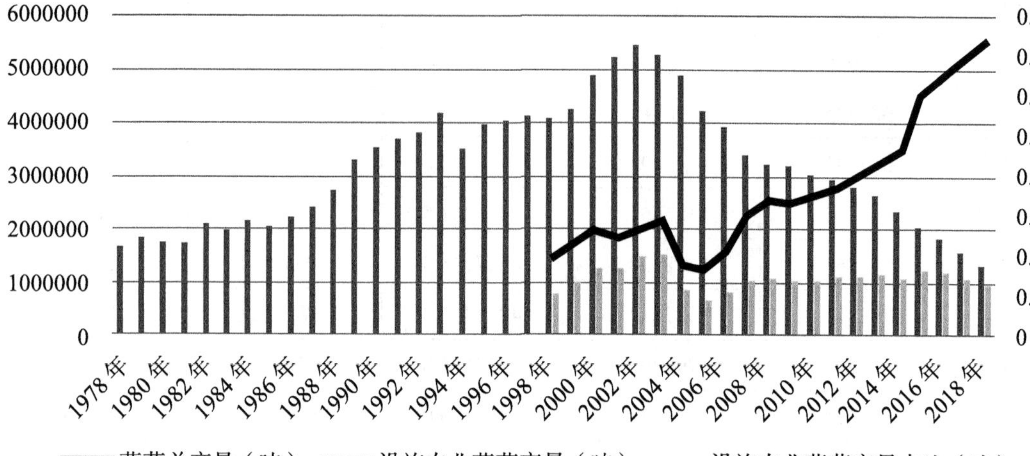

图 1 1978—2018 年蔬菜、设施农业蔬菜产量及其占比

表 3 1998—2018 年北京市设施农业实际利用占地面积、播种面积与收入情况表

单位：亩、万元

年度	设施农业实际利用占地	设施农业播种面积	设施农业收入
1998 年	168566.7	—	—
1999 年	226086.0	—	—
2000 年	295758.0	—	—
2001 年	295758.0	—	—
2002 年	352065.0	—	—
2003 年	353097.0	—	—
2004 年	250347.0	—	—
2005 年	234675.0	—	—
2006 年	267480.0	—	—
2007 年	270330.0	454959.0	—
2008 年	255765.0	508335.0	—
2009 年	281430.0	543045.0	339094.0

续表

年度	设施农业实际利用占地	设施农业播种面积	设施农业收入
2010 年	274845.0	552165.0	407236.5
2011 年	279240.0	585090.0	455819.3
2012 年	285885.0	566955.0	519824.2
2013 年	282780.0	581445.0	573197.0
2014 年	273480.0	571725.0	512718.9
2015 年	260955.0	616320.0	555012.1
2016 年	231060.0	564990.0	543706.9
2017 年	224115.0	536095.5	545042.4
2018 年	208197.2	484854.4	517295.6

数据来源：《北京统计年鉴》（1999—2018 年）。

数据注释：《北京统计年鉴》从 2007 年开始有设施农业播种面积数据，从 2009 年开始有设施农业收入数据。

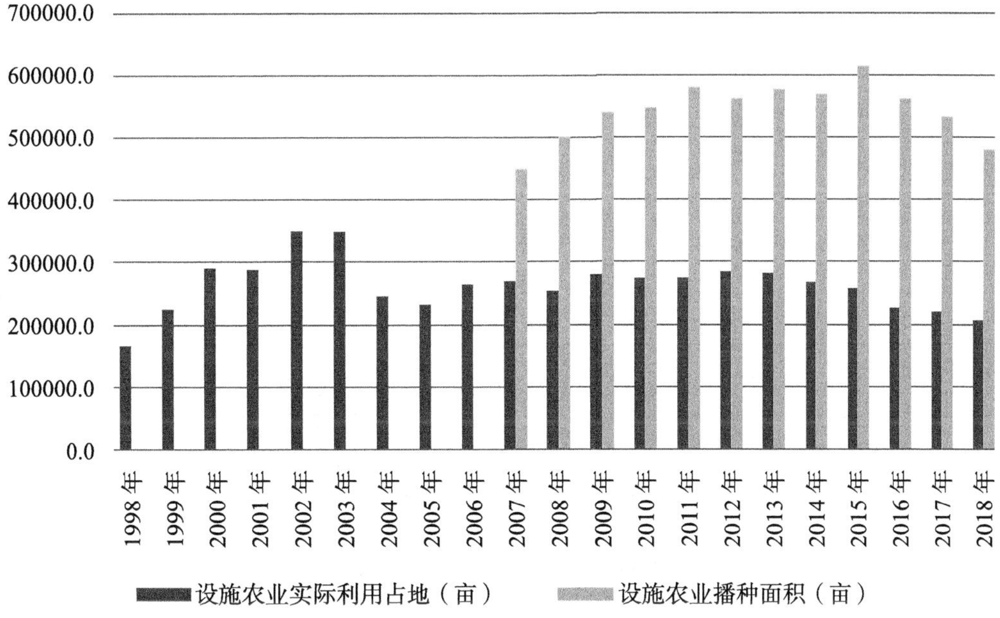

图 2　1998—2018 年北京市设施农业实际利用占地面积、播种面积

数据来源：《北京统计年鉴》（1999—2018 年）。

数据注释：《北京统计年鉴》从 2007 年开始有设施农业播种面积数据。

表4　1998—2003年不同类型设施农业实际利用占地面积

单位：亩、%

设施类型	1998年	1999年	2000年	2001年	2002年	2003年	年均增长率
温室	19285	34214	37791	37791	37791	43307	17.57%
日光温室	18139	32337	45362	45362	45362	37552	15.66%
大棚	43625	57941	71673	71673	71673	95505	16.96%
中小棚	80895	85998	113708	113708	113708	136563	11.04%
阳畦	6623	15596	27224	27224	27224	40170	43.41%

数据来源：《北京统计年鉴》（1999—2004年）。

表5　2004—2017年设施农业不同类型实际利用占地面积

单位：亩、%

	温室	温室面积占比	大棚	大棚面积占比	中小棚	中小棚面积占比	面积合计
2004年	57450	22.9%	88169	35.2%	104728	41.8%	250347
2005年	53815	22.9%	89476	38.1%	91377	38.9%	234668
2006年	62429	23.3%	103571	38.7%	101486	37.9%	267486
2007年	62424	23.1%	105171	38.9%	102731	38.0%	270326
2008年	65972	25.8%	101179	39.6%	88616	34.6%	255767
2009年	125910	44.7%	88221	31.3%	67301	23.9%	281432
2010年	126658	46.1%	88961	32.4%	59227	21.5%	274846
2011年	135903	48.7%	90504	32.4%	52831	18.9%	279238
2012年	144740	50.6%	92766	32.4%	48384	16.9%	285890
2013年	149753	53.0%	91860	32.5%	41172	14.6%	282785
2014年	145924	53.4%	90460	33.1%	37102	13.6%	273486
2015年	138148	52.9%	92419	35.4%	30386	11.6%	260953
2016年	125160.3	54.2%	87578.1	37.9%	18324.1	7.9%	231063
2017年	120002.3	53.5%	89471.6	39.9%	14636.6	6.5%	224111

数据来源：《北京统计年鉴》（2005—2018年）。

执　笔　人：刘雯

北京科技农业发展研究

本课题通过对科技农业的内涵与特点进行界定，对科技农业发展的现状以及国内外科技农业发展经验的梳理，剖析 北京发展科技农业存在的主要问题，提出未来北京科技农业发展的五点建议：一是进一步深化农业科技体制改革，二是多渠道增加和改善农业科技投入，三是建立需求导向的农业科技产业体系，四是建立以人为本的激励政策体系，五是大力培育企业创新主体。

一、科技农业的内涵与特点

（一）科技农业定义

通过研究我们对北京的科技农业做了一个初步的界定。具体内容如下：

1. 科技农业的定义

科技农业，也叫科技主导型农业（Technology Oriented Agriculture），是在传统农业的基础上，运用现代农业高新技术（涵盖生物技术、信息技术、航天技术、新能源技术、新材料技术、海洋技术等）、精准的农业管理组织模式、创新的机制体制来武装农业、改造农业生产力和生产关系的现代化农业。科技农业主要是实现农业技术的先进化、组织管理模式的精准化、科技机制体制的创新化。

2. 科技农业的内涵外延

从覆盖范围看，科技农业既包括各种高新技术在农业产业当中的应用，又包括农业产业各个环节组织管理模式（如田间管理 、流通管理、加工管理等）的优化，还包括农业领域科技产—学—研（研发、试验、示范、转化、推广、采用等）机制体制的创新，即既要实现生产力的科技化，又要实现生产关系的科技化。

从生产驱动力看，科技农业既是对农业生产力的改造，又是对农业生产关系的提升。

从目标看，科技农业主要是为了促进生态农业、高效农业、高质量农业、现代农业的发展。具体来看，一方面，为北京“新北京 · 新格局”战略服务，助力北京科技创新中心和国际交往中心的建设，将北京打造成全国农业科技创新中心和农业科技合作国际交往中心。另一方面，从全国看北京作为科技中心，为全国农业发展探索出一条科技农业发展道路，提高北京科技农业的辐射带动作用，探索科技农业机制体制创新的模式，提高北京科技农业对全国科技农业发展的服务能力。

从参与对象看，科技农业的投入主体主要包括中央和地方政府部门、中央和地方科研机构、国内外高科技公司、农业企业和合作社，科技农业的最终受益者为中央和地方政府部门、中央和地方科研机构、高科技公司、农业企业和合作社、农民等。

（二）科技农业的特点

北京科技农业的特点，可概括为“三高”“两大”“一可观”。“三高”包括科技含量高、商品化程度高和实施风险高，“两大”是指辐射规模大、资金投入大，“一可观”是指投资效益可观。

1. 科技含量高。是指运用了现代农业高新技、精准的农业管理组织模式、创新的机制体制来武装农业的各个环节，确保每个环节都有科技的支撑，因此确保科技农业阶段的农业产业科技含量高。

2. 商品化程度高。科技农业输出的产品的商品化程度高，且与传统农业不同的是，能够输出更多有科技含量的产品，包括籽种、疫苗、农业机械装备、数字农业系统以及可复制、可推广的新型农业科技推广体系，市场需求大，商品化程度高。

3. 实施风险高。科技农业在产品研发和推广过程中仍然会存在研发和推广周期过长或者失败的风险，通常需要在反复的尝试和修改中才能研发出新的产品、创新的机制体制等，实施的风险和不确定性相比于传统农业要更高。

4. 辐射规模大。科技农业是通过科技与农业的全产业链相融合，因此涉及的产业跨度较广，而且像种苗、疫苗等高科技的产品辐射的范围非常广，此外可复制、可推广的农业科技体系也具有辐射范围广、可推广面积大等特点。

5. 资金投入大。科技农业，一般是需要投入大量的资金进行研发、推广和转化来实现科技含量相对较高的特点，因此存在资金投入大的特点。

6. 投资效益可观。科技农业的产出投资效益可观，一般成熟的产品或者机制体制的推广都会带来可观的效益，以种苗、疫苗为例，产品的高利润很高，此外可复制、可推广的农业科技体系成功推广后也会带来可观的效益，因此存在投资效益可观的特征。

（三）科技农业发展的本质和核心

科技农业核心是科学化，科技农业发展本质是姓农、为农、兴农，通过科技农业的发展稳定住农业的基本盘，驱动北京农业产业转型升级，改善产业结构，提高生产效率和产品质量，降低生产成本，有效集聚农业全产业链要素资源，建立产业链、创新链、价值链精准匹配的农业科技服务体系，推进农业产业集群向协同、高端、规模、智能化发展。

（四）科技农业、农业科技和现代农业的关系

科技农业是现代农业发展的一个高级阶段，是现代农业发展的重要支撑，随着科学技术的发展，先进的技术和现代的经营管理方式在现代农业中的占比会越来越大，必然会出现科技主导型的现代农业阶段，即现代农业阶段。

农业科技是贯穿农业发展过程中的重要组成部分。在农业发展过程中，无论是传统农业、城郊农业、都市农业还是现代农业，都离不开农业科技的支持，只是不同阶段农业科技的需求程度、需求范围存在很大的差异。在科技农业阶段，农业科技的比重是其他阶段过程中最高的，因此为科技主导型农业。

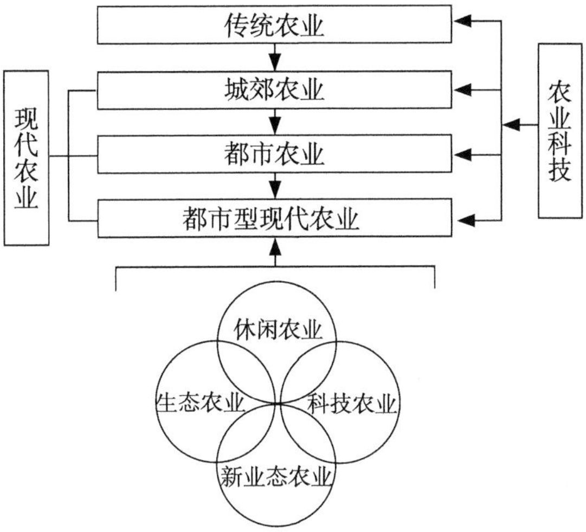

图1　科技农业、农业科技和现代农业的关系

二、当前北京科技农业发展的现状

（一）北京科技农业发展的政策演变

北京农业体量小、科技贡献率高。北京农业体量小，但2018年北京农业科技贡献率已达到72%，接近发达国家水平。近年来，北京市结合自身“大城市小农业”“大京郊小城区”的特点，出台一系列指导文件和政策继续推动农业科技创新，加快发展科技农业，“十二五”到“十三五”期间，北京农业科技政策呈现既存在一定的传承又存在不同时期差异性的特点。

1.“十二五”北京科技农业政策特征

以北京国家现代农业科技城和现代种业科技创新为主要抓手，提升都市型现代农业发展的内生动力，适应中国特色世界城市建设要求。北京市《北京市人民政府关于进一步加强农业科技工作的意见》[①]中，明确提出了北京国家现代农业科技城和现代种业科技创新为北京农业科技工作的主攻方向，重点提出了国家级农业科技创新平台、现代农业产业技术体系北京创新团队建设工程，重大农业科技成果惠民工程和先进农业科技成果助农工程等项目。

农业科技投入方面较为宏观且落实效果不佳。“十二五”期间提出要建立市、区县两级财政农业科技投入稳定增长的长效机制，要在财政预算内保障农业技术推广资金，保证财政农业科技投入增幅明显高于财政经常性收入增幅。从实际落实情况看，农业科技投入没有达到预期的效果。

2.“十三五”期间北京科技农业政策特征

（1）更加强调“互联网＋现代农业”对北京农业的支撑作用。《北京市乡村振兴战略

① http://www.beijing.gov.cn/zhengce/zfwj/zfwj/szfwj/201905/t20190523_72528.html

规划（2018—2022 年）》里指出，要大力发展“互联网 + 现代农业”，并进一步提出加强物联网和互联网技术对农村产业的服务支撑，发展数字田园、智慧养殖、智能农机，推进电子化交易。开展农业物联网应用示范基地建设，推进村级益农信息社建设。做好相关数据的采集、研究，建设北京农业数据中心。

（2）现代种业仍然是北京科技农业的主攻方向。《北京市乡村振兴战略规划（2018—2022 年）》里指出，建设通州、平谷现代种业创新中心；搭建种业创新服务平台、种业成果转化平台、种业交流交易平台、北京南繁科研育种平台；实施现代种业双轮驱动创新工程、种业企业创新能力提升工程、农作物种业促进工程、畜牧种业促进工程、水产种业促进工程、林果花卉促进工程、品种权保护工程、中国种业“一带一路”走出去工程、京津冀种业协同发展工程、世界种业主题公园建设工程 10 项重点工程。

（3）提出了加强京津冀三地农业关键技术联合研发与应用。《北京市“十三五”时期都市现代农业发展规划》明确提出了发挥首都科技资源优势，加强京津冀三地农业关键技术联合研发与应用，开展协同创新，全面提升三地农业科技研发与支撑水平。

（4）强调了农业科技的高端性和服务性。《强化创新驱动科技支撑北京乡村振兴行动方案（2018—2020 年）》里指出，以“高端、高效、高辐射”为导向，以农业高端研发、产业链创新和现代服务业引领为重心，大力提升农业高端服务、产业链创新和先导示范功能。

3.“十四五”北京农业科技政策特征

（1）依靠科技内涵式增长来推动农业发展。“十四五”期间北京农业科技政策将会更加注重依靠科技推动农业减量发展、绿色发展、创新发展和高质量发展。科技的内容上由“农业科技”向“农业农村科技”转变，更好地支撑美丽乡村建设和现代农业发展。

（2）由“北京科技”向“首都科技”转变，向央属的科研机构借力。提出了由“北京科技”向“首都科技”转变，除了需要依赖北京市属科研机构外，还要加强与央属的科研机构的合作，充分发挥首都科技优势，加强农业农村科技创新。

（3）注重农业科技园区的推广示范作用。“十四五”期间，北京将整合资源，建设一批具有示范、引领性作用的农业科技园区，通过园区的示范推广，提高北京农业的科技含量。

（4）更加注重集成推广应用。科技创新重点要由“单一技术”向“套装技术”转变，充分利用基层推广体系和创新团队，创新科技机制，优化北京市创新团队建设，加强农技推广体系建设，提高北京农业科技集成推广应用的能力。

（二）北京科技农业的发展特征

1. 北京农业科技投入方面的特征

农业科技投入的总量、结构和方式决定着科技成果的产出规模、效率和发展方向，直接影响着农业科技进步和农业科技创新能力，对未来农业和农村经济的发展与农村社会进步产生重要影响。北京是我国农业研究领域最全面、优势团队最多、高端人才最为集中的区域，农业科技投入力度大，农业科技成果丰硕，北京农业科技投入呈现如下特点：

北京农业科技投入仍处于“技术改进阶段”而非“技术创新阶段”。根据全球农业科技投入规律，当研发强度不超过 1% 的时候，技术研发处于使用技术的阶段；研发的强度在 1% 到 2% 之间的时候，技术研发就处于技术改进的阶段；而在研发强度超过 2% 的时候，技术研发就处于技术创新的阶段。我国农业科技投入不足，严重阻碍了农业科研基础条件的改善，也不利于吸引农业科技人才引进，进而降低农业科技“孵化率”，导致我国农业科技对农业生产的贡献率偏低。

北京农业科技投入强度远低于北京科技投入强度，但高于全国农业科技投入强度。2018 年，北京的农业科技投入强度为 1.56%，约为北京科技投入强度的 1/4。从全国看，全国农业科技投入强度是全国科技投入强度的 1/3。从比例看，北京农业科技投入强度与北京科技投入强度的占比低于全国平均水平。2018 年北京农业科技投入强度为 1.56%，2019 年其略有增长，但是增长幅度较低，北京农业科技投入强度是全国农业科技投入强度的 2.5 倍左右，但是 2018—2019 年的增幅低于全国农业科技投入强度的增幅。

北京农业科技远低于国际发达国家水平。全球发达国家的农业科技强度一般在 2% 以上，北京的农业科技强度低于一般发达国家水平，尤其是与美国、法国和巴西的农业科技投入强度（2009 年分别为 3.68%、4.81%、2.1%）还存在较大差距。

种植业的农业科技投入比重最高，农业服务业增幅较大。从北京农业科研投资的行业结构及变化趋势看，农业科研内部的不同研究领域经费分配不均，农业科研有限的经费也大多集中在农作物上，而畜牧业、产前和产后投入很少，近几年农业服务业投入比重增加，且速度较快。

表 1　科技投入对比

	2018	2019
北京农业科技投入强度	1.56%	1.61%
全国农业科技投入强度	0.67%	0.70%
北京科技投入强度	6.17%	6.31%
全国科技投入强度	2.18%	2.23%
北京农业科技进步贡献率	72%	73.5%
全国农业科技进步贡献率	58.3%	59.2%

数据来源：《国家统计局》，北京市农业农村局科技处以及课题组的测算。

2. 北京农业科技产出方面的特征

农业科技研发创新产出包括直接产出和间接产出两个方面。直接产出主要指专利、论文、成果与奖励。间接产出指经济和社会影响，具体来看北京科技农业存在如下特征。

北京在农业、植物学和动物学领域科研贡献突出。北京的农业科技处于领先地位，《2019 全球城市基础前沿研究监测指数》显示北京在农业、植物学和动物学领域、生态环境科学领域等 4 个领域基础前沿研究能力排名全球首位。2020 年北京农业科技进步贡献率预计达到 75%，北京农业科技对北京和全国农业产业高质量发展做出重要贡献。

北京科技创新能力居于全国首位。全国范围内农业科研机构科技创新能力排在前五位的分别是北京、广东、浙江、江苏、山东，均位于东部地区，北京以绝对的优势排在第一位；高水平地区仅有北京，主要得益于北京特殊的区位优势，获取国家资源相对集中，且有我国农业研究的领头机构中国农业科学院。从各分项得分看，北京的创新基础、创新投入、科研活动、成果产出4项能力都最高，特别是科研活动能力最强。

北京转化扩散能力不足、辐射带动效果不显著。转化扩散能力相对较低，排名第三位（在广东和浙江两省之后）。北京的辐射带动能力不强，如周边省份的河北和天津农业科研机构科技创新能力很低。

表2　我国各省区农业科研机构科技创新能力值及排名

省区	创新基础能力		创新投入能力		科研活动能力		成果产出能力		转化扩散能力		综合能力	
	得分	排序	得分	排序	得分	排序	得分	排序	得分	排序	得分	排序
北京	0.873	1	0.979	1	1	1	0.986	1	0.326	3	0.826	1
广东	0.583	2	0.056	7	0.214	6	0.291	5	0.816	1	0.231	2
江苏	0.479	3	0.079	4	0.236	4	0.394	2	0.256	5	0.164	4
云南	0.273	12	0.133	2	0.128	12	0.080	19	0.144	10	0.131	7
浙江	0.422	5	0.085	3	0.216	5	0.322	4	0.787	2	0.223	3
黑龙江	0.415	6	0.057	6	0.339	2	0.111	5	0.279	4	0.136	6
山东	0.478	4	0.047	9	0.317	3	0.391	3	0.164	7	0.152	5

表3　中国各省农业科研机构科技创新能力分类情况

发展水平	省区
高水平	北京
较高水平	广东、浙江、江苏、山东、黑龙江、云南
中等水平	甘肃、河南、湖北、海南、上海、广西、新疆、安徽、湖南、四川、福建、辽宁
较低水平	内蒙古、吉林、河北、重庆、山西、天津、贵州、江西、西藏、宁夏、陕西、青海

农业科技加快推进种业成果产业化进程。在北京相关种业政策的引导下，逐渐具备了种业科技创新、研发转化、市场推广和总部聚集的巨大优势，不断加快种业成果产业化进程，打造农业高端发展的创新基础，实现了作物、果蔬、林木种苗等一系列领域的良种创制，“京葫36”西葫芦新品种成功打破国外企业的长期垄断，抗TY病毒番茄品种实现了国产化，太空香蕉、太空树莓、太空月季等作物销往广东、海南、辽宁等多个省市，推广面积超过10万亩。优质玉米品种“京科968”，2017年实现累计推广面积超亿亩。

农业科技有效推动了北京农业结构调整。通过狠抓“高精尖”经济结构，调整经济结构和空间布局，做到减速不减势、量增质更优。实施作物、蔬菜、林果花卉、畜禽、水产等品种更新换代和提质增效工程，京郊作物蔬菜良种更新率100%。京科、中单玉米系列推广占全国市场18%以上，京红、京粉系列蛋种鸡市场占有率达40%以上。建成全国最大、遗传水平最高的奶牛良种繁育体系及供种基地，年改良奶牛200万头。鲟鱼苗种供应量占全国70%以上，优质观赏鱼苗种市场占有率从2013年的58%增至2018年的72%。

农业科技强力支撑首都绿色节水农业发展。围绕构建“农机农艺结合，良种良法配套”的绿色增产模式，推动亩均化肥施用量降低 30%，实现生物农药用量达 25%，开展农资安全投入品套餐服务与示范，累计推广应用面积 11.2 万亩，辐射面积 21 万亩；开展都市农业用水监测评价和管理平台研究与示范、抗旱新品种筛选和农艺节水技术研究与示范、水肥一体化的高效节水灌溉系统研究与示范、都市农业生态高效节水科技示范工程建设，实现节水 4000 余万立方米，农业用水减少 7.39%，直接经济效益 0.7 亿元，间接经济效益 6.4 亿元，示范区内农业节水灌溉率超过 90%，耕地综合地力提升 15%以上，水资源利用率不断提高。

三、国内外科技农业发展经验启示

（一）以色列和荷兰科技农业发展启示

1. 发展特点

荷兰和以色列科技农业发展的特点：科技含量高、经济效益好、资源消耗低、环境污染少、人力资源充分发挥、可持续发展。

取得如此大的成就，主要做法：一是农业科技投入强度大；二是根据市场需求变化及时调整农业种植结构；三是支持和鼓励不同农业生产经营组织形式的发展，进而有效降低农业生产成本和风险。

2. 经验启示

荷兰和以色列迫于农业资源约束，将农业定位于以现代科技为支撑、走资源高效利用的集约化发展道路。北京的农业资源条件与荷兰、以色列有着相似之处，要发展科技农业，必须加大科技投入与创新，转变生产方式，实现农业可持续发展。

（1）宏观层面

一是提高农业科技投入强度，提升农业科技进步贡献率。荷兰的农业科技投入强度超过 2%，农业科技进步贡献率超过 80%；以色列的农业科技投入强度超过 3%，农业科技进步贡献率高达 95%；北京的农业科技投入强度为 1.56%，农业科技进步贡献率为 72%。虽然高于全国平均水平（0.67% 和 60%），但是与以色列、荷兰这样的科技发达国家相比还有一定的差距，还需要北京把对农业科技投入的重视程度进一步提高，对农业科技投入的力度进一步加大，提升北京市的农业科技进步贡献率，以科技创新引领农业现代化。

表 4　荷兰、以色列、中国及北京的农业科技现状

	荷兰	以色列	中国	北京
农业科技进步贡献率	80%	95%	60%	75%（2020 年预计）
农业 R&D 投入强度	2% 以上	3%	0.67%	1.5%

二是提高农业从业者素质，提高技术推广水平。荷兰和以色列都有完整的农民培训和再教育体系、完善的科技推广体系，农业从业人员的文化素质、知识水平普遍较高，从业人员对于新技术的接受程度就会较高，有利于技术的快速传播和广泛推广应用。

（2）微观层面

一是强化设施农业和节水农业，提高生产效率。同荷兰、以色列类似，北京农业发展同样面临土地、水资源等方面的制约，应大力发展设施农业、节水灌溉农业。在我国农业是水资源的最大利用产业，我们必须在农业发展中节约利用水资源，发展节水灌溉，利用喷灌、滴灌等代替大水漫灌，减少水资源的浪费。注重水资源的保护，减少水资源的直接和间接污染。加大工业废水、生活污水的处理力度，降低污水净化水的价格，加强污水净化水在环境绿化、城市卫生以及农业生产等方面的利用。建立分层的用水价格体系，减少农业用水中水资源的浪费，兼顾公平与效率。

二是鼓励发展新型经营主体，提高农民组织化程度。在应对大市场竞争下，分散的小农户组织化程度低，缺乏规模效益，缺乏获取相关信息和服务的条件，将面临较高的生产、交易成本和较低的利润率，有较高的技术和市场风险。积极发展各类农民合作社等组织，提高农民组织化程度，鼓励农民抱团经营。

（二）南京和成都农业科创中心发展启示

1. 南京体制机制创新经验

南京农业科创中心的功能定位是打造成立足江苏、面向全国、放眼全球的农业产业科技创新、技术集成、产业孵化、示范推广和农业“双创”服务功能为一体的国家现代农业产业科技创新大基地。为此，南京农业科创中心有以下几点创新做法。

（1）强化体制机制创新，推进农业科技成果转化及高新技术产业化

创新科技成果转化及农业高新技术产业化机制。发挥市场导向作用，构建前期企业注资研发、中期联建中试平台、后期参股合作经营的产学研结合新模式，支持各类高层次人才以知识产权入股、配股科技型企业，促进高端人才聚集和效能发挥。转变政府职能，变立项拨款为立项科技融资服务，变项目资助为成果奖励，调动企业、科研院所、高等院校等科研机构和科研人员推进农业科技成果转化的积极性。

（2）创新农业科技投融资机制

促进金融服务与科技创新结合，构建多元化、多层次、多渠道的投融资体系，提供孵化扶持、债权融资、股权融资、上市融资等解决方案。积极探索让企业“出题、出资”，通过园区创新平台，招募科创团队的科研创新投融资市场化机制。对可以市场化的课题，积极探索风险投资机制，缓解科创团队的研发风险，成果变现取得收益后进行合理分配，并逐步建立“现代农业产业技术创新基金”。

（3）创新示范区运营管理机制

建立竞争择优、能进能退、低价有偿、收益分成的运营管理机制。示范区内研发共享实验室、孵化试验基地等核心功能区及领军科技项目团队，面向国内外招标，遴选科技团队或企业，政府以低价甚至零租金、资产托管等方式委托其开展低价有偿经营服务，并相对稳定。对其余科研团队实行课题化管理，通过设立财政专项、定期发布项目指南等方式，遵循竞争择优原则遴选入驻，以自主申报课题的方式，择优扶持；同时建立退出机制，设定时限和绩效两类指标，到期达不到绩效和项目目标的，适时劝退。示范区内的大型仪器设备、标准实验室、孵化基地等以低价有偿方式提供给各类主体使用。

2. 成都院地合作经验

成都科创中心同中国农业科学院通力合作，以成都科创中心为纽带，加快搭建成果转化新平台、培育成果转化新动能，构建完整的建设运行机制、院地合作机制、区域协调机制，有效提高了科创中心的运行效率、促进了农业科技成果的转化应用与落地，实现了以下几种做法：

（1）创新建设运行机制

成都科创中心由成都市农业农村局主管，由天府新区负责建设，由农科院都市所承载运营，既保证成都科创中心不仅有稳定的资金支持、政策支持，也有具体的建设部门和运营部门，各司其职，实现科创中心与地方各级政府部门以及中国农科院各所的对接与联动。

（2）创新院地合作机制

开展以市场为导向的合作运行机制，将中国农科院、成都科创中心与成都市政府、地方特色产业的经营主体联系起来。加强院地合作平台建设，构建以“政、产、学、研、金、介、用”七位一体的合作平台。共同集成转化全产业链技术，集成产前、产中、产后各个环节的技术，拉长产业链，增加附加值。

（3）创新区域协调机制

一方面开展成德眉资协同，以都市现代高效特色农业产业带建设为契机，全面加强四市规划对接、政策协调、项目统筹、设施互通、平台共建，一体谋划、统筹推进，实现农业产业协同发展。另一方面开展成渝协同。打造具有全国影响力的科技创新中心，是成渝地区双城经济圈建设的重要任务之一。以成渝经济圈建设为契机，在提升科技创新平台、集聚科技创新资源要素、推进核心技术攻关和成果转化、深化国际科技交流合作等方面需要各地两地协同谋划、共同发力，同时应共同争取国家重大政策、重大项目、重大工程等在协同地区布局，加强创新资源共建共享，全面提升成渝地区协同创新发展能力。

四、北京发展科技农业存在的主要问题

按照北京市科委的测算，2020 年北京市农业科技进步贡献率达到 75%，比全国贡献率 60% 高出 15 个百分点，位居全国前列。但是，北京市农业的生产效率、科技研发水平与发达国家相比还有一定的差距。当前，北京发展科技农业还存在以下问题。

（一）体制机制层面

1. 人才激励机制不完善，科研人员积极性不高

2017 年 5 月北京市出台了《关于支持和鼓励高校、科研机构等事业单位专业技术人员创新创业的实施意见》，但目前市属主要科研单位和高校细化落实的措施不多，科技人员的积极性并没有充分调动起来。在利益分配方面，农业科技成果知识产权保护制度和法规不健全，难以对科技成果转化从法律上予以保护。合作成果转化利益分配缺乏可行的操作细则等，也影响农业科技活动和科研人员的积极性。

2. 传统农业分散经营模式制约科技成果转化应用

由于北京农业主要是分散经营模式，对土地的经营始终以农户家庭为主，使得个体户

使用技术的成本相对较高，单个农户经济力量单薄，同时家庭分散经营导致信息的闭塞和低水平的重复生产，供给与市场脱节，导致现阶段农民卖粮难，从而进一步导致农民对农业利润下降的心理预期，失去采用技术发展农业的动力，使得农业依靠技术支撑陷入停滞不前的恶性循环。

（二）资源要素层面

1. 疏整促背景下，农业发展空间受限

随着城市建设的发展，北京农业的生产性空间逐步压缩，耕地面积逐渐减少，再加上住房用地不断增加，北京市的农业用地已越来越少。在农村土地资源减少的同时，北京市积极采取措施增加农业用地，在增加的农业用地中，林地增加最多，其次是园地。增加的农业用地与减少的农业用地相抵消后，与之前的普查结果相比，总体上仍处于减少的趋势，而对农产品的需求并未减少，因此，采用高效率的生产方式，提高土地的利用率就成为缓解农业用地不断减少的最优选择。

2. 水资源、环境约束日益趋紧

北京作为全国政治经济文化中心，随着城市规模日益壮大，水资源问题日益成为其发展的制约因素之一。

一是北京市水资源紧缺。北京市属于资源型重度缺水地区，近年来，由于北京市人口迅速膨胀，以及城镇化水平和生活水平的提高造成用水量增加，北京市地下水资源呈逐年缩减的趋势，一定程度上制约了科技农业的发展。同时，农业结构尚需调整和优化，水资源才能够合理并高效利用。二是环境污染的制约。随着首都经济的不断发展，城市的生态环境压力越来越大。北京京郊外围生态圈中存在的沙尘天气、水源污染、水资源短缺等问题，都是威胁首都生态安全的最大问题，这在一定程度上制约了北京科技农业的发展。主要表现为北京市农业发展过程中高投入、高消耗、高产出的生产行为导致农业污染问题日益突出，农业污染量已占到总污染量的1/3—1/2。农业污染问题的日益突出主要来源于化肥、农药等的不科学、过量、低效率施用。另外，人口众多、快速工业化和城市化使已经十分有限的农业资源更为紧张，生产方式落后和过度开发造成资源质量下降以及生态环境恶化。三是农业能耗、农药化肥用量均较高。北京农业科技绿色生态价值指数在全国排名第十八位，处于较为落后的位置。具体来看，一方面由于北京设施农业比重较高，近五年万元农业GDP能耗年均仅降低了0.61%，在全国排在第二十位。另一方面，虽然近五年来北京的农药、化肥消耗总量呈逐年减少的趋势，但单位播种面积的农药和化肥用量年均增长了5.29%，农药化肥减量化在全国排倒数第二，这与北京的农业产业结构中蔬菜瓜果、果园比重高有很大关系，但如何在农业产业结构不变的条件下，依靠农业科学技术，发展低能耗农业及单位播种面积农药化肥减量化都将是北京农业绿色发展的重要路径。

3. 农业科技投入资金仍然不足

近几年，虽然北京的农业科研投入大幅增长，农业科技投入强度稳步提升，2018年达到1.56%，是全国农业科技强度的2.3倍，但与发达国家比还存在一定差距，仍低于法国、南非、荷兰和巴西，与北京科技投入强度也存在较大差异，且北京科技农业投入仍然处于科技改进阶段，而不是农业科技创新阶段。

（三）相关主体层面

1. 科研机构存在的问题

一是农业科技成果整体转化率不高，与市场需求脱节，辐射带动能力不强。中国农业科学院的最新研究表明北京的创新基础、创新投入、科研活动、成果产出 4 项能力名列全国第一，特别是科研活动能力最强，但是统计数据表明，近些年北京科研成果转化为现实生产力的仅占 40%左右，落后于广东和浙江两省，且与国外一些发达国家农业科技成果的转化率（可达到 80%以上）差距较大，主要是因为现行的成果应用与市场需求出现错位、脱节，农业科技研究偏重技术和理论，过分追求项目的“高大上”，科技成果考核体系不合理，衡量标准与实际应用转化偏差较大，难以实施产业化。此外，北京农业科技的辐射带动能力不强，如周边省份的河北和天津农业科研机构科技创新能力远低于北京，京津冀农业科技一体化的步伐还跟不上。

二是农业科技创新短板较为突出。农业产业发展的技术领域存在很多短板缺陷，核心关键技术受制于人。具体来看，畜禽遗传育种核心种源 80% 依赖国外进口，设施番茄和辣椒国外品种市场占有率达 60% 以上，自主选育的高端设施蔬菜品种较少。农作物精密播种、高速栽插、高效植保与施肥、多功能收获等关键部件及技术研究不足，定位变量、智能控制、农机农艺配套和联合复式作业机具尤其缺乏。农业投入品安全使用技术、高效精准实时检测技术研发不够。

2. 农业企业存在的问题

一是企业作为创新主体活力不足。创新活力反映了一个国家或地区在原创性科学研究和技术研发方面的产出规模、产出水平和活跃度。北京创新活力总指数在全国 31 个省市中居首位。从科技创新活力各项指标看，北京的农业科技基础研究指数排名第一，技术研发指数排名第三，科技奖励指数排名第一。呈现出以科技论文为表征的基础研究实力雄厚，以科技奖励为表征的重大科学研究突破数量最多，而以专利为表征的技术研发实力略显不足的特点，其中规模指数（排名第八）和影响力指数（排名第十）处于相对靠后的位置，显示出北京农业技术创新活力不足。存在基础研究向关键技术转化方面略显不足，农业企业技术创新主导地位有待强化，农业科创企业的扶持力度较弱等问题。

二是受资金、人才等投入不足影响，企业难以成为科技创新的主体。近期出台的相关政策，一直在强调企业在创新中的主体地位。然而，在历史与现实因素的影响下，我国农业科技科研主体仍然是拥有科研资源和人才优势的科研院所与高校，它们同时还是新技术示范推广的重要力量。而大多数企业面临人才短缺、资源匮乏、研发经费投入不足等问题，在短时期内还难以担当创新主体的重任。目前，我市农业高新技术企业研发投入占到销售总额的 6%，种业企业研发投入已经占到总销售额的 11%，但仍然低于发达国家的水平。

3. 农业从业者存在的问题

一是农村劳动力素质较低。由于我国农业的耕作方法一直停留在较原始的状态，农民文化素质低，目前北京市农民平均受教育年限仅为 9.65，初中及以下的农民占农民总数的

59.8%，认识不到科学生产的重要性，思想具有局限性，在现今实用技术的推广应用上接受缓慢，阻碍农业劳动生产率的提高和农业科技的推广。目前北京仍面临直接从事农业生产的劳动力素质不高的问题。

二是大量优质劳动力转移到城市。由于北京市二、三产业较为发达，为农民进城就业创造了良好的外部环境，加之农业与二、三产业的比较收益相对较低，农民放弃农业生产进城就业的趋势明显，尤其是素质较高的农民，在城市中能获得更多的就业机会，其放弃农业生产的行为更为普遍。因此，尽管从全国横向比较的情况来看，北京市农民素质处于相对较高的水平，但随着优质劳动力的转移，实际从事农业生产的群体呈现出明显的老龄化、女性化、兼业化、外埠化趋势，其素质提高缓慢。

五、未来北京科技农业发展的政策建议

（一）进一步深化农业科技体制改革

政策目标：加快建立符合北京农业科研规律和创新需求的体制机制，为北京“新北京·新格局”战略服务，助推北京农业科技中心建设。

政策措施：按照“放活内部、强化支持、优化服务”的思路，加快推进北京公益性农业科研机构的改革，尽快促进各项改革措施落地。放活内部。国家级、省级公益性农业科研机构的内设机构根据北京及全国农业科技发展趋势、现代农业需求、国际科技竞争等综合因素自主设计，实行备案制度。强化支持。重新定位各级各类农业科研机构职能，并建立与其功能定位匹配的财政投入支持体系；对于公益性科研机构要建立合理的薪酬体系并全额保障经费投入，同时建立健全以知识产权转移、科技成果转化收入分配为主的绩效激励体系；统筹协调科研人员参股、持股政策。优化服务。转变政府管理科技创新角色，按照法人治理结构参与中国特色现代农业科研院所建设；参照国外科研经费管理政策，探索科研经费全成本核算和差旅费总额包干等制度；通过建立科研成果管理数据库等方法减轻科研人员填报表、报账等行政管理类负担，集中精力和时间搞科研；减少科研活动事项审批环节。

（二）多渠道增加和改善农业科技投入

政策目标：以立法形式保证 2021 年北京农业科技投入总量比重由当前的 1.56% 增至 2%，2035 年达到 2.5%，2050 年达到 4%。

政策措施：一是增加财政稳定支持力度。中央和地方财政投入总量增加，扩大公益性基础性科研支持力度。二是强化企业研发投入。激励企业增加研发投入，企业研究开发费用税前加计扣除比例由现行的 50% 提高到 100%。科技型中小企业研究开发费用税前加计扣除比例由现行的 75% 提高到 150%。三是增加全社会农业科技投入，设立农业科技创新基金。创建新的农业科技投入方式，增加社会资金投入。设立“1 分钱”农产品创新基金，每销售一斤粮食、一斤蔬菜、一斤肉提一分钱用于支持农业科技创新。基金中的 60% 用于农业公益性科技事业，40% 用于农业科技市场化资源配置。

（三）建立需求导向的农业科技产业体系

政策目标：促进科技成果加速转化，加快农业创新经济发展。

政策措施：充分发挥国家农业科技创新联盟和现代农业产业技术体系的作用。逐步形成中央—省—市三级、科研院所—大专院校—涉农企业三类主体共同参与农业科技创新的格局，集多方创新资源，优势互补、专业协作，实现农业产业全链条、研究开发全过程的集成化创新。以市场需求为导向，发挥企业及其他新型经营主体在技术创新中的主导作用，增强创新动力和能力，促进科研成果转化，加速产学研深度融合。

（四）建立以人为本的激励政策体系

政策目标：增强科研人员物质和精神两个层面的满足感，建设高水平创新团队。

政策措施：一是简化薪酬制度，为研究人员提供有保障的工资收入。在保障基本工资水平正常增长的基础上，逐步提高体现科研人员履行岗位职责、承担政府和社会委托任务等的基础性绩效工资水平，并建立绩效工资稳定增长机制。加大对作出突出贡献科研人员和创新团队的奖励力度，提高科研人员科技成果转化收益分享比例。鼓励科研人员通过科技成果转化获得合理收入。科研人员在履行好岗位职责、完成本职工作的前提下，经所在单位同意，可以到企业和其他科研机构、高校、社会组织等兼职并取得合法报酬。二是提高科研人员福利保障水平。帮助科研人员，尤其是青年科研人员解决住房、子女教育等后顾之忧，营造良好环境，让科研人员潜心研究。三是完善人才顺畅流动的体制机制。破除人才流动的体制机制障碍，倡导“开放、流动、竞争、协作”的科研新机，促进农业科研人员在事业单位和企业间合理流动。四是推进社会文化建设，实施环境激励。加强舆论引导、营造尊重科研的社会氛围。要在全社会树立起“尊重人才、尊重知识、尊重创新”的意识形态，使科技实用人才的价值被社会充分认可，在这样的意识形态和文化氛围下，其更容易做出突出贡献。

（五）大力培育企业创新主体

政策目标：到2035年，企业成为农业技术创新主体，科技型涉农企业占比达到10%。

政策措施：设立企业创新引导基金。鼓励企业积极参与农业技术创新，增加农业技术创新投入。增强农业科技创新的企业话语权。扩大企业参与创新决策的规模，加强农业企业科技创新平台建设，支持企业牵头组织实施科技创新项目，以税收优惠、后补助等方式鼓励企业加大研发投入。为企业科技创新营造公平市场环境。建立公平的市场准入规则，有重点地落实政策，降低企业创新的成本和风险，加强知识产权保护力度，加大对假冒侵权等违法活动的打击力度，提高侵权成本、降低维权成本，保护企业创新的积极性。积极拓展创新创业企业的融资渠道。

课题负责人：吴志强
课题责任人：季虹
课题组成员：刘先锋、赵雪婷、赵术帆、麻吉亮、周慧、康林园、李云舟、卫冕
执　笔　人：赵术帆、麻吉亮、康林园

北京市场引导农业产业结构调整问题研究

产业兴旺是农业农村现代化和乡村全面振兴的重要基础。农业是乡村产业的基础与内核，是国民经济的基础性产业，是加快构建以国内大循环为主体、国内国际双循环相互促进的新发展格局的关键环节。作为超大城市的京郊农业，需要立足首都城市战略定位，准确把握“大城市小农业”“大京郊小城区”的市情农情，以需求侧为导向，持续深化农业供给侧结构性改革。本报告全面把握北京市场需求的特征，把握北京市场对农业产业结构调整引导的规律，反思北京市农业产业结构调整面临的主要问题，提出了深化北京市农业供给侧结构性改革的建议，为推进具有首都特点的乡村产业振兴提供决策参考。

一、北京市场需求的特征分析

（一）北京市场对农产品一般需求特征

一是特大消费城市特征决定了首都农产品需求的超大规模。北京市是一个拥有 2150 万常住人口的超大城市，2019 年北京城镇居民人均收入达到 73849 元，比上海市城镇居民人均可支配收入高了 234 元，位居全国第 1 位。从实际消费量来看，北京市是全国最大的农产品消费地，2018 年北京市食品类社会消费零售总额占全国食品类社会消费零售总额 13%。二是需求层次多且增长空间比较大。由于北京市居民收入层级较多、收入差距较大，决定了北京市居民农产品消费需求层次较多。不同收入层级的城镇居民的消费倾向差距比较大[①]，2018 年北京市高收入户的人均可支配收入与低收入户的人均可支配收入差距为 5.31∶1，远大于城乡居民收入差距。随着中低收入户收入增长，北京市农产品消费将会进一步提高。根据调查，2018 年进京农产品总额达到 4750 亿元，其中在京消费总额达到 2450 亿元，比 2002 年增加了 1850 亿元。三是北京市城镇居民农产品消费观念、消费结构、行为模式都发生了较大转型升级。在消费观念上，北京市城镇居民从过去的要求吃饱到追求吃好，从只看价格到关注质量安全、服务附加值和品牌价值，从只关注自家餐桌到关心生态环境保护、社会公平等更高层面。在消费结构上，北京市城镇居民农产品从富裕型向最富裕型转变。在消费模式上，农产品线上消费逐步成为北京市城镇居民的重要消费方式。

---

① 北京市统计年鉴自 2017 年开始未公布不同收入层级的城镇居民消费支出数据。

（二）北京市场对农产品供给的特殊性需求

一是大国首都的政治考量对农产品提出优质保障需求。我国是一个拥有 14 亿人口的大国，更是一个大世界经济体，2019 年我国 GDP 达到 14.8 万亿美元，占世界 GDP 的 16.9%①。《北京城市总体规划（2016 年—2035 年）》提出，北京市作为大国首都的政治中心，既要为中央党政军领导机关提供优质服务，全力维护首都政治安全，保障国家政务活动安全、高效、有序运行。承担着 2150 万常住人口的正常生活保障工作。二是首善之区的社会考量对农产品提出优先保障需求。北京市具有任何其他省市所不具备的首善之区治理资源和优先保障民生的公共服务资源。一方面保障首都市民菜篮子、米袋子是具有全局性、战略性的刚性任务。另一方面首都市场是全国农产品市场的信号灯，具有较强的示范效应和引领作用。三是重大国际国内活动对农产品提出应急保障需求。作为国际交往中心，各类型高层国际交往活动，对京郊农业农村"会客厅"的需求日益增长。2019 年北京市为新中国成立 70 周年活动、全国"两会""一带一路"高峰论坛等 7 项重大活动供应农产品 115 万公斤②。

（三）城乡融合发展对农业多功能的需求日益增长

一是首善之区对郊区生态环境和安全优质水源的需求日益增强，表现在三个方面：首先，随着城区的不断扩张，大量的猪、鸡等大型养殖企业不断向离城市更远的郊区、外埠基地梯度转移。其次，划定与保护生态涵养区，相关生态涵养区保护政策限制了种养业发展。北京市生态涵养区面积 1.1 万平方公里，约占北京全市面积的 2/3。最后，落实北京城市总体规划，持续推进一道绿化隔离区和二道绿化隔离区建设。生态功能是绿隔地区的基础功能，城市公园环的建设绿地覆盖率均在 90% 以上。二是消费升级对观光休闲和乡村旅游的需求不断增加。根据北京市统计局数据，2005—2018 年，北京市农业观光园和民俗旅游的游客总体上呈逐年上涨趋势，2018 年北京市农业观光园游客达到 1897.6 万人次，是 2005 年的 2.13 倍，民俗旅游的人数达到 2232.1 万人次，是 2005 年的 2.94 倍。2018 年到京郊农业观光园的游客支出达到 27.3 亿元，用于民俗旅游的消费达到 13 亿元。三是城市发展对乡村战略腹地与承载空间的需求持续扩大。新中国成立以来，北京城市空间不断扩大。1949 年为 108.9 平方公里，1979 年为 339.4 平方公里，1995 年达到 476.8 平方公里。根据《北京城市总体规划（2016—2035 年）》，北京城市空间将达到 1633.3 平方公里。随城市化加快，郊区还是城市人口和流动人口的居住地。2018 年，北京市常住人口中有 44.1% 居住在城区，21.6% 居住在近郊，34.3% 居住在远郊。北京外来常住人口中有 47% 居住在京郊。

---

① 数据来源：中国 GDP 和社会零售总额来源于中国国家统计年鉴 2020，世界 GDP 数据来源于世界银行，根据 2020 年 10 月 31 日人民币兑美元汇率折算，1 人民币 =0.1494 美元。

② 北京市农业农村局.《2019 年北京市农业农村经济运行分析》[R]. 北京市农村经济研究中心.《2019 北京市农村经济发展报告 第一分册 农村综合经济》[C].2020:6.

二、北京市场引导农业产业结构调整的路径与成效

纵观改革开放以来北京市农业产业结构调整的历程，可以看到京郊农业供给侧的两次重要的结构调整与市场引导有密切关系。在北京市农业市场化改革后，市场引导郊区农业产业结构调整的效果比较显著，1979—1994年北京市农业生产开始从计划走向市场，实行家庭联产承包制，农业产业结构调整步伐加快，在粮食生产发展的基础上，京郊畜牧养殖业快速发展，种植业内部也开始向蔬菜、瓜果等经济作物调整，郊区农业“菜篮子”功能越来越重要，农业成为城市副食品基地的功能越来越突出。进入20世纪90年代中期以后，北京市农产品市场供求矛盾逆转，农产品流通体制改革与完善，北京市城区农副产品供给对郊区的依赖性减弱，北京市城市化快速发展使得郊区土地的级差地租越来越高，城市对郊区的生态功能需求越来越高，北京城市居民对郊区农业的生活功能需求日益增长，这些因素迫使郊区农业必然要在这一背景下，京郊农业产业结构从城郊型农业向产业化与都市型现代农业转型升级。在市场引导下，1997年北京市委市政府提出发展“六种农业”，2004年北京市政府出台了《关于实施“221行动计划”推进北京农业现代化的意见》（京政农发〔2004〕7号），提出都市型现代农业发展目标，2006年北京市印发《关于发展都市型现代农业政策的意见》。经过十几年的持续努力，京郊农业产业结构调整取得了突出成效。

（一）初级农产品的名特优新化

一是形成了一系列有影响力的知名农业品牌。涌现出了首农集团、顺鑫控股、北大农等168家市级以上的农业龙头企业，2017年全市蔬菜、禽蛋、肉奶等市场上较为知名的北京农产品品牌有30多个，其中三元食品、德青源鸡蛋、鹏程肉食品牌价值超过1000亿元。近年来，京郊新兴了天安农业、密农人家、千喜鹤、荣涛食品、绿纯、灵之秀、富亿农等一批具有一定影响力的新品牌。二是特色农产品产业集群逐步形成。京郊乡村特色产品达到117个，逐步形成了平谷大桃、昌平苹果、草莓，通州樱桃、门头沟京白梨、大兴西瓜等地区特色产业集聚区。目前获得认定的北京市特色专业示范村达到25个、产业强镇2个，普通专业村22个。京西稻、平谷大桃、安定桑葚、大兴西瓜、通州大樱桃、张家湾葡萄等19个特色农产品通过了国家地理标志认证。三是北京市优质安全农产品比重持续上升。2019年北京市“三品一标”覆盖率达到86.9%，全市绿色农产品企业总数为36家，绿色农产品产量为22.4万吨，有机农产品企业数为88家，有机农产品产量为2.3万吨。四是京郊蔬菜、瓜果、畜禽、水产、蛋奶的品种不断更新。2019年北京市研发与筛选新品种219个、新产品172个、新技术218项，实现经济效益6.02亿元①。

（二）农产品自给率、控制率、保障率的转换与互动

面对北京市农业资源有限和消费需求巨大的矛盾，北京市“菜篮子”生产建设立足都

---

① 北京市农业农村局.《2019年北京市农业农村经济运行分析》[R]. 北京市农村经济研究中心.《2019北京市农村经济发展报告 第一分册 农村综合经济》[C].2020:5.

市型现代农业发展，提出“三率一能力”的建设目标：即稳步提高“菜篮子”重点产品的自给率，大幅提升“菜篮子”重点产品的控制率，全面稳步提升“菜篮子”重点产品的质量安全合格率，以及显著增强“菜篮子”重点产品的应急保障能力。北京市终将提高自给率作为一项重要任务，《“十二五”北京市都市型现代农业发展规划》提出，到2015年北京市蔬菜、猪肉、禽肉、鸡蛋、鲜牛奶等“菜篮子”主要产品的自给率分别提高到35%、30%、70%、66%、68%以上。然而，受京津冀协同发展战略和疏解非首都核心功能的影响，北京市农业空间在2014年开始大幅压缩，重要农产品自给率持续下降。2019年北京市蔬菜自给率下降到10%、猪肉自给率下降到2%左右。尽管如此，北京市市民的“菜篮子”并没有受到影响，这是由于北京市通过建设外埠基地、提升农产品流通能力，提高了北京市重要农产品的控制率和保障水平。2020年通过本市龙头企业自建的外埠养殖与屠宰加工基地可供京475.73万头，占全市需求量的53.45%；本市龙头企业通过联营形式管理的外埠养殖与屠宰加工基地可供京833.5万头，占全市需求量的93.65%。

（三）形式多样的农产品市场流通能力显著提升

自2015年以来，北京市农产品市场流通体系进入了京津冀协同发展的新阶段，农产品市场流通渠道更加多元化。一是北京农产品销地批发市场向以新发地农产品批发市场和北京鲜活农产品流通中心为主的“双核”格局转变，农产品零售渠道更加发达、便利性更加突出、环境和治理水平明显改善。二是北京市农产品销地流通体系逐步升级。新型农业经营主体进入农产品电商、微商、网红直播等新渠道。2018年通过密农人家电商平台在天猫、京东、淘宝、微信等渠道销售160余种优质农产品，聚焦北京城区中高端市场，辐射津、冀、江、浙、沪等省市，实现销售收入3500余万元，直接带动460余户农民。随着观光休闲农业的发展，在地采摘等比例日益提升。2019年，采摘收入、出售农产品收入占全市948个农业观光园区收入的48.8%。德青源、北郎中、千喜鹤等农业龙头企业的快速发展，促进了农产品的产销、加工、存储、运输一体化，推动京郊农产品直接进入市场，减少了农产品流通的中间环节。三是新型农产品销售渠道快速发展。在消费者需求多元化、个性化、高端化的推动下，社区支持农业、消费者联盟等新型农产品销售模式显示出了旺盛的生命力，推动了社区团购、社社对接、高端会员制、订单宅配等多形式的优质安全农产品直达消费者的新流通渠道悄然而生。四是农产品线上销售日益成为农产品批发、零售的重要渠道。2019年北京市有4000家以上的农产品电商，初具规模并且运营能力比较强的约有650家。2019年北京市本地农产品线上销售量约达到6.5万吨，线上销售率为3%，2020年上半年提升到4.4%。

（四）休闲农业与乡村旅游产业的产生与发展

北京市农业观光休闲与乡村旅游产业从20世纪80年代后期开始起步并快速发展。30多年来，北京市持续打造了一批精品乡村民宿和精品乡村旅游路线，推动休闲农业与文化创意产业融合发展，将绿水青山变为金山银山，京郊休闲农业与乡村旅游业不断提档升级，已经发展成为北京市都市农业的领跑产业和支柱产业。2005年以来，北京市观光农业的经营主体在2008年达到峰值，为1332个，2019年受大棚房整治工作影响，部分观光园违规设施被拆除，观光园个数减少到 948 个，观光休闲农业吸纳了郊区 4 万左右劳动力就业，平均每个农业观光园的经营收益从 2005 年的 77.9 万元增加到 2019 年的 244.7 万元。2019 年北京市农业观光与乡村旅游业总收入达到 37.6 亿元，占北京市农林牧渔业总产值的 13.3%。

（五）生态涵养与环境保护综合能力提升

生态涵养区发挥了重要的生态屏障和水源保护功能，门头沟、平谷、怀柔、密云、延庆以及昌平和房山的山区坚持生态保育、生态建设和生态修复并重，近年来生态涵养区退煤还绿，退耕还林，发展绿色生态产业，具有高生态涵养价值的生态林面积大幅度提升。北京市从 2012 年开始实施了为期三年的百万亩平原造林工程，2018 年北京市启动了新一轮百万亩造林工程。2012—2018 年累计造林面积达到 225 万亩。2018 年北京市森林覆盖率达到 43.5%，比 2012 年提高了 4.9 个百分点。北京都市型现代农业生态服务价值显著提升。2019 年北京都市型现代农业生态服务价值年值为 3895.32 亿元，比 2015 年增长了 11.9%。其中，生态与环境价值为 2226.44 亿元，比 2015 年增长了 18.9%[①]。生态与环境价值占总价值比重从 2015 年的 51.9% 上升至 2019 年的 57.2%，提高了 5.3 个百分点。

三、北京市场引导农业产业结构调整存在的问题

（一）宏观市场功能强化与本地市场弱化

北京市场是一个面向全国、面向世界的市场，是一个特大消费市场。改革开放以来，北京市农业市场快速发展，对我国农业市场的综合调控能力日益增强。这一方面极大地丰富了北京市场需求，另一方面降低了北京市场对京郊农产品的依赖程度，北京市场的供求变化对京郊农产品生产的调节功能日益弱化。20 世纪 90 年代，北京市场需求的各类农产品主要依靠京郊农产品供给。目前北京市主要农产品自给率已经非常低。北京市场的供求关系、价格信号对北京本地农产品生产的调节作用十分微弱，京郊农业经营主体生产什么、怎么生产主要受到政策导向的影响比较大。

（二）农产品供给与需求存在总量和结构性的偏差

一是北京市主要农产品自给率总体偏低。2019 年北京市蔬菜自给率仅为 10%，生猪自给率仅为 3.2%。二是地产有机绿色农产品的供给能力有限。2019 年全市“菜篮子”绿色有机农产品认证覆盖率仅为 11.3%。三是京郊农业的服务性供给能力和水平还比较低。多数农产品生产和销售只注重产品，缺乏对产品服务附加值的关注。满足市民对农耕文化、农业休闲观光等服务性需求的供给能力还比较弱。京郊农业观光休闲、乡村旅游业发展总体上缺乏高品位、独特性、标准化的优质品牌效应，小散低劣、坑蒙消费者的现象仍然存在。

---

① 北京市统计局、国家统计局北京调查总队、北京市园林绿化局、北京市水务局、北京市农业农村局．2019 年北京都市型现代农业生态服务价值监测公报 [R]. 北京市统计局官网：http://www.beijing.gov.cn/gongkai/shuju/sjjd/202005/t20200528_1910116.html.

（三）京郊农业供给侧结构性调整面临较强硬约束

一是京郊农业发展空间十分有限。近十年来，全市确权地面积由2008年的472.1万亩减少到2018年的425.3万亩，减少了46.8万亩。2018年全市农作物播种面积159万亩，比2014年减少了141万亩。其中，粮田播种面积84万亩，菜田播种面积54万亩。二是农业劳动力日益减少和老龄化，雇工成本持续高涨。据北京市全国“三农”普查数据，2016年全市农业劳动力人口为50.9万人，比2006年减少了14.8万人，55岁及以上农业劳动力占40.6%。据京郊25个农产品成本效益的监测①，2016年北京市25个农产品平均工值为102.79元/工日，同比提高5.84元/工日。2012年至2016年间，平均工值增长了46.3%。三是农业生产成本持续上升，投入产出率持续下降。根据京郊25个农产品成本效益的监测，2016年25个品种平均投入产出率（单位产品收入/单位产品成本）为152.5%，同比下降4.1%。

（四）小农户与大市场的矛盾依然突出

一是小农户仍是京郊主要的农业经营主体。北京市农民户均承包土地4.4亩，2018年经营规模10亩以下（不含10亩）承包地为221万亩，占承包地面积的52%。二是小农户生产难以形成农产品市场的品牌效应。因品牌建设投入不足、品牌效应微弱，且缺乏区域品牌的有效保护措施，京郊特色、优质农产品面对大宗农产品的冲击比较大，难以进入高端消费领域。以怀柔板栗产业为例，由于地方政府对板栗产业缺乏发展的长期设计，目前市场上怀柔板栗已经基本上被迁西板栗代替。三是京郊农产品的产地销售渠道发展滞后，导致京郊农产品进入市场仍比较困难。京郊农产品流通的基础配套设施不足，因产地缺乏建设用地指标，使得很多产地无法建设冷库。京郊农产品产地批发、零售市场发育缓慢。

四、北京市场引导农业产业结构调整的政策建议

面对大国首都对京郊农业提出的刚性需求和个性化需求，京郊农业供给侧结构性改革应紧扣城市总体规划和京津冀协同发展战略对农业发展提出的新要求，依靠科技和政策，依靠组织振兴，依靠深化农业市场体制改革和更好地发挥政府作用，实现北京市场更好地引导农业供给侧结构性改革，激活农村发展新动能。

（一）找准功能定位，更好践行农业服务首都“四个中心”的战略作用

紧扣北京城市总体规划和京津冀协同发展战略对京郊农业提出的新需求，突出农业的压舱石和战略后院地位，充分发挥农业的城市后花园作用，提高农业服务“四个中心”的战略作用，加快农业与教育、文化、科技、国际交流的深度融合，推动农业从初级产品供给到精神产品、服务贸易产品和生态产品供给的转变。一是突出农业的压舱石地位，体现大国首都和首善之区的政治担当，压实重要农产品稳产保供责任，同时大幅度提高绿色有

① 北京市农研中心课题组．2016年京郊25个农产品成本效益分析[R]．北京市农村经济研究中心调查研究报告，2017（28），总第292期．

机农产品生产面积，推动延庆、怀柔、密云等地区建设全域有机农产品生产集聚区。加大对绿色、有机农产品的认证率，扶持和培育有机农业生产经营主体。二是突出农业的战略后院地位，围绕服务首都“四个中心”功能对农业多功能性需求，着力推进京郊观光休闲和民俗旅游业特色化、名牌化、国际化。发展和保护京郊地理标志性产品、非遗农产品、具有丰富传统文化内涵和符号特征的农产品（农事活动）。以“密云农业”“妫水农耕”“平谷大桃”“大兴西瓜”“房山磨盘柿”“门头沟京白梨”“通州大樱桃”等区域农业公共品牌产品为核心，推动京郊优质品牌农业与优质乡村旅游企业结盟，将精品民宿、重要节庆会展活动、精品旅游线路、民俗体验活动等融为一体，形成以农业好品牌为内核，以技术、营销、文化为支点的具有核心竞争优势的区域特色民俗旅游精品品牌。三是突出农业的城市后花园作用，以满足市民日益增长的美好生活需要和国际交流中心的需要为核心，推进乡村一二三产业融合发展，推动农业从初级产品供给到精神产品、服务贸易产品和生态产品供给的转变。着力打造两类乡村旅游产品，即打造亲民、乐民、育民的精品观光休闲和乡村旅游产品，鼓励发展社区支持农业、教育农园等城乡融合发展的新业态；打造具有国际水平、体现京味特色的乡村旅游产品，形成能够满足国家政治交往、民间国际文化艺术生活交流需求的独特观光休闲和乡村旅游文化产品。

（二）突出科技支撑，引领都市农业高质量发展

着力提升科技对农业的支撑力，推动北京都市型现代农业向优质高效方向发展，加快形成科技引领的新产业新业态。一是加大对农业科技研发和推广的支持力度。以京瓦农业科技创新中心建设为引擎，集聚平谷、海淀、通州等科技资源优势，打造世界农业“硅谷”。加大对农业新品种、新产品、新技术研发、推广、应用的补贴力度，加大对适用于设施农业、观光园区等特定应用场景下的实用型农业机械应用补贴，加大对绿色生物防疫技术应用的补贴力度。鼓励和支持从粮食、蔬菜、生猪等重要农产品生产的经营主体引进世界最先进的生产设备、技术和科技人才。二是发挥工厂农业、数字农业的优势，实施高标准农田建设工程，大力推进现代化设施蔬菜发展，提高设施农业配套设施的科技含量，着力建设提升东南、东北和西北三个蔬菜产业带，推动形成高标准设施农业产业集群。加大种业关键技术研发和转化力度，推广生态环保型生猪养殖技术，建设现代化生态规模养殖场，以提高科技进步率为重点，为实现蔬菜自给率达到 20%、生猪自给率达到 10% 的目标注入科技要素。三是发挥互联网、物联网、大数据的优势，推动农业产加销一体化。加大对农产品质量安全的可追溯体系、质量安全监测技术的支持力度，进一步扩大农产品可追溯的覆盖率。加大对冷链物流等现代农业市场基础设施的投入。重视数字经济与农业生产和农产品流通体系的深度耦合。扩大智慧农园建设试点范围，通过支持互联网、物联网、大数据等信息技术在农业生产、流通等领域的应用，实现农业生产经营的精准化，提高农业经营主体“以需定产”的能力。四是依托科技手段，建立和完善农业生产全程社会化服务体系。推动现代信息技术和人工智能技术在农业生产经营的产前、产中、产后的全程服务中的示范与应用，鼓励市场主体和社会力量参与到农业生产的社会化服务中来，既创造乡村新兴服务业，又吸纳更多的劳动力返乡创业。

（三）完善政策体系，营造更好的农业经营政策环境

一是推动重要农产品的目标价格政策改革，研究制定激励和引导农民种粮、种菜、养猪的市场激励机制和保护机制。在制定农业支持保护补贴政策时，考虑农业经营主体种粮、种菜、养猪的机会成本，避免农地非农化、非粮化的违规经营行为。二是着力构建加快补齐京郊农产品产地销售市场体系建设短板，加大农产品产地销售市场基础设施建设，重点加大农产品冷链物流、仓储、信息化等基础设施投入。三是转变农业支持政策的供给模式，为农业生产经营主体提供可持续经营的良好政策环境。划定政府投入与社会经营主体投入的领域，加大公共财政对支撑现代农业发展的基础设施的投入，建立政府投入、企业运营、农户参与并受益的良好政策互动机制。四是提高农业扶持政策的稳定性，形成有利于稳定经营和长期博弈的市场预期，推动经营主体按照市场规律生产经营。五是加大对新型农业生产经营主体、新兴农产品流通主体，特别是新型农产品电商经营主体的培育和支持，实施针对农产品经纪人、新型经营主体带头人、农业职业经理人等进行更加符合市场需求的人才培养工程。

（四）推进组织振兴，助力首都农业发展动能的转换

一是推进集体经济组织建设与发展，使之成为推动农业供给侧结构性改革的真正市场主体。市委市政府应完善《关于加强农村集体经济组织建设，发展壮大新型集体经济的决定》，为新时代首都乡村集体经济组织建设和新型集体经济发展提供有力的政策指导和支持。二是鼓励支持农民专业合作组织发展。推进农民专业合作社，特别是农业产销一体型专业合作社的发展，提升国家级和市级示范社的带动能力，开始以示范社带动普通农民专业合作社的方式，提高全市农民专业合作社的共同发展。加大对农民专业合作社示范社的建设和支持力度，鼓励示范社带动周边或者同行业合作社规范发展，提升农民专业合作社带动农户进入市场的能力。三是继续推动产业化联合体建设，形成农业产业化龙头企业带动农民专业合作社、农业专业大户进入市场的有效路径。

（五）转变生产方式，加快推进农业规模化经营

加快推进农业适度规模经营，提高各种生产要素协同效应，提高有限空间下的产出效率，推动规模化经营与大市场的有效衔接。一是以地理标志产品为主线，在有条件的地区推进一村一品、一镇一品、一区一品，形成区域品牌效应，打造独具京郊特色的区域农产品品牌。二是引导新型经营主体开展适度农业规模经营。鼓励农户以土地承包经营权入股的方式组建土地股份合作组织，或将土地承包经营权直接流转给农民专业合作社，由合作社采取直接经营、委托经营、与农业企业、工商企业联合经营等多种方式的规模经营。三是多渠道提升新型经营主体的适度规模经营效益。向经营模式要效益，鼓励新型经营主体有效整合农村各类资源，将农业生产、农耕文化、农产品加工、乡村旅游融合起来，进一步促进一二三产深度融合发展。向管理要效益，鼓励农民以土地入股的方式组建土地股份合作社，降低土地流转成本，提升规模经营效益。向科技要效益，鼓励和推动更多有条件的种粮经营主体发展籽种农业、特色农业。向品牌要效益，推动新型经营主体品牌建设，实现高端农产品的优质优价。

（六）健全市场机制，提高农业生产要素的配置效率

完善要素市场化配置是建设统一开放、竞争有序市场体系的内在要求。认真贯彻落实2020年中共中央、国务院颁发的《关于构建更加完善的要素市场化配置体制机制的意见》，构建更加完善的要素市场化配置体制机制。一是深化农村“三块地”改革，建立健全城乡统一的建设用地市场，制定北京市农村集体经营性建设用地入市指导意见。深化农村承包地“三权分置”改革，引导农用地承包经营权规范有序流转。探索制定农村闲置农宅利用的管理办法。二是加强农村资本市场建设，针对高科技、高收益型的现代农业社会化服务领域可以引入风投、农担等金融机制，针对基础性、民生保障性的农业生产要加大政府财政支持力度，重新界定现代农业发展所需的基础设施的内涵和外延，加强对民生保障性现代农业产业的基础设施投入，推动农业经营主体“轻资本”运营。三是推动城乡劳动力要素合理流动。建立城市教育、就业创业、医疗卫生等基本公共服务与常住人口挂钩机制，推动公共资源按常住人口规模配置。建立农村与城市同等保障水平的教育、就业、医疗卫生等基本公共服务制度。保障城乡、本地和外地劳动者都享有平等就业权利。四是推进农业技术和大数据等要素市场化配置，加强对农业科技成果专利和知识产权的保护，支持构建农业等领域规范化数据开发利用的场景，加强对数据安全的保护，提高农业农村大数据资源的社会价值。五是推动农产品市场流通体系管理的现代化、规范化、制度化，提高市场信号传递的效率和准确度，提高农产品批发市场、零售市场的运营效率。

课题负责人：曹四发
课题责任人：张英洪
课题组成员：刘雯、王丽红、李婷婷、甄莹莹
执　笔　人：王丽红

北京农产品供销体系问题初步研究

“农产品供销”在农业经济理论中也称作“农产品流通”或“农产品运销”，是指农产品由生产者达到消费者的整个流通过程中发生的经济现象。根据市委农工委、市农业农村局的课题要求，本研究将主要使用“农产品供销”概念，有时也使用“农产品流通”或“农产品运销”概念。在本研究中，可将三个概念等同理解。

本研究聚焦北京地产农产品供销体系问题，分析当前北京农产品供销体系面临的新形势、发生的新变化，研究北京地产农产品供销体系现状及存在问题，探讨在都市型现代农业发展的定位下，北京市引导地产农产品畅通高效流通，提高农业资源配置效率的对策建议。

一、北京农产品供销体系面临的新形势与新变化

农产品供销在经济发展过程中，与农业生产同等重要，并且紧密相连、相互影响。农产品供销的发展可使农业资源分配更趋合理化。有效率的农产品供销，可据以建立运销导向的生产机制。同时配合有计划的生产，可促使土地与其他农业资源达到最有效率的组合，使得农业资源得到合理的配置。

近几年来，随着京津冀协同发展国家战略的深入推进，在三地政府主导下，新一轮旨在推动京津冀农产品产供销一体化的农产品流通体系建设正在大力推进，京津冀农产品供销体系正在重新布局，北京农产品供销体系的架构和功能也随之发生重大变化。

（一）新形势

在北京，农产品批发市场承担了全市约 70% 的农产品经由量，是农产品流通的主渠道。同时，北京的农产品批发市场中有 25% 的过境交易，对于推动南北方农产品在华北地区的集散调度发挥了重要的作用。但由于大量的农产品过境运销也为首都带来了很多交通、环境、治理等大城市病问题，不符合首都“四个中心”的城市战略定位。为了疏解这项非首都功能，推进京津冀协同发展战略，从 2016 年起，在国家有关部委的推动下，按照《京津冀现代农业协同发展规划（2016—2020 年）》的战略部署，北京市与河北省、天津市开始着手实施京津冀农产品流通体系创新行动。

2016 年 3 月，国家发展改革委、农业部、工业和信息化部、财政部、交通运输部、商务部、人民银行、银监会联合发布《京津冀现代农业协同发展规划（2016—2020 年）》，

要求完善区域流通体系，推进市场协同，围绕满足京津等区域大中城市农产品消费需求，依托交通节点，合理布局农产品产地市场、销地市场、集散地市场和农贸市场，有序推动北京大型农产品批发市场转型升级，大力发展农产品冷链基础设施，在环京津地区打造若干个冷链物流节点，加快构建环京津 1 小时鲜活农产品物流圈。

2016 年 6 月，国家发展改革委、农业部、商务部、交通运输部、海关总署、质检总局六部委又联合印发了《京津冀农产品流通体系创新行动方案》，要求发挥京津冀三地比较优势，结合北京非首都功能疏解和重点领域率先突破，加强农产品流通体系建设的统筹规划和分工协作，经过 3 年左右时间，基本建立统一开放、分工协作、竞争有序、畅通高效的京津冀农产品流通网络体系。

2016 年 12 月，为落实《京津冀农产品流通体系创新行动方案》，北京市发改委等九部门联合印发《北京市落实京津冀农产品流通体系创新行动工作方案》，提出立足首都城市战略定位和京津冀农产品流通体系发展实际，以满足本市农产品消费需求为核心目标，以健全优化本市农产品流通网络为总体任务，充分考虑津冀地区比较优势，统筹调整本市农产品流通市场布局，利用三年左右的时间，建立安全稳定、创新高效的首都农产品流通体系。

2017 年 3 月，北京市商务委员会、天津市商务委员会、河北省商务厅联合发布了《环首都 1 小时鲜活农产品流通圈规划（2016—2020）》（以下简称《规划》），提出建设“一核双层、五通道、多中心”的环首都鲜活农产品流通网络，为建设北京国际一流的和谐宜居之都、推动津冀农业升级和农民增收提供有力支撑和保障。预期“环京 1 小时农产品流通圈”最远辐射下花园、涿鹿、定兴、霸州、三河和香河，圈内覆盖怀来、高碑店、涿州、固安、永清和大厂，环京 1 小时蔬菜基地约 180 万亩，年产量约 410 万吨，供京能力可达 52%。《规划》明确要求，北京农产品批发市场鲜活农产品过境物流比例下降 90% 以上。规模以上农产品流通企业（含超市）在津冀直采直供蔬菜量达 15 万吨，增幅提升至 18%。津冀供京蔬菜数量比重由 2015 年的 20% 提高到 2020 年的 25%。

（二）新变化

在京津冀协同发展国家战略的强势推动下，京津冀农产品流通体系创新行动取得积极进展，京津冀三地农产品流通一体化格局正在形成，北京市以农产品批发市场为主渠道的农产品流通体系正在发生深刻变化，突出表现在以下几个方面：

1. 从市域各自为政转向区域流通一体化。与之前的京津冀三地农产品产供销各自谋划、各成体系相比，此次京津冀农产品流通体系创新行动的核心目标是实现京津冀三地的农产品产供销体系一同谋划、整体布局。其中三地有明确的功能定位：北京加快疏解跨区域大宗农产品中转集散功能，突出发挥资本、信息、技术管理的输出与辐射作用，加强城市高效物流配送体系、终端销售模式、农产品电商等创新。天津总结对台冷链物流试点经验，提高全程冷链、生鲜宅配等创新发展能力，发挥港口和自贸试验区等优势，积极打造北方进出口农产品集散中心。河北着力发展一批优质农产品生产基地，加快建设一批农产品加工仓储物流园区，改造升级一批现代化农产品批发市场，扶植引导一批线上线下融合发展、高效物流加工配送、绿色消费优质品牌的现代农产品流通企业，构建面向京津及域内大中城市消费的优质农产品供应链体系。三地分工层次分明、功能互补。河北主导区域内从农产品生产到加工物流配送的全供应链建设。天津充分发挥港口优势主要承担了北方进出口农产品集散功能。北京着重发挥高端要素供给、终端销售配送、创新引领示范等作用，北京农业生产的功能进一步弱化，特大城市的消费带动功能将继续增强。据调研，在设施建设方面，三地已经联合签署合作协议，以共建共享等方式在天津滨海新区、河北张家口、廊坊和保定等地建设和改造一批主要服务北京市场的农产品流通项目。北京多家企业积极建设首都农产品外埠基地，已在环首都地区建立 49 个蔬菜基地和多个畜禽养殖基地。

2. 从“多中心”市场体系转向“双核”保障格局。疏解非首都核心功能是京津冀协同发展的牛鼻子，相应地疏解农产品流通非首都核心功能也是京津冀农产品流通体系创新行动的首要任务。《北京市落实京津冀农产品流通体系创新行动工作方案》明确要求有序疏解转移区域性大宗农产品中转集散功能，逐步健全完善北京新发地河北高碑店市场等外埠平台，有力承接本市外迁功能，打造新发地农产品批发市场和北京鲜活农产品流通中心“双核”保障格局。加速新发地农产品批发市场①的调整升级和功能转型，将其升级为以蔬果类经营为主、突出专业化、绿色配送和展示功能的全市型农产品配送枢纽；加强建设北京鲜活农产品流通中心工程，将其打造为承担首都农产品安全供应和应急储备职责、具备现代化承接能力的全市型农产品配送枢纽。随着五环内一级农产品批发市场的有序调整和退出，北京原有的以各大农产品批发市场为主体的“多中心”农产品市场体系逐渐被以新发地农产品批发市场和北京鲜活农产品流通中心为“双核”的保障格局所替代。据调研，截至 2019 年底北京已相继拆除或清退农副产品市场 109 个，北京新发地农产品批发市场在疏解后实现市场占地减量、商户减量、垃圾减量、交通减量的“四减”，商户由 8000 多户减至 4000 多户，进场车辆由 2 万辆减少至 1 万辆。新发地市场大量上游产业链环节外迁至高碑店市场。北京鲜活农产品流通中心项目正在建设中，主要承接四环内传统农产品批发市场的调整退出业务，同时保障“正副中心”安全农产品供应，设计吞吐量为年交易额 800 亿元、年交易量 700 万吨，承担全市核心城区约 40% 的鲜活农产品供应。

3. 从集散型市场功能转向销地型市场功能。因资讯、区位、交通和服务的优势带动，原先北京市有一批农产品批发市场天然形成了中转集散功能，满足附近省份地区基本的农产品中转供应。其中，新发地农产品批发市场是典型的集散型市场。就全市来说，2018 年北京市批发市场蔬菜的总上市量是 889.2 万吨，在批发市场交易量中有 25% 属于过境交易，据此初步匡算，全市约有 222 万吨的蔬菜属于过境交易。这次京津冀农产品流通创新行动明确要求北京农产品批发市场鲜活农产品过境物流比例下降 90% 以上，将集散型市场功能转移到河北地区，支持鼓励本市传统型农产品批发市场通过节约集约利用土地、大

① 注：2019 年，新发地农产品批发市场年交易量 1749 万吨，交易额 1319 亿元，在全国 4600 多家农产品批发市场中连续 17 年双居全国第一。

力发展电子商务、升级市场交易模式、完善城市物流配送、提高冷链设施水平等手段加快向现代型农产品配送中心转型升级。所以未来北京市大型农产品市场设施的功能更多偏重于“最后一公里”的城市配送、冷链物流、终端零售等农产品供应链下游功能，其产品集散、价格形成、信息传输、引导生产、调节供需、稳定价格、带动就业的功能将大幅减弱。

4. 从批发市场为主转向农产品流通多元化。根据东亚小农经济的农产品流通规律，随着消费需求的不断变化，农产品经由批发市场流向消费者的比率会自然降低，短渠道的直供模式由于环节少、农产品在流通中停留时间短、节省流通费用等优势而逐渐增多。如在日本，蔬菜等鲜活农产品在批发市场的经由率曾经高达 85%，但目前经由率已经下降到约 65%。在这种规律的驱使下，加之北京农产品批发市场的行政式削减，未来短渠道的农产品直供模式比重将进一步增加。

5. 从线下主体交易转向线上线下交易同步发展。随着 5G、大数据、云计算、冷链物流等信息物流技术突飞猛进的发展，北京市的农产品流通业态与营销模式不断创新创造，“生产基地 + 线上销售平台”的垂直电商模式、“以销定产”的社区团购模式、直播销售平台、以“盒马鲜生”为代表的线上线下相结合的互动式消费体验的新零售、“前置仓，30—60 分钟快速达”等新模式、新业态竞相发展。目前，北京市有 4000 家以上的农产品电商，其中有一定规模且具备运营能力的企业约有 650 家。特别是 2020 年上半年新冠肺炎疫情以来，生鲜电商发展迅猛，吸收和培养了一大批新用户，北京网民网购生鲜农产品的生活习惯正在逐步形成。

二、北京农产品供销体系现状

（一）北京市农产品供给分布情况

北京市场上的农产品包含地产农产品与外来农产品，从供给数量来看，外来农产品占比较高，地产农产品占比较低。据统计，2018 年北京市主要农产品的产量和自给率分别为：粮食 34 万吨、自给率 4.3%；蔬菜 130.6 万吨、自给率 10%；肉类 24 万吨、自给率 6.0%；禽蛋 11.2 万吨、自给率 35.0%；水产品 4.5 万吨、自给率 5.0%；牛奶 31.4 万吨、自给率 32.4%；干鲜果品 61.1 万吨、自给率 22.6%。2019 年，北京市蔬菜、肉类等主要农产品的产量和自给率比上年仍在下降。

从供给地来源看，以蔬菜为例，近几年北京市蔬菜的主供地向河北和山东集中，两省约占 60%；其次是，内蒙古、天津，两省约占 9%；南方四省（广东、广西、云南、海南）合计占比 10.3%。北京市自给蔬菜占比在 8.7%。2017—2019 年全年北京市批发市场蔬菜平均上市量 888.9 万吨。

表 1　2017—2019 年北京市蔬菜主供地占比及供应量

	占比（%）	供应量（万吨）
河北	39.1	347.5
山东	20.7	184.0
北京	8.7	77.1
内蒙古	5.0	44.4
天津	4.0	35.6
广东	4.0	35.4
广西	3.7	33.2
辽宁	3.5	31.0
江苏	2.2	19.6
海南	2.0	18.0
甘肃	1.0	8.4
河南	0.9	7.7
吉林	0.7	6.6
山西	0.7	6.5
福建	0.7	6.2
上海	0.6	4.9
云南	0.5	4.6
四川	0.5	4.6
湖北	0.5	4.4
浙江	0.4	3.2
黑龙江	0.3	2.8
湖南	0.3	2.6
安徽	0.08	0.7
合计	100	888.9

分季节来看，根据全国蔬菜生产供应的季节性分布以及蔬菜主栽品种，北京市蔬菜来源地分布也呈现一定的季节性变化。主要表现在三个方面：一是每年的 6—10 月份河北省蔬菜进京接近北京市蔬菜上市量的一半（平均占比 48.3%），其中 9—10 月份占比在一半以上；二是山东省蔬菜在每年的 5 月份、11—12 月份相对占比较大，平均占比 23.9%，与河北省形成较好的互补性；三是南方四省（广东、广西、云南、海南）在每年的 12 月至来年的 4 月份在北京市蔬菜供应中占较大比例，平均占比 17.0%，补充北京市冬天淡季蔬菜供应。

表 2　2017—2019 年我市蔬菜分月度主供地分布

	北京	天津	河北	内蒙古	辽宁	江苏	山东	河南	广东	广西	海南	云南	甘肃
1月	7.2	3.6	28.1	4.7	3.9	1.8	20.1	1.3	4.8	4.2	5.4	1.2	1.3
2月	6.8	3.3	27.5	5.0	3.9	2.4	20.5	1.0	7.2	6.9	6.1	0.5	0.8
3月	6.6	3.2	27.8	4.8	3.9	2.6	21.2	1.0	7.3	7.0	5.3	0.5	0.7
4月	7.2	6.4	34.7	5.7	5.7	2.0	19.7	0.5	6.7	6.6	1.9	0.6	0.4
5月	7.8	7.0	36.7	2.8	3.3	2.8	24.0	1.0	4.2	4.3	0.4	0.3	0.5
6月	9.0	7.0	42.4	3.2	3.3	2.0	21.4	0.9	3.8	4.3	0.5	0.2	0.4
7月	10.3	3.2	48.9	5.8	3.8	1.9	19.1	1.3	1.0	0.6	0.2	0.0	0.7
8月	11.8	3.5	47.4	5.2	3.4	1.4	19.7	0.9	0.8	0.7	0.2	0.2	1.0
9月	10.1	2.8	52.7	6.6	2.8	0.8	16.7	1.0	1.2	0.8	0.0	0.0	1.6
10月	10.6	2.7	50.0	5.8	2.8	0.7	20.5	0.4	0.9	1.1	0.6	0.2	1.6
11月	8.8	3.5	39.1	5.4	2.4	2.6	23.8	0.5	3.2	2.5	1.2	0.6	1.9
12月	7.8	2.4	33.9	4.9	3.6	3.9	24.0	0.3	4.2	3.9	2.9	2.2	1.1
合计	8.7	3.9	39.1	5.0	3.5	2.2	20.7	0.9	3.9	3.6	2.1	0.5	1.0

（二）地产农产品供销总体情况

改革以来，农产品流通领域发生了深刻的历史性变化，实现了农产品购销与价格的市场化调节，为推进农业生产的商品化、专业化和产业化奠定了坚实的市场基础。经过三十余年的发展，北京基本形成了以松散型农产品批发市场渠道为主体，以农贸市场、生鲜超市、社区门店、电商平台、直销直配为零售终端的功能互补、城乡互通的多层次农产品供销体系。

由于鲜活农产品种类繁多，不同种类农产品因生产的组织化、集约化和专业化水平、易腐耐储性、生产周期性等特性不同，其运销渠道也差异较大。即使是同类农产品，其运销渠道也会因产销规模不同而各异。据调查，在全市 40 多万农业经营户和 8000 左右个农民专业合作社中，从事种植业的占 60% 以上，其中又以果蔬的市场化程度最高，供销体系最为复杂。据市农业农村局统计，2018 年我市地产果蔬流通渠道的经由量占比分别为：菜贩子与批发市场 71.7%、菜市场 10.62%、超市 4.05%、网络销售 3.09%、合作社 2.07%、机关学校食堂 1.65%、其他 6.82%。

（三）地产农产品供销渠道分析

1. 批发市场

批发市场渠道主要是指农业生产经营主体通过产地收购商集中农产品后转卖给批发市场的批发商，经过批零环节最终实现农产品销售。通过批发市场渠道销售的农产品一般要经过 4—5 个交易环节，每个交易环节平均加价 25—50% 不等，其中生产成本约占零售价 20%、农民保底收益约占零售价 5%，零售价格的 75% 用于产地收购商、中间转运商、一级批发商、二级批发商、农贸市场（超市）的利润和流通过程产生的储运、交易、损耗、销售成本费用。

据调研，我市家庭农户自营或者大户承包经营的果蔬种植因经营规模小、组织化程度低、产品同质化程度较高，大部分农户采取批发市场渠道销售农产品。如大兴区庞各庄镇因交易习惯自然形成了几个小型的产地批发市场，专供收集当地农民种植的西瓜、蔬菜等农副产品，保持当地农产品销售顺畅。专业合作社、乡村集体、外部企业经营的果蔬基地，会根据果蔬销售形势变化，将卖不出去的农产品交给产地收购商，再进入农产品批发市场渠道。根据“三农普”数据，2016 年末，北京市有 133 个乡（镇）有商品交易市场，占 67.9%。其中，63 个乡（镇）有以粮油、蔬菜、水果为主的专业市场，占 32.1%；4 个乡（镇）有以畜禽为主的专业市场，占 2.0%；4 个乡（镇）有以水产为主的专业市场，占 2.0%。在这一轮农副产品市场拆除或清退中，很多自营的家庭农户或者承包大户的农产品销售因市场拆除受到了较大冲击。

运用 SWOT 分析法，初步将批发市场渠道（包括产地批发市场、销地批发市场、集散地批发市场）相比较于其他渠道的主要内部优势、劣势和外部的机会、挑战进行列举分析，以期提供一个关于批发市场销售渠道的较为系统化、结构化、直观化的认识。

表 3　批发市场渠道 SWOT 分析模型

优势（strength）： 促进大量的、小规模生产的农产品快速集散运销，解决了北京占据较大比例的、小而散的农业经营主体（家庭农户与承包大户）的农产品售出问题。	劣势（weakness）： 1. 产销衔接机制较为松散、短期、易变； 2. 小农与收购商或经销商组织资源不对等，小农缺乏议价能力、一般只能获取基本收益或保本微利； 3. 批发市场管理模式落后、市场功能不健全、难以带动生产端形成标准化农业。
机会（opportunity）： 1. 观念影响与经验传播：大多发达国家，将包括市场、冷库、冷藏车等在内的农产品流通设施作为民生工程和公共基础设施来建设； 2. 政策作用：近年来，国务院及各部委出台了 12 个有关农产品流通的政策文件，其中有 7 个文件都提出要加快农产品产地市场体系建设，鼓励在产地就近建设流通基础设施，配套建设农产品商品化处理设施。	挑战（threat）： 1. 规划要求：五环内禁止新建农产品批发市场，严格限制现有市场扩张占地规模。（《北京市“十二五”时期农产品流通体系发展规划》）； 2. 用地约束：产地市场和配套商品化处理设施建设缺乏建设用地指标。

2. 产销一体

产销一体渠道主要指果蔬生产经营主体通过电子商务平台或其他方式与消费端建立长期紧密型直供关系，将农产品直接送入终端零售市场或到达消费者手中的销售模式。这种销售模式流通环节少，流通费用低，在与消费者加强互动、采取精准营销、提高生产的计划性等方面具有独特优势，由于有一定的管理、技术、资金、人才门槛，通常由外部企业或者专业合作社领头发展，主要模式有农超对接、社区团购、电商模式、家庭会员宅配模式和订单农业。

（1）农超对接。农超对接一直是商务部门重点推广的新型农产品流通模式，主要指生产经营主体和商家签订意向性协议书，向连锁超市和便民菜店直供农产品的新型流通方式。十多年的推广实践证明，北京地产果蔬产品越来越不适应连锁超市销售渠道。由于北京的用地、用工、用水、用电等农业生产成本增长较快，生产规模化程度低，普通的果蔬产品与外省市产品相比具有高成本的劣势，加之进入超市的各种费用高、要求多、结账周期长，所以北京地产果蔬产品很难进入超市。据调研，很多种植大户、合作社将商超渠道转向便民菜店，由于社区便民菜店要求供货种类多、量不大、产品新鲜，且结账周期短（可实现周结），更加适合北京地产果蔬产品的生产特点，所以成为很多种植大户、合作社的重要销售渠道。

（2）社区团购。这是近几年随着移动社交软件的发展逐渐兴起的一种新型农产品流通模式，在北京一些农民合作社中应用广泛，主要指借助微信建立社区消费群、形成订单、完成支付，线下直接集中配送到社区的销售方式。尤其是在今年新冠肺炎疫情的高发期中，在京外的农产品难以进京的情况下，很多合作社采取这种社区团购预定方式，就近为周边城市社区送菜。以大兴绿园天星合作社为例，一头与周边 10 多个村的社员签署了供货协议，带动生产；一头通过口碑效应，与大兴、朝阳、东城、西城等 10 多个社区建立了团购直配关系，覆盖近 5000 户居民，每天约销售 8000 斤蔬菜。

（3）生鲜电商。是指直接面向消费者销售农产品的电子商务零售模式。据统计，我市地产农产品的线上销售率为 3%—4%。

此类模式里又可分六种经营形式。

一是当地电商企业利用综合性电商平台带动农产品销售，如密云“密农人家”作为销售型农业电商企业，发挥了重要的引导生产和联合销售的作用，一端连着密云区 50 多家合作社，组织订单生产；一端连着消费者，利用淘宝、京东、天猫等电商平台开设“密农人家旗舰店”销售农产品，“密农人家”目前共拥有会员 45000 余户，其中 80% 集中在北京市区。

二是自建 B2C 网站和移动端 App 的方式直接将产品直接销售给消费者的垂直型生鲜电商。如沱沱工社、北京北菜园农产品产销联合社等，这类企业或合作社售卖的产品多是自己的产品，同时为了丰富产品种类也会整合少量其他农场或品牌商的产品进行销售。再如每日优鲜、叮咚买菜采取了在社区 3 公里范围内设置前置仓，以提高配送效率，增强消费者即时场景的体验感和舒适度。

三是在物流经营基础上发展起来的生鲜电商企业，如顺丰优选实现了生鲜商品从采购源头—RDC 仓库—冷运物流配送—末端优选门店的全程温控可控。

四是线上线下全面融合的“生鲜食品超市 + 餐饮 +APP 电商 + 物流”的新零售行业创新全渠道模式。如盒马鲜生、多点、7FRESH 生鲜超市，这种模式将消费者的消费体验放在首位，采取了“线下实体店 + 线上 APP”的方式，消费者可到店购买，也可以在盒马 APP 下单，门店附近 3 公里范围内可实现 30 分钟送货上门，实体店购物很好地结合了餐饮，实现 1+1>2 的突破。

五是同便利店、超市、饭店合作，解决配送“最后一公里”的即食平台，如京东到家、美团外卖等。

六是借助粉丝经济、利用短视频或直播销售新鲜果蔬、生鲜肉类等消费者日常所需产品的直播销售，如抖音、快手、西瓜视频等。

生鲜电商模式由于技术门槛高、物流成本高、产品同质化严重、消费者缺乏信任等痼疾难以攻破，一直处于呼声高但发展慢的状态。但2020年受新冠肺炎疫情的影响，我市农产品电商的销量出现了快速增长，由于传统线下渠道供应不畅，很多消费者转向电商平台购买农产品，并且逐渐形成线上消费习惯。在疫情效应刺激下，农产品电商配合直播带货方式，极大地促进农产品电商发展。据调研，“密农人家”在疫情暴发初期，几个线上销售平台严重爆单，日订单量相当于“双十一”量级，每天销售密云地区蔬菜2万斤左右。

（4）家庭会员宅配。主要是通过家庭宅配的方式把自有基地的产品直接配送给家庭会员。这种模式需要有规模化种植基地、集中的产品供应信息，家庭会员可以提前预订好家庭所需的产品类别与数量、配送周期、配送方式，生产经营主体根据预定信息按照配送周期要求，直接将产品配送到家。这类模式的主要盈利点来自家庭会员的年卡、季卡或月卡消费。据调研，延庆北菜园合作社的运销渠道分为3个“1/3”，即1/3采取农超对接模式，1/3采取B2C电商模式，1/3采取宅配模式。其中商超渠道净利润最低（在没有进场费的前提下纯利润约为20%，净利润很低，基本不赚钱），主要用于扩大品牌宣传；宅配渠道净利润最高，高于30%。

（5）订单农业。这种模式主要是消费者事先支付一定的订金，待果蔬产品成熟后，可通过自采或者委托配送方式获取产品，类似于国外的社区支持农业模式。这种模式是在消费者更加关注农产品质量安全以及注重消费体验的趋势下出现的，生产经营者向预订的消费者承诺种植过程不打农药、不施化肥、不加生长素，消费者需要和生产者共同承担种植风险，照单全收种植预订的农产品。采取这种模式的典型有小毛驴农场、分享收获农场等。

运用SWOT分析法，初步将与产销一体渠道密切相关的主要内部优势、劣势和外部的机会、挑战进行系统化、结构化列举分析。

表4　产销一体渠道SWOT分析模型

优势（strength）： 1. 短链流通，流通费用低，生产经营主体收益较高；部分模式通过对生产、包装、冷链、存储、销售的全链条数字化运营管理，大大缩短了流通环节和时间； 2. 具备一定的需求导向，便于生产经营主体与零售终端、消费者加强互动，采取精准营销、提高生产的计划性，可以更好地塑造优质绿色农产品品牌、公用品牌； 3. 更好满足不同的消费需求，更加贴近城市消费者快捷、便利、新鲜的生活要求； 4. 受疫情等不确定性因素影响较小。	劣势（weakness）： 相对于其他渠道，有较高的管理、技术、资金、人才等经营门槛。
机会（opportunity）： 1. 消费方式发生变革，居民的健康意识、环保意识显著增强，对优质绿色农产品的消费快速增长； 2. 移动互联网、物联网、区块链、大数据、人工智能等数字技术发展，对农产品供应链进行逆向改造，把传统松散型农业变成数字化订单农业，带动农业标准化发展。	挑战（threat）： 1. 新技术的转化与应用； 2. 新的盈利模式的探索； 3. 供应链的组织与再造； 4. 对市场的细分与挖掘； 5. 对资金、人才的寻求。

3. 观光采摘

观光休闲农业是北京发展都市型现代农业的重要支柱型产业。其中，依靠观光农业和乡村旅游产业，通过观光采摘销售农产品是北京本地果蔬运销的重要渠道。如昌平草莓、平谷大桃、大兴西瓜等。据调研，2019 年昌平草莓（红颜）的地头销售价格为 15—20 元 / 斤，采摘价格为 30—60 元 / 斤，同期，社区果蔬店同类同质的草莓价格为 21 元 / 斤，现场销售、采摘等产地自销渠道的净利润在 10%—30% 之间，观光采摘渠道的净利润远高于商超渠道。

2020 年新冠肺炎疫情暴发以来，观光采摘渠道受到严重制约，我市一些传统特色农产品产业遭受巨大的打击。以昌平草莓为例，2020 年虽没有减产，但由于观光采摘渠道基本停滞（草莓采摘季正处于新冠肺炎疫情高峰期，村里禁止游客入内），很多莓农只能选择就近社区摆摊销售，零售价格为 10—16 元 / 斤，预计昌平草莓的销售额下降了 2/3。

运用 SWOT 分析法，初步将与观光采摘渠道密切相关的主要内部优势、劣势和外部的机会和挑战进行系统化、结构化列举分析。

表 5　观光采摘渠道 SWOT 分析模型

优势（strength）： 1. 充分利用北京观光休闲农业的发展优势，将农产品与生态资源、旅游、文化等产业融合，实现乡村产业融合发展； 2. 省去采摘、运输环节，节省了人工、物流费用，将生态产品与农业产品的价值有机融合，获得了较好农产品溢价收益； 3. 推进城乡融合，提高乡村人气。	劣势（weakness）： 1. 季节性较强，淡季销售困难； 2. 同质性较强，产品缺少策划、包装，特色化不足； 3. 组织化程度低，经营方式较为原始粗放。
机会（opportunity）： 城乡人口双向流通会加快，推动城市消费下乡，将特色农产品与乡村生态优势有机融合发展，推动乡村产业绿色发展。	挑战（threat）： 1. 销售渠道过于单一，主要是等客上门，缺乏营销手段； 2. 农产品供应链较为脆弱，较难抵御不确定性市场风险； 3. 与乡村生态优势融合度不高。

三、北京地产农产品供销特点分析

农业生产与流通相互影响、紧密相连，在地产农产品产量下降的情况下，其运销也暴露了很多问题。

（一）北京地产农产品的供销特点

一般来讲，北京农产品供销的主要特点包括四个：

1. 大城市、小农业

北京是一个拥有 2000 多万常住人口的超大城市，人均 GDP 超过 2 万美元。在全市 35371.3 亿元 GDP 中，第一产业 113.7 亿元，占比 0.4%。大城市小农业的供销结构，决定了郊区的农副产品生产不可能是北京城镇居民消费的主要供给和保障。对北京农业功能的客观认识与重新定位，必须具体落实到种养殖规划、政策目标和工作指导之中。

2. 小生产、大市场

据全市“三农普”数据，全市农业经营户 42.4 万户，农业生产经营人员 53.0 万人；其中规模农业经营户 3282 户，农业生产经营人员（包括本户生产经营人员及雇佣人员）14213 人。全市已完成农村土地承包经营权确权的农用地面积 279.3 千公顷，已完成土地承包经营权确权的户数 90.1 万户，已完成土地承包经营权确权的人口数 278.9 万人，人均确权面积 0.1 公顷。另据 2019 年北京市统计公报，全市社会商品零售总额中，吃的商品总额 2817.2 亿元；全市农林牧渔总产值 287.1 亿元，约占比例 10%。北京市属于典型的小农户与大市场的结合。

3. 品种多、产量少

改革开放以来特别是放开计划生产以后，京郊的农产品生产者为了追求卖方市场，比较注重品种的新奇独特，逐渐形成了京郊农产品的品种众多、但每一种品种的规模和产量都不大的特点，出现了俗话说的“什么都有、一买就没”的现象，不具备持续量产能力，也没有形成完整的产业链条，缺乏市场竞争能力。

4. 成本高、售价低

京郊初级农产品，生产价格受土地租赁费、人工成本费等刚性支出的影响，物资投入大，生产成本高。而在销售价格方面，又受到新发地等全国影响力较大的批发市场的价格限制，只能随行就市，极大影响了北京农产品生产的效益。

（二）北京地产农产品供销的实例分析

具体分析，不同品种、不同主体、不同经营方式，其供销方式各不相同，有的高效，有的低效。根据调查选取若干实例分析如下。

1. 小规模分散化的产销组织难以与大市场对接，出路在于提升供销组织化

北京的农用地经营规模小，且低于全国平均水平。全市 637.1 万亩经营农用地中，10 亩以下的占 43.8%，单体规模 5.3 亩。全市 433.7 万亩确权地中，10 亩以下的占 55.3%，单体规模只有 4 亩，低于户均 7 亩多的全国平均水平。因此，京郊很多农产品包括一些比较知名的产品，在长期的小规模产销方式下，难以可持续发展。特别是在季节性农产品扎堆上市期间，本地农产品销不掉、销不好的现象时有发生。据调研，大兴区庞各庄镇北顿垡村种植户王某共有 12 亩大棚设施，主要种植西瓜、蔬菜。王某家采取地头采摘、亲友推荐社区店直销、通过合作社和批发市场等方式进行销售，小西瓜销售情况还可以。但他反映因当地两个产地市场关闭，销售渠道中断，其他农户多采取地头售卖、等待地头收购商收货等方式进行销售，出现卖难和滞销现象，对大西瓜、蔬菜种植户冲击尤其大。有些菜农调整种植结构，下半年也种西瓜，但反季节西瓜产量低，同样面临卖难问题，收益并不好。有的农户为了解决销售难，给合作社打工，领取工资，风险小，但收益更低。因为销售难，极大地挫伤了农户种植积极性。另外，据北京俊堂蔬菜产销专业合作社反映，由于附近市场外迁，2018 年开始很多西瓜开始滞销。据统计，近几年大兴西瓜的播种面积和产量呈双下降趋势。

较为可行的出路在于通过经营信息化提高产销组织化，保持产品质量和竞争能力。北

京天安农业公司就是这方面的成功范例。该公司成立于2006年，其前身为小汤山蔬菜基地，始建于1984年，是全国最早和最大的特种蔬菜生产基地。公司通过以“公司+协会（大型种植户、种植基地）+农户”的方式，采用“无公害农产品质量追溯系统”进行生产。有基地5200亩，分布在北京、内蒙古、河北、山东、云南等地，其中北京地区约有2600亩，涉及4个区县，13个合作社，带动京郊2000余户农户增收。公司对所有生产地块、温室进行统一编号，建立生产档案，公司向每个基地派驻了技术人员，配备了GPRS终端设备，技术员不光督导农户严格按照绿色、有机标准进行生产，还要对地块信息、作物茬口信息、农药使用信息、肥料施用信息、地头价格信息、作物采收信息等内容每日上传到系统中，使得公司总部能够全面地掌握生产情况，以便及时调整生产计划，并且应用系统能够及时排除生产中的安全隐患，有效地保证了产品品质。信息化深度应用，让企业库存下降30%—50%；延期交货现象减少80%；采购提前期缩短50%；停工待料减少60%；制造成本降低12%；管理人员减少10%，生产能力提高10—15%。2008年天安农业出色地完成了奥运蔬菜供应；注册商标“小汤山”被评为北京市著名商标，并向北京市一百多家商场超市、政府机关及大型企事业单位供应“小汤山”牌蔬菜，是北京市商超覆盖率最大的蔬菜品牌。

2. 高成本平均价的成本收益难以对抗外来产品的竞争，出路在于优质优价

随着城市化、工业化、市场化的推进，由于农地价格、人工成本、物质成本的上涨使得北京的农产品生产成本远高于周边省份。而在大市场、大流通的环境下，北京的地头农产品价格实行市场化。一边承担本地化的高成本，一边只能获得市场化的平均价，使得北京的农产品总体缺乏市场竞争力。如大兴西瓜由于种植成本较高，在价格上与周边省份相比没有优势，且市场上不断充斥便宜的假冒大兴西瓜，所以很难进入超市。2018年5月15日至25日期间，大兴西瓜的批发价为1.8—2.5元/斤，而同期超市西瓜价格为0.9—1元/斤，大兴西瓜批零价格倒挂，无法进入大型超市售卖。现在大兴西瓜很多靠摆路边摊售卖。再如昌平的苹果，由于种植成本较高，如果要进入超市销售，其每斤价格要比山东栖霞苹果高出3—4元，才能实现微利。再如怀柔板栗，其与同属燕山板栗主产区的迁西、遵化、兴隆的板栗产品没有太大差异，但在生产规模、生产成本上相比没有竞争力，且缺乏市场运销体系支撑，造成怀柔板栗产业的数量和质量的双下降，继而打击了栗农的积极性，让怀柔板栗产业陷入了低水平维持的陷阱。而迁西、遵化、兴隆等地高度重视板栗产业发展，已经形成燕山板栗产量集中的主产区和产地交易中心，进而进一步带动板栗产业发展，近两年迁西板栗种植面积保有量70余万亩，4000余万株，年均产量在8万吨左右。目前，怀柔板栗种植面积22万亩，年产量1.2万吨左右，种植面积仅占燕山板栗总面积的6%，产量占燕山板栗的8%—10%左右。怀柔板栗竞价权、影响力、话语权都不及迁西板栗，甚至出现了卖难问题。经调查，迁西鲜板栗每市斤收购价格每年都高于怀柔1—2元。

在高生产成本等条件约束下，如何运用市场机制把高成本的农产品卖出去，需要我们适应首都市场特点，在产品质量上下功夫，使得地产农产品在产品上与外地农产品有明显优势，推动地产农产品从一般产品价格体系进入中高端的市场价格体系。昌平区北七家

镇郑各庄村投资举办的北京宏福国际农业科技有限公司在这方面做出了大胆的尝试。该公司引进荷兰先进的现代温室建造技术及智能化生产设备，所有环节严格执行 GLOBAL G.A.P. 全球良好农业操作规范，指定全球知名的检测机构——SGS 为三方独立检测机构，确保产品的纯净、安全及可追溯性。宏福农业将致力于构建一整套高产、高效、低耗、优质和安全的农业生产新体系。公司产业园分为北京大兴区庞各庄镇和黑龙江大庆林甸县，两地目前总投资近 15 亿，其中北京园区 5 万平方米智能化玻璃温室和 6000 平方米技术区。大庆林甸园区 12 万平方米智能温室已经建成投产，发展思路日趋清晰，发展目标更加大胆，向规模化要效益的决心更强了。位于大兴庞各庄镇的产业园，自 2017 年 2 月份开始产果以来，受到社会各界广泛关注，以先进的智能化温室管控技术和运营理念为基础，实现了大番茄保守产量每平方米 37 公斤（折合亩产 24679 公斤）以上，串收小番茄每平方米 19 公斤（折合亩产 12673 公斤）以上的优异成果。现代农业产业，质量是品牌的保证，安全是企业的生命。宏福农业在打造“优质、安全、纯净”的番茄产品中实行“正确引进，自主生产，结合研发，保障安全”的生产宗旨，将“宏福农业，只为更好生活”的美好情怀贯穿落实到生产管理上，改变中国农业从业者的行业意识，使得中国农产品的安全标准与世界发达国家迅速接轨并全面服务广大消费者。目前，北京宏福现代农业产业园产出的产品已经在全国知名商超上架销售，行销网络覆盖北京、上海、广州、深圳、香港、天津、沈阳等大中城市。

再如北京北菜园农产品产销联合社，通过采取“需、供、产、销”倒逼的供应链管理方式，将市场销售与用户需求紧密结合，利用农业信息化系统实现了以目标客户需求找目标产品、以提高集货能力确保目标产品供应、以生产标准化做到精准排产，从而确保产品销售与用户需求的高度匹配。据了解，北菜园从 2007 年从事有机农产品的产销事业以来，曾经遇到 70% 的产品只能以普通蔬菜价格销售，之后通过供给链流程再造和农业信息化管理模式的应用，从 2018 年开始扭转销售形势，有机产品实现了有机价格销售，而且进入供不应求阶段。最近几年将生产基地拓展到内蒙古、山东、河南、海南、广西、新疆等 7 个省市，用于调配规划不同季节的品种种植。目前有机种植面积近 6000 亩，预计 2020 年有机蔬菜实现销售收入 4000 万元。

3. 多品种小产量的生产结构难以提升产品价值和行业规模，出路在于走品牌化经营道路

北京的农业产品具有种类多、特产多、规模小等特点。这种多品种、小产量的生产方式使得产品很难进入现代化供应链条，是北京农产品生产效益不高、北京农业产业价值不高的重要原因。

改变这种格局可以走品牌化的经营模式。在这方面，顺义区赵全营镇北郎中村的品牌化经营战略，创造了很好的经验。北郎中原来也是一个典型的农业村，改革开放前和京郊其他村一样，农业结构单一，经济发展水平不高，农民收入较低。改革开放以后，该村积极探索股份合作经济发展具体方式，瞄准城市需求，不断调整优化产业结构和产品结构，逐步形成花卉、籽种农业，农产品加工、物流配送业，生态观光农业和文化创意产业为主

的都市型现代农业产业结构，实现了各产业之间有机融合、相互促进和协调发展。1996年组建北郎中集团公司以后，对所属企业及其产品进行整合，统一使用“北郎中”商标。“北郎中”品牌的特色农产品，在历届北京国际农产品交易会上多次获奖。2007年被评为北京市著名商标和北京知名品牌，2012年“北郎中”商标市场评估价值即已达到3.8亿元。北郎中集团现拥有加工物流产业，已形成以食用农产品加工、物流配送为主的特色产业，建有年屠宰商品猪100万头规模市级定点屠宰厂、年加工50万吨规模有机面粉厂、年加工1000万穗规模彩色糯玉米食品厂、年配送量5万吨食用农产品配送中心，以及引进从事保健食品、豆制品、速冻食品等十几家食用农产品加工销售企业，形成了一批市场不断扩大，深受消费者欢迎的特色食用农产品。

四、完善北京地产农产品供销体系的思考与建议

根据《北京城市总体规划（2016—2035年）》《北京市乡村振兴战略规划（2018—2022年）》对北京农业产业功能的定位，北京的农业是城市功能导向型产业和都市型现代农业。因此，北京的农业功能与其他城市存在显著区别，主要体现为优质高效的产品以及生态与生活的功能。同时根据《京津冀现代农业协同发展规划（2016—2020年）》等区域发展顶层设计思路，北京的菜篮子保障与供应功能是放在京津冀现代农业协同发展格局中由河北及周边省份主要承担。但近年来，尤其是2020年以来，在国际国内两个大局背景下，国家粮食安全形势严峻，市委市政府对北京农业的蔬菜、粮食、猪肉等品种都提出了提高菜篮子自给率的要求，这就需要我们以更大的智慧处理好顶层设计与现实要求之间的关系，处理好政府要求与市场规律之间的差距，从农业产销关系根源上寻找问题、解决问题，统筹推进我市农业生产与流通的同步转型升级，确保农业生产的规模、质量、效益与现代农产品流通所需的产量、标准、技术相匹配，以市场化手段实现地产农产品优质优价和首都农民增产增收。鉴于本市已经在土地流转、农民组织化以及生猪产业、设施农业、籽种农业、观光休闲农业、科技农业等方面进行了政策布局和工作促进，也取得了一定的实施效果，本研究报告将不再赘述相关生产建议，主要从产销衔接角度，提出关于完善北京地产农产品供销体系的初步思考与建议。

（一）加强产地供销体系建设与功能优化

产地供销体系建设能够有效解决农产品季节性集中上市而导致的贱卖、高损耗问题，实现农产品错峰销售，同时可以延长农业产业链、完善供应链、提升价值链，是农产品市场体系中的关键构成。实践证明，一个功能健全的产地集散中心可以带动方圆20公里以内的鲜活农产品产加销一体化发展。建议：第一，强化产地生鲜农产品集散加工中心建设。积极落实《国务院办公厅关于加快发展流通促进商业消费的意见》（国办发〔2019〕42号）等关于加快农产品产地市场体系建设的要求，根据农业商品化生产的规模、商品流量流向、地理交通条件、市场辐射范围等，选取一批生产集中、专业化基础好、地域特色突出的连片产地进行试点，落实涉农区镇（乡）域规划预留少量（不超过5%）城乡规划建设用地指标用于建设产地农产品集散加工中心，该类中心除提供农产品集散配送服务

外，还应能提供检验检测、清洗、分级、分拣、包装、仓储（冷冻库、冷藏库、常温保鲜库等）、装卸、搬运、配送等农产品商品化处理服务。第二，针对小散农户的预冷保鲜储藏需求，积极引进相关企业提供可共享的移动冷库租赁式服务，帮助小农户解决鲜果隔夜愁问题，同时可避免在基本农田上建立永久设施。第三，鼓励创新冷链物流基础设施经营模式，开展多品种经营和“产销双向合作”，提高淡季期间设施利用率。第四，设立农产品产地流通基础设施建设投资基金，引导社会资本参与产地市场设施建设运营。

（二）推动扶持一批产销一体核心企业发展壮大

产销一体核心企业能够有效整合供应链上下游资源，通过采取数字化供应链管理等方式，提高农产品生产的计划性和产销衔接的匹配度。此外还有一批创新能力较强的产销一体核心企业在发展过程中，培育形成了较好的技术创新能力和配套产业服务能力（如研制小型农机、研发生物防控技术与产品、提供直播带货营销服务等），这些市场主体一方面可以提升农产品供应链现代化水平，另一方面有能力孵化出较为专业的农业社会化服务企业，是带动我市构建长期稳定产销衔接机制的重要市场力量和推动农业现代化和流通高效化的宝贵创新力量。建议加快落实财政部办公厅、商务部办公厅印发的《关于推动农商互联完善农产品供应链的通知》，将订单农业主体、产销一体主体、股权投资合作主体纳入重点扶持培养的范围，重点支持其加强产后商品化处理设施建设、发展农产品冷链物流、加强供应链末端惠民服务设施建设、提升生产标准化和产品品牌化能力建设。关注这类产销一体核心企业在基础研究、产品研发、技术开发、成果转化、融资担保、人才引进、税收优惠等方面的需求，并给予适当的政策扶持。

（三）支持数字化农产品流通创新模式发展

实践表明，数字经济在一定程度上代表了流通产业的发展方向，新零售与数字化转型等新型农产品流通模式强化了产供需匹配，可以更好满足消费者对高品质、便捷化的农产品和食品消费需求。政府应加强对这些数字型农产品供销市场主体在企业融资、供应链信息化建设、市场准入、专业人才培养等方面给予支持。特别是重点关注以下几个方面：第一，加强对数字型农产品供销市场主体的产业用地支持。依据相关法规，结合实际情况，合理确定与生产销售直接相关的预冷、分级、加工、包装及仓储等各类农业用地建设标准，让生产经营主体有据可依，依法经营。第二，加强农业电商人才培养和汇聚，鼓励农村电商企业与农业类大学签订三方合作协议，吸引大学生进入电商企业工作，并适度给予用人补贴；针对职业农民开展新媒体直播电商培训，提升职业农民的直播带货能力。第三，结合新基建建设积极推进城市社区冷链物流智能末端配送网络建设，将智能快件箱、智能多功能柜等配送设施纳入公建配套设施建设范围；关注“前置仓”模式发展，必要时可规范生鲜农产品配送站点（或门店）的市场准入、运营和设施建设，将其作为城市社区的便民设施来支持，为农产品进入社区提供更为便捷化和智能化的终端配送设施。

（四）实施“区域公共品牌提升”工程

在“十四五”期间，应在设施农业、畜牧业、现代种业、林果花卉业等北京市农业优势产业和主导产业中选定一批产业基础好的优质农业精品，进行农产品区域公用品牌的重点打造。一是启动创建农产品区域公共品牌标识征集评选活动，通过专家评选和网络评选，建立符合市场大众心理的区域品牌标识形象。二是把农业标准化建设与农产品区域公用品牌培育结合起来，建立和完善农业标准化体系、农产品质量安全检测体系和品牌农产品质量标准体系，夯实农产品区域公共品牌质量基础。三是推动“三品一标”农产品全覆盖。把发展“三品一标”农产品与农产品区域公用品牌建设相结合，在农产品区域公用品牌集中打造区内实现“三品一标”农产品全覆盖。四是建设农产品区域公共品牌动态管理机制。强化日常监督管理，开展区域公用品牌质量评估与社会公众测评工作，加强农产品区域公用品牌保护和监管、质量保证与诚信体系建设，形成优胜劣汰的动态管理机制。五是依法经营区域公用品牌。对区域公共品牌实施统一的行业规范、技术标准、准入制度、宣传推介、外形包装、品牌保护、指导服务。六是加强对区域公共品牌的推介。积极组织品牌使用基地、合作社和农业龙头企业通过参加国内各类大型农业展会，组团前往大型农产品批发市场开展品牌专场宣传。鼓励各区分管农业的官员尝试走进直播间，为本区的区域公共品牌产品亲自“背书”、直播带货，提高当地品牌知名度。

（五）实施“地产地销”工程

深入借鉴上海经验，加强对地产农产品的宣传与保护，一是开展地产优质农产品品鉴评优暨品牌推介活动。按照生产有规模、产品有绿色、营销有品牌、信息可共享、市场可对接的原则组织开展品鉴评优活动，搭建地产优质农产品宣传和推介平台，促进产销对接。二是围绕品鉴评优暨品牌推介活动，推出获奖主体配套的金融信贷产品，开展精准对接，着力打好品鉴评优与相关服务的“组合拳”。三是谋划举办北京农博会，让北京农博会成为北京地产优质农产品品牌展示的窗口、城乡互动的载体、合作交流的平台、市民和农民共同的节日。四是鼓励发展直营或自营的地产农产品流通模式，减少流通环节，降低流通费用，提高经营收益。探索建立农民专业合作社与消费合作社产销直对的地产安全优质农产品网络销售模式，让消费者享受到优质适价新鲜的地产优质安全农产品的同时，也让农民分享到农产品全供应链的增值收益。

（六）实施“农业节庆回归”工程

依托农业主导产业，将农耕文化、丰收文化、生态文明、民俗风情融入传统节日或主题庆典中而开发，通过农业节庆活动推动贸易、旅游、会展、文化、教育等行业融合发展，实现共赢。一是对于有农业节庆传统的区域或乡村，鼓励恢复与坚持传统民俗节庆，如大兴的西瓜节、平谷的桃花节、顺义的农博会等，坚持保留农业节庆本来的乡土性，从提升节庆内涵的认识高度广泛地吸引和引导当地居民参与农业节庆活动，引导社会关注本地农业和农产品，参与农产品品牌开发，为构建品牌形象奠定市场基础。二是鼓励新办各类农业节庆活动，活动规模不一定要很大、层级不一定要很高，但要形成农业节庆的独特优势，要将乡村优秀传统文化与现代城市文明有机结合起来，形成新的有更多城乡居民共同参与的农业节庆模式，在城乡居民互动体验中，提升地产优质农产品的品牌知名度。

参考文献

[1] 洪岚，黄琪，张喜才．京津冀农产品流通现状与问题分析 [J]. 中国经贸导刊，2019（10）:17-19.

[2] 王绍飞．北京市农产品生产供应能力分析 [J]. 商业研究，2019（13）:7-8.

[3] 杨鑫，穆月英，王晓东．北京市蔬菜生产及其特征分析 [J]. 中国农学通报，2016，32（13）:182-190.

[4] 洪岚，黄琪．农产品流通体系创新发展研究 [R]. 国家发改委课题内部报告，2019.

课题负责人：曹四发

课题组组长：张英洪

执　笔　人：刘雯

北京市农产品消费需求特征分析

党的十九大报告指出，当前我国社会主要矛盾已经转化为人民日益增长的美好生活需要和不平衡不充分的发展之间的矛盾。掌握北京市居民日益增长的农产品需求特征，有利于为深化农业供给侧结构性改革提供方向和目标。本课题组主要依据北京市统计局数据，对北京市城镇居民农产品消费需求的特征进行了初步分析，认为北京市城镇居民农产品消费需求主要有以下四个特点。

一、北京市城镇居民的购买力和消费需求都比较旺盛

首都的超大城市特征决定了市民对农产品需求巨大。从消费能力上看，北京市是一个拥有 2150 万常住人口的超大城市，2018 年北京市城镇居民人均可支配收入达到 73849 元，比上海市城镇居民人均可支配收入高了 234 元，位居全国第一位。1978—2019 年北京市城镇居民人均消费支出持续增长，2019 年北京市城镇居民人均消费支出达到 46358 元，北京市城镇居民消费倾向为 62.8%（见表 1）。从实际消费量来看，北京市是全国最大的农产品消费地，2018 年北京市主要食品的消费量中，粮食需求量为 19.8 亿公斤、蔬菜及菜制品消费量为 22.9 亿公斤、猪肉 3.51 亿公斤、牛羊肉 1.27 亿公斤、禽类 1.25 亿公斤、蛋类及其制品 3.15 亿公斤、水产品 1.92 亿公斤、干鲜瓜果 16.09 亿公斤，农产品消费总量达到 69.9 亿公斤。2018 年，全市食品类社会消费零售总额达到 2586.3 亿元，占全国食品类社会消费零售总额的 13%。根据相关调查数据，2018 年进京农产品总额达到 4750 亿元，其中在京消费总额达到 2450 亿元，比 2002 年北京城市居民农产品消费需求调查数据增加了 1850 亿元。

表 1　1978—2019 年北京市城镇居民消费倾向与恩格尔系数

年份	人均可支配收入（元）	人均消费支出（元）	消费倾向（%）	人均食品烟酒消费支出（%）	恩格尔系数（%）
1978	365	360	98.5	211	58.7
1980	501	490	97.8	271	55.3
1990	1902	1646	86.6	892	54.2
2000	10590	8866	83.7	3174	35.8

续表

年份	人均可支配收入（元）	人均消费支出（元）	消费倾向（%）	人均食品烟酒消费支出（%）	恩格尔系数（%）
2005	18775	14851	79.1	4363	29.4
2010	32132	23999	74.7	6437	26.8
2015	52859	36642	69.3	8091	22.1
2016	57275	38256	66.8	8070	21.1
2017	62406	40346	64.7	8003	19.8
2018	67990	42926	63.1	8577	20.0
2019	73849	46358	62.8		

数据来源：北京市统计年鉴，2019；国家统计年鉴，2020。由作者整理。

二、北京市城镇居民农产品消费需求层次较多，且仍有较大增长空间

收入水平是决定消费需求能力和需求层次的主要因素。从目前北京市城镇居民收入来看，由于北京市居民收入差距仍然较大，决定了北京市居民农产品消费需求层次较多。北京市居民收入差距表现在城乡居民收入差距和市民内部、农村居民之间都有较大差距。根据北京市统计局数据，2018 年北京市城镇居民人均可支配收入为 67990 元，农村居民人均可支配收入为 26490 元，城乡居民人均可支配收入差距为 2.57 ： 1。2018 年城镇居民人均食品烟酒支出为 8577 元，农村居民人均食品烟酒支出为 4802 元，城乡居民食品消费支出比为 1.79 ： 1。从北京市城镇居民内部来看，高收入户与低收入户的收入差距远远大于城乡居民收入差距，2018 年北京市高收入户的人均可支配收入达到 12.7 万元，低收入户的人均可支配收入仅为 2.39 万元，二者之间的收入比为 5.31 ： 1（表 2）。

表 2　2015—2018 年北京市各收入层级城镇居民人均可支配收入

组 别	2015 年	2016 年	2017 年	2018 年
低收入户（元）	18343	20204	22170	23926
中低收入户（元）	32968	36277	38452	41886
中等收入户（元）	45239	49342	53023	57864
中高收入户（元）	60627	65555	71451	77910
高收入户（元）	99621	105425	116018	126970

数据来源：北京统计年鉴，2016—2019 年。由作者整理。

2016 年，北京市不同收入层级的城镇居民的消费倾向差距比较大[①]，低收入户和中低

① 北京市统计年鉴自 2017 年开始未公布不同收入层级的城镇居民消费支出数据。

收入户对食品的消费支出占人均可支配收入的比重分别达到 83.4% 和 72.3%，高于城镇居民的平均水平 16 个百分点和 4.9 个百分点。从人均消费支出来看，高收入户比低收入户高出 47869 元，差距达到 3.84∶1。从食品消费支出来看，高收入户的食品消费支出达到 10940 元，比低收入户高出 6321 元，差距达到 2.37∶1。从恩格尔系数来看，低收入户与高收入户相差 10.5 个百分点（表 3）。由此可见北京市城镇居民农产品消费需求的层次比较多。

从各收入层级城镇居民消费倾向变化来看，北京市居民对农产品消费需求的变化随着收入水平的提高，还有较大的增长空间。一方面，随着低收入户和中低收入户收入水平的进一步提高，农产品消费需求还将进一步增加。另一方面，随着全市城乡居民收入水平的整体提高，消费需求转型升级将进一步加快。

表 3　2016 年北京市各收入层级城镇居民消费倾向与恩格尔系数

组 别	人均可支配收入（元）	人均消费支出（元）	消费倾向（%）	食品消费支出（元）	恩格尔系数（%）
城镇居民	52530	35416	67.4	7609	21.5
低收入户	20204	16848	83.4	4619	27.4
中低收入户	36277	26223	72.3	6605	25.2
中等收入户	49342	33181	67.2	7896	23.8
中高收入户	65555	43944	67.0	8958	20.4
高收入户	105425	64717	61.4	10940	16.9

数据来源：北京市统计年鉴，2017。由作者整理。

三、北京市居民对农产品需求处于转型升级期

2019 年北京市人均 GDP 达到 2.4 万美元，达到发达国家水平，北京市城镇居民农产品消费需求进入转型阶段。具体表现在北京市城镇居民的农产品消费观念、消费结构、行为模式、服务性需求都发生了较大改变。

（一）北京市城镇居民的农产品消费观念发生较大转变

从过去的要求吃饱到追求吃好，从只看价格到关注质量安全、服务附加值和品牌价值，从只关注自家餐桌到关心生态环境保护、社会公平等更高的道德消费层面。已有研究显示，北京市市民消费者对绿色、有机等具有质量安全属性的标识性产品的需求日益提升，对公平贸易等体现关注农产品质量安全、生态环境保护、小农户发展等因素标识产品的认知和支持度都比较大。程红、杨荣芝 2000 年开展的绿色消费调查结果显示，84% 的受访消费者购买过绿色食品。曹如清等 2007 年开展的北京市大兴区食品药品监督管理局对大兴区消费者的调查显示，2000 个受访者中有 931 人购买过保健食品，占受访者的 46.6%。刘雯、胡欣然 2020 年对北京市居民有机蔬菜消费需求的调查显示，超过 80% 的

受访者知道有机蔬菜，近 30% 的受访者经常购买有机蔬菜。王丽红 2020 年对京沪宁杭 4 个城市消费者调查显示，46.2% 的受访消费者愿意购买能够帮助小农户脱贫的贴有公平贸易标签的商品[①]。

（二）首都农产品消费结构从富裕型向最富裕型转变，消费结构向健康方向转型

从恩格尔系数来看，北京市城市居民消费已经达到最发达国家标准[②]。2018 年北京市城镇居民人均食品消费支出 8065 元，占北京市城镇居民人均消费支出的比重为 20%，比全国城镇居民恩格尔系数低 7.5 个百分点，比上海市城镇居民恩格尔系数低 4.1 个百分点。1998—2018 年，北京市城镇居民消费的恩格尔系数从 41% 下降到 20%，下降了 21 个百分点。从城镇居民食品消费结构来看，北京市城镇居民食品消费结构呈健康型发展趋势，即向多样化、高蛋白低脂肪化的方向发展。2018 年，北京市城镇居民人均消费粮食 89.1 公斤，占人均食品消费量的 23.7%；人均消费蔬菜及菜制品 106.3 公斤，占人均食品消费量的 28.3%；人均消费肉蛋奶等高蛋白食品 79.2 公斤，占人均食品消费量的 21.1%；人均消费干鲜瓜果 76 公斤，占人均食品消费量的 20.2%（图 1）。

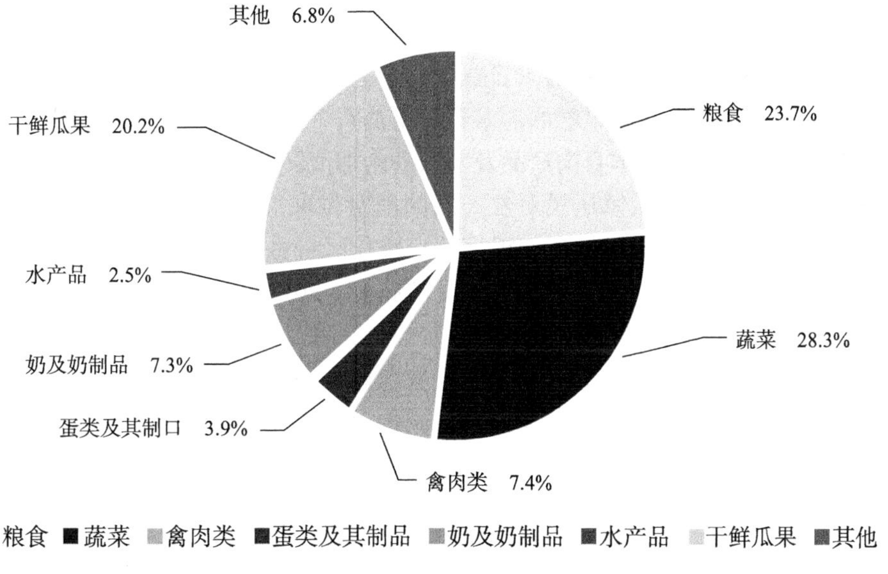

图 1　2018 年北京市城镇居民食品消费结构（%）

（三）农产品线上消费的比例迅猛增长

近 10 年来，北京市城镇居民的消费行为模式发生了较大的变化，农产品线上消费逐

① 分别参见：程红，杨荣芝．我国绿色消费的特点和构成——首都市场绿色消费调查的启示 [J]. 消费经济，2001（4）:8-10；曹如清、葛凤武，刘忠兴．北京郊区消费人群对保健食品认知状况调查 [J]. 首都医药，2007（1）:17；王丽红．公平贸易标签产品的购买意愿及影响因素分析 [J]. 中国经贸导刊，2020（6）中，79-83；刘雯，胡欣然．北京市有机蔬菜消费需求调查报告 [R]. 北京市农村经济研究中心调查研究报告，2020 年第 17 期（总第 394 期）．

②根据恩格尔系数的考察标准，高于59% 为贫困型，50%—59% 为温饱型，40%—49% 为小康型，低于40% 为发达国家标准（富裕型），低于 20% 为最发达国家（最富裕型）。

步成为重要消费模式。根据北京市农委信息中心和北京市城乡经济信息中心对北京市农产品市场需求调研结果显示，2008 年北京市消费者网上购买农产品还是一个“鲜有人问津”的领域，普通市民只有 5.8% 有过网购农产品的经历，高收入群体也只有 10% 有过网购农产品的经历。网购农产品的主要品种集中在茶叶、干果、肉禽、水果、食用油等少数农产品品种①。根据市农业农村局2020年的调查数据，2019年北京市网上零售额达到3366.3亿元，其中生鲜农产品电商交易额达到 300 亿元，分别占全国的 3.2% 和 9.3%②。2020 年受新冠肺炎疫情的影响，很多 50 岁以上的消费者也开始尝试线上购买农产品，根据已有研究显示，与 2019 年同期相比，一季度平均每月线上消费在 5 单至 8 单的用户数增长超过 50%。2020 年 1 月份以来，线上消费的新用户数明显增长，其中，46 岁以上的女性新用户订单数同比增长最高，46 岁至 55 岁女性新用户订单数同比增长 38%，56 岁以上女性新用户订单数同比增长 54%，乳制品和米面粮油是线上消费的核心产品③。据北京商务局数据，2020 年端午节北京稻香村 6 种口味粽子共销售 850 余万个，销售额近 4600 万元，其中电商渠道销售额占比 43%。吴裕泰节日期间开展线上发放惠民券促销活动，节日期间线上线下销售额近500万元，其中线上销售同比增长38%④。预计未来消费者在线上消费生鲜和食品将更加普遍。

（四）城镇居民对服务性消费需求日益增长

主要体现在消费需求从满足吃的需求到满足消费者体验、娱乐、休闲等服务型产品的转变，以及消费需求从产品本身向产品及其服务附加值转变两个层面。一方面，随着市民消费的转型升级，北京市城镇居民对农产品的消费需求不仅满足于吃的方面，而且向文化、休闲、娱乐、康养等领域扩展。根据北京市统计局数据，2005—2018 年，北京市农业观光园和民俗旅游的游客总体上呈逐年上涨趋势。2018 年北京市农业观光园游客达到 1897.6 万人次，是 2005 年的 2.13 倍；民俗旅游的人数达到 2232.1 万人次，是 2005 年的 2.94 倍。从总消费支出来看，2018 年到京郊农业观光园的游客支出达到 27.3 亿元，用于民俗旅游的消费达到 13 亿元（表 4）。另一方面，消费者在购买农产品的过程中，更加注重对农产品包装、保鲜、配送、售后等服务附加值。

表 4　2005—2018 年北京市农业观光与民俗旅游消费情况

年份	到访人次数（万人次）		消费支出（亿元）		人均消费（元 / 人次）	
	农业观光园	民俗旅游	农业观光园	民俗旅游	农业观光园	民俗旅游
2005	892.5	758.9	7.88	3.14	88.30	41.40
2006	1210.6	982.5	10.49	3.65	86.70	37.20

① 北京市农委信息中心、北京市城乡经济信息中心 .2008 年北京市农产品市场需求调研成果汇编 [C]. 北京：北京市城乡经济信息中心，2009：75-76.

② 北京市农业农村局 . 2020 年北京市生鲜电商产业发展报告 [R]. 北京：北京市农业农村局，2020.

③ 刘晖 . 线上渗透推动消费群体拓展 [N]. 经济日报，2020 年 5 月 16 日第 008 版 .

④ 数据来源：http://sw.beijing.gov.cn/zwxx/swxx/202006/t20200630_1935725.html

续表

年份	到访人次数（万人次）		消费支出（亿元）		人均消费（元/人次）	
	农业观光园	民俗旅游	农业观光园	民俗旅游	农业观光园	民俗旅游
2007	1446.8	1167.6	13.15	4.96	90.90	42.50
2008	1498.2	1205.6	13.58	5.29	90.60	43.90
2009	1597.4	1393.1	15.24	6.09	95.40	43.70
2010	1774.9	1553.6	17.80	7.35	100.30	47.30
2011	1842.9	1668.9	21.72	8.68	117.90	52.00
2012	1939.9	1695.8	26.88	9.05	138.60	53.40
2013	1944.4	1806.5	27.36	10.20	140.70	56.50
2014	1911.2	1914.2	24.92	11.25	130.40	58.80
2015	1903.3	2139.7	26.31	12.86	138.20	60.10
2016	2250.5	2297.4	27.98	14.35	124.30	62.50
2017	2105.3	2042.3	29.90	14.20	142.00	69.50
2018	1897.6	2232.1	27.30	13.00	143.90	58.20

数据来源：北京市统计年鉴，2006—2019 年。由作者整理。

四、首都功能对农业多功能性的需求旺盛

北京市不仅是一个超大规模的城市，而且是祖国的首都。《北京城市总体规划（2016 年—2035 年）》明确规定北京城市战略定位是全国政治中心、文化中心、国际交往中心、科技创新中心。在首都“四个中心”城市功能定位下，北京市农产品消费需求也具独特性。国内国际政治活动、文化活动、国际交往活动对高品质、特色农产品的需求巨大。

作为全国的政治中心，北京市承担着保障国务院及其下属单位、北京市各级党政机关单位、各省市驻京办事机构的正常运转所需要的各项保障工作。比如，每年召开的全国“两会”是国家政治生活中的一件大事，来京参会的各省市全国人大代表、政协委员 5000 人左右。2019 年北京市政府把新中国成立 70 周年庆祝活动服务保障作为重大政治任务和全市工作的重中之重，全面出色完成了庆祝活动服务保障任务。2019 年，京郊农业为新中国成立 70 周年活动、全国“两会”等 7 项重大活动提供累计 240 天的服务保障，供应农产品 115 万公斤[①]。

① 北京市农业农村局.《2019 年北京市农业农村经济运行分析》[R]. 北京市农村经济研究中心.《2019 北京市农村经济发展报告 第一分册 农村综合经济》[C].2020:6.

作为全国的文化中心，各类型的全国性、世界性文化体育活动创造了巨大的农产品消费需求。据北京市发展改革委估算，2008 年奥运会给北京带来的投资需求超过 15000 亿元、社会消费品零售总额超过 15000 亿元，其中食品需求总额达到 5000 亿元[①]。2019 年中国北京世界园艺博览会共有全球 110 个国家和国际组织参展，举行了 100 余场国家日和荣誉日、3000 多场民族民间文化活动，吸引了近千万人次参观。2022 年冬奥会将在北京和张家口举办。

作为国际交往中心，2019 年共有 74 个外国使团访华；2019 年还在京举办了中非合作论坛北京峰会成果落实协调人会议，论坛所有非方成员都派团与会，包括副部级以上官员 80 多位；第五次中日经济高层对话在京举行，双方 20 多个政府部门高级官员出席会议。2019 年北京市政府为统筹做好第二届“一带一路”国际合作高峰论坛、亚洲文明对话大会、2019 年国际篮联篮球世界杯等各项重大活动提供了服务保障。

作为科技创新中心，北京市集聚了全国优秀的科研资源，2018 年，北京市从事研究与试验发展（R&D）人员达到 39.7 万人，占全国从事研究与试验发展（R&D）人员的 9.1%，占北京市城镇户籍常住人口的 3.45%。这也决定了北京市是高端农业科技的重要输出地，也是绿色有机农产品的重要消费地。

课题负责人：曹四发
课题责任人：张英洪
执　笔　人：王丽红

① 数据来源于《人民日报》2004 年 4 月 19 日。

关于北京市集体林场发展林下经济产业的问题研究

长期以来，北京市高度重视生态环境建设，实施了大规模的造林工程。随着全市林地面积的不断增加，如何利用林木资源发展林下经济成了各级政府及社会各界关注的重点工作。2019—2020年，北京市领导多次赴房山区大石窝镇新型集体林场等地调研，对林下经济试点工作做出明确的批示，即“要统筹山水林田湖草，积极发展特色农业和林下经济”“切实使当地林农受益，实现绿色富民”。

北京市集体林场大力发展林下经济具有重要的现实意义。集体林场在完成产权制度改革后，通过发展多种形式的林下经济，可以充分拓展林地功能，更好地利用土地资源，完善农林复合生态系统，提升土地生产利用效率，加强首都自身农副产品供应能力，在兼顾生态保护的同时促进农民增收，进而推动乡村振兴，在“以国内大循环为主体、国内国际双循环相互促进的新发展格局”中发挥出更加积极的作用。

2020年，北京市农研中心社会处根据市领导及委局领导的要求，围绕北京市集体林场林下经济产业发展现状、存在问题以及解决思路等内容，开展了专项调研工作，通过实地调研、问题梳理、经验借鉴等工作，提出北京市集体林场发展林下经济产业的对策建议。

一、林下经济的理论探讨

（一）基本内涵

林下经济是指依托森林、林地及其生态环境，遵循可持续经营原则，以开展复合经营为主要特征的生态友好型经济。从事林下经济活动的产业类型即为林下经济产业。林下经济也被称为农林复合经营（中国林学会，2018）。

林下经济具有丰富的经营内涵。2012年颁布的《国务院办公厅关于加快林下经济发展的意见》将林下经济产业分为九大类，即：（1）水果及干果的种植与采集；（2）茶及其他饮料作物的种植与采集；（3）林产中药材的种植与采集；（4）森林食品的种植与采集；（5）花卉的种植；（6）陆生野生动物繁育和利用；（7）非木质林产品加工制造；（8）林业旅游与休闲服务；（9）林业生产与生态服务。从产业结果划分角度看，（1）—（6）类为林产作物的种植、采集与野生动物的培育等，属林下经济的第一产业；（7）类为林产品的加工制造，属林下经济的第二产业；（8）和（9）类为林业相关服务，属林下经济的第三产业。

自2010年以来，学术领域对林下经济的研究呈现爆发式增长态势，在2013年和

2016年分别出现两次研究高峰（见图1）。相关研究多集中在实践领域，主要包括：林下经济模式、作用机制、实际成效、影响因素以及存在问题等；而基础理论（如生态学、经济学等）研究相对较少（胡春芳等，2017）。

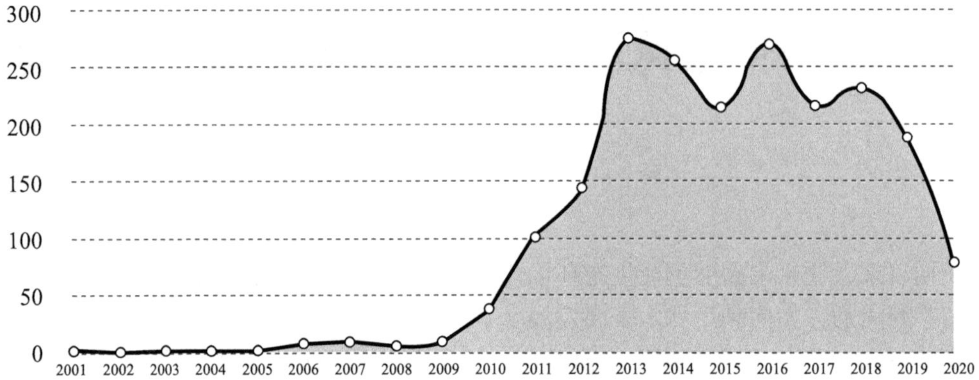

图1 有关林下经济学术研究的发展态势

资料来源：万方数据[①]，课题组整理。

（二）产业模式

林下经济包含多种产业发展模式（见表1）。国有（集体）林场发展林下经济的主要模式有林下种植模式（如林粮、林草、林药、林菜等）、林下养殖模式、林产品加工模式和森林旅游模式（蒋凡等，2019）。

表1 林下经济主要发展模式

类型	主要内容	优势
林禽模式	在速生林下种植牧草或保留自然生长的杂草，在周边地区围栏，养殖柴鸡、鹅等家禽	树木为家禽遮阴，是家禽的天然“氧吧”，通风降温，便于防疫，有利于家禽的生长。放牧的家禽吃草吃虫不啃树皮，粪便肥林地，与林木形成良性生物循环链。在林地建立禽舍省时省料省遮阳网，投资少；远离村庄没有污染，环境好；禽粪给树施肥营养多；林地生产的禽产品市场好、价格高，属于绿色无公害禽产品。
林畜模式	养殖放牧，即林间种植牧草可发展奶牛、肉用羊、肉兔等	速生杨树的叶子、种植的牧草及树下可食用的杂草可用来饲喂牛、羊、兔等。林地养殖解决了农区养羊、养牛没有运动场的矛盾，有利于家畜的生长、繁育；同时为畜群提供了优越的生活环境，有利于防疫。
	舍饲饲养家畜，如林地养殖肉猪	由于林地有树冠遮阴，夏季温度比外界气温平均低2-3℃，比普通封闭畜舍平均低4-8℃，适宜家畜的生长。
林菜模式	林木与蔬菜间作种植	林下可种植菠菜、辣椒、甘蓝、洋葱、大蒜等多种蔬菜，提高土地效益。
林草模式	在退耕还林的速生林下种植牧草或保留自然生长的杂草	树木的生长对牧草的影响小，饲草收割后饲喂畜禽。1亩林地能够收获牧草600千克，可得300元左右的经济收入。

① 万方数据，http://trend.wanfangdata.com.cn/themeBootPage/explainAndstatistics.do?themeWord=%E6%9E%97%E4%B8%8B%E7%BB%8F%E6%B5%8E.

续表

类型	主要内容	优势
林菌模式	在速生林下间作种植食用菌	解决大面积闲置林下土地的最有效手段。食用菌生性喜荫，林地内通风、凉爽，为食用菌生长提供了适宜的环境条件，可降低生产成本，简化栽培程序，提高产量，为食用菌产业的发展提供了生产空间，食用菌采摘后的废料又是树木生长的有机肥料。
林药模式	林间空地间种金银花、白芍、板蓝根等药材	对药材实行半野化栽培，有利于药材生长。
林油模式	林下种植大豆、花生等油料作物	油料作物属于浅根作物，不与林木争肥争水，覆盖地表可防止水土流失，可改良土壤，秸秆还田又可增加土壤有机质含量。
林粮模式	林下可种棉花、小麦、绿豆、大豆、甘薯等农作物	适用于1—2年树龄的速生林树木小，遮光少，对农作物的影响小。

资料来源：《当前我国农村林下经济作物种植的8种新模式》，广东林下经济网。课题组整理。

（三）发展动力

林下经济的发展动力主要来自参与主体之间的互动。林下经济的核心利益相关者包括农户、政府、林业主管部门和企业，相互之间博弈均衡实现条件是农户依靠自身力量独立发展林下经济且能获利（洪传春，2017）。推动林下经济的基本发展驱动机制是“自身特性引领、市场推动、组织带动、自然环境支撑、基础设施配套、政府引导”。有研究结果表明，林下经济在农民自发地实施兴起后，离不开村集体组织带动、政府引导和市场推动（张超群等，2017）。政府对林下经济发展态度与认知、政策合理性以及基础措施的完善程度对林下经济发展具有重要影响（胡佳，2013），具体政策需要考虑土地政策、税费政策、政府技术服务、技术监督（王紫恒等，2019）。在市场经济环境中，产品的市场销售情况、能否获利等也是影响林下经济发展的关键因素（张超群等，2017）。农户选择参与林下经济的决定主要与农户的健康程度、种养殖比和外出务工等因素有关。当农户的健康状况越好、越有能力从事其他劳动项目时，农户越不会参与林下经济活动（李楠，2018；王紫恒等，2019）。林业科技服务的配合程度（如林业科技服务水平的高低等）对农户经营林下经济具有直接的影响（丁秀玲等，2018）。此外，在一定地域空间内社会资本作为一种社会网络能够产生相互信任与互惠作用，可以影响农户对不同技术的选择，优化生产要素的配置，从而提高农户林下种植的经营效率（苏慧等，2019）。

（四）实施效果

林下经济具有多层面的实施效果。发展林下经济可以提高林地资源的利用效率、林间光照的利用效率及单位面积的生物量，增加森林生态系统的稳定性，促进资源的循环再利用，提高经济收益水平等（杨偲越，2019）。与此同时，当前国内的林下经济发展也存在着较突出的问题。针对国有林区林下经济研究结果表明，林下经济模式虽然能够推动国有林区实现经济转型，可是其促进效果并不明显（王玉芳等，2017）。国有林场发展林下经济面临的问题集中在发展规模小且经营管理较为粗放、人才缺乏和资金匮乏等（蒋凡等，2019）。而农户在开展林下经济时，会遇到对适宜本区域发展的林下经济项目缺乏深入的了解、缺乏政府引导以及龙头企业的带动等问题（张彤等，2018）。

二、林下经济产业发展的政策导向

自 21 世纪初起，林下经济已成为巩固和完善集体林权制度的重要举措，日益受到重视。从中央到北京，都先后出台了一系列政策举措，推动林下经济产业发展。

（一）国家有关林下经济发展的政策规定

2008 年，《中共中央、国务院关于全面推进集体林权制度改革的意见》提出了，集体林权制度改革的总体目标是用 5 年左右时间，基本完成明晰产权。2012 年，《国务院办公厅关于加快林下经济发展的意见》正式颁布实施，提出“要结合国家特色农产品区域布局，制定专项规划，分区域确定林下经济发展的重点产业和目标”。2014 年，国家林业局组织编制了《全国集体林地林下经济发展规划纲要（2014—2020 年）》，进一步明确了全国集体林地林下经济发展战略、指导思想、目标、重点任务及保障措施，为林下经济健康发展营造了良好的政策环境。2020 年，国家发改委联合多部委共同制定出台了《关于科学利用林地资源促进木本粮油和林下经济高质量发展的意见》，从贯彻落实党中央、国务院关于实施重要农产品保障战略决策部署的高度，提出“切实加大政策引导力度，全面推动产业高质量发展，实现木本粮油和林下经济产业高质量发展”“到 2025 年林下经济年产值达 1 万亿元”，做好“科学利用林地资源”“引导构筑高效产业体系”“全面提升市场竞争能力”等工作。

（二）北京市有关集体林场及林下经济发展的政策规定

北京市在积极落实中央有关文件精神的同时，从加快推动实际工作进度的角度，制定实施了推动本市林下经济产业发展的多项政策。

2018 年，《北京市人民政府办公厅关于完善集体林权制度促进首都林业发展的实施意见》颁布实施，提出利用三年时间在全市推动发展新型集体林场试点建设，计划到 2020 年完成 10—15 个新型集体林场试点的建设。2019 年 5 月，市委、市政府印发了《关于落实农业农村优先发展扎实推进乡村振兴战略实施工作方案》，提出“要推进乡村绿化美化专项行动”“积极发展林下经济”。同年 12 月，市政府办公厅印发了《北京市关于完善退耕还林后续政策的意见》（京政办发 [25] 号），提出“对调整为生态公益林的退耕林地，鼓励乡镇建立新型集体林场统一组织养护管理；对自主经营的退耕还生态经济兼用林，鼓励乡村建立专业合作社，组织退耕农户以土地、产品入社入股，促进适度规模经营”“积极探索试点林果采摘、林下经济、民俗旅游、森林康养等绿色产业融合发展模式，拓宽退耕农户就业增收渠道”。

2020 年，市政府将开展林下经济列为当年重点工作之一。4 月，市委、市政府在《关于抓好“三农”领域重点任务确保如期高质量实现全面小康的行动方案》提出，要总结和推广新型集体林场试点经验，推进林下经济“1+20”试点工作。为推动相关工作进展，市农业农村局制定印发了《2020 年北京市集体经济薄弱村林下经济试点工作方案》，明确了在全市 9 个区 21 个集体经济薄弱村开展林下经济试点工作（见表 2），协调相关区安排集体经济薄弱村转移支付资金和低收入产业帮扶资金支持试点村发展林下经济，指导各区开展试点村林下经济建设；重点抓好房山区大石窝镇1000亩林下经济试点前期工作，组织专家进行对接和培训；推动门头沟区、大兴区、密云区在低收入农户较为集中的镇、村发展林下经济，为已发展的项目做好后期管护。① 为推动集体林场试点工作，市园林绿化局正在编制《北京市新型集体林场发展指导意见（初稿）》，并开展相关试点建设前期工作；起草退耕还林工作的后续政策实施方案和实施细则。②

表2 2020年集体经济薄弱村林下经济试点村

行政区	林下经济试点村
门头沟区	斋堂镇牛战村、清水镇黄安坨村
房山区	十渡镇西太平村、史家营乡元阳水村
通州区	永乐店镇西槐庄村、潞城镇前疃村、漷县镇军屯村
大兴区	长子营镇西北台村
昌平区	南口镇后桃洼村
平谷区	金海湖镇黑水湾村、王辛庄镇太后村
怀柔区	琉璃庙镇梁根村、喇叭沟门满族乡上台子村
密云区	不老屯镇北香峪村、大城子镇苍术会村、下栅子村、石城镇黄峪口村
延庆区	大庄科乡慈母川村、汉家川河北村、千家店镇花盆村、四海镇菜食河村

资料来源：北京市农业农村局，课题组整理。

北京市各区政府部门利用财政补贴等方式在积极推动造林工程的同时，对本地区的林下经济发展树立了明确的发展目标（见表3）。

表3 部分区开展林下经济产业的发展目标

地区	文件名称	发展目标
延庆区	《2020年政府工作报告》	探索林下种植、养殖产业新发展模式，推广基质栽培等新技术，提升果园品质，做精做强果蔬产品。
怀柔区	《关于落实〈怀柔区关于完善退耕还林后续政策的意见〉实施方案》	积极探索试点林果采摘、林下经济、民俗旅游、森林康养等绿色产业融合发展模式，拓宽退耕农户就业增收渠道。
密云区	《北京市密云区关于完善退耕还林后续政策的实施意见》（征求意见稿）	2020年发展林下经济，落实黑木耳面积种植528亩。
门头沟区	《门头沟区国家生态文明示范区建设规划（2020—2030年）》	结合门头沟区自身的自然条件和地势条件，构建特色林下经济产业模式，拓宽农民致富渠道。推行林蜂、林菌、林药、林花等多种模式。
房山区	《2020年政府工作报告》	推进石楼镇等林下经济扩量提优。

资料来源：各区政府网站，课题组整理。

① 北京市农业农村局，“2020年市政府工作报告重点工作及重要民生实事项目上半年进展情况”，http://nyncj.beijing.gov.cn/nyj/zwgk/tzgg/10837055/2020073115270131413.pdf.

② 北京市园林绿化局，“北京市园林绿化局市政府工作报告重点工作及年度重要民生实事项目第一季度进展情况统计表”，http://yllhj.beijing.gov.cn/zwgk/sx/202005/t20200518_1900223.shtml.

三、北京市集体林场及林下经济产业的发展现状

2012 年，北京市根据中央工作要求，在全市 12 个区（东城、西城、朝阳、石景山除外）、151 个乡镇、3298 个村完成了集体林地的确权工作，确权林地面积 1300 万亩，确权率达到 98%。其中山区生态公益林 1072.3 万亩，涉及 48.1 万户 119.3 万人，发放股权证 57.74 万本，发证率为 97.3%；商品林 227.7 万亩，完成了 13.5 万本承包合同的梳理和完善（北京市园林绿化局等，2019）。当年，全市参与林下经济生产的农户累计 8 万多户，参与建设的农民合作组织累计 136 个，近 29 万多名农村富余劳动力直接参与林下经济建设（李金海等，2013）。

（一）发展概况

北京市集体林场林下经济初步形成了三个代表性的产业业态。一是循环经济产业业态。重点在通州、大兴 、丰台、海淀、顺义和昌平等区平原乡镇，以生态治沙片林为依托，在林下和林缘重点发展食用菌、沙地饲料桑、香草等芳香类植物的标准化生产，打造以循环经济产业链为主题的绿色产业园和观光园。二是休闲观光产业业态。重点在门头沟、房山、怀柔、平谷、延庆、密云、昌平等山区的山前或浅山地带发展都市型休闲观光林下经济产业群，发展劳动密集型的参与式体验园、旅游休闲观光园、精品展示园。三是仿野生、近自然产业业态。重点在门头沟、房山、怀柔、平谷、延庆、密云、昌平等区的偏远山区，重点开展生态经济兼顾的仿野生、近自然的建设，重点以推行林下种植业为主。

北京市集体林场林下经济产业发展模式主要以林药、林菌、林游等模式为主（见图 2 和表 4）。2017 年，北京市建设了林下经济基地示范园区，以林下复合模式为主，经营内容包括亲子采摘项目、森林观光、幼苗种植等（张彤等，2018）。2018 年，市园林绿化局在门头沟区军庄镇、房山区大石窝镇等10个乡（镇）[①]，以及昌平区流村镇漆园村、怀柔区桥梓镇和二台子村等 15 个新型集体林场开展试点工作，总面积达 21.13 万亩，涉及户数达 21922 户，涉及农民数达 56013 人。试点工作主体内容包括：通过森林空间与景观利用（包括森林旅游、森林康养、自然教育、生态文化、生态殡葬等）、森林产品采集与加工（文化创意产品、森林经营剩余物利用、藤编等民俗用品 等）、林下种植、林下养殖（蜂产业、蚯蚓养殖等）等综合发展的多元化经济发展模式进行林场生产经营（北京市园林绿化局等，2018）。

① 包括通州区马驹桥、西集和潞城镇、顺义区大孙各庄镇、大兴区采育和长子营镇、平谷区马坊镇、密云区西田各庄镇、延庆区张山营、沈家营等。

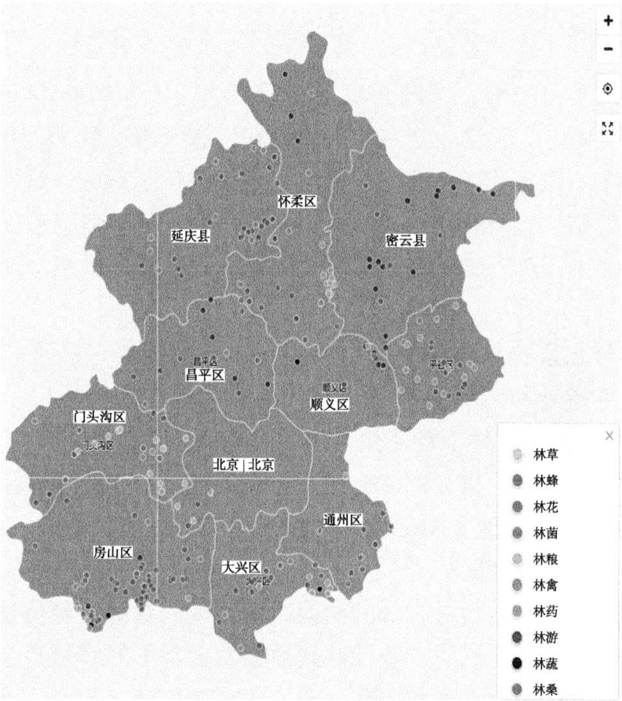

图 2　北京市林下经济发展模式分布

资料来源：北京市园林绿化局农村林业改革发展处等，《北京市林下经济发展调查研究报告》，2018 年 11 月。

表 4　北京市林下经济重点发展品类

	自然空间	主要品类
林下食用菌	平原区、浅山区、偏远山区内郁闭性较好的片林、经济林、部分生态林	双孢菇、平菇、黄背木耳、香菇、草菇、鸡腿菇
林下中药材	山区适宜生态林地	金银花、柴胡、黄芩、板蓝根、白芷、射干、生地、菊花、知母
林下花卉	平原区和浅山区	玫瑰、香草、油葵等油用植物
林下旅游	具有丰富的林地资源、森林景观的山区	林下种养，配合观光采摘，开展生态旅游

资料来源：李金海等，“北京林下经济特征与重点发展趋势研究”，《林业经济》，2013 年第 3 期。课题组整理。

2018—2020 年，北京市先后成立了 30 个新型集体林场，涉及 9 个区、45 个乡镇、463 个村，经营管理集体生态公益林 32 万亩。今后北京市集体林场林下经济产业具有广阔的发展空间。

（二）典型案例

1. 房山区大石窝镇：林下种养

房山区大石窝镇是市级林下经济示范区，正在努力打造形成“可复制、易推广”的林下经济发展模式。

（1）发展概况

大石窝镇位于北京西南部，镇域面积96平方公里，下辖24个行政村，人口4万人。近年来，大石窝镇围绕房山区“一区一城”建设和生态涵养区的功能地位，按照生态、兴林、富民的发展思路，实施沿路、沿河、围山、绕村绿化工程，累计完成平原造林、新一轮百万亩造林2.45万亩，森林覆盖率达到45.89%，林木绿化率达到52.76%。其中2012—2015年造林面积为2.15万亩，主要种植品种为油松、银杏、旱柳、洋槐、毛白杨、白蜡等56个树种。

市园林绿化局与北京农林科学院的专家们在大石窝镇通过开展技术下乡、引种、栽植、搭棚，以及现场指导和现场服务等工作，在辛庄等3个村推广了林下低密度油鸡养殖，在广润庄等2个村推广了林下食用菌种植，在南尚乐等3个村推广了林下中药材种植，在北尚乐等3个村推广了林下花卉种植，在王家磨等7个村推广了林下种草，全镇林下经济面积达到4000亩，带动当地农民就业170余人。①

（2）基层干部的担忧与期望

通过与大石窝镇主管领导和村干部的交谈，发现他们对林下经济试点工作有一定的担忧和期望，担忧简单地依靠传统的产业补贴式政策发展林下经济试点会给村集体增加更多的额外投入和负担，包括配套设施费用和生产性资料费用等。担心生产出来的农产品不能很好地与市场对接，不能顺利销售出去。期望从组织结构、生产管理、生产技术以及市场营销上有一个好的组织模式，把农户组织起来，带动大家培育发展好林下经济。期望有关主管部门就平原造林和百万亩造林工程所造林木本身的开发要有一个政策上的许可。

（3）存在问题

大石窝镇林下经济发展主要遇到以下实际问题：一是针对造林期种植的林木偏多、偏密，成林期树木相互挤压影响生长的现象，能否进行间伐？通过间伐清理出来的林木是否可以出售？获得的收益该如何分配？二是现有林木的果实和叶类能否进行开发利用？这些问题如果得不到合理解决既不利于改善林场的生态环境质量，也束缚了林场的生产积极性。另外，由于农户能够从当地的土地流转和平原造林项目中获得较稳定的收入，导致当地的农户普遍存在安于现状的心态，缺乏进取心。

2. 门头沟清水镇梁庄台上村北京聚兰兴农民合作社（北京九仙草农业科技发展有限公司）：林下中草药种植

北京聚兰兴农民合作社（北京九仙草农业科技发展有限公司）积极开发利用当地的林地资源，通过引入名贵中草药品种，发展林下经济带动低收入村增收致富，成为北京市及全国的林下经济产业发展典型。

（1）发展概况

北京聚兰兴养殖专业合作社成立于2008年，地处门头沟区清水镇台上村，主要开展

---

①《林业改革发展处2020年工作总结及2021年工作计划》.

家畜家禽养殖、果木种植等生产。合作社先后被评为首都巾帼现代农业科技示范基地、北京市先进农民合作社、国家林下经济和国家中药材示范基地、全国高校创新创业综合服务平台等，2020 年入选第四批北京中医药文化旅游建设基地名单。

清水镇具有发展林下种植业的基础和条件。当地的自然气候条件适宜，在山林中生长多种名贵野生中药材。2018 年 5 月，聚兰兴养殖专业合作社与安徽中升生物科技有限公司合作注资成立了北京九仙草农业科技发展有限公司，通过采用“企业 + 村集体 + 合作社 + 农户”的形式，推广北五味子林下套种技术。

为保证村民实现稳定稳产增收的目标，公司在资金、技术、市场销售等环节采取了多重保障举措。一是出资 90 万元，分 3 年扶持清水镇梁庄台上村的 22 个低收入户发展中草药林下种植，无偿为低收入户提供苗木。二是开办了 50 余场专题培训会、现场指导 100 余次，为 1100 余人提供技术辅导。三是与种植户签订了兜底回收合同，确定了最低收购价格，确保农户的收入免受市场价格冲击。

目前，已在清水镇推广北五味子种植面积达到 623 亩，覆盖黄塔、塔河、双塘涧、台上等 10 个低收入村、867 个低收入户，就业村民超过 800 人。同时，公司还在河北省逐鹿县马槽沟村建立了北五味子实验示范基地，试点种植北五味子。[①]

值得一提的是北京聚兰兴养殖专业合作社原来通过高端客户领养的模式发展黑毛猪养殖，并与中国农业大学等科研院所的专家开展深度合作，搭建了一整套科学生态种养殖现代农业循环体系。包括：水系统采用管道饮水器；动物粪便直接走地下通道，通过高效封闭沼气发酵进行无害化处理；生产的沼渣做生物肥料用于生态果树种植，稀释沼液做林下套种名贵中药材喷施肥料，形成了种养结合生态友好型的循环农业。但由于国家级生态保护区的建设，该区域养殖业被禁止，该系统也同时废止。

（2）下步打算

下一步，公司将坚持以名贵中药材种植和深度开发为核心，以养生休闲为依托，以农事体验为拓展，重点开发北五味子、京西白蜜、霍山石斛、黄精、地黄等名贵中药材的系列产品，公司将采取“名贵中药材 + 休闲旅游”的模式，建养生精品民宿。计划在梁庄台上村打造 20 套民宿院落，形成同时接待 150 人的能力，通过开展民宿度假、农事旅游、文化推广、名贵中药材科普教育、展示展销等系列活动，打造成为有地域特色的三产融合的田园综合体。

（3）存在问题

一是生产配套建设用地受限。根据生产工艺要求，需要配套建设保鲜仓库、加工烘干车间、储备仓库、硬化生产用地等，总面积超过 $3000m^2$。但是，因当地建设用地有限，公司无法实施建设计划，直接制约了公司开展规模化生产加工活动。

二是农业生产用电成本负担大。公司种植石斛的日光温室取暖已实施煤改电，取暖用电以及五味子等药材烘干用电的单价都是按照工业生产用电标准计取，平均电费支出达到

① “2020 年度农民教育培训‘百名优秀学员’扶贫先锋资助项目名单公布！我市两人上榜”,《北京农业》2020 年 11 月.

1.2 元 / 度，远远高出了普通农业用电收费标准。公司虽然使用一定量的发电玻璃搭建温室，但投资高，效果差，不能从根本上解决用电数量多、费用负担大的问题。

三是农业种植生产风险大。2020 年，受新冠肺炎疫情的影响，技术人员不能及时到岗，公司未能按计划推进当年的石斛生产进度，导致组培车间的石斛种苗全部枯死，直接损失超过 800 万元。公司为确保农户收入稳定与农户签订了兜底收购合同，将市场价格波动风险完全转移至公司承担。公司面临的高风险表明在生产经营过程中不能缺失农业保险等外部金融保障。

四是由于养殖业的禁养限养，使生态循环农业无法实施。

3. 房山区十渡镇西太平村：林下旅游

房山区十渡镇西太平村长期开展生态沟域治理工作，在积极改善当地基础设施状况的同时，充分挖掘林下经济的发展亮点，推动了林下旅游业的兴起。

（1）发展概况

西太平村地处房山区十渡镇北部山区，村域面积 22219 亩，森林覆盖率在 75% 以上，总人口 413 人，村民沿公路分布在 3 个聚集点。2016 年，全村共有低收入户 92 户、164 人。为了带领村民增收脱低，西太平村结合沟域治理等工作，因地制宜发展林下经济，主打以“绿色 · 和谐 · 可持续”为原则的乡村旅游产业。

西太平村自然条件优势突出。该村村域内有 10 道沟谷、12 道山脉、22 座山峰，主峰鹿马峰海拔 780 余米，有猕猴迎客、龙潭瀑布、云汐水洞、一线天等二十余处自然景观，全村森林覆盖率在 85% 以上。村内有市级小二型水库一座，库容 17 万立方米，有大小瀑布十余处。西太平村“猕猴谷”景区内还栖息了猕猴 300 余只。

自 2016 年起，依托西太平水库、猴山、山场等资源，西太平村积极发展旅游业。2018 年，村集体成立了“太平天池旅游开发有限公司”和“北京太平山水猿旅游开发有限公司”，开发出太平天池和猕猴谷两个景区。景区内种植了黄栌、元宝枫、碧桃、金叶榆等景观植物 30000 余株；配套修建了登山步道 20000 余米、环池步道 2000 米、休憩观景亭 12 处、戏水广场 1 处、天池观景台 1 处；完善了就餐点、停车场等基础设施。2020 年 7 月 31 日，太平天池景区正式营业，在国庆假期内接待游客 2 万余人次，收入超过 60 万元。

（2）下步计划

西太平村今后将以天平天池和猕猴谷两个景区的运营管理工作为抓手，引入文化元素来增添平台内容。结合西太平村的村名寓意，通过引进非物质文化遗产“老北京火绘葫芦”，借力葫芦代表的传统“福禄”文化，打造“太平福禄”文创品牌，实现种植、观赏、采摘、绘画、手工、餐饮、产品等三产融合的发展态势。

随着西太平村旅游的品牌形成，村内游客数量日渐增长，村委会通过发展指导、政策帮扶等方式鼓励村民自主创业。目前，村内有 4 户村民将闲置民房改造成农家院进行经营，在提高自身收入的同时也带动了其他村民通过农产品销售实现增收。

（3）存在问题

西太平村有养殖绒山羊和柴鸡的传统。近年来，由于养殖政策的调整，当地政府已经禁止绒山羊和柴鸡的养殖。现阶段，村委会想把林下旅游业与传统养殖业结合起来，逐步恢复绒山羊和柴鸡的养殖，采取在景区林下散养方式，为游客提供参与式休闲体验。养殖的目的是促进旅游的发展，规模适当可控，促进生态循环发展，不会带来污染，期待养殖政策的许可。

4. 通州区专平林下农业专业合作社：林下种植

通州区专平林下农业专业合作社凭借技术优势，通过实施“社员互助、共同增收”的组织模式，利用当地的林地条件种植菌类，近年来又结合市场需求拓展了“林木 + 花卉”种植新模式，推动了林下经济的发展壮大。

（1）发展概况

北京专平林下农业专业合作社位于通州区永乐店镇经济开发区，成立于 2013 年，合作社现有社员 668 户，分布在永乐店镇 8 个村。2019 年，合作社拥有的资产规模超过 3100 万元，实现销售收入 1860 万元。

永乐店发展林下食用菌生产具有良好的自然条件。全镇林地面积总量达 10 万亩，林木覆盖率 50%。在发展初期，合作社依靠带头人的技术优势主要种植白灵菇、灵芝，大力推行林菌模式。通过多年的研究实验，合作社研发成功了仿露天栽培珍珠黑木耳技术，总结出一套利用春秋自然条件栽培珍珠黑木耳的技术流程。此项技术进一步推动了永乐店镇食用菌产业的发展。

2017 年，合作社新建 95 栋蔬菜大棚，扩大了生产规模，推行蔬菜产前、产中、产后一系列标准化作业体系。在此基础上，合作社引进了食用菌脆片深加工项目和日生产能力 30 吨鲜菜的蔬菜脱水深加工项目，实现了林下经济种植与加工两大环节的融合。近年来，合作社与通州区永乐店镇德仁务中街村合作，新建了 230 亩以海棠为主题的观光园。观光园内种植 15 个品种、2 万株海棠树，树下种植食用百合、食用菊花、食用玫瑰、中草药、黑木耳等多种林下经济作物。

专平合作社实施了较完善的组织管理制度。社员可以通过现金、土地租金、村集体和社会资本等多方式参与入股，每户最高持有 50 股。合作社制定实施了《入股退股分红制度》，建立了稳定的分红连接机制，社员享有经营收入分红以及土地租金。此外，合作社还制定实施了 10 多项日常管理规章制度，以确保经营活动规范性。

（2）下步计划

专平合作社计划由单纯的食用菌种植，逐步发展成为集农产品种植生产、加工、销售、观光旅游、研学、文化交流为一体的产业化经营联合体。同时，根据市场需求变化，结合实地条件，因地制宜地调整生产活动内容。

（3）存在问题

一是合作社为了提高生产效率在设施农业规划用地范围内搭建生产厂房。该厂房被认定为“违章建筑”，因无法变更用地性质而不能投入使用。

二是合作社社员年龄老化问题。目前，最年轻的合作社社员年龄已经 55 岁。合作社社员的整体文化素质不高，对新技术、新业态的接受能力低。

5. 大兴区长子营镇西北台村：多措并举

西北台村位于北京市大兴区长子营镇，属北京市东南郊，安采路南侧，近邻长子营镇万亩次生林地。村域面积2285亩，农耕地1465亩。2013年按照北京市平原造林的统一部署，西北台对村内约1200亩的土地实行了平原造林工程。目前，西北台四周绿树环绕，各树种带错落有致，空气清新，景色优美。

（1）发展概况

根据西北台村的现状实际，土地及区位优势，发展多种种植模式的林下经济并与休闲旅游业和加工业相结合的融合发展模式。2020年为了壮大村集体经济，联合四个集体经济薄弱村，使用专项扶持资金50万元发展林下经济，拓宽村集体收入新的增长点。发展林花模式200亩。主要种植了玉簪花和崂峪苔草各100亩，玉簪花为百合科多年生草本植物，夏季到秋季开花，有芳香，供观赏，喜荫，每亩可种植种苗10000株左右。发展林粮模式150亩。选择1—2年树龄的速生林，在林下种植了150亩烟薯，该品种产量高，市场需求量大。发展林菜模式80亩。主要进行林葱套种模式，种植了大葱80亩，大葱产量高，价格稳定。

由于该村林地面积大，土地肥沃，利用现有优势，大力发展种植业，兼顾自然生态，乡土环境，使用优质肥料，这样不会对自然环境造成伤害；考虑到市场需求，在现有花草类及农作物种植的基础上，后期计划种植林药类作物，弥补了现代养生的需求；因种植面积广泛，需要大量的人力及机械需求，本着让周边农民收益，带动周边农业农村发展，雇佣人力方面大多为当地老百姓，租赁使用的机械也都是本地企业，所以形成了互惠互利，多方共赢的长效机制，真正的增加老百姓的收益。

（2）存在问题

一是需要专业的生产技术指导。在2020年种植的品种及数量的基础上，近期计划部署2021年林下经济种植工作，对相应的地块是否做调整，规模是否扩大，种植的品种和对应的光照、土壤情况需求等，需要相关的专业人士给予指导，希望市级部门能够提供帮助。

二是希望得到一定的资金扶持。林下经济种植的生产资料、人工、机械、流转土地等方面的费用逐年增长，仅集体经济薄弱村每村10万元的支持资金不足维持生产投入，建议市级部门给予资金支持。

（三）问题评述

通过实地调研发现，北京市集体林场林的发展和下经济产业的发展具有了较明确的政策发展导向，也取得了一定的工作进展，形成了林下种植、林下养殖、林下旅游等较为成熟的发展模式。与此同时，北京市集体林场林下和经济产业发展也存在一些较为突出的问题。

1. 缺乏统一引导林下经济产业发展的管理机构

目前，北京市集体林场改革以及集体林场发展林下经济产业等工作尚处于试点和初级推广阶段，发改委、农业、林业、科技、财政、扶贫等多个政府管理部门参与其中，结果导致相关工作缺乏具体明确的管理部门，产业发展扶持政策分散，各部门专项资金缺乏整合，包括林下经济的发展模式、生产技术以及管理模式也散落在各部门、机构，没有专业部门去收集、总结、转化、推广。

2. 现有政策存在制约集体林场林下经济产业发展的短板

（1）土地政策。目前，北京市集体林场的生产、管理用房、观光步道、停车场等配套服务设施不完善，无法满足林下经济生产及市民休闲娱乐等需要。而相关的基础设施多属于设施农业用地范畴。2019 年，《自然资源部、农业农村部关于设施农业用地管理有关问题的通知（自然资规〔2019〕4 号）》对设施农业用地规模提出“由各省（区、市）自然资源主管部门会同农业农村主管部门根据生产规模和建设标准合理确定”。而北京市还没有出台落实设施农业用地规模、产业用地细则及司法解释，各区落实执行力度也不一样。现行的土地政策不能为集体林场林下经济发展提供有力的支撑。

（2）养殖政策。环境整治是国务院和北京市政府重点关注工作。由于传统的大规模养殖生产会造成环境污染，国务院《“十三五”生态环境保护规划》强调要大力推进畜禽养殖污染防治工作；北京市政府也出台了一系列规章来加强整顿治理和污染防治工作。但是，北京市的农业行政主管部门从来没有出台禁止和限制养殖的条款。而在实际工作中，自 2016 年底起，除了育种、科研用途外，北京全市已经禁止新建、扩建规模化养殖场，畜禽养殖从水源地和人口集中区退出，有的区还形成了全面禁止、养殖一刀切的态势。即使在新冠肺炎疫情发生、保供给和国内大循环需求加大的背景下，部分区的养殖业管理政策依然没有松动。各地盲目扩大畜禽养殖禁限养区等规定制约了林下经济养殖业的发展。

（3）农产品加工政策。2017 年，北京市实施了“疏解整顿促提升”专项行动，要求农产品生产加工企业逐步退出本市地域。市市场监督管理局停止了生产加工企业的注册登记，原有企业也要逐步退出。现阶段，虽然有延庆等个别区降低了注册登记标准，但是要求也是极其严格，办理执照难度大，直接限制了林下经济中产品加工行业的发展。

（4）能源政策。能耗费用的高低直接影响到农业生产和农村生活。在全市推行“煤改电”“煤改气”等传统能源向清洁能源的转换过程中，北京市农业生产如何平衡好既要满足生产对电力、热力、环保等要求，同时还要满足费用低、经济实惠等要求尤为重要。在调研中发现，部分农业企业在生产过程中需要耗电为温室供暖，所支付的电费有的居然按照商用电价标准支付，结果导致企业的生产成本压力大增。对于普通的煤改电（改后按农用电计价）和煤改气来说生产成本增加基本都在 3 倍以上，更何况是用商用电的价格计取。

3. 缺乏引领集体林场林下经济产业的整体性发展规划

经过多年的实践探索，国内外林下经济产业单从技术角度看，具有较丰富的生产内容可供选择，也有较为成功的林下经济发展模式可供参考借鉴。但是，现阶段北京市集体林场林下经济产业发展仍处于多地试点阶段。北京市缺乏引导林下经济产业发展的长期发展规划，对“十四五”期间集体林场林下经济的发展目标、发展路径、发展保障等工作有待进一步谋划落实，如何从构建推动产业实现更快、更好发展的生产关系角度推动林下经济产业发展，还需要进一步努力。

4. 集体林场缺乏适应林下经济产业发展需求的管理方式

北京市大部分集体林场管护方式较为粗放，主要依托大规模劳动力的投入，缺少先进的机械化管护技术和信息化管护手段，精细化管理水平低。这种运营方式虽然解决了部分劳动力的就业问题，但是由于集体林场的员工岁数偏大，素质偏低，缺乏创新活力和开拓市场的能力；员工收入也主要是工资性收入，缺乏激励性，容易滋生懒惰，集体林场内生性发展动力不足。

5. 集体林场林下经济产业面临投融资难题

目前，北京市集体林场的运营以及发展林下经济产业的投资多来自政府财政资金，社会资本参与度较低。农林业生产自身具有投入规模大、承担风险大、回收周期长等特点，与其他产业的投资活动相比并不具有突出的吸引力。这种情况导致了集体林场林下经济产业发展面临融资贷款难、投入资金少、保险保障缺失等诸多问题。在缺乏必要的金融支持条件下，集体林场林下经济发展速度缓慢。

除上述主要问题外，北京市集体林场林下经济产业发展还缺乏社会化服务支持。在企业战略规划制定、产品市场营销策划、法律会计服务等多个领域，集体林场还缺乏有效渠道或平台与专业服务机构实现对接实施。

四、国内其他省市林下经济产业发展的经验借鉴

当前，国内部分省区在推动林下经济发展的实际工作中采取了一些较为成功的做法。了解和总结这些省市的工作方法、机制设计等核心内容，可以为北京市今后开展相关工作提供经验借鉴。

（一）河北省承德市林药经济发展模式

承德市位于河北省东北部，全市国土总面积3.95万平方公里，全市辖7县1市3区、1个国家级高新技术产业开发区、1个御道口牧场管理区，共有205个乡镇，2455个行政村，总人口383万，其中乡村人口251万，有少数民族54个，人口160万。

承德自然气候独特，处于北方农牧交错带，属寒温带向暖温带过渡地带、半湿润半干旱大陆性季风山地气候，全市具有四季分明、光照充足、冷暖适中、雨热同季、昼夜温差大等气候特点，有利于农作物生长。

承德市立足水源涵养区功能定位和北方农牧交错带资源环境特点，规划了以中国北方最大食用菌基地为引领，以果品、肉类、中药材、蔬菜、马铃薯、奶牛6个产业带为支撑的“一环六带”全域产业布局，重点推进百万亩经济林、百万吨食用菌、百万亩中药材、百万头优质肉牛、百万只优质肉羊“五大基地”。

1. 发展概况

承德市中药材产业带以滦平、隆化、围场、丰宁等为重点区域，以“河北省燕山中药材经济核心示范区”“百万亩重要花海旅游扶贫示范区”建设为引领项目，初步形成古御

道示范带、坝上高原示范区、中南部特色示范区、城郊型观光示范区“一带三区”产业格局。2019年，全市中药材种植总面积达到32.94万亩，其中10个道地大宗药材品种种植面积超过万亩，总产量达到16.1万吨，面积、产量位居河北省首位。[①]

目前，承德市已建成500亩以上标准化种植示范园区42个，建成中药材繁种基地3.38万亩；全市现有中药材加工企业26家，其中初加工企业14家，以中药材原料加工分级为主，年加工能力8万吨；深加工企业12家，年加工能力14.53万吨，其中制药企业6家、饮片企业3家、制茶企业3家；培育种植经营主体535个（其中专业合作组织254个，种植企业43家、家庭农场21个、种植大户217个），“热河黄芩”享誉全国，是北京同仁堂指定品种。

2020年，承德市重点发展热河黄芩、北柴胡、北苍术、金莲花等道地优势中药材品种，推进“京津水源涵养地·承德道地好药材”形象品牌打造（见表5）。[②]

表5 承德市中药材发展重点内容

地域	发展重点
古御道示范带	以种植黄芩、北苍术、黄芪、桔梗、北柴胡、射干、五味子、连翘、郁李、枸杞为主
坝上高原示范区	以种植黄芩、赤芍、山桃、沙棘、连翘、白鲜皮、金莲花、黄芪、桔梗、苦参、防风为主
中南部特色示范区	以种植黄芩、北柴胡、苦参、枸杞、射干、北苍术、黄芪、山桃、黄精、紫苏为主
城郊型示范区	以种植黄芩、桔梗、北苍术、紫苏、连翘、射干为主，建设规模化、标准化种植基地

资料来源：《承德市绿色食品及生物健康产业发展实施方案》，课题组整理。

2. 典型案例：承德市隆化县林药经济发展模式

隆化县属坝下深山区，县域总面积824.5万亩，其中耕地面积86.5万亩，林地面积488.6万亩，天然草场180万亩，“八山一水一分田”，是一个典型的山区农牧业大县。

隆化县发展中药材产业自然条件优势明显。隆化县位于北纬41度，处于暖温带向寒温带过渡地带，属半湿润半干旱大陆性季风型气候，四季分明，光照充足，昼夜温差大。经专业检验检测机构检测，当地的大气、水质、土壤符合绿色食品产地质量标准，是理想的绿色柴胡、苍术、桔梗等药品生产基地。隆化县的森林覆盖率达53.39%，林业资源丰富。2000年实施“一退双还”工程以来，全县退耕还林面积累计达31.9万亩，为林下中药材产业发展提供了巨大空间。

隆化县本地野生中药材资源丰富。全县拥有药材种类400多种，可开发利用的有50多种，主要品种有黄芩、柴胡、苍术、桔梗、枸杞、苦参等。其中，黄芩和柴胡因质地坚、色泽正、疗效好，被誉为“热河黄芩”“热河柴胡”。隆化苍术、隆化苦参、隆化桔梗

① 承德市统计局，国家统计局承德调查队，“承德市2019年国民经济和社会发展统计公报”，http://www.chengde.gov.cn/art/2020/3/11/art_3255_455465.html.

② “承德市绿色食品及生物健康产业发展实施方案”，承德市人民政府网，http://www.chengde.gov.cn/art/2019/11/8/art_3268_324332.html.

也是承德市最具特色的道地药材，受到湖北、陕西等制药企业欢迎，在安国、亳州药材市场具有较高的知名度。

近年来，隆化县利用资源优势重视中药材产业的发展，按照“一主两辅”产业发展架构，在县域西北部，重点发展中药材产业。

隆化县对中药材种植给予了积极的政策扶持。先后制定实施了《隆化县中药材产业发展规划（2015—2020）》、《关于加快现代农业发展的实施意见》、《关于扶持农业产业发展的意见》、《关于大力实施“1661”脱贫攻坚战略的决定》、《隆化县2018年促进扶贫产业全覆盖若干政策》（隆政发〔2018〕1号）和《隆化县2019年促进扶贫产业发展的若干政策》，明确了中药材产业发展目标、产业布局、工作任务、保障措施，把中药材基地基础设施建设和加工企业培育发展作为重点扶持内容。同时，加大了农民专业合作社和种植大户在土地流转上的支持力度，加强了集体林权制度改革各项配套政策的落实，鼓励农民在山地综合开发上做文章。

隆化县对中药材种植实施了有力的补贴支持。通过建立“政府、银行、农业企业、农户、保险”五位一体的“政银企户保”合作农业贷款担保模式，对从事农业生产、加工流通的企业、专业合作组织、种养殖大户、贫困户予以贷款贴息支持（见表6）。2020年，隆化县出台了《产业扶贫及优化种植结构调整支持政策》，提出对带动效用强的项目给予特殊扶持。其中，针对新建集中连片中药材园区100亩以上的园区，在验收达标后经行业主管部门认定有水电配套设施建设条件的，政府将对水电配套主体工程给予补贴。

表6　隆化县中药材种植补贴标准

内容	补贴标准
引进、培育优良道地药材北苍术种子种苗	每亩补助600元
引进、培育优良道地药材桔梗种子种苗	每亩补助40元
绿色防控（应用高效低残留农药）	北苍术每亩补助60元，桔梗每亩补助30元
购置无人植保机2台	每台补助5.08万元
种子脱粒机、筛选机等种子加工机械设备	每个企业补贴0.6万元
阳光晾晒棚	每平方米补助500元
县级中药材质量追溯平台建设（中药材生产管理追溯系统，病虫害识别预警与防治和数据综合分析与展示系统）	25万元
基地质量追溯服务平台建设	35万元

资料来源：隆化县农业农村局，“隆化县2019年中药材产业发展补助项目实施方案”，课题组整理。

通过引导规划、政策支持等措施，隆化县实施了一大批中药材种植项目，发展壮大了当地的中药材产业。2019年，全县中药材种植面积达到16.8万亩（含非耕地和野生抚育面积），分布在韩家店、湾沟门、郭家屯、西阿超、步古沟、白虎沟、八达营等乡镇，种植品种包括北苍术、桔梗、柴胡、枸杞、黄芩、苦参、黄芪、连翘等10余种，药材总产量达到3.8万吨，面积与产量居承德市首位。隆化县有河北鼎玺药业、承德御室金丹药业2家药材深加工企业，有承德中泽源农业发展有限公司和承德成功易隆商贸有限公司2家产地初加工企业，有56家中药材专业合作社、18家家庭农场，有近100家药材营销企业和商户，营销人员达1000余人。①

（二）贵州省林下经济发展模式

贵州省山地和丘陵面积占国土面积的92.5%，是长江和珠江“两江”上游重要生态屏障。2019年，贵州省森林覆盖率达到60%，森林面积1.58亿亩。

贵州省依托自然资源优势，确定了以林下经济、特色林业、国家储备林、森林康养等产业为抓手，推进林业经济高质量发展。2019年，贵州省委十二届五次全会明确提出“要大力发展林下经济，带动更多农户稳定增收”。

1. 发展概况

林下经济规模不断壮大。2016—2019年，贵州省通过实施“建立林下经济项目库、建设林下经济示范基地、完善利益链接机制、实施品牌战略、强化科技服务”五大行动，林下经济利用林地面积由1151万亩增加到2048万亩，总产值超220亿元（见表7）。

林下经济经营主体不断壮大。全省参与经营林下经济的企业、专业合作社等经济实体达1.4万余个，项目覆盖贫困人口48.9万人，带动人均增收近千元。

表7　贵州省林下经济种植面积

	总面积	主要品类
林下种植	330万亩	食用菌3.6万亩、中药材76.1万亩、茶叶115.3万亩、其他170.5万亩
林下养殖	310.9万亩	林下鸡1287.6万羽、蜂54.2万箱、家畜49.4万头
林产品采集加工	481.4万亩	—

资料来源：“贵州省农村产业革命林下经济发展情况新闻发布会发布稿”，课题组整理。

林下经济产品品牌化效应显现。贵州省各地根据当地的资源禀赋，因地制宜地发展林下经济，开展森林复合经营，探索了一批典型的林下经济发展模式，打造出一批有地域标志的林下经济产品（见表8）。

表8　贵州省林下经济主要模式及产品

	模式	产品
林下种植	重点推广林药、林菌等复合种植模式	形成了大方、德江、黎平的天麻，从江、榕江的草珊瑚，丹寨的天冬，织金的竹荪，安龙、荔波的铁皮石斛，赤水的金钗石斛，桐梓、正安的方竹笋，玉屏、施秉、黄平的太子参，册亨、望谟的灵芝，剑河、紫云、六枝、凯里的食用菌等特色林业产品
林下养殖	重点推广林禽、林蜂等林下养殖业模式	形成了麻江、剑河、西秀、紫云土鸡，纳雍、赫章的乌骨鸡，长顺的绿壳蛋鸡，普定、册亨蜜蜂、胡蜂等特色林业产品

资料来源：“贵州省农村产业革命林下经济发展情况新闻发布会发布稿”，课题组整理。

林下经济产业组织方式、利益联结机制不断完善。通过“龙头企业+合作社+农户”

① 隆化县农业农村局，“隆化县2019年中药材产业发展补助项目实施方案”，隆化县人民政府网站，http://www.hebeilonghua.gov.cn/article/237/7175.html

模式，探索林下经济项目与农户利益联结机制，助推贫困户稳定增收，特别是疫情期间有效解决了当地百姓就地就近就业问题。

专栏：贵州省紫云县林下经济发展模式

紫云县发展龙头企业、国有林场、专业合作社和农民之间“入股合作、利益保底、盈余返还、佣工付酬”的利益联结机制，采取“龙头企业 + 国有林场 + 合作社 + 农户”的“场村联动”组织模式，共有6142户贫困户以量化资金方式入股，累计获得分红259万元，累计向贫困户发放务工工资240万元，覆盖联结贫困户1.2万户5万余人，户均增收5000余元。形成了林下经济赋能产业发展，助推脱贫增收的良好局面。

林下经济脱贫功效明显。贵州省在全省“9+3”贫困县推广林下经济，打造林下种养示范项目，省级共扶持林下种养项目68个，其中林下养鸡（鹅）446万羽；林下中药材8.11万亩；林下食用菌200万棒；林下养蜂1.675万箱；林下蔬菜2220亩。合计补助资金1.6亿元，助推6.05万贫困人口实现增收。

2020年，贵州省在主抓“林菌”“林药”“林笋”“林禽”“林蜂”等林下经济业态发展基础上，通过实施《关于聚焦深度贫困地区发展林下经济助推脱贫攻坚实施方案》提出新的发展目标，即建成省级林下种养示范基地100个以上，全省的林下经济规模发展到2200万亩，产值突破280亿元，比2019年增长33.3%，带动25万贫困人口增收。[①] 全省“每个县聚焦1—2个产业，重点发展见效快的食用菌、蔬菜、辣椒、养殖等产业及林下经济和林特产业”。[②]

专栏：贵州省部分地区发展林下经济的实践

贵州省黔东南州重视林下经济工作，把发展林下经济作为推动全州经济高质量发展的重大战略。各县市实施林下特色种植、林下特色养殖、林产品精深加工、森林景观利用“四大工程”，积极开展基地建设、主体培育、品牌创建、科技支撑、市场营销“五大行动”，加快健全组织领导、政策保障、统筹调度、要素保障、宣传发动、责任落实“六大机制”，坚持持续推进。同时，各县市以“百千万工程”（村有百亩基地、乡有千亩基地、县有万亩基地）建设为抓手，结合本县市资源禀赋和产业基础，精准选择1—2个林下经济主导产业，集中精力打造万亩示范基地，把主导产业做大做强，迅速形成规模效应。[③] 加大财政保障力度，财政扶贫资金和东西部扶贫协作资金重点用于发展林下经济。2019年，投入财政专项扶贫资金2.01亿元实施林下经济项目260个，投入东西部扶贫协作资金1.42亿元，实施林下经济项目31个。州级每年安排不低于1000万元、县（市）不低于500万元的财政支持资金，用于支持一批重点基地、市场主体和项目。同时，强化人才支撑，通过入股、分红、股权激励等方式引导人才向林下经济聚集；保障用地需求，预留

---

① “贵州：山中林下地生金”，贵州日报，2019年12月4日，http://lyj.guizhou.gov.cn/xwzx/mtgz/201912/t20191204_33958426.html.

② “2020年贵州省政府工作报告”，http://www.guizhou.gov.cn/xwdt/jrgz/202003/t20200302_52683162.html.

③ “黔东南州林下经济工作专报”，http://lyj.guizhou.gov.cn/xwzx/szdt/202003/t20200325_55637816.html.

支持林下产业发展用地。[①] 截至2020年3月底，全州林下经济种养殖利用森林面积56.46万亩，产值3.37亿元。[②]

贵州省黔西南州累计发展林下蜂、林下鸡、林下菌药等产业106万亩，通过政策驱动、公司带动，建立林下经济示范基地14个，共带动5.15万农村人口增收，其中贫困人口1.1万人。2020年，黔西南州立足资源禀赋，继续加快推进林下菌药产业发展，规划实施11.33万亩林下菌药，其中食用菌75000亩，中药材38300亩。[③]

贵州省黔南州以龙头企业为引领，以基地建设为平台，建立利益联结机制，推动林下经济规模化发展。2020年，全州新招引林下经济龙头企业（项目）14个。全州已发展林下经济面积284.9万亩，其中林下种植15.48万亩、林下养殖49.41万亩、林产品采集87.51万亩、森林景观利用面积132.50万亩，林下经济总产值41.3亿元，联结农村常住人口20.58万人，贫困人口3.5万人，实施主体6342个。[④]

2. 政策规定

为推动林下经济的发展，贵州省制定实施了财政、金融和保险等多项政策（见表9）。

表9 贵州省发展林下经济的政策规定

	目标	举措
财政政策	建立以市场投入为主、财政补助为辅的集体林业发展投入机制	从加大资金投入、加强基础设施建设以及加强科技、信息、市场服务、落实税收优惠政策等方面扶持农民发展特色经济林、促进集体林业发展。 整合发展改革、农业、林业、水利、交通、扶贫、科技、移民等相关专项资金和脱贫攻坚产业子基金，重点扶持林下经济，逐步形成农民、企业和社会为主体的多元化林下经济投入格局。 加大对林业新型经营主体的培育扶持力度，发展以终端产品为主的林产品精深加工业和以林下种养殖、森林旅游、花卉、生物制药、物流配送等为主的新兴产业，推动集体林业产业升级，推进农村一二三产业融合发展。 支持林业新型经营主体参加林业工程建设，扩大其承担的涉林项目规模，增加经营林业收入，推进林业产业持续发展。

① “黔东南州‘四步法’积极推进林下经济快速发展”，http://www.guizhou.gov.cn/xwdt/dt_22/df/qdn/202003/t20200325_55628800.html.

② “黔东南州紧扣农村产业革命 助推贫困群众脱真贫稳增收”，http://www.guizhou.gov.cn/xwdt/dt_22/df/qdn/202005/t20200508_60367919.html.

③ “裂变中的菌药产业——黔西南州以超常规举措推动特色优势产业发展掠影”，http://www.guizhou.gov.cn/xwdt/dt_22/df/qxn/202006/t20200617_61141423.html.

④ “黔南州：‘林+’新业态助推脱贫攻坚提速提质”，http://www.guizhou.gov.cn/xwdt/dt_22/df/qn/202005/t20200528_60630011.html.

续表

	目标	举措
金融政策	对农民发展林业经济要适当放宽贷款条件，简化贷款手续，拓宽林业信贷空间，开发适应集体林业生产特点的金融新产品，扩大面向农户的小额信贷和联保贷款	鼓励和支持以农民林业专业合作组织为主体的市、县、乡三级互动性担保体系建设，为农民林权抵押贷款提供贷款担保服务，解决林权抵押贷款担保难问题。 各银行业金融机构，要以信贷方式扶持林业龙头企业、专业合作社、家庭林场、林业大户发展特色经济林、林下经济。
税收政策	落实税收优惠政策	农村集体经济组织、林业专业合作社、家庭林场、林业大户、农民个人为发展林下经济建设占用林地、牧草地、农田水利用地、养殖水面以及渔业水域滩涂等其他农用地，不征收耕地占用税。承受荒山、荒沟、荒丘、荒滩土地使用权，用于农、林、牧、渔业生产的，免征契税。
保险政策	扩大森林保险覆盖面	加大集体林森林保险推进力度，力争森林保险全覆盖。开发创新型商品林保险产品，积极探索开展林下种养殖保险，并将其列入地方特色保险奖补范围，降低投资风险，保障农民收益。

资料来源：《贵州省人民政府办公厅关于完善集体林权制度的实施意见》，课题组整理。

在资金扶持方面，贵州省有关政府部门设立了省级林业产业发展专项资金，择优扶持各地申报的林下种植、林下养殖、林产品采集加工、森林康养等林下经济项目；借助中央林业贷款贴息补助资金，对符合条件的林下经济项目贴息扶持，支持各地林下经济实施主体进行融资和申请绿色产业基金发展林下经济项目；对加强品牌建设和宣传推介的林下经济实施主体进行奖励（见表10）。

表10　贵州省2020年拟补助林下经济项目汇总表（部分）

序号	市	区、县	实施主体	种类	拟补助资金（万元）
1	六盘水市	水城县	水城县杨梅国有林场、水城县林源农业发展有限公司	林下白芨	1000
2	安顺市	紫云县	紫云自治县鸿顺林业生态投资开发有限责任公司	林下鸡孵化和脱瘟配套设施	1000
3	毕节市	七星关区	七星关区放珠镇森茂林业专业合作社	林下种植	766
4	毕节市	织金县	织金县林业生态建设投融资开发有限责任公司	林下种植	1000
5	毕节市	纳雍县	贵州纳雍源生牧业股份有限公司	林下养鸡	1000
6	毕节市	赫章县	赫章县精诚医疗投资有限公司	林下中药材	1000
7	毕节市	威宁县	威宁县农业产业投资集团有限公司	林下养鸡	1000
8	铜仁市	沿河县	贵州沿河洲州茶业有限责任公司	林下野生香菌	1000

续表

序号	市	区、县	实施主体	种类	拟补助资金（万元）
9	黔东南	从江县	从江县造林公司	林下草珊瑚	1000
10	黔东南	榕江县	榕江县扶贫开发投资有限公司	林下草珊瑚	1000
11	黔西南州	册亨县	册亨县林茂投资有限公司、贵州丰泰农业开发有限公司	林下养鸡、林下种植黄精	1000
12	黔西南州	晴隆县	晴隆县聚源农业开发农民专业合作社	天麻种植	1000
13	黔西南州	望谟县	望谟县鼎盛农旅综合开发实业有限公司	林下食用菌、四季红、蜜蜂	929
14	遵义市	务川县	贵州省务川县照石坊农林（集团）有限公司	林下种植羊肚菌	60
15	遵义市	湄潭县	湄潭县千峰林业开发有限公司	林下种植食用菌、黑皮鸡枞、羊肚菌	70
16	遵义市	凤冈县	贵州黔峰百草科技发展有限公司	中药材种植 钩藤、吴茱萸、天冬、黄精	50
17	遵义市	赤水市	赤水市宝源联盛种养殖农民专业合作社	仿野生竹荪基地	70
18	遵义市	凤冈县	凤冈县牛青山养殖农民专业合作社	黔北土鸡	40
19	六盘水市	盘州市	贵州宏财聚农投资有限责任公司	林下种植滇黄精	40
20	安顺市	西秀区	贵州乐达丰生态农业有限公司	林下养鸡	90

资料来源：“贵州省省级林业产业发展专项资金拟扶持项目公示”，课题组整理。

在项目技术方面，贵州省林业局组织编制了《贵州省林下种养项目推广指南》，针对16个深度贫困县和20个极贫乡镇分别提出了短周期林下种植、养殖推广种类（品种），列出了部分技术支撑单位和种苗生产单位名单，以确保资金、技术、种苗等要素保障到位。[①]2019年9月，贵州省林业局已批复林下经济项目27个，补助资金共计4756万元，预计带动农户5050户、19429人增收，其中建档立卡贫困户3582户、13409人。[②]

（三）经验启示

一是因地制宜做好产业选择。发展林下经济首先要解决好“种什么”的问题。承德市以及贵州省各地区的做法都突出在区域规划的基础上，坚持适地、适情的原则，经过实地考察、科学论证，选择与当地生态环境相适应的种植品种和发展模式。

二是集中连片做好规模开发。发展林下经济还要解决好“种多少”的问题。承德市在一个区域内集中连片种植中草药，形成了产业集聚优势，大大提高了市场议价能力，结合

① “贵州省16个深度贫困县集中推进林下经济示范项目”，https://www.sohu.com/a/339148816_120206193.
② “贵州省16个深度贫困县集中推进林下经济示范项目”，http://www.gywb.cn/system/2019/09/06/030156218.shtml.

高品质产品，获得了较强的定价权和话语权。

三是效益优先做好科技支撑。发展林下经济更要解决好“怎么种”的问题。承德市通过引入国家中药材产业技术体系承德综合试验站和河北省中药材产业技术体系承德张家口综合试验推广站落地，在滦平、围场、丰宁、隆化、平泉 5 个县设立 17 个试验示范基地，通过与科研院所开展深度合作，从育种、节水灌溉、病虫害防治及机械化种植等全生产环节体现出科技支撑力量。

四是利益共享做好农民增收。发展林下经济最终是要解决好“谁受益”的问题。林场、农户是林下经济发展的最终受益者。通过采取“公司 + 基地 + 农户”“公司 + 合作社 + 农户”等多种组织模式，企业、合作社与农户等主体的利益紧密衔接在一起，从而推动林下经济具有了稳定持续的良性发展模式。

五是完善体系做好配套服务。发展林下经济离不开多部门共同发力，需要政府以及技术、流通、金融等专业机构共同支持。承德市为推动本地中药材种植，专门成立了市、县级中药材产业推广服务中心、中药材产业协会、产业联盟，构建起了较为完备的管理体系。贵州省设立了专项投资资金，集中推动林下产业项目的落地实施。正是通过政府、专业机构等共同努力，两地的林下经济才具有了全面、有力的发展环境。

五、促进北京市集体林场林下经济产业发展的对策建议

近年来，北京市在推动林下种植、林下养殖、相关产品采集加工和森林资源利用等领域实现了积极进展，对于增加农民收入、巩固集体林权制度改革和生态建设成果、加快林业产业结构调整步伐发挥出重要的推动作用。比如，通州区永乐店镇在海棠树下种植药食同源的百合花；大兴区长子营镇小黑垡村抓住林下空间发展林下种养，从低收入村逆袭成林下经济明星村；怀柔区桥梓镇前辛庄村通过“林 +”发展林下经济 900 亩，入选 2018 年国家林下经济示范基地；房山区石楼镇在林下发展蛋白桑茶树，走上致富新路；密云区西田各庄镇新王庄村将 34 亩林下土地充分利用起来，组织低收入户种植木耳，并在产品销路上下足了功夫，创造出“脱低摘帽”的新模式。

2019 年 6 月，蔡奇书记在房山调研时说：“林下经济也是旅游资源，要开拓思路，实现乡村绿色发展。”2020 年全市农村工作会上，陈吉宁市长在讲话中提道：“全市林下经济约有 17 万亩，仅占林业总面积的 1%，要因地制宜发展林下经济，带动壮大村级集体经济。”为推动全市集体林场林下经济产业实现更加科学、高效、持续的发展，现提出如下发展指导思想和对策建议。

（一）指导思想

党的十九大报告明确提出：“我国经济已由高速增长阶段转向高质量发展阶段，正处在转变发展方式、优化经济结构、转换增长动力的改造期”“我国社会主要矛盾已经转化为人民日益增长的美好生活需要和不平衡不充分发展之间的矛盾”。在新冠肺炎疫情肆虐的情况下，党的十九届五中全会又进一步提出，要加快构建以国内大循环为主体，国内国际双循环相互促进的新发展格局。

在新论断、新形势的共同指引下，今后北京市集体林场发展林下经济产业是要以习近平生态文明思想为指导，牢固树立和践行“绿水青山就是金山银山”的理念，坚持节约资源和保护环境的基本国策，全面贯彻落实了党的十九大关于加快生态文明体制改革、实施乡村振兴的战略部署，落实市委、市政府关于首都生态文明建设、深化农村改革的重大决策，创新集体林场发展林下经济的经营管理模式，完善生态资源保护发展体制机制，生产出更多高质量的林业产品，切实地把政府的惠民政策落到实处。

（二）对策建议

1. 建立完善北京市集体林场林下经济产业管理体系

成立集体林场和林下经济产业发展管理办公室（简称林发办）。林发办可分为市、区、乡镇三级，其中区、乡镇级的机构可根据本地的实际情况需要而设立。成员可由同级的发改委、财政、农业、林业、科技、中医药、市场等部门组成，负责同级的相关事务，包括制订产业发展规划、组织编写项目申报书、整合集成相关政策、组织实施相关项目、指导管理、项目运营、技术服务、技术推广以及教育培训等。

制定实施集体林场林下经济发展规划。林发办要围绕产业类型、发展目标、途径举措等内容，高标准、高起点地牵头制定好各级集体林场林下经济发展规划。做好发展林下经济与乡村振兴规划有机衔接，通过一、二、三产业融合发展，打造具有当地特色的林下经济产业发展品牌，有条件的地方要建成山水林田湖草协调发展的田园综合体。

实施项目化管理机制。林发办在制定好发展规划的基础上，依据规划建立各级集体林场和林下经济发展项目库。每年第四季度依据项目情况和资金量来评审批准下一年度支持实施的具体项目。

开展林下经济示范基地评选评级工作。林发办按照国家对林下经济示范基地的评级标准，建立市级、区级林下经济各类型示范基地的评级标准，以奖代补，激励基地晋级创优，高标准、严要求，达标示范。要明确每年建成各类型示范基地的具体数量。

2. 构建北京市集体林场林下经济产业资金扶持体系

成立集体林场林下经济发展专项引导基金。整合发改委、农业、林业、水利、交通、扶贫、科技、移民等多部门适量的相关专项资金和低收入村转移支付专项资金，重点扶持集体林场发展林下经济。

引导社会资本有序参与林下经济。对市场预期好、产权清晰的产业发展项目，可以通过农村产权交易中心向社会发布招商信息，也可以组织集中招商会向社会推介林下经济项目。对集体林场发展林下经济要适当放宽贷款条件，简化贷款手续，拓宽信贷空间，开发适应集体林场生产特点的金融产品和用林权作为抵押的金融产品。积极申报争取中央财政补贴，严格按照中央财政资金的使用要求使用好资金。逐步建立以市场投入为主、财政补助为辅的集体林场林下经济发展投资体系。

3. 修订完善政府支持林下经济产业发展的政策体系

落实国家和部委既定的土地政策。依据中华人民共和国新的土地管理法，以及自然资源部、农业农村部出台的政策文件，北京市要对设施农业用地和产业用地的使用及调整规定，尽快出台更加明确、易于操作和可延续性的实施细则和解释，落实国家和部委的土地政策。

修订调整限制性管理政策。适度放开养殖业限制，允许采取循环经济模式的养殖企业开展生产，以不超过森林草场承载力为限，以达标排放不造成新的污染为前提，修改现行的限养禁养规定。适度放开农产品加工企业注册登记限制，对环境排放达标的加工企业放开登记注册限制，通过实施农林产品深加工来提高产品附加值，增加农民的收入。协调相关部门给予农业生产企业统一、优惠的能源价格和补贴政策，尽可能减低农业企业的生产能耗成本。研究风电、光电等新型能源以及储能技术在农业生产中的应用，出台必要的补贴政策。

4. 提高集体林场开展林下经济的管理水平

集体林场首先要改变观念，要把建设和发展林下经济作为一项事业来抓。要改革现有的管理体制，引入竞争机制、绩效考核机制。引入管理和技术人才，同时加大对现有从业人员的技能培训，推广使用先进的机械化管护技术和信息化的管护手段，把集体林场建设成为充满活力和竞争力的现代化林场，为北京率先实现农业现代化做出贡献。

5. 建立完善集体林场林下经济产业发展社会化服务体系

集体林场发展林下经济产业离不开社会化服务体系的支持。要充分发挥协会、联合会、联盟等社团组织在林下经济产业化经营体系中的桥梁和纽带作用。在时机成熟的时候，成立北京市林下经济协会、联合会或者联盟。充分发挥政策咨询、技术服务、项目编制、人才培养、信息沟通、利益调整等职能，为集体林场和林下经济的发展提供优质服务。

商业流通类企业可以通过建设线上线下一体化销售平台顺畅林下经济各类农副产品的市场流通体系，采取连锁经营、物流配送、农超对接等方式吸纳林下经济产品，降低流通成本，提高流通效率，打消集体林场和农户对发展林下经济缺乏市场出路的担忧。

高校、科研院所要为林下经济发展提供科技支撑，做好新品种、新产品、新技术的研发工作，通过行业协会的推广或自建林下经济技术服务队的方式与林下经济的经营主体进行有效沟通，保证林下经济各类研发成果实现有效转化。

参考文献

[1] 北京市园林绿化局农村林业改革发展处，中国林业产权交易所，2018，《北京市林下经济发展调查研究报告》，调研报告。

[2] 北京市园林绿化局农村林业改革发展处，北京林业大学经济管理学院，2019，《关于探索发展新型集体林场的调查与思考》，调研报告。

[3] 丁秀玲，薛彩霞，高建中，“林业科技服务对农户经营林下经济行为的影响研究”，《林业经济问题》第 5 期。

[4] 洪传春，2017，“林下经济核心利益相关者经典动态博弈分析”，《安徽工业大学学报（社会科学版）》第 2 期。

[5] 胡春芳，杨兰伟，许皓月，肇楠，2017,《基于 Citespace Ⅲ 的国内林下经济研究知识图谱分析》,《农业图书情报学刊》第 4 期。

[6] 胡佳，2013,《我国林下经济发展现状及影响因素分析》，北京林业大学。

[7] 蒋凡，罗向明，潘明华等，2019，“广西国有林场发展林下经济存在的问题及破解思路”,《中国林业经济》第 7 期。

[8] 李金海等,“北京林下经济特征与重点发展趋势研究”,《林业经济》，2013 年第 3 期。

[9] 李琳，朱莉（主编)，2016,《北京沟域药用植物栽培技术手册》，中国农业科学技术出版社。

[10] 李楠，2018，“复合型林下经济行为选择与农户增收分析”,《中国林业经济》第 1 期。

[11] 刘君，2016，“都市生态农业发展中的林下经济前景及其路径选择”,《农业经济》第 3 期。

[12] 苏慧，包庆丰，2019，“农业社会资本对林下种植经营效率的影响分析——基于内蒙古敖汉旗的农户调查数据”,《林业经济》第 8 期。

[13] 王海波，2018，“‘互联网 + 林下经济’行动计划初探”,《国家林业局管理干部学院学报》第 4 期。

[14] 王卫，“农村林下经济发展路径分析——以福建省漳州市为例”,《闽南师范大学学报（哲学社会科学版)》，2018 年第 1 期。

[15] 王玉芳，郭娟，周妹等，2017,《林下经济发展促进了林区经济转型吗 ?——以黑龙江省国有林场为例》,《林业经济问题》第 3 期。

[16] 王紫恒，王见，2019，“云南省农户开展林下经济经营行为及影响因素研究”,《中国林业经济》第 3 期。

[17] 吴恒，朱丽艳，王海亮，2019，“新时期林下经济的内涵和发展模式思考”,《林业经济》第 7 期。

[18] 杨偲越，2019,《江苏林下经济发展模式及其效益分析》,《中国集体经济》第 8 期。

[19] 张超群，王立群，薛永基，2017，“林下经济发展的驱动机制研究——来自 13 县 448 户农户调查的实证检验”,《经济问题探索》第 7 期。

[20] 张彤，刘笑冰，2018，“国内林下经济发展现状问题及对策”,《中国林业经济》第 11 期。

[21] 中国林学会，2018,《林下经济术语》，http://www.csf.org.cn/。

课题负责人：曹四发
课题组组长：杜力军
课题组成员：张燕、陈雯卿、李伟东、刘阳、齐福全
执　笔　人：杜力军、张燕、陈雯卿、李伟东、刘阳、齐福全

基于北京市耕地数量的农产品应急保障时间研究

党的十八大以来，以习近平同志为核心的党中央把粮食安全作为治国理政的头等大事，确立了“以我为主、立足国内、确保产能、适度进口、科技支撑”的国家粮食安全新战略，明确了“确保谷物基本自给、口粮绝对安全”的粮食安全新方针，要求“中国人的饭碗任何时候都要牢牢端在自己的手上，我们的饭碗应该主要装中国粮”。2020 年 5 月 26 日，习近平总书记就严防耕地“非农化”作出了重要指示批示，强调耕地是我国最为宝贵的资源。耕地保护是关乎 14 亿人吃饭的大事，容不得半点闪失。在多地，习近平总书记反复强调，十几亿人口要吃饭，这是中国最大的国情；保障粮食安全是永恒的课题，任何时候都不能放松。中国人端中国碗，中国碗装中国粮，这是我国保障粮食安全的基本方针，也是中国选择粮食安全之路的根本需求。

2020 年 9 月 10 日，国务院办公厅下发《国务院办公厅关于坚决制止耕地“非农化”行为的通知》(国办发明电〔2020〕24 号)，其中明确指出，耕地是粮食生产的重要基础，解决好 14 亿人口的吃饭问题，必须守住耕地这个根基。农业农村部原部长韩长赋指出，我国要实现“谷物基本自给，口粮绝对安全”，就必须扎紧耕地保护的篱笆，确保耕地数量不减、质量不降。保障粮食安全，牢牢端稳中国饭碗，是事关国家长治久安的重大战略。

2020 年 8 月 25 日，北京市政府召开常务会议，提出要进一步提高政治站位，切实把思想和行动统一到党中央、国务院决策部署上来，坚决守住耕地保护红线，努力为确保国家粮食安全做出首都贡献。民为国基，谷为民命，食为政首。粮食稳则天下稳，粮食生产功能是耕地的基础性和根本性的功能，要千方百计保障农田的生产功能。而保障农业生产功能的前提，就是先保证耕地数量。

改革开放以来，北京市的耕地数量不断下降，已经达到最低点，尤其近两年，由于城镇建设和百万亩造林工程的需要，造成耕地数量骤减下降趋势显著。在现有农田数量的前提下，本文测算了北京农田能够保障首都居民农产品需求的最长时间。

一、区域概况与数据来源

(一) 区域概况

北京是我国的首都，是全国的政治中心、文化中心、国际交往中心、科技创新中心，是世界著名古都和现代化国际城市。北京位于北纬 39° 56′，东经 116° 20′，地处华北大平原的北部，东面与天津市毗连，其余均与河北省相邻。地势西北高、东南低。西部、北部和东北部三面环山，东南部是向渤海倾斜的平原。北京气候属暖温带半湿润半干旱季风气候。北京市行政辖区总面积为 16410 平方公里。2019 年末全市常住人口 2153.6 万人。

北京市耕地分布的特点是大集中，小破碎。在大尺度的视角下，全市耕地分布具有明显的集中性，呈现出昌平—怀柔—密云—顺义—平谷山前地带、房山—大兴—通州平原地带、延庆盆地三个集中分布区域。但是，在中小尺度下，明显可见耕地分布呈碎片化，集中分布区外的耕地更是高度碎片化。耕地地力基础较低。根据统计资料显示，全市耕地质量平均等级 4.79，80% 属于中低产田，虽然近年来全市耕地质量状况稳步提升，但依然没有根本改变耕地地力基础较为薄弱的现状。根据土壤肥力分布状况，近郊肥力明显大于远郊，但新总规划定的九大基本农田集中分布区除了顺义高丽营一小部分外，全部被挤压到六环路以外区域，随着距离增加，肥力也逐渐降低。耕地水浇条件差，2018 年土地变更调查数据表明，耕地中的旱地占比达到 24.6%，水浇条件不足。土地利用方式杂乱。据 2018 年土地变更调查数据，全市基本农田目前的利用现状不仅包含“耕地”，还包括“园地”“林地”“建设用地”“其他农用地”等类型，这与《中华人民共和国基本农田保护条例》中的定义和相关规定相悖。

（二）数据来源

本文采用数据的时段是 2018—2025 年，数据包括社会经济人口数据、农业农村发展数据，主要来自《北京统计年鉴》《北京国民经济和社会发展统计公报》《北京城市总体规划（2016—2035 年）》《中国居民膳食指南》及相关著作、论文文献，包括《聚焦都市农业——农业在首都经济发展中的地位和作用》《京郊奶牛场奶牛福利与养殖状况调研报告——牛场存栏量、年产奶量、牛舍类型、犊牛饲养设施与饲养方式》等。

二、数据确定

（一）基础数据的确定

本文是“十四五”规划的前期研究，所以设定的人口数为“十四五”规划期末 2025 年的人口。本文中测算保障的人口数量按照两个维度：一是常住人口，二是总人口。

1. 常住人口

根据《北京城市总体规划（2016 年—2035 年）》，北京市常住人口长期稳定在 2300 万，2025 年设定为 2300 万。

2. 总人口

据相关资料推断与估算，除去非户籍的常住人口之外，设定 2025 年短期暂住的外地流动人口数为 650 万人 / 天。其中游客约占一半以上，其余为出差参加会议、探亲访友、看病求医、航空铁路公路中转、毕业期求职人员等其他人员。

至 2025 年，北京市常住人口数量设定为 2300 万人，总人口数量设定为 2950 万人。

3. 现有农田数量

依据《北京城市总体规划（2016 年—2035 年）》明确的 2020 年耕地保有量不低于

166万亩，2020年基本农田保护面积151万亩以及2019年全市确定的200万亩耕地保护空间目标确定。

（二）每人每天基本生活资料中食物（农产品）的消费量

基本生活资料中食物（农产品），在本研究中是指粮、菜、肉、蛋、奶。其中，为方便起见，肉类均按猪肉计算；奶类在应急时期仅供应老、幼、孕，此三类人群在常住人口中的比重大约为35.12%。（“老”指年龄在60岁以上人群，“幼”指年龄在0—14岁的人群，“孕”按出生率计算；根据北京市统计年鉴近5年的平均数据表明，“老”的比例占15.98%，“幼”的比例占10.28%，“孕”的比例占8.86%，出生率老龄化比率基本保持稳定，因此假设在2025年不会有大变动，为35.12%）。本研究采用《中国居民膳食指南（2019）》中的《中国居民平衡膳食宝塔（2019）》的数据（取最低限）作为计算依据，即每人每天消费粮食250克、菜300克、肉100克、蛋25克、奶300克 。

（三）农产品产量的基本参数

粮食亩产比照中，高产田的产出水平500千克/亩计算（小麦、玉米平均值），损耗率为5%，出粉率为80%；蔬菜（含设施）亩产按近5年单产5101千克/亩计算（设定一年种植两茬），损耗率为20%；肉料比为1 ∶ 3.3；蛋料比为1 ∶ 2.2；每头奶牛年产奶8052千克，奶牛需精青饲料量为1.15亩/头·年。

三、测算方法

（一）假定前提

1. 进京交通完全中断，无法进行物资补给。

2. 假定上述农产品无库存。

3. 科技进步（头均、亩均产出量提高，以及资源转化率提高）对耕地面积的需求减少，居民生活水平提高伴随高端（高营养、高价值、安全）食物人均消费增加，导致对耕地面积的需求增长。假定上述二者一减一增的变幅相当。

（二）测算步骤

1. 根据每人每天对基本农产品的消费量，计算出区域内的全部人口所需农产品的消费量。

2. 根据每天的消费量得出每天满足这些消费量所需耕地的面积。

每天能够保证总人口或者常住人口所需粮食的等式关系为：

500千克/亩 $\times X_1$万亩 ×（1-5%）×（1-20%）=250克/1000×rj万

rj分别为2950万人口或者2300万人口。

每天能够保证总人口或者常住人口所需肉的等式关系为：

500千克/亩 $\times X_2$万亩 ×（1-5%）=100克/1000×rj万 ×3.3①

每天能够保证总人口或者常住人口所需蛋的等式关系为：

① 数据来源参照文中第二部分第三小节。

500 千克 / 亩 ×X_3 万亩 ×（1-5%）=25 克 /1000×rj 万 ×2.2[①]

每天能够保证总人口或者常住人口所需蔬菜的等式关系为：

5101 千克 / 亩 /365×X_4 万亩 ×（1-20%）=300 克 /1000×rj 万

每天能够保证总人口或者常住人口所需奶的等式关系为：

奶：8052 千克 / 头 /365×X_5 万亩 /1.15 亩 / 头 =300 克 /1000×2300×35.12%[②]

X_1、X_2、X_3 分别是每天提供给总人口或常住人口所需粮食、肉、蛋供应的耕地数量；

X_4、X_5 分别是每天提供给总人口或者常住人口所需蔬菜、奶供应的耕地数量。

3. 用目前的耕地面积算出能够保障全部人口基本生活的最长时间。

本文依据现有的耕地数量，推算能够保证总人口和常住人口所需农产品数量的最长时间。所用公式如下：

$$V_i=\left(g_j-\sum_{i=4}^{5}Xi\right)/\left(\sum_{i=1}^{3}Xi\right)$$

其中：

Vi 为能够保证总人口或者常住人口所需农产品数量的最长时间；

g_j 分别指耕地面积为 151 万亩、166 万亩或者 200 万亩。

说明：谷物季节产出贮存期长且成本低，可随时取用，故单位产出能力按年计算。菜、奶保鲜难，贮存期短，故单位产出能力按日计算。

四、结果与分析

表 1 保证应急时期首都人民农产品需求的用地数量表

种类			每人每天消费数量（克）	保证 2950 万人口每日所需农产品用地数量（万亩）	保证 2300 万人口每日所需农产品用地数量（万亩）	需要说明事项
粮食	谷物	口粮	250	1.94	1.51	损耗率 5%，出粉率 80%
	饲料	肉	100	2.05	1.60	肉料比 1∶3.3
		蛋	25	0.34	0.27	蛋料比 1∶2.2
蔬菜			300	79.16	61.72	损耗率 20%
奶			300	12.63	12.63	需精青饲料量为 1.15 亩 / 头 · 年

数据来源：课题组整理计算。

表 2 保障应急时期首都人民农产品需求的天数表

农田数量（万亩）	能够保障 2950 万人口所需农产品的天数	能够保障 2300 万人口所需农产品的天数
151	13	22
166	17	27
200	25	37

数据来源：课题组整理计算。

① 同上。

② 数据来源参照第二部分第二小节。

根据现有的农产品品种和产出水平，比照现有的耕地地力和投入水平，测算结果如下：

（一）在农田面积为151万亩的情况下，能够保障2950万总人口农产品需求的应急保障时间是13天，能够保障2300万常住人口农产品需求的应急保障时间是22天。

（二）在农田面积为166万亩的情况下，能够保障2950万总人口农产品需求的应急保障时间是17天，能够保障2300万常住人口农产品需求的应急保障时间是27天。

（三）在农田面积为200万亩的情况下，能够保障2950万总人口农产品需求的应急保障时间是25天，能够保障2300万常住人口农产品需求的应急保障时间是37天。

（四）由测算数据分析，在耕地面积提升10%的前提下，耕地的保障能力分别提升31%和23%，在耕地面积提升32%的前提下，耕地的保障能力分别提升92%和68%。耕地保障能力提升速度远远大于耕地面积提升速度，适当地增加耕地面积能够显著提升耕地的保障能力。

需要指出的是，本文中测算的每人每日农产品的需求量按最低限计算，实际每日需要提供农产品的耕地数量要大于文中测算，因而现有耕地面积能够保障的天数要低于文中给出的天数。

五、结论与建议

（一）结论

2003年非典持续时间为3个月，本次新冠肺炎疫情已经进入常态化防控状态，防控时间远超半年，如果在交通封闭的极端情况下，北京农田能够提供的应急保障时间十分有限。北京农田数量已严重短缺，不能再减少，北京农田保护的任务任重道远。

本文中推算的数据是在理想状态下的，突发公共事件时期的交通封闭程度、人员劳动力状况、耕地产出产能状况、人口数量等都与日常有差异，应当更加严谨、精确设定。

（二）建议

1. 全力确保耕地总量

按文中测算，耕地数量能够保障总人口农产品需求的时间远远不足，农田数量严重短缺。适当地增加耕地面积能够显著提升耕地的保障能力，所以，要千方百计增加耕地的实际数量，确保耕地总量不降低。通过耕地补划，农用地结构调整，将非耕地调整成耕地，切实保证耕地总量。始终坚持走中国特色粮食安全之路，以首善标准构建首都粮食安全新格局，努力为国家粮食安全贡献首都力量。

2. 着力提升耕地产出能力

切实落实习总书记“藏粮于地，藏粮于技”的指示精神，不断加强耕地产出能力建设。采取各种措施，提升耕地质量，加强耕地基础设施建设，强化机械化发展，统筹运用生物技术和信息技术，以科技为支撑，把产能建设作为根本，让农业插上科技的翅膀。通过运用有机肥、配方肥（缓释肥）、玉米秸秆还田和土壤深松技术的推广应用，提升土壤有机质含量，合理搭配施肥结构，有效提升土壤质量，切实提升耕地产出能力。

3. 奋力打造山水林田湖草人生命共同体

党的十八大以来，习近平总书记从生态文明建设的整体格局提出“山水林田湖草是一个生命共同体”的论断，强调“统筹山水林田湖草”系统治理。人的命脉在田，耕地是农业农村资源的主要承载空间，守住耕地红线和耕地非农化的底线，是构建生命共同体的重要环节。只有切实做好耕地利用保护，才能切实让农民把心留住，让农业把根留住，让农村把魂留住。着力构建“蓝绿交织，金色镶嵌”的农田林网，坚持系统思维，统筹推进，将各自为战转为全域治理，多头管理转为统筹协同，推进形成正向内循环，在保障耕地生产性的基础上，着力发展多功能性，循环促进农田保障性作用的发挥。

《北京市农田建设管理与保护利用》课题组

执　笔　人：张颖、陈奕捷、刘军萍、文化

实施乡村振兴战略 破解农产品流通痛点难点问题

农业是乡村的主体产业，农产品流通事关农产品从商品到货币的惊险“跳跃”，与农业生产同等重要，并且紧密相连、相互影响。高效率的农产品流通体系，可据此建立运销导向的生产机制，促使土地与其他资源要素达到最有效率的组合，使得农业资源得到合理的市场化配置，达到农产品优质优价、农民增产增收的效果。反之，低效率的农产品流通体系会导致市场要素的错配与农业资源的浪费，严重降低农业生产效益，挫伤经营主体的生产积极性，不利于乡村产业可持续发展。破解农产品流通领域的痛点难点堵点，实现产销有效衔接与联动，能够有效撬动乡村产业发展，推动乡村全面振兴。

一、我国农产品流通现状

改革开放以来，我国农产品流通领域发生了深刻的历史性变化，实现了农产品的购销与价格的市场化调节，为推进我国农业生产的商品化、专业化和产业化奠定了坚实的市场基础。借助 5G、大数据、云计算、冷链物流等新技术的高速发展，不断推动农产品流通模式创新，实现了线上线下交易融合，有效地满足了消费者日益增长的多元食物需求。

（一）流通体系基本构建

经过多年发展，我国农产品流通体系逐渐完善，形成了以农产品批发市场为中心，以集贸市场、专业市场、生鲜超市、电子商务平台、直销直配为零售终端，以期货市场为补充的功能互补、城乡互通的多层次农产品流通体系。据统计，全国现有农产品市场 4.4 万家，其中农产品批发市场 4500 多家（年交易额在亿元以上的批发市场有 853 家），各类集贸市场近 4 万家。2019 年，全国农产品批发市场交易额达到 5.7 万亿元，交易量 9.7 亿吨。全国经由农产品批发市场流通的农产品比重高达 73%，各地城市农贸市场的货源有近 90% 是商贩从批发市场批发而来，生鲜超市的农产品货源平均 64% 从批发市场选配。

（二）流通主体加快发育

改革开放以来，在市场与政府的双重作用下，农产品流通主体得到了充分的发育与生长，在全国逐步形成了由农产品经纪人、批发市场开办者、农产品加工企业、物流企业、农民合作社、农产品电商等构成的数量庞大、规模小散的农产品流通队伍。2019 年，仅全国农产品批发市场内就有各类经营商户近 240 万家，吸纳就业人员近 700 万人。近年来，农产品流通主体规模化、品牌化趋势上升，一些农产品经销商、批发市场开办者依靠常年累积的资本资金、客户资源和货源信息，逐渐成长为大型农产品供应链核心企业，通过自营或合作方式带动上游基地标准化、规模化生产，通过布局零售网络、开展配送服务、实行品牌连锁经营实现零售直达。如在上海江桥、武汉白沙洲、武汉四季美、深圳海吉星、北京新发地等大型农批市场，都有一些单品供给规模可达到市场总规模 1/4 至 1/3 的经销商或经销企业。再如，中国地利农批集团在哈尔滨、沈阳、贵阳等多个城市开设 400 多家生鲜连锁零售店，西安欣绿农产品批发市场在西安市布点投建了 10 家米禾生鲜连锁超市，北京新发地农批市场联合大型经销商依托新发地市场建立了新发生鲜网，布局生鲜电商业务。

（三）流通模式不断创新

随着公路、铁路、机场和冷链物流等城乡基础设施的不断完善，以及 5G、大数据、云计算、物联网等信息技术突飞猛进的革新发展，我国农产品大市场、大流通的格局业已形成，农产品流通业态与营销模式不断创新创造。除了农产品批发市场主渠道外，“生产基地 + 线上销售平台”的垂直电商模式、“以销定产”的社区团购模式、直播销售平台、以“盒马鲜生”为代表的线上线下相结合的互动式消费体验的新零售、“前置仓”、30—60 分钟快速达等新模式、新业态竞相发展。目前，中国涉农电子商务平台超 3 万家，农产品电子商务平台已达 3000 家。根据商务大数据监测，2018 年全国农业网络零售额达到 1.37 万亿元，同比增长 30.4%；全国农产品网络零售额达到 2305 亿元，同比增长 33.8%。以北京为例，全市有 4000 家以上的农产品电商，其中有一定规模且具备运营能力的企业约有 650 家，特别是 2020 年上半年新冠肺炎疫情以来，生鲜电商发展迅猛，吸收和培养了一大批新用户，网民网购生鲜农产品的生活习惯在逐步强化。

二、我国农产品流通领域存在的突出问题

尽管我国农产品市场逐步形成了完整的市场流通体系，但是与广大农民增收致富的要求相比，与消费者日益增长的多元化食物需求相比，与发达国家的农产品流通效率相比，我国农产品流通领域仍面临着严峻的形势和深层次的矛盾。特别是在当前家庭承包经营者仍占大多数的农业生产经营方式背景下，小农户与大市场有效衔接的问题始终没有得到彻底解决，农户增产不增收问题突出，有很多痛点堵点问题需要产销联动破解。

（一）农产品生产流通主体的组织化程度较低，使得农产品交易成本居高不下

根据第三次全国农业普查对全国农业生产经营人员情况进行了调查，2016 年全国农业生产经营人员 31422 万人，其中规模农业经营户农业生产经营人员 1259 万人、农业经营单位农业生产经营人员 1092 万人，初步匡算全国规模农业经营人员大致占比仅为 7%。另据自然资源部发布的《2017 中国土地矿产海洋资源统计公报》显示，截止到 2016 年年底，我国耕地面积为 20.24 亿亩，如果以全国农业生产经营人员 31422 万人为基数计算，每人土地经营面积仅为 6.4 亩。由于农业经营规模比较细碎，加之生产的组织化程度也较低，与之匹配就诞生了大量的小规模的农产品收购商、运销商、批发商、零售商等流通参与主体，这种由分散的、细碎的生产流通主体形成的无数条粗放的、简单的农产品供应链

条交织在一起，极大提高了流通环节的组织成本和交易成本，难以在产后推行农产品分级、包装、运输、仓储、物流、加工的规模化与标准化。据统计，目前我国农产品流通成本约占总成本的40%左右，其中鲜活产品及果蔬产品要占到60%以上，而发达国家流通成本一般控制在10%左右，远低于我国。具体存在以下三个问题：

一是农户缺乏议价能力，增产不增收始终困扰农户。一个健康的农产品供给市场应是惠及两头的，能够达到互惠互利的，既能确保生产主体实现优质优价和增产增收，又能保障消费者以适当的价格购买到满意的产品。任意一头的利益受损，都不能保证农产品安全持续有效的供给。总体来看，农业生产的组织化程度远远低于流通的组织化程度，产销力量的不均衡使得大量的小农户无法掌握农产品供需信息，缺乏议价能力，只能被动接受地头经纪人的价格和收购量的交易邀约，容易造成增产不增收、产销脱节，严重者则出现农民因“谷贱伤农”问题而撂荒土地。

二是农产品难以形成稳定的质量等级标准。农产品分级对于生产者来说，可以获得更高的收益，而且在分级的过程还可以剔出有病虫害和机械损伤的产品，减少贮藏中的损失，减轻病虫害的传播，提高产品整体的品质与附加值。对于农产品经销商来说，分级可使生鲜果蔬更加规格化，便于采用标准化设施设备进行贮藏、搬运、运输，减少人工成本和产品损耗，提高运输的效率；对于电商平台来说，分级是农产品走向品质市场、实现品牌化销售的重要前提；对于消费者来说，分级可以满足消费多样化和多层次的需求，实现优质优价、低质低价。据统计，产地分级可以使农民种出来的每公斤蔬菜价格同比提高15%以上，分级后的包装又可以让农民每公斤蔬菜增加0.22元的额外收入，而相应的配送企业分级包装可以比原先提高效率20%以上。但现实情况是，大量的小农户和低水平的产销组织化无法确保稳定的产量和品质水平，加上农业劳动力普遍高龄化，客观上很难在产地大范围推广农产品分级，极大阻碍了农产品物流体系标准化建设。

三是农产品物流体系标准化程度低。当前国内批发市场的物流标准化运作程度远远落后于发达国家。就果蔬而言，除进口水果外，通过产地收购商从小农户手中集中的农产品，多以非标准周转箱（筐）装载并运到市场批发商处。即使是在一些大规模种养产地，不同区域、不同企业在农产品预冷、分级、包装、产品、服务、温度、湿度、操作方法、操作时间等环节缺乏统一操作规范，设备标准不统一、冷链器具标准不配套，使得产品在不同商户之间流转时需要转换周转箱和运输设备，不仅人工成本花费高，且效率低、商品损伤率高。某些已经进入冷链的生鲜品类由于缺少冷链物流规范指引和冷链衔接安排，导致冷链中间断裂，影响了产品的品质。据统计，我国果蔬类农产品的物流损耗率约为25%—30%，发达国家仅为5%。而农产品流通过程中的农产品损耗浪费远远高于餐饮食物浪费。2018年，中科院地理科学与资源研究所和世界自然基金会联合发布的《2018中国城市餐饮食物浪费报告》披露，2015年全国城市餐饮业仅餐桌食物浪费量就约为1700万至1800万吨，相当于3000万到5000万人一年的食物量。根据2019年全国农产品批发市场交易量9.7亿吨、平均物流损耗率25%，大致匡算全国一年农产品在流通中损耗浪费24250万吨，相当于城市餐饮业浪费量的13—14倍。

（二）农产品流通体系建设缺少公共制度安排，难以适应国家粮食安全要求

经过多年发展，我国农产品流通基础设施与设备有所改善，如批发市场、配送中心、农产品加工场所数量不断增加，交通运输与仓储物流设施不断完善，但仍难以适应国家粮食安全战略要求。一方面，整体建设水平与发达国家相比仍有不小差距，目前我国只有10% 的肉类，20% 的水产品，少量的果蔬、牛奶和豆制品进入冷链系统，而欧美国家进入冷链系统的农产品比例为 85%。另一方面，城乡农产品流通体系建设存在较大差距，农村人均商业面积仅约为城市的 1/10，管理较为现代、功能相对齐全、设备比较完备的农产品市场多集中在城市销地区域，而乡村区域的市场基本停留在原始粗放的大棚式、露天式市场面貌。根据第三次全国农业普查对全国 31925 个乡镇和 596450 个村的基础设施建设和基本社会服务进行的调查，2016 年末，68.1% 的乡镇有商品交易市场，39.4% 的乡镇有以粮油、蔬菜、水果为主的专业市场，10.8% 的乡镇有以畜禽为主的专业市场，4.3% 的乡镇有以水产为主的专业市场。这类问题具体体现在以下三个方面：

一是对农产品流通基础设施建设的重要性认识不够。在很多国家，包括市场、冷库、冷藏车等在内的农产品流通设施属于民生工程和城乡基础设施，主要由中央政府与地方政府建设与监管。如在日本，作为农产品流通主渠道的批发市场是作为社会公益性事业来推进的，日本政府在建设农产品中央批发市场方面始终秉持“保护生产者和消费者利益”的指导思想，政府部门要保证对农产品批发市场监管的有效性和公正性。日本于 1923 年就颁布了《中央批发市场法》，将中央批发市场的规划、开发、建设、交易等行为都纳入公共服务和法治管理的轨道。二战后，法国政府对批发市场的建设和监管进行了立法，直接投资在全国建立了 20 个国家级现代化农产品批发市场，市场所用土地及基础设施均为国家所有，政府对市场实行区域保护政策，即以批发市场为中心，合理划定商圈半径，在商圈之内禁止建设其他农产品批发市场，商圈内原来的批发市场要搬迁。市场建好后一般委托地方政府或股份公司进行管理，如巴黎的伦吉斯市场，董事长由国家任命，法国商业部、农业部直接派出官员进入其董事会行使管理职能。这种建设和管理方式对促进法国农产品流通的规模化、规范化起了不可低估的作用。相比于这些国家在农产品流通体系建设上的理念与做法，我国对于农产品流通基础设施的范围界定、公益属性、民生功能的认识显然不够清晰，国内农产品流通体系建设缺乏国家层面的重视与支持，缺少前瞻性、整体性规划，缺少公共制度安排，在用地、交通、产业发展等环节还存在很多政策性制约。在投资建设上存在过度商业化、市场化的倾向，对于农产品流通基础设施投资的财政资金十分有限。国家财政支农资金对农村基础设施建设投入主要集中在乡村道路建设、农村电网改造、人畜饮水卫生改善、垃圾污水处理、改厕等生活性基础设施和江河治理、基本农田水利设施建设、农业科研基础设施建设、大宗农产品生产基地建设等生产性基础设施上，对于农产品流通基础设施，尤其是产地流通基础设施投入非常有限，而农产品流通主体投资能力严重不足，这种“重城市、轻乡村”“重生产、轻流通”的观念认识和公共决策在很大程度上不利于我国农产品流通体系的建立健全，也严重制约了我国农业农村发展的现代化速度。

二是产地流通设施建设滞后。产地流通设施建设对于带动产地的规模化、集约化、专业化发展具有极为重要的作用。以专业批发市场或专业交易中心为纽带，借助市场交易效应和配套服务体系与广大农户形成稳定的上下游关系，实施产加销一体化经营，可以有效带动区域主导产业发展。如山东寿光就是以市场发展带动蔬菜生产和社会化服务，最终形成了县域范围内的蔬菜全产业链大发展。一般来说，产地流通设施承担着产地农产品集货、检测、预冷、分选、加工冷藏、配货、收储、质量追溯和信息平台等功能，能够使农产品在产地采摘后迅速从原材料转化为商品，进入销地批发市场或者直接进入零售市场，这样可以最大程度减少农产品采摘后长时间物流过程中产生的损耗，提高流通效率，并且可以带动当地形成完整的农产品供应链条和助推形成各种关联产业业态。如在北京平谷区依托30余万亩的果品基地，建立一个果品产地集散中心，以标准化方式为当地果品提供预冷、分选、加工、包装、集散、分销等功能，不仅可以有效带动当地果品的标准化生产，而且可以带动形成以服务果品产销为核心的种植服务业、加工业、餐饮业、旅游业等产业业态，拉动地方经济发展。以平谷大桃为例，如果在平谷大桃产地能够充分地配置保鲜冷库或者气调库，可以将大桃的货架期从7天延长到2个月，这样就可以很好地解决短期内大桃集中上市供给量过大、压低大桃价格引起的“桃贱伤农”问题。通过延长货架期，在货架期内分批次、错峰上市鲜桃，不仅可以有效提高桃价，提高桃农收入；而且可以延长消费者购买鲜桃的食用期，满足不同时间的消费需求，可谓是农户与消费者“双受益”。但是在现实当中，因产地缺乏建设用地指标，使得很多产地无法建设冷库。如在北京，很多产地的冷库在整治大棚房过程中被拆除，导致产品采摘后无法进行预冷处理，只能在采摘后尽快通过各种渠道分销出去，无法最大化实现农产品商品化的经济效益。据有关调研，在京津冀地区，超过60%产地农产品生产经营单位认为现有冷库不能满足需要，希望政府在产地以财政资金撬动社会资金的方式，共同建设公益性的共用冷库，或与物流企业合作建立带有冷库的产地集散中心。

三是农产品批发市场管理模式落后。长期以来，我国农产品批发市场长时间实行“谁投资、谁管理、谁受益”的建管原则，政府对于市场在税收、土地、水电上少有优惠政策。尽管近年来，国家相关政策文件对于农产品批发市场的公益性质进行了重新定位，但长期形成的思维定式和投资模式很难扭转当前农产品批发市场作为一般流通企业的制度安排。当前，国内绝大多数农产品批发市场的经营形态更加类似于大型或超大型的农贸市场，而非真正意义上的能实现物流、人流、资金流、信息流分置、高效、有序运转的批发市场。虽然叫法一致，但是从外在形态到实质功能，都与发达国家普遍意义上的农产品批发市场相去甚远。农产品批发市场最重要的一条管理原则是“交易主体市场准入”，这条规定是为了保证交易过程的竞争适度，对交易主体进行资格审查和数量控制。影响农产品交易成本的因素之一就是交易者的数目。当交易者数量过多时，市场各方面的管理就变得复杂得多，资源的配置效率就会降低，因此需要对市场中的交易主体进行资格限制和数量控制，提高交易主体的单体规模，保证交易在有序公平的交易环境中进行。但在我国批发市场管理中，少有实行“交易主体市场准入”，多是“缴费入场、即来即进”的摊位制进场模式，这就使得绝大多数市场内部人流物流无序、交通道路拥堵、内部管理凌乱、卫生环境脏乱，也无法发挥质量安全监管作用。背后的主要原因是，农产品批发市场的外部性较强，具有准公共物品性质，通过私人提供的方式很难实现农产品批发市场的公益性功能，需要政府以公共服务身份来发挥市场的公益性功能。

三、破解农产品流通难题的几点建议

（一）把推进农业规模化经营作为破解农产品流通难题的首要任务

农业生产规模化程度低是制约小农户联结大市场的源头性问题。破解农产品流通难题，首先要改变供给源头的农业生产组织方式，推进农业规模化经营，探索实现农业规模报酬的有效路径。为此，我们的建议是：

一是加快引导农村土地经营权有序流转。继续探索农村承包地“三权分置”的有效实现形式，促进农村土地经营权有序规范流转。要鼓励引导金融机构创新金融产品，稳步推进土地经营权的抵押、担保，简化贷款手续，为农业经营主体提供优质金融服务。加大推进农村产权交易市场建设，不断完善农村产权流转交易品种，发展多元化流转交易模式，实现各类农村产权交易规范化、专业化、法制化，切实保障农民和农村集体经济组织的财产权益。

二是加快培育新型职业农民。一方面要保护和提升传统农民的生产积极性，同时要提升其生产经营技能。另一方面要支持和培育新型农民，出台相关政策鼓励年轻人返乡从事现代农业的生产、服务与经营职业，使他们尽快成长为“新农人”。要加强对农民的培训力度，不断提高农业从业人员的文化水平、专业技能、经营能力和市场意识。

三是加快提升农民专业合作社的办社质量。第一，加强农民专业合作社的规范管理。加快《农民专业合作社法》相关配套制度的制定，严格依法对合作社、联合社进行规范管理，厘清正常运营和非正常运营合作社，增强指导服务的针对性和有效性。加强对农民专业合作社的日常监管，实行动态监测和淘汰制度。第二，引导农民专业合作社的功能提升。拓展农民合作形式，鼓励以土地承包权、资金、技术等要素入股发展多种方式“同类”产品或服务的合作或资源要素股份合作，鼓励合作社向生产、加工、储运、销售等多环节多领域发展。积极引导合作社通过组建联合社的方式，快速进行跨产业、跨区域扩张，建立“一乡一品”产业辅导机制，利用联合社载体加强跨品种、跨区域的产品开发与品牌推广。第三，加大对农民专业合作社的政策扶持。按照新修订的合作社法对合作社的扶持措施要求，将农民专业合作社作为国家支农惠农政策的有效载体，从建设项目、财政资金、金融、税收、用电用地等方面都给予合作社更大的支持。加强涉农部门的沟通与合作，建立健全合作社服务体系，支持其改善生产销售条件，增强发展能力，全方位促进专业合作社的发展。

四是加快建立农业社会化服务体系。通过提高规模化服务水平来促进农业规模化经营。创新农业社会化服务的方式，大力推动建立公益性服务和市场化服务相结合、专业性服务和综合性服务相协调、传统性服务与现代化服务相匹配的多元化服务机制。大力培育各类服务主体，繁荣农业社会化服务人才市场，加大农业科技推广、商标设计、包装营销、品牌策划、供应链管理、物流冷链、农业金融等设计型、专业型人才的产业输送。加大对农业社会化服务产业的引导与扶持，整合涉农资金、农业项目，重点支持农业社会化服务组织和龙头企业开展产业基础设施建设、新品种新技术引进和推广、农机研发、生物防控产品研发、市场营销、农产品质量安全和农业信息服务，促进其综合服务能力不断提升。

（二）把加强农产品流通基础设施建设作为破解农产品流通难题的基础工程

农产品流通基础设施是确保国家粮食安全、保障城乡居民菜篮子供应、稳定市场物价、实现农产品质量安全可追溯的国家战略性基础性设施，是民生保障工程。我们要转变和深化对农产品流通基础设施的认识，高度重视和全面加强农产品流通基础设施建设。为此，我们的建议是：

一是加强对农产品流通基础设施体系的顶层设计。第一，分类研究农产品流通基础设施体系的范围内容、标准界定、功能属性和制度供给。对于具有明显保供稳价、产销对接、价格形成、信息发布、质量监管、应急保障等公共服务属性的农产品流通基础设施，要加快以法律形式确定其公益属性，明确其在城乡规划中的功能定位和投资模式。从规划布局、运行规则、标准规范制定、收费定价、考核评价指标构建等方面对政府监管职责加以明确，强化地方政府的管理服务职责。第二，加强城乡农产品流通基础设施的规划布局，结合农产品生产与流通规律，制定全国及各省市城乡农产品流通基础设施建设规划，用于指导各地农产品流通基础设施的科学布局和有序建设。第三，强化冷链物流设施、仓储配送和流通加工等配套设施建设，加强农产品物流体系标准化建设，以推广标准托盘和周转筐（箱）为抓手推动农产品物流体系标准化建设，提升农产品流通效率，提高农产品流通基础设施建设的系统性、整体性和协同性。第四，结合新基建建设积极推进城市社区冷链物流智能末端配送网络建设，将智能快件箱、智能多功能柜等智能配送设施纳入公建配套设施建设范围，为农产品进入社区提供更为便捷化和智能化的终端配送设施。第五，强化农产品应急保障体系建设，在大城市周边布局若干农产品集散储备基地，构建跨城农商联动保障机制。

二是重点推进产地农产品流通基础设施建设。从全国来看，产地市场建设是农产品流通基础设施建设短板中的短板，要尽快补齐这个短板，保证农产品流通“最初一公里”的高效畅通。第一，强化产地生鲜农产品集散加工中心建设。根据农业商品化生产的规模、商品流量流向、地理交通条件、市场辐射范围等，在农产品主产区试点建设区域性农产品集散加工服务中心，除提供农产品集散配送功能外，还应能提供仓储（冷冻库、冷藏库、常温保鲜库等）、检验检测、分级、分拣、包装、装卸搬运等服务。一个区域集散中心可以带动方圆 20 公里以内的鲜活农产品产销。第二，针对小散农户的预冷保鲜储藏需求，积极引进相关企业提供可共享的移动冷库租赁式服务，帮助小农户解决鲜果隔夜愁问题，同时可避免在基本农田上建立永久设施。第三，设立农产品产地流通基础设施建设投资基金，引导社会资本参与产地市场设施建设运营。

三是加快农产品批发市场的转型升级。加强政府对农产品批发市场行业的管制力度，推行公共企业运营模式，促进农产品批发市场的功能完善和科学管理，借鉴日韩的批发市场管理经验，建立经销商市场准入制度、产品代销制度、统一结算制度，逐步改变当前农产品批发市场的摊位制运营盈利方式，建立交易佣金盈利模式，实现批零分离，减少经销商数量，提高单体经销商的销售规模，加强市场价格信息服务和交易秩序监管。

（三）把加强制度供给作为破解农产品流通难题的关键环节

制度供给是一个社会的博弈规则，是政府提供的基本公共产品。在我国农产品流通体系建设中，面临的一个突出问题是相关产业发展、土地供应等政策体系与制度安排阻碍了农产品流通加工企业的发展，使得很多产地或销地的流通功能无法落地。为此，我们的建议是：

一是加强对生产经营主体产业用地的政策支持。针对目前产业用地需求较为强烈的前置仓用地、冷链用地问题，根据城乡融合发展进程，有针对性地预留相关用地指标，并在生产流通设施产业用地和补贴政策上予以大力支持。针对一二三产业融合发展的农业，要将一产与二三产作为农业供应链整体来看待，不可割裂对待，要通过长效化、制度化方式落实涉农区的镇（乡）域规划预留少量（不超过 5%）城乡规划建设用地指标用于零星分散、单独选址的休闲农业和乡村旅游设施建设的要求，支持农户、合作社、企业等经营主体建设、完善、提升主食加工、综合利用加工、休闲农业和乡村旅游等设施设备，引导农产品产加销与休闲、旅游、文化、教育、科普、养生养老等产业深度融合。

二是对农产品物流配送企业提供更加人性化的交通服务。针对农产品物流配送企业在城市配送中遇到的交通管制问题，应站在促进城市治理与民生保障协同推进的高度来谋划和解决，不能将民生保障作为城市治理的对立面，而应将民生问题作为推进城市治理现代化的重要组成部分。建议引导成立区域农产品配送车队，共享车辆、车证资源，明确净菜类初加工日需农产品享受绿色通道政策，推行“新能源鲜活农产品运输车辆不限行”等政策，妥善解决好农产品物流配送企业通行证不够使用与限行时间等交通管制问题，有效降低农产品生产流通企业的运输成本。

三是扶持培养一批生产带动型农产品供应链核心企业。供应链核心企业能够有效整合供应链上下游资源，通过采取数字化供应链管理方式，提高农产品生产的计划性和产销衔接的匹配度，此外还有一批供应链核心企业在发展过程中形成了较好的产品研发能力（如研制小型农机、研发生物防控技术与产品等），这些企业有能力孵化出较为专业的农业社会化服务企业，是推动我国农业现代化、流通高效化的重要市场力量。建议扶持培养一批生产带动能力较强的农产品供应链核心企业，重点在产品研发、技术开发、融资担保、成果转化、人才引进、税收优惠等方面给予政策扶持，以点带面，带动解决小农户与大市场有效衔接的问题。

课题组负责人：宋祖德、刘军萍
课题组组长：张英洪
执　笔　人：刘雯、洪岚

北京市有机蔬菜消费需求调查报告[①]

《北京市乡村振兴战略规划（2018—2022 年）》围绕推动首都农业高质量发展，明确提出要促进绿色有机农业发展，利用首都科技优势，鼓励绿色有机农业相关技术研究和创新，培育高附加值产品，要求“三品一标”农产品认证覆盖率到 2020 年提升到 75%。为深入了解当前北京市民有机蔬菜的消费情况和对蔬菜质量安全的感知程度，摸清北京市民对有机蔬菜的需求意愿和对蔬菜质量安全问题的关切程度，更好地从消费角度为引导有机蔬菜产业稳步壮大、推进首都安全优质农产品有效供给提供政策建议，近期北京市农研中心课题组借助在线问卷调查系统，对北京市有机蔬菜消费与蔬菜质量安全感知情况进行了调查分析，随机发放 260 份问卷，收回有效问卷 241 份，有效率为 92.7%。依托样本调查数据的统计分析，形成以下调查报告。

一、被访者基本特征

被访者的基本特征是影响其有机蔬菜消费与蔬菜质量安全感知的重要因素。这里首先对被访者的基本特征进行描述性统计分析，此次问卷中涉及的被访者基本特征分为个人和家庭两个层面。个人层面的基本特征包括被访者的年龄、性别、学历等；家庭层面的基本特征包括与被访者长期生活在一起的家庭人数、家庭成员及家庭收入等。

1. 年龄

此次被访者年龄在 41—65 岁的共 120 人，占总人数的 49.79%；其次是 31—40 岁，共有 81 人，占总人数的 33.61%；18—30 岁的共有 26 人，占总人数的 10.79%；65 岁以上的共有 14 人，占总人数的 5.81%。

2. 性别

此次被访者中，共有男性 84 人，占总人数的 34.85%；女性 157 人，占总人数的 65.15%。样本性别比例与女性在蔬菜采购承担重要角色的直观感受基本一致。

3. 学历

被访者中有 198 人拥有大专及以上学历，占总人数的 82.16%，其中拥有大专学历的有 39 人，拥有大学学历的有 96 人，拥有研究生学历的有 63 人。其余 43 名被访者拥有初

① 该报告系北京市社会科学基金项目（17YJC035）的阶段性研究成果。

中及以下、高中以及技校学历，占总人数的17.84%。由此可见，此次被访者的整体学历水平较高。

4. 家庭成员状况

被访者的家庭成员状况，在问卷中具体体现为三个问题，分别是“和您生活在一起的家庭成员人数”“和您生活在一起的家庭成员”以及“您家里是否有12岁以下的孩子”，目的是了解家庭成员状况与家庭消费有机蔬菜行为之间的关系。

调查结果显示，有192人是与其他家庭成员一起生活的，占79.67%；有49人是独自生活的，占20.33%，这与中国人传统的家庭生活结构相符合。

在与其他家庭成员一起生活的被访者中，有172人与配偶生活在一起，占总人数的89.58%；有145人与子女生活在一起，占总人数的75.52%；有88人与自己父母或配偶父母生活在一起，占总人数的45.83%。而与（外）祖父母或（外）孙子（女）生活在一起的人仅占总人数的8.33%。这说明两代人或三代人共同生活的家庭占主体。

在“您家里是否有12岁以下的孩子”的问题中，有114人表示有，占总人数的59.38%；其余78人表示家中没有12岁以下的孩子。

5. 家庭收入

此次被访者的家庭收入基本符合正态分布，其中年收入10万—20万元的占比相对较高，为29.88%；其次为年收入6万元以下和6万—10万元的，均为19.09%；再次为年收入20万—30万元的，为13.69%。其余区间随着收入的增长占比逐渐下降。

二、有机蔬菜的认知与消费情况

为深入探寻影响北京市民消费有机蔬菜的主要因素，课题组围绕消费者的有机蔬菜认知程度、购买频次、购买场所、购买动机、购买顾虑等问题进行了较为全面的调查，调查数据统计分析如下：

1. 有机蔬菜通过多元化渠道较早进入消费者视野

据调查统计，83.82%的被访者知道有机蔬菜的时间超过5年，其中21.58%的被访者在15年前就知道有机蔬菜，36.51%的被访者在10年前就知道有机蔬菜。

超市和专柜是被访者认识有机蔬菜的第一大渠道，占比高达63.07%；其次是电视和网络，占比均达到46.47%；再次是报纸杂志等传统媒体，占比达到了29.46%。由此可见，消费者了解有机蔬菜的渠道非常多元，线下体验消费和线上媒体传播正成为消费者认识有机蔬菜的主要渠道。这为有机蔬菜的推广和宣传提供了一个新思路，可以从传统的以线下模式为主转向线上与线下相结合。

2. 消费者对有机蔬菜缺乏科学认知

据调查统计，在能否区别“有机”“绿色”“无公害”农产品的选项中，只有29.46%的被访者回答能够区别，而剩余70.54%的消费者知道一些或者不知道这三者的区别。在回答较为专业的有机蔬菜投入品知识中，选项“未经处理的人畜粪尿”“化学合成肥料”“生长调节剂”均有20%以上的被访者选择错误，尤其是人们对于作为促进或抑制植物发芽、生根、花芽分化、开花、结实、落叶等植物生理机能的人工合成的生长调节剂认知存在较大偏差，有 27.39% 的被访者认为种植有机蔬菜可以使用生长调节剂。

3. 消费者实际购买有机蔬菜频次较低

尽管大多数消费者知道有机蔬菜，但真正经常购买有机蔬菜的消费者却不足 30%。据调查统计，2.49% 的被访者完全购买有机蔬菜食用，4.56% 的被访者表示经常购买且有机蔬菜占蔬菜购买总量的一半以上，18.26% 的被访者表示经常购买、且有机蔬菜占蔬菜购买总量的一半以下，67.22% 的被访者表示家庭买过有限的几次有机蔬菜，7.47% 的被访者表示家庭从未购买过有机蔬菜。

4. 大型超市的有机专柜与有机农产品专营店是消费者购买有机蔬菜的主要场所

市场上，有机蔬菜的购买渠道较多。据调查统计，被访者对购买有机蔬菜场所的偏好，由高到低依次排序是大型超市的有机专柜、有机农产品专营店、社区小型菜店、农贸市场、私家菜园等。63.49% 的被访者表示通过在正规地点购买有机蔬菜来帮助其辨别有机真假。显而易见，越正规的销售渠道越具有质量保障效应，因而更容易获得消费者的信任和青睐。

5. 有机蔬菜的平均价位超出了大部分消费者可接受的范围

据调查统计，92.12% 的被访者认为可以接受有机蔬菜的价格比普通蔬菜高出 2—4 倍，5.81% 的被访者可以接受高出普通蔬菜的 4—6 倍，1.66% 的被访者可以接受高出普通蔬菜的 6—8 倍。据调研，目前市场上有机蔬菜的均价在每斤 20—30 元，而普通蔬菜的价格普遍在每斤 2—5 元，即有机蔬菜比普通蔬菜的价格高出 3—9 倍，可见有机蔬菜的平均价位超出了大部分消费者可接受的范围。

6. 食品安全、提高生活品质、尝鲜是消费者购买有机蔬菜的主要因素

对于消费者来说，无论是购买有机蔬菜还是普通蔬菜，安全性都是他们考虑的首要因素。调研数据显示，被访者购买有机蔬菜首要原因是食品安全，占比 70.85%；其次是想提高生活品质，占比 53.36%；再次是尝鲜，占比 40.81%；第四是支持环境保护，占比 20.63%。

在提高消费者购买有机蔬菜的信心因素中，通过国家有关机构认证因素居首位，占比 67.22%；有机农场直供因素居第二位，占比 61.41%；公开种植、生产过程接受监督因素居第三位，占比 41.91%。在“您购买有机蔬菜的主要顾虑”问题中，消费者购买有机蔬菜的前三项顾虑依次是：价格过高、有机认证信息不可靠、质量不能保证。

7. 不同特征群体有机蔬菜消费状况不同

通过对被访者个人特征及有机蔬菜消费状况进行交叉分析，不同特征的消费者购买有机蔬菜的行为不同。被访者中，65 岁以上的老人均购买过有机蔬菜，而 18—30 岁年龄段的年轻人有 15.38% 没有购买过有机蔬菜，这可能与老年人花费较多的时间在采购蔬菜上，并且更注重养生有关。经常购买有机蔬菜的主力军则集中在 41—65 岁，这一年龄段的消费者上有老、下有小，更加注重食品安全，且有一定的经济基础，可以负担得起相对较高的价格。

家庭收入不同的消费者在有机蔬菜的购买行为上存在差异。由于家庭收入在 100 万元以上的被访者只有两人，考虑到这个群体样本缺乏代表性，暂时不做分析。总体来说，有机蔬菜的消费频率随家庭收入的增加而增高，最常购买有机蔬菜的被访者家庭收入在 50 万—100 万元之间，购买频次最低的被访者家庭收入在 6 万元以下。

三、蔬菜质量安全感知状况

有机蔬菜的消费，一方面与收入水平的提高带动消费理念的提升有关，另一方面也与农产品质量安全的形势变化有关。课题组在调查中，除了考虑有机蔬菜消费需求本身的特点外，还通过消费者对蔬菜质量安全感知的调查，探寻消费者对蔬菜质量安全的评价水平对有机蔬菜购买的影响。调查数据统计分析如下：

1. 消费者对当前蔬菜质量安全形势信心不足

据调查统计，在 241 份有效问卷中，只有 11 名被访者认为当前市场上销售的蔬菜很安全，占比4.56%；118 名被访者认为一般安全，占比48.97%；85 名被访者认为不太安全，占比 35.27%；有 25 人认为很不安全，占比 10.37%。总体来说，消费者对当前蔬菜质量安全形势信心不足，整体评价不高。

2. 消费者对各种渠道曝光的蔬菜质量安全信息非常关注

据调查统计，49.38% 的被访者表示对各种渠道曝光的蔬菜质量安全信息非常关注，40.66% 的被访者表示一般关注，只有 9.95% 的被访者表示不太关注或不关注。70% 左右的被访者反映自己获取到的蔬菜质量安全信息数量不足、信息内容混乱、难以辨别真假，还有 20% 左右的消费者反映有关蔬菜质量安全的假信息多。消费者对于透明公开的蔬菜质量安全信息供给需求迫切。

3. 消费者期待从官方渠道获取更多有关蔬菜质量安全信息

调查显示，目前消费者获取蔬菜质量安全信息的渠道主要是电视媒体（央视、地方电视台等），其次是主流媒体网站、监管部门和微信微博等自媒体，少量消费者通过经营者（生产、销售机构）、社会组织（居委会、行业协会）和亲戚朋友获取蔬菜质量安全信息。

据统计，被访者最希望了解到的蔬菜质量安全信息是蔬菜检测合格率，包括北京市蔬菜检测合格率以及北京市外埠进京蔬菜检测合格率。70% 左右的消费者希望曝光不合格产品的销售以及种植机构（个人），借助舆论的力量，敦促种植和销售机构（个人）严格遵循蔬菜种植标准，保障蔬菜质量安全。

4. 消费者对蔬菜质量安全的主观评价会影响有机蔬菜的购买

课题组将消费者对蔬菜质量安全的评价与有机蔬菜购买情况进行了交叉统计分析，发现消费者对蔬菜质量安全的评价高低与购买有机蔬菜的频次高低有明显相关性。总体来说，对蔬菜质量安全评价越低的消费者购买有机蔬菜频次越高，对蔬菜质量安全评价越高的消费者购买有机蔬菜频次越低。在认为当前市场上销售的蔬菜质量很不安全的被访者中，完全购买有机蔬菜的占 12%、经常购买有机蔬菜的占 20%；在认为蔬菜质量不太安全的被访者中，完全购买有机蔬菜的占 2.35%、经常购买有机蔬菜的占 22.35%；在认为蔬菜质量一般安全的被访者中，完全购买有机蔬菜的占 0.85%、经常购买有机蔬菜的占 23.73%；在认为蔬菜质量很安全的被访者中，没有完全购买有机蔬菜的消费者，经常购买的占 27.28%。不关心的被访者在有机蔬菜购买上频次最低。

四、主要结论与相关思考

综合以上数据分析，针对当前北京市有机蔬菜消费与蔬菜质量安全感知的总体特点，我们得出以下主要结论与相关思考：

一是农产品质量安全是消费者购买有机蔬菜的首要动机。70% 以上的被访者表示购买有机蔬菜的原因是食品安全，选择提高生活品质、支持环境保护的被访者约分别占 53% 和 21%。消费者对蔬菜质量安全总体形势的判断与购买有机蔬菜的频次明显相关，可以理解为当前北京市消费者购买有机蔬菜的主要目的是保护身体健康。

根据国际有机农业运动联盟对有机农业的定义，有机农业包含四大原则：健康原则、生态原则、公平原则和关爱原则。有机农业不仅仅强调农产品的质量安全和保护消费者身体健康的个体因素，还强调其对维持土壤、生态系统多样平衡，改善人们共享环境、发展公平关系、达成更好生活质量等促进生态保护和社会进步的公共利益。正因为有机农业的内涵丰富、层次境界高，其消费理念的培养和市场的壮大是一个非常缓慢的过程，需要花时间同步推进消费理念的提升与生产种植的扩大，促进市场持续健康稳定的增长。从实践发展来看，全球有机农产品市场也是按照缓慢稳健的态势增长的，2016 年全球以有机方式管理的农地面积达到 5780 万公顷（包括处于转换期的土地），与 1999 年的 1100 万公顷相比，近 20 年时间只增长了约 4 倍，市场扩张速度缓慢。

从调研结果看，消费者购买有机蔬菜的理念比较狭窄，靠这种购买动机推动有机蔬菜产业发展的逻辑折射出消费者对当前农产品质量安全不信任的问题。这种消费动力源自一种主观判断，不客观、不宜持续，不利于推动有机蔬菜产业长远发展。国际有机市场发展实践告诉我们，有机农产品市场的发展不同于一般农产品市场，它不是一种单纯的高端农产品概念，而是一种带有情怀和责任的产品载体。一个健康的、可持续的有机蔬菜市场发展，需要同步建立持久的、全面的、深层次的、理性的有机消费理念，才能让有机蔬菜产业走得更长、更远。

二是价格高成为阻碍消费者购买有机蔬菜的主要因素。受生产资料投入成本、转换期成本、有机认证成本、劳动力成本、土地成本等因素综合影响，有机蔬菜的生产成本较高，导致有机蔬菜的价格通常为普通蔬菜的 3—9 倍，价格高成为制约消费者购买的主要因素。

纵观全球有机农业发展，价格高影响消费者购买有机农产品是一个普遍现象，也是有机农产品市场缓慢发展的重要因素。由于有机食品（包括鲜食农产品和加工食品）价格较高，所以世界人均消费水平并不高。据统计，2016 年全球有机食品人均消费约 11.3 欧元（约 89 元），其中瑞士（2018 年人均 GDP 为 8.28 万美元）和丹麦（2018 年人均 GDP 为 6.06 万美元）人均消费最高，分别为 274 欧元（约 2153 元）、227 欧元（约 1783 元）；中国（2018 年人均 GDP 为 9780 美元）人均消费约 4.2 欧元（约 33 元）。可以说，有机市场的发展和当地经济社会发展水平有较强关联性。2019 年，北京市人均 GDP 为 2.4 万美元，已经达到发达经济体的标准，具备一定的有机蔬菜消费条件，有机蔬菜的主要消费群体集中在高收入、追求高质量生活的人群当中，仍属于小众商品。考虑到受新冠肺炎疫情的影响，近期消费者的整体收入水平很难出现大幅提升。如果有机蔬菜的价格仍保持高位，不仅会影响一部分存量有机蔬菜消费者，还会影响一部分有意愿购买的新增人群选择，所以北京要大规模促进有机蔬菜的生产，带动农业转型和农户增收，首先要解决有机蔬菜价格高和广大消费者购买力不强之间的矛盾。

三是消费者对于蔬菜质量安全的感受呈高关注度、低认知度和低满意度。90% 以上的被访者对蔬菜质量安全非常关注，70% 以上的被访者对有机绿色蔬菜缺乏准确的安全认知，约 45% 的被访者认为当前蔬菜质量总体形势不安全。

高关注度和低满意度结合，会导致消费者对农产品质量安全信息高度关注甚至极度敏感。高关注度和低认知度结合，如果不及时引导，会加剧消费者对安全绿色农产品的低认知度，使得消费者因无法识别有机蔬菜，而放弃有机蔬菜的购买。低满意度和低认知度长期固化结合，可能会掉入“塔西佗”陷阱，形成政府、市场与社会间的非良性信任循环。总体来说，当前消费者对蔬菜质量安全的高关注度、低认知度和低满意度不利于优质优价市场机制的形成，尤其是不利于作为高端农产品的有机蔬菜的辨识与优价销售。

四是消费者存在依赖有机认证与不信任有机认证的心理矛盾。调研发现，消费者在鉴别有机蔬菜真假时，存在一定的心理矛盾，既认为有机蔬菜通过有机认证是重要的质量背书，同时又存在对有机认证信息不信任的疑虑。

这种矛盾心理在一定程度上反映出消费者对政府公信力的倚重，同时对市场化的有机认证机构的不信任。事实上，当前有机蔬菜市场确实暴露了很多问题，一些认证机构在受理认证委托人的有机认证、证书颁发和销售证、有机码发放过程中，存在寻租或渎职行为，导致了一些达不到有机标准的蔬菜产品被当作有机蔬菜来售卖，严重侵害了消费者的权益。2018 年 12 月，国家认监委正式启动《有机产品认证实施规则》的第二次修订工作，进一步推动我国有机产品认证的规范管理。新版《有机产品认证实施规则》自 2020 年 1 月 1 日起执行。此次调研中，我们也发现除了通过国家有机认证可以提高消费者购买有机蔬菜的信心，有机农场直供、公开种植、生产过程受监督也成为提高消费者购买有机蔬菜信心的重要依据。从国际经验来看，参与式保障体系（PGS）通过采取第三方认证的低成本方式代替现有的有机认证体系，帮助小农户降低认证成本，更好生产销售有机农产品，成为开发当地有机农产品市场的有效工具。2017 年，全球已有 66 个国家建立了 PGS，至少有 311449 名农民参与了 PGS 的倡议。因此，有机农场直供、公开化种植方式等消费者自助监督方式或许可以成为有机认证的补充渠道。

五、政策建议

当前北京市有机蔬菜的消费市场尚处于起步阶段，有机蔬菜的扩大生产需与消费市场培育同步推进，真正做到以群众的消费需求为导向，引导带动有机蔬菜产业的稳步壮大。为此，本报告提出以下建议：

一是提高消费者对包括绿色有机农产品在内的农产品质量安全知识的科学认知。第一，相关部门应该承担起消费教育的公共责任，深入开展农产品质量安全法律、法规和安全标准等知识的普及推广工作，定期组织举办消费者农产品质量安全大课堂，讲授有机农产品生产种植要求、认证程序，传播有机农业理念，鼓励有关部门或权威人士进入社区或者组织消费者进入有机生产基地开展现场讲课，利用微信推送、公共场所屏幕等现代信息传播技术手段，制作和传播老百姓看得懂、愿意看的动画或文字类知识普及课件。第二，鉴于高收入的中年人群是有机蔬菜的购买主体，建议探索在中高端社区成立社区性的消费合作组织，吸纳41—65周岁为主体的消费者会员，将其作为传播有机消费理念的载体和大规模采购有机蔬菜的主体，可以采取政府购买方式，给予消费合作组织一定扶持资金，用于开展各种形式的消费者教育活动。第三，将“3·15”维权公益晚会常年化、常态化，加强消费者关于有机农产品和农产品质量安全知识的普及和违法违规行为的曝光，让消费者更好维护自己的合法权益，忠实维护农产品市场经济秩序。通过持续不断的消费教育努力，提高消费者对于有机农产品、农产品质量安全的科学精神与科学素养，让消费者具备与公共部门有效沟通的一定专业知识能力，提升消费者有效开展社会监督的能力。

二是鼓励有机蔬菜流通认证制度探索创新，惠及消费者和生产者。第一，鼓励建立多种形式的有机蔬菜直采直供流通模式，促进产地与消费地一对一的供给对接。鼓励城市社区消费者团体、大型企事业单位、农产品加工企业、餐饮企业直接到农村建立长期的有机蔬菜生产供应基地，提倡建立社区支持农业（CSA）等产消沟通机制，减少流通环节，加强消费端与生产端的信息交流与互动，通过建立相互信任的、可持续的有机蔬菜供求关系，降低有机蔬菜的流通成本，使市民能够以合适的价格购买到质量有保证的有机蔬菜，同时通过规模化采购带动基地规模化生产和农民增收。第二，鼓励农民合作社开办市民集市，以合作社为单位组织相关农户到社区周边定期开办农产品集市，售卖有机蔬菜。以生产销售组织化方式进一步提高农户对有机蔬菜安全生产的自律性，在保障产品质量安全的同时，降低销售成本，降低消费品价格。第三，可针对有机小农户探索利用PGS来补充现有有机认证机制，并给予合理性支持，在有机质量有保证的前提下减少认证成本，降低有机蔬菜的生产成本。

三是依法加强农产品质量安全信息公布，为有机蔬菜市场发展建立规范有序的市场环境。第一，依据《食品安全法》和《农产品质量安全法》，制定北京市农产品质量安全信息公开条例，细化各相关部门对于农产品质量安全日常监督管理信息公布的责任划分、内容要求、公布程序、时间频次、法律责任等，使法律法规便于执行实施，避免各部门在信息公开上责任边界不清、相互推诿。第二，对于向公众公布的抽查检测结果、执法检查情况等信息，建议在公示抽查检测结果时，既要公布抽查检测或执法检查中统计后的农产品合格率比例，也要公布不合格生产经营者的详细信息和产品品类、批次等信息，以便消费者可以有的放矢地淘汰不安全农产品或者不诚信经营者。第三，对于信息共享互通，建议严格执行省级以上人民政府相关部门建立定期的相互通报食用农产品安全风险监测信息。北京作为特大城市，80% 以上的蔬菜来自河北、山东、内蒙古等周边省份，在主要依靠外埠供给的背景下，光靠北京市的努力很难维护好北京的农产品质量安全，需要联合相关省市加强信息公布和严格执法，加强对农产品市场环境和秩序的共同维护。

四是加强对有机农产品认证市场的监管。严格按照新修订的《有机产品认证实施规则》，加强对认证机构在受理有机认证、证书颁发和销售证、有机码发放过程的监管，严格执行发放销售证和有机码管理，严格禁止认证机构向获得有机产品经营认证的认证委托人发放有机码。加强对市场交易秩序的监管，对市场上的假冒伪劣、假有机、以次充好的现象进行规制，杜绝不合格产品进入市场。

执　笔　人：刘雯、胡欣然

产业化龙头企业带动农民合作社和小农户发展问题研究

农业产业化龙头企业作为构建现代农业产业体系的重要主体，是推进农业产业化经营的关键。2012年，国务院下发了《关于支持农业产业化龙头企业发展的意见》，指出支持龙头企业发展，对于提高农业组织化程度、加快转变农业发展方式、促进现代农业建设和农民就业增收具有重要的作用。实践证明，农业产业化龙头企业已经成为促进农业发展、带动农民增收、保障农产品供给、维护市场稳定的重要支柱力量（中国农业产业化龙头企业协会，2020）。

带动农民增收致富是龙头企业区别于一般工商企业的本质所在，也是政府支持龙头企业发展的初衷所在。党的十九届五中全会明确提出要优先发展农业农村，坚持把解决好“三农”问题作为全党工作重中之重，全面推进乡村振兴，加快农业农村现代化。目前，“三农”发展面临很多新矛盾、新挑战，如农业结构性矛盾日益凸现、农民增收速度放缓等。在巩固拓展脱贫攻坚成果，实现与乡村振兴有效衔接的过程中，由谁来带动农民特别是小农户融入以国内大循环为主体、国内国际双循环相互促进的发展新格局中，进一步激发农民发展的内生动力，实现持续增产增收？在破解这一问题上，龙头企业应该成为一支重要的力量。

北京市农业产业化龙头企业认证工作起步较早。自2001年起，北京市开始对农业产业化龙头企业实施认证。近年来，北京市农业产业化龙头企业对农民合作社及小农户增收起到积极的效果，对农村经济社会发展发挥了推动作用，但在联结方式上尚有需要突破的瓶颈问题。进行此专题调研工作的目的在于：了解北京市龙头企业带动本地农民合作社及小农户发展现状，找准制约因素，提出完善建议，为政府管理部门在今后制定实施有关政策提供必要的研究支撑。

一、北京市农业产业化龙头企业带动农民合作社和小农户发展现状及问题

（一）北京市农业产业化龙头企业发展现状

2001年以来，北京市开展的农业产业化龙头企业认定工作主要包括国家级农业产业化龙头企业和市级农业产业化龙头企业两类。北京市及以上农业产业化龙头企业群体数量根据评选标准逐年有所调整。2014—2019年，北京市农业产业化龙头企业整体规模有所下降，由188家减至142家；其中，国家级龙头企业的数量则稳中有升，由39家增至43家（见图1）。

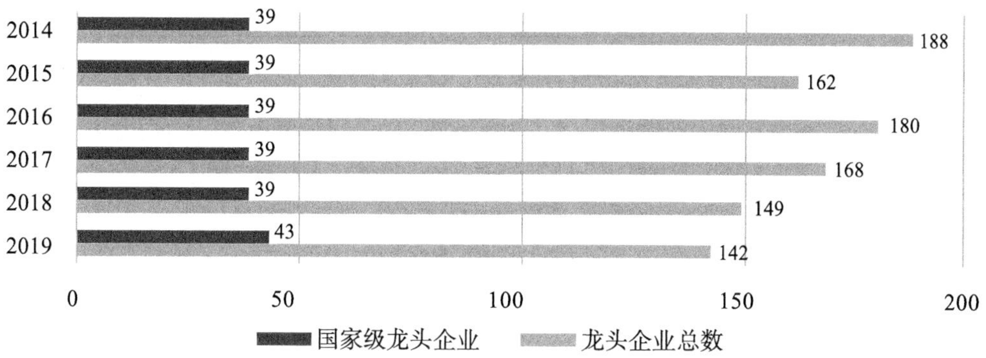

图 1　北京市农业产业化龙头企业规模变化

资料来源：历年北京市农业产业化工作会议讲话提纲，课题组整理。

截至 2019 年年末，北京市共有市级及以上重点龙头企业 142 家。其中，43 家国家级农业产业化龙头企业（见表 1），按入选企业总数计算在全国排名第 19 位（见图 2）。2019 年 1 月，根据实施乡村振兴战略和北京城市总体规划（2016—2035）的总体要求，北京市农业产业化联席会议重新修订了《北京市农业产业化重点龙头企业认定和动态监测管理办法》，从企业组织形式、规模、效益、带动能力等多角度提出了农业产业化龙头企业的认定标准（见表 2）。根据最新的认定标准，北京市现有市级农业产业化龙头企业 99 家。

表 1　北京市国家级农业产业化龙头企业名单

序号	名称	序号	名称
1	北京德青源农业科技股份有限公司	23	北京御食园食品股份有限公司
2	北京首农食品集团有限公司	24	北京粮食集团有限责任公司
3	北京二商集团有限责任公司	25	金果园老农（北京）食品股份有限公司
4	北京金色农华种业科技股份有限公司	26	北京旗舰食品集团有限公司
5	北京秋实农业股份有限公司	27	北京市恒慧通肉类食品有限公司
6	北京市华都峪口禽业有限责任公司	28	国能生物发电集团有限公司
7	北京新发地农副产品批发市场中心	29	中国食品集团有限公司
8	北京红螺食品有限公司	30	北京屯玉种业有限责任公司
9	北京卓宸畜牧有限公司	31	北京大伟嘉生物技术股份有限公司
10	北京顺鑫农业股份有限公司	32	北京凯达恒业农业技术开发有限公司
11	北京牵手果蔬饮品股份有限公司	33	北农大科技股份有限公司
12	北京方圆平安食品开发有限公司	34	北京金星鸭业有限公司
13	北京汇源饮料食品集团有限公司	35	北京联创种业股份有限公司
14	中地种业（集团）有限公司	36	北京嘉博文生物科技有限公司
15	北京资源亚太饲料科技有限公司	37	北京九州大地生物技术集团股份有限公司
16	北京三元食品股份有限公司	38	北京航天恒丰科技股份有限公司
17	北京大北农科技集团股份有限公司	39	北京中地种畜有限公司
18	中粮集团有限公司	40	北京艾莱发喜食品有限公司

续表

序号	名称	序号	名称
19	北京市蟹岛绿色生态农庄有限公司	41	北京八里桥农产品中心批发市场有限公司
20	中华棉花集团有限公司	42	国投中鲁果汁股份有限公司
21	中牧实业股份有限公司	43	中国土产畜产进出口有限责任公司
22	中国农业发展集团有限公司		

资料来源：农业农村部乡村产业发展司，课题组整理。

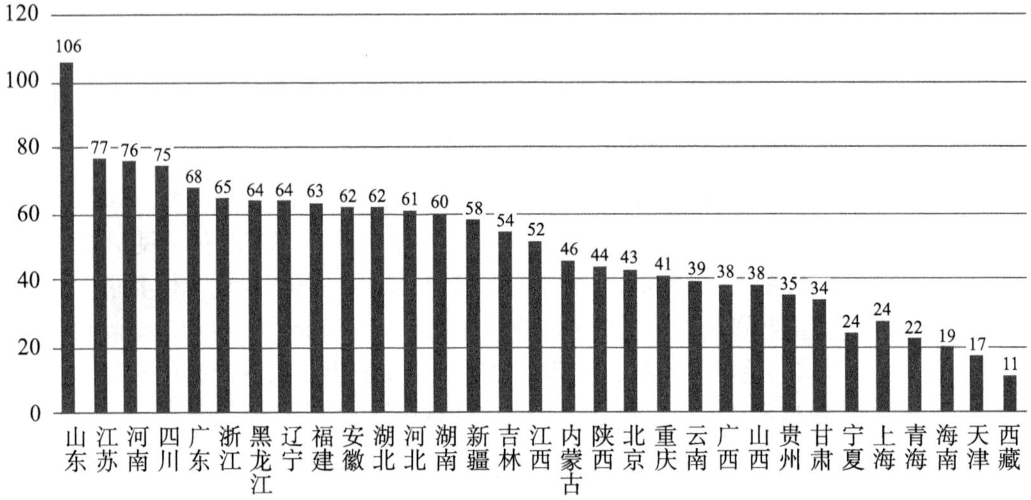

图 2　2019 年国家级农业产业化龙头企业省区分布情况

资料来源：农业农村部乡村产业发展司，课题组整理。

表 2　北京市农业产业化重点龙头企业认定标准

指标	具体要求
企业组织形式	在北京市设立的以农产品生产、加工、流通或服务为主业，具有独立法人资格的企业。包括依照《公司法》设立的公司，其他形式的国有、集体、私营企业以及中外合资经营、中外合作经营、外商独资企业，直接在市场监督管理部门注册登记的农产品专业批发市场。
企业经营的产品	企业中农产品生产、加工、流通、服务的销售收入（交易额）占总销售收入（总交易额）70% 以上。
企业规模	总资产规模 5000 万元及以上，固定资产规模 2000 万元及以上，年销售收入 1 亿元及以上。
农产品专业批发市场	年交易规模达到 40 亿元以上。
企业效益	总资产报酬率应高于现行一年期银行贷款基准利率；企业诚信守法经营，应按时发放工资、按时缴纳社会保险、按月计提固定资产折旧，无重大涉税违法行为，产销率达 93% 以上。
企业负债与信用	企业资产负债率一般应低于 60%；有银行贷款的企业，近 2 年内不得有不良信用记录。

续表

指标	具体要求
企业带动能力	企业从事农产品生产、加工、流通、服务过程中，通过合同、合作和股份合作方式从本市农民、新型农业经营主体或自建基地直接采购的原料或购进的货物占所需原料量或所销售货物量的70%以上；或通过建立合同、合作、股份合作等利益联结方式带动农户的数量达到1000户以上，其中本市农户占50%以上；或企业安排本市农村劳动力（签订劳动合同）占职工总数的20%以上。
企业产品竞争力	在同行业中企业的产品质量、产品科技含量、新产品开发能力处于领先水平，企业有注册商标和品牌。产品符合本市产业政策、环保政策和绿色发展要求，并获得相关质量管理标准体系认证，近2年内没有发生产品质量安全事件。

资料来源：《北京市农业产业化重点龙头企业认定和动态监测管理办法》，课题组整理。

从发展规模来看，2019年北京市142家农业产业化龙头企业固定资产净值总额为13084346.71万元，平均每个企业固定资产净值为92796.79万元；企业上缴税金总额为2347302.26万元。

从产业类型来看，在全市142家国家级和市级龙头企业中，超过七成的企业主要从事种养殖业及相关产业（见图3）。从企业具体经营内容划分，有58家企业从事种植及加工行业，有41家企业从事畜牧养殖及加工行业，有4家企业从事水产养殖及加工行业，有2家从事林业及加工行业，余下的企业多从事商贸等其他行业。

2020年，北京首农食品集团有限公司、北京大北农科技集团股份有限公司、北京顺鑫控股集团有限公司、北京二商肉类食品集团有限公司等入选了全国农业产业化龙头企业100强。其中：北京首农食品集团有限公司入选了全国农业产业化龙头企业联农带农10强，北京大北农科技集团股份有限公司入选了全国农业产业化龙头企业产业融合发展10强（农业农村部乡村产业发展司，2020）。

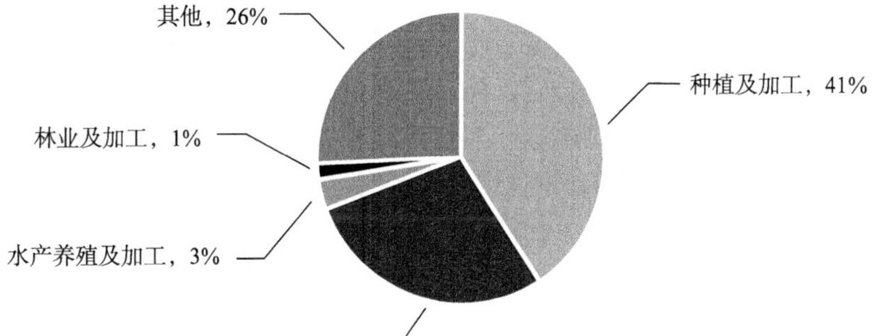

图3　北京市农业产业化龙头企业行业分布情况

资料来源：《北京市农业产业化龙头企业分析报告（2019）》，课题组整理。

自2018年起，北京市根据上级工作要求在本市开展了农业产业化联合体试点工作，引导龙头企业发挥产业组织优势，联手农民合作社，实现产加销一体化经营。截至2019

年年末，北京市农业产业联合体试点项目共有 12 家，覆盖 7 个区。其中，怀柔 1 家、密云 1 家，平谷 1 家、顺义 5 家、昌平 1 家、延庆 1 家、房山 2 家，共带动合作社约 112 个，农户约 9212 户；提供就业岗位 2391 个，受培训人数 1.38 万人次；订单交易额达到 5.5 亿元；带动合作社和农户实现增收 1.19 亿元（北京农业产业化联合体监测课题组，2020）。

（二）北京市农业产业化龙头企业带动农民合作社和小农户发展情况及主要利益联结模式

2019 年，全市农业龙头企业共带动农户 4573783 户，占全部农业产业化组织带动农户数的 98.1%；龙头企业带动本市农户 139541 户，占全部带动农户数的 3.1%。龙头企业带动农民合作社 4590 家，其中带动本市农民合作社 348 家，占带动农民合作社总数的 7.6%。

从带动就业情况看，龙头企业从业人员总数为 229643 人，其中农民从业人员数为 113549 人，占比 49.4%；本市农民从业人员 15248 人，占全部农民从业人员总数的 13.4%。企业支付的工资福利总额为 1383055.76 万元，其中农民的工资福利总额为 454064.9 万元，占比 32.8%。（北京市农业产业化龙头企业分析报告，2019）

从数据上看，近年来我市龙头企业在全国范围内带动合作社及农户发展成效显著，对于将广大农户联结在农业产业链上，推动农业产业规模化、标准化、产业化发展，解决农户与市场脱节问题，提升农业抵御市场风险的能力具有重要作用。但同时我们也看到，龙头企业在带动北京市合作社及小农户发展上还未发挥出明显的带动作用。

现阶段，北京市农业产业化龙头企业与农民合作社及小农户的利益联结主要存在订单交易型和要素入股型两种方式。其中，以订单交易型居多，联结相对松散。以土地、资金、劳动力、技术等要素入股或参股龙头企业的要素入股型利益联结方式使用较少。

1. 订单交易型

这是目前北京农业产业化龙头企业带动农民合作社和小农户发展中最主要的一种利益联结模式。该模式是指农业龙头企业与小农户、农民合作社通过签订合约，确定双方当年种植、养殖的农产品品种、数量、质量、收购价格等，将分散的小农户通过农业产业化龙头企业的整合与市场紧密相连，是合同保障下的利益关系，小农户与龙头企业存在挂钩销售联系。订单交易方式包括直接订单和间接订单两种，直接订单指龙头企业与小农户根据各自需求直接签订产销合同或订单；间接订单指龙头企业通过合作社等中介组织形成的稳定订单合作。订单交易型利益联结方式的优点是为企业提供充足的农产品来源，为小农户解决产品销售问题；缺点是联结相对松散，容易产生违约风险，而且合作社、小农户无法享受到加工、销售环节的增值收益。

2. 要素入股型

该模式是通过资金或资产实现龙头企业、农民合作社和小农户之间的联结。合作社及小农户用土地、资金、劳动力、技术等要素入股或参股龙头企业，按投入的份额占有企业相应的股权，以入股分红或保底分红的方式分享加工、销售等环节的增值收益。要素入股型利益联结模式是一种紧密型利益联结模式，其优点是能够通过入股合作让龙头企业、合作社、小农户之间形成依存度高，能够风险共担、利益共享的经济利益联结体。缺点是既需要企业财务透明又要求合作社、小农户敢于承担风险和损失，容易出现纠纷，操作难度较大，因此现阶段在北京使用这种利益联结模式的龙头企业比例较少。

（三）北京市农业产业化龙头企业带动农民合作社和小农户发展中存在的主要问题

目前，北京市农业产业化龙头企业在带动农民合作社和小农户发展中取得了一定的成绩，但是在带动过程中受主客观条件的限制也存在着一些困难和问题。

1. 农业产业化龙头企业发展受到首都资源条件刚性约束，带动力不足

绿色发展是北京农业产业发展的前提，畜牧业严格限养，达不到环保要求的养殖业、加工企业外迁，这是北京在建设国际一流和谐宜居之都过程中不可逾越的红线。2014—2019 年，市级农业产业化龙头企业总量有所减少，从 188 家降至 142 家。2019 年，在 142 家北京市及以上农业产业化龙头企业中，从事种养殖及加工的企业高达 105 家。受自身产业链条短、环保治污成本大幅上升等突出问题制约，一些纯种、养殖型企业已调整产业布局，将种、养殖基地迁出北京，甚至有些严重滞后于改革步伐的企业出现了倒闭及停产情况。企业生存状况的不确定性、不稳定性对带动作用具有较大的影响。

2. 利益联结机制单一，约束力不足

现阶段，北京龙头企业、合作社及小农户在利益联结上主要以订单合作为主。在整个合作过程中，企业、合作社及小农户都独自经营，合作关系较为松散。在合同执行过程中，因诚信监管机制和违约仲裁协调机制尚不健全等问题，一旦发生违约，很难追究合作双方违约责任，导致违约情况时有发生，造成双方利益损失，影响带动关系。除订单方式以外，以土地、资产、劳动、技术等入股、土地流转租赁等更深层次更加紧密的利益联结机制发展仍极其有限，没有形成明显的带动效果。

3. 小农户及农民合作社自身能力有限，难以满足带动需求

北京经济结构以第三产业为主，农村居民进城务工具有便利性，更多拥有一定专业技能素质的农户不愿意从事与农业生产相关的活动，而更愿意到市内寻求工作机会。留在农村的多为年龄偏大、文化素质、技能水平较低的劳动力。当从事农产品生产、加工及农业高新技术产业的农业产业化龙头企业在生产经营中需要较高技能支持或生产管理工艺相对复杂时，龙头企业的经营业务需求与农村居民的实际技能水平存在明显的错位问题，从而影响到龙头企业吸纳小农户实现增收、提升技能等效果。

农民合作社是联结农业产业化龙头企业与小农户之间重要的中介组织。目前，北京市合作社数量多但规模小，部分合作社组织管理不规范、运行机制不完善、自身发展能力不强，较难发挥中介作用。

4. 北京农业产业化联合体有待进一步发展

国务院印发的《关于促进乡村产业振兴的指导意见》明确要求支持农业产业化龙头企业发展，鼓励发展以农业产业化龙头企业带动、农民合作社和家庭农场跟进、小农户参与的农业产业化联合体，培育多元融合主体促进产业融合发展。2018 年，北京市出台了《关于培育农业产业化联合体的实施意见》（京政农发〔2018〕24 号），引导龙头企业发挥产业组织优势，联手农民合作社，实现产加销一体化经营，并于 2019 年开展第一批产业化

联合体试点工作，截至 2019 年年末，北京市农业产业联合体试点项目共有 12 家。试点联合体在推进的同时也显露出资金、人才等资源要素不匹配、利益联结机制创新不足等问题，例如联合体项目资金作为转移支付资金下拨后存在被区统筹的情况，试点项目缺少政策支持；联合体内缺乏高素质带头人及相应的经营管理人才；部分企业对联合体认识不足，追求短期利益，不愿意在探索诸如落实联盟章程、“折股量化”等内在运行机制上下功夫，将支持资金单纯作为项目资金购买生产资料扩大生产。这些问题导致了联合体内部运行动力不足，外部发展也相应受限。

5. 配套支持政策收紧，影响带动意愿

财政扶持是解决制约龙头企业发展资金瓶颈的有效途径，财政资金在壮大龙头企业发展中发挥着重要的导向及杠杆作用，能够有效引导社会各种资金共同投入。近年来，北京市在鼓励和支持农业产业化龙头企业带动合作社及小农户发展上进行了积极探索并取得了明显效果。2015—2018 年，为支持龙头企业规模化、资本化、品牌化发展，推进农业产业化经营，带动农户增收致富，我市每年发布《北京市农业产业化项目申报指南》，在《指南》中专门设立龙头企业“百企联百社”对接工程，对企业与合作社的订单采购、投资入股、捐助捐赠项目给予补助支持，鼓励企业与合作社对接。2018、2019 年，我市还相继发布了《关于培育农业产业化联合体的实施意见》及《关于开展 2019 年农业产业化联合体试点工作的通知》，支持我市培育农业产业化联合体，并于 2019 年，安排 5000 万元资金，在全市开展了 12 个联合体试点工作。但 2020 年以来，由于财政政策不再支持对企业的直投直补，目前上述财政投入已全部取消，一定程度上影响了龙头企业的带动意愿和积极性。

二、北京市农业产业化龙头企业带动农民合作社和小农户发展案例分析

（一）订单交易型利益联结机制案例：以北京博特园农业发展有限公司为例

1. 联结机制基本概况

北京博特园农业发展有限公司是 2015 年由北京绿奥蔬菜合作社成立的市级农业产业化龙头企业。目前，该龙头企业以订单方式联结的“绿奥”蔬菜合作社社员达 400 余户，订单覆盖面积 1400—1500 亩，其中，200 亩通过了有机食品认证。

该龙头企业采用“企业 + 合作社 + 农户”模式，以合作社为依托，采用订单交易方式与小农户实现有效对接。每年，企业按照蔬菜销量确定蔬菜种植生产计划，与合作社成员签订蔬菜种植订单合同，对达标蔬菜以高于市场收购价格 20%—40% 的收购标准实施有序收购、严把质量关、贮藏保鲜、加工、销售、配送。企业对种植户订单菜实行统一农资、统一育苗、统一生产、统一加工、统一销售的“五统一”管理模式。为了向社员提供更科学有效的技术指导及服务，合作社跟农业技术推广站、农大、种植中心等专业站所长期建立业务往来，遇到疑难杂症，发图片、传视频，先请教老师和专家，问题解决不了再把专家请到现场亲自讲解。目前，合作社已经建立了自己的“农民田间学校培训基地”，从种植技术、药物使用、天敌防治、施肥管理等各个方面，为合作农户提供便利的学习机会。同时，为了让农户们“学以致用”，合作社还会在培训后对农户进行测试，不断学习、不

断巩固、不断进步，便于农户加深印象，以保证果蔬的好品质，确保农户持续增收。龙头企业利用自身销售优势，开通“绿奥果蔬”线上平台、供销益家社区店、社区直配等供应渠道，为消费者提供多渠道订菜方式，并按照居民需求分装配送到社区指定位置，让居民购菜更加方便快捷。通过企业与合作社的相互配合，为社员种植订单菜做好产前、产中、产后服务。目前已初步形成了产加销一体化发展的格局。

2. 作用评价

区别于一般按照市场价格收购农产品的订单交易方式，北京博特园农业发展有限公司每年按照高于市场收购价格20%—40%的收购标准对农户的合格菜品进行收购。这一做法能够更好地在订单交易方式下增加与小农户联结的紧密性，有助于降低小农户违约风险，提高小农户生产的积极性；企业也能获得质量、批量有保证和供应较稳定的农产品，使公司与农户实现“双赢”。

（二）土地要素入股型利益联结机制案例：以平谷区峪口镇西樊各庄村泰国正大集团蛋鸡养殖基地为例

1. 联结机制基本概况

正大集团的项目建设地点位于平谷区峪口镇西樊各庄村南，项目总占地779亩，总投资7.2亿元，主要建设内容包括蛋鸡养殖场、青年鸡养殖场及配套附属设施，其中蛋鸡场养殖规模300万只、年产蛋5.4万吨，青年鸡场养殖规模100万只。项目建设期约为2年、经营期18年，共计20年。

该项目采取了以土地为要素入股的运作模式。村集体运行农民流转土地，成立北京绿色方圆畜禽养殖合作社。正大集团成立正大畜禽科技有限公司，平谷区政府成立谷财国有资产经营公司，正大集团与谷财国有资产经营公司共同成立谷大农业投融资平台。项目资本金占整个投资额的30%，正大集团与谷财国有资产经营公司各出资本金的50%，剩下70%的投资向银行贷款。平谷区政府提供政策支持由银行进行全额贴息。谷大农业投融资平台委托正大置地进行项目的基建工作，建好后将项目租赁给北京正大蛋业有限公司，并由正大蛋业对其进行经营管理。每年北京正大蛋业有限公司向谷大投融资平台支付租金及红利，该平台将一部分租金还银行贷款，剩下的给当地农民进行土地租金的支付及农民分红。该模式带动了1608户西樊各庄村农户，其中包括全区756户为无条件接受项目分红的残疾和低保农户。农户分三个阶段分红：前8年还贷期每户每年分红5000元；第9—12年还资本金期每户每年分红7400元；第13—20年成熟期每户每年分红2.4万元。另外，农民通过土地租赁的方式获得租金，西樊各庄村村民平均每人入社3分地，三口之家土地租金1000元，且该租金以每年5%的速度递增。项目启动后直接安排西樊各庄村300个农民到企业上班就业。项目运行期间可继续拉动农民就业2100人。

按照项目20年期计算，合作社1608户，将获得分红收益为2.66亿元，户均年收入将达到8271元。项目20年建设经营期结束后，这个投资7.2亿元的养殖基地将运行良好的收归合作社所有。项目收归合作社后，设备预计还可延续生产经营10年左右，按年收益率12%估算，后10年每年收益为6984万元。

2. 作用评价

该模式有效整合了龙头企业的技术、运营管理、市场资源，农村经济合作组织及小农户的土地资源。使企业、合作社、小农户紧密联结、相互配合、分工协作。正大集团作为龙头企业，发挥自身的优势，为本项目提供建设管理、后续运营等技术方面的支持，并承诺在项目建成后，由正大畜禽租赁本项目资产进行经营，并按照项目形成的固定资产原值的12%支付租赁费；农民合作社代表农民以土地承包经营权流转参与，为项目提供土地使用权，农民合作社不仅仅是土地的出租者，同时也是地上资产——蛋鸡养殖基地的所有者。这一创新改变了生产关系，农民成了现代化资产的所有者，正大成为新的“打工者”。农民除地租外还可以分享企业红利。通过这种以土地为要素构建的利益联结机制，西樊各庄村有效盘活了土地资源，进一步增加了土地资源附加值，将过去的“按劳分配”方式改变为“按资分配”方式。新的生产分配方式再加上集体资产不可分割、产权边界清晰且封闭的特性，可壮大集体经济、保障农民收入持续增长。目前，西樊各庄村已从昔日的经济薄弱村一举跃升为2019年年产值2.83亿元，农民年人均可支配收入36012元，发展形势向好的经济大村。

（三）联合体建构中利益联结机制案例：以北京凯达恒业农业产业化联合体为例

1. 联合体运行基本概况

北京凯达恒业农业技术开发有限公司总部位于北京市房山区，成立于2000年，主要生产经营VF马铃薯、VF果蔬脆片和各类豆皮制品等80多种产品。经过十几年的发展，公司固定资产达到8.2亿元，全年生产总值3.4亿元，拥有员工460人。

凯达恒业农业产业化联合体由龙头企业北京凯达恒业农业技术开发有限公司与北京、河北、内蒙古等地的20多家合作社及若干新型经营主体、农户共同组成。各主体间通过多年间的市场交易行为，联系日益紧密，逐渐形成了联合体的发展雏形。

凯达恒业公司作为龙头企业，在生产前期统一制定生产规划和生产标准，以高于市场的固定价格收购农产品，负责农产品的深加工，并通过企业完善的销售渠道最终将产品推向市场；农民合作社上联企业，下接农户，起到中介纽带作用，为农户提供产前、产中、产后服务；家庭农场、种植大户等新型经营主体及小农户按要求进行标准化生产，向企业提供安全可靠的农产品，并获得高于市场价格的收益。目前，凯达恒业农业产业化联合体带动北京、河北、内蒙古等地20多家合作社，拥有订单原料基地面积10万亩，带动种植农户1万余人，形成了完整的产业供应链条，使公司、合作社与农户间的利益串联，相互依存发展。2017年公司在北京的主要农产品供应商情况如表3所示：

表3 凯达恒业公司北京主要农产品供应情况

供应商名称	采购地分布	提供农产品种类	年收购量（吨）	平均收购价格	产地市场价格（元/吨）
北京金利农机服务专业合作社	北京琉璃河附近	马铃薯	1000	1450	1300—1550
北京金北联红小豆专业合作社	北京及河北周边	胡萝卜	1500	1100	1000—1300
		马铃薯	12000	1800	1700—2500

资料来源：公司提供，课题组整理。

凯达恒业公司通过“六统一”管理体系建设原料标准化种植基地，公司统一制订方案并提供专业技术指导，由合作社具体执行。“六统一”具体为：统一订单种植品种、统一使用高效生物农药、统一使用有机肥、统一价格收购、统一技术规程、统一质量检测。在种植前期，公司采购技术员根据原料情况制定种子、化肥品种与采购价格，由合作社统一进行采购并负责具体管理，供货时公司进行统一质量检测，并根据合同价格进行收购。与公司最早合作的北京金北联红小豆专业合作社，通过率先推行“六统一”模式，与农户建立了稳定的产销关系，使原本小规模种植的小杂粮实现了规模化、标准化生产。目前，该合作社已拥有标准化种植基地 1500 亩，年产值 5500 吨，带动周边 5000 余农户参与种植。金北联红小豆专业合作社也由原来单一进行红小豆业务，发展成为多元化服务的合作社，年生产总值达到 5900 万元。

2. 作用评价

凯达恒业公司作为龙头企业，通过基地建设，企业得到稳定的优质原料供货渠道，稳定原料成本，企业随时可以生产出高质量终端产品并避免了因原料价格大幅上涨增加生产成本而产生的损失。企业依靠科技创新，引进行业顶尖自动化装备，将农产品原料转化为高端休闲食品，增加产品附加值；同时借助于企业完善的销售渠道和团队，使产品可以快速走向市场，保证销量。

合作社通过上联企业，能获得企业的技术支持和农资信息，更好地服务农户；通过下联农户，合作社在统一组织生产资料购买和农产品销售时，通过少量的批零价差留成和服务费用的节省，除能够解决合作社日常所需要的资金问题外，合作社还能产生经营收益，可用于发展壮大和年底分红。

小农户通过加入联合体，能够得到合作社提供的低于市场价格的生产资料，获得全程技术指导，所生产的农产品确保能够高于市场价卖出，免除种植后顾之忧（北京市农村经济研究中心，2019）。

三、国内农业产业化龙头企业利益联结机制案例分析

为更好地展示农业产业化重点龙头企业带动作用，根据农业农村部最新认定的重点企业名单，课题组以资料的可取性及便利性等为标准，选择了江苏省、广东省和安徽省作为案例分析对象，从各省的政策制定以及典型企业情况两方面对相关工作进行梳理分析。

（一）江苏省

2019 年，江苏省有 77 家企业入选农业产业化国家重点龙头企业名单，全国排名第 2 位（农业农村部乡村产业发展司，2019）；全省有省级及以上农业产业化龙头企业总数达到了 823 家，省级示范家庭农场 1876 家，农民合作社国家示范社 476 家、省级示范社 1244 家，农业产业化联合体达到 500 家（江苏省农业农村厅，2020）。

1. 江苏省的政策规定

2018 年，江苏省出台了《关于加强政策体系建设促进新型农业经营主体发展的实施意见》，提出要注重培育并充分发挥农业产业化龙头企业、农民合作社、家庭农场、种粮

大户等新型农业经营主体在引领扶贫重点地区产业发展和带动农民增收中的示范带动作用，对于新型经营主体申报的农业综合开发项目在同等条件下优先扶持。支持构建“新型农业经营主体＋适度规模经营＋社会化服务”的新型农业经营体系，支持新型农业经营主体有序开展土地流转经营，建设规模化、标准化、专业化生产基地，进一步增强农村发展活力。

政府鼓励企业与农户建立完善更加紧密的利益联结机制。通过直接帮扶、委托帮扶和股份合作等模式，采取“公司＋专业合作社＋农户＋基地”的运营方式，鼓励农业综合开发项目实施主体与低收入农户建立紧密利益联结机制，形成利益共同体。完善农业综合开发产业化发展项目与低收入农户结对帮扶机制，尽可能多地带动低收入农户参与项目实施，提高其参与农业产业富民项目的组织化程度，增强农民在项目实施中的获得感。

政府设立省级农业融资风险补偿基金。2014 年以来，江苏省财政出资 6.4 亿元，建立新型农业经营主体融资风险补偿基金和农业产业化龙头企业融资风险补偿基金，开发了多个金融产品。取消强抵押、强担保，风险由银行和风险补偿基金按 2∶8 比例分担。贷款对象以农业专业大户、家庭农场、农民合作社、农业龙头企业等新型农业经营主体为主。截至 2018 年末，累计贷款 156 亿元，在贷余额 62 亿元（江苏省农业农村厅，2018）。

2. 企业案例：江苏立华牧业股份有限公司[①]

（1）公司概况

江苏立华牧业股份有限公司（原江苏立华牧业有限公司，简称立华牧业）成立于 1997 年 6 月，是一家集科研生产贸易于一身、以优质草鸡养殖为主导产业的一体化农业企业，是国家级农业产业化重点龙头企业、国家级农业标准化示范区。2019 年 2 月 18 日，公司正式在深交所挂牌上市，是江苏省首家上市的畜禽养殖企业、常州市首家上市的农业企业。

（2）利益联结模式及效果

立华牧业从 2000 年开始实行“公司＋农户”的运行模式，2002 年组建合作社，并异地创办子公司，推行“公司＋合作社＋农户”的发展模式。

① 黄羽鸡及肉鹅养殖业务版块

立华牧业在黄羽鸡及肉鹅养殖业务上推行紧密型的“公司＋合作社＋农户”的合作养殖模式。其中，公司负责指导农户搭建黄羽鸡、鹅棚舍等，并向农户统一提供饲料、苗鸡、苗鹅、药品、疫苗及相关技术指导，在养殖周期结束后按照约定的内部价格回收农户合作养殖的产品、结算农户养殖收入，并通过计提风险基金的形式承担大部分风险；农户负责按照公司要求进行黄羽鸡及鹅的养殖，并在养殖周期结束时将产品交付给公司；合作社作为农户的自治组织，负责开展苗鸡、饲料、产品等的运输工作，并协助农户开展防疫及管理风险基金。

---

① 相关信息主要来自《江苏立华牧业股份有限公司首次公开发行股票并在创业板上市招股意向书》、2018—2019 年《江苏立华牧业股份有限公司年度报告》。

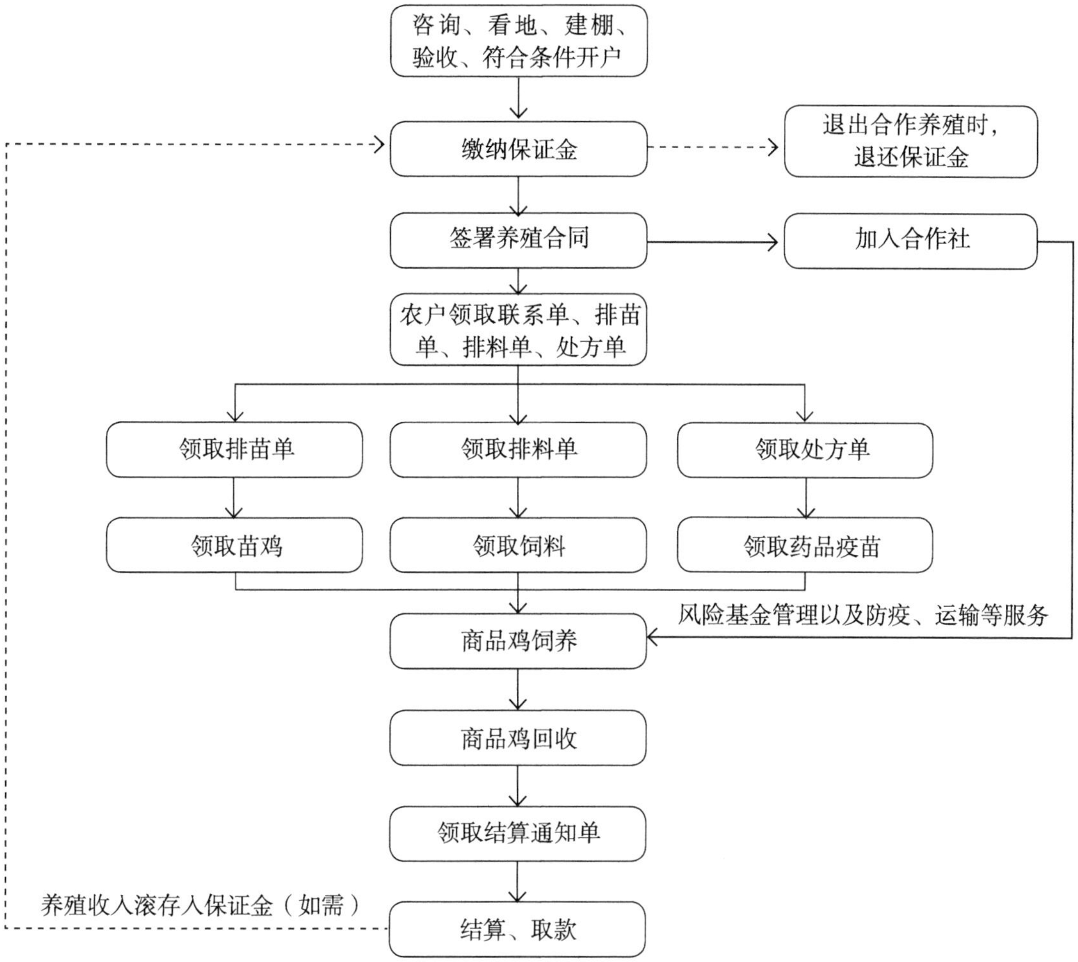

图 4　立华牧业黄羽鸡及肉鹅“公司 + 合作社 + 农户”合作养殖模式

资料来源：《江苏立华牧业股份有限公司招股意向书》，课题组整理。

为加强对农户合作养殖过程的管控力度，立华牧业制定了《农户预交款管理的试点方案》《农户合作保证金管理方案》，对保证金的收取、管理进行了详细规定，即农户须按照当批进苗量向子公司财务部缴纳一定标准的保证金。公司每批黄羽鸡产品全部上市、合作农户签订下批畜禽产品养殖意向后，对应的保证金暂不退回给农户，公司按新合同的进苗数重新计算合作农户需要缴纳的保证金，不足部分原则上由合作农户补缴或通过利润滚存的方式补充，超出部分合作农户可自由提取。农户退出合作养殖时，农户持保证金单据到各子公司财务部办理保证金结算与退款手续。

立华牧业鼓励合作农户提高鸡舍标准、扩大养殖规模。为解决农户新建、改造鸡舍和养殖过程中所需的流动资金问题，公司在部分合作农户申请银行贷款时提供担保，单户担保金额不高于 50 万元且不高于该农户饲养规模所需投资或支出的 50%。

专业合作社在公司与农户之间具有重要的管理服务职能。农户在与公司签署委托养殖合同后加入专业合作社。合作社在合作养殖过程中主要负责风险基金管理、免疫及运输等辅助服务工作。根据各子公司所制定的《风险基金管理规定》以对应批次的排苗量为基础按一定标准计提风险基金。公司计提的风险基金全部归合作社所有，合作社对风险基金的使用、处置享有最终的决定权。合作社组建免疫队、运输队等向合作养殖农户提供商品鸡免疫、物资及商品鸡运输等服务，并收取适当的费用。

② 生猪养殖业务版块

立华牧业在生猪养殖业务上采用“公司＋基地＋农户”的合作养殖模式，即公司统一进行饲料生产、仔猪繁育、猪舍建设等工作，将商品猪仔猪交予农户在公司自建养殖场进行封闭式养殖；农户按公司养殖流程接受饲料供应、防疫、技术指导和封闭管理；养殖周期结束，公司按农户养殖成果结算农户养殖收入。

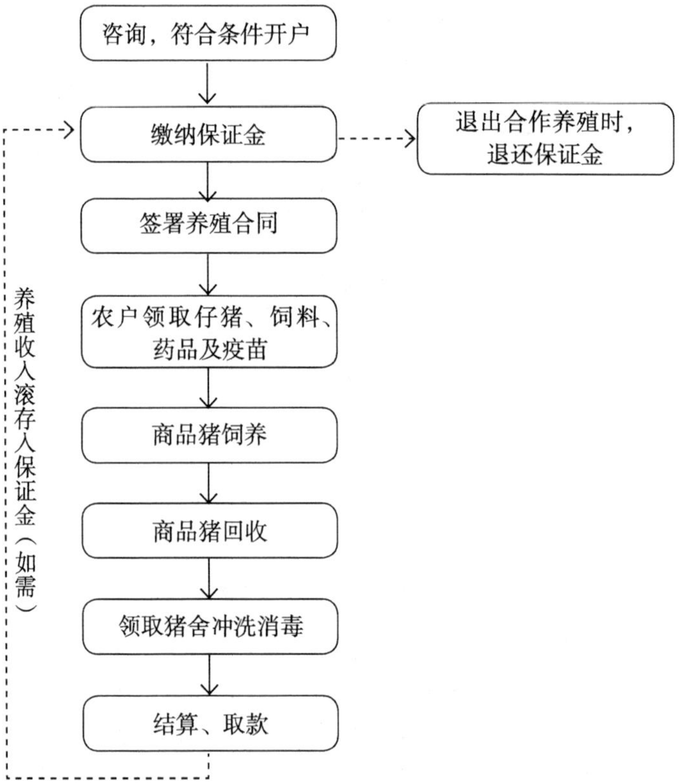

图5　立华牧业生猪“公司＋基地＋农户”合作养殖模式

资料来源：《江苏立华牧业股份有限公司招股意向书》，课题组整理。

公司对开展生猪合作养殖的农户具有较明确的规定，即具有一定经济实力、养殖经验的家庭单位，同时要求责任心较强，服从公司统一管理。公司与合作养殖农户双方经协商一致后，签订生猪委托养殖合同。公司负责猪苗、饲料等物料供应及销售环节的管理，并负责制定商品猪饲养环节所需的各项管理制度、规定和技术标准，制定猪苗、饲料、药物等生产资料的内部结算价格。合作养殖农户开户向公司交付一定标准的保证金，负责提供劳动力，以及到公司指定地点领取物料、交付产品等所需要的费用。合作养殖农户应按合同规定将委托养殖的商品猪交付公司回收。公司根据行业及市场变化情况，在结算时可对合作养殖农户进行一定补贴，或对已领取物资及商品猪回收的结算价格进行适当调整，以确保合作养殖农户利益的平稳。

近年来，通过推行“公司+合作社/基地+农户”合作养殖模式，合作农户实现了增收（见表4）。

表4　立华牧业带动农户经营收入情况

时间	黄羽鸡及肉鹅业务版块		生猪业务版块	
	养殖户规模（户）	平均结算收入（万元）	养殖户规模（户）	平均结算收入（万元）
2015年	4424	9.77	103	8.19
2016年	5160	10.02	123	8.24
2017年	4936	11.71	145	9.71
2018年	5053	7.74	142	7.06

资料来源：《江苏立华牧业股份有限公司招股意向书》，课题组整理。

2019年公司上市优质肉鸡约2.89亿只，猪15.66万头，商品鹅及鹅苗225万只，销售收入超过88.7亿元，为合作农户创收超10亿元。

（二）广东省

2019年，广东省有68家企业入选农业产业化国家重点龙头企业名单，全国排名第5位（农业农村部乡村产业发展司，2019）；全省农业龙头企业数量取得新突破，2019年新认定省级龙头企业152家，全省省级龙头企业达到1009家（广东省农业农村厅，2019）。

1.广东省的政策规定

2016年12月24日，广东省人民政府办公厅印发了《关于进一步支持农业龙头企业加快发展的意见》，提出重点推动和扶持农业龙头企业在五个链条上下功夫，即：延伸产业链，帮助农业龙头企业延伸产业链条，提高附加值；打造创新链，提高企业自主创新能力；完善组织链，农业现代化的基础是组织化，要提高生产经营组织化程度，发展“公司+N+农户”的模式；优化资金链；强化安全链。

2019年，广东省《关于加快构建政策体系培育新型农业经营主体的实施意见》提出，到2022年全省农业龙头企业总数超过5000家。

2020年，广东省密集出台了支持农业产业化龙头企业发展的政策。在《广东数字农业农村发展行动计划（2020—2025年）》中提出，要加大数字农业示范农业企业、数字农民合作社、数字农业农村新农民、数字农业农村重大应用场景（模式）等培育目标。引导农业龙头企业利用数字技术加强农产品设备装备改造提升。在《关于促进农业产业化龙头企业高质量发展若干政策措施》中提出，以农业产业化联合体创建及土地经营权入股发展农业产业化经营试点为抓手，引导农业产业化龙头企业与其他经营主体、普通农户建立密切的利益联结机制。引导农业龙头企业利用数字技术加强农产品加工设施装备改造提升。在《关于促进小农户与现代农业发展有机衔接的实施意见》中提出，利益联结机制可以采取公司＋农户、公司＋农民合作社＋农户等方式，实行订单收购、保底分红、利润返还、吸纳就业、村企对接等方式，提倡采取优先股、先租后股、保底收益＋按股分红等方式，争取2020年相关利益联结方式覆盖全省农户的60%以上。

2. 企业案例：深圳市农产品集团股份有限公司

（1）公司概况

深圳市农产品集团股份有限公司（简称深农集团）于1989年1月14日注册成立，原名“深圳市农产品批发公司”。1993年5月4日公司改组为股份有限公司，并更名为“深圳市农产品股份有限公司”。1996年12月26日，公司在深圳证券交易所上市。截至2019年年末，公司在深圳、北京、上海、天津、成都、西安、长沙、武汉等26个大中城市经营管理38个实体农产品物流园项目，形成国内最具规模的农产品批发市场网络体系。2019年，公司被农业农村部评为农业产业化国家重点龙头企业。

（2）利益联结模式及效果

2018年以来，深农集团着重推进以“禽畜养殖”为主的产业扶贫项目，在定点帮扶地区采取“造血式”脱贫机制开展工作。2019年，深农集团定点帮扶广东省河源市龙川县登云镇梅花村，并帮助深圳市的扶贫协作地区、对口支援地区、广东省内对口帮扶地区、协作帮扶地区及对口合作地区等9省（直辖市、自治区）的54个贫困县和黑龙江省哈尔滨市，开展产销对接及消费扶贫工作。

在定点帮扶河源市龙川县登云镇梅花村过程中，2019年深农集团选派2名人员驻村，担任“第一书记”及驻村工作队员，发展“精品走地鸡”“生态养鸽”等一批扶贫产业，推进“一村一品”，以“公司＋基地＋农户”的发展模式，引进恒兴农业，通过分红收益折股量化、保底分红模式，形成利益联结机制，带动贫困户增收脱贫。

根据国务院办公厅关于深入开展消费扶贫助力打赢脱贫攻坚战的指导意见（国办发〔2018〕129号），公司还在深圳海吉星物流园建设消费扶贫中心，占地1.5万m^2，通过“展示展销”“交易撮合”“产品运营”三大业务驱动，畅通对口地区农产品供深渠道，推动对口地区农产品进入深圳乃至粤港澳大湾区市场。2020年1月18日，消费扶贫中心正式揭牌投入使用，并成功举办了首届消费扶贫交易博览会，公司与11个深圳市对口帮扶省市签订合作协议，在公司的推动和对接下，深圳市机关事务管理局、总工会、教育工委、卫生工委、商协会、企业等与对口地区签订16个农产品购销协议，深圳市旅游机构与对口地区签订3个旅游资源开发协议，11家电商企业签订消费扶贫电商联盟倡议书，累计签约金额逾9.7亿元。消费扶贫中心先后为对口地区举办黔货年货采购节、延安苹果（农产品）深圳专场推介会及第二届中国新疆特色林果产品博览会深圳推介会等消费扶贫活动，促成购销签约金额达6.84亿元，将带动上万名贫困人口增收；在新冠肺炎疫情期间，组织111家对口地区带贫经营主体，参加南方优品精准扶贫社区销售和直播带货等活动，大力缓解对口地区扶贫产品滞销问题。

（三）安徽省

2019 年，安徽省有 62 家企业入选农业产业化国家重点龙头企业名单，全国排名第 10 位（农业农村部乡村产业发展司，2019）；农业产业化省级重点企业 999 家，全省农业产业化龙头企业总数达到 16091 家（安徽省农业农村厅，2020）。

1. 安徽省的政策规定

农业产业化联合体是安徽省的创新做法。安徽省根据本省的特点，创新了利益联结方式。《安徽省扶贫开发领导小组关于全面推广“四带一自”产业扶贫模式的指导意见》《安徽省农业委员会安徽省扶贫办关于完善利益联结机制进一步发挥新型农业经营主体带动脱贫作用的意见》等文件提出，发挥各类园区和龙头企业、农民合作社、家庭农场等新型经营主体带动作用，合理选择股份联结、订单联结、服务联结、劳务联结、租赁联结等联结纽带，确定贫困户与新型经营主体的利益分配方式。

2. 企业案例：安徽荃银高科种业股份有限公司①

（1）公司概况

安徽荃银高科种业股份有限公司（简称荃银高科）是一家以现代种业技术产业化为发展方向，从事杂交水稻等各类农作物种子育繁推一体化的高科技现代农业上市公司。公司是我国籼型两系超级稻种子的主要供应商之一，是安徽省农业产业化龙头企业。公司前身为成立于 2002 年 7 月 24 日的安徽荃银禾丰种业有限公司，经 2008 年 2 月公司完成工商变更登记，2010 年 5 月 26 日公司在创业板上市。

（2）利益联结模式及效果

荃银高科提出以“企业搭台、政策引导、农技跟进、农民获益”的形式，建设公司多方参与的市场营销体系和良种推广服务体系，实现“育繁推”一体化，融合了企业、农业技术推广服务体系、种子经销商和农户。在安徽省内牵头构建“公司、农技推广部门、经销商”联合服务体系，通过指导农民合理施肥、及时防治病虫害等技术服务，实现良种与良法配套推广，帮助农民增产增收。

在生产模式上，公司自产种子主要采取“公司+基地+农户”模式，即委托代制模式。公司根据销售计划制订当年种子生产计划，包括生产数量和制种面积，并合理分配各区域制种基地；根据制种商的资质、信誉、财产状况、资源优势，并结合基地的气候、土壤和种植习惯进行筛选、提名、组织调查，最终确定制种商名单；与各区域受托制种商签订种子生产合同，约定委托制种面积、数量、结算价格和种子质量要求等；公司负责提供制种亲本材料，对整个制种过程进行监督、管理与指导；受托制种商负责制种面积落实、制种区隔离、技术指导等大田制种工作，确保生产的种子达到合同约定标准；种植户负责按照技术要求生产种子；种子成熟后，受托制种商统一收购并运送至公司或公司指定仓库进行预入库，预入库时公司按袋抽样，对种子的发芽率、净度、水分、纯度四项指标进行

① 相关信息主要来自《安徽荃银高科种业股份有限公司招股说明书》、2016—2019 年《安徽荃银高科种业股份有限公司》年度报告、《安徽荃银高科种业股份有限公司关于五年（2020—2024 年）战略规划的公告》、《安徽荃银高科种业股份有限公司 2020 年第一季度报告》。

检测。

受托制种商的技术指导是否得当，种植户是否严格按照技术要求落实到位等也会对种子生产造成一定影响。按照行业规则，如果是天气原因造成的损失由公司、制种商和种植户三方协商，共同承担损失；如果是受托制种商或种植户管理问题造成的损失由制种商自行承担。

为适应种植大户、家庭农场、农业合作社等客户群体持续增加的行业形势，公司依托互联网平台等建设了直供渠道，开展“公司 + 大户”的营销模式。

公司已与江苏、福建、贵州等多家受托制种方建立了长期稳定、互惠互利的合作关系，制种基地面积已近 5 万亩。公司还在海南三亚租赁土地约 690 亩用于亲本繁殖，并与当地农户签订了《短期租地合同》，租赁时间为当地一季稻全生育期，租金约为每亩 700 元，确保租地农户的收益水平保持稳定。

四、国外大型粮食生产企业与家庭农场利益联结案例分析

在部分发达国家，农业生产是由大型企业与家庭农户合作共同开展，以美国最为突出。美国的大型农业生产企业自身具有生产、经营等多种优势，出于解决土地所有权等问题，大型企业选择与本国的家庭农场（农户）之间形成较为稳定的合作关系（巩前文，2020）。这种企业和农户之间的实践可以为探讨北京市农业产业化龙头企业与农民合作社与小农户之间的合作机制提供参考。

（一）美国 ADM

美国 ADM 公司成立于 1905 年。经过百年的发展，ADM 已经成为大型跨国公司，旗下有食品、饮料、食疗以及饲料等 270 家制造工厂，是世界第一大谷物与油籽处理厂、美国最大黄豆压碎处理厂和玉米类添加物制造厂、美国第二大面粉厂和世界第五大谷物输出交易公司。

ADM 与家庭农场（农户）之间主要采取以下利益联结方式。

1. 合同联结

ADM 与农民主要是依靠签订合同实现合作，包括：（1）最低 / 最高合同价，类似于中国的最低收购价政策。（2）底价合同，建立一个基本水平和现金价格下限，通过购买看跌期权实现合同价格销售。（3）最低价合同，农民如果对未来价格走势有很好的判断，可以签订最低价合同实现满足当前现金需求。公司与农民之间实施严格的合同管理，违背合同的农民将不会再次获得合作机会。

2. 金融合作社

ADM 通过成立金融合作社，每年投入 1500 万美元，鼓励农民在农业生产中保护环境，改善农产品质量。

3. 农民培训

ADM 通过由农民发起成立的非政府组织“正确地生产（Doing it right）”实施农民培训工作，主要培训生产管理技能和新机器使用，提高农民的生产技能。

（二）美国邦吉

邦吉公司于1818年在荷兰阿姆斯特丹创立。1999年，公司总部迁往美国纽约。目前，邦吉在全球32个国家拥有450多个工厂，是世界第四大粮食出口公司。邦吉注重培育从农场生产到零售终端的全产业链条。在产业链上游，公司把自己生产的化肥卖给农业生产者；在产业链中游，公司收购农产品并进行深加工；在产业链下游，公司在全世界范围内销售加工食品。

邦吉与家庭农场（农户）之间主要采取以下利益联结方式。

1. 自有农场雇佣工人

邦吉在南美部分国家中拥有大片农场，通过雇佣农场工人专业化生产粮食。公司为农户提供多样的粮食定价标准以及付款机制，并向农民提供各种市场信息，比如市场最新新闻、24小时实时商品价格展示等。

2. 农资供给综合服务

邦吉注重与农民保持稳定合作。邦吉在向农户销售化肥时，会提供种类齐全的产品（包括混合氮磷钾肥料、混合营养剂和液态肥料），同时还提供多种咨询服务，帮助农民精确评估土壤和作物各项指标，最大限度提高肥料的利用效率。

3. 农民培训

邦吉向农民推广和普及农作物栽培、育种、土壤管理、施肥、病虫害管理、农田灌溉和排水、农产品初步加工和储存等方面的知识，帮助农民提高农作物种植的效率和产量。

（三）美国嘉吉

嘉吉公司成立于1865年，是美国最大的玉米饲料制造商，美国第三大面粉加工企业和屠宰、肉类包装加工厂，最大的生猪和禽类（如肉鸡、火鸡）养殖场。

嘉吉公司与家庭农场（农户）之间主要采取以下利益联结方式。

1. 推行风险管理

嘉吉专门为农场主开发了风险管理工具，如气候风险解决方案，确保农场主可以规避各类生产中遇到的风险从而专注于生产活动。

2. 开展农民培训

嘉吉公司的动物营养专家对养殖户开展培训，帮助农户依靠动物营养技术以及饲养管理知识来提高产量。

3. 注重物流管理

嘉吉公司拥有较完善的物流网络，能够为农产品提供高效运输服务，从而减轻了农户的物流成本。

上述美国公司的做法表明，大型农业生产企业与家庭农场（农户）的合作可集中在如何解决后者的“短板”问题。在生产资本上，公司可以通过金融合作社为家庭农场（农户）提供必要支持。在市场风险防范上，公司要帮助家庭农场（农户）解决市场销售难题，确保后者专心生产。在技术能力培训上，公司有必要为家庭农场（农户）提供一揽子技术培训，解决生产管理问题，控制产品质量和提高产出水平。

五、提升北京市农业产业化龙头企业带动农民合作社和小农户发展的建议

北京市开展农业产业化龙头企业认证工作已有多年，龙头企业实力不断增强。通过对近年来北京市农业产业化龙头企业带动作用相关问题的梳理，以及比对外省区及国外企业的做法，北京市农业产业化龙头企业在京郊带动农民合作社、小农户发展中发挥出一定的成效，同时也具有进一步提升的空间。要进一步提升北京市农业产业化龙头企业对农民合作社、小农户的带动能力，需要政府、龙头企业、农民合作社及小农户多方配合、共同发力，以提升产业链运营效率及农民组织化程度为重点，以保障农产品供给、提升食品安全性、促进农民增收为目标，构建龙头企业、合作社及小农户之间分工合作、互惠共生的命运共同体。

（一）强化政府引导、服务，发挥政府部门在带动过程中的“黏合剂”作用

1. 合理引导、分类考量不同生产类型产业化龙头企业带动能力

当前，北京农业面临着疏解非首都核心功能、京津冀协同发展、建设国际一流和谐宜居之都的新形势，农业已经进入了一个新的转型时期，不再一味追求发展，而是要提质增效、转型升级。龙头企业的发展必须要服从服务于首都城市战略定位大局，政府在考量农业产业化龙头企业带动作用时应首先考虑“保与舍”的问题。以种养殖为主的农业产业化龙头企业在京的发展必将会面临政策、资源、生态环境等方面的限制。目前，多数纯种植型或养殖型企业已经调整了生产布局，将主要基地外迁。对于上述类型企业，政府在评估其带动效果时应将视角置于全国层面进行考量，鼓励和支持这类企业到外省区建立生产基地，积极与当地的农民合作社及小农户开展合作，以“京企”角色在当地的农民增收活动中发挥带动作用。而我们重点要保什么？一方面要利用首都资源优势、市场优势保住具有农业电商、休闲农业、生产性服务业等经营业务的龙头企业对我市农民合作社及小农户发展的带动作用。另一方面，政府管理部门还应考虑根据首都新发展形势，进一步修订完善农业产业化龙头企业认定标准，适度放宽准入门槛，鼓励更多发展基础好、经济效益优、带动能力强的新业态企业申报龙头企业。让更多类型的企业立足京郊农村的特色产品、绿色资源，积极与京郊的合作社及小农户开展对接，打造全国知名的京郊农产品品牌和环境产品品牌，进而扩大销售空间、提高销售量，为参与其中的农户增收提供渠道或平台，发挥农业产业化龙头企业的带动作用。

2. 加强涉农数字平台建设，提高农产品可追溯程度，保障安全供给

通过政府购买服务、示范性平台创建等方式引导农业龙头企业加强信息化、数字化建设，推动农产品设备装备改造提升，提高生产过程中的可追溯性，确保农产品安全。在已有的涉农网络平台中选取建设能力强、辐射带动作用大的平台给予重点支持，发挥其示范作用。鼓励企业在原有平台基础上开发个性化的现代数字农业模块，便于企业更精准地掌握农户种养环节物质投入、标准执行情况及信用状况、技术需求等，严把产品质量，降低农产品安全风险。

3. 做好信息公开和宣传，提升带动吸引力

在调研中，我们发现，目前能够全面、及时、准确反映我市龙头企业发展现状的信息及权威数据非常有限。从提升管理和指导工作实践需要的角度出发，北京市需考虑系统开展农业产业化龙头企业的资料汇总及大数据分析工作，进一步加强政府相关门户网站的建设，公开对外发布相关信息；加强对农业龙头企业的行政监督，及时披露违约事件及处理结果；做好农业产业化龙头企业农企联结信息和典型案例的社会宣传工作，扩大农业产业化龙头企业的社会知名度和美誉度，进而吸引更多合作社及小农户融入龙头企业产业链中。

4. 加大财政、金融等政策支持力度，优化政策环境

针对龙头企业、合作社、小农户之间的利益联结情况建立考评体系，对实际效果进行考评。对利益联结效果好，能够有效增加农产品供给、保障食品安全、带动农民增收的龙头企业及合作社出台相应财政、金融等支持政策，在融资贷款、税收、信用评级等方面给予优惠。进一步增强财政资金的杠杆作用，财政补贴重点可以考虑放在为龙头企业、农民合作社提供更好的社会服务体系上。加大金融支农力度，针对龙头企业、农民合作社贷款难问题，借鉴江苏省经验，积极创新抵押担保方式，探索设立市级农业产业化龙头企业融资风险补偿基金，取消强抵押、强担保，风险由银行和风险补偿基金按比例分担，助力龙头企业发展。吸引社会资本进入农村金融领域，增强农村金融对龙头企业发展的资金供给能力。引导和鼓励证券公司、会计师事务所、律师事务所等中介机构服务农业龙头企业上市。

（二）提升产业链运营效率，拓展联结空间

1. 发挥龙头企业主观能动性，不断壮大自身实力

龙头企业是新型农业经营主体的骨干，更是带动农民合作社及小农户发展不可或缺的力量。要进一步发挥其对农民合作社及小农户增产增收的辐射带动作用，首先要从增强企业自身实力出发，进一步延伸农业产业链，不断做大做强。特别是当前，北京农业产业龙头企业面临着北京市疏解非首都核心功能、“调转节”对农业生产空间的限制、“大棚房”清理整治、能源转型、劳动力老龄化等一系列问题和挑战。“逆水行舟不进则退”，面对困难，企业要主动适应变化，准确把握国家及本市产业政策、市场走势，积极优化产业，加快一二三产融合发展，尽快实现企业转型升级，以农业产业为依托，融合产业园区、农产品加工、休闲观光、森林康养、互联网+、创意文化、旅游会展等，通过各产业间的相互渗透、交叉重组、跨界配置，延伸农业产业链，提升产品价值链。在产业链延伸的基础上，以北京农产品绿色优质安全示范区建设为抓手，减少低端供给，增加中高端供给，通过创建地理标志性农产品、宣传推介等手段重点打造具有北京区域资源及生态优势的“京味”品牌。加强与科研院所的合作，进一步提升科技创新能力，开发拥有自主知识产权的拳头产品和技术装备，以契合北京农业高端、高效、高辐射相关要求。

2. 强化龙头企业带动主导作用，不断提高运营效率

在龙头企业带动合作社及小农户发展的过程中，龙头企业应始终保持农业产业链、供应链、价值链的领导地位。这是由龙头企业自身的特点所决定的，相对于合作社及小农

户，龙头企业拥有经营规模较大、发展理念先进、对外联系网络发达、经济实力资本运作能力较强等比较优势。农业龙头企业应凭借较高的管理效率和较强的市场营销能力，在产业链的关键环节，着力为农民合作社、小农户的“短板”（如加工和仓储能力不足、农产品流通渠道不畅、农产品品牌影响力低等）提供支持，成为小农户在现代农业产业体系中的引路者。有效调动各方主体积极性，将产业链各主体打造成为利益共享、风险共担、合作协同、互惠共赢的利益共同体，提升产业链运行效率。同时，为保持市场竞争力，农业龙头企业在生产经营过程中需要秉承价值提升理念，不断创新优化联农带农机制，从产业链的各个环节上挖掘增值空间，提高农民自我发展能力，带动农民进入新产业、发展新模式，实现价值链提升。龙头企业还应树立正确的利益观念，不能只顾自身利益最大化，而过度挤占合作社、小农户的利益，须合理权衡产业链条中各主体的需求与贡献，切实保障各方利益，实现“共赢”。

3. 积极培育产业化联合体，不断优化资源配置

农业产业化联合建设对于促进家庭经营、合作经营、企业经营协同发展，提高组织化程度，进一步激发农业农村发展内生动力具有重要作用。要继续推动北京市农业产业化联合体试点工作，以 12 个市级示范联合体建设为基础，持续跟踪监测，初步探索出一套适合北京实际的联合体内在运行机制，并逐步在全市范围内推广联合体建设。各级政府应在税收、金融、产业政策扶持等方面给予相应的支持，充分调动联合体中各经营主体积极性，鼓励龙头企业发挥联合体核心作用，在构建本地产业链、对接区域外农业价值链的过程中，扩大对资源、要素和农产品品牌的整合能力，最终实现对农业产业链的控制，对农民合作社、小农户的辐射带动。其他各类经营主体应充分发挥各自比较优势，着力于产业链中的某个环节，以实现整体利益最大化。优化利益分配机制，鼓励联合体内部采取订单、要素入股、利润返还等方式，形成紧密型利益关系。加大联合体人才储备，出台相关政策措施，明确和完善乡镇办事机构，确保农业产业化联合体各项工作在基层“有人可用，有人肯干”。

（三）提升农民组织化程度，实现紧密联结

1. 规范农民合作社运行，搭建联结纽带

企业和分散的众多小农户签订规范的产销合同，容易产生约束力弱、制约力不足、违约风险大等诸多问题，影响双方利益联结和带动效果。规范化的农民合作社在提高农民的组织化程度、调节企农利益纠纷、规范经营行为、提升农民市场主体地位中具有重要纽带作用。通过合作社规范化建设，能够提高农户与企业的议价实力，增强小农户市场主体地位，避免利益受损，有效维护小农户权益。同时，龙头企业也找到了相对稳定的经济代表，借助农民合作社和小农户地缘亲和性、邻里亲情等“非正式制度安排”来组织动员、示范带动合同的履约执行。政府应鼓励引导小农户抱团组建合作社或龙头企业创办、领办合作社，支持农民合作社和农户入股企业，实现龙头企业、农民合作社、小农户的深度融合。重点扶持部分龙头合作社，做大做强产业规模。筛选一批规模合作社，通过设置奖补项目、提高基础建设补助资金、提供信贷保障等方式支持其发挥示范带动效果，成为有较

大投入、较强产业带动能力、深加工水平的规范、完善的骨干合作社。

2. 提升小农户的综合能力，满足联结需求

在现代生产中，小农户要进一步提升执行履约能力和生产技能水平，克服小农生产方式的随意性，根据龙头企业对产品的要求，提升自身农产品品质，增强产品竞争性。农业产业化龙头企业为了确保产品质量，促成合同顺利履行，可依托合作社为农户定期提供技术指导、生产技能培训、信息等社会化服务，增强彼此之间的信任度。政府可通过补贴学费等方式，以农民夜校、田间学校等适合小农户的培训形式，鼓励小农户走进学校、走进课堂，接受种养技术、经营管理、法律法规等方面的培训，提升小农户生产技能和经营管理水平。

3. 健全利益联结机制，助农增收

合理的利益联结机制是充分调动龙头企业、农业合作社、小农户各方合作积极性、持续性、向心力的有效保证，它能够把农业产业链效益与合作社、小农户的利益有机统一起来，激发合作社、小农户的"主人翁"意识，让小农户成为现代农业的参与者、实践者和获益者。要进一步加强以订单为基础的利益联结机制。支持我市更多农业龙头企业与周边农户发展订单农业，合理确定订单量、订购标准及收购价格；要在完善双方权利义务等合同条款细节上下功夫，以书面形式缔结长期稳定的购销合作关系；引导企业在下达生产标准的同时加强对订单农户规范生产的指导，并以市场保护价、保底收购价等形式助农增收。在订单交易方式的基础上，总结土地经营权入股农业产业化经营经验，探索推广"保底收益 + 二次分红"和"入股分红"等分配模式，鼓励农业合作社、小农户以土地、资金、劳动、技术等要素入股农业产业化龙头企业，建立完善利润返还、直接投资、股份合作等更加紧密的利益联结。让合作社、小农户真正融入其中，成为龙头企业的"合伙人"，促进农民保有持续、稳定的收入。

参考文献

[1] 谢磊，2020，《探索新集体主义道路，壮大集体经济，保障农民产权收益持久稳固增长—平谷区域峪口镇西樊各庄村集体经济发展调查》.

[2] 安徽省农业农村厅，2020，"从'新龙头'看现代农业提质增效"，http://nync.ah.gov.cn/public/7021/53668351.html.

[3] 北京农业产业化联合体监测课题组，2020,《2020 年北京农业产业化联合体监测报告》.

[4] 北京市农村经济研究中心，2019，《京津冀协同发展战略背景下农业产业化联合体案例研究——以北京凯达恒业农业产业化联合体为例》，第 4 期 .

[5] 北京市农业农村局产业处，2019,《北京市农业产业化龙头企业分析报告（2019）》.

[6] 曹雪然，2016，"北京农业产业化龙头企业生产效率研究"，首都经济贸易大学博士学位论文 .

[7] 巩前文，2020，"美国家庭农场与 ABC 粮商：互动机制及启示"调研报告 .

[8] 广东省农业农村厅，2019，"全省省级农业龙头企业破千家"，http://dara.gd.gov.cn/nyyw/content/post_2717179.html.

[9] 韩月，彭继娥，2019，“北京市农业龙头企业发展分析及展望”，《农业展望》第 11 期．

[10] 黄梦思，2018，《“农业龙头企业 + 农户”渠道“复合治理的挤出效应”研究》，华中农业大学博士学位论文．

[11] 黄梦思，孙剑，2018，“农业龙头企业 + 农户模式的关系风险与交易治理”，《华南农业大学学报（社会科学版）》第 1 期．

[12] 江苏省农业农村厅，2018，“关于进一步加大农业综合开发支持农业产业富民工作力度的通知”，http://nynct.jiangsu.gov.cn/art/2018/10/9/art_13474_8892647.html.

[13] 江苏省农业农村厅，2020，“江苏农业农村概况”，http://nynct.jiangsu.gov.cn/art/2020/4/2/art_12032_8337097.html.

[14] 姜长云，2018，“龙头企业与农民专业合作社、家庭农场发展关系研究”，《社会科学战线》第 8 期．

[15] 姜长云，2019，“新时代创新完善农户利益联结机制研究”，《社会科学战线》第 7 期．

[16] 姜昭，王凯，2006，“我国农户与龙头企业主要利益联结机制的优缺点分析”，《现代经济探讨》第 1 期．

[17] 刘晴，林然，田亦平，黄映晖，2016，“北京市农业产业化现状及发展对策”，《农业展望》第 6 期．

[18] 芦千文，2018，“农业产业化龙头企业发展涉农平台经济的作用、问题和对策”，《农业经济与管理》第 3 期．

[19] 罗明忠，邱海兰，2020，“声誉机制、利益联结与合作治理——源于江西 LN 公司的思考”，《江苏大学学报（社会科学版）》第 2 期．

[20] 孟蕊，李春乔，许萍，郑金龙，赵海燕，2017，“新时期北京农业龙头企业竞争力现状及提升对策”，《农业展望》第 11 期．

[21] 聂向一，陈娆，2020，“北京市农业龙头企业与农户利益联结模式分析”，《农业展望》第 3 期．

[22] 农业农村部乡村产业发展司，2019，“农业产业化国家重点龙头企业名单”，http://www.xccys.moa.gov.cn/nycyh/201912/t20191216_6333304.htm.

[23] 农业农村部乡村产业发展司，2020，“2020 年全国农业产业化龙头企业 100 强和专项 10 强名单公示”，http://www.moa.gov.cn/xw/zxfb/202012/t20201221_6358478.htm.

[24] 濮必晶，孟枫平，刘淑雯，2018，“电商环境下龙头企业与农户合作效能研究——基于利益联结机制角度”，《云南农业大学学报（社会科学）》第 5 期．

[25] 戚振宇，2019，《中国农业产业化组织模式优化研究——基于比较制度分析视角》吉林大学博士学位论文．

[26] 任志雨，郑碧莹，王泽尤，赵海燕，2020，“中国农业产业化联合体发展特点及前景”，《农业展望》第 6 期．

[27] 阮荣平，曹冰雪，周佩，郑风田，2017，“新型农业经营主体辐射带动能力及影响

因素分析——基于全国 2615 家新型农业经营主体的调查数据”,《中国农村经济》第 11 期。

[28] 田昕加，胡传慧，2018，“农业龙头企业与农户共生演化模型及仿真研究”,《林业经济》第 9 期 .

[29] 涂圣伟，2019，“工商资本参与乡村振兴的利益联结机制建设研究”,《经济纵横》第 3 期 .

[30] 王乐君，寇广增，王斯烈，2019，“构建新型农业经营主体与小农户利益联结机制”,《中国农业大学学报（社会科学版）》第 2 期 .

[31] 夏小荣，2018，“关于推动农产品龙头企业可持续发展的路径选择”,《现代营销》第 12 期 .

[32] 张家辉，刘辉，2017，“新型农业经营主体的类型、功能定位及利益联结机制”,《中国集体经济》9 月 .

课题负责人：曹四发
课题组组长：杜力军
课题组成员：林然、张燕、陈雯卿、齐福全
执　笔　人：杜力军、张燕、陈雯卿、齐福全

乡村振兴战略背景下北京农业与文化产业融合发展研究

实施乡村振兴战略，是党的十九大作出的重大决策部署，是决胜全面建成小康社会、全面建设社会主义现代化国家的重大历史任务，也是新时代“三农”工作的总抓手。在当前和今后一段时期，需坚持农业农村优先发展，按照产业兴旺、生态宜居、乡风文明、治理有效、生活富裕的总要求推进相关工作，加快构建现代农业产业体系、生产体系、经营体系，提高农业创新力、竞争力和全要素生产率。其中，产业兴旺是乡村振兴的重要基础，是解决农村一切问题的前提。乡村振兴中有产业振兴，更有文化振兴，文化振兴可以说是乡村振兴的灵魂。乡村振兴需要文化支撑，乡村文化产业的发展和壮大，是实施乡村振兴战略的一个重要举措。

党的十八大以来，以习近平同志为核心的党中央高度重视文化强国建设工作，强调要推动文化产业高质量发展，健全现代文化产业体系和市场体系，推动各类文化市场主体发展壮大，培育新型文化业态和文化消费模式，以高质量文化供给增强人们的文化获得感、幸福感。文化体制改革正在向纵深发展，不断激发出文化创新创造活力。

近年来，我国农村发展环境不断改善，新产业新业态大量涌现，农村产业发展取得了积极成效。但也要看到，新一轮科技革命和产业变革蓬勃兴起，新的发展环境对我国农村产业发展也形成新的挑战，特别是对推进产业振兴过程中的融合发展提出了新的要求。对此，我们需牢固树立新发展理念，落实高质量发展要求，以农业供给侧结构性改革为主线，积极顺应时代发展大势，探索北京郊区产业融合发展的现实路径，以融合发展促乡村产业振兴。

一、产业融合与农村产业融合的内涵

（一）产业融合

指不同产业或同一产业不同行业相互渗透、相互交叉，最终融合为一体，逐步形成新产业的动态发展过程。产业融合从形态上可分为产业渗透、产业交叉和产业重组三类。产业融合是产业发展的必然趋势。产业融合是一种产业结构的改变，是产业资源重新配置的一个途径，也是产业结构升级创新的必然结果，产业融合也是优化现有资源配置，提高区域产业竞争力的必然选择。产业融合是实现高端产业带动低端产业，先进产业拉动落后产业的区域产业升级的系统工程。产业融合主要是在高科技产业和传统产业之间进行，在融合过程中将不断的催生新技术、新产品和新服务而取代传统的技术、产品和服务。另外，产业融合催生出的新技术可以融合更多的传统产业部门，改变传统产业的生产与服务方式，促使其产品与服务结构升级，进而促进产业结构的优化和产业发展。

（二）农村产业融合

20 世纪 70 年代以来，随着以现代信息技术革命为代表的高新技术及其产业的发展国际信息产业呈现出融合化发展趋势，与此同时，农业与相关产业也出现了融合发展现象，生物农业、信息农业、工厂化农业、旅游休闲农业等新型农业已经在美国、日本、荷兰等农业发达国家，以及印度、中国等农业发展中国家日益兴起。日本学者今村奈良臣提出了“第六产业”的理念，他强调农村三大产业融合发展，基于产业链延伸和产业范围拓展。近年来，国内学者对农村产业融合进行了大量研究，对其“内核”已基本形成共识。农村产业融合的路径是产业间的融合渗透与交叉重组，融合的表征是产业链延伸、产业范围拓展和产业功能转型，融合的结果是产业发展和发展方式的转变。

农业与文化产业融合，是指在农业产前、产中和产后各个环节中融入文化元素，将农产品与文化结合，创造出独特的现代农业生产经营模式，以实现资源的最优化配置，提升农产品附加值。在全球出现农业与相关产业融合发展现象、世界各国日益重视农业与相关产业融合发展、中国在乡村振兴这一重大历史任务的背景下，从产业融合的视角，运用产业融合的基本理论，分析和认识农业与相关产业融合发展问题，具有重要的理论和实践意义。

二、农业与文化产业互动融合分析

农业与文化产业的互动发展，是受外部因素的强劲驱动，使二者之间相互影响、相互促进。进一步分析两产业互动融合发展的外部驱动力和两产业之间相互影响的过程，意在发现农业与文化产业之间良性互动的长效机制，实现农业与文化产业长期稳定协调发展。

（一）农业与文化产业互动融合发展的驱动力分析

深入分析农业与文化产业互动发展的外部驱动力，主要有以下三个方面：

1. 市场供给驱动

农业与文化产业互动发展的外部驱动力方面，市场供给驱动是最重要的推动力之一。这里市场供给包括文化产业市场供给和农业市场供给。2006 年，国务院发出《关于深化文化体制改革的若干意见》，使文化产业的进入壁垒减少，文化产业的范围不断扩大，文化产业对其他产业的渗透、交叉成为可能。党的十九大报告指出，我国社会主要矛盾已经转化为人民日益增长的美好生活需要和不平衡不充分的发展之间的矛盾。这一重大判断为我国进一步扩大和引导文化消费指明了方向，也提出了更高要求。在新时代，人民的美好生活需要正从过去的物质需要为主转向文化的、精神的、环境的需要。随着我国文化体制改革的深度推进，成为当前农业与文化产业互动融合发展的重要外部支撑力，使两产业有了更为广阔的发展空间。此外，技术进步成为农业与文化产业互动融合发展的基础和动力，技术的渗透和辐射效应深入农业与文化产业的消费环节。在文化创意灵感到文化创意实现的过程中，科技的作用日益突出。农业中融入文化的基因，可以让消费者在购买农产品或在乡村旅游的同时也消费农业文化、享受农业文化，不仅更好地实现了产品的差异化，也使农业的附加值大大增加。业态的融合推动实现文化产品供给以及农产品供给的结合，进而实现两产业的互动融合发展。

2. 市场需求驱动

随着我国经济社会发展进入新时代，人们的精神文化消费、享受型消费在社会经济发展中的引领作用将进一步突出。当人们的基本生存需求通过物质消费得以实现，高级需求则需要通过文化消费来满足。文化消费是人们根据自己的意愿选择文化产品和服务来满足精神需要的高级消费活动。当前我国文化需求发生了较大变化，文化消费日益多元化。体验式、娱乐化、个性化、数字化和品牌化的大众消费活动成为文化市场消费的主流。文化消费是消费升级的重要体现，是新的经济增长点。

北京作为全国文化中心，文化消费呈现出巨大的发展潜力。据统计，北京市文化创意产业增加值已由2005年的671.4亿元上升到2016年的3581.1亿元，占全市地区生产总值的40%，对地区生产总值的贡献率达到20.3%，成为北京市重要支柱产业。2017年7月，《北京市关于培育扩大服务消费优化升级商品消费的实施意见》就此提出了几点要求：扩大文化新消费、拓展文化消费空间与强化文化惠民消费。

文化消费若加入了农业元素后，将使文化产品具有更加广阔的市场，也满足了消费者多样化的文化需求，为消费者提供立体化的、全方位的文化体验。通过农业与文化产业融合，也可以让人们的心灵得以滋养，中华文明与智慧得以沉淀。所以从需求层面二者融合，也将成为推动文化产业与农业互动发展的重要力量。

3. 投资融资驱动

近年来，我国文化产业投资融资越来越活跃，文化产业进入高速增长阶段。自2005年以来，我国文化事业费增长较快，文化事业费占财政支出的比重不断增加，对我国公共文化设施建设、公共文化服务快速发展起到了极大的推动作用。文化企业直接融资和间接融资也越来越活跃。文化的市场化、产业化离不开以创新为导向，而文化产业领域的创新，又离不开文化与多种产业的交叉融合，其中农业在乡村振兴战略的大背景下必将受到文化企业投资的青睐。

（二）农业与文化产业的相互作用机理分析

1. 文化产业对农业的作用

随着科技的发展，生产力水平的提高和消费的升级，作为基础性产业，人们对农业生产的需求不再仅仅停留在利用农产品满足物质需求方面，更加注重产品的体验性和虚拟价值。文化产业将文化元素与农业实体相结合，增加附加在农业产品上的文化价值，在培育文化消费新亮点、引导新兴消费方面，为现代化农业的发展提供了新的思路和动力。

（1）拓展农业的外延

特别是文化创意产业的发展，拓宽了农业开发的新领域。文化融入农业资源开发、农产品设计以及农业种产销这个过程中，实现两产业互动融合发展。

（2）丰富农业的内涵

充分利用当地资源，以文化挖掘农业农村传统内涵，以文化创新打造新的农产品和农业景观。对文化元素进行提炼和创新，注重农业文化资源、文化遗产的价值提炼，赋予传统农业新的文化内涵，提升农产品的品位，在形式上增加文化体验消费、享受性消费等，开发农业文化遗产资源，深挖农业的文化内涵。

（3）促进农业的转型升级 文化创意产业对于提升农业文化的内容及形式的创新力，扩大文化价值观的影响力，增强文化对农业的辐射力，文化传播的吸引力等方面，都有很重要的作用。文化创意融入农业开发，将相关资源以文化为主线有机整合在一起，在保护与传承的同时不断进行创新，既拓展农业发展空间，又逐步实现农业的转型升级。

2. 农业对文化产业的作用

文化产业作为第三产业，其所提供的产品往往是以创意、技术服务的形式存在，该种产品是无形的，往往需要附着于某一具体实物形态上。农业产品的实物性为文化产业的发展提供新的载体。在我国目前正由传统农业向现代化农业升级的过程中，将农产品、农业生产资源等与文化融合，以农业生产、农产品为主体，为文化产品得以以实物的形式展示出来，拓宽文化产业的发展渠道，为文化产业的发展提供了创新平台。

（1）促进文化资源的开发与保护

现代农业开始逐渐承担起传承和发展农业文化的重任，农业文化遗产保护等问题也越来越受到重视。开发与保护好非物质文化遗产，其最终目的是要让文化得到与时俱进的发展和继承。

（2）成为文化产品的载体

文化产品内容广泛，既可以是有形的产品，也可以是无形的服务。文化产品包括“文化商品”和“文化服务”两大类。我国的农耕文化历史悠久，许多农业文化遗产未能保护开发，其蕴含的丰富的历史文化价值、经济价值、生态价值也被埋没。由于对农业文化遗产的不断挖掘与开发，使一些农业历史文化资源活化起来转变成文化商品。如：用北京郊区麦秸做成的梅兰竹菊图、用各种豆子做成的长城游览图，还有用蝴蝶翅膀粘成的古代四大美女肖像等，这些农业原材料经过创意加工，便成为热销的文化作品。所以说，农业也可以成为文化产品实现价值的有效载体。

（3）增加文化产品的供给

文化产品供给的目的是在不断满足人民群众日益增长的精神文化需求的同时，还要全面提升居民的生活质量，促进全社会文明程度的提高。农业多功能的开发，加快了文化资源的产品转化，形成了不同特色的农业文化产品，有展示型、体验型、休闲旅游型农业文化产品等，这些都大大丰富了文化产品的类型，增加了文化产品的供给量，满足了人们多方面、全方位的文化需求。

（4）拓展文化产业发展空间

一方面，农业可以推广、宣传和扶植文化事业，社会资本的进入农业大大有利于文化的保存和发展；另一方面，文化使得农业更具有卖点，强化了农产品特色，直接或间接地创造经济效益和社会效益。

三、北京农业与文化产业融合发展的基础

（一）深厚的文化底蕴是融合发展的现实支撑

2018 年中央一号文件明确指出，切实保护好优秀农耕文化遗产，推动优秀农耕文化遗产合理适度利用。这充分反映了党和政府对中华农业文明悠久历史与现实价值的高度重视。在“乡村振兴”成为国家战略的大背景下，充分重视与发掘农业文化遗产的价值，不仅可以顺应联合国粮农组织在全球掀起的农业文化遗产热，而且可以以此为抓手，带动遗产地的环境改善与农民增收致富，继而以点带面，提高向周边区域乃至全国的辐射影响力，推进乡村振兴战略务实、高效、稳步前进。

北京具有特点鲜明的地域文化。作为六朝古都，在其漫长的发展过程中，逐渐形成的一套具有皇家特点的农耕文明，可挖掘的文化底蕴相当深厚，这也为北京现代农业与文化产业融合发展提供了重要的现实条件。通过农业文化遗产的发掘与保护，可以保留下中国最优秀的皇家种植技术、北京地区最优秀皇家农作物品种、为社会提供皇家贡品级的水果等美食美味，将北京升级为皇家农产品品种繁殖、推广基地，通过与旅游结合，将遗产地打造成为新的旅游集散地。同时，在农业与文化产业融合过程中，将农业的产前、产中和产后诸环节联结为完整的产业链条，将农产品与文化、艺术创意、休闲旅游结合，使大量农产品成为具有高文化品位、高知识化、高营利性、高附加值的审美型、文化型、娱乐型、科学型、观赏型的新型农产品。

（二）农业与文化产业的政策引导

农业与文化产业发展都离不开政府的作用，政府的政策引导及产业制度创新对文化产业与农业的互动发展十分关键。2016 年 5 月，北京市出台《北京市文化创意产业发展指导目录（2016 年版）》；2018 年 6 月，北京市委市政府出台了《关于推进文化创意产业创新发展的意见》；2020 年 1 月，北京市文化改革和发展领导小组正式印发了《北京市文化产业高质量发展三年行动计划（2020—2022 年）》。2020 年 4 月，《北京市推进全国文化中心建设中长期规划（2019 年—2035 年）》正式发布。蔡奇同志指出，要认真传承和发展以古都文化、红色文化、京味文化、创新文化为代表的首都文化，做好首都文化这篇大文章，提升北京文化产业竞争力、辐射力和影响力，为推进全国文化中心建设作出更大贡献。

党的十九大报告提出要实施乡村振兴战略，促进农村一二三产业融合发展。2018 年 6 月，农业农村部发布了《关于实施农村一二三产业融合发展推进行动的通知》，强调促进农村一二三产业融合发展是党中央、国务院作出的重要决策，是党的“三农”理论和政策的创新和发展。实施推进行动，要以习近平总书记关于“三农”工作的重要指示批示和重要讲话精神为指引，坚持“基在农业、惠在农村、利在农民”原则，以农民分享产业链增值收益为核心，以延长产业链、提升价值链、完善利益链为关键，以改革创新为动力，加强农业与加工流通、休闲旅游、文化体育、科技教育、健康养生和电子商务等产业深度融合，增强“产加销消”的互联互通性，形成多业态打造、多主体参与、多机制联结、多要

素发力、多模式推进的农村产业融合发展体系，努力助推乡村产业兴旺，切实增强农业农村经济发展新动能。

（三）农业与文化产业融合发展具有广阔的市场空间

作为全国的政治和文化中心，北京人才聚集，消费群体的文化层次和收入水平相对较高，对产品多样化需求强烈，特别是文化产品方面的需求尤为显著。城乡居民从生存消费正在向更加注重生活质量的享受型消费转型。城乡居民消费结构的升级为农业与文化产业融合发展拓宽了市场空间。文化消费需求是具有很大弹性的，往往不受客观条件承载量的限制。文化产业也具有诱导效应，商品生产和消费本质上是一种文化现象，先是制造一种生活方式，然后销售这种生活方式。农业与文化产业的融合为扩大文化产品的市场空间、提升农产品附加值、延长产业链和农民增收提供了新途径。只要开发出能够满足市场需求的融合性产品，升级了的消费结构和消费能力就可以为农业与文化产业融合创造出巨大的市场空间，这就会从根本上支持农业与文化产业融合发展。

（四）北京农业与文化产业融合发展效果显现

从北京郊区近年的实践来看，创意农业、会展农业、农业节庆、农业文化遗产的挖掘与保护等日益兴起，已成为郊区都市型现代农业发展的新亮点、新趋势。

四、北京农业与文化产业融合发展的主要类型

（一）文化创意农业

创意农业作为一种新兴的农业产业模式，是将农业与文化创意产业相结合，借助文创思维逻辑，融合文化、科技、旅游与农业多元要素，对农业生产经营的过程、形式、工具、方法、产品进行创意和设计，从而创造财富和增加就业机会的新型业态。通过文化创意产业与农业的融合发展，转变农业发展方式，有利于推动郊区产业结构的升级，提升都市型现代农业水平，助力乡村振兴。同时，创意农业具有较高文化品位。创意农业是以文化、创意为核心，运用知识和技术，产生出新的价值，是创意灵感在农业中的物化表现。它是文化与技术相互交融、集成创新的产物，呈现出智能化、特色化、个性化、艺术化的特点，创意产品的价值并非局限于产品本身的价值，还在于它们所衍生的附加价值。通过创意，不断创造出农业和农村的新观念、新技术和其他新的创造性内容，其典型特性是生产者在田间“生产”文化，让广大消费者“消费”文化。

发展创意产业将不断开拓新的消费空间，推动消费方式转变，培育出新的消费人群，从而提高消费需求，促进实现消费拉动经济增长。产业的创新催生发展新亮点，源于创意产业的创意农业，正是有效利用自然、文化、科技等资源，将传统农业发展为融生产、生活、生态为一体的现代农业的延伸。创意农业为都市型现代农业发展注入了新的活力，有效地提升了北京都市型现代农业的功能，是助力乡村振兴和发展都市型现代农业的一条新途径，是首都城乡和谐发展、富裕郊区农民的必然选择。近年来，北京注重农业与文化创意的互动融合，门头沟樱桃园、大兴古桑园、房山磨盘柿主题公园、谷桃木工艺品、大兴玻璃西瓜、延庆豆塑画、门头沟麦秸画等极具特色和活力的农业新产业、新产品成为北京

都市型现代农业的亮点。

（二）会展农业

会展业作为文化产业之一，是人类社会有意义的重要文化活动之一。今天的会展业作为一种复杂多样的经济文化现象已经渗透到人类社会的各个层面，会展的内容形式、功能结构都在不断地发生着变化。而会展农业是通过因各类农业会议、论坛，农业博览会、展览会、展示会、交易会和农业竞赛、节庆、旅游活动等而带动发展起来的具有区域特色的集优质生产、休闲体验、旅游观光、农业文化展示、农业科普教育于一体的农业产业体系。会展农业是以一定的场馆设施和展示基地为基础，以会议、展览、节庆活动为媒介，使农业由单纯的种养殖向加工和文化旅游渗透，其表现形式为因农业会议、论坛、展览、展示、交易、洽谈和节庆、竞赛、旅游等活动的开展而形成的农业生产基地、农业园区、农业景观等。会展农业延伸了农业产业链，实现了农业同二、三产业的融合，同时又具有鲜明的农业产业特征。

北京的昌平草莓、平谷大桃、大兴西瓜等，都是通过举办农业会展活动促进了其发展，形成了融经济、生态、生活为一体的新型农业产业。会展农业不仅是现代农业的一种新的实现方式，而且已成为一种新的发展理念和发展方式。如大兴区自 1988 年举办首届西瓜节至今，每年 5 月 28 日举行的西瓜节已经成为大兴区一个重要的文化品牌和形象宣传工程，在国内外获得了较高声誉。以西瓜为核心，通过举行西瓜花车游行、西瓜女王与西瓜公主的评选、西瓜雕刻艺术大赛、西瓜大战等农业节庆活动，大幅度增加了参与性、动态性、娱乐性活动项目，使西瓜节成为北京市民及国际游客狂欢的王牌节日。其西瓜种植以庞各庄地区为中心，周边 6 镇所辖的 200 多个村庄均以种植西瓜为业，也使大兴西瓜的种植面积和产量一直居京郊各区县之首。

（三）农业非物质文化遗产

2018 年的中央一号文件强调，切实保护好优秀农耕文化遗产，推动优秀农耕文化遗产合理适度利用。北京作为古都，也是人类活动最早的区域之一，有着非常丰富的农业文化遗产，比如知名的京西稻、北京鸭、门头沟京白梨、庞各庄西瓜、张坊磨盘柿等。新时期下，北京作为历史悠久的城市，正在全力建设全国的文化中心，作为首都文化的重要组成部分，北京农业文化遗产不可或缺。农业文化遗产是中华农耕文化的智慧结晶，具有完善的农业传统知识、技术体系和独特的生态文化景观，蕴含着丰富的生物、技术和文化内容，北京农业文化遗产的保护、传承和开发，是北京农业发展方式转变的重要抓手，对于乡村振兴具有重要的现实意义。传统农业“天人合一”的生态和谐发展理念，也必将为促进农业高质量发展和推进乡村振兴发挥重要作用。

北京的农业文化遗产资源潜力巨大，如皇家“贡品”农业文化、永定河流域沙地农业文化和生态沟域农业生产方式等。在 2015 年农业部发布的第三批中国重要农业文化遗产中，北京京西稻稻作文化系统、平谷四座楼麻核桃生产系统名列其中，这也是北京市首次入选重要农业文化遗产项目。按照农业部的要求，重要农业文化遗产在认定上有历史性、系统性、持续性、濒危性四个方面的标准。其中在历史性方面，参选项目所包含的物种、知识、技术、景观等在当地传承或使用应至少有 100 年。看非遗，品文化，将成为北京郊区农业与文化产业互动融合的一个发展方向。

京西稻稻作文化系统。京西稻的地理标志保护产地位于北京市海淀区，在三国曹魏时期就开始建渠种稻，至今已有 1700 多年的历史，品种和栽培技术的不断优化，尤其是在清朝时期，历经康熙、雍正、乾隆祖孙三代 130 多年的稻作经营，也就完成了京西稻南稻北栽的全部发展过程，并由此形成了独特的皇家“御稻米”稻作文化，即京西稻作文化。这种早熟的新稻米色微红、气香味腴，因为稻种产自康熙皇帝自种的御田，又是康熙皇帝亲自发现和选育出来的，所以人们称之为“御稻米”。《几暇格物编御稻米》记载了康熙皇帝亲自选育“御稻米”的农耕实践。京西稻属于优质粳米，米粒椭圆丰腴、晶莹透明，米饭富有油性、黏而不糯、软硬适中、清香有弹性，米粥颜色青绿、香气独特、口感黏滑有米油。20 世纪 80 年代，京西稻的种植面积曾达到 10 万亩。2000 年前后，由于水资源匮乏、城市扩建，京西稻种植面积每年锐减 1 万亩至 2 万亩，目前海淀区仅存 2000 亩。

为了传承和发扬京西稻文化，京西稻文化研究会近年来注重挖掘历史记忆，形成影像资料，做成档案，在此基础上完善京西稻各个历史时间段的珍贵资料，为新时代京西稻的产品做好基础工作。目前，为了把京西稻做成中国真正的“御稻米”概念，首先抓的是品质，恢复原有的种植方法中的精华部分，并结合现代科学融合形成新的“御稻米”生产体系，在京西稻的种植体系中分为古法种植区、循环农业种植区、稻鸭稻蟹稻鱼种植技术区三个部分。在京西稻产品市场开发方面，已经打造出与故宫合作的伴手礼，进行“皇家”谷稻销售。同时，推出文创产品、稻艺画等。这些产品都受到市民的欢迎，对京西稻的活化保护起到了积极作用。在注重京西稻活化开发方面，每年都举办京西稻插秧节、收割节、钓蟹等农耕体验活动，还做了稻田认养，吸引许多市民参与。

（四）农业博物馆（文化博览园）

如今，消费者对博物馆的体验化和互动化需求越来越高，同时在国家对非物质文化遗产事业日益重视的背景下，“非物质文化遗产博物馆”模式逐渐成为博物馆的新亮点。消费者不但能够了解历史，还能够通过非物质文化遗产的现场展示与体验学习到非物质文化遗产丰富的文化内涵，同时这些内容和形式还可以激发各类消费者对非物质文化遗产的热爱，并衍生出一系列文化产品。在北京郊区已经有农业 + 博物馆、农业 + 文化博览园等形式。

中国西瓜博物馆。北京大兴西瓜从元朝作为皇家贡品直到清末，元、明、清三朝相沿不断。西瓜文化的历史脉络延续不断。2004 年 5 月 28 日建成的国内外唯一的西瓜博物馆，正是以大兴西瓜节为媒介，传承着北京的西瓜历史文化。西瓜博物馆东西两个展厅展线全长 400 多米，以西瓜历史、西瓜种植、西瓜科技、西瓜文化、北京大兴西瓜节为主要的陈列版块，其中展出有西瓜起源、西瓜食用及药用价值、历代有关西瓜文化艺术作品、古代西瓜故事、瓜王擂台赛；还有科学种植成果、趣事、擂台瓜王品种的展示。构成了具科学性、专业性、知识性、文化性、趣味性的陈列特征。近年来，北京西瓜产业在都市型现代农业发展的大背景下，打造出“大兴西瓜”区域品牌，北京的西瓜文化建设与品牌建设相得益彰，极大地推动了产地特色产业的发展。

北京张堪农耕文化博览园。北京张堪农耕文化博览园位于顺义区前鲁鸭场，总占地100亩。其中，北区为张堪农耕文化区，南区为张堪农耕体验区。整个园区划分为四大版块，即农耕文化版块、农耕教育版块、农耕食宿版块、农耕商业版块，现已完成一期“张堪博物馆”建设。该博览园以张堪时期的汉代建筑为文化载体，演绎顺义的悠久历史文化和农耕文明。在承载、传承、弘扬张堪农耕文化的同时，叠加了影视、摄影、餐饮、住宿、休闲、教育等内容。

北京谷山村农耕文化园。北京谷山村农耕文化园是以“京西乡愁”为主要卖点，2017年9月正式运营以来，不到一年时间，接待游客20余万人次，营业收入300余万元。文化园将传统农业生产工具和加工方式进行重塑和还原，举办特色农耕文化节，打造出酱醋坊、豆腐坊、榨油坊等传统十二工坊和农耕文化博物馆。通过静态的观光展览与动态的参与体验，满足游客回味乡愁的精神诉求，丰富京郊乡村旅游的文化内涵。

（五）农业节庆

农业节庆活动是北京都市型现代农业推介的一种有效载体，其在各个区县异彩纷呈，平均每个区县有4—6个，基本上都是依托当地的优势资源和特色产业开展的。全市有一定影响的农业节庆活动约60多个，如怀柔依托板栗这一主导产业开发了栗花节；平谷依托大桃这一主导产业开发了桃花节；大兴开发了梨花节、桑葚文化节、西瓜文化节；昌平开发了苹果节、草莓节等；门头沟开发了京白梨采摘文化节；通州开发了葡萄节、金秋捉蟹节；密云开发了鱼王美食节、板栗文化节等。这些地域传统文化特色浓厚的节庆，都彰显着北京农业的品牌和文化价值，形成了以农业与文化融合为亮点的节会经济，实现了农业资源价值最大化。

北京农业嘉年华。北京市昌平区借助2012年成功举办第七届世界草莓大会的经验，之后每年一届，已连续举办了七届北京农业嘉年华。在第七届北京农业嘉年华，其中的“农耕印记”场馆是以“让农业文化遗产活起来”为主题，展示我国重要农业文化遗产，传承古老农耕智慧，弘扬中华优秀农耕文明。其中的“青田稻鱼共生系统”是以青田、鱼灯等为元素打造的微缩景观。作为我国第一个全球重要农业文化遗产，“青田稻鱼共生系统”充分利用立体空间，在水稻田中养鱼，稻谷在水面上生长，鱼在水下生长，两者互不干扰。一方面，鱼为水稻除草、除虫、翻松泥土，鱼的排泄物还可成为肥料；另一方面，水稻为鱼提供了良好的食物来源和庇护场所，形成了“稻鱼共生”的生态循环系统，不仅减少了对化肥农药的依赖，还保证了农田的生态平衡。在“河北宣化传统葡萄园”景观，串串晶莹剔透的牛奶葡萄营造出满城葡萄飘香的氛围。“农耕印记”馆相关负责人向游客介绍，宣化传统葡萄园已有1300余年的栽培历史，至今仍沿用传统的漏斗架栽培方式，这种架形具有光能集中、肥源集中、水源集中、抗风抗寒等特点。葡萄栽培于庭院中，与居民生活环境浑然一体，相得益彰，是城市之中独特的农业文化遗产。

“农耕印记”可以使人们充分认识农业文化遗产的价值，积极投身到保护农业文化遗产的行动中，不仅有助于打造生态宜居的乡村环境，还可以指导现代有机农业、生态农业、休闲农业、观光农业的发展，让农业文化遗产助力乡村振兴。

（六）花文化与花卉产业

花卉产业是集经济效益、社会效益、生态效益“三效合一”，劳动密集、资金密集、技术密集“三密合一”的绿色朝阳产业，发展花卉业是调整农业种植结构、打造都市型现代农业的战略选择，对乡村振兴、带动农民致富有着重要的战略意义。花卉产品不同于普通的农产品，本身具有文化内涵，因而花卉产业具备向文化产业转型的基础。将花文化注入产业，给花卉产品赋予文化内涵，将花卉科技与花文化交融，创造出新的产品形态、产业形态，极大地提高了花卉产品的文化含量和附加值。将花文化和花卉元素融入第三产业，将极大地带动旅游、休闲、观光产业的发展，引导花卉消费，繁荣花卉市场，延长花卉产业链，增加花卉附加值。

北京丰台区花乡不仅以“花”为名，而且花卉产业也是其主要品牌和名片。据史书记载，花乡的历史可追溯到两千年以前。从汉到隋唐，从辽金到元，从明清到今天，花乡的历史可说是流芳百世。元《春明梦余录》载“今右安门外西南，泉源涌出，为草桥河，接连丰台，为京师养花之所”，明《帝京景物略》中这样描写“都人卖花担，每辰千百，撒入都门”。清《鸿雪因缘图》曰“丰台为养花之所……培养花木四时不绝”。“前后十八村，泉甘土沃，养花最盛，故居民多以养花为业”。因为花乡地处永定河冲积扇中部，土壤肥沃，历史上就是京城著名的鲜花种植和销售基地，也是北京最著名的花木之乡。今天的花卉业已延伸到花卉租摆、绿化工程、观花旅游、花事会展、花卉饮食等相关领域，逐渐形成了花卉交易市场集群化、花卉生产企业集团化、花卉观光休闲品牌化的多元发展格局，成为花乡的知名品牌和特色产业。目前，花乡共有 5000 平方米以上的花卉市场 10 家，常年入驻的花卉经销商 1600 余家，花卉年交易额 50 亿元以上，占北京市花卉总交易额的 60% 以上。近年来，花乡的花卉生产规模逐年减小，但以花卉文化艺术和精神消费为主导的产业结构逐渐形成。目前花乡花卉文化主体是“世界花卉大观园”和“中国插花艺术博物馆”，以及世纪奥桥花卉园艺超市、奥运花卉配送中心、绿雕公园、历史文化园、遗址公园，还有周边形成的花卉市场群。

将花文化从文化角度上升为产业形态，将花卉产品赋予文化内涵，挖掘花卉的展示、观光、休闲、教育、比赛等功能，大力推广和弘扬花卉文化，北京花卉产业的发展前途无量。北京现在一年四季以花为主题的节庆接连不断，月季节、菊花节、牡丹节、郁金香节等，还有 2007 年在顺义举办的第七届中国花卉博览会、2019 年在延庆举办的世界园艺博览会，加快推动了北京花卉产业与文化创意、观光休闲的互动发展，拓展了花卉产品的精神文化功能，形成了独具特色的花卉产业带。

世界月季洲际大会。2016 年在大兴区举办的世界月季洲际大会成功举办就是一个典型案例。

（1）实现了以会兴业。月季大会的举办，加速了三次产业融合发展。通过统一规划，把魏善庄镇的土地集中成片统一进行流转，发展了 13 个以月季为主题，各具特色的产业园区，形成了景观观赏与产业发展为一体的新型发展模式。比如，昔日以种植、销售月季为主的纳波湾月季园，成功升级为集科普、示范、推广、国际交流和接待休闲旅游等多种功能于一体的国内一流、世界知名的月季文化中心；亿水阳光古老月季园以古老月季品种展示为特色，后续发展科普、推广等相关产业；爱情海玫瑰文化博览园发展为以爱情为主题的国内首个婚庆文化示范基地。目前，月季产业面积达5000亩，引进国内外月季新品种2300余种。同时，借助月季产业园区的连带优势，吸引泰迪低碳乐园等中高端休闲旅游品牌入驻，带动了特色旅游业发展。（2）实现了以会兴城。产业提升——2016世界月季洲际大会的目的在于为世界各国交流研究成果、展示新品种新技术、举办国和举办城市推介地区品牌及开展国际合作提供平台。本次大会涉及一产、二产、三产这三大产业的融合与提升，将月季的种植到加工到文化展示、旅游体验、国际商贸等融为一体，形成产业共生模型。月季起源于中国，距今已有2000多年的历史，是北京的市花，首都的绿色名片，2016年正值月季被评为市花30周年。本次建设了月季文化交流中心及月季博物馆，文物展品跨越千年，诉说着月季文化的魅力。其中坐落在月季主题园内的月季博物馆为全球首座以月季为主题的博物馆，园中有馆、馆中有园，文化之美与环境之美在大兴魏善庄得以完美融合。（3）实现了以会富民。办会的最终目的是促进农民增收和生活改善。冲积扇平原，土壤沙质化，种植玉米、花生、甘薯是农民的主要谋生手段，农民几乎是守在各自的田里靠天吃饭。通过土地流转，建设月季产业园区，农民不仅可以拿到土地流转的收益，月季园区也提供了大量的就业机会，农民经过培训，投入到新的工作岗位，成了“上班族”，由此获得了流转收益和工资的双重收入。据统计，通过从事月季产业，农民人均年收入增长2.5万元。发展花卉文化创意服务产业，积极推进花卉观光主题公园建设，打造郊区特色花卉旅游休闲业。

（七）农产品品牌与文化

随着社会经济的发展，消费者的精神文化需求正在不断上升，文化的力量正在被人们感知，文化的作用日益凸显。品牌的核心要素是文化，企业创建品牌时文化发挥不可替代的作用，品牌所蕴含的文化传统和价值取向是决定产品能否持久占领市场的关键。农产品品牌与文化的有机融合，可以增加农产品的文化内涵，有利于树立农产品的品牌形象，使其更容易为消费者所认同，产生更强的市场拉动力。（1）农产品的产品文化。这是依附于产品中的文化，农产品发展过程的文献和故事也属于农产品的产品文化。而关于种养殖技术的经验和文献也是农产品产品文化的范畴，例如大兴庞各庄御品西瓜的栽培技术，就是几百年来不断优化的经验总结。而几乎所有的农产品经过历史的洗礼，都有一整套的种养殖技术，有的靠当地老百姓代代相传，有的整理成文献资料以供传承，有的由当地的农业科研机构发扬光大。（2）农产品的历史文化。历史文化和产品文化不同的是，产品文化是和产品的起源、生产直接相关的人和事件，而历史文化不和农产品的生产直接相关。2015年发布的第三批中国重要农业文化遗产名录中的平谷区熊儿寨乡四座楼麻核桃生产系统，其主产地至今还保留着10多株300年到500年的麻核桃树，这也是我国现存树龄最老的麻核桃古树。当地现有四座楼、老闷尖、三道筋等优良文玩核桃品种。全乡麻核桃种植面积270亩，嫁接8000余株。一个农产品经历的时间越长，其历史文化就越丰富多彩，农产品的历史文化，不仅仅是产品本身的写照，更是人们生活方式的历史写照，是中国农业社会人们寓情于物，借物托情的精神文明生活的再现。

五、外省市及国外农业与文化产业融合发展案例

（一）外省市案例

1. 湖南隆平稻作公园

“稻”是民生之本，“作”是稻作文化，湖南省长沙县从2018年起开始打造隆平稻作公园。作为以袁隆平院士名字命名并得到袁隆平亲笔题名的稻作公园，是以水稻种业产业为特色，以科技创新为核心、稻作文化为支撑，集全世界水稻新技术、新品种展示、审定、登记、推广，国际会展、科普研学、特色民宿、文化体验于一体的具有国际视野、国际品牌的大型公益平台和田园综合体。国内16家顶尖农业科研院所和90家知名种业企业相继进驻，与园区建立了战略合作模式。

目前，稻作公园已举办和承接插秧技能竞赛、插秧文化艺术节等科普、研学活动40多场次，共接待学生、游客等3万人次。一三产业融合发展初具雏形，实现了项目初期的自我造血功能。如今，长沙县明月村全村4521亩基本农田已流转2732亩，按600斤稻谷/年计算，折合人民币约750元/亩，实现经济收入约80万元。村级闲置资产盘活，明月村村级物业年租金收入过50万元，来乡企业用地用房需求均可满足。明月村下一步还将成立村级集体股份合作社，进行折股量化，实现成员分红。全年带动当地200户农户就业，50户农户创业，实现年经济收入约300万元。

隆平稻作公园优势明显，“山、水、林、田、湖、草”生态元素具备，在乡村振兴背景下他们将深挖“隆平”的品牌价值，把稻作公园打造成国际种业成果展示博览园与交易中心，成为种业展示展销平台、种质资源交易平台。今后还将发展特色民宿，让农村变景区、稻田变公园、民居变民宿、农民变股东，发扬农耕文化，壮大农村集体经济，打开后期大型工商资本下乡进入农业领域的路径。

2. 山东夏津古桑树群

2018年4月，山东夏津古桑树群被联合国粮农组织评为全球重要农业文化遗产，这是山东省第一个全球重要农业文化遗产。夏津黄河故道古桑树群是山东地区桑蚕业悠久历史的佐证，也是中国蚕桑业发展的历史见证。它不仅历史悠久，而且规模庞大，最盛时期夏津境内有8万亩之多。历史记载“此间树木繁盛，援木攀行二十余里”，由于历史上古桑树群几经浩劫，现仅遗存古桑树6000多亩，百年以上古桑树2万余株。平原地区，保存如此完整的古树群落非常罕见。在夏津当地，著名的腾龙桑、卧龙桑等古树已有1000多年的栽培历史。夏津县已经连续举办了十三届的椹果生态文化节。每年五六月份，一颗颗椹果挂在枝头，吸引不少游客前来采摘品尝。立足生态优势，推进绿色发展，在保护中开发，夏津桑产业正加速挣脱“一粒果”的束缚。从桑黄、椹果酒、椹叶茶到药品、食品、饮品、保健品，多元化利用令桑产业从各个环节、不同产业融入了现代农业。与中国工程院签署战略合作协议，与西南大学、齐鲁工业大学等高校院所合作，推动“桑”的全

元素利用、全方位开发，进军大健康产业，打造完整产业链，开发出椹果酒、椹叶茶等近 30 类商品。经过二产加工增值，再通过三产的营销服务，产生了乘数效应，使小小桑葚身价倍增，桑葚种植户户均年增收 2 万多元。如今，依托全球重要农业文化遗产这个品牌，夏津县让 10 万农民参与其中，围绕葚果生态文化节，深挖农桑文明，以树为媒，以果传韵，以节招商，打造乡村振兴的夏津样板，全力做好一二三产融合发展，实现经济、社会、农业、文化、旅游的多重效益。

3. 内蒙古敖汉小米

据现有的考古发现与研究结果表明，内蒙古自治区敖汉旗是世界小米的重要起源地之一，是世界范围内种植和食用小米历史最悠久的地区，据考证敖汉旗的谷子种植已有八千多年的历史，这里的地理环境和气候特点适宜发展旱作农业，产出的小米口感好、营养成分高，在国内外享有很高的知名度。是当今中国县域种植小米面积最大的地区。2012 年 9 月，敖汉旗旱作农业系统被联合国粮农组织授予全球重要农业文化遗产；2014 年 10 月，中国粮食行业协会授予敖汉旗“中国小米之乡”荣誉称号。为打响农业文化遗产的品牌，做大做强小米产业，使之成为脱贫攻坚的强大引擎，自 2013 年起，敖汉旗农业部门持续开展了传统农家品种搜集与整理工作，保存濒临灭绝的传统农家品种 218 个，其中谷子品种 92 个。近年来，敖汉旗谷子产业正逐步向“龙头企业 + 合作社 + 基地（农户）”方向发展，初步形成以龙头企业为带动、合作社为补充的发展模式。目前，谷子种植面积由 2012 年的 40 万亩发展到 90 万亩，分别占全国和全区的 3.8% 和 17.3%。培育以谷子种植和加工为主的农民专业合作社 366 家、规模以上加工企业 22 家，年加工能力 40 万吨以上，辐射带动农户 2 万余户。销售网络覆盖全国二三线以上城市。全旗年均生产谷子 4.5 亿斤，产值超 10 亿元，农民人均纯收入增加 1000 元，小米产业正成为广大农民脱贫致富奔小康的强大引擎。同时，敖汉旗还不断延伸产业链条，打造绿色、有机、无公害小米精深加工品牌，推动以敖汉小米为主的优势特色农产品走进北京等大中城市的高端市场，使农民获得更多的收益。内蒙古自治区敖汉旗利用好了“全球重要农业文化遗产”这张世界级的品牌，依托生态和文化两大优势，做大做强敖汉小米特色产业，实现了经济、生态与文化的协调发展。

（二）国外案例

1. 荷兰

文化创意产业与农业融合走在最前端的当属荷兰。荷兰被称为“地理上的侏儒，经济上的巨人”，这个领土的四分之一位于海平面以下、人均耕地不足一亩的国家，尽管不具备农业发展的自然禀赋优势，却创造了农业经济的奇迹。正因为技术和文化创意等创新因素的融入，使得荷兰的创意农业世界领先。而将文化创意和高新技术融入农业生产中，成就了荷兰世界闻名的花卉业。荷兰的花卉产业，产业链完整，是典型的园艺型创意农业，主要体现在文化创意的融入赋予了传统农业以新的附加功能和产业属性。荷兰春季花田中，创意性地点缀风车、农庄等建筑，使农业不仅具有生产性，还附加了审美性，实现了生产、生活、生态的有机融合。荷兰各地在郁金香花开的季节都会举办郁金香节等农业节庆，节日活动多种多样，具备吃、玩、观赏、教育等多种功能。荷兰的库肯霍夫公园是著名的创意农业为特色的主题公园，也是世界上最大的郁金香主题公园，在郁金香的花期时节，除了可以欣赏公园的郁金香花海外，还会举办花展、栽培技艺示范以 及插花艺术展等活动。

荷兰通过大力发展“国花”郁金香文化和花卉创意产业，极大地影响世界花卉产业的发展，花卉文化内涵在世界范围内得到认可，带动并刺激花卉产业的良性发展。荷兰花卉文化对我们的启示：要注重花卉文化的传承和创意，打造标志性的花卉文化活动，要重视花卉文化和产业创意，增加国内外消费者广泛的参与性，扩大花卉文化的世界认同感，把花卉文化和传统文化、休闲观光、创意开发、主题公园、城市名片等多种文化形式和内涵有机结合，形成各产业附加值的叠加效应，产业发展空间将会得到大幅度提升。

2. 德国

德国文化创意产业与农业的融合，也体现在渗透融合、延伸融合和重组融合三方面。德国大力发展以市民农园和休闲农庄为代表的创意农业，将文化创意融入传统农业，产生了市民农园和休闲农庄之类的新型业态。市民农园由市民承租近郊农田，亲自耕种，回归自然，享受田园生活的乐趣。休闲农庄将农产品生产与休闲旅游、会议培训、科普教育等结合起来。休闲农庄多建在林区，森林资源本身具有防风、净化空气等环保功能，与旅游度假结合，增加了其经济功能，与科普教育结合，又附加了其社会生活功能。有代表性的比如德国慕尼黑的都市型创意农业“绿腰带项目”。“绿腰带”指的是联结慕尼黑城市和乡镇的没有建筑物的地带，“绿腰带项目”创造性地设计了一系列的包括干草方案、菜园方案、森林方案、骑马心理治疗项目等方案，这一系列的项目实现了环保、经 济、教育与市民精神生活品质提升的多赢。

3. 法国

法国的农业发展十分注重农业的生态功能，农场向大型化发展，实现了农作物规模化、专业化生产。一些葡萄园提供葡萄种植、葡萄采摘、葡萄酒酿造以及园区旅游等多种体验服务。城市里，渗透融合，融入创意，将瓜果蔬菜以及花卉的种植与城市景观设计结合起来，实现了传统农业的生产功能与现代农业的多样化功能的延伸融合。薰衣草种植是普罗旺斯地区的主导产业。通过花田景观、农业节庆等多种形式，普罗旺斯吸引着世界各地的游客前来旅游观光。薰衣草盛开呈现出花海的美景，各地举办的薰衣草节把各种薰衣草的特色 产品拿到集市售卖，并与当地特色文化有机结合，形成了极具地域特色的农业旅游业。

4. 美国

美国是世界上科技最发达的国家，美国的文化创意、技术向农业的渗透融合也极具代表性。主要体现在：美国地广人稀，具有发展农业生产的良好先天条件，美国也是世界上重要的农产品生产和出口大国。玉米是美国粮食作物中种植面积最大的一种，有适宜玉米种植的玉米生产带。美国人将文化创意融入玉米生产中，创造了玉米迷宫。玉米的种植按照预先设计好的迷宫地图展开，吸引大量游客前来参观游玩。另外，美国也会举行各种各样的诸如草莓节等的农业节庆，将农业与休闲观光、文化创意融合起来。

5. 日本

日本文化创意产业与农业的融合的一个典型是稻田艺术，这也是重组融合在日本文化创意产业与农业融合上的特色表现形式。农作物的种植按照预先设计的图案进行，通过播种上面的一些特殊处理，使农田在农作物生长的不同阶段呈现不同的景观，吸引了游客旅游观光的同时，也为农产品提供了销路。

日本的文化产业在带动农业转型升级和融合发展方面也取得了很大成效。如 20 世纪 70 年代末，日本为解决高速城市化背景下出现的农村人口过疏、乡村衰微对经济重创等问题，以振兴农村经济为目标的“一村一品”在日本各地兴起。“一村一品”是以培植乡村的特色产业、人文魅力和内生动力为着力点，强调对乡村资源的综合化、创新性和品牌化开发，对振兴发展日本乡村产生了深远影响，也彻底改变了日本乡村的产业结构和社会生态。乡村以培育品牌特色农产品为发展主线，在重新评估当地农、林、牧、渔等农产品价值基础上，通过加工改进和包装美化，在农产品的基本功能上增加其文化价值而获得高额经济效益。许多农特产品如大分县的香菇、柚子、温室橘子、丰后牛、麦烧酒等因此成为闻名全国、走向世界的名牌产品。经过 30 多年的发展，“一村一品”已经由发展初期的培育特色农产品活动发展成为与创意农业、休闲观光、体育娱乐及国际文化艺术交流活动相结合的文化创意产业，重塑了乡村经济，使村庄重获新生。

六、存在问题与对策建议

（一）存在问题

近年来，北京郊区农业与文化产业互动融合初见成效，但不能否认诸如文化内涵挖掘不够、文化产品雷同、经营管理粗放等问题不同程度地影响其健康可持续发展。

1. 农业与文化产业融合形式不完善

尽管北京郊区农业与文化产业互动融合各种形式不断涌现、新的需求不断升级，但是还处在很不完善阶段。首先，在区域发展总体规划中地位不明显，很难在资源和资金上获得更多的支持，这与消费者日益增长的文化休闲消费需求存在矛盾。其次，由于农村文化产业和服务的创新能力有限，而复制模仿成功模式的成本和风险低，造成同质化竞争严重，自生自灭的产品和项目比比皆是。第三，农业与文化产业融合发展的产品应该主要满足人们的生活方式的需求和精神满足。而目前却多是以特色餐饮、观光旅游和农产品销售为主要内容，产品类型和服务内容单一，缺乏文化内涵和创意设计，农村资源的开发和利用率低，产业发展与消费需求不能有效对接。

2. 农业文化遗产传承与保护力度不够

一些农业文化遗产，虽然在历史上发挥过巨大的作用，但是随着现代文明和科技的发展，已经处于濒危状态或者已经消失。如 2016 年北京市农业部门对 13 个区的农业文化遗产进行了全面普查，共识别出系统性农业文化遗产 50 项，要素类农业文化遗产 485 项，已消失的农业文化遗产 316 项。如何在保证地方经济持续健康发展的基础上对传统农业文化遗产进行有效的挖掘和保护，利用农业文化元素推动现代农业的产业化发展，实现传统农业文化世代相传和永续利用，是目前农业文化遗产传承面临的一大问题，有关政府部门应及时关注这些农业文化遗产巨大的历史价值与文化价值。

3. 各类农业节庆缺乏有效整合

目前举办的各类农业节庆影响力有限，仍然有较大的提升空间。一是市场化、专业化程度不足。各组织主体基本为区域政府及其职能部门，这意味着农事节庆运作的市场化、专业化程度不足，缺乏有效的市场导向。而各部门的联合承办会带来短期心态，缺乏长期的战略、效果发展规划。二是对农业文化元素挖掘不够，缺乏有效整合。目前农业节庆总体上呈现数量多、规模小、层次低、低水平重复举办的态势，缺乏对区域特殊农业文化元素的深度挖掘和品牌规划。

4. 农产品品牌文化内涵挖掘不够

农产品品牌创建过程中，对当地文化资源的挖掘和融入不够深入，围绕产品及品牌的核心价值进行文化创意开发少之又少，更多的农产品仅停留在物质层面的东西，缺乏物质产品与其精神文化内涵的融合。如何挖掘本地特色文化内涵，进行文化创意，塑造品牌内核，传播品牌形象，加快农产品品牌发展，需要我们认真加以思考。

5. 花卉产业还待挖掘潜力

北京郊区的花卉产业对地区的经济带动作用有限。目前，虽然有顺义鲜花港、花博会带动产业发展，但在培育文化消费新亮点、引导新兴消费方面动力不足，花卉产业的影响力和经济效益也远不及云南的花卉产业和荷兰的郁金香产业。

（二）对策建议

1. 通过四大驱动力促进农业和文化产业互动融合发展

从市场需求、市场供给、投资融资、人才创新四方面为农业与文化产业互动融合发展提供强大动力。要充分发挥市场机制作用，推动农业部门和文化部门的整合与合作。要充分挖掘产业融合的潜能，积极引导农业文化消费。首先，推动农业与文化需求一体化。文化消费是一种高层次消费形态，北京居民人均收入高于全国平均水平，具备消费升级的良好条件。积极创新农业文化产品的展示形式、营销形式和体验方式，满足大众日益增长的多样化的文化需求。其次，以文化创新推动产品的一体化。文化是农业与文化产业的灵魂，文化创新是两产业发展的根本动力。北京作为全国文化中心，文化创新对提升农业和文化产品的文化内涵，丰富产品形式具有重要意义。第三，要规划引领推进农业文化产业开发建设一体化。农业文化产业园区是资源、技术、市场、功能等在地理空间上的集聚，形成的具有农业与文化双重功能的区域，以农游来展示和发展文化，以文化来丰富农业的内涵，可以成为农业与文化产业一体化发展的良好载体。

2. 通过产业融合实现农业转型与升级

“产业兴旺”居于乡村振兴战略五大任务之首，乡村的发展必然要有兴旺发达的产业做支撑。农业与文化产业融合发展，以乡村田园风光、特色农产品、民俗风情、历史故事、农业遗产等资源作为发展要素，深入挖掘农业的非生产功能，以文化创意驱动乡村当地资源转化与产品增值。文化创意还可以向农业产业链的上游、中游、下游渗透与延伸，形成创意农业、观光农业、品牌农业、体验农业等新型业态，促进农村一二三产业融合发展，提升农业价值链的增值能力，实现传统农业向现代农业转型与升级，从而夯实乡村振兴战略的基础。

3. 让农业文化遗产成为乡村振兴发展新动能

农村文化资源是文化创意农业的发展根基，丰富的传统文化资源是农村文化创意产业得以持续发展的前提条件。尤其是农业文化遗产，它是祖先留下的珍贵财富，其丰富的内涵与外延、独特的禀赋和价值等与我国当下的实施乡村振兴战略紧密契合。挖掘农业文化遗产的价值，通过农业与文化产业融合发展，才能更好地拓展郊区农业功能和传承农业文化。农业文化遗产保护与传承对乡村振兴具有积极作用，农业文化遗产的保护利用可以促进遗产地经济发展。北京市已对农业文化遗产资源进行普查，还将编制《北京市农业文化遗产保护与发展规划》。农业文化遗产发掘与保护对于北京农业转型升级、乡村振兴意义重大。全面普查农业文化遗产资源，将有助于科学建立北京市重要农业文化遗产认定体系，有效促进北京农业发展方式转型和“三产”融合发展。下一步要引导农民把农业文化遗产作为丰富的农业历史文化资源和景观资源开发利用，带动遗产地农民就业增收，实现在发掘中保护，在利用中传承。让农业文化遗产焕发新活力，助力乡村振兴。

4. 打造品牌化农业节庆

农业节庆是农业与文化产业融合发展的一种有效形式，但很多农业节庆因为存在雷同现象，所以部分农业节庆的效果并不理想。举办农业节庆应注重地域文化及地方特色，增加历史内涵，同一个季节、同一类品种可以整合资源，共同举办农业节庆来扩大品牌的影响力，促进品牌农产品的销售。

5. 做大做强花卉产业

花卉产业是具有巨大市场需求的新兴产业，花卉产业具有劳动密集、资金密集和技术密集“三密合一”的特点，又是集经济效益、社会效益和生态效益“三效合一”的绿色朝阳产业。花卉产业单位土地面积产出大、产品的附加值高，是适宜在城市中发展的现代农业，符合北京的首都功能定位。而且，花卉产业价值链长，除去花卉种植环节外，花卉技术研发、种苗生产、租摆、拍卖、创意服务等多环节蕴藏了巨额商业价值，是具有巨大发展前景的朝阳产业。更重要的是花卉蕴含的丰富文化内涵，为促进花文化及产业发展，必须做好品牌花卉产品的培育、休闲养生、花卉美食、花卉美容美体、花文化节庆、花文化博物馆等方面的文章。以花文化引导花卉消费，就要推动花卉产业与文化创意产业相融合，以花木基地为载体，打造花卉艺术主题公园或主题景区，开发花卉观赏、游憩休闲、文化体验产业，并形成花卉文化创意和花卉旅游商品设计、加工、销售等花文化产业链。要注重花卉文化的传承和创意，重视花卉文化和产业创意，增加民众广泛的参与性，扩大花卉文化的世界认同感，把花卉文化和传统文化、农业发展、休闲观光、创意开发、主题公园等多种文化形式和内涵有机结合，同时开发花卉的药用、食用价值，再结合当地的人文生态，做成健康康养主题的花卉休闲农庄、花卉主题餐厅、花卉主题商店等，实现产业效益。力争把北京花卉产业做大做强，发展成为全球花卉文化创意、生产消费和出口的产业基地。

七、农产品品牌创建要凸显文化底蕴

文化是品牌的根基，品牌文化是品牌的灵魂，未来的农产品竞争是品牌的竞争，更是品牌文化的竞争。文化在农产品品牌构建中具有多种价值。一是增加认同。随着农产品同质化程度的提高，在价格、渠道上也很难通过差异化来获取竞争优势，文化则能通过赋予品牌一定的文化内涵形成消费者的认同，有助于品牌忠诚的实现。二是增强内涵。在创建品牌农产品时，通过文化的注入增强其内涵，给人们提供回味与感受的机会与空间。三是要对农产品进行准确定位，打造富有文化气息和特色的农产品品牌。要强化品牌形象，突出品牌个性，结合当地的地域特色和良好的绿色生态环境，彰显农产品所拥有的悠久历史文化和人文色彩，营造浓郁的文化氛围，缩减产品与消费者之间的距离，使消费者在享用农产品的同时，体验到农产品品牌文化所蕴含的历史和人文气息。

品牌的实质主要是一种承诺，消费者通过品牌获取对产品与企业的信赖，而文化则主要使消费者获得了认同，在情感上易于对产品的接受。农产品品牌建立从文化中既能够提升产品的竞争力又能够提高产品价值，带来的是综合收益。此外要加大农业农村中文化产业的投入力度，在发展现代农业的同时，有目的地集中向农业文化产业倾斜，整合农业生产、生活资源，把农产品品牌发展与餐饮文化、休闲文化、农耕文化融合起来，打造出全新的农业品牌。同时，鼓励有条件的农业文化龙头企业进行现代企业制度改革，做大做强自身，增强辐射力，带动一方经济发展。

课题负责人：曹四发
课 题 组 长：杜力军
课题组成员：刘树、谷莘、郑玲俐、吴新生
执　笔　人：刘树、谷莘、郑玲俐、吴新生

生态涵养区乡村产业融合发展研究

绪论

北京生态涵养区，包括门头沟区、平谷区、怀柔区、密云区、延庆区以及昌平区和房山区的山区部分。它是首都重要的生态屏障和水源保护地，是城市的“大氧吧”和“后花园”，是保障首都可持续发展的关键区域，其地位和作用极为重要。该区域包括13个街道、63个镇、9个乡、1417个行政村，几乎囊括了北京市最主要的山区、水源地、生态林地、基本农田及耕地等核心生态要素，是全市人口密度和建设强度相对较低的区域，同时也是山水林田湖草等生态要素高度集中和敏感区域。2019年常住人口约占全市常住人口9%；地区生产总值约824亿元，约占全市生产总值的3%。优质的资源禀赋与相对薄弱的发展建设基础成为生态涵养区鲜明特征。“要按照城乡一体化方向，坚持乡村观光休闲旅游与美丽乡村建设、都市型现代农业融合的发展思路”“将乡村旅游培育成为北京郊区的支柱产业和惠及全市人民的现代服务业，将乡村地区建设成为提高市民幸福指数的首选休闲农业度假区域”（《北京城市总体规划（2016—2035年）》）。因此，对生态涵养区进行产业融合发展研究具有重要的实践意义。

另一方面，绿水青山就是金山银山。长期以来，北京坚持生态保护、聚焦绿色发展，探索生态涵养区特色产业发展，在一定程度上实现了农业绿色发展水平明显提升、农村新产业新业态蓬勃发展、乡村文化特色更加突出、产业融合路径不断创新。因此，提炼总结北京生态涵养区实现生态强区、生态富民的新理念新方式，对于建设宜居宜业宜游的生态发展示范区，推动城乡融合，促进京津冀协同发展也有着重要的现实意义。

一、北京生态涵养区的功能定位与发展现状

（一）功能定位

《北京城市总体规划（2016—2035年）》（以下简称“新总规”）确定了“一核一主一副、两轴多点一区”的城市空间结构。其中“一区”即指“生态涵养区”，包括门头沟区、平谷区、怀柔区、密云区、延庆区，以及昌平区和房山区的山区部分，总面积11259.3平方公里，占全市总面积的68%。这一区域承载着厚重的历史文化和美丽的绿水青山，是首都重要的生态屏障和水源保护地，是保障首都可持续发展的关键区域。截至2017年年末，

整个生态涵养区的常住人口为266.4万人，占全市常住人口的12.3%。

新总规对生态涵养区的定位是：首都重要的生态屏障和水源保护地，也是城乡一体化发展的敏感区域，应将保障首都生态安全作为主要任务，坚持绿色发展，建设宜居宜业宜游的生态发展示范区、展现北京历史文化和美丽自然山水的典范区。

北京市委市政府2018年10月20日印发的《关于推动生态涵养区生态保护和绿色发展的实施意见》（以下简称《实施意见》）中明确将“保障首都生态安全”作为生态涵养区的主要任务，提出“四个坚持”，即坚持加强保护不断扩大生态环境容量和提高生态环境质量，坚持绿色发展不断增强内生发展动力，坚持服务民生不断缩小基础设施建设水平和公共服务能力差距，坚持改革引领不断完善制度保障体系，统筹实施“两山三库五河”生态保护，系统推进“一城两带多园”绿色发展，走出一条特色化、品牌化、差异化的高质量发展之路。对于生态涵养区的发展目标，《实施意见》则在新总规的基础上做了细微的调整，确定为“三个区”——展现北京美丽自然山水和历史文化的典范区、生态文明建设的引领区、宜居宜业宜游的绿色发展示范区。

良好的生态环境是北京可持续发展的后劲所在，也是建设国际一流的和谐宜居之都的基础。北京市生态涵养区作为首都重要的生态屏障和水源保护地，城市的“大氧吧”和“后花园”，在北京城市空间布局中绝不是“垫底”，而是处于“压轴”的位置。生态涵养区不是不要发展，而是要更好、更高水平、更可持续发展。

表1　生态涵养区各区的功能定位和发展的重点产业

区域	新总规功能定位	实施意见提出的主导功能和产业	各区分区规划提出的重点产业
门头沟区	首都西部重点生态保育及区域生态治理协作区；首都西部综合服务区；京西特色历史文化旅游休闲区。	深入挖掘整合历史村落资源，提升京西古道品牌，发展文化旅游康养和户外运动产业。	加快形成以文旅体验、医药健康和科创智能产业为主导方向的绿色创新产业体系。
平谷区	首都东部重点生态保育及区域生态治理协作区；服务首都的综合性物流口岸；特色休闲及绿色经济创新发展示范区。	以筹办2020年世界休闲大会为契机，发展特色休闲旅游产业。	持续疏解不符合生态涵养区要求的功能。发展全域特色休闲旅游，加快休闲旅游产业提质升级，发展农业科技创新产业，发展绿色智慧物流产业。主动承接中心城区转移的优质资源和产业。
怀柔区	首都北部重点生态保育及区域生态治理协作区；服务国家对外交往的生态发展示范区；绿色创新引领的高端科技文化发展区。	以怀柔科学城、雁栖湖国际会都建设为契机，发展绿色创新引领的高端科技文化产业。	高标准规划建设怀柔科学城、雁栖湖国际会都和中国（怀柔）影视产业示范区。以科技服务业为引领，重点培育新材料、医药健康、智能装备、人工智能等高精尖产业。坚决退出一般性制造业。
密云区	首都最重要的水源保护地及区域生态治理协作区；国家生态文明先行示范区；特色文化旅游休闲及创新发展示范区。	将保水作为首要责任，协同做好怀柔科学城建设，特色农业与旅游休闲产业融合发展	一产以特色农业种植为主导。二产以智能装备、医药健康、节能环保为主导。三产以休闲旅游、科技研发、信息技术、绿色金融为主导。

续表

区域	新总规功能定位	实施意见提出的主导功能和产业	各区分区规划提出的重点产业
延庆区	首都西北部重要生态保育及区域生态治理协作区；生态文明示范区；国际文化体育旅游休闲名区；京西北科技创新特色发展区。	以筹办2019年北京世园会、2022年北京冬奥会为契机，发展冰雪运动和园艺产业	加快疏解一般制造业。在冰雪体育、现代园艺、旅游休闲与文化创意、科技创新领域集中发力。大力发展文化旅游主导产业，重点培育和扶持现代园艺、冰雪体育、新能源节能环保、无人机绿色高精尖产业。
房山区（山区）	按照生态涵养区的总体要求，着力建设首都西北、西南部生态屏障，构建较高品质的特色历史文化旅游和生态休闲区。	统筹历史文化和地质遗迹资源，发展国际旅游休闲产业	以现代交通＋新材料为主导产业，以智能装备＋医药健康和金融科技为培育重点的2+2+1战略新兴产业体系；文创、旅游、会展等消费型服务业；现代农业。
昌平区（山区）		统筹历史文化和生态农业资源，发展文化旅游和生态休闲产业	坚决退出不符合首都功能定位的一般制造业。积极承接中心城区疏解的适宜产业。聚焦发展医药健康、节能环保产业，积极培育智能装备、新材料产业和科技服务业。

2005年北京实行城市功能分区以来，特别是党的十八大以来，生态涵养区各区按照首都城市功能定位要求，不断加强生态环境保护与建设的力度，注重自然资源的合理开发与利用，调整和优化产业结构，在生态保护和绿色发展方面取得良好成效。

（二）现状特点

1. 坚持生态立区，生态环境品质明显提升

一是牢固树立尊重自然、顺应自然、保护自然的基本理念，使生态文明理念成为全社会的核心价值观，形成保护生态环境就是保护生产力、改善生态环境就是发展生产力的共识。

二是环境质量持续改善。通过持续实施百万亩造林绿化、京津风沙源治理、永定河综合治理和生态修复等重点工程，推进河长制等具体举措，全面落实清洁空气行动计划，2017年生态涵养区$PM_{2.5}$年均浓度多数处于50微克/立方米上下，低于全市平均水平；森林覆盖率达到53.25%，比全市高10.25个百分点；人均公园绿地面积25.9平方米，比全市高60%。

门头沟区在近年来实施京津风沙源治理、矿山修复的基础上，2018年、2019年分别完成造林4.62万亩、4.15万亩，留白增绿14.61公顷、21.02公顷。森林覆盖率、林木绿化率分别达到47.8%和71.2%，被生态环境部命名为“绿水青山就是金山银山”实践创新基地，洪水口村获评“国家森林乡村创建工作样板村”。

2019年密云区$PM_{2.5}$累计年平均浓度为34微克/立方米，同比下降26.1%。密云水库、白河、潮河断面水质始终保持在国家地表水二类水体标准以上，被生态环境部授予“国家生态文明建设示范区”。平谷是北京首个森林城市，森林覆盖率达67.2%，林地面积达85万亩。

延庆地区在世园会举办期间，$PM_{2.5}$平均浓度下降31.8%，低于全市平均水平6.9微克。全域森林覆盖率达到60.34%，森林面积占全市的23%，林木绿化率达到72.53%，人均公

园绿地面积达到46.13平方米，初步形成“城在园中、园绕城区、城景交融”的园林美景，堪称“一城山水半城园”。延庆区被命名为全国第二批“两山”理论实践创新基地；国家卫生城区、首批国家全域旅游示范区、国家森林城市、全国第二批水生态文明城市等荣誉称号。其他生态涵养区在全区万元GDP能耗下降率、$PM_{2.5}$平均浓度、污水处理率、绿化覆盖率、人均绿地面积等指标上都取得积极成效。

2. 建设美丽宜居乡村，农村人居环境持续提升

生态涵养区将农村人居环境整治作为实施乡村振兴战略，推进美丽乡村建设的重点，聚焦垃圾清理、乱堆乱放、私搭乱建、公厕使用等突出问题，建立机制，加大资金投入力度，多措并举，乡村环境得到持续净化、美化。通过统筹推进美丽乡村建设，全面补齐基础设施和公共服务短板，为绿色产业发展提供了良好的发展环境。

一是围绕“清脏、治乱、增绿、控污”，深入实施村庄清洁行动。动员群众投工投劳，广泛发放各类宣传资料，清理农村生活垃圾，清理村域沟渠，清理农业生产废弃物，拆除私搭乱建，清理乱堆乱放乱贴乱挂，治理污水溢流点。房山采取区领导拉练调度、工作转办督查指导、领导班子包乡镇指导等方式，协调推进农村环境整治工作。同时制定农村人居环境考核验收奖励办法，激发了广大干部群众的积极性。门头沟区以“七边三化四美”为着力点，整合“六城联创”资源，开展“清洁村庄”系列专项行动，打造“门头沟热心人”志愿品牌，引导党员干部及镇村群众参与村庄清洁行动，累计整改问题13000余处。在2019年全市人居环境核查验收中排名第一，并荣获2019年全国村庄清洁行动先进县。生态涵养区生活垃圾得到处理，开展垃圾分类示范村建设工作，涌现出门头沟区王平镇、怀柔区桥梓镇等一批生活垃圾分类示范典型。

二是建设美丽宜居乡村，补齐基础设施和公共服务设施短板。全面落实北京市城市总体规划确定的三大功能定位，统筹农业生产、农村生活、生态旅游，补足农村地区公共服务设施、市政基础设施等。在道路硬化、污水处理、垃圾清理、厕所改造等方面改善显著。2018年以来，全市街坊路硬化面积保有量1亿平方米以上，“村村通公交”全面实现村民出行更加便利。深入推进农村“厕所革命”、污水治理、生活垃圾治理。全市累计改造农村公厕1300余座，累计完成户厕改造13.3万户，无害化卫生户厕覆盖率达到97.6%。采取“城带村”“镇带村”“联村”“单独建设”等模式，解决农村污水处理设施。全市农村生活污水得到收集处理的村庄达到1506个，污水处理设施覆盖率达到41%，农村生活污水处理率达到60%以上。积极推进村庄文化、卫生、便民、养老等公共服务设施建设，提升农村公共服务水平。制定美丽乡村基础设施长效管护办法和奖惩激励机制，探索有制度、有标准、有队伍、有经费、有督查的“五有”机制，确保做到设施运行常态化，配套管理长效化，为推进美丽乡村建设提供坚实的制度保障。

三是乡村两级村庄规划全面铺开，美丽乡村前景可期。2020年北京市规划和自然资源委员会研究制定了《北京市乡镇国土空间规划编制导则（试行）》，综合乡镇发展、土地利用、村庄布局等内容形成乡镇级总体规划，是建立健全城乡一体的空间规划制度的重要支撑。村庄规划编制与乡镇域空间规划逐步实现有效衔接。在区级层面，《平谷区美丽乡

村有机规划导则》成为全市“乡村规划范本”，已完成257个美丽乡村规划编制工作。怀柔区突出特色编好村庄规划，集中连线打造“百村示范”工程，已完成2018年95个美丽乡村村庄规划和建设方案编制审批，启动151个村村庄编制工作。门头沟区坚持六不变原则，在全市率先完成美丽乡村村庄规划编制。昌平统筹考虑生产、生活、生态，完成全区217个村庄规划编制工作。生态涵养区借助农村人居环境整治专项行动，美丽乡村建设实现新突破。

3. 实行生态保护，推行绿色发展

一是严格产业准入标准，全面推行绿色生产方式。设置万元产值水耗、万元产值污水排放量、万元产值化学需氧量排放量等指标准入门槛，严禁新增一般制造业，严禁新增高端制造业的一般生产环节，严禁新增高耗能、高耗水、高污染项目。

二是加快推进产业结构调整和转型升级。在“疏”字上持续用力，加快淘汰落后产能。淘汰能耗较高、污染较大的行业。推动农村产业转型升级，大力发展民宿产业、精品农业和生态旅游产业。2017年，北京市生态涵养区的三大产业比例为3.9∶43.2∶52.9，第三产业的主导地位正在形成，支撑作用持续加强。“农业＋旅游”“农业＋教育”“生态＋科学”“生态＋高精尖产业”“生态＋精品高端农业”等新业态也为乡村发展注入新动能。

（三）面临问题

1. 生态环境依然脆弱

以房山区为例，房山全区轻度以上水土流失面积有600多平方公里，其中强度、极强度和剧烈水土流失面积仍然占20%以上，需要治理的废弃矿山和沙化土地面积还不小，过去挖煤开矿留下的潜在地灾隐患一直存在，局部自然灾害生态奉献防范压力较大。平谷区为解决首都应急供水水源，自2004年开始，累计供水15年11.05亿立方米，由于运行时间和供水量均超过开采量的设计要求，致使入境水量大幅减少，地表水源剧减，地下水补给资源减少，对全区地下水和生态水量产生较大影响。“五河”之一的泃河干流及其支流普遍断流，现状河道全部为再生水，生态用水没有来源，河流生态流量得不到保障，生态功能减退，城区及西南部已出现一定程度的地面沉降。

2. 经济发展相对落后

由于地理位置、自然条件以及投入不足等因素，生态涵养区基础设施建设水平明显低于其他功能区，加之农民教育和职业培训事业滞后，就业转换难度大，导致生态涵养区的城镇化进展缓慢，成了全市经济发展的落后地区。从人均GDP、地方财政收入以及农民人均收入来看，生态涵养区与其他功能区相比差距明显。特别是深山区农民是北京市主要的低收入群体。因此，在推进农业农村现代化进程中，生态涵养区是重要的难点和短板。

3. 产业发展不足，转型任务艰巨

一是产业支撑力度不够。在全市上市的310家公司中，生态涵养区仅有9家。生态涵养区大多数村庄没有支柱产业，没有产业支撑，资不抵债的村、空壳村还占一定的比重。不少村村集体经济相对薄弱，产业融合发展程度较低。绿水青山向金山银山转化路径不够宽，生态优势还未真正转化为生态富民。

二是产业吸附和带动农民就业增收的能力不强。由于生态涵养区产业发展受到诸多限制，为保护生态环境、涵养水源，一些低端低效的劳动密集型产业被疏解腾退，替代产业正处于培育期且未形成支撑作用，农村产业发展要素缺乏，农民就业机会少。

三是农业产业链条短，品牌影响弱，科技含量低。2018 年度“北京农业好品牌”系列推广的 40 个特色品牌中，生态涵养区仅占 11 个；北京市 33 家知名农业品牌企业，生态涵养区仅占 4 个。生态涵养区产业结构局限于粮食作物、水果、蔬菜等传统农业。在产业业态上，创意农业、文化农业、休闲观光农业、科技农业等前景广阔的业态偏少、偏小，产业横向空间拓展不够多元。生态涵养区内产业质量提升缓慢，各类生态资源和旅游文化资源尚未有效转化为产业发展优势。

四是产业转型面临挑战。当前，“旧产业离京”与“新产业离村”共存。随着“疏整促”“大棚房”整治以及新版国土空间规划的推进，北京市产业结构进入了转型调整期，传统物流业、生产加工业、制造业、仓储业等陆续疏解腾退出京；受生态保护、耕地保护、疏解腾退养殖等政策的影响，农业产值下行压力较大，农业结构调整任务艰巨，一些传统农业经济业态调整退出后，农村内部尚未形成新的主导产业发展模式。新兴业态如创意农业、文化农业、休闲观光农业、科技农业等小众化、前景广阔的业态偏少、偏小，产业横向空间拓展不够多元。在供需关系不断发生动态变化的市场经济下，乡村缺乏有效的市场定位和资源分析，产业和产品在区域中的地域性和不可替代性尚未成形，乡村属地产业链尚未形成。

另外，生态涵养区在产业发展中，还面临着成本的挑战。以北京延庆农业产业发展为例，延庆发展现代都市型农业，与河北规模化、集中化发展不同，延庆的农业投入相对大、工人工资高。例如，河北、内蒙古等地一天的人工工资约五六十元，延庆达到 100 多元。同时，土地流转金也较高，河北、内蒙古一些地区为 200—400 元一亩，而延庆达到了 1000 元每亩。除此之外，产业用地政策实施难度大。当前，市级对“点状供地”有政策依据。但在点状供地项目评估方面，缺乏明确的政策要求。在实施中，存在新增“点状供地”与市场需求、外部配套设施缺乏统筹协调，落地实施难的问题。

4. 多元化生态补偿机制尚未建立

一是生态补偿方式单一。当前北京市生态涵养区的生态补偿仍是以政府公共财政支付为主导的“单一输血型”补偿方式为主，主要就是以公共财政资源进行生态补助，还未形成有效利用市场机制的生态补偿方式。二是补偿定价机制“一刀切”。现行的生态补偿制度更多考虑的是“养山就业”，主要是按面积和人头计算山区生态林补偿，没有考虑到生态公益林实际提供的生态服务价值差异。生态补偿尚未与森林经营质量和生态效益挂钩，难以体现出生态补偿的真正目的。三是补偿标准偏低。2004 年北京市开始逐步对生态公益林进行生态补偿。2010 年北京市建立山区生态公益林生态效益促进发展机制，补偿标准为 400 元 / 人。2016 年，为落实国务院办公厅印发的《关于健全生态保护补偿机制的意见》，北京市山区生态公益林生态效益促进发展资金由每年 600 元 /hm^2 提高到 1050 元 /hm^2。

（四）发展机遇

1. 自然人文资源丰富

生态涵养区历史悠久，文化底蕴深厚，长城文化、满乡文化、佛教文化、红色革命文化等，有丰富的自然和人文生态资源，挖掘古都历史文化，打造不同区域的特色，形成了不同的主题和产品业态。

2. 市场需求旺盛

在产业融合中，特别是"农业 + 旅游"层面，北京有庞大的城市人口，度假需求非常旺盛，郊区旅游也会越来越有吸引力。特别是这次疫情过后，公众对亲近自然、体验农事和乡村韵味的需求被进一步激发出来，市场潜力很大。另外，首都北京聚集了各种资源要素，汇聚了全国顶尖的各类人才资源，具备前瞻性的发展理念，成为北京生态涵养区得天独厚的发展优势。

3. 重大活动带动

近年来，一批国家、市级重大项目落户生态涵养区，形成了良好的聚合效应，为产业转型和融合发展提供了强大的动力。世园会、冬奥会各项竞赛、活动组织和服务保障工作的全面推进，带动延庆区域交通市政等基础设施全面升级；怀柔综合性国家中心建设，为地区传统产业向研发、服务环节注入强大的推动力；雁栖湖国际会都周边示范区软硬件环境持续优化，服务品质不断提升，综合拉动周边会展服务和高端旅游等绿色产业加速发展。

4. 政策扶持和激励

2018 年 9 月 26 日，中共中央、国务院印发《乡村振兴战略规划（2018 — 2022 年）》，提出了"发掘农业农村新功能新价值，培育农业农村新产业新业态，打造农村产业融合发展新载体新模式，发展壮大乡村产业"。2020 年中央一号文件围绕"打赢脱贫攻坚战"，提出了乡村产业用地难的破解办法和发展乡村富民产业的关键举措，提出"在符合国土空间规划前提下，通过村庄整治、土地整理等方式节余的农村集体建设用地优先用于发展乡村产业项目"。新编县乡级国土空间规划应安排不少于 10% 的建设用地指标，重点保障乡村产业发展用地。省级制订土地利用年度计划时，应安排至少 5% 新增建设用地指标保障乡村重点产业和项目用地。

农业农村部《2020 年乡村产业工作要点》提出 2020 年乡村产业工作要取得"三个进展"，即"在延伸产业链上取得新进展，在促进融合发展上取得新进展，在拓展农业功能上取得新进展"，并提出"积极发展乡村休闲旅游"。

北京市大力发展休闲农业。2020 年 4 月 30 日，印发《北京市休闲农业"十百千万"畅游行动实施意见》，旨在打造十余条休闲农业精品线路、创建百余个美丽休闲乡村、提升千余个休闲农业园、改造近万家民俗接待户，推动全市休闲农业走一二三产融合的高质量发展之路。

因此，生态涵养区要牢固树立绿水青山就是金山银山的理念，保持战略定力，抑制开发冲动，心无旁骛抓生态保护和绿色发展，要进一步形成"两山"理论的生动实践，实现首都生态环境质量持续改善。生态涵养区要发挥生态优势，打通绿水青山向金山银山的转化通道。

二、生态涵养区产业融合发展的原则和实施路径

（一）基本原则

1. 生态优先。要把守护好绿水青山作为第一要务，头等大事。“像保护眼睛一样保护生态环境”“像珍惜生命一样珍惜生态自然”。推动山区生态产业可持续发展，要坚持生态优先、绿色发展。

2. 严守底线。产业发展，要符合生态涵养区战略定位，以科学规划为先导，按照分区规划和控制详细规划，严守生态保护红线，严守环境质量底线，严守资源利用上线，严控房地产开发建设，严禁不符合主体功能定位的各类开发活动，确保生态空间和环境质量。

3. 强化地域识别和特色目标。以“突出重点、攻克难点、打造亮点，整体推进”为目标；以强基础、壮产业、提素质、创机制为着力点，集聚资源要素，做强生态涵养区地域识别产品和特色产业，实现生态富民。

4. 发展壮大集体经济。创新机制、盘活资源资产，拓宽发展路径，建立利益联结机制，发展壮大村级集体经济，引领乡村振兴。同时，集体经济发展壮大，增强了基层党组织的战斗力、凝聚力、公信力，提高党建引领村级治理效能。

（二）发展方向

《北京城市总体规划（2016—2035 年）》明确提出，要按照城乡发展一体化，坚持乡村观光休闲旅游与美丽乡村建设、都市型现代农业融合发展的思路，推动乡村观光休闲旅游向特色化、专业化、规范化转型，将乡村旅游培育成为北京郊区的支柱产业和惠及全市人民的现代服务业，将乡村地区建设成为提高市民幸福指数的首选休闲度假区域。

1. 坚持产业绿色发展方向。生态涵养区是首都重要的生态屏障和水源保护地，在北京城市空间布局中处于压轴的位置，地位和作用极为重要。中共北京市委、北京市人民政府印发《关于推动生态涵养区生态保护和绿色发展的实施意见》明确提出，要坚持加强保护不断扩大生态环境容量和提高生态环境质量，坚持绿色发展不断增强内生发展动力，坚持服务民生不断缩小基础设施建设水平和公共服务能力差距，坚持改革引领不断完善制度保障体系，统筹实施“两山三库五河”生态保护，系统推进“一城两带多园”绿色发展，走出一条特色化、品牌化、差异化的高质量发展之路，着力将生态涵养区建设成为展现北京美丽自然山水和历史文化的典范区、生态文明建设的引领区、宜居宜业宜游的绿色发展示范区。生态涵养区绿色发展，以效率、和谐、持续为目标，以绿色经济为核心，以绿色惠民为价值取向。

2. 持续推进第一产业特色化、有机化、精品化。生态涵养发展区的浅山、丘陵及平原地区，农业资源丰富。历史上已形成了地域特色的优质农产品，如怀柔板栗、平谷大桃、昌平苹果等。为充分发挥自然与科技资源优势，适应首都及国外市场需求，生态涵养区的农业要向特色化、有机化、精品化方向发展。挖掘引进地域特色产品，推行有机栽培、加大有机产品认证、提升产品品质与档次。近年来，生态涵养区一些农村探索发展林下经

济，已形成林菌、林药、林花、林禽等多种模式，显示出了良好的发展前景。这些年林地面积增加较快，应进一步加快发展林下经济。

3. 着力第三产业生态化、多样化、融合化。要以保护生态为前提，根据不同需求开发多样化的服务产品。重点发展休闲旅游业。发展不同类型、不同档次、不同特色，具有观赏、品尝、体验、休闲、度假、教育、会议等多种功能的休闲旅游。要大力推进休闲旅游。“三个文化带”串联起首都生态涵养区，以满足广大市民、游客生态休闲游的需求。要积极推进乡村民宿，助力乡村发展。

要发挥生态涵养区生态优势，走绿色发展之路。广阔的京郊山水资源丰富、生态环境良好，又背靠北京城巨大消费市场，这是生态涵养区发展的优势和潜力所在。要统筹好山水林田湖草，积极发展特色农业和林下经济。用好生态涵养区历史遗迹和传统村落这笔宝贵财富，发展乡村旅游和精品民宿，打造一批精品旅游线路，吸引更多市民到山区旅游消费。

（三）发展目标

乡村生态产品与价值转化是产业融合的前提与基础。生态产品价值实现的过程，就是将生态产品所蕴含的内在价值转化为经济效益、社会效益和生态效益的过程。作为维系生态安全、保障生态调节功能、提供良好人居环境的自然要素，生态产品具有典型的公共物品特征，其价值实现的路径主要有市场路径、政府路径和混合路径三种。从国内外已有的实践来看，生态产品价值实现的主要做法包括：一是生态资源指标及产权交易，即以自然资源产权交易和政府管控下的指标限额交易为核心。二是生态修复及价值提升。三是生态产业化经营，即将生态产品的价值附着于农产品、工业品、服务产品的价值中，并转化为可以直接市场交易的商品。四是生态补偿，是按照“谁受益、谁补偿，谁保护、谁受偿”的原则，由各级政府或生态受益方以资金补偿的方式。对照北京生态涵养区，生态产品转化为价值的实现方式主要是后面三种形式，尤其以第三种形式为主要选择。

（四）发展路径

唐卫峻、陈宏民在其所著的《农村产业融合发展与产权交易创新》一书中指出，农村产业融合发展在路径选择上，应该严格围绕“农村”这个区域概念，针对农业及相关的二、三产业开展融合创新，依托新技术、新业态、新要素、新模式和新产权，实现将农、林、牧、渔业等第一产业的细分产业与第二、第三产业中的细分产业所对接形成的社会生产体系的产业间分工在农村实现内部化。书中提出了六类典型的产业融合路径，如表2。

表 2　六类典型的农村产业融合发展路径比较表

项目类型	认定标准	
	共性标准	个性标准
农业内部整合	以农业为基础，以新型经营主体为依托，具有较为紧密的利益链接机制，高效的专业化分工和现代交易方式，突破单一产业边界，实现跨界资源要素整合。	透过生物链和供应链将农业内部产业重新整合，农业废弃物综合利用水平高，农产品达到无公害以上品质。经济效益和生态保护实现统一，代表性形式是种养一体化农业项目
产业链延伸		农业向后延伸或者农产品加工业、农业生产生活服务业向农业延伸，农业生产稳定性增强，农产品附加值提高，代表性形式是全产业链农业项目
功能拓展		农业通过与其他产业的功能互补，赋予农业新的附加功能，如农业与旅游业，文化创意产业，能源工业等相结合衍生出的休闲农业或乡村旅游、创意农业和能源农业等新业态项目
新技术渗透		技术密集或信息化程度高，农产品生产、交易和农业融资方式先进，如信息技术、物联网技术等新技术在农业中的应用产生的智慧农业、数字农业等项目
多业态复合		同时兼有上述四种类型或者融合其他几个类型，一般以龙头企业或交易平台为主要实施主体，农业资源集约利用和市场化程度高，产业链条完整，农业功能性明显
产城融合		农业产业融合与新型城镇化联动发展。县域内城乡产业布局合理，二三产在县城、重点镇及产业园区等聚集度高，较好发挥对人口集聚和城镇建设的带动作用，形成一批农产品加工、商贸物流、休闲旅游等专业特色小城镇。

这六类典型的产业融合路径高度概括了当前农村产业融合的路径方法。深入分析可知，这种分析方法涵盖内容较为广泛：纵向延伸，完善农业产业链条；横向拓展，深度挖掘和激活农业多功能属性，形成农业 + 文化，农业 + 教育，农业 + 旅游等多种业态；园区集聚，示范和带动农业产业园区建设，即将农业产业与功能充分结合起来，突出主导产业发展，大力打造融合农业生产、生活、生态于一体的综合性农业产业示范园区；创新驱动，构建“互联网 +”形态下的产业融合，例如“农业 + 电子商务”以及利用物联网技术，打造智慧农业发展平台等。找到一条适合乡村的特定产业融合发展路径，在宏观上能够优化村庄的产业结构、推动村庄的经济发展，并且推进农民就业、增进村庄文化和生态发展。从微观上看，产业融合发展的过程可以培育新主体、催生新业态、提高竞争力。但是涉及具体的村，则要立足物质环境条件、村庄基础条件等因时制宜、因地制宜探索产业融合的具体形式。对于首都生态涵养区则更是如此，要立足功能定位，发展条件进行选择，避免千村一面和同质化发展。同时，生态涵养区还要着力实现生态产品价值。

（五）发展成效

在实践中，生态涵养区形成多种发展模式，农业与旅游融合、乡村文化与旅游融合、乡村美食与旅游、农业+民宿、农业+教育等。广阔的京郊山水资源丰富、生态环境良好，又背靠北京城巨大消费市场，这是生态涵养区发展的优势和潜力所在。生态涵养区发挥生态优势，走绿色发展之路成效显著。

1. 生态沟域实现新突破

生态沟域是北京全面贯彻落实“绿水青山就是金山银山”发展理念，推动山区生态涵养区转型发展的新模式。经过近10年的持续建设，先后建设了百里山水画廊、酒乡之路、白桦谷、绿海红歌、神灵峡、九里山桃花谷等35条沟域。生态沟域巩固了北京的生态屏障，培育了特色产业，促进了农民增收，带动了山区转型发展。例如，房山区通过挖掘生态潜力，把沟域经济作为发展重点，建成了蒲洼“京郊小西藏”、佛子庄天梦之乡、南窖燕山绿谷、韩村河天开花海、大石窝云居仙谷、张坊仙栖谷、周口店幽岚山、新十渡等一批沟域，形成了“一沟一品一特色”的发展格局。门头沟区先后推出妙峰山镇玫瑰香谷沟域、清水镇百花沟域、雁翅镇田庄沟域、潭柘寺镇悦心谷沟域建设，有力带动沟域产业转型、生态修复与民生改善。

2. 精品民宿成为发展新动力

生态涵养区坚持将精品民宿作为农村产业振兴的着力点，不断完善民宿与富民增收、壮大集体经济之间的利益联结机制和模式。门头沟成功举办北京精品民宿发展论坛和精品民宿推荐会，发布《聚焦绿色发展实现生态富民——及精品民宿发展服务手册》，设立8亿元乡村振兴绿色产业发展专项资金，推出“门头沟小院”民宿品牌、“绿水青山门头沟”旅游品牌和全市首个区域性绿色产品品牌“灵山绿产”。

延庆荣获国家全域旅游示范区、首批全国民宿产业发展示范区称号，成立北京市首个民宿联盟，培育全市首个地域性民宿品牌世园人家，建成北方地区首个民宿集群“合宿——延庆姚官岭”，累计打造“山楂小院”等75个精品民宿品牌，盘活了农村闲置农宅，有力推动了乡村旅游化休闲产业快速发展，带动富民增收。

3. 特色林果取得新成效

特色林果业优势日益突出，平谷大桃、怀柔密云的板栗、房山的磨盘柿、延庆的仁用杏等特色果品区域布局和主导品种已基本形成。特别是平谷，是中国大桃之乡，大桃产业在全国名列前茅。2019年“平谷大桃”品牌价值达101.84亿元，年产值10.98亿元，是平谷区15万山区、半山区农民的主要收入来源。平谷作为北京重要的果品生产基地，果树面积占全市1/6，果品产值占全市1/3；果品总产量、果品产值、年人均果品收入连续32年位居全市第一位。

门头沟区加大樱桃、玫瑰花、红头香椿、京白梨等特色农产品的宣传推介，着力打造藜麦、猕猴桃、奇异莓、芦笋等高附加值特色农产品，力争成为富民增收的百果山。密云围绕板栗、苹果、梨等大宗品种产业，夯实产业发展基础。持续扶持蜂产业，全区蜂群总数量占全市总量的44%，形成初级加工、深加工、主题旅游相结合的蜂产业链，“蜂盛蜜匀”品牌效应初步显现。

4. 休闲旅游成为新增长点

以生态休闲旅游、民俗旅游和观光农业为主体的旅游经济发展势头强劲。生态涵养区具有发展休闲旅游业得天独厚的优势，各区政府充分发挥资源优势，将旅游休闲业作为主导产业予以重点扶持发展，对区域经济的结构优化和持续发展以及农民收入的增加，做出了巨大的贡献。例如，延庆发布全市首个农产品区域品牌“妫水农耕”，创建全国“一村一品”示范村10个，促进休闲农业与乡村旅游提档升级。

5.“生态 +”“农业 +”等新兴产业不断发展

昌平强化农业 + 科技，在农产品品种、种苗选择等方面加强与科研院所、大专院校的合作，不断提升农业技术含量和附加值。强化“农业 + 会展”，连续举办七届北京农业嘉年华。农业嘉年华成为全国农业交流合作的重要平台和首都都市现代农业的新品牌。密云培育“生态 + 高精尖产业”、优化发展“生态 + 精品高端农业”、提升“生态 + 文旅休闲产业”，着力构建“生态 + 产业”发展新模式。怀柔深化农业结构“调转节”工作，推进籽种业。延庆借助冬奥会世园会重大活动机遇，高质量发展更加坚实。现代园艺、冰雪体育、新能源和能源互联网、无人机 4 个重点产业方向更加明确，绿色“高、精、尖”经济结构加速构建。

6. 林下经济成为产业发展新选择

加快发展林下经济。近年来，生态涵养区一些农村探索发展林下经济，已形成林菌、林药、林花、林禽等多种模式。门头沟在 2 个村开展林下经济试点，打造新型农林复合体。发展林下生态经济，如食用菌、药材产业，同时有针对性地强化农业多功能属性，设计农事活动，打好“乡愁牌”。

三、生态涵养区产业融合发展的实践分析

（一）金叵罗村：农民主体、创客融入打造村庄产业融合发展

1. 案例情况

近年来，位于密云水库南侧 1.5 公里的溪翁庄镇金叵罗村，坚持生态优先、群众主体，以农民专业合作社为载体，以产业融合为发展主线，吸引城市创客融入村庄，携手打造“农业 + 民宿 + 自然教育”发展模式，不仅实现了农民收入的多元增长，更激发了乡村活力。2018 年实现农民人均纯收入 2.4 万元，2019 年达到 3 万元。村庄先后被评为“全国一村一品”示范村、“全国美丽休闲乡村”、“全国乡村旅游重点村”。

2. 主要做法与成效

一是成立农民专业合作社，规模经营，富裕农民。农民专业合作社是适度规模经营的主体，将农民组织起来，通过就业带动、保底分红、股份合作等多种形式，让农民合理分享全产业链增值收益。该村先后成立了樱桃合作社、农业种植专业合作社和民宿旅游合作社，三社互相融合，分工协作，建立利益共享机制，带动农民增收致富。金叵罗村目前有樱桃合作社、农业种植专业合作社、民宿旅游合作社和金樱谷农业专业合作社四家专业合作社，股东覆盖全村 93% 的村民。合作社成立后，以凤凰台、龟山为中心，建立了金樱谷农场——这是全北京市唯一一家由上千村民自建的生态农场。金樱谷农场的创立，为本村 35 名 60 岁以上村民及残疾村民提供了就业岗位，全年工资性收入 150 万余元；同时，农场发展有机种植、农耕体验、民俗旅游等项目，间接为 400 多名妇女搭建就业平台，促进了增收致富。

二是提质增效，以供给侧结构性改革延长产业链。金叵罗村以坚守农产品品质为基础，以调优产品结构，调顺供给体系等供给侧结构性改革手段为突破，实现一二三产深度

融合，有力促进农业增效、农民增收。自 2012 年土地流转至今，金樱谷农场在农产品种植过程中坚持不打农药不施化肥，进行有机小米和蔬菜种植。合作社新开发贡米打包饭，将小米直接从地头销售转化为餐桌上的佳肴；依托在地资源并融合传统农耕文化，开发农事体验活动、劳动教育等课程，“金樱谷农场”被评定为市级中小学生社会大课堂资源单位。同时，通过举办“樱桃节”“农民丰收节”“金樱谷开镰节”等大型农事活动，再现乡愁乡趣，吸引城市市民到乡村消费。

三是筑巢引凤，借力创客提升村庄产业发展品质。2015 年，该村引进“老友记”精品民宿，提升了村民的理念，使村民认识到乡村的价值。盘活闲置农宅，增加了农户资产性收入；聘请当地村民做管家做服务，提供就业机会，增加就业村民工资性收入；帮助村民销售农副产品，增加村民经营性收入。同时，深度融合，民宿经营者积极为村庄发展贡献了力量。

2018 年，四位在教育、农业、公益领域有丰富经验的留英女硕士与金樱谷农业专业合作社携手创立“飞鸟与鸣虫”体验式农场，用国际化的视野和理念创新思路，投入到乡村建设。农场以亲子食农教育为主题，根据四季变化提供包含自然科学、自然戏剧教育、食物与农业、传统节庆文化等主题的亲子课程。同时，农场还引入台湾面包窑大师郑景园亲手建造的柴火面包窑，吸引了 10 余位在艺术、农业、公益、教育、传媒等各领域具有建树的共建人。未来，村庄将引进自然学校、引进乡村美育馆等项目，吸引新创客新村民进驻，他们的到来，将为创新乡村产业新业态提供更多可能。

3. 经验与借鉴

一是共建共享，创客融入是宝贵财富。乡村振兴，人才是基石。京郊的农村缺的不是资源，甚至最缺的也不是资金，最缺的是盘活资源的体制机制和对项目的运营力——包括创意设计能力、管理能力、营销能力、服务能力等。这些应该是城市向乡村大量输出的东西。因此，必须以创新、协调、绿色、开放、共享的新发展理念为指导，清除阻碍要素下乡的各种障碍，吸引城市资本、技术、人才等要素更多向乡村流动。在这一过程中，要破除对“大资本”的迷信。从金叵罗村的发展可以看出，创客融入乡村也能带动村庄发展。

2016 年，金叵罗村引进民宿项目；2018 年，引进飞鸟与鸣虫并与专业合作社合作经营。创客融入村庄，既对村庄充满感情，也为村庄贡献了力量。“老友季”精品民宿创始人梁晴女士，“飞鸟与鸣虫”4 位创始人，不仅帮助村民销售农副产品，还为金叵罗村的休闲旅游发展做了大量工作，例如帮助合作社梳理村庄的旅游资源，着手田园综合体的规划和设计，争取到政府资金支持；策划和举办农民丰收节；疫情期间，对社员进行岗位职责培训等；对蔬菜包装进行设计升级等。共建共享，助推村庄产业兴旺。要强化乡村振兴人才支撑，加快培育新型农业经营主体，让愿意留在乡村、建设家乡的人留得安心，让愿意上山下乡、回报乡村的人更有信心，激励各类人才在农村广阔天地大施所能、大展才华、大显身手，打造一支强大的乡村振兴人才队伍，在乡村形成人才、土地、资金、产业汇聚的良性循环。

二是忠诚担当，发挥村党支部的战斗堡垒作用和党员的先锋模范作用。忠诚担当的两委班子是重要保障，特别要发挥基层党组织的引领作用，通过发展壮大村级集体经济增强党组织的凝聚力、提升组织力。金叵罗村以党建示范建设为重点，在服务村庄发展、服务民生建设、服务群众增收致富三个方面下功夫。2012年，村两委立足村庄资源匮乏，没有名胜古迹，没有景区等实际情况，确立以新“三起来”为指导，把土地流转起来，实现规模经营；把农民组织起来，提高组织程度；把资产经营起来，推进融合发展。在发展产业过程中，建立农民利益联结机制，确保农民能分享全产业链增值收益，充分维护农民利益。同时创新利益联结机制，充分调动广大农民的积极性和主观能动性，形成“大家事大家干”共谋发展的生动局面。

（二）柳沟村：“火盆锅豆腐宴”特色餐饮助力乡村旅游

1. 案例情况

2003年，在“挖掘历史文化、丰富民俗文化、融入旅游文化”的理念下，柳沟村依托古城、农家火盆、酸浆豆腐等资源和传统豆腐制作工艺等优势，发展“火盆锅·豆腐宴”为特色的农家乐，从一个默默无闻的半山区村，成长为闻名京城的市级民俗旅游村。

从2003年起发展到现在，柳沟村旅游出现了人流下降、服务质量下降、美誉度下降的不利局面，但得益于“柳沟豆腐宴”强大的品牌影响力以及实惠的价格，柳沟村的接待人次依然可观。接待人次从最初不足万人次发展到2018年的68余万人次，收入由最初十多万元增加到2018年的5394万余元，经营户由14户发展到122户；同时，农家乐的发展带动了果品种植、柴鸡养殖、个体商业的发展，现有相关产业经营户80户，转移安置劳动力就业400人。2019年被评为北京市乡村旅游重点村。柳沟村借力餐饮助力产业发展的模式值得思考和借鉴。

2. 主要做法

一是创新菜品，打造品牌。开发出“火盆锅·豆腐宴”这一特色餐饮，并不断丰富完善。开发“三色豆腐”，并推出一系列与豆腐有关的菜肴，制作出“火盆锅·豆腐宴”标准菜谱。同时，以“柳沟”“柳沟·火盆锅·豆腐宴”为品牌，进行了第43类餐饮服务内容的商标注册，并推广使用。

二是成立合作社，坚持“四统一”。成立乡村旅游专业合作社，实行了“四统一”。统一包装：合作社统一购买服装200套、床单被罩240套，提供给社员，统一对外形象。统一接待：凡是经合作社介绍来的客人，都进行统一分配，统一接待。统一标准：按照“一主四副六热八凉”10道主食的标准制作统一菜单为住宿接待户统一了接待标准，并统一住宿标准和价格。统一管理：对就餐接待户和住宿接待户适当提取部分管理费，作为合作社收益，纳入统一管理。

三是扩大宣传，开辟市场。通过举办民俗婚礼、端午文化节、乡村欢乐节、首届农商行杯豆腐美食大赛，“累计接待30万游客庆典暨柳下醉酒发布仪式”“累计接待100万游客庆典”“延庆区首届乡村旅游节暨柳沟豆腐文化节”等活动，把柳沟推向了首都市场，拉近了与市民的距离。与此同时，借助电视、报刊、网络等媒体，使“柳沟”品牌知名度不断提升。同时，策划文化创意项目，推出量身打造的《柳沟记忆》，提升文化内涵，打造“文化柳沟”形象，赢得了广大游客的喜爱，促进了文化活动与旅游产业的互动发展。

3. 当前存在的问题

一是从总体发展水平看，年接待人次逐年下降。尽管柳沟村接待人次仍旧可观，但接待人次的最高峰是2009—2010年间，达90余万人次。自2010年以来，接待人次逐年递减。另外由于民俗户各自没有鲜明特色，在游客体量不大，民宿经营户众多的情况下，造成了民俗户之间拉客揽客、压低价格等不文明不规范的竞争。

二是农家乐经营效益总体不高，经营主体呈老龄化趋势。经营者年轻人较少，相对老龄化，普遍专业化程度不高。农家乐有“吃”“住”和“吃住一体”三种类型。在这些农家乐中，常年营业的农家乐有93家，分为基本天天有客人、周末与节假日有客人、只有节假日才有客人三种情况。农家乐用餐价格从最初的15元/人提高到35元/人。

三是创新发展不足，产业链条不够。柳沟村的旅游要素单一，没有形成规模优势。在旅游的“六要素”（吃、住、行、游、娱和购）中，除“吃”外，其他要素开发不够，尤其是附加值相对较高的“游、娱、购”发育相对滞后；以户为主体的分散经营，导致产业链条短，利益机制形成慢，各产业之间没有形成良好的互动发展态势。例如，当前柳沟村依然停留在“住农家屋，吃农家饭”，而且吃住的品质依然停留在16年前。“干农家活”只是落入了“花季赏花，果季摘果”的简单模式而且活动内容雷同，缺少更多的文化、休闲元素，远远满足不了现代消费者的需求。

4. 一点思考

一是延伸产业链条。要紧紧围绕附加值较高的“游、娱、购”要素，发展上下游，形成产业链，提升附加值。要把柳沟村作为一个节点，放在延庆全域旅游的大背景下统筹考虑，形成联动效应和规模效益。当前，以挖掘凤凰古城文化为载体，以巩固提升“柳沟”品牌为基础，以打造特色核心住宿区为突破口，以丰富旅游内容为手段，把游客留下来，成为北京人的周末休闲地。

二是实行景区化经营。将整个柳沟村当作一个景区，按照专业旅游景区的模式，对其进行景区化经营管理和营销。分为凤凰古城区、柳沟村落区、户外健身区和农业观光采摘区。运营发展重古城风貌、重文化体验、重餐饮特色、重生态有机。

（三）延庆全域旅游模式

1. 案例背景

延庆地处北京市西北部，距市区74公里，总面积1994.88平方公里，常住人口35.7万人，下辖11个镇、4个乡、3个街道办事处，共376个行政村、47个社区。平均海拔500米以上，气候独特、冬冷夏凉，素有北京“夏都”之称。延庆历史悠久，人文底蕴深厚，旅游资源丰富，生态环境优良，是2019年北京世园会举办地和北京2022年冬奥会、冬残奥会赛区之一。近几年，延庆坚持生态立区，打生态牌，走生态路，成为全国第二批“两山”理论实践创新基地，成功获评首批国家全域旅游示范区。

2. 主要做法与成效

（1）结合丰富的资源条件为全域旅游夯实基础

一是人文资源丰富。延庆自古就是拱卫京畿与涵养山水的卫城，拥有深厚的文化底蕴和丰富的文化资源，是妫川文化、长城文化、京张铁路文化、近现代革命文化等多元文化交汇融合之地，此外还有民俗文化、地质文化、植物文化以及节庆文化等多种文化元素。

二是四季分明，地势缓和，山水资源丰富，生态环境优良，适宜夏避暑冬亲雪。延庆区属大陆性季风气候，属于温带与中温带、半干旱与半湿润的过渡地带。气候独特，四季分明，春夏秋冬各有胜景。年平均气温 8℃，比主城区低 3—4℃。夏季最热月份气温比承德低 0.8℃，是著名的避暑胜地。冬季雪期可长达 100 天，比主城区多 20 多天。山区面积大且高峰众多，拥有国家级保护区松山及北京第二高峰海陀山。水资源较为丰富，河流达 46 条，大中型水库 2 座，是北京重要的饮用水源保护地。

三是旅游资源知名度高。延庆区有八达岭长城、水关长城、玉渡山、古崖居、野鸭湖、龙庆峡、百里山水画廊、硅化木国家地质公园等著名景区，其中 A 级以上旅游景区 13 个以上，特别是以八达岭长城世界级知名景区为代表，特色突出，美誉度高，客群流量基数大，发展旅游优势优越。

（2）一体推进绿色发展、美丽乡村建设和产业兴旺

一是始终坚定不移实施生态文明发展战略，立足首都生态涵养区功能定位，坚持绿色发展，着力推动“两山”理论在延庆落地生根、开花结果。被授予全国第二批“两山”理论实践创新基地；国家卫生城区、首批国家全域旅游示范区、国家森林城市、全国第二批水生态文明城市等荣誉称号。特别是在世园会举办期间，$PM_{2.5}$ 平均浓度下降 31.8%，低于全市平均水平 6.9 微克。全域森林覆盖率达到 60.34%，森林面积占全市的 23%，林木绿化率达到 72.53%，人均公园绿地面积达到 46.13 平方米。初步形成“城在园中、园绕城区、城景交融”的园林美景，堪称“一城山水半城园”。

二是美丽乡村建设显著提升了基础设施水平。冬奥、世园带动城乡各项基础设施和公共服务至少加速提前 20 年。2016—2019 年，延庆固定资产投资共计 843.0 亿元，年均增长 48.2%。延庆形成了 3 条高速、1 条高铁、1 条市郊铁路的对外交通网络。新建变电站 8 座、改建 2 座，投入使用后可以满足延庆未来 50 年的发展需要。城乡路网逐步完善，延庆公路总里程 1961 公里，其中国道 160 公里，市道 242 公里，区道 436 公里，农村公路 1122 公里。稳步推进村庄规划编制工作。2018 年第一批 120 个村庄、2019 年第二批 128 个村庄规划已编制完成，2019 年第三批 107 个村庄规划编制工作全面启动。扎实推进美丽乡村建设。第一批 80 个村庄完成招标，56 个村庄开工建设。坚持“监管并重”，印发实施《延庆区农村基础设施长效管护指导意见（试行）》，向各乡镇拨付管护资金 1.98 亿元，指导各乡镇建立工作机制和队伍。

三是产业发展成效显著。农业产业资源规模大、品质优，在北京地区有突出优势。深入实施都市型现代农业三年行动计划，持续调整农业种植结构，粮经作物种植面积调减 12.5 万亩，蔬菜种植面积 3.3 万亩，果树面积 17 万亩，花卉中草药面积 2 万亩。创建“国家农产品质量安全县”，农业标准化基地覆盖率达到 73.1%，菜篮子产品“三品”达到 74.5%，有机农产品认证面积达到 2.43 万亩，农产品检测合格率保持在 98%。发布全市首个农产品区域品牌“水农耕”，农产品营销流通体系建设不断强化。延庆四大果品为葡萄、

苹果、仁用杏和板栗。其中国光苹果、葡萄、板栗已成功注册为国家地理标志产品。

延庆区是北京市花卉种植面积最大的区，集观赏、生产、加工、示范等为一体的花卉产业链雏形初显。四海镇、延庆镇、大榆树镇三个乡镇的花卉生产面积占到全区花卉总面积的 90% 以上，四海是北京市花卉种植面积最大的乡镇。积极发展林花、林药、林菌、林禽、林粮、林蜂等产业，开发了林下产品包括千家店的黄芩茶和小杂粮，四海镇的菊花茶和玫瑰花茶，大庄科乡的小杂粮、栗菇和蜂产品，珍珠泉的柴鸡蛋、鸭蛋等有机产品。

高质量绿色发展更加坚实。现代园艺、冰雪体育、新能源和能源互联网、无人机 4 个重点产业方向更加坚定，绿色“高精尖”经济结构加速构建，新引进企业 751 家，完成 12 个市级实验室和研发平台建设，建立首家院士工作站，设立首支科技创新基金。旅游产业迅猛增长。2019 年实现旅游收入 98.92 亿元。

全域旅游加速融合发展。荣获国家全域旅游示范区、首批全国民宿产业发展示范区称号，编制完成《延庆全域旅游空间布局战略规划》，成功举办首届八达岭长城文化节等活动 200 余场，带动旅游综合收入 98.92 亿元（含世园），同比增长 25.5%。成立北京首个民宿联盟，培育全市首个地域性民宿品牌世园人家，建成北方地区首个民宿集群“合宿 · 延庆姚官岭”，累计打造“山楂小院”等 75 个精品民宿品牌。

（3）多措并举，创新产业融合发展路径

延庆区在农村产业融合发展中，通过盘活农村闲置资源、挖掘农村乡土文化、打造沟域经济发展模式、带动优势特色产业，取得了显著成效。

开发闲置农宅，构建产业支撑体系

近年来，北京市一直在规范引导农民盘活利用闲置房屋，截至 2018 年年底，已有 60 个村盘活闲置农宅 1062 套，有效地解决闲置农宅资源浪费问题。经济发展和城镇化的推进以及农民自身观念的转变，使“空心村”“空心户”不断增加，大量农村宅基地和房屋处于闲置或半闲置状态。利用闲置农宅不仅有利于提高农民收入，还有利于优化农业产业结构，满足城市居民的需要。延庆区民宿产业蓬勃发展。延庆区下虎叫村通过建设“山楂小院”，对闲置农宅进行开发利用，引进社会资本，利用“产业帮扶 + 出资搬迁”的方式，先后建成 12 处民宿小院，为原本贫穷的山村带来了新的生机，有效解决了村民的就业，还带动了山楂汁、玉米等农副产品的销售，村民收入显著提高。

挖掘乡土文化，优化产业发展模式

乡村振兴要走与农村相适应的道路，彰显农村特色，注重乡土文化，注重地方文化。乡土文化是乡愁的重要载体，是乡村振兴的重要环节，它是一种内在动力，是城乡融合发展的文化资本。农村要留得住乡愁，必须振兴乡土文化。乡土文化是在长期实践过程中形成的具有乡土和人文气息的民俗文化，是推动乡村振兴的重中之重。只有重视乡土文化、充分挖掘和加以利用，不断促进乡土文化发展，才能为乡村振兴提供无穷源泉，为乡村振兴提供持续的精神动力。近年来，延庆区积极开展乡土文化建设，以延庆区大庄科乡慈母川村为例，该村针对少数民族村落产业同构现象严重、特色文化缺乏的现状，通过科技推广，深入挖掘慈母川村的民族特色文化，将满族文化与当地传统慈孝文化相结合，创新了具有满族特色的慈孝文化，不仅丰富了文化内涵，还提高了旅游开发项目水平，突出京郊山区乡村旅游的差异化体验，将慈母川独特的文化资源转化为经济优势，进一步提升慈母川村的产业结构，拓宽农民就业渠道，促进农民增收致富。慈母川村通过挖掘满族文化、慈孝文化，开发特色民俗餐饮、改建满族特色民居等途径来实现乡土文化建设，通过梳理满族发展史来宣传满族文化。该村借助“钟离辞母”的故事修建砖雕和彩绘，传承传统文化；成立演出团队，丰富村民的业余生活；开发特色满族食品和“慈孝餐”，打造特色风格；将满族民居作为慈母川村特色旅游的主打文化名片，传承满族特色文化。在乡土文化建设中，慈母川村邻里关系更加和谐，村内慈孝文化底蕴更加深厚，推动乡风文明的进一步发展。

依托沟域经济，促进深度融合

沟域经济实现了生态涵养区一、二、三产融合发展，是北京山区的一张绿色名片。延庆区重点建造的“四季花海”沟域，通过以花卉为主、将山水结合起来的方式优化资源配置，建设特色产业沟域；通过“抓线、布点、连片”方式打造大地景观，加强旅游基础设施建设，通过贯彻“生态保经济、经济促发展”的理念，实现沟域经济与生态环境的统一，追求人与自然的融合；通过加强基础设施建设，提高整体发展水平，为农民创造更好的环境和条件。四海镇发展沟域经济践行了首都生态涵养区的总体要求，明显改善沟域整体环境和形象，其林木覆盖率达到了 80%，山区水土流失得到了有效治理，农村生活环境也得到了改善。此外，沟域景观吸引了更多的旅客，带动了当地旅游产业的发展，有效增加村民的经济收入。

发展优势特色产业，打造农业产业集群

延庆区结合实际情况，因地制宜，抓牢特色优势农业，坚持走农村产业可持续发展道路。近年来，全区结合自身优势大力发展果品产业、民宿产业，紧抓世园会的大好机遇发展园艺产业，使农民不用远离家乡，也能实现就业，获得经济收入。四海茶菊产业形成了一、二、三产业一体化发展模式，成为推动四海地区增收的有效途径。前山村通过建设低收入产业帮扶基地，有效解决了当地农民就近就业问题，增加农民收入。镇政府投入资金，建立红利式动态脱低基金，支持专业合作社扩大种植规模，改善菊花品种，购买先进的设备，通过返利政策帮助农民脱低，对老弱病残人群进行慈善帮扶。

（四）生态涵养区“民宿 +”产业融合发展

乡村民宿一头联结乡村闲置农宅，一头联结旅游者对美好生活的向往，成为乡村旅游提档升级的重要牵引。北京生态涵养区将精品民宿作为推动乡村振兴的重要抓手，充分发挥历史遗迹和传统村落这笔宝贵财富，推动田园变公园，农房变客房，劳作变体验，将绿水青山变成金山银山。

1. 主要做法和成效

一是高位推进，破解发展难题。为促进乡村民宿持续健康发展，推动乡村旅游产业提质增效，加快形成农业农村发展新动能，2019 年，北京市印发《关于促进乡村民宿发展的指导意见》，努力构建“三产联动、多业融合”的民宿经济业态，并对设立条件、审批流程、组织保障和监督管理进行了明确规范。随后，各相关部门结合自身职责深入落实。如，市公安局印发《关于加强全市民俗旅游接待户住宿登记管理工作的意见》制定了具有可操作性的乡村民宿治安管理工作规范，采取“逐户装机联网、逐人信息采集”的管理模式提升治安管理水平。市规自委在规划引导、用地完善等方面做好工作。市住房和城乡建设委员会发布《北京市乡村民宿房屋结构综合安全性和节能基本要求导则（试行）》，市消防局编制《乡村民宿建筑安全规范》，同时，民宿行业也被纳入北京乡村旅游政策性保险补贴范围，投保的民宿将能够获得 80% 的保费。至此，困扰乡村民宿经营者的合法身份等问题有了相关政策保障。

与此同时，相关的扶持政策也陆续出台。2020 年 6 月，市委市政府出台《关于推动生态涵养区生态保护和绿色发展的实施意见》，明确各生态区把旅游作为主导产业，市级加大政策支持，其中生态涵养区乡村旅游发展涉及的瓶颈道路、停车场等配套基础设施建设市级资金给予 100% 支持。各区也出台了各具特点的扶持政策，比如延庆世园人家，怀柔、房山、门头沟等设立专项资金，对乡村旅游提质升级给予奖励。民宿发展面临良好的机遇。

各区也陆续出台各项优惠政策。如门头沟区推出了“大额度、长周期、广覆盖”的“10+1+N”《精品民宿政策服务包》；延庆区与北京农担、北京银行等金融机构合作，搭建延庆区乡村旅游融资贷款平台，出台贷款贴息政策；昌平区不断完善“一表备案通核”程序；怀柔区、平谷区、密云区出台相应的促进乡村旅游提质升级奖励办法。各项政策进一步吸引了社会资本，精品民宿发展势头喜人。

二是高点定位，持续推进民宿高质量发展成效显著。发展迅速，规模不断扩大。目前，北京乡村民宿已有 699 个品牌，包含 1668 个院落、8211 个房间，6000 余个星级民宿接待户，日接待量 1.7 万人次。在今年疫情进入常态化发展阶段后，中秋和国庆节假期，精品乡村民宿的入住率达 90% 以上。品牌不断涌现。北京乡村民宿拥有 699 个品牌。门头沟区“创艺乡居”“百花山社”“槐井石舍”“爨舍”“有关”“朗诗乡居”等；房山区“姥姥家”“森林乡居”等；昌平区“南山静舍”“草木缘居”；平谷区“太极小院”“听蛙小轩”，怀柔区“明明山居”“花汀树”等；密云区“山里寒舍”“陌上花开”“老友季”等；延庆区“世园人家”“合宿—延庆姚官岭”等品牌。各品牌做得有声有色，形成了一定的市场影响力。模式不断丰富。有“合作社 + 公司 + 农户”的开发模式，如山里寒舍等，特点是村集体成立民俗旅游专业合作社统一租赁全村闲置农宅，再引入公司负责整体开发与经营，实现规模发展。有“公司 + 农户”开发模式，如风林宿等，特点是公司通过租用村民闲置农宅打造品牌民宿。有以大城小苑、创艺乡居等为代表的企业帮扶模式。有“农户 + 集体 + 设计团队（运营团队）”模式。有农户个人投资模式，如岑舍、老木匠等，是指农户个人投资筹办民宿，特点是自己投资经营，自己获益。据了解，北京周边的民宿有超过 60% 都是民宿个体完全自主的模式。促进了乡村全面振兴。“一座乡村就是一家酒店，一家酒店活化一座乡村”。通过发展乡村民宿有效促进了乡村振兴战略的实施，带动了农村产业发展，为农民增收致富提供了重要渠道。同时，通过发展民宿，改善了乡村人居环境，改变了农民的思想观念和行为习惯，提高了农民素质，加强了城乡融合发展，是实现“产业兴旺、生态宜居、乡村文明、治理有效、生活富裕”的乡村振兴目标的有效途径。

2. 亟待关注的问题

一是文化内涵挖掘不够。在打造旅游产品时，缺乏深度开发设计，对当地丰富历史文化资源发掘和利用不够，导致产品低端，特色品牌不足，难以满足游客文化体验等多样化、深层次的需求。二是发展瓶颈仍未突破。从全市整体看，旅游资源多、产品少，看点多、卖点少，淡季长、旺季短，“小、散、低”的问题没有根本改变。三是引领带动作用有待提升。目前700家民宿品牌、1700座院落，与近8000户的传统农家乐相比，与3万多处闲置农宅相比，还任重道远。

3. 小结

（1）生态涵养区不是不要发展，而是要更好、更高水平、更可持续地发展。把握好“保护”与“发展”的关系，选择有利于生态保护的相关产业发展，切切实实在“绿水青山”和“金山银山”之间架起桥梁。要理念前瞻，立足当前，着力长远，久久为功，按照“做农家像农家，建村庄像村庄”的原则，突出乡村格调，留住乡愁记忆，做足“土味”、做透“农味”，做好乡村良好人居环境，夯实乡村振兴基础，激活乡村美丽经济。

（2）产业选择上，一是要明确定位。产业选择要避免百村一面的简单复制、一哄而上的无序竞争、重建轻管的低质发展。要突出差异性、多样化。精品民宿、旅游路线、产业选择要注重在地资源。同时，还要延伸产业链条，开发乡村体验活动，开发乡村美食，开发特色农产品乡村伴手礼，提升产品价值。二是要与农民增收结合起来。“农村一二三产业融合不是简单的一产‘接二连三’，关键是完善利益联结机制，不能富了老板、丢了老乡”。要创新利益联结机制，通过保底分红、股份合作、利润返还等多种形式，确保农民合理分享产业发展的增值收益，真正使乡村产业发展成为富民乡村产业。三是要与发展集体经济结合起来。北京集体经济总量很大，但发展很不均衡，目前全市有900个年集体经营性收入低于10万元的村，主要分布在远郊山区，乡村旅游是发展集体经济的首选产业。在发展实践中，村集体要发挥桥梁纽带作用，积极组织成立合作社，引导农业企业、乡村旅游企业，与农户建立完善契约型、分红型、股权型利益联结机制，发展集体经济。四是要与文化传承结合起来。发展乡村旅游，绿水青山是形，农耕文化是魂。乡村发展要坚持以文促旅、以旅彰文，敢于彰显农村的“土气”，善于利用乡村的“老气”，巧于焕发农民的“生气”，精于融入时代的“朝气”，不断提升乡村旅游产品文化内涵、科技水平、绿色含量，吸引更多市民到山区消费。

（3）强化党建引领，激发内生动力，发挥农民主体作用。“农村富不富，关键看支部”。特别要发挥基层党组织的引领作用，通过发展壮大村级集体经济增强党组织的凝聚力、提升组织力。另一方面，脱低攻坚、乡村振兴，农民是行动主体也是受益主体，要激发农民内生动力，切实发挥农民的主体作用。在人居环境整治中，要以群众为主体。在发展产业过程中，要一手抓招商引资，一手抓联农带农机制建设，确保农民利益不受损，确保农民能分享全产业链增值收益。要通过机制创新，促进农民持续稳定增收。

（五）“生态+”等新业态新方向

1. 国家公园模式

坚持山水林田草系统治理，建立以国家公园为主体、自然保护区为基础、各类自然公园为补充的分类科学、布局合理、保护有力、管理有效的自然保护地体系是有效提升生态系统质量和稳定性的重要方式，也可以成为未来生态涵养区的一个重要发展方向。对生态涵养区现有的自然保护区、风景名胜区、地质公园、森林公园、湿地公园等各类自然保护地及其他生态功能重要、生态环境敏感脆弱、野生动物重要栖息地、重要生态廊道等区域所承载的自然资源、生态功能和文化价值进行全面调查和价值评估。科学划定自然保护地类型，将生态涵养区自然保护地分为国家公园、自然保护区和自然公园三大类。国家公园空间布局方案确定的区域划定为国家公园，未纳入国家公园总体布局的按照保护区域的自然属性、生态价值和管理目标进行梳理调整和整合归并为自然保护区、自然公园。

确立国家公园主体地位。按照国家公园建立标准和程序，推进国家公园规划建设。确立国家公园在生态安全空间格局中的首要地位，确保国家公园在保护自然生态系统中的主导地位，积极发挥国家公园在构建自然保护地体系中的示范引领作用。核心保护区内原住居民最好实施生态移民。在自然公园内大力开展森林“绿化、美化、彩化、珍贵化”建设，提升景观效果。鼓励和引导社会资本参与自然保护地的生态修复。在自然保护地一般控制区内划定适当区域，开展生态教育、自然体验、生态旅游等活动。因地制宜扶持和规范原住居民从事环境友好型经营活动，支持和传承传统文化及人地和谐的生态产业模式。近几年，北京依托两轮百万亩造林以及河流流域生态综合治理，恢复和新建湿地近 9000 公顷，建立国家和市级湿地公园 12 个，总面积 1300 余公顷。拥有着优美的风景、丰富的湿地资源、独特的自然景观，建设国家自然公园可以成为生态涵养区未来的一个发展方向。

2. 观鸟经济

北京市是全球 8 大候鸟迁徙通道之一的“东亚—澳大利西亚候鸟迁徙通道”上重要的一站，每年都有大量候鸟由南向北迁徙过境。鸟类是最权威的环境鉴定师，它们在哪里欢唱，哪里就是它们的生态乐土。随着北京生态环境逐年向好，来栖息的候鸟也逐年增多，2019 年春，140 万只迁徙候鸟汇聚京城，组团来京栖息的天鹅数量有上千只，不仅如此候鸟在北京歇脚的地点也越来越广。永定河多个流域出现苍鹭、夜鹭、牛背鹭、白鹭等多种鹭科鸟类觅食。海淀翠湖湿地公园有栖息、过境的水鸟 80 余种，多种国家珍稀鸟类在这里被发现，甚至有 5 只全球性极危物种青头潜鸭。西峪水库，2020 年以来观测到各种鸟类 30 余种。在密云水库盘旋翻飞、逐浪觅食、繁衍后代的候鸟有数十万只，包括淡水鸥、大小天鹅、白鹭、苍鹭、各种秋沙鸭等 100 多种。北京野鸭湖湿地自然保护区，这个国际鸟类迁移路线“东亚+澳大利亚路线的中转站”，吸引了 348 种，隶属 20 目 66 科鸟类栖息，并且每年发现的鸟的种类还在不断增多。

与此同时，观鸟热在国内日渐兴起，“观鸟一族”奔赴各地，感受候鸟迁徙、万鸟起飞的情趣，让生态旅游发展迎来新契机。北京密云、延庆等生态涵养区可以立足实际，做好观鸟体验区，以点带面打造全市观鸟生态旅游，延伸绿色生态的文旅产品产业链，将生态环境优势转变为经济发展资源。

一是编制生态涵养区观鸟生态旅游专项规划，力争把观鸟产业连点成线扩面；二是打造精品观鸟线路，支持设立鸟类观测点、观鸟体验区，设立集自然资源保护、生态展示、科普教育为一体的生态综合体示范区，培育观鸟经济。与此同时，聘请专业人员随时对库区环境进行巡视，开展鸟类观测，每周一次集中观测，详细做好收集记录，及时掌握观念情况；三是培育发展乡村观鸟经济。在鸟类资源丰富的地方，以建设观鸟基地、观鸟科普基地等为抓手，大力发展乡村生态旅游、环保观鸟旅游、鸟类文化研学游等，打造观鸟经济新业态。

鸟在深山叫，引来游客送钞票。兴起的观鸟旅游，正在成为生态旅游发展的一个新业态，既保护了生态，又促进了经济发展，成为生态涵养区产业发展的新选择。

3. 山地户外运动产业

山地户外运动产业是健身休闲产业的重要组成部分，是以自然山地环境为载体、以参与体验为主要形式、以促进身心健康为目的，向大众提供相关产品和服务的一系列经济活动，主要包括登山、徒步、露营、骑行、自然岩壁攀登、定向与导航等项目。当前，我国进入全面建设小康社会的决胜阶段，人民群众体育消费方式从实物型消费向参与型消费转变，大力发展山地户外运动产业是满足人民多样化体育消费需求的重要途径，是落实《全民健身计划（2016—2020 年）》、建设健康中国、激发产业发展活力的重要内容，对释放消费潜力、打造经济增长新动能具有十分重要的意义。根据国家体育总局 2016 年发布的《山地户外运动产业发展规划》，伴随国民经济水平的不断提升，群众的体育消费需求也持续高涨，山地户外运动产业取得了快速增长：全国户外运动爱好者已达 1.3 亿，户外用品市场规模已达 180 亿元，我国山地户外运动产业总体实力、产业覆盖面、社会参与度、市场认可度均得到较大的提升。

北京的生态涵养区坐拥太行山、燕山两大山地资源，依托大都市的消费需求，具有非常广阔的发展前景。平谷区镇罗营镇开发山区资源，引入运动专业企业，打造了一个环绕长城、以长城文化为特色的步道系统，以环绕镇罗营山脊为主，外周长度达到了 100 公里。从 2018 年开始举办“环长城 100 国际越野赛”，2019 年共有来自全国 24 个省、市、自治区 59 座城市，以及来自加拿大、英国、奥地利、乌克兰、斯洛伐克等国的共 700 余名运动员参加。

四、国内经验借鉴

案例：留坝——绿色发展引领生态富民

1. 基本情况

留坝县位于秦岭深处，距离汉中市区 1.5 小时车程，辖 7 个镇 1 个街道办事处、75 个行政村 1 个社区，总面积 1970 平方公里，林地面积 93.6%，人口 4.7 万，其中农村人口 3.8 万。留坝是国家南水北调水源保护地，大秦岭生态保护限制开发区。长期以来，留坝经济基础薄弱、基础设施落后。2011 年本级财政收入仅 2000 万元，农民人均纯收入 4700 元，是国家级扶贫开发重点县。

绿水青山就是金山银山。党的十八大以来，留坝县委县政府提出“生态立县、药菌兴县、旅游强县”发展战略，坚持人居环境整治与脱贫攻坚、乡村振兴统筹谋划、一体推进，坚持生态优先、群众主体，乡村环境提升快，特色产业做得实，组织服务落得细，走出了一条美丽宜居乡村建设助推绿色发展生态富民的路子，被命名为全国首批“绿水青山就是金山银山”实践创新基地。

2. 主要做法与成效

一是久久为功，打造生态环境美。坚决留住绿水青山大生态。作为水源保护地，为保一江清水，留坝县建立“环保第一审批”和“一票否决”制度，树立了生态自觉，坚决不留破坏生态的项目。从 2011 年开始，留坝关停了矿山，关停了风电、生物质发电，关停了小水电。特别是在 2012 年，拒绝了总投资 10 个亿的紫柏山风力发电项目，这对于一个山区贫困小县来说是“天价”大项目。就这样动真格、见真章，凡与“生态立县”不符的项目，留坝坚决不留，从源头上根除破坏生态行为的发生。留坝大力推进天然林保护、小流域治理和绿色长廊建设，现在全县森林覆盖率高达 90% 以上，成为名副其实的“天然氧吧”，登上“全国百佳呼吸小城”名单。

大力建设美丽乡村小生态。在环境综合整治过程中，按照“做农家像农家，建村庄像村庄”的原则，突出乡村格调，留住乡愁记忆，不是一味追求洋气。同时，做好了乡村道路框架、饮用水和污水处理系统、村户垃圾清理、沿途景观打造等重点工作，在建设“面子”工程的同时也打好乡村建设的“里子”。同时，久久为功，持续发力。累计投入 4.6 亿元启动“精美留坝 · 城乡环境综合整治工程”，彻底解决了农村垃圾、污水、环境美化等问题，大幅提升了公共服务设施水平。全县农村自来水普及率达 98.5%，电力入户率 100%，农村生活垃圾集中处理率达到 83%，农村生活污水集中处理率 62%。再次，用时代特征、生活元素、提升服务活化当地的民俗文化，打造了传统建筑与现代休闲和谐共融的留坝老街、留侯古镇、留坝书房等景区（点），留住“舌尖记忆”，开发具有鲜明地域和文化特征的留坝小吃、秦岭风物宴，鲜活的民俗滋养出一批“网红打卡地”。

科学引导农家庭院微生态。留坝县坚持主题不变、目标不变，久久为功，组织广大农民群众积极参与“清五堆”（清理柴草堆、垃圾堆、沙石堆、杂物堆、肥粪堆）、拆“六小”（拆除小厨房、小柴房、小厕所、小鸡圈、小猪圈、小牛圈）、“美化四旁”（美化村庄旁、住宅旁、道路旁、沟渠旁）活动，农村环境处处干净，户容户貌和农民精神面貌焕然一新。同时，强化村民垃圾分类与处置。各村建立“垃圾银行”，建成可回收垃圾集中回收点，创新为每户居民建了一个绿色账本，村民可凭借收集的玻璃制品、废旧塑料瓶等可回收垃圾兑换积分，以一分一元的标准在德美屋兑换相应的生活用品，提高村民意识。

二是因地制宜，发展绿色产业实现农民富裕。确立“四养一林一旅游”的长中短结合的主导产业和“旅游一业突破”的发展战略。“四养”是指生态猪、散养鸡、中蜂、食用菌，四五个月可以变现，是“短产业”；“一林”是林上的板栗林、林下的特色中药材，用四五年的时间可以实现规模效益，是“中长产业”。2018 年，留坝县发展袋料香菇 687 万筒、椴木香菇 1.53 万架；建设母猪良种繁育点 9 个、商品猪养殖示范点 13 个，发展土猪 1.1 万头；发展中华蜂 3.1 万桶、土鸡 8.5 万只，种植中药材面积 313.33 公顷。目前，留坝已获得香菇、木耳、土蜂蜜、银杏、板栗、西洋参等 7 个农产品的国家地理标志认证，申报注册地标集体商标 5 个，优势特色农产品突出。这些大秦岭的生态农产品“养在深闺须人识”，必须要通过长线的旅游业引来人流，将无形的生态旅游产品和有形的生态农业产品一起消费、一体营销。好风物加上好风景，县委县政府大胆提出了“旅游一业突破”的战略，充分利用旅游业的乘数效应，延伸、对接产业链条，闯出一条“旅游一业兴，带动百姓旺”的全域旅游发展路子。

引进民宿特色产业，实现一个目标，两个和谐，三个盘活。精品民宿一头联结乡村闲置农宅，一头联结旅游者对美好生活的向往，成为乡村旅游提质增效的突破点。在“旅游一业突破”战略的实施中，留坝自然不会放过精品民宿这个突破点。但是涉及集体资产、农民利益的事，都不是简单的事。在开发乡村精品民宿的过程中，如何平衡各方利益，保障农民权益，留坝交出了满意的答卷。“一个目标”是产业富民。“两个和谐”是与周边环境和谐、与周边村民关系和谐。“三个盘活”是指盘活闲置农宅、盘活闲置劳动力、盘活当地食材。

以“大秦岭的小日子”为主题的楼房沟精品民宿群为例，它位于留坝县紫柏街道办事处小留坝村，是北京隐居乡里民宿品牌与当地村集体合作的项目，目前已有 9 处院落投入运营。小留坝村扶贫互助合作社统一收购村中老旧房、闲置房，委托北京隐居乡里进行民宿产品的规划设计和运营管理，所开发的房屋院落及配套设施永久归小留坝村扶贫互助合作社所有，所得收益 30% 归村集体经济合作社。即使今年受疫情影响，入住率仍超过 97%，仅开业一个月，收入 15 万，集体分红 4.6 万，实现了产业发展带动当地农户增收。除此之外，民宿还吸纳了当地劳动力就业，如民宿管家和技术工种全部雇佣当地村民；民宿使用在地食材，使劳动转化了价值。与此同时带动当地特色产品如土蜂蜜、西洋参、香菇、木耳等产品的销售。

立足优势，深耕农、学、文、旅、林、体融合发展六大体系。旅游产业关联度高、带动力强，其经济乘数效应远高于其他行业，能够直接带动交通、通信、建筑、餐饮、商业、饭店、娱乐等十多个产业的发展，带动周边土地升值，对国民经济的拉动作用十分明显。随着乡村民宿业态的不断演化和升级，也催生了乡村民宿设计、建设、融资、运管、培训、用品、餐饮、营销、预订网络等多种服务业态，促进了游乐娱乐、度假、健康疗养、医疗、养老、体育、教育、环保、生态农业、创意农业等多种产业发展。留坝“旅游一业突破”战略能够在短期内取得成效，正是因为立足自身的生态优势、环境优势、组织优势，依托良好的生态、深厚的人文、优越的环境，做足“旅游 +”“民宿 +”的文章，构建全产业融合的旅游发展框架，深耕农、学、文、旅、林、体融合发展六大体系，全力打造“中国 · 大秦岭山地度假旅游目的地”，最终形成秦岭小农、秦岭研学、秦岭文创、旅居度假、森林康养、户外运动的产业融合发展格局，实现全民参与、全域发展、全产业融合，实现绿色产业助推乡村振兴。

留坝县建设营盘国际青少年足球研训基地一期工程。该项目建成 4 个标准化天然草坪足球场和 2 个 5 人制天然草坪足球场。2020 年，又投资建设营盘国际青少年足球研训基地（二期），打造以足球运动培训、赛事需求为主的国际足球交流中心，实现以球养球，以球促产，促进了体育与旅游的有效对接、深度融合。悉心打造山地融合之城，推进山地示范区建设，形成以足球、滑雪、山地骑行、户外拓展等为主的融合发展业态。

2019 年，全县实现旅游综合收入 22.76 亿元，连年保持 30% 的增幅。旅游及三产占地区生产总值的 53%，老百姓人均纯收入的 80% 以上来自旅游和农业产业收入。

三是建设善治乡村。留坝县坚持把全面夯实村级党组织的主体责任，以“两会一规一屋一治”（“两会”即村道德评议委员会、院坝说事会，“一规”即村规民约，“一屋”即德美屋，“一治”即乱象整治）为抓手，推动自治、德治、法治“三治融合”。通过村规民约立规矩，将改善农村人居环境纳入村规民约，作为群众行为规范；以德治教化引导，创新建立“德美屋”道德评议和积分奖励机制，引导群众转观念、促提升；以法治推进现代治理，引导群众树立法律权威，遵守规则意识。

充分发挥村党支部的战斗堡垒作用和党员的先锋模范作用。以脱贫攻坚为目标，以夯实组织基础为重点，留坝县创新开展“党建 + 脱贫攻坚”，通过完善农村基础设施、为贫困家庭开“药方”、引导贫困群众发展特色产业等帮扶措施，让贫困群众逐渐走上脱贫致富的道路。留坝县河口村根据个人特长，实行党员设岗定责，签订履职践诺目标责任承诺书，明确工作责任，每季度开展一次考核，实现了无职党员从“无位”到“有为”的转变，充分调动党员的工作热情，使他们积极发挥作用。

以管理组织体系创新为抓手，创设扶贫互助合作社，联结小农户，对接大市场，激发村民活力。留坝县从 2016 年 8 月开始试点推行扶贫互助合作社。扶贫互助合作社是依托村党支部成立的集体经济组织，由政府扶持，村集体以资源入股，全体村民是最大的股东。各村扶贫互助合作社由村支部书记担任理事长，社员以贫困户为主，其他村民自愿入股参与。扶贫互助合作社之下，设立若干个生产服务队，分为生产经营和公益服务两大类。扶贫互助合作社主要通过承接政府各类惠农项目、资金和龙头企业订单，管理运营集体资产，为群众发展产业提供产前、产中、产后服务，增加村集体积累。按照“村财镇管”的制度，扶贫互助社运营资本金及收入全部进入村集体账户，交由镇财政所管理。

依托扶贫互助合作社，留坝 75 个村不仅发展起了食用菌、高山花卉等种植产业，还创新性地探索诸如户外亲水营地、精品民宿等产业，全县 82.6% 的农户和 100% 的贫困户都被“镶嵌”在产业链上，极大提高了农民的组织化程度，以贫困户为主的农户发展产业持续增收问题得到彻底解决。截至 2019 年年底，留坝全县 75 个村扶贫互助合作社有产业基地 170 个、产业生产队 146 个、公益服务队 225 个。村集体积累账面余额由不足 1500 万元增长到 8875 万元，“空壳村”全部消除；村民累计享受分红近 1000 万元。扶贫互助合作社实现了群众收入增加、村集体积累增加、村级组织力提升，成为百姓欢迎、干部喜欢、上级党组织信任的“永不离开的扶贫工作队”。

3. 经验借鉴

北京北部的燕山和西部的太行山区，与古老的大秦岭一脉相承，是当代中国首都重要的生态屏障和水源保护地，是城市的“大氧吧”和“后花园”，在北京城市空间布局中处于压轴的位置。市委市政府高度重视生态涵养区的工作，不断强调要深入学习贯彻习近平总书记视察北京工作系列重要讲话精神，牢固树立和践行绿水青山就是金山银山的理念，坚持走生态优先、绿色发展之路，推动生态涵养区高质量发展。留坝以美丽乡村建设为基础，以绿色产业发展为方向，以乡村善治为支撑，为北京市生态涵养区提供了宝贵的经验借鉴。

一是坚持生态优先，强化系统治理，大、中、小环境整治一体推进。没有绿水青山，就没有金山银山，要心怀国之大者，自觉扛起生态涵养区生态保护的政治担当，牢固树立保护生态环境就是保护生产力、改善生态环境就是发展生产力的理念。在保护好大环境的同时，要持续改善村庄的“中”环境和农村庭院的“小”环境，推行绿色生产生活方式，在生态环境保护、农村基础设施建设及管护、农村人居环境建设方面构建长效机制。在确定生态涵养区各镇村特色发展定位及优化产业空间布局的基础上，对所有村庄分类、定级，挂牌整治，精细管理，按照“缺什么、补什么”的原则，科学施策，合理配置资源，为特色产业进村提供坚实的生态基础、环境基础、设施基础。

二是坚持绿色发展，强化产业支撑，推动“绿水青山”向“金山银山”的转化。贫穷不能保生态，没有金山银山，也没有绿水青山，生态与富民是不可分割的整体。留坝以及全国各地的实践表明，生态旅游产业就是撬动“绿水青山”向“金山银山”转化的“金杠杆”。近几年，北京市生态涵养区大力发展精品民宿，农宅合作社、民宿联盟纷纷成立，村企联营的机制普遍建立，取得了良好的成效，乡村旅游品质有所提升。同时，林下经济形成了林菌、林药、林花等多种模式。下一步，各区应该全面梳理农村闲置资源，厘清闲置资源权属关系，积极探索农村闲置资源的多元化利用，引入城市要素，鼓励具有运营能力的中小企业下乡，延伸发展高质量的农、林、学、文、旅、体、养融合性产业，城乡携手共建“生态＋特色农业”“生态＋研学”“生态＋康养”“生态＋精品民宿”“生态＋山地运动”等产业融合新业态，补齐资金短板、内容短板、运营短板，为生态富民打造产业新保障。

三是强化组织引领、激发内生动力、发挥农民主体作用。党的领导是发展的重要保障。留坝县委县政府谋求发展的信心和魄力，创新发展的眼光和长远打算，与村民、企业共同发展的服务心态，也发挥了重要作用。政府推出“乡村闲置资产管理平台”，特别设立“社会资本参与旅游开发奖励扶持专项资金”，创新扶贫社，做善谋发展的有心人、乡村振兴的领路人、贫困群众的暖心人。生态富民，农民是行动主体，也是受益主体，要激发农民内生动力，切实发挥农民的主体作用。调动亿万农民的积极性、主动性、创造性。在人居环境整治过程中，依靠群众力量，按照村规民约将改善人居环境转化为群众的自觉行动。在村庄规划中，注重广泛听取村民对规划的意见和建议，确保规划接地气。要引导村民参与乡村治理，村上的公共事务大家议、众人评、集体办，推进乡村治理体系和治理能力现代化。

北京生态涵养区要走好“生态优先，绿色发展”的高质量发展之路，就是要紧紧抓住美丽乡村建设、乡村振兴的历史机遇，用新发展理念切实推动发展转型，用系统化的思维打好“组合拳”，生态保护、绿色产业、党建引领三位一体，不可分割，不可偏废。要用心、用情、用力解决好群众和产业发展面临的痛点问题，认准绿色产业，振兴绿色经济，实现生态富民，推动“两山”理论在北京生态涵养区形成生动实践。

五、生态涵养区产业融合发展的政策建议

北京生态涵养区产业融合发展，要践行习总书记的“两山”理论，在保护好生态的前提下，发挥首善之区的作用，推动农业农村高质量发展；要遵循《北京城市总体规划（2016—2035 年）》，北京生态涵养区分区规划及北京市委市政府印发的《关于推动生态涵养区生态保护和绿色发展的实施意见》要求，围绕北京城市发展总体目标，着眼城乡关系新格局，激活生态涵养区富集的生态资源和农业资源；要发挥政府作用，有为、有效、有力；创新机制，完善政策；搭建平台，做好服务，使北京生态涵养区发展成为“两山”理论在京华大地的生动实践。

（一）政府在位，有效有为

1. 补齐基础设施和公共服务设施短板

补齐生态涵养区基础设施和公共服务短板是将绿水青山变成金山银山的重要条件。短板补得怎么样在很大程度上决定这一地区生态保护水平和绿色发展功能的强弱，也直接影响着这一区域的农业农村现代化水平。一是以基础设施和公共服务设施建设为抓手，推进生态涵养区生态振兴和美丽乡村建设。在确定镇村特色发展定位及优化产业空间布局基础上，配置高效运行的相关设施，并进一步完善灾害防控设施、灾害避难场所建设等。二是推进重要基础设施和公共服务设施差异化配置，重点完善生态涵养区内国家公园和自然保护区设施建设，形成以生态保护为目标的科教基地。三是以城乡互补、协调发展方式优先引进和建设 5G、大数据中心、人工智能等新型基础设施，增强带动就业、吸引人才、承接中心城区疏解产业的压力。

2. 科学规划布局、优化功能分区

一是指导建设行之有效、完善的从宏观到微观的村庄规划编制体系，把规划摆在更加突出的位置，高站位、高起点地进行科学设计，为将来发展留出空间。对村庄分类分级，因地制宜，分类指导、分级控制，形成村庄建设指南。提高村庄规划水平，尊重村民意愿，突出地域特色。二是推进生态循环种养和废弃物综合利用，确立种养业绿色发展的思路、途径、范围，划定生活、生产、生态空间开发管制界限，落实用途管制，形成合理的用地结构。

3. 立足优势，产业布局

一是推进乡村旅游休闲、文化休闲、体育休闲等多种休闲产业发展。统筹顶层设计，强化特色创意，打造一批功能多元、环境优美、景色迷人的美丽乡村，推进一二三产业深

度融合，创建一批主导产业突出、文化浓郁的休闲采摘园、亲子教育农园、农耕文化体验园、山地户外运动基地，推动发展一批精品民宿、自然教育营地、山地运动基地，激发公众对亲近自然、体验农事和乡村韵味的需求。二是加快发展林下经济。鉴于这几年林地面积的不断增加，可结合实际发展林下经济。三是以生态承载力和环境容量为基准，适度恢复发展养殖业，实现生态循环。四是发展宜居服务业，聚人气、聚要素、聚服务、聚市场，形成更大的外围居住服务消费市场，从根本上解决生态涵养区缺要素、难发展、等靠政府补的局面。

4. 开展示范，建立典型

指导推动绿色农业与农村发展技术的集成与示范。在农业产业链整合、农业清洁化生产技术链接、绿色生产技术和农业资源多级转化、资源节约高效利用和废弃物的资源化技术、循环农业技术标准规范、农业生态小城镇建设技术、农村生活消费绿色技术等层面加大力度，开展整合和集成研究，建立和完善推动农业发展的技术创新体系和技术示范推广体系，因地制宜建设一批一二三产业融合、生态循环农业、绿色乡村发展示范区。

（二）创新机制，完善政策

1. 生态补偿政策

一是创新理念，完善多元化生态补偿政策机制。转变政府角色，突出政府生态补偿的引导性作用，为生态涵养区正常运行发挥基础性保障和支持作用。按照“谁受益、谁补偿”的原则，建立多元主体参与的补偿机制。二是拓宽路径，多元筹集生态补偿资金。完善和加强水、土地、矿产等各种资源消耗税费的征收使用管理办法，加大各项资源税费使用中用于生态补偿的比例。二是积极探索建立水权交易制度、碳汇交易市场等，通过市场运作积累生态环境保护资金。三是从政府征收的增值税、营业税、城市维护建设税种，划出一定比例资金纳入生态补偿专项资金。四是扩大范围，将生态涵养区的基本农田、湿地、经济林等同样体现生态服务价值的生态资源列入生态补偿范围。

2. 土地政策扶持

一是加快推行集体经营性建设用地改革，搞活农村土地市场。加快落实农村土地“村地区管”指导意见，尽快建立农村土地管理的制度和机制，健全集体建设用地确权登记程序，严格规范征地程序，为农村土地市场化提供基础条件。二是依法依规建立城乡统一的土地交易市场，建立健全公平合理的集体经营性建设用地入市增值收益分配之地。三是大力创新点状供地方式，切实落实 5% 建设用地指标。依法制定点状供地规划，尽快完善相关政策，实现点状报批、点状布局、点状征地和点状供地模式落地。

3. 税收政策扶持

一是绿色特色产业减免税政策。对在北京生态涵养区发展的生态旅游、高新技术等绿色特色产业实施减免税政策。如对清理、运输生态旅游垃圾的公司给予企业所得税减免优惠和购置环境保护专用设备投资额相关抵扣。二是支持新型农业发展税收政策。在生态涵养区发展生态农业、科技农业等现代新型农业时，给予税收优惠政策。三是对新农人返乡发展农业相关产业，给予一定时期的税收减免和优惠。

4. 产业政策扶持

一是完善产业信息服务体系。完善北京生态涵养区产业发展规划和产业指导目录，将产业划分为鼓励发展类、限制发展类、禁止发展类、淘汰类，实行分类管理。二是设立特色产业扶持基金，专项用于生态产业企业的贷款担保、贴息、补贴等，重点用于文化创意、养老服务、物联网等新业态。三是设立地理标志产品扶持资金，推动产品品牌化。

（三）搭建平台，做好服务

1. 搭建创业指导的平台

农村广阔天地大有可为。生态涵养区有新农人回村，他们有情怀有胆识，但其中不乏有许多创业者还需要必要的指导。建议政府搭建创业指导的平台，对新进入农村的从业者提供具体的指导，比如对涉及的农业产业、技术支持、经营管理、涉农政策、农业事务办理等提供细致的引导；对新农人提供一些政策支持，比如无息贷款、农业机械设施补助、涉农领域专业培训和交流等。

2. 搭建政策服务的平台

政府用心、用情做好服务。重点将市级、区级、镇级三级政府各部门涉农领域的政策汇总打包，由各区主责建立“涉农领域政策平台”，并设立咨询部门或咨询电话便于进一步做好涉农政策解释与服务等工作。

3. 搭建联结市场的平台

乡村是宝贵的资源。建议政府设立郊区旅游消费券、乡村文化消费券、农业体验消费券等各类郊区消费券，吸引城市人到乡村旅游消费，体验乡土特色，感受乡村文化，激发乡村活力。

4. 建立乡村人才资源库

建议由市级农口部门建立乡村人才资源库，搭建村庄建设与所需专业人才的对接平台。建立涵盖生产、技术、运营、管理、设计、文化等方面的乡土实用人才，汇聚乡村种养殖能手、能工巧匠等“土专家”“田秀才”，凝聚高校涉农领域专家、学者；聚集社会各领域懂农业爱农村的各类人才及队伍为乡村振兴、产业发展贡献力量。

课题负责人：刘军萍
课题组组长：陈奕捷
课题组成员：吴国庆、李敏、张颖、张燕
执　笔　人：李敏、陈奕捷

生态涵养区城乡融合发展路径研究

——以密云金叵罗村乡村休闲产业发展为例

绪论

党的十九大做出了重大决策部署，明确提出要建立健全城乡融合发展体制机制和政策体系。2020 年 5 月，中共中央、国务院印发了《关于建立健全城乡融合发展体制机制和政策体系的意见》。党的十九届五中全会提出：优先发展农业农村，全面推进乡村振兴。坚持把解决好“三农”问题作为全党工作的重中之重，走中国特色社会主义乡村振兴之路，全面实施乡村振兴战略，强化以工补农、以城带乡，推动形成工农互促、城乡互补、协调发展、共同繁荣的新型工农城乡关系。因此，城乡融合发展具有鲜明的中国特色，不仅是破解新时代社会矛盾的关键抓手，是国家现代化的重要标志，也是拓展发展空间的一个强劲动力，对我国经济社会发展具有重大而深远的意义。城乡发展不是此消彼长的零和博弈，是融合发展、共享成果的共生过程，是避免走“城市兴、乡村衰”的老路，是要走出一条城市和农村携手并进、互利共赢的新路。通过城乡融合发展，重塑新型城乡关系，实现乡村振兴和农业农村现代化。

北京生态涵养区是首都重要的生态屏障和水源保护地，也是城乡一体化发展的敏感区域。《北京城市总体规划（2016—2035 年）》对生态涵养区的功能定位及发展目标进行了明确界定。北京生态涵养区将保障首都生态安全作为主要任务，坚持绿色发展，建设宜居宜业宜游的生态发展示范区、展现北京历史文化和美丽自然山水的典范区。同时，生态涵养区要落实首都城市战略定位，加强城乡统筹，实现城乡发展一体化。

在实践中，乡村休闲产业已经成为乡村产业发展的重要支柱，成为推进乡村振兴，促进城乡融合的有效途径。就北京而言，休闲农业和乡村旅游也是未来乡村振兴的重要载体和抓手。《北京城市总体规划（2016—2035 年）》指出，要按照城乡一体化方向，坚持乡村观光休闲旅游与美丽乡村建设、都市型现代农业融合的发展思路，推动乡村观光休闲旅游向特色化、专业化、规范化转型，将乡村旅游培育成为北京郊区的支柱产业和惠及全市人民的现代服务业，将乡村地区建设成为提高市民幸福指数的首选休闲农业度假区域。绿水青山就是金山银山。在当前生态文明建设、乡村振兴和决胜全面建成小康社会的新形势下，休闲农业与乡村旅游已经成了重要的民生产业，一端连着消费市场，一端连着田间地头，成为城乡融合的重要载体和支撑。因此，从乡村休闲产业角度研究生态涵养区城乡融合发展路径有重要的实践意义。

金叵罗村，位于密云水库南侧1.5公里，在突出保水政治责任的同时，坚持生态优先、群众主体，以农民专业合作社为载体，以产业融合为发展主线，吸引城市创客融入村庄，携手打造“农业＋民宿＋自然教育”发展模式，不仅实现了农民收入的多元增长，更激发了乡村活力，推动了城乡融合。村庄先后被评为“全国一村一品”示范村、“全国美丽休闲乡村”“全国乡村旅游重点村”。因此，选择金叵罗村作为典型案例进行深入研究，形成有价值的经验，对于推进北京生态涵养区城乡融合和乡村振兴具有重要的实践价值。

一、基本概念界定

（一）城乡融合

1. 内涵

城乡融合的概念最早由马克思提出，它是世界城乡关系发展的最终目标。社会学界从城乡关系的角度分析，认为城乡融合是要实现生产要素在城乡之间的合理流动和合理分布，促使城乡之间经济和生活紧密结合，进而使城乡融为一体；经济学界认为城乡融合要实现城乡经济的统一布局，优化城乡生产力分配结构，促进城乡之间的经济交流，从而更好地实现经济效益；生态、环境领域的学者则认为城乡融合要实现城乡之间生态环境的有机结合。张永强、田媛认为城乡融合是要使城乡之间在社会、经济、生态等各个方面都能实现相互融合，最终的目的是达到城乡在社会上和谐、经济上协调、生态上共存的城乡社会关系。

宋迎昌从“城乡一体化”“城乡统筹”和“城乡融合”相关概念的辨析中指出，“城乡一体化”“城乡统筹”“城乡融合”都是对城乡发展关系的认识，都是对“城乡分割发展”的否定，“城乡融合”强调的是过程和路径，强调的是“城乡平等”“互促互动”和“全民参与”。“城乡一体化”强调的是目的和结果；“城乡统筹”是党的十七大报告着力强调的内容，强调的是手段，强调的是“政府主导”和“城市主导”。

2015年，习近平总书记在中央政治局集体学习时讲到“五化”，就是要实现城乡居民基本权益平等化，城乡居民收入均衡化，城乡公共服务均等化，城乡要素配置合理化，城乡产业发展融合化。这“五化”的提出为城乡融合发展指出了明确的方向。

2. 关于城乡发展的路径

一种观点认为，不能以牺牲城市聚集效应来追求短期的城乡平衡发展目标，而应该在发挥城市聚集效应基础上通过区域和城乡协调发展政策来追求长期城乡融合发展目标。第二种观点认为应该通过城乡统筹实现城乡融合发展。第三种观点认为应该通过实施乡村振兴战略实现城乡融合发展。还有观点是强调特色小镇的作用，认为特色小镇是实现城乡融合发展的突破口。

3. 城乡融合发展的相关基础理论

李瑞光认为关于城乡一体化的相关理论国外主要有三种。一是赫希曼的极化—涓滴效应学说。主要观点是，如果一个国家的经济增长率先在某个区域发生，那么它就会对其他区域产生作用。二是区域经济学的梯度推移理论。理论源于弗农提出的工业生产的产品生命周期理论。梯度推移理论认为，一个区域的经济兴衰取决于它的产业结构，进而取决于它的主导部门的先进程度。三是区域经济学的中心—外围理论。弗里德曼认为，经济发展是一个不连续但逐步累积的创新过程，而创新起源于区域内少数的变革中心（核心区），并由这些中心自上而下、由里向外地朝着创新潜能较低的地区（外围区）扩散，使创新在中心不断地出现，进而使外围的发展处于不利地位。

国内的主要理论一是人地关系地域系统理论。该理论认为，人地系统由自然环境、社会、经济等子系统组成，是人类活动与地理环境相互影响、相互反馈、相互联系而形成的复杂、开放的系统。城市与乡村空间交错、功能互补、环境共生、地域一体、文化一脉，形成相互影响、相互作用、规模庞大、结构错综复杂、功能综合多样的城乡地域系统。二是区域空间结构理论。从本质上而言，空间结构理论是一种使用非均衡增长路径实现均衡发展的理论，即发挥（城镇）轴线（重要基础设施）的扩散效应，带动落后区域（乡村）发展，实现城乡差距“倒 U”形演变，最终实现空间均衡发展。

4. 城乡融合发展存在的突出问题和发展成就

一是城乡发展不平衡，城乡差距巨大。长期以来“重城轻乡”，造成了城乡基础设施、人居环境条件及教育、卫生、文化等公共服务配套方面的巨大差距。二是农业基础不牢固，发展压力加大。作为高风险、低收益的产业，农业在工业化、城镇化进程和市场化竞争中往往面临更多问题、更大风险。三是城乡融合发展中环境污染问题依然严重。对于发展成就，主要表现在城乡融合发展稳步推进、农村基础设施显著改善、农村公共服务设施水平大幅提升和农民生活水平不断提高。以北京为例，2018 年北京城乡融合发展监测体系数据显示，全市城乡融合发展进程综合实现程度达到 86.6%，在社会发展、生态文明、社会治理、公共服务和民生质量方面均实现较高程度的融合发展。

5. 体制机制和政策保障

周凯认为，城乡融合制度作为一种制度安排，首先要考虑其制度环境，同时制度环境也要做出变革，适应城乡融合发展的需求。陈明星认为要完善规划引领机制，充分发挥要素和产业的融合功能。要完善政府引导机制。姜长云认为，要按照“重中之重”推进“三农”乃至经济社会发展的政策转型，发挥规划对城乡融合发展的引领作用，积极引导具备条件的进城农民工有序融入城市。建立健全城乡融合发展体制机制和政策体系，促进城乡融合发展和城乡要素双向流动。

6. 从乡村振兴与城乡融合的角度进行研究

李国鹏认为以城乡融合发展推动乡村振兴的重要意义，有效解决乡村发展不平衡、不充分问题，也为全面建成小康社会夯实基础。何仁伟从理论探讨、机理阐释与实现路径深入探讨了城乡融合与乡村振兴的关系。认为核心是解决“人”“地”“钱”“业”等关键问题。“人”即人力，是劳动力、技术、管理等生产要素的载体，应处理好农村劳动力流出与新生动力的培养之间的平衡，应加强乡村人口结构和劳动力结构优化、乡村人力资本开发利用、人口流出—劳动力留住—人才培养与吸引等方面的研究。“地”即土地资源，是乡村建设与发展的空间载体，应处理好农民与土地、乡村振兴与土地供给的关系，重点加强农村土地“三权分置”改革、进城落户农民“三权”退出机制、乡村振兴用地保障机制等方面的研究。“钱”即财力，是乡村振兴所需的资金，主要是解决拓宽资金来源，提高资本使用效率等问题，重点开展乡村振兴的金融服务路径、工商资本参与乡村振兴的机制、涉农资金统筹整合、农村土地增值收益分配等方面的研究。“业”即产业，是乡村振兴的重点，是乡村可持续生计之根本，应重视农业的基础地位，发挥二、三产业的龙头地位，促进三产融合发展。

（二）生态涵养区

1. 地域范围

《北京城市总体规划（2016 年—2035 年）》（以下简称“新总规”）确定了“一核一主一副、两轴多点一区”的城市空间结构。其中“一区”即指“生态涵养区”，包括门头沟区、平谷区、怀柔区、密云区、延庆区，以及昌平区和房山区的山区部分，总面积 11259.3 平方公里，占全市总面积的 68%。这一区域承载着厚重的历史文化和美丽的绿水青山，是首都重要的生态屏障和水源保护地，是保障首都可持续发展的关键区域。截至 2017 年年末，整个生态涵养区的常住人口为 266.4 万人，占全市常住人口的 12.3%。

2. 功能定位

新总规对生态涵养区的定位是：首都重要的生态屏障和水源保护地，也是城乡一体化发展的敏感区域，应将保障首都生态安全作为主要任务，坚持绿色发展，建设宜居宜业宜游的生态发展示范区、展现北京历史文化和美丽自然山水的典范区。北京市委市政府 2018 年 10 月 20 日印发的《关于推动生态涵养区生态保护和绿色发展的实施意见》（以下简称《实施意见》）中明确将“保障首都生态安全”作为生态涵养区的主要任务，提出“四个坚持”，即坚持加强保护不断扩大生态环境容量和提高生态环境质量，坚持绿色发展不断增强内生发展动力，坚持服务民生不断缩小基础设施建设水平和公共服务能力差距，坚持改革引领不断完善制度保障体系，统筹实施“两山三库五河”生态保护，系统推进“一城两带多园”绿色发展，走出一条特色化、品牌化、差异化的高质量发展之路。北京市生态涵养区是首都重要的生态屏障和水源保护地，是城市的“大氧吧”和“后花园”。

3. 产业选择

新总规立足对各个生态涵养区的功能定位，分别提出了主导功能和产业。各区分区规划也立足区域实际，提出了发展的重点产业。例如，密云区是首都最重要的水源保护地、区域生态治理协作区、国家生态文明先行示范区、特色文化旅游休闲及创新发展示范区。密云区要将保水作为首要责任，协同做好怀柔科学城建设，特色农业与旅游休闲产业融合发展。区域内一产以特色农业种植为主导，二产以智能装备、医药健康、节能环保为主导，三产以休闲旅游、科技研发、信息技术、绿色金融为主导。密云区深入践行“绿水青山就是金山银山”理念，大力发展都市型现代农业、高端休闲旅游业、乡村民俗旅游业及健康养生业等绿色产业，走出了一条北京生态涵养区绿色发展的新路子。

（三）乡村休闲产业

休闲产业具有高综合、高关联等特性，是城乡经济互动发展的重要纽带，能有效带动城乡产业协调发展，有利于缩小城乡差距，促进城乡经济乃至整个社会的和谐发展。随着我国城市经济高速发展，乡村休闲产业逐渐成了广大乡村尤其是发达地区乡村产业转型发展的方向，是以农村为休闲目的地，以农业资源、乡村自然资源为依托的一种原生态的生活方式和休闲活动方式呈现的新产业新业态。乡村休闲发展是以乡村旅游为基础，具有很强的衍生品及产业关联度，它可以综合乡村的风土人情、民间文化、地方特色、自然景观、人文景观于一体来综合开发和利用，使得休闲消费者愿意用更多的时间停留在一地细细品味及慢慢体验乡村休闲带来的生活放松和惬意，时间的停留将带来消费方式的改变。乡村休闲既带动了农业经济、农村经济转型，又为发展农村经济、改善民生提供了契机。休闲农业是乡村休闲产业的重要组成部分。本文的乡村休闲产业主要指休闲农业，它是贯穿农村一、二、三产业，融合生产、生活和生态功能，紧密联结农业、农产品加工业、服务业的新型农业产业形态和新型消费业态。台湾的学者和专家认为，休闲农业是以农业活动为基础，农业和旅游业相结合的一种新型的交叉型产业，也是以农业生产为依托，与现代旅游业相结合的一种高效农业。休闲农业的基本属性是以充分开发具有观光、旅游价值的农业资源和农业产品为前提，把农业生产、科技应用、艺术加工和游客参加农事活动等融为一体，供游客领略在其他风景名胜地欣赏不到的大自然情趣。

二、乡村休闲产业推动城乡融合发展的内在机理和经验借鉴

乡村休闲产业作为一种新的生产方式和经济形态，将传统农业单一的生产方式转向多功能发展，成为生态文明背景下城乡融合发展的新趋势。

（一）内在机理

社会学界从城乡关系的角度分析，认为城乡融合是要实现生产要素在城乡之间的合理流动和合理分布，促使城乡之间经济和生活紧密结合，进而使城乡融为一体；经济学界认为城乡融合要实现城乡经济的统一布局，优化城乡生产力分配结构，促进城乡之间的经济交流，从而更好地实现经济效益；生态、环境领域的学者则认为城乡融合要实现城乡之间生态环境的有机结合。而乡村休闲产业使城市和乡村在社会、经济、生态等各个方面都能实现相互融合。比如说都市农业，不仅有优化生产、提高经济效益的功能，还具备了生态和生活服务功能；乡村旅游，有助于优化城乡资源配置，调整乡村经济结构，缩小城乡差距；乡村民宿，盘活了闲置资源，富裕了村民，活化了乡村；自然教育和体验，传承了农耕文化，进行了生命教育。

1. 社会方面

随着生活水平的提高，人们在农产品消费过程中越来越注意质量安全问题。由于目前农产品供应的流通环节较为复杂，存在“长距离多环节”的特点，使得生产者与消费者之间处于割裂状态。而都市现代农业、有机农业、社区支持农业（CSA）可以通过建立农场会员制等多种形式，使城市生活与农业生产建立直接联系，体现“近距离短环节”的优势，促进了城乡交流，成为保障城市居民农产品安全的重要方式。同时，休闲农业中的观光农业以及市民农园能够提供给城市居民亲自感受和体验农业活动的机会，一些以教育培

训为主的教育农园还可以对城市居民特别是青少年进行农业生产等相关的科普教育以及乡村开发的各类农耕体验活动不仅使农业文明得到了传承和发展，还可以在人们了解农业科技的同时，促进城乡文化交流，推动了城乡融合的发展。

2. 经济方面

一方面，城市相比于农村具有对外开放、发展迅速等优越的条件，能够实现与国外市场相接轨。发展乡村休闲产业可以依靠城市开放的条件，加快农产品的出口，解决农产品销售痛点，增加农民收入；同时，现代农业园、高科技园区等可以充分利用城市的人才和科技，提升农产品产量和价值。而另一方面，都市农业保留了传统农业的生产和耕作特征，通过利用多种农业资源，开发农产品加工、流通以及相关产业，为农民提供农业相关产业的就业机会，为劳动技能较低的群体融入城市提供缓冲。

3. 生态方面

生态涵养区通过持续实施百万亩造林绿化、京津风沙源治理、永定河综合治理和生态修复等重点工程，推进河长制、全面落实清洁空气行动计划等多项措施，使生态环境品质明显提升，夯实了乡村休闲产业的发展基础。北京生态涵养区是首都的大氧吧和后花园，构筑了城市绿色生态屏障，促进了绿色协调发展。

（二）经验借鉴

日本：发挥农业多功能，活化乡村

日本是一个人多地少且城市空间紧凑的国家。日本通过发展都市农业，在促进经济增长的同时，也使得生态环境保护和产业开发相统一，从而实现了社会、经济和生态的可持续发展，推动了城乡一体化发展进程。

一是日本各大城市建立市民农园、农业公园等，为市民提供了接触农业、亲近自然的机会。为 65 岁以上的退休老人开辟银发族农园，将农业和养老产业相融合，例如东京神奈川县，将闲置的土地开发成农园，租给退休的中老年人进行种植，使中老年人在参与农业活动中获得快乐，减少医疗与照顾，改善老人身体状况，同时改善城市的自然环境，提高市民生活质量。

二是通过六次产业结构，发挥农业的多功能性，开展“农山渔村体验与绿色休闲旅游”活动，为乡村赋能。从 2008 年开始实施，目标为 2016 年全国公立小学 5 年级学生 1000 万人到农山渔村小住一星期，进行农山渔村生活及农林渔业体验活动。比如插秧，收割水稻，果树护理，蔬菜栽培，动物养殖照顾等；参加当地的文化活动交流，传统祭祀活动，民俗艺术等活动。发展至今，农山渔村绿色休闲旅游自然体验活动逐渐成熟，类型多元，不仅使更多的人加深了对农业的理解，培养了未来的农业从业者，而且在实践上促进了当地的活化，实现了教育为农业农村赋能。

三、城乡融合发展背景下的金叵罗村乡村休闲产业发展

金叵罗村位于密云区溪翁庄镇中部，密云水库南侧 1.5 公里，村域面积 7.83 平方公里，周围低丘环绕，形似叵罗（古代的一种酒器），是一个具有悠久历史的传统农村。村庄耕

地资源有限，人均耕地面积 0.6 亩，远低于全市人均耕地面积；拥有山场面积 7000 亩，特色综合种植园区 1000 亩，樱桃园 600 亩；以樱桃、小米特色种植为主导产业，融入自然教育和农耕文化，实现一产和三产的有机融合。2018 年实现农民人均纯收入 2.4 万元，2019 年达到 3 万元。村庄先后被评为“全国一村一品”示范村、“全国美丽休闲乡村”“全国乡村旅游重点村”。

村庄农旅融合项目由金樱谷民俗旅游合作社运营，全村 93% 村民入社，拥有流转土地 1800 亩，流转农宅 10 个，未来计划流转农宅 50—100 个，资金入股的股东预计自投资金 500 万元，2021 年计划投入 1500 万元，开始着手打造村域旅游综合体。

- 金叵罗村乡村旅游发展历程
- 2012 年经村两委商议，党员大会审议，村民代表决议，以“新三起来”为指导，加快农民增收致富为目标，编制了金叵罗村旅游发展规划，确立了金叵罗村发展之路：以“旅游 +”为主线，以旅带农，以旅促农，以乡村美丽经济促产业发展。
- 2012 年，村庄先后成立了樱桃合作社、农业种植专业合作社和民俗旅游合作社，依法将农民闲置的土地、农宅、果园流转到合作社，由合作社统一管理，实现规模经营。入社社员分别为 218 户、658 户和 192 户，农民组织程度明显提高，三个合作社就像一台发动机，让传统农业种植村成为向都市现代农业发展村迈进。
- 2012 年，着手对合作社统一管理的土地实施严格管控，进行土壤改良，不打农药不施化肥。
- 2014 年北井小院落成，为村庄民俗户示范了新的接待标准。同年，打造了金叵罗农场原木儿童乐园，尝试为城市居民提供游、玩、学一体的乡村生活体验。
- 2014 年金叵罗首届樱桃采摘节、首届金谷开镰节成功举办，当年接待游客达到 5 万余人次，实现收入 120 万元，农户间接收入 600 余万元，同比增长均超过 50%。
- 2015 年，被农业农村部评为“全国一村一品”示范村。
- 2016 年，市低碳环保协会将金叵罗村定为试点村，辅导村庄进行各项堆肥实验。同时响应中央“厕所革命”的号召，在农场增设蚯蚓无水厕所，践行低碳环保理念。
- 2017 年，老友季精品民宿落户村庄，树立了新的旅游住宿标准，带动了村庄民俗户的提档升级。
- 2017 年，由 93% 的村民共同持股的金樱谷农场被评定为北京市市级社会大课堂指定园区，每年为 10 余家学校 6000 人次提供劳动课程。
- 2018 年，飞鸟与鸣虫食农教育农场落户金叵罗，四位留英硕士为村庄注入了国际化的自然教育理念。
- 2018 年 9 月，合作社响应国家号召，协同老友季、飞鸟与鸣虫共同策划举办了首届农民丰收节活动，首次使用互联网预售票模式，联同 20 余家网红工作室为农场注入丰富有趣的互动活动，并举办了谷子地乡村摇滚音乐节，3 天吸引上万人次，园区创收 30 万。
- 2018 年 10 月 11 日，市农研中心在金叵罗村召开首届中国农民丰收节交流研讨会。
- 2018 年，被农业农村部评为 2018 年中国美丽休闲乡村。

- 2019年，在区政府的支持下，对金叵罗农场及周边环境进行提升改造，完善了农场功能，划分为种植采摘区、动物喂养区、五谷体验区、素质拓展区、鲜花观赏区、林下露营区、戏水乐园区、木工手作区、田间食堂及农夫市集。
- 2020年8月，被国家发展改革委、文化和旅游部评定为全国乡村旅游重点村。
- 2020年，被中国儿童少年基金会评定为行知教育基地，为全国中小学提供行知教育劳动课程。
- 2020年9月，第三届农民丰收节举办，密云区工会协同朝阳区工会组织“百万职工游密云”，农场单日接待量创新高6700人次，节日8天共接待4.5万人次，创收逾百万。
- 2020年12月，筹划举办首届金叵罗乡建论坛，吸引更多志同道合的乡村创客共谋发展。
- 2021年，金樱谷民俗旅游合作社计划投入1500万元，开始着手打造村域旅游综合体。

（一）发展定位

在践行保水第一责任，产业发展受到政策强约束并且村庄资源有限的情况，坚持生态优先、群众主体、以农民专业合作社为载体，以产业融合为发展主线，吸引城市创客融入村庄，携手打造“农业＋民宿＋自然教育”发展模式，在“绿水青山”和“金山银山”之间架起桥梁，实现了农民收入的多元增长，激发了乡村活力，做好了融合发展助推生态富民这篇大文章。

（二）发展思路

1. 立足乡村特色资源。深入挖掘村域资源，整合村域自然资源、文化资源、生态资源，统筹考虑用地发展、空间结构、乡村建设、产业发展、设施布局，统一规划、一体运营。例如金叵罗村大力发展金叵罗“贡米”品牌，使金叵罗小米价格成倍增长并得到消费者的认可。在此基础上，积极推进融合发展，着力打造以“贡米”打包饭为特色的“一村一品”民俗旅游餐饮。同时，开展农耕体验季等特色服务项目，锻造多项体验项目，带动园区持续经营，甚至带动区域发展，为农业赋能，助推乡村振兴！

2. 重视乡土文化。一是将农耕文化作为乡土乡情教育的重要内容。乡土乡情是传统文化的根基，深入开发农业资源，认真挖掘文化符号，建设农耕文化实践基地，激发学生对自然和传统农耕文化的认知。二是创新乡土文化，充分融合新时代社会主义核心价值观、吸收城市文化中的现代元素，实现乡土文化的继承和创新。三是打造乡土文化的载体。乡土文化要真正具备吸引力，还要有能留得住乡愁、放得下乡土情结的归宿。金叵罗村依托特色文化助推民俗旅游发展，连续举办六届樱桃采摘节、金樱谷开镰节和两届中国农民丰收节等农旅文化活动，提高了村庄的知名度和影响力，成为密云区独具特色的旅游品牌。

3. 推进产业融合。一是纵向延伸农业产业链。从农产品种植、加工、销售等多个领域入手，有力促进农业产业链延伸。金叵罗村土壤肥沃，种植谷物已有几百年历史，收成的谷子粒粒饱满、圆润、晶莹，金叵罗村小米是密云区“八大特产之一”，曾为皇宫贡品。在种植的基础上，引入现代谷物加工机械，还采用小毛驴加石磨碾压的传统的小米加工方式，经过真空包装后，形成民俗旅游的精品伴手礼，进一步拓展了农产品销售渠道，实现农业生产与农产品销售有效融合。二是横向拓展农业多功能。深入开发农业的体验、文化、教育、生态保育等多种功能，形成“农业 + 旅游”“农业 + 自然教育”“农业 + 民宿”等多种业态，在产业融合中充分发挥农业文化传承作用，进一步发展和继承中国农耕传统文化，保护农村文化多样性，注重农村传统文化创新，更好推进农村产业的融合与发展。

（三）主要做法与成效

1. 成立农民专业合作社，规模经营，富裕了农民

农民专业合作社是适度规模经营的主体，将农民组织起来，通过就业带动、保底分红、股份合作等多种形式，让农民合理分享全产业链增值收益。金叵罗村先后成立了樱桃合作社、农业种植专业合作社和民宿旅游合作社，三社互相融合，分工协作，建立利益共享机制，带动农民增收致富。2012 年年底，按照农民自愿的原则，以每年每亩 1000 元，每年每亩递增 50 元的方式，依法将分散在农户手中的土地集中起来，共流转农地 1400 余亩，由合作社统一管理实现规模经营。2013 年，成立了北京金樱谷农业专业合作社。村民通过土地、农宅、樱桃园等闲置资产入股 930 户，以资金入股 213 户，入股资金 400 余万。截至 2020 年，全村 93% 的村民成为合作社股东。合作社成立后，以凤凰台、龟山为中心，建立了金樱谷农场——这是全北京市唯一一家由上千村民自建的生态农场。金樱谷农场的创立，为本村 35 名 60 岁以上村民及残疾村民提供了就业岗位，全年工资性收入 150 万余元；同时，农场发展有机种植、农耕体验、民俗旅游等项目，间接为 400 多名妇女搭建就业平台，促进了增收致富。

2. 发展六次产业，延长产业链，提升了经济效益

一是理念前瞻，有机种植。自 2012 年土地流转至今，坚持不打农药不施化肥，自然堆肥，物理除虫，人工除草等方式优化土壤有机种植小米和蔬菜，提高了产品质量。二是延伸产业链，在有机种植的基础上，开发贡米打包饭，将小米直接从地头销售转化为餐桌上的佳肴，提升产品价值。截至目前，全村有十分之一左右的农户开展民俗旅游，提供打包饭。三是依托在地资源并融合传统农耕文化，开发农事体验活动、劳动教育等课程。“金樱谷农场”被评定为市级中小学生社会大课堂资源单位，先后为顺义二中、北京酒仙桥小学，北京朝阳教研中心附属学校，北京五十分校等 11 所学校提供农业体验和教育活动。同时，村庄通过举办“樱桃节”“农民丰收节”“金樱谷开镰节”等大型农事活动，再现乡愁乡趣，吸引城市市民到乡村消费。截至目前，已有高端城市固定客户 300 余家。2020 年，通过朝阳——密云对口帮扶，更多的城市居民到金叵罗村休闲旅游。“飞鸟与鸣虫”自然教育农场，是农民组织与有国际化视野的创业团队的合作模式，同时也是乡村与城市融合的一座桥梁。主要采用会员制方式开展农耕和自然教育活动，吸引城市市民。农场充分发挥农业的教育、文化和艺术价值，开展食农教育、环境保护、自然科学、田野艺术、

传统民俗等体验式活动。经过近一年的运营推广，农场已经服务超过上万计国内外宾客。六次产业发展，全面促进一二三产业深度融合，推动农业供给侧结构改革，有力促进农业增效、农民增收。

3. 引进精品民宿活化乡村，实现一个目标，两个和谐

精品民宿一头联结乡村闲置农宅，一头联结旅游者对美好生活的向往，成为乡村旅游提质增效的突破口。在金管箩村，随着高消费市民到村内体验活动的增多，其高端住宿需求亟待满足，民宿应运而生，村庄产业品质随之借力提高，这与其他地区民宿集群资本下乡冲动的发展路径有所不同。2015 年，该村引进“老友记”精品民宿，实现一个目标，两个和谐。“一个目标”是提升村民理念。通过村支书近一年考察后引进的“老友季”精品民宿，探寻“花草庭院，诗意栖息”，利用村庄闲置农宅，先后打造 2 座高品质院落，深受客户喜爱，2020 年 5 月疫情之后，甚至出现长时间日日爆满。精品民宿，引入了城市文创设计和管理运营经验，激活了村庄“沉睡的资源和资产”，给整个村庄带来了生机和活力，让村民切身感受到“精品民宿”的魅力，深刻认识到乡村的经济价值、生态价值和文化价值，推动本村农家乐提档升级，品质提升。

“两个和谐”——一是与乡村和谐。坚持民宿与乡村是彼此滋养彼此给予的，民宿的改造保留了乡村庭院的内在机理，保留了乡土特色。修旧如旧，尽可能在原有的院落形态上改造，不破坏村庄原始风貌，做到“土不掉渣”“退进屋是城市，跨出院是田园”。为了提供更加美好的住宿体验，民宿小院种植各类花卉，成为村庄美丽风景线。二是与周边村民关系和谐。盘活闲置农宅，增加了农户资产性收入；聘请当地村民做管家做服务，提供就业机会，增加就业村民工资性收入；帮助村民销售农副产品，增加村民经营性收入；同时，深度融合，民宿经营者积极为村庄发展贡献了力量。

4. 携手飞鸟与鸣虫，创新了业态，联结了城乡

金管箩村当前产业规模和农民增收效果并不十分突出，但其兼容并蓄、开放共享的理念，不断吸引新鲜血液，创新着乡村发展新业态，发展势头十分可喜，未来可期。确立“农业 + 教育”融合方向。2018 年，四位在教育、农业、公益领域有丰富经验的留英女硕士与金樱谷农业专业合作社携手创立“飞鸟与鸣虫”体验式农场，用国际化的视野和理念创新思路，投入到乡村建设。农场以亲子食农教育为主题，根据四季变化提供包含自然科学、自然戏剧教育、食物与农业、传统节庆文化等主题的亲子课程。自然教育农场，充分发挥农业多功能，实现了农业与教育的深度融合，创造了新供给，培育了新业态，实现了新价值。“飞鸟与鸣虫”体验式农场的创立，引入了台湾面包窑大师郑景园亲手建造的柴火面包窑，还吸引了 10 余位在艺术、农业、公益、教育、传媒等各领域具有建树的共建人。他们的到来，为创新乡村产业新业态提供了更多可能。2021 年，他们将邀请国内最著名的朴门永续农业设计师、“自然之友盖娅设计工作室”创始人高健设计野奢露营花园，并与村合作社、城乡志愿者、学校采用“社区参与式营造”共同完成施工建设。项目设计将遵循“朴门永续农业”理念，把原有废弃设施和果园荒地打造成兼具休闲度假、生态环保、仿生湿地、露营野餐、农业景观、自然教育等多功能户外空间。飞鸟与鸣虫创始人

之一李一方为中国风景油画第一人、著名美术教育家李瑞年唯一的孙辈继承人。2021 年，飞鸟与鸣虫将携手国内著名艺术推广人、收藏家、势象空间创始人李大钧将金叵罗村闲置废旧厂房打造成北京首个乡村美育馆。届时，李大钧计划捐赠价值 1500 万元的名家藏品，将中国现当代的艺术作品放置于密云的好山好水之中，集艺术展览、美术教育、行业活动于一体。通过项目锻造，提升京郊农旅文创产业品质，使金叵罗村村庄旅游成为京郊标志性精致乡村旅游，成为北京市民度假、休闲目的地。

四、金叵罗村城乡融合发展路径分析

（一）以农民增收为目标，促进乡村休闲产业融合发展

产业融合对于促进农民增收和缩小城乡居民收入差距具有重要意义。农村产业融合发展提高了村民的收入，促进了农村经济增长，缩小了收入差距，加快了城乡融合的步伐。2012 年以前，金叵罗村是以玉米种植为主，经济效益不高，而且村里没有名胜古迹、没有景区等旅游资源，民俗旅游等几乎为零，长时间没有找到有效的增收之路。2013 年，在村党支部的带领下，以新“三起来”为指导，确定了把土地流转起来、实现规模经营，农民组织起来、提高组织程度，资产经营起来、推进融合发展。一是因地制宜发展特色产业，大力发展有机特色小米，樱桃和有机蔬菜，为新产业发展夯实基础。二是认真挖掘文化符号，大力开发农业生态、教育、休闲、体验等多种功能，积极发展休闲农业、自然教育等多种业态，构建农村产业融合体系，打好乡愁牌，引来城市人流，推动无形的生态旅游产品和有形的生态农业产品一起消费、一体营销。通过一二三产深度融合，发展了六次产业，延伸了产业链条，提升农业产品附加值，为生态富民打造产业新保障。三是大力发展精品民宿。民宿是一个以农业为基点、农村为空间、农房为落脚点、兴村富农为目标的农村新兴产业，是乡村功能拓展和农村一二三产融合发展的结果，是推动乡村产业振兴的有力抓手。四是确立“农业 + 教育”方向，携手飞鸟与鸣虫深度整合村庄农业资源，发挥闲置资源的作用，锻造自然教育产品，服务城乡居民。金叵罗村以农业为依托，通过合理布局产业发展区域，加快发展特色产业和支柱产业，发展高端高质高效产业和产品，吸纳农村劳动力，引导农村居民就地转移就业，促进农村居民收入的持续有效增长。

（二）以美丽乡村建设为着力点，加强基础设施建设，提升公共服务水平与质量

推进城乡融合发展，应加强农村基础设施建设，实现城乡基本公共服务均等化，只有如此，才能为城乡融合发展提供基本的物质保障。一是开展农村人居环境整治，推进美丽乡村建设，聚焦垃圾清理、乱堆乱放、私搭乱建、公厕使用等突出问题，发挥政府资金作用，多措并举，使乡村环境得到持续净化。村庄做到了干净整洁。二是补足村域公共服务设施、市政基础设施短板。在道路硬化、垃圾清理、厕所改造等方面改善明显。完成村庄养老餐桌投入和建设。三是统筹考虑农业生产、农村生活、生态旅游，编制村庄规划。未来，政府应重点加强信息技术，进行物流网、雨污分离为重点的基础设施建设。同时也应将实现基本公共服务均等化作为促进城乡融合发展的关键环节，着力解决城乡医疗教育等

公共服务方面的差距。建立完善城乡教育、医疗卫生等公共资源均等化配置机制，通过机制创新和完善，为城乡公共服务均等化提供保证。

（三）以绿色发展为引领，保护乡村生态环境

人是社会的主体，也是城乡关系的主体，实现人的全面发展、人与自然和谐共处是城乡融合发展的最终目标。在城乡发展过程中，既要注重乡村资源的开发，又要注重乡村环境的保护，不断优化乡村生态环境建设，促进生产、生活、生态融合发展。一是履行保水第一政治责任，深入践行绿水青山就是金山银山的发展理念，环境质量持续优化，夯实宜居宜业宜游基础。2019 年密云区 $PM_{2.5}$ 累计年平均浓度为 34 微克 / 立方米。二是完善村庄生态环境治理机制，以生态宜居为目标，提升农村生态文明建设水平。通过加强宣传教育，培养农民保护乡村生态的环保意识，使其认识到绿水青山的重要性；通过宣传教育，使环保意识在农民当中不仅内化于心，而且外化于行，自觉保护生态环境。三是自 2012 年土地流转至今 8 年，金叵罗村在农产品种植过程中坚持不打农药不施化肥，以自然堆肥，物理除虫，人工除草等方式优化土壤，有机种植小米和蔬菜。

（四）以共建共享为理念，吸引城市创客融入，实现资源要素双向流动

农业天然的弱质性与乡村经济的分散性，使得农业和农村在与城市产业竞争生产要素时往往处于劣势地位，在自由市场机制的作用下，生产要素仍可能大量流向城市。但金叵罗村依托良好的生态环境、农村闲置的农宅资源、紧俏的土地资源等要素，吸引城市资本、城市人才流入乡村，最终实现城乡资本要素的动态流动。创客融入村庄，既对村庄充满感情，也为村庄贡献了力量。“老友季”精品民宿创始人梁晴女士，“飞鸟与鸣虫”4 位创始人，不仅帮助村民销售农副产品，还为金叵罗村的休闲旅游发展做了大量工作，例如“老友季”精品民宿创始人梁晴女士帮助合作社梳理村庄的旅游资源，着手田园综合体的规划和设计，争取到政府资金支持；策划和举办农民丰收节；疫情期间，对社员进行岗位职责培训等；对蔬菜包装进行设计升级等。飞鸟与鸣虫创始人，通过设计与服务，引进共建人等多种方式，致力打造国内精品农旅文创融合项目，提升村庄旅游品位。共建共享，助推村庄产业兴旺。城乡融合，要强化乡村振兴人才支撑，加快培育新型农业经营主体，让愿意留在乡村、建设家乡的人留得安心，让愿意上山下乡、回报乡村的人更有信心，激励各类人才在农村广阔天地大施所能、大展才华、大显身手，打造一支强大的乡村振兴人才队伍，在乡村形成人才、土地、资金、产业汇聚的良性循环。

五、金叵罗村城乡融合发展的启示借鉴与发展建议

（一）启示与借鉴

1. 忠诚担当，村“两委”发挥了创新引领作用

一个好的村党支部书记，就能带出一支队伍，干好一番事业，惠及一方群众。从金叵罗村的发展方向、产业选择，我们深深感受到村第一书记开阔的视野、十足的干劲和村庄建设的热情，感受到村两委班子发挥的战斗堡垒作用和先锋模范作用，在服务村庄发展、服务民生建设、服务群众增收致富三个方面下足了功夫。2012 年，村两委立足村庄

资源匮乏，没有名胜古迹，没有景区等实际情况，编制了金叵罗村旅游发展规划，确立以新“三起来”为指导，以“旅游+”为主线，以旅带农，以旅促农，以乡村美丽经济促产业发展。同时，成立专业合作社，将农民组织起来，推进共同富裕；确定对合作社统一管理的土地实施严格管控，进行土壤改良，不打农药不施化肥。2014年，村支部书记利用闲置农宅改造精品民宿北井小院，为村庄民俗户引领方向。同年，打造了金叵罗农场原木儿童乐园，为城市居民提供游、玩、学一体的乡村生活体验。近几年，用前瞻性的视野，引进“农业+民宿”“农业+自然教育”新产业新业态，村级组织进行考察和选择，判断是否与村庄发展相协调相促进，是否有利于村庄持续发展，是否有利于村民理念提升，为把村庄建设成为一个城乡共建的理想乡村，一个低碳环保、拥有国际化自然教育的宜居乡村，一个用生活来分享田园美学的乡村发挥重要作用。

2. 着力村庄环境美，做优了乡村生态

没有绿水青山，就没有金山银山。金叵罗村位于密云区溪翁庄镇，是北京生态涵养区，更是密云水库重要水源保护区。密云始终将生态保护作为重中之重，将乡村旅游定位主导产业，成为撬动“绿水青山”转变为“金山银山”的杠杆。在生态保护的全区大环境下，金叵罗村因地制宜、重视农民参与，建设生态农场，留住田园风光。在建设“面子”工程的同时也打好乡村建设“里子”，解决农村垃圾、环境美化等问题，提升公共服务设施水平。更难能可贵的是，村庄土壤优化，持续8年坚持不打农药不施化肥，提供了创客开展有机种植和自然教育的重要条件。经谱尼测试实验室检测，飞鸟与鸣虫农场的土壤和水源，达到有机种植的产地要求。农场的种植和养殖不使用农药、化肥和转基因种子，并且不断精进雨水收集、厨余堆肥、垃圾分类、生态覆盖等环保措施。栽下梧桐树，方能引来金凤凰。金叵罗村坚守生态优先，为发展绿色产业，吸引创客人才打下了坚实的生态基础和环境基础。

3. 立足农民富，激发了内生动力

一是建立利益联结机制，充分调动了农民的积极性和主观能动性。金叵罗村确立以新“三起来”为指导，把土地流转到合作社，实现规模经营；把农民组织起来，提高组织程度，截至目前，组织了全村93%的村民成为合作社股东，集聚了入股资金400余万；把资产经营起来，推进融合发展。同时，在发展产业过程中，建立农民利益联结机制，确保农民能分享全产业链增值收益，充分维护农民利益。通过工资收入+租金收入+分红收入这三项收入，结束了传统的农耕种植的生活方式，成为拥有稳定收入的新农民，加快了增收致富的步伐。农民是行动主体，也是受益主体，充分调动广大农民的积极性和主观能动性，形成“大家事大家干”共谋发展的生动局面。

4. 聚焦“农业+”与产业融合，壮大了乡村休闲经济

对于生态涵养区来说，不是不发展产业，而是发展什么产业，怎么发展产业的问题。要依托得天独厚的生态资源，念上山水经、打好休闲牌。金叵罗村一是着力打造以“贡米”打包饭为特色的“一村一品”民俗旅游，开发具有鲜明村域特点和文化特征的金叵罗小米打包饭，激活“舌尖记忆”，民俗户由原来的二户发展到现在的90余家，2018年实

现收入480万元。二是打造金樱谷农场，集休闲采摘、农耕体验、科普教育为一体的现代农业休闲观光园，划分农耕体验区、蔬菜采摘区、五谷体验区、素质拓展区、鲜花观赏区，吸引市民体验参观。三是引进精品民宿和自然教育，创新发展业态。多措并举，壮大了乡村休闲产业。

5. 共建共享，吸引了创客融入乡村

乡村振兴，人才是基石。京郊的农村缺的不是资源，甚至最缺的也不是资金，最缺的是盘活资源的体制机制和对项目的运营力——包括创意设计能力、管理能力、营销能力、服务能力等。这些应该是城市向乡村大量输出的东西。因此，必须以创新、协调、绿色、开放、共享的新发展理念为指导，清除阻碍要素下乡的各种障碍，吸引城市资本、技术、人才等要素更多向乡村流动。在这一过程中，要破除对“大资本”的迷信。从金叵罗村的发展可以看出，创客融入乡村也能带动村庄发展。2016年，金叵罗村引进民宿项目；2018年，引进飞鸟与鸣虫并与专业合作社合作经营，新产业新方向形成发展新动能。

6. 高点站位，农耕文化成为联结城乡的有效支撑

随着物质生活的丰富，人们逐渐对精神生活的追求越来越高。农耕文化是中华文明的起源，是回归自然的生活体验，是那忘不掉的“乡愁”。农业不仅具有最为基本的食品保障功能，同时还具备原料供给、就业增收、观光休闲、文化传承和生态保护等多方面的综合功能，现代农业的发展必须注重挖掘和体现农业的多种功能。农耕文化的弘扬在金叵罗村第六产业发展中具有重要作用。从石磨加工小米，到比赛家庭农事体验，再到餐桌上的贡米打包饭，都体现了传统农业文明和农耕文化的弘扬。特别是金叵罗首届农民丰收节，是金叵罗村联合“飞鸟与鸣虫”农场，主要是设计了农村的一些体验产品，3天共接待游客1万多人次，综合收入达到20多万，门票收入就有15万多，还有农产品等收入7万多。立足农业体验，农园开展各种交流和体验活动，也促进了城市与乡村交流，带动城市人口到乡村消费，这是一个很好的例子。日本政府认为保存了稻米文化，就是留住了文化的根，留住了民族的魂。农耕文化，承载历史，积淀文明，是乡土乡情教育的重要内容，在未来的休闲农业发展中，开发农业资源要认真挖掘文化符号。

7. 历史耐心，以人为核心资源，一点一滴谋发展

乡村产业发展是一个系统工程，需要一步一个脚印，而不是整天梦想一口吃成胖子。在实践中，我们也看到很多大资本、大项目下乡的例子，短时间内确实带来了翻天覆地的变化，但是在资本的胁迫和利益的诱惑下，往往村庄的物质肌理被粗暴打破，社会机理也遭受重创。乡村建设是一个以人为本的事业，而不是以资本为中心的产业。因此，要有历史的耐心，聚集“人”的要素，点滴积累。金叵罗村2015年引入乡村创客“老友季”民宿，2018年引入飞鸟与鸣虫团队，这是一个缓慢的过程，金叵罗村的第一书记伊书华似乎也有些保守。但是到了2020年年末，乡创人员的聚集效应开始初步显现。据不完全统计，已经有绿骑士自然学校、华德福教育空间、知宿自媒体工作室、隐居乡里民宿品牌、势象空间乡村美育馆、北京电视台乡村工作室、乡村甜品实验室、印度阿育吠陀工作室、房车露营基地等10余个项目前来与村集体洽谈对接，共同打造乡村产业发展的生态圈，

合作社计划在 2021 年投入 1500 万元，着手打造村域旅游综合体。金叵罗即将迎来一个厚积薄发的新发展阶段。

（二）发展建议

在现代化发展进程中，如何处理好工农关系、城乡关系，在一定程度上决定着现代化的成败。城乡融合，亟须破除体制机制障碍，提供更加有效的制度供给。2019 年 4 月，中共中央、国务院印发的《关于建立健全城乡融合发展体制机制和政策体系的意见》提出了“坚持新发展理念，坚持推进高质量发展，坚持农业农村优先发展，以协调推进乡村振兴战略和新型城镇化为抓手，以缩小城乡发展水平和居民生活水平差距为目标，以完善产权制度和要素市场化配置为重点，坚决破除体制机制弊端，促进城乡要素自由流动、平等交换和公共资源合理配置，加快形成工农互促、城乡互补、协调发展、共同繁荣的新型工农城乡关系，推进农业农村现代化”。着眼村庄未来发展并立足金叵罗村乡村休闲产业和城乡融合发展的实践，从政府层面和村庄层面提出一点思考和建议。

1. 政府层面：夯实制度保障

一是创新农村土地制度，完善点状供地政策落地。金叵罗村实施土地经营权流转，按照农民自愿的原则，将分散在农户手中的土地集中进行规模经营。当前，着眼村庄发展休闲产业和自然教育需要的建设用地，需要进一步细化点状供地方案，完善政策，实现点状布局、点状征地和点状供地真正落地。

二是创新财政金融体系建设。未来，金叵罗村将沿着全域旅游的方向发展。村庄发展必须解决“钱从何处来的问题”。建议政府加强乡村信用环境建设，与土地管理制度创新相配套，依法开展土地相关权益的担保融资。完善乡村金融服务体系，鼓励和支持金融机构对农村地区信贷投放比例和规模，加快农业农村建设步伐。

三是做好人才服务。鼓励各类人才返乡入乡创业，对新进入农村的从业者提供涉及农业产业、技术支持、经营管理、农业事务办理等方面的指导服务；提供无息贷款，农业机械设施补助、涉农领域专业培训和交流。同时，建立平台，设立乡村人才资源库建设，汇聚“土专家”“田秀才”，聚集运营、管理、设计等方面的乡土实用人才，发挥各类人才在乡村产业发展、传统文化保护与传承，乡村治理与创新等方面的作用，推进乡村振兴。

四是以推进农业农村现代化和城乡融合发展为契机，加强村庄信息技术、物流网点为重点的基础设施建设。强化对乡村医疗、教育等公共服务方面的财政资金投入与政策支持力度，提高基本公共服务供给效率，缩小城乡差距。

五是完善生态补偿制度，建立多元化生态补偿政策机制。金叵罗村位于生态涵养区，为使保护生态者在保护生态中受益，建议政府完善并加强水、土地、矿产等各种资源消耗税费的征收使用管理办法，加大各项资源税费使用中用于生态补偿的比例。积极探索建立水权交易制度、建立碳汇交易市场，通过市场运作积累生态环境保护资金，使区域在保护生态中受益。

六是搭建链接市场的平台。政府设立郊区旅游消费券、乡村文化消费券、农业体验消费券等各类型郊区消费券，吸引城市人到乡村旅游消费，体验乡土特色，感受乡村文化，激发乡村活力。

2. 村庄层面：构建生态、宜居、宜业、宜游的美丽乡村

一是优化乡村生态环境。在调研中，当前金叵罗村在乡村环境宜居化、田园景观化、旅游生态化下了功夫，也部分融合乡村建筑景观（例如精品民宿）、乡村农耕文化景观（如金樱谷农场各项创意设计）和乡村民俗文化景观，形成独具特点的乡村旅游文化和产品，促进了乡村经济、社会和生态协调发展。但未来还要着力扮靓村域居住环境、因势利导打造一些小节点，使村域呈现整洁干净的同时还要实现“城在林中、路在绿中、居在园中、人在景中”的美丽蝶变。

二是创新壮大产业体系。当前金叵罗村产业规模和体量并不十分突出，在带动村民就业方面发挥了重要作用，但吸引年轻人返乡在家门口就业还有一定差距。金叵罗村未来发展将引进自然学校、引进华德福教育空间、引进北京电视台乡村工作室、引进乡村甜品实验室、引进乡村美域馆、引进隐居乡里民宿等项目，吸引新创客新村民进驻。因此，着眼于未来，金叵罗村要在发展都市型现代农业和休闲旅游的基础上，培育壮大电子商务、智慧物流、文化创意新兴产业，依托“农业+民宿”“农业+教育”“农业+旅游”“农业+文创”等多种业态，有效汇集现代生产要素，实现传统农业向生态农业和现代农业的转型，使更多村民特别是年轻人选择在家门口就业。

三是打造村域特色。传承乡土文化，保持乡土特色，承载历史，积淀文明，是乡土乡情教育的重要内容。在未来的休闲农业发展中，金叵罗村要更多注入文化元素，丰富农耕产品和体验，打造独一无二的品牌项目，提升产品附加值。同时，要在实施全域旅游的构想中，建设生态、宜居、宜业、宜游的美丽乡村，吸引更多新创客、新村民进驻，加快资金、人才等要素流动，推进城乡交流与融合。

参考文献

[1] 习近平关于“三农”工作论述摘编 [M]. 中央文献出版社，2019.

[2] 韩俊 . 关于实施乡村振兴战略的八个关键性问题 [J]. 中国党政干部论坛，2018（04）.

[3] 姜明 . 生态文明视域下绿色经济发展现状研究 [J]. 产业创新研究 .2020,（20）.

[4] 刘鹏飞 . 生态文明建设与区域经济可持续发展探讨 [J]. 经济研究导刊，2019（23）.

[5] 李明 . 生态文明视域下的河南省绿色经济发展路径研究 [J]. 当代经济，2018（17）.

[6] 程军溢 . 生态文明视域下的绿色经济发展之路探究 [J]. 现代经济信息，2018（11）.

[7] 陈英华，杨学成 . 农村产业融合与美丽乡村建设的耦合机制研究 [J]. 中州学刊，2017（8）.

[8] 曲延春 . 从“二元”到“一体”：乡村振兴战略下城乡融合发展路径研究 [J]. 理论学刊 2020（1）.

[9] 张月瀛 . 以城乡融合发展推进农业农村现代化路径探析 [J]. 中共郑州市委党校学报，2019（6）.

[10] 张永强，王珧，田媛 . 都市农业驱动城乡融合发展的国际镜鉴与启示 [J]. 农林经济管理学报，2019（8）

[11] 刘彦随 . 中国新时代城乡融合与乡村振兴 [J]. 地理学报，2018（4）

[12] 吕风勇 . 乡村振兴战略的根本途径在于城乡融合 [J]. 中国国情国力，2018（6）.

[13] 何红 . 城乡融合发展的核心内容与路径分析 [J]，农业经济，2018（2）.

[14] 郑新立 . 抓住社会主要矛盾推动城乡融合发展 [J]. 中国井冈山干部学院学报，2018（2）.

[15] 李红玉 . 城乡融合型城镇化——中国新型城镇化战略模式研究 [J]. 学习与实践，2013（9）.

[16] 石忆邵 . 都农融合城市：城乡一体化发展的新趋向 [J]. 广东社会科学，2015（6）.

课题负责人：陈奕捷

课题责任人：李敏

执　笔　人：李敏

新冠肺炎疫情对京郊休闲农业与乡村旅游的影响

——京郊乡村休闲农业企业调查报告

为了解新冠肺炎对京郊休闲农业与乡村旅游的影响，市农研中心和休闲农业协会选取了31家相关企业，针对2020年1月23日至2月13日期间的新冠肺炎对休闲农业企业经营造成的损失情况进行了电话访谈与网络问卷调查。现就调查结果分析如下。

一、调查企业概况

在调研的31家企业中，休闲农业园区26家、乡村精品民宿5家。从主营业务看，农业种植类19家、旅游观光类13家、餐饮住宿类13家、科普教育类7家、会议培训类2家；占地面积500亩及以上的占32.26%，占地面积500亩以下的占67.74%。

调查显示，疫情带来的经济损失中，因春节活动取消而投入的搭建费用、餐饮住宿退订损失最多，部分主要以农产品在地销售为主的企业（采摘园）还有产品销售损失，部分合作社经营的企业还存在农民分红损失。另外，所有被调查企业都有员工工资和租金方面的经济困扰（图1）。

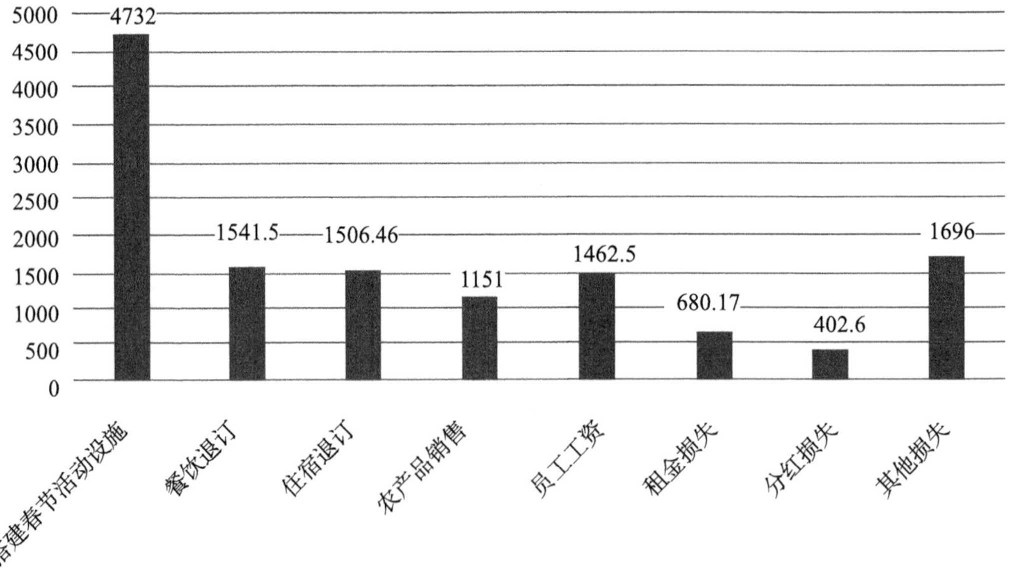

图1 调查企业受疫情影响的经济损失类别及数额（单位：万元）

二、近期主要损失情况

休闲农业与乡村旅游是农旅融合的产业形式，兼具服务业的敏感性和农业的时令性双重特征，而且经过二十多年的发展，京郊休闲农业与乡村旅游产业已从最初的农民个体经营转向了投资主体多元化的企业化经营。下面从服务业性质的经营损失、农业性质的经营损失、企业运行的损失三个方面做具体分析。

（一）服务业性质的经营损失：娱乐活动投入“打水漂”，餐饮住宿全退订

服务业性质的经营损失包括娱乐活动投入损失、餐饮和住宿损失三个类型。31 家受访企业中有 24 家有这三种损失。不同种类损失的比重与该企业的主营业务是一致的（见图 2 和图 3）。

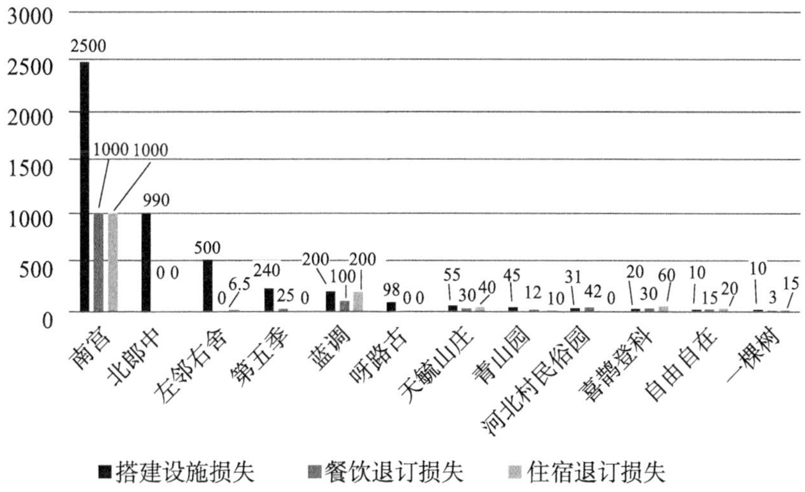

图 2　搭建娱乐活动设施及餐饮住宿退订损失统计（单位：万元）

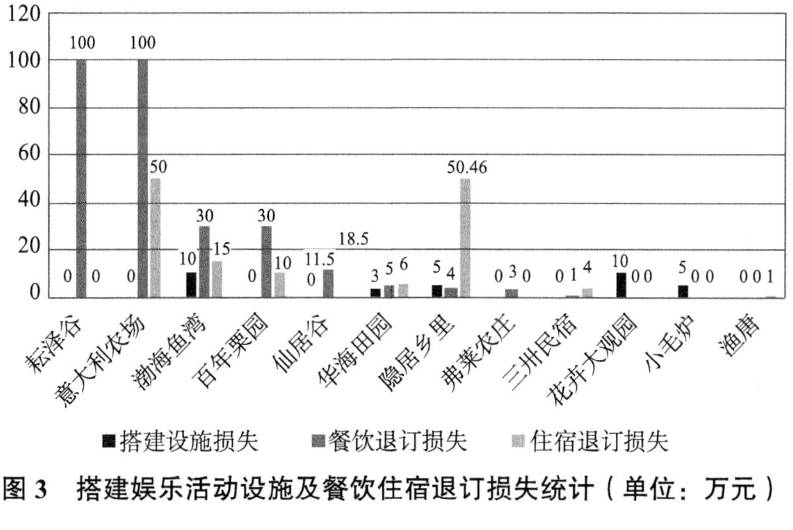

图 3　搭建娱乐活动设施及餐饮住宿退订损失统计（单位：万元）

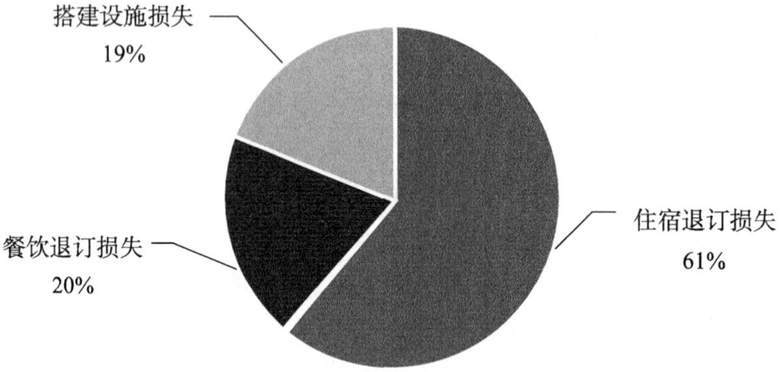

图 4　受调查企业三类损失金额占比

总体来看，春节娱乐活动搭建费用损失比较大（图 4）。这也从一个侧面反映了休闲农业与乡村旅游经营者希望通过开发主题活动、民俗活动增加春节收入的巨大努力和高投入高回报的经济规律。如丰台区南宫温泉博览园原本准备了春节游园及夜间赏灯活动，同时安排了民族歌舞、舞龙舞狮及非遗锣鼓表演等丰富多彩的游览项目，还未开展就取消了所有活动内容，直接损失 1100 万元；随着园区的温泉、住宿、餐饮等接待设施的关闭，取消预订退返门票等造成损失近 1000 万元；通州区第五季龙水凤港休闲农场原本设计了千人饺子宴、春节庙会等一系列活动，园区关停损失 800 万元；顺义区河北村民俗园原本计划开展庙会活动，关停园区造成直接损失 25 万元；延庆区青山园春节前搭建的冰雪项目直接停用，造成损失 30 万元，取消餐饮及住宿的预订造成收入减少 100 万元。

闲置农宅开发利用的热潮，使得 2019 年成为精品乡村民宿爆发式增长的一年。餐饮与住宿的退订损失从侧面反映出这一发展的结果。随着政府对农村基础设施的不断投入，京郊能源供应条件极大改善。在改造农舍的过程中，各民宿投资运营商都增加了保温层、敷设了地暖，补齐了冬季乡村游住宿上的短板，准备在春节大干一场，但是疫情突降，政府一声号令，又取消了全部预订。房山区天毓山庄因取消餐饮及住宿损失 16 万元；延庆区自游自在乡村民宿因取消餐饮及住宿预订损失 20 万元；延庆区左邻右舍、一棵树民宿因取消住宿损失近 30 万元；隐居乡里、原乡里品牌旗下因几十个院落取消住宿预订损失 150 万元。

（二）生产性质的经营损失：在地采摘无游客，线上销售缺配送，物资采购缺渠道，人员返工无限期

在地采摘农产品销售、农事体验是京郊休闲农业与乡村旅游企业重要的涉农收入渠道。京郊冬季尤其以草莓采摘为主，兼有大棚蔬菜、南果北种等农产品销售。防控疫情采取的人员流动管制、交通管制，对采摘园造成巨大影响。根据数据显示，31 个被调查企业中，51% 有农产品销售损失，内容涵盖应季水果、新鲜蔬菜、预包装肉制品等。

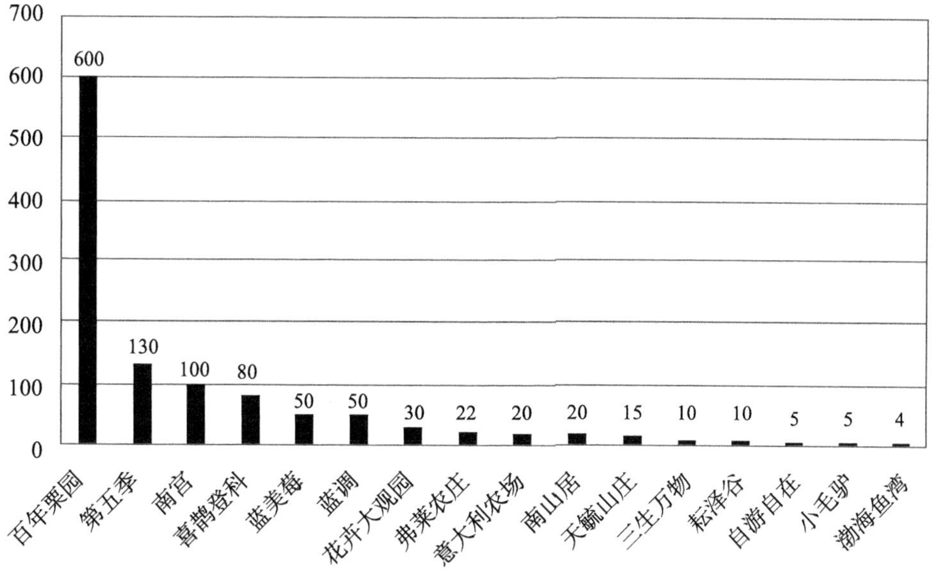

图 5 被调查企业农产品销售损失（单位：万元）

朝阳区蓝调庄园主打草莓采摘，春节是草莓采摘销售旺季，因疫情控制人员流动，草莓在地无人采摘，虽然线上销售需求量变大，但因休闲农业园区的销售模式侧重游客采摘，临时配送物流难找，销售依然困难。草莓和蔬菜在地里无法销售，也影响了下一季的种植，返乡员工无法到位，仅剩的员工忙着跑配送，无暇顾及新一季的播种。

海淀区小毛驴市民农园主营业务是自然教育和市民小菜园。受疫情影响，种子买不到，棚膜无法安装，养殖业调减后，有机粪肥需要到外省市采购，现在也无法买到，新一季育种、种植无法进行。该园区也遇到线上宅配需求量增加的情况，但是缺乏设施导致生产量不足，交通受阻导致包装采购不足，物流难寻，同样无法完全抓住线上销售这个挽回经济的机会。当前，企业面临地租、员工工资增加，经济压力巨大。

密云区百年栗园主营业务主要为生产冰鲜鸡，此次疫情造成企业无法采购包装，生产无法进行。

农事体验方面，冬季是农事体验的淡季，因此春节期间损失并不多。但是随着时间推移，清明前后随着春耕的开始，农事体验类、自然教育类经营活动进入旺季，如果疫情还不能结束，这类损失会加大。

（三）企业运行的损失：员工工资靠家底，农民分红影响大

除了上述两类经营性质的损失，企业还遭受了较大的运行成本损失。根据调查显示，休闲农业企业受疫情影响较大的还有员工工资、合作社分红以及土地租金损失，其中员工工资损失和合作社分红都将随疫情时间的延长而增加。例如密云区仙居谷提前备战春节接待，高薪聘请春节用工，因为疫情，不仅要承受取消住宿和餐饮预订的损失，还要支付高额员工工资。延庆区左邻右舍民宿因其合作社经营模式，入社农民每年享受民宿盈利所带来的分红，春节的停业，导致今年农民分红将减少 30% 左右，如果疫情影响持续到五一，那分红将减少 60% 以上（图 6）。

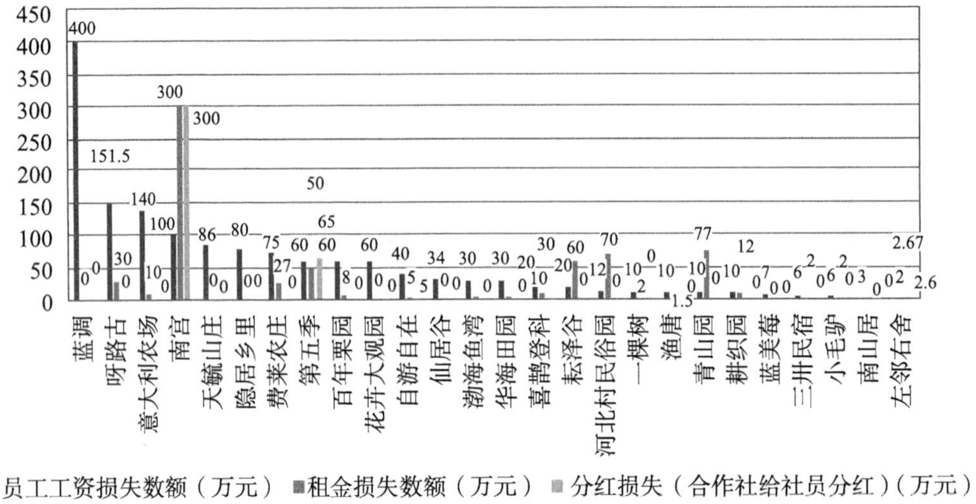

图 6　被调查企业员工工资、租金和分红损失（单位：万元）

三、长期的影响

（一）公众恐惧期较长，要做长期准备

现阶段已经到了公众对疫情认知更深刻、紧张甚至恐慌的阶段。对照“非典”的情况，2003 年 6 月底宣布“双解除”后，公众用了 3 个月左右的时间才彻底缓解恐惧，旅游界的说法是“绝收”三个月，“减产”又三个月。因此，休闲农业及乡村旅游企业要熬得住时间才能迎来行业的完全复苏。

（二）外地来京务工人员减少，用工压力增大

根据数据显示，京郊休闲农业企业在疫情期间的可用工人数与原有用工数差距较大，主要因为企业的用工主力为外来务工人员，疫情导致很多务工人员无法返京，也有很多人放弃来京务工的想法，企业雇佣本地员工不仅成本高，年龄也普遍偏大。从小毛驴市民农园和蓝调庄园处了解到，现在园区的员工平均年龄为 65 岁，年龄大缺乏工作激情，导致园区未来发展前景堪忧。

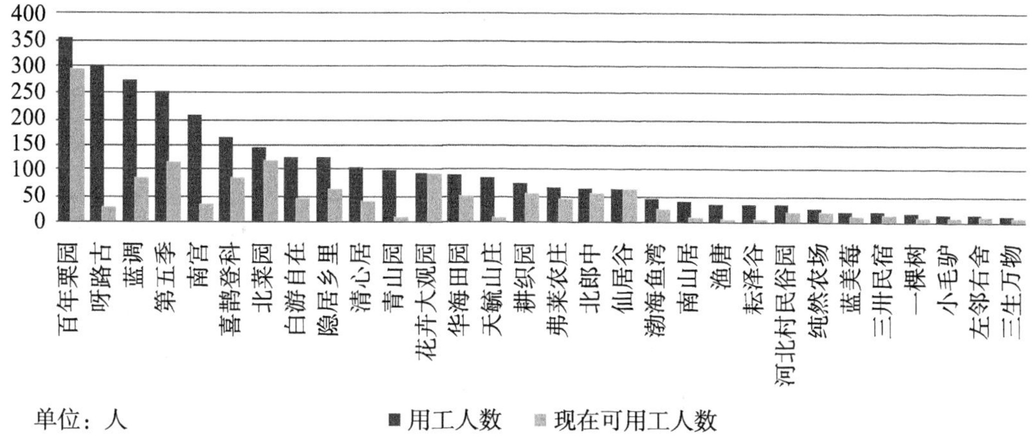

图 7　用工人数对比统计图

（三）投资人丧失信心，休闲农业企业资金输血难

疫情之前，因为土地政策的影响，已经让休闲农业与乡村旅游投资人信心大损，疫情因素叠加更是雪上加霜。

四、值得关注的两个情况

（一）流通渠道重要性凸显

同时应该看到，一些农业生产与农事体验并举、在地采摘与网上销售并重的企业受到的影响较小。延庆区北菜园主营业务为包装蔬菜生产，主要进行商超配送和宅配，因为物流配送比较成熟，且菜品准备充足，此次疫情反而带来了销售量增加。昌平区三生万物生态农场、顺义区纯然有机农场、三分地有机农场长期以来在网上开设有较为成熟的微店，已经建立起较为稳定的高端客户群，加上农场位于村庄外，物流不受封村限制，均反映经营受疫情影响较小。

（二）利益分享机制也是风险共担机制

在社会资本下乡方面，与村集体建立了较好的利益分配机制的乡村民宿抗风险能力也较强。隐居乡里采取合作社＋运营企业的模式，旗下民宿在停业期间也按照合同，停止给付合作社房屋租金，利益共享的同时风险共担，面对疫情时企业压力较小。

五、对策建议

（一）政府角度

1. 推动相应扶持政策落实。硬核减负，让休闲农业及乡村旅游企业能够应对疫情冬眠时期。很多中小型休闲农业及乡村旅游企业在疫情期间可能会因为现金流断裂而倒闭，如政府可以在无息或贴息贷款、相应减税、退税、基金、补贴及金融支持等方面为企业提供扶持政策，以帮助休闲农业企业渡过难关。北京市在 2020 年 2 月 6 日出台了 16 条促进中小微企业发展的措施，在减轻税负、加大金融支持、实施援企稳岗政策等方面给出了具体政策，可谓雪中送炭。很多休闲农业经营者看到这些措施后，一方面表示欢迎，一方面也担心政策不落实，或者落实不到自己头上，亟须农业主管部门、行业协会帮助争取落实。同时，建议相关部门从自身职能出发，尽快出台针对乡村旅游与休闲农业合作社的扶持政策，一是解当务之急，二是传递出鼓励社会资本与农村集体经济建立利益分享机制的信息。

2. 不失时机加大宣传，消除心理影响，增强公众出游信心。当前，广大市民响应政府号召，大多在家，对于行业来说是一个很好的宣传机会。主管机关、行业协会要抓住机遇，加大对京郊休闲农业的宣传力度，向公众展现美丽乡村、魅力田园的美好，传播绿色健康、亲近自然、劳动体验的生活习惯，强化城市与乡村共存共生共荣的理念，增强乡村休闲的美誉度，提前为疫情结束后的消费反弹做好舆论导向和心理准备。

3. 加强培训交流。经营停止是暂时的，产业发展是永久的。要充分利用不能营业的淡季，支持行业协会开展多种形式的线上培训、交流活动，一方面交流经验，更重要的是凝聚人心，为将来的大发展打下良好的组织基础。

（二）企业角度

据调查，已经有休闲农业企业通过各种形式进行自救（图 8）。

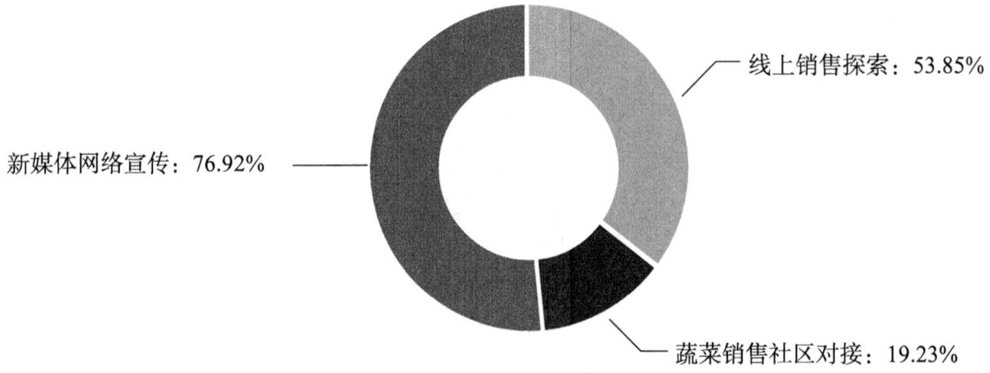

图 8　疫情防控期间被调查企业主要应对措施

从全行业的角度说，建议企业做好以下工作，在努力减少自身损失的同时，苦练内功，迎接行业的复苏。

1. 梳理企业管理。在无法经营的这段“冬眠时间”，各休闲农业企业可以集中精力关注到企业内部人、财务、产供销等环节配置是否合理，企业的管理及运营是否高效，与村集体合作社的利益共享机制是否完善等，优化企业内部管理，一定程度上降低企业运转成本。

2. 整合销售模式。可以考虑线上线下相结合的销售模式，线下重体验，线上重销售。现在“数字文旅”成为新热潮，“文旅 + 线上”应该有更多玩法和创新模式，从内容创造、虚拟运营、体验互动中可以杀出新路。

3. 提高供给侧创新。在疫情防控期间，因配送困难等情况出现需求增加但供给缺位的情况，有些休闲农业企业已经研究家庭种植产品，希望创新产品内容可以丰富京郊农产品供给。疫情过后，休闲农业企业应该大力提升农产品品质，做到既能提供无形的生态旅游产品，又能提供有形的生态农产品，全方位满足市民对更加美好生活的需求。

纵有乌云遮万籁，还留明月照乾坤。我们坚信，疫情终将会过去，乡村休闲旅游产业上空的阴霾也终将驱散，这是一个敏感的产业，但更是一个韧性十足的产业。把乡村休闲旅游业发展成郊区的支柱产业和惠及全市人民的现代服务业，把京郊乡村建设成提高市民幸福指数的首选休闲度假区域，是全行业始终不渝的奋斗目标。

执　笔　人：赵晨、陈奕捷

疫情防控常态化下的乡村休闲旅游消费内循环

——2020 国庆假期京郊乡村休闲旅游调查

国庆中秋双节来临，8 天长假让经历了二次疫情憋了近 4 个月的北京人纷纷开启“出游模式”，由于很多单位和学校有“不能出京”的要求，使得京郊乡村游成为北京市民的不二选择，长假期间热度持续走高。疫情防控常态化下，京郊乡村休闲旅游行业呈现出一些新的特点。市农研中心依托休闲农业协会调查了京郊 49 家休闲农业与乡村旅游企业，了解其假期的经营状况，现对调查结果分析如下。

一、受访企业的基本情况

49 家休闲农业与乡村旅游企业涉及京郊 9 个区，分别是朝阳区、丰台区、大兴区、房山区、通州区、怀柔区、顺义区、密云区和延庆区，除通州区外，其他区的受访企业均参加了今年北京市休闲农业星级园区（企业）复核工作，符合相关土地规定，农业特色突出，规模较大，经营状况较好。

二、受访企业“十一”、中秋假期经营数据分析

（一）七成受访企业恢复正常接待，乡村民宿预订一空

受访企业中有 35 家正常接待，9 家因为采摘期结束或主要接待中小学校外课堂而没有接待游客，还有 5 家因为提升改造还未正常营业。另外，协会电话访问了京郊几家品牌民宿，国庆假期的房间都是在 9 月份就已全部预订一空，销售异常火爆。事实证明，市委、市政府大力发展精品民宿的决策是正确的。精品民宿补齐了乡村游的住宿短板，已经成为疫情稳定后乡村休闲旅游市场重启的强有力引擎。

（二）休闲农业星级园区总接待量略有下降，五星级园区接待量有所提升

35 家正常接待的休闲农业星级园区在双节期间 8 天共接待近 31.1 万人次，较去年同期下降 9.5%。接待量增长较多的为丰台区北京花乡世界花卉大观园，为五星级休闲农业园区，其双节期间共接待 6.7 万人次，较去年同期增长 168%；接待量下降较多的为顺义区兴农天力农业园，双节期间共接待 5200 人次，较去年同期下降 82%（详见图 1）。

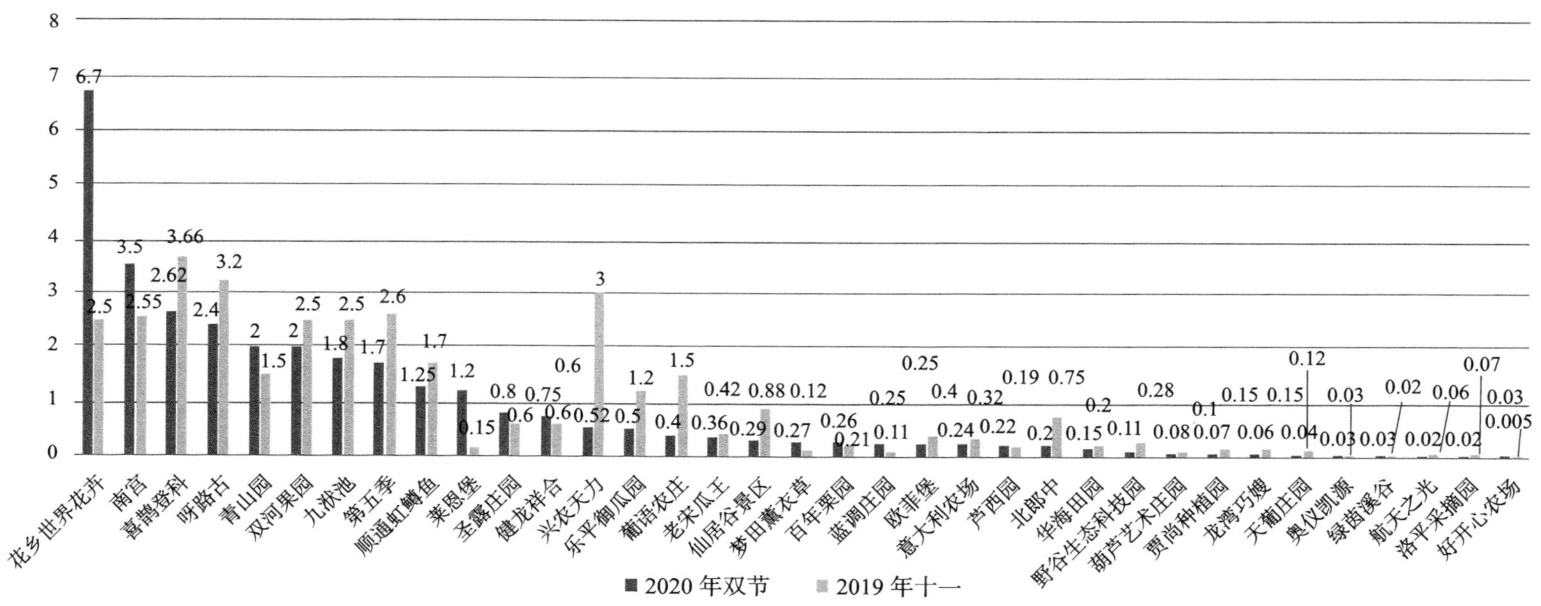

图 1　京郊 35 家休闲农业园区 2020 年双节和 2019 年十一假期接待量对比图（万人）

这 35 家星级园区中有 17 家五星级休闲农业园区，在双节期间共接待 19.71 万人次，较去年同期增长 16.9%。

（三）休闲农业星级园区总收入下降较为明显，经营呈现两极分化

35 家正常接待的休闲农业星级园区在双节期间 8 天共收入近 2072.4 万元，较去年同期下降 14.2%。逆势上扬的园区表现抢眼。总收入增长较多的为房山区莱恩堡酒庄和朝阳区蓝调庄园，都为五星级休闲农业园区，其双节期间分别收入 108 万元和 610 万元，较去年同期分别增长 3.32 倍和 50.6%，人均消费分别为 90 元和 2430 元；总收入下降较多的为大兴区呀路古热带植物园，双节期间共收入 99.5 万元，较去年同期下降 99.5%，人均消费 41.5 元（详见图 2）。

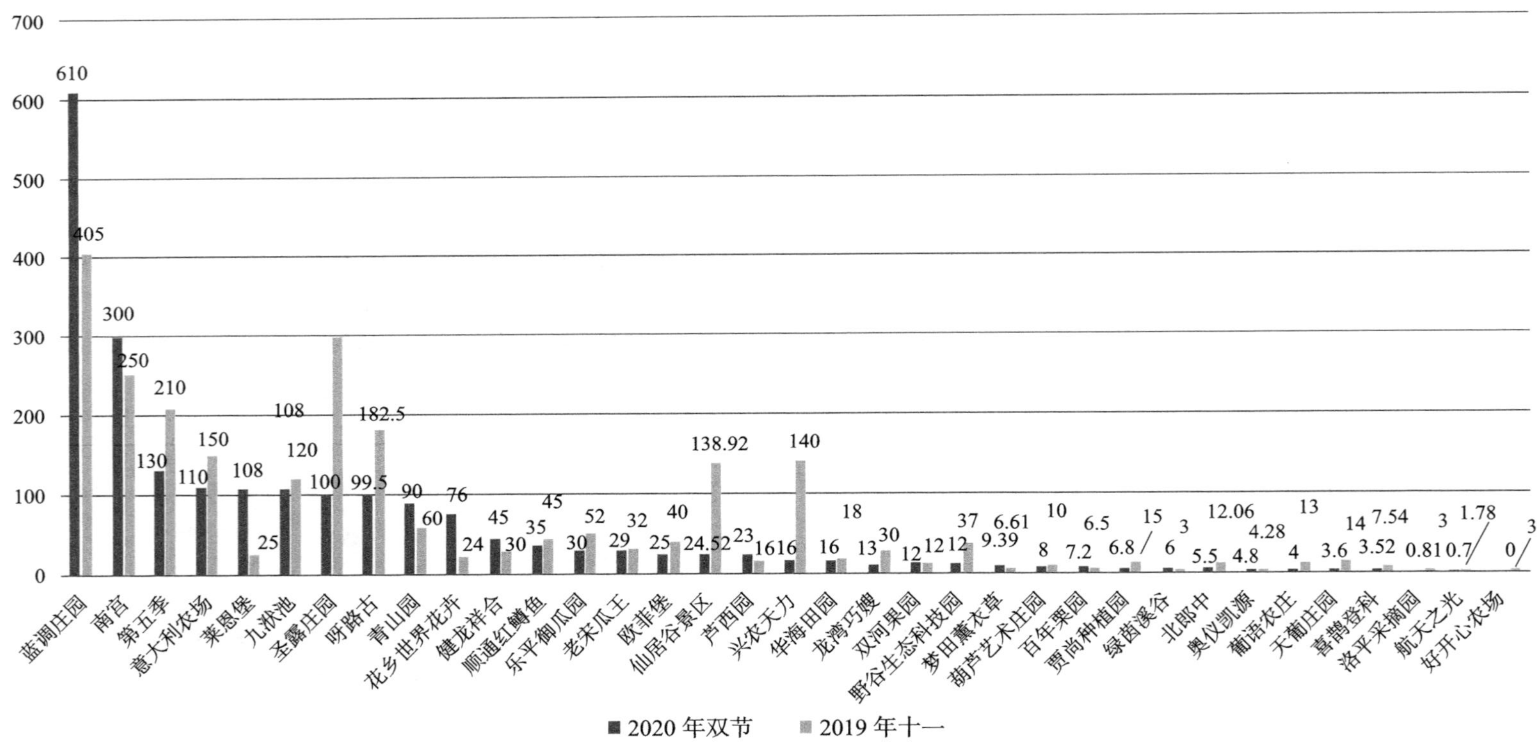

图 2　京郊 35 家休闲农业园区 2020 年双节和 2019 年十一假期总收入对比图（万元）

这 35 家星级园区中有 17 家五星级休闲农业园区，在双节期间共收入 1670.82 万元，较去年同期下降 6%。

35 家正常接待的休闲农业星级园区人均消费为 150 元，其中人均消费最高的为朝阳区蓝调庄园 2430 元，原因在于婚庆为其主要经营项目，双节期间，很多在疫情期间延误婚期的新人集中举办婚礼；人均消费最低的为顺义区双河果园 6 元，原因在于双河果园的主要收入为门票，但其加入到京津冀旅游联卡中，很多游客凭卡入园，使得人均消费较低。

（四）全市重点线路重点村域接待火爆，十百千万畅游行动成效初显

按照市农业农村局“十百千万”畅游行动的总体布局，市农研中心选取了全市 11 条休闲农业路线、15 个路段和 54 个休闲农业村域开展移动通信大数据监测。据中国移动数据统计，重点监测范围假期 8 天共接待游客 358 万人次，较去年同期增长 28.7%（详见图 3）。从游客来源上来看，本市游客占比略多于去年，达 80.5%，外省游客占比从 20.1% 下降为 19.3%，国际及中国港澳台游客占比均为 0.2%，较去年同期略低（详见图 4）。这说明在疫情防控常态化的新形势下，北京人游北京、北京人游京郊会是一个持续性的消费趋势。京郊乡村休闲旅游业要抓住这个难得的契机，乘势而上，顺势而为，打造多样化的乡村消费新场景，开辟旅游消费内循环新通道。

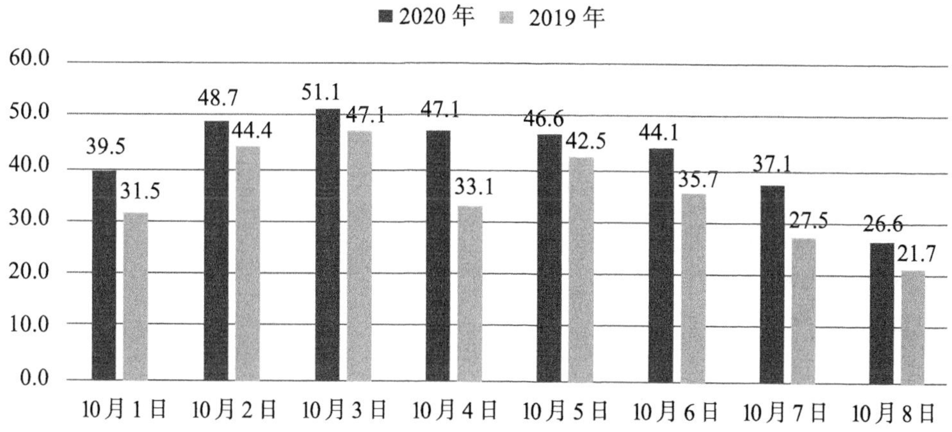

图 3　2020 年与 2019 年十一假期北京市重点线路日接待游客量对比图（万人）

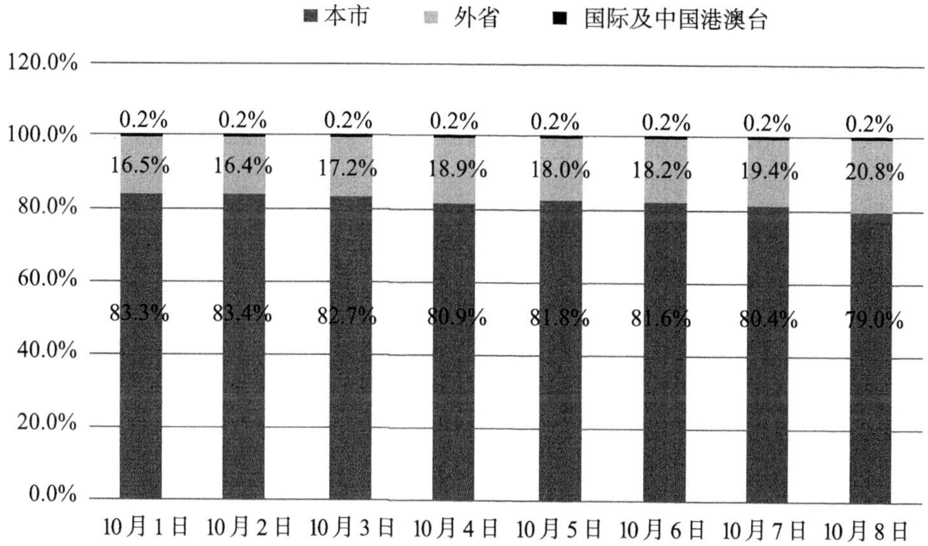

图 4　2020 年北京市十一假期重点线路日游客来源构成图（%）

据中国移动数据统计，最受游客喜爱的休闲农业线路为长城风情、乐享妫川、运河湿地，分别接待游客 114.1 万人次、62 万人次、38.5 万人次，与去年同期相比，增幅分别为 28.1%、18.4%、46.1%（详见图 5）。最受游客喜爱的路段为长城风情怀柔段、乐享妫川延庆段，运河湿地大兴段，接待游客量分别为 70.2 万人次、62 万人次、34.3 万人次，与去年同期相比，增幅分别为 20.2%、18.4%、45.2%（详见图 6）。游客的热情也反映出“十百千万”畅游行动初见成效，在疫情平稳后的恢复性消费当中起到了非常好的作用。

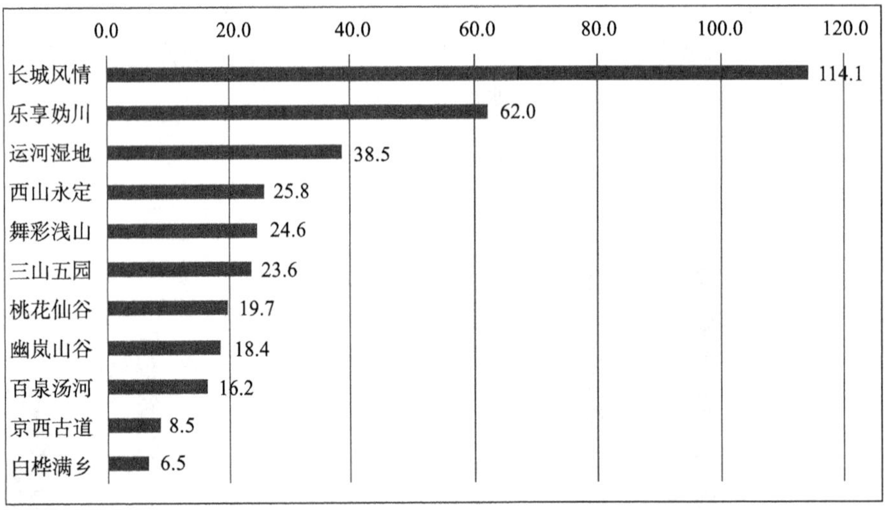

图 5　2020 年全市重点休闲农业线路十一假期总游客量对比图（万人次）

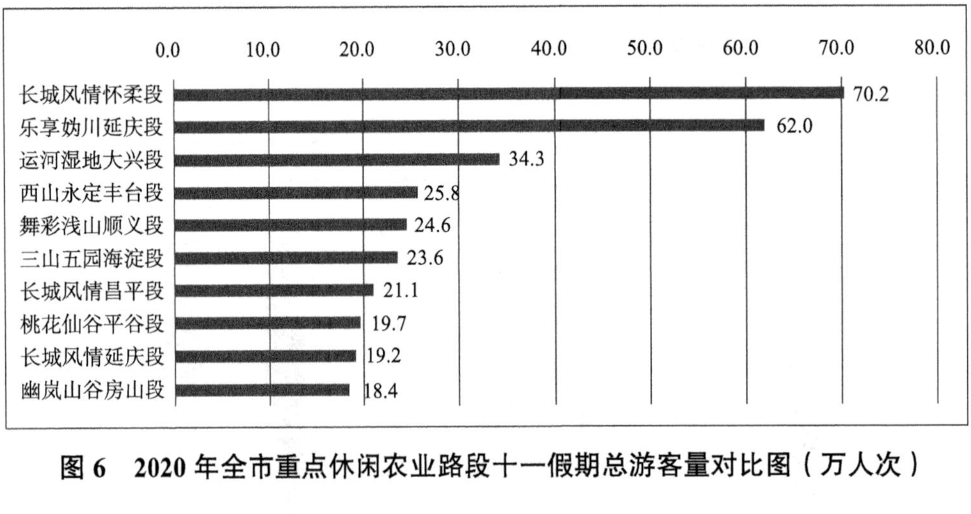

图 6　2020 年全市重点休闲农业路段十一假期总游客量对比图（万人次）

三、受访企业双节假期经营特点

（一）休闲农业星级园区防控疫情限流接待是接待量下降的主要原因

虽然北京的疫情早已得到缓解，但各休闲农业园区防控疫情的弦依旧紧绷，积极响应政府号召，严格防控，限流接待，来客登记，一样不能少。顺义区兴农天力农业园在双节前夕开展了“中国农民丰收节”活动，农事体验、牧草迷宫、向日葵和马鞭草花海，还有青少年雕塑节获奖雕塑展示等，活动多样，但今年园区严格按照防控要求，没有进行大范围宣传，使得来园游客较少。

（二）主题活动丰富，依旧是游客关注的重点

此次双节期间，很多休闲农业园区都开展了内容丰富的主题活动，也获得游客较高的关注度。朝阳区圣雅圣露国际酒庄开展星空露营和美食美好生活文化节，接待了 8000 人次，较去年同期增长 33%，但由于美食美好生活文化节是与内蒙古对口扶贫，是以支持扶贫工作为主要目的，并不以增加园区收入为目的，所以园区收入并未有明显增长。其他园区也都组织了主题活动，如顺义区意大利农场推出特色一日游，延庆区青山园推出金秋节、大兴区呀路古热带植物园举办第二届火把节等。

（三）注重夜间经济，点亮京郊夜空，成为新亮点

开发夜间经济，延长经营时间，成为部分休闲农业园区活动组织重点，与之前的陆地花灯展示不同，注重活动体验，打造拍照打卡景观，增加高科技的光影结合，成为此次双节假期的夜游活动亮点。丰台区北京世界花卉大观园开放国潮花灯夜游，在时下流行的国潮风中，设计了游船花灯和情侣花灯背景，深受游人喜爱，园区还将地景艺术作品进行了灯光装饰，在夜间呈现别样风景；顺义区河北村民俗园的花海灯光秀，游客在炫目北极光、梦幻灯光中观看水幕电影，新颖奇幻。

（四）设计亲子活动，满足市场需求

今年“五一”假期的京郊游客以亲子游客群体居多，很多休闲农业园区为了迎接双节假期，特意定制亲子活动，满足市场需求。海淀区三元农场开设亲子乐园，推出亲子花卉制作的互动体验活动；延庆区世界葡萄博览园开展亲子营，让家长和孩子们一起体验有趣的野外拓展训练，深受亲子家庭喜爱。

（五）采摘是游客最喜爱的项目

双节期间，受访休闲农业园区中有 17 家园区表示游客最喜欢采摘项目，也有 6 家园区因为无采摘产品而没有接待游客。疫情缓解之后，游客对健康农产品的需求强烈，使得游客到京郊游一定会采购京郊优质的农产品，以农为本、提升和保持京郊农产品品质对休闲农业园区尤为重要。

四、推动休闲农业与乡村旅游提升的建议

（一）创新消费场景，提升服务品质，减人不减收入

限流控人，将是疫情防控常态化的主要手段，如何实现减人不减收入，是广大乡村休闲旅游企业面临的最大难题。此次双节假期的京郊调研，我们了解到有些休闲农业企业因为采摘季已过或只接待青少年校外大课堂而不对外营业，有些企业对外营业，但人均消费较低。创新经营项目，转变经营思路，增加企业收入，是很多休闲农业企业亟待解决的问题。面对这个难题，京郊的很多休闲农业企业已经行动起来：创新一，增加体验项目。例如密云区奥仪凯源草莓庄园增设科普展厅，利用闲置农宅建设中式民宿，增加园区接待项

目。创新二，智力输出。例如密云区天葡庄园向外进行品牌输出和基地复制，将园区经营模式进行推广。创新三，增加产品附加值。例如密云区聚陇山庄克服采摘时限，开发二产产品——有机樱桃酵素，大受会员欢迎，取得了意想不到的经济效益。创新四，艺术＋农业。例如北京国际设计周在顺义区兴农天力农业园策划的大地艺术活动，北京花乡世界花卉大观园开展地景文化节，丰富园区文化内涵，提升园区艺术气质。创新五，用农旅融合、农体融合、农教融合促进休闲农业发展。例如延庆区健龙祥和农庄增加了蹦床公园和足球运动基地项目，丰富园区体验内容。

（二）以农为本，创新农产品内容，提升农产品品质

以农为本是休闲农业星级园区的本职工作，是不同于其他旅游企业的一大特点与亮点，在“大棚房”整治行动后，很多休闲农业企业建设休闲设施的探索受阻，农业的本职也丢失殆尽，维持经营都困难，但仍有很多休闲农业企业，坚持以农业为根本，开发农产品，提升农业品质，得到市场的认可。例如房山区莱恩堡酒庄积极培育本土酿酒葡萄品种，培育出莱恩堡公主和莱恩堡王子两款高糖、高花青素的葡萄品种，生产出的葡萄酒在进行销售许可审批，以期投入市场。园区还积极进行其他木质制作葡萄酒储酒桶的试验，用国内的木质储存葡萄酒，希望获得真正具有本土特色的葡萄酒。

（三）深入推进“十百千万”工程

《北京市休闲农业“十百千万”畅游行动实施意见》推出以来，各区、乡镇和园区企业上下联动，按照实施意见提出的方向，以十条精品线路为基础，打造十个休闲农业产业集聚区，作为全面提升京郊乡村旅游品质的先行区、市民游京郊的首选区和产业促进政策的集成区，联农带农，推进一二三产融合发展。

执　笔　人：陈奕捷、赵晨

门头沟区乡村民宿建设试点工作总结

——斋堂镇爨底下村民宿经济发展体制机制调查

从精品民宿、“门头沟小院”到“门头沟小院+”田园综合体，民宿经济已经成为门头沟区实施乡村振兴战略的重要切入点。以“灵山木屋”“爨舍”“有关”“朗诗”民宿为代表的“门头沟小院”精品民宿已经覆盖了全区35个村。“十四五”期间，全区将努力把100个村打造成“门头沟小院+”田园综合体，约占全区行政村数量的52.9%。在民宿经济快速发展的同时，提前谋划设计体制机制建设，有利于民宿经济规范发展、有序发展、高质量发展，促进集体经济发展壮大，打造成为全区4万农业户籍人口未来实现共同富裕的重要依托。为此，2020年市农研中心经济体制处与资源区划处联合开展了门头沟区民宿建设试点研究，并选定斋堂镇爨底下村作为起步区进行专题研究。目前，已经基本明确试点工作的目标和方向，就是在社会资本经营、农户家庭经营两类模式基础上，研究探索村集体统筹的民宿经营模式，进而，形成乡镇统筹“新三级”体制下的民宿新发展模式。

一、概况与分析

（一）基本情况

斋堂镇为北京市门头沟区辖镇，位于北京市门头沟区西部深山区，距区政府驻地60公里。下辖29个行政村，1个社区居委会，总面积为392.4平方公里，略呈长方形，是全市面积最大乡镇，共7786户，17089人，其中非农业人口7708人。98%为山地丘陵，耕地仅占0.8%，人均不足0.3亩。产业发展处于煤矿关闭到新产业培育的转型阶段。民宿经济是当前培育的新增长点，今年“五一”期间，单个院落最高价格达到6880元，供不应求矛盾突出。

（二）“联建山地古民居保护修缮利用”项目

2009年，由斋堂镇政府下属企业牵头，发挥名村强村的优势，重组青龙涧村、双石头村、黄岭西村、爨底下村、柏峪台村（现已无人居住，并入火村）、柏峪村六村资源，打破行政界限，捆绑式发展，发展旅游经济圈，打造爨柏旅游风景区。斋堂镇注册成立了北京斋城旅游开发有限公司，独家经营管理、宣传推介斋堂旅游资源和旅游项目。并进行了产业项目统筹，见表1。

按照“保底提成”的方式，斋城公司与柏爨六村签订了重组合作开发协议，公司每年支付村集体一定的收入，村民长期享有股权，分得资源股。各村每年按照门票收入的比例提成，村民享有收益股。目前，按照“保底+15%提成”方式分配，其中，爨底下村100万、黄岭西村10万、双石头村15万、青龙涧村5万、柏峪村20万。

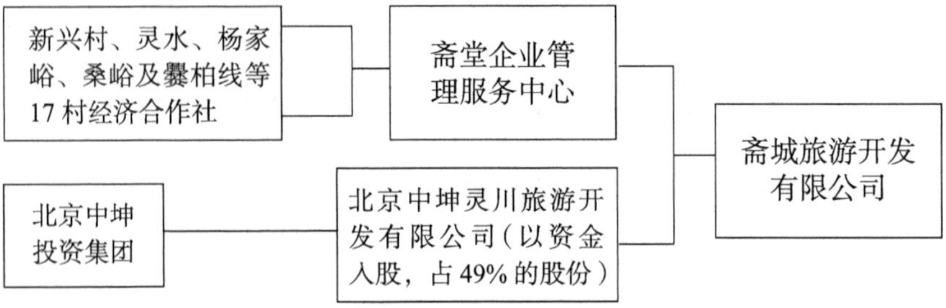

图1　镇级统筹下的社会资本合作模式

表1　爨柏沟峪古村落精品旅游线路项目投资分布表

建设地点	建设内容	建设数量	投资（万元）
青龙涧村	停车场	1个	1700
青龙涧村	票房及附属设备	1个	80
柏峪台村	四星级宾馆、外景基地	1个	8000
柏峪台村	文化娱乐中心	1个	500
双石头村	建煤矿开发遗址主题公园	1个	800
柏峪村	建实景旅游剧场	1个	1500
柏峪村	民俗旅游接待村基础设施	1个	800
柏峪村	户外运动接待中心	1个	2500
爨底下村	恢复水道、小型度假区及附属设施	1个	700
黄岭西村	建成民俗旅游度假村及附属设施	1个	1000
各村	商铺、公厕	12+12	30
各村	绿化美化工程		250
各村	生活垃圾和污水集中无害化处理设备	12套	200
合计			18060

由于没有形成有效的规划、产业、体制、政策统筹机制，“村自为战、户自为战”的体制格局未能有效打破，中坤公司与镇政府的合作也终止了。

（三）爨底下村民宿主要经营模式

全村5.33平方公里，57户，102人，76个院落。

1. 集体经营。村集体持有院落11个，占14.5%。主要有：租赁两个院（300平方米；

7万—8万/年·院)、村委会(300平方米)、党员活动室(80平方米)、小卖部(20平方米)、旅游商亭(200平方米)、板搭门(200平方米)、健身房(100平方米)、大场院(600平方米)、碾坊(40平方米)、改造前原公厕(70平方米)。

2. 企业经营。社会资本流转经营院落8个,占10.5%,爨舍、餐馆、商店。

3. 家庭经营。农户自持院落57个,占75%。

(四)爨底下村希望采取集体经营模式的原因

1. 历史旧账。前期与中坤合作失败,村民对社会资本存有戒心;

2. 资源稀缺。爨底下院落流转价格高7万—8万/年·院,约合1—1.5元/天·平方米,且流转期短(5—10年),古村落限制多,一般社会资本不容易承受;

3. 古村落文化保护。社会资本利润导向,不利于古村落保护;

4. 集体经济组织特点。村集体便于统一经营,立体统筹产业,打造循环经济,如民宿、参观、健康餐饮、梯田文化展示、农耕文化、割地承包代管、铁匠铺等。

5. 由下而上,发展村与村之间的联营联建。

二、问题与建议

(一)规划缺乏统筹:"两头快,中间慢"

问题:1. 目前分区规划已经批复,村庄规划及相关区域规划都已经完成。目前斋堂镇域总体规划正在编制中,预计年底前完成,尚未进入审批环节。民宿项目报批缺乏上位规划支撑;2. 村域整体规划发展,势必涉及规划自然资源部门的农转用手续,原则要求占补平衡,程序比较烦琐。

建议:1. 要加强对农村干部群众关于规划审批、项目立项等方面的专题培训,保障村民规划知情权;2. 将民宿项目纳入点状供地绿色通道,把不同地区的民宿项目集中进行审批,提高审批效率;3. 利用边建边报批的政策,灵活处理。这类项目不占用耕地,一般不属于程序违法项目。

(二)资金补贴面窄:集体经营起步难

问题:1. 村集体经济基础比较薄弱,党支部领办合作社,面临着起步资金的刚性制约。难以采取自主式产业投资方式,完成新村建设。主要依靠政府补贴来启动项目。前期资金缺口是一个重要的现实问题。2. 村集体缺乏专业化旅游、管理人才支撑。3. 乡村振兴绿色产业发展专项资金(8亿元)主要倾向于村企合营公司与个体工商户。《门头沟区乡村振兴绿色产业发展专项资金贷款利息及担保费补贴实施细则》第五条规定"补贴对象:门头沟区域内由投资公司与农村集体经济组织合作成立、从事精品民宿建设的合营公司,及从事精品民宿投资经营的个体工商户"。

建议:1. 补贴机制创新。由区农业农村局牵头,召开由发改、住建、园林绿化、交通等部门参加民宿工作联席会,集成政策资源,出台集体经济组织发展民宿经济的专项补贴和奖励政策,重点解决启动资金问题。2. 优化股权。农户房产租金折股、现金入股等多种形式,村集体经济组织控股,组建旅游合作社。3. 金融创新。通过养老协会会员制、众筹、信托等方式，筹集启动资金。4. 人才帮扶。采取第一书记等形式，加大外部人才帮扶引入力度。

（三）“村自为战”的发展体制格局

问题：民宿项目主要以村为单位实施，缺乏村与村之间的资源整合。“爨柏景区—镇企管中心—村集体”之间收益分配环节增加税收。

建议：1. 政府统筹。加快以斋堂镇中心区为核心的区域发展规划编制工作，进行资源整合，集成各方力量，加快资源开发，提高集体土地的经营效益。2. 联社统筹。由村股份经济合作社为股东成立土地资源联合社，作为项目统筹主体，与社会资本进行合作；另一方面，通过清晰的股权结构，建立集体经济组织内部的收益分配制度。

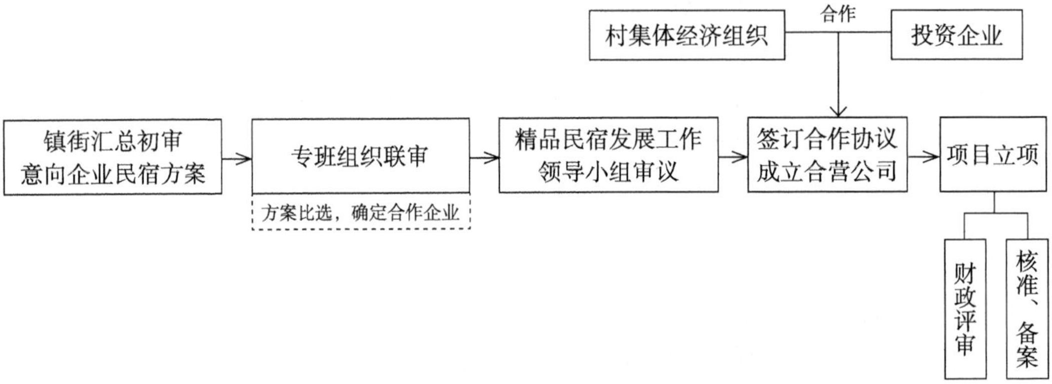

图 2　民宿发展导向立足于“村自为战”

三、进一步思考：初步的体制机制创新方案

目前，主要形式：民俗户模式或“政府扶持、村企合作”模式。历史上，单纯市场或政府机制均不能根本解决山区发展问题。爨底下村应在新时期进行新的定位，促进其转型发展。

为此，要努力探索第三种模式：把村集体经济组织作为民宿经济的核心主体，聘请职业经理人运营，实施资源统筹经营。民宿经济具有较强的外部性，特别古村落具有唯一性，需要加强保护。如将目前古宅院落腾退出来专门用于参观，在村落单独开辟空间用于集中住宿。关键是要调动起农民自身的积极性，实现农村农民建。进而，建立农村社区自我改造，实现有机更新的新机制（见图 3）。为此，要重点解决：

1. 要让集体经济组织或跨村联社成为新供地主体，让集体经济发展有抓手。

2. 要加强党对集体经济组织的领导，鼓励党支部领办合作社。

3. 加强民宿发展产业指导力度，集体经济发展提供有利的发展环境。

4. 理顺集体经济组织与社会资本合作关系，维护集体经济组织主导权。

5. 针对集体统一经营项目，给予专项资金补贴，与其他补贴对象享受同等权利，实施公平待遇。

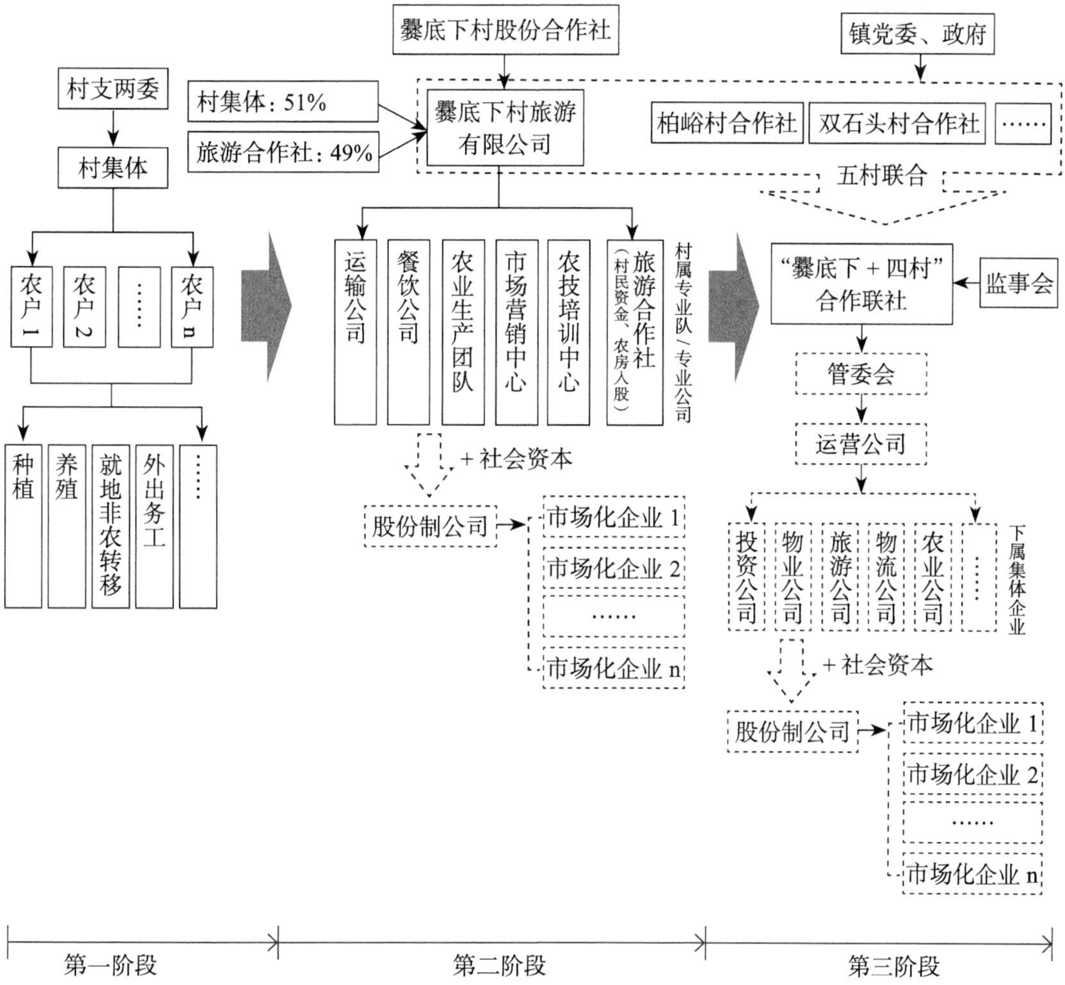

图 3 爨底下村民宿试点的体制机制创新示意图

执　笔　人：陈雪原、翟翠立

北京市农业保险存在问题研究

2020年是全面建成小康社会目标的实现之年，也是全面打赢脱贫攻坚战的收官之年。当前，面对国内外风险挑战明显上升、经济下行压力加大的复杂局面，加之新冠肺炎疫情等因素影响，稳住农业基本盘、发挥“三农”压舱石作用至关重要。农业属于弱质产业，面临着来自自然灾害、市场波动等多重风险，农业保险作为农业风险管理的重要工具，是转移分散农业风险和降低农业生产不稳定性的有力措施，对稳定农民收入、促进农业农村发展具有重要的“安全网”作用。北京市政策性农业保险紧紧围绕“大城市小农业、大京郊小城区”的市情农情以及市委市政府确立的“三农”发展目标，致力于推动产业发展、稳定市场供应与提高农民收入，有力地促进了城乡融合和乡村振兴。

一、基本情况

北京市政府于2003年便提出发展都市型现代农业的战略任务，如今北京市农业生产高端高效特征日趋明显，农产品市场竞争力不断增强，农业生态服务价值持续提升，现代农业支撑能力明显提高，基本形成了业态丰富、特色鲜明的都市现代农业产业体系和支撑保障体系；同时，随着经济全球化进程加快，国际国内市场全面开放，“互联网＋农业”快速发展。北京市作为全国政治、文化、国际交往和科技创新中心，农业发展逐渐朝着休闲农业、绿色农业和科技农业等多层次农业的方向转变。北京市积极落实中央强农惠农政策，紧密结合都市型现代农业发展特点和风险保障需求，及时出台农业保险补贴资金管理办法、经营行为规范、信息管理、监管考核以及农业再保险等一系列政策文件，逐步建立健全政策性农业保险制度（见表1）。

表 1　北京市政策性农业保险相关政策文件

发文年度	文件名称	发文单位	文号	相关内容
2007	关于建立北京市政策性农业保险制度的方案（试行）	市政府办公厅	京政办发〔2007〕27 号	确立了运行模式、组织机构、职责分工、支持政策等基本内容，为政策性农业保险的组织实施确立了基本制度框架。
2007	关于加强政策性农业保险进展情况信息上报工作的通知	市农委	京政农发〔2007〕18 号	建立了政策性农业保险信息统计上报制度，及时掌握政策性农业保险业务发展动态。
2009	北京市政策性农业保险理赔服务规程	市农委		明确了保险公司理赔业务操作标准，建立了先行赔付、沟通协赔、投诉处理、应急处理和纠纷调解五大服务机制。
2011	北京市政策性农业保险补贴资金管理办法	市财政局、市农委	京财农〔2011〕2375 号	明确规定了资金来源及预算安排、财政资金使用范围、标准、垫付程序等内容。
2011	关于进一步加强政策性农业保险业务经营分析和信息上报工作的通知	市农委	京政农发〔2011〕2 号	进一步完善政策性农业保险统计制度建设，更加全面准确及时反映政策性农业保险工作情况。
2012	关于进一步做好政策性农业保险工作的意见	市农委	京政农发〔2012〕4 号	进一步明确了组织管理体系、风险管理体系、工作考核体系和服务体系等内容。
2012	关于做好中央财政农业保险保费补贴工作有关事项的通知	市财政局、市农委	京财农〔2012〕2492 号	明确了中央财政补贴险种、补贴比例，规定了资金预算、资金拨付、资金结算、材料上报等方面工作。
2012	关于做好 2012 年政策性农业保险宣传工作的通知	市农委	京政农发〔2012〕8 号	明确了政策性农业保险宣传内容、对象和方式，建立长效机制。
2013	北京市政策性农业保险承保理赔业务规范	市保监局、市农委	京保监发〔2013〕35 号	规范了保险公司承保、理赔、业务管理，加强了保险公司制度建设。
2013	北京市政策性农业保险绩效考核办法（试行）	市农委、市财政局、北京保监局	京政农发〔2013〕12 号	建立了政策性农业保险第三方审计制度和绩效考核制度，加强对保险公司业务经营的合规性审核和考核。
2018	关于印发《北京市政策性农业保险承保理赔优化操作细则（试行）》的通知	市农委、北京保监局	京政农发〔2018〕3 号	优化承保理赔流程，为农户提供更加便捷的承保理赔服务，提升政策性农业保险服务水平。

从表中可以看出，北京市政策性农业保险发展以 2011 年为分界点，主要分为两个阶段：一是 2007 年至 2011 年为基本制度框架构建阶段。这一阶段北京市制定了政策性农业保险制度方案，明确了运作模式、协调机构、职责分工、支持政策、信息统计以及理赔服务规程，规范了资金使用范围、标准、拨付程序等内容。2011 年北京市专门制订了《“十二五”时期政策性农业保险发展规划》，该规划是全国第一部关于政策性农业保险发展的地方性规划，对北京市农业保险发展政策、发展目标、发展途径做出了积极可行、科学合理的规划。在农业再保险方面，2009 年北京市政府在《关于研究本市政策性农业再保险有关问题的会议纪要》中提出“建立政府主导、市场运作的政策性农业再保险机制”

的具体要求，采取政府购买再保险的方式，将赔付率160%—300%之间的部分农业巨灾风险转移给再保险公司；二是2012年至今为业务经营规范提升阶段。这一阶段北京市进一步明确组织管理体系，制定绩效考核办法和承保理赔优化操作细则，建立第三方审计制度，规范提升农业保险服务水平。2014—2018年农业保险保费金额实现逐年增加，并在2018年达到历史最高水平6.75亿元。2014年再保险方案由种养统保调整为种养统保但分别获得保障的方式，为防止再保险公司出现“无灾年收保费，有大灾之年拒保”的情况，市农业农村局（原市农委）与瑞士再保险公司、中国再保险公司签署了《北京市政策性农业再保险合作框架协议（2015—2019）年度》，以期获得稳定优惠的承保费率。2015年再保险超赔区间由160%—300%调整为150%—300%（其中再保险公司赠送10%）。

北京市政策性农业保险自2007年开始，在坚持政府引导、政策支持、市场运作、农民自愿的原则下，不断扩大保险覆盖面，创新保险品种，积极为郊区农业发展提供有力的风险保障。

（一）保险范围及险种

2007年4月，北京市政府出台《关于建立北京市政策性农业保险制度的方案（试行）》，重点开办果品、蔬菜、粮食、肉禽、奶牛五类共12个险种，保险范围覆盖全市13个区。随着农业生产的不断发展，保险品种根据实际需要也在不断增减，到2019年，政策性农业保险品种增至52个，保险公司也由最初的3家增至7家。2019年52个险种显示：种植业险种26个、占50%，养殖业险种14个、占27%，财产险种4个、占8%，价格险种8个、占15%（见表2）。在传统种植业和养殖业保险外，试点推广的生猪价格指数、生鲜牛乳价格保险、玉米期货价格保险、温室草莓光照指数等创新险种保险以及将农业保险向信贷市场拓展和延伸的支农融资还款保证保险，对农业经营主体应对复杂多变的市场与稳定农民收入发挥了重要作用。

表2　2019年北京市政策性农业保险主要险种情况（单位：万元）

种植业（26个）				养殖业（14个）			财产险（4个）		价格险（8个）	
梨	苹果	桃	其他	奶牛	肉鸡	其他	果树树体	其他	生鲜牛乳	其他
2648	2209	1980	6972	4723	4550	7159	8078	2612	6125	2184

注：为各险种中保费居前的品种。

（二）参保户次及保额

2007年全市参保农户为43763户次、保险金额15.33亿元，2019年全市参保农户为71608户次、保险金额达到115.56亿元，分别是2007年的1.64倍和7.54倍，年均增速分别为4.2%和18.3%。从参保户次看，2009—2012年每年的参保户次均超过20万户次，其中2010年最高，达到26.9万户次；从2013年开始呈递减趋势，其中2018年不足8万户次。从保险金额看，2011—2019年每年的保险金额都在百亿元以上，其中2013年最高，接近144亿元。2007—2019年，累计为186.4万户次农户提供保险服务，实现风险覆盖1378亿元（见图1）。

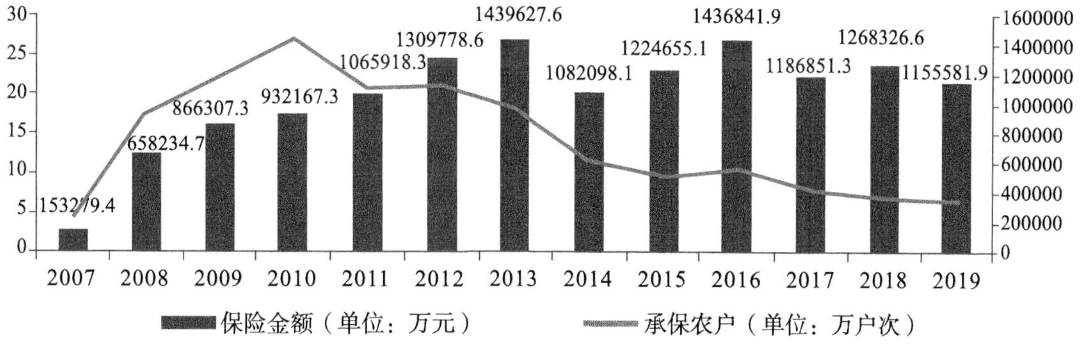

图 1 2007—2019 年北京市政策性农业保险风险覆盖情况

（三）保费及实际赔付

北京市政策性农业保险的保费采取由政府和农户共同负担。2007—2019 年累计保费总额为 56.7 亿元，赔付金额为 47 亿元，涉及农户 140.7 万户次，赔付率达到 83.8%。十三年来，仅在 2014 年出现了赔付金额高于保费金额的情况（见图 2）。同时，农业保险发展的区域机构、市场机构和产业结构也得到了进一步调整和优化。

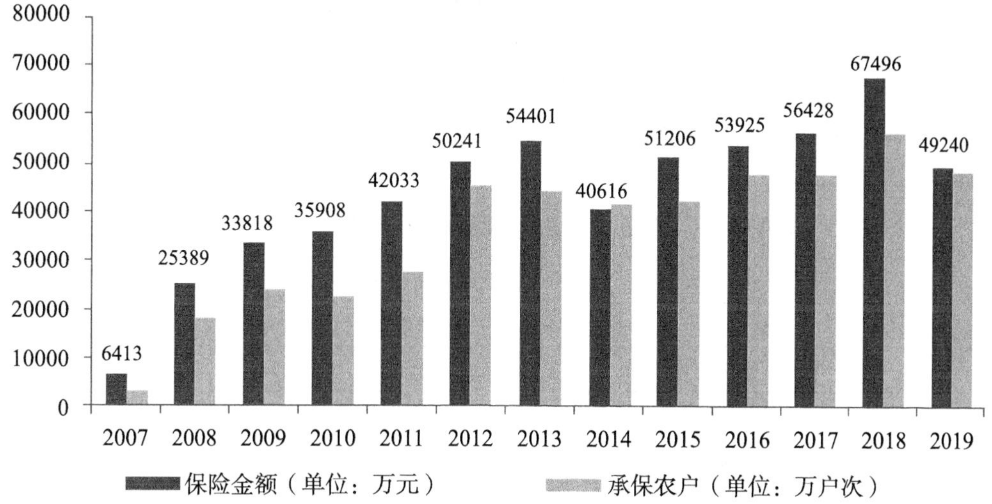

图 2 2007—2019 年北京市政策性农业保险保费及赔付金额

1. 区域结构。截至 2019 年年底，北京市政策性农业保险已覆盖全市 13 个区和首农集团、直属分部等国有涉农企业。按地区划分保费金额和赔付金额，首农集团、平谷区、顺义区规模分列全市前三名（见图 3）。

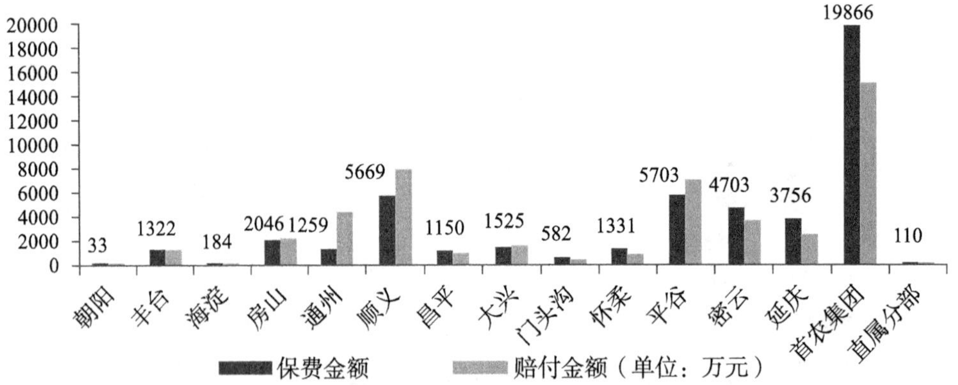

图 3　2019 年北京市政策性农业保险分区承保理赔情况

2. 市场结构。在市场运作上，按照适度竞争的原则，北京市经营政策性农业保险的保险公司由 2007 年的 3 家，增加到 2019 年的 7 家（见表 3）。从市场占有份额看，人保、太保和中华联合位列前三名，市场份额分别达到 45.7%、21.2% 和 12.4%；从简单赔付率（赔付支出 / 保费收入）看，中华联合、国寿财和安华则位列前三名。选用 HHI 指数 a 作为衡量市场竞争情况的指标。经过计算，北京市政策性农业保险市场 HHI 指数为 28.1%，以南开大学农业保险研究中心 2016 年发布的《中国农业保险市场年报》数据为参照，我国绝大部分省区的 HHI 指数在 30% 以上，超过半数省区 HHI 指数在 50% 以上，北京市的 HHI 指数在所有省级行政单位中排名较后，由此可见，北京市农业保险市场竞争程度较高。

表 3　2019 年北京市政策性农业保险机构经营情况（单位：万元）

序号	保险机构	保险金额	保费收入	市场份额	赔付支出	简单赔付率
	全行业	1155582.9	49240	100%	48415.6	98.3%
1	中国人民财产保险股份有限公司	582342.7	22488	45.7%	21419.6	95.2%
2	中国太平洋财产保险股份有限公司	265690.7	10461.1	21.2%	8481	81.1%
3	中华联合财产保险股份有限公司	123545.2	6106.6	12.4%	8126	133.1%
4	安华农业保险股份有限公司	70877.8	3579.6	7.3%	3691.8	103.1%
5	中国人寿财产保险股份有限公司	50811.6	2853.3	5.8%	3775.8	132.3%
6	华农财产保险股份有限公司	38010.5	2445	5.0%	2072.4	84.8%
7	中国平安财产保险股份有限公司	24303.5	1306.4	2.7%	847.9	64.9%

注：各机构均为北京分公司。

3. 险种结构。从 2019 年 52 个险种的保费规模看，养殖业占比最高，为 33.4%，种植业、财产险、价格险分列之后，占比分别为 28%、21.7% 和 16.9%（见图 4）。2019 年，

① HHI 指数，赫芬达尔—赫希曼指数，是一种测量产业集中度的综合指数，是用某特定市场上所有企业的市场份额的平方和表示。HHI 指数越大，表明市场竞争程度较低，反之则表示市场竞争程度高 .

受非洲“猪瘟”疫情、疏解政策影响，北京市养殖业规模出现明显下降，保险规模也相应地降幅明显，养殖业保险保费 16432 万元，同比减少 57.3%。价格险中，生鲜牛乳目标价格保费达到 6125 万元，仅次于果树树体，位居全部政策性农业保险险种的第二位，且整体赔付率水平较低，显示出良好的发展势头。

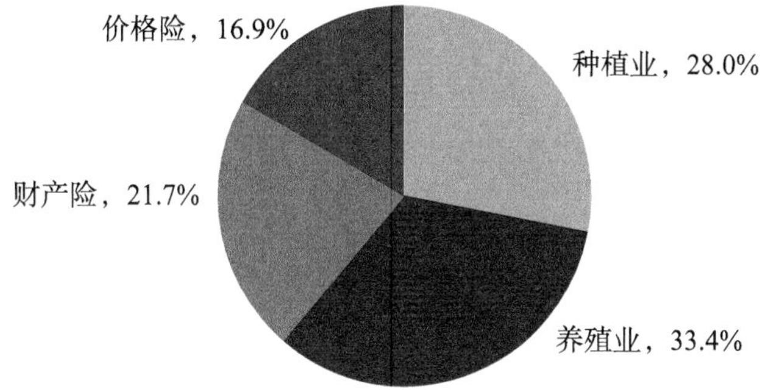

图 4　2019 年北京市政策性农业保险各险种保费占比情况

（四）保费补贴

保费财政补贴是农业保险发展的重要财政支持。2007—2008 年，北京市政策性农业保险保费补贴主要来源于市、区、乡镇三级补贴，2009 年以后取消了乡镇级补贴，从 2012 年开始增加了中央财政补贴，至此形成中央、市和区三级财政补贴。2007—2019 年各级财政补贴金额 41.3 亿元，占保费总额 56.7 亿元的 72.8%。在补贴数额上，市级财政补贴最多，其次分别是区级财政补贴和中央财政补贴（见图 5）。2019 年受制于农业保险整体业务规模萎缩的影响，三级财政补贴均出现明显下降。

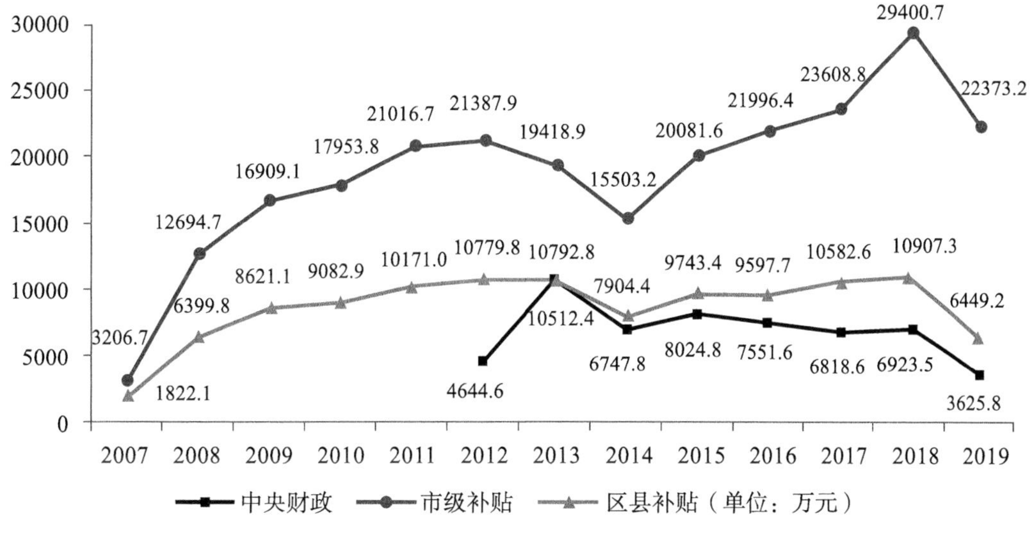

图 5　2007—2019 年北京市政策性农业保险保费补贴情况

2007—2011 年，市级保费财政补贴比例稳定在 50%，区级保费财政补贴比例保持在 20% 以上；2012 年增加中央财政补贴后，分摊了市级和区级财政补贴比例；2013—2018

年，市级保费财政补贴比例总体呈现逐年增长的趋势，成为保费补贴的主要来源，中央补贴和区级补贴比例呈现出微幅下降的趋势（见表 4）。

表 4　2007—2019 年各级财政农业保险保费补贴占保费金额的比例

年度	中央财政补贴比例	市级财政补贴比例	区财政补贴比例	乡镇财政补贴比例
2007	—	50.0%	28.4%	0.1%
2008	—	50.0%	25.2%	0.8%
2009	—	50.0%	25.5%	—
2010	—	50.0%	25.3%	—
2011	—	50.0%	24.2%	—
2012	9.2%	42.6%	21.5%	—
2013	19.3%	35.7%	19.8%	—
2014	16.6%	38.2%	19.5%	—
2015	15.7%	39.2%	19.0%	—
2016	14.0%	40.8%	17.8%	—
2017	12.1%	41.8%	18.8%	—
2018	10.3%	43.6%	16.2%	—
2019	7.4%	45.4%	13.1%	—

（五）农业再保险

北京市自 2009 年开始实施再保险业务，基本实现了用相对稳定的财政支出应对化解不确定性大灾风险发生后的巨额财政支出压力。根据历年再保险协议数据得出，2009—2019 年，再保险保费支出规模整体稳定，略有增减，平均每年再保险保费支出为 2785.4 万元，相比 2009 年 2340.2 万元平均年增幅为 19%，但远低于同期直保保费 44% 的平均增幅。相对而言，再保险的巨灾保障上限在稳步提高，2009—2019 年累计巨灾保障上限为 88.8 亿元，平均每年巨灾保障上限为 8.1 亿元，相比 2009 年 5.7 亿元平均增幅为 42.1%。

2009—2019 年，北京市累计触发再保险摊回赔款 7 次，再保险累计摊回赔款约 4228.1 万元（见表 5）。在具体类别中，种植业实现超赔次数 4 次，占据绝对比重，但近年来随着创新性险种的出现，果品类和农业财产类在 2019 年出现了 3 次超赔情况。

表 5 北京市农业再保险历年摊回赔款情况

年份	公司	类别	超赔区间	赔付率	摊回赔款（万元）
2014	中国人民财产保险股份有限公司北京分公司	种植业	160%—300%	173.84%	458.71
2016	中国人民财产保险股份有限公司北京分公司	种植业	150%—300%	172.73%	1258.51
2016	中国平安财产保险股份有限公司北京分公司	种植业	150%—300%	220.77%	102.02
2016	华农财产保险股份有限公司北京分公司	种植业	150%—300%	218.82%	1085.62
2019	中华联合财产保险股份有限公司北京分公司	果品类	150%—300%	204.54%	1107.49
2019	中国人寿财产保险股份有限公司北京分公司	果品类	150%—300%	175.24%	172.71
2019	中国人寿财产保险股份有限公司北京分公司	农业财产	150%—300%	158.36%	43.00
合计					4228.06

由政府出资购买的再保险服务，财政杠杆作用（巨灾保障上限 / 再保险保费支出）明显。在种养统保阶段（2009—2013 年），再保险 1 元钱保障从 2009 年的 24.3 元扩大至 2013 年的 37.3 元钱；在种养统保但分别获得保障阶段（2014—2019 年），再保险 1 元钱保障从 2014 年的 24.3 元扩大至 2019 年的 32.3 元（见图 6）。

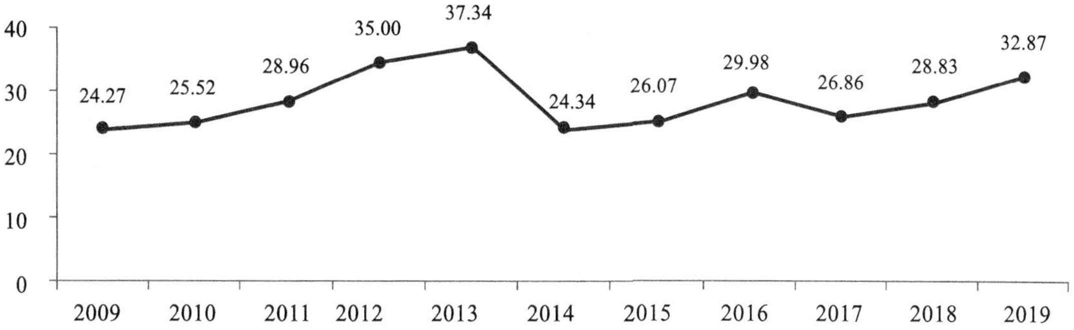

图 6　北京市农业再保险财政资金杠杆作用变化情况

二、主要特点和成效

北京市政策性农业保险历经十余年的发展，已经成为保障首都农民利益、稳定农业生产、维护农村稳定的减震器和稳定剂，逐渐形成了具有都市现代农业特点的“北京模式”，并取得明显成效。

（一）主要特点

1. 农业保险搭建起政府与农户稳定且直接的支持渠道。北京市开展的农业保险是一项政策性保险，通过政府补贴农户保费的方式，实现农业政策的落实，既符合国际 WTO 绿箱政策，也体现了政策的公平、公正、普惠制性质，符合国家财政制度改革方向。2007—2019 年，农户负担 15.4 亿元，占农业保险保费总额 56.7 亿元的 27.2%。这种制度设计农民缴纳保费的主要目的是要在市场环境下培养农民的风险意识和保险意识，同时通过缴纳保费监督政府和各参保公司保险经营业务的合规合法。

在中央财政补贴占比逐年下降的背景下，市、区两级财政保费补贴之和最高比例达 80%，其中市级财政补贴 50%，区级财政累加补贴 20%—30%，并对保险公司实行政策性农险业务经营管理费用补贴制度。2007—2016 年按照经营政策性农业保险的保险公司保费收入的 10% 给予经营管理费用补贴。该项补贴制度类似于美国对私营农险公司的补贴做法，极大地激发了农险公司的经营热情。

2. 政府出资购买再保险并在发展过程中调整变化。由政府购买农业再保险机制是“北京模式”的一个创举，在建立初期得到原保监会的肯定和特别批准。由于农业风险发生的高度不确定性以及承保标的相对集中单一，通过农业再保险分担部分农业风险是国际通用做法，即把同类农业保险业务中超过平均保险金额水平的业务分给其他保险人，促进农业保险业务经营趋于稳定。为分散农业风险，提高农业保险保障水平和保险机构的持续经营能力，北京市财政出资为保险公司购买农业再保险，率先建立政府直接购买再保险的巨灾风险分散机制，并不断调整优化，为直保公司提供更大的超赔区间，降低直保的赔付压力，再保险机制的作用得到发挥，并于每年按照上年农业增加值 1‰的比例提取农业巨灾风险准备金，承担赔付率超过 300% 的损失部分。

3. 建立鼓励农业保险产品创新机制。随着政府支持力度的不断加大和都市型现代农业结构调整，种植业、养殖业结构变化迅速，农民保险需求也发生了很大变化。政策性农业保险也为适应这一变化，建立起由参保公司根据基层保险实践和农民保险需求，向北京市政策性农业保险协调小组办公室提出农业保险创新品种申请的机制。产品设计完成后，申请项目参保公司享有“特权”，在一定的时间段内、在特定地区开展保险服务试验，完善保险新产品各项内容，待产品成熟后再推广到其他参保公司和京郊其他地区。创新性产品对新型农业经营主体应对复杂多变的市场风险和产业结构调整、稳定农业收入发挥了积极作用。

4. 率先在全国实现农业保险信息化管理。为提高政策性农业保险管理科学化、数字化管理水平，北京市政策性农业保险协调小组办公室率先打造农业保险信息化管理平台，应用现代科技手段进行精确承保和精准理赔。平台通过实行保险公司业务数据与政府主管部门的实时联结，对每一笔农业保险业务进行监测校准，杜绝农户重复投保现象，防止虚假投保或夸大损失骗保等行为发生。同时，推动“农险 e 采集”，运用信息化技术辅助保险公司承保理赔中精准采集和查勘工作。率先全面启动政策性农业保险承保全流程电子化改革试点，探索利用保险科技手段补齐农险服务短板，为北京广大农户提供便捷高效的农险承保服务，为全国农险服务提供了“北京样本”。

5. 坚持第三方审计机制避免农业保险出现重大问题。“北京模式”的特点之一是在制度内部主动建立起“第三方审计”机制，其目的一方面要保证政策性农业保险制度能够安全运营，防止出现重大纰漏；另一方面监督各参保公司合规合理经营农险业务，保证财政资金发放安全。第三方审计是北京市政策性农业保险协调小组办公室的“第三只眼”，时刻监督着政府上亿元财政资金的使用，监督着保险制度的落实，监督着农民利益不被侵犯。同时，审计公司对北京市政策性农业保险制度建设也提出了不少建设性意见，进一步完善了北京市政策性农业保险机制，保证了农业保险工作的依法合规经营。

6. 高度重视专家咨询和农业保险科学决策。北京作为首都具有“高校多、专家多”的得天独厚优势，政策性农业保险制度的建立与成效离不开保险专家的支持帮助，“北京模式”在全国处于领先地位也是专家帮助的结果。在政策性农业保险发展的重大问题上，北京市政策性农业保险工作协调小组办公室高度重视专家咨询作用和农业保险科学决策，依托首都高校和科研院所众多的优势，建立了政策性农业保险专家库，为农业保险政策制定、制度建设和承保理赔相关技术升级提供智力支持，并在政策性农业保险的实践中取得明显成效。

7. 坚持颁布《北京市政策性农业保险统颁条款》。以政府部门名义颁布全市农业保险统颁条款，是北京市政策性农业保险的另一大特色。北京农业较其他农业大省，相对农业资源较少，而经营农业保险的保险公司也相对较多，如放任参保公司各自开发保险产品、提供保险服务，必将会出现政策性农业保险险种不同、服务各异的混乱局面。为规范参保公司行为，避免参保公司之间出现的恶意竞争，引导各保险公司更好推进服务，北京市政策性保险协调小组办公室坚持颁布《北京市政策性农业保险统颁条款》，并用通俗易懂的语言规定保险标的、保险责任、责任免除等事项。

（二）主要成效

1. 农业保险发展水平提高，保险服务能力提升。农业保险深度（保费 / 第一产业增加值）和密度（保费 / 农业从业人口）是衡量农业保险发展水平及成熟程度的两个重要指标，且呈正相关关系。北京市农业保险发展水平基本上实现稳中有升，农业保险深度由 2007 年的 0.6% 增加到 2019 年的 4.3%，增长 6.2 倍，农业保险密度由 2007 年的 105.3 元 / 人增加到 2018 年的 1486.7 元 / 人，增长 13.1 倍，分别超过《指导意见》提出的“我国到 2022 年农业保险深度达到 1%，农业保险密度达到 500 元 / 人”的要求（见图 7）。

图 7　北京市农业保险深度和密度变化情况

2. 政府出资购买再保险，风险保障程度增强。北京市政府通过购买再保险的方式为农业保险提供大灾风险保障，并及时签署再保险协议，实现政府与市场关系的协同联动。保险公司承担 150% 封顶的有限风险，保证保险公司的经营稳定性，同时也相应地限制了保险公司的直保费率水平，使政府和投保农户能够以较低的保费支出获得所需的保险保障，得到相应的价格实惠。按照 150%—300% 的风险区间购买再保险，基本可满足 50 年一遇的农业巨灾风险防范需求，财政资金支出效率最优。

3. 保障范围稳步扩大，保障功能明显发挥。在国家农产品价格政策改革的关键当口，结合农产品价格形成机制改革和农业补贴政策改革方向，推动农险产品从“保成本”向“保价格、保收入”转变，从覆盖自然风险向市场风险转变。保障范围进一步扩展到温室蔬菜、农机综合险、支农融资还款保证等领域。多年的实践经验也证明，政策性农业保险是一项“利产业、稳民心”的好政策，对北京农业发展和稳定农民收入起到了积极作用。

4. 运行制度设计合理，财政杠杆效应强大。北京市通过政策性农业保险制度的合理设计，财政资金杠杆作用日益显现。2007—2019 年，中央、市级财政补贴资金累计 30 亿元，农民自筹资金 15.4 亿元，累计获得 1378 亿元风险保障，相当于政府出资 1 元便买到 46 元的风险保障，农民支付 1 元就可获得 89 元的风险保障；农业再保险方面，2019 年政府出资 1 元购买再保险，可为农险公司直保业务提供 33 元的风险保障。

5. 保险产品标准统一，业务经营更加规范。通过不断调整修订政策性农业保险统颁条款，明确统一了政策性农业保险产品和标准，既便于各参保公司执行，也利于各审计公司审查，并方便农民群众了解北京市政策性农业保险产品、保费和赔付情况。各参保公司以此为基本依据开展农业保险业务，政府以此为考核各参保公司工作和发放政府补贴的重要标准，促进了农业保险业务的规范化。

6. 探索“农业保险 +”模式，社会管理功能显现。利用农险公司服务网络、资金管理、风险管控等方面的优势，与农村社会治理创新相结合，有力提高社会管理效率。利用“保险 + 扶贫”精准、广覆盖和长效可持续的优势，提升参保贫困户抗风险和可持续发展能力。开展“保险 + 民生”服务，为郊区农户提供农房风险保障。通过“保险 + 融资”开展险资直投支农融资服务，为涉农机构提供融资放款，以服务“三农”经济发展。同时，“农业保险 +”的模式通过与金融有机结合，降低了金融资本进入农业产业的经营风险，有效提高了农户、专业合作社和种养企业等农业经营主体的资金融通能力。

三、存在问题及原因

通过深入保险公司和农业经营主体走访调研，组织座谈交流，了解投保人需求和农民满意程度，并对照《指导意见》提出到 2030 年实现“补贴有效率、产业有保障、农民得实惠、机构可持续”的政策目标，主要存在以下几个方面的问题：

（一）政府扶持力度和方式仍需完善

北京市于 2017 年取消经营管理费用补贴之后，保费补贴成为农业保险财政补贴的主要方式，比较单一，在走访农险公司的过程也发现，经营机构对经营管理费补贴一直持较高评价，并希望恢复这一政策。据查阅有关资料，美国、加拿大、日本和印度等国家皆采用了保费补贴、管理费补贴和再保险支持等方式，并取得良好效果。由于部分信息的保密性较强，出于数据安全考虑，农业保险相关信息一直难以共享和利用，保险公司无法精准掌握如农产品价格、气象数据分析等信息，影响到农业保险评估定价和承保理赔的有效开展，成为农业保险发展的短板和障碍。调研发现，农险经营主体不得不高成本采购相关数据以开发农险产品，导致公司产品开发费用支出过高。

（二）产业的保障需求和创新产品仍未满足

近年来，北京市出现了休闲观光、乡村旅游、健康养老等现代农业发展新产业新业态，农业发展的内外部风险环境也因而发生变化，而作为重要风险管理工具之一的农业保险，其创新步伐明显滞后于相关产业结构的调整。据调研发现，仅有个别保险公司对民俗旅游开发了针对性保险产品，与新产业的契合度和适用性不高，与农村产业政策的联动机制尚未建立。

（三）农户的保险意识和投保率仍然较低

北京市第三次全国农业普查数据显示，截至 2016 年年底，北京市农业经营户达到 42.4 万户，而当年投保农户为 10.6 万户次，粗略计算投保率仅为 25%，农业收入占农户家庭总收入的比重逐年减小以及对农业保险认知不足是投保率较低的主要原因；续保容易投保难，农业保险的投保主要由村镇出面进行统一投保，这样只能满足农户的基本保障需求，而无法满足农户的个性化需要。对于不会操作智能手机的农户来说，如果想要了解农险的相关信息，只能通过村委会与业务员沟通，农户选择合适的保险产品相对比较困难。

（四）高保障水平的保险服务仍有差距

当前北京市推行的政策性农业保险多为直接物化成本保险，主要覆盖农业生产经营中产生的物质与服务费用，总体保障水平较低。以奶牛养殖保险为例，根据《全国农产品成本收益资料汇编》，北京市奶牛养殖的物质与服务费用（包括饲料费、防疫费、材料费及管理费等，不含人工成本）为每头 17181 元，而奶牛养殖保险的保险金额为按照直接成本确定仅为每头 12000 元，保险金额与实际生产成本仍有不小差距。科技应用水平仍不够高，整体服务能力提升缓慢，在查勘定损方面，大数据、云计算等技术运用不足，导致赔付缺乏客观有力依托。同时，北京市农业风险区划基础尚未形成，尚不能满足向完全成本保险、收入保险等实施差异化费率厘定迈进的环境和条件，距高质量发展要求还有相当差距。

四、政策建议

党的十九届五中全会审议通过的《关于制定国民经济和社会发展第十四个五年计划和 2035 远景目标的建议》明确提出发展农业保险，北京市要认真贯彻落实党的十九届五中全会精神，坚持首都城市战略定位，以率先实现农业农村现代化为目标导向，以畅通国民经济循环为主的双循环新发展格局为发展契机，推动农业保险实现高质量发展。

（一）继续加大政府扶持力度

建立专门农业保险管理队伍，吸纳农业保险管理人才，定期开展农业保险管理人才培训，不断提高管理人才素质。经营管理费补贴对激发保险公司开展农险业务积极性、提升经营和服务水平具有重要作用，建议市财政恢复对保险公司的经营管理费用补贴或者采取以奖代补等方式，继续实行保险公司和农户的双向财政补贴制度，在普惠性的基本险补贴以外，对提高保障水平的附加险也要实施同等补贴。加强农业保险风险区划研究，建立科学的保险费率拟订和动态调整机制，夯实农业保险发展基础。全面强化政策性农业保险的数字化和科学化管理水平，进一步整合财政、保险监管、发改委、农业农村等部门涉农数据和信息，打造集价格、气象数据、各类涉农数据于一体的大数据平台，为农业保险提供信息支撑和服务。

（二）有效保障产业发展需要

随着北京市都市型现代农业转型升级、产业结构调整以及传统业务规模逐渐萎缩，积极拓展传统农业保险向“三农”保险业务转型，创新农产品质量安全保险、设施农业保险、现代种业保险等险种。政策性保险覆盖到产业各环节，发展全产业链保险，运用“大农险”思维探索开展一揽子涉农综合险；结合农业生产成本变动情况，充分考虑农业经营主体的风险防范需求，加快完全成本保险（覆盖物质与服务费用、人工成本和土地成本等）和收入保险（覆盖农业生产产值）的试点工作，发挥农业保险在产业保障上的特殊功能，为建立健全现代农业产业体系助力。

（三）不断培养农户保险意识

通过政府有关部门以及保险公司，设立农户保险教育培训计划或项目，加大对农户风险意识的培训力度，宣传农业保险的基本功能和补贴政策，提高农户对农业保险的正确认识水平，确保农户参保的主动性和连续性。通过发挥协保员作用，让农户随时了解农业保险产品，也可以在已经建立“三农”服务站的村，为农户提供农业保险信息以及投保续保的一站式服务，方便农户投保。

（四）切实提升保险服务水平

适用并具有吸引力的保险产品和优质服务对农业经营主体至关重要。保险公司要充分考虑农业经营主体的风险防范需求，创新保险险种，扩充保险责任，提高保障水平，建议通过附加险方式扩展保险责任，设计“普惠性基本险 + 高保障附加险”的农业保险产品体系，农业经营主体可以通过自愿投保高保障附加险来满足自身较高水平的风险保障需求。建立保险机构服务考评制度，与政府支持和招投标制度相结合。遵循市场规则，注重提高公司质量、专业程度和经营能力，进行适度的有序竞争。充分运用 5G、云平台、大数据、区块链和 AI 智能等技术，助推农业保险高质量发展。

课题负责人：曹四发
课题组组长：曹晓兰
执　笔　人：林子果

第二篇

培育壮大集体经济

中国农村集体经济改革指数评价

自党的十八大以来，国内不同地区农村集体经济体制改革的典型经验竞相迸发，关于农村集体经济组织的政策制度密集颁布，理论界也出现了一个集体经济领域研究的密集期。但是，关于集体经济体制改革的研究多属于某个专业领域的对策性或理论性研究，而缺乏以此为基础的综合性的评价性研究。如集体经济体制改革进程如何？如何进行省域之间的横向比较，把握其动态变动趋势？下一步集体经济体制改革的重点在哪里？由于一些研究目标上的碎片化，导致对这些疑问的回答和制度设计往往也带有碎片化，甚至片面化的特征，不利于提纲挈领地对农村经济体制改革进行顶层设计。

党的十九届四中全会将“坚持和完善中国特色社会主义制度、推进国家治理体系和治理能力现代化”列为全党的一项重大战略任务，并就“三农”领域着重提出“深化农村集体产权制度改革，发展农村集体经济，完善农村基本经营制度”。本报告目的是通过判断和评价北京与国内不同省份之间农村集体经济体制改革的阶段、进展及绩效的横向与动态对比，探索影响省域改革进程差异的内在因素，解析出集体经济体制改革的深层次的逻辑传导机制，形成对农村集体经济体制改革的总体认识，从而为落实中央文件精神和要求、壮大农村集体经济、推进京郊乡村振兴战略提供重要的参考和支撑。

一、评价指标设定的逻辑与结构

（一）逻辑架构与指标体系

集体经济体制改革评价指标体系设计主要来源于经济体制的结构化要素及相互之间的传导关系。基于对大量的历史经验归纳，发现经济体制实质上是一个由统一价值观或称之为“社会主要矛盾”统领下并随着时空变化而进行不断转换的系统，主要包括组织主体、市场体系和政策环境三个基本要素，作为集体经济体制改革指数监测的一级指标。其中，组织主体主要是反映集体经济组织及其衍生组织的改革进程，主要包括“所有权主体”[①]和“产权主体”两个二级指标；市场体系中，产品市场体系基本已经完成市场化进程，没有

① 全国大部分地区集体经济组织缺乏人才、资金等要素，主要是作为土地所有者存在，因此，在生产经营活动中需要通过不同资源要素的再组合，形成新的产权主体。东部地区的集体经济组织统一经营成为常态，本身就可以作为产权主体存在，但就空间范围而言，目前尚不具有代表性。

列入此次监测范围，主要针对要素市场进行观察评价，因而，用要素市场体系直接替代市场体系作为一级指标，并选取“土地市场”“劳动力市场”和“金融市场”三个二级指标；政策环境主要是作为经济基础的上层建筑而单独进行观察。对于农村集体经济体制而言，主要涉及农口部门中的经管系统及财政、规划、自然资源等相关职能部门，从而，选取了“外部监管”和“财政支农”两个二级指标。

1. 组织主体

所有权主体。农村集体经济组织是以集体土地所有制为基础形成的具有社区性、综合性的一类特别法人。作为具有明显社区边界的集体土地等资源资产的所有者，具有典型的社区属性，承担了大量的社会职能。由于其原则上作为无法破产的经济组织[①]，无法承担相应的市场风险，注定其难以成为合格的市场交易主体，不能直接成为产权主体。通过资源要素整合，采取有限责任、股份有限等形式，如组建独资、控股或参股的集体企业、专业合作社等，集体经济组织持有的土地资源才能实现市场化。评价所有权主体的集体经济组织，重点在于观察其功能的完善程度，主要涉及三个方面，即集体经济体制改革指数三级指标：一是村集体主体性，表示其功能的不可替代性，主要通过“村委会代行村集体经济组织职能的比例”测量；二是集体产权制度改革进度，表示集体经济组织成员与集体经济组织之间收益分配关系的明确程度，是发挥集体经济带领农民实现共同富裕的重要制度基础，具体指标为“完成集体产权制度改革的村占比”进行直接测量；三是集体经济组织治理，反映特殊法人治理结构建设水平，选取的是一个综合性指标，具体测量指标为“违纪金额占已审计资金总额的比重”。

产权主体。资源要素在自然状态下，即在各自所有者持有状态下无法进入生产环节，需要进行整合。因此，培育有效率的产权主体是经济发展的必要条件，是集体经济体制改革的一个必然的环节。主要形式表现为农村集体经济组织直接或间接进入市场的各类中介组织。全国大部分地区集体经济组织位于农业类型地区，主要选取了家庭农场和专业合作社两类产权主体，作为三级指标。“二、三产业就业劳动力数 / 劳动力总数”和“经营规模 >10 亩的农户数 / 农户总数”，反映了家庭农场的专业化程度。“专业合作社带动农户成员数 / 农户总数”作为具体四级测量指标，反映的是专业合作社发展的综合水平。

2. 要素市场体系

土地市场。土地要素配置过程受城乡二元结构体制影响较深，市场化进程较为滞后。2020 年 1 月 1 日开始实施的新修订后的《土地管理法》，允许集体经营性建设用地直接入市，但在城乡二元结构的规划管理体制下，集体土地入市仍然面临着明显的制度约束，需要更深层次的体制改革，因而，修法实际只能作为获取集体土地制度改革红利的一个必要而非充分的条件。土地市场的二级指标下面，主要考察农用地市场和集体建设用地市场，作为两个三级指标，前者主要通过“流转出承包耕地农户 / 农户总数”“签订流转合同的耕地流转面积 / 耕地流转总面积”“股份合作面积 / 耕地流转总面积”测量，分别反映农地

① 政策文件规定方面允许注销，但实际操作中此类情况极为少见。

资源优化配置过程中的规模经济、规范程度和稳定程度三个方面；后者主要通过“单位面积出租出让收入（万元/亩）”指标测量，间接反映的是集体建设用地与国有建设用地“同地同权同价”的市场一体化程度。

劳动力市场。乡村两级集体经济组织首要目标不是利润最大化，而是社区成员福利最大化，因此，促进成员就业历来是作为展示自身功能和价值的一个刚性指标，集中体现了集体经济组织所具有的村社一体的“社区性”特征。实际上，这也是除市场、政府之外的另一种资源配置机制，我们称之为“社区机制”。集体经济组织成员中随着“常年外出务工劳动力占比”上升，实际上反映的是集体经济组织解决就业能力的下降，也反映出市场机制替代社区机制的程度，是说明外省劳动力市场发育程度的一个正向性质的指标。但是，对于常年外省就业劳动力的出发省而言，这属于一个逆向性质指标。

金融市场。农村地区发展滞后的一个重要原因是由于缺乏借助正规金融杠杆开展经济活动的机会，导致金融市场发育滞后。乡村振兴亟待破解的一个难题就是探索符合农村地区特点的规范化的新的融资渠道。通过专业合作社内部的资金互助是解决资金难题的一个有效途径，鉴于数据的可获取性，由于“开展互助合作保险的合作社数/合作社总数”是反映集体经济组织成员融资能力的一个替代性指标，本文选择其作为衡量地区金融市场发育的四级测量指标。

3. 政策环境

外部监管。主要是农村经管部门对集体经济组织的监督管理。农经系统伴随着集体经济的发展而发展，前身是20世纪50年代财政系统的人民公社财务科，改革开放后专门设立了中央到地方的各级经管站，一般属于农业主管部门的内设机构。经管部门职能集中体现在“三资”监管方面，通过“聘任仲裁员数/家庭承包地流转面积”“实行财务公开的村数/总村数”“明确承担农经职能的乡（镇）数/乡（镇）数”三个指标的动态监测，分别表示单位农地流转面积监管强度、农村财务领域监管强度、农经部门主体性三个方面。

财政支农。反映了政府部门对集体经济组织的扶持力度，作为集体经济领域上层建筑的国家意志的集中体现。通过“城乡社区与农林水支出”和“征地补偿”两个三级指标综合反映，并分别通过“财政支农支出增速”“留作集体公积公益金的金额占土地补偿费总额的比重”进行具体测量，前者反映了财政投资强度，后者反映了对集体经济组织的政策倾斜强度。

表 1　农村集体经济体制改革指数评价指标体系

一级指标	二级指标	三级指标	四级指标
A1 组织主体	B1 所有权主体	C1 村集体主体性	D1 村委会代行村集体经济组织职能的比例
		C2 集体产权制度改革进度	D2 完成集体产权制度改革的村占比
		C3 集体经济组织治理	D3 违纪金额占已审计资金总额的比重
	B2 产权主体	C4 家庭经营	D4 二、三产业就业劳动力数 / 劳动力总数
			D5 经营规模 >10 亩的农户数 / 农户总数
		C5 合作社经营	D6 专业合作社带动农户成员数 / 农户总数
A2 要素市场	B3 土地市场	C6 农用地市场	D7 流转出承包耕地农户 / 农户总数
			D8 签订流转合同的耕地流转面积 / 耕地流转总面积
			D9 股份合作面积 / 耕地流转总面积
		C7 集体建设用地市场	D10 单位面积出租出让收入（万元 / 亩）
	B4 劳动力市场	C8 劳动力市场发育	D11 常年外出务工劳动力占比
	B5 金融市场	C9 融资	D12 开展互助合作保险的合作社数 / 合作社总数
A3 政策环境	B6 外部监管	C10 三资监管	D13 聘任仲裁员数 / 家庭承包地流转面积
			D14 实行财务公开的村数 / 总村数
			D15 明确承担农经职能的乡（镇）数 / 乡（镇）数
	B7 财政支农	C11 城乡社区与农林水支出	D16 财政支农支出增速
		C12 征地补偿	D17 留作集体公积公益金的金额占土地补偿费总额的比重

（二）基础指标数据的标准化处理

在这套指标体系中，我们称最低一级分项指标为基础指标。每个基础指标的原始数据来自官方统计数据或以此为基础加工的结果。由于不同的统计指标之间缺乏可比性，不能用同一个尺度进行度量和比较，因此需要进行标准化处理将其转化成不同地区历年可比的指标。这套指标体系共由 17 个基础指标构成（见表 1），其中有 4 个负向指标，分别是"D1 村委会代行村集体经济组织职能的比例""D3 违纪金额占已审计资金总额的比重""D11 常年外出务工劳动力占比" "D16 财政支农支出增速"。经标准化处理后，每个指标各地区的得分 d_{ij} 表达各地区在该领域改革的相对位置。

（三）权重的确定

从已有研究成果来看，常用的主观赋权法有专家打分法、层次分析法、算数平均法等，客观赋权法有因子分析法、主成分分析法、熵值法等。鉴于熵值法优秀的信息综合能力，本文采用此法给基础指标赋权重 w_j（具体计算方法略，下同）。

（四）基础指标评价得分

$s_{ij} = w_j \times d_{ij}$（$i = 1, \cdots, 30$，即省份；$j = 1, \cdots, 17$，即指标序列）

S_{ij} 为某省的某项基础指标评价得分，加总后即该省农村集体经济体制改革评价指数。

二、综合评价与地区比较

（一）总体水平

2009 年至 2018 年，中国农村集体经济体制改革指数总体呈上升趋势，且在 2014 年后呈稳步上升趋势，由 2009 年的 53.649 上升到 2018 年的 73.553，上涨 19.904，年均增速 3.71%。组织主体、市场体系、政策环境均有不同程度的上升。组织主体由 2009 年的 17.744 上升到 2018 年的 27.316，增加 9.572，年均增速 5.39%；市场体系由 2009 年的 22.174 上升到 2018 年的 30.651，增加 8.477，年均增速 3.82%；政策环境由 2009 年的 13.730 上升到 2018 年的 15.586，增加 1.856，年均增速 1.35%。

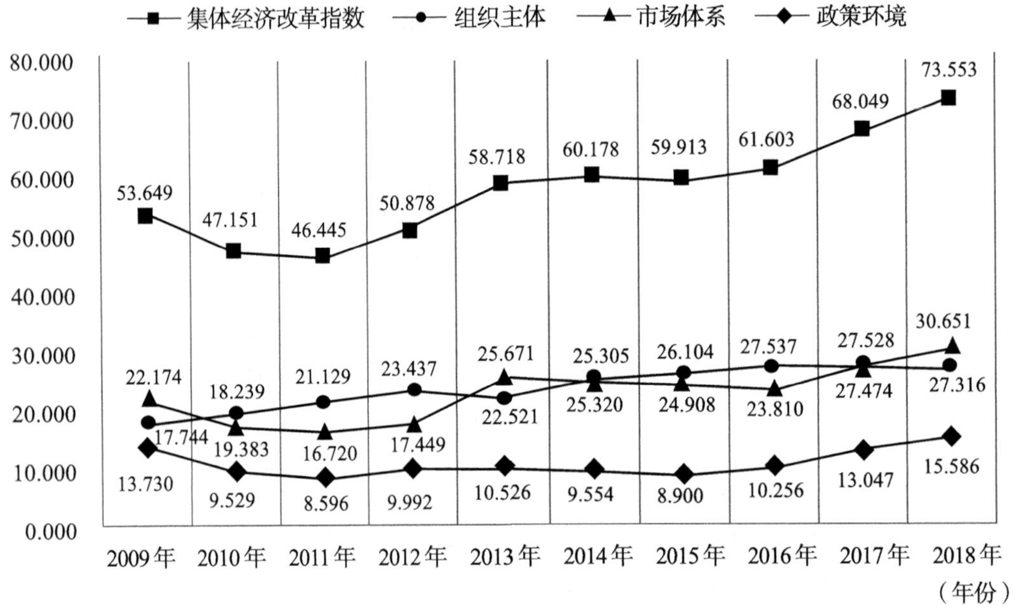

图 1　2009 年至 2018 年中国农村集体经济体制改革指数

（二）省域比较

2018 年中国分地区集体经济体制改革指数总体分布如图 2 所示，2018 年和 2009 年集体经济体制改革指数和一级指标评价得分如表 5 和表 6 所示，其他年份评价得分见附表 1 至附表 8。2018 年集体经济体制改革指数排名位于前五位的是：北京市、浙江省、海南省、天津市和上海市，2009 年排名位于前五位的是：北京市、江苏省、广东省、浙江省、上海市。海南省由 2009 年的第 20 位上升至 2018 年的第 3 位，贵州省由 2009 年的第 28 位上升至 2018 年的第 9 位，陕西省由 2009 年的第 26 位上升至 2018 年的第 14 位。如附表 8 所示，2017 年浙江省首次超过北京市、上海市位列第一，上海市位居第二，北京市位居第三，海南省和广东省分别位居第四、第五。

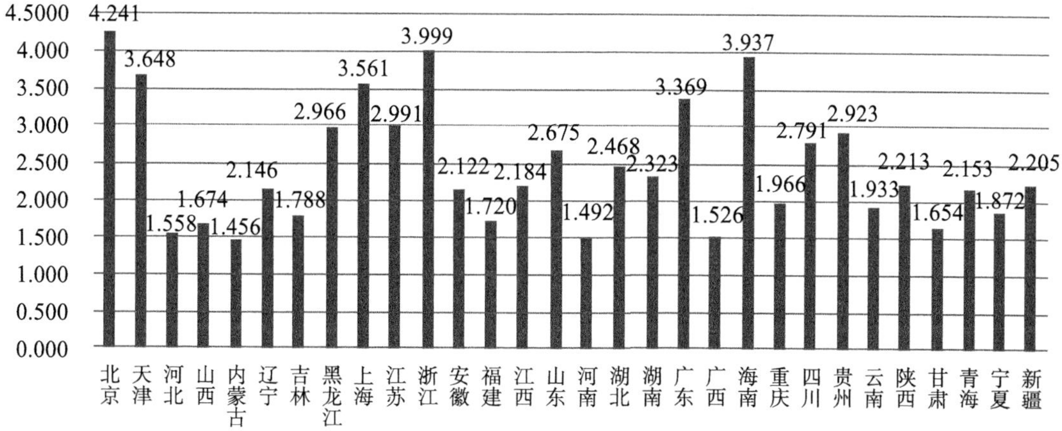

图 2　2018 年中国分省（市、自治区）集体经济体制改革指数

下面，将地区类型分东部、中部和西部三部分①区域进行分析，观察大区域的集体经济体制改革格局。如图 3 和图 4 所示，采用 stata15 绘制集体经济体制改革指数的空间地图可以看出 2018 年西部部分地区超过东部地区。表 2 和表 3 统计分析的结果表明，东部地区集体经济体制改革指数由 2009 年的 2.191 上升至 2018 年的 2.948，上涨 0.757；中部地区由 1.548 上升至 2.052，上涨 0.504；西部地区由 1.491 上升至 2.190，上涨 0.699。2018 年西部地区的集体经济体制改革指数超过中部地区，主要来自组织主体和市场体系因素贡献。

表 2　2018 年分地区类型农村集体经济体制改革评价指数表

区域类型	数量	集体经济体制改革指数（均值）	组织主体（均值）	市场体系（均值）	政策环境（均值）
东部	12	2.948	1.060	1.200	0.687
中部	9	2.052	0.831	0.806	0.416
西部	9	2.190	0.791	1.000	0.400

表 3　2009 年分地区类型农村集体经济体制改革评价指数表

区域类型	数量	集体经济体制改革指数（均值）	组织主体（均值）	市场体系（均值）	政策环境（均值）
东部	12	2.191	0.689	0.948	0.554
中部	9	1.548	0.543	0.590	0.415
西部	9	1.491	0.510	0.610	0.372

① 国家统计局 2003 年对我国内地区域依据其经济发展水平与地理位置相结合划分成东、中、西部地区。东部地区包括辽宁、北京、天津、河北、山东、江苏、上海、浙江、福建、广东、广西、海南；中部地区包括山西、内蒙古、吉林、黑龙江、安徽、江西、河南、湖北、湖南；西部地区包括陕西、甘肃、青海、宁夏、新疆、四川、重庆、云南、贵州、西藏。

表 4　2018 年分省（市、自治区）农村集体经济体制改革指数

地区	集体经济体制改革指数	排名	组织主体	要素市场	政策环境
北京	4.241	1	1.930	1.252	1.059
天津	3.648	4	0.747	1.727	1.175
河北	1.558	27	0.557	0.562	0.439
山西	1.674	24	0.751	0.298	0.625
内蒙古	1.456	30	0.850	0.318	0.288
辽宁	2.146	18	0.634	1.079	0.434
吉林	1.788	24	0.926	0.498	0.363
黑龙江	2.965	8	1.461	0.994	0.510
上海	3.561	5	1.879	0.606	1.076
江苏	2.991	7	1.595	1.047	0.349
浙江	3.999	2	1.858	1.600	0.541
安徽	2.122	19	1.133	0.664	0.325
福建	1.720	23	0.330	0.746	0.644
江西	2.184	16	0.476	1.275	0.433
山东	2.675	11	1.471	0.673	0.530
河南	1.492	29	0.588	0.683	0.221
湖北	2.468	12	0.788	1.087	0.593
湖南	2.323	13	0.504	1.438	0.382
广东	3.369	6	0.688	2.013	0.669
广西	1.526	28	0.419	0.831	0.276
海南	3.937	3	0.615	2.265	1.057
重庆	1.966	20	0.846	0.725	0.395
四川	2.791	10	0.633	1.795	0.363
贵州	2.923	9	0.483	2.226	0.214
云南	1.933	21	0.405	0.820	0.709
陕西	2.213	14	1.460	0.496	0.257
甘肃	1.654	26	0.637	0.672	0.345
青海	2.153	17	0.878	0.851	0.423
宁夏	1.872	22	0.916	0.507	0.450
新疆	2.205	15	0.859	0.904	0.442

数据来源：农业农村部农村合作经济指导司、农业农村部政策与改革司编，《中国农村经营管理统计年报》（2008—2019 年历年）、《中国统计年鉴》（2008—2019 年历年）。

表 5　2009 年分省（市、自治区）农村集体经济体制改革指数

地区	集体经济体制改革指数	排名	组织主体	要素市场	政策环境
北京	3.705	1	1.478	1.516	0.711
天津	2.089	7	0.578	0.858	0.652
河北	1.376	21	0.541	0.357	0.478
山西	1.306	24	0.428	0.364	0.514
内蒙古	1.480	16	0.703	0.430	0.347
辽宁	1.908	9	0.606	0.699	0.603
吉林	1.836	10	0.706	0.586	0.543
黑龙江	2.337	6	0.962	0.920	0.455
上海	2.548	5	0.875	1.197	0.475
江苏	3.239	2	1.069	1.670	0.500
浙江	2.744	4	0.979	1.054	0.711
安徽	1.274	27	0.426	0.502	0.347
福建	1.302	25	0.433	0.510	0.358
江西	1.049	29	0.379	0.472	0.198
山东	1.804	11	0.467	0.673	0.664
河南	1.347	22	0.376	0.582	0.390
湖北	1.566	14	0.452	0.540	0.574
湖南	1.739	12	0.456	0.915	0.368
广东	3.194	3	0.608	2.057	0.530
广西	0.998	30	0.301	0.333	0.364
海南	1.389	20	0.335	0.452	0.603
重庆	1.994	8	0.520	1.121	0.353
四川	1.552	15	0.575	0.669	0.308
贵州	1.142	28	0.381	0.468	0.293
云南	1.342	23	0.179	0.734	0.429
陕西	1.293	26	0.424	0.398	0.472
甘肃	1.478	17	0.510	0.494	0.474
青海	1.669	13	0.794	0.630	0.245
宁夏	1.478	17	0.638	0.480	0.360
新疆	1.470	19	0.566	0.492	0.413

数据来源：农业农村部农村合作经济指导司、农业农村部政策与改革司编，《中国农村经营管理统计年报》（2008—2019 年历年）、《中国统计年鉴》（2008—2019 年历年）。

三、子系统之间耦合协调度测算

（一）测算方法

耦合是指两个或两个以上系统通过相互作用而彼此影响的现象。耦合度是描述系统或要素相互影响的程度，耦合度越高，说明系统效率越高。由此，耦合度测算方法，在很多方面得到应用，如人口与环境、人口与经济、城市化与生态环境等。本文采用静态耦合计算方法，测算集体经济体制改革指数三个一级指标之间的耦合协调度，推测从 2009 年至 2018 年，集体经济体制改革系统的协调发展水平。

（二）耦合协调度的发展情况

1. 总体耦合协调水平[①]

如图 3 所示，从时间维度上看，自 2009 年至 2018 年，组织主体与市场体系、组织主体与政策环境、市场体系与政策环境三个子系统之间的耦合协调程度均有所上升。其中，组织主体与政策环境的耦合协调度最高、增长最快，由 2009 年的 0.443 上升到 2018 年的 0.573，增长 0.13；组织主体与市场体系的耦合协调度由 0.404 上升至 0.488，增长 0.073；市场体系与政策环境的协调度由 0.452 增加到 0.488，增长 0.036。2018 年，组织主体与政策环境进入高度协调耦合阶段，协同发展水平较好，这反映了近年来农村集体经济宏观政策环境与集体经济发展之间协调作用不断提升。

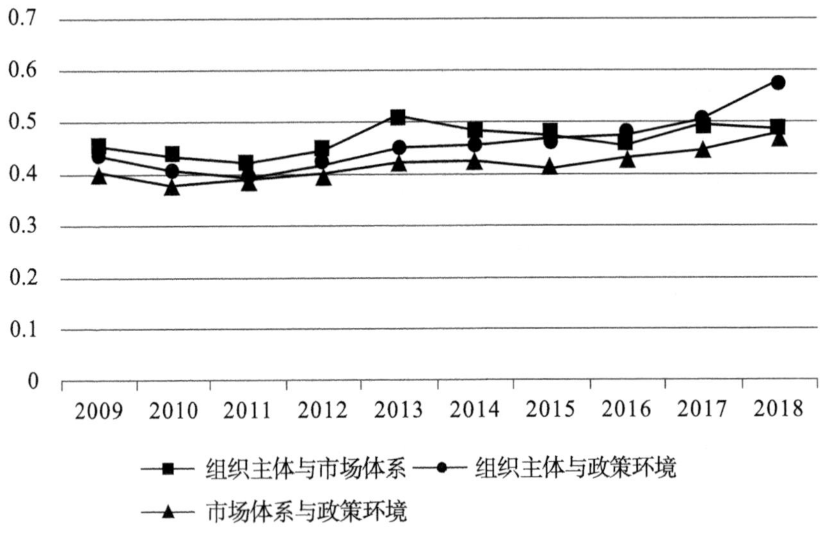

图 3　2009—2018 年中国农村集体经济体制改革子系统耦合协调度分布情况

2. 地区比较

由表 6 可知，从空间维度上看，东部、中部、西部地区均为组织主体与政策环境子系统的耦合协调度增长最高，达到高度协调耦合的地区分别占 91.67%、100%、88.89%（见

① 2009 年至 2018 年组织主体、市场体系、政策环境子系统历年耦合协调度见附表 9、附表 10、附表 11。

图 4 至图 6）。2018 年，东部地区三个子系统协同作用均达到高度耦合阶段。西部地区的组织主体与市场体系、市场体系与政策环境耦合协调度均超过中部地区，表明其集体经济体制改革的系统协调发展水平较中部地区高。

表 6　分地区类型农村集体经济体制改革子系统耦合协调度

区域类型	组织主体与市场体系		组织主体与政策环境		市场体系与政策环境	
	2009 年	2018 年	2009 年	2018 年	2009 年	2018 年
东部	0.442	0.513	0.481	0.599	0.500	0.547
中部	0.331	0.446	0.427	0.558	0.424	0.441
西部	0.377	0.461	0.409	0.553	0.416	0.457

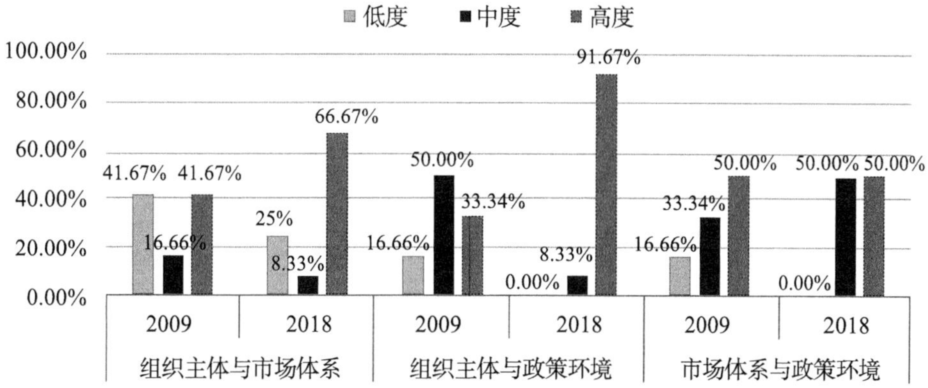

图 4　2009 年与 2018 年东部地区农村集体经济体制改革子系统耦合协调度分布情况

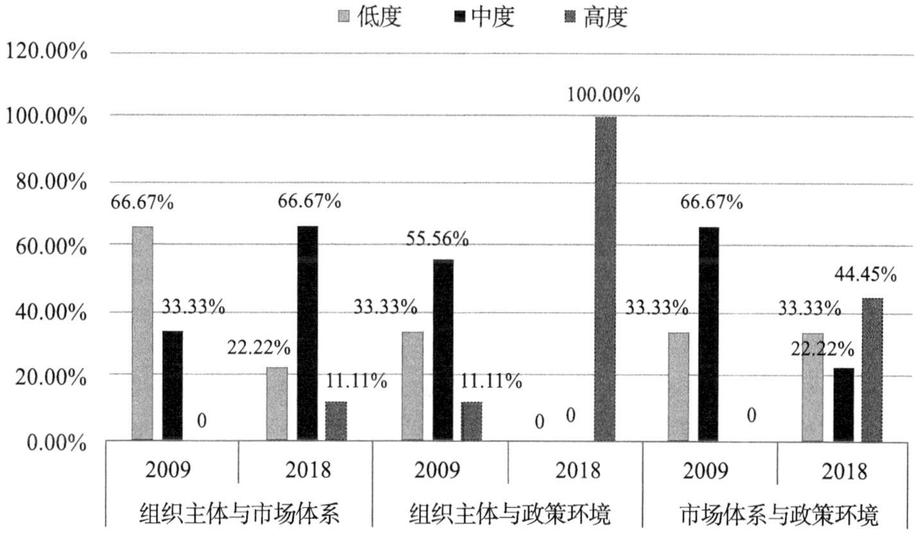

图 5　2009 年与 2018 年中部地区农村集体经济体制改革子系统耦合协调度分布情况

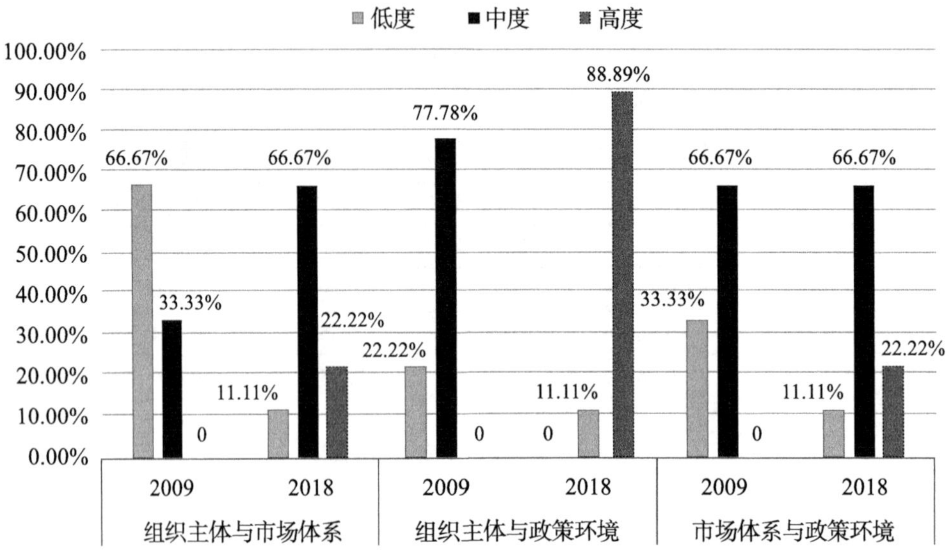

图 6　2009 年与 2018 年西部地区农村集体经济体制改革子系统耦合协调度分布情况

四、灰色关联度分析

（一）测算方法

灰色关联度分析（Grey Relation Analysis，GRA），是一种多因素统计分析方法，通过计算灰色关联度来描述因素间关系的强弱、大小、次序。本报告根据数据特征，充分考虑到集体经济体制改革进程在不同地区的空间差异和不同年份的时间差异，采用灰色关联度分析对集体经济体制改革体系的基础指标进行排序，找到影响集体经济收入的主要制度性因素。

（二）集体经济收入水平影响因子关联分析

本文采用 Matlab2019 计算 2018 年和 2009 年集体经济收入水平影响因子的灰色关联度结果如表 7 和表 8 所示，2010 年至 2017 年灰色关联度结果见附表 12。2018 年一级指标关联度排序为：政策环境（0.9998）> 要素市场（0.9991）> 组织主体（0.9199）。二级指标关联度排序为：外部监管（0.9998）= 财政支农（0.9998）> 劳动力市场（0.9997）> 土地市场（0.99965）> 产权主体（0.9995）> 金融市场（0.9981）> 所有权主体（0.8402）。三级指标中有 11 项灰色关联度大于 0.9，表明上述因子对集体经济收入的关联度都很高。其中，政策环境和要素市场的改革因子对集体经济收入水平的影响程度最强。2009 年一级指标关联度排序为：政策环境（0.9976）> 要素市场（0.9874）> 组织主体（0.8917）。2018 年较 2009 年改革因子对集体经济收入水平的关联程度均有所上升。

表 7　2018 年集体经济收入与集体经济体制改革因子的灰色关联度

一级指标	三级指标	三级指标关联度	因子	因子关联度	因子排序
A1 组织主体	C1 村集体主体性	0.5328	x_1	0.5328	17
	C2 集体产权制度改革进程	1.0000	x_2	1.0000	1
	C3 集体经济组织治理	0.9879	x_3	0.9879	16
	C4 家庭经营	0.9992	x_4	0.9999	4
			x_5	0.9986	12
	C5 合作社经营	0.9998	x_6	0.9998	6
A2 要素市场	C6 农用地市场	0.9993	x_7	0.9999	4
			x_8	0.9998	6
			x_9	0.9982	14
	C7 集体建设用地市场	1.0000	x_{10}	1.0000	1
	C8 劳动力市场发育	0.9997	x_{11}	0.9997	11
	C9 融资	0.9981	x_{12}	0.9981	15
A3 政策环境	C10 三资监管	0.9998	x_{13}	0.9998	6
			x_{14}	0.9998	6
			x_{15}	0.9998	6
	C11 城乡社区与农林水支出	0.9995	x_{16}	0.9995	13
	C12 征地补偿	1.0000	x_{17}	1.0000	1

表 8　2009 年集体经济收入水平与改革因子的灰色关联度分析结果

一级指标	三级指标	三级指标关联度	因子	因子关联度	因子排序
A1 组织主体	C1 村集体主体性	0.4569	x_1	0.4569	17
	C2 集体产权制度改革进程	0.9995	x_2	0.9995	1
	C3 集体经济组织治理	0.8999	x_3	0.8999	16
	C4 家庭经营	0.9981	x_4	0.9977	8
			x_5	0.9984	5
	C5 合作社经营	0.9978	x_6	0.9978	7

续表

一级指标	三级指标	三级指标关联度	因子	因子关联度	因子排序
A2 要素市场	C6 农用地市场	0.9686	x_7	0.9993	3
			x_8	0.9981	6
			x_9	0.9085	15
	C7 集体建设用地市场	0.9986	x_{10}	0.9986	4
	C8 劳动力市场发育	0.9852	x_{11}	0.9852	14
	C9 融资	0.9934	x_{12}	0.9934	13
A3 政策环境	C10 三资监管	0.9969	x_{13}	0.9967	12
			x_{14}	0.9969	11
			x_{15}	0.9971	10
	C11 城乡社区与农林水支出	0.9973	x_{16}	0.9973	9
	C12 征地补偿	0.9994	x_{17}	0.9994	2

五、几点结论和评价

1. 农村集体经济体制改革进展不均衡，呈现明显的地区分层特征。从横向上看，改革进程较快的地区主要集中在东部省市，如北京、浙江、江苏、广东、上海等地。从动态角度看，海南、贵州、陕西等省改革进展较快，位次出现了明显的跃升。需要进一步发挥发达地区的率先引领示范作用，带动落后省份发挥后发优势，加快改革步伐。

2. 加快市场化进程，充分发挥市场有效配置农村资源的决定性作用。党的十八届三中全会之后，改革开放呈现出许多新的特点，法规制度重构的分量更重，对改革顶层设计的要求更高，特别是对改革的系统性、整体性、协同性要求更强，相应地建章立制、构建体系的任务更重。从时间维度上看，自 2009 年至 2018 年，组织主体与市场体系、组织主体与政策环境、市场体系与政策环境三个子系统之间的耦合协调程度均有所上升。其中，组织主体与政策环境的耦合协调度最高、增长最快，2018 年，组织主体与政策环境进入高度协调耦合阶段，协同发展水平较好。这意味着下一步在政策层面继续加大对“三农”领域的倾斜力度的同时，要从补短板的角度，着力激发市场活力，切实落实市场对农村资源配置的决定性作用。

3. 把集体产权制度改革、征地制度改革与集体建设用地制度改革作为下一步深化集体经济体制改革的重点。2018 年灰色关联度分析发现，集体产权制度改革进程、集体建设用地市场和征地补偿三个二级因子对集体经济收入水平的影响程度最强，下一步集体经济体制改革，特别是在转化集体经济薄弱村过程中，应瞄准这三个领域集中发力。

附表1　2010年分省（市、自治区）农村集体经济体制改革评价指数表

地区	集体经济体制改革指数	排名	组织主体	要素市场	政策环境
北京	4.153	1	2.411	0.954	0.787
天津	1.391	17	0.448	0.666	0.277
河北	1.260	18	0.475	0.454	0.331
山西	1.455	14	0.582	0.489	0.384
内蒙古	1.635	9	1.071	0.387	0.178
辽宁	1.839	6	0.651	0.678	0.510
吉林	1.821	7	0.990	0.485	0.345
黑龙江	2.333	5	1.354	0.671	0.307
上海	1.582	11	0.254	0.835	0.492
江苏	2.661	3	1.138	1.249	0.274
浙江	2.422	4	0.680	1.271	0.471
安徽	1.128	24	0.453	0.472	0.204
福建	0.800	30	0.250	0.317	0.233
江西	0.859	27	0.333	0.363	0.162
山东	1.421	15	0.454	0.555	0.412
河南	0.997	26	0.380	0.426	0.192
湖北	1.246	19	0.420	0.435	0.392
湖南	1.173	23	0.365	0.603	0.205
广东	2.842	2	0.667	1.820	0.356
广西	0.853	28	0.343	0.304	0.207
海南	1.218	20	0.405	0.328	0.485
重庆	1.551	12	0.470	0.768	0.313
四川	1.196	21	0.539	0.476	0.181
贵州	0.951	27	0.375	0.467	0.109
云南	1.193	22	0.248	0.697	0.248
陕西	1.074	25	0.469	0.340	0.265
甘肃	1.457	13	0.641	0.473	0.343
青海	1.585	10	0.744	0.468	0.374
宁夏	1.420	16	0.815	0.426	0.178
新疆	1.637	8	0.958	0.362	0.317

数据来源：《中国农村经营管理统计年报》（2008—2019年）、《中国统计年鉴》（2008—2019年）。

附表 2 2011 年分省（市、自治区）农村集体经济体制改革评价指数表

地区	集体经济体制改革指数	排名	组织主体	要素市场	政策环境
北京	4.658	1	3.480	0.734	0.444
天津	1.323	19	0.461	0.545	0.317
河北	1.328	18	0.520	0.567	0.241
山西	1.338	17	0.559	0.407	0.372
内蒙古	1.644	9	1.054	0.430	0.160
辽宁	1.624	11	0.642	0.453	0.528
吉林	1.694	8	0.942	0.439	0.312
黑龙江	2.008	5	1.240	0.585	0.183
上海	1.537	13	0.288	0.703	0.546
江苏	2.761	2	1.330	1.216	0.216
浙江	2.152	4	0.900	0.800	0.453
安徽	1.035	24	0.449	0.401	0.185
福建	0.715	30	0.249	0.301	0.165
江西	0.843	28	0.319	0.344	0.180
山东	1.389	16	0.434	0.582	0.372
河南	0.959	27	0.377	0.444	0.138
湖北	1.262	20	0.460	0.428	0.374
湖南	1.052	23	0.373	0.503	0.175
广东	2.324	3	0.704	1.499	0.121
广西	0.803	29	0.356	0.274	0.174
海南	1.797	6	0.577	0.476	0.743
重庆	1.473	15	0.507	0.694	0.272
四川	1.201	21	0.571	0.436	0.195
贵州	0.984	26	0.403	0.488	0.093
云南	1.061	22	0.213	0.598	0.249
陕西	1.029	25	0.487	0.289	0.253
甘肃	1.501	14	0.631	0.558	0.312
青海	1.741	7	0.843	0.512	0.386
宁夏	1.631	10	0.803	0.614	0.214
新疆	1.580	12	0.956	0.400	0.224

数据来源：《中国农村经营管理统计年报》（2008—2019 年）、《中国统计年鉴》（2008—2019 年）。

附表3　2012年分省（市、自治区）农村集体经济体制改革评价指数表

地区	集体经济体制改革指数	排名	组织主体	要素市场	政策环境
北京	4.551	1	3.575	0.773	0.203
天津	1.448	17	0.509	0.529	0.411
河北	1.214	22	0.553	0.422	0.239
山西	1.420	18	0.593	0.428	0.399
内蒙古	1.708	9	1.050	0.419	0.239
辽宁	1.705	11	0.653	0.602	0.450
吉林	1.708	10	0.987	0.440	0.281
黑龙江	2.341	5	1.299	0.740	0.302
上海	1.821	7	0.419	0.682	0.720
江苏	3.074	2	1.643	1.202	0.229
浙江	2.926	3	1.484	1.037	0.405
安徽	1.158	23	0.497	0.465	0.196
福建	1.018	29	0.271	0.430	0.317
江西	1.077	27	0.369	0.383	0.324
山东	1.506	15	0.476	0.637	0.394
河南	1.116	25	0.410	0.505	0.202
湖北	1.408	19	0.508	0.506	0.394
湖南	1.093	26	0.381	0.516	0.197
广东	2.781	4	0.989	1.371	0.421
广西	0.890	30	0.384	0.343	0.162
海南	1.730	8	0.524	0.382	0.825
重庆	1.503	16	0.598	0.687	0.217
四川	1.348	20	0.645	0.432	0.271
贵州	1.049	28	0.392	0.486	0.172
云南	1.288	21	0.241	0.734	0.314
陕西	1.153	24	0.521	0.353	0.280
甘肃	1.610	12	0.681	0.524	0.406
青海	2.021	6	1.020	0.550	0.451
宁夏	1.610	13	0.804	0.504	0.303
新疆	1.599	14	0.960	0.369	0.270

数据来源：《中国农村经营管理统计年报》（2008—2019年）、《中国统计年鉴》（2008—2019年）。

附表 4　2013 年分省（市、自治区）农村集体经济体制改革评价指数表

地区	集体经济体制改革指数	排名	组织主体	要素市场	政策环境
北京	4.601	1	3.523	0.708	0.371
天津	1.356	25	0.311	0.651	0.394
河北	1.783	16	0.458	1.018	0.307
山西	1.549	19	0.559	0.573	0.418
内蒙古	1.928	11	0.968	0.686	0.275
辽宁	1.808	15	0.572	0.817	0.420
吉林	2.194	8	0.943	0.934	0.317
黑龙江	3.054	3	1.325	1.363	0.366
上海	1.944	10	0.555	0.642	0.747
江苏	3.650	2	1.719	1.601	0.330
浙江	2.868	4	1.503	0.917	0.448
安徽	1.310	27	0.471	0.588	0.251
福建	1.306	28	0.257	0.585	0.463
江西	1.298	29	0.394	0.483	0.421
山东	1.846	12	0.582	0.813	0.451
河南	1.452	21	0.427	0.824	0.201
湖北	1.844	13	0.498	0.956	0.389
湖南	1.828	14	0.308	1.204	0.316
广东	2.803	5	0.873	1.444	0.486
广西	1.441	22	0.376	0.920	0.145
海南	2.412	6	0.642	1.398	0.372
重庆	1.620	18	0.518	0.810	0.292
四川	1.398	23	0.643	0.422	0.333
贵州	1.182	30	0.306	0.729	0.148
云南	1.345	26	0.241	0.738	0.366
陕西	1.393	24	0.509	0.618	0.266
甘肃	1.774	17	0.624	0.833	0.317
青海	2.061	9	0.823	0.941	0.297
宁夏	1.469	20	0.721	0.453	0.295
新疆	2.201	7	0.872	1.002	0.328

数据来源：《中国农村经营管理统计年报》（2008—2019 年）、《中国统计年鉴》（2008—2019 年）。

附表 5 2014 年分省（市、自治区）农村集体经济体制改革评价指数表

地区	集体经济体制改革指数	排名	组织主体	要素市场	政策环境
北京	4.749	1	3.428	0.683	0.639
天津	1.642	18	0.295	0.917	0.430
河北	1.185	28	0.465	0.469	0.250
山西	1.325	24	0.521	0.417	0.387
内蒙古	1.839	13	0.927	0.686	0.225
辽宁	1.505	21	0.582	0.587	0.336
吉林	1.776	15	0.925	0.593	0.257
黑龙江	2.941	6	1.282	1.386	0.273
上海	2.973	5	1.729	0.572	0.671
江苏	3.184	3	1.847	1.053	0.285
浙江	3.957	2	2.705	0.856	0.397
安徽	1.136	30	0.490	0.432	0.214
福建	1.139	29	0.269	0.451	0.419
江西	1.697	17	0.387	0.982	0.329
山东	1.850	12	0.760	0.663	0.426
河南	1.312	25	0.426	0.705	0.180
湖北	2.199	8	0.498	1.398	0.303
湖南	1.888	11	0.338	1.301	0.249
广东	2.557	7	0.834	1.301	0.421
广西	1.636	19	0.362	1.059	0.215
海南	3.031	4	0.881	1.822	0.329
重庆	1.778	14	0.518	0.998	0.262
四川	1.300	26	0.609	0.427	0.264
贵州	1.773	16	0.377	1.264	0.132
云南	1.220	27	0.239	0.605	0.376
陕西	1.338	23	0.546	0.601	0.191
甘肃	1.563	20	0.621	0.637	0.305
青海	2.055	10	0.836	0.974	0.245
宁夏	1.447	22	0.703	0.478	0.266
新疆	2.182	9	0.917	0.989	0.276

数据来源：《中国农村经营管理统计年报》（2008—2019 年）、《中国统计年鉴》（2008—2019 年）。

附表 6　2015 年分省（市、自治区）农村集体经济体制改革评价指数表

地区	集体经济体制改革指数	排名	组织主体	要素市场	政策环境
北京	4.508	1	3.294	0.651	0.562
天津	1.559	17	0.306	1.022	0.231
河北	1.321	24	0.444	0.478	0.399
山西	1.291	26	0.491	0.462	0.338
内蒙古	1.356	22	0.749	0.310	0.297
辽宁	1.698	15	0.538	0.910	0.250
吉林	1.639	16	0.817	0.535	0.288
黑龙江	2.836	7	1.186	1.318	0.332
上海	4.108	3	2.842	0.605	0.661
江苏	2.963	6	1.799	0.889	0.275
浙江	4.267	2	3.250	0.743	0.274
安徽	1.052	30	0.473	0.387	0.191
福建	1.302	25	0.260	0.674	0.367
江西	1.849	12	0.382	1.092	0.376
山东	1.814	13	0.773	0.660	0.381
河南	1.211	27	0.417	0.608	0.187
湖北	2.105	8	0.498	1.318	0.289
湖南	1.701	14	0.364	1.130	0.207
广东	3.304	4	0.830	2.040	0.434
广西	1.471	18	0.362	0.861	0.249
海南	2.964	5	0.872	1.790	0.302
重庆	1.449	19	0.518	0.700	0.231
四川	1.322	23	0.629	0.454	0.238
贵州	1.885	11	0.374	1.375	0.137
云南	1.061	28	0.233	0.530	0.298
陕西	1.057	29	0.512	0.377	0.168
甘肃	1.437	20	0.611	0.599	0.227
青海	2.057	9	0.799	1.035	0.223
宁夏	1.421	21	0.629	0.566	0.225
新疆	1.905	10	0.853	0.787	0.264

数据来源：《中国农村经营管理统计年报》（2008—2019 年）、《中国统计年鉴》（2008—2019 年）。

附表 7　2016 年分省（市、自治区）农村集体经济体制改革评价指数表

地区	集体经济体制改革指数	排名	组织主体	要素市场	政策环境
北京	4.501	1	3.025	0.567	0.909
天津	2.174	12	0.429	1.529	0.215
河北	1.295	24	0.514	0.487	0.294
山西	1.211	26	0.554	0.348	0.310
内蒙古	1.499	21	0.792	0.265	0.442
辽宁	2.343	7	0.569	1.438	0.335
吉林	1.557	18	0.831	0.484	0.242
黑龙江	2.702	6	1.176	1.134	0.393
上海	4.447	2	2.956	0.564	0.927
江苏	2.871	5	1.686	0.910	0.275
浙江	4.433	3	2.944	1.071	0.417
安徽	1.319	23	0.579	0.550	0.191
福建	1.209	27	0.329	0.458	0.423
江西	2.063	13	0.488	1.225	0.350
山东	2.268	8	0.915	0.975	0.378
河南	1.160	28	0.455	0.542	0.163
湖北	2.265	10	0.582	1.316	0.367
湖南	1.890	14	0.459	1.177	0.254
广东	2.997	4	1.038	1.472	0.487
广西	0.952	30	0.425	0.330	0.198
海南	2.217	11	0.910	0.840	0.468
重庆	1.747	16	0.747	0.728	0.273
四川	1.528	19	0.711	0.554	0.263
贵州	1.845	15	0.479	1.265	0.102
云南	1.223	25	0.326	0.558	0.340
陕西	1.007	29	0.519	0.318	0.170
甘肃	1.516	20	0.673	0.596	0.247
青海	1.725	17	0.885	0.564	0.275
宁夏	1.370	22	0.663	0.422	0.286
新疆	2.267	9	0.880	1.123	0.264

数据来源：《中国农村经营管理统计年报》（2008—2019 年）、《中国统计年鉴》（2008—2019 年）。

附表 8　2017 年分省（市、自治区）农村集体经济体制改革评价指数表

地区	集体经济体制改革指数	排名	组织主体	要素市场	政策环境
北京	4.165	3	2.843	0.610	0.712
天津	2.838	7	0.836	1.677	0.325
河北	1.364	29	0.497	0.514	0.353
山西	1.445	27	0.539	0.400	0.506
内蒙古	1.520	25	0.825	0.344	0.351
辽宁	1.938	15	0.587	0.940	0.411
吉林	1.844	17	0.840	0.629	0.375
黑龙江	2.644	8	1.160	1.080	0.405
上海	4.237	2	2.779	0.546	0.912
江苏	3.124	6	1.709	0.914	0.501
浙江	4.286	1	2.779	0.994	0.513
安徽	1.559	24	0.653	0.596	0.310
福建	1.743	20	0.284	0.865	0.593
江西	2.242	11	0.482	1.330	0.429
山东	2.208	13	1.014	0.655	0.539
河南	1.342	30	0.471	0.609	0.262
湖北	2.219	12	0.609	1.146	0.464
湖南	2.180	14	0.387	1.425	0.369
广东	3.188	5	0.810	1.799	0.579
广西	1.565	23	0.416	0.893	0.256
海南	3.615	4	0.546	2.336	0.733
重庆	1.880	16	0.821	0.676	0.382
四川	1.672	22	0.799	0.538	0.336
贵州	2.557	9	0.564	1.810	0.184
云南	1.506	26	0.318	0.630	0.558
陕西	1.375	28	0.708	0.422	0.245
甘肃	1.694	21	0.665	0.706	0.323
青海	1.814	18	1.005	0.528	0.280
宁夏	1.761	19	0.696	0.645	0.420
新疆	2.524	10	0.832	1.269	0.423

数据来源：《中国农村经营管理统计年报》（2008—2019 年）、《中国统计年鉴》（2008—2019 年）。

附表 9　2009 年至 2018 年分省（市、自治区）组织主体与要素市场耦合协调度

地区	2009	2010	2011	2012	2013	2014	2015	2016	2017	2018
北京	0.616	0.609	0.633	0.644	0.612	0.602	0.584	0.562	0.567	0.630
天津	0.429	0.375	0.364	0.369	0.339	0.362	0.370	0.446	0.536	0.540
河北	0.345	0.347	0.378	0.357	0.410	0.342	0.337	0.354	0.358	0.386
山西	0.328	0.370	0.355	0.364	0.374	0.341	0.342	0.334	0.345	0.360
内蒙古	0.382	0.405	0.418	0.414	0.444	0.439	0.345	0.343	0.368	0.376
辽宁	0.413	0.410	0.376	0.403	0.409	0.379	0.409	0.469	0.429	0.464
吉林	0.411	0.419	0.409	0.412	0.475	0.424	0.398	0.396	0.425	0.424
黑龙江	0.492	0.487	0.467	0.498	0.564	0.561	0.539	0.526	0.521	0.557
上海	0.512	0.350	0.349	0.375	0.384	0.488	0.554	0.559	0.550	0.527
江苏	0.583	0.542	0.566	0.592	0.625	0.574	0.542	0.544	0.550	0.576
浙江	0.511	0.482	0.466	0.558	0.529	0.599	0.601	0.649	0.633	0.662
安徽	0.352	0.347	0.337	0.356	0.362	0.339	0.326	0.374	0.395	0.476
福建	0.355	0.278	0.278	0.307	0.317	0.300	0.324	0.316	0.357	0.365
江西	0.338	0.305	0.302	0.319	0.332	0.390	0.395	0.435	0.445	0.451
山东	0.385	0.360	0.365	0.380	0.410	0.415	0.412	0.477	0.448	0.509
河南	0.354	0.326	0.332	0.348	0.384	0.369	0.351	0.353	0.368	0.409
湖北	0.363	0.335	0.344	0.365	0.412	0.450	0.439	0.461	0.453	0.490
湖南	0.412	0.350	0.341	0.344	0.391	0.406	0.394	0.425	0.430	0.471
广东	0.536	0.524	0.512	0.542	0.518	0.499	0.550	0.543	0.541	0.550
广西	0.297	0.295	0.293	0.314	0.383	0.392	0.369	0.311	0.391	0.396
海南	0.326	0.311	0.371	0.344	0.478	0.548	0.539	0.460	0.526	0.551
重庆	0.446	0.392	0.394	0.408	0.399	0.419	0.381	0.424	0.430	0.453
四川	0.404	0.362	0.363	0.372	0.360	0.356	0.360	0.394	0.404	0.524
贵州	0.338	0.332	0.344	0.341	0.346	0.413	0.416	0.436	0.498	0.518
云南	0.318	0.333	0.316	0.339	0.330	0.314	0.299	0.329	0.339	0.391
陕西	0.334	0.324	0.318	0.338	0.373	0.376	0.330	0.323	0.372	0.473
甘肃	0.366	0.376	0.394	0.394	0.420	0.392	0.382	0.395	0.413	0.415
青海	0.430	0.388	0.413	0.438	0.461	0.465	0.462	0.417	0.426	0.474
宁夏	0.383	0.388	0.426	0.406	0.376	0.378	0.379	0.364	0.408	0.425
新疆	0.374	0.388	0.401	0.393	0.474	0.477	0.440	0.489	0.500	0.478

附表 10　2009 年至 2018 年分省（市、自治区）组织主体与政策环境耦合协调度

地区	2009	2010	2011	2012	2013	2014	2015	2016	2017	2018
北京	0.627	0.720	0.668	0.562	0.691	0.790	0.794	0.851	0.776	0.695
天津	0.490	0.375	0.380	0.417	0.395	0.402	0.364	0.376	0.476	0.621
河北	0.448	0.397	0.366	0.374	0.405	0.390	0.452	0.422	0.430	0.532
山西	0.431	0.430	0.413	0.429	0.457	0.445	0.444	0.434	0.478	0.574
内蒙古	0.441	0.414	0.393	0.434	0.469	0.447	0.475	0.515	0.484	0.550
辽宁	0.486	0.473	0.464	0.451	0.460	0.441	0.422	0.446	0.464	0.541
吉林	0.491	0.475	0.447	0.444	0.483	0.461	0.481	0.451	0.494	0.567
黑龙江	0.507	0.498	0.421	0.482	0.542	0.506	0.544	0.550	0.543	0.629
上海	0.501	0.381	0.391	0.458	0.526	0.676	0.797	0.850	0.820	0.693
江苏	0.532	0.465	0.445	0.478	0.563	0.558	0.575	0.551	0.629	0.627
浙江	0.567	0.469	0.484	0.534	0.587	0.663	0.665	0.698	0.713	0.660
安徽	0.392	0.350	0.333	0.348	0.389	0.380	0.384	0.391	0.444	0.585
福建	0.397	0.317	0.286	0.341	0.395	0.392	0.393	0.416	0.430	0.527
江西	0.335	0.310	0.307	0.367	0.423	0.400	0.430	0.434	0.448	0.520
山东	0.468	0.414	0.390	0.407	0.470	0.497	0.508	0.513	0.564	0.631
河南	0.392	0.332	0.300	0.335	0.361	0.354	0.371	0.357	0.395	0.507
湖北	0.449	0.402	0.396	0.413	0.438	0.415	0.429	0.458	0.482	0.575
湖南	0.404	0.334	0.316	0.328	0.374	0.363	0.369	0.397	0.410	0.517
广东	0.471	0.436	0.335	0.489	0.526	0.507	0.533	0.562	0.544	0.572
广西	0.367	0.330	0.312	0.315	0.325	0.356	0.385	0.367	0.382	0.489
海南	0.424	0.419	0.492	0.497	0.459	0.483	0.494	0.539	0.525	0.600
重庆	0.412	0.390	0.375	0.372	0.412	0.404	0.410	0.452	0.493	0.561
四川	0.409	0.354	0.356	0.399	0.447	0.420	0.432	0.443	0.475	0.532
贵州	0.367	0.291	0.279	0.320	0.312	0.320	0.337	0.324	0.379	0.490
云南	0.341	0.321	0.305	0.332	0.368	0.372	0.366	0.394	0.434	0.544
陕西	0.422	0.375	0.365	0.382	0.401	0.380	0.379	0.371	0.428	0.609
甘肃	0.440	0.428	0.407	0.444	0.438	0.437	0.424	0.431	0.451	0.530
青海	0.418	0.453	0.458	0.501	0.460	0.445	0.450	0.472	0.481	0.568
宁夏	0.435	0.388	0.394	0.431	0.446	0.435	0.426	0.444	0.485	0.574
新疆	0.437	0.462	0.415	0.437	0.478	0.468	0.476	0.466	0.507	0.568

附表 11　2009 年至 2018 年分省（市、自治区）要素市场与政策环境耦合协调度

地区	2009	2010	2011	2012	2013	2014	2015	2016	2017	2018
北京	0.613	0.624	0.513	0.437	0.500	0.559	0.538	0.553	0.520	0.633
天津	0.523	0.445	0.441	0.472	0.497	0.544	0.482	0.494	0.548	0.702
河北	0.396	0.424	0.417	0.394	0.521	0.408	0.460	0.406	0.422	0.423
山西	0.405	0.447	0.428	0.446	0.490	0.441	0.438	0.381	0.435	0.400
内蒙古	0.383	0.353	0.356	0.393	0.462	0.435	0.389	0.391	0.385	0.337
辽宁	0.489	0.517	0.478	0.498	0.533	0.461	0.478	0.541	0.504	0.492
吉林	0.458	0.435	0.418	0.413	0.515	0.433	0.436	0.387	0.448	0.394
黑龙江	0.488	0.457	0.394	0.475	0.583	0.539	0.559	0.531	0.519	0.501
上海	0.525	0.539	0.534	0.575	0.580	0.543	0.550	0.555	0.539	0.536
江苏	0.576	0.516	0.488	0.501	0.592	0.509	0.486	0.462	0.525	0.463
浙江	0.561	0.590	0.527	0.553	0.557	0.525	0.466	0.531	0.539	0.570
安徽	0.397	0.382	0.361	0.385	0.436	0.385	0.368	0.377	0.423	0.409
福建	0.401	0.360	0.330	0.423	0.505	0.458	0.488	0.437	0.540	0.496
江西	0.343	0.341	0.347	0.414	0.471	0.518	0.551	0.526	0.554	0.511
山东	0.496	0.469	0.466	0.489	0.542	0.502	0.490	0.507	0.494	0.462
河南	0.422	0.367	0.346	0.395	0.448	0.415	0.405	0.362	0.408	0.377
湖北	0.455	0.437	0.433	0.463	0.544	0.553	0.541	0.541	0.544	0.531
湖南	0.463	0.405	0.377	0.394	0.546	0.519	0.481	0.482	0.543	0.511
广东	0.615	0.602	0.450	0.598	0.634	0.589	0.664	0.596	0.641	0.635
广西	0.366	0.346	0.327	0.343	0.426	0.477	0.471	0.339	0.444	0.415
海南	0.442	0.432	0.525	0.519	0.589	0.602	0.589	0.515	0.723	0.731
重庆	0.481	0.474	0.450	0.432	0.488	0.493	0.440	0.437	0.458	0.438
四川	0.412	0.372	0.373	0.408	0.432	0.404	0.401	0.407	0.421	0.533
贵州	0.375	0.331	0.325	0.377	0.405	0.444	0.458	0.397	0.487	0.496
云南	0.456	0.438	0.426	0.479	0.503	0.477	0.439	0.434	0.494	0.519
陕西	0.405	0.377	0.361	0.392	0.447	0.405	0.354	0.324	0.369	0.362
甘肃	0.426	0.432	0.442	0.470	0.500	0.459	0.423	0.408	0.444	0.416
青海	0.386	0.440	0.455	0.488	0.507	0.482	0.479	0.413	0.402	0.462
宁夏	0.396	0.362	0.414	0.434	0.426	0.416	0.417	0.390	0.464	0.416
新疆	0.411	0.399	0.378	0.393	0.527	0.497	0.468	0.481	0.545	0.473

附表 12　2010 年至 2017 年集体经济收入与集体经济体制改革因子的灰色关联度

因子	2010 年		2011 年		2012 年		2013 年		2014 年		2015 年		2016 年		2017 年	
	关联度	排序	关联度	排序	关联度	排序	关联度	排序	关联度	排序	关联度	排序	关联度	排序	关联度	排序
x_1	0.4780	17	0.4834	17	0.4859	17	0.4774	17	0.4786	17	0.5041	17	0.8910	17	0.5073	17
x_2	0.9985	3	0.9994	3	0.9999	2	0.9999	2	0.9999	2	0.9999	3	1.0000	1	0.9999	3
x_3	0.8717	16	0.9496	15	0.9922	16	0.9858	16	0.9896	16	0.9980	14	0.9757	16	0.9533	16
x_4	0.9983	5	0.9991	4	0.9999	2	0.9999	2	0.9999	2	0.9999	3	1.0000	1	1.0000	1
x_5	0.9802	14	0.9909	14	0.9986	14	0.9984	13	0.9985	13	0.9985	13	0.9999	13	0.9987	12
x_6	0.9980	6	0.9986	8	0.9997	10	0.9999	2	0.9998	10	0.9999	3	1.0000	1	0.9998	9
x_7	0.9994	1	0.9997	1	1.0000	1	1.0000	1	0.9999	2	0.9999	3	1.0000	1	0.9999	3
x_8	0.9985	4	0.9991	5	0.9999	2	0.9999	2	0.9999	2	0.9999	3	1.0000	1	0.9999	3
x_9	0.8879	15	0.9407	16	0.9933	15	0.9946	15	0.9936	15	0.9960	16	0.9995	15	0.9985	14
x_{10}	0.9967	9	0.9951	12	0.9998	9	0.9997	10	0.9998	10	0.9992	12	1.0000	1	0.9998	9
x_{11}	0.9825	13	0.9919	13	0.9992	13	0.9992	12	0.9992	12	0.9980	14	1.0000	1	0.9998	9
x_{12}	0.9956	10	0.9984	9	0.9999	2	0.9972	14	0.9975	14	0.9999	3	0.9999	13	0.9987	12
x_{13}	0.9940	11	0.9974	11	0.9995	12	0.9996	11	0.9999	2	0.9999	3	1.0000	1	0.9999	3
x_{14}	0.9974	8	0.9987	7	0.9999	2	0.9999	2	0.9999	2	0.9999	3	1.0000	1	0.9999	3
x_{15}	0.9975	7	0.9988	6	0.9999	2	0.9999	2	0.9999	2	1.0000	1	1.0000	1	0.9999	3
x_{16}	0.9853	12	0.9975	10	0.9999	2	0.9999	2	0.9999	2	1.0000	1	1.0000	1	0.9968	15
x_{17}	0.9992	2	0.9996	2	0.9996	11	0.9999	2	1.0000	1	0.9998	11	1.0000	1	1.0000	1

北京市农研中心农村集体经济发展与改革路径研究课题组
课题负责人：张光连、熊文武
课题主持人：陈雪原
执　笔　人：陈雪原、孙梦洁

关于全面推进乡（镇）联社建设的初步研究

2020年2月21日，中央农办在《北京市中央一号文件贯彻落实情况的督查报告》中提出建议“高度重视农村集体经济，促进其规范发展、创新发展、高质量发展”。北京市委市政府随即部署落实督查报告精神的相关工作。

按照市委农工委、市农业农村局要求，市农研中心开展了相关分析和梳理研究。课题组认为，当前，京郊农村集体经济的主要矛盾是减量发展、高质量发展对集体经营的需要与新型农村集体经济组织建设薄弱的矛盾。矛盾的主要方面在于对乡（镇）级新型农村集体经济组织建设的认识不统一、政策不明确、功能不完善、发展不平衡。确应像抓国有企业一样，以全面推进乡（镇）联社建设为抓手，探索形成具有首都特点的新型农村集体经济发展壮大的实现途径、政策举措和制度安排。

一、乡（镇）联社建设的发展历程

乡（镇）联社是京郊乡（镇）级农村集体经济组织的一种简称，经历了长期的实践探索和曲折的发展历程。

（一）新中国成立后，从农业合作化到人民公社化的曲折探索

京郊农村集体经济萌芽于新中国成立后的土地改革和农业合作化运动。土改在激发农民家庭生产积极性的同时，也出现了多种经济成分：一是通过接管官僚资本的农场和没收地主庄园，办起了十几个国营农场。二是有280户农业资本家办的果园、牛奶场、小型农场在土改中得到了保护，土改后适应城市的需要，扩大了生产。三是有16个互助合作性质的“锅伙”，分地后仍坚持集体经营、按劳分配。1951年底，京郊农村开始推进农业合作化。1956年1月15日，北京市在天安门广场举行20多万人的群众大会，庆祝首都社会主义改造的全面胜利，北京市农业劳模李宗和代表农民登上天安门城楼向党中央、毛主席报喜。1958年9月10日，北京郊区已基本上实现了人民公社化，石景山等10多个中外友好人民公社为当时的国际交往做出了积极的贡献。

（二）改革开放以后从农工商综合经营到乡（镇）联社的正式提出

党的十一届三中全会之后，北京市坚持将中央精神与京郊农村实际相结合，避免采取“一分了之”的简单做法，逐步完善以家庭承包经营为基础、统分结合的双层经营体制。从1985年开始，郊区在平原经济发达地区逐步试验推行农业的专业分工和适度规模经营。

与此同时，乡镇企业异军突起，农、林、牧、副、渔、工、商、建、运、服十业兴旺，绝大部分乡（镇）、村都建立健全了农工商综合经营的集体经济组织，郊区被赋予“服务首都、富裕农民、建设社会主义现代化新农村”的定位。

“乡（镇）联社”的正式提出是在市委、市政府1991年1月22日印发的《中共北京市委、北京市人民政府关于加强乡村合作社建设巩固发展集体经济的决定》（京发〔1991〕2号）文件中。该《决定》提出：在乡范围内设村合作社分社的联合组织，名称为乡合作经济联合社，简称“乡（镇）联社”。虽然在此之后，乡村合作社并没有像文件要求的那样真正发展起来，在远郊平原和山区的大部分地方，乡（镇）级集体经济组织甚至处于名存实亡的状态，但这是由当时的农村生产力发展和管理水平决定的。在农村土地二轮延包中，经中央批准，探索形成了确权确地、确权确利、确权确股三种确权方式，相应占比55%、30%、15%，尤其后两种确权方式非常有利于发展集体经营。进入21世纪以后，随着农村集体经济产权制度改革的推进，“乡（镇）联社”的全称逐渐向“乡（镇）股份经济合作联社（或联合社）”转变，在经管部门和市场监管部门的登记中，一直有“乡联社”的分类。

（三）新时代中央政策和法律法规对新型农村集体经济的明确要求

党的十八大以来，中央关于“三农”的路线、方针和政策，进一步明确提出了发展壮大农村集体经济的要求。习近平总书记2014年9月29日在中央全面深化改革领导小组第五次会议上的讲话中强调指出，“要探索集体所有制有效实现形式，发展壮大集体经济”。2017年3月15日中华人民共和国第十二届全国人民代表大会第五次会议通过的《中华人民共和国民法总则》，明确赋予农村集体经济组织特别法人地位。2018年5月11日，农业农村部、中国人民银行和国家市场监督管理总局印发的《关于开展农村集体经济组织登记赋码工作的通知》（农经发〔2018〕4号）明确提出，农村集体经济组织的名称应含有“经济合作（经济联合）”或“股份经济合作”字样，且只能使用一个名称。组、村、乡（镇）农村集体经济组织名称可以分别称为经济合作社、经济联合社、经济联合总社，或者股份经济合作社、股份经济合作联合社、股份经济合作联合总社。北京市的这项工作一直在有条不紊地推进。

二、推进乡（镇）联社建设的重要意义

北京已进入京津冀协同发展、疏解非首都功能、推进减量发展高质量发展的新时期，强化乡镇统筹，全面推进乡（镇）联社建设，具有重要的现实意义和深远的历史意义。

（一）激发乡村振兴内生活力的需要

当前，首都乡村振兴迈出了坚实步伐，农村人居环境整治全面推开，农业“调转节”预期任务率先完成，低收入农户增收较快。在实施具有首都特点乡村振兴战略中，面临着农村发展内生活力不足的问题，主要原因是农村双层经营体制不完善，家庭经营面临农民老龄化加剧问题，统一经营面临组织建设缺失问题。据调查，在全部乡（镇）级集体经济组织中，实行政社分开、账目单独设置、有独立经营活动的只有20个，占11%；建立了管理机构、账目单独设置、收益归政府的共有88个，占总数的47%；资产、账目等并入政府财务，难以开展经营活动的有79个，占42%。村级集体经济发展严重不平衡，改制

村只有三分之一能够实现分红，收不抵支的村占比一半，资不抵债的村占比 8%。农村发展内生活力不足加剧了农业的小部门化趋势，2019 年，全市第一产业实现增加值占比为 0.3%。“三农普”数据显示，全市农业生产经营人员中，年龄 55 岁及以上的占 40.6%。调研显示，门头沟、平谷、怀柔、延庆等部分山区村农民老龄化情况更为严重。千家万户的承包经营越来越不能适应千变万化的市场竞争。农业和农村在新时期如何种地谁来种地、如何发展谁来发展、如何振兴谁来振兴的矛盾尖锐明显。

增强农村发展内生活力为什么要以乡（镇）级集体经济组织为主呢？除了农民老龄化、农业小部门化的原因以外，还有一个原因是京郊村庄存在规模和分布的明显差异，100 人以下的小村占 40%，2000 人以上的大村占 5%。“村自为战”导致资源的分散使用和发展的规模不经济，大部分村都存在有资源缺资金、有管理缺经营、有规划缺落实的困境。而与此同时，在市和区的层级，供销、金融、加工与乡村的关系越来越远，北京自身的城乡农产品供需断裂、市场分割，郊区的初级农产品仍有相当比例处于“货到地头死”的销售困境。因此，以乡（镇）为节点，便于对上和对下的双向统筹。

（二）农业农村服务于首都城市功能定位的需要

推进乡（镇）联社建设，符合中央对首都的“世界眼光、国际标准、中国特色、高点定位”的原则要求。国际上有很多性质和功能相近的经济形式。以色列的基布兹，作为“资本主义社会内的‘社会主义细胞’”，曾经创造了“沙漠中的奇迹”，其居住人口占全国的 3%，工业总产值占 7%—9%，农业总产值占 40%。日本农协自 1947 年建立以来，几乎 99% 的农户加入农协组织中来，有效提高了农民的社会经济地位。美国农业虽然以专业农场为主，但合作社依然是重要组织力量；2015 年美国共有农业合作社 2047 个，成员 216 万个，合计总销售量为 1249 亿美元，其中有 27 个合作社销售额超过 10 亿美元。丹麦几乎所有的农民都在自愿的基础上参加了一个或几个股份制合作社。2015 年，丹麦农业合作社的营业额接近其国内生产总值的 10%，丹麦农业因其高生产力与高食品质量安全被认为是高效农业，又被称为“强势农业”。北京作为具有国际影响力的大国首都，全面推进乡（镇）联社建设，能够有效弥补“大城市小农业、大京郊小城区”在农村的体制机制短板，有利于京郊农村的减量发展、高质量发展，有利于增强农业农村对首都“四个中心”功能定位、“四个服务”核心任务的助力和支持作用。

（三）提高首都农业农村工作政治站位的需要

从更高的政治站位看，通过乡（镇）联社建设，更有效地联系农民、团结农民，促进农民全面发展，符合毛主席所提出的“使群众认识自己的利益，并且团结起来，为自己的利益而奋斗”的精神，符合邓小平同志提出的通过科技和集体经济实现农村改革发展的“第二次飞跃”精神，是习近平新时代中国特色社会主义思想在农村经济工作中的具体落实，是党“不忘初心、牢记使命”的工作着力点。

（四）农村应对重大公共突发事件的需要

常态化抗击新冠肺炎疫情，对乡村的组织化和应急管理能力提出了更高要求，既是形势倒逼也是完善机遇。通过乡（镇）联社建设可以进一步提高农民的组织化程度和乡村的应急管理能力。随着经济全球化震荡回调、民粹主义抬头和二战后形成的国际秩序变化，我国发展的国际环境与以前有很大不同；乡村会成为工业产能释放地和新的经济增长极，客观上有助于扩大内部需求和城乡融合发展。

三、推进乡（镇）联社建设的具体做法

应该明确的是，乡（镇）联社并不只是乡（镇）本级的组织，而是涵盖村级、农户家庭和辖区内所有农业经营主体在内的综合组织。村合作社的主要作用是对个人和家庭股份的确认与股东、股权管理。乡（镇）联社的股份全部或大部分由各村组成，对村不对户。乡（镇）联社既是生产资料所有制意义上的集体经济组织，也是维护成员权利的农民联合组织，同时还具有社会团体方面的行业自律属性。

（一）完善村合作社

村经济合作社或村股份经济合作社，简称村合作社。其完善的思路是“两个分开，两个打开”。首先是在村级治理上，在党支部的统一领导下，实行运行机制的两个分开，即村委会运行机制与合作社发展机制分开、合作社发展上的资产所有权与资产经营权分开。其次，在村合作社发展机制上，经过产权制度改革以后，要及时建立完善与现代产权制度、市场经济体制相适应的法人治理结构，实现经济发展上的董事会、监事会和经营班子各司其职、各负其责。在此基础上，实现“两个打开”，即为农民打开镇门、为市民打开村门。以村合作社为平台，探索建立城乡要素自由流动、平等交换的体制机制。通过村社的熟人信用机制、地域价格发现机制和村民自治的合法决策机制，按照自愿、民主、公开、公正和等价交换的原则，试验建立健全成员进入与退出规范。农民如果自主决定进入城镇，可以将自己在村内的集体经济所有者权益，经自愿申请和村民公议，以双方商定的条件，由村合作社予以兑现，实现顺利退出。市民如果愿意进村当农民，经自愿申请和股东会议同意，以双方商定的条件（包括允许向村合作社认缴股金），作为村合作社成员，享有相应的成员权利，实现事实上的农转非、非转农。

（二）建立健全乡（镇）联社

在乡（镇）党委、政府的领导下，按照“两个分开、三个合作”的思路，推进乡（镇）联社建设。

“两个分开”即政治和经济分开、所有权和经营权分开。核心是赋予乡（镇）联社独立市场主体的法人地位，乡（镇）党委、政府可以依照党章党纪和国家法律，行使对乡（镇）联社的领导、指导、审计、监督等权力。乡（联）社内部要建立健全法人治理结构，股东大会、董事会、监事会和经营团队分工负责、各司其职。

“三个合作”即按照中央有关文件精神提出的生产合作、供销合作、信用合作，要让乡（联）社具有统筹区域内各种资源、整合区域内各种生产要素的功能，在乡（镇）范围内，统筹建立现代农业的产业体系、生产体系和经营体系，统筹协调乡村振兴战略的长期规划、发展计划和具体工作，统筹参与新型城镇化的基础设施、公共服务和公益事业。探索建立以农民权利为中心的股份经济合作组织。其股份由各村组成，各村的资源禀赋、资

产结构和经营效率决定其在乡（镇）的持股比例。区域范围内的所有农业经营主体都可以作为乡（镇）联社的成员，接受乡（镇）联社的行业协调，享受乡（镇）联社的行业服务。

在乡（镇）联社的功能建设上，要有全新思路和开阔视野。可以实现全区域要素优化组合、可以完成全链条产业经营、可以开办合作金融。可以建立生产合作、供销合作、信用合作、文化旅游、农业教育、合作联络等内设机构，也可以成立农、林、牧、副、渔、工、商、建、运、服等实体经营机构。

（三）形成以乡（镇）联社为主导、以乡带村的新机制

乡（镇）联社因其层级更高、范围更大、能力更强，而在农村新型集体经济组织体系中居于主导和引领地位。在乡（镇）党委的领导下，通过乡（镇）联社进行全域范围的行业管理和发展统筹，形成组织架构明确、成员可进可退的运行管理机制，推动全面建立“归属清晰、责权明确、保护严格、流转顺畅”的农村集体经济现代产权制度，促进农业供给侧结构性改革和农村发展动能转换。避免商业资本下乡的水土不服或掠夺性经营，是适应“疏解整治促提升”新形势的客观需要。目前正在实行的村财乡管、吹哨报到、执法权下放等改革，已经在形成这样的实践趋势。

（四）充分发挥乡（镇）联社的多种功能

乡（镇）联社在乡村振兴和新型城镇化的双轮驱动战略中，具有多方面的功能作用。主要体现在：一是有了乡（镇）联社，党和政府各级管理部门就多了一个工作抓手，包括编制乡村振兴规划在内的很多具体工作和政策措施，就增加了实际执行和落实主体。二是可以容纳和吸引人才，是乡村人才振兴的“聚宝盆”“蓄水池”。乡（镇）联社要建立健全与国有企业类似的人事管理体制机制，完善社会保障体系，建立有吸引力、能体现鼓励作用的薪酬制度，使各类人才能够留得住、用得上、干得好。三是提高基层治理能力，可以有效缓解“上面千条线下面一根针”“上面千把锤下面一颗钉”的矛盾。将行政的归行政、经济的归经济，补齐基层治理的体系短板。四是发挥在乡风文明方面的积极作用。新型集体经济组织成员之间可以发挥邻里互帮、守望相助的优良传统，有利于保留农村传统文化习俗，恢复乡村生机与活力。五是发挥在产业兴旺、生活富裕方面的促进作用。乡（镇）联社统筹辖区内的各种资源和生产要素，坚持所有权、承包权、经营权分置并行，协调推进本区域的农业产业体系、生产体系和经营体系，是吸纳农民就近就地就业、促进农民全面发展的重要载体。

（五）各级行政企事业部门应统筹支持乡（镇）联社

乡村新型集体经济组织是以最大限度实现成员权利为目标的特殊法人，不追求自身利益最大化，具有社会性和公益性，事关广大农民切实利益、事关农村社会和谐稳定、事关我们党在农村的执政基础，既是经济问题，也是社会问题和政治问题，需要各方面的重视和扶持。一是所有区级以上对“三农”和基层的财政项目资金和转移支付，原则上都应落实到乡（镇）联社，由乡（镇）联社统筹执行。二是所有农业科研、职业教育、农产品加工储运和物流都要围绕乡（镇）联社的需求。三是在区级以上的层级，要统筹建立农村金融服务体系，建立完善的涉农政策性金融、涉农商业金融（包括保险、投资、担保、基金等），并与乡（镇）联社的信用合作（信用部或合作银行）对接。四是实行体现扶持、有所差别的涉农税收制度。

四、乡（镇）联社建设的功能模型

为简便起见，可以从以下三个符号模型中直观了解乡（镇）联社的组织性质、组织功能和支持需求。

（一）组织性质模型

U∑C+B+S+N

U：乡（镇）联社

C：合作经济组织

B：工商企业组织

S：社会团体组织

N：公益事业组织

（二）组织功能模型

U（p1+p2+…+pn）=A+B+C+D

p: 乡（镇）联社内设机构，包括生产合作、供销合作、信用合作、文化旅游、农业教育、成员服务、对外联络等部门。

A：政治中心功能

B：国际交往中心功能

C：科技创新中心功能

D：文化中心功能

（三）支持需求模型

U∑V+W+X+Y+Z

V：法律法规支持

W：财政资金支持

X：人力资源支持

Y：税收政策支持

Z：社会舆论支持

总之，乡（镇）联社建设，是牵一发而动全身的关键举措，涉及“三农”工作的组织领导方式，涉及农村基层治理体系，涉及城乡融合发展的体制机制，需要在统一思想、提高认识、以上率下、统筹设计的基础上，依法合规、稳妥推进。目前只是提出初步的思路和设想，如果具体实施，还需要进行大量深入细致的后续研究工作。

执　笔　人：曹四发

关于坚持和发展郊区农村集体经济的思考

——写在市农研中心成立三十周年之际

新中国成立以来，党中央对于坚持农村社会主义方向、巩固发展农村集体经济始终高度重视。为了适应农村改革新形势，切实加强对农村集体经济经营管理工作的指导，自1983年起，从中央到地方同步设立农村经营管理专门机构。中央层面在农业部正式组建“全国农村集体经济经营管理站”（后改名为“全国农村合作经济经营管理总站”），之后又增设了农业部农村合作经济指导司，并与农业部经营管理总站合署办公。各省、市、自治区在农（牧）厅（局）正式组建农村合作经济经营管理站（处）。北京市在原市财税局公社财务处的基础上于1983年6月正式组建“北京市农村合作经济经营管理站”（简称市经管站），归口原市农业局，同时各区县、乡镇相应组建农村经营管理专门机构。1990年，北京市农村经济研究中心（简称市农研中心）正式挂牌成立，原市经管站整建制由原市农业局划归市农研中心。2012年，北京市农村合作经济经营管理办公室正式挂牌成立，与市农研中心合署办公，原市经管站职能由新增设的四个经管处室承担。2018年，北京在新一轮机构改革中，正式挂牌成立北京市农业农村局，市农经办机构撤销，其经管职能处室以及人员整建制划入市农业农村局。

市农研中心成立到现在正好三十周年。三十年来，在市委、市政府领导下，中心党组坚持依法履职、服务大局，始终把加强农村经营管理、推动农村集体经济改革与发展作为重要职能，组织和指导全市经管系统在落实党的农村基本政策、推动农村集体经济产权制度改革、强化农村集体“三资”监管、开展农村集体经济全面审计、维护郊区农民合法权益、提升农民专业合作社规范化水平、全面推行农村经营管理信息化以及调处化解基层矛盾纠纷促进农村和谐稳定等方面做了大量富有成效的工作，创造了不少在全国居于先进水平的工作经验，值得认真回顾、梳理和总结，以为农研中心未来更好履行农村政策与理论研究职责奠定更加坚实的基础。

我本人自1983年7月至今，已在原市农业局和市农研中心工作37年。其中在农村经管岗位工作也整整30年了。回顾这30年来在经管战线上的工作历程，最为深刻的体会有三点：一是无论机构如何调整变化，全市农村经管工作始终保持着“线不断、人没散、网未破”的局面。这足以说明各级党委政府对农村经管工作的高度重视。二是无论经管工作的具体职能职责如何增减变化，其工作重点始终是围绕着完善党在农村的基本经营制度、建立健全农村集体经济体制机制这条主线展开的。这足以说明各级党委政府对坚持和发展农村集体经济的高度重视。三是无论各级党委政府思想上如何重视集体经济，但在抓落实上还存在认识不够高度统一、指导方法不够系统连贯、政策引导不够聚焦等现象，以至于郊区集体经济发展很不平衡、集体经济薄弱村比重较大、集体经济发展的质量效益水平不够高、集体经济在郊区农村经济整体发展中的统领作用发挥不够显著。这也足以说明在当前全市上下聚力实施乡村振兴战略的新阶段仍然有必要对如何进一步坚持和发展壮大郊区农村集体经济这个问题展开讨论和研究。为此，借市农研中心举办成立三十周年系列活动之机，谈一谈个人的粗浅理解。

一、发展集体经济，是郊区农村坚持走中国特色社会主义道路的根本要求

郊区农村为什么要坚持和发展集体经济，这其实不是一个需要论证甚至争论的问题。因为，自我党成立和新中国成立取得执政地位以来，坚持以马克思主义为指导，一切从实际出发所形成的毛泽东思想、邓小平理论、“三个代表”重要思想、科学发展观、习近平新时代中国特色社会主义思想一脉相承的中国特色社会主义理论体系已经做出了科学的回答。

（一）发展集体经济，是我国社会主义的本质要求

共同富裕是社会主义的本质要求，也是人民群众的共同期盼。毛主席指出：“我们现在实行这么一种制度，这么一种计划，是可以一年一年走向更富更强的，一年一年可以看到更富更强些。这个富是共同的富，这个强，是共同的强，大家都有份。”邓小平同志指出：“共同致富，我们从改革一开始就讲。将来总有一天要成为中心课题。社会主义不是少数人富起来、大多数人穷，不是那个样子。社会主义最大的优越性就是共同富裕，这是体现社会主义本质的一个东西。”“在全国，要巩固集体经济，也就是要巩固社会主义制度，这是根本方向。”“农村改革总的方向是发展集体经济，引导农民走共同富裕的道路。”“农村经济最终还是要实现集体化和集约化……仅是一家一户的耕作，不向集体化集约化经济发展，农业现代化的实现是不可能的。就是过一百年二百年，最终还是要走这条路。”习近平总书记指出：“社队集体经济是农村社会主义经济的重要支柱，只能加强，不能消弱。”“我们必须注意从逐步壮大集体经济抓起，不断增强集体经济统一经营的功能。”党和国家领导人对社会主义本质的认识和科学论断说明，郊区农村坚持走中国特色社会主义道路，其根本方向就是要坚持发展集体经济。

（二）发展集体经济，是落实社会主义基本经济制度的要求

党的十九届四中全会通过的《关于坚持和完善中国特色社会主义制度推进国家治理体系和治理能力现代化若干重大问题的决定》明确指出：“公有制为主体、多种所有制经济共同发展，按劳分配为主体、多种分配方式并存，社会主义市场经济体制等基本经济制度，既体现了社会主义制度优越性，又同我国社会主义初级阶段社会生产力发展水平相适应，是党和人民的伟大创造。”要“毫不动摇巩固和发展公有制经济”。“要深化农村集体产权制度改革，发展农村集体经济，完善农村基本经营制度”。可见，坚持和发展集体经济，是郊区农村充分体现公有制经济主体地位、落实好党在农村的社会主义基本经济制度

的必然要求。

（三）发展集体经济，是遵循和践行我国宪法精神的要求

宪法是我国的根本大法。2018 年新修正的《中华人民共和国宪法》规定："中华人民共和国的社会主义经济制度的基础是生产资料的社会主义公有制，即全民所有制和劳动群众集体所有制。""国家在社会主义初级阶段，坚持公有制为主体、多种所有制经济共同发展的基本经济制度，坚持按劳分配为主体、多种分配方式并存的分配制度。""农村集体经济组织实行家庭承包经营为基础、统分结合的双层经营体制。农村中的生产、供销、信用、消费等各种形式的合作经济，是社会主义劳动群众集体所有制经济。""国家保护城乡集体经济组织的合法权利和利益，鼓励、指导和帮助集体经济的发展。"可见，坚持和发展集体经济，不仅是贯彻落实党的基本路线和大政方针的需要，同时也是遵循和践行宪法精神的基本要求。

（四）发展集体经济，是巩固党在农村执政根基的要求

胡锦涛同志 1994 年在全国农村基层组织建设工作会议上指出："集体经济实力与农村基层党组织的凝聚力和战斗力是紧密联系在一起的。如果农村村级集体经济长期发展不起来，无力为农民提供各种服务，办什么事情都向农民伸手，就会逐步失去农民的信任。只有努力发展壮大集体经济，不断增强服务农民、吸引农民的物质条件，农村基层党组织的领导核心作用才能建立在稳固的基础之上。"可见，集体经济发展得如何，影响着党在农民群众中的形象和威信，决定着党在农村基层的执政基础。

以上四点说明，毫不动摇地发展壮大集体经济，是郊区农村全面深化改革、有力推动乡村振兴战略实施必须始终坚持的根本方向。因此，统一认识，凝聚力量，思想更加坚定、态度更加鲜明、行动更加果决地坚持农村集体化道路，不仅是学习贯彻习近平新时代中国特色社会主义思想，增强"四个意识"、坚定"四个自信"、做到"两个维护"的政治担当，也是检验"不忘初心、牢记使命"主题教育成果的重要体现。

二、建立健全适应中国特色社会主义市场经济要求的体制机制，是推动郊区农村集体经济快速发展的基本前提

从根本上讲，郊区农村集体经济的改革和发展，必须要构建在中国特色社会主义市场经济体制的基础之上。具体来说，就是一要充分体现北京郊区的地域特色，二要充分体现社会主义的本质要求，三要充分体现市场在资源配置中的决定性作用。而实现这"三个充分体现"的基本前提就是要通过深化改革进一步建立健全集体经济发展的体制机制。如果没有这个制度基础，原本好的发展思路、区域规划、引导政策、产业项目也可能难以达成理想的预期。只有夯实制度基础，才能在其落实、落地、开发、合作、运营过程中最大限度减少"效能流失"、产出"正义效率"聚合力，从而最终实现集体经济高质量和持续稳定发展的目标。

建立健全集体经济发展的体制机制，夯实其制度基础，应重视和研究以下十个方面的问题，具体可概括为"五个一和五个分"。

（一）抓住一个“统”字，强化乡村集体经济统的功能

强化乡村集体经济统的功能，是坚持和完善“以家庭承包经营为基础、统分结合的双层经营体制”这个党的农村基本制度的题中之义，是郊区农村完成“二次飞跃”实现高水平集体化的必然要求，是推动城乡融合和新型城镇化建设、加快农业农村现代化进程、有效实施乡村振兴战略的根本性抓手，而最重要的，它是郊区农村适应新阶段新形势解决好“统与分”相互转化的矛盾关系已经出现根本性变化的内在要求。也就是说，郊区农村在改革、完善农村基本经营制度“统与分”的关系上，随着农村人口结构（如老龄化）、农村劳动力结构（如就业渠道多元化）、农民收入结构（如一产收入比重）和农民生活水平的根本性变化，“分”已经转化为矛盾的次要方面，而“统”则上升为矛盾的主要方面。从近两年对郊区 40 个乡村的调研观察看，郊区农民对“统”的意愿和要求与日俱增。因此，强化乡村集体经济统的功能，探索创新集体经济“统”的体制机制，理应成为当前农村工作的重要着力点。

从郊区农村所处区位和当前现实情况看，强化乡村集体经济“统”的功能，关键是要逐步实现三个转变：一是要突破“统”的内涵，逐步由传统的、一般意义上的统一经营向“统筹发展”转变。集体经济的“统”，本质上具有计划性特征，因此它应包括单个主体、单一要素的统一经营和多主体、多要素整体性集合式统筹发展两个层次。前者是较低层次的统一经营，而后者是更广范围、更大规模、更高层次的统一经营。实现由较低层次的统一经营向更高层次的统筹经营转变，是未来郊区实现高水平集体化的必然要求和方向。而且，它将更有利于郊区农村经济与北京城市、城镇功能及产业的配套性整体开发和协同发展，加快实现农村经济、社会结构转型。二是要提高“统”的层次，逐步由“村自为战”向片区统筹、乡镇统筹以至区域统筹转变。根据城市（朝阳、海淀、丰台、石景山）、城镇功能与产业发展需要以及区域规划实施中整体性项目开发的机遇，适时推进集体经济片区、镇域、区域统筹开发、统一经营、共同受益的体制机制建设。三是要拓展“统”的内容，逐步由过去主要以农地、农业产业统一经营向“三块地”、“三资”、农宅等多要素综合开发经营的“要素统筹”发展转变。在暂不具备片区、镇域、区域统筹发展条件的传统村、薄弱村等，应积极选准、培育主导产业，通过要素统筹，实现村域集体经济整体发展。

（二）确立一个“核心载体”，强化和坚持郊区农村社区型集体经济组织的“母体”地位

在认清了强化集体经济“统”的必然性和方向之后，就应明确回答谁是行使集体经济“统”的职能的“核心载体”。谁是这个核心载体？其实非常明确，那就是乡村两级社区型合作经济组织这个“母体”，具体来说就是市委、市政府《关于加强乡村合作社建设，巩固发展集体经济的决定》（京发〔1991〕2 号）中所明确的“乡联社”和“村合作社”（以下简称乡村合作社）。之所以要专门加以强调，是因为一直以来在理论、政策（如“三改二”）和实践中对此始终存在着纠结、交锋、摇摆甚至无意或“有意”的模糊性认识。因此，在推动郊区集体经济发展中仍然需要厘清几个关系：一是乡村合作社与党的基层组织的关系。党的基层组织是乡村合作社发展集体经济的领导核心，其领导可以兼任，但其管理和决策行为必须遵循乡村合作社内部的治理制度和决策机制。总之，党的基层组织不能包揽、包办乡村合作社的经济事务。二是乡村合作社与村民委员会的关系。村民委员会是村民自我管理、自我教育、自我服务的基层群众性自治组织，主要办理本村的公共事务和公益事业，而不是法理上的集体经济组织载体。即便是村民和集体经济组织成员（社员）高度重合的村，为了进入市场和长远发展的需要，也应由村委会“代行”逐步恢复村级合作社体制。总之，回归乡村合作社的“母体”地位，不仅是适应市场经济发展要求的必然趋势，也是在快速城市化、城镇化过程中确保农村稳定、解决好“村民”与“成员”（社员）这对日益凸显和尖锐的矛盾的现实需要。三是乡村合作社与各类农民专业合作社的关系。专业合作社是带领农民进入市场、提高农民组织化程度的一种有效组织形式，政府给予重视和扶持是应该的、必要的。但它不能成为社区性集体经济发展的核心载体。因为它是“以产品为纽带”组建，其成员高度开放（甚至可以跨省），具有动态性、不确定性。更重要的是它的产权关系承认差异化，少数人持股、核心成员控股已是普遍现象，因此其公有特征、“集体化程度”或有待观察。相反，乡村合作社以“土地”为纽带，以历史沿革的村落为载体，其成员天然具有“世袭性”、封闭性，成员权利具有均衡性，集体所有权具有不可分割性。因此，乡村合作社是最能体现农村社会主义本质要求和公有制经济主体地位的集体经济组织形式，是党在农村基本经济制度的“根”与“魂”。四是乡村合作社与集体经济产权改革后形成的乡镇集体经济联营公司、村级股份经济合作社（或股份制公司等）的关系。后者是社办企业（公司），与前者构成“母子”关系。后者可以再办公司，与前者构成两级所有、多层经营的体制格局，以适应开拓市场的需要。但无论怎样改革、创新所有权的实现形式（经营方式），都不应动摇和改变乡村合作社作为集体经济产权主体的地位。五是乡村合作社与供销社、信用社、国有农业龙头企业的关系。它们应是平等的合作关系。前者及其所办企业（公司）应成为后者支持“三农”、助力郊区集体经济发展的主要载体和合作伙伴。总之，应在深化农村改革中确立和强化乡村合作社的主体地位，以此为支撑推动政策集成和聚焦，形成乡村合作社与专业合作社、供销社、信用社、龙头企业等相互补充、相互支撑、相互合作的组织制度体系。

（三）赋予“核心载体”一个合法的市场地位，打通乡村合作社资产经营的“市场梗阻”

未来，乡村合作社“统”的功能，其核心将是集体资产的统筹经营。但目前乡村合作社具有宪法和民法赋予的法律地位，但始终缺失合法的市场地位，以至其“法人财产权”得不到市场认可，导致乡村合作社在开拓市场、扩大经营规模、推进产业升级、创新经营方式过程中面临着资产评估、资产分割、产权转移、产权交易、要素重组与合资合作以及税制接轨等诸多环节难以逾越的“市场梗阻”，乡村合作社资产经营的统筹功能难以发挥。为此要在全国农村集体经济组织法正式出台前，继续实行和完善乡村合作社登记、赋码制度，同时，尽快修订《北京市农村集体资产管理条例》等地方性法规或出台政府规范性专门文件，以适应当前郊区农村集体经济转型发展的迫切需要。

（四）制定一部“成员权宪章”，提升乡村合作社的内部治理能力和水平

乡村合作社被赋予法律上的市场地位，只是其有效进入市场的必要条件，根本上还必须依靠其内部的治理结构和治理水平。而一部详尽的、完整的、规范的“成员权宪章”就是其内部治理所必须遵循的“根本大法”。因为一个乡村合作社只有拥有并严格遵循体现成员共同意志的“成员权宪章”，才能从根本上解决在其经营管理中的四个治理难点。一是如何有效防止“外部力量”对合作社事务的不当干预与侵夺，以维护组织及成员利益。二是如何有效避免“内部权力人”对经营成果的觊觎、“寻租”，以改善农村基层党群、干群关系。三是如何有效解决成员与集体、成员与村民、成员与成员（如原始成员、政策性移民、自由迁徙移民、外嫁女、入赘男、新生人口、转业军人、劳改人员、转非未转工人员等）因成员资格界定、成员权益量化、收益分配等处置无序而引发的内部纷争，以形成和谐共生的自治机制与合力。四是如何有效实现乡村合作社民主决策上的科学化、程式化及成员共同意志表达，以从根本上解决盲目决策、随意决策、少数人决策甚至“个人独断专行”给合作社发展造成的不良影响。因此，通过“成员权宪章”对集体资产存量及结构、成员资格条件、成员资格界定、成员权益量化、成员权利与义务、成员加入与退出、产业开发与投资、项目合资与合作、资产使用与处置、财务收支审计、收益分配办法、民主决策事项与流程等重要事项做出详尽的约定，就成为乡村合作社治理体系和治理能力建设的根本性制度基础。

（五）出台一部专门的农村产权交易规程，营造乡村合作社开拓市场、发展集体经济的良好外部环境

乡村合作社行使“统”的职能，必然要整合、优化、集成各种资源并与外部各类市场主体发生各种产权关系，其过程离不开市场规制，而要素流动与产权交易就是其中最为重要的环节。因此，政府部门应加快补齐农村产权交易制度建设相对滞后的短板，在整合已有相关法律、制度、文件的基础上，出台一部专门的“农村产权交易规程”，对农村承包地、四荒地、宅基地、建设用地、农宅、固定资产与设备以及各类股权等要素流转与交易的条件、资格、标准、程序、流程、合同、档案、审批、监管等方面做出详尽的规定，以助力集体经济更加顺畅融入市场。

（六）实行政社分开，完善农村集体经济新型管理体制

建立“产权清晰、权责明确、流转顺畅、管理科学”的现代农村产权制度及法人治理结构，是农村集体经济体制改革与完善的重要目标。而要达成这一目标，就必须实行政社分开。这不仅是切实维护农民集体成员权益和充分保障乡村合作社独立行使“统”的经营管理职能的需要，也是政府转变职能的必然要求。因此，在政社机构、职能分开基础上构建起党组织领导、政府监管指导、产权主体独立统筹运作、企业自主经营、要素市场化配置的集体经济新型管理体制，是郊区农村深化改革面临的重要课题。

（七）实行“资产分家”，完善适应市场经济要求的集体经济经营体制

“资产分家”，是政社分开的具体化，对于确立乡村合作社的产权主体地位，构建其与市场经济要求相适应的经营体制具有重要意义。因为资产权属关系清晰是微观主体有效进入市场的基本前提，进而也就成为乡村合作社有效行使统一经营职能的必要条件。据有关信息，陕西省在推进农村集体经济产权制度改革中，由陕西省农业农村厅、民政厅联合印发《关于做好农村集体资产向农村集体经济组织移交的通知》，其目的显而易见。而我市目前在乡村两级还不同程度存在着资产归属及其财务关系“不清不楚”现象，导致集体经济的经营体制机制还不能完全适应市场经济发展的客观要求。

（八）实行社企分离，完善农村集体经济现代法人治理结构

乡村合作社与所办企业虽是“母子”关系或“爷孙”关系，是“一家子”，但为了适应市场必须实行社企分离、账户单设、财务独立，在此基础上建立统一经营、统筹发展、分层治理的现代法人治理体系。乡村合作社（联社、总社、分社、基层社）作为产权主体按“集体经济组织法”构建法人治理机制，行使对村域、镇域、区域所属集体企业统一管理、统筹发展、监督审计等职能，实行“一人一票”民主决策制度，从企业上交或“集体股权”分红所得收益在关照社区公共、公益事业基础上以成员权为依据实行按劳分配为主。所属独资或合资控股的集体企业按《公司法》构建法人治理机制，实行按股投票的决策制度，其税后利润进行“按资分配”（独资企业按约定全额或比例上交）。前者注重公平，后者关注效率；前者是统营，后者是分营，是有统有分，统分结合的整体。实行有效的分层治理既能确保集体成员整体利益及公平享有，又可调动企业及其投资者的积极性，更好推动企业效率和集体经济整体效益的提高。

（九）实行产权分置，完善农村集体经济要素流动与优化重组机制

在不动摇和“异化”乡村集体所有权的基础上，实行产权分置，是唤醒乡村“沉睡”资源，加快农村生产要素优化重组，推动农村集体经济转型升级的重要改革举措。为此，要以实现集体经济地尽其利、物尽其用、人尽其才为目标，完善农村土地所有权、承包权、经营权和农村宅基地所有权、资格权、使用权为核心的三权分置政策，创新不同类型地区产权分置的具体模式，探索乡村合作社吸引国有资本、社会资本参与农村集体经济产业转型升级的合作机制。

（十）秉持利益分享理念，完善农村集体经济可持续发展机制

立足实现高水平集体化的总体目标，推动郊区农村集体经济高质量发展，离不开思想解放和发展观念的改变，其中最重要的是必须强化利益分享理念。乡村合作社及其成员，只有深刻认识到舍与得、近期利益与长远利益、局部利益与整体利益的辩证关系，才能真正树立利益分享的理念，把握更多的合作机遇，引进更多的人才与资本，进而建立起风险共担、利益共享的长期、稳定和可持续发展机制。

三、构建五个体系，是郊区农村集体经济实现高质量发展的重要保证

推动集体经济转型升级，实现其高质量发展目标，是郊区农村贯彻习近平新时代中国特色社会主义思想、有效实施乡村振兴战略的一项带有全局性的重要任务，因此必须切实加强党的领导和政府的支持与服务，其中主要应构建和完善“五个体系”。

（一）构建农村集体经济政策支持体系

一是要设立集体经济专门的扶持政策，以乡村合作社为平台强化政策集成和聚焦，加快推动集体经济的产业升级和转型发展。建议在农口综合部门设立政府性集体经济转型发

展专项基金，以此为基点对区域性产业升级、重大项目开发、薄弱村产业培育等加大统筹支持力度，同时吸引、撬动金融、社会资本深度参与集体经济产业升级工作，形成长期、稳定的良性合作机制。二是要制定专门针对农村集体经济的融资新政，实质性推动银行等金融机构主动、顺畅对接集体经济法人主体的融资需求。三是要加快城乡就业、医疗、养老等社会保障制度接轨，为集体经济转型发展创造更加顺畅、有利的条件。

（二）构建农村集体“三资”监管体系

郊区农村集体经济账内资产 8000 亿元左右，有的乡镇达到几百亿，有的村拥有上百亿。此外，农村土地、山场等资源性资产总规模及生态价值相当庞大。随着集体经济改革开放和转型发展的不断推进，这些资产的流动和产权重组将日益频繁和复杂、多元。如何保证其资产运作的科学、合理，有效防止“小微腐败”现象，维护农村基层稳定，除了不断健全完善集体经济组织内部治理机制外，还应当进一步加强政府对集体经济“三资”管理工作的指导与监督。因此，无论行政事业机构如何改革变化，保持各级农村经管专业机构和队伍的稳定仍然十分必要。

（三）构建农村集体经济发展绩效考评体系

通过制定科学、简便、易行的绩效考评指标体系并明确专业机构负责对区、镇、村发展壮大集体经济的规模、质量、效益进行综合考核评价，是切实加强党的领导的必要举措。一是将绩效考核评价结构纳入政绩考核范围，以逐步增强各级党委、政府对发展集体经济的认识。二是将绩效考核评价结果进行综合评分排队，以形成明位次、看先进、找差距、促工作的良好氛围。三是通过绩效考核评价工作，树立典型、总结经验、发现人才、培养干部。

（四）构建农村集体经济人才培育体系

人才是发展壮大集体经济，实现“组织振兴”的关键，而目前郊区农村集体经济组织及企业管理人才、经营人才、技术人才存量和质量与实际需要整体上还存在较大缺口。因此，要在人才培训、人才引进、人才成长通道等方面出台更加实用、更具激励引导作用的政策措施，逐步形成乡村合作社与集体企业人才培育体系。

（五）构建统一、规范的农村产权交易体系

将现行法律法规、政策规定、农村产权交易规程、市场交易通行规则进行梳理集成，搭建公开、公正、透明的农村产权交易平台，形成全市统一、规范的农村产权交易体系，是推动集体经济组织有效进入市场、拓展合作空间、提高资源利用效率，实现更大规模、更高质量转型发展的现实需要和关键环节。因此，应进一步加强农口综合部门对全市农村产权交易工作的统筹指导和流程审批与监督，深化与全国性、区域性、综合性产权交易机构的交流合作，探索“平台链接交易”，扩大交易半径，提高交易成功率，达成更多“最佳交易”，以使集体成员更好地分享市场效能所带来的福利。

执　笔　人：熊文武

首都乡村集体经济组织振兴路径研究

广义上讲的乡村集体经济组织，包括生产、流通、金融等各类乡村集体经济合作组织；狭义上的乡村集体经济组织是指以土地集体所有为基础的社区性集体经济组织。本报告所指农村集体经济组织为狭义上的社区性集体经济组织。乡村集体经济组织是乡村振兴的重要组织载体，推进乡村集体经济组织振兴，是实现乡村振兴战略的必然要求和重要内容。

一、首都乡村集体经济组织发展历程与特点

（一）首都乡村集体经济组织发展经历了四个阶段

一是高级农业生产合作社阶段。京郊农村集体经济组织产生于农业合作化运动时期。1951年底京郊农村开始推进农业合作化，到1957年全市（不包含尚未并入北京市的区县）共有高级农业生产合作社428个，入社农户19.3万户，人口80.3万人。二是人民公社阶段。1962年京郊农村在高级农业生产合作社基础上建立了人民公社。全市共有285个人民公社、3704个生产大队、14818个生产队，65.2万户社员。三是农工商联合（总）公司阶段。1984年上半年全市基本完成了人民公社政社分开的体制改革，郊区人民公社分设为乡镇党委、乡镇人民政府、乡镇农工商联合总公司三个机构，分别行使党务、行政与经济职能。生产大队改为农工商联合公司，生产队则改称为农工商分公司。四是经济合作社（股份经济合作社）阶段。1991年1月22日，北京市委、市政府印发《关于加强乡村合作社建设，巩固发展农村集体经济的决定》（京发〔1991〕2号），提出村级集体经济组织为村合作社，乡镇集体经济组织为乡合作经济联合社，简称“乡（镇）联社”。当时北京市有293个乡镇经济联合社（同时保留农工商联合总公司的牌子），村经济合作社4159个（同时保留农工商联合公司的牌子），村合作社内部以原生产队为基础组建分社（农工商分公司）3080个。2000年前后，远郊区实行乡镇机构“三改二”改革，即保留乡镇党委和乡镇政府，撤销农工商联合总公司，在乡镇政府内设置集体资产管理委员会。随着农村集体经济产权制度改革的推进，“乡（镇）联社”的全称逐渐向“乡（镇）股份经济合作联社（或联合社）”转变，部分村合作社和乡（镇）联社被股份经济合作社或集体所有制（股份）合作企业取代。2012年北京市印发《关于进一步建立健全农村集体经济组织全面加强登记管理工作的通知》（京政农发〔2012〕12号），对集体经济组织进行了规范，

一些改制后的集体经济组织又重新建立了村合作社和乡（镇）联社。到 2019 年，全市共有 4131 个乡村集体经济组织，包括 187 个乡（镇）联社、3944 个村合作社。

（二）92.6% 的集体经济组织分布在平原和远郊

在全市 14 个涉及农村集体经济组织的区中，朝阳区、海淀区、丰台区、石景山区 4 个区农村集体经济组织占全市农村集体经济组织的 8.4%，其中，乡镇集体经济组织共 34 个，占全市乡镇集体经济组织的 18%，村级集体经济组织 314 个，占全市村级集体经济组织的 8%。其余 10 个区农村集体经济组织共计 3783 个，占全市农村集体经济组织的 91.6%。其中：通州区、顺义区、大兴区、昌平区、房山区 5 个区农村集体经济组织数量占 54.8%，乡镇级集体经济组织数为 83 个，占全市的 44.4%，村级集体经济组织数为 2178 个，占全市的 55.2%；门头沟区、平谷区、怀柔区、密云区、延庆区 5 个区农村集体经济组织数量占 36.8%，乡镇级集体经济组织数合计为 70 个，占全市的 37%，村级集体经济组织数为 1452 个，占全市的 37%。

（三）乡村集体经济组织管理逐步规范化

一是农村集体经济组织财务管理及审计工作进入制度化、规范化阶段。北京市村级集体经济组织普遍实行“村账镇管”，2019 年实行村会计委托代理制的达到 3856 个村，占全市村级集体经济组织的 98%。2019 年北京市实行财务公开的村有 3973 个，建立村民主理财小组的村达到 3939 个。2019 年全市成立审计机构 14 个，共有审计人员 1380 人，进行审计的集体经济单位达到 8625 个，其中违纪单位 11 个，违纪金额 129.74 万元，受处分 2 人。村干部任期和离任审计 1432 件，土地补偿费专项审计 277 件。二是集体经济组织登记赋码工作处于全国前列。2016 年北京市农村经管部门开始探索对农村集体经济组织进行统一社会信用代码的登记赋码工作。2019 年全市 91% 的集体经济组织在农业农村部门完成登记赋码，4.6% 的乡村集体经济组织在市场监管部门登记。全市完成集体产权制度改革的乡村集体经济组织中，在农业农村部门登记赋码的乡镇集体经济组织有 20 个，村集体经济组织有 3743 个；在市场监督管理部门登记的乡镇集体经济组织有 7 个，村级集体经济组织有 182 个。

（四）乡村集体经济组织经营的内生动力不足，区域发展差距大

一是乡村集体经济组织经营效益偏低。2019 年全市农村集体经济组织账面资产总额为 4980 亿元，占全市农村集体经济组织和集体企业账目资产总额的 59.6%。2019 年全市农村集体经济组织总收入仅为 268.2 亿元，占全市农村集体经济总收入的 67.2%。2019 年全市农村集体资产收益率为 0.2%，其中，全市农村集体经济组织资产收益率为 –0.2%，全市农村集体企业资产收益率为 0.8%。从全市农村集体经济组织内部来看，全市乡镇集体经济组织资产收益率为 0.1%，全市村级集体经济组织资产收益率为 –0.3%。二是北京市农村集体经济组织缺乏实体产业支撑。北京市农村集体经济组织收入 75% 来源于非主营业务收入。具体来看，北京市农村集体经济组织收入 39% 来源于其他业务收入，26% 来源于营业外收入（其中 8% 来源于财政补贴收入），10% 来源于投资收益，25% 来源于主营业务收入。北京市农村集体经济组织主营业务收入全部来源于居民服务、修理和其他服务业收入，而农林牧渔业、工业、建筑业等领域的主营业务收入为0。三是全市农村集体经济组织及集体企业经营效益呈现较为突出的不平衡性。从区域来看，2019年朝阳区、海淀区、丰台区、石景山区4个区农村集体经济组织及集体企业资产收益率为0.36%，通州区、顺义区、大兴区、昌平区、房山区5个区的集体经济组织及集体企业资产收益率为0.004%，门头沟区、平谷区、怀柔区、延庆区、密云区5个区农村集体经济组织及集体企业资产收益率为–0.39%。分区来看，2019年大兴区农村集体经济组织及集体企业资产收益率为2.56%，位居全市第一；海淀区农村集体经济组织及集体企业资产收益率为0.9%，位居全市第二；延庆区农村集体经济组织及集体企业资产收益率为0.8%，位居全市第三。密云区农村集体经济组织及集体企业资产收益率为–3.7%，为全市最低。

（五）乡村集体经济组织净资产呈现三个量级，仅34.5%的村级集体经济组织实现分红

2019年北京市乡村集体经济组织净资产为2011.3亿元，占全市集体经济组织和集体企业净资产的76%，其中乡镇级集体经济组织净资产为138.3亿元，占全市乡镇集体经济组织和集体企业净资产的26%；村级集体经济组织净资产为1873亿元，占全市村级集体经济组织和集体企业净资产的88.6%。分区域来看，北京市乡村集体经济组织和集体企业的净资产呈现三个量级，朝阳、海淀、丰台、石景山4个区农村集体经济组织和集体企业的净资产超过1500亿元，通州、顺义、大兴、昌平、房山5个区农村集体经济组织和集体企业净资产超过800亿元，生态涵养区5个区乡村集体经济组织和集体企业净资产不足240亿元。2019年北京市有1354个村集体经济组织实现股份分红，占新型农村集体经济组织的34.5%。股份分红总额53.7亿元，131.9万农民股东获得分红，占成员股东数的38.9%，人均分红4068.2元。

二、加强乡村集体经济组织建设的主要探索

改革开放以来，北京市在深化农村集体经济组织产权制度改革、规范财务管理、登记赋码、完善内部治理和规范产权流转等领域做了许多有益的探索。

（一）推进农村集体经济组织产权制度改革

20世纪90年初北京市开始推行以“撤村不撤社、转居不转工、资产变股权、农民当股东”为基本方向的农村集体经济组织产权制度改革，发展股份合作经济，主要经历了四个阶段：一是改革试点探索阶段（1993年—2002年），北京市通过10年的试点探索，提出了“撤村不撤社，转居不转工，资产变股权，农民当股东”的改革思路，一般将集体净资产划分为集体股和个人股，集体股占30%以上，个人股占70%以内。到2002年底，北京市完成24个村的集体经济产权制度改革。二是扩大改革试点阶段（2003年—2007年），在股权设置上，将人员范围扩大到16岁以下的未成年人。并对改革试点工作做了进一步规范。到2007年底，北京市完成303个乡村集体经济产权制度改革任务（村级299个、乡镇级4个），全市30多万农民成为新型集体经济组织股东。三是全面推广阶段（2008年—2013年），农村集体产权改革全面提速。到2013年底，全市3873个单位完成集体经

济产权制度改革（村级 3654 个，乡镇级 19 个），村级完成改革的比例达 96.9%，全市 324 万农民成为新型集体经济组织的股东。四是深化改革阶段（2014 年以来），北京市重点加大对未完成的村级集体经济产权制度改革力度，有序推进乡镇集体产权制度改革，解决早期改革中集体股占比过高的问题，加强和规范新型集体经济组织的经营管理等。2019 年全市 3952 个单位完成集体经济产权制度改革（村级 3925 个，乡镇级 27 个），村级完成比例达到 99.5%，335.7 万农民当上新型农村集体经济组织的股东，其中乡镇级成员股东为 2.48 万个，村级成员股东 333.23 万个。2019 年股金分红总额达到 57.8 亿元，其中村级达到 53.7 亿元，乡镇级达到 4.1 亿元。

（二）规范集体经济组织财务管理

20 世纪 90 年代以来，北京市不断探索推进乡村集体经济组织财务管理的制度化和规范化建设，形成了较为完备的集体经济组织财务管理的制度体系。一是加强制度建设，引导乡村集体经济组织财务管理规范化。1993 年以来，先后出台《北京市农村集体资产管理条例》《北京市农村集体经济审计条例》，建立了北京市农村集体经济组织财务管理的基本制度框架。2009 年北京市印发《北京市农村集体经济组织财务规范管理制度（试行）》（农经字〔2009〕16 号），提出一套相对比较系统、完整的北京市农村集体财务管理制度体系。二是持续推动“村账托管”，推进乡村集体经济组织财务管理的制度化、精细化。2004 年北京市开始探索建立“村账托管”村级集体经济组织财务管理机制，建立了群众监督、会计监督和审计监督的三级监督机制，实行了“六项统一”，即统一财务制度、统一票据、统一审核、统一记账、统一公开、统一建档。同时推动实行了村级集体经济组织财务电算化管理。2008 年北京市进一步规范了农村集体经济组织对征地补偿款的专户管理。三是围绕重点难点问题，持续推动乡村集体经济组织财务管理的规范化。2013 年以来，北京市针对加强村务监督、规范集体经济合同、规范村级财务公开、规范新型农村集体经济组织收益分配、清产核资等农村集体经济组织财务管理中的重点难点问题持续发力，推动海淀区于 2013 年底成立了农村集体资产监督管理委员会，加强村级财务管理的规范化、制度化，推动农村集体资产股份收益分配权落到实处，以规范化的管理切实保护和实现农村集体经济组织成员权。

（三）加强对集体经济组织登记与赋码管理

北京市加强集体经济组织登记工作经历了四个阶段。一是为适应社会主义市场经济条件下加强集体经济组织规范化管理的需要，自 2003 年开始，北京市农村经管部门开始对农村集体经济组织进行登记。2005 年北京市要求农村集体经济组织以全部集体资产投资设立的集体企业应到工商部门登记。二是加强新型集体经济组织登记管理。2010 年北京市在推进农村集体经济组织产权制度改革的过程中，要求改革后新成立的股份经济合作社，及时到区经管部门办理登记手续；改革后成立企业法人的，及时到工商行政管理部门登记注册。三是为解决农村承包地确权颁证过程中遇到将集体土地所有权证颁给谁的问题，2012 年北京市农村集体产权制度改革后建立新型集体经济组织取代原村合作社、乡（镇）联社的乡村集体经济组织，重新恢复建立了村合作社、乡（镇）联社，并进行了登记备案。四是推进全市农村集体经济组织登记赋码工作。2016年原北京市农村合作经济经营管理办公室开发了北京市农村集体经济组织登记证系统，2016年5月底开始推进北京市农村集体经济组织存量登记证换发工作。2019年1月，按照《农业农村部办公厅关于启用农村集体经济组织登记证有关事项的通知》要求，北京市开始推动全市新型农村集体经济组织登记赋码的换证工作，2020年上半年换证完成率达到51%。

（四）建立健全农村集体经济组织内部治理机制

《中华人民共和国宪法》第十七条规定："集体经济组织实行民主管理，依照法律规定选举和罢免管理人员，决定经营管理的重大问题。"在深化农村集体产权制度改革过程中，北京市不断加强新型集体经济组织内部制度建设，要求各农村集体经济组织按照现代企业制度的要求，建立健全新型集体经济组织的民主管理制度、日常管理制度、现代企业经营机制。2010年以来，北京市推动新型集体经济组织建立健全股东大会或股东代表大会、董（理）事会和监事会等民主管理架构，并督促其按照章程规定，及时召开股东大会或股东代表大会，按时进行董（理）事会和监事会换届选举工作。2017年北京市进一步加强对农村集体经济组织按时换届选举、严格履行选举程序的督导，探索推进农村集体经济组织成员（股东）代表、董（理）事会及监事会换届选举与村"两委"换届选举工作同步进行。

（五）完善农村集体经济组织产权交易管理

2011年北京市制定《关于加强农村集体产权交易监督管理的指导意见》（京农研〔2011〕13号），对农村集体经济组织产权交易的管理原则、产权交易范围、程序以及管理的主体部门责任等做出了具体规定。2010年北京农村产权交易所成立。十年来，北京市农业农村部门围绕贯彻落实市委市政府关于"加快推进要素市场建设"的任务要求，指导北京市农村集体产权流转交易市场建设，设立农村集体产权交易服务机构，搭建起"市、区、乡（镇）、村"四级服务网络体系，逐步构建起全市统一、规范的农村集体产权流转交易市场，充分发挥市场机制作用。截至2020年10月底，北京市已累计成交农村集体经济组织产权交易项目1200多宗，成交金额近156亿元，流转土地面积26.1万亩，租赁房屋面积98.9万平方米，交易项目覆盖全市103个乡镇、672个村。

三、存在的突出问题

（一）地位不明

《中华人民共和国宪法》第十七条规定：集体经济组织在遵守有关法律的前提下，有独立进行经济活动的自主权。《中华人民共和国民法典》第三章第四节第九十六条规定集体经济组织为特别法人。但是目前尚未制定《集体经济组织法》，集体经济组织特别法人在市场中的地位缺乏专门法律做出明确规定，农村集体经济组织特别法人作为市场主体的权利义务尚不明确。在地方层面，北京市对集体经济组织的地方立法以及相关规章制度的修订和建设也比较滞后，致使集体经济组织的内部治理、外部监管、统筹经营等都缺少明确的法律法规依据，农村集体经济组织在从事贷款、投资、合作经营等市场活动时仍受到诸多限制。

（二）政社不分

北京市城市化进程较快的地区虽已开始探索推进集体经济组织与村两委、乡镇政府之间的政社分离工作，例如2019年海淀区温泉、西北旺、苏家坨、上庄等4镇21个村开展了村级组织账务分离工作。但在总体上，目前全市村集体经济组织的资产经营管理工作主要还是由村两委成员兼任，集体经济组织与村委会的账户混用，集体经济组织管理体制不顺畅，这在一定程度上制约了集体经济组织的建设和集体经济的发展。一些乡镇集体经济组织没有与乡镇政府分开设立账户，在一定程度上限制了乡镇集体经济组织独立开展经营服务功能的发挥。据2016年北京市农研中心课题组的调查，在乡镇级集体经济组织中，实行政社分离账目单独设置、有独立经营活动的只有20个，占11%；建立管理机构、账目单独设置、收益归政府的共有88个，占总数的47%；资产、账目等并入政府财务，难以开展经营活动的有79个，占42%。

（三）功能不全

《中华人民共和国宪法》第八条规定："农村集体经济组织实行家庭承包经营为基础、统分结合的双层经营体制。"改革开放以来，农村家庭承包责任制不断完善，农村集体经济组织"分"的经营体制得以建立和发展，而农村集体经济组织"统"的经营体制并没有相关法律给予明确的规定。在实践中，北京市农村集体经济组织自身在发挥"统"的功能上面临组织建设滞后、统一服务缺位等问题，多数农村集体经济组织没有充分发挥好"统"的功能。由于集体经济组织"统"的功能缺位，在一定程度上削弱了"分"带来的积极作用。此外，有的地方在思想认识上也存在以"统"的名义去削弱乃至取消"分"的误区。

（四）权责不清

农村集体经济组织与村两委、乡镇政府的责权划分不明确，导致农村集体经济组织社会公共负担较重。一方面，党支部、村委会与集体经济组织之间职责不清，农村集体经济组织仍然承担着较重的农村基础设施建设、基本公共服务和基层治理等成本。另一方面，乡镇集体经济组织与所办企业之间还存在着不同程度的资产归属和财务关系不清晰的问题，集体经济组织的所有权人地位不清晰，农村集体企业的市场地位不明确，农村集体经济组织的经营体制机制不能完全适应市场经济发展的客观需要。

（五）经营不善

全市农村集体经济组织自身经营水平总体偏低，2019年全市1982个村集体经济组织收不抵支，占村集体经济组织总数的50.3%，较2015年增加了266个村。2019年全市村级集体经济组织营业利润为−67.2亿元，补助收入占村级集体经济组织营业外收入的比重超过32%。2019年全市农村集体经营收入低于10万元的集体经济薄弱村有900个。全市农村集体经济组织负债率处于较高水平，2019年全市农村集体经济组织资产负债率为59.6%，其中，乡镇集体经济组织的资产负债率达到82.5%，村级集体经济组织的资产负债率为55.3%。

（六）运转不灵

乡村新型集体经济组织的法人治理结构仍然不够完善，封闭产权与开放市场的矛盾仍没有得到有效解决。有的新型集体经济组织法人治理结构运作不够规范、协调，乡（镇）联社和村合作社章程的适应性不高、执行效果不佳，新型集体经济组织内部的民主管理机制不够健全，董事会与经理层人员高度重合，换届工作、信息公开不及时、不规范，“内部人”寻租和“外部人”对集体经济组织事务的不当干预与侵夺等问题始终存在，一些地方的“小官巨贪”现象以及集体资产流失等问题尚未得到制度性的根本解决。

四、思考与建议

（一）在思想认识上，把集体经济组织振兴作为乡村振兴战略的重要着力点

农村集体经济组织是具有中国特色的农村经济组织，是农村集体资产的所有者和管理者，是一类特别法人。北京市委、市政府《关于加强乡村合作社建设，巩固发展集体经济的决定》（京发〔1991〕2号）明确提出：“乡、村合作经济组织在农村经济中居于主导地位，是党和政府联系农民的重要桥梁和纽带，在推进农业现代化，促进农村经济社会协调发展，以及在商品生产中争取和维护农民权益，带领农民共同致富等方面，具有不可替代的作用。加强乡、村合作经济组织建设，巩固发展集体经济，是各级党委和政府的一项经常性的重要任务。”在新时代全面推进乡村振兴战略中，各级党委和政府应从思想认识上做到对加强农村集体经济组织建设的硬重视而不是软重视，从根本上认识到推动集体经济组织振兴的重大意义。首先，农村集体经济组织是有效维护和实现农村集体所有制的重要载体。农村集体经济组织是农村基本经济制度和生产经营体制在具体历史条件下的统一。如果没有乡村集体经济组织的规范发展和职能的有效发挥，那么发展壮大集体经济、维护农村集体所有制度优越性都将无从发力。其次，农村集体经济组织是实现农民共同富裕的重要主体。2019年全市农村集体经济组织农户共313万人，从乡村集体经济获得收入189.5亿元，人均所得6053元，占农户所得总额的22.7%。应当进一步引导农村集体经济组织稳步提高股份分红的水平和范围，使每一个集体经济组织成员都能从集体经济组织的建设和发展中获得实实在在的利益。再次，农村集体经济组织是实施乡村振兴战略的重要力量。农村集体经济组织是提高乡村治理效能的重要组织依托，是带领广大成员共同振兴乡村产业、振兴乡村生态、形成新时代文化风尚的重要内因和组织资源。推动乡村组织振兴，必须高度重视乡村集体经济组织的振兴；发展农民合作社，必须高度重视发展乡（镇）联社和村合作社，使社区性合作社与农民专业合作社发展相得益彰。建议及时总结30年来北京市农村集体经济组织建设和集体经济发展的经验，适应新发展阶段、新发展理念、新发展格局的要求，重新制定《关于加强农村集体经济组织建设，发展壮大新型集体经济的决定》，为新时代首都乡村集体经济组织建设和新型集体经济发展提供有力的政策指导和支持。

（二）在地位作用上，充分发挥集体经济组织“统”的功能

农村集体经济组织实行以家庭承包经营为基础、统分结合的双层经营体制。“统分结合”蕴含农村集体经济组织层面的“统”和农村集体经济组织成员层面的“分”以及将二者有机结合的重大功能。在“分”的层面，主要体现在从包产到户到农村土地承包经营权

的长久不变，实现集体经济组织成员以家庭为单位获得承包土地的生产经营自主权，使家庭承包经营成为集体经济组织内部的一个经营层次。在“统”的层面，北京市委、市政府《关于加强乡村合作社建设，巩固发展集体经济的决定》（京发〔1991〕2号）规定：“农村集体经济组织承担着生产经营、合作服务、协调管理、资源开发、资产积累等职能，并可受政府委托，完成某些行政任务。”农村集体经济组织具有集体资源开发利用、集体资产经营管理、集体产业发展、为成员提供农业社会化服务等功能。目前，农村集体经济组织除在集体资产管理方面发挥了较重要的作用以外，其他“统”的功能均存在不同程度的缺位，已经成为制约乡村振兴的重要短板。在巩固和深化农村改革成果的基础上，建议进一步提升农村集体经济组织统筹资源利用、统筹产业发展和统一社员服务的能力。一是发挥好集体经济组织统筹开发利用集体资源要素的功能。围绕资源盘活起来，充分利用集体所有土地资源、生态资源，推动农村集体经营性建设用地集约利用，将闲置的农宅、山场、林地统一利用，大力发展新型乡村产业。二是进一步优化集体经济组织对集体资产统一监管的功能。尽快修改完善农村集体资产管理办法，建立健全农村集体资产监管体制机制，加强农村集体资产管理队伍建设，完善农村集体资产管理的审计监督机制。依法利用本社成员集体所有或者国家所有依法由本社集体使用的资产对外投资，提高集体资产的经营管理效率，提高集体资产收益率。三是加快补齐集体经济组织为成员提供统一服务的短板。鼓励集体经济组织为成员提供产前产中产后的农资、技术、信息、金融、流通等全方位的生产生活服务。在生产经营领域，农村集体经济组织作为成员家庭提供农业生产社会化服务的核心主体，可以通过整合农民专业合作社、农业机械化服务组织等各类社会化服务主体的方式，也可以通过建立服务实体的方式，为集体经济组织成员提供统一整地、统一供应种子、统一规范使用化肥农药、统一利用高科技设备、统一开展技术培训、统一聘请专业团队进行田间管理、统一信息服务、统一金融服务、统一市场销售服务等。在生活服务领域，允许和鼓励以集体经济组织为主体，承接农村交通、水利、基础设施维护、道路养护、绿化环卫管护等劳务服务和政策工程项目，对外提供劳动中介和输出等有偿服务。允许和鼓励农村集体经济组织通过各种渠道为农户解决金融需求服务。

（三）在工作重点上，将乡（镇）联社建设作为重中之重

加强乡村集体经济组织“统”的功能，可以在建立乡村集体经济组织民主管理、利益共享机制基础上，借鉴台湾农会的有益经验，形成以乡（镇）联社为主导、以乡带村的新机制，实现乡村集体资源要素的统筹经营、集体资产的统一管理、集体成员的统一服务。一是激活乡（镇）联社的带动作用。在基本思路上建议是实行“两个分开，两个打开”。首先，在乡村治理上，在党的统一领导下，实行运行机制的“两个分开”，即乡镇政府、村委会运行机制与合作社发展机制分开、合作社发展上的资产所有权与资产经营权分开。其次，在乡（镇）联社发展机制上，经过产权制度改革以后，及时建立完善与现代产权制度、市场经济体制相适应的法人治理结构，实现经济发展上的董事会、监事会和经营班子各司其职、各负其责。在此基础上，实现“两个打开”，即为农民打开城门、为市民打开村门。以乡村合作社为平台，探索建立城乡要素自由流动、平等交换的体制机制。通过村

社的熟人信用机制、地域价格发现机制和村民自治的合法决策机制，按照自愿、民主、公开、公正和等价交换的原则，建立健全成员进入与退出规范。农民如果自主决定进入城镇当市民，可以将自己在村内的集体经济所有者权益，经自愿申请和村民公议，以双方商定的条件，由村合作社予以兑现，实现顺利退出。市民如果愿意进村当农民，经自愿申请和股东会议同意，以双方商定的条件（包括允许向村合作社认缴股金），作为村合作社成员，享有相应的成员权利，实现事实上的“农转非”“非转农”。二是深化乡镇集体经济组织产权制度改革。在乡镇党委的领导下，通过乡（镇）联社进行全域范围的行业管理和发展统筹，形成组织架构明确、成员可进可退的运行管理机制，推动全面建立“归属清晰、责权明确、保护严格、流转顺畅”的农村集体经济现代产权制度，促进农业供给侧结构性改革和农村发展动能转换。三是在乡镇党委、政府的领导下，按照“两个分开、三个合作”的思路，推进乡（镇）联社建设。“两个分开”即政治和经济分开、所有权和经营权分开，核心是理顺乡镇党委、政府与乡（镇）联社之间的关系。乡镇党委、政府可以依照党章党纪和国家法律，行使对乡（镇）联社的领导、指导、审计、监督等权力。乡（镇）联社具有独立市场主体的法人地位，乡（镇）联社内部要建立健全法人治理结构，股东大会、董事会、监事会和经营团队分工负责、各司其职。“三个合作”即生产合作、供销合作、信用合作。在乡（镇）联社内设生产合作、供销合作、信用合作、文化旅游、农业教育、成员服务、对外联络等内设部门，实现“三个合作”。四是形成各级行政企事业部门统筹支持乡（镇）联社的政策机制。所有区级以上对“三农”和基层的财政项目资金和转移支付，原则上都应落实到乡（镇）联社，由乡（镇）联社统筹执行。使乡（镇）联社成为提供农业科研、职业教育、农产品加工储运和物流等服务的乡村枢纽型组织。建立完善农村金融服务体系，建立完善涉农政策性金融、涉农商业金融（包括保险、投资、担保、基金等）服务体系，并与乡（镇）联社的信用合作（信用部或合作银行）对接。

（四）在体制改革上，大力营造有利于集体经济组织发展的制度环境

一是加快集体经济组织立法工作。在国家层面加快集体经济组织立法的同时，应当尽快研究制定《北京市农村集体经济组织管理条例》，修改《北京市农村集体资产管理条例》等地方性法规，建立体现扶持、有所差别的涉农税收制度，推进农村集体经济组织依法顺畅进入市场，推动农村集体产权依法有序交易。二是完善乡村集体资产管理与监督的体制机制。加强和巩固市、区、乡镇农村经管专业机构和队伍，借鉴海淀区经验，建立区级集体资产监管委员会，从体制机制上保障农村经管机构进行资产监管的权威性。三是加快推动政经分离，明晰集体经济组织与村委会的职能关系，将乡村合作社与乡镇政府、村委会分开，各司其职，逐步剥离集体经济组织所承担的社区公共管理服务和公益建设职能，使集体经济组织能够向市场主体的方向发展。四是建立有利于农村集体经济组织发展的财政税收制度。支持农村集体经济组织发展乡村产业，使农村集体经济组织可以同等享受新型农业经营主体的各项优惠政策。支持农村集体经济组织带动农民共同富裕，减免集体股份分红的个人所得税。五是建立支持集体经济组织发展的金融制度。探索以集体经济组织为主体发展农村合作金融。针对农村集体经济组织的支付结算、现金管理、投资理财、融资信贷等方面金融服务需求，制定为集体经济组织提供全方面金融服务与支持的制度。六是建立鼓励优秀人才到农村集体经济组织就业创业的政策制度。建立集体经济组织吸引外部人才的机制，在集体经济组织和乡村集体企业实行开放式用人制度，加快建立健全职业经理人聘任机制和约束与激励机制，形成科学合理的薪酬制度，推行合同制，吸引人才，促进人力资源向集体经济组织合理流动。七是推动城乡就业、医疗、养老等社会保障制度接轨，使在农村集体经济组织和乡村集体企业就业创业人员能够享受到与在国有企业就业创业人员同等的医疗、养老等社会保障待遇。

（五）在内部治理上，切实保障和实现成员的民主权利和财产权利

在全面推进乡村振兴战略中，应当着力推进集体经济组织民主治理，构建和落实集体经济组织成员与农村集体经济组织之间的利益联结机制，形成共治、共享、共赢的发展局面，充分体现和保障每一个集体经济组织成员的主人翁意识和地位，使集体经济组织成为推动乡村善治的重要组织力量。一是进一步规范乡村集体经济组织内部治理。参照农业农村部近期发布的《农村集体经济组织示范章程（试行）》，推动农村集体经济组织章程的修改完善与规范执行，确保成员权利得到有效保障，成员意志得到充分体现。加强对乡（镇）联社、村合作社落实章程情况的监督检查，确保乡村集体经济组织落实民主管理制度、经营管理制度、合同管理制度、审计制度等各项农村集体经营与管理制度的有效运行，确保乡（镇）联社、村合作社章程所确立的股东大会或股东代表大会、董事会、监事会等民主管理架构运行顺畅，真正实现民主管理、规范经营，保障和实现成员的知情权、参与权、决策权、监督权。二是明确集体资源和资产的所有权主体。进一步深化农村集体产权制度改革，严格落实集体资产所有者代表职权，理清乡村集体经济组织与乡镇（村）集体企业之间的关系，实行社企分离，研究制定北京市农村集体资产向农村集体经济组织移交的工作意见，推动乡村合作社与所办企业实行账户单设、财务独立，进一步明确集体所有权人，增强集体经济组织成员的主人翁意识，确保集体经济组织对集体资源和资产的所有权。三是引导新型农村集体经济组织完善收益分配制度，规范新型集体经济组织收益分配行为，切实保障农民集体收益分配权。建立健全农村集体经济组织收益分配制度，指导农村集体经济组织加强财务管理，规范有序开展收益分配。四是严防农村集体资产流失，加强农村集体资产的清产核资、审计监察工作，加强对农村集体经济组织合同规范和清理，依法惩治“小官巨腐”等侵蚀、掠夺集体资产违法犯罪行为，真正使农村集体经济组织和成员的财产权利得到有效保护。

执　笔　人：曹四发、张英洪、王丽红

北京市农村集体经济有效实现形式实践研究

一、我市农村集体经济发展概况

20世纪90年代，为了更好发展壮大农村集体经济，改变农村集体资产底数不清、归属不明等问题，实现农民共同富裕，我市从1993年丰台南苑乡东罗园村进行产权制度改革试点起，历经近三十载，于2019年全市98.88%的集体经济组织基本完成产权制度改革，确立了“撤村不撤社，转居不转工，财产变股权、农民当股东”的产改“北京模式”，这是全市基层干部和农民群众在探索集体经济有效实现形式的重大举措。

（一）我市农村集体经济发展的重要特征

1. 全市集体经济物质基础雄厚与各区间集体经济发展两极分化并存

2019年，全市共有3986个村，实际上保持乡村形态的大约有3500个村左右，全市集体资产总额8349.3亿元，同比增长548.2亿元，增长7%。农村集体经济总收入673.8亿元，同比减少44.7亿元，降幅6.2%。其中，农村集体经济经营性收入低于10万元的村有834个，10万元–50万元的村有767个，另外两千多个村收入都在50万元以上。我市农村集体资产总量持续扩大，但是由于地理位置、资源禀赋、历史基础等因素，我市农村集体经济发展整体上呈现两极分化态势。一是集体资产总额差距巨大。例如海淀区农村集体资产最多的四季青镇，集体资产总额439.5亿元，一个镇比平谷（89.5亿元）、怀柔（59.6亿元）、密云区（46.4亿元）三区的集体资产总额和的2倍还多。二是同区不同村之间集体经济发展也不平衡。以朝阳区为例，截至2019年，全区集体经济总收入全市第二，全区收不抵支村有41个，占26.6%。再如怀柔区位于九渡河乡的西水峪村是全区人均所得最高村，但是该乡却是全区人均所得最低的乡。三是集体经济资产总收入差距明显，例如朝阳、海淀、丰台等城市功能拓展区的一些村依托良好的地理位置、资源优势等，以多种实现形式推动和发展壮大农村集体经济，2019年朝阳区农村集体经济总收入132.4亿元、海淀区126.6亿元，丰台区143.9亿元三区占全市14个涉农区集体经济总收入的59.8%。全市834个集体经济薄弱村即集体经济经营性收入低于10万元的村主要集中在密云（205个）、延庆（142个）、平谷（91个）、怀柔（89个）、房山（79个）。

2. 全市都市型现代农业快速发展与集体经济主导产业单一滞后并存

我市农业供给性结构性改革进一步深化，结合“大城市小农业，大京郊小城区”的市情农情，我市主动调减传统农业产业，助力都市型农业快速发展。2019 年，农林牧副渔业总产值 287.1 亿元，同比下降 5.1%，粮食、蔬菜、渔业养殖等面积调减的同时结合首都科技创新中心战略定位，持续推进农业科技创新，加速农业科技成果转化，农业生产实现绿色、高质量发展，一二三产融合发展。2019 年全市乡村旅游收入 14.4 亿元，同比增长 5.4%。但是，我市集体经济总收入却已经连续三年呈下降趋势，全市 14 个涉农区中有 6 个区集体经济总收入负增长，其中通州区集体经济总收入增长率为 –55.8%，顺义区为 –36.7%，密云区为 –29.0%。一方面，我市集体经济发展产业升级滞后。2015 年疏解非首都功能战略提出后，不符合首都城市发展功能定位的产业项目疏解，传统低端、“三高”企业以及靠租赁行业为主导的瓦片经济退出，各区集体经济在“腾笼”上效果显著，但“换鸟”跟不上进程，主要体现在缺乏主导产业和创新项目。调研发现，如顺义区南彩镇东江头村由于疏解当地制造企业，没能及时培育新的业态，以前每年纳税三百多万，如今村内厂房闲置村两委不知道如何引入新型业态，一直没有租金来源，村民就业也出现问题。另一方面受生态红线、环保红线等限制要求，集体资源的开发利用受到多重限制。密云区太师屯镇位于密云水库正东，全镇库岸线长度占密云水库近 1/3，15 个行政村、1.5 万人位于水库一级区，占一级水源保护区总人口的 37.8%，作为一级水源保护区为了实现保水任务，利用自然资源谋求经济发展难以破题。2019 年，我市完成新一轮百万亩造林工程 25.8 万亩，林业实现产值 115.6 亿元。平原造林工程以每亩 1500 元从农民手中流转，但是以每平方米 4 元管护费（约为每亩 2500 元）交给有资质的林业第三方公司管护，例如，上文提到的东江头村，该村有 698 亩农地被用来造林，每年 170 多万森林管护费用均被外来的管护公司拿走，农民仅仅享有土地流转费用，村集体经济组织也未能够参与分享管护费收益。

3. 基层发展农村集体经济愿望强烈与集体经济组织内部人才缺失严重情况并存

根据市农研中心百村千户大调研结果，我市 1100 个农民家庭和乡村干部问卷调查显示 37% 的农民认为在各类经营主体中集体经济的可持续发展能力最强，42% 的农民认为在各类经营主体中集体经济最能保证“正义效率”最大化，此外，66.60% 的被调查农户认为土地流转给村集体利益最有保障，可见我市基层呼吁发展壮大集体经济的信心坚定，但是人才短缺已成为当前集体经济改革与发展的根本性制约因素。一是好带头人缺乏。一些村能富裕起来，除了要有好的区位外，关键是村里要有一个好的带头人，把村集体资产有效经营起来。但是带头人资源在农村是非常稀缺的资源，不可能每个村都找到这样的好带头人，目前我市农村“两委”主要干部年龄偏大，一些村干部思想保守，对于发展集体经济的重要性认识不足，缺少发展集体经济的思路和方法、缺少创新意识和先进的经营管理理念。如：房山区、延庆区此类问题突出。二是农村老龄化日趋严重。怀柔区、延庆区与门头沟区等区出现“空心村”现象，劳动力匮乏，村中留守的人员大都为老、弱、妇、孺，劳动能力明显缺失。并且多数青壮年劳动力不在本村就业。关于我市农村劳动力老龄化对农村经济发展的影响分析报告显示：2016 年全市农村 40—65 岁的劳动力人数占到农村劳动力总人数的 50% 以上，超过 18—28 岁、28—40 岁这两个年龄段的劳动力人数总和。由于城乡二元体制及由其产生的城乡差别，许多年轻人更向往到城区工作和生活。

习近平总书记强调要努力在危机中育新机，于变局中开新局。当前我国经济形势复杂严峻，党中央提出要加快形成以国内大循环为主体、国内国际双循环相互促进的新发展格局。突如其来的新冠肺炎疫情给我国经济造成巨大冲击，同时也给产业转型升级带来了新的发展契机。我市发展壮大集体经济发展应当抓住扩大内需新机遇，创造机遇，立足当下，放眼长远，努力在危中寻机，实现农村集体经济转型升级。

（二）我市农村集体经济发展的主要类型

我市实行多种手段发展壮大农村集体经济，深化产权制度改革，按照“一村一策”试点扶持，推进集体建设用地交易入市，加快集体经济转型升级，推进农村集体产权交易建设等，目前全市发展集体经济主要有以下几种主要类型：

1. 资源依托型。利用本地区资源禀赋，通过丰富的自然资源和人文资源，形成特色经济的一种类型。

一是发展乡村旅游产业。此种类型多为山区村，自然风光优美、地形地貌特殊、历史古迹和民俗文化丰富的乡村。例如位于门头沟区妙峰山镇西北部的炭厂村。该村面积12.5平方公里，为践行“绿水青山就是金山银山”理念，实现产业兴村，该村经历三次产业转型由烧炭业转型到种植业，到林果业，最后成果转型为生态旅游业，利用得天独厚的自然资源，成功打造神泉峡景区，同时开发红色旅游资源和民俗旅游项目，实现村民脱贫致富，壮大了农村集体经济，成为远近闻名的“旅游村”。另外，集体经济利用闲置农宅发展乡村民宿也是资源依托型壮大集体经济的重要类型。延庆、门头沟、房山、大兴、密云、平谷、怀柔等多个区开展了闲置农宅的盘活利用，目前开发利用闲置农宅种类主要有三种方式：“农户＋村集体或合作社＋社会资本投资”方式、“农户＋村集体或合作社”方式、“农户＋社会资本投资”方式。第一种方式最为常见且最能保护村民和村集体的利益，由农户将闲置住房流转到村集体经济组织或村集体领办的农民专业合作社，农户按照闲置房屋间数、面积及院落大小等情况入股，获得租金收入并参与经营收益分配。村集体或合作社统一对外寻求合作，引入社会资本。社会资本负责经营，打造休闲旅游、度假养老等产业。这样的成熟案例比较多，例如延庆区下虎叫村“山楂小院”，密云区干峪沟“山里寒舍”等。

二是在建设用地上做文章。产权制度改革后尤其是处于城市功能拓展区的海淀、朝阳、丰台、石景山等区的村落，集体资产物质积累丰富，集体经济发展基础好，典型代表是丰台区草桥社区，一个村资产有一百亿。也有一些村集体利用建设用地建设并持有公租房，物业由村集体统一管理，如昌平区三街村成立物业公司，靠租金收入也能实现集体经济发展壮大。此外，将文化创意元素与集体产业融合提供特色租赁服务也能有效辐射带动集体经济发展。通州宋庄的小堡村，集聚了中外很多画家，通过艺术集聚，带动村域发展，前景可观。

三是发展特色种植业。利用本区域内特殊的气候和地形条件发展经济附加值高的水果蔬菜等。例如门头沟区清水镇李家庄村，该村气候、土壤，都和新西兰奇异莓种植条件高度吻合，再加上距离北京城区较远，没有工业污染源，种植经济价值高的农作物实现村民富裕。我市具有品牌价值的农产品很多，大都是集体经济发展壮大过程中涌现的，例如昌平草莓、平谷鲜桃、大兴西瓜、怀柔蓝莓、延庆葡萄，等等。因此，利用各种资源发展经济是农村集体经济发展的基石。

2. 发展服务经济型。这种类型多为村集体发展物业租赁，提供公共服务，平原造林管护等。

一是接手基本公共服务型。例如以农村集体经济承接绿化环卫等劳务服务，如密云区通过整合村级保洁员、全科农技员、农村保水员、村级防疫员等村级公益服务人员，建立服务型经济组织，成立村级生态环境保护队，开展保水、保洁、畜禽防疫等相关活动，村级生态环境保护队可为村集体和村民有偿提供服务。二是承接市政建筑工程任务。例如海淀区第二产业收入增加主要因素是四季青镇、东升镇承接建筑工程业务增加。

3. 政策、资金等帮扶型。即政府利用财政资金帮扶集体经济发展。

重大项目建设、棚户区改造、回迁安置房建设等民生工程实施，也有效促进集体资产增长，大面积征占农民土地、拆迁安置农民，均不同程度带动了集体资产的增加。一是新农村建设，泥石流险村搬迁，我市出台新型社区建设扶持政策。新农村建设典型村有通州高碑店村、美丽乡村建设有顺义高丽营三村，险村搬迁有房山区周口店黄山店村等。二是重点工程，如大兴机场、怀柔会都、延庆区世园会，冬奥会等发展项目，有的村民已转居，这类村庄多依赖农村土地增值，因拆迁而一夜暴富，村民个人手中有房有钱，村集体资产积累丰厚，保值增值难度大，集体资产管理存在一定风险。

（三）我市农村集体经济有效实现形式的新拓展

党的十九大报告指出："深化农村集体产权制度改革，保障农民财产权益，壮大农村集体经济"。农村集体经济发展的有效实现形式实质要解决好农村的资源与劳动力如何有效配置的问题。为此，我市为发展壮大集体经济进行了新的尝试。

1. 土地资源的盘活——门头沟区"点状供地"

土地是农村集体经济发展的最重要的资源，盘活乡村闲置集体土地，提升土地利用效率，促进农民增收、助推乡村振兴等方面将会产生越来越大的价值。门头沟区山多、地少、建设用地资源分散、旅游资源丰富，产业发展与用地需求的矛盾是制约该区农村集体经济发展的"痛点""难点"。在市委、市政府及相关部门的大力支持下，门头沟区积极探索"生态涵养区"绿水青山向金山银山转换的有效路径，在全市率先实施了乡村振兴"点状供地"改革试点。

"点"指的是门头沟区将全区点状供地指标 247 公顷分配到各镇，落到 433 个图斑上。原则上单个地块规模不大于 1 公顷，单体建筑的地上建筑规模不大于 2000 平方米。"供"是以产业导向，全区围绕打造"小院 + 田园综合体"建设乡村旅游、精品民宿、休闲农业等产业类型，明确点状供地指标是给各个村发展集体经济，保障村庄公益事业、市政基础设施、险户搬迁、集体产业等各类工程建设用地需求。

2. "跨集体"经营方式的合作与创新——大兴区"五村联营"

目前大兴区长子营镇有两个"五村联营"模式进行跨集体的统筹，弥补和完善集体产业发展的不足，发展集体经济。一个是西北台、南蒲州营、安场、潞城营一村和潞城营四村这5个小村组成互助联合体，五村各出10万元，组成50万元林下经济专项资金，每一笔花销，不仅要征得5个村的同意，还要接受镇经管站、主管领导以及纪委的审核，在林地面积大、土壤肥沃的西北台村作为基地发展林下经济，通过“抱团取暖”，克服劳动力不足、增收渠道狭窄、农业技术水平低下的困难，实现集体经济发展壮大。

另一个是以小黑垡村为主导的“五村联营”，该村牵头成立凤河联盈专业合作社，村民每人至少一百元入股，主要营销本村及其他村的农副产品。

二、我市农村集体经济有效实现形式实践中出现的问题

我市农村集体账面资产总量庞大，但是区域分布不平衡，集体资产保值增值压力大，集体经营产业收入整体利润率偏低等情况，归其根本就是因为集体经济在经营能力、适应市场能力和经营主体能力上出现了问题。

（一）集体经济盘活资源能力手段不足

据2014年郊区农村土地资源清查结果显示，全市农村集体土地总面积2049万亩，其主要构成是3个部分：农用地1594万亩，建设用地261万亩，未利用地194万亩。农村主要的资源就是土地，当前我市农村集体经济发展不充分不平衡主要是因为盘活农村土地的能力不足。盘活用好农村沉睡的土地资产，尤其推动农村“三块地”的盘活力度，是实现农村集体经济快速发展的有效抓手。

一是农用地。根据2014年数据，经营性农地637万亩，在利用上总体效益不高，平均每亩仅41元。在经营上碎片化，规模小。此外，在农用地中，有1020万亩是林地，目前我市多个村尝试发展林下经济，但是由于缺乏统一规划和发展思路，现阶段大部分集体林场精细化管理水平低，主要依靠劳动力简单投入，缺乏先进的机械化管护技术和信息化科技化管护手段。

二是建设用地。今年中央一号文件聚焦破解乡村发展用地难题，明确提出：新编县乡级国土空间规划应安排不少于10%的建设用地指标，重点保障乡村产业发展用地。省级制定土地利用年度计划时，应安排至少5%新增建设用地指标保障乡村重点产业和项目用地。这“5%”“10%”的指标，对于北京的区镇来说很不轻松，也很不容易实现，很多地方目前还远未达到这两个指标。门头沟区“点状供地”是对集体建设用地的破题，但是目前是试点示范阶段，其他各区建设用地按照传统的供地方式，现有规划的乡村产业用地，在土地性质转换上困难重重；用地成本高、建设用地与占补平衡矛盾尖锐、乡村振兴项目落地难，已成为长期制约乡村产业发展的瓶颈。

三是宅基地。据不完全统计，全市有近4万套农宅处于闲置状态，个别的山区村闲置率高达15%以上。闲置农宅没有有效开发利用是集体经济发展的一大损失。门头沟区针对山多水多、文化资源多、生态环境好等特点提出了发展“门头沟小院＋田园综合体”的产业发展方向，积极探索集体经济发展的有效实现路径。

北京作为特大型消费城市，消费市场总额全国第一。我市拥有如此大规模、多层次、

多样化的消费市场，农村集体经济组织作为京郊大地上“特别法人”，参与市场竞争，具有很大发展空间。

（二）集体经济适应市场能力不足

一是当前产权制度改革不充分、不彻底仍然存在。积极推进产权制度改革是实现农村集体经济发展的根本前提。目前，我市村级产权制度改革基本完成，剩下没有完成产改的村，或两委班子组织动员能力弱，或存在很多历史遗留问题。例如：怀柔区怀柔镇大中富乐村，该村村民已转居上楼，村集体每年靠房屋租赁收入约1600万元，由于利益分配不均、村民上访频繁，该村目前产权制度改革没有完成，每年村民分红采取土办法，按月按人头分配，村民从出生开始每人每月200元，到了学龄儿童每人每月300元，到了劳动年龄每人每月700元，超过劳动年龄的每人每月1000元。2019年以前分配后全村几乎不存在账面存款，2020年开始的第一季度就分给村民405万，有多少分多少，集体经济发展除了吃房租外没有长远规划，当谈及何时完成产权制度改革，村支部书记一脸茫然。该村干群问题矛盾将会进一步激化，发展壮大集体经济根本无从谈起。

二是产权制度改革后集体经济组织成立的社区股份经济合作社参与市场竞争意愿不强。公司是当前世界上最有效的组织方式，产改后新组建的农村社区股份经济合作社作为“特别法人”，在法律上具有与公司一样平等参与市场竞争的主体地位。然而，现实中多数村集体更愿意采取保守、稳妥的方式经营集体资产，将集体资金打包借给国有或市属事业，每年靠利息实现增值，虽然收益低但是不容易出现更大的资金风险。采取这种手段一方面是区级相关主管部门的要求，避免集体资产流失，另一方面村集体自身经营能力有限也不愿意进入市场参与激烈竞争。

三是农村集体经济产业支撑力度不够市场竞争力不足。目前，集体经济组织仍具有天然的封闭性、保守性，在市场中的定位仍尚不清晰，突出表现是我市现代农业产业体系构建不完整、链条短、附加值低，规模化的品牌效应不显著，一二三产业以及城乡要素深度融合的有效模式、载体和机制尚未凸显出来，普遍存在布局分散、经营规模狭小、融合理念不够先进、合作层次不高的现象。同时，我市集体经济目前的信息化程度整体上还处于较低水平，人工智能、物联网、大数据、区块链等领域的新技术、新业态、新模式不能有效运用于农村产业发展，农业综合信息平台建设缺乏实践和顶层设计。

（三）集体经济经营主体组织能力不足

将农民联合起来进入市场，才能缓解小农户与大市场的矛盾，有效降低市场施加在单个小农身上的风险，也只有依靠相应的组织，才能使农民更好享受农业生产的各种社会化服务。当前我市各类农民专业合作社并不能有效将单打独斗的小农户联合起来，一方面小农户不能很好从专业合作社中实现信息、技术、购销等服务，获得更多经济利益。大兴区“五村联营”模式是我市对新型农业经营主体构建方面的突破，起到了很好的示范作用，但是目前的合作仍处于初级阶段，“跨村联营”面临的主要问题就是解决组织关系、分配制度和配套的一系列体制机制建设的问题，目前的五村联营还不是很成熟，例如资金使用还需要多重审核，小黑垡村建立的销售农产品的专业合作社，合作层面有待进一步完善，合作的存在只要求将本村的农产品通过合作社卖出去，进一步参与合作经营还处于观望态度，专业合作社的内部收益分配制度比较简单，三七分集体只保留百分之三十，用于后期发展明显后劲不足。目前分配领域利益纠纷较少，但随着集体经济一步步发展壮大，内部收益如何有效分配，收益分配是否能够继承转让、公积金和公益金怎样按比例提取等都将成为“跨集体”联营面临的挑战。

另一方面，目前我市虽然已经构建了农业信贷、农业保险、农业投资、农业担保、农业产业基金、农村信用、农村要素市场、涉农企业上市培育、农村金融改革试点试验区、农村基本金融服务村村通“十农”金融服务体系，但是目前农村金融服务模式不能有效满足农村金融服务需求。农户与专业合作社组织等各类群体贷款需求存在数量大、额度小、风险高的特点，金融机构在选择农业企业，因此一些集体经济发展较为落后的村的资金供给不足，导致农村金融矛盾突出。

三、探索我市农村集体经济有效实现形式的意见建议

构建统分结合的双层经营体制是我国农村的基本经营制度，理清有效实现形式的内在机制是促进农村集体经济振兴的有效途径，正所谓条条大路通罗马，要因地制宜、因村施策才能取得好的效果。

（一）加大政府扶持力度，健全集体经济发展的政策环境

一是在土地开发利用领域进行扶持。“点状供地”模式作为一种更加灵活、更加精细的土地利用制度，既是时代发展的需求，也是制度创新的成果。从门头沟区的试点来看，“点状供地”模式对盘活乡村闲置集体土地，提高土地利用效率，促进农村经济发展、助推乡村振兴等方面将会产生越来越大的价值。

二是在财政及金融政策上倾斜。北京市“十四五”规划和远景目标提出农业农村优先发展，市级财政每年应该拿出专项资金，重点扶持农村集体经济发展。农村金融是农村经济的血液，长期以来传统金融体系对“三农”资金服务还不够，受“资本至上”“规模偏好”等观念影响，对规模小抗风险能力差的中小企业、创业者金融服务相对不足，应加强对农村集体经济组织金融服务扶持力度，切实解决农村集体经济组织融资难问题，缩小普惠金融服务的城乡鸿沟。

三是在税收政策倾斜，要按照发展农村合作经济的客观要求，在工商注册、税收返还以及市场准入等环节享受相应的优惠政策。对于乡村集体经济组织物业出租的房产税、营业税以及完成村级公共事业建设工程所征的有关地方税收，可由市区级财政部门实行先征后返（奖）。

（二）激发内生动力，构建利益共同体

要想集体经济发展好，必须激活集体经济组织内部的自我活力。集体经济组织成员内部人心齐、同发展才是发展集体经济的根本，因此要最大限度地把农民群众的积极性能动性激发出来。

一是完善的内部管理机制。健全内部法人治理结构，建立科学有效的委托代理机制，

切实改变少数人说了算的管理局面，关键是要通过规范的股权管理，明确集体经济所有人的地位，通过召开股东代表大会或社员代表大会，农民（股东或社员）可以自由、民主地表达自己的意愿，民主参与讨论、决定重要的人事任命和重大问题。

二是信息公开接受监督。进一步深化产权制度改革，健全经营管理、民主决策与监督机制。将尊重群众意见、保护群众利益贯穿合作经济建章立制及管理运营全过程，增强财务管理的透明度，实行财务公开，从而使农村集体经济的运行管理更好地置于全体成员的监督之下。

三是开放共享，争取合作共赢联合抱团发展。加大统筹力度，将有资源没资金、有资金没人才、有人才没资源的多个村集体打捆发展，整合现有资金、资源和人才，建立集体经济发展有效利益联结机制，从“单打独斗”到“抱团取暖”，增强集体经济“造血功能”。

（三）做大做强产业，提升集体经济经营主体能力

农业的生产周期较长，往往会出现供给结构滞后于需求变化的情况，再加之初级农产品的同质性较强，本身的需求价格弹性又小，因此导致单纯从事初级农产品生产销售的农民获利有限、风险高，我市农村集体经济组织发展农业生产，可以探索以销定产组织模式，因地制宜，建立乡村净菜点，对接城区菜市场，发挥专业合作社在农村集体经济发展中的重要作用。

一是延伸农业产业链条。尽可能把农产品价值链上的每一段利润“吃干榨净”，使农业生产、加工、配送各环节都契合消费需求，实现农产品从田头到餐桌、从初级产品到终端消费的无缝对接，促进农产品全环节升级、全链条升值，全面提升北京市农业服务广大市民游客的综合效益。第二产业加工业我市不具备空间优势，在京津冀协同发展背景下，可以考虑将生产加工就近放在田间地头，销售经营放在北京，合理空间布局，实现效益最大化。

二是探索农游一体发展新格局。我市七个生态涵养区，自然生态资源和人文历史资源丰厚，适合发展农业文化旅游相结合的休闲旅游、森林康养等度假产业，都市型现代农业是未来农村集体经济的重要发展方向。

（四）强化多元保障，减轻集体经济社会负担

目前，我市农村集体经济组织承担很多公共服务及民生保障职能，应该逐步将其从繁重的公共服务职能中解放出来。

一是建立多层次的农村社会保障体系。就是要缩小城乡社会保障水平的差距，解决农民后顾之忧，建立城乡统一的社会保障体系。大力推进新型农村合作医疗，完善互助合作医疗制度的重心要放在对农民的大病统筹上，逐渐建立家庭养老保障与社会养老保险相统一的制度，逐渐将养老由农民家庭推向社会。

二是用好社会帮扶。通过与企业、社会组织和高校等结对帮扶，引进专业人才和团队参与，采取投资建设、产业带动等多种方式，促进集体经济发展。区镇两级政府加强指导村与村结对帮扶，同时，加大国有企业对薄弱村的帮扶力度。

（五）多重手段并举，激活农村集体经济人才资源

一是培养“好人＋能人才是当家人”的带头人。昌平区郑各庄村、房山区韩村河村等村资源匮乏，依靠村支书组织动员村民从承包一个小的建筑工程开始积累，一步步发展起来，郑各庄成立了拥有几十家子公司的宏福集团，每年人均分红 8 万多元；韩村河村组建韩建集团，成为我国目前唯一拥有特级资质的村级建筑公司，20 年前家家就住上了别墅。上述两村发展都有一个团结奋进、开拓进取、务实高效的领导班子，特别是有一个特别能吃苦、特别能奉献、特别能办事的带头人或领导团队。有鉴于此，一方面，我市可以从集体经济组织内部培育领军人才，加强教育培训，提高发展集体经济的能力素质；另一方面，招聘富有管理能力的农业职业经理人，实施“专家管理”，建立“职业村长”能人主导型农村集体经济发展模式。

二是党建引领，充分发挥村级党组织的模范带头作用。加强党对农村工作的领导，要把农村基层党建摆上更加突出位置，结合推动全面从严治党向基层延伸，培育坚强有力的党支部领导班子，把村中政治素质好的致富能手发展培养为党员，将党员中有经营头脑、管理能力和奉献精神的同志培养成为集体经济组织的管理人员，切实加强以村党支部为核心的集体经济组织建设。

三是加强新型农业经营主体建设。持续加大对有文化、懂技术、会经营、擅管理的新型农业经营主体的培育力度。针对农业发展水平低下的镇村，在鼓励农民返乡时，应注重加强农业知识技能培训。有关部门可以专门组织农技人员对农民、特别是返乡农民进行农业知识与生产技能的指导。同时，政府可以利用首都农业院校云集的资源优势，帮助中高考落榜或有意愿成为新农人的年轻人入校进行农业技术专业研修辅导，结业后发给相关毕业证和学历证明。

四是依托人才支持。发挥“第一书记”资源优势，充分利用派出单位资金、技术、信息、人才等各方面优势，为村庄发展引入外力。如门头沟区结合村庄资源与“第一书记”派出单位优势，积极谋划地区未来发展前景，推动镇村与市农科院等派出单位签订帮扶协议，进一步挖掘地区在地质旅游、农产品栽培等各类领域的资源，努力为村庄脱贫致富寻找新机遇。进一步发挥村党支部战斗堡垒作用。如平谷区北寨村通过“党支部＋合作社＋农户”的模式，由村党支部领办合作社，发展特色品牌，构建村级销售网络平台，不断增加集体经济组织经营性收入。

参考文献

一、普通图书

[1] 杜吟堂 . 合作社：农业中的现代企业制度 [M]，南昌：江西人民出版社，2002.

[2] 陈水乡 . 北京市农村集体经济有效实现形式的实践与探索 [M]. 北京：中国农业出版社，2011.

[3] 韩松 . 集体所有制、集体所有权及其实现的企业形式 [M]，西安：陕西师范大学出版社，2000.

[4] 习近平 . 摆脱贫困 [M]. 福州：福建人民出版社，1992.
二、硕博士论文
[1] 薛继亮 . 农村集体经济发展有效实现形式研究 [D]. 陕西：西北农林科技大学经济管理学院，2012.
[2] 杨荫 . 我国农业合作经济组织及其运行机制研究 [D]. 南昌：南昌大学理学院，2007.
[3] 张晓辉 . 中国农村合作经济制度研究 [D]. 长春：吉林大学经济学院，2009.
[4] 冯蕾 . 中国农村集体经济实现形式研究 [D]. 长春：吉林大学马克思主义学院，2014.
三、期刊
[1] 韩国明、陈华 . 美国新一代合作社带给我国农民专业合作社的发展思考与启示——基于土地流转背景下的分析 [J].2009（11）.
[2] 陈柳钦 . 日本农协的发展经验之鉴 [J]. 南方农村，2010（1）.
[3] 陈雪原 . 探索农村集体经济有效实现形式的理论思考——以北京市为例 [J]. 南方农村，2013（4）.
[4] 程恩富、龚云 . 大力发展多样化模式的集体经济和合作经济 [J]. 中国集体经济，2012（31）.
[5] 曹晔 . 国外农民合作组织的比较与借鉴 [J]. 世界农业，2002（5）.
[6] 高鸣、芦千文 . 中国农村集体经济：70 年发展历程与启示 [J]. 中国农村经济，2019（10）.
[7] 高晓巍、左停 . 国外农民合作组织发展及启示 [J]. 世界农业，2008（5）.
[8] 张晓山 . 促进以农产品生产专业户为主体的合作社的发展——以浙江省农民专业合作社的发展为例 [J]. 中国农村经济，2004（11）.
[9] 徐元明 . 社区股份合作：农村集体经济新的实现形式 [J]. 中国集体经济，2005（4）.
[10] 冯尚春、冯蕾 . 比较视域下我国农村集体规模经营绩效研究 [J]. 财经问题研究，2013（12）.

课题负责人：吴志强
课题组组长：季虹、周庆林
课题组成员：赵雪婷、胡梦源、张琰
执 笔 人：张琰

北京市农村集体经济治理与评级系统研究

党的十九届五中全会提出“深化农村集体产权制度改革，发展新型农村集体经济”，为未来“十四五”时期农村经济体制改革指明了方向和重点。按照2016年中共中央国务院《关于稳步推进农村集体产权制度改革的意见》的安排部署，截至2021年年底，围绕农村集体货币性资产、积累性资产和资源性资产量化与成员身份界定为重点展开的，全国范围的农村集体产权制度改革将基本完成。同时，文件明确提出改革的目标是“逐步构建归属清晰、权能完整、流转顺畅、保护严格的中国特色社会主义农村集体产权制度，建立符合市场经济要求的运行机制，形成有效维护农村集体经济组织成员权利的治理体系。”届时，“切蛋糕”为重点的发挥产权界定功能的存量改革将转向“做大蛋糕”为重点的发挥产权的激励、约束与资源配置功能的增量改革，构建新型集体经济治理体系将成为第二阶段改革的重心。“特别法人，特在哪里”，是第二阶段改革面临的核心问题。研究和探索集体经济治理评级系统，有利于对这一问题给出可量化的评价结果。

一、农村集体经济治理体系的提出

（一）贯彻和落实中央精神的要求

随着中国经济快速增长、社会持续稳定、国际地位不断提升，中国方案、中国治理模式引起国际日益强烈的关注。2019年，人均GDP历史性地突破了人均1万美元门槛，达到10276美元，而新中国成立初期不足100美元；经济增速达到6.1%，在世界主要经济体中名列前茅；全年共1109万农村贫困人口实现了脱贫，连续七年脱贫人数在1000万以上。长期经济增长与长期社会稳定并行，中国治理模式在全球的吸引力进一步提升。党的十八届三中全会首次提出“推进国家治理体系和治理能力现代化”这个重大命题，并把“完善和发展中国特色社会主义制度、推进国家治理体系和治理能力现代化”确定为全面深化改革的总目标。这意味着中国治理模式将以更快的步伐走向全面成熟。

作为中国社会主义公有制经济重要形式的农村集体经济组织，是中国经济社会发展重要的资源要素提供者，是农村地区的经济基础，其治理体系与治理能力的提升关系到农村发展与改革的全局，为优化乡村治理机制，乃至整个国家治理体系和治理能力的提升均具有举足轻重的地位。

农村集体经济组织发端于20世纪50年代农业合作化运动中取消了土地和劳力分红后

建立的高级社，迄今已有 60 多年的历史。2019 年底，全国农村集体经济组织拥有农用地总面积 76.1 亿亩，占国土总面积的 52.8%，各类账面资产 6.5 万亿元，大体上全国每个村平均 1113 万元。根据国务院发展研究中心 2015 年测算，包含集体土地资源在内的全国集体资产实际市场价值已达到 100 万亿。考虑到新修改后的土地管理法已于 2020 年实施的直接影响，集体土地价值预期会有一个新的不断重新定价和持续快速上涨的过程，必将比肩国有资产规模。集体经济组织作为新的供地主体，在农村地区各类经济社会组织的母体地位，在农村发展的经济基础地位，将更趋夯实，集体经济振兴与乡村振兴将日益凸显出同一性特征。

中共中央办公厅、国务院办公厅印发的《深化农村改革综合性实施方案》（2015 年 11 月）提出："在土地集体所有基础上建立的农村集体经济组织制度，与村民自治组织制度相交织，构成了我国农村治理的基本框架，为中国特色农业农村现代化提供了基本的制度支撑。" 2016 年 12 月 26 日，中共中央、国务院颁布《关于稳步推进农村集体产权制度改革的意见》（中发〔2016〕37 号），提出"适应社会主义市场经济体制新要求，不断深化农村集体产权制度改革，探索农村集体所有制有效实现形式，盘活农村集体资产，构建集体经济治理体系""落实农民的土地承包权、宅基地使用权、集体收益分配权和对集体经济活动的民主管理权利，形成有效维护农村集体经济组织成员权利的治理体系""改革后农村集体经济组织要完善治理机制，制定组织章程，涉及成员利益的重大事项实行民主决策，防止少数人操控"。

党的十九大报告指出，我国社会主要矛盾已经转化为人民日益增长的美好生活需要和不平衡不充分的发展之间的矛盾。这意味着人与自然之间的矛盾已经让位于人与人之间的矛盾。由此，与将国家治理体系与治理能力现代化作为改革总目标形成了逻辑上的自洽。党的十九届四中全会专题研究暨党的历史上第一次以全会形式聚焦"坚持和完善中国特色社会主义制度、推进国家治理体系和治理能力现代化"，并就农村地区治理领域，提出"深化农村集体产权制度改革，发展农村集体经济，完善农村基本经营制度"，凸显了集体经济组织治理对于乡村治理的重大意义和作用。

（二）亟待明确集体经济组织治理的科学内涵

治理体系一般包括治理主体和治理客体、治理边界和治理范围、治理机制和治理功能、结构和形式等。长期以来，由于缺少一部集体经济组织的专门的主体法，关于集体经济组织的性质缺乏明确而系统的规定，导致在集体经济组织治理的研究、政策与实践的多个方面步履维艰，以致众说纷纭。

一是身份属性界定不清。拥有独立人格是法人成立的基本特征之一。《宪法》第八条第三款规定，"国家保护城乡集体经济组织的合法的权利和利益，鼓励、指导和帮助集体经济的发展"；第十七条第一款规定，"集体经济组织在遵守有关法律的前提下，有独立进行经济活动的自主权"。这表明《宪法》承认集体经济组织的民事行为主体地位，但是并没有明确属于何类行为主体。如《浙江省村经济合作社组织条例》第十三条和第十五条规定，农村集体经济组织的证明书可以由县级人民政府免费发放，并通过向工商登记部门申请取得法人营业资格。但是，取得何种法人资格并未给予定性。在后来颁布的《关于村股份经济合作社工商登记的指导意见》中明确为“非公司企业法人”，但是，仍然没有正式明确是何种法人。而在《广东省农村集体经济组织管理规定》中则直接回避了这个问题。

北京市海淀区人民政府《关于印发我区城乡结合部地区乡村集体资产处置及集体经济体制改革试点工作的意见的通知》（海政发〔2002〕66号）将集体经济组织产权制度改革的目标直接界定为股份合作制企业。并且在北京市海淀区人民政府《关于加快城乡结合部地区乡村集体资产处置及深化集体经济体制改革的指导意见》中要求在具备条件时要按照《北京市农村股份合作企业暂行条例》进行工商登记注册，积极探索建立产权清晰、权责明确、政企分开、管理科学的现代企业制度。实际上，至今没有一家进行工商登记注册。海淀区的改革方案代表了一种导向，就是把集体经济组织等同于企业形式的营利法人，并进行公司化。杜党勇、蓝海林（2005）明确提出了经济发达地区的集体经济组织公司化改造的三步走：政社分离、推行股份合作制和建立公司内部治理结构。还有一类趋向是混同集体经济与合作经济。如郑有贵从成员权实现角度，提出要把集体经济组织界定为合作社法人。对此，不同观点认为合作经济的终点是集体经济的起点（陈锡文，1992），合作经济是交易的联合，集体经济是财产的合并（韩俊，1998）。说到底，集体经济不是一篮子土豆，财产具有不可分割性。2017年年初，十二届全国人大五次会议通过的《民法总则》第99条规定：农村集体经济组织依法取得法人资格，属于“特别法人”，标志着农民集体经济组织法人地位获得了民事基本法的正式确认。意味着集体经济组织作为既非营利法人亦非非营利法人的特殊法人具有多元化特征，是带有私法人特征的公法人，而不能等同于纯粹是私法人的合作社，更与公司企业的营利法人相去甚远。可见，发挥了一锤定音、正本清源的作用。

二是产权属性定位不清。拥有独立财产是法人成立的另外一个基本特征。长期以来，法律界经过不断努力已经从不同侧面揭示了集体经济组织的产权属性，但是仍存在诸多概念上的冲突和矛盾。如《土地管理法》第十条规定：农民集体所有的土地依法属于村农民集体所有的，由村集体经济组织或村民委员会经营管理。这表明村集体经济组织是集体土地的经营主体和管理主体。而第四十八条又规定：征地补偿安置方案确定后，有关地方人民政府应当公告，并听取被征地的农村集体经济组织和农民的意见。这意味着农村集体经济组织是集体土地的所有者，而这又与“村农民集体所有”这样一个极为抽象的概念发生抵牾。实际工作中，土地所有权确实确给了乡联社和村经济合作社，体现了集体经济组织这一所有权的表达主体。《物权法》在第六十条规定：属于村农民集体所有的，由村集体经济组织或者村民委员会代表集体行使所有权。即将集体经济组织作为农民集体所有权的代行组织机构。此外，在农地“三权分置”改革过程中，明确了集体经济组织的所有权、农户的承包权与新型经营主体的经营权，但是，在《土地承包法》中一贯坚持要农户自由流转，实质是虚化了集体经济所有权在土地规划、承包关系调整、资产处置等方面的实现路径。

可见，“特别法人”的概念内涵界定问题仍然没有能够解决。迫切需要一部关于农村集体经济组织的主体法进行专门界定。2015 年“中央 1 号文件”第一次提出要进行农村集体经济组织立法之后，2015 年《关于深化农村改革综合性实施方案》、2017 年—2019 年“中央 1 号文件”均提出农村集体经济组织立法的要求。但是，2018 年 9 月，十三届全国人大常委会将农村集体经济组织方面的立法列为第三类有待进一步研究的立法项目。立法工作陷入一再推迟的困境。

法律制度设计上的滞后性必然导致农村集体经济组织的非标准化特征，现实中的集体经济组织犹如一类“怪物”，如“官办经济”“计划经济”“干部经济”“家族经济”“低层次经济”“合作经济”以及“社团经济”等。随着集体产权制度改革的深入推进，许多地方，特别是集中城镇化地区，更倾向于按照现代企业制度的标准对集体经济组织进行公司化改造，实现农村股份经济合作社的组织架构、内部管理、收益分配等方面的规范管理。但是，“集体经济组织能否破产”“集体经济组织进入市场的责任财产边界如何划定，可否包括土地资源”等，无法与公司化企业的规范标准简单等同。诸如此类问题，使得一些基层干部群众很困惑，搞不清“集体经济是什么”“集体经济与市场经济如何融合”，甚至对“要不要发展集体经济”产生疑问。

法律规定的不清晰与组织的非标准化势必进一步表现为集体经济组织的治理困境。一些地方集体产权制度改革后形成的新型集体经济组织运行机制不规范，股东代表大会、董事会、监事会的作用发挥不明显、经营管理人员基本延续原农村管理班子。特别在集中城镇化地区，集体资产存量较大，无论党组织、集体经济管理人员、集体经济组织成员还是政府监管部门，都产生了建立健全集体经济组织治理体系的紧迫要求。特别是近年来以北京市海淀区西北旺镇皇后店村书记、会计串通挪用亿元征地补偿款为代表的一系列“小官巨贪”现象乃至黑恶势力不断曝光，集体经济组织治理问题日益引来了社会各界关注的目光，也导致理论界以及实务界迫切需要了解集体经济组织应然的治理模式，以体现自身区别于公司法人治理、国有企业法人治理等营利法人或公立医院、公立学校等各类非营利法人的特别性。如集体经济组织的治理质量如何，集体经济组织成员的利益是否得到了保护，股权结构如何配置有利于提高集体经济组织的治理效果，董事会如何运作才能形成完善的决策与监督机制，决定集体经济组织治理质量的主要因素有哪些等。

（三）乡村治理试点的现实需求

2019 年 12 月 18 日，农业农村部官网发布了中央农村工作领导小组办公室农业农村部等六部委《关于乡村治理体系建设试点示范工作的批复》（中农发〔2019〕21 号），确定北京市海淀区等 115 个县（市、区）为乡村治理体系建设首批试点单位，试点期为批复之日至 2021 年 12 月底。海淀区制定了乡村治理体系建设试点方案，计划从创新党领导下的农村集体经济治理体系、探索创新新型集体经济组织内部治理体系、探索创新适应城乡融合的基层组织治理体系等 7 个方面，在全区范围内开展乡村治理体系建设试点工作，探索超大城市近郊区的治理体系和治理能力现代化水平的海淀经验。

实际上，在北京市海淀区人民政府办公室《印发〈关于进一步加强海淀区农村集体资产管理工作的实施意见〉的通知》（海政办发〔2013〕80 号）提出要在区级层面，通过建立约束性管理机制来加强区农经站的管理权威，以强化监管力度，如绩效考核机制，对各镇党委政府在促进镇村集体资产监管、实现集体资产保值增值等方面进行定期考核，并建立评价机制，区农经站可对各镇集体经济组织负责人提出客观评价，其意见将参与考察推荐集体经济组织负责人人选等。

2016年年底，中共中央、国务院颁布《关于稳步推进农村集体产权制度改革的意见》（中发〔2016〕37号），提出“农村集体产权制度改革工作由中央农村工作领导小组组织领导，农业部、中央农村工作领导小组办公室牵头实施。……有关部门按职责抓好落实。各有关部门要加强调查研究和工作指导，及时做好政策评估”。

为此，有必要从实证角度，客观评价不同地区不同类型集体经济组织产权制度改革后治理能力水平与诊断治理中的短板，形成一套科学的决策制定机制与决策执行机制，为加快集体经济组织立法进程，推进治理规范化建设，提供重要依据。

目前对集体经济组织的治理体系的评价领域研究几为空白，显然不如同为公有制的国有企业治理得到更多的关注，相比20世纪90年代兴起的中国公司治理评价而言，则更显滞后。这种状况不利于科学指导当前试点工作的开展，以及后续试点经验的总结提升。

农村集体经济组织治理指数，可以成为集体经济组织治理体系的日常体检仪、改进结构化治理要素的风向标、诊断治理风险的预警器。当我们处于已经完成了土地管理法修法，城乡建设用地市场趋于一体化，特别是集体产权制度改革在全国全面推开并将于2021年完成的档期，能否解决好集体经济组织治理的标准及测量问题，将是实施乡村振兴战略经历了集体产业升级、集体土地制度改革、集体产权制度改革的关键几步之后的最后一步，可能也是最艰难的一步。即，改善集体经济组织治理机制对于整个中国“三农”问题的有效解决，将具有收官性的重大意义。

二、“特别法人，特在何处？”：集体经济组织治理体系的若干结构化要素

由于目前没有农村集体经济组织的专门法律，设定集体经济组织治理指数指标评价系统及针对不同类型集体经济组织（如集中城镇化地区、非集中城镇化地区或生态涵养地区等）设定具体的治理指标体系，需要从实践与理论上进行较系统性的研究，从而寻找到可靠依据。首先是要明确集体经济组织作为特殊法人的科学内涵，厘清集体经济组织治理的一般化的指标体系，形成指标库，进而提取地区差异化的专项指标库。

（一）集体经济组织的基本属性

“特别法人，特在何处？”这是进行集体经济组织治理评价，需要首先回答的问题和着眼点，即解析农村集体经济组织治理的准则。既非营利法人，亦非非营利法人，意味着特别法人兼具二者某些特点，而不具备单维指向。

一方面，从静态的角度看，集体经济组织追求成员福利最大化，具有多元化的基本特征。一是公有性。作为既非营利法人亦非非营利法人的特别法人，集体经济组织是带有私法人特征的公法人。其存在基础是土地集体所有制，基本目标是维护全体集体成员的基本保障，追求成员福利最大化，是党在农村地区的执政基础。二是社区性。社区聚居和熟人

社会条件下，形成了一种不同于市场与政府的第三类资源配置机制：社区机制（速水佑次郎，1989）。而国有企业不具有这种空间属性。此外，还有组织体制上的“社 + 公司”的复合性、产权结构的封闭性、民主管理上的“一人一票”等。由此，集体经济组织具有了社会成本内部化、交易成本节约化、收益在地化、资源开发立体化和产权社会化等独特功能特点。而其基本内涵在于创立了一种新的生产关系。

一般的公司企业追求利润最大化，目标函数为：

$$MaxP = R - C_L - \sum_{i=1,i\neq L}^{n} C_i$$

其中，P 为利润，R 为总收益，C_L 为劳动力成本，L 代表劳动力数量，C_i 为除劳动力之外的其他成本。显然，劳动与资本存在直接的对立性。

不同于一般的公司企业，集体经济组织追求成员福利最大化。目标函数为：

$$MaxNetInperLab = \left(R - \sum_{i=1}^{n} C_i\right) \Big/ L$$

其中，$NetInperLab$ 代表劳均净收入，代表劳动者的净福利。这种新的生产关系的奇妙之处在于之前的劳动力成本不见了，C_L 实际转入目标函数，即劳动力收入本身就是目标。

另一方面，从动态的角度看，新时期集体经济组织“统”功能凸显。治理模式可分解为四个层面：治理目标、治理制度、治理机制与治理主体（如图 1 所示）。改革开放前，服务于国家工业化和农民基本生活保障，采取了“统”的治理模式，“三级所有，队为基础”的人民公社作为治理主体。改革开放后，为促进农民增收，形成了家庭承包经营为基础的双层经营体制。党的十六大首次提出城乡统筹方略以来，特别是党的十九大作出社会主要矛盾转化重大判断以来，为城乡与区域均衡协调发展，需要探索重新加强“统”。2020 年的中央 1 号文件提出要探索以乡镇为中心、以村为基本治理单元的新治理模式。

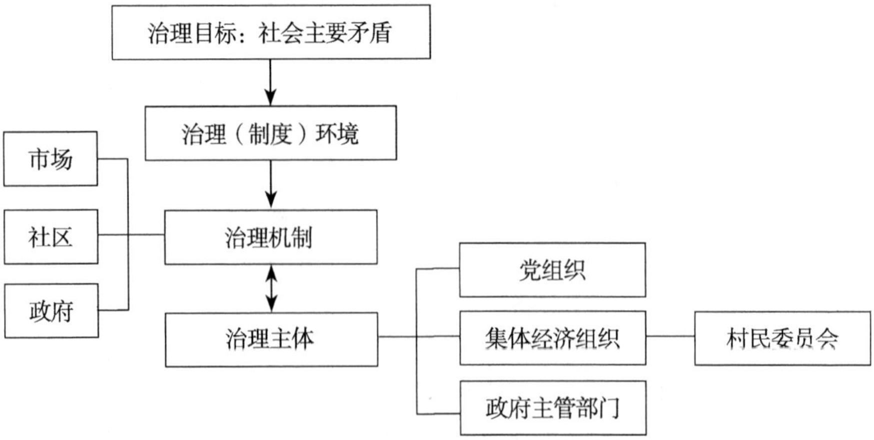

图 1　农村集体经济组织治理模式的动态演化机制示意图

（二）集体经济组织治理评价的若干结构化要素

多元化是特别法人的一个基本特点，特别是体现治理主体的多元化方面，进而形成治理准则的多元化。为此，设定集体经济组织治理指数指标库，需要坚持共性与个人相统一的基本原则，在充分考虑集体经济组织与一般公司企业、合作社治理结构的共性特征的前提下，着重考虑集体经济组织的若干本质性特征。由此，构成设定集体经济组织治理指数指标体系的基本理论依据和选裁标准。具体有以下四个方面：

1. 党的领导

中国共产党的领导是中国特色社会主义最本质的特征，是中国特色社会主义制度的最大优势。党的十九大报告指出“党政军民学、东西南北中，党是领导一切的”，党的十九届四中全会要求把党的领导落实到国家治理各领域各方面各环节，要健全党的全面领导制度，确保党在各种组织中发挥领导作用，并把党的领导贯彻到党和国家所有机构履行职责全过程，推动各方面协调行动。中共中央、国务院颁布的《关于稳步推进农村集体产权制度改革的意见》提出“探索集体经济新的实现形式和运行机制，巩固党在农村的执政基础提供重要支撑和保障”“坚持农村基层党组织的领导核心地位不动摇，围绕巩固党在农村的执政基础来谋划和实施农村集体产权制度改革，确保集体经济组织依法依规运行”。集体土地所有制为纽带的集体经济组织，是公有制在中国农村地球的基本实现形式。集体经济组织治理首先是党的意志的集中体现和落实，因此，党的领导要贯穿集体经济组织治理的全过程和各方面，是统领集体经济组织治理的总价值观。党的领导是集体经济组织治理指数的“灵魂”，驾驭着其他几个方面，并通过其他几个方面进行贯彻和实施。

2. 市场治理

治理优劣是能否发展壮大集体经济的关键，优化治理机制成为各级地方党委、政府机构，农村集体经济组织成员乃至外部投资者的客观要求。特别是对集体经济组织主要管理人员来讲，治理状况优劣直接关系到集体经济竞争力、发展绩效和功能的实现，进而影响到对管理者自身的考核，及时掌握集体经济组织治理状况显然是非常必要的，这反映了集体资产的经济属性。考虑到集体经济组织股权的封闭性特征所导致的非经营主体性质，即主要以所有者呈现，集体经济组织治理往往面临着更为多层次的委托代理关系，获取股东信任有利于提升董事会、经理层决策的高效率。良好的治理指数得分可以帮助管理人员在股份社换届时获取更多的集体经济组织成员选票。

利益相关者。处理好与村委会之间的关系，有利于明确集体经济组织的功能落实，避免目标扭曲。2015 年 11 月，中共中央办公厅、国务院办公厅印发的《深化农村改革综合性实施方案》指出：在进行农村集体产权制度改革、组建农村合作经济组织的地区，探索剥离村“两委”对集体资产管理的职能，开展施行“政经分开”试验。2016 年 12 月，中央国务院颁布《关于稳步推进农村集体产权制度改革的意见》（中发〔2016〕37 号），提出：在基层党组织领导下，探索明晰农村集体经济组织与村民委员会的职能关系。有需要且条件许可的地方，可以实行村民委员会事务和集体经济事务分离。目前，多数地区村委会与集体经济组织经济上“一本账”，二者相互交织，形成了一种特殊的治理机制，如在一些村庄的《村规民约》中明确对于不遵守村委会管理规定的人员，停发集体经济组织福利。但是，账务合一条件下，不利于客观反映集体经济发展绩效和公共管理资金使用情况。《村民委员会组织法》规定，村民委员会是村民自我管理、自我教育、自我服务的基层群众性自治组织，主要体现在管理途径依靠说服教育、相互帮助，管理特点是管理者和被管理者统一，管理方式是通过村民自治章程、村规民约实施，管理内容主要是与村民利益密切相关的文化体育、绿化与环境卫生、公益设施建设等公共事务，调节社区内部村民与集体、村民与村民以及邻里之间的纠纷等。

信息披露。集体经济组织（股东）人数经常是数百人或几千人，既不同于优先责任公司少于 50 人的设定，一般也不同于股份有限公司少于 200 人的规定，因此，还存在一个信息披露维度。

3. 社区治理

能否适时解决社会问题，如社员基本保障、缩小收入差距、城镇化转型中的纠纷化解等，往往成为一个社会可持续的关键，也成了治理的根本归宿。把社区发展纳入集体经济组织治理的基本结构化要素，取决于集体经济组织的两个本质性特征。一是社区性，这是经历了千百年的熟人社会长期孕育和重复博弈而成的一种稳固的社会关系，其生命力极其顽强，能够不断化解社会矛盾是这类组织的先天基因所决定的。同时，集体资产具有公有制属性，是集体经济组织成员，即集体产权制度改革后的股份经济合作社的农民股东，谋求共同富裕的物质基础，而不是雇佣劳动组织下资本与劳动的对立。因此，集体经济组织在解决社会问题方面的首要功能是“兜锅底”，为成员提供灌溉、饮水等生产生活的基本保障；其次，是带领群众走共同致富的道路，实现整体摆脱贫困。提升集体经济组织治理水平，有利于从根本上化解社会矛盾，体现了集体经济组织治理的社会属性。集体经济组织治理是集体经济组织潜在价值的源泉，治理质量好的集体资产预期价值会增值，集体经济组织成员势必关注集体资产的潜在价值。

集体经济组织是以集体土地所有制为基础的社区性合作经济组织，这体现了集体经济组织的空间属性。多年来，随着城镇化转型进程的持续推进，频繁的土地产权关系变动一直是引发矛盾纠纷乃至上访的主要原因，成为突出的社会问题。2017 年，北京市某区信访 3410 批、件，9134 人次，其中，国土资源类占 18%，农村、农业类（含土地承包类）占 35%，城乡建设类占 20%，劳动社保类占 13%，其他 14%。前三项都直接或间接与农村集体土地相关，合计比例达到了 73%。土地利用与经济因素、社会因素、政治因素均相关，不适于放入单独某一个因素，但又具有实际上的独立性，而且这是即区别于一般社会企业，又与国有企业相根本区别的重要特征，可以在集体经济组织治理评价指标体系中列为单独一项。

此外，要放在城镇化转型的历史背景下界定不同发展阶段的集体经济组织治理特点。2019 年，中国城镇化率已经达到 60.6%，更多的地区受到中心城市或城镇的辐射影响，农村社区会逐步发生分化，进而导致村集体经济组织的社会功能也在或快或慢但持续地发生变化。特别是城市规划范围内地区，一些行政村正在逐步撤销村委会，社会功能势必趋于弱化，集体经济组织的功能更多向经济功能集中，社会事务转入由民政部门管辖的居委会负责。但是，现实中集体经济组织的社会性难以短期内消除，发挥集体经济组织长期形成的血缘、地缘关系所具有组织优势，更有利于处理城市化过程中的各类冲突和矛盾。而在转型地区或传统农村地区集体经济组织的社会功能则会依次增强。

4. 政府治理

集体经济组织是农村生产资料的主要提供者，是农村经济社会发展的经济基础，具有显著的社会性，集体资产监督管理部门势必要代表政府对集体经济组织治理进行外部监管，如资产管理、财务管理、合同管理、产权交易等，这体现了集体经济组织治理体系不同于一般社会企业的一个本质特征。为此，需要及时掌握集体经济有关政策、特别法人治理原则或准则的执行情况以及监管对象的状况，进行不同地区集体经济组织治理结构、治理机制与治理绩效的对比和分析，找准不同地区不同类型集体经济组织治理的短板和突破口。从而，实施有的放矢地实施监管，制定相应的政策，及早规避可能的诸如“小官巨贪”之类的内部治理风险所可能引发的政治风险，促进集体经济组织成员共同富裕，全面实现小康社会，兑现党和政府对人民，特别是农民群体，作出的庄严政治承诺。因此，集体经济组织治理中的一个重要内容是支撑和保障党在农村的执政基础。

总体上看，乡村集体经济的组织治理经历了自 20 世纪传统的“三级所有，队为基础”的人民公社治理体制、20 世纪 80 年代中后期由广东开始的集体产权制度改革，形成的新型集体经济组织法人治理结构和 2017 年特别法人地位确立后的特别法人治理机制的三个阶段。第三个阶段的治理着眼点，不是简单地将集体经济组织等同于企业，而是确立为营利法人与非营利法人之外的第三类，即特别法人。这为探索集体经济组织治理的评价提供了重要指引，也创造了新的空间，势必对下一步深化集体产权制度改革工作的实践产生直接的影响。

三、新型集体经济治理评级系统——以北京市石景山区为例

关于集体经济治理评价的专题研究目前处于空白阶段。就全国集体产权制度改革而言，目前主要任务在于股份量化，也就是解决存量意义上的集体产权的界定问题，明晰收益分配权益。而产权制度改革的目的远不止于此，核心是要能真正发展壮大集体经济。集体经济发展空间差异性大，一般农村地区集体经济发展相对落后，规模小，对优化治理机制的需求不如城市化地区更为迫切。而且，从动态角度看，随着城乡一体化进程的推进，城乡二元结构体制必将得到彻底破除。选择较早开展城市化地区进行集体经济治理和评级系统研究具有重要的前瞻性。为此，2020 年 6—12 月，市农村经济研究中心经济体制处与石景山区集体资产监督管理办公室组织 12 家农工商公司，分别进行了深化集体产权制度改革问卷调查和系列专题座谈会，并在此基础上，进行了集体经济组织治理的评级。

（一）现状与问题

2002 年，为了落实北京市规划市区的功能定位，推进城乡二元体制改革，解决农居混杂、半工半农引发的一系列社会问题，石景山区启动了一次性整建制农转居试点工作，并陆续完成了村级集体产权制度改革。2019 年，全区 12 个村级集体经济组织的集体资产

总计 148.6 亿元，总收入 10.64 亿元，应交税金 1.1 亿元，集体经济组织成员人均分配 7.73 万元，集体经济成为城市化过程中维护经济社会稳定和谐和健康发展的重要力量。

1. 城乡二元结构体制的破除为深化集体产权制度改革创造了基础性条件

城市化，重点是人的城市化，反映的是社会结构的系统性变迁，这也是一个城乡二元结构体制破除的过程。主要包括 4 项任务：社会管理与公共服务职责由农业部门移交街道办事处负责；组织成员社会身份变更为城镇户籍；社会保障纳入城镇职工保障体系；开展整体性的旧村改造，建设城镇化社区。

社会管理与公共服务城乡接轨。2001 年，北京市委市政府确定石景山区作为整建制一次性农转居工作的试点单位，同年，把原来区农委负责的民政、文教、综合治理、计划生育等 5 大项 23 小项农村行政管理工作，转交街道办事处管理，基本解决了城乡接合部二元化社会管理的格局。同时，撤销村民委员会。原农村党组织建制取消，375 名党员组织关系转入原村级农工商公司。农口主管部门随着石景山区机构改革而不断进行调整。1996 年成立区农村工作委员会。2001 年机构改革后，更名为农业委员会，同时，区乡镇企业局并入区农业委员会。2009 年，更名为农村集体经济办公室，加挂区动物卫生监督管理局。2019 年，成立区集体资产监督管理办公室，撤销区委农工委，保留党组书记。

户籍身份城乡接轨。2002 年 12 月 1 日，石景山区分布在 50 个自然村的农业人口，经公安部门户口审批，整建制一次性变更为城镇居民。2003 年 2 月，全区 6999 户 15435 人完成了户籍变更和户口本发放工作。

社会保障城乡接轨。2004 年 12 月，全区共有 8936 名农转居人员按照《北京市整建制农转居人员参加社会保险试点办法》规定参加了社会保险，累计缴纳社会保险费 18261 万元。超过退休年龄人员采取“老人老办法”方式，由所在农工商公司负责进行养老金发放。由于纳入城镇社保时是按照最低缴费年限办理，养老保障水平普遍较低。此次调查问卷显示，88.36% 的被访者认为“老人老办法”有必要重新研究纳入城镇社保体系，6.29% 认为没有必要，5.35% 表示不知道。特别是，在 321 名被访者中，有 320 名认为目前农转居人员的养老保险待遇水平偏低，占 99.69%。有股东代表反映一月 1714 元的养老金不足以支付医保中自费部分。

居住形态城乡接轨。通过房地产开发、绿化隔离带建设、50 个重点村改造以及市政工程和便民工程建设等多种途径，对自然村落进行大规模改造。目前，全区大部分已经完成改造和拆迁安置，社会物理形态根本改观，长期以来的消防安全和社会治安隐患基本消除。

综上，随着城市化进程的快速推进，集体经济组织成员的社会保障、社会管理等问题逐步得到有效解决，意味着集体经济组织的社会性负担的充分释放，这为集体经济与市场经济、城市经济的相互融合创造了基础性条件。

2. 集体经济面临发展与改革的“双重滞后”

石景山区整建制农转居模式贯穿的一条主线就是让农民有组织地融入城市，成为有集体资产的市民。集体产权制度改革与农民市民化，如同两个车轮，解决了农民市民化的永久性利益依托问题。但是，城市化进程中遗留了大量的经济社会问题，突出表现在集体经

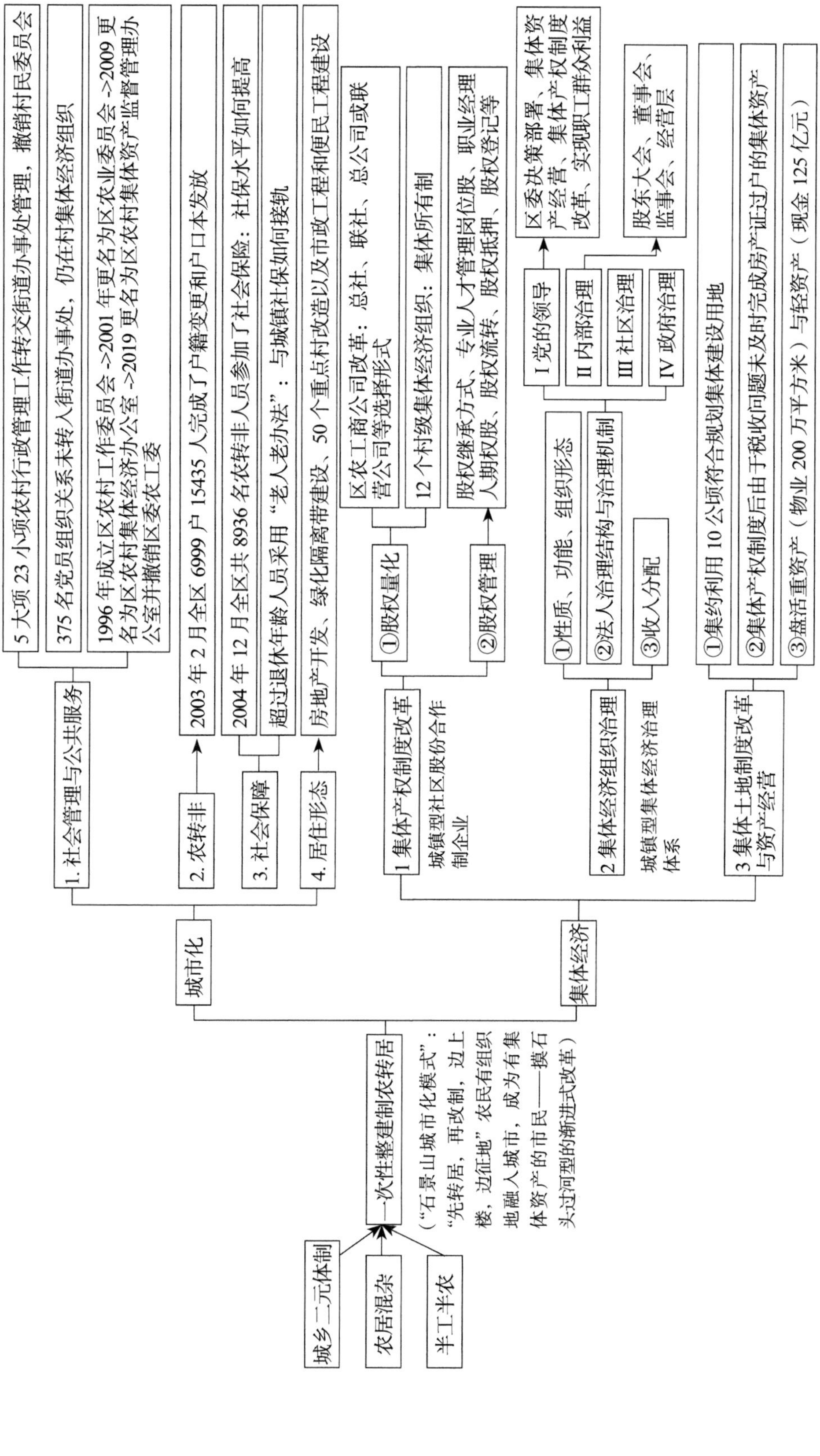
城乡二元体制
农居混杂
半工半农
一次性整建制农转居
（"石景山城市化模式"："先转居，再改制，边上楼，边征地"农民有组织地融入城市，成为有集体资产的市民——摸石头过河型的渐进式改革）
城市化
集体经济
1. 社会管理与公共服务
5 大项 23 小项农村行政管理工作转交街道办事处管理，撤销村民委员会
375 名党员组织关系未转入街道办事处，仍在村集体经济组织
1996 年成立区农村工作委员会 ->2001 年更名为区农业委员会 ->2009 更名为区农村集体经济办公室 ->2019 更名为区农村集体资产监督管理办公室并撤销区委农工委
2. 农转非
2003 年 2 月全区 6999 户 15435 人完成了户籍变更和户口本发放
3. 社会保障
2004 年 12 月全区共 8936 名农转非人员参加了社会保险：社保水平如何提高
超过退休年龄人员采用"老人老办法"：与城镇社保如何接轨
4. 居住形态
房地产开发、绿化隔离带建设、50 个重点村改造以及市政工程和便民工程建设
1 集体产权制度改革
城镇型社区股份合作制企业
①股权量化
区农工商公司改革：总社、联社、总公司或联营公司等选择形式
12 个村级集体经济组织：集体所有制
②股权管理
股权继承方式、专业人才管理岗位股、职业经理人期权股、股权流转、股权抵押、股权登记等
2 集体经济组织治理
城镇型集体经济治理体系
①性质、功能、组织形态
②法人治理结构与治理机制
Ⅰ党的领导
区委决策部署、集体资产经营、集体产权制度改革、实现职工群众利益
Ⅱ内部治理
股东大会、董事会、监事会、经营层
Ⅲ社区治理
Ⅳ政府治理
③收入分配
3 集体土地制度改革与资产经营
①集约利用 10 公顷符合规划集体建设用地
②集体产权制度后由于税收问题未及时完成房产证过户的集体资产
③盘活重资产（物业 200 万平方米）与轻资产（现金 125 亿元）

济在与市场经济、城市经济融合，特别是疏解非首都功能向纵深推进过程中，发展与改革的“两个滞后”日益凸显。石景山区整建制一次性农转居试点工作的基本思路是“整体农转居，权益不改变，资产变股权，社员作股东”，在城市化工作全面推开后，集体产权制度改革工作随即启动。经过了近二十年的改制历程，陆续组建了12个集体所有制性质的城镇型股份合作制企业，完成了工商注册，初步形成了现代企业制度特征的法人治理结构。通过调查问卷分析和研讨交流，目前，石景山区集体经济主要面临着以下问题。

（1）政策环境、专业人才和产业模式成为制约集体经济发展的三大主因

截至2020年6月，石景山区乡村两级集体经济组织，物业建筑面积110万平方米，账面货币资金、短期投资总计125亿元（主要是近年来土地征占变现），总资产153.7亿元，集体土地704公顷，大部分无法直接用于建设。由于长期以来的经营模式单一，人才资源匮乏，集体经济组织重资产经营的特征明显，区域内同质化竞争严重。问卷显示，有7家将楼宇出租列为最重要的收入来源，占比为58.33%，选择利息收入、土地出租的，占比分别为25%、16.67%。

如图2所示，被访者认为外部政策环境制约、缺乏专业人才和产业单一是目前制约集体经济组织发展的三大主因，分别占32.81%、28.62%和23.91%。其他因素按照重要程度排序分别是组织长远目标不明确、激励不够、人心不稳（6.98%）、领导班子能力不足、思维模式陈旧、不愿冒风险（3.32%），决策缓慢、执行不力（2.09%），其他（1.22%），组织风气不正（1.05%）。

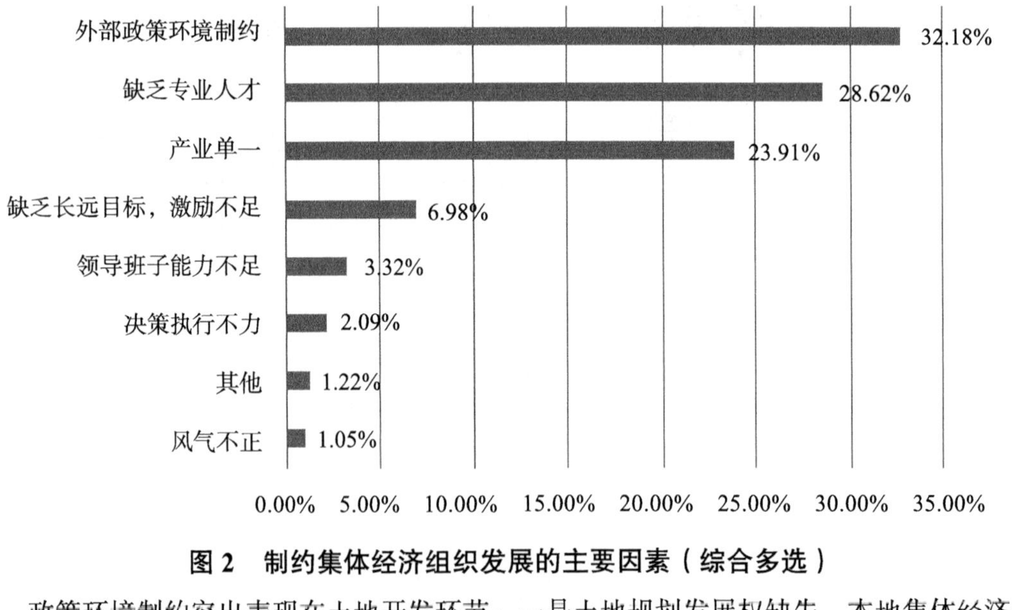

图2 制约集体经济组织发展的主要因素（综合多选）

政策环境制约突出表现在土地开发环节：一是土地规划发展权缺失。本地集体经济组织成员往往不了解土地性质的变更就被划定为绿地；征地后剩余土地多数变为绿地，如1958年建设项目被规划为绿地；绿化用地只占用不走征地补偿手续，占地往往是低租金甚至无补偿。二是低价征地。至今一直沿用35.7万元/亩的标准低价拿地，另外按照100

亩地返还5000平方米物业建筑面积，但需要按照3000元/平方米标准进行回购。黑石头农工商公司2009年征地2400亩，征地补偿款约8.8亿，而二级市场挂牌出让价达到近880亿。为了回购物业返还面积，还要用去3.6亿元；三是税负偏重。征地拆迁补偿纳税过程中，集体土地上房产增值部分，按照总补偿款减去土地补偿款，再减去地上物原值后的差值进行计税，未扣减补偿款需要购置还建物业成本，也取消了之前设置的补偿款可以五年闲置过渡期，导致过高税率，其中，增值税按5%，所得税按25%。

专业人才制约问题与集体产业单一问题相互影响，并均受制约于集体土地发展权益不足。目前，多数集体经济组织经营范围局限于租赁为主的重资产阶段，没有能实现向轻资产的跨越。对专业化人才的需求并不迫切。而城市更新过程中，一些没有或手续不全的集体土地上的建筑物面临着拆除的任务。急需调整集体经济发展政策导向，有意识地赋予和保障集体土地发展权，特别是加强集体产业指导，促进集体产业结构升级。如城市化地区土地一次性变国有，由集体经济组织持有国有建设用地使用权，进行土地开发利用；城市化范围外地区，引导集体经济组织联合推进乡镇统筹集约利用集体建设用地。

（2）乡级统筹发展体制未能有效建立，集体经济分化严重

2017年，启动了区级农工商公司改制工作，预计2021完成改制工作。由于长期以来跨村统筹的组织体制未能有效建立，村级集体经济分化严重，见图3、图4。2019年，根据区集资办统计，集体经济组织总资产为158.8582亿元，其中，古城泰然投资管理公司总资产规模最大，为37.4941亿元，北京华美宏信投资管理公司总资产规模最小，为38.055亿元。2019年，集体经济组织总利润（含税）均值为599.7万元（合计平均利润率0.48%），古城农工商公司总利润最高，为3208.6万元，八宝山农工商公司总利润最低，为−763万元。

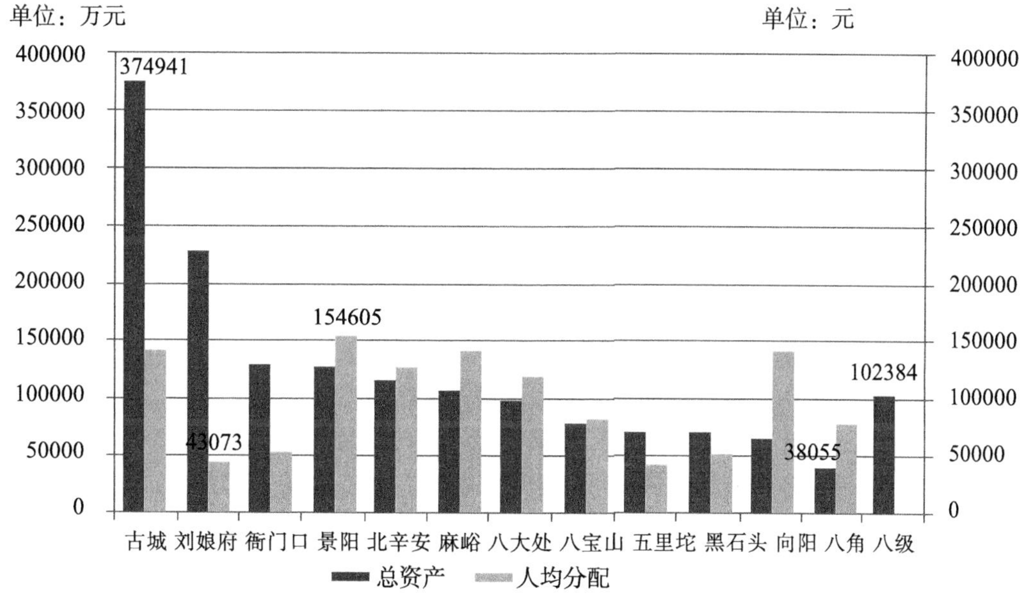

图3　石景山区乡村两级集体经济总资产及人均分配水平比较

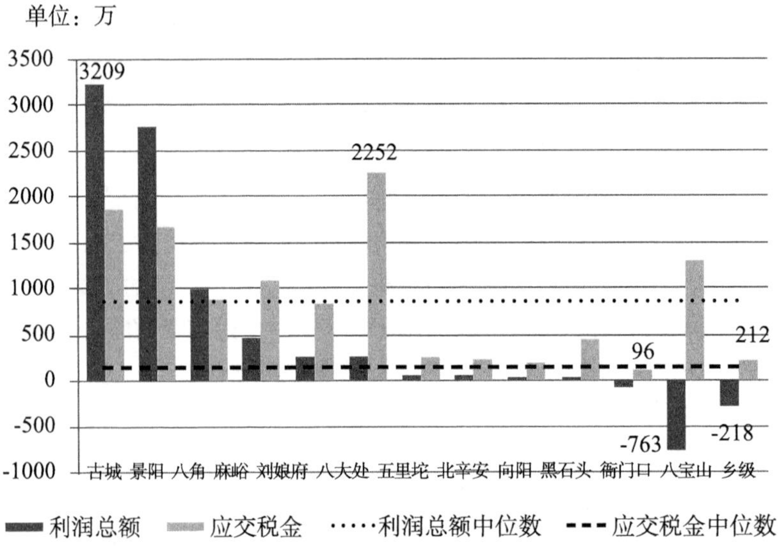

图 4 石景山区乡村两级集体经济总利润及应交税金比较

村集体经济发展的强烈反差，会导致落后地区的相对剥夺感。导致差异性的影响因素主要来自三个方面：一是区位差异。古城农工商公司位于长安街延长线，区位优势突出，黑石头村属于浅山区，缺乏土地发展权，20 世纪 90 年代有大量农户存在温饱问题，2002 年转居后 800 多名集体经济组织成员被纳入低保范围，2009 年开始有规模性征地项目；二是城市化前后的政策差异。较早开始城市化地区，补偿水平较低，而城市化成本不断提升，导致后期入不敷出。如金宝山农工商公司在 2002 年至 2004 年为落实绿化隔离带建设关停企业 36 家，拆除建筑面积 31 万平方米，767 名职工下岗待业，由于集体产业项目受到规划、用地等手续方面的政策制约，发展缓慢，至今仍有 300 多名职工没有安置就业。三是集体经济组织成员规模。刘娘府、金宝山、五里坨、黑石头等均属于千人级别；景阳、八大处、北辛安、衙门口属于 500 人以上级别；麻峪、八角、古城、向阳属于 200 人以上级别。不同的人口规模，直接导致集体经济组织社会性负担的差异性。

为此，解决地区之间发展不均衡问题，要从三个方面着手：一是联营统筹。借助当前进行了区农工商公司改制工作，区级建设用地政策向改制后的区级联营公司给予一定倾斜，落地“大项目”，让处于经济困境的农工商公司在收益分配环节得到更多的扶持。即在增量中寻求新的平衡，而不是“削峰填谷”；二是政策让利，对于八宝山、五里坨、黑石头等在城市化过程中受到较大冲击、负担较重、发展面临不可持续的农工商公司，在项目立项审批的系列环节给予特殊倾斜，鼓励村企合作，“以地生财”；三是绿地趸租政策要稳定下来，保障集体经济组织能有可持续性收益，并逐步提高 3.5 万元 / 亩的趸租标准。四是加大市区财政扶持力度，社会养老补贴是当前各农工商公司面临的经济压力源，应由各级财政部门参照土地出让利润分成，如中央、市、区“四四二”比例交付相应费用，解除集体经济组织的养老补贴负担。

3. 缺乏规范有效的股权管理办法

目前，多数农工商公司由于改制较早，在继承、流转、增资扩股、衍生人口扩权、维持普通股股东规模等方面，规范股权管理的需求迫切。但是，从市、区两级均未出台股权管理文件，各农工商公司只得自行制定股权继承等“土办法”。有 8 家正在研究制定股权管理办法，其余四家暂未启动。股权管理亟待规范。主要表现在：

一是在职股东比例持续下降，甚至有加速趋势，导致农工商公司向社会企业特征更为接近。在职股东平均 275 人，占比 42.36%，已退休股东平均 374 人，占比 57.64%，股东的非职工化，意味着村级农工商公司社区性和劳动联合属性存在进一步减弱趋势。

二是全员签字要求难以落实。股权变更、股东或管理人员变更、章程修改等事项均需要全员签字。对于集体所有制（股份合作）性质的各农工商公司而言，少则 200 多股东，多则 500 多股东，还有四家是 1000 多股东，难以落实全员签字，导致过世的股东无法在股东名册上消除、新任董事长也无法在公司章程上体现。此外，股权继承办理过程中，需要协调区工商局公证处出具“公证书”，同样需要全员签字。

三是股权结构调整日益迫切。主要有以下几个方面：

（1）集体股总体上稳定，但也有“二次量化”而进一步降低的需要。在集体股去留问题上，61.22% 被访者认为集体股应该保留，22.76% 的被访者认为集体股有必要进一步降低直至取消，16.03% 的被访者认为无所谓。见图 5 所示。

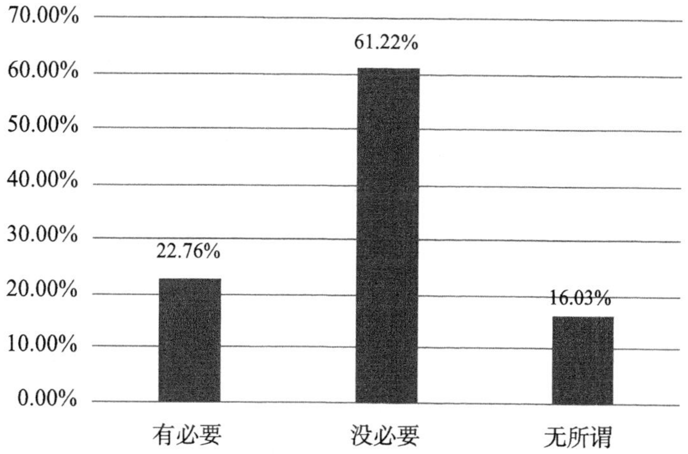

图 5　集体股的设置去留

（2）增资扩股的需求强烈。集体产权制度改革后经过十多年的发展，特别是几年来房价上涨带来的集体地价快速升值，集体资产规模增长迅速。在这种情况下，股东普遍有进一步增加股本以获得更多分化收益的需求。具体增资方式上，有三种设想：一是“等比”增资。就是按照目前的股本基础上选择一个相同比例进行增资扩股，以八角农工商公司为主；二是“等额”增资。主要考虑到目前一些当年只有户籍股没有劳龄股的“小股东”权益平衡问题，按照相同额度进行增资扩股。以北辛安农工商公司为主；三是“分层分段”扩股。分层主要是在职股东、退休股东、“小股东”，而分段主要是转制前和转制后，根据贡献不同，确定不同的增资权限。

（3）专业人才引进配股激励条件已经趋于成熟。在职业经理人的股份权益方面，股东代表和职工代表持相当开放态度。被访者认为职业经理可以持有管理岗位股的占 50.73%，认为可以持有期权股的占 14.60%，认为可以参与增资扩股的占 20.44%，认为可以持有其他股份权益的占 37.23%。如图 6 所示。

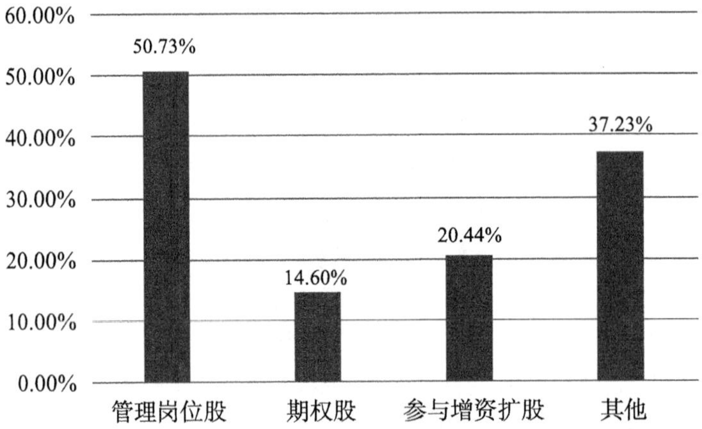

图 6　职业经理人应享有的股份权益（多选）

4. 集体经济功能的“多维性”决定了特别法人治理的复杂性

作为特别法人，集体经济组织不同于营利性法人和非营利性法人，多目标性是集体经济组织的一个根本性特征。如党建工作是集体经济组织治理水平的最主要影响因素，而社会问题处理则紧跟其后。被访者认为影响集体经济治理水平的最主要环节是党建引领和社会问题的占比较高，分别为 38.03% 和 34.51%，15.14% 为政府监管部门执行力，12.32% 为内部法人治理结构。由此，可以看到：

党的领导是集体经济治理成功的第一关键因素。目前，党建工作存在一些突出需要解决的问题：一是面临着党员年龄老化，年轻人不愿意回来，活力不足问题。发展党员指标限制，12 个农工商公司一年指标不足一个。二是对党员管理缺乏有效手段和明确规定。自谋职业股东，党组织关系在农工商公司里面，缺乏有针对性的专门规定，影响到年度党员考核得分。三是党支部书记与董事长不是一人兼的情况下，工作量和责任不同，缺乏有效的薪酬评价平衡机制。

同样值得注意的，社会问题与党建引领的重要性接近。尽管整建制农转居已 18 年，农工商公司仍然肩负着重要的社会治理功能。一次性转非补交趸缴社保资金消耗了大量集体经济现金，近年来，集体经济组织社保、就业工资等刚性支出逐年快速增长，集体经济组织社会性负担沉重。问卷显示，2019 年，12 家农工商公司在职股东平均占比 42.36%，将近一半集体经济组织成员在集体经济组织内部就业。这些职工中有一部分实际并未真实就业，而是作为集体经济组织成员拿取待业工资。2019 年，工资支出比例达到 58.76%，其次为村民养老、分红、村民医疗、福利，所占比重分别为 16.72%、10.32%、10.11%、

4.09%。如图 7 所示。

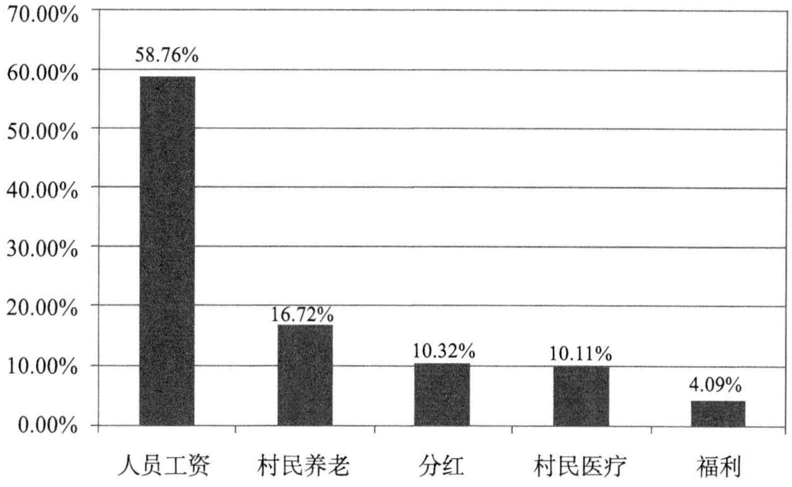

图 7　2019 年村级集体经济组织主要支出结构

5. 治理机制封闭性特征突出，管理团队缺乏企业家精神

长期以来形成的传统集体经济治理模式已趋于固化，且缺乏可操作的专门的城镇型集体经济组织治理结构和治理机制的方向性指导文件和示范章程。具体表现如下：

一是封闭化特征突出。问卷调查发现，12 个农工商公司中，党支部、董事会、监事会、经理层人员均为自身培养，占比 100%。董事会平均人数为 6 人，经理层平均 5 人，董事会与经理层成员重合人数平均为 4 人，占到董事会平均人数的 2/3。2020 年，仅北京古城泰然投资管理公司出现离职管理层，其余集体经济组织均无管理层人员离职，反映了低人员流动率。人才结构与发展需求不能匹配，特别是随着货币性资金的快速增长，集体经济需要由经营模式较为简单化的重资产经营模式向较为复杂的轻资产经营模式拓展。需要深化集体经济体制改革，研究探索培养和吸引优秀职业经理人及专业人才的体制机制。

二是下属企业创业动能不足。村级农工商公司中，下属企业最多有 10 个，有 2 个集体经济组织没有下属企业。其中，一级下属企业平均占比为 99%，二级下属企业平均占比为 1%；盈利企业平均占比为 26.57%，非盈利企业平均占比为 73.43%。从企业发展数量和盈利状况，明显看出集体经济组织管理人员缺乏开拓创新的企业家精神。

三是激励不足问题突出。被访者认为激励机制不足是目前治理机制运行中最迫切需要解决的问题，占 43.62%，而认为是团队凝聚力不足、制度化建设滞后、能力不足、权责不清晰、没有各司其职的，分别为 8.51%、8.51%、8.51%、7.09% 和 2.84%。如图 8 所示。

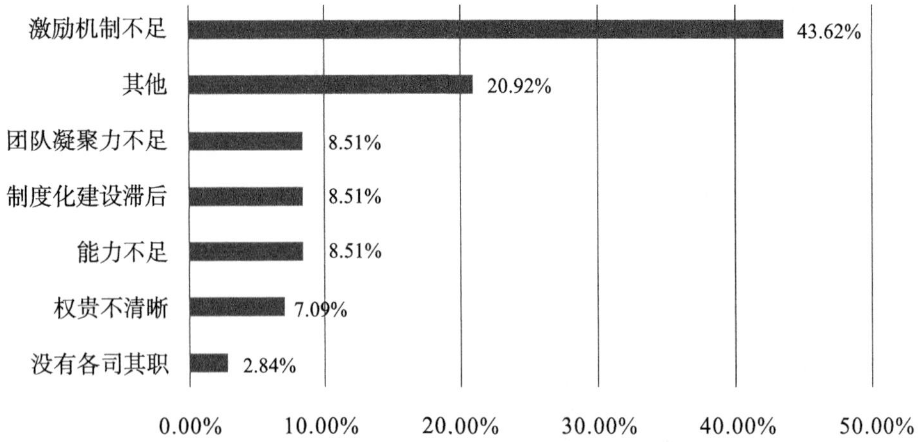

图 8　治理机制运行中最迫切需要解决的问题（综合多选）

目前，各村级集体经济组织负责人的薪酬由区集体资产监督管理办公室制定，确定薪酬主要是分两步：一是先确定劳动力平均公司，封顶线按照劳平工资的 5 倍确定，董事长到各级管理人员依据等级分数确定具体预期工资额；二是考核打分后，按照预期工资额与得分比例系数，最后确定实发工资。显然，这种工资有效维护了公平，但缺少了有效激励，容易形成“大锅饭”体制。

6. 集体土地亟待统筹集约利用

因石景山区属于中心城区，石景山区的集体土地及项目的审批程序暂时参照城市规划用地的相关政策规定进行处理，截至目前，政府尚未正式颁发对石景山区集体土地建设项目审批流程的文件规定，导致集体经济组织的集体土地规划和项目建设审批手续烦琐、项目规划不确定性因素多。近年来，古城创业大厦自征自用改革试点，破解了集体经济组织为主体，实施瓦片经济向楼宇经济的转型升级的新路径，但是没有得到有效推广。集体土地利用主要还是按照传统征地模式进行，导致近年来征地补偿款等货币性资产快速增加。

对于下一步集体土地利用方式，被访者认为自征自用是集体土地（含绿地）最适宜的入市方式，占 63.90%；其次是不征地，一次性变国有，由村集体持有一定期限的国有建设用地使用权，占 54.63%；再次是集租房，占 46.96%；另有 15.34% 的被访者认为一次性征为国有也是适宜的入市方式。

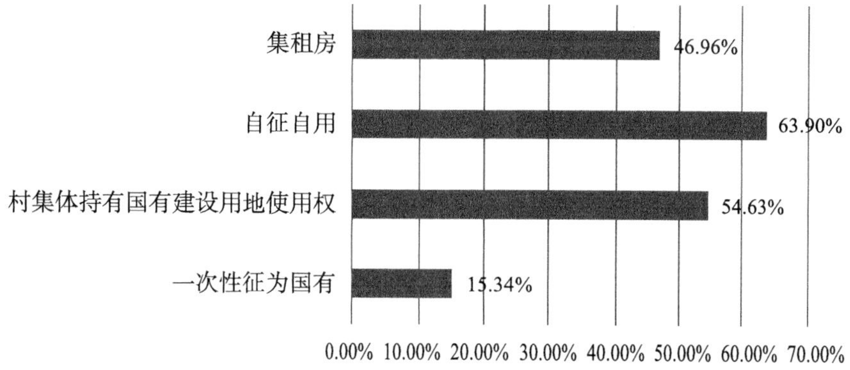

图 9　集体土地最适应的入市方式（多选）

7. 征地补偿款缺乏有效利用途径

截至 2020 年 6 月，各公司货币资金、短期投资总计约 125 亿元，其主要来源于近年来城市化过程中的土地征占。除企业返还面积还购款项和征地拆迁应支付款项，以及不确定的投资外，累计沉淀资金约 100 亿左右。

由于集体经济组织内部缺乏专业投资和风险管控能力，存在较大的投资风险，并且在一些集体经济组织中个别已经发生。而当前对于各集体经济组织资金的外部强制管控，目又导致各集体经济组织主要以购买低风险、低收益的银行理财产品为主，很难抵御通胀风险，资产保值增值压力较大。破解集体资金沉淀难题，关键在于引入专业化的管理团队，进行科学有效的资本运作。

（二）集体经济治理评级系统

本文所用数据来源于北京市农村经济研究中心与石景山区集体资产管理办公室联合课题组对石景山区 12 家农工商公司的实地走访、座谈与问卷调查。2020 年 8 月—11 月，课题组先后举办 30 余次深化产权制度改革座谈会、问卷培训会、现场作答会。问卷共有两套，问卷 1 是对集体经济组织的基本情况的调查，包括集体经济组织的经营情况和治理情况。问卷 2 的调查对象包括集体经济组织（村级股份合作制企业）主要负责人及股东（职工）代表。调查内容包括：被访者基本信息、集体产权制度改革、集体经济组织治理结构和治理机制、土地及相关扶持政策、农转居后续问题。问卷 2 的调查涵盖了集体经济组织的各类工作人员。样本选择的具体要求是：集体经济组织党总支、董事会、监事会、经理层负责人员各 1 人，其他管理人员 5 人；集体经济组织股东代表 10 人，其中，40 岁以下股东代表 3 人，40 岁以上股东代表 7 人；集体经济组织普通股东 10 人，其中，40 岁以下普通股东 3 人，40 岁以上普通股东 7 人。问卷 1 共计回收 12 份，问卷 2 共计回收 321 份，进行问卷审核与追访，得到有效问卷 321 份。样本分布见表 1。

表 1 石景山区深化集体产权制度改革调查样本分布

（单位：份）

编码	集体经济组织名称	集体经济组织问卷	股东（代表）问卷
1	北京市金宝山投资管理中心	1	29
2	北京向阳亭泰投资管理公司	1	20
3	北京景阳天昊投资管理公司	1	29
4	北京衙门口亨通资产管理中心	1	20
5	北京古城泰然投资管理公司	1	27
6	北京华美宏信投资管理公司	1	29
7	北京八大处均胜投资股份有限公司	1	29
8	北京欣安天成投资管理公司	1	24
9	北京华美天祥投资管理公司	1	29
10	北京市石景山区麻峪工贸中心	1	29
11	北京兴盛恒泰投资管理公司	1	27
12	北京金石腾飞投资管理公司	1	29
	总计	12	321

1. 评价指标体系的构建

课题组通过文献查阅、集体经济组织负责人座谈、政府管理人员访谈等多种方法，构建集体经济组织治理的综合评价体系。评价体系的指标构成、赋值情况及描述性统计分析结果见附表 1。

2. 评价指标的筛选

评价指标的隶属度分析。假设对于某一项指标，有 M 位专家参与选择，N 位认为该项指标能够较为理想地评价集体经济治理效果，则该评价指标的隶属度（R）可以表示为 N/M。

评价指标的相关性分析。运用 STATA25 对评价指标进行相关性分析，得到评价指标的相关系数矩阵。在给定临界值 0.8 的情况下，评价指标的相关系数矩阵中有 10 对评价指标的相关系数大于 0.8，删除每对相关系数大于 0.8 的评价指标中隶属度较低的评价指标（见表 2），其余 39 个指标构成石景山区集体经济治理评价的第二轮指标体系。

表 2 相关系数大于临界值 0.8 的评价指标

一级指标	二级指标	保留的三级指标	删除的三级指标	相关系数
市场治理	股东（职工）	财务状况知情度	经营状况知情度	0.827
市场治理	董事会	会议程序履行情况	会议召开次数	0.815
市场治理	监事会	会议召开次数	会议程序履行情况	0.894
市场治理	监事会	成员知情权	会议召开次数	0.828
市场治理	监事会	意见表达渠道	会议程序履行情况	0.831

续表

一级指标	二级指标	保留的三级指标	删除的三级指标	相关系数
市场治理	监事会	政策和专业水平	财务监督履行效果	0.810
市场治理	监事会	经营监督履行效果	财务监督履行效果	0.888
市场治理	监事会	经营监督履行效果	人事监督履行效果	0.887
市场治理	监事会	财务监督履行效果	人事监督履行效果	0.923
市场治理	经理层	发展规划知情权	职责落实情况	0.857

评价指标的鉴别力分析。运用 STATA25 对第二轮评价指标体系中的 39 个指标进行方差分析。变异系数越大，该指标的鉴别能力越强；反之，鉴别能力则越差。本文根据实际需要，剔除其中变异系数小于 0.1 的五个指标，集中于二级指标“股东（职工）代表”，分别是“职责落实情况”“会议召开次数”“会议程序履行情况”“意见表达渠道”“决策落实情况”，其余 34 个指标构成石景山区集体经济组织治理评价的第三轮指标体系。

评价指标体系的信度检验。课题组采用内部一致性信度方法检验评价指标体系的可靠程度。克隆巴赫系数（Cronbach's α）是我们经常用到的一个信度指标，它指的是某一个维度内，不同项间的一致程度，在编制问卷时，我们通常会报告克隆巴赫系数来表明我们的问卷可靠程度或者结构效度。采用 SPSS25 计算第三轮 34 个评价指标的克隆巴赫系数值，结果为0.922，超过0.7[①]，说明所构建的评价指标体系内部结构较为一致，达到可接受的信度水平。

评价指标的效度检验。课题组通过现场座谈与线上访谈的形式邀请 40 位从事集体经济组织监管和研究的学者与政府工作人员，请他们判断第三轮指标体系中的 34 个指标与集体经济组织治理评价的相关程度。最终得到内容效度比为 0.8。这说明，所构建的评价指标体系具有较高的效度。

3. 评价指标权重的确定

本文采用主观和客观相结合的方式确定指标权重。具体来说，采用群组层次分析法（Multi-AHP）确定一级和“市场治理”二级指标权重。采用标准差异系数法确定三级指标权重。层次分析法（Analytic Hierarchy Process，简称 AHP），由美国运筹学家 Saaty 于 20 世纪 70 年代初提出的对多目标规划问题的评价，是指将与决策有关的元素分解成目标、准则、方案等层次，在此基础之上进行定性和定量分析的决策方法。本文引入群组决策的概念对其进行改进，利用群组层次分析法（Multi-AHP）展开分析。

建立递阶层次结构。石景山区集体经济组织治理评价由目标层、准则层、子准则层和决策层构成。目标层即集体经济组织治理评价，准则层包括 4 个一级指标，子准则层包括 8 个二级指标、33 个三级指标，决策层覆盖石景山区 12 个集体经济组织。

构造两两比较判断矩阵。本文分别建立了一个 4 × 4 的一级判断矩阵，确定一级指标

① 通常认为克隆巴赫系数值大于 0.7，表明评价指标体系的内部结构较为一致，该评价指标体系具有较高的信度。参见何文盛、姜雅婷（2015）。

对于总目标的重要程度；为“市场治理”二级指标建立一个 5×5 二级判断矩阵。课题组邀请 10 位集体经济领域的研究人员和区集资办的工作人员采用 Saaty（1980）1~9 标度法对各评价指标进行两两重要程度比较，从而形成判断矩阵，最后对 10 个判断矩阵求均值，矩阵中的元素反映了专家对各个因素相对重要性的认识。一级判断矩阵和“市场治理”二级判断矩阵如表 3 和表 4 所示。

表 3　景山区集体经济组织治理评价的一级判断矩阵

	党的领导（）	市场治理（）	社区治理（）	政府部门（）
党的领导（）	1	6.40	4.80	4.20
市场治理（）	0.86	1	4.23	4.30
社区治理（）	0.30	1.62	1	2.47
政府部门（）	0.31	0.44	1.76	1

表 4　“市场治理”二级判断矩阵

	股东（）	股东代表（）	董事会（）	监事会（）	经理层（）
股东（）	1	1.46	0.73	0.66	0.66
股东代表（）	0.36	1	0.68	0.97	0.70
董事会（）	5.52	4.92	1	3.16	2.85
监事会（）	5.52	4.25	1.87	1	1.15
经理层（）	5.52	4.52	1.36	3.23	1

权重计算及一致性检验。本文采用 Matlab 计算判断矩阵的最大特征根对应的特征向量即为各评价因素的相对重要性数值。为验证所得权重的可靠程序，需要对所构建的判断矩阵进行一致性检验。通常判断矩阵的随机一致性比率[①]小于 0.1 时认为该判断矩阵具有满意的一致性，即权重分配是合理的；否则需要重新构造判断矩阵，并确定各因素的分配权重。本文得到各评价指标的单层权重见表 5。

就准则层的 4 个一级指标而言，党的领导、市场治理、社区治理和政府部门的权重分别为 49.9%、26.1%、14.5% 和 9.5%。这说明，对于城市化地区的集体经济组织治理来说，党的领导和市场治理居于绝对重要的地位。

在市场治理层次，股东（职工）、股东（职工）代表、董事会、监事会和经理层的权重分别为 9.1%、8.7%、31.8%、23.2% 和 27.2%。董事会治理对于集体经济组织在市场治理层面发挥着中枢作用。经理层作为集体经济组织的经营主体位居第二，主要负责集体经济组织的业务运营。监事会作为集体经济组织内部的专职监督机构位居第三。

① 随机一致性比率，其中，一致性指标，为判断矩阵阶数，RI 为平均随机一致性指标，通过查表得到。

表 5　集体经济组织治理评价指标权重

一级指标	权重	二级指标	权重	三级指标	权重
党的领导	0.499	党支部	1.000	重大问题决策权	0.201
				党务与村集体业务边界	0.265
				党员和党支部作用效果	0.253
				交叉任职	0.281
市场治理	0.261	股东	0.091	经营状况关心度	0.255
				财务状况知情度	0.274
				重大决策知情度	0.209
				决策影响力	0.263
		股东代表	0.087	职责行使情况	1.000
		董事会	0.318	职责落实情况	0.097
				会议程序履行情况	0.121
				成员知情权和会议准备时间	0.131
				政策和专业水平	0.120
				意见表达渠道	0.127
				独立董事、独立监事必要性	0.089
				决策效率和水平	0.064
				决策落实情况	0.111
				考核执行情况	0.141
		监事会	0.232	职责落实情况	0.181
				会议召开次数	0.228
				成员知情权和会议准备时间	0.233
				政策和专业水平	0.218
				经营监督履行效果	0.140
		经理层	0.272	发展规划知情权	0.229
				政策和专业水平	0.210
				意见表达渠道	0.221
				人事安排权限	0.142
				经营水平	0.198
社区治理	0.145	社区运行	1.000	集体承担力	0.273
				集体凝聚力	0.405
				集体行动力	0.322
政府部门	0.095	经管队伍建设	1.000	监管力度	0.332
				职能完备情况	0.338
				人员队伍建设	0.330

4. 集体经济组织治理评价结果

集体经济组织治理评价得分按以下公式计算：

（1） $S=\sum_{i=1}^{n}(W_i\times X_i)$

（2） $W_i=W_{1i}\times W_{2i}\times W_{3i}$

（1）式中，S 为集体经济组织治理评价综合得分；n 为评价指标的数量，n=34，为第 i 个评价指标的权重，X_i 为某集体经济组织第 i 个评价指标的值。（2）式中，W_{1i}、W_{2i}、W_{3i} 分别为第 i 个评价指标分别对应的一、二、三级指标权重。通过计算，得到石景山区 12 个集体经济组织的综合评价值及其排序结果（见表 6），四个一级指标评价值及排序结果见附表 3。

表 6　石景山区集体经济组织治理综合评价值及其排序

集体经济组织	治理评价得分	排名
北京市麻峪工贸中心	2.936	1
北京金石腾飞投资管理中心	2.918	2
北京向阳亨泰投资管理公司	2.914	3
北京欣安天成投资管理公司	2.771	4
北京古城泰然投资管理公司	2.769	5
北京景阳天昊投资管理公司	2.756	6
北京衙门口亨通资产管理中心	2.708	7
北京华美宏信投资管理公司	2.704	8
北京兴盛恒泰投资管理公司	2.644	9
北京华美天祥投资管理公司	2.597	10
北京金宝山投资管理公司	2.573	11
北京市八大处均胜投资管理公司	2.523	12

5. 集体经济组织治理评价结果分析

总体来看，总排序位于前五的集体经济组织分别是：麻峪工贸中心、金石腾飞投资管理中心、向阳亨泰投资管理公司、欣安天成投资管理公司、古城泰然投资管理分析。

从分项指来看，“党的领导”“政府部门”的排序与总排序呈相同趋势，“党的领导”排序处于前三的公司，总排名均位于前三。总排序前五位的公司中有四家“党的领导”排名居于前五；总排序前五的公司其“政府部门”排序均在前五。总排序前五的公司中有三家公司“市场治理”位于前五，有两家公司“社区治理”位于前五。

市场治理水平往往与集体经济组织成员收入高度相关，通过对成员收入与集体经济组织市场治理评价指数进行 Lowess 回归①，绘制出趋势线（见图 10）发现，市场治理指数与成员收入呈正向关系，市场治理指数越高的集体经济组织，其成员收入较高。

①Lowess 回归又称局部加权散点平滑法，类似于移动平均法，在指定的窗口内，每一点的数值都用窗口内邻近的数据进行加权回归得到。

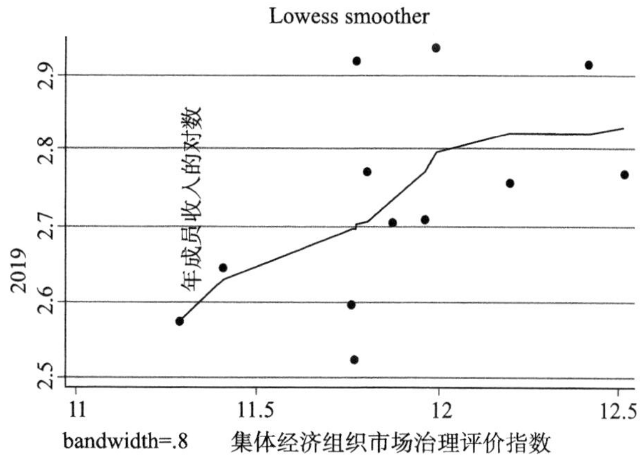

图 10　2019 年集体经济组织市场治理指数与成员收入对数的 Lowess 回归拟合

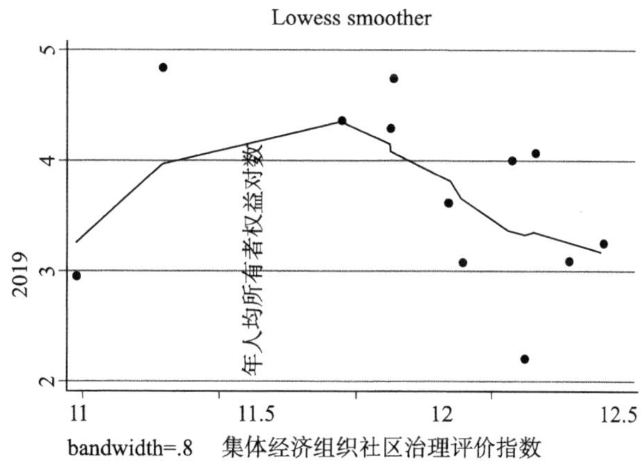

图 11　2019 年集体经济组织社区治理指数与人均所有者权益对数的 Lowess 回归拟合

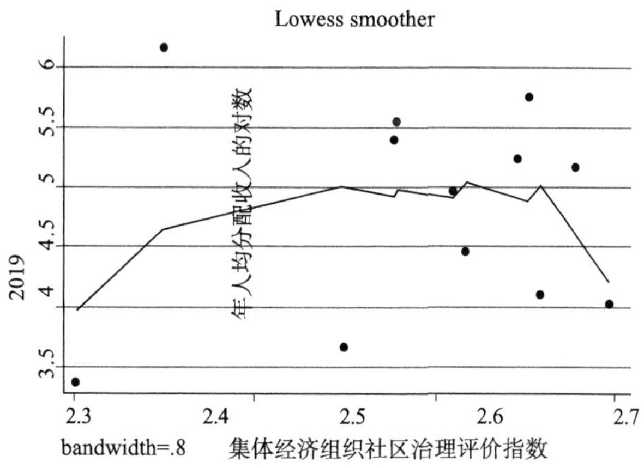

图 12　2019 年集体经济组织社区治理指数与人均分配收入对数的 Lowess 回归拟合

表 7　集体经济组织治理评价指标体系

一级指标	二级指标	三级指标	指标代码	指标说明及赋值	平均值	标准差
A_1 党的领导	B_1 党支部	重大问题决策权	x_1	重大问题决策方面，是否需要由党支部做最后决定：不知道 =1；否 =2；是 =3	2.85	0.37
		党务与村集体业务边界	x_2	党务与村集体业务之间边界是否清晰：很不清晰 =1；不清晰 =2；比较清晰 =3；清晰 =4	3.68	0.63
		党员和党支部作用效果	x_3	党员先锋模范作用和党支部战斗堡垒作用效果如何？不好 =1；一般 =2；好 =3	2.75	0.45
		交叉任职	x_4	党总支与董事会、经理层是否实施交叉任职？否 =1；是 =2	1.87	0.34
A_2 市场治理	B_2 股东（职工）	经营状况关心度	x_5	股东对组织经营状况的关心程度：很不关心 =1；不关心 =2；关心 =3；很关心 =4	3.28	0.70
		财务状况知情度	x_6	股东是否了解组织的财务状况？不知道 =1；否 =2；是 =3	1.79	0.41
		经营状况知情度	x_7	股东是否了解组织的经营状况？不知道 =1；否 =2；是 =3	1.80	0.40
		重大决策知情度	x_8	股东对组织重大决策是否知晓？不知道 =1；否 =2；是 =3	1.89	0.33
		决策影响力	x_9	股东对组织决策的影响力和贡献度：没有贡献 =1；几乎没有贡献 =2；有贡献 =3；有很大贡献 =4	2.95	0.65
	B_3 股东（职工）代表	职责落实情况	x_{10}	章程规定的股东代表职责是否落实？不知道 =1；否 =2；是 =3	2.97	0.19
		会议召开次数	x_{11}	股东（代表）大会是否按照规定次数召开：不知道 =1；否 =2；是 =3	3.00	0.06
		会议程序履行情况	x_{12}	股东（代表）大会会议程序是否严格履行：不知道 =1；否 =2；是 =3	2.98	0.17
		职责行使情况	x_{13}	股东代表职责行使的效果：不知道 =1；一塌糊涂 =2；不理想 =3；还可以 =4；非常好 =5	4.26	0.64
		意见表达渠道	x_{14}	股东代表意见是否具有真实表达的渠道：不知道 =1；否 =2；是 =3	2.96	0.22
		决策落实情况	x_{15}	股东代表大会的决策是否得到有效实施？不知道 =1；否 =2；是 =3	2.98	0.16
	B_4 董事会	职责落实情况	x_{16}	章程规定的董事会职责是否落实：不知道 =1；否 =2；是 =3	2.76	0.64
		会议召开次数	x_{17}	董事会议是否按照规定次数召开：不知道 =1；否 =2；是 =3	2.69	0.72
		会议程序履行情况	x_{18}	董事会议程序是否严格履行：不知道 =1；否 =2；是 =3	2.64	0.76
		成员知情权和会议准备时间	x_{19}	董事会成员是否具备足够的知情权和会议准备时间：不知道 =1；否 =2；是 =3	2.59	0.81
		政策和专业水平	x_{20}	董事会成员是否具备所需的政策水平和专业知识：不知道 =1；否 =2；是 =3	2.63	0.75

续表

一级指标	二级指标	三级指标	指标代码	指标说明及赋值	平均值	标准差
A_2 市场治理	B_4 董事会	意见表达渠道	x_{21}	董事会成员意见是否具有真实表达的渠道：不知道 =1；否 =2；是 =3	2.61	0.79
		独立董事、独立监事必要性	x_{22}	董事会中是否有必要引入独立董事、独立监事：不知道 =1；否 =2；是 =3	2.32	0.49
		决策效率和水平	x_{23}	董事会决策效率和决策水平如何：不知道 =1；很差 =2；差 =3；较高 =4；很高 =5	4.22	0.64
		决策落实情况	x_{24}	董事会决策是否得到贯彻落实：不知道 =1；否 =2；是 =3	2.69	0.71
		考核执行情况	x_{25}	董事会考核结果是否执行：不知道 =1；否 =2；是 =3	2.52	0.85
	B_5 监事会	职责落实情况	x_{26}	章程规定的监事会职责是否落实：不知道 =1；否 =2；是 =3	2.70	0.71
		会议召开次数	x_{27}	监事会议是否按照规定次数召开：不知道 =1；否 =2；是 =3	2.51	0.83
		会议程序履行情况	x_{28}	监事会议程序是否严格履行：不知道 =1；否 =2；是 =3	2.52	0.84
		成员知情权和会议准备时间	x_{29}	监事会成员是否具备足够的知情权和会议准备时间：不知道 =1；否 =2；是 =3	2.51	0.85
		政策和专业水平	x_{30}	监事会成员是否具备所需的政策水平和专业知识：不知道 =1；否 =2；是 =3	2.56	0.81
		意见表达渠道	x_{31}	监事会成员意见是否具有真实表达的渠道：不知道 =1；否 =2；是 =3	2.56	0.83
		经营监督履行效果	x_{32}	在经营监督方面，监事会的履职效果：不知道 =1；形同虚设 =2；马马虎虎 =3；中规中矩 =4；尽职尽责 =5	4.44	0.90
		财务监督履行效果	x_{33}	在财务监督方面，监事会的履职效果：不知道 =1；形同虚设 =2；马马虎虎 =3；中规中矩 =4；尽职尽责 =5	4.41	0.95
		人事监督履行效果	x_{34}	在人事监督方面，监事会的履职效果：不知道 =1；形同虚设 =2；马马虎虎 =3；中规中矩 =4；尽职尽责 =5	4.38	0.96
	B_6 经理层	职责落实情况	x_{35}	章程规定的经理层职责权限是否得到落实：不知道 =1；否 =2；是 =3	2.67	0.73
		发展规划知情权	x_{36}	经理层对组织状况及发展规划是否具备足够知情权：不知道 =1；否 =2；是 =3	2.64	0.76
		政策和专业水平	x_{37}	经理层是否具备所需的政策水平和专业知识：不知道 =1；否 =2；是 =3	2.69	0.71
		意见表达渠道	x_{38}	经理层意见是否具有真实表达的渠道：不知道 =1；否 =2；是 =3	2.66	0.74
		人事安排权限	x_{39}	经理层对组织内部机构设置及经理以下人事安排是否有足够权限：完全没有 =1；几乎没有 =2；有一定 =3；完全有 =4	3.29	0.59
		经营水平	x_{40}	经理层的经营管理水平和效果：较差 =1；一般 =2；较高 =3；很高 =4	3.01	0.75

续表

一级指标	二级指标	三级指标	指标代码	指标说明及赋值	平均值	标准差
A_3 社区治理	B_7 社区运行	集体承担力	x_{41}	您认为集体经济组织承担的社会性负担水平可否承受：不知道 =1；不可以 =2；可以 =3	2.75	0.44
		集体凝聚力	x_{42}	集体经济组织应该承担组织成员就业、社保等社会性负担吗：完全不应该 =1；可部分承受 =2；完全应该 =3	2.36	0.56
		集体行动力	x_{43}	可否依托区农工商总公司组建跨村的供地联合体，建设更大规模的产业项目：不知道 =1；不可以 =2；可以 =3	2.60	0.49
A_4 政府部门	B_8 经管队伍建设	监管力度	x_{44}	区政府尤其是区集资监管办在监管方面，措施是否有力：不知道 =1；否 =2；是 =3	2.36	0.91
		职能完备情况	x_{45}	区集资监管办职能是否完备：不知道 =1；否 =2；是 =3	2.34	0.92
		人员队伍建设	x_{46}	是否有必要增加经管队伍人员配备：不知道 =1；是 =2；否 =3	2.27	0.87

表 8　石景山区集体经济组织治理一级指标评价值及其排序

编号	集体经济组织	党的领导	排序	市场治理	排序	社区治理	排序	政府部门	排序	总排序
1	北京金宝山投资管理公司	2.515	12	2.758	9	2.683	1	2.323	6	11
2	北京向阳亨泰投资管理公司	2.959	1	3.210	2	2.624	4	2.434	4	3
3	北京景阳天昊投资管理公司	2.778	6	2.962	5	2.657	2	2.287	7	6
4	北京衙门口亨通资产管理中心	2.672	10	2.941	6	2.632	3	1.832	12	7
5	北京古城泰然投资管理公司	2.769	7	2.858	8	2.528	8	2.507	3	5
6	北京华美宏信投资管理公司	2.823	5	2.963	4	2.359	11	2.000	9	8
7	北京市八大处均胜投资管理公司	2.671	11	2.479	12	2.526	9	1.976	11	12
8	北京欣安天成投资管理公司	2.846	4	2.901	7	2.569	7	2.378	5	4
9	北京华美天祥投资管理公司	2.703	8	2.719	10	2.490	10	2.241	8	10
10	北京市麻峪工贸中心	2.913	3	3.122	3	2.615	5	2.941	1	1
11	北京兴盛恒泰投资管理公司	2.699	9	2.594	11	2.579	6	1.999	10	9
12	北京会石腾飞投资管理中心	2.939	2	3.242	1	2.295	12	2.829	2	2

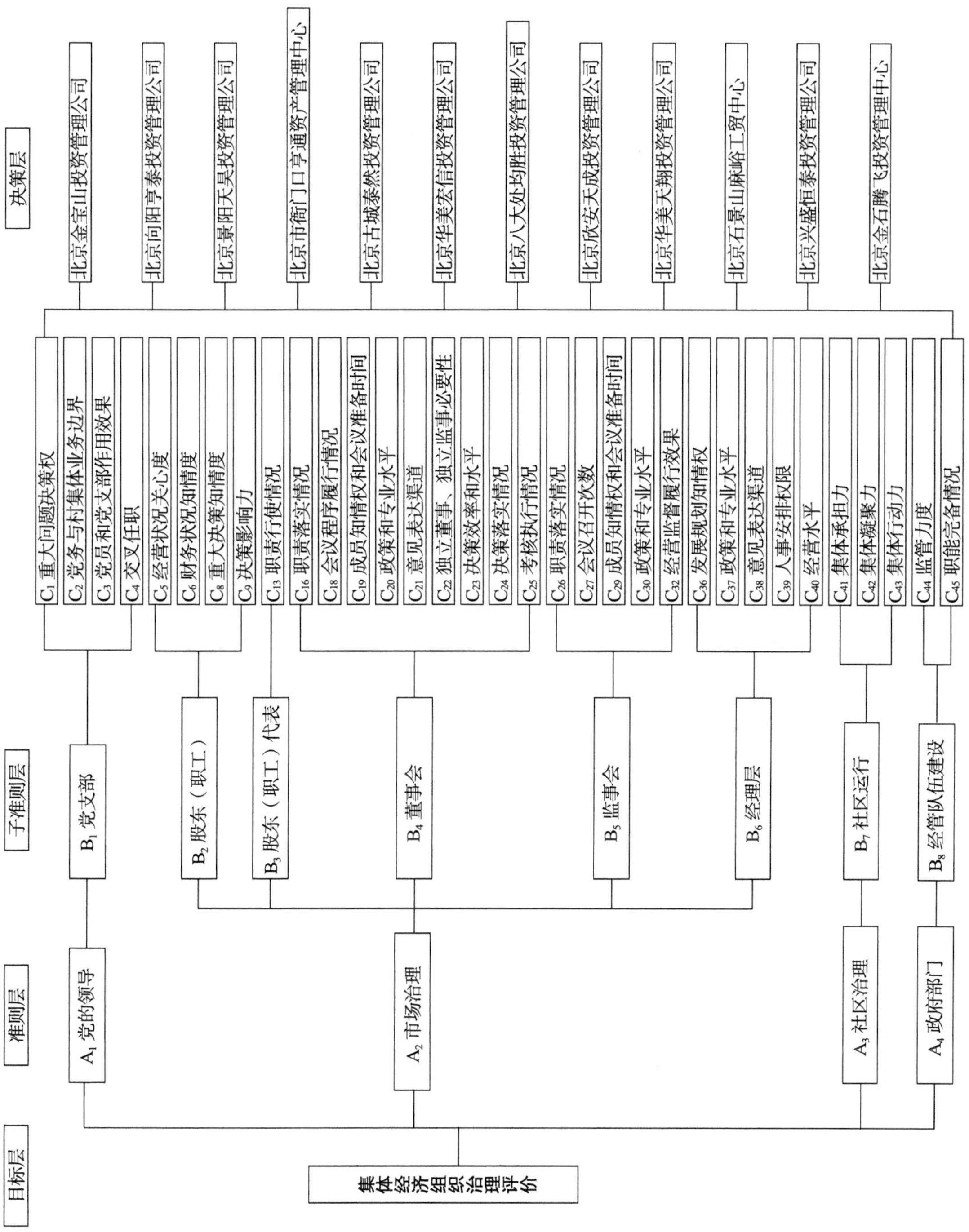
目标层
准则层
子准则层
决策层
集体经济组织治理评价
A_1 党的领导
A_2 市场治理
A_3 社区治理
A_4 政府部门
B_1 党支部
B_2 股东（职工）
B_3 股东（职工）代表
B_4 董事会
B_5 监事会
B_6 经理层
B_7 社区运行
B_8 经管队伍建设
C_1 重大问题决策权
C_2 党务与村集体业务边界
C_3 党员和党支部作用效果
C_4 交叉任职
C_5 经营状况关心度
C_6 财务状况知情度
C_8 重大决策知情度
C_9 决策影响力
C_{13} 职责行使情况
C_{16} 职责落实情况
C_{18} 会议程序履行情况
C_{19} 成员知情权和会议准备时间
C_{20} 政策和专业水平
C_{21} 意见表达渠道
C_{22} 独立董事、独立监事必要性
C_{23} 决策效率和水平
C_{24} 决策落实情况
C_{25} 考核执行情况
C_{26} 职责落实情况
C_{27} 会议召开次数
C_{29} 成员知情权和会议准备时间
C_{30} 政策和专业水平
C_{32} 经营监督履行效果
C_{36} 发展规划知情权
C_{37} 政策和专业水平
C_{38} 意见表达渠道
C_{39} 人事安排权限
C_{40} 经营水平
C_{41} 集体承担力
C_{42} 集体凝聚力
C_{43} 集体行动力
C_{44} 监管力度
C_{45} 职能完备情况
北京金宝山投资管理公司
北京向阳亨泰投资管理公司
北京景阳天昊投资管理公司
北京市衙门口亨通资产管理中心
北京古城泰然投资管理公司
北京华美宏信投资管理公司
北京八大处均胜投资管理公司
北京欣安天成投资管理公司
北京华美天翔投资管理公司
北京石景山麻峪工贸中心
北京兴盛恒泰投资管理公司
北京金石腾飞投资管理中心

四、下一步主要改革任务与政策建议

后整建制农转居时期，深化集体产权制度改革，构建新型集体经济治理体系，重点要按照“4+3”的思路，推进“四项主体改革，三项配套改革”。

（一）加快乡级集体产权制度改革，健全集体经济组织体制

针对乡镇级集体经济组织改制工作中面临的若干历史遗留问题、人员身份复杂等具体问题，由市级主管部门牵头，制定专项政策。区集体资产监督管理部门组织协调，成立区级集体资产联营公司，对全区集体资产按照专业化思路，进行统一规划布局，并加强对各村级农工商公司的指导。当前，要重点探索作为集体土地的统筹主体，促进区域均衡发展、充分发展。

（二）优化股权结构，推进股权管理

按照“社＋公司”的体制结构，梳理乡村两级集体经济组织体制。重点是理顺集体经济组织股权关系，由传统集体经济的 1.0 治理向新型集体经济的 2.0 治理跨越。

稳步探索降低集体股比例，并可与增资扩股结合起来，增资对象一般限定在集体经济组织成员内部。经股东代表大会讨论同意的情况下，可以采取试点方式，稳慎吸纳非集体成员但属于股东直系亲属作为普通股东进入。集体经济组织成员去世后，原则上户籍股自然灭失，劳龄股可以按照《继承法》办理继承手续。

（三）优化新型集体经济组织的治理结构与治理机制

可以参照国有企业改革模式，选择有条件的农工商公司在下属子公司层面探索集体经济混合所有制试点。解决好区政府、区农工商总公司与下属企业之间，即行政主体、产权主体与经营主体的关系，实现“行政权、所有权与经营权”三权分置。

优化董事会结构设置，探索引入独立董事，组建薪酬委员会、审计委员会、提名委员会等。

优化激励机制。一是分设不变薪酬与可变薪酬，可变薪酬，一是增设与经营绩效挂钩的奖金鼓励；二是研究股权激励方案，培养和吸引优秀职业经理人及专业人才。

（四）着力推进集体建设用地的镇级统筹集约利用

推进乡镇统筹利用集体建设用地、宅基地、农用地及征地的综合改革试点。建立健全在主体组建、规划调整、确权颁证与抵押融资等基础环节的乡镇统筹集约利用集体经营性建设用地的制度政策体系，探索规划指标拆建标准、市场主体引入股权设置标准与土地增值收益分配标准。抓好利用集体建设用地建设租赁住房试点，构建租购并举的住房体系。

积极探索城市规划建成区范围内或绿化隔离带地区的集体土地一次性变国有，集体经济组织持有 30—70 年的国有建设用地使用权。

（五）集体资金盘活利用

逐步放宽征地补偿款的使用范围。鼓励有实力的集体经济组织成立投资公司，引入职业经理人，形成集体经济专业运营商团队，积极探索集体经济由重资产经营向轻资产经营的新路径。

（六）逐步提高社会养老、医疗保障水平，改善居住条件

通过集体积累与财政兜底相结合方式，逐步提高已转非劳动力和退休人员的城镇职工养老保险待遇水平，切实完成社会保障体制的城乡并轨。同时，加快推进旧村改造，结合集体建设租赁住房，以镇区为重点安排定向保障房，着力改善转非人员的居住条件。

附件：专家打分表填写说明

1. 为了提高石景山区集体经济组织治理评价的科学性，课题组采用群组层次分析法确定一级和部分二级指标权重。

2. 对于集体经济组织的治理效果，请对四个一级指标之间的两两重要程度作出判断。就“市场治理”的各二级指标之间的两两重要程度作出判断。

打分采用 saaty（1980）1~9 标度法，打分区间为 1—9，分值 1、3、5、7、9 依次表示“两个元素同等重要”“一个元素比另一个元素稍微重要”“明显重要”“强烈重要”“极端重要”，2、4、6、8 分别为上述两个相邻判断的中值。例如，您认为党的领导比社区治理“强烈重要”，在第一行左数第三格填写“7”，相应的在第三行第一格填写“1/7”。

一、隶属度判断

课题组对治理指标体系的变量两两计算了相关系数，每对相关系数超过 0.8 的指标，属于高度相关，在构建最终治理指标体系时需要剔除一个隶属度较低的指标。请判断指标体系中以下三级指标变量对于相应二级指标的重要程度：

1.x5 和 x7，您认为应保留（ ）；

2.x17 和 x18，您认为应保留（ ）；

3.x26—x34，请您按照以上因素影响监事会参与治理水平的重要程度由高到低进行排序：______________________________；

4.x35 和 x36，您认为应保留（ ）。

二、一级指标的判断矩阵

	党的领导	市场治理	社区治理	政府部门
党的领导	1			
市场治理		1		
社区治理			1	
政府部门				1

三、二级指标的判断矩阵

在“市场治理”方面，请对以下指标的两两重要程度作出判断：

	股东	股东代表	董事会	监事会	经理层
股东	1				
股东代表		1			
董事会			1		
监事会				1	
经理层					1

专题报告一　石景山区村级集体经济组织问卷分析报告

2020年8月至12月，北京市农村经济研究中心经济体制处和石景山区集体资产监督管理办公室联合开展了石景山区深化集体产权制度问卷调查。问卷共两份，问卷1是对村级集体经济组织（农工商公司）基本情况的调查，包括经营情况和治理情况，由每个集体经济组织相关负责人填写。问卷2的调查对象包括村级集体经济组织主要负责人及股东（职工）代表。问卷1被调查的集体经济组织样本名录如表1所示。

表1 深化集体产权制度改革问卷调查样本名录

序号	名称	调查完成日期
1	北京金宝山投资管理公司	2020年8月14日
2	北京向阳亨泰投资管理公司	2020年8月17日
3	北京景阳天昊投资管理公司	2020年8月12日
4	北京衙门口亨通资产管理中心	2020年8月11日
5	北京古城泰然投资管理公司	2020年8月20日
6	北京华美宏信投资管理公司	2020年8月13日
7	北京市八大处均胜投资管理公司	2020年8月20日
8	北京欣安天成投资管理公司	2020年8月13日
9	北京华美天祥投资管理公司	2020年8月12日
10	北京市麻峪工贸中心	2020年8月19日
11	北京兴盛恒泰投资管理公司	2020年8月20日
12	北京金石腾飞投资管理中心	2020年8月13日

一、集体经济组织经营情况

（一）集体经济组织概况

1. 集体经济组织人员构成

北京市12家集体经济组织中，平均拥有股东863人。其中，股东人数最多的是北京金石腾飞投资管理中心，达到1719人，人数最少的是北京市麻峪工贸中心，共226名股东。董事会平均人数为6人。其中，北京市麻峪工贸中心董事会人数最多，为9人；监事会平均人数为2人；经理层平均5人。董事会与经理层成员重合人数平均为4人。

2. 股权管理办法制定情况

12家被访集体经济组织中，有8家正在研究制定股权管理办法，占66.67%。其余四家暂未开始制定。

（二）集体经济下属企业情况

1. 集体经济组织下属企业情况

被访集体经济组织中，下属企业最多有 10 家，有 2 个集体经济组织没有下属企业。其中，一级下属企业占 99%，二级下属企业占 1%；营利企业占 26.57%，非营利企业占 73.43%。

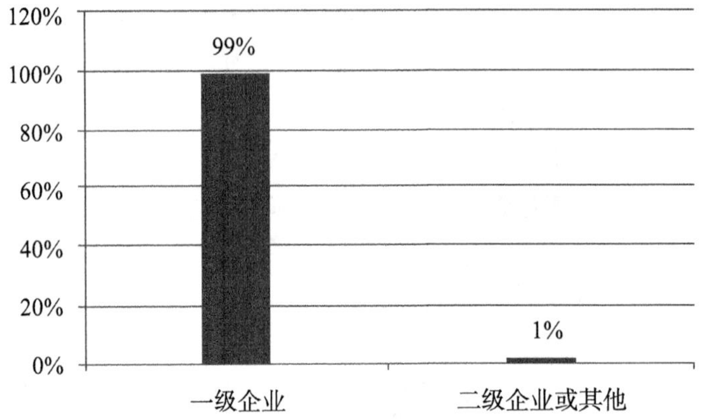

图 1　集体经济组织下属企业类型（一级、二级企业）

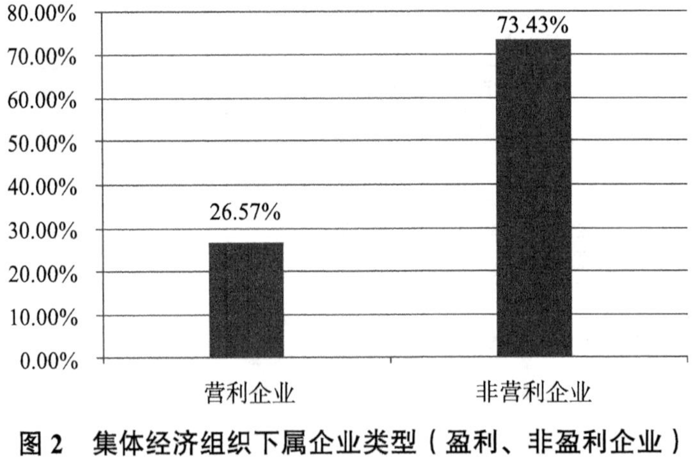

图 2　集体经济组织下属企业类型（盈利、非盈利企业）

2. 集体经济组织下属企业投资渠道

如图 3 所示，集体经济组织下属企业最主要的投资渠道是集租房、园区等房地产投资，12 家集体经济组织中有 6 家将集租房、园区等房地产投资列为最重要的投资渠道，占比达到 50%，4 家将金融产品投资列为最重要的投资渠道，占比为 33.33%。如图 4 所示，综合来看，金融产品投资、集租房园区等房地产投资在集体经济组织下属企业投资渠道中所占比例分别为 44.44%、38.89%，农业项目投资占比最小，为 5.56%。

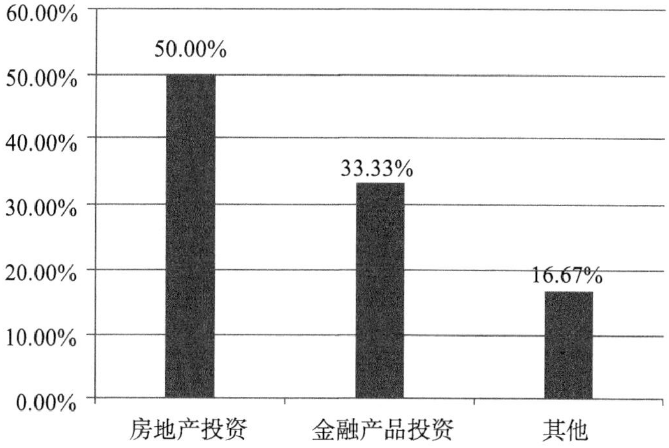

图 3　集体经济组织下属企业最主要投资方式（单选）

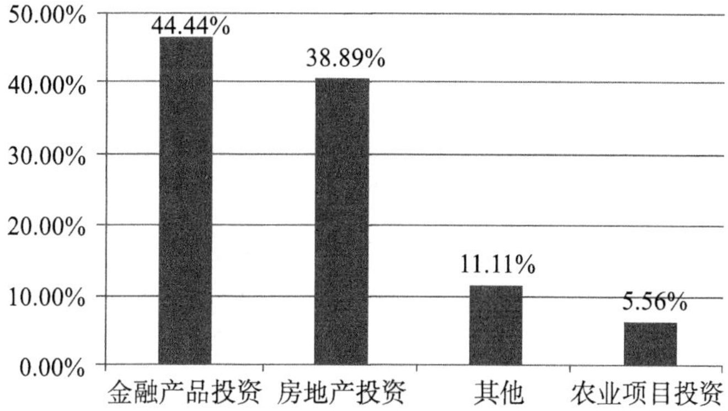

图 4　集体经济组织下属企业投资方式（多选）

（三）集体经济资产收入情况

1. 集体经济组织收入来源

如图 5 所示，集体经济组织最重要的收入来源来自楼宇出租，12 家集体经济组织中有 7 家将楼宇出租列为最重要的收入来源，占比为 58.33%。如图 6 所示，综合来看，楼宇出租、利息收入、土地出租、企业经营四个方面的收入在集体经济总收入中的重要程度占比分别为 40.63%、31.25%、25%、3.13%。

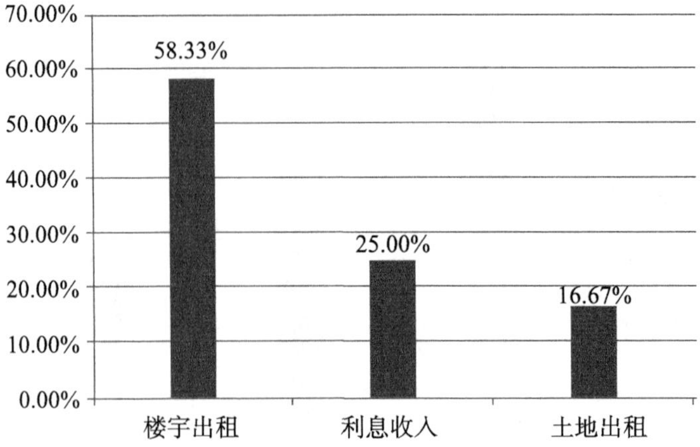

图 5　集体经济组织收入的最主要来源（单选）

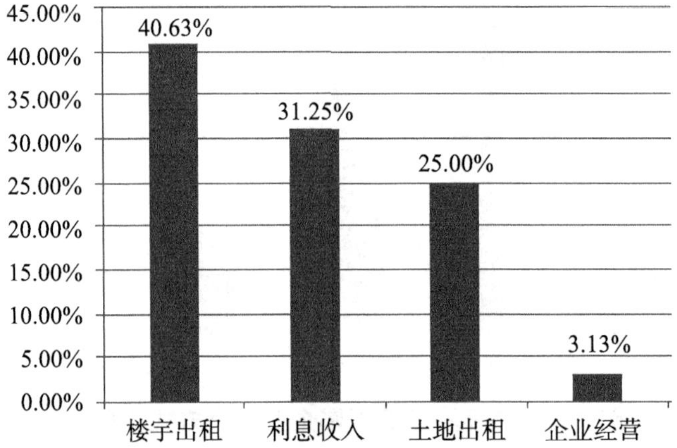

图 6　集体经济组织收入主要来源（多选）

2. 集体经济组织净利润

2018 年，石景山区集体经济组织净利润均值为 547.9 万元，其中，北京古城泰然投资管理公司净利润最高，为 3395.7 万元，北京金石腾飞投资管理中心净利润最低，为 24.1 万元。2019 年，石景山区集体经济组织净利润均值为 –26.44 万元，其中，北京古城泰然投资管理公司净利润最高，为 3610.8 万元，北京兴盛恒泰投资管理公司净利润最低，为 –10438.6 万元。

表 2 集体经济组织净利润概况

（单位：万元）

项 目	2018 年	2019 年
净利润均值	547.90	−26.44
净利润最大值	3395.70	3610.80
净利润最小值	24.10	−10438.60
净利润差距（标准差）	981.10	3481.81

3. 集体经济组织总利润

2018 年，石景山区集体经济组织总利润均值为 748.89 万元，其中，北京古城泰然投资管理公司总利润最高，为 4532.30 万元，北京金石腾飞投资管理中心总利润最低，为 32.20 万元。2019 年，石景山区集体经济组织总利润均值为 281.08 万元，其中，北京古城泰然投资管理公司总利润最高，为 4804 万元，北京兴盛恒泰投资管理公司总利润最低，为−10435.7 万元。

表 3 集体经济组织总利润概况

（单位：万元）

项 目	2018 年	2019 年
总利润均值	748. 89	281. 08
总利润最大值	4532. 30	4804. 00
总利润最小值	32. 20	−10435. 70
总利润差距（标准差）	1295. 45	3705. 93

（四）集体经济组织资产状况

1. 集体经济组织土地拥有情况

集体经济组织平均土地拥有量为 1004.06 亩，其中，建设用地平均 138.48，绿地平均 162.31，公益设施用地平均 1. 5，其他用地平均 804.7①。如图 7 所示，从土地使用构成来看，建设用地、绿地、公益设施用地、其他用地平均占比分别为 44.56%、22.29%、0.26%、50.7%。

① 其中，金宝山在第一道绿隔的特殊位置，建设用地面积包含部分国有土地和政府委托土地，因此加总后与集体所有土地的数额不一致。

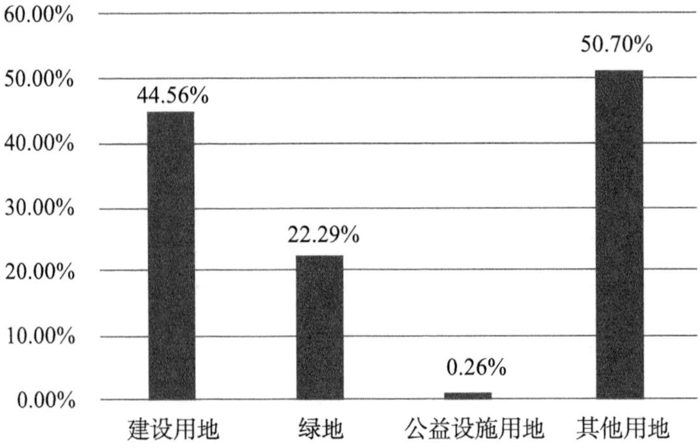

图 7　集体经济组织土地拥有量构成

2. 集体经济组织资产经营方式

如图 8 所示，集体经济组织最重要的资产经营方式是租赁经营，12 家集体经济组织中有 7 家将租赁经营列为最重要的资产经营方式，占比达到 58.33%，另有 5 家集体经济组织以全资经营作为最主要的经营方式，占比为 41.67%。如图 9 所示，综合来看，租赁经营、全资经营、承包或委托经营、控股或参股经营在集体经济组织经营模式中的采用比例分别为 36.36%、31.82%、18.18%、13.64%。

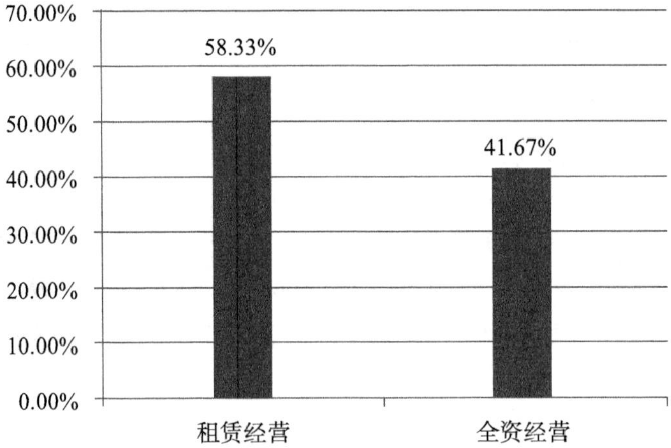

图 8　集体经济组织的最主要资产经营方式（单选）

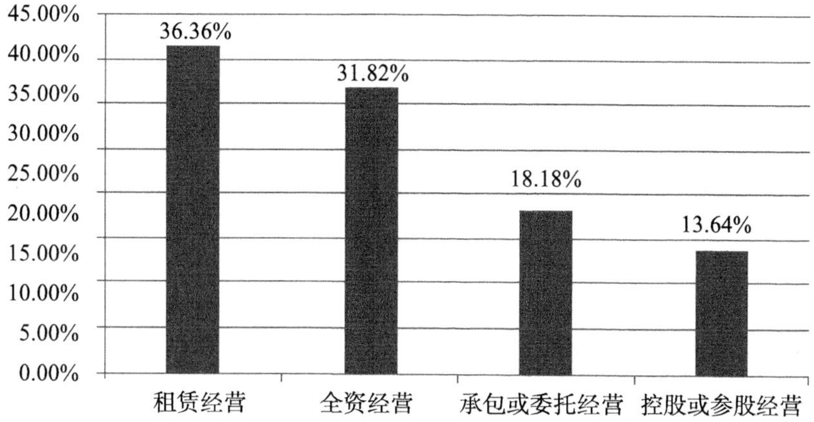

图 9　集体经济组织的资产经营方式构成（多选）

3. 集体经济组织净资产

2018 年，石景山区集体经济组织净资产均值为 32734.6 万元，其中，北京华美天祥投资管理公司净资产规模最大，为 91516.7 万元，北京向阳亨泰投资管理公司净资产规模最小，为 3756 万元。2019 年，石景山区集体经济组织净资产均值为 41620.88 万元，其中，北京华美天祥投资管理公司净资产规模最大，为 91767.40 万元，北京兴盛恒泰投资管理公司净资产规模最小，为 1640.7 万元。

表 4　集体经济组织净资产概况

（单位：万元）

项 目	2018 年	2019 年
净资产均值	32734.60	41620.88
净资产最大值	91516.70	91767.40
净资产最小值	3756.00	1640.70
净资产差距（标准差）	22539.39	28205.08

4. 集体经济组织总资产

2018 年，石景山区集体经济组织总资产均值为 107903.3 万元，其中，北京古城泰然投资管理公司总资产规模最大，为 269708.5 万元，北京华美宏信投资管理公司总资产规模最小，为 36099 万元。2019 年，石景山区集体经济组织总资产均值为 117162.5 万元，其中，北京古城泰然投资管理公司总资产规模最大，为 372736.4 万元，北京华美宏信投资管理公司总资产规模最小，为 36687.9 万元。

表 5　集体经济组织总资产概况

（单位：万元）

项目	2018 年	2019 年
总资产均值	107903.30	117162.50
总资产最大值	269708.50	372736.40
总资产最小值	36099.00	36687.90
总资产差距（标准差）	73128.29	94839.02

二、集体经济组织治理情况

（一）股东人员构成

股东人员中，原世居农业人口平均 934 人，占 99.44%，外聘人员平均 5 人，占比 0.56%；普通股东平均 863 人，占 99.9%，优先股东平均不足 1 人，占 0.1%；在职股东平均 275 人，占 42.36%，已退休股东平均 374 人，占 57.64%。

（二）管理层人员构成

1. 集体经济组织

集体经济组织中，党支部、董事会、监事会、经理层人员均为自身培养，占 100%，无社会招聘、上级委派人员。其中，12 个集体经济组织中，党支部自身培养人员平均为 5 人，董事会自身培养人员平均为 6 人，监事会自身培养人员平均为 3 人，经理层自身培养人员平均为 5 人。

2. 独资或控股企业

独资或控股企业中，仅北京市麻峪工贸中心有 5 名自身培养的党支部人员，其余集体经济组织均无自身培养、社会招聘、上级委任党支部人员。董事会中，自身培养人员平均为 2 人，仅北京华美天祥投资管理公司有 2 名社会招聘董事会人员。监事会中，自身培养人员平均为 1 人，仅北京华美天祥投资管理公司有 1 名社会招聘监事会成员。经理层中，自身培养人员平均为 1 人，仅北京市八大处均胜投资管理公司、北京华美天祥投资管理公司有社会招聘人员，人数分别为 60 人、1 人。

3. 参股企业

集体经济组织参股企业中，党支部均无自身培养、社会招聘、上级委派人员。董事会中，仅北京景阳天昊投资管理公司有 5 名自身培养人员，其余集体经济组织参股企业无自身培养、社会招聘、上级委派董事会成员。监事会中，仅北京景阳天昊投资管理公司有 3 名自身培养人员，其余集体经济组织参股企业无自身培养、社会招聘、上级委派监事会成员。经理层中，仅北京景阳天昊投资管理公司有 1 名自身培养人员，其余集体经济组织参股企业无自身培养、社会招聘、上级委派经理层成员。

4. 集体经济组织管理层离职人数

仅北京古城泰然投资管理公司有 30 名离职管理层，其余集体经济组织无管理层人员离职。

（三）集体经济组织主要支出

如图 10—12 所示，2017 年，人员工资在集体经济组织支出中占比最高，达到 56.34%，其他依次为分红、福利、村民养老、村民医疗，所占比重分别为 17.44%、11.24%、10.56%、4.42%。2018 年，人员工资在集体经济组织支出中占比同样最高，达到 59.04%，其他依次为村民养老、分红、村民医疗、福利，所占比重分别为 16.94%、10.19%、9.80%、4.04%。2019 年，人员工资在集体经济组织支出中占比依然最高，达到 58.76%，其他依次为村民养老、分红、村民医疗、福利，所占比重分别为 16.72%、10.32%、10.11%、4.09%。

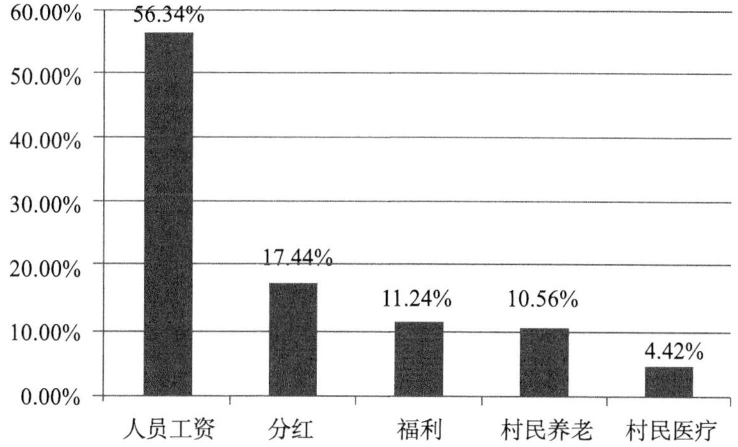

图 10　2017 年集体经济组织主要支出

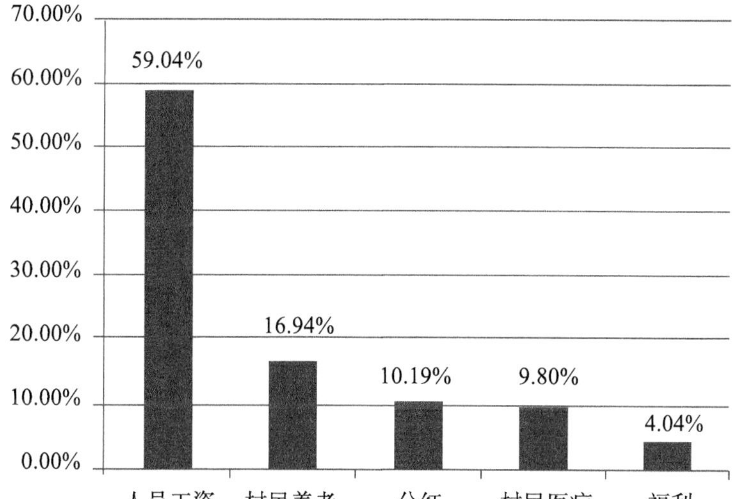

图 11　2018 年集体经济组织主要支出

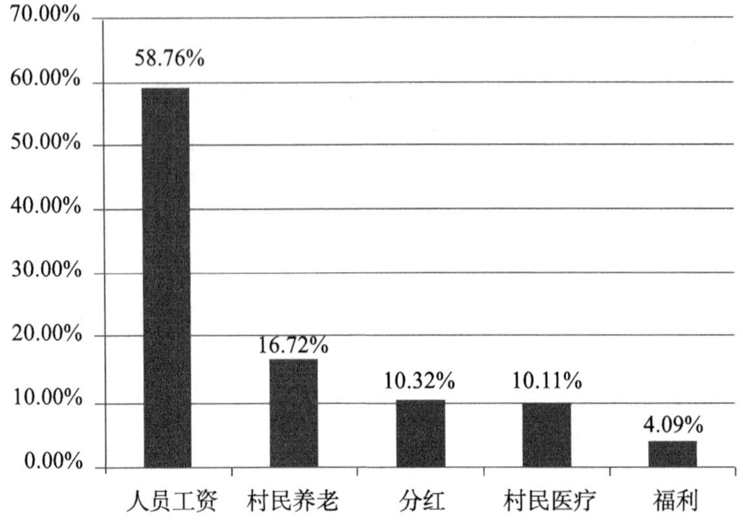

图 12 2019 年集体经济组织主要支出

三、发展差异度和不均衡度分析

如表 6 所示，通过分别计算 2018 年、2019 年石景山区集体经济组织股东个人收入、人均净利润、人均净资产的变异系数（C.V.）①和基尼系数（GINI coefficient）②，分析集体经济组织间发展的差异度和不均衡度。

1. 股东个人收入的不均衡度

2018 年、2019 年人均收入变异系数几乎相等，表明收入变异程度不大。2019 年人均收入的基尼系数较 2018 年有所下降，表明收入不均有所改善，且都在 [0.3，0.4] 这一区间，收入相对平均。

2. 人均净利润的不均衡度

2019 年人均净利润有为负值的样本（北京兴盛恒泰投资管理公司）不适宜采用计算基尼系数的方式判定不均衡程度。从变异系数来看，2019 年人均净利润的差异度较 2018 年明显增加。2018 年人均净利润的基尼系数为 0.782，大于 0.5，表示差距悬殊。

3. 人均净资产的不均衡度

人均净资产的变异系数由 2018 年的 0.792 上升到 2019 年的 1.022，表明差异度明显加大。基尼系数由 0.422 增加到 0.478，且都在 [0.4，0.5] 这一区间，表明不均衡程度增加，且差距较大。

① 变异系数又称“标准差率”，是衡量观测值变异程度的统计量，反映数据的离散程度。

② 基尼系数是指国际上通用的、用以衡量一个国家或地区居民收入差距的常用指标。基尼系数最大为“1”，最小等于“0”。基尼系数越接近 0 表明收入分配越是趋向平等。国际惯例把 0.2 以下视为收入绝对平均，0.2—0.3 视为收入比较平均；0.3—0.4 视为收入相对合理；0.4—0.5 视为收入差距较大，当基尼系数达到 0.5 以上时，则表示收入悬殊。

表 6　经济指标的不均衡度

项 目	均 值	标准差	变异系数	基尼系数
2018 年人均收入	138342.3 元	104748.7	0.757	0.347
2019 年人均收入	156834.0 元	120928.6	0.771	0.315
2018 年人均净利润	1.4 万元	3.1	2.258	0.782
2019 年人均净利润	1.0 万元	4.0	3.810	—
2018 年人均净资产	52.9 万元	41.9	0.792	0.422
2019 年人均净资产	77.0 万元	78.7	1.022	0.478

备注：除人均收入按个人计算，其余均按集体经济组织计算。

专题报告二　石景山区股东（职工）代表问卷分析报告

2020 年 8 月至 12 月，北京市农村经济研究中心经济体制处和石景山区集体资产监督管理办公室联合开展了石景山区深化集体产权制度问卷调查。问卷共有两套，问卷 1 是对集体经济组织的基本情况的调查，包括集体经济组织的经营情况和治理情况。问卷 2 的调查对象包括集体经济组织（村级股份合作制企业）主要负责人及股东（职工）代表。调查内容包括：被访者基本信息、集体产权制度改革、集体经济组织治理结构和治理机制、土地及相关扶持政策、农转居后续问题。问卷 2 涵盖了集体经济组织的各类工作人员。样本选择的具体要求是：集体经济组织党总支、董事会、监事会、经理层负责人员各 1 人，其他管理人员 5 人；集体经济组织股东代表 10 人，其中，40 岁以下股东代表 3 人，40 岁以上股东代表 7 人；集体经济组织普通股东 10 人，其中，40 岁以下普通股东 3 人，40 岁以上普通股东 7 人。问卷 1 共计回收 12 份，问卷 2 共计回收 321 份。其中，本次调查的样本分布如表 1 所示。

表 1 石景山区深化集体产权制度改革调查样本分布

（单位：份）

编码	集体经济组织名称	问卷 1	问卷 2
1	北京市金宝山投资管理公司	1	29
2	北京向阳亨泰投资管理公司	1	20
3	北京景阳天昊投资管理公司	1	29
4	北京衙门口亨通资产管理中心	1	20
5	北京古城泰然投资管理公司	1	27
6	北京华美宏信投资管理公司	1	29
7	北京八大处均胜投资管理公司	1	29
8	北京欣安天成投资管理公司	1	24
9	北京华美天祥投资管理公司	1	29
10	北京市石景山区麻峪工贸中心	1	29
11	北京兴盛恒泰投资管理公司	1	27
12	北京金石腾飞投资管理中心	1	29
	总 计	12	321

一、被访者基本信息

1. 被访者性别、年龄和受教育水平

被访者中，男性 189 人，占 58.88%，女性 132 人，占 41.12%，平均年龄为 49.45 岁。如图 1 所示，被访者中，35.37% 的人完成了大专教育，24.76% 的人完成了初中教育，21.54% 的人完成了本科教育，18.01% 的人完成高中、中专教育，小学及以下教育水平的占 0.32%。

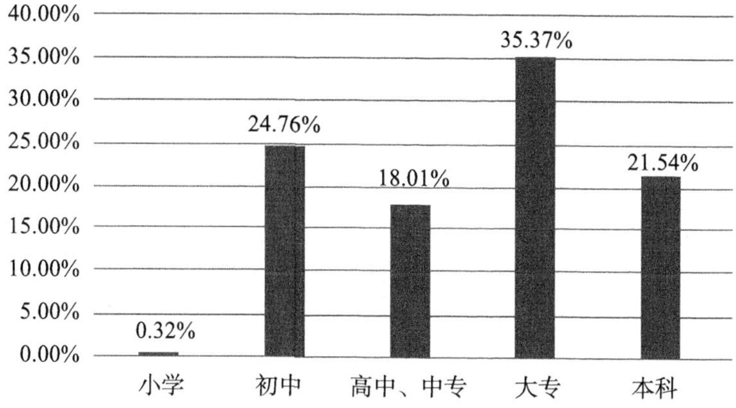

图 1　被访者完成的教育水平

2. 被访者的任职情况

被访者在集体经济组织中的身份是普通股东的占比最高，占 86.08%，其余身份占比由高到低依次是其他（32.18%）、管理人员（16.77%）、董事会成员（13.61%）、党总支成员（12.97%）、经理层（9.49%）、监事会成员（7.59%）、优先股东（2.22%）。被访者任现职的平均年限是 12 年。77.85% 的被访者目前在集体经济组织或下属企业就职。

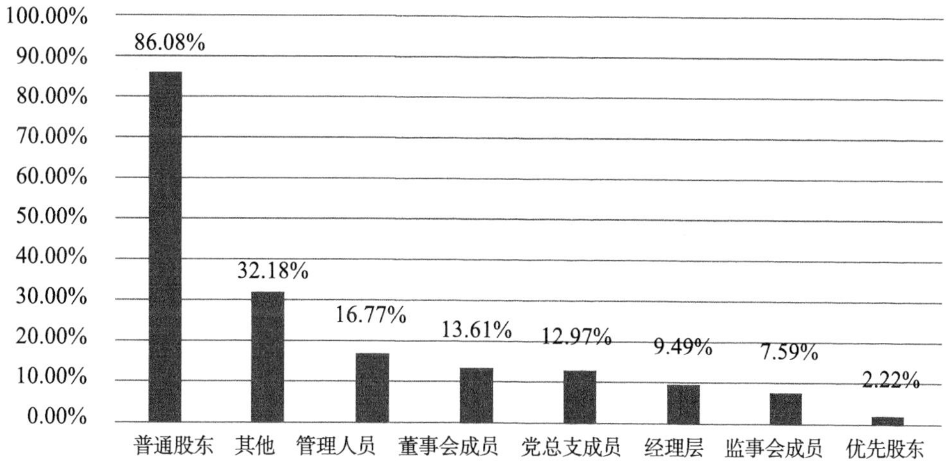

图 2　被访者在集体经济组织中的身份（多选）

3. 被访者的个人收入情况

被访者2018年、2019年的个人收入及构成情况如表2所示。被访者人均收入由2018年的121965.30元增加到2019年的156834元，上涨28.59%。如图3所示，2018年、2019年被访者分项收入占比由高到低分别为工资性收入、集体分红收入、福利性收入、社会养老保险、退休金补贴和其他收入。

表2 被访者收入及构成情况（2018、2019）

收入构成	2018年		2019年	
	金额（元/年）	占比（%）	金额（元/年）	占比（%）
工资性收入	102325.90	73.79%	110922.60	70.73%
集体分红收入	15669.81	11.33%	18767.19	11.97%
福利性收入	11577.63	8.37%	14070.91	8.97%
社会养老保险	3671.63	2.65%	5133.96	3.27%
退休金补贴	2725.74	1.97%	3837.79	2.45%
其他收入	2371.58	1.71%	4101.54	2.62%
人均收入	138342.3	100	156834.00	100

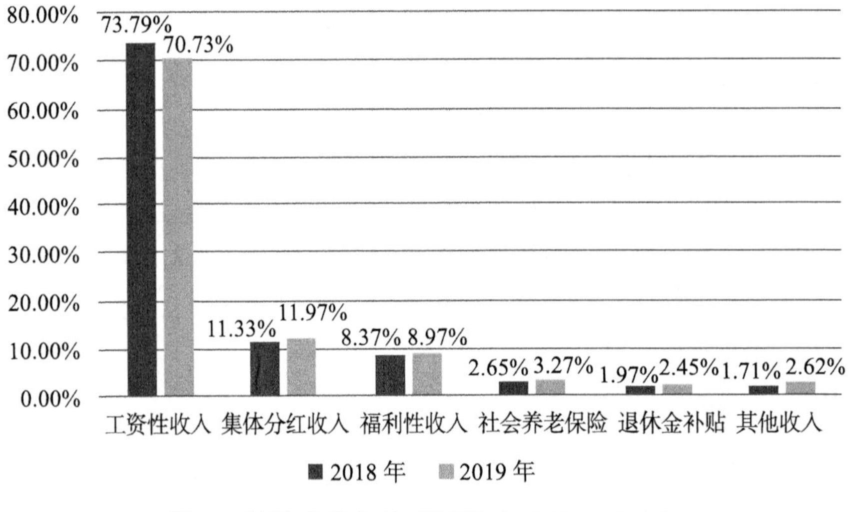

图3 被访者收入构成情况（2018、2019）

如图4所示，被访者对目前的薪酬待遇满意度很高，回答“满意”的占57.32%，回答“很满意”的占26.43%。

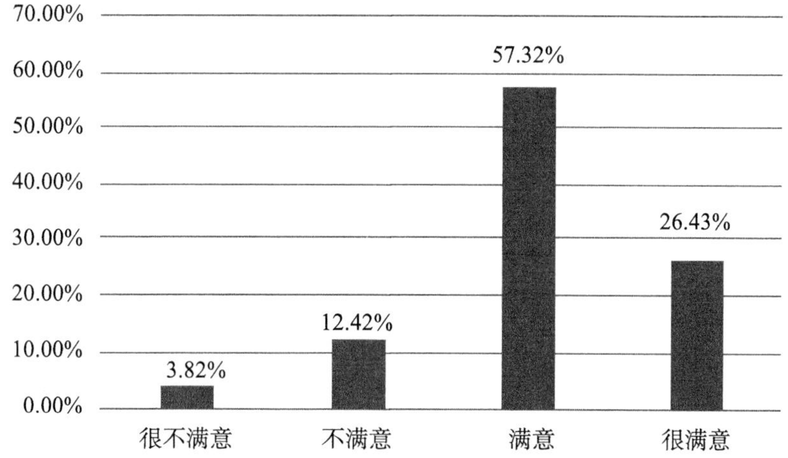

图 4　被访者对薪酬待遇的满意度

4. 被访者对职务晋升的满意度

如图 5 所示，被访者对目前在集体经济组织职务晋升的满意度较高，回答“满意”的占 65.29%，回答“很满意”的占 24.20%。

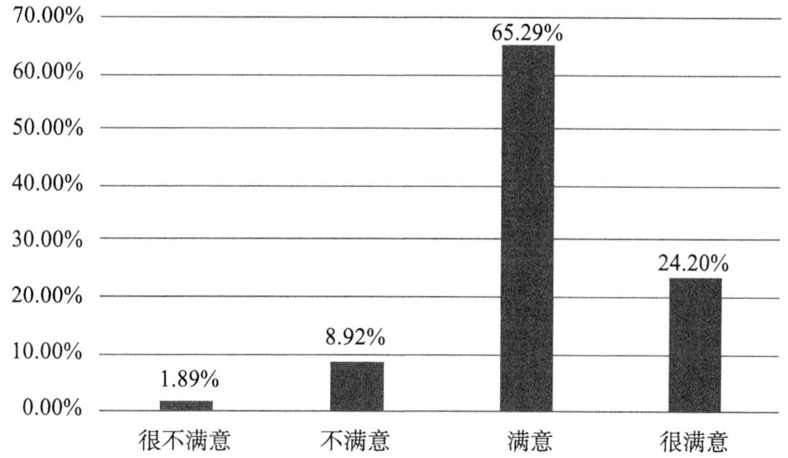

图 5　被访者对职务晋升的满意度

5. 被访者对集体经济治理体系运行的总体评价

如图 6 所示，被访者对集体经济组织的治理体系运行效果满意度较高，回答“满意”的占 60.06%，回答“很满意”的占 29.87%。

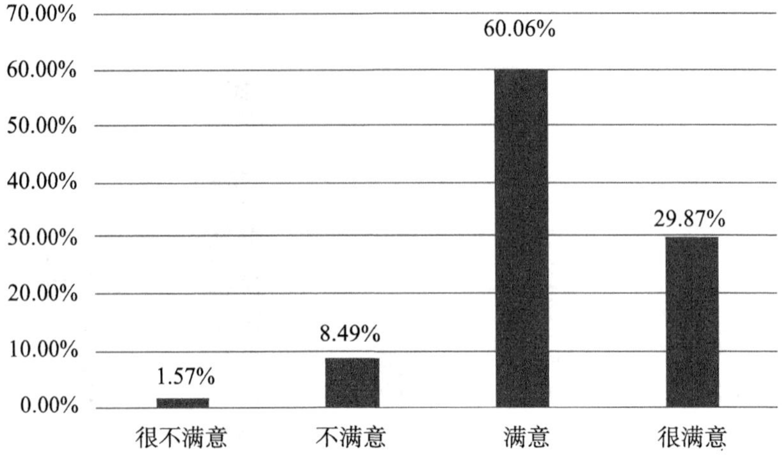

图 6　被访者对职务晋升的满意度

二、集体产权制度改革

1. 基本股继承

57.97% 的被访者认为非集体组织成员可以继承基本股，认为不可以的占 42.03%。

2. 非集体经济组织成员的股东权益

35.65% 的被访者认为非集体经济组织成员股权继承人应享有参与决策权、剩余分配要求权或选举权与被选举权等股东权益，认为以上股东权益非集体经济组织成员继承人不应享有的占 64.35%。

3. 职业经理人的股份权益

被访者认为职业经理可以持有管理岗位股的占 50.73%，认为可以持有期权股的占 14.60%，认为可以参与增资扩股的占 20.44%，认为可以持有其他股份权益的占 37.23%。

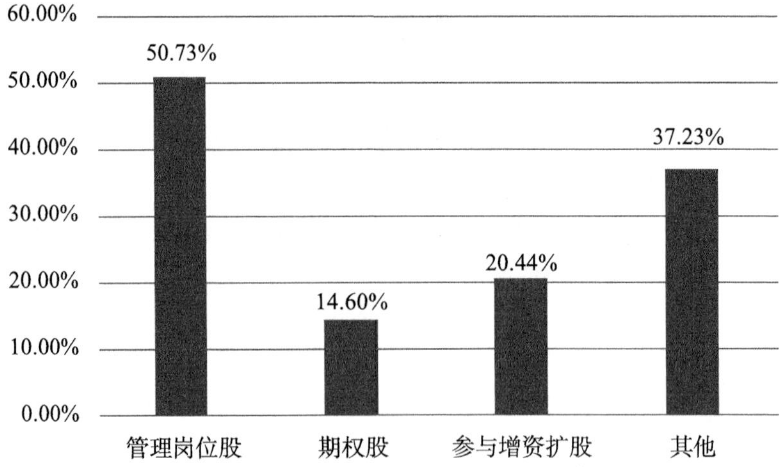

图 7　职业经理人应享有的股份权益（多选）

4. 集体股的设置

61.22% 被访者认为集体股应该保留，22.76% 的被访者认为集体股有必要进一步降低直至取消，16.03% 的被访者认为无所谓。

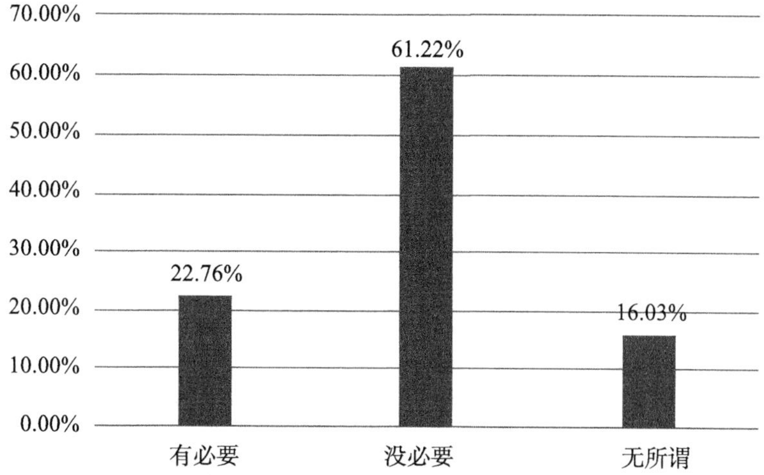

图 8　集体股的设置

5. 社会性负担水平

如图 9 所示，56.15% 的被访者认为集体经济组织可部分承担组织成员就业、社保等社会性负担，39.75% 的被访者认为集体经济组织完全应该承担社会性负担，4.10% 的被访者认为完全不应该承担。如图 10 所示，74.84% 的被访者认为集体经济组织的社会性负担水平目前还可以承受，认为不可承受的占 24.84%，有 0.32% 的被访者表示不知道。

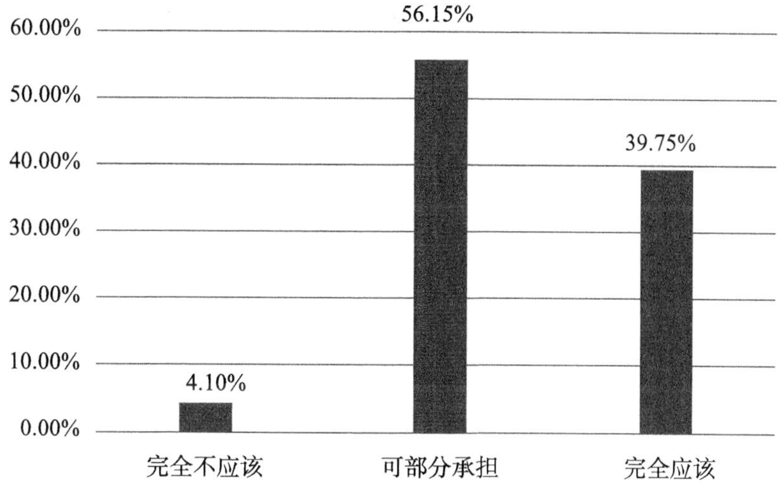

图 9　集体经济组织是否应该承担社会性负担

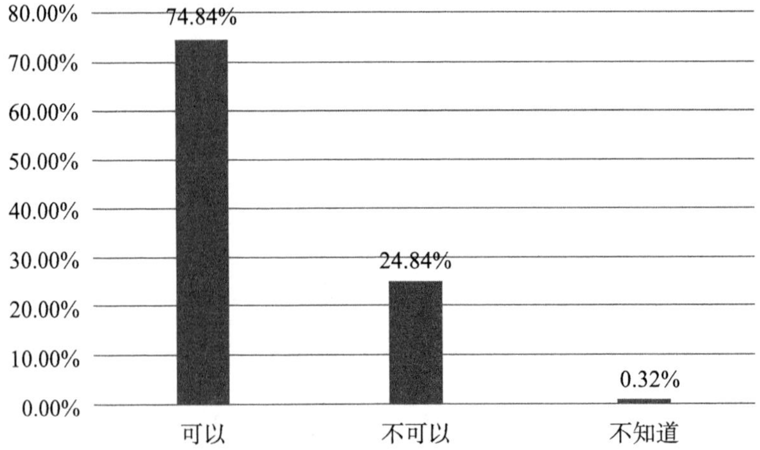

图 10　集体经济组织承担的社会性负担水平

6. 对组织管理构架的评价

如图 11 所示，问卷中询问了对于"产权封闭的村集体股份合作制企业 + 产权开放的下属公司"[①] 这种组织构架能不能适应现代市场经济、城市经济？57.48% 的被访者评价这种组织架构产权关系很清晰，11.30% 的被访者认为这种组织管理架构分工明确但执行不力，8.64% 的被访者认为这种组织管理架构产权关系清晰，但分工不明确。另有，22.59% 的被访者表示对这种组织管理架构不了解。

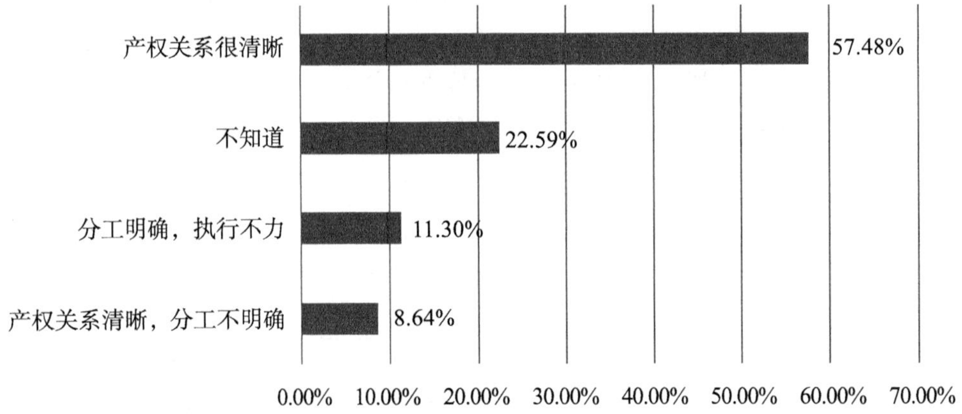

图 11　对组织管理架构的评价

三、集体经济组织治理结构和治理机制

（一）集体经济组织的基本情况

1. 公司章程的执行情况

如图 12 所示，被访者中 67.41% 认为产权制度改革后的集体经济组织能够严格执行公

① 产权封闭是指产权不对外开放；产权开放是指股东多元化，可以从外部引入。

司章程的相关规定，25.88% 的被访者认为基本上能够做到；0.96% 的被访者认为没有做到。另有 5.75% 的被访者表示不知道。

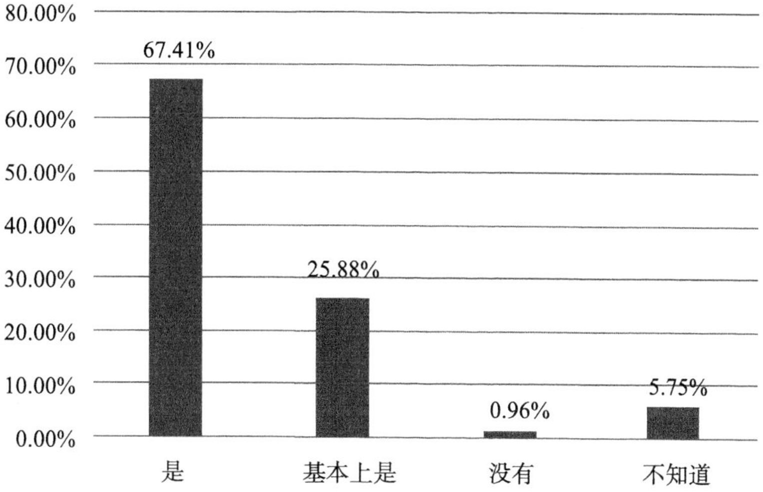

图 12　公司章程的执行情况

2. 班子成员产生过程的合规情况

如图 13 所示，74.37% 的被访者认为股东（职工）代表、董事会、监事会和经理班子成员的产生过程完全合规，认为“基本合规”的占 22.15%，认为“有违规现象”的占 1.58%，有 1.90% 的被访者不知道以上成员产生的具体方式。

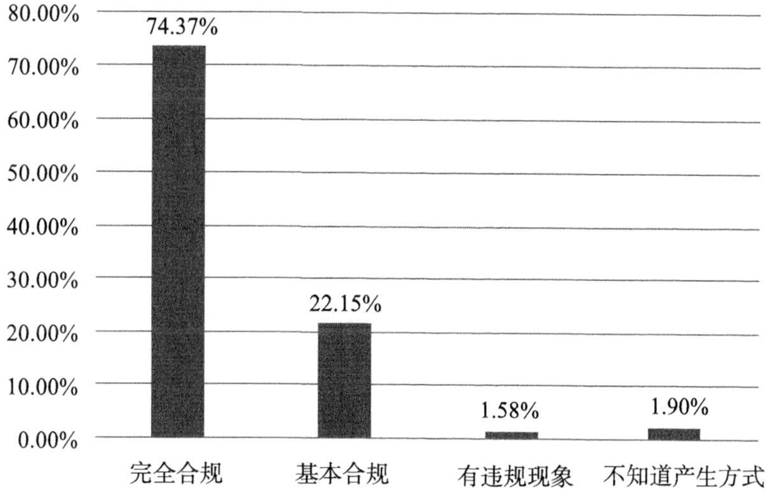

图 13　班子成员产生过程的合规情况

3. 政策和指令的传达情况

如图 14 所示，87.38% 的被访者认为组织政策和指令能准确、及时传达，并执行；9.46% 认为政策和指令能传达、执行，但有所迟缓；2.21% 认为政策和指令在传达和执行过程中经常出现偏差；0.95% 认为政策和指令往往得不到正确传达，执行也不及时。

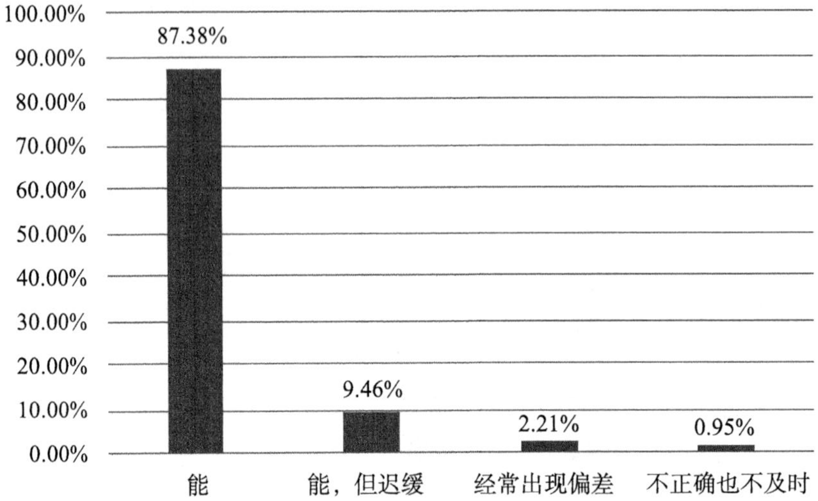

图 14　政策和指令的传达情况

4. 决策和问责机制的运行情况

如图 15 所示，26.37% 的被访者认为集体经济组织治理结构中建立了很规范的决策和问责机制；46.23% 认为决策和问责机制不规范，6.85% 认为没有制定具体的执行标准；2.40% 认为根本没有决策和问责机制。

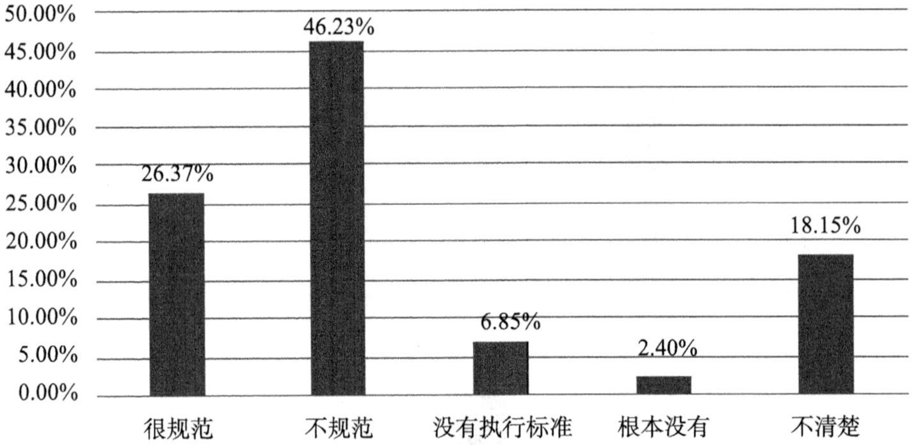

图 15　决策和问责机制的运行情况

5. 决策层的优势

如图 16 所示，综合来看，被访者认为决策层年富力强、凝聚力和管理能力强是目前决策层的三大核心优势，分别占 38.02%、23.96% 和 15.97%。决策层的其他优势依次是开拓创新能力（8.31%）、具备战略思维（5.75%）、知识丰富（3.19%）、其他优势（1.92%）、尊重人才（1.60%）、工作效率高（1.28%）。

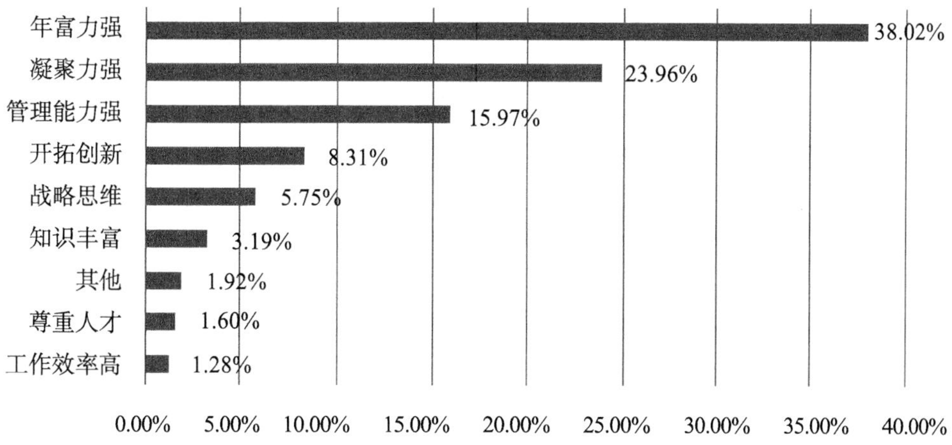

图 16 目前决策层的优势（综合多选）

6. 公司治理机制的运行情况

如图 17 所示，42.01% 的被访者认为当前公司治理机制运行非常顺畅，49.22% 认为“比较顺畅”，8.15% 认为“一般”，0.63% 认为“较差”。

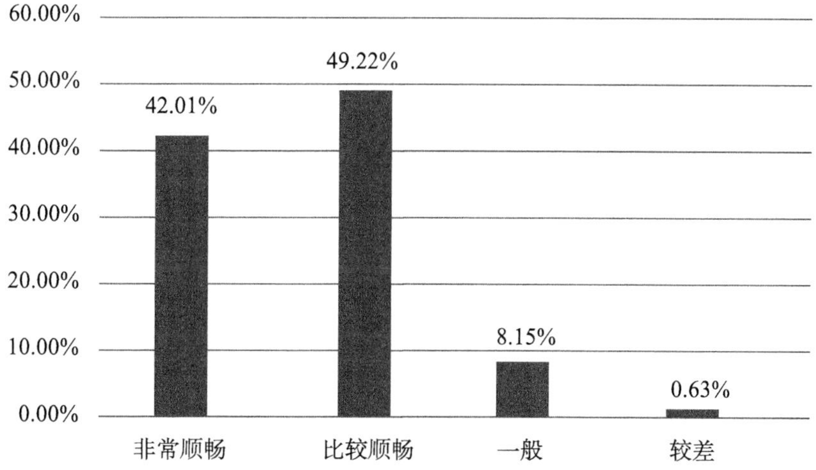

图 17 公司治理机制的运行情况

7. 治理机制运行中最迫切需要解决的问题

如图 18 所示，综合来看，被访者认为激励机制不足是目前治理机制运行中最迫切需要解决的问题，占 43.62%；认为有其他迫切需要解决的问题的占 20.92%；认为是团队凝聚力不足、制度化建设滞后和能力不足的各占 8.51%；认为是权责不清晰的占 7.09%，认为是没有各司其职的占 2.84%。

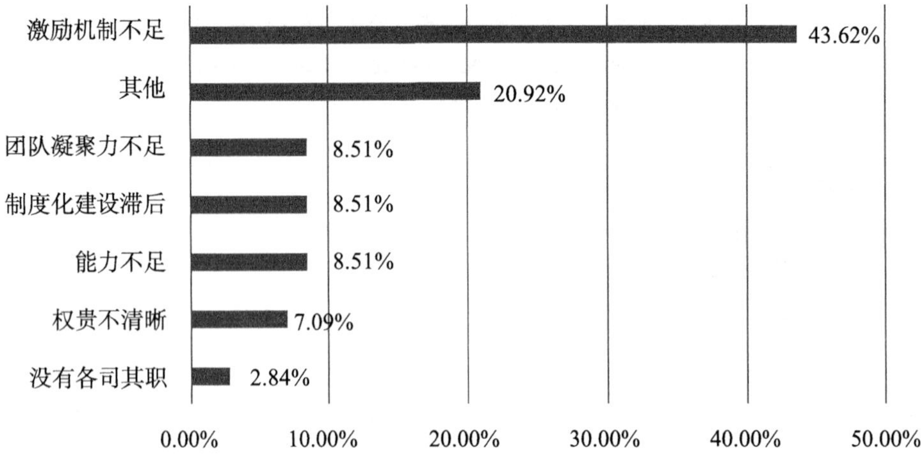

图 18　治理机制运行中最迫切需要解决的问题（综合多选）

8. 影响集体经济治理水平的关键环节

如图 19 所示，被访者认为影响集体经济治理水平的最主要环节是党建引领的占比最高，占 38.03%，34.51% 认为最主要的环节是社会问题处理，15.14% 认为最主要的环节是政府监管部门执行力，12.32% 认为是内部法人治理结构。

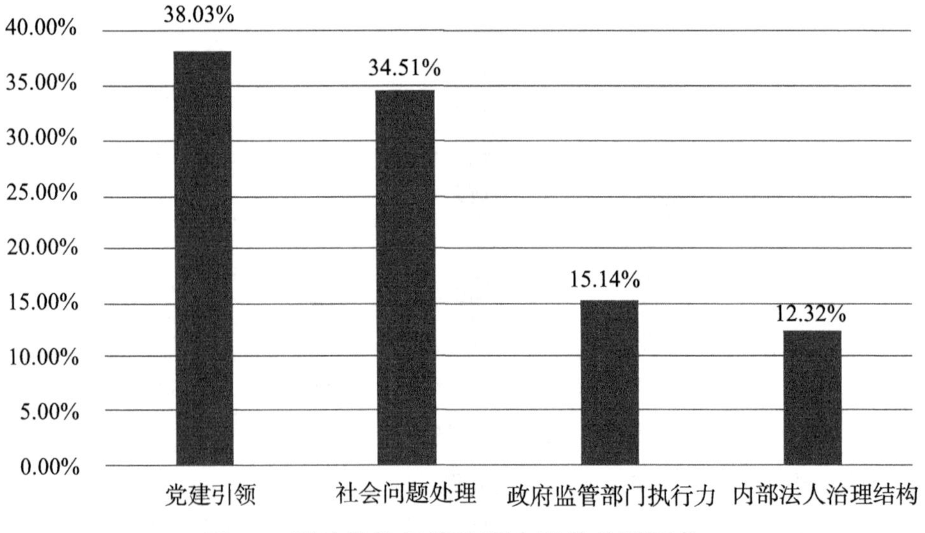

图 19　影响集体经济治理水平的关键环节

9. 组织战略的清晰度

如图 20 所示，11.07% 的被访者认为所在集体经济组织有很清晰的战略；51.01% 认为“有，但不清晰”，26.85% 认为“有，但没有执行”，6.39% 认为没有战略。

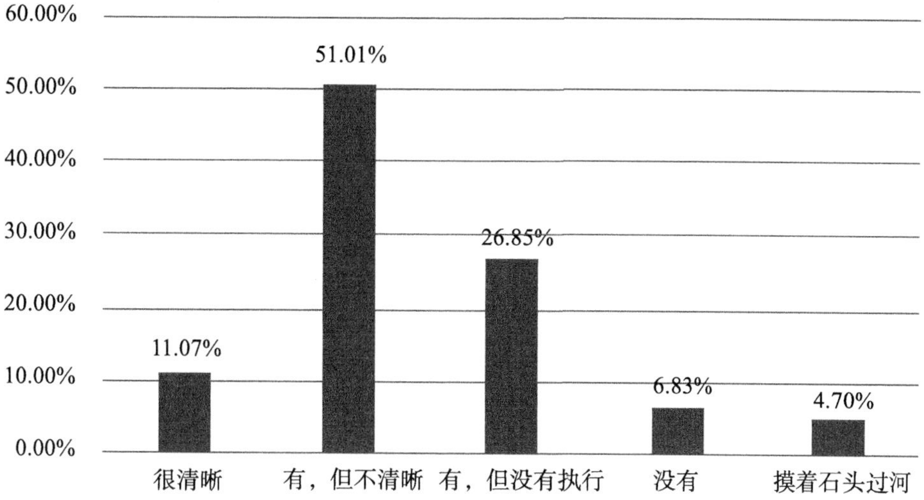

图 20　组织战略的清晰度

10. 战略规划对股东会的作用

如图 21 所示，86.35% 的被访者认为一个明晰的战略规划和共同的远景对股东会非常有必要，有利于明确组织和股东的发展方向，提高股东忠诚度；12.70% 的被访者认为战略规划有必要且能激发士气，有 0.32% 的被访者认为无所谓。另有 0.63% 的被访者认为没有必要制定战略规划。

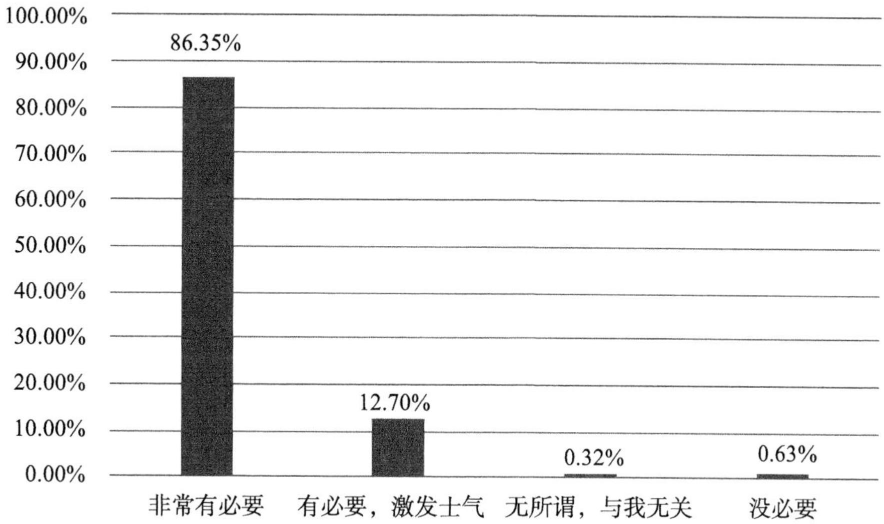

图 21　战略规划对股东会的作用

11. 集体经济组织的竞争优势

如图 22 所示，综合来看，被访者认为管理优势、成本优势和人才优势是集体经济组织的三大核心竞争优势，分别占 29.06%、25.63% 和 7.22%。3.97% 的被访者认为没有竞争优势，认为有文化优势和其他优势的分别占 5.42% 和 0.90%。

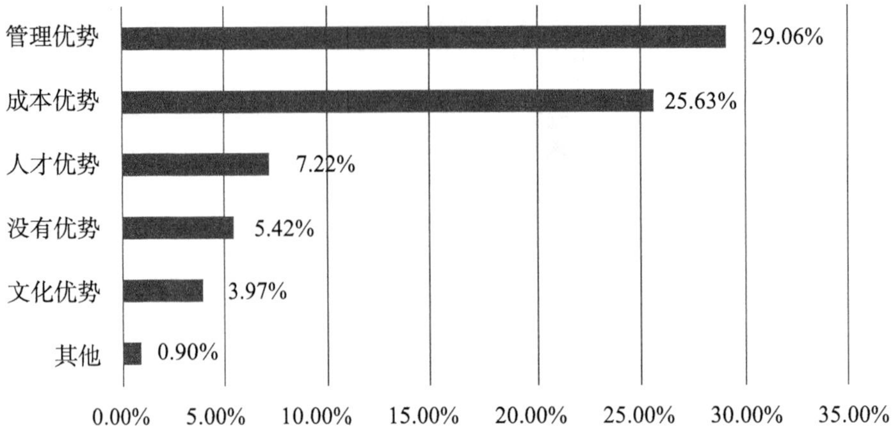

图 22　集体经济组织的竞争优势（综合多选）

12. 制约集体经济组织发展的主要因素

如图 23 所示，被访者认为外部政策环境制约、缺乏专业人才和产业单一是目前制约集体经济组织发展的三大主因，分别占 32.81%、28.62% 和 23.91%。其他因素按照重要程序排序分别是组织长远目标不明确、激励不够、人心不稳（6.98%）；领导班子能力不足，思维模式陈旧，不愿冒风险（3.32%）；决策缓慢，执行不力（2.09%）；其他（1.22%）；组织风气不正（1.05%）。

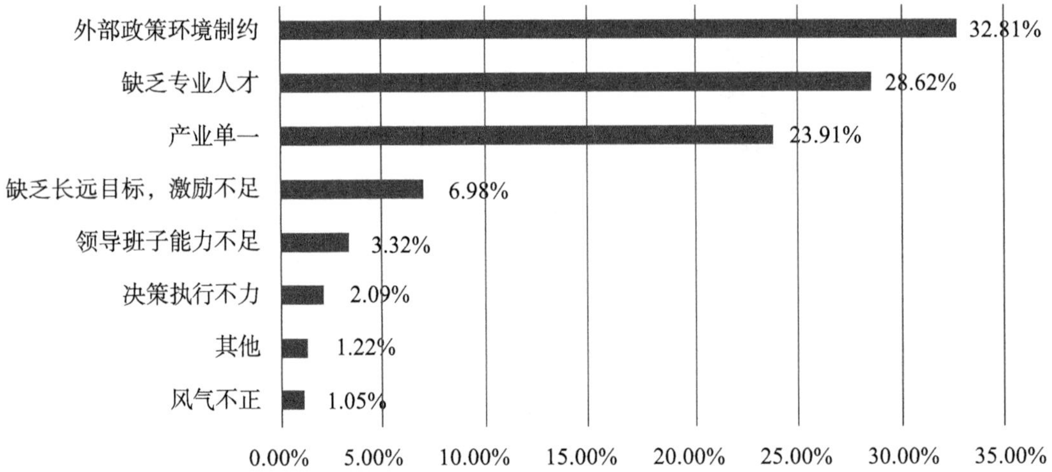

图 23　制约集体经济组织发展的主要因素（综合多选）

（二）党总支

1. 集体经济组织重大事项的最终决策权

如图 24 所示，被访者认为本集体经济组织重大事项的最终决策权在股东（代表）大会的占比最高，为 61.32%，其他依次是董事会（25.16%）、党总支（12.58%）、其他（0.63%）和经理层（0.31%）。

85.35% 的被访者认为在重大决策、重要干部任免、重大项目投资、大额资金使用等方面，需要由集体经济组织党总支做最后决定；14.33% 的被访者认为不需要；0.32% 的被访者表示不知道。

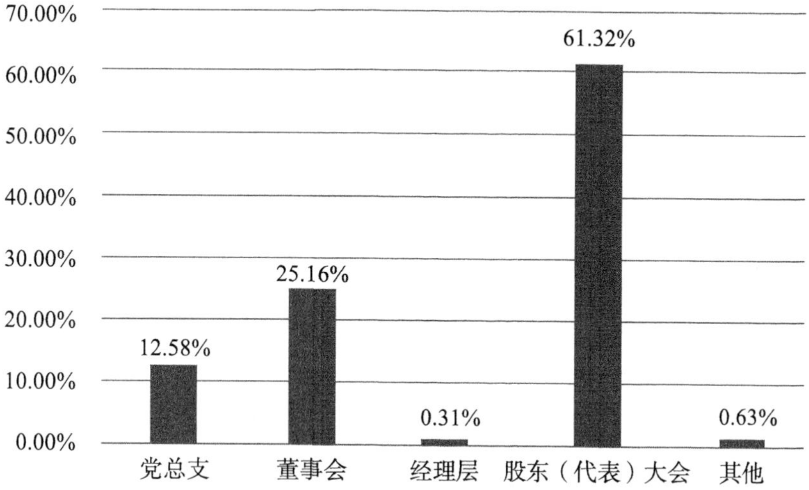

图 24　集体经济组织重大事项决策权

2. 党务与村集体业务边界的清晰度

如图 25 所示，76.51% 的被访者认为党务与村集体正常业务之间边界清晰；认为边界比较清晰，但有时越位的占 16.19%；认为边界不清晰的占 7.30%，其中认为很不清晰的占 0.95%。

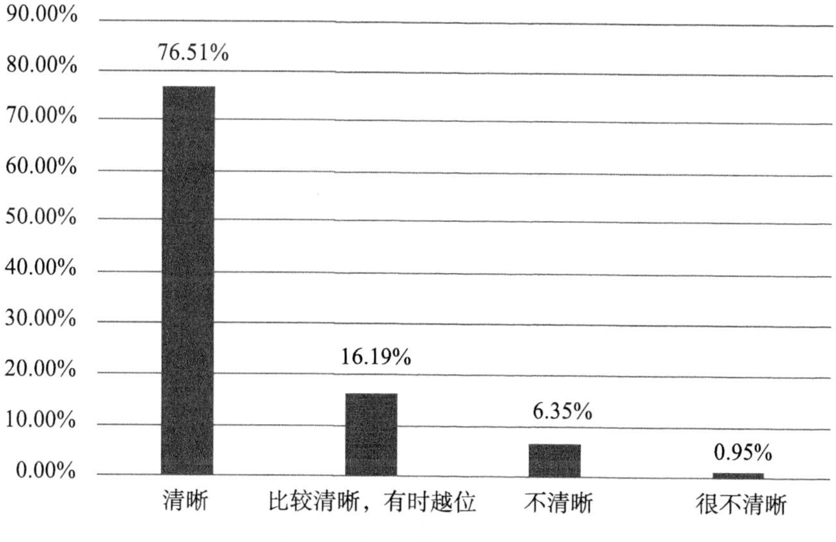

图 25　党务与村集体业务边界清晰度

3. 党总支与董事会、经理层的交叉任职情况

86.71% 的被访者认为党总支需要与董事会、经理层实施“交叉任职、双向进入”，认

为"不需要"的仅占13.29%。

4. 党员和党组织的作用发挥

如图26所示，被访者认为党建在思想政治教育上发挥作用的占79.43%，认为在领导班子党员队伍建设上发挥作用的占77.53%，认为在干部人才建设和高端人才培养上发挥作用的占70.25%，认为在落实中央和国家政策及制度建设上发挥作用的占73.42%。

75.48%的被访者认为党员先锋模范作用和党组织战斗堡垒作用效果很好，有23.89%的被访者认为作用一般，另有0.64%的被访者认为效果不好。

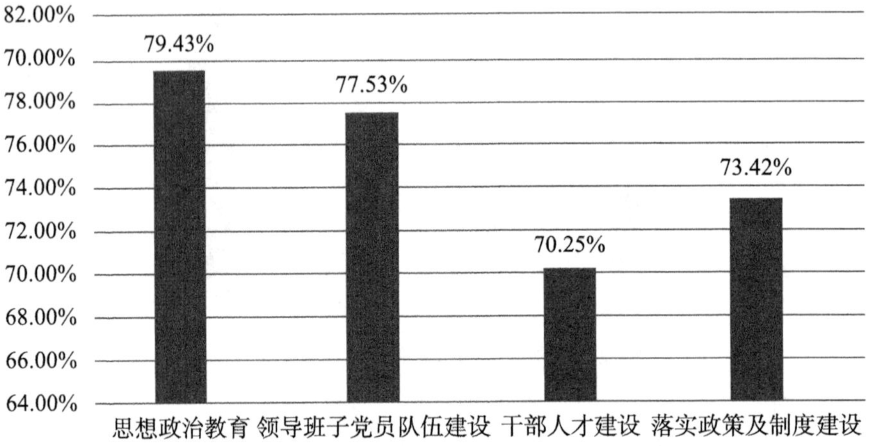

图26　党建发挥作用的方面（多选）

（三）股东（职工）

1. 股东对经营状况的关心度

如图27所示，被访者认为股东对集体经济组织经营状况的关心程度很高，认为"很关心"的占38.75%，认为"关心"的占53.44%，认为"不关心"的占4.38%，认为"很不关心"的占3.44%。

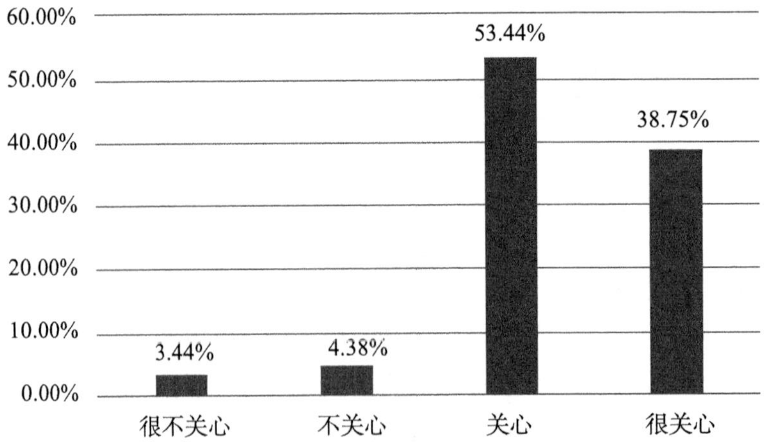

图27　股东对经营状况的关心度

2. 股东对财务状况的知情度

79.31% 的被访者认为股东了解本集体经济组织的财务状况，20.69% 的被访者认为其不了解。

3. 股东对经营状况的知情度

79.75% 的被访者认为股东了解本集体经济组织的经营状况，20.25% 的被访者认为其不了解。

4. 股东对重大决策的知情度

88.16% 的被访者认为股东知晓本集体经济组织重大决策，11.53% 的被访者认为不知晓，0.31% 的被访者不了解具体情况。

5. 股东对决策的影响力和贡献度

如图 28 所示，69.62% 的被访者认为股东对集体经济组织的决策有贡献，14.87% 的被访者认为“有很大贡献”，11.39% 的被访者认为“几乎没有贡献”，4.11% 的被访者认为“没有贡献”。

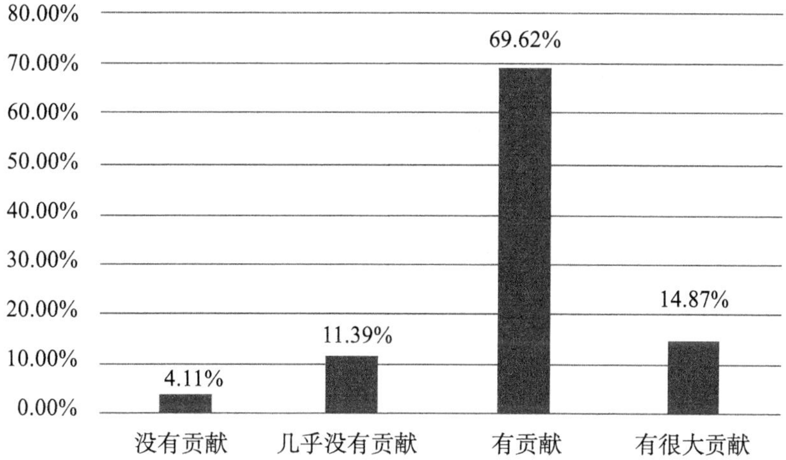

图 28　股东对决策的影响力和贡献度

（四）股东（职工）代表

1. 股东代表职责的落实情况

97.18% 的被访者认为集体经济组织章程规定的股东代表职责能够落实，2.51% 的被访者认为不能，0.31% 的被访者表示不知道。

2. 股东（代表）大会的召开情况

99.68% 的被访者认为股东（代表）大会能够按照规定次数召开，0.31% 的被访者认为不能。99.05% 的被访者认为股东（代表）大会会议程序能够得到严格履行，0.32% 的被访者认为不能，0.63% 的被访者表示不知道。

3. 股东代表的专业能力

如图 29 所示，35.42% 的被访者认为股东代表能够掌握足够信息、拥有充足时间和具备专业能力来行使职责，56.74% 表示“还可以”，6.27% 表示“不理想”，1.57% 认为“一塌糊涂”。

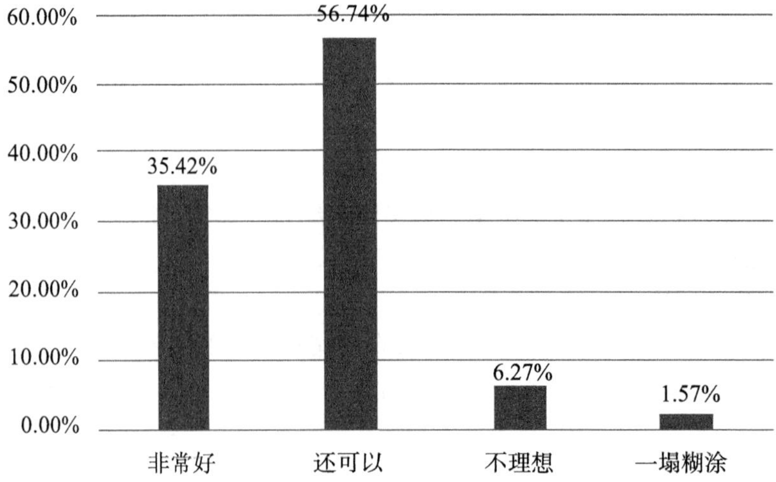

图 29　股东代表的专业能力

4. 股东代表意见的表达渠道

96.84% 的被访者认为股东代表意见能够得到真实表达，2.53% 的被访者认为不能，0.63% 的被访者表示不知道。

5. 股东代表大会的决策实施效果

98.42% 的被访者认为股东代表大会的决策能够得到有效实施，1.27% 的被访者认为不能，0.32% 的被访者表示不知道。

（五）董事会

1. 董事会职责的落实情况

88.09% 的被访者认为集体经济组织章程规定的董事会职责能够得到落实，0.31% 的被访者认为不能，11.60% 的被访者表示不知道。

2. 董事会议的召开情况

84.54% 的被访者认为董事会议能够按照规定次数召开，0.32% 的被访者认为不能，15.14% 的被访者表示不知道。82.02% 的被访者认为董事会议程序能够严格履行，0.32% 的被访者认为不能，17.67% 的被访者表示不知道。

3. 董事会成员的知情权

78.80% 的被访者认为董事会成员具备足够的知情权和会议准备时间，0.95% 的被访者认为不能，20.25% 的被访者表示不知道。

4. 董事会成员的政策水平和专业能力

79.49% 的被访者认为董事会成员具备所需政策水平和专业知识，4.17% 的被访者认为不能，16.35% 的被访者表示不知道。

5. 董事会成员意见表达的渠道

80.13% 的被访者认为董事成员意见具有真实表达的渠道，0.63% 的被访者认为不能，19.24% 的被访者表示不知道。

6. 董事会引入独立董事、独立监事的必要性

32.04% 的被访者认为董事会中有必要引入独立董事、独立监事，66.99% 的被访者认为不能，0.97% 的被访者表示不知道。

7. 董事会的决策水平

如图 30 所示，被访者对董事会的决策效率和决策水平评价较高，30.77% 的被访者认为董事会决策水平很高，认为“较高”的占 63.46%，认为“差”的占 3.85%，认为“很差”的占 1.28%。

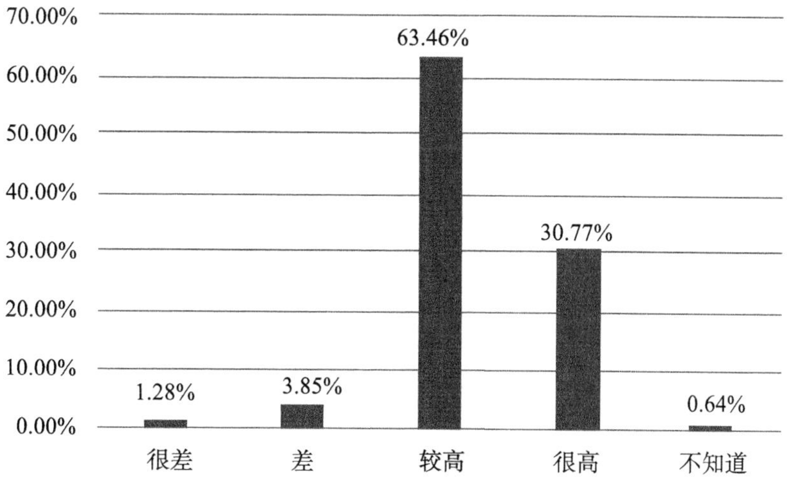

图 30　董事会的决策水平

8. 董事会决策的贯彻落实情况

83.60% 的被访者认为董事会决策能够得到贯彻落实，1.89% 的被访者认为不能，14.51% 的被访者表示不知道。

9. 董事会考察结果的执行情况

75.24% 的被访者认为董事会考核结果能够得到执行，1.59% 的被访者认为不能，23.17% 的被访者表示不知道。

（六）监事会

1. 监事会职责的落实情况

83.86% 的被访者认为集体经济组织章程规定的监事会职责能够得到落实，1.90% 的被访者认为不能，14.24% 的被访者表示不知道。

2. 监事会议的召开情况

72.93% 的被访者认为监事会议能够按照规定次数召开，5.10% 的被访者认为不能，21.97% 的被访者表示不知道。74.92% 的被访者认为监事会议程序能够严格履行，2.54%

的被访者认为不能，22.54% 的被访者表示不知道。

3. 监事会成员的知情权

74.76% 的被访者认为监事会成员具备足够的知情权和会议准备时间，1.62% 的被访者认为不能，23.62% 的被访者表示不知道。

4. 监事会成员的政策水平和专业能力

76.38% 的被访者认为监事会成员具备所需政策水平和专业知识，2.91% 的被访者认为不能，20.71% 的被访者表示不知道。

5. 监事会成员意见表达的渠道

77.71% 的被访者认为监事会成员意见具有真实表达的渠道，0.64% 的被访者认为不能，21.66% 的被访者表示不知道。

6. 监事会在经营监督方面的履职效果

如图 31 所示，62.70% 的被访者认为监事会在经营监督方面尽职尽责，26.69% 认为中规中矩，4.50% 认为马马虎虎，4.50% 认为形同虚设。另有 1.61% 的被访者表示不知道。

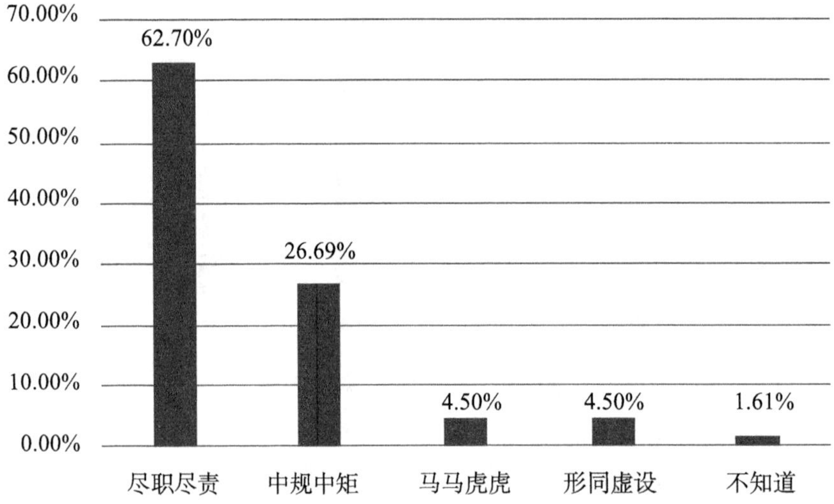

图 31　监事会在经营监督方面的履职效果

7. 监事会在财务监督方面的履职效果

如图 32 所示，62.23% 的被访者认为监事会在财务监督方面尽职尽责，23.87% 认为中规中矩，6.13% 认为马马虎虎，4.52% 认为形同虚设。另有 2.26% 的被访者表示不知道。

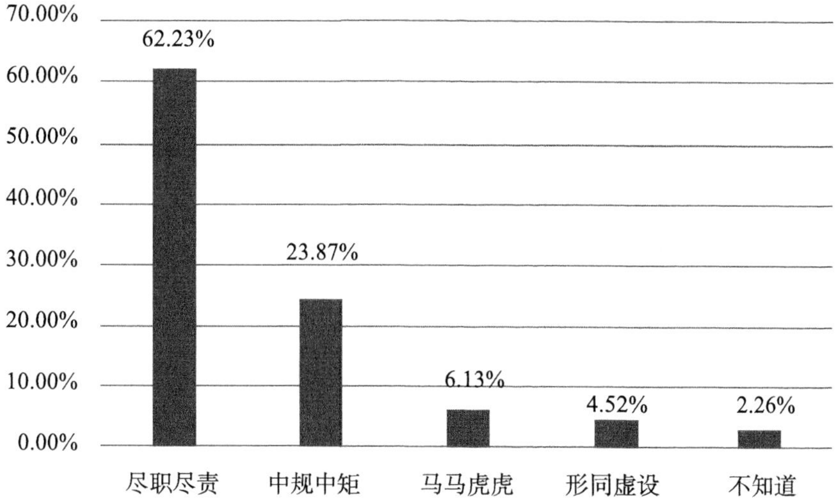

图 32　监事会在财务监督方面的履职效果

8. 监事会在人事监督方面的履职效果

如图 33 所示，61.04% 的被访者认为监事会在人事监督方面尽职尽责，24.68% 认为中规中矩，7.79% 认为马马虎虎，4.22% 认为形同虚设。另有 2.27% 的被访者表示不知道。

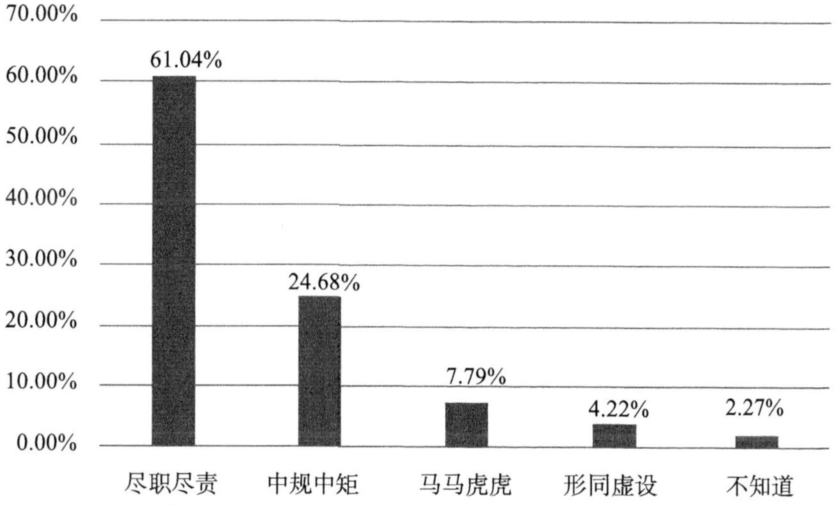

图 33　监事会在人事监督方面的履职效果

9. 监事会成员的来源渠道

如图 34 所示，被访者认为股东应是监事会成员的第一来源，占 95.56%；其次是政府行政管理人员，占 2.22%；再次是工会，占 1.27%；社会人员和其他人员分别占 0.63% 和 0.32%。

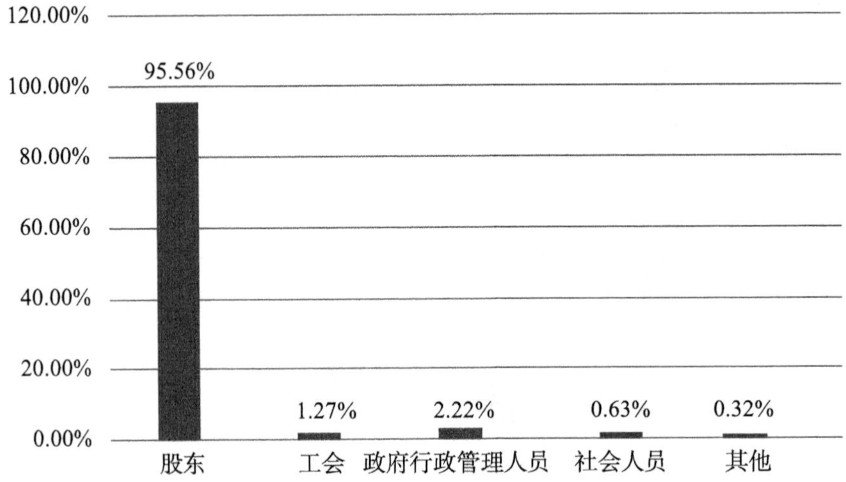

图 34　监事会成员的来源渠道

（七）经理层

1. 经理层职责的落实情况

83.02 % 的被访者认为集体经济组织章程规定的经理层职责权限能够得到落实，1.26% 的被访者认为不能，15.72% 的被访者表示不知道。

2. 经理层的知情权

80.82% 的被访者认为经理层对集体经济组织状况及发展规划具备足够的知情权，1.89% 认为不能，17.30% 表示不知道。

3. 经理层的政策水平和专业能力

83.33% 的被访者认为经理层具备所需的政策水平和专业知识，2.20% 认为不能，14.47% 表示不知道。

4. 经理层的意见表达渠道

82.91% 的被访者认为经理层意见具有真实表达的渠道，0.63% 认为不能，16.46% 表示不知道。

5. 经理层在人事安排上的权限

如图 35 所示，被访者认为经理层对组织内部机构设置及经理以下人事安排有较高权限，认为“完全有”的占 34.07%，认为“有一定”的占 62.15%，认为“几乎没有”的 2.21%，认为“完全没有”的占 1.58%。

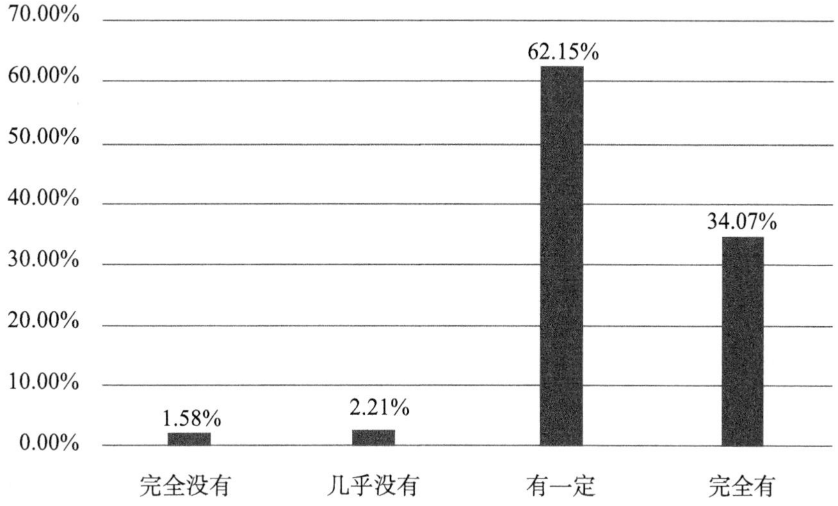

图 35　经理层在人事安排上的权限

6. 经理层的经营管理水平

如图 36 所示，47.95% 认为经理层的经营管理水平和效果较高，认为“很高”的占 27.44%，认为“一般”的占 23.03%，认为“较差”的占 1.58%。

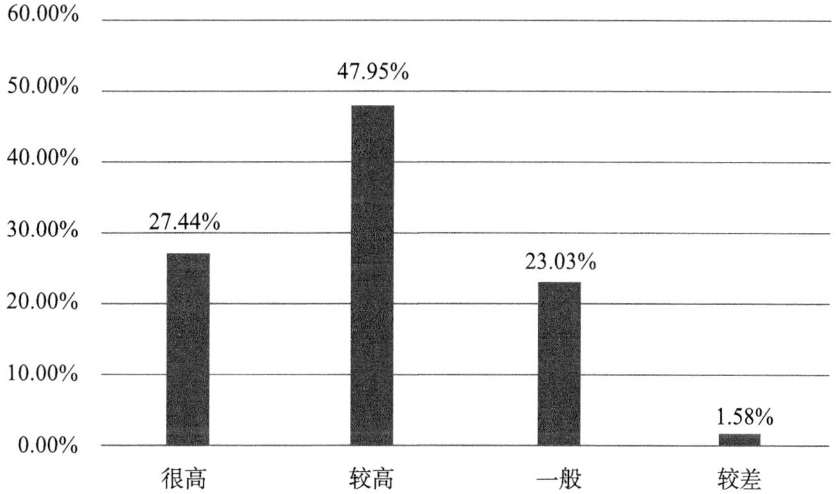

图 36　经理层的经营水平

7. 集体经济组织设立控股企业的目的

如图 37 所示，被访者认为集体经济组织设立控股企业（如一级企业）的主要目的是发挥和扩大集体经济组织的经营优势，占 41.08%；其次是保障就业，占 36.94%；认为提高利润水平的占 20.38%，认为主要是其他经营优势的占 1.59%。

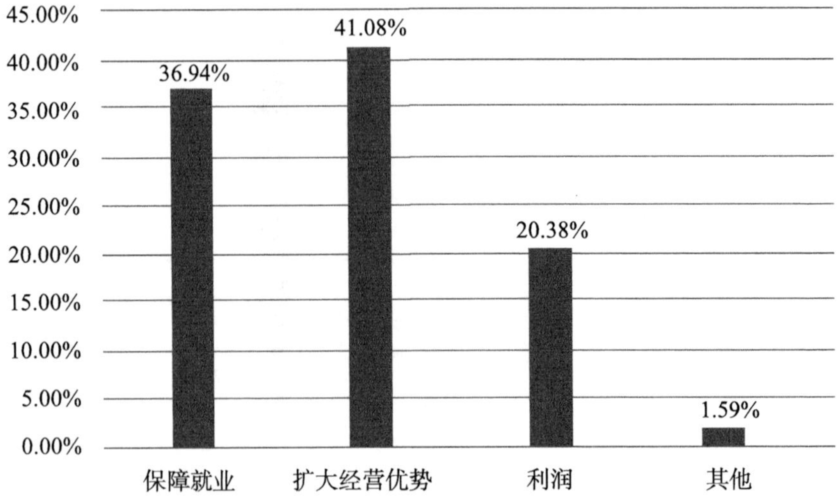

图 37　集体经济组织设立控股企业的目的

8. 集体经济组织设立参股企业的目的

如图 38 所示，41.08% 的被访者认为集体经济组织设立参股企业是为发挥和扩大集体经济这珠子自身经营优势，36.94% 的被访者认为是为获取管理经验，20.38% 的被访者认为是为了追求利润，另有 1.59% 的被访者认为是基于其他目的。

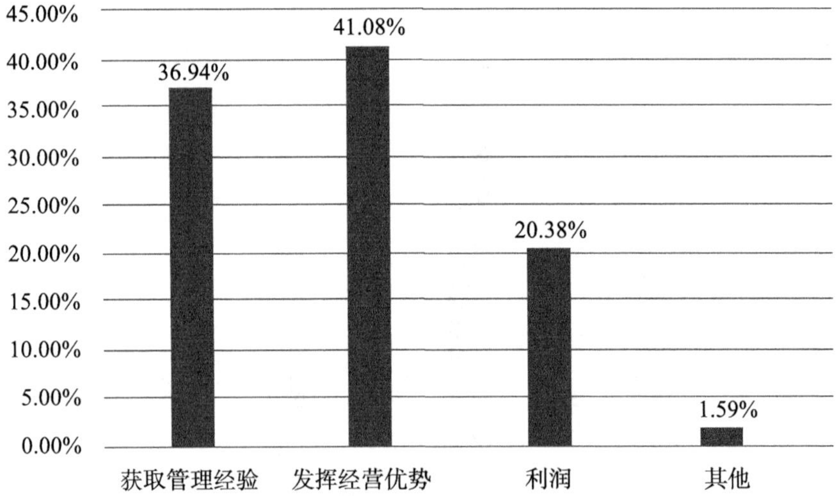

图 38　集体经济组织设立参股企业的目的

（八）政府部门

1. 区集资监管办的监管力度

66.62% 的被访者认为区政府尤其是区集资监管办在监管方面措施有力，4.42% 认为没有力，29.97% 表示不知道。

2. 区集资办监管办职能设置完备度

65.62% 的被访者认为区集资监管办职能完备，3.15 认为不完备，31.23% 表示不知道。

3. 经管队伍人员配备情况

54.75% 的被访者认为有必要增加经管队伍人员配备，17.72% 认为没必要，27.53% 表示不知道。

四、土地及相关扶持政策

1. 土地集约利用的需求

76.30% 的被访者认为集体经济组织有土地重新集约利用的需求，23.05% 认为没有这一需求，0.65% 表示不知道。

2. 供地联合体的组建

60.26% 的被访者认为可以依托区农工商总公司组建跨村的供地联合体，39.74% 认为不可以。

3. 集体土地最适宜的入市方式

如图 39 所示，被访者认为自征自用是集体土地（含绿地）最适宜的入市方式，占 63.90%；其次是不征地，一次性变国有，由村集体持有一定期限的国有建设用地使用权，占 54.63%；再次是集租房，占 46.96%。另有 15.34% 的被访者认为一次性征为国有也是适宜的入市方式。

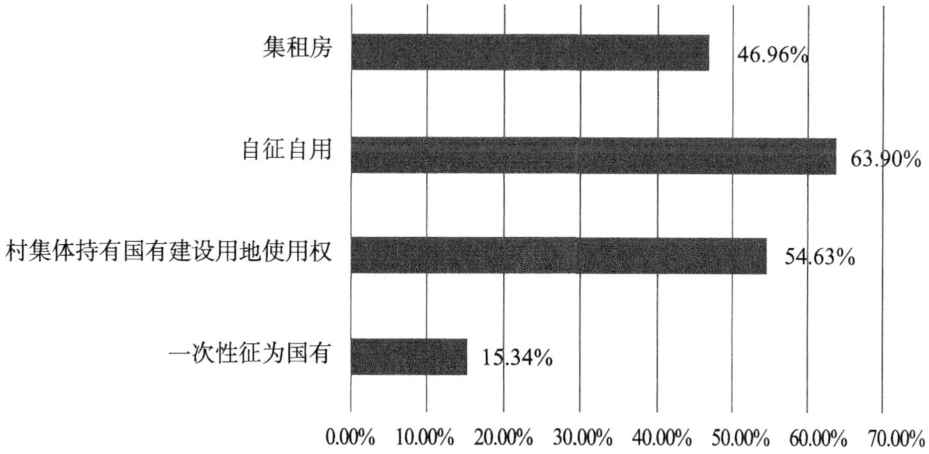

图 39　集体土地最适应的入市方式（多选）

4. 集体产业项目的合法化问题

99.03% 的被访者认为对于一定规模、符合规划和地区产业定位的集体产业项目，可以保留资产，完善手续方式使其得到合法化，0.97% 的被访者认为不可以。

5. 培育区级集体经济投融资平台的必要性

75.65% 的被访者认为有必要培育区级集体经济投融资平台，提高集体资金使用效率，24.03% 的被访者认为没必要，0.32% 的被访者表示不知道。

6. 物业划转的缴税问题

23.73% 的被访者认为目前产权制度改革中物业划转存在缴税问题，11.71% 表示不存在，64.56% 表示不知道。

7. 修改集体经济组织章程的必要性

66.67% 的被访者认为有必要进一步修改集体经济组织章程，如优化法人治理结构与治理机制、扩大集体经济组织在投融资、健康服务等领域经营范围，30.50% 认为没必要，2.83% 表示不知道。

五、农转居后续问题

1. “老人老办法”纳入城镇社保体系的必要性

88.36% 的被访者认为“老人老办法”有必要重新研究纳入城镇社保体系，6.29% 认为没有必要，5.35% 表示不知道。

2. 农转居人员的医疗保险水平

307 名被访者认为目前农转居人员的医疗保险待遇水平偏低，占 95.64%。

3. 农转居人员的社保水平

320 名被访者认为目前农转居人员的养老保险待遇水平偏低，占 99.69%。

4. 村集体之间不均衡、不充分发展问题

84.38% 的被访者认为当前村集体之间不均衡、不充分发展问题严重，13.13% 认为不严重，2.50% 表示不知道。

5. 还建物业的确权问题

60.50% 的被访者认为目前还建物业可以顺利确权到村级集体经济组织，28.84% 认为不可以，10.66% 表示不知道。

参考文献

[1] 陈锡文，集体经济、合作经济与股份合作经济，《中国农村经济》，1992 年第 11 期 .

[2] 杜党勇，蓝海林，经济发达地区农村集体经济组织的公司化改造，《企业经济》，2005 年第 2 期 .

[3] 管洪彦，农村集体经济组织法人治理机制立法建构的基本思路，《苏州大学学报》，2019 年第 1 期 .

[4] 韩俊，关于农村集体经济与合作经济的若干理论与政策问题，《中国农村经济》，1998 年第 12 期 .

[5] 毛泽东，论合作社（1943 年 10 月），《建国以来农业合作化史料汇编》，《当代中国农业合作化》编辑室，中共党史出版社 1992 年 3 月第 1 版 .

[6][南斯拉夫] 爱德华．卡德尔，《公有制在当代社会主义实践中的矛盾》，中国社会科学出版社，1980 年 5 月第 1 版 .

[7][日] 速水佑次郎，“社区、市场与国家”，《经济研究》，1989 年第 2 期 .

[8] 杨一介，“我们需要什么样的农村集体经济组织？”，《中国农村观察》，2015 年第 5 期 .

[9] 叶兴庆，扩大农村集体产权结构开放性必须迈过三道坎，《中国农村观察》，2019 年第 3 期 .

[10] 苑鹏，对马克思恩格斯有关合作制与集体所有制关系的再认识，《中国农村观察》2015 年第 5 期 .

[11] 张晓山，农村集体经济组织应该把其成员权转化为产权，http://finance.jrj.com.cn/2016/11/17100621719544.shtml，2016-11-17.

[12] 郑有贵，农村社区集体经济组织法人地位研究，《农业经济问题》2012 年第 5 期 .

[13]D.L.Prychitko，JVanek，ProducerCooperativesandLabor-ManagedSystems:Theory.VolI.AnElgarReferenceCollection，1996.

课题组长：熊文武

主 持 人：陈雪原、孙梦洁

参 加 人：李尧、翟翠立、孙梦洁、宋秀娜、李雪亚、董香书、王蕾、尤颖洁、韩莹、韩敏、李德先等

执 笔 人：陈雪原、孙梦洁

朝阳区农村集体经济组织调研报告

近年来，朝阳区非常重视农村集体经济组织建设工作，围绕加强集体经济组织管理，规范集体经济组织运行和增强集体经济组织服务保障功能进行了积极的探索，形成一套符合朝阳实际情况的做法。现将调研情况报告如下。

一、基本情况

（一）集体经济组织建设情况

朝阳区现有行政村 144 个村，建立农村集体经济组织 271 个，其中，村级组织共 247 个，占总数量的 91.2%（村经济合作社 155 个，占总数量的 57.2%；村股份经济合作社 92 个，占总数量的 34%）；乡合作经济联合社 19 个，占总数量的 7%；乡股份合作经济联合社 5 个，占总数量的 1.8%。271 个农村集体经济组织中，乡村改革前组织 174 个，占总数量的 64.2%，乡村改革后累计成立新型集体经济组织 97 个，占总数量的 35.8%。实行产权制度改革之后新成立的股份合作社与原来的村经济合作社双轨并行，根据章程行使职责。全区 271 个集体经济组织健全和完善社员代表大会制度，规范选举了管理委员会和监察委员会委员，健全集体经济组织内部治理结构和治理体系。

表 1　朝阳区农村集体经济组织分类统计表

序号	类型	数量（个）	占比（%）
1	村经济合作社	155	57.2
2	村股份经济合作社	92	34.0
3	乡合作经济联合社	19	7.0
4	乡股份合作经济联合社	5	1.8
合 计	—	271	100

资料来源：北京市朝阳区农村合作经济经营管理站。数据截至 2020 年 8 月。

（二）集体经济组织换届情况

根据北京市规定的集体经济组织规范换届要求，2019 年全市完成村“两委”换届选举工作之后，朝阳区全面开展农村集体经济组织换届选举工作。全区 271 个集体经济组织中有 23 个集体经济组织为 2019 年新成立，符合换届要求的有 248 个，按照规范要求完成集体经济组织换届 246 个，完成率 99.26%。累计登记社员 22.9 万人，选举代表 7519 人，选举班子成员 1808 人，其中社长 246 人、监委会主任 222 人。完成换届的组织全部修订了章程，办理了农村集体经济组织登记证。严格按照中央、北京市有关精神，强化村党组织领导核心地位，按照“能兼尽兼”原则，通过法定程序将村党组织书记选为村集体经济组织负责人。

一是坚持组织引领，超前谋划部署，把握工作主动。发挥党的政治优势、组织优势和群众工作优势，牢牢把握换届选举工作主导权，为换届选举提供坚强的组织保障。区级成立领导小组，联合制发换届选举工作通知，全面安排部署，培训操作实务。区经管站开展集体经济组织换届专题指导，审核换届选举工作意见、选举方案和选举办法，确保督导、指导落到实处。

二是坚持宣传引领，深入乡村培训，确保风清气正。推动全面从严治党向基层延伸，从严从紧狠抓选风选纪，确保换届选举工作有序，基层稳定。区经管站组织集中政策业务培训 2 次，深入乡村现场指导，做好政策解释，规范操作流程，累计培训干部 4028 人次。多渠道多媒体宣传，利用《北京日报》登报公告，确保社员知情权、参与权。朝阳区村级“两委”换届联审专班，按照“五好”“十不能”标准对集体经济组织班子候选人进行资格联审，审核通过 2977 人次，确保候选人质量，切实营造风清气正的换届环境。

三是坚持规范引领，严格选举程序，依法规范选举。坚持履行程序不走样，遵循步骤不减少，执行规则不变通，确保换届选举的合法性、有效性和严肃性。按照先村后乡的时序，压茬推进。坚持履行民主选举程序，投票选举产生新一届班子成员。严格规范选举标准，全区做到“四统一”，即统一选举流程、统一审核标准、统一公示内容、统一归档报备。社员登记结果、候选人确定和选举结果均张榜公示，接受广大社员监督。

通过有序开展换届选举工作，完善村集体经济组织治理结构，选优配强村集体经济组织领导班子，加强了农村基层组织建设。审议修订集体经济组织《章程》，健全管理制度，发挥了规范经济管理、发展集体经济、激发农村活力的组织功能。

（三）集体经济组织运营情况

一是规范资产产权审核年检制度。加大统筹力度，整合部门资源，每年定期开展集体资产产权登记证年检工作，年检率达到 100%。区、乡两级审核上报数据，通过信息化平台汇总数据，为各级领导和有关部门决策提供可靠依据。

二是加强集体经济组织登记证管理。2016 年北京市实施集体经济组织统一社会信用代码登记制度，朝阳区作为全市农村统一代码证书颁证试点区，统筹谋划，规范实施，严格审核，完成原组织机构代码证书和农村合作经济组织登记证书换证工作，实现“二证合一”。2019 年农业农村部监制集体经济组织登记证，建立全国农村集体经济组织登记管理系统。按照全市统一部署，朝阳区严格审核，优化流程，形成“一表申请、三级审核、部门受理、一证一码、信息上传”的办理流程，圆满完成 269 个农村集体经济组织登记证赋码颁证工作。农村集体经济组织有了社会统一代码的登记证书，确定集体经济组织法定地位，实现与公共信用服务平台的互联互通，为农村集体经济组织规范运行，提升管理效能奠定坚实的组织基础。

三是规范开展集体资产清产核资。按照资产清查、产权界定、账务处理、建章立制的思路，全面开展农村集体资产清产核资工作，摸清集体家底，研究制定相关措施，切实保障农民利益，壮大集体经济。清产核资工作走上常态化、制度化轨道。加强农村集体经济收益分配监督指导，确保每个集体经济组织正常运营。

（四）集体经济组织发挥作用情况

以本次疫情为例，疫情就是命令，防控就是责任。朝阳区经管站面对新型冠状病毒肺炎疫情，迅速应急响应，坚决落实疫情防控举措，支持农村集体经济组织加大人员投入，加强物资保障，落实防控措施，全区农村集体经济组织在疫情防控工作中发挥了积极作用。一是加大人员投入。全区农村集体经济组织工作人员全部下沉一线，共安排党员、干部、职工、志愿者等 11919 人，协助乡村、社区开展环境消毒、政策宣传、防控巡查、入户排查、应急值守等疫情防控任务。二是加强物资保障。全区农村集体经济组织加大防疫物资投入，购买口罩、消毒液、防护服、测温枪、洗手液等防护用品，保证一线防疫人员物资充足。设便民流动菜摊，建立防控隔离点，开展环境整治等投入，保障群众正常生活。三是精简优化服务。农村集体经济组织帮助企业复工复产，适度减免租金，降低经营成本，帮助企业渡过难关。

二、朝阳区集体经济组织管理的主要做法

（一）健全农村集体经济组织管理运行机制

加强政府监管主体和突出社员主体地位，健全农村集体经济组织管理机制。一是健全区乡两级集体资产监督管理委员会，对集体经济组织进行有效监督指导。成立乡级集体资产监督管理委员会，发挥对本乡范围内集体经济组织的监督管理作用。二是出台规范集体经济组织管理政策。修订集体经济组织管理内容，规范集体经济组织名称、机构设置、主要职责和议事规则。三是健全完善社员代表大会、合作社管理委员会和监察委员会，形成权责明晰、管理有序运行机制。四是所有集体经济组织规范制定组织章程，根据章程规范履行权利和义务，彼此经济独立经营和独立核算。通过这些改革措施确保集体经济组织规范运行。

（二）加强党对农村集体经济组织的全面领导

坚持党对集体经济组织的领导，始终把握正确方向。一是把加强党的全面领导贯穿集体经济组织管理的全过程，发挥党组织的领导带头作用。在部分规模集体经济组织中，特别是乡联社内建立党支部，切实夯实党的领导。二是强化党组织审核把关监督作用，建立“两委”候选人资格区级联审制度，把好候选人政治关、素质关、廉洁关，整体优化班子结构。2019 年朝阳区换届时成立了两委候选人区级联审专班，2020 年固化候选人审核长效机制。三是突出党组织领导核心地位。严格按照中央、北京市有关精神，按照“能兼尽兼”原则，通过法定程序将村党组织书记选为村集体经济组织负责人，全面提升基层组织战斗力。

（三）规范农村集体经济组织运行管理

加强业务指导，强化监督管理，切实规范集体经济组织运行。一是加强业务培训指导，规范集体经济组织资产管理、收益分配管理、财务公开管理、经济合同管理等。集体经济组织是运行管理的实施主体，加强对集体经济组织运行管理的监督检查、考核评价，对集体经济组织资产管理、合同管理、财务公开、收益分配等进行业务指导和培训，加强过程管理。二是严格履行民主决策程序，重大资金使用、重要资产处置、重大项目投资、产权制度改革方案、收益分配方案、合同签订等经济事项严格履行民主决策程序。三是充分发挥监察委员会的监督约束作用，对重大经济活动进行内部监督。四是研究民主公开有效形式，规范公开内容程序，保障社员知情权。五是强化宣传引领，引导社员参与集体经济经营管理，履行社员权利义务，提升民主办社能力。通过规范集体经济组织运行管理和经济决策行为，发挥了集体经济组织管理集体资产、开发集体资源、服务集体成员等功能，切实维护集体经济组织及其成员合法权益，为促进农村集体经济持续健康发展奠定了坚实的组织基础。

三、存在的主要问题

（一）农村集体经济组织亟待立法

农村集体经济组织是一种特殊的经济组织形式，在农村集体所有制有效实现过程中发挥着十分重要的作用。但在集体经济组织改革发展中，本身确实存在无法可依的问题，很多改革处于低效推进状态。随着农村集体经济组织被确立为特别法人，市场参与程度持续提高，有关参与市场规则、组织管理、股权管理、成员资格界定等问题都面临着无法可依的局面，需要一部立法指引。在城市化进程中，一般按照《村民委员会组织法》的规定，履行撤村的民主和法律程序。但是针对撤村后原农村集体经济组织，如何履行撤村前的社员民主和法律程序，虽然集体经济组织有章程约定，但是没有完善的法律法规，总体效率较低。

（二）新型集体经济组织发展动力不足

由于地理位置、资源禀赋、投资环境、基础设施、人力资源等要素制约，集体经济组织发展动力不足，且组织之间发展不平衡。一是新型集体经济组织市场竞争力严重不足。新型集体经济组织虽然完善了治理结构，但内部经营管理仍然延续传统方式，实施封闭管理，参与市场竞争能力和内驱动力不足。特别是新型集体经济组织在市场经济中的竞争力较弱，无法与市场中规范的大公司竞争。二是新型集体经济组织抵御市场风险的能力较弱。目前，新型集体经济组织已经完成登记赋码，但是新型集体经济组织抵御市场风险的能力较弱，法律赋予新型集体经济组织市场经营权，但股份抵押等是封闭性管理，还没有完全放开。三是新型集体经济组织承担的公益和公共服务的负担较重。随着农村城市化进程加快，公共设施、公益事业等投入加大，集体经济组织承担社会公益事业负担加大，承担的公益和公共服务的支出和成本越来越高。

（三）集体资产处置政策依据不足问题

在朝阳区城市化加快发展进程中，随着农村集体土地被征用征收，农用地不断转变为建设用地。农民通过土地征用和征收，户口由农业户口转为城镇户口，农民成为城市居民；农民居住动迁到安置小区或在城镇购买商品房居住，形成“村改居”。对于土地基本征用、征收完毕，农民基本完成村改居的乡村，撤销村委会建制，纳入城市社区管理。但是，农村集体资产属于原集体经济组织成员，这些村改居后的居民，同时也是集体经济组织成员，是集体资产的所有者，对资产拥有合法权益。在改革发展中，如何确保农村长期积累的大量集体资产保值增值，土地征用补偿费用和收益如何监管，在拆迁上楼后没有条件发展股份合作制经济而只能将征地补偿费等交给村或乡镇集体经济组织作为公共资金的原村集体成员如何参与发展集体经济等方面，依然存在着诸多制约和困境。

四、对策与建议

（一）加快针对集体经济组织的立法进程

在法治社会中，凡事应有法可依。特别是在当前的改革中，往往需要依法改革，杜绝违法改革。农村集体经济组织具有自身独特性，需要法律对其权力行使、职能发挥以及责任承担进行特殊规定。因此，为了使集体经济组织在改革和运营实操过程中有法可依和有法必依，亟待制定一部农村集体经济组织法，进一步提高集体经济组织的改革效率和发展效率。建议在国家层面加快制定农村集体经济组织法，在市级层面制定集体经济组织条例，出台规范化的集体经济组织章程，为集体经济组织的规范管理提供法律法规保障。

（二）减轻转居村民纳入城镇社会保障体系成本

根据这次调查的情况，在城镇规划范围内，朝阳区部分乡村的土地大部分已经被征收或征用，村民大部分已经拆迁上楼居住，村内产业已经非农化。在城市化进程中，城市周边和城乡接合部地区的村庄形态已经城市化、村民生产方式和生活方式已经城市化，这就具备了撤村的前置条件。建议在撤村过程中，一是完成集体经济产权制度改革，使集体资产得到妥善处置，有条件的地方建立新的集体经济组织。二是实行城乡社会保障制度并轨，各级政府应加大投入补齐原农村居民与城镇居民在社会保障待遇上的差距，确保减轻和降低转居村民纳入城镇社会保障体系的成本。

（三）提高集体经济组织发展动力，持续支持发展集体经济

针对新型集体经济组织发展动力不足问题，应积极探索农村集体经济发展路径，拓展集体经济经营管理模式，不断提升集体经济组织精细化管理水平。一是明确集体经济发展目标由集体增收为主向集体增收与成员增收并重方向发展。二是明确集体经济发展路径由单一租赁向开发资源、发展物业、经营服务等多种业态发展方式转变。三是明确经营模式由直接经营管理向股份经营、合作经营、租赁经营多种经营模式转型，扩大集体经济内涵，构建新型集体经济发展格局。四是拓展经济发展空间，推进规模化、集约化和产业化经营，逐步实现区域经济发展的全面转型。五是整合闲置资金、土地资源等生产要素，探索集体统筹运营管理的有效机制。六是引进专业机构或职业经理人参与农村集体经济经营管理，为集体经济发展提供内在动力。七是加大财政资金向农村倾斜力度，减少集体经济组织在公益事业方面的投入。通过加强农村集体经济组织管理，不断提升农村集体经济管

理水平和发展质量，提升农村地区综合竞争力，促进农村经济健康可持续发展。

（四）妥善解决集体资产兑现问题

1999 年 12 月 27 日北京市政府办公厅颁布《北京市撤制村队集体资产处置办法》（京政办〔1999〕92 号）对于撤制村集体资产处置有明确要求，目前该文件有的规定已经过时。对于朝阳区个别不具备发展股份合作制经济条件的村，建议在撤村的同时，尊重社员意愿，履行民主程序，将全部集体资产兑现给集体经济组织成员。

首都乡村集体经济组织振兴路径研究课题组
课题负责人：曹四发
课题组组长：张英洪、刘伟
调研组人员：张英洪、刘伟、刘雯、刘妮娜、何文东、王玉艳
执　笔　人：刘伟、张英洪、何文东、王玉艳

海淀区农村集体经济组织振兴调研报告

农村集体经济组织是指农村社区的某些成员为了谋求共同经济利益，按照自愿、公平、民主及互利的原则建立起来的联合拥有和民主管理的经济组织，是有效实现农村集体经济的主体，是农村集体资产的管理主体，是特别法人。为深入了解北京市农村集体经济组织建设情况，近期，调研组一行到北京市海淀区进行调研。现将有关情况报告如下。

一、基本情况

海淀区位于北京城区西北部，全区总面积 430.77 平方公里，农村地区面积 261 平方公里，辖 7 个镇（地区办事处）、63 个行政村。2019 年年末，海淀区常住人口为 323.7 万，户籍人口 241.1 万人，其中农业户籍人口 3 万人。全区镇、村两级集体产权制度改革基本完成，共有新型集体经济组织 85 个，个人股东 10 万人。全区农村集体总资产 1872 亿元，农村集体净资产突破 700 亿元。海淀区是北京市城市化进程最快的区之一，2019 年户籍人口城镇化率达到 98.7%。近年来，海淀区农民市民化有序推进，四季青、东升、温泉 3 个镇实现整建制农转非，其中四季青镇整建制农转非列入北京市委“一区一试点”重点改革项目[①]，全区整建制农转非工作正在推进中，预计 2021 年全面完成。

在快速城市化的过程中，海淀区抓住集体产权制度改革与集体经济组织建设与发展这个核心，不断加强党对农村集体经济的领导，深化农村集体资产监督管理体制机制改革，明晰农村集体产权、完善内部治理结构和运行机制，明晰村级集体经济组织与村民委员会的职能关系，探索农村集体经济发展的有效实现形式，促进农村产权流转交易规范化，深化农村集体资产行政监管体制机制改革，形成了一整套比较完善的集体经济组织建设、发展、管理的政策体系，推动海淀区新型集体经济组织成为具有活力的市场主体。多年来，海淀区以东升科技园、玉泉慧谷、“一镇一园”等集体产业园区为带动，培育出了 600 多家集体经济实体，其中东升镇等南部城区的集体经济组织已发展成为规模较大的企业集团。

海淀区 2014 年获评全国农村集体“三资”管理示范县（区），2017—2018 年承担全国农村集体产权制度改革试点任务并顺利完成，2018 年获颁全国首批农村集体经济组织

① 海淀区农村集体总资产净资产连续 7 年全市第一。http://www.agri.ac.cn/news/zzy/20181221/n6058143420.html.

“身份证”，2019 年获评全国农村集体产权制度改革试点示范单位。

二、主要做法

十多年来，海淀区坚定不移推动农村集体产权制度改革，加强农村集体经济组织建设，逐步建立了一整套科学合理、符合实际的制度体系①，探索了集体经济组织建设与发展的有效实现路径，创造性地解决了开放市场与封闭产权、规范管理与放活经营、明晰集体所有权与保护农民成员权等北京市城市化进程中农村集体经济组织发展面临的重大矛盾和难题。海淀区集体产权制度改革和集体经济组织建设的做法，为规范引导集体经济组织发展提供了地方典范，为我国集体经济组织立法工作提供了可参考的样板。具体做法如下：

（一）加强党对农村集体经济的领导

随着农村城市化的推进，在撤销乡村行政建制，继续保留农村集体经济组织的乡镇、村，加强党对农村集体经济的领导具有尤为突出的重要性和必要性。

1. 加强党对集体产权制度改革的领导。2002 年，海淀区针对城乡接合部地区撤制乡、村开展农村集体产权制度改革试点工作强调，乡村集体经济合作社要在区、乡两级领导小组的指导下具体负责改革工作。各乡的改革总体方案、清产核资报告、资产处置和股权设置方案等有关文件，都要报区领导小组审核；各村的改革总体方案、清产核资报告、资产处置和股权设置方案等有关文件报乡领导小组审核。工作实践中，所有改革单位的清产核资报告，都要报区级农村经济主要部门审核。2007 年海淀区扩大农村集体产权制度改革试点范围，进一步强调加强党的组织领导，要求各相关职能部门要结合农村产权制度改革进程，积极研究与之衔接的农村综合管理体制的配套政策，明确了区、乡镇两级农村经济主管部门对农村集体产权制度改革中的指导、服务、监管等职责，并明确要求各乡镇党委和政府加强对改革工作的领导。

2. 加强党对农村集体资产管理的领导。在农村集体产权制度改革取得重大突破后，海淀区面临着农村集体资产规模大、增速快、发展不平衡、监管不到位等问题。为了解决农村集体资产管理中的重大问题，海淀区先后印发了《关于海淀区农村集体资产管理的意见》（海政发〔2012〕22 号）、《关于加强股份经济合作社管理指导和服务的意见》（海政发〔2013〕24 号）、《关于进一步加强海淀区农村集体资产管理工作的实施意见》（海政办发〔2013〕80 号），从农村集体资产管理的机构设置上、管理机制上、监管制度上进行了创新，建立了完善的农村集体资产管理制度体系。

3. 从微观层面加强党对每个农村集体经济组织的领导。一是切实发挥党组织在农村集体经济中把方向、管大局作用，明确党组织在农村集体经济组织中的法定地位，写入全区统一的示范章程。二是理顺党组织与农村股份经济合作社董事会、监事会和经理层的关系，十多年来，始终坚持集体经济组织负责人由上级党组织提名，工作实践中都是由村党

① 参见《海淀区农村集体产权制度改革文件汇编（2002—2019 年）》，北京市海淀区农业农村局、海淀区农村合作经济经营管理站、海淀区农村集体资产监督管理委员会办公室编印。

组织书记担任村股份社董事长，充分发挥党组织的领导核心、政治核心作用和董事会的决策作用、监事会的监督作用、经理层的经营管理作用。三是坚持和完善“交叉任职”领导机制。党组织班子成员与董事会、监事会、经理层成员实行“交叉任职”，村党组织书记通过法定程序担任村集体经济组织负责人，按照章程规定行使相关权力。四是建立和完善集体经济组织主要负责人由上级党组织提名制度。镇级股份社董事的人选由镇党委建议、区委农工委提名，村级股份社董事长的人选由镇党委提名。

（二）不断深化集体产权制度改革

海淀区自 2002 年开始在城乡接合部地区启动农村集体产权制度改革试点，当时主要是针对已撤制乡镇、村、队，改革的核心任务是落实集体资产所有者代表职权，做好集体资产清查，明确集体资产处置方式和推进集体经济组织改制。2005 年海淀区进一步明确了城乡接合部地区乡村集体资产处置中资产量化份额流转和股份经济合作社设立与运行的相关规定，为集体经济组织成为真正的市场主体提供了制度保障。2007 年海淀区集体产权制度改革试点范围逐步扩大，在南部地区基本完成资产处置的乡村集体经济组织的工作重点是探索建立新型集体经济组织，南部地区其他乡村集体经济组织主要是借鉴东升乡、玉渊潭经济合作社推进改革的思路和经验，启动改革。在北部征地面积较大和撤制的村（队）加快改革进程。2011 年海淀区在全区范围内全面启动了农村集体产权制度改革。到 2016 年年底海淀区村级集体产权制度改革基本完成。2017 年，海淀区结合承担全国农村集体产权制度改革试点任务，开始深化农村集体经济组织经营性资产股份合作制改革，探索集体经济新的实现形式和运行机制，建立集体资产清产核资动态管理机制，进一步完善已量化给集体经济组织成员的股权不随新增人口变动的固化管理办法。2018 年，出台了示范章程、股权管理办法和收益分配意见，探索健全股份经济合作社内部治理和运行机制。2019 年，海淀区农业农村局、海淀区金融服务办公室、海淀区市场监督管理局、海淀区农村合作经济经营管理站联合印发了《关于开展农村集体经济组织登记赋码工作的通知》，部署开展了新一轮换届选举，对股份合作社运行加以规范。

（三）深化农村集体资产监督管理体制机制改革

随着产业布局和城乡一体化的快速推进，海淀区农村集体资产规模逐渐壮大，给农村集体资产监管带来巨大挑战。长期以来，海淀区各乡镇的发展阶段、核算体制、管理基础等存在极大的差异，加上征地拆迁、农转居、产业发展、产权改革和其他农村长期积累的历史遗留问题相互交织，农村“三资”管理日趋复杂。2012 年，海淀区引入社会审计机构对所有村集体的财务收支管理情况进行了全面审计。审计结果显示，由于制度不完善、运作不规范、监管不到位，部分村财务管理混乱、资产管理无序、资源处置不当，影响了农村集体经济的健康发展与社会稳定。海淀区积极探索成立了区、镇两级农村集体资产监督管理专门机构，强化农村集体资产监督管理，保障农村集体经济高效透明运营。2013 年底，海淀区借鉴国有资产管理模式，成立全国首家农村集体资产监督管理委员会（简称农资委），围绕“保安全、谋发展、促公平”理顺制度、明确责任、加强监管，让农村集体经济在阳光下运营。在区级层面，成立海淀区农村集体资产监督管理委员会负责海淀区农村集体资产监管的议事协调机构，区农资委主任由主管副区长兼任，副主任由区农工委书记、区农委主任、区农经站站长兼任。各镇及玉渊潭农工商总公司为区农资委的成员单位。区农资委办公室设在区农经站，负责区农资委的日常工作。区农经站加挂海淀区农村集体资产监督管理委员会办公室的牌子。在乡镇级层面，农资委主任由镇党委书记担任，与镇级的党政议事机制相衔接，由乡镇党政主要领导、分管领导，经济发展、农经、财政、纪检等科室的负责人组成。通过此次改革，进一步强化了区、镇两级农经站对农村集体资产管理的工作指导、考核评价、审计监督等职责，为树立区农经站对农村集体资产监管的权威性提供了制度保障。

（四）完善集体经济组织内部治理结构和运行机制

1. 建立和完善新型农村集体经济组织治理结构和内部管理制度。一是明确经济合作社所有权主体。自 2002 年海淀区启动农村集体产权制度改革伊始，严格落实集体资产所有者代表职权，明确了经济合作社作为农村集体资产所有者代表，主要职权是在区、乡两级领导小组的指导下，具体负责改革工作。二是明晰集体经济组织的民主决策和资产管理机构。社员代表大会是集体经济组织的最高决策机构，由全体社员代表组成；社员代表依据集体经济组织章程由全体社员选举产生。三是推进新型集体经济组织法人治理结构和内部管理制度建设。2005 年，海淀区提出集体经济组织在完成股权设置后，整体改建为股份经济合作社，实行股东代表大会制度，股东代表大会是股份经济合作社的最高决策机构，股东代表实行一人一票制。股东代表由普通股股东选举产生，董事会、监事会成员由股东代表大会选举产生。股份经济合作社要积极建立产权清晰、责权明确、政企分开、管理科学的现代企业制度，实行开放式用工制度，形成科学合理的薪酬制度，推行合同制，吸引人才，促进人力资源合理流动。2012 年，海淀区围绕做好集体资产管理、保障集体经济组织成员权益，提出了健全集体资产管理中的民主管理制度、经营管理制度、合同管理制度、财务与会计制度、资产报告制度、流转评估制度、审计制度、资产登记及年检制度、档案管理制度和责任追究制度等十项制度。2013 年，提出了进一步完善法人治理结构，加强民主管理，建立健全运行机制，加强日常管理，加快建立现代企业经营机制，提高集体资产收益率，提高要素吸附力的具体措施。一是确保股份经济合作社章程确立的股东大会或股东代表大会、董事会、监事会等民主管理架构运行顺畅。要求各集体经济组织严格遵守章程规定，按时召开股东大会或股东代表大会，按时进行董事会、监事会换届选举。切实保障股东代表行使职权。逐步实现股东代表大会差额选举董事会、董事长。二是建立健全运行机制，加强日常管理。进一步完善股权管理、财务会计管理、财务预决算、内部审计监督、经营收益分配、人力资源管理、绩效考核、主要负责人薪酬福利、预防职务犯罪、档案管理等各项规章制度。三是加快建立现代企业经营机制。充分利用内部、外部生产要素，广泛开拓多元化的资本合作，吸引外部人才，探索建立职业经理人聘任机制和约束与激励机制。

2. 加强农村股份经济合作社股权管理，保护成员权益。一是明确股权设置。2002 年，海淀区集体产权制度改革试点工作中，明确集体经济组织改制后建立股份经济合作社，设置普通股和优先股。将部分集体资产量化份额和集体经济组织现有在职人员持有的个人资产量化份额设置为普通股，将设置为普通股以外的个人资产量化份额设置为优先股。普通股是经营过程中享有收益分配请求权、企业终止清算剩余财产请求权的股份。普通股持股人有参加股东大会、选举公司董事和监事的权利，享有对企业经营的监督权和决策权。优先股是收益分红和剩余财产分配上比普通股享有优先权的股份，持股人不参加股东大会，不享有对企业经营的监督权和决策权。二是规范股权管理。个人股东享有所持有股份的所有权和收益权，股权份额可以转让、赠与、继承但不得退股，股权流转仅限于在股份经济合作社内部进行。镇级联合社设置的团体股不得流转。2018 年,《海淀区农村股份经济合作社股权管理办法（试行）》规定，股份经济合作社设立股权管理办公室，负责股权管理的日常事务。股权管理办公室主要负责对股权进行登记管理、股权转让、赠与、继承管理、兑现股东个人分配收益、股权档案管理等。此外规范了股权转让、赠与、继承的具体要件和工作流程，对股权质押，股权赎回，增资扩股，股权流转当事人，股份权属关系，股东流转全部股权，股东持股最高限额，股份经济合作社董事、监事、高级管理人员在任期内转股，税费，优先股收益分配，股权变动后通告股东等事宜进行了明确规定。

3. 引导农村集体经济组织产权规范流转交易。引导农村集体经济组织产权流转交易市场健康发展，探索建立多种形式的产权流转交易市场和服务平台，对促进农村生产要素有效配置、实现资本资源互利共赢、增加农民财产性收入、实现农村集体经济组织产权有效实现具有重要意义。海淀区于 2018 年 8 月印发了《关于本区建立农村集体经济组织产权流转交易市场的实施意见（试行）》（海行规发〔2018〕14 号）和《关于印发本区农村集体经济组织产权流转交易管理办法（试行）的通知》（海行规发〔2018〕15 号），对海淀区集体经济组织产权流转的范围、交易管理机构、交易形式和程序、交易行为规范、交易管理与监督等进行了明确的规定，推进集体经济组织产权交易规范进行。

4. 建立和完善外部监管制度，强化区、镇两级农村集体资产主管部门对集体经济组织的行政监管职责。一是严格落实审计监督制度，对股份经济合作社的经营状况、资产增减变动情况进行年度审计。对股份经济合作社主要负责人进行任期经济责任审计，对集体征地补偿费管理使用、债权债务管理、对外投资收益、工程项目等重大事项进行专项审计。二是建立备案制度，股份经济合作社要对股东大会或股东代表大会议程、决议，财务预决算报告、年度经营情况报告和资产负债表等主要财务报表，聘任或解聘经理、财务主管等高级管理人员的决议，年度收益分配情况和董事会成员、监事会成员、高级管理人员的薪酬情况，集体土地征占情况，股权流转情况，设立注销全资或控股经营实体情况等及时报送主管部门备案。三是建立审核制度。对股份经济合作社对处置预留的集体资产量化份额转化成的股份或基金、股本变更、因故不能执行章程规定、修改章程、整体改建为公司制企业法人、合并、分立、解散以及其他必要审核重要事项，要经区级主管部门核准后方可实施。四是建立实地检查制度。主管部门每年至少要对每个股份经济合作社进行一次实地检查，形成检查报告存档。五是坚持产权登记制度和年检制度。继续按照《北京市农村集体资产产权登记及其管理办法》（京农发〔1997〕26 号）进行产权登记，按照海淀区《关于农村集体经济组织改建登记有关问题的指导意见》(海农发〔2007〕30号)对股份经济合作社登记证书进行年检，着重做好数据资料的汇总分析工作。六是建立了集体资产管理考核评价制度。

(五)明晰集体经济组织与村委会的职能关系，有序推动政社分离

2007年，海淀区针对南部基本完成集体资产处置的乡村集体经济组织，提出要进一步明确党委、政府和集体经济组织的职责和相互关系。党委和政府要加强对集体经济组织的指导和监督，改进和完善工作机制，维护集体资产安全，促进集体经济健康发展。要逐步剥离基本完成改制的集体经济组织所承担的公共管理服务和公益建设职能，使集体经济组织能够顺利完成组织结构变革，向市场主体的方向发展[①]。此后，海淀区联合高校开展了“村股份社与村委会财务分离”“加强集体财务信息分析”等农村经济组织财务管理问题研究。

2017—2018年，海淀区全面推行了村委会与村股份社账务分离，每年安排财政资金7000余万元保障村委会基本运行经费，实现了城乡基层组织基本运行经费标准统一，有利于村务监督委员会和村股份社监事会履行内部监督职责，也有利于民政、财政、农经、审计等职能部门对村级组织进行预算管理、考核评价和必要的行政监督。

海淀区政府印发了《海淀区村级组织财务分离工作方案》(海政发〔2018〕18号)，在温泉、西北旺、苏家坨、上庄等四镇开展村级组织账务分离。建立农业农村、农经、民政、财政等多部门联动推进工作机制，分组织发动、具体实施、日常运行三个阶段开展村级组织账务分离。在组织发动阶段，镇政府根据上级文件制订具体工作方案，召开动员启动会议。在具体实施阶段，完成明确职能、分设会计核算账套和银行账户、划分资产产权归属、明确预算管理制度及经费来源、建立账务分离后的村委会和村股份社内外部监管机制等任务。在日常运行阶段，按照工作方案和相关预算开展工作，完成各项规定任务，并不断总结经验，进一步完善工作机制，不因改革影响村委会正常运行。关键环节和主要做法如下：

1.界定村级组织职能。村委会和村股份社在村党组织领导下行使各自职能。村委会主要承担公共管理和公共服务职能，包括：政策宣传、文化活动、农民体育健身等精神文明活动，村内园林绿化和环境卫生管理，纠纷调解、农村治保等治安联防职能，各级政府部门委托代办的村民事务，公共和公益设施建设及管护，民主、维权、财务等村内事务的办理等。村股份社主要承担农村集体经济管理职能，包括：经营管理集体资产，按规划集约利用集体建设用地，开展农用地承包确权工作，做好年度收益分配等。

2.分设村级组织会计账套和银行账户。分设村委会与村股份社的会计账套和银行账户。在国家没有明确村委会执行的会计制度之前，村委会暂时执行《北京市村合作经济组织会计制度实施细则》，也可参照执行街道和居委会的会计核算办法。村委会会计账套的

① 参见北京市海淀区农林委员会 北京市海淀区农村合作经营管理站关于印发《关于加快和深化农村集体经济体制改革的指导意见》的通知(海农发〔2007〕29号)。

名称为“××× 村民委员会”。村股份社继续执行《北京市村合作经济组织会计制度实施细则》。村股份社会计账套的名称为“××× 村股份经济合作社”。

3. 划分资产产权归属。各村开展集体产权制度改革时，明确界定为村级所有的集体资产均归村股份社所有。账务分离时，集体资产所有权不变，仍归村股份社所有，相关负债由村股份社承担。村委会因工作需要，继续拥有其正在使用和管理的公益性资产的使用权，承担管护职责。账务分离后，村委会的收支活动和由各级政府投资形成的公益性资产，在村委会会计账套中核算。村党组织运行经费，在村委会会计账套中核算。

4. 确定村级组织运行经费及其来源。镇政府与区财政局、区民政局等部门协商，根据本地经济社会发展水平、村庄形态及人口规模、村级组织承担的社区服务和管理任务，确定本辖区村委会基本运行经费保障标准，原则上区财政全额保障村委会组成人员的待遇。村委会建立预算管理制度，每年年底确定下一年的基本运行经费。村委会基本运行经费的预算项目和金额标准可以上一年实际情况为基础，参照街道和居委会预算体系，报镇政府相关部门审批，特殊事项可采取一事一议的申请办法。村股份社经营所需资金主要来自投入资本、留存收益、市场融资等。属于生产经营范畴的各级财政拨款和补助资金，由村股份社管理和使用。2019 年度村委会基本运行经费分为“公用经费”“基本运转”“人员工资”三个部分，其中“公用经费”每户 50 元，“基本运转”按照村民人数划分为四档，2000 人以下 30 万元，2000—4000 人 50 万元，4000—6000 人 70 万元，6000 人以上 90 万元；“人员工资”参照社区居委会人员工资待遇。

5. 构建监管体系。村委会和村股份社接受村党组织的领导，并建立各自内外部监管体系。村委会成立村民会议或村民代表会议、村务监督委员会，建立健全民主管理机制，重大事项由村“两委”研究、经村民大会或村民代表大会讨论通过，运行情况由村务监督委员会监督。实行村务公开、财务公开，接受村民监督。村委会所使用的财政拨款，由相关主管部门和审计部门监管。村股份社成立股东代表大会、董事会、监事会，建立“三重一大”制度，重大事项由股东代表大会讨论通过，运行情况由监事会监督。按规定公示财务情况，接受股东监督。村股份社资产管理和财务公开等情况由农经部门监管。

三、存在的问题

（一）在农村城市化进程中，需要进一步加强和完善党对农村集体经济的领导

海淀区是首都中心城区，随着农村城市化的推进，已出现一大批撤销乡村行政建制、继续发展农村集体经济的单位，将面临集体经济组织如何管理的问题，亟待加强和完善党对农村集体经济的领导。然而，加强和完善党对集体经济的领导仍面临明确基层党组织在法人治理结构中的法定地位、法定职责，保障基层党组织领导集体经济组织的决策程序等一系列具体问题。

（二）新型集体经济组织发展仍面临法律障碍

坚持和发展农村集体经济是坚持走中国特色社会主义道路的根本要求。集体经济组织是实现和发展集体经济的载体，是组织和带领分散小农户进入市场的重要途径。然而，长

期以来，在国家层面对集体经济组织立法缺位，《中华人民共和国宪法》第八条规定：国家保护城乡集体经济组织的合法的权利和利益，鼓励、指导和帮助集体经济的发展。第十七条规定：集体经济组织在遵守有关法律的前提下，有独立进行经济活动的自主权。集体经济组织实行民主管理，依照法律规定选举和罢免管理人员，决定经营管理的重大问题。《中华人民共和国民法总则》第三章第四节第九十六条明确规定“集体经济组织法人”为特别法人，但是对于集体经济组织的市场法人地位始终没有明确的规定，导致集体经济组织及其集体企业的法人治理结构与市场法人不匹配，集体经济组织的所有权、成员权、财产权都没有得到平等的待遇和保护。在地方层面，北京市对集体经济组织的地方法规和规章的修订滞后，导致集体经济组织建设与发展缺乏规范有序的法制引领，使得集体经济组织的内部治理、外部监管、统筹经营等都缺少明确的法律法规依据，难以适应快速发展的城市化和工业化进程。

（三）集体经济组织发展承担着过重的乡村治理负担

海淀区新型集体经济组织面临的负担主要有两个方面：一是城市化的成本最终由集体经济组织负担。2004 年以来，北京市执行《北京市建设征地补偿安置办法》确立了“逢征必转”“逢转必保”的原则，这一要求本意是让农民随着城市化进程享受城镇社会保障，然而，在城乡二元的社会保障体系下，农转非的成本极高。在实际操作中，一个超转人员平均需要 300 万—400 万元，按照平均寿命 80 岁，从 60 岁到 80 岁一共 20 年，平均一年实际领取的养老金却只有 2 万元左右，这显然是不合理的。二是在政经合一的制度安排下，集体经济组织承担着乡村治理的“无限责任”，面临较大经济压力。海淀区是北京市城市化进程最快的区之一，在政经合一的制度下，城市化后在村庄居委会、村委会、村集体经济组织“三位一体”的治理组织体系中，农村集体经济组织仍然在社区治理中发挥重要作用。“三无村”集体经济组织继承了村委会在村庄建设、管理等方面的“无限责任”，承担巨额的村庄治理成本，增加了集体经济组织的负担。

四、对策建议

（一）积极探索强化党对农村集体经济领导的有效实现形式

着眼于未来深度城市化以后面临的形势，系统谋划如何进一步做好农村集体经济管理工作和乡村治理工作。落实党的农村工作条例和农村基层组织工作条例，以党的建设引领和促进农村经济社会创新发展。落实基层党组织对集体经济组织的领导权、监督权、人事权、重要事项决定权。落实集体性质企业党组织在法人治理结构中的法定地位。把党建工作要求明确写入集体经济组织章程。明确镇党委政府、镇农资委、镇合作社与镇总公司之间的权利义务关系。探索建立村股份社向镇党委请示报告制度。明确村级党组织参与村股份社决策的程序和要求。

（二）引导集体资本参与新型城市形态构建

产权制度改革，一方面要分好蛋糕、公平合理地量化存量资产，更重要的是做大蛋糕，着眼于形成增量，发展壮大集体经济。根据新形势新任务，深化集体经济管理运营机制改革，引导集体资本向科技创新领域聚焦，引导集体经济组织主动融入、积极参与中关村科学城新型城市形态构建，把高端形态跨越式地带入农村。以产权制度改革后成立的镇、村股份社为纽带，“把农民组织起来，把资产经营起来”，强化主人翁意识，推动集体资本参与减量条件下的城市有机更新，凝聚起共建核心区的强大能量。

（三）以深化改革促进农村城市化后的集体经济组织发展

近十年来，海淀区农村形势发生了巨大变化，户籍农业人口数量大幅下降，约一半行政村实现村庄腾退，村民居住形态彻底改变，一批行政村撤销村委会建制，农村集体资产总额翻两番，集体经济发展、村庄腾退建设、基层治理、农转非、土地承包等方面工作相交织。农村工作整体呈现综合化、复杂化。因此，需要在完成以社区股份合作制改造为主的产权制度改革基础上，深入推进相关改革工作。第一，要在完成整建制农转非的基础上，优化农村基层治理体系，积极撤销南部地区村委会建制，推动地区办事处向街道办事处转变。第二，按照首都中心城区定位，加强全区撤村建居以后农用地经营管理工作。第三，落实村级组织账务分离、政经分离，开展村庄准物业化管理，促进基本公共服务一体化。第四，抓紧研究撤村、撤乡镇以后的农村集体资产监督管理工作机制。第五，深入探索农村综合改革新路径，在城乡融合、民生改善、农业生态化科技化现代化、农民市民化等方面提出更多可操作、接地气的改革措施，力争早日全面破解“三农”问题。

首都乡村集体经济组织振兴路径研究课题组
课题负责人：曹四发
课题组组长：张英洪、刘伟
调研组人员：张英洪、刘伟、刘妮娜、王丽红、侯晓博、夏宇、董玫夕
执　笔　人：王丽红、侯晓博、夏宇

怀柔区农村集体经济组织调研报告

怀柔区位于北京北部，属于生态涵养区，是首都北部重要的生态屏障和水资源保护地，是保障首都可持续发展的关键区域，也是京津冀西北部生态涵养区的重要组成部分。根据《北京城市总体规划（2016 年—2035 年）》以及《怀柔分区规划（国土空间规划）（2017 年—2035 年）》，怀柔区的功能定位是首都北部重点生态保育及区域生态治理协作区、服务国家对外交往的生态发展示范区、绿色创新引领的高端科技文化发展区。在全区功能定位和发展布局中，农村集体经济组织可以成为承载怀柔区建设发展的重要力量。最近，我们就农村集体经济组织建设问题赴怀柔区调研座谈。现将有关情况报告如下：

一、发展现状

怀柔区总面积 2123 平方公里，是全市面积第二大区，其中山区面积占 89%。2019 年末常住人口 42.2 万人，其中常住外来人口 10.2 万人，占常住人口的 24.2%。常住人口中，城镇人口 30.1 万人、乡村人口 12.1 万人。全区共有 12 个镇、2 个乡、2 个街道办事处、284 个行政村，有 284 个村经济合作社、274 个村股份经济合作社、14 个乡镇联合社以及 35 家乡村两级集体所有制企业，涉及 7.4 万户农户，16.1 万成员股东。

鉴于历史、现实和区位等多种因素，怀柔区农村集体经济组织发展基础比较薄弱，集体资产规模较小。截至 2019 年年底，怀柔区农村集体经济各类账面资产 59.6 亿元。其中，村级账面资产 56.0 亿元，占农村集体经济账面总资产的 94%；乡镇级账面资产 3.6 亿元，占农村集体经济账面总资产的 6%。同期，全市农村集体经济账面资产 8349.3 亿元，约占全国的 5%。怀柔区农村集体经济账面资产约占全市集体资产总量的 0.71%，在全市 14 个涉农区中排名第 13 位。

近年来，怀柔区农村集体经济总收入呈下滑趋势。从 2012 年的 108.7 亿元大幅下降到 2019 年的 6.88 亿元。2019 年，全区农村集体经济实现利润总额 -1.07 亿元。在 284 个村经济合作社中，收入在 10 万元以下（含无收入）的有 89 个，占 31.3%；收入在 10 万元以上（含 10 万元）至 50 万元（含 50 万元）的有 86 个，占 30.3%；收入在 50 万元至 100 万元的有 32 个，占 11.3%；收入在 100 万元以上的有 77 个，占 27.1%。284 个村经济合作社有 35 个资不抵债，占 12.3%；174 个收不抵支，占 61.3%；只有 5 个村实现分红，分红总额 1721.87 万元，领取股金分红的成员股东数 3168 个，约占全区成员股东数的 2%。

二、发展历程

1979年至1981年，北京市大力推广联产计酬生产责任制。1983年开始，全市政社分设的改革普遍推行，到1984年上半年基本完成。北京郊区人民公社分设为乡镇党委、乡镇人民政府、乡镇农工商联合总公司三个机构，分别行使党务、行政与经济职能。生产大队改成农工商联合公司，生产队改称为农工商分公司。

（一）建立村经济合作社、取消生产队建制

1983年，怀柔全县293个行政村中实行大队统一核算的有108个，以生产队为基本核算单位的有185个（包括生产队776个）。随着家庭联产承包责任制的普遍实行，生产队组织生产经营的功能已经转移到农户，生产队的功能被替代。1984年年底起，为配合农村土地家庭联产承包责任制改革，全县开展了建立村经济合作社、取消生产队建制改革。1984年11月，县委农村部相继印发了《关于农村生产队解体后原有财产处理意见的请示》《农村生产队解体后原生产队资金处理的补充意见》《关于农村生产队解体情况和进一步搞好各项工作的意见》，对解体农村生产队工作统一部署安排，组织清产核资小组，清理原生产队的资金、财产和债权债务，妥善安排生产队干部，建立村经济合作社，取消生产队，将生产队原有集体资产净值按原生产队人口量化到农民个人，发放股权证书，作为农户向村经济合作社的投资股份，享有所有权和收益分配权。经过这轮调整，怀柔区解体了生产队，将原生产大队统一成“村经济合作社”名称，普遍建立了村经济合作社章程，选举村经济合作社领导班子，根据本村实际需要，建立健全服务组织，健全了村合作社民主制度和财产制度。到1985年3月，全县776个生产队取消了758个，占原有生产队总数的97.7%。

（二）改革乡、村集体企业

1979年起，怀柔县拉开了改革乡、村集体企业的序幕，先后建立了企业职工岗位责任制、实行了经营承包制、试实行了股份合作制、采取了产权重组转制，逐渐确定了乡村集体企业的市场主体地位。截止到2000年年底，全县共有697家乡镇企业通过租赁、出售、联营合作、独资、股份制和股份合作制等主要形式实施了重组转制，占改革前企业总数的87.6%。改革后的乡镇企业综合实力明显增强。2000年，乡镇工业产值、工业收入、工业利润、工业增加值、出口交货值，分别占全县工业的58.9%、57.9%、76.9%、63.5%和71.8%。乡镇企业总收入81.73亿元，占农村经济总收入的86.4%，吸纳农村劳动力就业占农村劳动力总数的56.9%。

（三）社区股份制改革

自2005年怀柔区怀柔镇卢庄村开启以存量资产股份量化型为主的社区股份制改革以来，截至2019年年底，全区已有274个村级集体经济组织完成了集体产权制度改革任务，尚有10个村集体经济组织未完成改革任务[①]；14个乡镇、2个街道还未开展乡镇级集体产

---

① 10个未完成改革的村主要为城中村或城边村，由于资产体量相对较大，人员结构较为复杂，外来人口与转非人口相互交织，集体经济组织成员身份界定难点较多，加之一些村还面临未来棚户区改造的机遇，政策还不明朗，因此这些村的集体产权制度改革进展缓慢。

权制度改革工作。在怀柔区社区股份制产权制度改革过程中，有些村将原村经济合作社撤销或变更登记为新的村股份经济合作社，有的增建了新的村股份经济合作社。2012 年，为了全面完成农村集体土地所有权确权登记颁证工作，北京市农委下发《关于进一步建立健全农村集体经济组织 全面加强登记管理工作的通知》（京政农发〔2012〕12 号），要求重新恢复原集体经济组织并进行登记颁证。目前怀柔区完成产权制度改革后的 274 个村级集体经济组织，既有村经济合作社，也有村股份经济合作社。村经济合作社拥有农村集体土地所有权，村股份经济合作社拥有量化后的集体经营性资产所有权。没有完成产权制度改革的村只有村经济合作社。两个社基本上是两块牌子、一套人马、一套账本。

三、主要做法

近年来，怀柔区在社区股份制改革成果的基础上，根据全市的统一部署，围绕加强农村集体经济组织建设开展了一系列有益的探索。

（一）加强党对农村集体“三资”管理工作的领导

建立区、乡镇（街道）两级农村集体“三资”管理和监督联席会议制度。区级联席会议由主管农业的区委常委和副区长牵头，成员单位为区委组织部、区监察局、区农委、区财政局、区审计局、区民政局、区经管站，办公室设在区经管站。联席会议每季度召开一次，研究和解决工作中出现的新情况、新问题，协调指导全区农村集体经济组织的“三资”管理和监督工作，及时总结和推广典型经验。乡镇（街道）联席会议由乡镇党委书记负总责，乡镇长具体负责，主要成员单位为乡镇办公室、党建办、监察科、经管科、财政科、农发办、村建办、社保所、村级财务服务中心及涉及农村“三资”管理业务的职能科室。乡镇联席会议每月召开一次，对涉及本乡镇“三资”管理工作进行研究讨论。结合干部任期责任经济审计结果，制定村级组织“三资”管理考核办法，考核将纳入五好乡镇党委、村级党组织评星晋级考核工作，并与村级干部工作挂钩，以调动乡镇、村干部的工作主动性。

（二）推动农村集体经济组织“三资”管理制度建设

怀柔区围绕农村集体经济组织“三资”管理，建立了一套较为完整的制度体系。2017年3月29日，怀柔区委、区政府印发统领全区农村集体“三资”管理工作的“1+4”文件，即《关于进一步加强农村集体资金资产管理和监督的意见》和《怀柔区村级财务公开工作管理办法》《怀柔区村级印章管理使用办法》《怀柔区农村产权交易管理办法》《怀柔区违反农村集体资金资产资源管理规定行为问责暂行办法》，明确规定了“三资”管理的相关制度。

在强化农村集体资金管理上，一是建立了财务收支管理制度，要求农村集体经济组织年初制订年度重要项目收支计划，按民主程序形成决议并张榜公布，年终及时将收支计划完成情况向全体成员公布。村级集体经济组织日常开支必须严格履行审批程序与手续，重大事项开支必须履行民主程序。二是建立了资金管理岗位责任制度。按规定，分级明确乡镇、村管理岗位、财务岗位的职责和权限。全区统一实行村级财务账、款委托乡镇（街道）村级财务服务中心管理，按照会计核算主体分设账户（簿）。乡镇、村管理干部要严格审查财务支出事项，财务人员要严格票据管理，杜绝“白条”抵库。三是建立了村级财务公开制度。农村集体经济组织要按照规定时间、程序、内容按月逐笔逐项向全体成员公布财务收支情况，接受群众监督。

在强化农村集体资产管理上，一是健全资产台账制度。村级集体经济组织要定期进行资产清查，全面准确掌握集体经济组织的各种资产、负债和所有者权益，做到账实、账款相符。集体所有的房屋、建筑物、机器、设备、工具、器具和农业基本建设设施等固定资产，要按资产的类别建立固定资产台账，及时记录资产增减变动情况。二是健全资产处置制度。村集体经济组织以招标投标方式承包、租赁、出让集体资产，以参股、联营、合作方式经营集体资产，集体经济组织实行产权制度改革等，要严格执行《北京市怀柔区人民政府关于规范农村产权交易市场工作的意见》，由村集体经济组织提出处置意见，经乡镇联席会议审核把关，履行村级民主决策程序通过后，形成处置方案并向村民公开，然后组织实施。三是健全资产经营制度。集体资产实行承包、租赁、出让经营的，要加强合同履行的监督检查，公开合同履行情况；集体经济组织统一经营的资产，要明确经营管理责任人的责任和经营目标，确定决策机制、管理机制和收益分配机制，向全体成员公布。集体经济组织实行股份制或股份合作制经营的，其集体股份收益归集体经济组织所有，纳入账内核算。

在强化农村集体资源管理上，一是完善资源登记制度。对于法律规定属于集体所有的土地、林地、草地、荒地、滩涂等集体资源，建立集体资源登记簿，逐项记录在案。实行承包、租赁经营的集体资产，要登记资源承包租赁的相关信息。二是完善土地征用占用管理制度。建立土地征用、占用收入专户，实施专款专户专用管理，根据征地协议明确的土地补偿费、地上附着物补偿费、青苗补偿费、劳动力安置补助费具体项目依法进行分配。三是完善产权交易监管制度。依托市农村产权交易平台，规范农村产权交易行为，农村土地承包经营权流转、农村集体经济组织的实物资产交易、农村集体经济组织持有的依法可交易的财产权益，必须经过区农村产权交易服务中心核实后，在北京农村产权交易所进行交易，纳入农村产权交易平台监管范畴。建立回访制度，强化交易项目后续监管和评估。自 2014 年开始至 2019 年，怀柔区依托市农交所“农村产权交易平台”，共完成耕地、实物资产、林地等流转项目 206 宗，包括耕地流转面积 15805 亩，闲置房屋、底商等实物资产面积 97396.27 平方米，林地流转面积 46124.8 亩，养殖用地、水面 84 亩，散生果树 41 亩。合同到期后交易总金额 3.52 亿元，预计长期解决当地村民就业 1200 余人。村集体资产出售项目 1 宗，其中土地使用面积 2106 平方米、建筑面积 1777 平方米，出让价格 3500 万元。

（三）指导农村集体经济组织“三资”管理规范化

一是加强培训，提高管理人员业务能力。怀柔区经管站抽调业务骨干成立“三资”管理讲师团，分阶段对区、乡镇（街道）、村三级参与“三资”管理人员开展业务培训。针对财务管理存在的问题，分批次对乡镇（街道）、村级财务人员进行业务培训。每年至少开展两次检查、评比打分，形成检查报告进行通报。聘请社会审计机构参与村级“三资”管理，通过培训、检查、审计、整改、问题通报，形成协调有力的农村集体“三资”管理队伍。

二是强化监管保障农村集体经济规范运行。通过设置村委会公开栏、电视公开、召开股东（社员）代表大会、党员大会、“两委”会等方式定期公开村级财务，促进农村经济发展和社会稳定。规范农村产权交易，推进农村集体经营性资产出租等流转交易全部在农村产权交易平台完成，促进集体资产保值增值，不断增加村集体收入。开展合同清理规范专项整治，清理规范合同3583份，有效收回利用部分流失的农村集体资产资源。

三是加强审计监督，健全问责机制。引入第三方审计机构参与农村“三资”管理审计工作，怀柔区经管站负责制订审计方案、接洽审计事宜、把握审计进程、复核审计报告。对于审计中查处违反规定行为的，由怀柔区纪委监委牵头，按照《违反农村集体“三资”管理行为问责办法》进行问责，视情况分别追究乡镇党委、政府的领导责任，分管干部的失职责任及区有关部门的监管责任，并在全区范围内进行通报。

（四）推动农村集体经济组织完善内部治理

根据2010年北京市委农工委、北京市农委《关于进一步加强新型集体经济组织管理、指导和服务的意见》，怀柔区在村股份经济合作社中普遍建立了股东大会或股东代表大会、董事会和监事会等民主管理架构。村集体经济组织成员（股东）代表、董事会及监事会换届选举一般与村“两委”换届选举工作同步进行，村“两委”换届后由村书记直接兼任村股份经济合作社董事长，大部分村的村经济合作社与村股份经济合作社法人一致。村经济合作社监委会成员直接过渡为股份经济合作社监事会成员，负责对本村集体经济组织的财务工作进行全过程监督。成员由3—5人组成，设监事长（监委会主任）1人，村党支部书记、村委会主任、村集体经济组织董事长（社长）、村助理会计（会计、出纳）及其直系亲属不得担任监事会（监委会）成员。

农村集体经济组织的财务计划（预算）、大额资金的使用、农村集体资产处置、经济合同的签订、农村产权交易等重大事项都要经过“八步工作法”，在完成民主、审批、公开程序等具体实施步骤后方可办理。“八步工作法”具体程序如下：第一步，提出决策议案。村集体经济组织提出决策议案，村党支部受理。第二步，议定初步方案。党支部书记主持召开“两委”联席会议，讨论形成提交社员（村民）大会或社员（村民）代表大会讨论初步方案。第三步，乡镇业务主管部门及上级业务主管部门合法合规性把关。“两委”联席会议形成决策初步方案后，报乡镇业务主管部门进行审查，查遗补漏，进行完善，确保决策初步方案符合政策和法律法规的规定。第四步，征求党员群众意见建议。决策初步方案确定后，召开党员大会及村民代表大会，听取意见建议。由村民代表持《征求意见卡》入户广泛征求村民意见建议，及时反馈到村党支部。第五步，村集体将审议事项上报至上级乡镇经管科，由乡镇联席会议审核把关，乡镇政府签署审批意见。村经济合作社将绝大部分群众赞同的决策初步方案以书面形式报乡镇党委、政府审核，并由乡镇联席会议形成决议，签署审批意见。第六步，社员（村民）大会或社员（村民）代表大会讨论通过。乡镇党委、政府审核同意后，组织召开社员（村民）大会或社员（村民）代表大会讨论通过决策初步方案，形成决议。社员（村民）代表大会必须有三分之二以上代表参加，所作决议需经全体代表过三分之二以上通过。第七步，群众监督实施。形成决议后及时公告全体村民，并付诸实施。村党支部及时公开决策事项的实施情况。第八步，反馈决策落实情况。决策事项落实完成后，将相关情况在公开栏内公示反馈。

四、突出问题

（一）在功能定位上没有很好地发挥出“统”的作用

农村集体经济组织是坚持和完善“以家庭承包经营为基础，统分结合的双层经营体制”的农村基本经营制度的核心载体。坚持和完善农村基本经营制度，不能重“分”轻“统”，也不能重“统”轻“分”，必须将“统”与“分”紧密结合起来，形成功能互补、相得益彰的局面。怀柔区属于生态涵养区、远郊区，农村劳动力净流出严重，村里普遍存在“有资源、缺资金、缺资产”的共性，如果仅仅靠“老妇病弱”型农户单打独斗，很难将承包地、农宅、山场、林场、闲置厂房等资源型要素盘活利用起来。从当前全区农村集体经济组织的收益分配表来看，村级集体经济组织没有主营业务收入，乡镇级集体经济组织没有任何经济活动，在一定程度上可以认为乡村两级集体经济组织没有发挥好农村基本经营制度“统”的功能。因为集体“统”的功能的缺失，影响农户“分”的功能的发挥。根据怀柔区 2019 年乡村两级农村集体经济组织收益分配表显示，乡村两级集体经济组织和集体企业主营业务收入总额 6537 万元，占全区农村集体经济总收入的 9.5%。全区农村集体经济 90.5% 的收入来源于征地拆迁补偿款、地上物补贴和专项工程款等各种财政资金以及少量的租金收入。

（二）在治理机制上存在被动性与混同性问题

农村集体经济组织治理机制运行的好坏决定了其发展质量的高低。总体来看，怀柔区农村集体经济组织在治理机制上存在被动性与混同性问题。一是被动性，主要体现在由外向内传导的农村集体经济组织治理机制。近年来，为防止“外部力量”干预与侵占、“内部权力人”寻租等问题，怀柔区加大农村“三资”监管的力度，以外部监管推动集体经济组织治理的规范化，如创新建立了区、乡镇（街道）两级农村集体“三资”管理和监督联席会议制度、“八步工作法”，其中集体经济组织的重大经济事项都需要乡镇经管科、乡镇联席会议、乡镇政府等多层把关才能审核通过。这种通过区、乡镇（街道）的行政力量监管规范农村集体经济组织发展的方式有其必要性和合理性，特别是对于朝阳、海淀、丰台等资产规模较大的城市化地区的集体经济组织有很好的监督效果，但对于集体经济发展相对滞后的生态涵养区的集体经济组织来说还需要分类施策。怀柔区集体经济组织本身发展就很薄弱，很多集体经济组织处于半瘫痪或瘫痪状态，集体经济组织发展的自身力量和内生动力不足。在这种情况下，“严管有余、放活不足”只能强化集体经济组织治理的被动性和依赖性。二是混同性，主要指村党支部、村委会、集体经济组织之间在某种程度上的混同管理。如在民主决策中，村集体经济组织的经济事务决策按规定应在集体经济组织成员内部进行民主管理、民主决策、民主监督，但是在现实情况中，很多村集体经济组织的经济事务决策不是在村集体经济组织内部进行，而是在全体村民范围内进行。再如在财务管理上，村委会与村合作社大多是一本账目，将村庄公共事务和村合作社经济事务混同管理。这种一体化的治理模式导致了很多问题，如集体经济组织激励机制难以建立。村书记工资补助已经在全市政策框架下被固化，其作为村经济合作社社长或村股份经济合作社董事长缺乏经营发展集体经济的激励机制，不少村干部“等靠要”的思想较为严重，主动谋划发展集体经济的积极性不高。据统计，全区乡村两级集体经济组织无一职业经理人负责经营管理活动。另外，由于村社账目混同，集体经济组织社会性负担仍然较重，据统计，2019 年怀柔区村级集体经济组织共承担各类公共服务以及相关税费等社会性负担 511.5 万元，这对于本身发展就很薄弱的村集体经济组织来说无疑是雪上加霜。

（三）在外部环境上缺乏公平有效发展的制度环境

目前，怀柔区农村集体经济组织在外部环境上仍存在很多问题。一是缺乏和国企一样平等进入市场的制度通道。作为特殊法人的集体经济组织的市场地位仍缺乏具体实现路径，市场经营需求与行政管理供给难以衔接。以怀柔区北房镇为例，由于该镇毗邻科学城，镇集体经济组织正在探索寻找科学城建设合作点，但遇到的问题之一就是北房镇合作经济联合社的市场主体地位难以落地。尽管该镇合作经济联合社持有农村集体经济组织登记证书，但由于缺少相应的农村集体经济组织法律法规对于特殊法人的明确规定，且各部门工作衔接不畅，使得集体经济组织进入市场经营审批环节存在依据不足、难以操作的问题。二是缺乏发展空间和配套用地。依据怀柔分区规划和功能定位，怀柔乡村地区是建设用地减量的重点区域，处在生态控制区和限制建设区的大部分集体经济组织还面临着生态涵养区相关政策制约。如怀柔水库一级保护区内有 9 个村庄、约 2000 多户、5000 多人，由于水源保护政策限制，这 9 个村庄难以发展集体经济，因而都成为区级低收入村。三是缺乏支持集体经济发展壮大的政策体系。相较于国企、民企，农村集体经济发展面临着很多特殊的条件，特别是对于发展较为薄弱的怀柔区集体经济组织，不仅需要严格管理和规范，更需要在人才引进、税收、金融、财政以及公共服务等方面给予一揽子政策支持。

五、思考与建议

（一）加强农村集体经济组织“统”的功能

一是发挥好统筹服务功能。鼓励村集体经济组织以提供统一管理、有偿服务等形式，领办创办各类服务实体，为农民提供技术、信息、物资、流通等服务。鼓励村集体经济组织成立劳务服务队，组织村内富余劳动力，以实行劳务总承包等方式承接农村交通、水利、基础设施维护、道路养护、绿化环卫管护等劳务服务事项和政策工程项目，对外提供劳动中介和输出等有偿服务。鼓励村集体经济组织购置农机具、创新开展农村电子商务服务，为各类农业经营主体提供产前、产中、产后有偿服务。二是发挥好统筹开发功能。围绕资源盘活起来，充分利用怀柔的旅游资源、生态资源，以通过成立农宅利用合作社、旅游合作社，将闲散的农宅、山场、林地统一利用起来，大力发展乡村旅游产业、文化产业、康养产业、健康产业、度假产业、森林产业、林下产业。三是发挥好统筹经营功能。围绕资产经营起来，充分利用建设怀柔科学城的发展契机，鼓励村集体经济组织联合组建经济实体，在科学城北区、南区、东区形成三片职住相宜的创新城区以新组建的经济实体联合购买商业用房，并委托实体统一对外出租经营，租金收入由各村集体经济组织按股份比例分享；支持村集体经济组织异地开展公益性或准公益性项目建设，建好后由政府回租，建立村集体经济组织出资建设、政府或使用单位租赁经营、村集体经济组织获得租金的合作模式。

（二）深化农村集体产权制度改革

一是因地制宜推进剩余 10 个村的村级集体产权制度改革。强化农村集体经济组织规范管理，建立健全新型集体经济组织的法人治理结构，探索建立内部激励机制，理顺分配关系，大力推进按股份分配，严格禁止举债分配。探索集体资产股份采取集体成员内部转让（赠予）等方式退出，稳妥开展集体资产股份权能有序继承和抵押、担保，积极拓展集体资产股权质押权能。二是选择有积极性、有条件的乡镇推进乡镇级集体产权制度改革。在明晰乡镇和村两级产权关系的基础上，通过多种形式的股份合作，由乡镇集体经济组织统筹发展集体产业。三是尽快落实生态资产确权和生态产品交易政策，启动自然资源资产产权确权登记工作，促进生态资源资产化、可量化、可经营。

（三）提高农村集体经济组织内部治理能力和水平

一是推行政社分开。加快推进农村集体经济组织和村民自治组织职能分离，在农村基层党组织统一领导下，加快推进村民委员会事务和村集体经济组织事务分离工作。村内公益事业、村民自治公益性事务等由村委会负责；集体经济发展及集体经营性资产经营管理、土地等资源性资产的经营管理及开发利用等由农村集体经济组织负责。严格区别村民委员会和村集体经济组织的决策议事范畴，杜绝用党员大会或村民代表大会代替村集体经济组织成员（股东）大会对集体经济事项进行讨论决策。二是实行账务分离。推行村集体经济组织和村民自治组织账务分离，明确村集体经济组织与村委会的财务往来关系，村内公共服务、公益事业等公共管理支出应当纳入财政预算，村集体经济组织应当逐步减少甚至不再直接承担村内公共管理成本。三是规范执行章程。参照 2020 年 11 月 4 日农业农村部印发的《农村集体经济组织示范章程（试行）》，结合实际，按程序修改完善集体经济组织章程，并严格执行章程的有关规定，使集体经济组织的内部治理制度化、规范化、程序化，同时要与时俱进地推进集体经济组织的信息化建设，提高信息化运用和管理水平。

（四）加快构建法治化、规范化的农村集体经济组织发展制度环境

一是加强集体经济组织和集体经济发展方面的地方立法工作。加快清理有关限制集体经济组织和集体企业发展的体制弊端和政策障碍，着力将集体经济组织建设和集体经济发展纳入法治的轨道，既要赋予集体经济组织和集体企业平等的市场主体地位，又要针对集体经济组织作为特别法人赋予相应的法律法规保障和支持。二是制定怀柔区新时期加强集体经济组织建设、扶持集体经济发展的指导意见，重点在人才、金融、财税等方面加大政策支持力度。在人才支持方面，鼓励和引导大学毕业生等优秀人才到集体经济组织和集体企业就业、创业，同等保护其各项合法权益；用好支持和鼓励事业单位专业技术人员创新创业政策，鼓励专业技术人员到集体经济组织和集体企业就业、创业；充分利用股份合作优势，借鉴陕西省袁家村经验，在集体经济组织成员入股的基础上，创新设置交叉股、混合股、限制股等允许集体经济组织成员以外人员购买的新股种，吸引人才、资源入股，建立社会化、多元化、复合型的股权结构，打通农村集体经济组织与市场的开放性联系。建立健全社会资本参与集体经济发展收益保障机制，确保集体经济组织和集体企业职工享有同等保障性待遇。在金融支持方面，进一步发挥政策性金融作用，引导农业政策性金融机构加大对集体经济组织投入；同时，建议以集体经济组织为平台，发展农村合作金融，满足集体经济组织及其成员的金融需求。在财税方面，认真落实《财政部国家税务总局关于支持农村集体产权制度改革有关税收政策的通知》（财税〔2017〕55号），减免因农村集体产权制度改革而发生的契税、印花税；在此基础上，应当着眼于特别法人的定位，尽快制定有别于一般工商企业的财政税收优惠政策，支持集体经济组织的健康发展，壮大集体经济，使集体经济组织成为推动农民走向共同富裕的重要组织载体。

课题负责人：曹四发
课题组组长：张英洪
课题组成员：张英洪、刘伟、王丽红、刘雯、刘妮娜、李元元、毕珊
执　笔　人：张英洪、刘雯、刘妮娜

怀柔区发展壮大农村集体经济路径研究

发展壮大农村集体经济是乡村振兴的必然要求。作为北京的生态涵养区，怀柔区围绕全面落实新版《北京城市总体规划（2016年—2035年）》，着力优化以生态涵养为核心，以科技创新、会议休闲、影视文化为支撑的“1+3”发展格局，并将发展壮大农村集体经济作为推进乡村振兴战略、实现绿色创新发展、服务首都功能定位的重要内容。为摸清怀柔区农村集体经济发展现状，探索农村集体经济发展路径，最近怀柔区委研究室联合市农研中心对全区农村集体经济发展情况进行了调研，形成了本报告。

一、怀柔区农村集体经济发展现状

怀柔区现有14个乡镇、284个行政村，共有村级集体经济组织284个、乡镇级集体经济组织14个、乡村两级集体所有制企业35家，涉及农户7.4万户、成员股东数16.1万人。由于历史、现实和区位等多种原因，目前怀柔区农村集体经济发展的基础比较薄弱。

（一）集体经营效益水平不高

近年来，怀柔区农村集体经济总收入呈不断下滑趋势，农村集体经济总收入从2012年的108.7亿元大幅下降到2019年的6.88亿元。2019年，全区农村集体经济实现利润总额–1.07亿元。在284个村级组织中，收入在10万元以下（含无收入）的村有89个，占全区村级组织总数的32.4%；其中有10个村列入全市93个扶持壮大农村集体经济试点村之中；收入在10万元以上（含10万元）至50万元（含50万元）的有86个村，占全区村级组织总数的29.2%；收入在50万元至100万元的村有32个，占全区村级组织总数的11.3%；收入在100万元以上的村有77个，占全区村级组织总数的27.1%。284个村级集体经济组织有35个资不抵债，占12.3%；174个收不抵支，占61.2%；只有5个村实现分红，分红总额1721.87万元，其中成员股东分红1420.19万元，集体股东分红301.68万元。领取股金分红的成员股东数3168个，占全区成员股东数的2%。

（二）集体资产规模不大、分布不平衡

截至2019年年底，怀柔区农村集体经济各类账面资产59.6亿元，比上年下降40.4%，占全市集体资产总量的0.71%（全市农村集体经济账面资产约8349.3亿元，约占全国的五分之一），在全市14个涉农区中排名靠后，在5个生态涵养区中也仅处于中后位。其中，村级账面资产56.0亿元，比上年增长5.1%，占农村集体经济账面总资产的94%；乡镇级

账面资产 3.6 亿元，比上年下降 92.3%，占农村集体经济账面总资产的 6%。全区农村集体经济总体发展也很不平衡，位于怀柔城区周边部分划入新城、部分保留乡村形态的怀北镇、雁栖镇、怀柔镇的集体资产总量较高，其集体资产总和约占全区的 45%；位于新城单元内的杨宋镇、庙城镇、北房镇、龙山街道和泉河街道的集体资产总量居中，其集体资产总和约占全区的 32%；距离怀柔城区较远、地处深山区的桥梓镇、渤海镇、九渡河镇、琉璃庙镇、汤河口镇、宝山镇、长哨营满族乡、喇叭沟门满族乡 8 个乡镇集体资产总量较低，其集体资产总和约占全区的 23%。

（三）集体企业数量明显减少

近些年来，全区集体所有制企业的数量明显呈下降趋势。从村级企业来看，2016 年实行新农经报表制度以来，全区村集体企业数量从 2015 年的 24 家下降到 2019 年的 10 家。这 10 家村企主要在杨宋镇和龙山街道东关村，其中，有 1 家经营畜牧业，有 2 家分别经营金属制品业和热力生产供应业，有 7 家分别经营房地产、零售批发、商务服务、电子产品和日用产品修理业。村级企业一、二、三产业比例为 1∶2∶7。从乡镇企业来看，2019 年全区共有 25 家乡镇企业，其中，16 家企业的公章财务章上交封存、企业已停止经营，2 家在业经营但无业务、无资金流，7 家正常营业。这 7 家企业中，有 4 家分别经营房屋建筑、黑色金属冶炼和压延加工、化学纤维制造和水力发电行业，有 3 家经营商务服务和批零业。乡镇企业二、三产业比例为 4∶3。

（四）集体建设用地空间较小

根据原市农经办 2014 年对全市农村集体土地资源清查的数据，怀柔全区集体土地总面积 306.8 万亩，其中农用地面积 266.7 万亩，建设用地 13.3 万亩，未利用土地 26.8 万亩。在建设用地中，全区集体经营性建设用地为 2.96 万亩（包括村级经营性建设用地 28062.4 亩、镇级经营性建设用地 1508.6 亩），低于全市 13 个涉农区（不含石景山区）平均水平 6.3 万亩，在全市涉农区中排名第 10 位，在 5 个生态涵养区中排名第 3 位。

二、怀柔区农村集体经济发展存在的主要问题和制约因素

当前，怀柔区农村集体经济发展面临的问题比较突出，主要有以下几个方面。

一是集体主导产业薄弱。缺乏主导产业是怀柔区农村集体经济发展存在的突出问题。从 2019 年全区农村集体经济收入结构来看，乡村两级集体经济组织均无主营业务收入，乡村两级集体企业主营业务收入总额 6537 万元，占全区农村集体经济总收入的 9.5%。全区农村集体经济主导产业收入贡献率不到 10%。全区农村集体经济 90.5% 的收入来源于征地拆迁补偿款、地上物补贴和专项工程款等各种财政资金以及少量的租金收入。

二是集体产权改革尚不彻底。自 2005 年在怀柔镇卢庄村开展农村集体经济产权制度改革试点以来，截至 2019 年年底，全区已有 274 个村级集体经济组织完成集体产权制度改革任务，尚有 10 个村集体经济组织未完成改革任务；14 个乡镇、2 个街道尚未开展乡镇级集体产权制度改革工作。目前，全区 14 个乡镇的集体资产、账目等并入政府账目，已经没有经营性资产，原账目已经封存，其相关管理工作已纳入乡镇政府有关科室统一管

理。乡镇集体经济与乡镇政府财务混在一起，财务不清、产权不明，缺乏统一的管理制度，农民作为乡镇级集体资产所有者的主体地位得不到体现，不仅影响了乡镇集体经济统筹发展，也损害了广大农民的财产权益。

三是内部治理还不完善。怀柔区改制后的新型集体经济组织普遍没有建立起规范的法人治理结构，其经营方式、发展模式没能发生根本转变，股份合作制优势未能充分显现出来。主要体现在三个方面：一是作为特殊法人的集体经济组织的市场地位仍缺乏具体实现路径，市场经营需求与行政许可供给难以衔接。以北房镇为例，由于该镇毗邻科学城，正在探索以镇集体经济组织的名义寻找科学城建设合作点，但遇到的问题之一就是北房镇合作经济联合社的市场主体地位难以落地。尽管该镇合作经济联合社持有农村集体经济组织登记证书，但由于缺少相应的农村集体经济组织法律法规对于特殊法人的明确规定，使得集体经济组织进入市场经营审批环节存在依据不足、难以操作的问题。二是激励机制难以建立，集体经济发展动力不足。当前怀柔区普遍采取村书记兼任集体经济组织董事长，董（理）事会根据发展需要聘请职业经理人并授权其负责经营管理活动。但从实际运转来看，村书记工资补助已经在全市政策框架下被固化，缺乏经营发展集体经济的激励机制，不少村干部"等靠要"的思想较为严重，企业经营者和广大农村集体经济组织成员很难像干个体那样来干集体。据统计，全区乡村两级集体经济组织无一职业经理人负责经营管理活动。三是收益分配不规范，集体经济可持续发展难以为继。虽然全市已明确提出各地要进一步规范收益分配，加快由实物分配向按股份分配转变，逐步减少实物分配，不得举债进行分配。但在实际运行中，各地依然存在实行实物福利分配特别是举债分配的现象。如2019年龙山街道东大街村虽"收不抵支"负债560.2万元，但仍坚持给村民发放福利；怀柔镇大中富乐村"收不抵支"负债424万元，但仍承担对村民的相关福利支出，每年福利支出将近1700万元。

四是社会性负担仍然较多。据统计，2019年怀柔区村级集体经济组织共承担各类公共服务以及相关税费等社会性负担511.5万元，这对于本身发展就很薄弱的村集体经济组织来说无疑是雪上加霜。例如，2018年北房镇村级集体经济组织总收入为4217.5万元，总成本费用4618.1万元，其中承担的社会性负担为124.5万元；汤河口镇庄户沟门村、汤河口镇黄花甸子村在2019年新农村建设中分别一次性支出2500万元和710万元。

怀柔区发展农村集体经济除了受自身基础薄弱的影响外，还受到诸多外在因素的制约。一是发展空间受限，政策制约多。《怀柔分区规划（2017年—2035年）》划定了生态控制线和城市开发边界，将全区划分为生态控制区、集中建设区和限制建设区，分别占全区总面积的93.5%、3.5%和3%。其中生态控制区约297.75万亩，以生态保育、生态建设和生态修复为主，重在加强水源涵养、流域治理、林地保育、废弃矿山修复，其产业政策必须服从于生态涵养区的定位。限制建设区的核心任务是减量和治理，主要是引导限制建设区内的现状村庄适度集并，腾退疏解低效产业，腾退后的用地优先还绿。集中建设区是怀柔区建设发展的核心区域，大约11.1万亩，分布在怀柔新城、怀柔科学城、雁栖湖国际会都和影视产业示范区，主要任务是推进集中建设区内现状村庄城镇化和存量建设用地更新改造。依据怀柔分区规划和功能定位，处在生态控制区和限制建设区的大部分农村集体经济组织面临着生态涵养区相关政策制约的发展难题。如位于怀柔水库一级保护区内仍有9个村庄，约有2000多户5000多人。根据《北京市水污染防治条例》规定，一级保护区内禁止新建、改建、扩建与供水设施和保护水源无关的建设项目。为保护水源，这9个村庄的集体经济发展受到严重限制，均为区级低收入村。再如桥梓镇口头村，处于怀柔水库二级保护区，该村确定了“景区＋产业”融合发展的产业格局，但是在发展民俗旅游中遇到了不少政策障碍，受环保等规定限制，该村民俗户办不了营业执照，严重制约了村集体发展乡村旅游等产业。

二是经营人才匮乏，带动能力弱。怀柔区属于典型的人口流出型远郊区，本身不具有中心城区的人才聚集优势，加上乡村地区集体经济缺乏市场化的薪酬机制，使得村集体或村企很难吸引到优秀的经营管理人才，而人才的匮乏又严重制约了农村集体经济的发展。主要表现为：第一，村干部年龄偏大。村党组织书记和村“两委”干部平均年龄在52岁左右，60岁以上村党组织书记和村“两委”干部分别留任44名和156名，村干部老化、后继乏人问题比较突出。第二，村干部学历偏低。村党组织书记和村“两委”干部高中及高中以下学历分别占到52.1%和71.6%，整体学历层次与发展壮大集体经济的发展要求不相适应。第三，市场经营能力不足。在全区1364名村“两委”干部中，外出回乡任职人员279人，具有管理层任职经历的仅占两成，大部分为个体经营者或外出务工人员，市场经营能力有一定的局限性。第四，缺乏吸引人才返乡创业发展集体经济的相关政策。近年来全区无本科及以上学历人才回乡任职，村集体经济带头人队伍中具有企业家精神、创新和管理技能的人才极其缺乏。

三是产业用地缺失，发展动能少。根据《怀柔分区规划（2017年—2035年）》，到2035年全区城乡建设用地规模控制在14.5875万亩以内（其中1875亩专项用于支持怀柔科学城建设，3000亩为战略留白）。2016年怀柔城乡建设用地规模为15.36万亩，离既定目标需要缩减7725亩。《怀柔分区规划（2017年—2035年）》已经明确城乡建设用地减量类型和减量途径，即以违法建设拆除、农村集体工矿用地整治、废弃矿山修复治理、生态环境建设、实施土地一级开发、棚户区改造、美丽乡村建设及居民点整理等多种途径实现减量目标。为确保怀柔新城、怀柔科学城等核心区域和重点项目的发展用地需求（怀柔科学城规划范围10.26万亩、雁栖湖国际会都规划范围3.15万亩、怀柔影视产业示范区规划范围2.7万亩），乡村地区是建设用地减量的重点区域。这对于农村集体经济发展观光休闲、农产品加工等二、三产业所需的建设用地，都是硬约束。大多数乡镇对于辖区内不同性质的土地底数并不清楚，这种状况不利于乡镇对集体土地资源的盘整和统筹利用。

三、发展壮大怀柔区农村集体经济的思考与建议

怀柔区发展壮大农村集体经济，应当紧密结合全区功能定位、科学城建设、京津冀协同发展、实施乡村振兴战略的新要求，走出一条体现生态涵养区特点的新型农村集体经济发展之路。

（一）立足全区功能定位，突出生态优势谋发展，构建生态文明建设型集体经济

怀柔区应立足于“绿水青山就是金山银山”的区位优势，大力培育发展具有怀柔特色、体现生态文明建设要求的“绿字号”“土字号”“乡字号”农村集体经济产业业态和产品服务品牌。

一是重点发展乡村休闲旅游和医养健康产业。在集体经济发展定位上，要紧紧围绕生态涵养这个核心，着力引导集体经济组织和集体企业投资发展乡村旅游、乡村民宿、林下经济等新业态，依托绿水青山发展生态产业，推进乡村产业融合发展，使怀柔农村集体经济发展成为践行“两山”理念的生动实践，成为推动生态产业化、产业生态化的先行典范。特别是要从新冠肺炎疫情中总结经验教训，深化农业供给侧结构性改革，规划和发展大健康产业，推动医疗保健、养老养生、影视文化、休闲旅游、体育健身等多业态深度融合发展，加强农村公共卫生事业建设，扩大医疗健康产品供给，将医养健康产业与乡村休闲旅游一道培育成农村集体经济发展的重要支柱产业。

二是实施乡村旅游规模化、精品化工程。牢牢把握京津冀协同发展的历史机遇，积极主动将全区农村集体经济发展融入到京津冀协同发展战略之中去谋划与落实，进一步扩大与河北赤城、丰宁、滦平等地的合作与联动，拓展乡村旅游和乡村产业发展的全新视野，联合推出跨区域沟域旅游环线，串联特色项目，构建乡村旅游集群片区，形成跨区域、大尺度、高水平的生态发展空间和乡村旅游线路和景区。用好市级生态沟域发展政策，结合长城文化带规划，强化生态沟域单元发展，打造一批覆盖京冀的乡村旅游精品工程，促进乡村旅游的转型升级发展。

三是支持板栗、核桃等怀柔地域特色农产品的生产流通。引导和鼓励农村集体经济组织及集体企业围绕板栗、核桃等怀柔地域特色农产品加强种植、生产、加工和销售。坚持走“质量兴农”之路，大力发展生态有机农业，突出农产品质量安全，保障“舌尖上的安全”，将优质安全的生态有机产品作为乡村集体产业发展的金字招牌。实施“互联网+”集体经济建设工程，加强集体经济组织和集体企业的信息化建设，为集体经济组织和集体企业提供通信代理、直购直销等线上线下服务，发展规模化、组织化、绿色化、信息化的“种养+”模式，打通特色农产品市场渠道。支持集体经济组织和集体企业发展农产品精深加工，延长农产品产业链条，增加农副产品的附加价值，提高集体经济总体收入水平。

四是拓展生态控制区和限制建设区集体经济发展空间。对于处于怀柔水库和怀柔段京密引水渠一级保护区的村庄，要按照有关规划实行有序搬迁，切实维护被搬迁村集体经济组织和村民的正当利益，并给予迁建村集体经济组织发展的资金和政策支持。对于处于怀柔水库和怀柔段京密引水渠二级保护区的村庄，应当对发展乡村旅游产业带来的水污染影响进行科学评估和决策，杜绝“一刀切”禁止发展乡村旅游的简单做法。对于允许一二三产融合发展的乡村地区，要用好相关产业用地政策，在编制和实施乡（镇）域规划时，统筹安排农村公共设施、民生工程、农业生产、农业科研、生态旅游等用地需求，预留规划城乡建设用地指标，确保零星分散的单独选址农业设施、乡村旅游设施等建设用地需求。要从中美贸易摩擦、新冠肺炎疫情等黑天鹅事件中吸取教训，增强粮食安全意识，不搞瞎折腾，不搞“一刀切”，不把养猪养鸡与环保、美丽乡村建设对立起来，不以环保为借口搞“无猪无鸡区”“无猪无鸡乡”“无猪无鸡村”，积极引导集体经济组织和集体企业重点加强粮食、蔬菜、生猪等产能恢复。当前，市农业农村局已经牵头印发了《北京市生猪产业优化提升发展和保障猪肉市场稳定供应工作方案》和《2020年北京市各涉农区粮食和蔬菜生产目标》，给各区下达了生产任务。怀柔区被纳入京内一级应急生猪保障供应体系京东北产业片区，与平谷区、顺义区和密云区一并承担我市生猪产业应急保障供应主产区功能，要求该片区通过新建、改建、扩建，建成50家左右标准化、规模化、高级别生物安全生猪养殖场，确保到2022年实现年供应商品猪56.3万头以上。同时，怀柔区2020年还要承担42000亩16744吨粮食生产和9783.7亩17441.8吨蔬菜（含食用菌）的生产目标任务。要加强“菜篮子”的有效供给保障，尊重和保障集体经济组织和村民从事生态农业和生态养殖的自主权，促进设施农业健康有序发展，切实提高基本农产品的自给能力和质量安全。

（二）结合怀柔科学城建设，紧扣科技创新拓思路，发展科技支撑服务型集体经济

紧密围绕怀柔科学城建设的时代契机，加快探索推进农村集体经济融入怀柔科学城建设发展的政策体系、组织形式和实施路径，大力发展科技农业，走科技创新、科技兴农发展之路，不断提高农村集体经济发展的科技含量，培育和发挥农村集体经济组织及集体企业在怀柔科学城建设中的生力军作用。

一是在村级层面，探索村级集体经济组织以自主开发、合资合作、投资入股和就业参与等方式，积极参与科学城开发建设。可借鉴江苏省苏州市、常州市农村集体经济“抱团、联合、异地”六字经验发展“异地置业”，支持村集体联合组建经济实体，在科学城北区、南区、东区形成的三片职住相宜的创新城区以新组建的经济实体联合购买商业用房，并委托实体统一对外出租经营，租金收入由各村按股份比例分享；支持村集体异地开展公益性或准公益性项目建设，建好后由政府回租，建立村集体出资建设、政府或使用单位租赁经营、村集体获得租金的合作模式。同时，要借怀柔科学城建设的东风，加强对农村集体经济发展的科技要素投入，开展集体经济组织和集体企业经营管理人员的科技培训，提高科技在集体经济发展中的贡献率，为农村集体经济的发展插上科技的翅膀。

二是在乡镇级层面，探索“联村联营、片区统筹”的合作共赢发展模式。在怀柔科学城建设中，可借鉴大兴区的有关经验，成立镇级实体资产管理公司，负责统筹考虑全镇范围内旧村改造、项目开发。根据科学城开发建设的实际情况，将相关镇划为若干片区，每片委托成立一个以片区内各村为成员单位的分公司，作为集体资产管理分公司，建立相应的新型集体经济联合组织，作为组织平台、融资平台、项目申报平台，进行土地利用的区片整治，以资产管理分公司之名，组建以开发、运营、租赁、投资发展等不同功能形式的混合所有制企业，参与科学城的园区建设、基础设施建设和生态环境建设，维护和发展农村集体经济以及村民的切身利益。

三是探索乡镇统筹利用集体建设用地模式。可选取北房镇作为农村集体经济发展试点区，参照朝阳区的崔各庄、金盏、孙河三个乡的土地股份合作制改革经验，尽快启动和推进镇级集体经济产权制度改革，成立北房镇土地股份联合社，采取土地股份合作制方式，鼓励所辖村庄利用本村集体土地使用权作为股份投入乡镇土地股份联合社。借鉴大兴区集体建设用地入市试点的相关经验，乡镇土地股份联合社以出让、租赁、入股等方式，负责统一开发利用各村集体建设用地用于为科学城建设产业园区、配套公租房等项目。所有收益按照各村持有的土地股份分配，实现集体经营性建设用地规模化、集群化发展，从而使农村集体经济的发展顺利搭上怀柔科学城建设的时代快车。

（三）适应“疏整促”要求，围绕功能疏解做文章，培育首都功能承接型集体经济

根据新版《北京城市总体规划（2016年—2035年）》，怀柔等生态涵养区是首都重要的生态屏障和水源保护地，主要任务是保障首都生态安全，建设宜居宜业宜游的生态发展示范区。为此，怀柔区应围绕建设宜居宜业宜游的生态发展示范区的定位和要求，处理好中心城区减量发展与郊区农村增量发展的关系，抢抓中心城区功能疏解的重大历史机遇，主动谋划，规划和引导集体经济组织及集体企业积极对接从中心城区疏解出来的相关功能，发展体现首都“四个中心”功能定位、承接首都功能疏解的新型集体经济。

一是大手笔谋划分担与承接中心城区首都“四个中心”功能。北京城市战略定位是全国的政治中心、文化中心、国际交往中心、科技创新中心。但这“四个中心”的战略定位承载地并不局限于中心城区，怀柔区可以利用自身得天独厚的生态涵养区优势，积极主动扛起分担与承接中心城区首都“四个中心”功能的责任。事实上，怀柔雁栖湖国际会都就已承接了APEC会议、“一带一路”国际合作高峰论坛等国际会议，承担了首都政治中心、国际交往中心的部分功能；怀柔科学城的开发建设就体现和彰显了首都科技创新中心的功能与作用；怀柔影视文化的建设与发展，也是对首都文化中心功能的呈现与拓展。在支撑和服务“四个中心”建设中，怀柔区应当提升发展壮大农村集体经济的格局和层次，科学规划与积极推动农村集体经济组织及集体企业参与首都“四个中心”功能的建设，主动承接从中心城区疏解出来的相关功能。随着大国外交形式的多样化和个性化发展，怀柔还可以以农村集体经济组织为载体，谋划建设中国式的“安纳伯格庄园”，为国家领导人的个性化、田园式外交活动提供美丽而迷人的外交活动新舞台。可以通过发展集体农庄、合作农场、高端民宿等，为国际交往提供更多的田园牧歌式的怀柔乡村场地，使怀柔的美丽乡村成为辅助中心城区开展国际交往等功能的重要场所，成为拓展与展示首都“四个中心”功能建设的新窗口和大舞台。

二是大幅度实现城乡基本公共服务均等化、便利化。加快健全普惠共享、城乡一体的基本公共服务体系，结合美丽乡村建设和农村人居环境整治，加大乡村基础设施和公共服务设施建设力度，加强乡村地区基本公共服务供给，全力优化乡村地区营商环境，全面提高乡村地区承载非首都功能的能力。既要为集体经济组织、集体企业、广大村民提供基本公共服务，又要使集体经济组织、集体企业、广大村民全面参与到基本公共服务的建设和供给上来，使集体经济组织、集体企业和广大村民既是基本公共服务的享有者，同时也是基本公共服务的建设者和受益者。尤其是通过这次新冠肺炎疫情防控事件，进一步加强集体经济组织在乡村公共卫生事业建设中的重要作用，大力拓展集体经济的发展空间。

三是大力度加强怀柔特色小城镇建设。顺应疏解北京非首都功能和逆城镇化发展趋势，创新体制机制，充分发挥集体经济组织和集体企业在特色小城镇建设中的重要作用，统筹规划建设企业总部小镇、国际组织小镇、科研大学小镇、文化体育小镇、健康养生小镇等特色各异的小城镇，使特色小城镇既承担首都中心城区疏解的部分功能，又助推乡村振兴和集体经济的发展。要使特色小城镇建设的过程，同时成为集体经济发展的过程，使小城镇建设与集体经济发展相互促进、相得益彰。

（四）着眼全面深化改革，强化市场导向激活力，形成内在动力驱动型集体经济

在社会主义市场经济条件下发展壮大集体经济，必须充分发挥市场在资源配置中的基础性作用，引导和规范集体经济组织和集体企业按照市场经济发展规律进入市场，成为市场经营的主体。为此，应当以市场为导向，以法治为保障，全面深化改革，实现农村集体经济发展从外部"输血"型发展向内部"造血"型发展的历史性跨越。

一是要加快构建法治化、规范化的集体经济发展制度环境。发展壮大农村集体经济，不仅要从政治上高度重视，而且要从法治上强化保障，法治是最好的营商环境和发展环境，建议加强集体经济组织和集体经济发展方面的地方立法，完善政策法规，加快清理有关限制集体经济组织和集体企业发展的体制弊端和政策障碍，制定新时期扶持集体经济发展的政策体系，加大对集体经济发展的政策支持力度，率先将集体经济组织建设和集体经济发展纳入法治的轨道，加快构建法治化、便利化的集体经济发展的制度环境。既要赋予集体经济组织和集体企业平等的市场主体地位，又要针对集体经济组织作为特别法人的民法地位予以相应的政策支持与保护。在赋予集体经济组织和集体企业平等市场主体地位上，要像重视国有经济那样重视集体经济，像监管国有资产那样监管集体资产，像支持国有企业那样支持集体企业，像保护国有企业员工那样保护集体企业员工。在落实集体经济组织特别法人地位上，要像抓基层党组织建设那样抓集体经济组织建设，像抓基层自治组织建设那样抓集体经济组织建设，在完成集体经济产权制度改革的基础上，建立健全新型集体经济组织的法人治理结构。在市场经营活动中，区别对待集体经济组织及其所属的集体企业，实现市场经济条件下集体经济组织封闭性与开放性的有机统一。

二是全面深化农村集体经济产权制度改革。按照《中共中央国务院关于稳步推进农村集体产权制度改革的意见》以及《关于进一步深化本市农村集体产权制度改革发展壮大农村集体经济的若干意见》（京农发〔2017〕33号）要求，加快推进和完成农村集体经济产权制度改革，构建归属清晰、权能完整、流转顺畅、保护严格的农村集体产权制度，保护和发展农民作为农村集体经济组织成员的合法权益，为集体经济的发展壮大提供切实的保障。对于村级集体经济组织，要因地制宜推进剩余10个村的集体产权制度改革，强化农村集体经济组织规范管理，建立健全新型集体经济组织的法人治理结构，建立规范内部激励机制，理顺利益分配关系。大力推进按股分红，严格控制举债分配。明确集体资产股份采取集体成员内部转让（赠与）等方式退出，与时俱进地开展集体资产股份权能有序继承和抵押、担保，积极拓展集体资产股权质押权能。对于乡镇集体经济组织，先选择有积极性、有条件的乡镇推进乡镇级集体产权制度改革试点，在取得试点改革的经验后逐步推开。在明晰乡镇和村两级集体产权关系的基础上，通过多种形式的股份合作，统筹发展集体产业，维护股民权益。根据新的《土地管理法》的规定，开展农村集体经营性建设用地入市实践，尽快落实生态资产确权和生态产品交易，启动自然资源资产产权确权登记工作，促进农村集体生态资源的资产化、可量化、可经营。

三是创新体制机制，吸纳更多人才、科技、资金、管理、信息等优质资源要素参与发展集体经济。加快建立健全有利于集体经济组织和集体企业吸纳人才、科技、资金、管理、信息等要素的体制机制和政策体系，充分利用市场化方式，加大人才、资金等要素支持力度。在全面推行向集体经济薄弱村选派第一书记的基础上，鼓励和引导大学生等年轻外来人才到集体经济组织和集体企业就业、创业，同等保护其各项合法权益。可借鉴陕西省袁家村的股份合作经验，坚持集体经济的产权主体地位，在集体经济组织成员入股的基础上，创新设置交叉股、混合股、限制股等允许集体经济组织成员以外人员购买的股种，吸引外界人才、资源入股，建立社会化、多元化、复合型的股权结构，打通农村集体经济组织与外界的资金、人才、经营联系，解决集体经济缺人才、缺资金、缺管理的问题。充分利用交叉股、混合股、限制股的制衡作用，解决农民和集体、本村和外来人口之间的利益分配问题，将各主体间的利益冲突关系调整为利益捆绑关系，使得各主体间的目标利益完全一致，形成“你中有我、我中有你”的平台经济。深化农村金融体制改革，加强农业保险体系建设，着力解决集体经济发展中融资难、风险大等问题，降低集体经济组织和集体企业的市场风险。鼓励建立政府性融资担保公司或设立风险补偿资金，扶持发展经营风险小、长远效益好的物业经济、物流经济等村级集体经济项目。统筹市区两级帮扶资金精准扶持壮大试点村集体经济。此外，应当实行村集体经济组织和村民自治组织的账务分离，积极探索剥离农村集体经济组织社会性负担的有效途径，进一步规范村集体经济组织承担的村级公益事业费用的使用和管理，村内公共服务、公益事业等公共管理支出应当纳入财政预算，农村集体经济组织应当逐步减少甚至不再直接承担村内公共管理成本。

市农研中心、怀柔区委研究室课题组
课题组组长：张英洪、缐佳鑫
课题组成员：李元元、毕珊、刘雯、李婷婷
执　笔　人：刘雯、张英洪、李元元、毕珊

新时期北京市农村合作金融问题研究

一、导论

农村金融是农业农村经济的血脉，农村合作金融是农村金融体系的重要组成部分。农村合作金融的健康、可持续发展将有助于农村金融体系的完善，有助于农村金融市场活力和竞争力的提升，有利于从根本上解决“金融二元化”的困境，提升农村金融服务能力和水平，实现城乡融合发展和乡村振兴的目标。目标的实现关键在于如何解决城市与农村之间的资金流通不平衡问题。相比城市，农村资金流通量有限、资金合作方式单一，这就不可避免地造成农村各项产业规模难以扩大。农业农村发展中合作制和小农经济的特点决定了农村合作金融存在的客观必然性，但是当今农村合作金融体系建设还不完善，仍存在一些问题，因此补齐农村合作金融短板，培育新型农村合作金融组织是农村金融改革和发展的重要举措。

本文以农村合作金融为研究对象，研究新时期下如何在北京市郊区构建具有首都特点的农村合作金融体系，改善农村金融抑制的状况，解决农村融资难、融资贵的问题，破除制约农村经济发展的瓶颈。

（一）农村合作金融内涵及特征

合作金融是合作经济大范畴中的一个分支，具有合作经济的基本内涵和特征，它是人们在经济与社会活动中，为改善生产及生活条件，获取融资服务，按照自愿入股、民主管理、互助互利的原则组织起来的一种信用活动形式。合作金融的特点是组织上的互助性、管理上的民主性、经营上的灵活性、业务上的区域性、经营目标的自我服务性，原则主要是自愿参加、民主管理、自我服务、自我约束、盈余分配、自负盈亏等。农村合作金融是合作金融的一种形式，主要有以下几点本质特征：自愿性、互助经济性、民主管理性和非营利性（张洁，2013）。农村合作金融组织是在农村地域范围内由弱小的中小企业或农户依法联合组建的以自我服务为根本目标的金融组织。

合作金融组织的所有者、管理者和受益者是同一主体，基本没有商业金融机构那样供求双方两个不同利益主体之间的利益博弈，也不像政策性金融那样完全依赖于财政拨款。合作性金融与商业性金融、政策性金融一样，都是完整的农村金融体系中不可缺少的组成部分，三者之间的分工、协作与适度竞争，能形成合力，发挥优势互补、效益叠加的作用。

（二）研究背景和意义

1. 研究背景

随着农业供给侧结构性改革与乡村振兴战略推进，农村经济结构正在发生重大转型，农村经济组织形式更加多样化，客观上需要多层次、多样化的金融组织为之服务。中央一直鼓励发展新型农村合作金融，2012 年以来，中央一号文件连续提出发展新型农村合作金融。北京市作为一个超大城市，同样面临发展农村合作金融的需要，不过从实际发展来看，近些年北京市的农村合作金融并没有得到扩大和发展，存在形式比较单一，只有政府推动的农民专业合作社内部资金互助形式，并没有银保监会批设和指导的农村资金互助社以及扶贫办针对贫困村设计的互助资金试点，因此摸索出一条适合首都特点的北京市农村合作金融发展之路，对北京市农村的经济增长和农民生活水平的提高有着重要作用。

2. 研究意义

本课题基于农村合作金融的本质特征，依据各时期的形势背景与政策导向，梳理了我国农村合作金融发展的历程，总结了国际上合作金融发展的经验，是对我国农村合作金融体系的有益补充，具有理论意义。

本课题在充分调研的基础上挖掘了北京市农村合作金融实践探索的典型案例，并从互助资金的结构、运行和使用等方面进行了详细分析。结合北京市农村经济发展程度与经济结构特点，探究北京市农村合作金融发展面临的矛盾和问题，进而提出实现可持续发展的相关政策建议。旨在使新时期北京市农村合作金融重新焕发活力，适应北京市农村产业发展的“土壤”，补齐北京市农村金融服务体系短板，进而将实现北京市农业农村现代化与推进乡村振兴不断引向深入，具有实践意义。

（三）我国农村合作金融发展历程

我国农村合作金融发展的历程大概可以归纳为三个阶段：

第一阶段：农村合作金融建立和发展阶段（1949—1977）

新中国成立初期，我国面临社会主义改造的历史任务，为引导广大农户尽快走上合作化道路，促进农业生产尽快恢复和发展，政府大力推行以生产、供销、信用合作为主的合作化运动。农村合作金融—农村信用社应运而生，主要负责为农民提供贷款、融通农业生产资金，对促进农村经济恢复发展和改善农民生活发挥了重要作用。到 1957 年年底，全国 80% 的乡都设立了农村信用社，共有 88368 个，基本保持了合作制的性质。1958 年至 1977 年，农村信用社变成了中央政府控制下的集体所有制。在国内外环境的制约下，国家作出优先发展重工业的发展战略，采取了从农业中获取剩余支援工业的措施。因此，合作化运动后，在人民公社化运动、“文化大革命”等影响下，农村信用社管理主体几经变更，1958 年、1959 年、1969 年农村信用社的管理权先后被下放至人民公社、生产大队和贫下中农；又于 1962 年、1977 年收归国家银行管理，成为这些部门的附属机构。1977 年国务院颁布的《关于整顿和加强银行工作的几项规定》就明确，“信用社既是集体金融组织，又是国家银行在农村的基层机构”。农村信用社因此丧失了独立自主经营的地位。农民是虚置的所有者，政府掌握实际的控制权，这样的机构设置可以最好地满足服务工业化建设的发展目标。在服务目标上，农村信用社也背离了“自我服务”的存在初衷。

第二阶段：农村合作金融多元化探索阶段（1978—2003）

这一阶段主要经历了农村信用社经过反复调整到股份制改革，农村合作基金会的产生与退出以及粮食银行和农村互助保险的诞生。

随着以家庭联产承包责任制为主要内容的农村改革不断推进，农村合作金融需求愈见旺盛。在此背景下，我国农村信用社开启了以恢复合作金融属性为核心的改革。但这次改革并没有突破国家银行的制度边界，农村信用社仍然生存在国有金融制度安排的边缘。所以恢复合作制的努力并没有取得实质性的成果。2003 年国务院下发文件明确，农村信用社应按照股权结构多样化、投资主体多元化的原则，根据不同地区情况，分别进行不同产权形式（股份制、股份合作制和合作制）的试点，至此农村信用社开启了商业化之路。

农村合作基金会是在农村社区自发形成的，为了盘活集体资金，以内部融资的方式发展起来的一种农村融资组织。1984—1987 年由农村集体经济组织和农户主导自发产生，尚未取得国家认可，1987—1995 年是农村合作基金会发展的政府主导阶段，行政干预严重，逐渐远离合作金融目标，局部出现挤兑风波，1996—1999 年农村合作基金会的清理整顿阶段。针对农村合作基金会普遍出现挤兑风波，1999 年 1 月国务院发布命令，在全国统一取缔了农村合作基金会。

作为至今仍保持着合作性质的互助保险组织诞生于这个阶段。1985 年国务院出台的《保险企业管理暂行条例》规定：“国家鼓励保险企业发展农村业务，为农民提供保险服务，保险企业应支持农民在自愿的基础上集股设立农村互助保险合作社，其业务范围和管理办法另行制定”。紧接着山西按照“农民集股、政府支持、保险公司扶持”的模式，试办了全国第一家农业保险合作社。河南等 9 个省市借鉴日本农业共济会的经验，也开展了政策引导和农民互助合作相结合的互助保险试点。但最终都因为缺乏政策、资金支持等原因，逐渐停办。

20 世纪 80 年代初实行的家庭联产承包制使得 1980—1984 年全国粮食产量连年增长。与此同时，农户家庭储粮设施简陋、粮食的销售和流通效率低下，给农民生活带来了一系列困难。为了解决小农户与大市场之间的矛盾，一些粮食生产大省开始开展粮食代储业务，并摸索出“两代一换”（代储粮、代加工、品种兑换）业务。进入 21 世纪，“粮食银行”快速发展起来，粮食银行是农户与粮食银行之间利益共享、风险共担的一种合作模式，推动了粮食市场的高效、合理运作，保障了国家粮食安全。

第三阶段：农村合作金融步入新发展阶段（2004 年至今）

2004 年农村信用社改革试点工作在全国范围内展开，2004 年 8 月，国务院把北京市列入全国第二批深化农村信用社改革试点省市，2005 年 2 月，国务院批准北京市农村信用社改革方案，同年 10 月，银监会正式批复北京农村商业银行开业，北京农村信用社改制成功。2011 年银监会明确提出通过五年左右时间全面消化历史亏损挂账，全面完成股份制改革。现有农村合作银行要全部改制为农村商业银行。这标志着农村信用社全面放弃合作制，彻底走上了商业化道路。2014 年中央一号文件重新提出要大力发展新型农村合作金融组织，重新肯定了合作金融在农村金融系统中的作用。

2004年吉林省梨树县闫家村8户村民自发组织成立了全国第一家资金互助合作社，标志着我国农村合作金融迈入了多种组织形式共同发展的新型农村合作金融阶段。此后，我国政府出台了一系列政策对其进行引导和规范。2006年按中央要求，银监会出台《关于调整放宽农村地区银行业金融机构准入政策更好支持社会主义新农村建设的若干意见》，鼓励社会资本在农村地区建立村镇银行、小额贷款公司和资金互助社等新型农村金融机构。2007年银监会出台《农村资金互助社管理暂行规定》，对农村资金互助社在机构设立、社员和股权管理、组织机构、经营和监督管理及合并、分立、解散、清算等方面作了详细的规定。由于农村资金互助社的准入门槛相对较高、监管较严，发展势头并不快。截至2019年年底，全国农村资金互助社仅44家。

2005年黑龙江在垦区农业保险互助社的基础上成立了我国第一家互助保险公司——阳光农业相互保险公司。此外，我国还成立了中国职工保险互助会、中国渔业互保协会、农机相互保险社等互助保险组织（尚未纳入保监会监管范畴）。2011年银保监会开展了农村保险互助组织的探索，在宁波慈溪成立了我国首家农村保险互助社。但截至2014年，只有黑龙江省取得了一定的成效，政策配套缺失、监管真空、风险集聚等问题较为明显。2017年乡村振兴战略的提出使得互助保险也逐渐被中央重视起来。2017年中央1号文件明确要求，“开展农民合作社内部信用合作试点，鼓励发展农业互助保险。”2018年，农业农村部和中华全国供销合作总社分别明确提出，“支持规模较大、运行规范的合作社和联合社开展互助保险试点”“引导支持有条件的农民专业合作社开展农业互助保险试点工作”。

2007年我国第一家“粮食银行”——太仓“易裕粮食银行”开始营业。这一时期,“粮食银行”的主要经营业务更加丰富，开始涉及加工、流通、兑换、运输、融资等方面，一些大型粮食加工企业也开始经营“粮食银行”。随后粮食银行开始发展迅速，陆续有中粮集团、大连商品交易所等大型国企和机构加入“粮食银行”的发展行列，探索“新型粮食银行”发展模式，主要以加入金融衍生工具为主要创新方式，实现农业生产与现代化大市场结合，带动农民增收。

（四）我国农村合作金融政策梳理

通过梳理2014年以来国家以及北京市对于新型农村合作金融所颁布的政策，旨在明确农村合作金融发展的宏观背景以及方向。

表 1　2014 年以来国家及北京市农村合作金融政策

发文日期	文件题目	文号	发文部门	文件主要内容
2014 年 1 月 19 日	关于全面深化农村改革加快推进农业现代化的若干意见	中发〔2014〕1 号	国务院	提出在农民合作社和供销合作社基础上发展新型农村合作金融组织。坚持社员制、封闭性原则，不对外吸储放贷、不支付固定回报。并在风险监管方面提出了新的要求。
2014 年 9 月 23 日	中国银监会农业部供销合作总社关于引导规范开展农村信用合作的通知	银监发〔2014〕43 号	中国银监会	首先对新型农村合作金融给予了肯定，但也就其中存在的一些金融风险做出了一系列通知。
2014 年 11 月 20 日	关于引导农村土地经营权有序流转发展农业适度规模经营的意见	中办发〔2014〕61 号	国务院	鼓励发展多种形式的农民合作组织，深入推进示范社创建活动，促进农民合作社规范发展。在示范社基础上，培育发展农村合作金融。引导发展农民专业合作社联合社，支持农民合作社开展农社对接。
2014 年 11 月 26 日	关于进一步加强金融服务“三农”发展的若干措施	京政办发〔2014〕60 号	北京市政府	积极开展新型农村合作金融试点，支持农民专业合作社开展内部信用合作。探索建立合作性的村级融资担保基金。规范发展其他新型农村金融组织。
2015 年 2 月 1 日	中共中央国务院关于加大改革创新力度加快农业现代化建设的若干意见	中发〔2015〕1 号	国务院	积极探索新型农村合作金融发展的有效途径，稳妥开展农民合作社内部资金互助试点，落实地方政府监管责任。促进新型农村合作金融健康发展。
2015 年 2 月 16 日	中国银监会办公厅关于做好 2015 年农村金融服务工作的通知	银监办发〔2015〕30 号	银监办	提出积极推动省级人民政府抓紧落实对新型农村合作金融的监管、引导和规范职责，支持在符合条件的农民合作社和供销合作社基础上培育发展农村合作金融组织。
2015 年 4 月 2 日	中共中央国务院关于深化供销合作社综合改革的决定	中发〔2015〕11 号	国务院	对供销合作社在职责上规定：稳步开展农村合作金融服务。有条件的供销合作社要按照社员制、封闭性原则，在不对外吸储放贷、不支付固定回报的前提下，发展农村资金互助合作，还可依法设立农村互助合作保险组织，开展互助保险业务。联合社、金融监管部门和地方政府要负好监管责任。
2015 年 5 月 31 日	关于深入推进农村社区建设试点工作的指导意见	中办发〔2015〕30 号	国务院	推动发展新型农村合作金融组织。
2016 年 11 月 24 日	深化北京市供销合作社综合改革实施方案	京政发〔2016〕50 号	北京市政府	稳步开展农村合作金融服务。支持供销合作社依法多元化开展金融服务业务。
2017 年 2 月 5 日	中共中央国务院关于深入推进农业供给侧结构性改革加快培育农业农村发展新动能的若干意见	中发〔2017〕1 号	国务院	加强农民合作社规范化建设，积极发展生产、供销、信用“三位一体”综合合作。

续表

发文日期	文件题目	文号	发文部门	文件主要内容
2017 年 5 月 31 日	关于加快构建政策体系培育新型农业经营主体的意见	中办发〔2017〕38 号	国务院	鼓励发展新型农村合作金融，稳步扩大农民合作社内部信用合作试点。建立新型农业经营主体生产经营直报系统，探索建立新型农业经营主体信用评价体系。
2019 年 1 月 8 日	关于规范发展供销合作社金融服务的指导意见	中发〔2015〕11 号	国务院	深化供销合作社综合改革。推进生产、供销、信用三位一体的综合合作。
2019 年 2 月 11 日	关于金融服务乡村振兴的指导意见	银发〔2019〕11 号	人民银行、银保监会、证监会、财政部、农业农村部联合发布	积极发挥小额贷款公司等其他机构服务乡村振兴的有益补充作用，探索新型农村合作金融发展的有效途径，稳妥开展农民合作社内部信用合作试点。
2019 年 2 月 21 日	关于促进小农户和现代农业发展有机衔接的意见	中办发〔2019〕8 号	国务院	支持农村合作金融规范发展，扶持农村资金互助组织，通过试点稳妥开展农民合作社内部信用合作。

来源：根据公开资料整理。

通过以上梳理可以看出，从 2014 年开始国家高度重视新型农村合作金融，多次肯定新型农村合作金融在促进农业生产发展当中所起到的作用。北京市也是在 2014 年将推进社区性农村资金互助组织发展，作为当年建设社会主义新农村重点工作，并且在近年来不断发布文件鼓励新型农村合作金融扩大经营范围。虽然政策方面不断鼓励农村合作金融发展，但并未出台一些具体的法律条文，并且在监管上也一直处于强监管的状态。

（五）国际上合作金融发展经验借鉴

各国农村合作金融发展模式主要有：金字塔模式、多元复合模式和农协模式。通过对各国农村合作金融主要发展模式进行比较分析，并总结出基本经验，对北京市农村合作金融发展具有借鉴意义。

表 2　国际上农村合作金融主要发展模式

农村合作金融发展模式	代表性国家	主要特点
“金字塔”模式	德国	德国农村合作金融自上而下分为三级，分别是中央合作银行、地区合作银行和基层信用合作社。基层信用合作社的资金主要来自农户、小农场主、社会资金；地区合作银行的资金来自基层信用合作社入股；中央合作银行的资金一部分来自地区合作银行入股，另一部分来自政府资金入股。各级合作银行均具有独立的法人资格。德国政府对农村合作金融组织的支持力度非常大，使得德国农村金融体系为农业发展提供了大量的优惠信贷资金支持。

续表

农村合作金融发展模式	代表性国家	主要特点
农协模式	日本	日本农村合作金融从上至下可分为3个层级，最高层是中央的农林中央金库和全国信联协会，中间层是都、道、府、县的信用合作联合会，最底层是基层农协的信用合作组织。基层农协的信用合作组织开展储蓄、信贷、保险等金融业务，同时兼营农业生产资料购买、农产品销售等非金融业务；信用合作联合会主要负责监管并调控基层农协的信用合作组织之间的资金短缺，并对部分农协无力支持的农户提供信贷支持；农林中央金库则负责指导和协调信用合作联合会的工作。各级之间独立经营、独立核算、自负盈亏。此外，日本农村合作金融具有相当完备的保险体系，农业信用担保制度、信用保险制度、存款保险制度和互助保险制度共同组成了日本农村合作金融保险体系。
	韩国	韩国农协的组织结构分为上下两层，上层为农协中央会，下层为设在乡镇的基层农协，基层农协通过出资加入中央会，中央会对基层农协负有指导、协调和扶持的责任义务。韩国农协的业务分为经济事业、金融事业、教育及支持事业三大类。基层农协由农民组合员出资设立，三会一层也由组合员民主选举产生。农协还提供了包括农资供应、农产品交易场所、农产品加工储藏、运输、销售等全方位的农产品流通服务。
多元复合模式	美国	美国农村合作金融主要是指农业信贷合作金融系统，其由联邦土地银行、合作社银行和联邦中期信贷银行组成。最初建立时由国家出资设立，最终通过出售股权的方式再实现退出。联邦土地银行开展的是为农场主提供不动产抵押贷款业务。联邦中期信贷银行是为农业生产协会办理农业贷款和为发展农业相关业务提供资金。合作社银行为农业供应合作社和为农业服务的企业提供资金支持。美国农业信贷体系的监管体系非常完善，其由农业信贷管理局负责监管，同时还有行业自律协会、资金融通清算中心和互助保险集团进行多头监管。

来源：根据公开资料整理。

从各国农村合作金融发展模式总结出以下基本经验：一是坚持合作体制。各国的农村合作金融机构大都坚持为社员服务，并严格界定了农村合作金融的服务对象。在农村合作金融组织发展的后期政府资金都基本撤离，这样一来农村合作金融机构的自主性就会得到增强，社员的各项权利也能够得到保障。二是合理的组织结构。各国的农村合作金融体系一般都可以分为上、中、下三个等级，这种多级结构一方面可以保证国家对农村合作金融的控制力，另一方面又避免了行政权力干预合作金融组织的独立自主经营。三是政府大力扶持。各国对于农村合作金融组织都有专门的机构负责管理，政府为农村合作金融不仅提供了大量的资金而且在政策上也予以支持，在提供资金补贴、技术指导、人员培训等一系列支持措施的同时，在财政、税收等方面给予政策优惠，这一系列的措施为农村合作金融的发展奠定了基础。四是完善的监管体系和风险防范机制。各国农村合作金融的监管体系基本是靠行业自律和政府监管双管齐下，而风险防范则是利用农村保险来保证农村合作金融自己的安全。

二、北京市农村合作金融的现状分析

（一）北京市农村合作金融的实践形式

农村合作金融有多种模式。据课题组调查，银保监会批设和指导的农村资金互助社模式2010年曾在大兴区庞各庄镇四各庄村进行过试点，由“女瓜王”冯乐平牵头发起组建，方案已通过区人大常委会，但是由于组建农村资金互助社要求严格，需要完全按照商业银行的硬件要求办理，对于农民专业合作社来讲难点很大，因此试点未能开展起来。此外，国务院扶贫办针对贫困村设计了互助资金模式，但由于北京市不存在国家标准线的贫困村，这种模式在北京市也自然不存在。因此，北京市只有政府推动的农民专业合作社内部资金互助一种模式。

农民专业合作社内部资金互助是专业合作的一种形式，是指经农民专业合作社成员（代表）大会决议通过，以产业为纽带，以成员信用为基础，由本社全部或部分成员自愿出资筹集互助资金，按照民主管理、自我服务、互惠互利的原则，为本社成员发展专业化生产提供互助资金借款业务的资金互助性业务活动。其一般特征主要表现为：

1. 内部资金互助坚持合作社的基本原则。与生产合作、购销合作、技术合作等合作社的其他专业合作一样，内部资金互助坚持“加入自愿、退出自由”“风险共担、利益共享”“一人一票”等合作社的基本原则。

2. 内部资金互助与农业生产相关。内部资金互助是以产业为纽带，满足成员发展农业生产的资金需求。

3. 内部资金互助范围仅限于合作社内部。内部资金互助仅限于合作社内部，其资金来源严格限定在合作社内部成员之间，对外仅接受外部的捐赠资金和政府的扶持资金。

4. 内部资金互助吸股不吸储、分红不分息。互助资金来源于合作社成员缴纳的股金，而不是吸纳的储蓄。根据当年的实际经营情况，将合作社成员支付的互助资金使用费作为盈余向成员进行分红，而闲置互助资金存于银行的利息不用于分红。

5. 内部资金互助具有非营利性和灵活性。内部资金互助建立了一种机制，把合作社成员闲置的小笔资金集中起来，汇集成较大额的互助金，帮助有资金需求的成员，实现成员间的互帮互助，是真正意义上经济弱者的资金合作，具有互助性；非营利性是内部资金互助的另一个典型特征，与商业金融的不同之处在于内部资金互助不以利润最大化为目标，经营目的主要是追求成员共同经济利益，为成员提供便捷的资金融通服务。

通过调研和相关资料显示，全市合作社内部资金互助发展最好的时期是2009年前后，根据当时政策，对于开展内部资金互助的合作社，市区两级财政给予一次性10万元启动资金的补贴，因此当时很多专业合作社积极性很高，仅通州区就有32家农民专业合作社开展了内部资金互助。资料显示，到2011年年末，北京市有近4000家专业合作社，开展内部资金互助的合作社34家，占比不到1%。其中通州有24家，密云7家，延庆、昌平、房山各1家。随着财政资金补贴政策的取消，全市开展内部资金互助的合作社也逐年萎缩。据了解到2019年年底，全市有5家合作社开展内部资金互助，分别是延庆区北京绿菜园农产品产销专业合作社（以下简称延庆绿菜园）、密云区北京岭东肉鸡养殖专业合作社（以下简称密云岭东肉鸡）、密云区北京金地达源果品专业合作社（以下简称密云金地达源）、大兴区庞各庄镇梨花村信用互助合作社（以下简称大兴梨花村）和大兴区北京长亦兴赤鲁民俗旅游专业合作社（以下简称大兴赤鲁）。

（二）北京市农村合作金融发展现状

2020 年 7—8 月，课题组集中调研了北京市农村合作金融的现状。从目前掌握的情况看，北京市有 5 家合作社开展内部资金互助业务，分别是大兴 2 家、密云 2 家和延庆 1 家。合作社自开展内部资金互助业务以来，互助资金累计金额 10226 万元，参与资金互助累计户数 1591 户，成员借款累计金额 830.9 万元，占互助资金总额比例 8.1%，成员借款累计户数 94 户，占资金互助成员总数比例 4.3%，成员借款累计笔数 94 笔，均按期还款，无一笔逾期。总之，这 5 家合作社内部资金互助业务发展得相对均衡，也比较稳定。

表 3　北京市农民专业合作社开展内部资金互助的情况（截至 2019 年年底）

名称	起始年份	累计规模（万元）	会员借款金额（万元）	笔数	会员借款户数	2019 年资金规模（万元）	2019 年户数	存款利率	借款利率
延庆绿菜园	2009	5297	60	28	28	629	95	5%	银行基准下浮 10%
密云岭东肉鸡	2010	1514	140.4	26	26	195.5	8	4.80%	6%
密云金地达源	2011	1610	125.5	14	14	328	50	5%	6%
大兴梨花村	2014	530	500	25	25	106	57	8%	银行基准
大兴赤鲁	2015	1275	5	1	1	255	33	分红	3.50%
合计	——	10226	830.9	94	94	1513.5	243	——	——

数据来源：表内各合作社内部资金互助的财务报表。

1. 北京绿菜园蔬菜专业合作社内部资金互助

延庆绿菜园合作社于 2007 年 7 月成立，隶属于北京北菜园农产品产销专业合作社，是国家级示范社，有机蔬菜种植基地 470 亩，种植品种 50 多种，年产量高达 350 万斤，合作社蔬菜基地全部通过了有机农产品认证。产品主要销售渠道有农宅对接、社社对接、农超对接等多种方式。

为了解决合作社成员和合作社自身发展的资金需求，在 2009 年，合作社成立了内部基金互助会，互助资金规模为 49.75 万元，互助成员 38 户，至今已运行 11 年。目前，互助会成员 95 户，资金数额高达 628.82 万元。互助会成立初期，在区经管站的指导下，严格按照农民专业合作社内部资金互助的“信用合作、利益共享、风险共担、共同发展”的基本模式运行。互助会章程规定，互助会成员存款年利率为 5%、不足一年按银行活期利率结算，成员借款利率为银行同期贷款利率下浮 10%，互助资金主要满足于成员与合作社的资金需求。

表 4 延庆绿菜园内部资金互助的基本数据

时间（年）	互助资金金额（万元）	存款利率	参与互助资金户数（户）	成员借款金额（万元）	借款利率	成员借款户数	成员借款笔数
2009	49.75	5%	38	5	银行基准下浮 10%	5	5
2010	220.4	5%	56	8	银行基准下浮 10%	4	4
2011	300.16	5%	60	17	银行基准下浮 10%	9	9
2012	401.87	5%	72	30	银行基准下浮 10%	10	10
2013	533.91	5%	79	——	银行基准下浮 10%	——	——
2014	625.55	5%	86	——	银行基准下浮 10%	——	——
2015	624.41	5%	88	——	银行基准下浮 10%	——	——
2016	635.36	5%	91	——	银行基准下浮 10%	——	——
2017	637.26	5%	93	——	银行基准下浮 10%	——	——
2018	639.33	5%	90	——	银行基准下浮 10%	——	——
2019	628.82	5%	95	——	银行基准下浮 10%	——	——
合计	5296.82	——	848	60	——	28	28

数据来源：延庆绿菜园内部资金互助的财务报表。

表 4 显示，截止到 2019 年年末，互助会已运行 11 年，互助资金总额 5296.82 万元，年均互助金额 481.53 万元，互助成员累计 848 户，在 2009 年至 2012 年间，共 28 户互助成员借款 28 笔，借款资金总额 60 万元整。2012 年至 2019 年，7 年时间里，无一户成员借款，但是互助金额未减反增。除了成员借款，剩余 5236.82 万元的互助资金全部用于合作社的生产和发展，购买农资、设施大棚和维修等。尽管延庆绿菜园的资金互助会在互助资金使用方面，没有完全按照农民专业合作社内部资金互助的模式运行，但是内部风险控制方面，实行了严格的担保额度必须大于借款额度的政策，在自 2009 年至今的 11 年间，从未发生不良借款情况。互助资金在农户、特别是在绿菜园合作社发展生产方面提供了必要的资金帮助。

2. 北京岭东肉鸡养殖专业合作社内部资金互助

密云岭东肉鸡合作社位于密云区十里堡镇，于 2007 年成立，是国家级示范社，入社成员 157 户，业务涵盖家禽饲养、技术咨询、技术服务、收购、屠宰、分割包装、冷链物流配送等，带动周边 9 个合作社及 960 户肉鸡养殖。

2010 年，为促进合作社成员经济上的联合与合作，解决成员在生产中发展资金短缺问题，在密云区农民专业合作社服务中心的指导下，严格按照“信用合作、利益共享、风险共担、共同发展”的基本模式开展内部资金互助业务，成立了资金互助合作社，互助成员 14 户，互助金额 237.2 万元，已经运行 10 年。截至 2019 年年底，互助成员 8 户，互助金额为 195.5 万元。根据资金互助章程和相关财务规定，成员存款利率为 4.8%，年使用费率在 6% 左右，互助资金基本用于成员生产和生活的资金需求。期间，共有 26 户借款 140.37 万元，剩余互助资金共 1373.61 万元全部用于合作社的生产和发展。其中，合作社为成员支付 60% 的肉鸡养殖成本，互助资金间接用于成员，实行盈余返还。截至目前，未发生不良借款现象。

表 5　密云岭东肉鸡内部资金互助的基本数据

时间（年）	互助资金金额（万元）	存款利率	互助成员（户）	成员借款金额（万元）	借款利率	成员借款户数	成员借款笔数
2010	237.22	4.8%	14	33.55	6%	6	6
2011	256.20	4.8%	17	10.50	6%	2	2
2012	265.74	4.8%	18	15.00	6%	4	4
2013	35.33	4.8%	3	3.33	6%	3	3
2014	55.33	4.8%	6	3.33	6%	3	3
2015	85.33	4.8%	7	33.33	6%	3	3
2016	93.33	4.8%	5	41.33	6%	5	5
2017	94.50	4.8%	4	——	6%	——	——
2018	195.50	4.8%	8	——	6%	——	——
2019	195.50	4.8%	8	——	6%	——	——
合计	1，513.98	——	90	140.37	——	26	26

数据来源：密云岭东肉鸡内部资金互助的财务报表。

表 5 显示，岭东肉鸡的资金互助业务已运行 10 年，互助资金累计金额 1513.98 万元，互助成员累计 90 户，在 2010 年至 2016 年之间，共 26 户成员借款 26 笔，借款资金总额 140.37 万元。近三年，无一户成员借款，互助资金全部用于合作社的生产和发展。尽管密云岭东肉鸡的内部资金互助并没有完全按照合作社内部资金互助的模式运行，但是在自 2010 年至今的 10 年间，从未发生不良借款情况，互助资金在农户、特别是在密云岭东肉鸡合作社发展方面提供了必要的资金帮助。

3. 北京金地达源果品专业合作社内部资金互助

密云金地达源位于密云区高岭镇辛庄村，于 2008 年成立，是国家级示范社，入社成员 170 户，带动了周边 800 多户果农，现有果树基地占地面积 4280 亩，包括有机板栗、有机水杏、山杏、苹果和红薯等。

为了解决成员和合作社的资金需求，2011 年，合作社在密云区农民专业合作社服务中心的指导下，严格按照“信用合作、利益共享、风险共担、共同发展”的基本模式开展内部资金互助业务，互助成员 20 户，互助金额 15 万元，目前已运行 9 年。根据资金互助章程和相关财务规定，成员存款年利率为 5%，借款年利率基本保持在 6%，互助资金基本用于满足成员和合作社的资金需求。在 2019 年，共有 50 户成员入资，互助资金总额为 328 万元，其中 2 户成员，借款 2 笔，分别为 15 万元和 13 万元，共 28 万元。

表 6　密云金地达源内部资金互助的基本数据

时间（年）	互助资金金额（万元）	存款利率	互助成员（户）	成员借款金额（万元）	借款利率	成员借款户数	成员借款笔数
2011	15	5%	20	——	6%	——	——
2012	228	5%	76	26.5	6%	3	3
2013	228	5%	76	——	6%	——	——
2014	228	5%	76	8	6%	2	2
2015	100	5%	50	20	6%	4	4
2016	53.5	5%	50	——	6%	——	——
2017	101	5%	50	15	6%	1	1
2018	328	5%	50	28	6%	2	2
2019	328	5%	50	28	6%	2	2
合计	1609.5	——	498	125.5	——	14	14

数据来源：密云金地达源内部资金互助的财务报表。

表 6 显示，密云金地达源内部资金互助已运行 9 年，互助资金总额 1609.5 万元，互助成员累计 498 户，其中 14 户成员借款 14 笔，借款金额 125.5 万元。剩余的 1484 万元的互助资金全部用于合作社的生产和发展，购买农资、设施大棚和维修等。在自 2011 年至今的 9 年间，从未发生不良借款情况。互助资金在农户、特别是在合作社的生产发展方面，提供了必要的资金帮助。

4. 大兴区庞各庄镇梨花村信用互助合作

梨花村隶属于大兴区庞各庄镇，全村共有 339 户，1159 人，村域面积 5400 亩，百年梨园占 2700 亩。每年村里举行的采摘节和梨花节，客流量近 20 万人，该村为市级民俗旅游村。在调研中了解到，大兴区是以农村金融制度改革为主题的国家农村改革试验区。梨花村是我市新农村建设最早的 12 个试点村之一，已经制定了新农村建设总体规划。梨花村领导班子稳定，梨树种植和乡村旅游特点突出，村民户均年收入在 5—10 万元左右，具备较好的经济基础。同时，梨花村已经确定采取滚动开发的方式开展农户住宅新建、翻建，资金需求可以实现期限上的错开，具备开展互助合作的基本条件。因此，在 2014 年，按照“信用合作、利益共享、风险共担、共同发展”的基本原则，成立“农村信用互助合作社”，实现了合作金融与商业金融有机结合。

根据《大兴区庞各庄镇梨花村信用互助合作社章程》，互助社的成员出资成立担保基金，合作社与银行签订合作协议，将合作社吸收的股金存入银行账户，并将额度放大3—5倍作为合作社成员申请银行贷款的担保基金。参与信用合作农户共57户，筹集成员股金106万元，存入当地北京银行相应账户。成员按股缴纳股金，每股1万元，最低1股，最高10股，以货币出资。股金年收益率8%，北京银行给予一年期定期存款基准利率，市农业农村局（原市农委）贴息到年收益率5%，村集体贴息到年收益率8%。成员从北京银行贷款利率按照商业银行贷款基准利率结算。2015年57户成员参与分红，分红总额8.4万元。北京银行为25户成员授信贷款500万元，对原有农房进行改造升级。

由于在成立农村信用互助合作社时，没有引进专业的民宿运作公司，也没有和成员签订农房改造升级后统一使用的协议，改造后的房屋，成员基本都留着自用了。另外，由于没有后续的旅游产业做支撑，信用互助合作社无法可持续发展，在2019年，成员全部还清银行贷款后，梨花村农村信用互助合作社进行清算并宣布解散。

5. 北京长亦兴赤鲁民俗旅游专业合作社内部资金互助

赤鲁村隶属于大兴区长子营镇，毗邻亦庄新城，距北京新机场约22公里，村庄位置交通便利，区位条件优越。全村共有252户、554口人，村域总面积4097亩，其中2000多亩平原次生林。该村果品丰富，有梨、桃、杏、李子、山里红等多个品种，2013年建立了村内居家养老服务中心。

2015年，市农研中心联合北京市农业投资有限公司和中国乡建院，在大兴区长子营镇赤鲁村开展内部资金互助试点，为此并制定《北京市农民专业合作社内部资金互助试点管理办法（试行）》（京农经〔2015〕39号）。赤鲁村于2015年12月成立北京长亦兴赤鲁民俗旅游专业合作社，合作社注册资金30万元，成立后资金规模达到255万元，包括13位乡贤入资26万元，18位敬老成员每人5000元，共9万元，市农投公司出资50万元，镇政府财政补贴150万元和中国乡建院提供资金20万元。

在各级政府及有关部门的支持帮助下，大兴赤鲁经营发展有序运行。截至2019年11月底，合作社流转土地310亩种植梨树，收储闲置农宅7套，其中1套建成村史馆对外开放，1套建成书画社投入运营，3套改造为民宿对外出租，每套每年租金达4万元，另2套正在与专业公司对接康养项目；北京特色小吃油炸咯吱2018年试销售收入达4万元，2019年继续投入加工销售，民俗手工艺品耳枕2019年实现收入近5万元。截止到目前，合作社有1户借款，额度为5万元，借款利率是3.5%，用于翻建房屋。按照《北京长亦兴赤鲁民俗旅游专业合作社内部资金互助办法》，自2016年开始，合作社已经连续四年为敬老成员分红，分别是每人260元、300元、300元和300元，乡贤成员于2019年开始分红1次，每人1000元。

（三）北京市农村合作金融特征分析

通过对以上5个合作社开展内部资金互助的详细分析，我们总结出以下四方面的特征。

1. 运作规范，风险控制严格。这5家合作社都是在各区经管部门的指导下，严格按照“信用合作、利益共享、风险共担、共同发展”的基本模式开展内部资金互助业务。风险控制方面，严格按照互助资金章程要求，成员借款金额一定小于借款担保金额，同时要有2到3位成员给予借款担保。在经营期间，从未发生不良借款情况。

2. 资金来源多以成员出资为主。延庆绿菜园、密云岭东肉鸡和密云金地达源都是严格意义上的农民专业合作社内部资金互助，资金来源全部都是资金互助成员。大兴梨花村是联合商业银行开展内部资金互助，成员的互助资金作为担保资金，银行按照互助社存入资金的5—10倍，为成员提供贷款额度。大兴赤鲁是合作社内部资金互助试点，资金来源有政府财政的种子资金和入社成员互助资金。

3. 资金用途基本用于成员的生产生活和合作社的生产。延庆绿菜园、密云岭东肉鸡和密云金地达源3家的互助资金，在成立最初的时候，基本用于成员的生产生活，随着时间的推移，成员借款越来越少，大部分的互助资金都用于合作社的生产和发展。大兴梨花村的互助资金是存入商业银行，作为担保资金，形成杠杆效应，成员从商业银行的融资用于房屋的改造。大兴赤鲁的互助资金除了成员和合作社使用外，其余的都存入商业银行。总之，互助资金在农户、特别是在合作社的生产发展方面提供了有力的资金帮助。

4. 运作方式基本相同，但又各具特点。5家合作社的内部资金互助都是按照合作社内部资金互助模式运作的，由于各自面临的环境不同，他们在具体的操作上有一些区别。延庆绿菜园、密云金地达源和密云岭东肉鸡三家开展资金互助较早，主要以市场驱动、内生力为主，在没有持续财政资金支持的情况下，依然能够坚持十余年之久。大兴梨花村在操作上联合商业银行，使合作金融与商业金融的融通，在规范合作金融的同时，放大资金规模，实现农民信用合作模式的创新。大兴赤鲁主要体现在内部资金互助试点示范上，是中国乡建院参与设计的、政府财政资金支持的合作社内部资金互助试点。按照章程和内部资金互助办法，每年坚持年末分红，同时，为合作社成员解决融资需求。

通过调研座谈了解，已在开展内部资金互助的4家合作社会表示继续开展这项业务；据这些合作社反映，市金融监管部门也认可他们继续稳健地开展内部资金互助；课题组认为，在京郊有条件的农民专业合作社开展内部资金互助这项业务有可能也有必要持续发展下去。

三、北京市农村合作金融发展存在问题

通过实地调研、座谈及分析相关资料发现，北京市农村合作金融存在以下几方面问题：

（一）产业支撑不足影响合作金融需求

近年来，国家大力提倡发展新型农村合作金融，意在补齐农村金融发展的短板，促进乡村振兴。北京市作为一个超大城市，同样面临发展农村合作金融的需要。然而，我们通过了解和实地调研发现，我市的农村合作金融在近些年不仅没有得到扩大和发展，相反还处于萎缩状态，由原先的34家减少到后来的5家。

通过对其中3家内部资金互助业务开展较好的农民专业合作社研究发现，它们都有一个共同的特点——产业发展较好。

延庆绿菜园，针对北京市的实际需求，踏实开展有机蔬菜种植，不断丰富蔬菜品种，通过提高科技水平科学防治病虫害提升了产品质量，并积极开展农超对接、农宅对接拓宽了销售渠道，形成了较为成熟的产销一条龙和品牌效应，持续增加了社员收入；密云岭东肉鸡，通过多年的摸索经营，经历了市场变化的洗礼，形成了一套从饲养、收购、屠宰、包装、配送再到销售的完整产业链条，并不断开拓链条端业务，完善链条发展，巩固了市场占有率，合作社也得到了持续发展；密云金地达源，通过加强果树基地建设固本培元，并不断开发、种植新品种增强了产业发展的后劲。在此基础上还积极利用自身资源优势，开展特色养殖、采摘等兼业经营，培育了新的利润增长点。

正因为这几家合作社有着可持续发展的产业基础，因此表现出较强的生命力，农民合作社内部资金互助业务才得以持续地开展。相反，在逐步退出的 29 家合作社中，大部分是因为没有足够的产业支撑，当然也存在部分受产业政策影响不能持续经营和少量出于投机心理盲目追求政策优惠的合作社。据了解，截至 2019 年年底，全市的 7032 家合作社中，不具备产业持续发展的合作社占到了一定比例，这种相对薄弱的农村产业基础是影响我市对农村合作金融需求的原因之一。

（二）合作金融组织的经营管理能力不高

农村合作金融的发展不仅需要有可持续发展的产业作支撑，同样也需要开展农村合作金融业务的合作社具有一定经营管理水平，管理水平包括专业人才的培养和引入、经营理念、运作机制、管理团队等方面。

以大兴梨花村为例，开展农村合作金融业务之初，其具备资金互助的良好经济基础，又与银行开展合作获得了资金上的有力保证，同时政府也给予了政策上的大力支持，但由于没有专业人才，项目在设计和运作过程中缺乏经验，使得预想作为统一经营的民宿产业未能实现，最终无法维持后续资金互助业务的开展，于 2019 年清算后退出。

再如大兴赤鲁，作为农民专业合作社内部资金互助的成功试点，虽然具备了产业、资金和政府支持等各方面的优势，但是一直缺少优秀的运营团队，无法有效地将现有资源优势进行整合，农民专业合作社内部资金互助业务也发展缓慢。

目前存在农村合作金融业务的合作社，其开展农民专业合作社内部资金互助的经营管理人员普遍是合作社的内部人员，缺少专门的金融知识，管理水平也不高，制约着农村合作金融的进一步发展。

（三）合作金融的政策扶持力度不够

在农村合作金融的发展过程中，政府的导向性和支持力度往往具有决定性的作用。

有资料显示，北京市在 2009 年前后是农民专业合作社内部资金互助发展最好的时期。由于市、区两级政府出台了对开展农民合作社内部资金互助的合作社给予一次性补贴 10 万元的优惠政策，农民专业合作社对发展内部资金互助表现出了极高的积极性，促进了农村合作金融的快速发展。但随着优惠政策的逐步取消，许多开展内部资金互助的合作社逐渐退出。

政策梳理发现，虽然北京市 2014 年出台了《关于进一步加强金融服务“三农”发展的若干措施》(京政办发〔2014〕60号),提到要积极开展新型农村合作金融试点,支持农民专业合作社开展内部信用合作,但后续缺乏专门针对合作金融发展的具体办法。目前看,北京市的农村合作金融的发展仍未能有实质性的突破。

山东省作为全国唯一开展新型农村合作金融的试点省份,不仅下发了《关于印发山东省农民专业合作社信用互助业务试点方案和山东省农民专业合作社信用互助业务试点管理暂行办法的通知》(鲁政办发〔2015〕8号),还从省财政划拨540万元对试点县市进行奖励,同时省里还专门组织力量编写了《信用互助业务实务读本》方便农民群众看懂、记住、会用。试点县市也积极开展工作,例如潍坊市就针对开展试点以来的重点难点问题,通过以会代训、现场指导、专家讲座等方式,举办各类培训座谈20余次,提高了农民参与试点的积极性。截至2015年年底,全省共有78家合作社取得试点资格认定,参与成员达到8140名。另外,从发达国家的经验看,发展农村合作金融同样离不开政府政策及财政方面的大力扶持。

(四)合作金融的法律法规不健全

合作金融作为一种金融形式,无论在组织上还是功能上都有别于商业金融,因此需要有一套与之相适应的专门的法律法规来规范其行为。

纵观我国合作金融的发展,目前还停留在对发展新型合作金融组织的肯定、开展新型农村合作金融试点以及控制金融风险促进新型农村合作金融健康发展上,并没有如商业性金融有《中华人民共和国商业银行法》一样给予合作金融一个真正意义上的法律地位。从现实意义上讲,没有一个完善的法律基础,不利于创造一个持续、创新的农村合作金融发展环境。

从国外合作金融发展较为成功的经验看,它们几乎都是政府通过立法的形式给予合作金融进行有效的管理。如德国,《德国合作银行法》的出台使德国拥有了最完善的合作金融法律体系;日本同样出台的两部综合性农村合作金融法——《农业协同组合法》和《农林中央金库法》,详细地规定了一切农村合作金融活动都必须严格遵守这两部法律。正因有了明确法律的保驾护航,农村合作金融的运作才有法可依、有章可循,避免了不规范操作带来的经营风险,它们的合作金融才得以良性发展。

四、新时期北京市农村合作金融发展的政策建议

我国宏观经济由高速发展迈向高质量发展,要求构建更加完善的要素市场化配置,形成以国内大循环为主体、国内国际双循环相互促进的新发展格局。2014年中央一号文件提出发展新型农村合作金融组织,并指明具体发展方向:在管理民主、运行规范、带动力强的农民合作社和供销合作社基础上,培育发展农村合作金融,不断丰富农村地区金融机构类型。坚持社员制、封闭性原则,在不对外吸储放贷、不支付固定回报的前提下,推动社区性农村资金互助组织发展。完善地方农村金融管理体制,明确地方政府对新型农村合作金融监管职责,鼓励地方建立风险补偿基金,有效防范金融风险。

我们认为,新型农村合作金融组织是指坚持合作制、社员制原则,不对外吸储放贷、

不支付固定回报，实行民主管理和决策，追求成员利益最大化的运行特征的合作金融组织。目前新型农村合作金融组织主要以资金互助社的形式存在，还包括互助保险、互助担保等形式。真正的农村合作金融有利于促进农村经济社会的内循环发展，北京市要立足首都城市战略定位，培育农村“内生”金融组织，服务新发展格局，助推率先实现农业农村现代化。

（一）发挥合作制度优势，建立新型合作金融体系

农村的信用特征主要表现为熟人社会信用，即以人际关系为纽带的信用。从信息的角度来看，属于软信息，不同于商业金融机构所倚重的抵押物等硬信息。合作性金融通过血缘、地缘和业缘的关系来降低融资交易成本，满足高度分散化、兼业化农户的信用需求，解决“三农”融资难问题，进而实现城乡均衡发展。

农村信用社商业化改制、农村合作基金会被清理关闭之后，以资金互助社为代表的新型农村合作金融模式不断涌现，发展动力既有来自民间的自发组织，也有来自政府部门和监管部门的主动推动。基于此，合作金融确实具有继续发展下去的必要性。

农村经济发展的不平衡性决定了农村信用合作可采取不同形式，结合党的十九届五中全会提出的“把乡镇建成服务农民的区域中心”要求以及北京市农村经济发展水平，建议北京市建立以乡（镇）联社为载体，以农业产业为纽带，在乡（镇）域范围内统筹推进农民专业合作社内部资金互助，实现全区域、全链条经营，构建生产合作、信用合作、供销合作的新型合作金融体系。

以乡镇为区域发展农村合作金融的主要优势在于乡镇相比村域更有利于实现资源要素的优化融合，提升资金融通效率。农村合作金融发展的基础是产业经营，符合金融服务实体经济的要求，并且利用农民专业合作社这一产业化组织可以推动专业化、科学化、适度规模化经营，夯实农村合作金融发展的组织基础，实现合作金融与合作经济的共生发展。

（二）坚持互助合作本质，增强合作金融内生动力

解决农村社会有效需求不足，促进农民增收致富，必须引导农民走合作社、民主管理、利益分享、共同富裕、可持续发展之路，合作金融在其中可以担当不可替代的重要角色。合作金融发展的最终目标是真正办成由社员入股、实行民主管理、为成员服务的合作性质的金融组织。

在现代市场经济条件下，利润是任何经济主体生存和发展的基础和动力，合作金融组织是一个自主经营的独立的经济实体，同样必须建立起适应现代市场经济发展要求的经营机制，不断地增加自身积累，保持强大的生命力和竞争力，以实现合作制的最高目标。因此，合作金融组织必须坚持自愿合作和服务“三农”的宗旨，做到微利稳健运营，不盲目追求利润最大化。

围绕成员生活和发展生产需要，适应资金需求短、小、频、急的特点，创新运用数字技术提供综合金融服务，增强自身循环发展动力，努力建设充满生机活力、具备自我发展和自我约束能力，以及调节自如、高效运转、符合社会主义农村市场经济发展要求的农村合作金融组织。

（三）加大政策扶持力度，优化合作金融发展环境

合作金融作为“三维金融架构”中一项重要的基础性制度安排，政府介入合作金融是农村合作金融走向规范发展的关键因素，政策的制度要充分认识到合作金融的重要性，并考虑合作金融组织的优势和特点，发挥其支持农村经济发展的应有作用，引导农村经济主体贯彻产业发展意图和产业政策导向。农村合作金融组织自身规模偏小，资金偏少，抵御市场风险的能力较弱，所服务的对象又具有风险高、收益低等特点，作为弱势群体的弱势金融组织，更需要政府制定和落实各项扶持政策。

政府应在新型农村合作金融组织的审批筹建、登记注册、人员培训等方面给予大力支持，为其创造更好的外部经营环境。研究出台针对新型农村合作金融发展的具有保护性和扶持性的税收优惠政策，以便提高其盈利和资本积累的能力。对新型农村合作金融组织借款及成员贷款给予财政贴息，以减轻其融资成本，体现并增强互助精神，吸引成员入社，提高其可持续发展能力。改善农村信用环境，在农村范围内加大力度开展诚信教育和普及金融知识活动，推进农村信用体系建设。

（四）完善金融法制体系，理顺合作金融体制机制

市场经济是法制经济，金融法制建设的作用是规范金融活动主体的行为规则。国外合作金融组织发展的历史经验表明，合作金融业的发展与完善是与健全的国家法律法规建设分不开的，诸如德国、美国、日本等国家都有完善的农村合作金融法规来规范合作金融的发展。我国合作金融的稳定健康发展迫切需要制定相应的法律法规来保证，规范合作金融活动的资金提供者、需求者和金融中介者等三方的责任、权利和义务。

2014 年中央一号文件便提出要适时制定农村合作金融发展管理办法，建议结合目前合作金融组织发展实际，尽快出台相关法律法规，保证合作金融的发展处在完善的法制环境中，为解决农村地区融资困境打下坚实的基础。在缺乏上位法的情况下，北京市可探索出台符合实际且可行的制度，对农村合作金融组织的性质、成立条件、组织体系、业务范围、经营原则、服务宗旨和管理制度等予以细化规定，将市场准入、退出和公平竞争纳入法制化轨道，为优化农村合作金融发展环境、推动农村合作金融转型与创新提供法制保障。

（五）强化内外监督管理，保障合作金融规范发展

农村合作金融是弱者的联合体，自身抵抗风险能力偏弱，在金融业注重审慎经营管理的背景下，科学有效的金融监管体系成为农村合作金融业健康发展的根本保证。

2014 年中央一号文件就明确了地方政府对新型农村合作金融负有监管职责，因此，北京市监管部门要实行监管与扶持并重，一方面在合作金融组织市场准入监管方面应区别于商业金融机构，另一方面也要实行严格盯住式监管，密切关注其经营的合规性和风险性，同时要督促合作金融组织完善内部控制制度，重视监事会内部监管的职责，防止合作金融组织被少数人利用，导致成员的正当权益被侵蚀。为防范深层次的金融风险，也可委托第三方审计监督部门，不定期地对合作金融组织进行审计检查，进一步保证其运行的合法性、合规性及透明性。

制定合作金融组织的监管办法，从根本上保障合作金融监管工作的规范化、制度化，

形成适应合作金融特点、完整科学的监管制度体系，使合作金融监管工作有章可循、有规可依。

总而言之，新型农村合作金融作为一项金融创新的尝试，应在其发展定位、法制体系、政策扶持、监督机制等方面进行大胆探索，摸索出一条适合北京市首都特点的合作金融发展之路，提升农村金融服务乡村振兴的能力和水平，推动北京市率先实现农业农村现代化。

参考文献

[1] 孙同全 . 发展新型农村合作金融完善农村普惠金融体系 [J]. 农业发展与金融，2017（09）:16-19.

[2] 徐俊 . 各国农村合作金融体制比较研究 [D]. 辽宁大学，2015.

[3] 陈捷，王若冰，孟楚涵，谢静 . 国际合作金融研究 [J]. 北方金融，2016（09）:28-32.

[4] 谌英 . 国外农村合作金融发展模式及立法研究 [J]. 世界农业，2016（07）:126-130.

[5] 吴木洋，胡兵 . 农村合作金融创新研究 [J]. 农村经济与科技，2020，31（02）:148-149.

[6] 徐旭初 . 农村合作金融路在何方 [J]. 中国农民合作社，2019（04）:34.

[7] 金仙玉 . 日本农村金融发展的经验和启示 [J]. 农业经济，2019（02）:88-89.

[8] 杨肖婷 . 我国农村合作金融法律制度完善研究 [D]. 吉首大学，2018.

[9] 赵爽 . 我国农村合作金融制度变迁：历程、规律与趋势 [J]. 高校马克思主义理论研究，2019，5（02）:43-52.

[10] 杨耀旭 . 我国新型农村合作金融发展研究 [D]. 河南工业大学，2017.

[11] 杨焱 . 现代合作性金融制度的产生、变迁及功能研究 [D]. 辽宁大学，2016.

[12] 汪小亚 . 新型农村合作金融组织案例研究 [J]. 中国城市金融，2017（07）:80.

[13] 蒋永穆，王丽程 . 新中国成立 70 年来农村合作金融：变迁、主线及方向 [J]. 政治经济学评论，2019，10（06）:78-94.

[14] 张洁 . 中国农村合作金融理论与实践研究 [D]. 吉林大学，2013.

[15] 张文明 . 中国农村金融体系演化逻辑研究 [J]. 经济问题，2019（01）:54-59.

[16] 房启明，罗剑朝 . 中英农村金融制度比较研究及其经验借鉴 [J]. 经济体制改革，2016（06）:168-174.

课题负责人：曹四发
课题组组长：曹晓兰
课题组成员：林子果、陈艺曦、黄丽、梁晶怡
执　笔　人：林子果、陈艺曦、黄丽、梁晶怡

发展农村普惠金融 提升金融服务可得性

普之城乡，惠之于民。农村普惠金融是一项关乎农村发展和农民生活的重要事业，对改善弱势群体生活和增进农民福祉水平具有重大意义和深远影响。当前我国正处于全面建成小康社会和打赢脱贫攻坚战的决胜期，农村普惠金融更要在其中发挥应有作用。《推进普惠金融发展规划（2016—2020年）》提出，普惠金融指立足机会平等要求和商业可持续原则，以可负担的成本为有金融服务需求的社会各阶层和群体提供适当、有效的金融服务。普惠金融的核心原则是机会平等，使所有的市场主体都能享受到金融服务，主要目标是提升金融服务的覆盖率、可得性和满意度，服务对象是有金融服务需求的弱势群体。普惠金融的重点应放在农村，农村普惠金融要为农户和农村小微企业等整个“三农”群体提供适宜和有效的金融服务。

一、北京市建立农村普惠金融政策体系

首都城市战略定位决定了北京市农业农村发展具有自身特殊性，发展农村普惠金融要在遵循“大城市小农业、大京郊小城区”市情农情和乡村发展规律的前提下，提升郊区农业经营主体的金融服务可得性。近年来，京郊乡村新产业新业态不断涌现，金融消费新主体新需求日益增多，但农村资金短缺、融资困难、信用欠佳等问题依然突出。为此，北京市坚持新发展理念，不断加大普惠金融支持农业农村发展力度，构建了农业信贷、农业保险、农业投资、农业担保、农业基金、农村信用、涉农企业上市培育、农村要素市场、农村金融改革试验区、农村基本金融服务村村通等普惠金融服务体系，并不断深化农村金融改革创新，推动数字普惠金融发展，加大金融要素市场互联互通，引导更多金融要素支持“三农”发展。同时，北京市高度重视顶层设计，充分发挥政府主导、引领和推动作用，结合本地实际，在融资扶持、农业保险、抵押担保等方面积极创新出台了一系列政策文件，形成了较为完备的政策体系（见表1）。

表 1 北京市农村普惠金融主要政策文件

发文年度	文件名称	发文单位	文号	相关内容
2005	关于贯彻落实中央一号文件精神加强北京农业开发性金融服务的意见	市政府办公厅	京政农发〔2005〕12 号	以开发性金融为先导，联合其他金融机构，通过信用建设、制度建设和融资推动，提升金融服务“三农”的水平。
2007	关于建立北京市政策性农业保险制度的方案（试行）	市政府办公厅	京政办发〔2007〕27 号	探索建立适合本市实际的政策性农业保险制度，将政策性农业保险纳入农业支持保护体系。
2011	北京市政策性农业保险补贴资金管理暂行办法	市财政局、市农委	京财农〔2011〕2375 号	加强和规范北京市政策性农业保险补贴资金的管理，提高农业保险补贴资金的使用效益和效率。
2011	关于金融支持农民专业合作社发展的意见	市金融工作局、市农委、市发改委、市财政局、人行营管部、北京银监局、北京证监局、北京保监局	京政农函〔2011〕70 号	加大金融支持、创新金融服务是解决农民专业合作社资金短缺问题的有效途径。
2012	关于印发全面推进农村基本金融服务村村通工程建设意见的通知	市农委、人行营管部、北京银监局、北京保监局、市财政局、市金融工作局	京金融〔2012〕108 号	在“九农”金融服务体系基础上，实现城乡基本金融服务均等化发展。
2013	关于支持农业产业化龙头企业发展推进农业产业化经营的实施意见	市政府	京政发〔2013〕20 号	引导金融机构增加对龙头企业的信贷投放，在企业固定资产投产、并购、农产品收购、“走出去”等方面加大支持力度。
2013	关于加快推进农业保险保单质押贷款工作的通知	市农委、人行营管部、北京银监局、北京保监局、市财政局、市金融工作局、市农经办	京政农发〔2013〕24 号	各金融机构要从利农惠民和促进农村金融体系协调发展的角度，进一步推进金融创新，提高服务水平。
2013	关于持续深入开展“金融惠农工程”建设进一步做好“三农”金融服务工作的通知	人行营管部、市农委	银管发〔2013〕120 号	积极参与适应首都农村实际的金融服务环境建设，努力提高金融服务“三农”的针对性和有效性。
2014	关于进一步加强金融服务“三农”发展的若干措施	市政府办公厅	京政办发〔2014〕60 号	进一步提升本市农村金融服务的能力和水平，实现农村金融与“三农”共赢发展。
2015	关于引导农村产权流转交易市场健康发展的若干意见	市政府办公厅	京政农发〔2015〕40 号	逐步形成符合本市农村实际和农村产权流转交易特点的市场形式、交易规则、服务方式和监管办法。
2015	关于支持首都现代化农业示范区建设的意见	市农委、邮储北分	京政农发〔2015〕13 号	加快建立符合农业适度规模经营发展需求和银行风险防控要求的农业融资模式。

续表

发文年度	文件名称	发文单位	文号	相关内容
2016	关于加大农业领域贷款贴息等金融扶持的办法（试行）	市农委、市金融工作局、人行营管部	京政农函〔2016〕58号	对符合支持方向的经营性行为，通过贷款贴息奖励、担保费补贴、发行费补贴等方式给予金融支持。
2016	关于进一步明确北京市农村承包土地的经营权抵押贷款试点工作有关事项的通知	人行营管部、市金融工作局、市发改委、市财政局、市规土委、市农委、市园林绿化局、北京银监局、北京保监局	银管发〔2016〕358号	各银行应积极参与试点工作，创新信贷产品和服务方式，不断增强金融对首都农村经济社会和城乡一体化发展的支持作用。
2018	关于印发《北京市政策性农业保险承保理赔优化操作细则（试行）》的通知	市农委、北京保监局	京政农发〔2018〕3号	优化承保理赔流程，为农户提供更加便捷的承保理赔服务，提升政策性农业保险服务水平。
2019	关于印发《关于做好北京市农业信贷担保体系建设工作的实施意见》的通知	市财政局、市农业农村局、北京银保监局	京财农〔2019〕1509号	建立健全北京市农业信贷担保服务网络，推动形成全面覆盖京郊、辐射津冀的政策性农业信贷担保体系。
2019	关于印发《北京市农业信贷担保资金管理办法》的通知	市财政局	京财农〔2019〕2040号	创新财政金融协同支农机制，破解农业“融资难、融资贵”问题。

二、北京市农村普惠金融取得的主要成绩

北京市积极推动农村普惠金融工作，持续加大对“三农”重点领域的金融资源配置，不断丰富农村普惠金融产品种类，农村普惠金融服务网络和服务质量得到进一步完善和提升。截至2019年年底，北京市辖内中资银行涉农贷款余额2473.6亿元，同比增长8%。

（一）农村普惠金融体系逐步完善

多年来，北京市着力构建农村普惠金融体系，初步形成国有商业银行与政策性农业金融机构在京分支行、市属商业银行、村镇银行和小额贷款公司等新型农村金融机构以及其他非银行金融机构等共同参与的农村金融组织体系。据了解，截至2019年年底，北京市有11家村镇银行、130家小额贷款公司。2008年成立北京市农业投资有限公司，聚集各类资金投入农业领域，建设农业金融平台，发起农业产业投资基金，继而设立北京市农业融资担保有限公司、北京小额贷款投资管理有限公司、北京农投商业保理有限公司、北京农投融资租赁有限公司，充分发挥政府资金的导向作用，引导更多的信贷资金和社会资金投向农业农村，2010年成立北京农村产权交易所，专注于规范农村各类生产要素有序流动和优化农村资源配置，搭建农村要素流转交易服务平台，2015年成立北京市农村金融协会，发挥金融供需双方互动交流的桥梁纽带作用，联结“金融＋农业经营主体＋政府”的公共服务平台，2020年成立北京市农村小微快贷中心，打造线上线下一体化数字普惠

金融平台。目前，北京地区各主要商业银行北京分行及地方法人银行均已成立普惠金融事业部，有效推动普惠金融发展，不断完善普惠金融工作机制和涉农服务机制。

（二）涉农贷款投放力度持续加大

北京市涉农金融机构积极对接首都民生金融服务关键环节资金需求，信贷资源进一步向重点产业和薄弱环节倾斜，涉农信贷规模持续扩大。如北京农村商业银行于2020年6月投放6000万元“生猪贷”，服务首都生猪养殖重点项目投建投产，深入推进生猪全产业链金融服务，截至2020年9月底，为门头沟、平谷两个区的多个行政村新民居项目519户累计投放4199万元，并在未来5年向北京菜篮子稳产保供提供50亿元的意向性授信额度；中国农业银行北京分行围绕全市生猪、粮食重点领域开展精准服务，截至2020年6月底，共投放生猪产业贷款8.2亿元，较年初增长141.78%，粮食产业贷款8.7亿元，较年初增长214.78%；中国邮政储蓄银行北京分行持续拓展小额贷款业务，截至2020年5月底，新发放小额贷款45.6亿元，贷款余额95.5亿元，较年初增长6.2%。

（三）农村普惠金融产品模式不断涌现

根据京郊发展实际，北京市涉农金融机构积极创新集体经营性建设用地入市专项融资、农业产业链贷款、农权贷、美丽乡村贷、民俗贷、新民居贷款等普惠金融产品，为农业农村发展提供强有力的信贷服务，并积极构建金融服务“三农”模式。如中国农业银行北京分行创新乡村振兴e贷系列产品，在密云地区创新推出果蔬e贷产品，截至2020年3月末，为密云区蔬菜大棚改造项目客户授信59户，发放贷款1300余万元；北京银行推出农权贷特色产品，支持农民专业合作社联合社、流转收购企业、农户等以农地经营权抵押，单户最高贷款金额2000万元；中国邮储银行北京分行打造农保贷、民俗贷带动农户小额贷款；北京怀柔融兴村镇银行开发民俗贷，支持民俗经营户装修和改扩建；北京密云汇丰村镇银行针对农户、农村种养殖个体工商户推出个人无抵押小额贷款产品，只需提供一名保证人即可获得30万元小额贷款，手续简单且审批效率高。

（四）农村基础普惠金融服务覆盖面提升

北京市涉农金融机构将农村支付服务环境建设作为普惠金融的重要抓手，积极推动普惠金融服务持续下沉，建设金融服务站点作为银行网点的有效补充，有力打通金融服务“最后一公里”，充分发挥基础金融服务功能，农民足不出村即可解决小额存取款、缴费等金融需求，基础金融服务覆盖面、便利性和可得性大大提升。据了解，截至2019年年底，北京市建设农村各类金融服务站点1860个，消除金融服务空白村1917个，村级金融服务覆盖率达100%。如北京市农业融资担保有限公司于2020年年初在平谷区刘家店镇行宫村设立首家村级三农金融服务站，就近为当地农业经营主体提供接地气的信贷担保服务；截至2020年5月底，北京农村商业银行累计投入资金60余万元，设立乡村便利店17家、助农取款服务点5个，累计交易规模达9.5万余笔、近4600万元，完成679个金融服务空白村支付环境建设；北京银行全面升级富民直通车金融服务站，引入智能柜员机和PAD银行，实现一站式快捷发卡、产品购买、小额取现等功能，实现助农服务智能化、标准化与可复制化。

（五）农村信用体系建设逐渐改善

鉴于农村信用体系缺失导致的银行“难贷款”与农民“贷款难”这一突出矛盾，北京市自2004年实施信用户、信用村、信用镇“三信工程”建设，切实满足了农民小额信用贷款资金需求，推动农村信用体系建设和信用等级评定工作。通过建立北京市农村金融与风险管理公共服务平台，成功运用于贷款贴息奖励、担保费补贴、发行费补贴、农业保险理赔，对信用等级高的适当提高奖励和补贴比例，同时建立“黑名单”制度，加强监管和惩戒。北京农村商业银行联合市农业农村局、云华农汇网创建北京农民专业合作社信用评价体系，通过科学量化农民专业合作社的信用评价指标，有效破解了因信息不对称导致的融资难问题。

三、北京市农村普惠金融进一步发展面临的问题

北京市积极发挥普惠金融支持“三农”的作用，有力地推动了全面建成小康社会与实施乡村振兴战略的进程，但与高质量推进农业农村现代化对普惠金融产生的多元化需求相比，农村普惠金融仍存在一些亟须解决的深层次问题。

（一）农村金融服务均等化和普惠化程度不足

调研发现，因农业风险大、成本高、收益低的特点，金融机构出于自身经营发展和风险控制的考虑，业务创新拓展方面较为缓慢，深度参与普惠金融服务的积极性不高。农业龙头企业和农民专业合作社示范社的自有资产、经营收益等硬性条件较好，金融机构比较认可和青睐，并开发了针对性的金融产品给予金融支持，而小农户和轻资产的农村小微企业因抗风险能力差、服务成本高，从金融机构获得融资的可能性较小，金融服务的可得性明显不足。

（二）农村普惠金融产品适用性和创新性不强

金融机构囿于监管政策要求和商业可持续发展，选择抵质押担保贷款方式过多，纯信用贷款方式较少。金融机构过度依赖抵质押物，一味地要求小农户和农村小微企业提供合格的可抵质押物，会导致农村弱势群体享受不到金融服务。多样化和个性化的普惠金融产品供给能力仍显不足，普惠金融创新模式推广慢、规模小，农村融资需求者满足程度较低。

（三）农村普惠金融社会支撑体系不健全

农村产权的价值评估和处置制度缺失，市场化流转机制仍不健全，其抵押和变现能力较弱，尚未被金融机构普遍接受，严重制约了农村产权抵押贷款的投放。农村社会信息分散且开放程度不足，金融机构数据搜寻成本较高，降低了其发放贷款的积极性。信用户、信用村、信用镇等农村信用体系建设工作尚未完全覆盖，“守信光荣、失信可耻”的农村社会信用环境有待进一步提升。

（四）农村普惠金融配套机制发挥不充分

农民对普惠金融的认识不到位，金融综合素质普遍偏低，吸收和消化普惠金融服务的能力不足，尚未完全形成利用金融资源改善和提高生产经营能力的理念和行为。农村普惠金融是面向低收入的弱势群体，预期回报率低，面临的生产经营风险高，财政支持和激励机制未能充分发挥以及农村普惠金融立法与监管体系的相对滞后，影响到金融机构向农村金融市场主动配置普惠金融资源。

四、促进北京市农村普惠金融高质量发展的政策建议

我国即将迈向全面建设社会主义现代化国家新征程，北京市要以畅通国民经济循环为主的新发展格局为契机，立足首都城市战略定位，将农村金融服务均等化与普惠化作为深化农村金融改革的重要方向，实现城乡金融资源配置均衡化与高效化。

（一）提升农村普惠金融服务可得性

2020 年中央一号文件提出“稳妥扩大农村普惠金融改革试点”，农村普惠金融战略实施重点在于立足商业可持续原则，提高农村弱势群体的金融服务可得性。农村作为一个潜力巨大的蓝海市场，存在着数量庞大的“三农”长尾用户，虽然单个用户的利润较低，但具有潜在的利润总量，金融机构要统筹兼顾银行战略、企业社会责任和利润可持续等多重目标，将金融服务覆盖到农村所有群体，提升整个农村群体的金融服务获得感和可得性，改善在农村存在的金融服务抑制和供给不足状况。

（二）创新农村普惠金融产品和服务

2020 年中央一号文件提出“推出更多免抵押、免担保、低利率、可持续的普惠金融产品”，金融机构要加快服务理念转变、信贷模式优化和科技能力建设，开发适用于信用贷款发放的风控模式，从前端有效控制贷款风险，将债务人履约能力评估、偿付记录和财务状况考察作为重点，弱化对抵质押担保物的依赖，提高信用贷款占比，创新信用贷款产品。盘活农村资产资源是解决农民贷款难的重要途径，要配合农村产权改革，扩大有效抵押物品种和范围，创新农村各类产权的金融产品，探索推动农村产权抵押、股权质押贷款等品种。

（三）完善农村普惠金融社会支撑体系

规范农村产权评估、交易和处置等操作流程，健全农村产权抵押担保体系，为农村产权抵押处置创造良好的运行条件。构建数据资源共享平台和协调机制，整合金融机构、司法、工商、税务等部门的信用信息资源，打通数据资源部门间的信息壁垒，有效解决信息不对称问题。2020 年中央一号文件提出“鼓励地方政府开展县域农户、中小企业信用等级评价”，建议完善农户和农村小微企业信用档案与信用评价机制，为金融机构贷款发放、贷后管理、贷款收回等提供信息支持，提升金融机构服务农村弱势群体的能力。

（四）健全农村普惠金融相应配套机制

提高对农村普惠金融的认识和重视，加快在农村地区普及金融知识，拓宽农村普惠金融宣传渠道，培养农民金融风险意识。2020 年中央一号文件提出“加快构建线上线下相结合、‘银保担’风险共担的普惠金融服务体系”，建议完善政府风险补偿机制，发挥政策性融资担保与农业保险作用，分散金融机构运营风险。加强财政贴息等政策工具应用，推进货币和财税等配套支持政策，实施定向降准和增值税减免政策。设立农村普惠金融发展专项资金，对大力推进金融产品和服务方式创新、涉农贷款增加较多、风险控制较好的金融机构给予一定奖励。建立健全农村普惠金融立法和监管体系，维护良好的农村金融市场秩序。

执　笔　人：林子果

第三篇

稳步推进乡村建设

北京市撤村建居调研报告

撤村建居是城市化进程中的重大现实问题，涉及村民群众的切身利益，事关城乡基层治理的结构转型。改革开放以来，随着城市化的快速发展，北京市城市规划区内以及城乡接合部地区的大量村庄被城市化，一些村庄土地被征占，村民被转为城镇居民，传统村庄被拆迁，出现了一大批无农业、无农民、无农村的“三无村”。但由于全市尚缺乏撤村建居的统一政策制度安排，致使撤村建居工作明显滞后于城市化进程，各地撤村建居政策不一，做法各异，村集体和村民群众的正当利益得不到有效保障和维护，出现了不少有名无实的空壳村、村居并存的混合村，给城乡社区治理带来了严重挑战。为切实有效开展撤村建居工作，与时俱进推进新型城市化，分类推进乡村振兴战略，实现城市化村庄的转型发展，提升首都超大城市基层治理现代化水平，最近，北京市民政局、北京市农研中心组织联合调查组，对全市撤村建居基本情况进行了摸底调查，并深入到大兴、通州、顺义、朝阳等区与有关部门以及乡镇和村干部进行座谈交流，形成了调研报告。

一、北京市撤村建居基本情况

改革开放以来，特别是20世纪90年代以来，北京市的城市化进程明显加快，2018年北京市常住人口城镇率从1990年的73.48%提高到86.5%，略低于上海；建成区面积从1990的339.4km²扩大到1485km²，超过上海位居全国第一。城市化的快速发展，使京郊乡镇及村委会数量急剧下降，相应的城市居委会个数迅速增加。从1984年到2019年，全市乡镇从365个减少到181个，减少了184个，村委会从4398个减少到3891个，减少了507个，城市居委会从2888个增加到3231个，增加了343个。据北京市“三农普”数据，2016年在全市3925个村中，无农业、无农村、无农民仅保留村委会牌子的村103个。另据北京市农研中2018年百村千户调查数据，全市无农业、无农民、无农村的三无村56个。

我们通过调查发现，从2017年底到2019年底，全市3891个村（含平谷区熊儿寨乡东长峪村，该村原村民已经大部分多年失去联系，但还有部分林地等村集体资产）先后撤了42个村，其中，朝阳区10个、海淀区21个、丰台区7个，加上密云区2003年撤的4个村（该区在2019年村委会换届选举前一直没有注销）。从本次全市摸底汇总数据看，全市共有261个村需要撤销村委会建制，其中，大兴区因新机场建设有65个、顺义区有59个、房山区有43个、通州区因城市副中心建设有35个、朝阳区有5个、海淀区有6个、丰台区有 14 个、门头沟区有 10 个、昌平区有 3 个、平谷区有 1 个、怀柔区有 11 个、延庆区有 9 个村。这些村是近期可以撤销村委会建制的城市化村庄，但撤村面临许多复杂的情况，需要高度重视，慎重对待，有序推进。

二、撤村建居存在的主要问题

撤销建居是一项综合性、系统性、复杂性的重大改革工程，涉及面比较广，存在的问题比较多，从调查的情况来看，主要有以下几个方面：

（一）撤村建居条件有待完善

2012 年 3 月 29 日，北京市民政局、北京市委农工委等 6 部门联合印发《关于推进城乡社区自治组织全覆盖的指导意见》（京民基发〔2012〕108 号）规定撤销村委会建制的四个条件：一是村民全部转为居民，二是村集体土地被征占，三是集体资产处置完毕，或者已经完成集体经济产权制度改革，成立新的集体经济组织，四是转居村民全部纳入城镇社会保障体系。这一规定对当时完全符合条件的村实现撤村建居发挥了积极作用，但对于基本符合或者总体上符合却并未完全符合条件的村实行撤村建居则造成了一些障碍，比如有的村大部分土地被征后，只剩下一些边角地没有被征用，有的村大部分村民已转为城镇居民而只有极少数村民未转为城镇居民，依此规定则不能撤村建居，从而抑制了撤村建居进程，由此造成许多应该撤销而没有撤销、只保留村委会牌子的“空壳村”“三无村”。

（二）户籍改革等政策未落地

2014 年 7 月国务院发布的《关于进一步推进户籍制度改革的意见》以及 2016 年 9 月北京市政府发布的《关于进一步推进户籍制度改革的实施意见》，都明确规定取消农业户口和非农业户口划分、统一登记为居民户口。依据新的户籍政策，不能再实行征地农转非的旧政策了。但各地至今仍然惯性地实行征地农转非政策。一些因城市化建设拆迁上楼的村，因为有极少数村民没有转变户籍身份而不能撤村建居工作。同时，有的村民还担心撤村建居后将失去原来享有的农村集体资产权益，因而不愿意撤村。有的村则实行村居并行体制，在一个村庄范围内，既有村委会，又建立有居委会。

（三）集体资产处置存在问题

有的村人口不多，集体资产数额也较小，没有条件发展股份合作制经济，在拆迁上楼后，征地补偿费等只能交给村或乡镇集体经济组织作为公共资金，不准分给村民。村干部和村民担心如果撤销村委会建制，他们更加享受不到征地补偿费等集体资产权益了。有的村存在欠债尚未还清；有的村尚未收回对外放债；有的村与乡镇之间存在债务纠纷；有的村集体资产登记在村委会账上，如撤村将资产转移过户到集体经济组织名下则涉及需缴纳契税、印花税等税费问题，这些都造成一些村干部和村民对撤村建居心存顾虑。

（四）社保费用趸缴极不合理

2004 年 7 月 1 日起施行的《北京市建设征地补偿安置办法》（市政府令第 148 号）（俗称 148 号令）规定实行“逢征必保”政策，规定将被征地的农民转为城镇居民并将之纳入城镇社会保险体系，由村集体趸缴巨额的社会保险费用。村干部和村民对此普遍反映极不合理。例如，大兴区黄村镇北程庄村 2007 年征地时，农转非人数 265 人，其中转非劳动力 100 多人，超转人员 43 人，村集体从征地补偿款中支付了 2000 多万元的转非劳动力和超转人员的社会保险费用，其中超转人员平均每人缴纳生活补助费和医疗费用 65 万元。丰台区卢沟桥乡三路居村在 2012 年的撤村建居中，认定的超转人员共有 528 人（其中 82 岁以上 19 人），据测算，需一次性趸缴超转费用 3.83 亿元，人均 72 万多元。我们在这次调研座谈中了解到，顺义区仁和镇平各庄村为一名超转妇女缴纳了 775 万元的惊人超转费用，而该超转人员每月只领到 2000 多元的生活和医疗补助。

（五）历史遗留问题亟待解决

有的村长期以来存在各种各样、五花八门的历史遗留问题，成为撤村建居的难题。比如有的村虽已拆迁上楼，绝大部分村民也已转居，但居住的回迁楼却没有拿到住房产权证；有的村经批准在集体建设用地上建的自住楼也没有产权证。这些村的干部和村民提出如不解决房屋产权问题，就不愿意撤村建居。

（六）民生福利事务缺乏衔接

郊区各村基本都建立有各种名目的村级福利，村民担心撤村建居后就会丧失已有的福利待遇。有的对超转人员看病实行社区首诊制意见较大，现行政策规定超转人员转诊必须先到社区卫生院开具证明，这给看急病、重病的超转人员带来了很大的麻烦。对超转人员的冬季供暖待遇也没有任何保障。有的村干部担心撤村建居后原有的工资福利待遇可能降低或丧失。还有一些涉及村务和村民生产生活的具体事务需要使用村委会公章才能办理，如撤村建居后，有些事务办理只认村委会公章而不认居委会公章，就会给村民群众带来极大的不便。撤村以前，农村集体经济组织有关事务归乡镇有关部门管理，但撤村建居后农村集体经济组织有关事务到底是归原来乡镇管理还是归新的街道管理，这个问题并不明确，等等。

（七）建居公共管理服务滞后

有的村撤销后建立居委会后，其公共管理服务却没有纳入公共财政保障体系，仍然由原来的村集体经济组织承担居委会的公共管理和服务成本，这明显推卸了政府提供公共产品服务的供给职责，明显加重了村集体经济组织及其成员的负担，使撤村建居后的原村干部群众意见较大。撤村后如何保障村民就业，保障上楼后的村民的生活来源以及撤村后安置楼房的建筑质量和消防安全等民生问题都需要引起高度重视。

三、推进撤村建居的必要性和重要性

撤村建居是城市化进程中的必然要求，有序推进撤村建居工作，有利于维护和发展村民切身利益，有利于化解城市化的中风险与矛盾，有利于提高首都超大城市治理的综合能力和水平。

（一）推进撤村建居是适应城市化高质量发展的迫切需要

改革以来，北京市快速的城市化进程，将大量的农村地区和农村人口卷入到城市化的浪潮中来，特别是在城市规划区和城乡接合部地区，出现了一大批农村土地被征占、农业产业消失、农民职业和身份转变、村庄结构形态完全改变、但却仍然保留村委会建制的有名无实的村，这种不城不乡、亦城亦乡的非正常状况，大大降低了城市化发展的质量，也阻碍了乡村社会向城市社会的转型发展。在新时代要实现城市化高质量发展，必须与时俱进地推进撤村建居工作，使已经城市化了的村庄名正言顺地成为城市社区的有机组成部分。

（二）推进撤村建居是分类实施乡村振兴的必然要求

由于城市化带来的巨大冲击，传统定型的乡村发生了明显的分化。实施乡村振兴战略，必须针对不同村庄的类型，实施不同的公共政策。对于城市规划区和城乡接合部地区已经拆迁上楼的三无村或者城市化村庄，不应采取普通村庄的乡村振兴政策模式，而必须提高实施乡村振兴战略的精准性，实事求是地推进撤村建居进程，实现其完全的城市化转型。但由于撤村建居工作的严重滞后，致使有关部门仍然按照普通村庄的定位进行新农村建设的投入和美丽乡村整治行动，造成了公共产品投入的扭曲和财政资金的巨大浪费。

（三）推进撤村建居是促进城乡基层善治的重大举措

农村社区与城市社区具有不同的要素禀赋、产业结构、空间形态和现实需求，针对城乡社区的不同问题，只有把准脉、开对处方，才能对症下药。由于一些已符合撤村建居条件的村没有相应地撤销村委会建制，致使这些虽已经城市化的空壳村却仍然在执行农村的相关政策。比如，有的村已经实行了整建制转居，村民身份已经转变为城镇居民身份，但却按《村民委员会组织法》的规定开展村委会换届选举；有的空壳村则长期没有开展村委会的选举。有的空壳村反映，根据农村有关管理要求，他们每年收到上级拨付的用于保障村委会正常运转的数十万元经费，但由于村委会事实上已经基本停止运行，因而没法做到专款专用，为完成任务只好每年重复装修已废弃不用的原村委会办公楼。诸如此类问题，完全是城乡基层治理扭曲变形的重要表现，也是官僚主义引发形式主义、形式主义助长官僚主义的重要表现。名不正则言不顺，言不顺则事不成。只有实事求是、与时俱进地推进撤村建居工作，为符合撤村条件的空壳村“摘帽”、为具备建居条件的城市社区“戴帽”，才能提高北京市城乡基层治理现代化水平，真正实现首都城乡基层善治的目标。

四、思考和建议

撤村建居是一项综合性、全局性、系统性的重大改革工程，也是一项惠及广大村民群众的民生工程，牵一发而动全身，涉及方方面面，既需要加强统一领导，统筹协调，集中发力；也需要全面深化改革，转变思想观念，加强制度建设。具体来说，我们提出如下几个方面的政策建议：

（一）加强市级层面顶层设计，制定撤村建居统一政策

自从城市化启动以来，就存在撤村建居的客观需要。但长期以来，对于城市化发展导致撤村建居这一重大改革议程和实践工作，却一直缺乏市级层面的顶层设计，既无全市撤村建居工作的指导意见，也无撤村建居方面的地方性法规。这就造成各地在撤村建居工作上缺乏统一规范，也不利于撤村建居工作的常态化开展，由此积累了不少矛盾，产生了各种应当撤村却没有撤村的空壳村、应当理顺而没有理顺的村居混杂村等现象。

一是建议尽快制定全市撤村建居指导意见或全市撤村指导意见，明确撤村的指导思想、基本原则、撤村条件和程序、工作要求等，还可制定全市撤村建居地方性法规，将撤村建居工作全面纳入规范化、制度化轨道。

二是由于撤村建居工作跨越城乡两方面，贯穿市、区、乡镇（街道）、村居四级，涉及组织、民政、农业农村、公安、财政、规划和自然资源、人力社保、税务等诸多职能部门，事关村民群众的切身利益与社会的和谐稳定，必须加强统一领导，强化统筹协调，形成工作合力。

（二）适应改革发展新形势，及时优化调整撤村条件

随着改革发展的不断推进，2012 年市民政局、市农工委等 6 部门联合印发的《关于推进城乡社区自治组织全覆盖的指导意见》（京民基发〔2012〕108 号）确定撤销村委会建制的四个条件有的已发生了重大变化，需要与时俱进地进行调整与完善。

一是关于村民全部转为居民问题。一方面，这是规定行政村整建制农转居（农转非）的情况才能撤村，但在现实中还有不少村存在绝大部分村民已经转非，却有极少数村民因种种原因没有转非，按此条件则不能撤村。另一方面，在城乡二元户籍制度尚未改革的情况下将之作为撤村的必备条件是合适的，但在已经改革城乡二元户籍制度后就不符合政策了。2014 年 7 月国务院发布《关于进一步推进户籍制度改革的意见》以及 2016 年 9 月北京市政府发布《关于进一步推进户籍制度改革的实施意见》都明确规定取消农业户口和非农业户口的划分，统一登记为居民户口。就是说城乡居民已经没有农业户口和非农业户口的区分，都是居民户口，不再存在“农转非”的问题了（当然也不存在非转农的问题）。

二是关于村集体土地被征占的问题。一方面，由于各种原因，有的村土地并没有全部征占，而留下一些边边角角的零星土地没有被征占；有的村因政府推行平原造林政策，土地被租用种树，但并没有改变土地集体所有制。这些情况都导致这些村不符合撤村条件。另一方面，将于 2020 年 1 月 1 日施行的新修改的《土地管理法》对征地制度进行了重大改革，该法改变了过去农村土地必须经过征收为国有才能进入市场的规定，允许农村集体经营性建设用地在符合规划等条件下可以通过出让、出租等方式进入市场。就是说有已城市化的村并不需要土地被全部或部分征收后才能撤村。

三是关于集体资产处置完毕以及成立新的集体经济组织问题。有的村因复杂的历史原因，存在少量集体资产没法处置，有的债权债务一时难以清理；有的村人口稀少，集体资产数额不多，没有条件或没有必要成立新的集体经济组织。

四是关于转居村民全部纳入城镇社会保障体系问题。这个条件是与土地被全部征占、村民整建制转非条件相统一的，但正如上文所指出那样，因种种原因总有一些村的土地没有全部被征占，还有一些村的村民没有全部转非，这就导致相关的村民难以全部纳入城镇社会保障体系。

根据这次调查的情况，我们认为可以将撤村条件区分为前置条件和后置条件，撤村的前置条件是指撤村前就已具备或满足撤村的前提条件。撤村的前置条件应该是：在城镇规划范围内，农村土地大部分已经被征收或征用，村民大部分已经拆迁上楼居住，村内产业已经非农化。就是说，在城市化进程中，城市周边和城乡接合部地区的村庄形态已经城市化、村民生产方式和生活方式已经城市化，这就具备了撤村的前置条件。至于其他因行政区划调整而撤并村庄的问题可以另行讨论。

撤村的后置条件是指拟启动撤村工作后应当遵守和承诺保障的必要条件。撤村的后置条件：一是完成集体经济产权制度改革，集体资产得到妥善处置，建立新的集体经济组织。二是根据村民拆迁上楼等居住地的变化情况，有关部门应当及时更改户口登记的相关内容。三是实行城乡社会保障制度并轨，补齐原农村居民与城镇居民在社会保障待遇上的差距。四是按照《村民委员会组织法》的规定，履行撤村的民主和法律程序。五是妥善处理撤村建居中干部群众普遍关心的民生问题，使撤制村民有更多的获得感。

（三）确保户改政策落地，全面停止实行征地农转非

一是148号令的有关规定已经严重滞后，应当废止。148号令确立了“逢征必转”的原则，该办法第19条规定：“征用农民集体所有土地的，相应的农村村民应当同时转为非农业户口。应当转为非农业户口的农村村民数量，按照被征用的土地数量除以征地前被征地农村集体经济组织或者该村人均土地数量计算。应当转为非农业户口的农村村民人口年龄结构应当与该农村集体经济组织的人口年龄结构一致。”这个征地农转非（农转居）的规定在城乡二元户籍制度没有改变的情况下有其合理性和必要性。但是10年后的2014年7月24日，国务院印发《关于进一步推进户籍制度改革的意见》(国发〔2014〕25号)第9条规定：“建立城乡统一的户口登记制度。取消农业户口与非农业户口性质区分和由此衍生的蓝印户口等户口类型，统一登记为居民户口，体现户籍制度的人口登记管理功能。建立与统一城乡户口登记制度相适应的教育、卫生计生、就业、社保、住房、土地及人口统计制度。”2016年9月8日北京市人民政府印发《关于进一步推进户籍制度改革的实施意见》(京政发〔2016〕43号)第7条规定：“建立城乡统一的户口登记制度。取消农业户口与非农业户口性质区分，统一登记为居民户口，体现户籍制度的人口登记管理功能。建立与统一城乡户口登记制度相适应的教育、卫生计生、就业、社保、住房、土地及人口统计制度。”148号令中的“逢征必转”与上述户籍制度改革政策已完全不相适应。

二是建议停止实行征地农转非政策。新的户口制度实行后，就不应该再实行农转非政策了。但时至今日，各地仍然依据148号令执行征地农转非政策，这说明新的户口改革政策还没有落地，有关部门没有及时修改旧的政策制度，造成了政策矛盾、政策打架、政策滞后等问题。有关部门必须加快修改有关与国务院和市政府户口改革政策不一致的旧规定，确保户籍制度改革政策落地，让广大农民享受到户籍制度改革的成果。建议全面停止实行已完全不合时宜、不合政策、不受欢迎的征地农转非政策。在撤村条件中取消农转非的规定。

（四）深化集体产权制度改革，强化集体经济组织建设

因城市化快速发展提出的挑战，北京市自20世纪90年代初就开展了农村集体经济产权制度改革，至今已完成约98%的村级集体产权制度改革任务，总体上走在全国前列。但仍然有部分村没有开展集体经济产权制度改革，绝大多数乡镇没有启动集体经济产权制度改革，已经开展集体经济产权制度改革的村也存在需要继续深化改革的问题，比如有的已开展集体经济产权制度改革的村，只是完成了清产核资、确定了成员身份、明确了资产份额，但并没有实行股份合作制。在集体资产处置上也存在一些问题，有的村集体资产处置不合理，有的村债权债务纠纷难以解决；有的村完成集体经济组织产权制度改革后没有建立健全完善的集体经济组织，有的集体经济组织没有建立健全法人治理结构，有的没有开展正常化、规范化、程序化的经营管理，等等。

1999年12月27日北京市政府办公厅颁布《北京市撤制村队集体资产处置办法》（京政办〔1999〕92号），对撤制村队集体资产的处置分两种情况进行：一是对集体资产数额较大的撤制村队，要进行股份合作制改造，发展股份合作经济。二是对集体资产数额较小，或者没有发展股份合作制经济的村队，其集体资产处置原则是将固定资产折价款、历年公积金、占地补偿费，交村或镇集体经济组织管理，待村或镇集体经济组织撤制时再处理；将青苗补偿费、地上附着物补偿费，公益金、福利基金和低值易耗品、库存物资、畜禽的折款以及国库券等，兑现给集体经济组织成员。

我们认为，对于撤制村，一是在总体上要坚持“撤村不撤社”的原则，加强集体经济组织建设，健全法人治理结构，拓展和完善集体经济组织服务功能，维护和发展村民的集体收益分配权。二是对于个别情况特殊而不具备发展股份合作制经济条件的村，可以在撤村的同时，撤销村集体经济组织，按照有关民主程序，可以将全部集体资产兑现给集体经济组织成员。

（五）尽快修订148号令，彻底改变“逢征必保”政策体系

《北京市建设征地补偿安置办法》建立了“逢征必保”的政策。依此规定，有关部门制定了《北京市整建制农转居人员参加社会保险试行办法》《关于征地超转人员生活和医疗补助若干规定》等政策文件。这个“逢征必保”政策的本意是将撤村建居的村民纳入城镇社会保障体系，但在实际运作中，转居村民加入城镇社会体系需一次性趸缴巨额的社会保障等费用，这个政策完全按照城镇社会保障制度的设计要求农村村民一次性缴纳社会保险费用，而忽视农村社会保障的特殊性和农民的贡献性。这个因转居参保而必须趸缴巨额社会保障等费用的政策做法已遭到村干部和村民群众的普遍质疑。事实上，农民作为公民，不管其土地是否被征收或征用，都应平等享有宪法赋予的平等的社会保障权利。近些年来，国家和北京市都建立了城乡统一的社会保障制度。

为此，我们建议：一是尽快全面修订或废止《北京市建设征地补偿安置办法》。该办法是在传统的城乡二元体制尚未破除的情况下制定的，其中的一些规定带有明显的城乡二元思维和特征。随着新的《土地管理法》实施，北京市也应当重新制定《土地管理法》的实施条例或办法，新制定的条例或办法应当作为地方性法规由市人大常委会制定。

二是废止《北京市建设征地补偿安置办法》以及《北京市整建制农转居人员参加社会保险试行办法》《关于征地超转人员生活和医疗补助若干规定》等围绕“逢征必保”建立的系列社会保障政策。一方面，这种征地社保政策没有正视几十年来农民对国家的重大贡献，没有体现以城带乡、以工哺农的政策导向，反而将本应由政府承担为农民建立社会保障的历史欠债的责任全部推卸给村集体和农民承担。我们建议应当明确国家、集体、农民在社会保障上的各自职责和承担比例，并且应当向有利于农民的方向上倾斜。另一方面，近些年来，北京市已经建立了城乡居民统一的社会保障制度，通过征地为农民建立社会保障的政策已经过时。比如，2009 年 1 月 1 日起施行的《北京市城乡居民养老保险办法》（京政发〔2008〕49 号）对城乡居民的基本养老保险进行了整合与统一。自 2018 年 1 月 1 日实施的《北京市城乡居民基本医疗保险办法》（京政办〔2017〕29 号），对城乡居民的基本医疗保险进行了统一，实现了城乡居民基本医疗保险制度的城乡一体化。该办法实施后，《北京市人民政府关于印发北京市城镇居民基本医疗保险办法的通知》（京政发〔2010〕38 号）和《北京市人民政府办公厅转发市政府体改办等部门关于建立新型农村合作医疗制度实施意见的通知》（京政办发〔2003〕31 号）已同时废止。

三是政府应当承担补齐农村居民社保与城镇居民社保在缴费和待遇上的差距责任。目前北京市农村居民基本参加了城乡居民基本医疗保险和城乡居民基本养老保险，撤村建居不必再根据 148 号执行“征地必保”政策。一方面，撤村建居的村民可以选择参加既有的城乡居民基本医疗保险和基本养老保险，有关部门不必作强制性规定。另一方面，撤村建居后如果村民参保缴费标准低于城镇居民缴费标准，应当由政府、村集体、村民按一定比例缴纳相关差额费用，改变由村集体缴纳巨额社保费用的政策，强化政府的社保责任。建议市区两级政府从土地出让收入、村集体从土地补偿费中支付需补齐的社保费用，同时逐步提高撤村居民的社会保险待遇水平。

（六）强化政府公共职责，协同推进撤村与建居工作

撤村与建居是城市化进程中基层社区实现结构转型的前后相扣的两个重要环节，应当统筹推进撤村与建居工作。

一是有的撤制村因人口较多、就地上楼，可以单独建立居委会；有的村因人口较少，实行了易地上楼居住，与其他数个撤迁村共同组建新的居委会。新建的居委会要加强统筹规划，进行合理布局。特别要重视提高拆迁上楼村的房屋建筑质量，改善新建社区的宜居环境。

二是在建立新的居委会中，要进一步凸显政府的公共管理和公共服务职责，将新建居委会的公共管理和公共服务费用纳入财政预算，全面改变一些地方仍由村集体经济组织承担新建立的居委会公共管理和服务成本的现象。

三是对于一些因撤村但没有撤社的农村集体经济组织，事实上也转身为城镇集体经济组织，其所属街道应建立指导集体经济组织相关工作的机构，确保撤村后的集体经济组织能够规范健康发展。要高度重视撤村后的新居民的就业问题，应当将撤村后的新居民纳入城镇就业保障体系。

市农研中心、市民政局课题组
课题组组长：张英洪
课题组成员：杨宝山、甘国再、唐晓明、王钊、杜婷、康岳魏
执　笔　人：张英洪

北京新市镇和特色小镇发展研究

城镇是城乡融合的节点，在城乡发展一体化中起着承上启下的作用，发展新型城镇也是推进我国城镇化建设的重要途径。党的十八大以来，新型城镇的发展备受重视，北京城镇也迎来新的发展机遇，对北京新型城乡体系建设具有重要的实践意义。因此，课题围绕新市镇和特色小镇两种城镇形态，从内涵外延、实践进展等内容入手，从理论到实践梳理新市镇、特色小镇的发展情况，总结经验、剖析问题，提出相应的对策建议。

一、新型城乡体系布局下新型城镇的发展定位

北京市城镇化已逐渐形成一体两面、内在统一的城乡体系建设布局，解决了“新型城乡体系包括哪些具体城乡空间单元及各单元空间分布”问题和“新型城乡体系包括哪些具体层级及各层级定位与相互关系”问题，不仅增强了北京市城镇化发展的科学性、规范性，而且也为北京市城镇化发展赋予了基于首都需要、符合时代特色的灵活性、多样性。

（一）城乡体系的内容

新版《总规》对北京市城镇化体系布局提出了 2 个层面的要求。一是在城镇化体系的空间布局方面，《规划》提出，为落实城市战略定位、疏解非首都功能、促进京津冀协同发展，要在北京市域范围内形成“一核一主一副、两轴多点一区”的城市空间结构，着力改变单中心集聚的发展模式，构建北京市新的城市发展格局。二是在城镇化体系的发展原则方面，《规划》提出要创新完善“中心城区—北京城市副中心—新城—镇—新型农村社区”现代城乡体系，把城市和乡村作为有机整体统筹谋划，破解城乡二元结构，推进城乡要素平等交换、合理配置和基本公共服务均等化，优化完善功能互补、特色分明、融合发展的网络型城镇格局，形成以城带乡、城乡一体、协调发展的新型城乡关系。

（二）新版《总规》对新型城镇的发展定位

根据城镇的不同性质与特征，北京市新版《总规》对新型城镇进行了类型划分，并对这些新型城镇的功能定位与发展目标进行了明确规定。

1. 新型城镇的分类

《总规》提出，新市镇是辐射带动和服务周边乡镇地区发展，承接中心城区部分专项功能疏解转移的新型城镇；特色小镇是塑造特色风貌形态，提升建成区环境品质，具有深厚历史记忆和鲜明地域特色的新型城镇；小城镇是本地区就业、居住、综合服务和社会管

理中心，是引领促进本地城镇化发展的新型城镇。

2. 新型城镇的功能定位

不同形态的新型城镇在其功能定位上也存在差别：新市镇作为独立且具备较完善城镇功能的新型城镇，其功能定位集中于疏解非首都功能，缓解中心城区压力；特色小镇作为推进产业集聚、升级的新平台，更专注于培育新经济、新业态和新动能，促进产城融合的新型城镇化；小城镇则着力于本地建设与辐射带动农村发展，在城乡、工农协调发展中具有重要作用。

3. 新型城镇的发展目标

虽然不同形态的新型城镇功能定位各有侧重，但其发展目标是统一的，都是要建设绿色智慧、特色鲜明、宜居宜业的新型城镇，打造成为疏解非首都中心区功能的新空间与引领乡村振兴的新引擎，在北京市城乡融合、城乡发展一体化中发挥出承上启下的重要作用，突破北京城镇化发展过程中中心城区功能拥挤、乡村发展乏力的局限，提升城区、镇域等发展极以城带乡的辐射能力和乡村发展的内生动力，不仅为北京市城镇化发展中城乡产业耦合对接、要素良性循环构建平台，也为城乡协同并进、融合发展打通梗阻。

二、北京新市镇的发展

在新市镇建设初期，尤其是在英国等发达国家，新市镇主要是为了疏解大城市过密的人口和产业，来解决住房问题、改善居住环境。而当新市镇理论传入新加坡、中国香港和印度等亚洲国家和地区后，推动乡村地区城市化开始逐渐成为新市镇建设的另一个主要目标。这种演变的主要原因在于经济欠发达国家和地区城乡二元结构在不同程度上存在，要促进区域经济的协调发展，必须打破二元结构，实现城乡一体化，这也是新市镇建设的最终目标。

（一）北京新市镇的建设与发展

1. 北京新市镇的发展现状

以北京市新版《总规》为指引，各区编制了“分区规划”来指导规划、建设、管理新型城镇发展。目前，已从市级层面统筹研究确定了 8 个新市镇，分别为丰台区长辛店镇、房山区窦店镇、大兴区采育镇和魏善庄镇、顺义区杨镇、昌平区南口镇、平谷区马坊镇和通州区永乐店镇。

表 1　北京新市镇的基本情况

新市镇名	行政隶属	规划模式	发展路径	空间结构
长辛店镇	丰台区	服务京雄科技创新与高端制造	以绿色人居和综合服务为主要功能	一轴两带、四区多点
窦店镇	房山区	产城融合 校城融合	强化城镇承上启下的作用	两山两水、三区三轴、三团多点
采育镇	大兴区	具有休闲旅游特色的新市镇	重点发展新能源智能汽车及体育休闲产业	一轴、一心、三城、三带、多点

续表

新市镇名	行政隶属	规划模式	发展路径	空间结构
魏善庄镇	大兴区	具有文创展示特色的新市镇	重点发展文化展示、航空服务	一轴、一心、三城、三带、多点
杨镇	顺义区	建设宜居新市镇，打造河东中心区	校镇融合的教育科研集聚区，宜居宜游的品质新市镇	一港两轴、三带多点
南口镇	昌平区	农业、工业、科研、文化旅游协调发展	重点为生态保育、产业升级、老镇区改造	一轴一带一廊、两城一区多点
马坊镇	平谷区	产城融合、宜居宜业宜游	体现服务首都功能和融入全区发展的示范带动作用	一城多点六园、两廊两带一区
永乐店镇	通州区	京津发展轴的重要节点	吸纳本地就业，统筹周边农村发展	城市副中心—亦庄新城—镇—新型农村社区

各区关于新市镇的定义与建设规划，都是按照“规划统筹，因地制宜，高标准建设”的原则，深入研究镇域的空间布局、功能定位和产业发展等。根据新市镇的自身优势来积极承接适宜的公共服务及产业功能，为新型城镇化的发展起到承上启下的重要作用。在各区对于新市镇的具体建设上，都不约而同提出了高品质、高标准建设，对新市镇发展给予了极高的重视，有序推进镇区建设，带动镇区外围村庄改造提升，实现镇村协同发展。

2. 新市镇的地位与作用

新市镇建设的一个重要目标是与中心城区、新城、乡村等形成梯级发展体系来打破郊区发展与中心城区对立的概念，并将承担疏解中心城区人口的功能，同时聚集新的产业，形成带动区域发展的规模化城市地区，形成规模效益和聚集效益，以弥补城镇化过程中的发展短板。北京市各区新市镇可划分为三类，包括承接型新市镇、辐射型新市镇和承接辐射型新市镇。承接型新市镇是承载新城功能、承接中心城区部分专项功能疏解转移的重要补充；辐射型新市镇更注重辐射带动和服务周边乡镇地区发展；承接辐射型新市镇则兼具承接与辐射的作用与效果，促进区域协同发展，发挥城镇承上启下的作用。

3. 新市镇的发展特征

北京市新市镇发展目前仍处于规划时期，并主要集中于城镇自身的规划建设，辐射带动作用尚不明显。但目前新市镇的建设与发展已经展现出一定的空间和功能特征，主要表现在以下三个方面。

第一，新市镇普遍趋于交通节点处，区位条件便利。规划中的 8 个新市镇大部分分布于交通要道，尤其是高速公路的节点上，铁路、公路、河流干线等将对沿途城镇发展起到明显的带动作用。

第二，中心城区—新城—新市镇—农村社区这一空间结构逐渐清晰，中心城区的优势对周边资源具有较强的吸引力；同时在政府政策的引导下，新市镇依托丰富的土地资源和生态环境成为中心城区资源外迁的新导入地，也使得物流、信息流、资金流、劳动力流动更加频繁，规模更大，如南口镇建立的“东科、西工、南农、北旅、中城”的产业发展格局。

第三，新市镇能够与周边地区进行功能整合，尤其是将中心城区的经济转型与新市镇的发展相结合，在承接产业转移、加强平台建设、提高郊区吸引力和减小城乡差距方面发挥了重要作用，如杨镇以“校镇融合”为核心的新市镇建设。

（二）经验与问题

1. 发展经验

北京市新市镇的发展虽然多数还处于统筹规划阶段，但也有如杨镇、南口镇等地已经开始了对新市镇建设的实践探索，并产生了一定的效果。总结这些新市镇发展的实践经验，有助于推进各区新市镇可持续发展，为促进区域协同发展、辐射带动和服务周边乡镇地区发展做出贡献。

（1）找准城镇定位、统筹战略规划

在特大城市资源约束的背景下，新市镇作为联结城市与乡村的纽带，既要优化城镇功能也要推进城乡融合。把握城乡协同、服务均好、以人为本、经济社会和资源环境协调发展的要求，坚持城乡统筹、均衡发展，并依托自身资源禀赋，探索特色发展模式。杨镇就是以“校镇融合”为核心，与大学深度嵌合，使产学研相结合，做到城镇服务大学、产业承接大学，从“育人”“育产”“育城”三个维度统筹规划，建设特色产业鲜明、集聚能力较强、管理水平较高、生态环境优美、宜业宜居的新市镇。

（2）明确产业体系，制定发展策略

从新市镇的实践来看，建设新市镇需要设定产业遴选原则，提炼产业的发展方向，构建项目的现代产业体系，明确产业集群，细化产业门类与功能项目，同时明确提出产业发展的策略。在已有新市镇发展中，南口镇就是通过分析各个片区的位置、规模等条件分别设定主导产业，明确特色片区产业布局，结合相关产业体系，从多重维度保障产业的顺利发展，制定全方位的产业策略措施。

（3）改革体制机制，提升发展动力

新市镇发展离不开土地、金融、城乡体制等制度政策的创新和完善。杨镇将体制机制改革作为扫除内部发展障碍、挖掘内生发展能力的重要手段，加快土地制度改革创新，以保障新兴产业的用地需求。杨镇于 2016 年修订了土地利用规划，提出产业向规模经营集中、工业向园区集中、农民向城镇集中的“三集中”思路，通过城乡建设用地增加挂钩、盘活存量建设用地及加快农村土地流转释放土地资源活力，同时继续完善政务服务平台建设来适应新市镇管理需求。

2. 存在问题

当前北京新型城镇的发展也面临诸多难题，对于这些问题的思考与破解将对北京新型城乡体系建设、新型城镇发展具有重要的实践意义。

（1）起步时间较晚，指导与配套措施不完善

我国新市镇建设整体起步较晚，尤其是北京市新市镇建设目前还处于摸着石头过河的阶段，缺少成功经验，相关的研究也不多，市、区两级对新市镇发展还未出台具体政策，

对新市镇建设中对土地、金融、城乡体制等面临的制度障碍还没有明确政策。以杨镇为例，推进“校镇融合”涉及城镇建设、产业、公共管理等多个方面，是一个系统工程，但是目前来看杨镇缺少对校镇融合的深入研究和规划，对校镇融合的潜力挖掘不足，相关配套措施未能形成体系，校区与城镇相对分离，大学补充和优化城市发展功能尚未体现，学院与镇区在基础设施、公共服务设施等方面的共建共享体制还未形成。

（2）建设力度较弱，人才与资源保障不充分

目前北京市各区的规划中对于新市镇的建设要求不够细致明确，只有总体性目标要求。多数地区的新市镇仍是个规划概念，具体的规划范围、职能判定等都处于研究探讨阶段而未能确定，因此也无法对实践中的新市镇发展做出具体安排。在已经做好规划的杨镇、南口镇中，也存在很多实践发展的现实难题：普通城镇居民甚至政府工作人员对新市镇的概念以及规划建设的认知度不高，新市镇建设过程中会面临资金不足、融资困难等困境，如杨镇面临着产业和配套设施用地不足、财政资金困难、城乡体制障碍难以突破等问题，制约了校镇融合的深入推进。这些问题势必影响新市镇的建设和发展。

（3）发展水平较低，承接与辐射带动能力差

由于北京市新市镇建设刚起步，且多数郊区的社会经济发展水平并不高，导致新市镇对中心城区的功能承接作用特别是对周边地区的辐射作用效果较弱。目前来看新市镇与中心城区的差距依然较大，在新市镇建设过程中容易出现人口向城市中心区“倒流”的现象；在辐射功能方面，多数新市镇自身的产业体系还没有完全培育出来，新市镇建设也只停留在核心区的发展方面，弱化了其他地区的发展，对新市镇周边乡镇的辐射带动作用非常有限，尤其是容易出现规划与当地发展出现矛盾的情况。

三、北京特色小镇的发展

2020年，《国务院办公厅转发国家发展改革委关于促进特色小镇规范健康发展意见的通知》定义特色小镇为规划面积一般为几平方公里的微型产业集聚区，既非行政建制镇，也非传统产业园区，具有细分高端的鲜明产业特色、产城人文融合的多元功能特征、集约高效的空间利用特点，在推动经济转型升级和新型城镇化建设中具有重要作用。

（一）特色小镇的建设与发展

1.特色小镇的发展现状

2016年，《北京市“十三五”时期城乡一体化发展规划》明确提出将在原有42个重点小城镇的基础上，立足北京全国政治中心、文化中心、国际交往中心、科技创新中心的城市战略定位以及疏解非首都功能、京津冀协同发展的城市要求，结合各小镇不同区位条件，规划建设一批功能性特色小镇，以实现农民就近、就地城镇化。根据北京市新版《总规》，各个区县发布的“分区规划”也从整体层面上给予特色小镇发展和指导。目前北京市规划中的特色小镇数量为84个，昌平区6个，大兴区8个，房山区8个，怀柔7个，门头沟7个，密云8个，平谷14个，顺义9个，延庆9个，通州8个，其中还包括7个国家级特色小镇，分别为北京市房山区长沟镇、昌平区小汤山镇、密云区古北口镇、怀柔

区雁栖镇、大兴区魏善庄镇、顺义区龙湾屯镇、延庆区康庄镇。

根据各区的分区规划，特色小镇多选择在生态特色突出、人文底蕴深厚、产业优势显著的地区进行建设，因镇制宜，形成格局特色的产业发展格局，便于提升环境品质、整合资源、精准定位、强化特色。另一方面，结合特色小镇建设也可以提升乡村品质和魅力，缩小城乡基本公共服务差距，促进乡村经济多元化发展。分区规划中特色小镇的主要发展方向涵盖了文化创意、生态智慧、科技服务、休闲旅游等多个方面，强化不同类型特色小镇的发展模式，有利于和新市镇、小城镇的公共服务设施等形成有效对接。

2. 特色小镇的地位与作用

（1）特色小镇是经济高质量发展的新平台

一是特色小镇在几平方公里的小空间内集聚特色产业和先进要素，有利于国土空间利用效率提升和生产力布局优化。二是特色小镇着眼于做精做强一个细分产业，促进产业链、创新链、人才链等耦合，有利于产业转型升级和全要素生产率提高。三是多数特色小镇不在城市中心城区，土地、劳动力、住房等成本相对较低，有利于降低创新创业的成本。

（2）特色小镇是新型城镇化建设的新空间

一是特色小镇可吸纳一定规模的农村富余劳动力进城就业生活，是促进农业转移人口市民化的一种有效载体。二是很多特色小镇在大城市郊区，有利于疏解中心城区非核心功能，缓解交通拥堵、房价畸高、环境污染等“大城市病”。三是特色小镇“产城人文”功能齐全，特别是在开发区等产业园区内的特色小镇，有望成为推动开发区等产业园区拓展城市功能的重要引擎。四是特色小镇形态上“非镇非区”，没有行政等级和行政框架，布局方式和发展建设模式更为灵活，有望成为城镇体系的点状补充。

（3）特色小镇是城乡融合发展的新支点

城乡融合发展是个大趋势。预计未来很长一段时期，城市要素下乡发展、城市人口下乡消费会越来越多地出现，关键是乡村要有接住这些要素和消费的能力。建成的特色小镇拥有较好的基础设施、公共服务和生态环境，有望成为城乡要素跨界配置、城乡产业协同发展、城市人口下乡消费的新支点。

（4）特色小镇是传统文化传承保护的新载体

中华民族有 5000 多年的优秀传统文化，非物质文化遗产分布广泛、种类繁多、内涵丰富。以特色小镇为载体，推动传统文化创造性保护、创新性发展，促进非物质文化遗产活态传承，既有利于为特色小镇注入文化灵魂，也有利于保护优秀传统文化。

3. 特色小镇的发展特征

一是加快培育已有特色产业功能的小城镇。一些著名特色小镇具有的初始禀赋条件优于其他小镇，是有特点、有特色的小城镇。例如，利用工业园区转型升级的阎村金融科技小镇就是由“特色小镇自然形成 + 政府培育发展”模式发展起来的。阎村金融科技小镇是在金融安全产业园的基础上，腾退不符合功能定位的产业，整合工业用地、传统工业厂房，通过空间打造、产业集聚、人才汇集，实现了以工业园区为载体建设特色小镇的蜕变。

二是以体制机制改革为契机创新资源开发模式。中关村创客小镇就是在集体建设用地上由集体经济组织开发建设、为小微企业提供孵化平台的创新小镇。创客小镇最大的特色就是创客产业，为原来的物业经济注入了实体产业，承担了集聚创新的功能。创新开发模式一方面解决了北京特色小镇培育的土地指标困境，另一方面实现了集体土地的高效利用。

三是通过产业转移拉动小镇经济发展，同时为有序疏解非首都功能提供支撑。例如台湖演艺小镇定位为小剧场艺术创新演艺小镇，突出“小”“精”“新”，突出创意创作、展艺交流、艺术推广和文化旅游主导功能，带动了当地就业及基础设施建设。通过构建“艺术轴、小组团、水文脉、大观园”的空间格局，合理优化空间结构、强化交通支撑能力、对接功能需求。

（二）经验与问题

1. 发展经验

（1）统筹利用集体产业用地，合理解决用地指标

土地资源是特色小镇建设发展的基础。在北京市非首都功能疏解的大背景下，土地减量节约发展成为不可逾越的红线，如何实现产业用地的利用提质增效是我们面临的课题。目前，北京的工业园区大多处于业态低端、闲置企业较多的状态，面临着疏解腾退，下一步将腾退出大量的产业用地。阎村工业园区利用存量建设用地进行转型升级，以互联网金融安全产业为主导产业，发展培育金融科技小镇；中关村创客小镇利用集体土地发展特色小镇也同样解决了北京特色小镇培育的土地指标困境，都为特色小镇用地需求提供了参考。

（2）产业体系协同发展

用特色主导产业来避免小镇的同质化，以特色产业引领的特色小镇成为城市高端要素扩散并重新组合而成的新空间。特色小镇推动产业融合的作用源于其本身是以产业为核心。成功的特色小镇发展路径大多以产业集聚为依托，靠近核心城市，立足于原有产业，营造营商环境，培育竞争性企业，而后吸引与该产业相关的合作商、供应商和相关机构，在建设之初为产业融合打下基础，在建设过程中进行产业融合，利用产业融合为特色产业赋能，进而挖掘出“产业＋地域”的竞争优势。

（3）政府牵头，具体政策措施落地

特色小镇产业的发展离不开政策导向与宏观扶持。目前来看发育良好的企业都充分利用了政策优势并且政府的措施落到实处。中关村创客小镇充分利用了海淀区集体产权制度改革的制度条件，并且海淀区为了吸引人才流入，放宽常规公租房准入要求，利用财政收入补贴，为中关村创客小镇发展奠定了良好的政策基础。在阎村特色小镇发展过程中各个政策供给同样是立足实际、符合当地的发展要求。阎村金融科技小镇是由北京市互联网金融安全示范产业园的前身北京博源包装制品有限公司经过市场选择、转型升级打造的，在建设过程中所遇到的困难和政策诉求，也由市、区相关部门开展定制化方案研究予以协调解决，政府积极扶持为特色小镇发展创造了优越的环境。

2. 存在问题

（1）基础设施建设滞后，公共服务有待完善

北京特色小镇的建设承担着吸引中心城区部分功能的任务，特色小镇吸引高端要素集聚离不开高标准的基础设施和优质的公共服务水平。而当前大多数特色小镇所在乡镇的基础设施、公共服务水平和环境还不能满足特色小镇需求。同时乡镇在环境整治方面专项经费主要用于市政基础设施，面临着较大的资金压力，使得部分乡镇对于特色小镇的培育积极性不高。部分特色小镇的民生社会事业发展还存在许多滞后，公共服务产品提供与小镇社会需求还存在差距。自然风貌、生活设施等硬件条件和教育、医疗、体育、文化及科技创新资源等软件条件跟不上发展节奏，造成有产业无人口的窘况，这会成为制约特色小镇下一步发展的瓶颈。

（2）人才、资金要素保障制度缺乏

特色小镇培育的关键在于如何吸引优质资本、聚集优质产业、留下优质人才。目前，大部分特色小镇周边的自然风貌、生活设施等硬件和医疗、教育、休闲娱乐等软件的建设都有所欠缺，难以吸引、留住优秀人才；另一方面，目前特色小镇的人才引进政策和社会保障制度缺乏。尽管小镇建立机制、平台并且提供优厚待遇，但对于人才依旧没有足够的吸引力，人才引进后会因为其他因素留不住，目前的人才政策作用发挥较为有限。

（3）产业就业带动效应微弱

第一，由于产业特色不明确导致的产业发展停滞，就业带动效应不明显。部分特色小镇对特色产业的论证不到位，产业特色不显、规模小、链条短、技术差，缺少主导领军企业，难以形成集聚效应和特色产业集群。从产业联系来看，在产业布局上存在不合理之处，在联动上缺乏链条，产业之间相对独立；从产业融合来看，例如台湖演艺小镇，演艺与旅游功能融合不够，没有形成一定的供需关系，建设需求与产品供应没有与其他产业相融合。总的来说，特色小镇在横向上的联系与融合不充足。

第二，部分特色小镇所选择的特色产业较为前沿、高端，部分高科技岗位人才短缺，暂未能吸引到优质的高科技人才。而同时与此配套的岗位却常常是价值链低端的服务行业，并且工资不高，此外受限于特色小镇“小而精”的特征低端岗位数量也较少，难以吸引周边区域劳动力务工和参与特色小镇建设。

四、北京新型城镇发展趋势与展望

当前，以新市镇和特色小镇为代表的北京新型城镇加快发展，在产业、城镇、服务等多个方面体现出自身独有的发展趋势，也正逐渐在城市功能、辐射带动、区域发展中发挥越来越重要的作用。

（一）北京新型城镇的发展趋势

1. 新市镇的发展趋势：产业跨界 + 多元功能融合发展

一是强化特色产业激活新市镇开发。北京各新市镇在发展过程中，针对自身不同的区位条件、资源禀赋，逐步培育更具发展潜力与成长性的主导产业，并围绕主导产业适当延

长产业链条，在丰富乡村经济业态的同时促进产业跨界融合发展。同时，新市镇及其所在区县政府也在依据产业的发展特征“量身定制”新市镇的城镇功能空间组织模式，以推动产业项目的真正落地实施。

二是新市镇更加强调多元功能的复合型发展。与传统城镇规划发展不同，新市镇着重突出生产、生态、生活“三生空间”的融合发展，每个新市镇都会逐渐形成特有的文化标识空间和地域特色，并形成多元化的功能空间和叠加效应，从而将新市镇培育成为宜居、宜业、宜游的充满活力的城镇空间。

2. 特色小镇的发展趋势：产城融合 + “人的城镇化”

一是以文旅、康养小镇为代表的一批特色小镇日益实现“产城融合”。这些特色小镇依托自身在人文历史，民俗文化、资源禀赋、区位特点方面的优势，以文旅、康养产业为核心，将小镇原汁原味的特色资源作为卖点，同时涵盖产业、文化、旅游、社区多项功能于一体，形成“产业本身 + 产业应用 + 产业服务”的特色产业集聚结构，满足了消费者的多重需求。

二是特色小镇在发展中充分体现了其“小 +X”的综合优势。北京特色小镇的发展充分发挥自身小尺度、近距离、微景观的优势和地方文化特色、建筑特色、产业特色、生态特色，通过产业链的不断发掘、细分和创新，从追求规模到追求质量转变，通过完善基础设施建设、完善社区服务、营造宜居环境，在吃住、交通、宣传、文创产品等方面构建多元化配套体系，形成完善的运营系统来满足小镇自给自足的发展需求。

（二）北京新型城镇发展的展望

党的十九届五中全会提出，要强化县城综合服务能力，把乡镇建成服务农民的区域中心。从实际发展趋势来看，未来北京新市镇、特色小镇将在北京新型城乡体系发展中多元功能的持续融合、国土空间布局的合理优化、京津冀区域协同发展城镇支撑体系的完善过程中扮演重要角色。

1. 北京新型城乡体系多元功能的重要承担者

一是新市镇在地位与功能两方面向小城市提档升级，进而带动周边其他小城镇发展。新市镇将充分依托自身在区位分布、基础设施建设和基本公共服务方面的优势，继续承接中心城区乃至北京城市副中心的部分专项功能的疏解转移，继续吸纳中心城区等区域的人口向首都核心区域外流动，逐渐发展成为北京核心城区逆城镇化进程的缓冲点和整个北京市郊区城镇化的集聚点，显著提升自身在新型城乡体系中的地位，并带动周边其他小城镇的发展。

二是特色小镇成为小范围区域内的产业集聚平台，辐射所在乡村的乡镇逐渐升级发展。特色小镇将凸显自身精品化、特色化的优势，各特色小镇本身的产品线更加清晰，核心产业、衍生产业和配套产业的商业模式完善成熟、高度融合，从而彰显特色小镇小而特、小而优、小而美、小而精的综合吸引力，成为特色小镇所在区域风貌的缩影和城市文化的标志。

2. 北京新型城乡体系国土空间布局中的重要节点

一是新市镇成为新型城乡体系中重要的“提质”节点。目前北京规划的 8 个新市镇既是北京疏解非首都功能的重要容纳区，也是城郊接合部基础设施建设与城市功能提升的重点待发展区。因此，北京新市镇的发展方向均是增强城市功能、提升城市服务能力，本质是新市镇的“提档升级”，既包括新市镇本身的“提档升级”，也意味着新市镇将带动周边乡村的进一步发展，其未来将成为北京新型城乡体系中与核心城区密切联动发展的城郊区域的“提质”节点。

二是特色小镇成为新型城乡体系中重要的“辐射”节点。特色小镇是在镇（乡）域一定规模建设用地上聚集特色产业的创新创业平台，其“小而精”的优势，决定了特色小镇在新型城乡体系空间布局中的地位是“城市之尾、农村之首”，通过小空间内的高密度要素融合，形成新的经济增长点。这些新的经济增长点的形成，将在广大的北京郊区乡镇范围内逐渐形成分布广泛、特色多样的“辐射”节点，不仅能够引领所在乡镇的经济发展，由于不同特色小镇的“因镇制宜”、错位发展，还可以辐射带动周边其他乡镇，并在此基础上与新市镇对周边区域的带动作用无缝衔接，进一步细化、泛化、深化新型城镇的经济发展引领功能和生产生活服务功能。

3. 京津冀区域协同发展的新型城镇支撑体系的重要构成

北京的新市镇和特色小镇大多都分布在《总规》提到的顺义、大兴等“多点地区”这一首都面向京津冀协同发展的重要战略门户。随着北京新市镇和特色小镇的发展，不仅新市镇未来将成为“多点”地区发展的重要“增长极”，特色小镇也将成为“多点”地区发展中重要的“微型增长点”，这都将进一步促进城镇层面的要素流动、制度协调和区域统筹，并为北京“多点地区”的各级各类新型城镇同保定、廊坊、唐山、秦皇岛等市以及天津市西部各区的协同发展创造条件，共同融入京津冀协同发展的大轨道和区域经济社会发展整体格局，从而使北京市的新型城镇发展成为京津冀区域协同发展的新型城镇支撑体系的重要构成。

五、对策建议

当前和今后一段时期，应在加强具体指导、优化资源供给、推进产业聚集、加强区域统筹、改进评价机制等方面继续调整政策措施、加大保障力度，助推北京新型城镇更好更快发展。

（一）加强具体指导，保障政策实施落地

新型城镇的发展应注重从基层实际出发，对城镇资源优势、产业特征、周边经济等进行竞合分析，研判发展战略方向，并在加强具体指导上下功夫，扎实做好不同建设阶段的政策落实。一是在新型城镇的前期规划上，应科学确定城镇的地位和作用，具体地把每个规划单位的实际情况摸查清楚，高效地帮助指导制订好符合该地区实际的详细规划。二是在新型城镇的实地建设上，应着眼于各城镇不同的发展实际，补短板要因时施策并分清轻重缓急，在建设过程中，也要不断引导其深入查找问题，剖析原因和教训，研究制订具体

的整改措施，并加强跟踪检查，督促抓好政策落实。三是注重新型城镇规划的协调性与可操作性，因地制宜、区别对待，最大限度地发挥各地的比较优势，灵活解决功能分区与要素流动中存在的矛盾。

（二）优化资源供给，科学编制土地规划

一是规范土地供给。要科学合理预测不同新型城镇的发展潜力，确定城镇的发展规模，预先编制土地利用等资源规划，对用地的规模布局与基础设施、公共设施的设置安排进行指导，合理安排新型城镇各类用地供应的类型比例，控制增量、消化存量，确保土地供应过程的公开、公正和透明，促进住房市场供求平衡和价格稳定。

二是增加土地利用效率。一方面可通过对特定地块的住宅建设、公共空间的规模及比例进行设定，推广混合居住模式，促进城市空间融合；另一方面可通过低效用地再开发盘活存量土地。通过政府收储改造、原国有土地和集体土地使用权人自行改造、市场主体收购改造等多元化方式，对城镇建设用地中低品质、低效率、利用不充分不合理的存量用地进行整治、改善、重建、活化和提升，为城镇的产业发展和建设创造新的空间。

三是加强各层级规划对城镇低效用地再开发的统筹引领。通过设置专项审批通道，简化审批流程，并建立低效用地再开发的考核和奖励机制，将低效用地改造纳入各级政府绩效考核体系，对改造进度完成较好的地区可采取部分返还土地出让收入作为奖励，实施“改奖挂钩”。

（三）推进产业聚集，加快工业园区转型

要因地制宜选择新型城镇产业集聚的发展方向，科学设计产业链条延伸的环节，加快各新型城镇特色优势产业的发展。各新型城镇特别是新市镇要结合自身实际，坚持“产为主导，研为基础，企为主体”的产业基础创新建设，选准一、两个重点产业做大做强，使之成为新市镇产业优化集聚、城市功能转型升级的支柱力量。各特色小镇也应依托资源禀赋，选取特定的特色产业领域，通过项目化、品牌化发展，促进乡镇有机更新和产业升级，增强特色小镇的发展活力。

（四）加大统筹力度，促进区域联动发展

新型城镇发展要继续坚持分类指导、区域协同，按照主体功能定位，进一步完善区域发展战略，推动各区域协调联动发展。新型城镇发展要逐渐融入产业聚集区和城市群。特别是要推动中心城区的乡镇融入都市圈，推动城市周边乡镇融入城市功能，推动产业带里的乡镇之间加强协作、共同升级，推动景区附近乡镇实现景镇融合，推动县域乡镇与县城联动发展，推动偏远乡镇实现镇村联动，从而形成新型城镇发展“统筹、联动、融合”的新局面。

（五）建立评价机制，推进城镇均衡建设

在新型城镇建设过程中建立完善考评机制与奖惩措施，考评结果要与新兴城镇享受的扶持政策相挂钩，年度排名靠前的城镇将在下年度土地指标、环境容量配置等方面优先考虑，为新型城镇的高质量、高品质、特色化发展提供探索导向和评价范本，推进各城镇的均衡化发展。

新型城镇建设要把握好发展与规范的关系，及时组织各区县全面梳理新型城镇建设发展中的典型经验和警示案例，实行正面激励与负面纠偏“两手抓”，进一步引导新型城镇高质量发展，严防触碰底线红线，努力促进新兴城镇走上理性良性发展轨道。

课题负责人：吴志强
课题责任人：季虹
课题组成员：刘先锋、赵雪婷、赵术帆、张俊、王萧、王筝、王任、栗挺、朱雅琼
执　笔　人：赵术帆、朱雅琼

通州区宋庄镇新型城镇化模式

通州区宋庄镇在新型城镇化发展过程中，按照北京城市副中心建设规划要求，深入梳理现状，坚持“双控”和“三线”要求，在功能定位、产业发展、生态环境、基层治理等方面实现了小城镇功能联动和特色发展，成为围绕城市副中心“众星拱月”整体城乡格局的重要组成部分，共同承接首都中心城区功能疏解，形成了功能联动、融合发展、城乡一体的新型城镇化格局。

一、宋庄镇发展现状

宋庄镇位于通州区北部，是2001年由原宋庄镇、徐辛庄镇合并而设的新建镇，是通州区11个乡镇之一。镇域面积约115平方公里（其中副中心内17平方公里，剩余镇域98平方公里）。宋庄镇下辖47个行政村，截至2018年3月，宋庄镇常住人口12.6万人，其中户籍人口7.5万人，外来人口5.1万人；常住人口中位于副中心内的4.1万人，位于副中心外的8.5万人。

宋庄镇是北京城市副中心外围第一圈层特色小镇，是服务保障城市副中心的重要区域，在发展基础上具有四方面显著优势：一是地理位置重要。宋庄镇位于北京中心城、城市副中心、顺义新城、廊坊北三县交界区域，是保障副中心建设的配套服务功能承接平台、首都面向区域的景观和生态门户。二是交通路网发达。城际联络线、M21线、平谷线三条轨道线在规划中的镇中心区徐辛庄站换乘，是北京东部地区协同发展的纽带。三是生态环境优越。宋庄镇具有“多河富水、一望平川”的本底特征，2014年—2018年，全镇完成平原造林任务3.4万亩，已建成多座大型郊野公园，森林覆盖率达44%。四是艺术底蕴深厚。宋庄镇以小堡画家村为核心，形成了国内乃至世界规模最大、艺术家和艺术场馆最密集的艺术区，成为当代中国原创艺术发展高地，具有较高的国际知名度和影响力。

二、新型城镇化发展特征

（一）规划定位与产业布局：具有国际影响力的艺术创意小城镇

宋庄镇借鉴副中心规划工作组织模式，紧紧围绕服务保障城市副中心规划建设这一宗旨，按照“副中心质量”标准，在2017年下半年，以“1+4+X”的工作体系，启动了《宋庄镇镇域总体规划》编制工作。按照蔡奇书记“打造具有国际影响力的艺术创意小城镇”

的重要指示，宋庄镇的总体定位为“活力文化城与田园艺术村交相辉映的艺术创意小镇”，建设北京市创意高地、副中心艺术花园。

在产业发展布局方面，宋庄镇围绕城市副中心，以创新发展轴（六环路）为轴线，构建“两区、两带”的空间格局。以小堡艺术区为艺术创新发展区，以镇中心区为艺术综合服务区，带动温榆河国际交流带、潮白河生态休闲带发展。其中，潮白河生态休闲带依托沿线村庄淳朴的乡村特色，以乡村振兴战略为抓手，充分融入艺术元素，打造一批“田园交融、艺术特色、文化鲜活、安居乐业”的美丽乡村。

（二）产业升级：疏解非首都功能过程中疏解与承接的结合

宋庄镇按照北京城市副中心建设对本镇的功能定位和产业空间布局规划，以建设文化和旅游新窗口为抓手，以加快建设宋庄文化创意产业集聚区、培育当代原创艺术为核心，将发展文化创意产业作为自身在北京疏解非首都功能过程中做好疏解与承接工作的切入点，从而将北京疏解非首都功能与宋庄镇承接首都核心区产业转移、推动自身产业升级有机结合。

1. 产业发展定位明确

宋庄镇推动聚集“色彩与造型”创作相关的创意、科技、配套服务企业，构建以“空间艺术”为表现形式的多层次、多业态复合发展的国际化大视觉产业生态体系，以中国原创艺术为基础和特色，重点发展艺术创意产业、文化休闲服务，与以“时间艺术”为表现形式的台湖“演艺小镇”形成差异化发展，从而充分发挥文化功能区示范引领作用，推动文化创新同北京城市副中心的其他重点功能区及相关组团建设充分融合、功能集聚和互动发展。

2. 着力提升艺术区环境品质

运用多重手段加强艺术区的道路绿化、小微绿地、口袋公园建设，修复生态环境，推动艺术区环境品质持续提升。一是完善城市副中心绿化体系。宋庄文化公园是串联城市副中心“环城绿色休闲游憩环”的 13 座公园之一，通过规划整合疃里公园和周边平原造林地块，将面积扩大至 882 亩，融合生态、景观、文化、休闲多项功能。二是打造“一轴两区十景”的景观结构，串联宋庄艺术游览区和森林生态体验区，搭建宋庄文化艺术展示平台，营造多种意境的主体空间，建造宋园新颜、绿野欢声、艺海花径等 10 处微景观。三是以“千株银杏，万枝樱花”为特色，栽植 10 余个樱花品种，共计 2000 余株，打造京东第一樱花园。四是融入海绵城市理念，贯彻“渗、滞、蓄、净、用、排”方针，利用地形结合灌溉、透水铺装、植被浅沟、渗透水管等技术措施，发挥绿地生态作用。五是加快实施镇区改造更新工作，先期进行印象街等区域改造及徐宋路景观提升工程，实现城市形象升级，同时引入市属国企和种子项目，提高对副中心的配套服务能力。

3. 加快完善艺术区管理体制机制

一是坚持党建统领，理顺管理服务机制。建立“一委一办四会四部”的管理服务机制，以艺术区党委为统领，建立艺术家党支部、艺术机构党支部、艺术服务业党支部和新联会党支部 4 个党支部，依托艺术促进会、场馆联合会、艺术服务业联合会和新联会 4 个社会组织，做好艺术家对接服务，打造艺术区管理服务新局面。二是开展全面摸底，搭建动态管理平台。由艺术促进会和新联会牵头，针对公司注册、土地房屋性质、生活年限、艺术种类、从事行业等情况，开展艺术家及艺术从业人员全面摸底，建立电子动态信息库，及时掌握艺术区人员流动情况。三是提升服务意识，推进职称评定工作。按照“先试先行，逐步推开”的原则，积极推进自由职业职称评定试点工作，在舞台影视、美术、动漫游戏和文化创作 4 个专业先行试点开展自由职业专业技术人才申报工作，邀请中国书法家协会、中国美术家协会、荣宝斋画院、中央美术学院等作为艺术评审，联合组织、纪检、派出所等部门对申报人员开展资格审核。四是依托青创中心，搭建统一的运营管理平台，统筹公共服务、产业培育、商业运营、物业管理和文化活动，建立立体数据库，统一艺术区“人员、作品、空间、机构、产业”等信息，通过大数据手段进行挖掘与利用，实现高品质的服务和管理。

（三）“人的城镇化”成效显著

1. 镇域村庄体系持续优化

宋庄镇充分发挥自身作为城市副中心北部新型城镇化发展重要空间载体的独特区位优势，以村庄为载体，实施分类推进，实现与城市副中心同步规划、统筹发展。宋庄镇根据全镇 47 个村的实际情况，分类要求、加快推进。目前，全镇 47 个行政村中，疃里村、六合村两个村已实现绝大部分村民上楼安置和转居工作，其中疃里村为市级挂账村，六合村为原“宋庄文化创意产业集聚区 A、B、C 地块”土地一级开发项目征地拆迁实施范围内的村。剩余 45 个村，现状都为村庄。按照正在编制的镇域总体规划，大体分为 4 种规划类型：一是划入城市副中心范围或计划棚改安置进副中心的，共 16 个村，其中通燕高速南侧 7 个村、北侧 9 个村。二是在镇域范围内计划城镇化的村庄，共 12 个，其中 2019 年启动实施棚改的“寨辛庄等五村棚改项目”涉及 5 个村，以后涉及棚改的项目还有 5 个村，温榆河沿线规划为实施城镇化涉及 2 个村。三是 16 个规划保留村，实施美丽乡村建设，主要集中在镇域北部和东部潮白河沿岸。四是小堡特色保留村，在北京城市副中心详规中，将小堡村现状宅基地范围和部分集体产业用地予以保留，作为规划中的“小堡艺术区”南区，发展艺术创意产业和特色商业。

2. 生态环境质量显著改善

宋庄镇强化统筹协调机制，坚持“日调度，日汇报”，做到工作进度时时跟、问题区域处处清，重点对首批 7 个村存在的具体问题难题逐一分解、逐个总结、逐项部署，将责任落实到人。全镇生态环境整治工作成效显著。一是大气质量明显改善。围绕机制创新，建立“发现—上报—解决—反馈”的闭环管理工作机制，截至 2019 年 3 月，整改各类环保督查 19 件共计 27 个问题，围绕源头治理，共拆除煤炉 30 个，实现燃煤设施“动态清零”目标，同时设立进京、区域交通卡点，对高排放移动污染源大货车、燃油运输车进行管控。二是水环境质量不断提高。出台《宋庄镇饮用水水源保护区清理整治方案》，开展水源保护区清理整治，分别建立了排水口、裸露土地、养殖小区、企业污水处理、污染坑塘等污染源情况台账，全力推进“碧水攻坚战”并取得重大成果，完成 5 条黑臭水体治理工程，新建28个农村污水处理站，同步做好污水处理站升级改造工程，同时，加快推进城北水网等一批新建、续建工程，进一步夯实水环境治理基础，严格落实镇、村两级河长日常巡河制度，大力度开展“清河行动”“清四乱”等专项行动，对重点河道突出问题进行现场整改，促进水环境得到阶段性改善。三是园林绿化水平持续提升。采取规划建绿、拆违还绿、见缝插绿等措施，不断提升全镇绿化美化建设和管理水平，充分发动镇村两级力量，推进潮白河森林生态景观带建设工程（三期）3737.74亩、2019年景观生态林建设工程3685.49亩任务等相关工程，率先完成2019年新一轮百万亩造林工程7423.23亩土地流转、地上物腾退工作，其中围绕群众身边见绿工作，结合拆违腾退，完成606.99亩土地留白增绿，为森林城市建设奠定坚实基础。

3. 社会救助体系持续完善

一是强化就业保障。建立残疾人安置长效工作机制，与北京外企人力资源服务有限公司签订帮扶性就业基地合作协议，2019年上半年实现新增就业残疾人27名，使残疾人收入增加56700余元，同时，“两节”期间走访慰问困难残疾人1238名，发放慰问金108万元、燃油补助17940元。二是完善生活设施。积极运用平台资源，为370名有需求残疾人申请辅具，落实日常生活基础保障，购买服务，为488名困难重残人员提供居家上门服务，改造家庭吊炕98户，给残疾人创造舒适居家环境的同时减轻污染物排放。三是确保救助政策落实。2018年温馨家园绩效考评工作高质量完成，镇域内福乐温馨家园、德泽福润温馨家园顺利通过市级验收，实现对3164名残疾人的服务全覆盖，确保群众“活动有去处，生活有照顾”。四是注重救助对象的美好生活需要。坚持“幸福+获得”并重，举办趣味运动会，组织“爱耳日”、助残义诊等宣传活动，向499个符合发放标准的残疾家庭发放生活用品，进行“上门到家”服务，贴心解决特殊人群实际困难。

4. 基层治理体制机制不断健全

（1）依托市民热线及时解决热点问题

依托宋庄网格员和“街乡吹哨，部门报到”综治平台，围绕群众关注的问题，建立主动发现机制，针对已接收的市民哨声和市民热线，建立问题台账，分为环境保护类、违法建设类等17类，重新理顺办件机制、优化工作流程、增加工作人员、集中开展培训，按照市中心回复要求及规定时限进行办理。

（2）城市环境整治全方位推进

宋庄镇建立了“周汇报，月拉练”工作机制，定期组织联合执法行动，加快清理整治镇区群租房、地下空间、无证无照占道经营、堆物堆料、小广告张贴和一般性制造业企业、区域性市场疏解，目前已完成市区两级挂账村整治任务；深入结合“街巷长”“小巷管家”工作，包干到人，指定到路，制作街长制公示牌，明确责任电话，确保道路有街长、环境有监督、道路有保洁的工作格局，完成丁各庄一街、前夏村主街、后夏公庄村主街、高莱路等13条背街小巷环境整治提升任务。严格落实街长日巡查的工作制度，建立“发现一处，治理一处”的责任人解决问题机制，看护到位，确保零反弹；在公共环境维护方面对标副中心标准。环卫中心每日统一收集调度，对垃圾进行集中压缩、减容，基本实现生活垃圾“收集袋装化、中转压缩化、运输密闭化、处理无害化”的要求，生活垃圾日产日清常态化运转，同时镇域内公厕实行专人专管，按时按质开放，硬件设施时时修缮，做到干净、整洁、无异味。

（3）隐患排查不留死角

以城乡结合部村民宅基地出租房屋、老旧小区、大屋脊筒子楼、高速铁路和干线铁路沿线人员密集区段、道路和交通设施、市政基础设施工程、公路工程施工现场、燃气等城市运行重要基础设施，医疗机构等人员密集场所等为重点领域，整合安全员、环保员和网格员力量，分区域、无死角排查，建立台账，紧盯整改。由艺术区党委牵头，全面摸排检查艺术区文化安全隐患，成立巡查工作组，每日走访艺术展馆和工作室，全力确保艺术区安全稳定。

（4）基层治理体系建设探索创新

一是建立镇、村、法律顾问三方会商机制，对具体案件情况进行三方会商，由镇法制办牵头，组织案件涉及的二级班子成员、科级干部、科室工作人员、村级党支部书记、村委会主任、法律顾问等人员进行案件了解核实等工作，在法治政府建设方面形成工作合力。二是以城市管理综合监管会为基础，强化城市管理工作统筹协调，建立健全联合执法、联动惩戒、信息共享等工作机制，适应重心下移新形势，推进力量、手段、资源整合。三是配合市编办探索创新城市副中心管理体制机制，按照北京城市副中心“四个功能定位”的要求，在区委、区政府统一安排下，整合现有产业园区和功能区，将宋庄文化创意产业集聚区管委会纳入文化旅游区管委会统一管理，积极做好机构整合和人员编制调整工作。四是畅通公众参与城市治理的渠道，探索参与型社区协商模式，增强居民社区归属感和公民责任感，调动企业履行社会责任、参与社会治理积极性，形成多元共治、良性互动的社会治理格局。

整体来看，宋庄镇在新型城镇化建设过程中，紧紧抓住非首都功能疏解与承接的历史机遇，以建设副中心北部艺术创意小城镇为目标、以村庄体系为城镇功能载体、以文创产业为承接非首都功能与推进产业转型升级的抓手，新型城镇化体系愈加清晰、功能作用愈加清晰、发展体制机制愈加清晰，走上了产业高端化、服务均等化、景观生态化、治理精细化的新型城镇化发展道路。

三、宋庄镇新型城镇化发展中关键问题的思考

（一）总体情况：发展模式难以适应社会转型

在近 30 年北京大的城镇化发展格局影响下，宋庄镇已从一个传统农业镇蜕变为一个以二、三产业为主导的小城镇。经济发展及产业基础的巨变导致本地农民早已离农脱农，但在“户自为战”的经营格局下，在“瓦片经济”的利益驱使下，促使农民在自身能支配的有限资源上追求个人利益最大化的土地利用方式。经济基础的变化要求社会发展必须做出变革，遗憾的是宋庄镇城镇化改造规划一直没有实施。随着经济社会及区域发展的变化，社会发展转型的需求又与日俱增，这都倒逼未来的土地利用方式、土地经营模式必须

做出革新，以适应经济社会发展需求。

（二）产业亟须升级，区域发展不平衡

宋庄镇三种产业结构比为 11 ∶ 64 ∶ 25，产业布局以二产、三产为主，农业的比重很小，形式主要以果园、大棚为主。二产主要为工业和建筑业，三产主要为交通运输仓储业、批发零售业、住宿及餐饮业等传统产业。同时，以工业大院为主的产业基础，需要借助“疏整促”逐步调整退出，由艺术创意和文化产业逐步实现置换和替代。此外，宋庄东西部、南部地区城乡发展差距大，亟须统筹协调。靠近城市地区经济规模大，产业类型丰富；偏远地区产业弱小，同时又缺乏发展支撑和动力。

（三）土地利用低效，发展空间受限

宋庄镇耕地面积约 3400 公顷，占辖区面积的 30%；园地、林地、其他农用地面积约 2900 公顷，占辖区面积的 25%。但是，2014 年—2018 年，全镇造林面积约 2500 公顷，同时，观光园等高产值农业、设施农业项目也在逐步清退，按照镇域总体规划土地空间和农村发展的思路，农业发展空间越发狭窄，耕地高效利用方式面临创新难题。

土地利用低效，农民得不到实惠。出租房屋和土地是集体经济组织和农民的主要收益来源，其间由于所谓“房虫”“地虫”的不法行为，攫取了其中绝大部分土地增值收益，致使农民直接可以获得的经济收益不足 10%。

（四）就业结构难以适应城镇发展定位

至 2018 年，宋庄镇全镇劳动力 29000 人。2016 年至 2019 年，宋庄镇大力落实国家、市区关于疏解一般制造业的工作任务，目前，全镇共退出、迁出一般制造业企业 574 家，在企业工作的本地劳动力 2200 人，其中转岗和再就业 1100 人；2132 人享受灵活就业政策，剩余为退休、自谋职业等。

近年来，因一般制造业退出、外迁，导致本地产生富余劳动力，再加上本镇其他剩余劳动力，这些富余劳动力存在年龄偏大、学历偏低、缺乏就业门路、身体不好以及需要照顾家庭等问题。年龄偏大、学历偏低，这是农村劳动力就业的主要障碍。从富余劳动力的年龄结构看，“4050”人员所占比重达到 51%。从就业能力看，农民学历普遍偏低。有相当数量的劳动力没有任何技能和特长，尤其是“4050”人员，只能从事以体力劳动为主的工作，如环卫、绿化、保安等低收入的服务行业。而城市副中心以及未来本地产业升级新增岗位以技术型为主，需要较高知识水平和技能的劳动者。这种结构性供求矛盾非常突出，是影响劳动力转移就业工作的主要因素之一。

四、政策建议

（一）突出集体经济主导地位推动发展模式转型

现在严重的“三农”问题及城镇化改造滞后，从根本上讲都是因为缺了“集体经济”这条腿。集体所有制的虚化，集体经济的弱化，致使农民依法依规意识淡薄，集体经济内部该干的事没人干、该管的事没人管，村民福利及服务更谈不上得到改善。

农村集体经济组织作为天然的社区利益共同体，理所当然应该担当起村庄改造发展的

主人作用，不能依靠“等拆迁”“等开发商”等思路谋改造。集体经济组织要带领农民主动盘活村庄土地资源，谋求村庄的发展与改变；集体经济组织也只有发展壮大了才有财力，才能为其成员提供更多公共福利与公共服务，才能更好地为社区公共事务的管理提供经济保障。另外，国家应更有针对性地出台有利于集体经济组织发展的政策，使集体经济组织真正成为农村改革改造、乡村振兴的中坚力量。

（二）四步走打造推动产业转型升级

1. 产业发展策略

副中心建设为通州区带来了大量高层次精英人口，环球影城为宋庄带来了大量国际化的过境游客，作为重要的文化功能区，艺术小镇与环球影城形成双剑合璧、双星拱月。

围绕艺术创意小镇这一总体定位，抓住发展机遇，依托艺术家聚落与艺术空间资源优势，宋庄镇拟定“四步走”的发展策略，一方面将艺术融入建筑、环境、商业内涵，打造具有艺术气质的新城市形象，促进中产阶级人群、高端人口的聚集；另一方面进行高端要素置换，形成多元的艺术创意产业，实现城市、人口、产业全面升级，成为副中心家门口的艺术区，文化休闲服务高地。

第一阶段，用艺术发展旅游，用旅游拉动人气。放大中国宋庄的IP优势，升级画家村旅游功能，艺术化两河生态资源，打造“艺术旅游”体系。

第二阶段，将艺术融入生活，用生活留住人才。发挥艺术的商业价值、美学价值，鼓励艺术创作的商业化、品牌化发展。通过环境的艺术化设计，生活内容的艺术化，打造美学生活体验，实现艺术宜居。

第三阶段，用艺术培育产业，用人才促进产业。打造大视觉产业高地，培养和建立产业发展配套服务支撑体系，吸引行业领军人物与企业入驻，逐步延伸和拓展产业链，实现艺术产业升级，带动相关产业发展。

第四阶段，用艺术对接国际，用国际强化品牌。坚持宋庄原创艺术发展的学术性特征，打造高端交流平台，建设国际化产业支撑体系，推进产业的国际化。

2. 产业的空间落位

在小堡艺术区打造大视觉产业发展核心区，同时构建艺术旅游、艺术交流、艺术教育等重要功能。在镇中心区打造世界级美学生活小镇，实现艺术宜居，同时承接艺术创意产业的办公、会议、商旅等相关功能。在温榆河国际交流带打造国际大视觉走廊，打造大视觉产业面向国际的窗口。在潮白河生态休闲带打造独具魅力的艺术田园水岸。

（三）区域统筹破解资源环境难题

解决发展不均衡、改变“村自为战”的传统村庄发展格局，提升基础设施建设水平实现公共服务均等化，不是一个村可以独自完成的，这需要区域统筹。只有统筹了土地、产业，权益共享，才能破解城市边缘地区的人口资源环境难题。同时，全镇实现主导产业转型需要一个长期过程，过程中集体经济的动力不能因二产快速退出而停滞，探索一条农村集体土地和集体资产改革的新路径，在新形势下对实现城市边缘地区产业转型升级，加快首都生态文明建设，治理“大城市病”，推进首都城乡一体化进程，具有重要的示范意义。

宋庄镇作为北京城市边缘集团和二道绿隔地区的重点区域，按照全区统一安排，从现状集体产业用地腾退入手，正在开展集体经营性建设用地统筹利用试点。宋庄镇划定的集体产业用地（工业大院等）土地资源整理实施单元总占地面积约 1220.4 公顷，其中符合两图能够“拆五还一”的占地面积约 801 公顷，可还建集体产业用地约 160 公顷，其中可用于发展集体产业的用地面积约 108 公顷，建筑面积约 130 万平方米，可实现集体经济组织成员人均年分红约 6000 元。

（四）多措并举落实“4+3”就业政策

为了确保宋庄镇剩余劳动力再就业，自 2017 年，宋庄镇主要采取了以下措施：一是积极落实灵活就业政策。2019 年本地劳动力正在享受灵活就业三险优惠政策的有 2132 人，使参保人无后顾之忧。二是举办不同形式的面试、招聘会。近两年，宋庄镇共举办镇级大型招聘会 4 次，小型招工会 24 次，举办招工面试会 8 次。招聘岗位主要是副中心需求的消防、会服、环卫工人、电工、水管员等。截至目前，213 人已上岗。针对全镇退出的本地养殖户，工作人员也一一走访，推荐就业岗位。

针对新的形势，宋庄镇下一步全力以赴，落实好市区“4+3”的就业政策。一是充分利用广播、微信群、公开栏等传播工具，积极宣传就业政策。同时，印发折页、宣传材料，通过村级协管员发放到每户家中，此项工作 2019 年 3 月底完成。二是通州区就业政策培训班结束后，宋庄镇于 2019 年 1 月 24 日，聘请区劳服、区就业科等有关部门，召开了由全镇 50 多家企业法人参加的岗补社补政策培训班，让企业充分了解有关岗补社补政策。此外，还召开了由 47 个村级协管员参加的公共服务类岗位就业政策培训班，进一步提高基层人员的工作意识和操作水平。三是制定《宋庄镇送政策、送技能、送岗位下乡活动实施方案》。为确保工作落到实处，成立了 5 个工作组，自 2019 年 3 月开始，逐村逐企业进行走访，在各村设立咨询台，同时工作组每村入 10 户以上，全面宣传落实就业政策，了解百姓就业需求，到各企业宣传就业政策，在企业招工、享受就业政策方面给予指导，真正做到精准对接。

课题负责人：曹四发
课题主持人：季虹
执　笔　人：赵术帆、张俊、王萧

北京宅基地基层管理实践研究

宅基地是农民最重要的财产之一，北京的宅基地制度改革问题涉及京郊229万农民的切身利益，更涉及首都整体安全稳定的大局，可谓牵一发而动全身。当前宅基地改革路径顶层设计越来越清晰，其具体实施步骤、操作流程和管理主体的管理手段将迎来相应的调整。在宅基地管理制度改革推进过程中，基层乡镇、村委会直面宅基管理的复杂问题，实践中各具特色的有效管理措施有必要总结推广。

本课题通过梳理我国宅基地管理体系，实地调研走访北京各典型区域村庄宅基地管理实践，梳理当前北京乡镇和村委会等基层宅基地管理现状，分类总结基层宅基地管理的经验，挖掘基层管理智慧，发现亮点与矛盾，为更好地维护法律权威、贯彻落实中央有关政策精神奠定基础，提出更切合北京实际的宅基地制度改革推进的基层管理建议，为形成超大城市郊区宅基地管理体系的北京范本助力。

一、我国宅基地管理体系

（一）我国宅基地管理制度变迁

新中国成立以来，农村的宅基地经历了从农民私人所有到集体所有、农民使用的历史性变化，其管理和使用呈现出越来越收紧的态势，整个历程大致可分为六个阶段：

1. 新中国成立初期农村宅基地私有制度（1950年—1961年）

新中国成立后在土地改革中分配土地的同时，没收地主多余房屋分配给少数贫雇农，使其居住条件有所改善。1952年北京郊区完成了房地产登记发证，向农民颁发了《北京郊区土地房产所有证》，证书上明确印有“为该户全家私有产业，有耕种、居住、典当、转让、赠予等完全自由，任何人不得侵犯”。这个时期实行的是宅基地农民私人所有的政策。该阶段为农业农村经济恢复发展时期，宅基地归私人所有，最大限度地保障农民的居住权利，维持社会稳定发展。

2. 人民公社化中期“六十条”宣布农村宅基地归生产队所有（1962年—1981年）

该阶段为积极探索努力提高农业生产率时期，宅基地归生产队所有，并首次明确提出了宅基地的概念，对宅基地所有权与使用权进行划分。1962年9月中共八届十中全会通过的《农村人民公社工作条例修正草案》（常称“六十条”），改变宅基地私有制，宣布宅基地归生产队集体所有，不准出租和买卖；同时承认房屋归社员私有，可以出租买卖，从此确定了宅基地与地上房屋的“一宅两制”特点。

3. 改革开放后宅基地管理逐步规范化（1982 年—1997 年）

党的十一届三中全会后，农村出现了建房高潮，同时发生了乱占滥用耕地，在承包地上盖房等问题。1981 年起连续出台镇建房用地管理条例政策文件强化农村宅基地的管理制度，主要有 1982 年的《村镇建房用地管理条例》和 1986 年出台的《土地管理法》。这一时期的政策仍允许某些非农人口（回乡落户的离休、退休、退职职工和军人，回乡定居的华侨）无偿或有偿使用农村宅基地。

4. 宅基地政策持续收紧时期（1998 年—2006 年）

90 年代后期开始，随着市场经济发展，城乡人口流动加速，宅基地管理不断加强，其使用权流转不断收紧，该阶段对农民房屋的交易对象开始进行严格限制，取消和禁止城镇居民购买农村宅基地和农村房屋，具有典型的管制性和限制性流转特征，形成了我国宅基地制度“集体所有，农民使用，一户一宅，福利分配，免费使用，无偿回收，限制流转”的基本特征。其中，标志性事件是 1998 年全国人大常委会通过《土地管理法》，规定“农民集体所有的土地使用权不得出让、转让或者出租用于非农业建设”“农村村民一户只能拥有一处农村宅基地”。

5. 宅基地权利结构的改革探索阶段（2007 年—2013 年）

2007 年《物权法》的颁布，明确了农村宅基地的用益物权属性，宅基地权利的制度安排初步形成体系，拉开了国家严格宅基地管理制度下的宅基地权利结构的探索完善之路。此后，国家在继续严格宅基地管理的同时，开始不断完善宅基地的权利结构。2008 年党的十七届三中全会《关于推进农村改革发展若干重大问题的决定》提出“完善农村宅基地制度，严格宅基地管理，依法保障农户宅基地用益物权”。

6. 全面深化宅基地改革阶段（2014 年至今）

2014 年之前，一号文件对于宅基地的关注，主要在于管理、整治和确权颁证等；自 2014 年中央一号文件提出宅基地“三权分置”改革思路后，此后几乎每年都会有所推进：2015 年提出“改革农民住宅用地取得方式，探索农民住房保障的新机制”；2017 年提出“探索农村集体组织以出租、合作等方式盘活利用空闲农房及宅基地，增加农民财产性收入”；2018 年中央一号文件则提出了宅基地的所有权、资格权、使用权“三权分置”。2019 年，中央农办、农业农村部印发《关于进一步加强农村宅基地管理的通知》，重申了国家对宅基地管理的有关规定和政策，进一步明确了宅基地管理的红线、底线和鼓励的方向；联合自然资源部印发《关于规范农村宅基地审批管理的通知》，明确了两部门职责和宅基地申请审批的具体流程。2020 年，针对农村乱占耕地建房问题，自然资源部联合农业农村部印发《关于农村乱占耕地建房“八不准”的通知》《关于保障农村村民住宅建设合理用地的通知》，对农民住宅建设用地从空间规划、用地指标、耕地占补平衡、申请审批等方面作出明确规定。该阶段在所有权方面，严守宅基地集体所有的底线，农民可以依法无偿取得宅基地；在使用权与流转方面，积极探索适度放活农户宅基地资格权和房屋使用权，探索宅基地“三权分置”，激活宅基地的金融属性，盘活农村闲置宅基地和闲置农房市场。

（二）宅基地管理主体

1. 农业农村部门

在宅基地管理中，新一轮的机构改革明确将宅基地农村宅基地管理和改革职责划转农业农村部门。具体承担指导宅基地分配、使用、流转、纠纷仲裁管理和宅基地合理布局、用地标准、违法用地查处，指导闲置宅基地和闲置农房利用。组织开展农村宅基地现状和需求情况统计调查，及时将农民建房新增建设用地需求通报同级自然资源部门；参与编制国土空间规划和村庄规划等工作。

2. 自然资源部门

自然资源部门负责国土空间规划、土地利用计划和规划许可等工作，在国土空间规划中统筹安排宅基地用地规模和布局，满足合理的宅基地需求，依法办理农用地转用审批和规划许可等相关手续。

3. 省级农业农村部门

负责指导宅基地分配、使用、流转、纠纷仲裁管理和闲置宅基地、闲置农房利用，会同有关部门指导宅基地合理布局、用地标准、违法用地查处。

4. 乡镇政府

乡镇政府主要承担属地责任，并负责农村村民住宅用地的审核批准。具体应在充分尊重农民意愿的基础上，采取措施，按照省、自治区、直辖市规定的标准保障农村村民实现户有所居。因地制宜探索建立宅基地统一管理机制，依托基层农村经营管理部门，统筹协调相关部门宅基地用地审查、乡村建设规划许可、农房建设监管等职责。负责对宅基地申请、审批、使用的全程监管，落实宅基地申请审查到场、批准后丈量批放到场、住宅建成后核查到场等“三到场”要求。负责农村宅基地动态巡查和指导村级组织完善宅基地民主管理程序。

5. 基层组织

基层农村经营管理部门负责宅基地管理具体工作。

村委会是宅基地管理中最直接的力量。具体负责宅基地申请的初级审查工作，审查农户申请、村民小组会议记录等材料。重点审查提交的材料是否真实有效、拟用地建房是否符合村庄规划、是否征求了用地建房相邻权利人意见等。审查通过的报送乡镇政府。

（三）宅基地管理客体

1. 宅基地

农村宅基地是农村村民用于建造住宅及其附属设施的集体建设用地，包括住房、附属用房和庭院等用地，不包括与宅基地相连的农业生产性用地、农户超出宅基地范围占用的空闲地等土地，是宅基地管理实施的最重要客体。

2. 地上房屋

农房是宅基地上建造的在农村中供村民居住的房屋，具有以下特征：一是在土地性质上，农房建设占用集体所有土地；二是取得方式上，只允许符合条件的农村集体经济组织成员申请取得宅基地进行建设；三是土地使用年限上，与城市商品房不同，现行法律和政策没有具体规定农村宅基地使用权期限；四是交易条件现阶段还存在很多限制，如农房只能在本村集体经济组织内部经批准后交易给符合宅基地分配资格的成员，不得抵押等。

3. 所有者、使用者

现行法律规定，我国农民集体拥有宅基地所有权，农村集体经济组织成员拥有宅基地使用权。对于集体所有的土地，属于村农民集体所有的，由村集体经济组织或者村民委员会代表集体行使所有权；分别属于村内两个以上农民集体所有的，由村内各该集体经济组织或者村民小组代表集体行使所有权；属于乡镇农民集体所有的，由乡镇集体经济组织代表集体行使所有权。

（四）宅基地管理规则

1. 宅基地的申请与审批

宅基地申请：依据 2019 年新修订的土地管理法，结合各省（自治区、直辖市）宅基地管理的有关规定，农村村民满足“无宅基地的”“因子女结婚等原因确需分户而现有的宅基地低于分户标准的”等法规所列五条标准之一的，可以以户为单位申请宅基地。

宅基地审批主体：土地管理法第六十二条规定，农村村民住宅用地，由乡（镇）人民政府审核批准；其中，涉及占用农用地的，依照本法第四十四条的规定办理审批手续。第四十四条规定，建设占用土地，涉及农用地转为建设用地的，应当办理农用地转用审批手续。2019 年《农业农村部 自然资源部关于规范农村宅基地审批管理的通知》中明确审批工作中，农业农村部门负责审查申请人是否符合申请条件、拟用地是否符合宅基地合理布局要求和面积标准、宅基地和建房（规划许可）申请是否经过村组审核公示等，并综合各有关部门意见提出审批建议。自然资源部门负责审查用地建房是否符合国土空间规划、用途管制要求，其中涉及占用农用地的，应在办理农用地转用审批手续后，核发乡村建设规划许可证；在乡、村庄规划区内使用原有宅基地进行农村村民住宅建设的，可按照本省（区、市）有关规定办理规划许可。涉及林业、水利、电力等部门的要及时征求意见。

宅基地审批程序：农村宅基地分配实行农户申请、村组审核、乡镇审批。按照《农业农村部 自然资源部关于规范农村宅基地审批管理的通知》，宅基地申请审批流程包括农户申请、村民小组会讨论通过并公示、村级组织开展材料审核、乡镇部门审查、乡镇政府审批、发放宅基地批准书等环节。

2. 宅基地的合理利用

《中央农村工作领导小组办公室农业农村部关于进一步加强农村宅基地管理的通知》（中农发〔2019〕11 号）进一步要求，合理安排宅基地用地，严格控制新增宅基地占用农用地，不得占用永久基本农田；涉及占用农用地的，应当依法先行办理农用地转用手续。城镇建设用地规模范围外的村庄，要通过优先安排新增建设用地计划指标、村庄整治、废旧宅基地腾退等多种方式，增加宅基地空间，满足符合宅基地分配条件农户的建房需求。城镇建设用地规模范围内，可以通过建设农民公寓、农民住宅小区等方式，满足农民居住需要。

3. 宅基地的监督管理

根据土地管理法和农业农村部“三定”方案，农业农村部负责农村宅基地改革和管理有关工作。承担农村宅基地制度改革工作，负责起草农村宅基地管理和使用相关法律法规草案及政策，指导宅基地分配、使用、流转、纠纷仲裁管理和宅基地合理布局、用地标准、违法用地查处，指导闲置宅基地和闲置农房利用。

自然资源部门负责土地等国土空间用途转用、土地整理复垦、不动产统一确权登记、拟订国土空间规划并监督实施等工作。具体工作中，村庄规划、土地利用年度计划、乡村建设规划许可、房地一体的宅基地使用权确权登记颁证等工作由自然资源部门负责，宅基地的管理、改革、利用、调查、监管等工作由农业农村部门负责。

4. 宅基地的退出

土地管理法第六十二条规定，国家允许进城落户的农村村民依法自愿有偿退出宅基地，鼓励农村集体经济组织及其成员盘活利用闲置宅基地和闲置住宅。

在宅基地制度改革试点探索中，农民退出宅基地主要包括以下步骤：农户提交书面申请、村审核、专业机构评估价值、农户与村集体签订协议、农户获得补偿、县级主管部门变更登记。

二、北京市宅基地管理现状与问题

（一）北京市宅基地总量现状

1. 全市宅基地基础数据

依据 2014 年调查数据，截止到 2013 年底，全市农村宅基地面积 93.9 万亩（不包括乡级的 0.2 万亩），包括散居院落和农民住宅小区，占集体建设用地的 36%。拥有宅基地的农户 129.1 万户（含已转居在原村仍有宅基地的农户），涉及宅基地房屋 142 万处（套），每户平均 1.1 处，每处平均 0.66 亩。建筑面积 2.5 亿平方米，每处（套）平均 176 平方米。

2. 宅基地利用情况

（1）宅基地自用占 78%，出租占 17.9%。从宅基地利用情况看，完全自用的占 78.3%，部分自用、部分出租的占 13.8%，完全出租的占 4.1%，完全闲置的占 2.6%，对外转让的占 0.7%，其他占 0.5%。

（2）宅基地经营收入主要来源于出租。从经营情况看，全市有经营行为的农户 22.8 万户，涉及 26.9 万处，2013 年经营净收入 55 亿元，其中：出租收入 42.8 亿元，占 77.8%；自营净收入 12.2 亿元，占 22.2%。全市平均每户 24126 元，每处（套）20403 元。

其中，远郊平原地区利用宅基地经营的净收入很高，占全市的 70%，经营项目以出租为主（占 80.3%）。近郊区靠近城市中心区，出租的比重最高，占经营净收入的 90.2%。远郊山区农宅经营收入偏低，净收入仅占全市总数的 9.2%。山区的农宅经营以发展商服为主，占经营净收入的 63.3%，其中旅游业的收入较高，占净收入的 35.6%。山区农宅出租净收入比例较低，仅占 31.1%。

（二）北京市宅基地管理多主体博弈

随着北京市宅基地资本化特性日益显著，宅基地附有价值所产生的利益增加，引起各利益主体对其分配、博弈和争夺。因此明确界定各利益方，厘清各利益方之间的关系，揭示其产生的机理，对北京市研究制定宅基地管理政策至关重要。针对宅基地管理主体，最重要的特征是中央政府、地方政府、村集体、农户四方的博弈。

1. 中央政府层面

中央政府作为国家最高行政机关，负责全国事务，既是政策的制定者也是改革方案的设计者和实施者。农村宅基地制度是一项为保障农民居住权而制定的带有中国特色的社会福利和社会保障制度。因此，“保障农村人口居住权，实现居者有其屋”一直是我国农村宅基地使用权制度立法设计的唯一价值目标。其制定过程中，国家将其设定为一种对农民的保障和福利制度，具有无偿性、公平性、身份性等特性。

国家顶层设计秉承宅基地管理一直以来的政策思路，以“保障性”为基本的政策目的，充分考虑农村住房的保障性功能，落实户有所居政策，在符合宅基地申请的条件下，鼓励农民申请宅基地，落实住房保障功能。这是从中央政府层面对于宅基地管理的最核心、最基本的制度设置，也是宅基地制度改革中最不可或缺的核心思想。

2. 地方政府层面

虽然国家对宅基地改革非常谨慎，但在“土地财政”和做亮点的政绩逻辑下，地方政府以“资本下乡”推动宅基地资本化的尺度要远大于国家的规定。各级地方政府是中央政府意图的贯彻者和制度变迁的具体实施者，同时也有自身的利益诉求。一旦全局性的共容利益和地方性的狭隘利益产生冲突，那地方政府就会倾向于通过种种或明或暗的方式对中央的政策进行抵制或变通，从而对制度变迁造成阻滞。

对于地方政府来说，刺激当地经济发展，“激活资源”是基本需求。地方政府出于土地财政考虑，通过土地的“增减挂钩”政策，为了获取建设用地指标，将农民集中居住后多出来的建设用地指标拿到城市中进行置换，以获得额外的土地收益；或将农民的宅基地置换出工业用地，既获得了一定数量的土地出让金，又满足了当地工业发展，从而得到连续的税收和财政收入。这是地方政府最大，也是最直接的一笔土地“资本化”收益，成为基层政府推动农村建设的最大动力。

3. 村集体层面

村集体在宅基地管理中承担着重要角色，既是地方政策执行者、集体产权代理人和农民管理者，同时自身组成者又是本村农民。实际宅基地管理工作中，村委会替代集体经济组织行使土地所有权权利。村集体想要通过宅基地所有权实现对“激活”宅基地资源的收益分享，从而实现村集体从宅基地增值中获取收益最大化。

但是，由于我国绝大多数农村集体经济发展乏力，村集体无力承担村委会日常运行及办理村庄事业所需经费，这类经费的支出主要源于乡镇政府的转移支付。这种经济联系进一步增强了村委会对地方乡镇政府的依赖，地方政府对村委会的控制也随之强化。因此在现有体制下，村集体与政府进行谈判博弈时，话语权不足，无法真正获取相应的土地增值收益，也无法真正代表村民集体的利益。

4. 农户层面

对于农户来说，宅基地是最重要的财产，宅基地制度创新直接影响着农户的切身利益。农户是制度变迁的初级行动者，是宅基地制度改革的事实受益者和推动者，是宅基地改革政策的反馈者。从土地权利构成来看，宅基地权利包括宅基地所有权、使用权、收益权和处分权。法律规定宅基地所有权属于集体所有，农户以其集体成员身份无偿享有宅基地使用权。

在宅基地管理中，农户唯一考虑的就是经济利益，他们希望得到更多的征地补偿。集体经济组织与农户附于地上的关系是土地所有权和土地使用权的关系。按照法律规定，集体经济组织得到所有权补偿，农户获得使用权补偿，同时农户作为集体经济组织成员应该按份享有所有权。但农户作为宅基地使用者，对于自身权益认识不清，对于宅基地盘活或退出等利益期许较高。再加上在整个社会政治系统中，农户的谈判能力和博弈能力一直处于劣势，在集体经济组织与承包经营者之间征地补偿利益分配中，集体经济组织占主导地位，大部分农户处于被动接受的地位。因此农户在宅基地增值过程中所获得的收益并无法满足农户需求，从而产生利益纷争。

（三）北京市宅基地管理中的问题

1. 管理面临形势紧迫

一是宅基地资源紧张。一方面是人口增长较快，宅基地资源有限，无法满足新成立家庭的宅基地申请需求；另外农村“一户多宅”现象较多，宅基地退出路径不明，无法将闲置宅基地合理利用。二是宅基地资产显化区域不平衡。就北京市而言，城中村、城乡接合部经济较为发达，受城市辐射大，带动农村住房升值，宅基地也因此具有更高价值。而偏远郊区经济发展较慢，受城市影响较小，宅基地增值明显较弱，造成各区域发展不平衡。三是农民主体意识觉醒。随着宅基地资产价值的日益显化，农民对于宅基地这块资产的主体意识日益增强。尤其是经济发达地区，农民作为追求经济利益的理性人，为从自己的宅基地中获取更高利益，不惜违法违规占用耕地建房、私搭乱建住宅、买卖宅基地等，导致宅基地管理乱象丛生。

2. 管理体系有待强化

一是管理主体职责不清。机构改革后，农业农村部和自然资源部对于宅基地管理实施过程中各自职责交叉，宅基地用地建房审批管理涉及农业农村、自然资源等多个部门，各地对土地管理法中有关执法条文存在不同理解，从而造成主体不明、职责不清的管理困境。二是管理客体历史遗留问题较多。由于历史政策变化等原因，不同时期发布不同的宅基地管理条例，使得农村宅基地登记、产权、区位、面积等均产生遗留问题，按照现行法律制度无法统一合理解决，从而造成如今宅基地管理无法遵循统一制度。三是管理基础薄弱。对于宅基地管理，全国尚未出台统一管理办法或细则，对于宅基地数量、登记确权、区位等关键性信息没有统一掌握，缺乏专业规范的管理台账，现状不清、情况不明，管理基础较为薄弱。

3. 管理队伍薄弱

一是人员配备不齐。机构改革后，农业农村部门负责宅基地改革和管理有关工作，但下属机构依旧在逐步建立中，如北京 13 个涉农市区中，还有 5 个区未建立健全宅基地管理机构，已建立机构的区也依然面临人员配备不齐的现状。二是专业人员缺乏。在现有宅基地管理人员中，科班出身的管理人员较少，专业化程度普遍不高，对于宅基地合理布局、用地标准、纠纷仲裁、违法查处等工作无法做出专业性判断，缺乏系统的专业知识和技能。三是基层执法人员不足。农村宅基地需要进行动态巡查，从而及时发现和处置涉及宅基地的各类违法行为，同时面临拆除违建等大量基层工作，但村级宅基地执法人员不足，村级组织对于宅基地管理程序也不明确，无法及时对宅基地进行管理。

三、基层宅基地管理典型经验

（一）村镇规划有序、严格执行落实

村庄规划改变了乡村资源利用模式，推动乡村产业发展，提高农民收入水平，改善村庄居住环境，对宅基地管理起到引领管控的作用。通过科学合理的村庄规划，会对村庄农业成规模发展产生积极作用。

大兴区长子营镇北蒲州营村在村民集中区域实行科学乡村规划，本着节约集约利用土地原则，合理安排宅基地用地，对村民住宅建设布局、建筑风貌、房屋间距、层数、高度等基础原则做出规范，为村庄整体经济发展打好基础。故本文选取北蒲州营村为典型案例，以期为北京市宅基地规划管理提供实际借鉴。

案例 1：大兴区长子营镇北蒲州营村

北蒲州营村地处北京市南部，大兴区东部，长子营镇域中部地区。2005 年，北蒲州营村被农业部选取为全国 35 个新农村建设示范村之一，是早期进行过完整村庄规划并执行较好的村庄。

作为早期农业部所选取的新农村建设示范村之一，完备的规划设计以及充分的规划实施为北蒲州营村土地利用带来了良好的正向影响。一是形成整齐的宅基地布局及建筑风貌。截至 2018 年年底，北蒲州营村宅基地总面积约 7.76 hm^2，全村人均宅基地面积约 86.70 m^2，共有宅基地 254 块，不存在一户多宅或多户一宅现象。村内各宅基地块面积相差较小，最大宅基地块面积约为 343.40 m^2，整体性相对较强，充分体现出较强的规划控制引导性。相较于其他村庄的宅基地建设布局，整齐划一的宅基地布局及建筑风貌共同构筑了良好的村庄人居环境。二是形成规模化大棚种植产业。村庄依托良好的土地利用规划，搭建规模化蔬菜种植大棚。村内 98% 的农民从事蔬菜种植，设施农业发展基础较好，农产品质量高、病虫害少，为老百姓创收的同时也能建立其特色产业链。2018 年村内年人均收入 25081 元，远高于长子营镇平均水平，是长子营镇经济发展最好的村庄之一。规模化蔬菜大棚的搭建为村庄经济发展提供了强有力的驱动。

（二）充分发挥自治的主观能动性

村民自治是我国农民创造的农村基层治理制度，它提供了一条解决农村基层社会难点

热点问题的有效途径，拓展了农民利益诉求的政治渠道，减少了农民非制度化参与的冲突，促进了农村经济和社会的发展，缓解农村社会矛盾，有力促进了农村的社会稳定。

朝阳区王四营乡充分发挥村庄自治能力，对村庄宅基地违法建筑进行控制和查处，为北京市乡村治理体系建设提供借鉴，具有一定典型性。

案例 2：朝阳区王四营乡

王四营乡坐落于朝阳区东南部，下辖 6 个行政村、3 个社区，实行村居合一的管理模式。王四营乡积极发挥村庄自治功能，控制和查处宅基地违法建设。

结合乡域实际和发展前景，王四营乡充分认识到严格控制宅基地违法建设的紧迫性、长远性，及宅基地违建带来的人口无序增长和公共安全隐患的危害性。一是完善村规民约。村委会在广泛听取群众意见的基础上，与村民达成共识，将控制宅基地违建条款写入村规民约，加强村民宅基地建设的制度规范。二是加强基层组织建设。在广泛宣传引导的基础上，各村成立宅基地拆违控违领导小组，对全村宅基地实行全面巡查，对于违法建筑发现一起、拆除一起，做到村级全覆盖。三是充分发挥村民力量。与村民联动，组成乡、村两级网格化队伍，对各村进行覆盖式巡查，一经发现及时制止，将违法建设消灭在萌芽状态。发动村民加大对各村路口和重要地段的管控，发现有运送建筑材料的车辆及时检查，从源头杜绝违法建筑。

自 2013 年 4 月至 2018 年 11 月，乡内共巡查发现宅基地违法违规施工 161 处，建筑面积 15300 平方米，通过村内自治力量取得良好效果，对于违法违规搭建建筑均处置完毕。

（三）第三方组织的辅助力量

随着当前乡村社会结构的调整以及乡村利益诉求的多元化，乡村社会也逐渐向“多元”治理格局转变，乡村社会第三方组织日益成为乡村治理的重要辅助力量。第三方组织依托社会公司、村民合作社等形式，为乡村协同治理产生积极作用。

在这样的背景下，怀柔区渤海镇依托当地优美的自然环境，积极组建民宿旅游专业合作社，探索乡村治理新模式。因其贴近农户、利益关系相对简单清晰以及管理透明等特点，在解决公共物品需求方面开展了大量有效工作，较为有效地发挥了第三方组织的治理辅助作用。

案例 3：怀柔区渤海镇

怀柔区渤海镇位于北京市区正北部、怀柔水库上游，林木覆盖率达 86%，拥有丰富的旅游资源。渤海镇引入第三方组织机构，以合作社为载体，搭建民宿产业联盟，大力推动当地民宿产业快速发展。

一是以合作社为载体，整合村内旅游资源。建立六渡河民俗旅游专业合作社，将村内 26 家民俗民宿及 1 家精品酒店整体打包纳入政府会议采购，探索民宿服务纳入全市党政机关会议服务定点机制。二是搭建民宿产业联盟，助力产业发展。组织镇域内景区、民宿及餐饮饭店，搭建独具渤海特色的民宿产业联盟，同步引入民宿服务平台，将民宿整体宣传推广，促进民宿规模化、集约化发展。三是集中建立综合生态园，拓宽发展渠道。在景峪村整合闲置房屋及院落 23 处，投资 5000 万，占地 5000 余平方米，建设集科技示范、观光游览、休闲采摘、民宿接待于一体的综合型生态园，为广大科技工作者提供激发创新灵感的宜人环境，打造高品质“科学家工作室”，以期吸引更多企业入驻。

截至目前，渤海镇依托产业联盟等第三方组织，利用闲置农宅累计建成精品民宿 107 家，143 套院落，2019 年，渤海镇乡村旅游共接待中外游客 232 万人次，实现旅游综合收入 3.01 亿元，旅游综合收入首次突破 3 亿元大关，为村集体经济带来巨大经济收益，为乡村进一步发展提供可能性。

四、加强北京宅基地有效管理的几点建议

（一）强规划、实行分区域管理

一是依据不同区域宅基地功能的变化来调整管理模式与手段。宅基地制度改革政策的制定还要注重宅基地功能的演化，根据区域经济社会发展状况设置有差别的宅基地制度，以此满足发达地区和不发达地区、城郊与偏远山村等不同层次水平农民的需求。农户是宅基地的利用主体，宅基地制度改革要在尊重农民意愿的基础上，根据不同地区区位条件、资源禀赋、经济发展水平、农户自身特征等的差异，制定差异化的改革政策，选择适合的农村宅基地管理模式，才能更大程度上增加改革参与方的支持和认同，有利于改革的实施和推进，实现提高宅基地利用效率和让农民分享土地增值收益的目标。

二是加强村镇规划，发挥村民的主观能动性，严格落实规划。整合村庄土地利用规划、村庄建设规划等乡村规划，实现土地利用规划、城乡规划等有机融合，编制“多规合一”的实用性村庄规划。以一个或几个行政村为单元编制进行规划，坚持先规划后建设，通盘考虑土地利用、产业发展、居民点布局、人居环境整治、生态保护和历史文化传承。

（二）清职责、完善管理体系

一是建立健全农业农村部门和自然资源部门的分工协作机制。在宅基地管理上，新一轮的机构改革明确将宅基地审批、监督管理和执法等职责划转农业农村主管部门，而村庄规划、宅基地确权颁证、计划指标管理等职责还在自然资源部门。实践中，两部门的职能存在一定程度的交叉以及两部门职能都不包括的空白地带。如何建立两部门在宅基地管理上的有效协同机制需要认真研究，其中，信息和数据共享是健全两部门协同机制的核心。

二是完善“部省指导、市县主导、乡镇负责、村级主体”的农村宅基地管理机制。乡镇政府探索完善审批环节，建立一个窗口对外受理、多部门内部联动运行的农村宅基地用地建房联审联办制度。加强对宅基地申请、审批、使用的全程监管，全面落实“三到场”要求；指导村级组织完善宅基地民主管理程序，探索设立村级宅基地协管员。各村应发挥自治功能，组织开展农村用地建房动态巡查，及时发现和处置涉及宅基地使用和建房规划的各类违法违规行为。

（三）组队伍、充实管理力量

一是配备专业基层宅基地管理专职人员。建立完善农村宅基地管理人才开发培育机制，建立宅基地管理人才的专业技能体系培训，组建农村执法队伍。二是借助第三方管理力量。积极引入第三关管理组织、社会企业等，通过吸引社会力量，对村宅基地实行动态

管理。建立健全宅基地管理监督检查评估体系，对宅基地管理绩效进行测度，并制定相应的奖惩机制。三是充分发挥村民自主治理力量。调动村集体人员自身力量，对本村宅基地进行自主管理，发挥其在基层调解矛盾、治安巡逻等方面的作用。

（四）搭平台，数字化管理与数据共享

一是抓紧推进宅基地确权登记。应紧抓当前人居环境工程拆违的机遇，抓紧推进宅基地使用权确权登记办证工作进程，为宅基地数字化创造条件。二是发挥农村基层管理作用。县、乡镇人民政府应切实承担属地责任，落实农村宅基地管理工作的基层重心，对宅基地进行细致排查、登记，为数字化管理提供基础一手资料。三是落实农业农村部门行业管理职能。农业农村部门要与自然资源与规划部门加强沟通，整合村庄规划、用地指标和使用现状等情况，尽快搭建数字化管理平台。

执　笔　人：赵雪婷、张渊婕

关于“十四五”时期打造零碳生态示范村的思考

北京市拟在“十四五”时期积极打造10个零碳生态示范村，在京郊乃至全国形成可复制可推广的建设模式，形成辐射带动作用，引领京郊农村绿色低碳发展。什么是零碳生态村？零碳生态示范村期望可以解决哪些问题？如何建设零碳生态示范村？带着这样的疑问，我们进行了实地调研和专家咨询，在了解农村基层组织和农民对“十四五”时期发展诉求的基础上，形成以下几点思考。

一、京郊“三农”发展面临的问题与分析

（一）乡村产业高质量发展取得明显成效，但是农业科技资源富集优势发挥不充分，农业生产效率亟待提升

一方面，高耗水作物面积调减至68万亩，规模养殖场调减到376家，农业年用新水量降至3.68亿方，农田灌溉水利用系数上升至0.747，农业生态服务价值增至11237.26亿元；另一方面，北京虽然集中了全国最好最多的科研资源，但是农业科技转化不高，复合型研究能力比较差，科研和市场脱节较为严重。特别是产中，跟国外相差数十年。2014—2018年，北京市农业劳动生产率平均2.65万元/人左右，低于全国平均的3.2万元/人。

（二）美丽乡村建设取得重要进展，但是人居环境整治成效不扎实，管护机制尚未形成，“政府干、农民看”现象依然存在，村民共谋、共建、共治、共评、共享的乡村治理体系尚不完善

截至2019年年底，全市农村生活污水得到收集处理的村庄达到1506个，污水处理设施覆盖率达到41%，农村生活污水处理率达到60%以上。全市99.93%的行政村生活垃圾得到处理，在1500个村开展垃圾分类示范村建设工作。但是，美丽乡村建设项目仍主要聚焦于硬件设施，在因地制宜打造农村宜居环境、培育绿色产业和管护投入上仍显不足，传统农村文化符号、住房风貌、乡土气息日渐衰落，对乡村文化的保护开发与利用不足，农民主体作用发挥十分有限，等靠要意识严重，乡村自主发展意识不足。

（三）农业农村各项改革扎实推进，但城市居民对美好生态产品和服务的新需求与乡村供给不平衡不充分之间的矛盾日益凸显

一方面，“三块地”改革稳妥推进，承包地确权村比例达到98.3%。随着“疏整促”“大棚房”整治及新版国土空间规划的推进，受生态保护、耕地保护、疏解腾退养殖等政策的

影响，农业产值下行压力较大，农业结构调整任务艰巨；另一方面，北京聚集了中国最强大的消费能力，却没能提供高质量的服务型产品和优质的农产品，供给不足已成为当前和未来一段时期要着力解决的重点和难点问题。

二、打造零碳生态示范村必须要具备五大思维

"零碳生态村"就是通过生态、绿色、低碳的生活方式、生产方式实现尽可能低的碳排放、尽可能小的不利环境影响、尽可能和谐的身心平衡、尽可能融合的城乡关系，进而实现乡村的可持续发展。"零碳"并不是不排放二氧化碳，而是在人们的社会生活各个方面尽可能节能减排并且降至最低，直至为零的境界，这是人们生存实现自然、健康、和谐理念，生产、生活追求"可持续性发展"的目标。

"零碳生态示范村"期望能够打造成具有世界眼光、中国特色、首善要求的城乡融合新亮点。理念是决定行动的先导，要想打造好零碳生态村，需要思维方式的革命，重新认识乡村文明的时代价值与功能，重新思考乡村文明整体复兴的战略。打造"零碳生态示范村"要具备"五大思维"：系统思维、绿色思维、景区思维、开放思维、共享思维。

系统思维即要将生态文明建设融入农业农村发展的各方面和全过程，推行绿色发展方式与生活方式，正确处理好人与自然、经济发展与环境保护、城市与乡村、农民与市民的关系，坚持人的价值、自然价值与经济价值的有机统一。实现资金统筹、资源统筹、时间统筹、部门统筹、人员统筹。绿色思维即以生态农业、有机农业为依托，以循环经济理念为指引，以可持续发展为目标，加强对农村生态环境的保护和治理，加强对农村生活方式的传承和改造，用生态的办法解决生态问题，将生态变成产业。景区思维即把村庄按照景区来打造，实现田园变景区；把村庄按照景区来管理，实现农民变职工；用创意把农产品开发成衍生品，实现土特产变伴手礼；把农民的生活开发成农事体验活动和城市人向往的生活。开放思维即要目光长远，打破思维定式，欢迎能人回乡、新农人下乡，学着多视角、全方位地看问题，坚持高标准规划、高起点实施。共享思维即把乡村当作城乡融合的基地和城里人寻找乡愁的地方，引导全民参与，让乡村成为城乡共享的美好家园，让城乡居民均享有更多的获得感、幸福感与安全感。

三、从八个维度打造零碳生态示范村

如何打造零碳生态村呢？如何实现生产生活的"零碳"呢？我们认为，可以从产业生态化、村庄宜居化、建筑零碳化、生活绿色化、乡风文明化、治理多元化、城乡融合化、身心和谐化 8 个维度开展建设（如图 1 所示）。

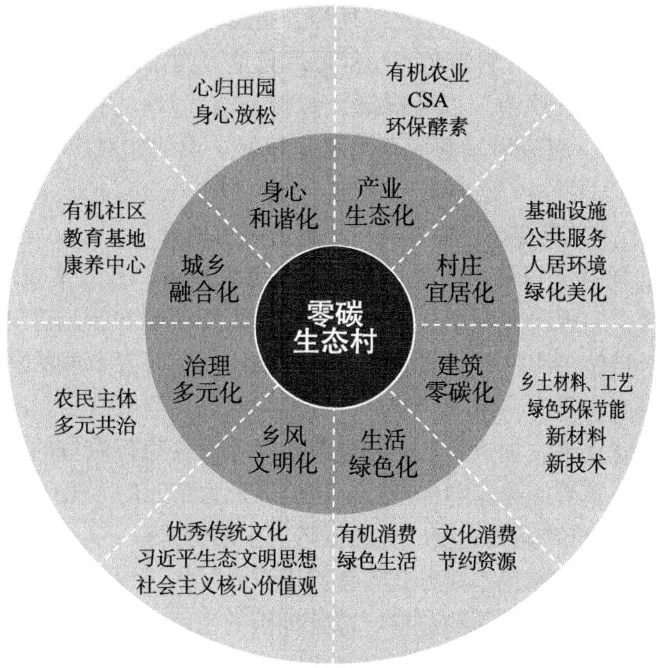

图 1　打造零碳生态示范村的 8 个维度

（一）产业生态化，发展科技引领、提质增效的生态经济

在知识经济时代，发展北京农业一定要靠科技创新。借助于循环经济、低碳经济模式的载体，积极推广应用土壤有机质提升、节水控污、生态养殖、废弃物循环利用等绿色环保、高效技术，不仅有利于提升农业产品质量和服务供给能力，而且能够持续提高农业创新力、竞争力和全要素生产率，使生态经济真正成为农业供给侧结构性改革的强大动力。

在产业选择上，要坚持发展绿色、有机、高效农业及社区支持农业，不断提高农产品竞争力。在发展模式上，要调整种养模式、发展节水高效生态种植、推广农业节水技术。在农业面源污染治理上，优化施肥结构，制作使用环保酵素推广有机肥、绿色防控产品使用，提高绿色农药施用比例，推动农业生产型废弃物的资源化利用，构建生态农业循环经济产业链。在生产经营上，要着力培育规模经营的专业农户、农业龙头企业、专业合作组织等新型农业经营主体，强化农产品产地环境保护治理，提升绿色农业质量安全水平。同时，注重延伸产业链条，挖掘农业多重功能，培育农业新业态新载体，探寻挖掘相关成果的知识产权，优化生态农业和特色产业发展，让新业态的科技和文化价值延伸出市场和经济价值，让农村一二三产业在融合发展中同步升级、同步增值、同步受益。

（二）村庄宜居化，营造设施齐备、环境优美的人居环境

通过科学合理的规划布局，优化各类用地之间的关系，完善村域交通、基础设施和各类公共服务设施，优化水、电、路、气、房的相互配套。扎实开展农村人居环境整治，村域内污水有效治理、垃圾进行源头分类和资源化利用、户厕公厕均可正常使用，营造洁净

优美的村容村貌。村庄做到应绿尽绿、见缝插绿，把绿色作为村庄的底色。村庄绿化以地方果木、乔灌木为主，并具有农村特色；房前屋后打造“微菜园”“微田园”“微果园”“微公园”；村内“特色主题景观带”以及绿篱、绿带整洁美观；古树名木与大树得到有效保护；环绕村庄的山体、河流沿岸等大环境绿化较好，形成相对丰富的环村林带和村内绿荫带。

（三）建筑零碳化，实现传统元素与居住零碳的有机融合

通过建设超低能耗建筑与科学匹配太阳能光伏发电设备，有效覆盖农村的农户住宅、农村公共场所建筑等，实现产业和居住的双重零碳。村庄改建和新建建筑既要采用乡土材料、乡土工艺，融合传统历史文化元素，又要合理鼓励绿色环保节能的新材料、新技术应用，推动优质建材下乡，推广应用绿色建材，开发建筑高新科技在乡村的应用新场景。提升农村公共建筑绿色化水平，加大超低能耗建筑示范项目在京郊农村的推广力度。清洁能源的推广与农村居住建筑节能改造同步进行，建成以户为单元的“微生态”。

（四）生活绿色化，培育简约适度、绿色低碳的生活方式

从改变消费理念、倡导绿色生活方式入手提倡农村居民过绿色生活，通过村规民约和宣传教育，杜绝铺张浪费；倡导简约适度、绿色低碳的生活方式，拒绝奢华和浪费，形成文明健康的生活风尚；倡导环保意识、生态意识，构建全社会共同参与的环境治理体系，让生态环保思想成为社会生活中的主流文化；倡导低碳健康的有机消费、文化消费，有效推动生态经济的发展；倡导尊重自然、爱护自然的绿色价值观念，让天蓝地绿水清深入人心，形成深刻的人文情怀。

（五）乡风文明化，树立发扬传统、尊重自然的社会风尚

深入挖掘传统文化蕴含的生态观念、人文精神、道德规范，树立乡村文明典范。弘扬浩然正气和社会主旋律，促进形成文明乡风、良好家风、淳朴民风，提升农民精神风貌，提高乡村文明程度。大力弘扬其生态环保价值，赋予新的时代内涵，培育生态道德，让绿色环保理念成为乡村主流价值，在乡村发展的血液中注入“绿色基因”。充分发挥基层党组织的作用，加强习近平生态文明思想教育和社会主义核心价值观教育。深刻领会和努力践行习近平生态文明思想，从思想观念、规划决策、政策扶持、科技支撑、措施推进、文化熏陶等各方面牢固树立人与自然和谐共生的新发展理念，不断增强乡村社会绿色发展的定力。

（六）治理多元化，聚力实现“七有”“五性”的美好愿景

乡村治理，农民应该是主体；但是有首都特色的乡村治理，仅仅依靠农民是不够的，要实现多元共治，政府、村民、企业、社会组织要均能有效参与到乡村治理中。按照“七有”“五性”要求，推动城市教育、医疗、养老等公共服务资源向农村延伸，办好农民群众最期盼最关心的民生实事。建立完善的城乡结合医疗卫生服务保障体系、养老体系，全面提升乡村医疗保障水平，实现“老有所养、弱有所扶、病有所医”。鼓励社会力量在乡村开设教育机构，满足城乡居民的子女“幼有所育、学有所教”。充分调动农民参与乡村振兴和乡村自治中，实现“劳有所得、住有所居”，充分体现出以人民为中心的理念。

（七）城乡融合化，构建城乡互补、共生发展的互助关系

城乡之间的融合发展之路，就是城乡各自发挥其不可替代的功能，推动各种要素资源高质量双向流动的城乡互补共赢、共生发展的新模式。北京市已经到了逆城市化的阶段，这个阶段，人一定是往农村流的，这是客观规律。乡村产业发展市场在城市，而城市未来需求在乡村，联结城乡市场最重要的稀缺产品就是乡村生活。通过在乡村设立教育基地、发展社区支持农业，使得市民与农民建立稳定的经济合作关系、社会文化关系，形成一个融社会与文化、生产与生活为一体的新社区。在新社区中，市民不仅得到了安全优质的食品，也获得了一种稳定的熟人社会特有的互助关系的新生活。

（八）身心和谐化，提升城乡居民的幸福感和满足感

在城市环境污染、高压力、高成本生活倒逼下，乡村特有的环境优美、天人合一的绿色慢生活表现出巨大的吸引力。对于城市人来讲，乡村可以融合生态、旅游、人居、健康、精神需求等多方资源与服务，可以还原大自然赋予的真善美，可以让生命回归本真体验之旅，可以满足市民身心放松、心归田园的梦想，乡村可以影响到人的生命，变成一种倡导人与大自然相和谐的生活方式。与乡村共荣，与城市共享，与生态共生，实现市民和农民每一个个体的身心和谐。

小约翰·柯布院士说：“生态文明的希望在中国。”“零碳生态示范村”就是未来首都生态文明建设的重要实践，旨在修复农村环境，发展农村经济，构建村民自治机制、重塑农村文明、融合城乡居民，重新走出一条“农村包围城市”的社会治理、文化重建的回归之路。可喜的是，京郊已经有了一些与“零碳生态村”思路接近的探索和实践，如顺义区分享收获农场、昌平区兴寿镇辛庄村、平谷区大兴庄镇西柏店村等，我们要顺应广大农民过上美好生活的新期待，建设与国际一流的和谐宜居之都相匹配的零碳生态村，在目前的基础上继续深化，不断升华，在带农为农上，在城乡关系上，在身心和谐上，更进一步。

执　笔　人：张燕

农民丰收、文化传承与民族复兴

——关于中国农民丰收节的思考与建议[①]

经党中央批准、国务院批复，自 2018 年起，每年的农历秋分设立为中国农民丰收节。设立和举办农民丰收节，是传承发展中华优秀传统文化的重大举措，是实施乡村振兴战略推动农业全面升级、农村全面进步、农民全面发展的有效途径，是推进国家治理体系和治理能力现代化、实现中华民族伟大复兴中国梦的必然要求。办好农民丰收节活动，需要进一步深化对农民丰收节文化内涵的认识，着力彰显农民丰收节的时代价值，不断丰富农民丰收节的内容和形式。

一、深刻认识农民丰收节的丰富内涵

深刻认识农民丰收节的丰富内涵，需要对农民、丰收、节庆三个关键词以及传统小农经济时代的农耕文明与市场经济时代的现代文明两种文明形态交融发展的理解和把握。

（一）深刻认识农民的含义及其变化

农民是一种古老的职业身份。《管子 · 小匡》云："士农工商四民者，国之石民也。"《春秋 · 谷梁传》云："古者有四民：有士民、有商民、有农民、有工民。"《辞海》对农民的定义是："直接从事农业生产的劳动者。"[②] 在当代中国，农民主要包括三大社会群体或阶层：一是传统职业农民。在几千年的文明发展中，农民都是中国人口中占绝大多数的社会阶层和群体。从职业划分的本来意义上说，农民是从事农业生产的劳动者。20 世纪 50 年代以后，由于城乡二元户籍制度的建立，中国农民具有农业职业农民和户籍身份农民二重性。据统计，2019 年我国仍有 77871 万农业户籍人口，55162 万乡村人口；在 33224 万乡村就业人口中有 20000 万人从事农业生产，占乡村就业人口的 60%，占农业户籍人口的 25.7%。[③] 二是农民工。改革开放以来，大量农民进城务工经商，但由于户籍制度改革的滞后，这些进城务工经商的人虽然不再从事农业生产，但他们仍然保留农业户籍身份，从而形成了我国特有的农民工阶层。根据国家统计局数据，2019 年我国农民工总数达到 29077

---

① 作者感谢张孝德教授、曹幸穗研究员、萧淑贞教授对本文初稿的点评与讨论，但文中的任何错误之处概由作者负责 .

② 《辞海》（上），上海辞书出版社 1989 年版，第 987 页 .

③ 国家统计局 . 中华人民共和国 2019 年国民经济和社会发展统计公报 [R/OL]. http://www.stats.gov.cn/tjsj/zxfb/202002/t20200228_1728913.html.

万人①，占农业户籍人口的37.3%。三是新型职业农民。随着市场化改革的发展，我国又出现了各类城镇人员返乡入乡从事农业生产经营管理的新型职业农民队伍，他们虽然没有农业户籍身份，但他们从事农业生产经营管理活动。据人民日报社报道，到2019年3月全国新型职业农民超过1500万人②，占我国从事农业生产农民的7.5%。

（二）深刻把握丰收的含义及其拓展

丰收是与歉收相对的，指的是收成好。在传统农业社会，农业生产所获得的粮食丰收，既是农民的生存保障和生活喜悦，也是国家的稳定之基和发展之源，所以中国历朝历代统治者和广大农民，都虔诚地祈求风调雨顺、五谷丰登、六畜兴旺。五谷通常指稻、黍、稷、麦、豆，泛指粮食或粮食作物；六畜指猪、牛、羊、马、鸡、狗，泛指各种家畜、家禽。传统农业社会确保粮食丰收的关键因素，一是需要风调雨顺、灌溉便利的自然环境，二是需要政治清明、社会安定的社会环境，三是需要食为政首、农为邦本的政策环境，四是需要人丁兴旺、勤劳协作的家庭环境等。自1970年代末市场化改革以来，市场经济的发展对农民传统丰收观念和现实都产生了重大影响。简言之，传统的粮食丰收已经远远不能使农民满意和幸福了。为此，必须与时俱进地丰富和拓展丰收的内涵。第一，要从单纯重视农产品数量丰收向更加重视农产品数量和质量的“双量”丰收转变。传统农业都是生态农业，农产品质量安全问题不突出。现代农业则是通过大量使用农药、化肥等化学品，在提高农产品产量的同时，也造成了严重的农产品质量安全问题。切实保障农产品质量，实现质量兴农，显得尤为重要。第二，要从片面重视粮食增产向更加重视粮食增产与农民增收的“双增”形态转变。在现实生活中，农民增产并不意味着农民收入的增长，相反，农民往往面临着增产不增收、增产反减收等市场难题和现实困境。实现农民在增产基础上的收入增长，既是农业供给侧结构性改革的重要任务，也是新时期农民丰收的重要内容。第三，要从简单重视满足农民的物质需求向更加重视满足农民精神需求和美好生活需求的“双需”格局转变。人们不仅需要物质的丰收，也需要精神的丰收。如果说物质的丰收只是为了满足口腹之欲的话，那么精神的丰收则是为了满足心灵归属的需求。要使人们享有更多精神层面的丰收体验和对美好生活的更高层次的需求。

（三）深刻把握节庆的含义及其升华

节庆活动是在固定或不固定的日期内，以特定主题活动方式，约定俗成、世代相传的一种社会活动。我国节庆活动种类很多，从节庆性质上可分为单一性和综合性节庆；从节庆内容上可分为祭祀节庆、纪念节庆、庆贺节庆、社交游乐节庆等；从节庆时代性上可分为传统节庆和现代节庆。③节庆活动不仅是为广大人民群众所接受的生活方式和生活理念，同时也包括了文人墨客、知识分子的文学成就与精神追求。节庆活动具有广泛而深刻的社会意义和文化价值，它体现了人们对所庆祝对象的关注与重视，在喜庆和欢乐的氛围下，参与者的民族精神和性格被有效塑造、文化得以传承和进一步深化，治理秩序得到整合，

① 国家统计局.《2019年农民工监测调查报告》.

② 数据来源：http://www.gov.cn/xinwen/2019-03/05/content_5370565.htm.

③ 资料来源：https://baike.baidu.com/item/%E8%8A%82%E5%BA%86?forcehttps=1%3Ffr%3Dkg_hanyu.

民族凝聚力也得以加强。[①] 世界各地人民为庆祝丰收设立有各种各样的丰收节庆。我国传统的丰收节设在每年农历十月初十日，已有上千年的历史，民间认为这是“十全十美”的吉日，人们借此庆祝一年的丰收，祭祀丰收神“炎帝神农氏”。在当代中国，举办农民丰收节具有新的时代内涵和价值承载，可以也应当在农业节庆活动中实现文明的再传承与价值的再升华。首先，要从传统的区域性节庆活动向新时代全国性节庆活动升华。要更加彰显在传统民间地域性庆祝丰收节活动基础上，形成全国性庆祝丰收节活动的最具特色的中华乡村文化符号；要更加突出国家层面的主场节庆活动与全国各地丰富多彩节庆活动的交相辉映，主场节庆活动就像中秋节的月亮团圆而明亮，而各地举办的丰收节庆活动如同满天繁星璀璨耀眼。其次，要从传统喜庆性庆祝活动向现代多功能性庆祝活动升华。特别是要更加突出文化传承功能、社会教化功能、城乡融合功能、市场经济功能、法治规范功能、科技支撑功能等。再次，要从传统农耕文明的重要结晶向现代文明的重要载体升华。举办农民丰收节庆活动，要体现联结传统农耕文明与现代人类文明的桥梁和纽带作用，搭建打通农耕文明与现代文明的通道与平台功能，推动我国在弘扬传承农耕文明基础上建设更加灿烂的现代文明。

二、着力彰显农民丰收节的时代价值

在中华民族实现伟大复兴征程上设立和举办农民丰收节，承载着中华儿女建设富强、民主、文明、和谐、美丽的社会主义现代化国家的崇高使命和责任担当，迫切需要着力彰显新时代农民丰收节的时代价值。

（一）增进农民与市民的相互交流

农民与市民原本就是相互依存、合作共赢的生活共同体和命运共同体。农民为市民源源不断提供每日生活必需的农副产品需求，市民也为农民提供了广阔的消费市场和各类服务。在城市化进程中，农民也是市民的主要来源，绝大多数市民的前身或前前身就是农民。随着逆城市化的发展，一些市民也下乡转变身份和职业成为新型的职业农民。由于城乡二元体制的长期影响，被贴上农业户籍身份的农民和非农业户籍身份的市民被人为的政策制度割裂了，农民与市民之间天然的紧密联系和自然的相互交流受到了严重影响。新时代举办农民丰收节，就是要消除农民与市民之间的政策制度障碍，搭建有利于农民与市民不断增进相互交流和联系的新平台，形成农民与市民和谐共存、团结互助的新纽带，实现农民与市民平等交流、优势互补、合作共赢的新型和谐阶层关系，使农民与市民既有物质上的相互交流，又有精神上的相互交流，更有制度上的平等互通与角色转换。

（二）促进乡村与城市的深度融合

乡村与城市虽然存在功能上的不同和差异，但城乡之间始终是一个共生共荣的有机整体，谁也离不开谁。但长期的城乡二元体制却造成了城乡关系的空前隔离和扭曲。当

① 李北达．传统节庆习俗的文化价值 [C]. 北京市社会科学界联合会、北京中华文化学院（北京社会主义学院）、中国农工民主党北京市委员会、北京联合大学、北京改革和发展研究会、北京旅游学会．《2013 北京文化论坛——节日与市民生活文集》，2013 年，第 150—153 页．

前，在我国社会主要矛盾中，最大的发展不平衡是城乡发展的不平衡，最大的发展不充分是农村发展不充分，最大的发展差距是城乡之间的发展差距。2019年我国城乡居民收入差距仍为2.64∶1。新时代举办农民丰收节，就是要坚持以人民为中心的发展思想，全面深化改革开放，加快破除城乡二元体制，促进城乡发展一体化，实现城乡融合发展，特别是要加快推进城乡居民基本权益平等化、城乡公共服务均等化、城乡居民收入均衡化、城乡要素配置合理化、城乡产业发展融合化，实现城乡要素双向自由流动和平等交换，形成平等、开放、融合的新型城乡关系。通过举办农民丰收节庆活动，要让更多人重新认识乡村的价值，重新唤醒乡村的意识，重新发掘乡村的文化，重新激发乡村的活力，重新审视乡村的建设，重新增强乡村的自信，使城与乡成为各美其美、美美与共、交相辉映的美好生活家园和诗意栖居之所。

（三）推进生产与生态的协调发展

人们生活在地球上，既需要从事农业生产以维持生命和生活，也需要保护生态环境以保护生命和生活。在中华几千年的农耕文明中，传统的生态农业实现了人们生产与生态的有机统一与协调发展。但改革开放以来在发展现代农业中，却因农药、化肥等化学品的大量投入以及工业废弃物的输入，对人们赖以生存的生态环境造成了致命的破坏。近年来有的地方因过度强化环保督查整治也使一些乡村的农民被禁止从事任何形式的农业生产，生产与生态的对立和矛盾日益突出。新时代举办农民丰收节，就是要充分认识和利用农业的生产、生活、生态、生命等多重功能，恪守中华传统优秀文化中道法自然、天人合一的核心价值，最大限度地借鉴传统生态农业的显著优势，克服现代化学农业的严重弊端，推进农业供给侧结构性改革，在传承中华农耕文明的基础上，发展具有中国特色的现代生态有机农业，让农民变成生态农业的建设者、生态环境的维护者、生态产品的提供者，努力建设既传承农耕文明又超越工业文明的现代生态文明，实现生产与生态的有机统一，确保中华民族的永续发展。

（四）推动物质与精神的有机结合

改革开放以来，党和国家坚持以经济建设为中心，加快改变中国特别是农村地区的贫困落后面貌，始终朝着全面建设小康社会和社会主义现代化强国的宏伟目标迈进。经过40多年的改革开放，我国稳定解决了十几亿人的温饱问题，总体上实现小康，并于2020年全面建成小康社会。党的十九大报告明确指出："人民美好生活需要日益广泛，不仅对物质文化生活提出了更高的要求，而且在民主、法治、公平、正义、安全、环境等方面的需求日益增长。"①新时代举办农民丰收节，就是要体现人民对美好生活需要的新要求，推动物质与精神的有机结合，既富"口袋"，又富"脑袋"，还富"心灵"；既要满足人们的物质需求，又要满足人们的精神需要；既要建设高度的物质文明，又要建设高度的精神文明，推动广大农民群体在神州大地上实现物质和精神的双丰收。

（五）加强传统与现代的文明对接

传统与现代就像历史长河中的一条河流，是不可分割的统一整体。传统是现代之源，

①《中国共产党第十九次全国代表大会文件汇编》，人民出版社，2017年10月第1版，第9页.

现代是传统之流。传统文明为现代文明提供了源泉和滋养，现代文明实现了对传统文明的传承与超越。那种将传统与现代进行人为割裂、将传统文明与现代文明进行刻意对立的观念和做法是完全错误的、极其有害的。新时代不是孤立的时代，是在深厚的中华传统文明基础上发展而来的，新时代也将在中华民族伟大创造、伟大复兴的进程中不断走向更加辉煌的远方。新时代举办农民丰收节，就是要传承和弘扬中华优秀传统文化，吸收和借鉴人类创造的共同文明成果，打造传统农耕文明与现代文明融通对接的有效载体和传承创新的宝贵平台，从而有效贯通传统与现代、乡村与城市、中国与世界，为传统与现代打通隧道、为乡村与城市连接纽带、为中国与世界架起金桥，推动传统文明与现代文明有效对接、农耕文明与工业文明互促互进、乡村文明与城市文明共存共荣、中华文明与世界文明同灿同辉。

（六）实现强农与强国的和谐统一

中国要强，农业必须强；中国要美，农村必须美；中国要富，农民必须富。农业是国民经济的基础产业，农村是祖国发展的辽阔空间，农民是现代化建设的生力军。党和国家始终高度重视“三农”工作，始终将“三农”工作放在重中之重的战略位置。1982 年以来，中共中央、国务院已出台了 22 个有关“三农”工作的中央一号文件，经过全国人民的共同努力，我国“三农”工作取得了历史性的伟大成就。但由于历史和现实等多重因素的制约，“三农”不仅是全面建成小康社会的短板，也是全面建成社会主义现代化强国的短板。农业还没有成为富国安邦的强势产业，农村还没有成为人民安居乐业的美丽家园，农民还没有成为有尊严有吸引力的崇高职业。在实现中华民族伟大复兴的进程中，农业农村农民的现代化仍然是我国全面建成小康社会和实现社会主义现代化强国的突出短板。新时代举办农民丰收节，就是要抓紧补齐“三农”领域的短板，使中华民族在强农的基础上实现强国，在强国的进程中实现强农，推动强农与强国的有机统一。为此，必须围绕建设强国的目标，加强强农惠农富农建设；同时，也必须清醒认识到强国的目的，在于让人民生活得更加幸福、更有尊严。举办农民丰收节就是要进一步实施好乡村振兴战略，切实推动城乡融合发展，尽快实现让农业成为有奔头的产业，让农民成为有吸引力的职业，让农村成为安居乐业的美丽家园。

三、不断创新农民丰收节的对策建议

举办农民丰收节庆活动，需要进一步丰富农民丰收节的内容和形式，推动农民丰收节庆化风成俗，实现中华优秀传统文化的创造性转换、创新性发展，为塑造和形成新的中华文明贡献力量。

（一）更加发挥农民的主体地位

农民丰收节，顾名思义，农民是丰收节的主体。农民的主体地位不仅体现在丰收节日的庆祝主体上，而且体现在丰收成果的劳动主体上。没有农民的辛勤付出和身心投入，就不可能有农业的丰收；没有农民参与的丰收节庆，就背离了农民丰收节的初衷和本意。在农民丰收节庆活动中充分发挥农民的主体地位，增强农民参与丰收节庆活动的主动性、积

极性、创造性，一是要坚持政府主导与农民主体的双重功能和价值导向。政府的主导作用体现在发展引领、政策支持、制度规范、环境营造、平台提供、服务保障等方面，农民的主体作用体现在农民组织健全、农民决策民主、农民意愿自主、农民参与积极等方面，同时要激活社会力量的积极参与。政府的主导作用并不是要包办代替农民的主体作用，也不是要取代社会的积极作用。二是要构建“1+N”的丰收节庆活动新格局。“1”是国家层面组织实施的丰收节庆活动，重在体现国家对“三农”工作重视的政策导向以及对农民丰收节庆活动主题的引领作用。“N”是各级地方层面以及广大农民群众自主组织举办的丰收节庆活动，重在结合当地实际开展丰富多彩的节庆活动，特别是要体现和形成广大农民群众自主举办和欢庆丰收节日的喜庆氛围和节日习俗，像欢度春节一样欢庆丰收节。三是要建立健全农民组织和其他涉农社会组织。农民主体作用的发挥既需要发挥农民个人的积极性，也需要发挥农民组织的积极性。一方面要充分发挥农村党支部、村委会、集体经济组织、农民专业合作社等已有农民组织在组织农民参加丰收节庆中的重要作用，另一方面也要适应现代社会转型发展需要，允许、鼓励和规范新型综合性农民组织以及其他涉农社会组织的建立和发展，为农民的生产生活提供有效的组织载体和诉求平台。

（二）更加强化农业的基础地位

农业既是国民经济的基础，也是社会稳定的保障。在中华农耕文明形成和发展的历史长河中，农业发挥了根本性的基础作用。农业也是农民丰收文化的根本源头，农耕文明本身就建立在农业的基础之上。在农民丰收节庆活动中，一是要进一步强化全社会对农业基础地位的认识，凸显农业在国家安全和社会稳定上的基础性、战略性地位。农业稳则天下安，基础牢则国家兴，粮食丰则社会宁。在国家层面，任何时候都不能忽视农业，要切实加大对农业的支持保护力度，加快实现农业现代化。在社会层面，通过各种形式唤起人们敬畏自然、亲近农业、爱惜粮食的认知和情感。在个体层面，要使人们认识到，如果没有工业和服务业，我们的生活可能极大不便；但如果没有农业，我们则可能无法生存下去。二是要切实改变以 GDP 指标来衡量和评价农业价值的观念和做法。农业作为第一产业，就是第一重要的产业。农业是母产业，其他产业都是从母产业基础上发展起来的。农业好像高楼大厦的基座，二、三产业好像是基座上建立起来的楼层。以 GDP 指标来衡量和评价农业的价值和地位，是以工业的价值标准来审视和评判农业的价值，这就像以鸭的水中生存能力标准来审视和评判鸡的生存能力一样，实质上是对农业基础性地位的极端漠视和歪曲。我们通过农民丰收节庆活动，要使人们重新认识和评价农业的价值，不能再简单地以 GDP 数量和占比来衡量农业的价值，因为农业的多功能价值和极端重要性，无法通过 GDP 的数据来衡量和体现，就像我们不能以奔跑的速度标准来衡量和评价乌龟的价值一样。长期以来我们以 GDP 指标来衡量和评价农业价值的做法，导致了政府、社会和农民对农业价值认识的严重扭曲，从而造成政府决策的轻农化、农民选择的去粮化、社会认知的离农化。三是要超越现代化学农业，发展现代生态农业，实现质量兴农。如果说忽视农业是对农业基础地位的背离的话，那么污染农业和农副产品，同样是对农业基础地位的破坏与背离。中华几千年的农耕文明，都是建立在生态农业的基础之上的，但在现代化进程中，传统的生态农业受到了前所未有的挑战，以农药、化肥等大量化学品投入为标志的现代化学农业，造成了前所未有的农业污染、乡村污染等生态环境问题，农产品质量安全问题凸显，人们的身心健康受到很大损害，这从根本上动摇了人们对农业基础地位的信心和信仰。我们要通过丰收文化的传播，深化农业供给侧结构性改革，推进农业高质量发展，引导人们超越现代化学农业，走现代生态农业之路，鼓励农民转变生产方式，推动更多的农民自觉从事生态、有机、绿色农业的生产，成为优质安全农产品的提供者，既保障粮食的数量安全，又保障粮食的质量安全，真正实现质量兴农。

（三）更加重视乡村的文明价值

乡村是集合中华传统农耕文明的重要文明体，既是农业的生产空间，也是农民的生活空间，同时也是市民的休闲旅游度假空间。乡村具有独特的生产生活节奏，是感受天、地、人之间紧密联系，回归大自然、净化心灵的生活空间、文化空间、生命空间。[①] 乡村文化是最贴近人类自然本性的文化和文明，乡村文化的密码值得现代人深思和破解，乡村农耕文明值得人类挖掘和传承。[②] 在农民丰收节活动中，要将传播和体现乡村价值作为重要内容。一是要展示和挖掘乡村的文明价值。乡村具有生产、生活、生态、生命、文化等多重价值和功能，是集乡村经济、政治、文化、社会、生态等各种文明于一体的文明体，是中华农耕文明的主要发源地和承载空间。乡村文明孕育、产生和滋养了城市文明，乡村文明是母文明，城市文明是子文明。由于长期城乡二元体制的消极影响，我们在一段时期内形成了重工业轻农业、重城市轻农村、重市民轻农民的政策制度安排，从而导致人们对乡村价值的忽视与扭曲。随着工业化、城市化的推进，特别是随着城市病的爆发，乡村独特而巨大的价值开始为人们所认识、认可和认同。通过举办农民丰收节庆活动，充分展示乡村文明的魅力和价值，既使市民充满对乡村的向往，也使农民增强对乡村的自信。二是要正确实施乡村振兴战略，建设美丽健康生态宜居乡村。特别是要重点加强乡村基础设施和公共服务设施建设，推进人居环境整治，加大基本公共服务供给，实现城乡基本公共服务均等化、便利化，使乡村居民与城镇居民一样享有公平的基本公共服务。建设美丽乡村，必须防止以建设乡村之名行破坏乡村之实，绝不能简单地以工业思维建设农业、以城市思维对待乡村、以市民思维要求农民，特别要认真贯彻落实《民法典》《刑法》等法律法规和相关政策，坚决制止违背农民意愿的强征农民土地、强拆农民住宅、逼迫农民上楼等严重损害农民权益的现象，要依法追究侵犯农民人身权利和财产权利的组织及个人的违法犯罪责任。三是要加强传统村落的有效保护和合理利用。传统村落承载着农耕文明的遗传密码，是历史留给我们鲜活的乡村建筑艺术博物馆，具有弥足珍贵的文化价值。我们要以乡村美学的眼光看待乡村，以乡村艺术化的心灵建设乡村，将传统村落作为乡村文化印迹、乡村文化符号加以珍视、保护和利用，作为农民的居住权利和财产权利予以尊重、敬畏和保障。必须防止对空心村、闲置农宅一拆了之的粗暴行为。对待空心村、闲置农宅的

① 朱启臻．挖掘乡村价值推动乡村振兴 [J]. 农村工作通讯，2018（14）:39.

② 张英洪．重新认识乡村的价值 [A]. 张英洪．赋权富民 [C]，北京：社会科学文献出版社，2017：291-297.

正确做法，应当是尊重农民的自主选择，打通城乡要素自由流动和平等交换的制度通道，真正放活市场和社会，发挥市场在资源配置中的决定性作用，推动实现城乡融合发展。四是要发展乡村民宿业和乡村旅游业。大力发展乡村特色产业，形成乡村观光休闲度假旅游的精品路线、精品节点和精品品牌，融合艺术家的眼光、企业家的经营，让农产品变成乡村文化产品，让乡村文化价值变为农民增收的源泉。在农民丰收节庆活动中，通过各具特色的民俗文化产品和旅游线路的推介，让市民与农民一道共同体验和感悟乡村文化的魅力和乡村文明的价值。

（四）更加彰显劳动的创造之美

威廉·配第指出“劳动是财富之父，土地是财富之母”。马克思指出“劳动是创造价值的唯一源泉”。我国的基本分配制度是按劳分配为主体，多种分配方式并存，就是以劳动的贡献作为财富分配的主要依据，多劳多得，少劳少得；再辅之以其他的诸如按照知识技术、资本、管理等生产要素的贡献对财富进行分配。但是在现实生活中，劳动在收入分配中的比例明显降低，人们对劳动的尊重明显弱化，远离劳动、轻视劳动似乎成为时尚，劳动价值论被边缘化。一个不可忽视的突出社会问题是农民付出的艰辛劳动没有得到应有收入回报。在农民丰收节庆活动中，一是要通过各种形式展现劳动的价值和劳动之美。天道酬勤，丰收的果实都是人们的劳动和汗水浇灌出来的；天上不会掉馅饼，幸福都是奋斗出来的，都是劳动创造的。应大力弘扬勤劳节俭、艰苦创业、精益求精、甘于奉献的劳模精神、劳动精神和工匠精神，推动大众创业、万众创新。二是要通过各种农耕体验活动，形成全社会尊重劳动、热爱劳动、参加劳动的良好氛围。既让农民认识到农业劳动的艰辛与光荣，又让市民体验到农业劳动的不易与乐趣。特别是让人们体验到在优良的生态环境中，农业劳动是最有益于人们身心健康的劳动。三是要深入推进收入分配体制改革。加快实现居民收入增长和经济发展同步、劳动报酬增长和劳动生产率提高同步，提高居民收入在国民收入中的比重，提高劳动收入在初次分配中的比重，真正体现按劳分配的基本原则，重塑劳动最光荣、劳动最伟大的社会主流思想。

（五）更加突出乡村的地域特色

我国是一个幅员辽阔、历史悠久、文化灿烂的伟大国家，14 亿人生活在 960 万平方公里的土地上，56 个民族以及在华各个国籍的人员携手并肩在神州大地上工作生活、劳动创造，形成了丰富多彩、各具特色的乡村地域文化，这既是举办农民丰收节庆活动的宝贵源泉，又是举办农民丰收节庆活动的重要载体。应充分利用和发挥各地乡村优秀文化习俗资源的独特优势，促进丰收节庆活动与乡村地域特色有机结合。一是要彰显乡村文化习俗的特色。鼓励和支持全国各地乡村紧密结合自身的文化习俗和风土人情，举办具有地方特色、民族特色的农民丰节活动，将各地独具特色的乡村风土人情作为重要的文化元素融入农民丰收节庆活动中，继承和弘扬各地区各民族庆丰收的优良传统和形式，充分展示乡村地域文化、民族文化和民俗风情的风采，形成具有乡村区域特色的庆丰收活动品牌。二是要突出乡村特色产品的特色。在长期的经济社会发展中，全国各地都有各具特色、品质优良、众口皆碑的著名农副产品。这些各具特色的农副产品，既是农民丰收节活动展示的重要依托，又是农民丰收节庆活动展销推介的品牌。三是要突出现代科技创新的特色。各地乡村的特色不仅体现在传统丰富多彩的习俗文化上，也体现在现代异彩纷呈的科技创新上。农民丰收节庆活动既要立足于历史文化名村，又要面向科技创新名村，像电商淘宝村、直播网红村等在现代化进程中崛起的科技创新乡村，不断为农民丰收节活动提供新的内容和支撑。

（六）更加体现农耕文明的传承发展

中国农民丰收节因实施中华优秀传统文化传承发展工程而生，也必将因传承发展中华优秀传统文化而壮大。农民丰收节本身蕴含着中华传统农耕文明的思想资源和人文精神，也承载着在新时代推动中华优秀传统文化不断传承和发展的时代使命和光荣职责。一是要传承发展中华核心思想理念。举办农民丰收节活动，要将讲仁爱、重民本、守诚信、崇正义、尚和合、求大同等中华传统核心思想融入其中，并且发扬光大，为中华民族的伟大复兴夯实思想理念基础。可以积极开展农民丰收节庆历史文化研究，促进节日塑形与铸魂相统一。二是要传承发展中华传统美德。举办农民丰收节活动，要将自强不息、敬业乐群、扶危济困、见义勇为、孝老爱亲等中华优秀传统美德转化为节庆活动的重要元素，以春风化雨、以文化俗的方式荡涤污浊、净化心灵，不断提高全社会的道德水准。三是要传承发展中华人文精神。举办农民丰收节活动，要将中华民族几千年形成的文学艺术、科学技术、人文学术等光彩夺目的中华人文精神贯彻其中，充分体现出中华人文精神的鲜活生命力和强大感染力，从而不断促进社会和谐、鼓励人们向上向善，使中华文明不断推陈出新，更加光彩夺目。

（七）更加坚定现代文明的发展方向

第二个百年奋斗目标分两步，即到 2035 年基本实现社会主义现代化，到 2050 年建成富强民主文明和谐美丽的社会主义现代化强国。到那时，我国物质文明、政治文明、精神文明、社会文明、生态文明将全面提升，实现国家治理体系和治理能力现代化。世界潮流，浩浩荡荡，顺之者昌，逆之者亡。新时代举办农民丰收节，既要传承发展中华优秀传统文化，又要大力促进和融入现代文明的发展进程。一是要信仰和践行社会主义核心价值观，将之融入农民丰收节庆活动中。以富强、民主、文明、和谐，自由、平等、公正、法治，爱国、敬业、诚信、友善为内容的社会主义核心价值观，既体现了中华优秀传统文化的独特价值，也体现了现代人类文明的共同价值，在农民丰收节庆活动的组织、举办过程中要充分践行和体现社会主义核心价值观。二是要充分保障和实现农民的基本权利和自由尊严。维护和发展农民权利，是举办农民丰收节庆活动的力量源泉，也是举办农民丰收节庆活动的重要任务。在当代中国，农民具有三重不同的身份角色，相应地需要保障和实现其三重权利。首先，农民作为共和国公民，拥有公民身份，享有公民权；其次，农民作为集体经济组织成员，拥有社员身份，享受成员权；再次，农民作为村庄社区居民，拥有村民身份，享受自治权。[①] 保护和实现农民的公民权、成员权、自治权，要从制度建设和行

① 张英洪. 善治乡村——乡村治理现代化研究 [M]，北京：中国农业出版社，2019 年 5 月：17.

动上进行落实。通过以农民为主体举办农民丰收节庆活动，要有利于维护和发展农民的公民权、成员权和自治权。三是要尊重市场经济发展规律，积极推进法治中国建设。《中共中央　国务院关于新时代加快完善社会主义市场经济体制的意见》明确指出，要构建更加完善的要素市场化配置体制机制，进一步激发全社会创造力和市场活力。① 农民丰收节庆活动应当坚定市场化改革的方向，发挥市场在资源中的基础性作用，更好地发挥政府的作用，正确处理好政府与市场、政府与社会的关系，尊重市场经济发展规律，突出市场化、社会化运作机制，充分调动农村集体经济组织、专业文化传媒机构等多元社会主体参与的积极性，充分尊重农民的自主选择。同时，在法治中国建设中，要大力加强农民丰收节庆活动相关立法工作，推动制度建设，真正将权力关进制度的笼子里，杜绝农民丰收节庆活动中的以权谋利、损害农民利益的现象，着力将农民丰收节庆活动全面纳入法治的轨道，既确保农民丰收庆活动有法可依，又确保农民丰收节庆活动在法治的轨道上规范有序地运行，使农民丰收节庆活动成为法治中国建设中的一道亮丽的法治实践新风景。

参考文献

[1]《辞海》(上)，上海辞书出版社 1989 年版 .

[2] 中共中央办公厅、国务院办公厅印发《关于实施中华优秀传统文化传承发展工程的意见》，载中华人民共和国中央人民政府网站 http://www.gov.cn/zhengce/2017-01/25/content_5163472.htm.

[3] 国家统计局 . 中华人民共和国 2019 年国民经济和社会发展统计公报 [R/OL].http://www.stats.gov.cn/tjsj/zxfb/202002/t20200228_1728913.html.

[4]《中国共产党第十九次全国代表大会文件汇编》，人民出版社 2017 年 10 月第 1 版 .

[5] 李北达 . 传统节庆习俗的文化价值 [C]. 载《2013 北京文化论坛——节日与市民生活》文集，2013 年 :150-153.

[6] 张英洪 . 重新认识乡村的价值 [A]. 张英洪 . 赋权富民 [C]，北京：社会科学文献出版社，2017：291-297.

[7] 张英洪 . 善治乡村——乡村治理现代化研究 [M]，北京：中国农业出版社，2019 年 5 月 .

[8] 朱启臻 . 新型职业农民特征、地位与存在形式 [J]. 农民科技培训，2013（11）:10-12.

[9] 朱启臻 . 挖掘乡村价值推动乡村振兴 [J]. 农村工作通讯，2018（14）:39.

执　笔　人：张英洪、王丽红

① 资料来源：http://www.gov.cn/zhengce/2020-05/18/content_5512696.htm.

北京市数字农业农村发展水平研究（2020）

一、绪论

（一）研究背景与意义

随着物联网、云计算、移动互联、5S技术等信息技术的快速发展，农业农村逐步进入数字化、智慧化转型时代。国家十分重视数字农业农村建设，陆续出台的《中共中央国务院关于实施乡村振兴战略的意见》《新一代人工智能发展规划》《乡村振兴战略规划（2018—2022年）》《国家质量兴农战略规划（2018—2022年）》《数字乡村发展战略纲要》等政策文件均提出加快信息技术与农业农村的融合发展，加快数字农业农村发展进程。2020年，农业农村部将抓好数字农业农村试点作为农业农村部网络安全和信息化工作要点，同时出台了《全国乡村产业发展规划（2020—2025年）》要求以信息技术带动业态融合，促进农业与信息产业融合，发展数字农业、智慧农业。

北京市高度重视数字农业农村发展，在农业生产、农业经营、农业农村管理、公共信息服务等多个领域全面推动首都数字农业农村发展进程。2019年，北京市政府出台《北京市乡村振兴战略规划（2018—2022年）》强调要大力发展“互联网+现代农业”，做好农业数据采集、分析、研究与发布，建设北京农业数据中心。2020年，北京市陆续出台《北京市加快新型基础设施建设行动方案（2020—2022年）》《关于加快培育壮大新业态新模式促进北京经济高质量发展的若干意见》，进一步从基础设施和发展模式的角度提出加快北京市数字农业农村发展。综合来看，北京市数字农业农村发展已经取得了系列成果，但与浙江、上海等地相比仍有一定差距。因此，开展北京市数字农业农村发展持续性评价研究，科学衡量北京市数字农业农村发展程度，找出目前存在的问题与短板，明确发展方向对于加快北京市数字农业农村发展水平的提升具有重要意义。

乡镇是我国最基层的行政单位，是实现区县与农村对接的桥梁。2017年发布的《北京城市总体规划（2016年—2035年）》、2019年发布的《关于促进小农户和现代农业发展有机衔接的意见》《关于落实农业农村优先发展扎实推进乡村振兴战略实施的工作方案》等政策文件均强调了乡镇在城乡一体化以及现代农业发展中的重要作用。同时，乡镇较区县更为独立，具有明确的农业产业定位以及乡村治理内容方向，是落实北京市各区数字农业农村建设规划的实施主体。

因此，2020 年北京市城乡经济信息中心在 2019 年的基础上继续开展县域数字农业农村发展水平评价工作，根据 2020 年农业农村部信息中心提出的《2020 年全国县域数字农业农村发展水平评价指标体系》，依托数据填报系统，分别以区和乡镇为评价单位开展数据收集。基于收集数据对北京市及各区数字农业农村发展水平进行跟踪评价与对比分析，对北京镇级数字农业农村发展水平进行摸底，借鉴国内外已有经验，提出具有针对性的对策建议。

（二）研究内容与研究目标

1. 研究内容

为实现上述研究目标，本研究设计了以下五个方面的研究内容：

（1）北京市级数字农业农村发展水平评价

利用各区上报的 2019 年度数字农业农村发展水平评价指标数据对北京市数字农业农村发展水平进行测算及综合评价。主要包括：①发展总体水平指数；②分项发展指数；③评价结果分析。

（2）北京区级数字农业农村发展水平评价

利用各区上报的 2019 年度数字农业农村发展水平评价指标数据对北京区级数字农业农村发展水平进行综合评价。主要包括：①发展总体水平指数；②分项发展指数；③评价结果分析。

（3）北京镇级数字农业农村发展水平评价

利用各乡镇上报的 2019 年度数字农业农村发展水平评价指标数据对北京镇级数字农业农村发展水平进行综合评价。主要包括：①发展总体水平指数；②分项发展指数；③评价结果分析。

（4）国内外经验借鉴

结合文献分析与实地调研结果，对国内外数字农业农村典型案例进行分析，为提出加快北京市数字农业农村发展对策建议提供经验借鉴。

（5）对策建议

基于研究结论，提出推动北京市数字农业农村发展的对策建议。主要包括：①目标定位；②思路路径；③领域与重点任务；④项目行动；⑤保障措施。

2. 研究目标

本研究的总目标是对北京市数字农业农村发展现状进行综合分析，结合国内外数字农业农村典型案例经验，提出北京市数字农业农村发展对策建议。具体来说包括以下目标：

第一，区级视角评价分析北京市数字农业农村发展水平；

第二，乡镇视角评价分析北京市数字农业农村发展水平；

第三，概括国内外数字农业农村经验借鉴；

第四，提出推动北京市数字农业农村发展的对策建议。

（三）研究方法与技术路线

1. 研究方法

（1）综合指数法

采用综合指数合成法对北京市级、区级、镇级数字农业农村发展水平进行综合评价，具体公式如下：

$$AT_i=\sum_i^n W_iB_i \quad （公式 1-1）$$

其中，Ti 表示评价区 / 乡镇，Wi 为各级子系统权重，Bi 为各级子系统指数权重。具体各指标及权重参照农业农村部信息中心《2020 年全国县域数字农业农村发展水平评价指标体系》。

（2）文献分析法

通过对现有研究论文、政府文件、报告报道等文献资料进行综合梳理分析，旨在对国内外数字农业农村相关政策措施及典型案例经验进行概括总结。

（3）案例分析法

采用深度访谈、现场调研、档案文件、资料查询等渠道进行数据收集，对北京市数字农业农村的典型案例进行具体分析，以探究北京市数字农业农村发展的普遍规律及典型模式。

2. 技术路线

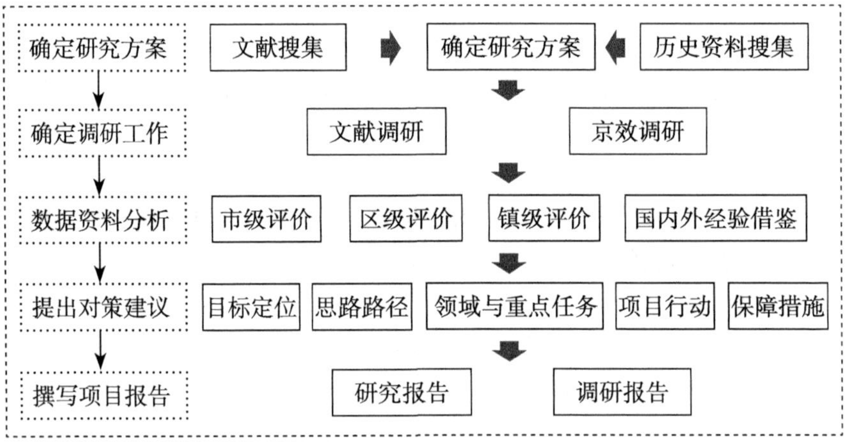

图 1　技术路线图

二、评价指标体系与评价指数计算

（一）评价指标体系

本研究对北京数字农业农村发展水平的评价分析均采用 2020 年农业农村部信息中心制定的《2020 年全国县域数字农业农村发展水平评价指标体系》。该指标体系由发展环境、基础支撑、生产信息化、经营信息化、乡村治理信息化以及服务信息化 6 个一级指标构成。其中，发展环境采用农业农村信息化财政投入、农业农村信息化社会资本投入和农业农村信息化管理服务机构来测度；基础支撑采用互联网普及程度来测度；生产信息化采用种植业、设施栽培、畜禽养殖、水产养殖信息化来衡量；经营信息化采用农产品网络销售情况和农产品质量安全追溯信息化水平来测度；乡村治理信息化采用农村“互联网＋监督”、农村“雪亮工程”覆盖情况、“互联网＋政务服务”来衡量；服务信息化采用信息进村入户建设和电商服务站建设来测度。

表1　2020全国县域数字农业农村发展水平评价指标体系

一级指标	二级指标	三级指标
发展环境	农业农村信息化财政投入	乡村人均农业农村信息化财政投入（元/人）
	农业农村信息化社会资本投入	乡村人均农业农村信息化社会资本投入（元/人）
	农业农村信息化管理服务机构	县级农业农村信息化管理服务机构综合设置情况
基础支撑	互联网普及程度	互联网普及率（%）
生产信息化	种植业信息化	信息技术在种植业中的应用率（%）
	设施栽培信息化	信息技术在设施栽培中的应用率（%）
	畜牧业信息化	信息技术在畜禽养殖中的应用率（%）
	水产养殖业信息化	信息技术在水产养殖中的应用率（%）
经营信息化	农产品网络销售情况	农产品网络销售率（%）
	农产品质量安全追溯信息化水平	种植业农产品质量安全追溯信息化水平（%）
		设施栽培农产品质量安全追溯信息化水平（%）
		畜牧业农产品质量安全追溯信息化水平（%）
		水产养殖农产品质量安全追溯信息化水平（%）
乡村治理信息化	农村“互联网＋监督”	应用信息技术实现行政村党务公开水平（%）
		应用信息技术实现行政村村务公开水平（%）
		应用信息技术实现行政村财务公开水平（%）
	农村“雪亮工程”覆盖情况	“雪亮工程”行政村覆盖率（%）
	“互联网＋政务服务”	在线办事率（%）
服务信息化	信息进村入户建设	信息进村入户村级信息服务站行政村覆盖率（%）
	电商服务站建设	电商服务站行政村覆盖率（%）

注：资料来源于农业农村部信息中心。

（二）评价指数计算方法

1. 三级指标指数计算方法

在发展环境方面，乡村人均农业农村信息化财政投入为农业农村信息化财政支出额除以乡村人口数；乡村人均农业农村信息化社会资本投入为农业农村信息化社会资本投入额除以乡村人口数；县级农业农村信息化管理服务机构综合设置情况为农业农村局是否为县网络安全与信息化领导机构成员或组成单位、农业农村局是否成立了网络安全与信息化领导机构、农业农村局是否设置了承担信息化相关工作的行政科（股）、是否设置了信息中心或信息站等事业单位四项指标的综合值，每设置其中一种机构，数值增加0.25。

在基础支撑方面，互联网普及率为网民数除以全区（乡镇）总人口数。

在生产信息化方面，信息技术在种植业中的应用率为种植业中应用信息技术的种植面积除以农作物总播种面积；信息技术在设施栽培中的应用率为设施栽培中应用信息技术的面积除以设施栽培总面积；信息技术在畜禽养殖中的应用率为畜禽养殖中应用信息技术的数量除以畜禽养殖总数；信息技术在水产养殖中的应用率为水产养殖中应用信息技术的水域面积除以水产养殖总水域面积。

在经营信息化方面，农产品网络销售率为农产品网络零售额除以农产品交易总额；种植业农产品质量安全追溯信息化水平为种植业实现农产品质量安全追溯的农产品产值除以种植业产值；设施栽培农产品质量安全追溯信息化水平为设施栽培实现农产品质量安全追溯的农产品产值除以设施栽培产值；畜牧业农产品质量安全追溯信息化水平为畜牧业实现农产品质量安全追溯的畜产品产值除以畜牧业产值；水产养殖农产品质量安全追溯信息化水平为水产养殖业实现农产品质量安全追溯的水域面积除以水产养殖总水域面积。

在乡村治理信息化方面，应用信息技术实现行政村党务公开水平为通过互联网技术和信息化手段实现党务公开的行政村数量除以行政村总数；应用信息技术实现行政村村务公开水平为通过互联网技术和信息化手段实现村务公开的行政村数量除以行政村总数；应用信息技术实现行政村财务公开水平为通过互联网技术和信息化手段实现财务公开的行政村数量除以行政村总数；“雪亮工程”行政村覆盖率为完成和正在实施“雪亮工程”的行政村数量除以行政村总数；在线办事率为可实现在线办理的事项数除以可办理的事项总数。

在服务信息化方面，信息进村入户村级信息服务站行政村覆盖率为建有益农信息社行政村数量除以行政村总数；电商服务站行政村覆盖率为建有电商服务站点的行政村数除以行政村总数。

2. 三级指标分值测算方法

本研究采用 Min-max 归一化方法对三级指标分值进行测算。具体方法如下：

$$Z_i=\frac{X_i\text{-}X_{min}}{X_{max}\text{-}X_{min}}\qquad \text{公式（2-1）}$$

其中，为归一化后的指标值，是该区 / 乡镇填报值，为某指标排名后 M 位的平均值，为某指标排名前 N 位的平均值。其中，M、N 设为可变变量，超过 100 分的按 100 分计，低于 0 分的按 0 分计。其他指标值分别按照相应下级指标分值权重进行加总得出。在进行北京市级、区级数字农业农村发展水平评价时，将可变变量 M、N 设置为 2。在进行北京镇级数字农业农村发展水平评价时，将可变变量 M、N 设置为 5。

（三）评价指标数据来源

北京区级、北京镇级数字农业农村发展水平评价指标数据均来自各区与各乡镇在农业农村部信息中心数据填报系统中填报的数据。相关数据采用分级审核把关方式，由区级将已填好的数据和各乡镇上报数据进行逐一比对。但受到数据获取方式、数据填报标准、数据统计口径等影响，导致获得数据具有一定的片面性和局限性。

三、市级数字农业农村发展水平评价

（一）发展总体水平指数

2019年北京市数字农业农村总体发展水平为32.2%[①]，其中在基础支撑与乡村治理信息化方面发展水平较高，其指数分别达到64.7%和55.6%。服务信息化、发展环境、生产信息化水平一般，其指数分别为42.4%、31%和26.5%。在经营信息化方面最弱，其发展指数为8.3%。

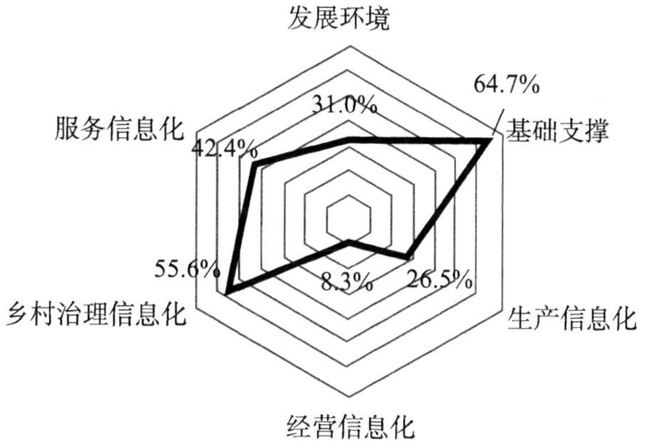

图2　北京市数字农业农村发展水平测算结果

（二）分项发展指数

1. 发展环境发展指数

2019年北京市数字农业农村发展环境指数为31%。2019年北京市农业农村信息化财政投入、农业农村信息化社会资本投入平均水平分别达到695万元和2720.9万元，乡村人均农业农村信息化财政投入、乡村人均农业农村信息化社会资本投入分别为13.8元/人和53.9元/人，县级农业农村信息化管理服务机构覆盖率为73.1%，11个区农业农村局为区网络安全与信息化领导机构成员或组成单位、9个区成立了网络安全与信息化领导机构、11个区设置承担信息化相关工作的行政科、7个区设置信息中心或信息站等事业单位。

2. 基础支撑发展指数

2019年北京市数字农业农村基础支撑发展指数为64.7%，位列北京市数字农业农村评价的六个方面的第一位。2019年北京市互联网普及率为80.6%。

3. 生产信息化发展指数

2019年北京市数字农业农村生产信息化发展指数为26.5%。2019年，北京市信息技术在种植业、设施栽培、畜禽养殖、水产养殖中的应用率分别为9.5%、20.2%、50.4%和5.8%。

4. 经营信息化发展指数

2019年北京市数字农业农村经营信息化发展指数为8.3%，相较于其他六个方面处于

① 全国县域数字农业农村发展水平评价结果，北京市数字农业农村总体发展水平为31.7。

最低水平。2019 年，北京市农产品网络销售率为 5.4%，农产品质量安全追溯信息化应用率整体水平为 15.6%。其中种植业、设施栽培、畜牧业、水产养殖业农产品质量安全追溯信息化水平分别为 8.7%、15.9%、31.9% 和 6.4%。

5. 乡村治理信息化发展指数

2019 年北京市数字农业农村乡村治理信息化发展指数达到 55.6%，仅次于基础支撑。2019 年北京市应用信息技术实现行政村党务、村务、财务公开水平分别为 51.6%、51.6% 和 71.2%，“雪亮工程”行政村覆盖率、在线办事率分别达到 45.2% 和 73.7%。

6. 服务信息化发展指数

2019 年北京市数字农业农村服务信息化发展指数为 42.4%，2019 年信息进村入户村级信息服务站行政村覆盖率、电商服务站行政村覆盖率达到 15.1% 和 65.3%。

（三）评价结果分析

1. 北京市农业农村信息化投入不足，有待进一步加强

从全国前 500 县[①] 与全国前 100 县[②] 农业农村信息化投入情况来看，乡村人均农业农村信息化财政投入分别为 59.5 元 / 人和 179.1 元 / 人，乡村人均农业农村信息化社会资本投入分别为 161.7 元 / 人和 599.4 元 / 人。可见，全国数字农业农村发展水平较高地区其农业农村信息化投入均处于较高水平。而北京市乡村人均农业农村信息化财政投入、乡村人均农业农村信息化社会资本投入分别为 13.8 元 / 人和 53.9 元 / 人，均低于全国平均水平且与全国前 500 县与全国前 100 县相距甚远。从纵向比较看，2019 年农业农村信息化财政投入平均水平较 2018 年的 771.7 万减少了 76.6 万元，乡村人均农业农村信息化财政投入相较 2018 年减少了 10.6 元 / 人。

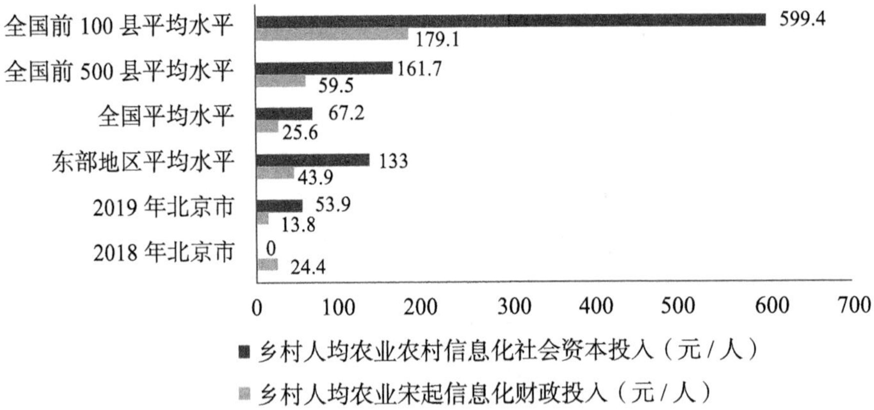

图 3　2018 年、2019 年北京市与 2019 年全国及其他地区农业农村信息化投入

2. 北京市具有良好的农业农村信息化管理服务体系

2018 年起，北京市就已实现了农业农村信息化管理服务机构全覆盖。2019 年进一步

① 指全国数字农业农村发展总体水平排名前 500 县.

② 指全国数字农业农村发展总体水平排名前 100 县.

优化农业农村信息化管理服务机构设置结构，在区农业农村局为县网络安全与信息化领导机构成员或组成单位、网络安全与信息化领导机构、承担信息化相关工作的行政科（股）、信息中心或信息站等事业单位四类机构设置上较为均衡。北京市县级农业农村信息化管理服务机构综合设置指数为73.1%，高于全国平均水平66.2%，与全国前500县、前100县平均水平还有一定差距。

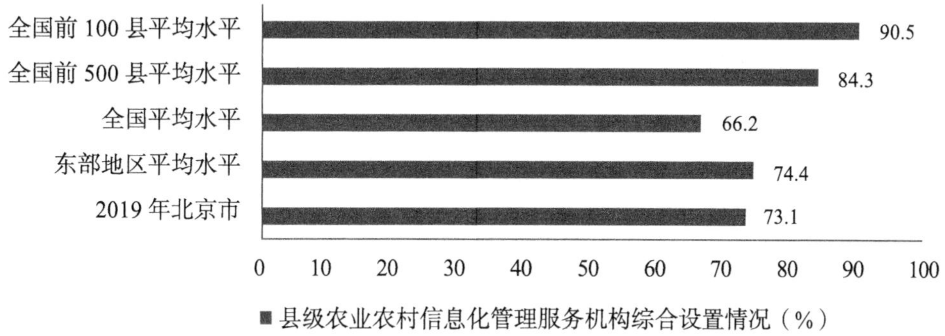

图4　2019年北京市与2019年全国及其他地区县级农业农村信息化管理服务机构综合设置情况

3. 互联网普及率得到提升，为数字农业农村提供良好支撑

以互联网普及率为衡量指标的基础支撑在数字农业农村发展水平方面扮演了重要角色，2019年北京市数字农业农村基础支撑发展指数达到64.7%，成为数字农业农村发展六类指标中的最高值。随着城市化进程的不断推进，北京市互联网普及率得到稳步提升，为推动数字农业农村发展提供了不竭动力与基础支撑，成为推进我市区域数字农业农村发展的特色优势。2019年北京市互联网普及率达到80.6%，较2018年增长了1.4%，超过全国平均水平68.9%和东部地区平均水平73.5%。与全国数字农业农村发展水平较高地区相比，略低于全国前100县平均水平。

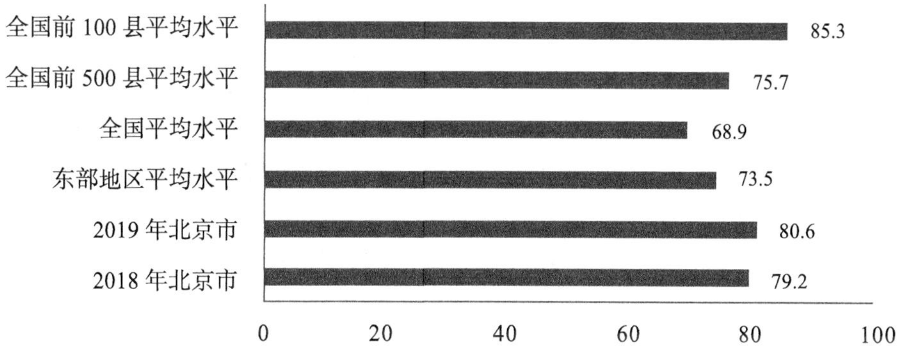

图5　2018年、2019年北京市与2019年全国及其他地区互联网普及率（%）

4. 北京市生产信息化水平较低，且整体呈现下滑趋势

从全国前100县、全国前500县生产信息化发展指数来看，数字农业农村发展越好的地区其生产信息化水平越高，且其各产业之间信息化应用水平越均衡。其中，全国前100

县信息技术在种植业、设施栽培、畜禽养殖、水产养殖中的应用率均在50%以上。全国前500县信息技术在种植业、设施栽培、畜禽养殖、水产养殖中的应用率均在30%以上。而北京市农业生产信息化水平普遍较低，且各产业之间差异较大。除信息技术在畜禽养殖中的应用率达到50.4%外，信息技术在种植业、设施栽培以及水产养殖中的应用率均低于30%。其中信息技术在畜禽养殖中的应用率与信息技术在水产养殖中的应用率差距最大，达到44.6%。从纵向比较来看，信息技术在水产养殖中的应用率有所提升，提高了3.7个百分点。信息技术在种植业、设施栽培、畜禽养殖中的应用率均有所下降，其中信息技术在种植业中的应用率降幅最大，达到12.1%。

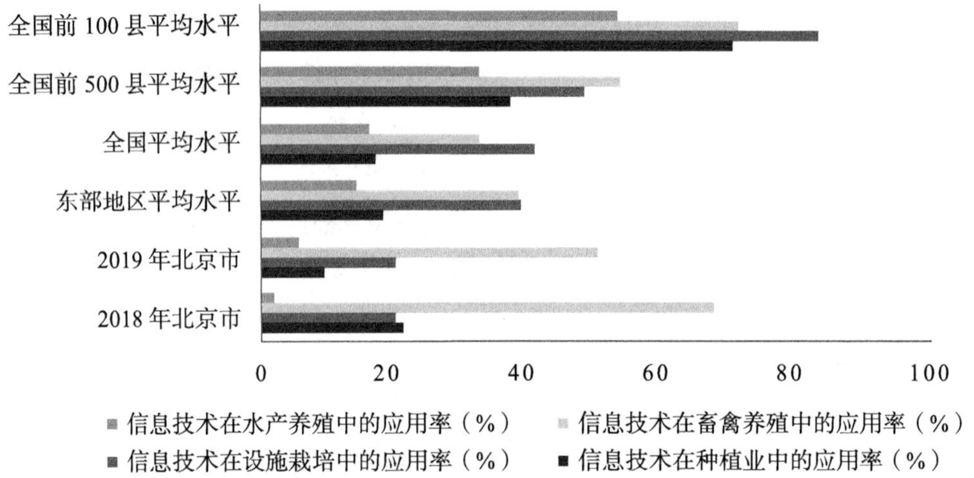

图6　2018年、2019年北京市与2019年全国及其他地区生产信息化情况

5. 经营信息化水平是拉低北京市整体发展水平的主因

2019年北京市数字农业农村经营信息化发展指数为8.3%，相较于其他六个方面处于最低水平，是拉低北京市数字农业农村整体水平主要因素。从横向比较来看，农产品网络销售率、种植业、设施栽培、畜牧业、水产养殖农产品质量安全追溯信息化应用率均低于东部地区、全国前500县、全国前100县平均水平。从纵向比较来看，农产品网络销售、农产品质量安全追溯信息化应用均较2018年退步。其中，农产品网络销售率同比减少9.9%，其主要原因在于2019年与2018年统计口径存在差异，2018年以销售额为统计口径，包括了丰台区一千多亿的农产品网络销售额。2019年以零售额为统计口径，将丰台区一千多亿的农产品网络销售额扣除，导致其农产品网络销售率大幅度缩减。农产品质量安全追溯信息化应用率综合水平较去年减少16%，除畜牧业农产品质量安全追溯信息化应用率外，种植业、设施栽培以及水产养殖农产品质量安全追溯信息化应用率均低于去年综合水平31.6%。因此，亟须加快信息技术在农业生产经营环节的示范应用，优化电商平台，从全产业链角度提升农业产业整体信息化水平，加快北京市数字农业农村发展。

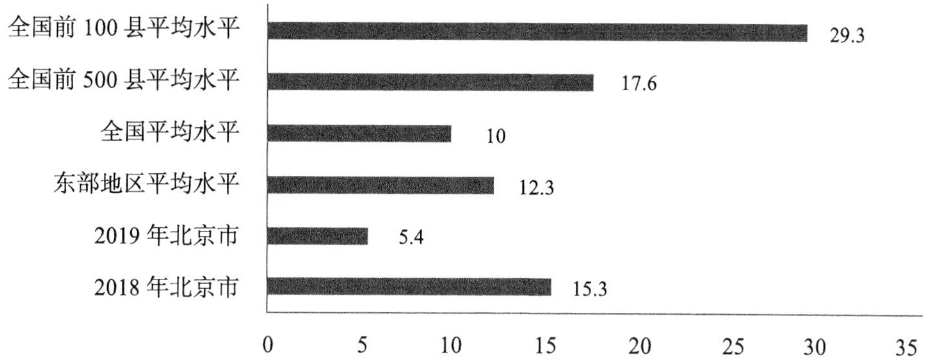

图 7　2018 年、2019 年北京市与 2019 年全国及其他地区农产品网络销售率（%）

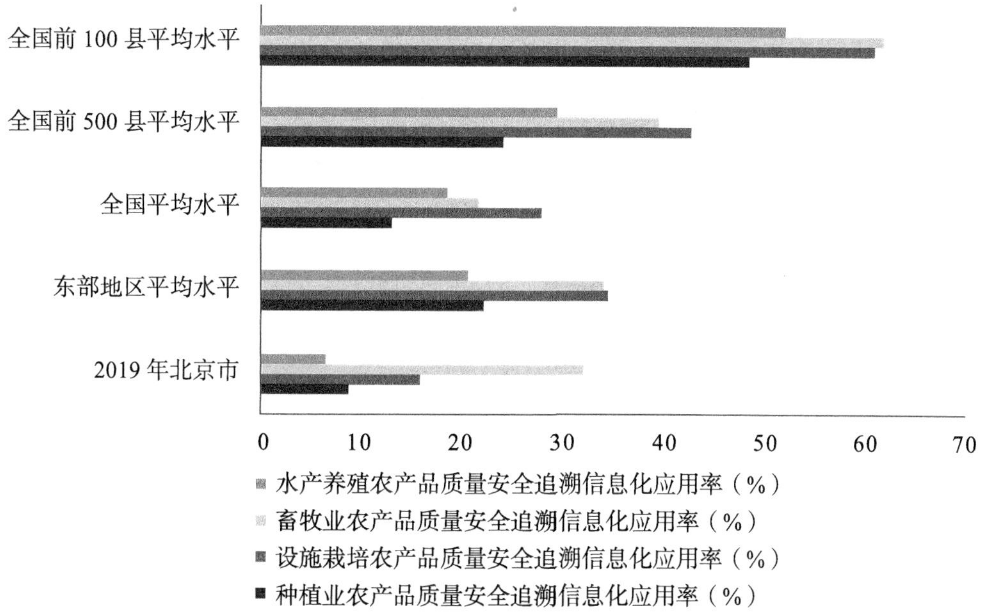

图 8　2019 年北京市与全国及其他地区农产品质量安全追溯信息化应用率情况

6. 北京市乡村治理信息化水平较高，整体呈上升趋势

2019 年北京市数字农业农村乡村治理信息化发展指数达到 55.6%，仅次于基础支撑，是拉动北京市数字农业农村发展水平的关键。应用信息技术实现行政村党务、村务和财务公开水平分别较 2018 年提升了 20.2%、23.4% 和 35.7%，具有良好的上升趋势。但是从横向比较来看，北京市应用信息技术实现行政村党务、村务水平以及“雪亮工程”行政村覆盖率均低于东部地区、全国平均水平、全国前 500 县、前 100 县平均水平。应用信息技术实现行政村财务公开水平、在线办事率则高于东部地区与全国平均水平，其中，在线办事率处于全国领先地位。

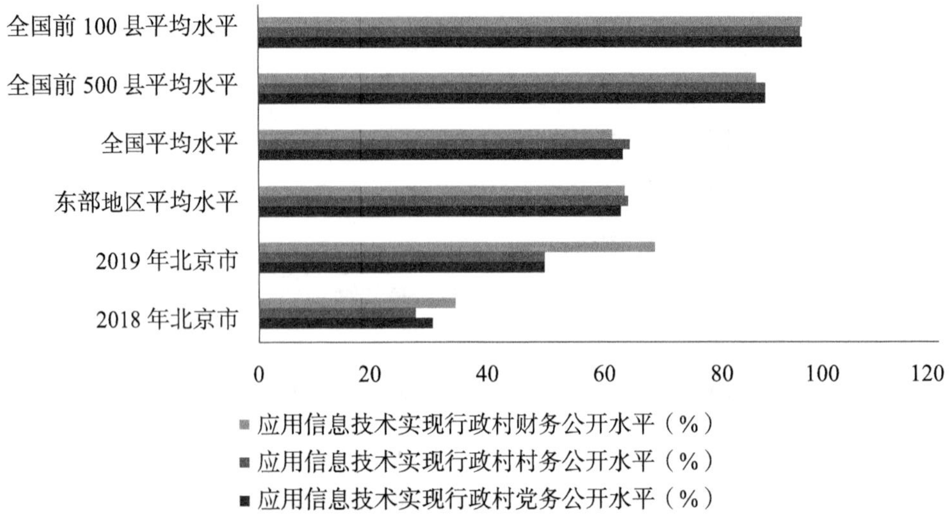

图 9　应用信息技术实现行政村党务、村务和财务公开水平情况

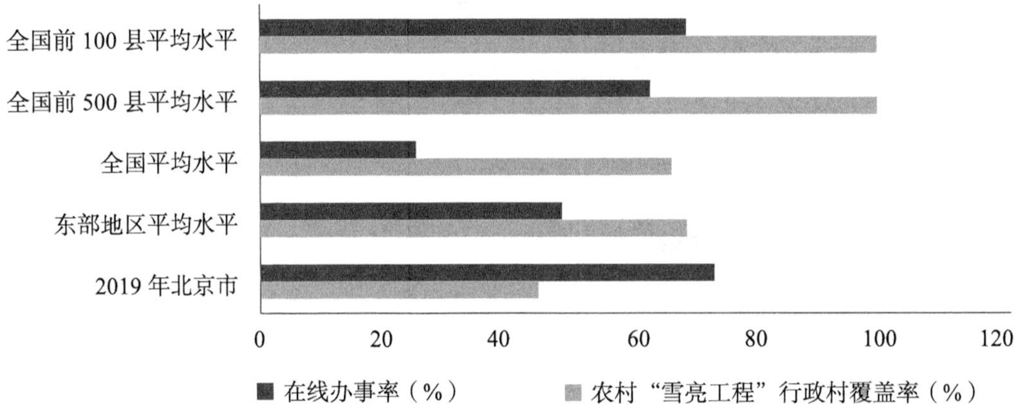

图 10　2019 年北京市与全国及其他地区“雪亮工程”行政村覆盖率、在线办事率情况

7. 北京市服务信息化水平处于上升阶段，亟须进一步加速

随着信息进村入户工程、美丽乡村建设“智慧乡村”建设等专项行动的积极开展，益农社、电商服务站得到大力推广建设，13 个涉农区益农社、电商服务站总数分别由 2018 年的 388 个、3330 个，增长至 666 个、4271 个。信息进村入户村级信息服务站行政村覆盖率、电商服务站行政村覆盖率分别较 2018 年提升了 87.5%、23.7%。整体处于大幅度上升阶段。然而与东部地区、全国平均水平相比仍处于较低水平。尤其是在信息进村入户建设方面，与全国前 500 县、前 100 县差异较大，其信息进村入户村级信息服务站行政村覆盖率仅为 15.1%。可见，北京市在服务信息化方面虽然处于提升状态但是整体仍处于较低水平，与全国数字农业农村发展较好地区相比，亟须进一步加速提升。

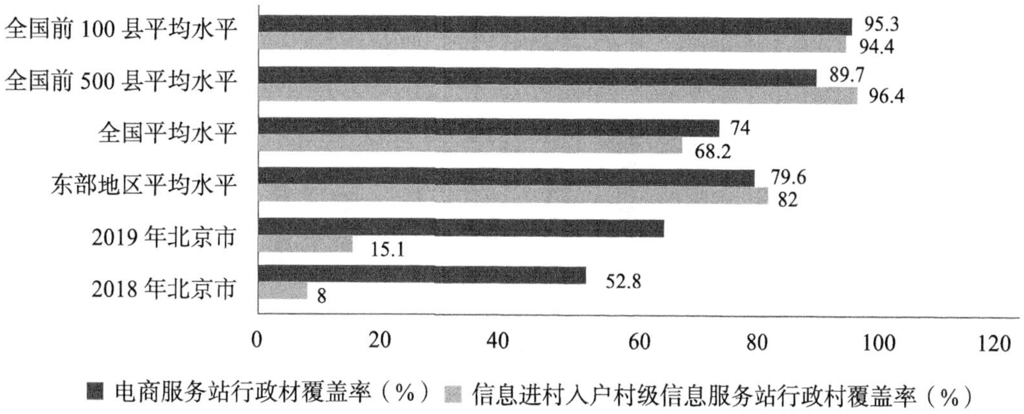

图 11　2018 年、2019 年北京市与 2019 年全国及其他地区服务信息化三级指标数值

四、区级数字农业农村发展水平评价

（一）发展总体水平指数

根据《北京城市总体规划（2016 年—2035 年）》对北京市各区划分的中心城区、城市副中心、平原区和生态涵养区功能类型，其中生态涵养区数字农业农村发展总体水平最高，达到 38.5%，其次为城市副中心区和平原区，其数字农业农村发展水平分别为 31.5% 和 30.1%。中心城市数字农业农村发展水平最低，为 24.6%。

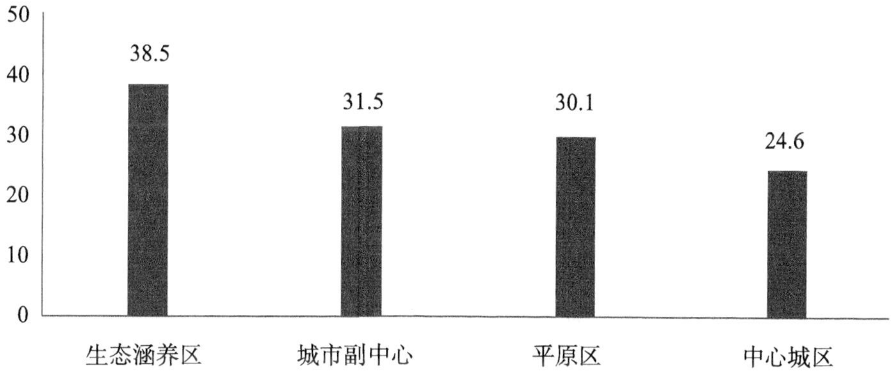

图 12　功能区数字农业农村发展水平评价结果（%）

北京市各区之间数字农业农村发展水平不均等，全市有 8 个区数字农业农村发展水平高于全市平均水平，5 个区数字农业农村发展水平低于全市平均水平。其中，门头沟区数字农业农村发展较为突出，发展总体水平指数测算结果达到 69.1%，远高于其他区；其次是平谷区、丰台区、怀柔区、延庆区，发展总体水平处于 40%—50% 之间；顺义区、海淀区、密云区、通州区、昌平区的发展总体水平指数处于 30%—40% 之间；大兴区、房山区以及朝阳区的发展总体水平指数测算结果处于 10%—30% 之间，其中朝阳区发展总体水平指数最低，仅为 10.2%。

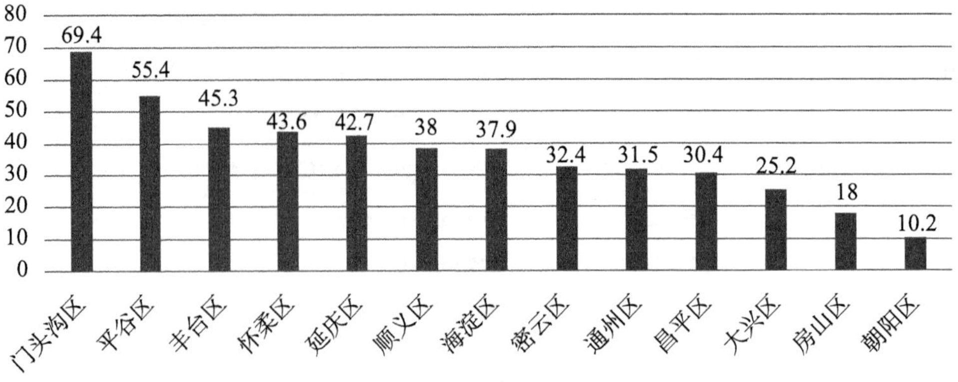

图 13　各区数字农业农村发展总体水平评价结果（%）

（二）分项发展指数

1. 发展环境发展指数

各功能区数字农业农村发展环境发展指数排名从高到低依次为平原区、生态涵养区、城市副中心区、中心城区。其中平原区、城市副中心区高于北京市数字农业农村发展环境发展指数，分别达到 39% 和 33%。从各区情况来看，13 个涉农区数字农业农村发展环境指数差异较大，高于北京市数字农业农发展环境发展指数 31% 的涉农区有 6 个，其中海淀区数字农业农村发展环境发展指数最高，为 78.3%。房山区、丰台区、密云区处于较低水平，其中密云区为 0.9%。

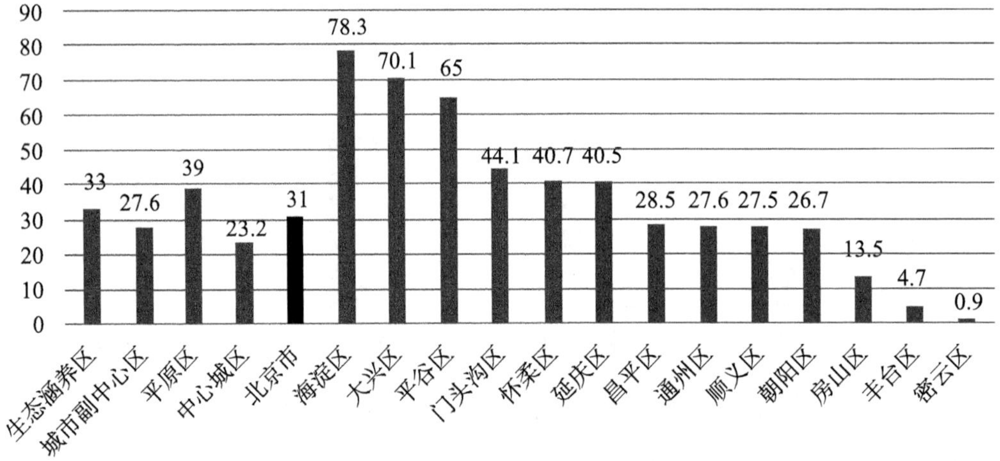

图 14　各功能区及各区数字农业农村发展环境发展指数（%）

2. 基础支撑发展指数

各功能区数字农业农村基础支撑发展指数排名从高到低依次为平原区、城市副中心区、生态涵养区以及中心城区，其中平原区、城市副中心区超过北京市数字农业农村基础支撑发展指数 64.7%，分别达到 81.5% 和 80.8%。从各区情况来看，除门头沟区以及朝阳区处于较低水平，其余各区在数字农业农村基础支撑方面水平均较高，7 个区超过北京市数字农业农村基础支撑发展指数。其中，丰台区基础支撑水平最优，其指数达到了 100%。

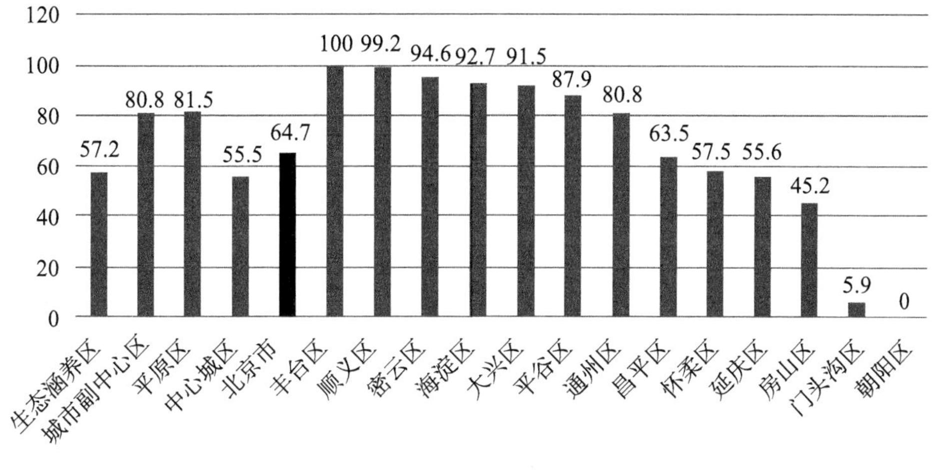

图 15　各功能区及各区数字农业农村基础支撑发展指数（%）

3. 生产信息化发展指数

各功能区数字农业农村生产信息化发展指数排名从高到低依次为生态涵养区、城市副中心区、平原区、中心城区，其中生态涵养区、城市副中心区超过北京市数字农业农村生产信息化发展指数 26.5%，分别达到 27.6% 和 27.3%。从各区情况来看，各区数字农业农村生产信息化呈现一头独大、普遍偏低的状态，7 个区低于北京市数字农业农村生产信息化水平。仅门头沟区生产信息化发展指数最高，达到 98.2%，而其余各区发展指数均低于 50%。

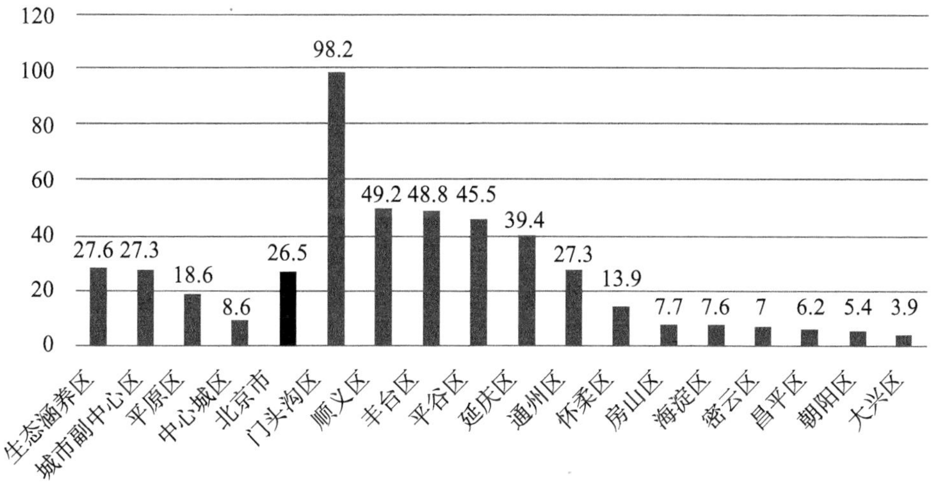

图 16　各功能区及各区数字农业农村生产信息化发展指数（%）

4. 经营信息化发展指数

各功能区数字农业农村经营信息化发展指数排名从高到低依次为生态涵养区、中心城区、平原区、城市副中心区，其中生态涵养区、中心城区超过北京市数字农业农村经营信息化发展指数 8.3%，分别达到 34.5% 和 15.2%。从各区情况来看，各区数字农业农村经营信息化水平存在一定差异，除怀柔区、门头沟区经营信息化发展指数偏高分别达到了 83.6% 和 70.9%，其余经营信息化水平差异较小。大兴区、海淀区、顺义区以及朝阳区经营信息化水平偏低，尤其是朝阳区，其经营信息化发展指数为 0%，表明其经营信息化处于 13 个区中最弱状态。

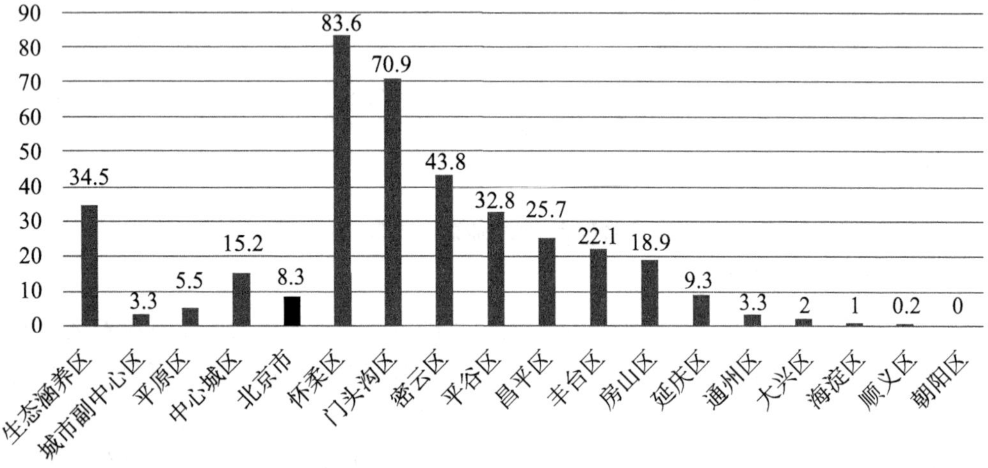

图 17 各功能区及各区数字农业农村经营信息化发展指数（%）

5. 乡村治理信息化发展指数

各功能区数字农业农村乡村治理信息化指数排名从高到低依次为城市副中心区、中心城区、生态涵养区、平原区。其中，城市副中心区、中心城区超过北京市数字农业农村乡村治理信息化指数 55.6%，分别达到 69% 和 59.3%。从各区情况来看，各区数字农业农村乡村治理信息化水平普遍较高。以丰台区、海淀区为代表的 7 个区的乡村治理信息化指数超过北京市数字农业农村乡村治理信息化指数 55.6%。其中，丰台区乡村治理信息化指数最高，达到 95.7%。而朝阳区乡村治理信息化水平最低，其指数仅为 19.9%，不到门头沟区的四分之一。

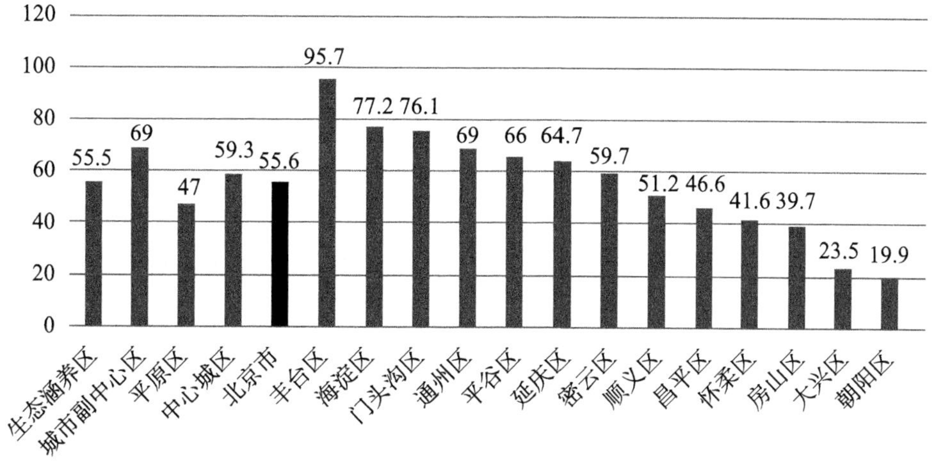

图 18　各功能区及各区数字农业农村乡村治理信息化指数（%）

6. 服务信息化发展指数

各功能区数字农业农村服务信息化指数排名从高到低依次为生态涵养区、平原区、城市副中心区、中心城区。其中，生态涵养区、平原区超过北京市数字农业农村服务信息化指数 42.4%，分别达到 47.9% 和 42.9%。从各区情况来看，各区数字农业农村服务信息化水平普遍处于中等水平，超过北京市数字农业农村服务信息化指数的有 8 个区，其中平谷区服务信息化水平最高，指数达到 74%。房山区、朝阳区数字农业农村服务信息化指数较低，分别仅为 11.4% 和 10.4%。

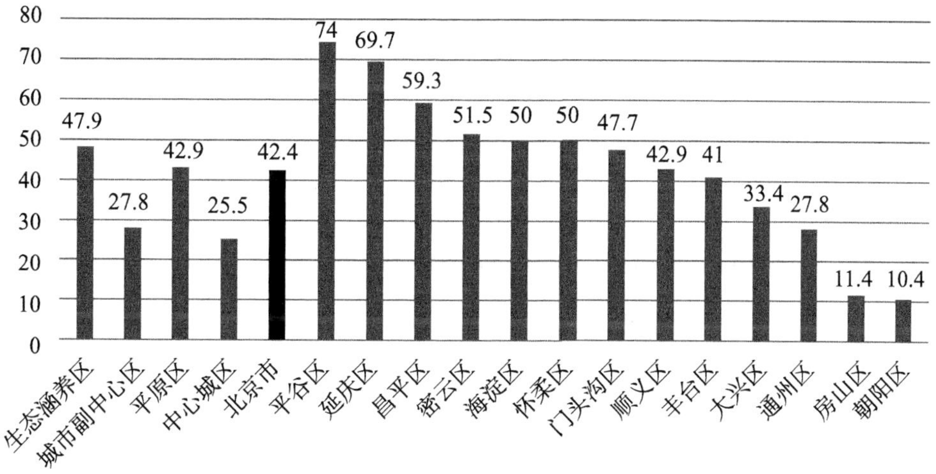

图 19　各功能区及各区数字农业农村服务信息化指数（%）

（三）评价结果分析

1. 各功能区、各区数字农业农村发展具有不同优势领域

与区域功能定位、经济发展程度相融合，不同功能区域数字农业农村建设呈现不同的优势领域。生态涵养区在农业生产、经营、服务数字化方面更为突出；城市副中心、中心

城区城乡融合发展进程加快，乡村治理数字化方面表现良好；平原区围绕打造城乡协调的首都和谐宜居示范区，城镇化进程不断加速，不断加快数字农业农村建设投入，在发展环境与基础支撑方面处在领先水平。从各区看，海淀区发展环境，丰台区基础支撑、乡村治理，门头沟区农业生产，怀柔区经营以及平谷区服务数字化方面呈现出良好发展势头。

2. 各区农业农村信息化资金投入差距较大，且整体下降

各区农业农村信息化投入差距较大，且处于较低水平。在财政投入方面，生态涵养区的乡村人均农业农村信息化财政投入是平原区的 6 倍以上；海淀区乡村人均农业农村信息化财政投入达到 517.4 元 / 人，而怀柔区、顺义区、密云区、房山区、大兴区、昌平区、延庆区以及朝阳区的乡村人均农业农村信息化财政投入均低于北京市整体水平 13.7 元 / 人。同时，与全国前 500 县平均水平相比，仅海淀区、门头沟区乡村人均农业农村信息化财政投入水平高于全国前 500 县。在社会资本投入方面，平原区乡村农业农村信息化社会资本投入达到 90.5 元 / 人，而城市副中心区为 0。在 13 个涉农区中 10 个区均低于全市总体水平，其中通州区、怀柔区未进行社会资本投入。仅大兴区、平谷区乡村人均农业农村信息化社会资本投入超过全国前 500 县平均水平，但是仍低于全国前 100 县乡村人均农业农村信息化社会资本投入。从纵向比较来看，2019 年除门头沟区和通州区乡村人均农业农村信息化财政投入有所增加外，其余 11 个涉农区均处于降低状态，带动北京市农村信息化资金投入整体下滑。

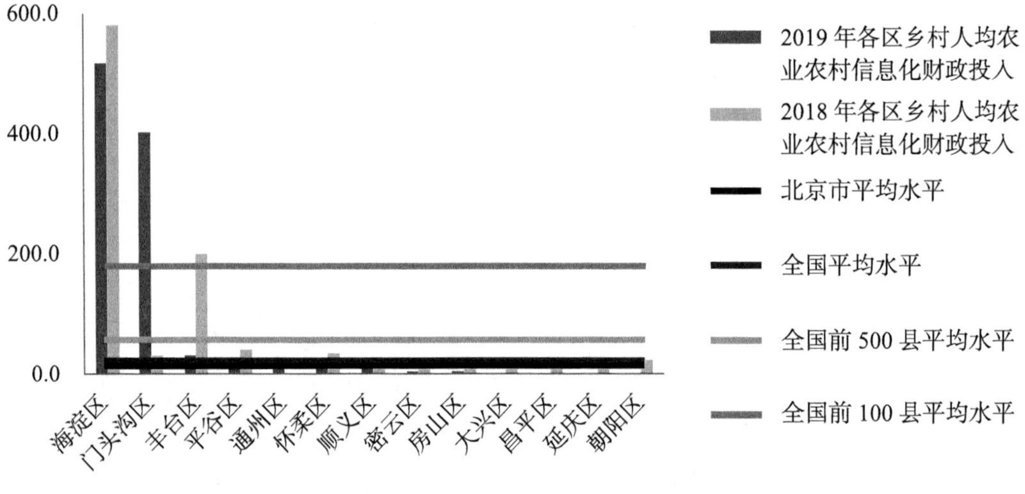

图 20 2018 年、2019 年北京市各区乡村人均农业农村信息化财政投入（元 / 人）

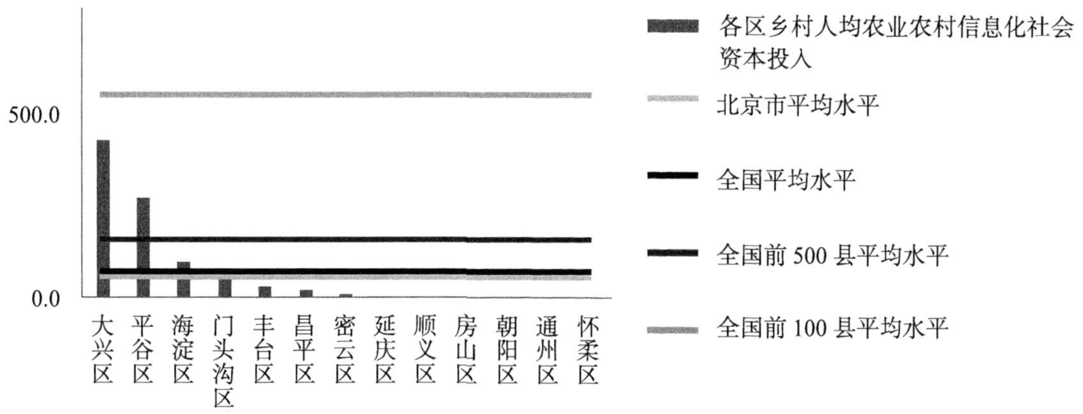

图21　2019年北京市各区乡村人均农业农村信息化社会资本投入（元/人）

3. 各区农业农村信息化管理服务机构情况普遍较好

各功能区县级农业农村信息化管理服务机构综合设置情况普遍较好，其指数均在70.8%—83.3%之间。13个涉农区均设置了农业农村信息化管理服务机构。11个区农业农村局为区网络安全与信息化领导机构成员或组成单位、9个区成立了网络安全与信息化领导机构、11个区设置承担信息化相关工作的行政科、7个区设置信息中心或信息站等事业单位。其中，海淀区、大兴区、怀柔区、平谷区以及延庆区五区县级农业农村信息化管理服务机构覆盖率达到100%。

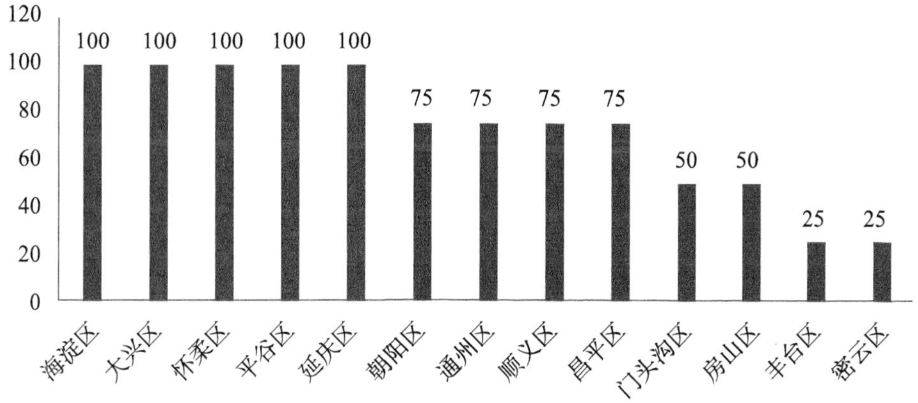

图22　2019年北京市各区县级农业农村信息化管理服务机构综合设置情况（%）

4. 各区互联网普及率普遍较高，且整体呈现增长趋势

各区互联网普及率均处较高水平，为各区数字农业农村发展提供了良好的支撑。从横向比较来看，除门头沟区、朝阳区互联网普及率分别仅为48.8%和42.4%外，其余各区互联网普及率均高于全国平均水平66.2%。存在7个区互联网普及率高于全国前100县平均水平，其中丰台区互联网普及率达到了100%，处于领先地位。从纵向比较来看，与2018年相比，丰台区、顺义区、密云区、海淀区、大兴区、怀柔区、房山区7个区都有所增长，其中大兴区增长最多，增长了82.4%。其余五个区则有所下降，其

中仅朝阳区、门头沟区降幅较大，分别下降了 35.3% 和 31.3%，其余三个区降幅均在 20% 以下。

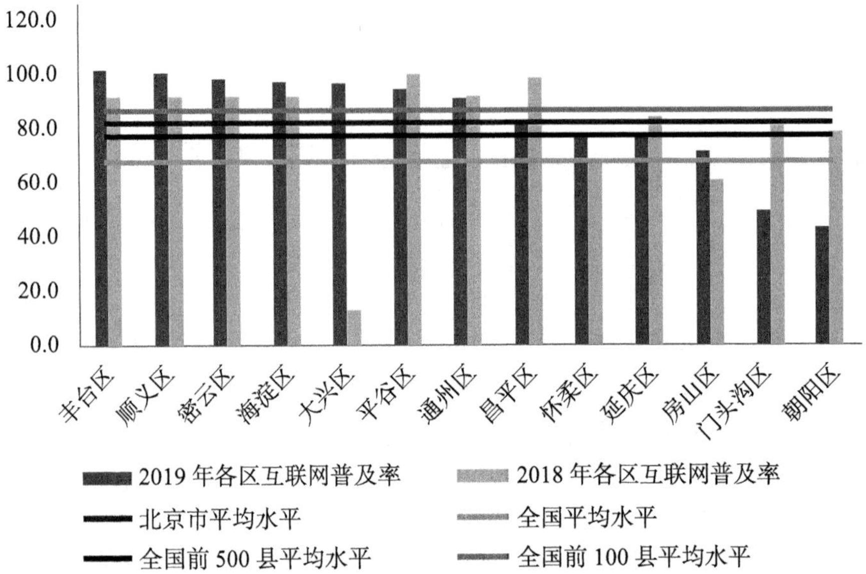

图 23　2018 年、2019 年北京市各区互联网普及率（%）

5. 各区生产信息化普遍不足，农业产业之间差异较大

13 个涉农区中 7 个区低于北京市数字农业农村生产信息化水平。门头沟区生产信息化发展指数最高，达到 98.2%，其余各区发展指数均低于 50%，各区生产信息化普遍不足。同时，不同农业产业之间差异较大。

在种植业方面，仅丰台区、顺义区、密云区以及海淀区超过全国平均水平 17.4%，其中丰台区达到 95%，成为 13 个涉农区中唯一一个超过全国前 500 县、全国前 100 县的区。2018 年相比，门头沟区、怀柔区、密云区、延庆区等 7 个区都有所增长，其中门头沟区增长最多，增长了 91.4%；朝阳区、海淀区等 6 个区有所下降，其中平谷区下降最多，下降了 38%。

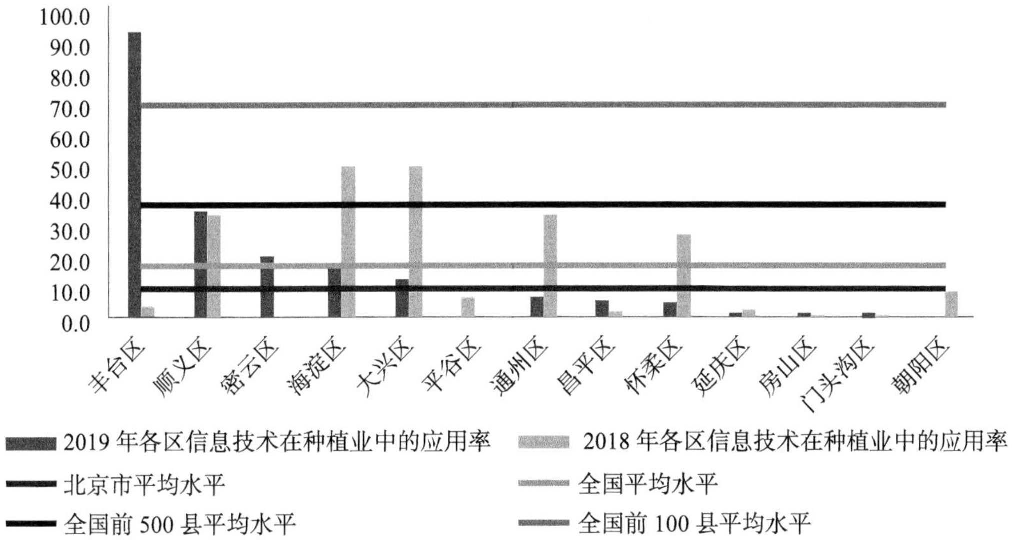

图 24　2018 年、2019 年北京市各区信息技术在种植业中的应用率（%）

在设施栽培方面，门头沟区、顺义区信息技术在设施栽培中的应用率高于全国平均水平 41%，其中门头沟区信息技术在设施栽培中的应用率达到 100%，超过全国前 500 县和全国前 100 县平均水平，达到了最高值。同时门头沟区也是增长幅度最大的区，其信息技术在设施栽培中的应用率由 2018 年的 0% 迅速提升至 100%，其主要原因在于其农业规模较小，易于实现信息化的全面推广应用。此外，顺义区、通州区、怀柔区、朝阳区以及密云区也有所提升，提升幅度在 3%—50%。而海淀区、平谷区、延庆区、丰台区、大兴区、昌平区以及房山区均有所增长，其中门头沟区增长最多，增长了 100%；其余 7 个区均有所降低，其中房山区下降最多，下降了 43.6%。

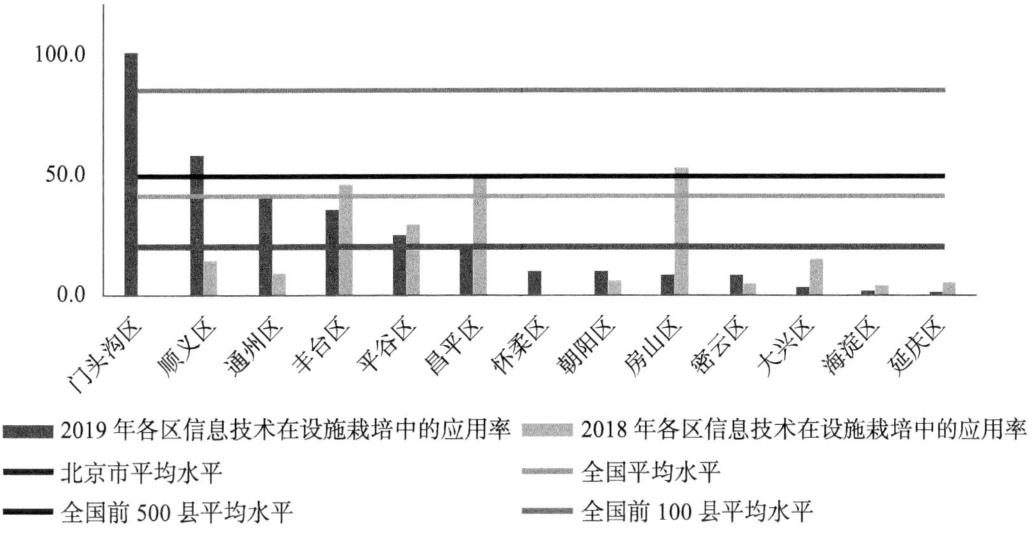

图 25　2018 年、2019 年北京市各区信息技术在设施栽培中的应用率（%）

在畜禽养殖方面，各区信息技术在畜禽养殖中的应用率差异较大。平谷区、延庆区、海淀区、门头沟区、大兴区以及顺义区六区信息技术在畜禽养殖中的应用率均超过全国平均水平32.8%，其中平谷区、延庆区、海淀区分别达到88.7%、82.6%和75%，均超过全国前100县平均水平。但是仍存在朝阳区、通州区、昌平区、怀柔区以及房山区五区信息技术在畜禽养殖中的应用率为0%的情况。与2018年相比，门头沟区、大兴区、延庆区、顺义区以及密云区5个区有所增长，其中门头沟区增长最多，增长了68.5%，平谷区和房山区有所下降，其中房山区下降了75%。

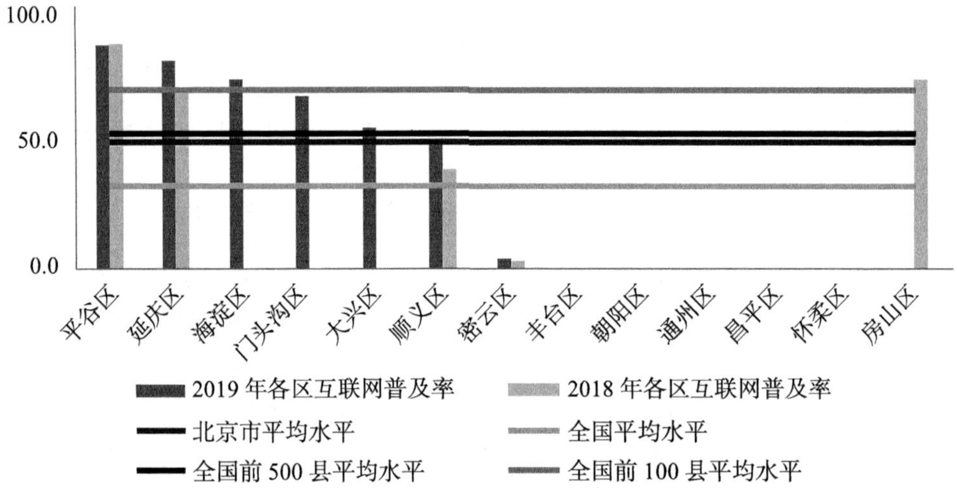

图26　2018年、2019年北京市各区信息技术在畜禽养殖中的应用率（%）

在水产养殖方面，信息技术在水产养殖中的应用较为滞后。仅怀柔区信息技术在水产养殖中的应用率达到了100%，位列13个涉农区之首，同时也远超过全国前500县平均水平。其余各区均处于较低水平。除海淀区、丰台区、密云区以及门头沟区四个区无水产养殖业外，其余8个区信息技术在水产养殖中的应用率均在0%—9%之间，处于较低水平。与2018年相比，怀柔区、通州区等6区信息技术在水产养殖中的应用率有所提升，其中怀柔区提升了100%；大兴区降低了16%，其他区县或没有开展水产养殖，或较2018年无变化。

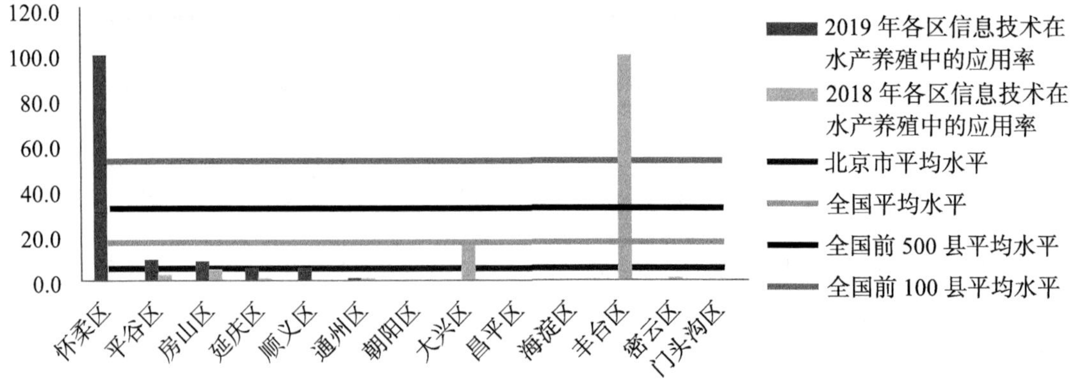

图27　2018年、2019年北京市各区信息技术在水产养殖中的应用率（%）

6. 农产品网络销售率回落，亟须加强农村电商建设

各区农产品网络销售率差异较大，且普遍较低。在 13 个涉农区中，仅怀柔区、门头沟区、密云区、平谷区以及昌平区五区农产品网络销售率高于全国平均水平 10%，其中怀柔区、门头沟区、密云区高于全国前 100 县平均水平。其余 8 个区农产品网络销售率均低于 10%。与 2018 年相比，平谷区、怀柔区、密云区、延庆区、门头沟区等 6 个区的农产品网络销售率较 2018 年有所增加，其中怀柔区增长了 40.0%，增长最多；朝阳区、海淀区、丰台区等 6 个区农产品网络销售率较 2018 年有所下降，其中丰台区数值相对 2018 年下降了 59.4%，下降最多。其主要原因在于 2018 年丰台区以销售额为统计口径包括了丰台区一千多亿的农产品网络销售额。2019 年以零售额为统计口径，将丰台区一千多亿的农产品网络销售额扣除，导致其农产品网络销售率大幅度缩减。

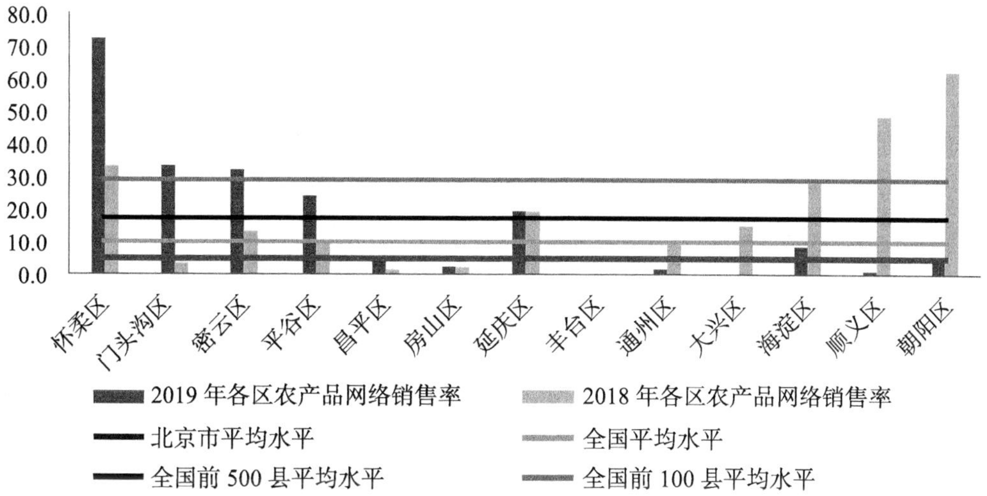

图 28　2018 年、2019 年北京市各区农产品网络销售率（%）

7. 各区质量安全追溯信息化应用率差异大，整体水平低

在种植业方面，各区农产品质量安全追溯信息化水平差异较大。丰台区、门头沟区、怀柔区以及房山区种植业农产品质量安全追溯信息化水平超过全国平均水平，其中丰台区、门头沟区以及怀柔区种植业农产品质量安全追溯信息化水平超过全国前 100 县平均水平，处于全国领先地位。然而，仍存在朝阳区、海淀区、顺义区以及昌平区种植业农产品质量安全追溯信息化水平为 0% 的情况。

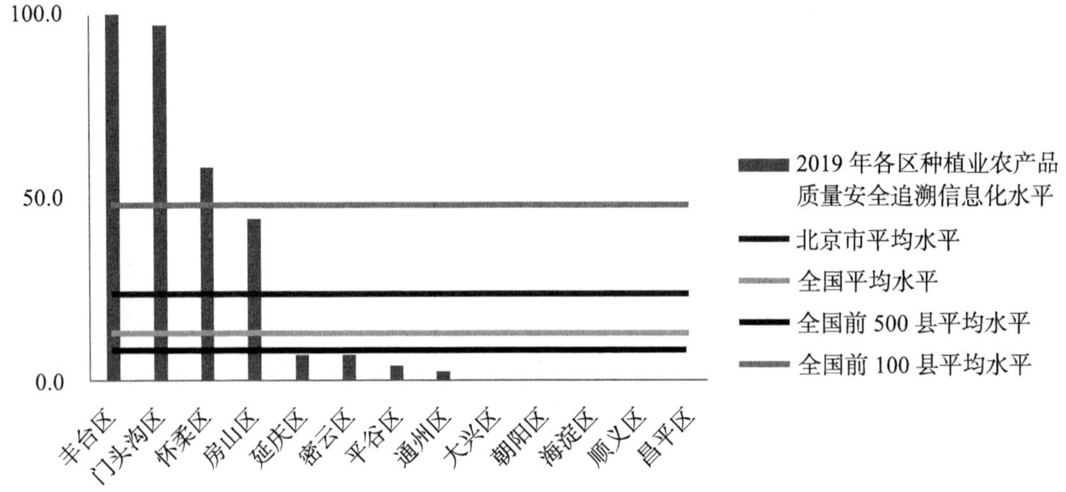

图 29　2019 年北京市各区种植业农产品质量安全追溯信息化水平（%）

在设施栽培方面，与种植业农产品质量安全追溯信息化应用情况相似，丰台区、门头沟区、怀柔区以及房山区设施栽培农产品质量安全追溯信息化水平仍处于较高水平，其中丰台区、门头沟区设施栽培农产品质量安全追溯信息化水平均达到 100%，处于全国领先水平。同时存在朝阳区、海淀区、顺义区和昌平区设施栽培农产品质量安全追溯信息化水平为 0%。

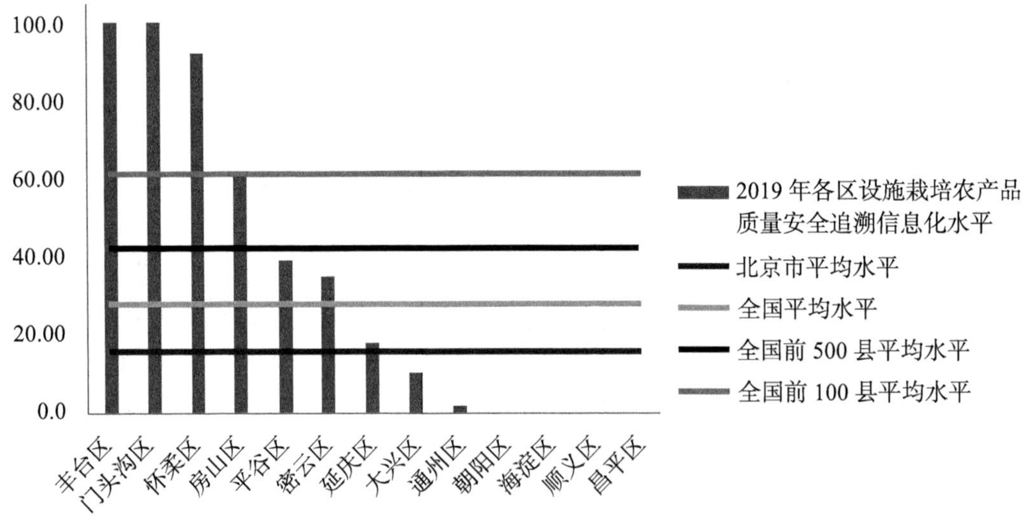

图 30　2019 年北京市各区设施栽培农产品质量安全追溯信息化水平（%）

在畜牧业方面，各区畜牧业农产品质量安全追溯信息化水平差异较大。各区差异较大，存在 6 个区畜牧业农产品质量安全追溯信息化水平超过全国前 100 县平均水平。其中海淀区实现了 100% 可追溯，处于全国领先地位。而朝阳区、通州区、顺义区、怀柔区和昌平区畜牧业农产品质量安全追溯信息化水平为 0%。

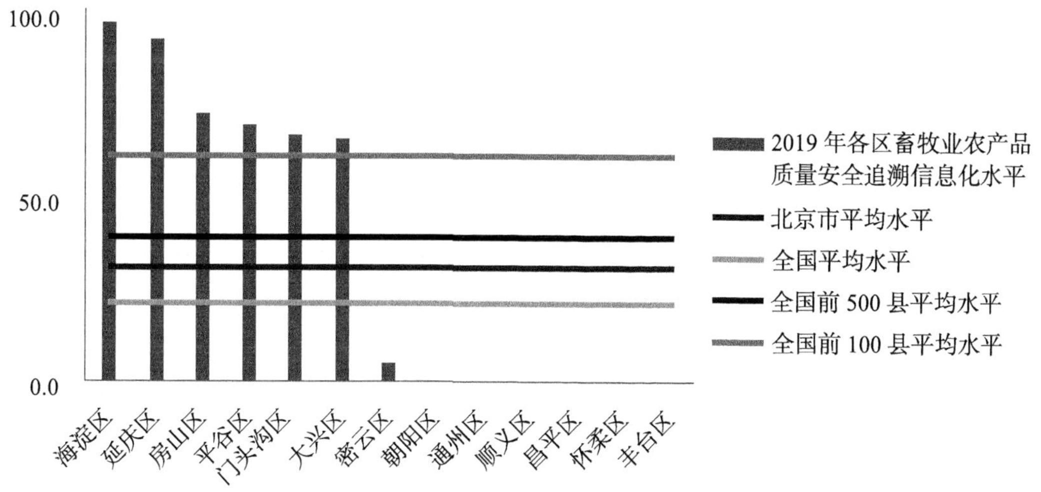

图 31　2019 年北京市各区畜牧业农产品质量安全追溯信息化水平（%）

在水产养殖方面，生态涵养区水产养殖农产品质量安全追溯信息化水平达到了 13.8%，其他各功能区水产养殖农产品质量安全追溯信息化水平均为 0%。从各区情况来看，仅房山区和平谷区存在水产养殖农产品质量安全追溯信息化应用，其中房山区水产养殖农产品质量安全追溯信息化水平为 47.2%，高于全国前 500 县平均水平，且与全国前 100 县平均水平差距较小；而平谷区水产养殖农产品质量安全追溯信息化水平仅为 4.7%，远低于全国前 500 县平均水平。

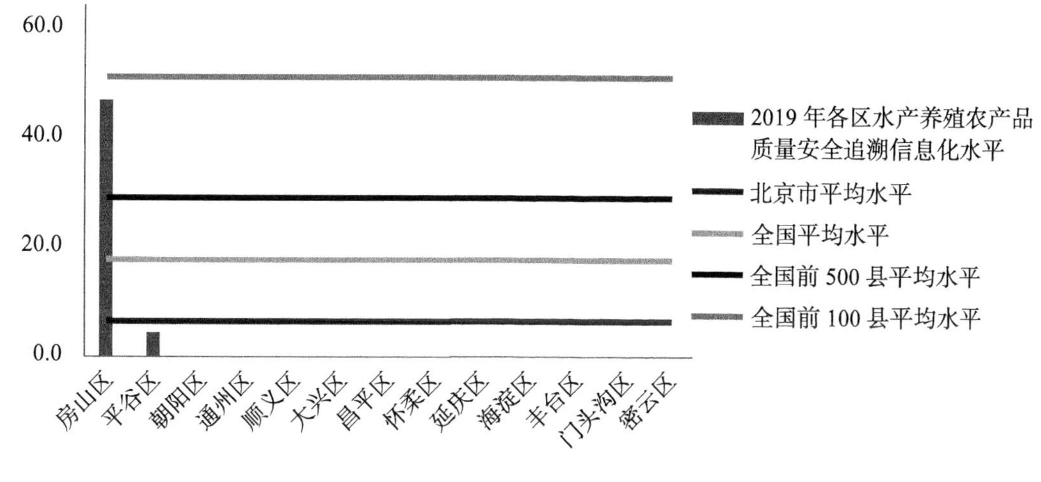

图 32　2019 年北京市各区水产养殖农产品质量安全追溯信息化水平（%）

8. 应用信息技术实现行政村“三务”水平较高，增速较快

在行政村党务公开方面，丰台区、怀柔区、延庆区、门头沟区、密云区以及大兴区六区应用信息技术实现行政村党务公开水平高于全国平均水平。其中丰台区、怀柔区、延庆区以及门头沟区四区应用信息技术实现行政村党务公开水平达到 100%。与 2018 年相比，

怀柔区、延庆区、昌平区、顺义区、大兴区、通州区以及朝阳区共计 7 个区应用信息技术实现行政村党务公开水平有所提高，其中怀柔区提升最高，提升了 96.5%。

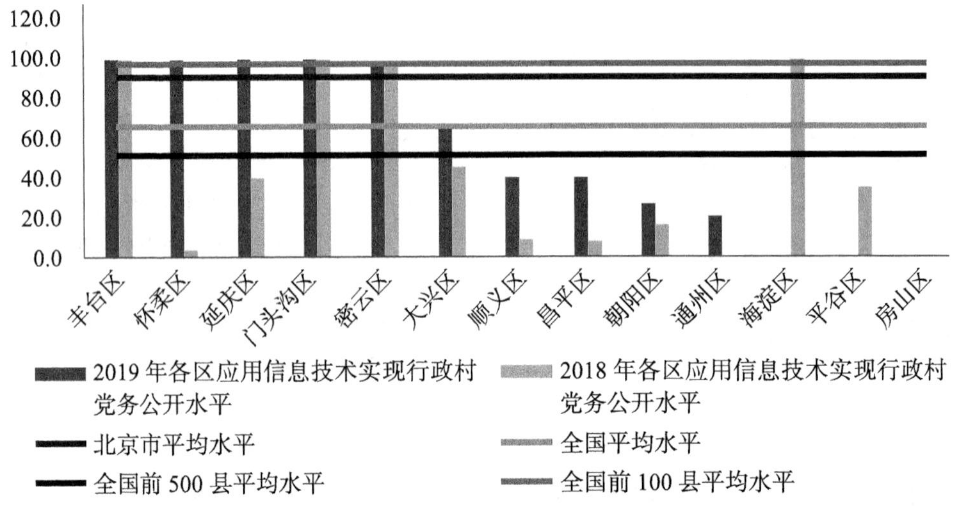

图 33　2018 年、2019 年北京市各区应用信息技术实现行政村党务公开水平（%）

在行政村务公开方面，与行政村党务公开相似，丰台区、怀柔区、延庆区、门头沟区、密云区以及大兴区 6 个区应用信息技术实现行政村村务公开水平高于全国平均水平。其中丰台区、怀柔区、延庆区以及门头沟区 4 个区应用信息技术实现行政村村务公开水平达到了 100%。与 2018 年相比，通州区、顺义区、大兴区等 8 个区应用信息技术实现行政村村务公开水平有所提高，其中怀柔区提升最高，提升了 96.5%。

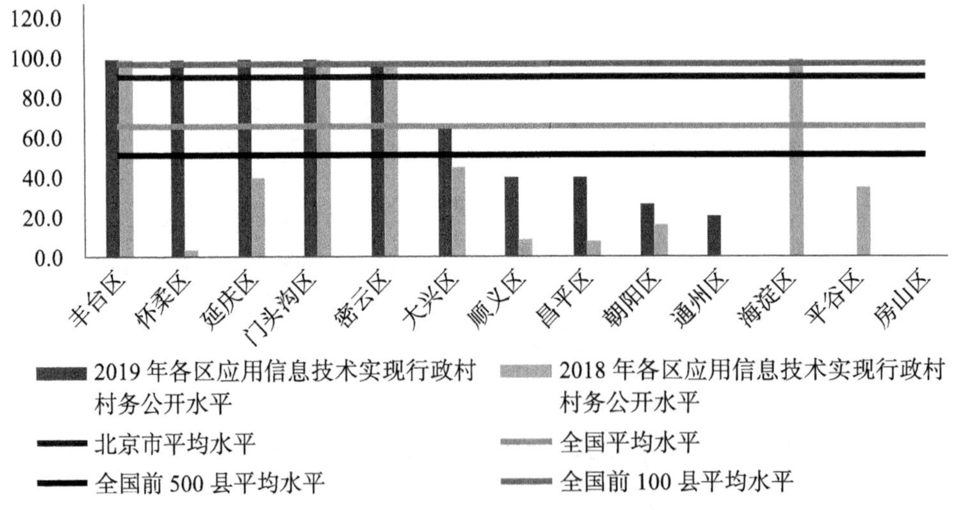

图 34　2018 年、2019 年北京市各区应用信息技术实现行政村村务公开水平（%）

在行政村财务公开方面，13 个涉农区中有 9 个区应用信息技术实现行政村财务公开水平超过全国平均水平 63.7%，其中海淀区、丰台区、门头沟区、顺义区、怀柔区和延庆区实现了农村财务公开全部信息化，应用信息技术实现行政村财务公开水平达到 100%。与 2018 年相比，通州区、顺义区、大兴区等 8 个区应用信息技术实现行政村财务公开水平有所提高，其中房山区提升最高，提升了 99.6%。

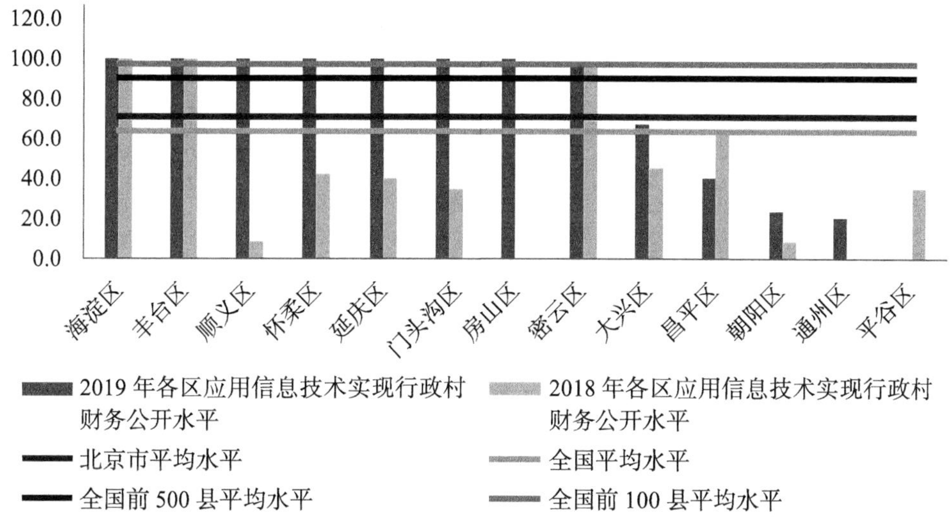

图 35　2018 年、2019 年北京市各区应用信息技术实现行政村财务公开水平（%）

9. 各区农村“雪亮工程”进程不一，覆盖率差异较大

北京市 13 个涉农区中海淀区、通州区、平谷区、丰台区、密云区以及房山区 6 个区“雪亮工程”行政村覆盖率高于全国平均水平 66.7%，其中海淀区、通州区、平谷区“雪亮工程”行政村覆盖率达到了 100%，而延庆区未开展“雪亮工程”建设，其“雪亮工程”行政村覆盖率为 0%。

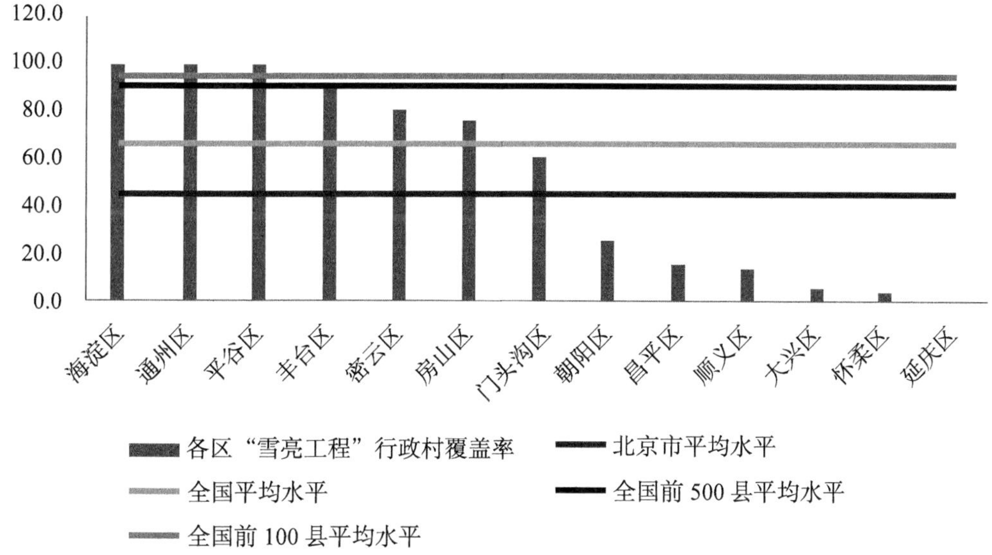

图 36　2019 年北京市各区“雪亮工程”行政村覆盖率（%）

10. 各区在线办事水平普遍较高，部分地区亟须提升

北京市的 13 个涉农区中，除密云区和大兴区外，其余 11 个区在线办事率均超过全国平均水平 25.4%，其中，海淀区、平谷区在线办事率达到了 100%。同时，丰台区、延庆区、通州区以及昌平区其在线办事率均达到了 90% 以上，可见整体来看各区在线办事水平普遍较高。然而密云区和大兴区在线办事率分别仅为 21.9% 和 21.8%，显著拉低北京市整体水平，因此亟须加强密云区和大兴区在线办事系统平台建设，进而提升整体在线办事水平，提高农村居民办事效率。

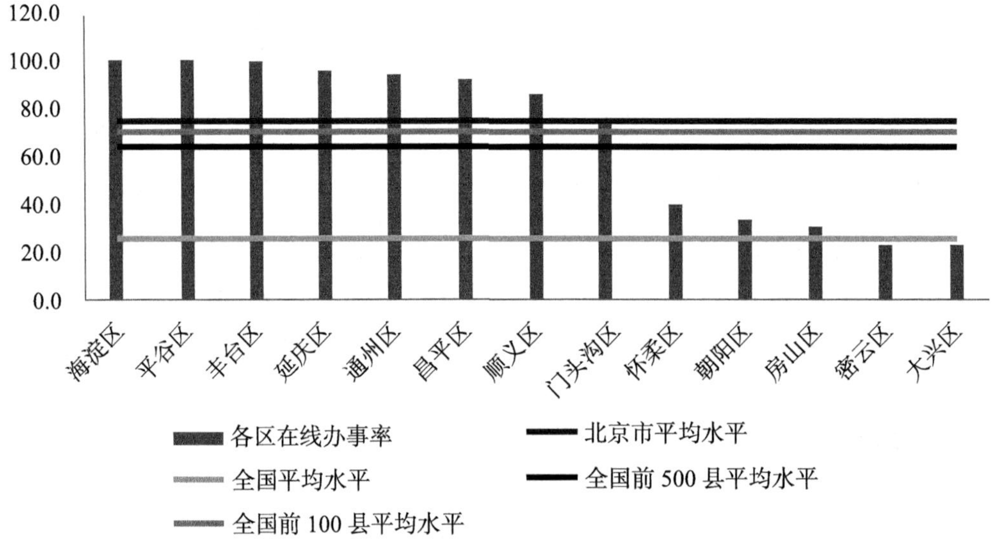

图 37　2019 年北京市各区在线办事率（%）

11. 信息进村入户建设普遍不足，各区趋势变化较小

北京市各区信息进村入户建设不足，信息进村入户村级信息服务站行政村覆盖率普遍偏低，仅怀柔区、平谷区信息进村入户村级信息服务站行政村覆盖率达到 50% 以上，海淀区、顺义区未进行信息进村入户村级信息服务站建设，其覆盖率均为 0%。从横向比较来看，北京市各区信息进村入户村级信息服务站行政村覆盖率均低于全国平均水平 68.2%。从纵向比较来看，各区发展趋势存在一定差异。与 2018 年相比，怀柔区、平谷区、门头沟区、朝阳区以及房山区 5 个区信息进村入户村级信息服务站行政村覆盖率有所上升，其中怀柔区上升幅度最大，由 2018 年的 0 增加到 59.9%，目前位于北京市 13 个涉农区中的第一位；顺义区和丰台区信息进村入户村级信息服务站行政村覆盖率有所下降，其中顺义区下降了 12.9%，幅度最大。而其余 6 区无变化。

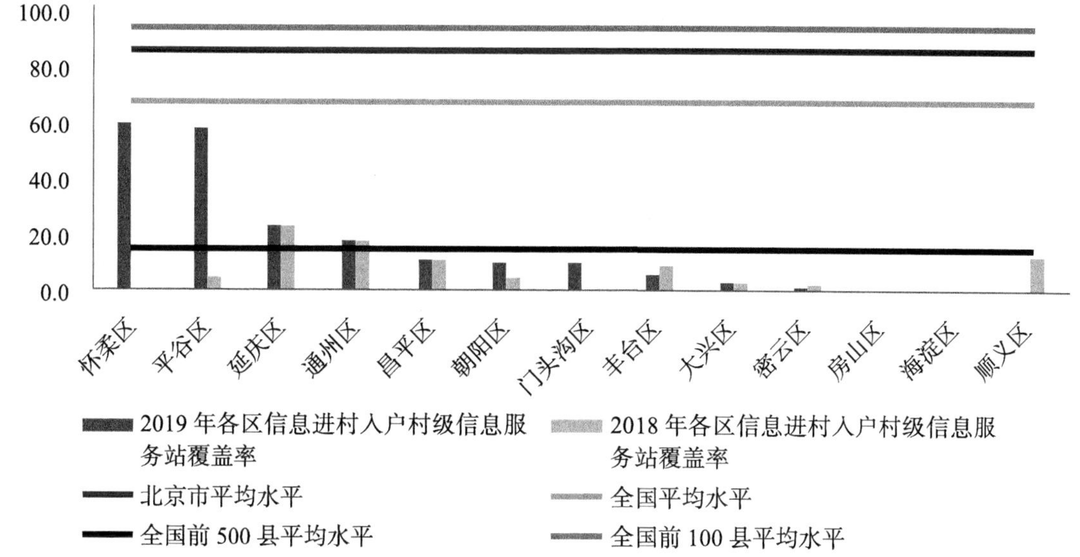

图 38　2018 年、2019 年北京市各区信息进村入户村级信息服务站行政村覆盖率（%）

12. 电商服务站建设情况良好，但发展趋势差异较大

海淀区、昌平区、密云区、延庆区、顺义区、门头沟区、丰台区、大兴区 8 个区高于全市水平，其中，海淀区、昌平区、密云区、延庆区 4 个区电商服务站行政村覆盖率达到 100%。与 2018 年相比，延庆区、大兴区、门头沟区、密云区、平谷区以及通州区电商服务站行政村覆盖率均有所提升，其中延庆区电商服务站行政村覆盖率提升最了 76.9%，幅度最大；海淀区、昌平区与去年一致保持在 100%；而顺义区、丰台区、房山区以及朝阳区则有所下降，其中朝阳区由 2018 年的 100% 下降至 2019 年的 18.9%，降幅最大。

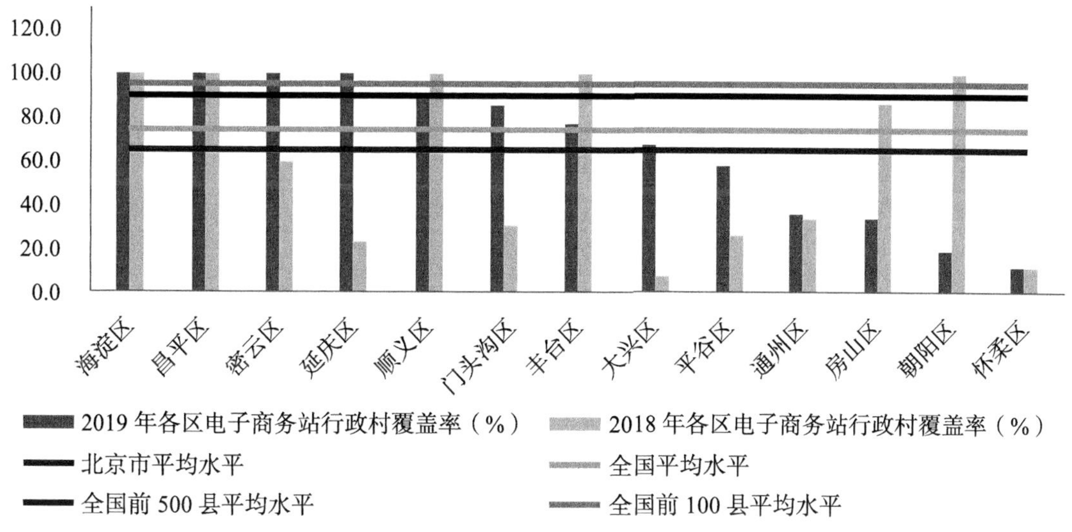

图 39　2018 年、2019 年北京市各区电商服务站行政村覆盖率（%）

五、镇级数字农业农村发展水平评价

（一）发展总体水平指数

北京市镇级数字农业农村发展水平与北京市区级数字农业农村发展水平相似，为32.3%。在测算的50个典型乡镇中，有35个乡镇数字农业农村发展水平超过镇级数字农业农村发展总体水平。从乡镇数字农业农村发展总体水平指数分布情况来看，数字农业农村发展水平普遍集中在30%—50%之间，乡镇个数达到25个，占比达到50%。其中，位于门头沟区的斋堂镇其数字农业农村发展总体水平指数最高，达到78.5%，是镇级数字农业农村发展总体水平的2.4倍。

表2 50个典型乡镇数字农业农村发展总体水平指数

所在区	县	总体水平指数（%）	排名	所在区	县	总体水平指数（%）	排名
门头沟区	斋堂镇	78.5	1	昌平区	崔村镇	38.3	26
门头沟区	妙峰山镇	67.1	2	大兴区	庞各庄镇	37.9	27
门头沟区	雁翅镇	64.5	3	顺义区	大孙各庄镇	35.5	28
平谷区	马昌营镇	62.6	4	密云区	高岭镇	35.4	29
门头沟区	王平镇	61.6	5	通州区	台湖镇	34.9	30
大兴区	长子营镇	61.4	6	平谷区	峪口镇	34.2	31
昌平区	流村镇	59.6	7	平谷区	山东庄镇	33.7	32
密云区	河南寨镇	59.3	8	朝阳区	孙河乡	33.2	33
门头沟区	清水镇	59	9	延庆区	康庄镇	33.1	34
昌平区	阳坊镇	58.4	10	平谷区	东高村镇	32.9	35
门头沟区	潭柘寺镇	58.3	11	房山区	石楼镇	32.2	36
门头沟区	军庄镇	57.7	12	大兴区	榆垡镇	31.2	37
门头沟区	永定镇	54.6	13	房山区	长阳镇	30.5	38
丰台区	王佐镇	54.4	14	密云区	北庄镇	30.1	39
房山区	张坊镇	49.6	15	密云区	密云镇	29.2	40
通州区	潞城镇	46.2	16	怀柔区	北房镇	29.1	41
海淀区	苏家坨镇	45.9	17	密云区	穆家峪镇	28.8	42
昌平区	北七家镇	45.8	18	平谷区	镇罗营镇	28.7	43
平谷区	大华山镇	44.7	19	平谷区	金海湖镇	28.4	44
平谷区	南独乐河镇	44.6	20	大兴区	魏善庄镇	28.2	45
怀柔区	长哨营乡	44.3	21	平谷区	熊儿寨乡	28.1	46
平谷区	夏各庄镇	42	22	怀柔区	琉璃庙镇	28.1	47
门头沟区	龙泉镇	41.6	23	顺义区	木林镇	27.7	48
平谷区	大兴庄镇	40.8	24	海淀区	上庄镇	25.7	49
密云区	西田各庄镇	38.8	25	平谷区	黄松峪乡	24.8	50

（二）分项发展指数

1. 发展环境发展指数

2019 年北京市镇级数字农业农村发展环境指数为 3%，是北京市镇级数字农业农村六个发展领域中水平最低。各乡镇发展环境发展指数差异较大，在测算的 50 个乡镇中有 36 个乡镇数字农业农村发展环境指数超过镇级数字农业农村发展环境指数，其中前五位门头沟区清水镇、大兴区长子营镇、门头沟区雁翅镇、门头沟区永定镇以及昌平区流村镇数字农业农村发展环境指数均超过 50%。同时，存在 10 个乡镇发展环境发展指数为 0%，根据调研数据来看，这些乡镇均未对当地进行农业农村信息化财政投入、社会资本投入，且未设置相关信息化机构。可能的原因在于乡镇政府未对相关数据进行统计，数据获取难度较大，导致未进行相关数据上报，存在已有部门兼管当地信息化相关事务等工作。

表 3　50 个典型乡镇数字农业农村发展环境发展指数

所在区	县	发展环境发展指数（%）	排名	所在区	县	发展环境发展指数（%）	排名
门头沟区	清水镇	78.6	1	门头沟区	龙泉镇	21.5	26
大兴区	长子营镇	65.4	2	门头沟区	王平镇	20.2	27
门头沟区	雁翅镇	57.9	3	门头沟区	潭柘寺镇	20.1	28
门头沟区	永定镇	56.3	4	门头沟区	军庄镇	20.1	29
昌平区	流村镇	50.4	5	房山区	张坊镇	20	30
门头沟区	斋堂镇	50	6	顺义区	木林镇	20	31
大兴区	庞各庄镇	43.1	7	平谷区	大华山镇	17.2	32
平谷区	大兴庄镇	42.3	8	平谷区	东高村镇	11.4	33
门头沟区	妙峰山镇	41.9	9	丰台区	王佐镇	11.2	34
大兴区	榆垡镇	40.3	10	顺义区	大孙各庄镇	10.3	35
密云区	北庄镇	40.3	11	平谷区	黄松峪乡	10	36
昌平区	阳坊镇	40.2	12	海淀区	苏家坨镇	1.8	37
怀柔区	琉璃庙镇	40.2	13	平谷区	山东庄镇	0.3	38
房山区	石楼镇	40.1	14	延庆区	康庄镇	0.1	39
平谷区	马昌营镇	40	15	昌平区	北七家镇	0	40
通州区	潞城镇	40	16	密云区	西田各庄镇	0	41
平谷区	南独乐河镇	40	17	昌平区	崔村镇	0	42
怀柔区	长哨营乡	40	18	通州区	台湖镇	0	43
密云区	高岭镇	40	19	平谷区	峪口镇	0	44
房山区	长阳镇	40	20	朝阳区	孙河乡	0	45
大兴区	魏善庄镇	40	21	密云区	密云镇	0	46
平谷区	夏各庄镇	30.7	22	平谷区	镇罗营镇	0	47
密云区	河南寨镇	30	23	平谷区	金海湖镇	0	48
怀柔区	北房镇	30	24	平谷区	熊儿寨乡	0	49
密云区	穆家峪镇	30	25	海淀区	上庄镇	0	50

2. 基础支撑发展指数

2019 年北京市镇级数字农业农村基础支撑发展指数达到 62.4%，仅次于乡村治理信息化发展指数，位列六个领域中的第二位。在测算的 50 个乡镇中有 20 个乡镇基础支撑发展指数超过北京市镇级数字农业农村基础支撑发展指数。其中，门头沟区潭柘寺镇、丰台区王佐镇、昌平区崔村镇以及平谷区熊儿寨乡基础支撑发展指数均达到 100%，处于最优水平。平谷区大华山镇、延庆区康庄镇、大兴区魏善庄镇、顺义区木林镇基础支撑发展指数均为 0%，处于最低水平。其中，延庆区康庄镇、大兴区魏善庄镇、顺义区木林镇三个乡镇存在数据填报不完整的问题，导致其互联网普及率为 0%。

表 4　50 个典型乡镇数字农业农村基础支撑发展指数

所在区	县	基础支撑发展指数（%）	排名	所在区	县	基础支撑发展指数（%）	排名
门头沟区	潭柘寺镇	100	1	门头沟区	斋堂镇	52	26
丰台区	王佐镇	100	2	房山区	石楼镇	49.3	27
昌平区	崔村镇	100	3	密云区	北庄镇	45.3	28
平谷区	熊儿寨乡	100	4	密云区	河南寨镇	45	29
通州区	台湖镇	97.7	5	平谷区	山东庄镇	43.8	30
昌平区	流村镇	91.6	6	昌平区	阳坊镇	43	31
朝阳区	孙河乡	87.9	7	平谷区	大兴庄镇	41.7	32
密云区	密云镇	84.1	8	大兴区	庞各庄镇	39.2	33
平谷区	马昌营镇	81.3	9	平谷区	南独乐河镇	37.1	34
房山区	长阳镇	79.7	10	顺义区	大孙各庄镇	35.7	35
平谷区	镇罗营镇	79.7	11	门头沟区	军庄镇	34.9	36
昌平区	北七家镇	76.1	12	大兴区	长子营镇	33.1	37
房山区	张坊镇	75.7	13	门头沟区	妙峰山镇	30.7	38
大兴区	榆垡镇	72.7	14	门头沟区	龙泉镇	30.7	39
门头沟区	雁翅镇	71.5	15	怀柔区	琉璃庙镇	26	40
门头沟区	王平镇	70.6	16	门头沟区	永定镇	23.7	41
密云区	穆家峪镇	69	17	平谷区	黄松峪乡	23.5	42
海淀区	苏家坨镇	68.9	18	密云区	高岭镇	23.3	43
海淀区	上庄镇	65.6	19	平谷区	夏各庄镇	18.1	44
密云区	西田各庄镇	59	20	平谷区	东高村镇	16.8	45
通州区	潞城镇	58.7	21	门头沟区	清水镇	7.4	46
怀柔区	北房镇	57	22	平谷区	大华山镇	0	47
平谷区	金海湖镇	55.6	23	延庆区	康庄镇	0	48
平谷区	峪口镇	53.8	24	大兴区	魏善庄镇	0	49
怀柔区	长哨营乡	52.6	25	顺义区	木林镇	0	50

3. 生产信息化发展指数

2019 年北京市镇级数字农业农村生产信息化发展指数为 32.1%，位列六个领域中的第四位。各乡镇生产信息化发展水平差异较大。在测算 50 个乡镇中，31 个乡镇生产信息化发展指数超过北京市镇级数字农业农村生产信息发展指数，其中门头沟区斋堂镇、妙峰山镇、雁翅镇、军庄镇、永定镇，密云区河南寨镇、昌平区阳坊镇、通州区台湖镇共计 8 个乡镇生产信息化发展指数达到了 100%，处于最优水平。同时，还存在着以平谷区南独乐河镇为代表的 9 个乡镇生产信息化发展指数为 0% 的情况。

表 5　50 个典型乡镇数字农业农村生产信息化发展指数

所在区	县	生产信息化发展指数（%）	排名	所在区	县	生产信息化发展指数（%）	排名
门头沟区	斋堂镇	100	1	昌平区	崔村镇	45.4	26
门头沟区	妙峰山镇	100	2	平谷区	山东庄镇	45.4	27
门头沟区	雁翅镇	100	3	门头沟区	潭柘寺镇	42.4	28
密云区	河南寨镇	100	4	顺义区	大孙各庄镇	39.3	29
昌平区	阳坊镇	100	5	平谷区	马昌营镇	38.5	30
门头沟区	军庄镇	100	6	大兴区	榆垡镇	33.8	31
门头沟区	永定镇	100	7	通州区	潞城镇	31.1	32
通州区	台湖镇	100	8	平谷区	大兴庄镇	29.3	33
门头沟区	王平镇	96.4	9	房山区	长阳镇	24.1	34
平谷区	夏各庄镇	92.5	10	密云区	北庄镇	22.3	35
房山区	张坊镇	88	11	怀柔区	北房镇	16.7	36
昌平区	流村镇	85.9	12	平谷区	东高村镇	15.7	37
平谷区	大华山镇	79.8	13	房山区	石楼镇	7.1	38
海淀区	苏家坨镇	75	14	大兴区	魏善庄镇	5.9	39
密云区	西田各庄镇	69.5	15	顺义区	木林镇	5.4	40
大兴区	长子营镇	62.5	16	密云区	穆家峪镇	1.8	41
大兴区	庞各庄镇	62.2	17	平谷区	南独乐河镇	0	42
门头沟区	龙泉镇	57.1	18	朝阳区	孙河乡	0	43
怀柔区	琉璃庙镇	56.2	19	延庆区	康庄镇	0	44
丰台区	王佐镇	54.8	20	密云区	密云镇	0	45
平谷区	峪口镇	54.6	21	平谷区	镇罗营镇	0	46
怀柔区	长哨营乡	51.5	22	平谷区	金海湖镇	0	47
门头沟区	清水镇	51	23	平谷区	熊儿寨乡	0	48
昌平区	北七家镇	50	24	海淀区	上庄镇	0	49
密云区	高岭镇	49.7	25	平谷区	黄松峪乡	0	50

4. 经营信息化发展指数

北京市镇级数字农业农村经营信息化发展指数为 17.3%，位列六个领域第五位。虽然在测算的 50 个乡镇有 30 个乡镇数字农业农村经营信息化发展指数高于北京市镇级数字农业农村经营信息化发展指数，但数值较小，仅有 8 个乡镇数字农业农村经营发展指数在 50% 以上。其中门头沟区斋堂镇数字农业农村经营信息化水平最优，其指数达到了 100%。同时，尚有 6 个乡镇经营信息化发展指数为 0%，这 6 个乡镇均未实现农产品网络销售与农产品质量安全追溯信息化应用。

表 6 50 个典型乡镇数字农业农村经营信息化发展指数

所在区	县	经营信息化发展指数（%）	排名	所在区	县	经营信息化发展指数（%）	排名
门头沟区	斋堂镇	100	1	房山区	石楼镇	20.5	26
门头沟区	潭柘寺镇	78.3	2	怀柔区	琉璃庙镇	19.3	27
大兴区	长子营镇	70.6	3	大兴区	庞各庄镇	19	28
顺义区	木林镇	70	4	顺义区	大孙各庄镇	18.4	29
延庆区	康庄镇	69	5	平谷区	大兴庄镇	17.8	30
平谷区	马昌营镇	68.3	6	门头沟区	龙泉镇	17.1	31
密云区	密云镇	62	7	密云区	穆家峪镇	14.1	32
昌平区	流村镇	60.4	8	平谷区	黄松峪乡	12.7	33
门头沟区	清水镇	49.9	9	密云区	北庄镇	12.2	34
平谷区	山东庄镇	35.7	10	密云区	高岭镇	11.5	35
平谷区	南独乐河镇	33.8	11	昌平区	阳坊镇	10	36
密云区	河南寨镇	30.1	12	平谷区	金海湖镇	8.7	37
门头沟区	妙峰山镇	30	13	平谷区	东高村镇	8.4	38
门头沟区	王平镇	30	14	大兴区	魏善庄镇	5.2	39
门头沟区	军庄镇	30	15	平谷区	熊儿寨乡	4.6	40
门头沟区	永定镇	30	16	大兴区	榆垡镇	3.9	41
丰台区	王佐镇	30	17	怀柔区	北房镇	2.6	42
房山区	张坊镇	30	18	平谷区	镇罗营镇	2.6	43
海淀区	苏家坨镇	30	19	平谷区	夏各庄镇	0.1	44
怀柔区	长哨营乡	29.7	20	门头沟区	雁翅镇	0	45
通州区	潞城镇	27.3	21	平谷区	大华山镇	0	46
昌平区	崔村镇	23	22	通州区	台湖镇	0	47
房山区	长阳镇	22.8	23	平谷区	峪口镇	0	48
昌平区	北七家镇	22.5	24	朝阳区	孙河乡	0	49
密云区	西田各庄镇	20.9	25	海淀区	上庄镇	0	50

5. 乡村治理信息化发展指数

2019 年北京市镇级数字农业农村乡村治理信息化发展指数为 64.2%，位列六个领域中的第一位，成为拉动北京市镇级数字农业农村发展水平的关键力量。各乡镇数字农村乡村治理信息化发展指数普遍在 50% 以上，整体来看各乡镇乡村治理信息化方面均处于良好水平。其中，在测算的 50 个乡镇中有 11 个乡镇乡村治理信息化发展指数在 90% 以上，密云区河南寨镇、丰台区王佐镇、通州区潞城镇、昌平区北七家镇、平谷区南独乐河镇以及海淀区上庄镇数字农业农村乡村治理信息化发展指数最高，均达到了 99.7%。

表 7　50 个典型乡镇数字农业农村乡村治理信息化发展指数

所在区	县	乡村治理信息化发展指数（%）	排名	所在区	县	乡村治理信息化发展指数（%）	排名
密云区	河南寨镇	99.7	1	房山区	石楼镇	66.7	26
丰台区	王佐镇	99.7	2	密云区	穆家峪镇	66.7	27
通州区	潞城镇	99.7	3	房山区	张坊镇	66	28
昌平区	北七家镇	99.7	4	密云区	西田各庄镇	66	29
平谷区	南独乐河镇	99.7	5	平谷区	黄松峪乡	66	30
海淀区	上庄镇	99.7	6	门头沟区	军庄镇	62.6	31
怀柔区	长哨营乡	95.4	7	延庆区	康庄镇	62.6	32
朝阳区	孙河乡	92.3	8	平谷区	镇罗营镇	60.9	33
门头沟区	雁翅镇	91.5	9	门头沟区	永定镇	59.8	34
门头沟区	潭柘寺镇	91.5	10	平谷区	东高村镇	59.6	35
门头沟区	妙峰山镇	90.3	11	海淀区	苏家坨镇	59.4	36
门头沟区	清水镇	89	12	平谷区	金海湖镇	59.4	37
密云区	北庄镇	84.7	13	平谷区	大华山镇	58.9	38
门头沟区	王平镇	84.3	14	平谷区	夏各庄镇	58.9	39
平谷区	熊儿寨乡	83.4	15	平谷区	山东庄镇	58.9	40
平谷区	马昌营镇	82	16	门头沟区	龙泉镇	58.3	41
大兴区	长子营镇	79.3	17	顺义区	木林镇	54.6	42
昌平区	崔村镇	71.4	18	平谷区	峪口镇	50.4	43
大兴区	榆垡镇	70.5	19	怀柔区	北房镇	45.5	44
门头沟区	斋堂镇	69.5	20	昌平区	流村镇	35.8	45
大兴区	魏善庄镇	67.8	21	大兴区	庞各庄镇	33.7	46
顺义区	大孙各庄镇	66.8	22	密云区	密云镇	33.7	47
昌平区	阳坊镇	66.7	23	房山区	长阳镇	8	48
平谷区	大兴庄镇	66.7	24	通州区	台湖镇	0	49
密云区	高岭镇	66.7	25	怀柔区	琉璃庙镇	0	50

6. 服务信息化发展指数

2019 年北京市镇级数字农业农村服务信息化发展指数为 40.2%，位列六个领域中的第三位。各乡镇服务信息化水平普遍较高，在测算的 50 个乡镇中，存在 32 个乡镇服务信息化发展指数高于镇级服务信息化发展指数。其中，平谷区在服务信息化方面表现较好。在服务信息化发展水平最优的 6 个乡镇中，有 5 个乡镇（马昌营镇、南独乐河镇、东高村镇、镇罗营镇、金海湖镇）均隶属于平谷区。此外，朝阳区孙河乡服务信息化发展指数也达到了 100%，处于最优水平。同时，存在 7 个乡镇尚未开展信息进村入户以及电商服务站建设。

表 8　50 个典型乡镇数字农业农村服务信息化发展指数

所在区	县	服务信息化发展指数（%）	排名	所在区	县	服务信息化发展指数（%）	排名
平谷区	马昌营镇	100	1	平谷区	峪口镇	50	26
平谷区	南独乐河镇	100	2	房山区	石楼镇	50	27
朝阳区	孙河乡	100	3	房山区	长阳镇	50	28
平谷区	东高村镇	100	4	密云区	密云镇	50	29
平谷区	镇罗营镇	100	5	密云区	穆家峪镇	50	30
平谷区	金海湖镇	100	6	海淀区	上庄镇	50	31
丰台区	王佐镇	68.8	7	顺义区	大孙各庄镇	44.9	32
平谷区	大兴庄镇	66.7	8	大兴区	长子营镇	34.5	33
延庆区	康庄镇	66.1	9	海淀区	苏家坨镇	32.1	34
门头沟区	妙峰山镇	64.7	10	昌平区	崔村镇	29.2	35
平谷区	熊儿寨乡	64.3	11	昌平区	流村镇	28.6	36
平谷区	黄松峪乡	64.3	12	大兴区	庞各庄镇	13.2	37
平谷区	大华山镇	62.5	13	平谷区	山东庄镇	12.5	38
怀柔区	北房镇	62.5	14	密云区	河南寨镇	10.7	39
大兴区	魏善庄镇	61.5	15	密云区	高岭镇	7.1	40
门头沟区	雁翅镇	56.5	16	密云区	西田各庄镇	5.9	41
昌平区	阳坊镇	55	17	顺义区	木林镇	5.8	42
门头沟区	清水镇	54.7	18	房山区	张坊镇	3.3	43
门头沟区	潭柘寺镇	54.2	19	门头沟区	永定镇	0	44
门头沟区	斋堂镇	53.5	20	怀柔区	长哨营乡	0	45
门头沟区	王平镇	50	21	平谷区	夏各庄镇	0	46
门头沟区	军庄镇	50	22	通州区	台湖镇	0	47
通州区	潞城镇	50	23	大兴区	榆垡镇	0	48
昌平区	北七家镇	50	24	密云区	北庄镇	0	49
门头沟区	龙泉镇	50	25	怀柔区	琉璃庙镇	0	50

（三）评价结果分析

1. 乡镇数字农业农村发展水平与区级相互支持

乡镇数字农业农村发展水平与所属区域数字农业农村发展水平相符，具有互相支撑、互相推进的协同发展的作用。测算结果显示，隶属于门头沟区的9个乡镇均位于调研的172个乡镇前50名，其中斋堂镇、妙峰山镇、雁翅镇以及王平镇位于前五位，其数字农业农村发展总体指数接近北京市镇级数字农业农村发展总体指数（32.3%）2倍或2倍以上；在调研的17个平谷区乡镇中有12个乡镇进入前50名。其中平谷区马昌营镇位于第四位，发展总体水平达到62.6%。

2. 北京市乡镇农业农村信息化投入普遍不足

由于乡镇自身政府资金有限，且对于社会资本的引入能力较弱，导致北京市各乡镇之间数字农业农村信息化投入差异较大，且普遍不足。在财政投入方面，虽然北京市镇级数字农业农村信息化财政投入整体水平达到32.3元/人，高于全市平均水平13.8元/人，但是从乡镇分布情况来看，测算的50个乡镇中有38个乡镇的农业农村信息化财政投入低于全市平均水平，其中21个乡镇农业农村信息化财政投入为0。在测算的50个乡镇中乡村人均农业农村信息化财政投入排名前五位的乡镇全部位于门头沟区，分别是清水镇、斋堂镇、永定镇、妙峰山镇和雁翅镇，其乡村人均农业农村信息化财政投入均超过600元/人。其中，门头沟区清水镇乡村人均农业农村信息化财政投入最高，达到1560.7元/人；在社会投入方面，北京市镇级数字农业农村信息化社会资本投入水平远低于全市水平，同时仅有流村镇、清水镇、长子营镇、雁翅镇社会资本投入水平超过镇级数字农业农村信息化社会资本投入水平以及全市水平。从乡镇分布情况来看，测算的50个乡镇中仅10个乡镇存在社会资本投入，且额度差异较大。其中排在前三位的流村镇、长子营镇以及清水镇，其乡村人均农业农村信息化社会资本投入分别达到了1492.6元/人、454.6元/人、285.7元/人，远超过房山区石楼镇、顺义区木林镇、昌平区阳坊镇以及怀柔区琉璃庙镇等乡镇社会资本投入水平。

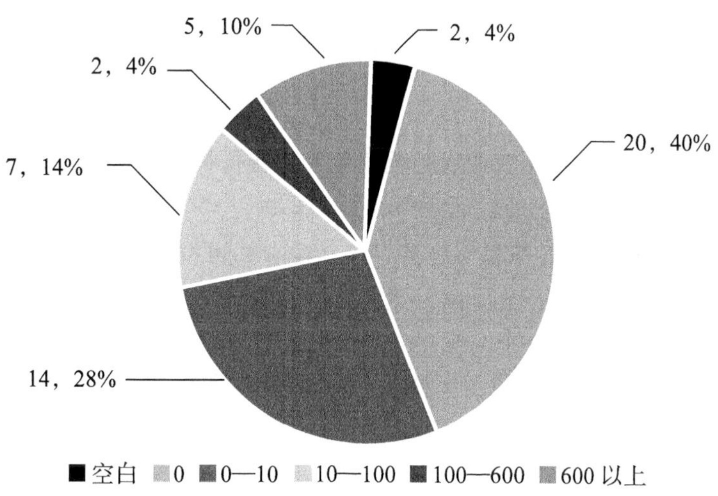

图40　各乡镇乡村人均农业农村信息化财政投入（元/人）分布情况

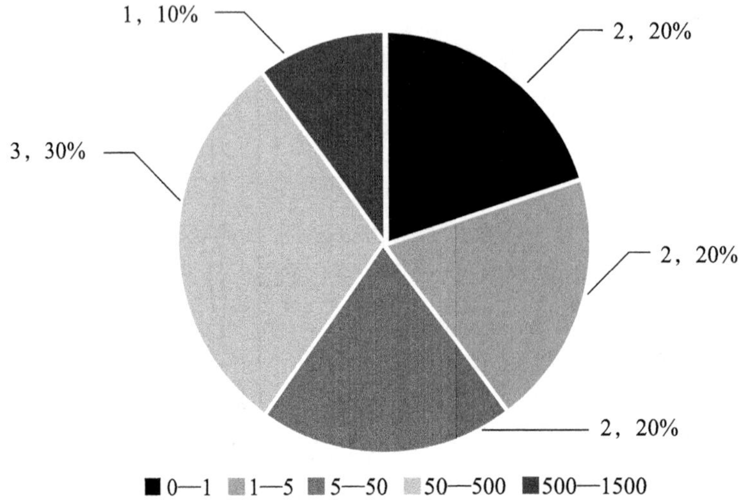

图 41　10 个存在乡村人均农业农村信息化社会资本投入（元 / 人）分布情况

3. 农业农村信息化管理服务机构综合设置情况良好

在测算的 50 个乡镇中，仅有 14 个乡镇尚未进行任何服务机构设置。从机构设置结构来看，有 32 个乡镇的农业农村局为县网络安全与信息化领导机构成员或组成单位，占比 64%；有 24 个乡镇的农业农村局成立了网络安全与信息化领导机构，占比 48%；31 个乡镇的农业农村局设置了承担信息化相关工作的行政科（股），占比 62%；有 16 个乡镇的农业农村局设置了信息中心或信息站等事业单位，占比 32%。同时存在 15 个乡镇兼具以上四种类型服务机构。

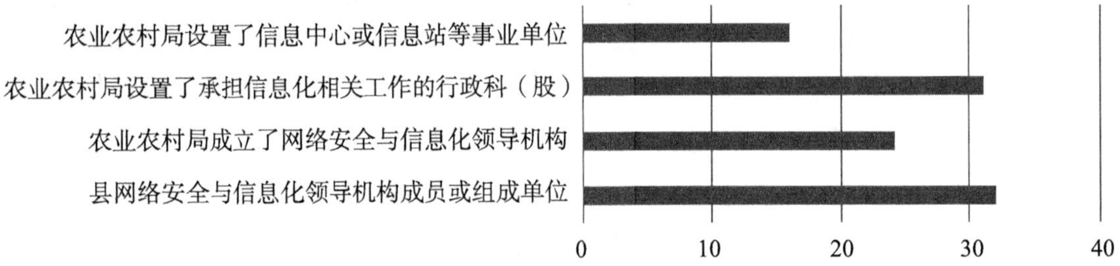

图 42　测算 50 个乡镇农业农村信息化管理服务机构设置情况分布（个）

4. 各乡镇互联网普及率较高，基础支撑能力较强

北京市各乡镇均积极开展互联网普及应用。在测算的 50 个乡镇中，有 40 个乡镇互联网普及率在 50% 以上，占比达到 80%。北京市镇级互联网普及率为 72.7%，略低于全市平均水平 80.6%。在测算的 50 个乡镇中有 19 个乡镇互联网普及率高于镇级互联网普及率平均水平，13 个乡镇互联网普及率高于全市互联网普及率平均水平，其中，崔村镇、熊儿寨乡、潭柘寺镇以及王佐镇四乡镇互联网普及率达到了 100%，实现了互联网全面普及。

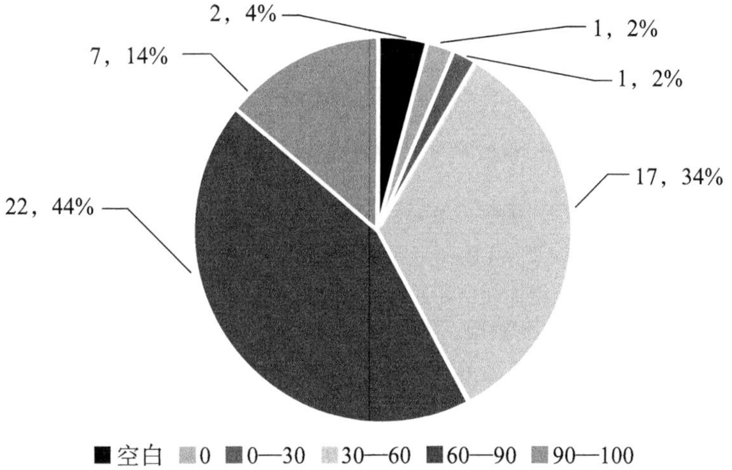

图 43　测算 50 个乡镇互联网普及率情况（%）

5. 信息技术在设施栽培、水产养殖中的应用率较低

北京市镇级信息技术在种植业、设施栽培、畜禽养殖、水产养殖中的应用率分别为 33.8%、1.8%、55.9% 和 0.3%。在种植业方面，测算的 50 个乡镇中进行农作物种植的乡镇有 46 个，其中有 23 个乡镇超过镇级平均水平。同时，军庄镇、龙泉镇、清水镇、潭柘寺镇、永定镇、雁翅镇、斋堂镇、妙峰山镇、王平镇、流村镇、阳坊镇、夏各庄镇和河南寨镇共计 13 个乡镇信息技术在种植业中的应用率达到 100%；在设施栽培方面，测算的 50 个乡镇中进行设施栽培的乡镇有 38 个，其中，15 个乡镇未开展设施栽培信息化应用，仅有 11 个乡镇信息技术在设施栽培中的应用率在 50% 及以上，其中阳坊镇、夏各庄镇、河南寨镇、台湖镇、榆垡镇 5 个乡镇信息技术在设施栽培中的应用率达到了 100%；在畜牧业方面，测算的 50 个乡镇中进行畜禽养殖的乡镇有 36 个，其中 23 个乡镇超过镇级平均水平。同时河南寨镇、台湖镇、庞各庄镇、长阳镇、西田各庄镇、北七家镇、军庄镇、清水镇、潭柘寺镇、雁翅镇、斋堂镇、妙峰山镇和王平镇 13 个乡镇信息技术在畜禽养殖中的应用率达到了 100%；在水产养殖业方面，测算的 50 个乡镇中仅有 17 个乡镇进行水产养殖，其中超过镇级平均水平的乡镇有 8 个，且存在台湖镇、北七家镇和张坊镇 3 个乡镇信息技术在水产养殖中的应用率达到了 100%。同时也存在着 8 个乡镇信息技术在水产养殖中应用率为 0% 的情况，可见水产养殖在北京各乡镇发展较少，且其信息化水平差异较大。

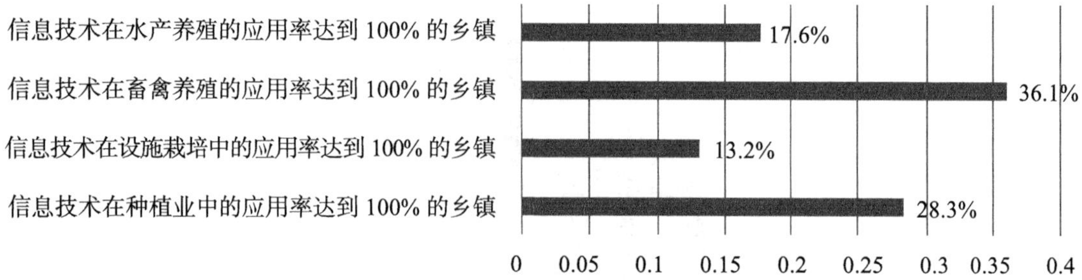

图 44　信息技术在种植业、设施栽培、畜禽养殖、水产养殖中应用率达到 100% 的乡镇分布

6. 各乡镇农产品网络销售水平较高，但各乡镇差异较大

北京市镇级农产品网络销售率为 13.3%，高于全市平均水平 5.4%。在测算的 50 个乡镇中，30 个乡镇开展了农产品网络销售，其中有 20 个乡镇农产品网络销售率超过镇级平均水平、25 个乡镇农产品网络销售率超过全市平均水平。然而各区之间差异较大。在测算的 50 个乡镇中，前 8 位乡镇农产品网络销售率超过 50%，其中斋堂镇、木林镇 2 个乡镇的农产品网络销售率达到了 100%，全面实现农产品网络销售。而金海湖镇、熊儿寨乡、榆垡镇、北房镇、镇罗营镇、魏善庄镇、大兴庄镇七个乡镇农产品网络销售率不足 10%。

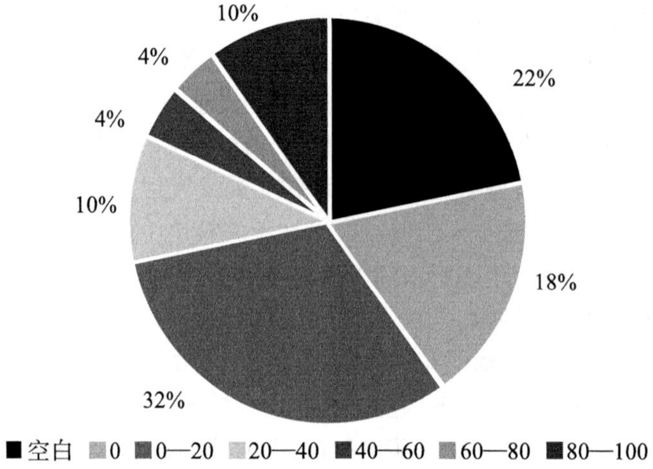

图 45　测算 50 个乡镇农产品网络销售率情况（%）

7. 水产养殖农产品质量安全追溯信息化应用水平最高

镇级种植业、设施栽培、畜牧业、水产养殖农产品质量安全追溯信息化应用率分别为 21.6 %、29.5%、19.3%、80.7%。在调研的 50 个乡镇中，王佐镇、军庄镇、清水镇、潭柘寺镇、永定镇、斋堂镇、妙峰山镇、王平镇、张坊镇 9 个乡镇实现了农产品质量安全追溯信息化全覆盖。从农产品类型来看，军庄镇、清水镇、潭柘寺镇、斋堂镇、妙峰山镇、王平镇、北七家镇、王佐镇、龙泉镇、永定镇、张坊镇 11 个乡镇实现了种植业农产品质量安全追溯全面信息化；清水镇、王平镇、潭柘寺镇、王佐镇、北七家镇、张坊镇、长子营镇 7 个乡镇实现设施栽培农产品质量安全追溯全面信息化；军庄镇、清水镇、潭柘寺镇、

斋堂镇、妙峰山镇、王平镇、河南寨镇、苏家坨镇、西田各庄镇 9 个乡镇全面实现畜牧农产品质量安全追溯信息化；而水产养殖农产品质量安全追溯信息化应用率 100% 的乡镇仅有北七家镇、张坊镇 2 个。

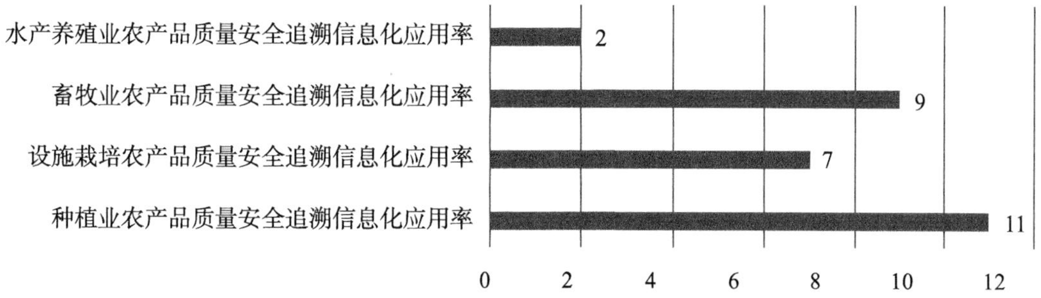

图 46　农产品质量安全追溯信息化应用率达到 100% 的乡镇分布

8. 乡镇更需加强农业经营环节的信息化建设

北京市镇级数字农业农村生产信息化水平 32.1% 高于经营信息化水平 17.1%。在测算的 50 个乡镇中有 35 个乡镇生产信息化水平高于经营信息化水平。其中雁翅镇在种植业和畜牧业生产环节信息化应用率均达到了 100%，而在相应的经营环节其信息化应用率均为 0%。可见，北京市乡镇普遍更为重视生产环节信息化的推进。其可能的原因在于经营信息化普遍需要投入资金以开展电子商务平台以及农产品质量安全追溯体系建设，而生产信息化能够依托农业技术推广部门、合作社以及农业企业进行推广落地，成本相对较低。

9. 乡村治理信息化水平突出，服务信息化水平较高

北京市各乡镇结合当地已有美丽乡村、智慧乡村以及信息进村入户等工程项目，有效提升当地治理信息化水平。测算结果显示北京市镇级应用信息技术实现行政村“党务、村务”公开水平以及“雪亮工程”行政村覆盖率均高于全市平均水平。测算的 50 个乡镇中，分别有 33 个、33 个、32 个乡镇应用信息技术实现行政村党务、村务以及财务公开水平 100%。其中，有 31 个乡镇实现了“三务”公开全面信息化，占比达到 62%。同时各乡镇地区在“雪亮工程”方面进程较快，有 40 个乡镇实现了“雪亮工程”行政村全覆盖。

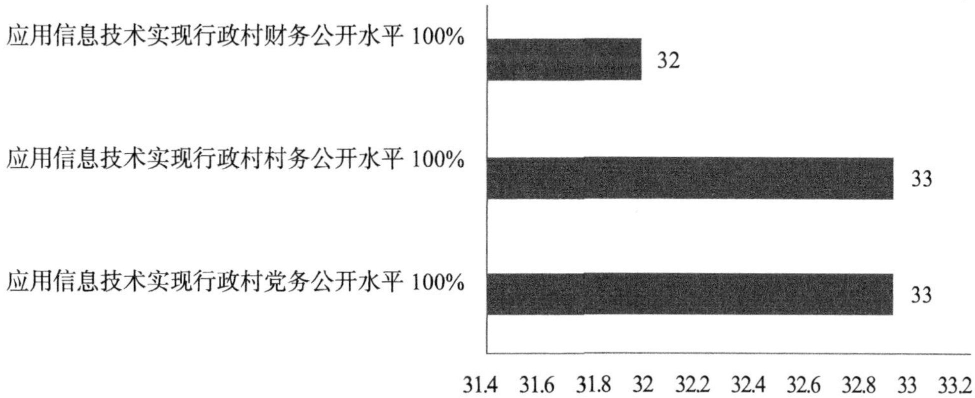

图 47　应用信息技术实现行政村党务、村务、财务公开水平达到 100% 的乡镇分布

北京市镇级信息进村入户村级信息服务站行政村覆盖率为 23.3% 高于北京市平均水平 15.1%。在测算的 50 个乡镇中，17 个乡镇高于镇级信息进村入户村级信息服务站行政村覆盖率，18 个乡镇高于北京市平均水平。其中，孙河乡、北七家镇、金海湖镇、东高村镇、南独乐河镇、大华山镇、马昌营镇、大兴庄镇、镇罗营镇、黄松峪乡、熊儿寨乡 11 个乡镇信息进村入户村级信息服务站行政村覆盖率达到了 100%。

六、问题及原因分析

（一）指标体系还需结合北京特色进一步完善

本研究所选用的指标体系为 2020 年农业农村部信息中心制定的《2020 年全国县域数字农业农村发展水平评价指标体系》，该指标体系从全国视角进行指标选取和设定，评价指标和评价结果具有一定的科学性、参考性，但结合北京实际仍存在一些局限性：一是部分数据项在数据采集中仍存在来源口径不统一、不规范，影响了实际评价结果，如网民数、农产品质量安全追溯、农产品网络销售额等数据项。二是北京市都市型农业特征较为突出，与其他地区相比，农业的生产功能逐渐弱化，现代信息技术应用重点领域逐渐向休闲农业、生态与环境、乡村治理与公共服务等方面拓展。因此，可以考虑结合北京特色与实际，在评价体系中将休闲农业与乡村旅游、乡村治理与公共服务等数字化应用情况纳入并进一步完善，以较为全面地考察北京市区域数字农业农村发展水平。

（二）各区数字农业农村发展水平不均衡不充分

各功能区、各涉农区、各乡镇之间数字农业农村发展经济水平、发展侧重点均不一致，导致其数字农业农村发展水平不均衡不充分问题仍然突出。根据评价结果，生态涵养区、城市副中心区、平原区、中心城区数字农业农村发展总体水平分别为 38.5%、31.5%、30.1% 和 24.6%。从各区来看，全市有 8 个区数字农业农村发展总体水平高于全市总体水平，5 个区数字农业农村发展总体水平低于全市总体水平。其中，数字农业农村发展总体水平最高区是数字农业农村发展总体最低区的 6 倍多。从各镇来看，50 个乡镇中，有 35 个乡镇数字农业农村发展水平超过镇级总体水平，其中数字农业农村发展总体水平最高乡镇是数字农业农村发展总体水平最低乡镇的 3 倍多。

（三）北京市农业农村信息化投入不足，融合发展不够

全国数字农业农村发展水平较高地区其农业农村信息化投入均处于较高水平。北京市乡村人均农业农村信息化财政投入和社会资本投入分别为 13.8 元 / 人和 53.9 元 / 人，镇级人均农业农村信息化财政投入和社会资本投入分别为 32.3 元 / 人和 27.6 元 / 人，均处于较低水平。2019 年县均和乡村人均农业农村信息化财政投入较上年均有所减少。分析与调研发现，先进地区更加突出问题导向，积极探索政策 + 资金 + 信息技术 + 应用服务的建设模式与路径，创新基层应用场景，强化对业务绩效管理的支持和运营服务机制建设。因此，北京市亟须加强数字农业农村的投入，积极引进社会力量，拓展社会资金流入，促进建设与应用的融合发展，整体提高数字农业农村发展水平。

（四）农业产业间数字化水平两极分化，差异较大

信息技术在畜禽养殖及农产品质量安全追溯方面的应用程度均高于作物种植、设施栽培、水产养殖。在农业生产方面，禽畜养殖数字化水平在50%以上，种植业、设施栽培以及水产养殖业均低于30%，且种植业、设施栽培较上年同期呈下滑趋势，种植业降幅达12.1%。在农产品质量安全追溯方面，禽牧业农产品质量安全追溯信息化应用率在30%以上，设施栽培15.9%，种植业和水产养殖均低于10%。与全国和先进地区相比，除畜禽养殖数字化应用程度较高，作物种植、设施栽培和水产养殖差距明显，设施栽培更为突出。

（五）信息进村入户建设普遍不足

信息进村入户工程是农业农村部推进信息化与农业现代化深度融合，加快农村公益性信息服务的重要举措，提出力争到2020年基本覆盖所有县和行政村。虽然北京市信息进村入户村级信息服务站行政村覆盖率较2018年有所提升，达到15.1%，但仍处于全国下游水平（第24位）。13个区信息进村入户村级信息服务站行政村覆盖率均低于全国平均水平68.2%。仅怀柔区、平谷区信息进村入户村级信息服务站行政村覆盖率50%以上，与全国差距较大。

七、国内外经验借鉴

（一）加强顶层设计，因地制宜发展数字农业农村

自数字农业农村概念提出以来，各国政府都高度重视，提出“用数字技术为农业农村发展赋能，高质高效发展农业农村”、为此国内外各级政府通过部署战略、制定规划、颁布政策等一系列措施，保障数字农业农村项目的顺利实施。如美国的《数字政府战略》、英国的《英国数字化战略》、日本的《E-Japan战略》、韩国的《国家信息化基本计划》等一系列的国外数字农业农村发展政策，从国家角度统筹协调推进数字农业农村建设。反观我国，国家和各地区也陆续出台了一系列的数字农业农村发展规划，2019年12月农业农村部就发布了《数字农业农村发展规划（2019—2025年）》，各地区也围绕党中央、国务院提出的目标和要求。结合地区实际情况，因地制宜地明确发展数字农业农村的指导思想、建设目标、重点项目、重要措施和配套政策，把发展数字农业农村的阶段性目标任务具体分解、落到实处，不断开创农业农村发展新境界和新水平。在上述一系列的政策保障下，各国的数字农业农村项目都取得了良好进展，如英国部署智慧农场建设、加拿大加强乡村地区远程教育服务、印度的农业信息服务、江西省“123+N”智慧农业系统、上海市宝山区“社区通”等一系列实践，都大大提升了乡村数字经济水平，便捷了乡村居民生活。

（二）创新数字农业农村发展投融资模式

持续而稳定的资金投入是数字农业农村发展的重要保障，各国政府在数字农业农村投融资政策保障上都给予了大力支持。美国的《农业安全与农村投资法案》中就提出要新增拨款700亿美元，促进乡村电子商务发展。英国政府为了改善乡村地区的移动通信网络覆盖情况，推出“5G技术农村推广计划”，旨在通过政府资助竞赛项目，测试乡村地区的5G技术应用。除政府投资外，美国采取了政府投入与资本市场运营相结合的投资模式，

从农业信息技术应用、农业信息网络建设和农业信息资源开发利用等方面全方位推进数字农业农村建设。此外，法国采用政府、农业合作组织以及私人企业三方共同承担了农业信息建设的服务职能。近年来，我国也在不断创新探索数字农业农村投融资模式，《数字农业农村发展规划（2019—2025年）》指出，各地要加大数字农业农村发展投入力度，探索政府购买服务、政府与社会资本合作、贷款贴息等方式，吸引社会力量广泛参与，引导工商资本、金融资本投入数字农业农村建设。

（三）注重数字农业农村基础设施建设

基础设施是数字农业农村发展的先决条件。美国2018年的《农业进步法案》中提到，提高对农村宽带计划的支持水平，为更多农村居民提供宽带服务，《英国数字化战略》提出要打造世界级的数字基础设施，《E-Japan战略》中也将高速建设网络基础设施作为重要的建设内容。反观国内，补齐基础设施短板也是国家和地方各级一向高度重视的建设任务，《国务院关于加快推进农业机械化和农机装备产业转型升级的指导意见》《宽带中国战略》《数字乡村发展战略纲要》《北京市“十三五”时期信息化发展规划》《广东省加快5G产业发展行动计划（2019—2022）》《湖北省农业信息化发展“十三五”规划》等一系列国家和地方政策及规划中，也着重强调要从加强农机智能装备、提升农村网络覆盖率、完善新基建等方面强化基础设施建设，加速数字农业农村发展。

（四）加强农业信息技术培训和专业人才培养

农业信息技术人才是数字农业农村发展的重要保障，各国从加快农业从业人员信息技术培训和农业信息技术专业人才培养两个方面开展工作，强化数字农业农村发展的人才保障。美国在全美建设超百所“赠地大学”与3000多个基层技术推广试点，加大对缺乏专业生产知识的农民进行培训的范围和力度，培养专业化水平高的新型农民。德国政府提出iGreen计划，支持企业、政府、学术界与农民共同开展合作活动，提高农民专业水平。同时德国的教育体系不仅重视科研成果的培养，也十分重视不同行业领域中专业技能的培养。我国的各大高校也开设相应的学科专业，培养专门的农业数字化人才。此外，《数字农业农村发展规划（2019—2025年）》《广西数字农业发展三年行动计划（2018—2020）》《关于促进吉林省数字农业发展的建议》《福建省人民政府办公厅关于加快推进数字农业发展七条措施的通知》等政策措施中，均将培养造就一批数字农业农村领域科技领军人才、工程师和管理团队，提高“三农”干部、新型经营主体、高素质农民的数字技术应用和管理水平，建立科学的人才评价激励制度等作为重要的建设任务，致力于培养出更多专业的、特色的农业数字人才。

（五）加强科技创新，强化技术集成应用示范

科技创新是农业农村高质量发展的动力引擎，是我国农业农村现代化发展全局中不可动摇的核心，全球各国都在农业科技创新中积极开展广泛实践。美国约翰迪尔公司每年在研发和创新上的投资约占年收入的4%，目前已研发了很多智能化的大型农业机械和配套应用。在欧盟农业共同政策对数字农业的支持下，德国投入大量资金与人力支持数字农业核心技术与智能设备研发，并由大型企业牵头，如德国拜耳公司投资2亿欧元支持数字农业布局，已在60多个国家提供数字化解决方案。澳大利亚Agridigital公司积极通过区块链技术提高全球农业供应链透明度和可信度，为农业部门的现实问题开发软件解决方案。除科技创新外，发达国家非常重视技术的集成应用示范，自20世纪90年代起，美国已开始应用数字农业技术，包括应用遥感技术对作物生长过程进行检测和预报、在大型农机上安装GPS设备、应用GIS处理和分析农业数据等，对大田作物进行生产前、中、后期的全面监测与管理，在21世纪初已经实现“3S”技术、智能机械系统和计算机网络系统在大农场中的综合应用，智能机械已经进入商品化阶段。英国在5G智慧农场建设中大力推广以传感器为核心的智能感知技术、基于计算机技术的智能决策系统、基于智慧系统的精准作业等技术的应用。

八、对策建议

充分考量国家及北京市数字农业农村政策规划，重点结合《数字农业农村发展规划（2019—2025年）》《北京市“十三五”时期信息化发展规划》数字农业农村发展要求以及《北京城市总体规划（2016年—2035年）》发展定位，并针对北京市生产经营信息化水平不高、乡村环境管理不足、乡村治理存在短板等问题，借鉴国内外典型案例经验，进一步提出具有针对性的北京市数字农业农村对策建议，为北京市数字农业农村实施方案制定提供支撑。

（一）目标定位

北京市数字农业农村发展要遵循现代化、信息化发展规律，围绕《北京城市总体规划（2016年—2035年）》发展定位，创建完善中心城区—北京城市副中心—新城—镇—新型农村社区的现代城乡体系，形成以城带乡、城乡一体、协调发展的新型城乡关系。结合各地区不同资源禀赋条件，制定分区指导、分类推动、分级管控的北京市数字农业农村发展策略，发挥特色小镇在北京市城乡空间形态中的支撑作用。北京市数字农业农村按照产业兴旺、生态宜居、乡风文明、治理有效、生活富裕的总要求，以建设美丽宜居乡村、智慧绿色乡村为抓手，推动现代信息技术与农业农村深度融合，将北京市各区打造成各具特色的数字农业农村发展模式。到2025年，北京市数字农业农村建设取得重要进展，率先实现农业农村数字化转型，培育一批具有特色的数字农业农村示范镇。中心城区与城市副中心围绕保障首都高品质生活重点服务供给、科技创新示范和绿色生态引领的新型城镇化开展数字农业农村建设。平原区围绕生态旅游休闲区、生态保育及区域生态治理协作、城乡综合治理和协调发展先行示范、和谐宜居示范，开展数字农业农村建设。生态涵养区围绕绿色经济创新发展和农业科技创新示范区、生态旅游休闲、生态保育及区域生态治理协作开展数字农业农村建设。

（二）思路路径

以习近平新时代中国特色社会主义思想为指导，紧紧围绕落实《北京城市总体规划（2016年—2035年）》《北京市乡村振兴战略规划（2018—2022年）》，顺应农业农村发展规律，结合北京市各乡镇实际发展定位与发展需求，利用新一代信息技术发展契机，释放数字对经济发展的放大、叠加、倍增作用，加快发挥数字技术在驱动经济发展、促进产业转型升级的重要力量，抢占农业农村现代化制高点。重点通过政府引导、多方参与的方式，以加快乡村产业、政务服务、乡村治理、社会保障等农业农村发展关键领域数字化建设为突破点，全面提升北京市数字农业农村发展水平，发挥乡镇在中心城区—北京城市副中心—新城—镇—新型农村社区的现代城乡体系的关键链接作用。

一是发展数字农业，促进农业绿色可持续发展。重点针对房山区、平谷区、怀柔区、密云区、延庆区、门头沟区主要农业生产和农业科技创新地区，以技术补贴、技术服务等方式，结合各地区农业生产方式、生产内容，积极推进农业传感器、物联网、智能灌溉、节水施肥、环境调控等现代农业信息集成技术装备在农业生产环节的应用，加速发展资源节约型和环境友好型的可持续智慧农业，打造一批智慧农业生产示范镇；同时，针对朝阳区、海淀区、丰台区、昌平区、大兴区分别围绕科技交流区、科技创新核心区、科技创新发展区、科技创新中心、科技创新引领区，积极发挥区级科技创新引领示范作用，积极落地 3S 技术、物联网、人工智能、智能装备、机器人等现代化技术手段在农业各个环节的应用，打造一批智慧农业先行镇。

二是依托数字技术，助力经营信息化水平提升。重点针对延庆区、大兴区、顺义区等经营信息化水平较低的区镇，充分借鉴以门头沟区斋堂镇为代表的电商平台引入机制，借助低收入帮扶、“互联网 +”农产品出村进城、“一村一品 + 电商”等专项基金支持，吸引信息化企业加入各乡镇电商平台构建与运维，协同开展“互联网 +”特色农产品销售。积极开展自媒体培训，鼓励村民开展“自媒体 +”农产品销售；同时，针对门头沟区、房山区、昌平区、平谷区、密云区、延庆区分别围绕京西特色历史文化旅游休闲区、国际旅游休闲区、特色历史文化旅游和生态休闲区、特色休闲发展示范区、特色文化旅游休闲示范区、延庆国际文化体育旅游休闲名区，加快互联网、新媒体平台、VR、视频监控等信息技术与数字化手段在乡镇文化旅游休闲产业方面的宣传推广、产品服务、园区管理等方面的深度融合，探索乡镇文化旅游休闲信息化新模式。

三是打造“互联网 +”模式，改善乡村人居环境。重点针对门头沟区、房山区、平谷区、怀柔区、延庆区、昌平区、密云区分别围绕生态保育、区域生态治理协作、生态文明以及生态休闲区，海淀区围绕生态宜居示范区聚焦生态环境领域，积极开展“互联网 +”模式，利用现代化信息技术提升乡村人居环境。重点加强乡村生态环境监督、管理以及生态综合治理。引入 PPP 合作模式，以政府购买服务、第三方参与监督管理的方式开展“互联网 + 乡村环境治理”，加快传感器、遥感、视频监测等信息技术在乡村人居环境领域的集成应用，重点打造森林、水源等自然资源监管系统，搭建生活污水、垃圾处理网格化综合管理平台，形成区—镇—村多级覆盖管理网络，实现乡村人居环境的实时监控、协调管理以及及时治理，打造一批生态环境实时管控的现代化环境治理示范镇。

四是构建管理服务平台，加速城乡一体化进程。针对朝阳区、海淀区、丰台区、昌平区、顺义区、大兴区分别围绕高水平城市化综合改革先行区、高水平新型城镇化发展路径的实践区、新型城镇化发展区、城乡综合治理和协调发展先行示范区、城乡协调的首都和谐宜居示范区以及城乡发展深化改革先行区，充分发挥数字技术的普惠效应，加速乡村数字化公共服务水平，重点通过构建在线综合服务平台，为乡村居民提供覆盖教育、医疗、养老、文化以及日常缴费、购物等全方位优质高效的便民服务，加速城乡公共服务均等化、城乡发展一体化进程。同时，针对朝阳区、丰台区、海淀区、昌平区、大兴区等地区城乡结合镇流动人口居多、总体流动性强等特点，积极开展乡镇人口管理平台建设，利用信息手段加强流动人口和租房管理，严格落实流动人口管理制度，确保社会治安。

（三）领域与重点任务

1. 夯实数字农业农村基础

一是加强基础设施建设。加速构建支持大数据应用和云端海量信息处理的云计算基础设施。深入开展电信普遍服务试点，推动无线宽带网络全域布局，加快推进5G基站建设，提升农村网络覆盖水平。二是打造北京市数字农业农村大数据平台。构建北京市农业农村资源数据库，加强大数据平台集成研究，探索制定农业农村数字标准体系，建立农业农村数据资源共建共享机制，打通各区域各部门数据共享屏障，加快推进涉农信息、涉农数据资源的整合应用，促进农业农村数据资源的深入挖掘、分析和预测。三是推进物质装备改造与提升。推进农业物联网建设工程，实现农产品生产过程数据自动化、智能化采集。强化农机装备智能化应用，针对不同区域的地形和环境等特征研发推广适宜农业机械，推进农业机械与大数据智能深度融合应用。

2. 高质量发展数字农业

一是建立数字农业生产体系。充分利用遥感卫星、无人机和地面传感器等监测手段构建“天空地”一体的智慧农业网络体系，实现农业环境感知和个体感知；开发农业智能决策系统和自动控制系统，加大作物生长决策智能模型和装备的研发力度，推广精准种植、精准养殖等作业模式。二是建立数字农业经营体系。结合“一村一品”、特色小镇培育一批具有地方特色的农产品品牌；推进特色农业电子商务发展，释放“互联网+”战略红利；整合现有仓储物流体系，建立智能化的农产品和农村物流管理平台，提升农产品和农村物流的流通效率。三是建立数字农业信息服务体系。以信息进村入户工程为切入点，与有关科研单位、大数据企业合作，推进数字技术在农业知识服务、农资流通、农业自然灾害预报、市场信息监测预警、个性化信息服务等农业信息服务领域应用，打造内容丰富、载体多元的农业信息服务平台，推动信息服务的“低成本、个性化、广覆盖、专业化、可持续”。进而实现数字技术与农业生产、加工、存储、销售等全产业链各环节的深度融合，加速现代农业发展进程。

3. 提升乡村治理现代化水平

按照数字乡村发展战略要求，结合北京市农村人居环境整治以及美丽乡村建设，根据各区综合发展水平、村镇区为条件等，实施分期分批次推进智慧乡村建设，促进乡村治理数字化提升。一是开展乡村资产、政务管理系统建设。针对数字农业农村综合发展水平较低地区，结合乡村治理需求开展以资产公开、政务管理为代表特定内容的乡村治理系统。二是开展乡村治理大数据平台建设。针对数字农业农村综合发展水平较高地区，开展乡村治理大数据平台建设，实现各类涉农数据的跨部门、跨业务采集、汇聚、加工、分析和数据可视化，并向乡村民间组织、乡村精英、村民开放平台入口、数据信息等资源，实现乡村“三资”“三务”等数字化管理与在线公开，乡村环境、治安等智能化管控，村民意见实时反馈分析等；三是积极推进“互联网 +”政务服务。整合各层级政务服务资源，加快建立城乡统一的一站式“互联网 + 政务服务”平台，推动政务服务网上办、马上办、少跑快办，提高群众办事便捷程度。为城乡居民提供均等的一站式便民服务与政务服务，推动城乡政务信息资源共享。

4. 加快农业信息技术创新和转化

农业信息技术是数字农业农村发展的重要支撑。充分发挥高等院校、农业科研院所、农业科技企业等创新主体作用，促进数字农业农村领域的产学研合作，瞄准数字农业农村发展重点需求，针对重点领域、重点环节开展技术攻关与技术示范。一是加快农业信息技术创新。强化云计算、大数据、区块链、移动互联网、人工智能、虚拟现实等前沿技术的创新应用，重点攻克农业生产环境和动植物生理体征专用传感器、突破农业大数据融汇和农业信息只能分析决策技术、构建动植物生长信息获取及生产调控机理模型、突破农机智能装备关键技术、研发农产品质量安全快速分析检测与冷链物流技术。二是强化技术集成应用与示范。聚焦重点品种开展 3S、智能感知、模型模拟、智能控制等技术及软硬件产品的集成应用和示范，熟化推广一批典型模式和范例。三是加快农业人工智能研发应用。研发适应性强、性价比高、智能决策的新一代农业机器人，加强无人机智能化集成与应用示范，重点攻克无人机视觉关键技术。

（四）项目行动

1. 农业农村大数据平台项目

按照数字政府总体设计要求，编制政务信息资源目录，构建基础数据资源体系，构建北京市农业农村大数据平台，完善涉农信息资源目录，整合对接全市各级各类涉农平台系统，完善市、区、乡（镇）、村四级数据采集、传输、共享和隐私保护机制，逐步实现数据精准采集、预警、分析、决策辅助和共用共享，全面提升农业农村大数据服务能力和应用水平。推动建立集空间布局、数量规模、品种结构、质量级别等属性为核心，以北京市各区特色农产品为重点的农业全产业链单品种大数据平台，助力农产品市场体系建设，为农产品生产和流通提供价格指导、分类消费等订单农业、定制农业的数据服务。

2. 数字农业产业提升项目

开展农业物联网应用。强化土壤墒情、水文、田间肥力等实时信息采集和处理。鼓励物联网、大数据、云计算、区块链等新一代信息技术在国家现代农业产业园、特色农产品优势区、现代农业特色产业集聚区等的应用。促进农业机械与信息化的深度融合。支持农机企业开发集成新一代信息技术产品，加强农机智慧控制系统和农业机器人研发推广，建立农机服务信息化平台，为装备采购、服务交易、维修等提供支撑推进农机作业监测、维修诊断、远程调度信息化，推动智能农机与智慧农业、云农场深度融合。鼓励乡村新业态发展。实施“互联网 +”农产品出村进城工程，深化电子商务进农村综合示范，打造“一村一品”品牌。推进特色小镇、旅游重点村、乡村旅游点、民宿、旅游厕所等数字化应用。整合乡村旅游资源，为消费者提供乡村旅游一站式服务。鼓励创意农业、认养农业、健康养生、创意民宿等新业态发展。

3. 乡村治理数字化水平提升项目

构建“互联网＋乡村治理”模式。构建集党务、村务、财务于一体的乡村治理信息化平台，加快推动党务、村务、财务网上公开，持续实施农村“雪亮工程”，推进公共安全视频联网应用，深入实施信息进村入户工程，提高村级综合服务信息化水平，逐步实现信息发布、民情收集、议事协商、公共服务等村级事务网上运行。推进农村基础设施建设、农村公共服务供给等在线管理。繁荣乡村网络文化。加强农村网络文化阵地建设，大力宣传中国特色社会主义文化和社会主义思想道德。实施公共数字文化工程，面向农民群众提供公共数字文化服务。支持“三农”题材网络文化优质内容创作，通过网络开展国家政策等宣传普及工作。建设智慧绿色乡村。结合人居环境整治提升行动，开展摸底调查、定期监测，汇聚相关数据资源，建立北京市农村人居环境数据库，将集中式饮水水源、农田灌溉用水、生活污水处理设施出水等纳入生态环境监测体系，实时监测全市农业农村面源污染、黑臭水体、垃圾污水处理等情况。

4. 数字农业农村试点项目

开展数字农业农村示范点遴选工作，推进数字农业农村重大场景应用到各区，并组织宣传推广，营造数字农业农村发展的良好氛围。弥合城乡“数字鸿沟”，建立地方农业特色产业与消费结构相匹配的数字农业农村应用场景（模式），加快促进农业农村数字化转型。通过试点示范，全面推动北京农业农村全面升级、农村全面进步、农民全面发展。

（五）保障措施

1. 加强组织领导

一是建立北京市数字农业农村专项工作小组。着眼于解决数字农业农村发展的基础性、关键性以及公共性的核心问题。建立市—区—镇三级协调工作机制，实现部门协同、上下联动、有机衔接的工作模式，统筹推进数字农业农村建设工作。二是加强数字农业农村顶层规划。按照中央一号文件、《乡村产业振兴战略规划（2018—2020）》《数字农业农村发展规划（2019—2025 年）》等政策文件要求，加快出台北京市数字农业农村发展中长期规划，积极推动各区结合自身发展情况，制定具有区域特征的数字农业农村发展规划，细化工作细则，以乡镇为执行单位，制定具体的数字农业农村建设实施方案，加快落地。

2. 完善资金保障

一是设立数字农业农村发展专项基金。设立数字农业农村发展引导基金、基础设施建设基金、科技攻关基金、宣传推广培训基金，用以提升数字农业农村转型积极性、加快数字农业农村基础设施升级改造、强化数字农业农村技术装备支撑以及促进数字农业农村应用落地。二是建立健全市场化运营机制。针对乡镇政府财政资金有限，北京市各乡镇应积极鼓励多元主体参与共建，探索政府购买服务、政府与社会资本合作、贷款贴息等方式，吸引社会力量企事业单位广泛参与，引导工商资本、金融资本投入数字农业农村建设。

3. 强化科技人才支撑

一是实施数字化学习与培训计划。针对新型农业经营主体、区级镇级管理者、农民三种类型不同主体分别开展数字化学习与培训计划，加快推进数字技术在农业生产、农村治理方面的应用落地。鼓励农技推广部门、信息化企业、平台运营商充分发挥现代农业远程教育传播优势与社交网络平台，培育一批具备互联网思维和信息化应用能力强的“新农人”，加快数字技术与农业农村深度融合。二是提升农民“新农资、新农具、新农活”应用水平。加大数字农业宣传推广力度，提升农民对数字的认知与应用，创新农货线上销售模式，提升农户对短视频、直播等自媒体的认知能力和应用水平，鼓励各类主体参与自媒体销售，让数据成为新农资、手机成为新农具，直播成为新农活，整体推进农民数字化应用水平。

九、附录

（一）北京案例

1. 典型区

（1）门头沟区：大力开展信息化建设，完善农村管理信息化工作

2019 年门头沟区全面贯彻党的十九大和十九届二中、三中全会精神，按照中央、北京市农村工作会议部署，立足区域功能定位，进一步完善农村管理信息化工作，深入推进信息化发展，进一步提升农产品流通体系信息化水平，努力做好统计体系统筹协调工作，在推动数字农业农村全面发展方面取得了较为优秀的成绩。

进一步推动开展管理信息化人员培训。门头沟区农村管理信息化村级人员培训会于 2019 年 8 月 26—28 日在平谷育新苑召开，共有包括区经管站站长，区 / 镇业务领队及各村信息化工作人员 180 人参与了培训。会议培训重点为人口与家庭、收益分配、低收入监测、合同、三资管理等业务模块的录入、编辑、查询等方面内容，参会人员普遍反映通过培训和与其他参会人员的交流对信息化管理工作的认识更为深刻，培训效果显著。

完成信息化硬件维护工作。门头沟区通过实地巡查 9 个镇及 50 余个村，共解决 9 次设备问题、15 次软件问题并远程解决问题 60 余次，确保了数据安全有效、系统运行稳定，更好地完成了四级网络巡检及农村管理信息化动态维护工作，进一步提高工作效率。

积极完成年报信息采集和上报工作。按照市农经办关于农村管理信息化数据资料随时更新、定期上传的原则，共完成 2018 年度 9 万余人、5 万余个劳动力、4 万余户家庭资料数据、186 个村的基层组织信息、基层党务信息、社会综合管理、村务管理等数据更新工作。

通过创建国家农产品安全区提升食品安全保障水平。门头沟区连续数年将食品安全作为本区第一民生列入区政府的重要民办实事和折子工程，高度重视本区食品质量安全工作。门头沟区通过信息技术，提升了全区农产品质量安全追溯水平，目前门头沟区已建设完成肉菜流通追溯站点 23 个，其中市场 1 个、连锁超市 5 个、蔬菜零售 12 个、餐饮 5 个。通过日常检查、召开工作宣讲会等形式加大肉菜流通追溯体系宣传力度，向企业及消费者进行宣传，鼓励消费者索证索票。从此次调研数据来看，门头沟区在种植业、设施栽培

业、畜牧业农产品质量安全追溯信息化应用率分别达到 97.9%、100% 和 68.5%，位居全市前列。

利用信息化手段宣传培育精品品牌。根据门头沟区特有的自然特色和区域特点，量身定做适合当地的多种农事节庆、亲子旅游等独具特色、形式多样的主题活动，并借助多种媒体平台开展宣传活动，通过微信文章推送等方式先后推介 10 余家休闲农业观光园，提升了门头沟农特产品知名度和影响力，打造并推广了门头沟区休闲农业、美丽乡村的知名品牌。

（2）通州区：通过发展整体区域数字农业，提升生产信息化水平

2019 年通州区数字农业农村生产信息化指数为 27.3，位列第 6 位，处于中上游水平。通州区以开展农业物联网示范建设、打造专业型益农社等方式通过整体推进方式开展数字农业建设。

开展农业物联网示范建设。通州区以张家湾镇碧海园、潞城镇中农富通、宋庄镇金宏帝怡园、永乐店镇绿源永乐 4 个信息化建设基础较好的园区为主要建设对象，按照农业部提出的“将传感、物联网、智能装备等先进的现代信息技术与农业生产与管理环节深度融合”的标准开展农业物联网示范建设。该项目与 2018 年完成，建设内容覆盖农场管理系统服务、物联网及智能化设备服务、农产品绿色履历追溯服务、接入政府监管平台服务、培训服务、咨询服务。

立足农业，打造专业型益农信息社。立足农业打造 4 星级专业型益农社，来为园区提供物联网设备、农场管理系统、农产品履历追溯、互联网宣传与营销服务。促使农业信息化服务体系进一步健全，农业生产经营管理等环节智慧化水平低等问题初步解决，农业生产经营管理智能化水平明显提高，农业生产经营、远程自动控制、互联网宣传与营销等各类生产需求基本得到满足，生产企业的数字化管理、智能化生产及互联网营销机制创新取得一定成效。

（3）平谷区：整区推进，提升数字农业农村治理与服务水平

平谷区加快推动“互联网 +”社区向农村延伸，提高村级综合服务信息化水平和经营信息化水平。同时，加快乡村规划管理信息化，推动乡村规划上图入库、在线查询、实时跟踪。推进农村基础设施建设、农村公共服务供给等在线管理。

创办“新农人”讲师团培训，提升经营信息化水平。近年来随着电子商务的蓬勃发展，平谷区为帮助桃农拓宽销售渠道，提升销售收入，通过“新农人”讲师团培训的方式开展“互联网 + 大桃”工程，经过四年工程的实施，平谷区共开展线下培训 485 场，12000 余人次；线上培训 209 场，11000 余人次，覆盖 14 个乡镇街道。通过区领导和讲师团的不懈努力，平谷大桃经营信息化水平得到显著提升，大桃电商销售火爆，日快递量最高达 5 万单；顺丰、京东两大物流公司大桃邮寄突破 100 万单大关，经营信息化水平得到了进一步提高。

构建农村“互联网 + 三资管理”，提升农村管理水平。2019 年平谷重点开展具有协同审批、指挥决策两大核心功能的农村管理信息化平台建设。为提高农村管理效率，进一步开发了 APP 移动办公功能。目前，农村管理信息化平台在峪口镇西樊各庄村试点运行，

推动农村承包土地流转等“三资”监管规范化。

搭建“生态桥”治理工程信息链，创新基层治理新模式。平谷区以“生态积分”作为治理手段，通过开发“生态桥”治理工程 APP 管理平台，构建农户生态信用体系。农户通过 APP 进行废弃物称重、信息查询和有机肥兑换，村级组织通过农户提交农业废弃物数量和日常监管巡查检查结果，考核记录农户履行生态文明公约情况，形成生态文明积分，以此增减有机肥兑换比例，将生态信用与农户利益挂钩，促进农户不断增强生态观念。在这个过程中，村民从“站着看”变为“跟着干”，参与到树枝、秸秆等废弃物的收集中。

2. 典型镇

（1）斋堂镇：发展电商平台，整镇提升经营信息化水平

斋堂镇十分重视农业生产经营信息化建设，其在生产信息化、经营信息化方面均达到了最优水平。斋堂镇重点将发展电子商务作为转变农业发展方式、助力低收入家庭增收的重要手段。2019 年斋堂镇结合低收入精准帮扶产业发展积极培育电商主体，打响“斋堂尚品”，实现农业升级、农村发展、农民增收。

创新网上展会模式。举办第一届“斋堂尚品”电商采摘节暨村委会农产品电商销售签约仪式，并通过线上线下相结合的方式扩大电商采摘节宣传活动。活动开始前京东商城关注此次活动的人数已经达到两万多人，活动页面产品参与在线人数达到 10 万人次，秒杀活动开始不到两个小时，线上销量就突破 500 多单。

开展质量安全追溯信息化建设。为促进农产品上行及生鲜电商发展，斋堂镇政府与北京佳仕百年教育科技有限公司经过调研选品，对火村红杏、军响苹果、牛战玫瑰、白虎头金丝小枣、白虎头故乡土梨园、法城蜂蜜进行农产品溯源建设，追溯系统通过对农产品生长期的信息采集，赋予产品唯一的二维码作为防伪身份证，消费者通过手机扫码即可查看农产品档案，同时可以实时查看种植现场的视频，用大数据来证明产品的质量。

（2）长子营镇：加强基础设施建设，提升乡村治理服务水平

测算结果显示长自营镇在乡村治理信息化方面处于领先水平。其重点通过布控安防系统、建设便民服务系统来提升其乡村治理水平。

村域安防视频监控系统。目前监控设备分布在村庄的主要街道，在监控设备的监督下，本村村民和外来游客会比以往更注重自己的个人行为和形象，一方面保证了村民人身和财产的安全，另一方面也对改善村庄环境有很大促进作用，同时监控录像还可以辅助配合公安局、派出所等治理工作。

居民一键呼救系统。通过信息化手段，在全村居民家中安装远程一键呼救按钮，服务器设置在村委会中，保证村民日常生活中遇到警情能迅速呼救，寻求帮助的同时，也更加便于村委会对全村情况的掌握和管理。

（3）大兴庄镇：构建综合管理平台，提升乡村治理效率

大兴庄镇十分重视乡村治理信息化建设，充分收集整合基层乡村治理各个方面数据，构建综合管理平台，利用信息化技术手段提升乡村治理效率。同时，在乡村环境治理方面也开展了一定的建设。

建成“大兴庄一张图综合管理平台”。围绕推进和落实集体建设用地利用试点，采用信息化手段对全镇的集体建设用地以及相关的资源进行统筹整合，建设了“大兴庄一张图综合管理平台”，覆盖了一个大兴庄镇一张图管理平台、发展变迁、集体建设用地、合同管理、设施农业、乡镇特色、环境整治、河道管理七大版块、区—乡—村三级管理以及镇与区政府多部门的数据共享和联动的“1+7+3+n”模式。

完成“大兴庄镇基层治理数字数据‘一口清’”信息。完成镇、村的政（事）务服务、基础设施、公服设施、安全稳定、产业发展、人居环境、生态治理、两违预警、防火防汛、人员识别等八大方面30类数字数据信息，等待入库落图，做到让镇、村各级工作人员的工作态度、工作做法从“大概齐”向“精细准”转变，倒逼基层干部提升现代治理能力。

3. 典型村

（1）桥梓镇口头村

怀柔区桥梓镇口头村位于怀柔城区西北9公里，桥梓镇北部，距北京市区约55公里，主导产业为旅游业，国家级3A景区圣泉山旅游风景区坐落在村北。口头村通过数字乡村建设，为休闲旅游乡村提档升级，通过网络可视化技术及公众服务号推广，提供乡村旅游产品的实时动态分享，让线上的消费者变为线下游客。全面提升乡村治理水平，将多项事务融合到一个平台上进行管理，直接降低行政成本，改变乡村政务管理方式，提升乡村政务管理信息化水平，实现村两委与村民之间信息互通，村民诉求通道“由曲化直”，确保政民双向互动，减少干群矛盾的产生，促进干群团结。

在重点区域WIFI实现覆盖。解决村民游客户外稳定使用网络的问题，通过连接WIFI捆绑本村微信公众号的方式为本村吸收关注量。建设视频监控系统，分别在村内主要街道、周边、景区设置高清景区视频监控系统，可实现网络在线监控、实时远程控制与调度、集中上联，保障乡村、景区的安全管理，便于管理部门统计了解景区实况，方便管理。建设环境监测系统，对内对外实时播报展示。

建立智慧农业物联网系统。建设智慧农业云管理平台、履历追溯平台和室外气象监测站。监测空气温湿度、光照强度、土壤温湿度、降雨量等环境信息，实时传送云平台。建设视频监控系统，建设果树区定时拍照追溯摄像机，每天拍摄照片两张存档。智慧农业物联网系统在帮助农民更加科学地从事农业生产的同时还可以将良好的环境数据进行对外公布，提升对外展示效果，吸引游客。

智慧乡村助力乡村治理智慧化。怀柔区村务管理平台“晓村务”集党务学习、便民服务、信息发布、微社交、监管、数字村史馆等于一体，村领导运用信息化开展乡村治理，使管理更加便捷。通过线上线下结合的方式，组织村民开展环境保护竞赛、爱家爱村等活动，提升村民主人翁意识，提升凝聚力和精神面貌。

旅游微信公众号建设。建设旅游微信公众号，定期发布宣传软文，为乡村航拍全景。对外展示乡村美景、乡村特色，为拉动乡村旅游民宿等产业发展做出积极推动作用。

（2）高碑店乡高井村

虽然朝阳区整体数字农业农村发展水平较低，但其在数字农业农村方面也涌现一批典型案例。其中，朝阳区高碑店乡高井村作为典型的城乡接合部村庄，为解决当地人口流动大、保障企业安全监管、加快村民健康向上的物质文化生活享受利用大数据和人工智能打造了以党建为统领的“智慧高井”大数据平台，几乎涵盖村里的财政、村务、治安管理等多方面，为当地百姓和企业提供全方位服务。

打造线上、线下双重模式，完成基层党建体制。高井村以党建工作为核心，通过开通网上沟通渠道，建立起多维度党员议事厅，带动全体党员勤思考、共议事。同时，“高井党建”的打造也使得村党总支下辖 14 个基层党支部的情况一览无余，分散的基层党组织得到加强，上级党组织的精神迅速传达到每名党员。其中，通过“智慧党校”子模块，形成了线上教育和线下学习双重模式，依托该平台，党员受教育覆盖率达 100%。

在线党务、村务、财务“三公开”，实现政务透明。作为北京首个实现第三方公司村账托管的村级单位，2005年高井村就开始实行村账托管制度。“智慧高井”平台打造的“三公开”模块能够让村民随时随地查看各种事务以及财务凭证，提升“三务”公开透明度，对于基层民主决策的加强也起到了一定的积极作用。

完善信息收集管理，提升高井村乡村治理效率。依托“数字高井”版块，实现辖区居民、流动人口、辖区企业高效管理与服务。特别设立的“房屋居住”栏目，将辖区 409 座小楼里的居住人口信息全部进行了详细登记，特别是流动人口，并且定期进行核查与更新。通过大数据平台“以房管人”，高井村成功解决了流动人口管理这个“老大难”问题，大大增强了村民们的安全感。

4. 典型园区：北京百旺农业种植园

北京百旺农业种植园位于海淀区西北旺镇，占地面积约 500 亩，温室大棚共 43 栋，联栋温室 1 栋，果树种植面积 210 亩。隶属于西北旺镇集体企业，是一座集农业技术研发示范、水果蔬菜采摘、农耕认养、牡丹观赏、休闲体验、垂钓于一体的现代化休闲农业采摘园。

打造 5G 草莓智慧温室。海淀区农业农村局结合北京市信息进村入户工程智慧农场建设，利用高架草莓无土栽培生产技术体系，通过 5G 通信技术，将农业生产与管理环节深度融合，运用互联网思维打通、串联农业产业链条，搭建“云平台”智慧管理、智慧生产，最终实现经营管理全程数字化、生产设施环境控制全面自动化、产销决策智能化、农产品生产过程履历追溯。通过配置新一代节能型环境采集（温室外气象采集和温室内环境采集）、卷膜通风远程智能控制、卷被远程智能控制数据采集、温室水肥数据采集，地暖增温循环远程智能控制、高压微雾降温远程智能控制、二氧化碳发生远程智能控制、空间电场除湿远程智能控制、农业生产图像采集远程智能控制、补光远程智能控制、温室空气环流远程智能控制等模块，基于专家控制模型与实时温室环境监测数据，利用远程智能控制平台，实现上述智能装备的工作状态采集、远程控制、自动调控、数据分析、自主学习等功能，技术人员可以利用该平台对温室环境和设备进行远程自动控制。不仅大大节省人力成本、降低劳动强度、提高工作效率、提升产品品质，更有利于提升生产管理的标准化水平，为发展现代设施农业、数字农业提供重要的技术支撑。

与科研机构开展深入合作。借助中国农科院与海淀区开展院区合作良好契机，由中国农科院专家在现代生产技术应用、园区规划、设施园艺、花卉种植等方面为园区提供技术支持。未来将在园区实施和应用钢架大棚智能升级、水培叶菜栽培系统、主动蓄放热系统、水培韭菜、潮汐番茄、智慧果园物联网系统、草莓预冷苗育苗、高架草莓、药食同源园、花期调控中心 & 产品展示室、小学生综合实践活动课程培训等项目和技术装备。通过引进新技术、新理念为园区产业发展注入强劲动力，积极创建由政府主导、企业支撑、科研单位提供技术服务的发展模式，全力打造高科技农业示范园区。

（二）国内案例

1. 省级：江西省智慧农业建设

随着“互联网 +”时代的到来，现代农业嬗变出全新的发展理念，为江西省现代农业实现“弯道超车”插上腾飞的翅膀。经过近两年时间，以“一个云”（江西农业数据云），“二个中心”（农业指挥调度中心、12316 资讯服务中心），“三个平台”（农业物联网平台、农产品质量安全监管追溯平台、农产品电子商务平台），“N 个子系统”（涉及种植业、养殖业及农业技术服务等）构成的“123+N”为主要建设内容的智慧农业初见成效，实现了“四好”。

“种得好”。建设物联网平台、配方施肥、高产创建、农机调度等系统，解决农民“种得好、养得好”。利用农业物联网云平台实现精准生产和节本增效，逐步形成全省农业生产大数据。平台已接入全省 173 家现代农业示范园和企业的视频、图像、环境参数等数据，部署物联网设备 5510 个，年数据量达 1.54 亿条。其中，在鹰潭邓家埠水稻原种场试点了全国农业领域首个 NB-IOT 项目。

“管得好”。建设农产品追溯监管平台、移动执法、投入品监管、畜禽监管等系统，实现了生态环境安全、农资安全、农产品安全。农产品质量安全监管追溯平台分别建立了政府管理、企业备案和公众查询三个专业应用系统，备案企业近 35000 家，生成追溯二维码 7189 个。

“卖得好”。建设赣农宝电商平台，打造县级运营中心、村级益农信息社，创新互联网金融、智慧物流、众筹认领等新型业态，实现买江西农产品风行天下，在省外叫响了“要想吃得好，就上赣农宝”的口号。农产品电子商务平台“赣农宝”针对全省名特优新农产品免费推广销售，设立了“三品一标”名优展馆和市县特色馆，为偏远地区、贫困地区的土特产打开了销路。平台现开设店铺 527 家，产品 5120 个，其中“三品一标”产品 1974 个，平均月销售额 500 万元。

“服务好”。建设 12316 综合服务中心、农业大数据中心，开展三农热线、短彩信、专家坐席、App、远程诊断等服务，提升农民获取快捷、便利、高效信息的能力。据统计，自 2015 年以来，江西 12316 综合服务平台已累计受理各类咨询近 23 余万次，回复率达 100%，发送惠农短信 2000 余万条，制作广播节目 1200 余期，受众群体超 1000 万人，农民满意度达 99%。2019 年推出了 12316“一码找专家”“小码施肥”“乡村人居环境码上通”和“专家微课堂”等新媒体“码上”系列服务，获各级领导肯定和农民朋友赞誉。

2. 县级

（1）桐乡“云享乌镇”运营中心

为进一步用好“互联网 +”思维，提升基层社会治理水平，2015 年 11 月，乌镇成立镇级综合信息指挥室，实时监控社会治安状况，分析研判社会治安形势，对突发事件实施智慧调度。2017 年 3 月，升级为乌镇管家联动中心，构建“1+4+X”体系，即：一个中心、四个平台和 X 个部门，打造反应迅速、多方联动、防控有效的综合信息指挥联动中心。2019 年 10 月，再次升级成为“云享乌镇”运营中心，打造“一张图、四专题、五系统、百应用”框架体系，实现各部门信息共享、互联互动，不断提升镇级智慧管理服务的水平。

依托信息技术推动社会治理智能化发展。建立“云享乌镇”运营中心，依托大数据分析，运用物联网技术，通过与多个平台系统数据的对接共享，有力推动了乌镇城镇治理体系和治理能力现代化、数字化、智能化，实现了城镇管理由被动应对到实时监测感知、快速预警、主动预防、精细管理的转变，不断提升社会治理智能化水平。自中心成立以来，共接到各类信息 68395 条，其中民生服务类信息 56538 条，安全隐患类信息 2754 条，矛盾纠纷类信息 2782 条，其他信息 6321 条。对上述各类信息均及时交由相关部门办理，处置率、满意率分别达到 100% 和 99.6%。

探索基层智慧治理新路径。构建由“1+4+X”体系构成的“乌镇管家联动中心”，“乌镇管家”由党员、三小组长、志愿者组成，发挥人熟、地熟、情况熟的特点，通过“管家工作站”“乌镇民情”公众号、“微嘉园”“线下收集 + 线上报送”“三治融合积分管理”等多种渠道，广泛收集上报各类涉隐、安全隐患和民生问题等社会信息，积极参与垃圾分类、交通劝导、文明宣传、矛盾调解等，充分发挥民智民力，激发基层三治融合意识，注入“智治”动能，让互联网这个“最大变量”变为促进基层社会治理现代化的“最大增量”，赋能“数字乡村”建设。目前，全镇共有乌镇管家 3724 名，管理小组 31 个，工作站 108 个，实现了横向到边、竖向到底、不留盲区的工作格局。

提升乡村数字基础设施水平。乌镇镇内统筹推进智慧安防、智慧交通、智慧消防等应用建设，集成路灯、窑井盖、消防栓、烟感等物联设备，由“乌镇管家联动中心”实时显示和监测各项数据，有效提升乡村数字基础设施建设水平，为乌镇精准化、精细化治理提供基础。截至目前，镇级已设立 5408 个 WIFI 点位，实现免费 WIFI 大范围覆盖。建成 5G 基站 48 个，安装智慧窨井盖 52 个、智慧消防栓 62 个、智慧烟感 159116 套、治安监控 3000 余个。

（2）上海市宝山区——“社区通”

宝山区应用互联网、大数据、人工智能等新一代技术，建立了“以党建为引领、以移动互联网为载体、以村居党组织为核心、以城乡居民为主体、以有效凝聚精准服务为特点”的智能化治理系统——“社区通”。2017 年 2 月起，宝山居民开始通过手机 APP 端使用“社区通”，截至 2019 年 6 月，宝山区 462 个居委会、103 个村委上线，覆盖 48 万户家庭。

面向不同用户，提供全方位、一站式服务。建立“社区通”网上工作系统，为政府、社区和居民提供全方位服务。在微观层面，以各村为治理单元建立系统治理架构，为村民进行实名认证、党组织审核，为每个村庄设立独特的二维码，将乡村治理中心下沉到村；在宏观层面，以乡镇为治理单元形成宝山区工作系统，将各部门资源接入“社区通”。同时，增设议事厅、爱宝山、警民直通车、宝山大调研、党建园地、社区公告、左邻右舍、家庭医生、公共法律等全方位的功能版块，确保医疗、物业、警务、律师、教育等方面资源在村级层面整合。

挖掘群众需求，实现精准治理。对村民发帖、点赞、评论等数据进行深度分析，建立大数据模型，实时发现群众“痛点”、民生“堵点”，实现精准治理。建立村情问题“自动收集、分层处置、全程记录、结果反馈、群众测评”跟踪系统，对群众问题在 15 小时内予以回应处置，并将处置情况纳入考核，确保问题处置无遗漏。

（3）浙江省建德市数字乡村

建德实现全国最快速度县域农村人口上钉钉，用数字化信息搭建乡村治理架构网，短短 2 周时间 22 万人口数字化，4 周时间激活推广。以“乡村钉”为平台，以积分管理为主线，以数字化组织协同为大脑，搭建“县、镇、村、组、户”多级管理数字乡村架构网，达到村户全覆盖，依托数字化组织协同优势，实现乡村治理和为民服务的在线化、精准化、实时化，并通过积分管理激发村民参与乡村治理内生动力，提高乡村治理效能。借助乡村钉平台，提高了乡村治理效率，提升了乡村服务水平。

精准掌握村情民情。构建“组户”的在线村民通讯录；实现以户为单位的最小管理单元，建立一套人口管理的“活数据”，记录基本档案；流动人口管理更容易；每户流动人口信息一目了然，重要通知一键下发；居民档案安全沉淀；姓名、性别、身份证号等个人信息可安全一键统计；保证数据“新鲜度”和“活跃度”；管理员定期管理更新。

全天候解决“困难小事”。依托乡村钉平台，人人都是网格员，实现问题快速收集和解决，把矛盾和问题化解在了一线基层。同时，通过将传统的乡村大喇叭放到网上通过设置栏目、跳出弹窗和钉一下提醒等方式知道哪些人已读或者未读。

打造网上自治平台。打造“四务”公开版块（党务、村务、财务、服务），24 小时讨论，留言、回复、点赞，实时了解关乎自身利益内容，数据保存，永久在线。以公告模式将信息定向下发，节省人力物力，提高了传播效率和宣传质量；文件网上流转、电子鉴章，降低村镇干部事务性工作的烦琐度。

3. 单项

（1）中国电信“村村享”平台

由中国电信打造的“数字乡村”综合信息服务平台“村村享”，具备了“智慧党建、应急指挥、精准扶贫、政务公开、便民服务、乡村特色”六大功能，可通过手机、电脑、电视以及多媒体触屏操作和展示。截至 2020 年 2 月初，“村村享”平台在全国 123 个县、3180 个村落地。

打造“云网融合、一云多屏”，提升农村服务效率。“村村享”将云服务与办公网络相融合，实现 APP、大数据端、PC 管理端等多端信息同步传输更新，建立手机、电脑、电视以及多媒体触屏操作和展示平台来满足不同年龄段用户。如，针对老年群体存在使用智能手机少、与外界接触少、接触互联网少、看电视多的“三少一多”情况，构建了“政民通 ITV+ 大喇叭”等渠道为老年群体传播村里的大事小事。

建设党务政务在线系统，助力基层政府管理。构建“掌上党校”模块，通过提供远程教育，让更多基层党员群众了解党情动态，打通党员网上办理渠道，干部可以在线监督党员学习进度、加强党员组织管理。同时构建了视频会议系统，实现自上而下的在线会议，方便传达党政精神、例会工作、基层人员培训等。

加强视频监控，提升农村环境及治安管理水平。在农村建立自主管理并可联网接入辖区派出所的村庄治安报警监控系统。一方面依靠完善的乡村视频监控系统，加强对人居环境、生态环境的管理，对污染行为进行的实时监控及制止。如对农村垃圾随意丢弃、污水随意排放、农业秸秆焚烧等行为进行管理。另一方面乡村监控视频有助于提高乡村安全管理，配合人脸识别系统等技术手段，辅助基层公安系统完成案件侦破，打造平安乡村。结合“村村享”平台上留言功能，村民可以在平台上对美丽乡村建设工程进行监督和反馈，确保美丽乡村建设工作的高效有序开展。

农村“大喇叭”一键喊话，打通信息服务最后一公里。村支书和宣传员通过智能手机即时喊话，大喇叭即时发送，给村民普及传递文化知识、三农信息。乡村“大喇叭”一键喊话功能在2020年新冠肺炎疫情期间每天向村民宣传疫情防控知识，引导村民自觉配合和参与疫情群防群控行动，实现疫情的及时通知以及高效防范，在2020年新冠肺炎农村疫情防控工作中发挥了重要的作用。

发展“互联网＋乡村创业”，推动乡村产业振兴。一方面，打造旅游模块，对乡村重要景点、停车住宿、当地美食、玩乐攻略、交通路线及人文党史等村庄特色旅游资源进行宣传推广，带动乡村休闲旅游业发展；另一方面，搭建农村电商平台，联结村民与城市，创新农村经济发展，通过互联网渠道，让乡村特色农产品、手工艺产品走向城市。

（2）腾讯为村平台

“为村”平台是由政府、腾讯公司和第三方软件企业合作推出的一个用移动互联网发现乡村价值的开放平台，起源于腾讯公益慈善基金会2009年“腾讯筑梦新乡村”项目。经过不断迭代，“为村”逐步成为用互联网助力党建引领精准脱贫、乡村社会治理、乡村振兴的互联网工作平台。截至2019年9月29日，全国共有29个省份、199个市、674个区县、1945个乡镇中的14228个村/社区加入“为村”平台，认证村民超过250万人，11233位村支书和10670位村主任和居委会主任使用为村平台，其中党务公开96692篇、村务公开591144篇、财务公开34060篇。

整合多主体优势，形成多主体共建共享模式。腾讯“为村”平台是由政府、腾讯公司和第三方软件企业合作推出，自2009年起，腾讯“为村”平台在推广应用过程中不断升级，2017年，“为村”项目完成了公益模式向政府服务采购输出的转型，成立了“北京为村互联网科技研究中心”，全面实现公益项目自我造血与可持续发展，所得利润全部用于设立“加油为村基金”，奖励各村公众号优秀管理员，培养“为村助教”“为村讲师”等对乡村普及推广互联网具有贡献的人，未来为村将与政府开展更为广泛的合作，服务农村、造福农民。

整合多元资源，统一平台，实现全国互联互通。“为村”平台通过打造多级公众号，实现全国为村互联互通。在为村每村一号和地区为村总号的构建外，还有一个全国总号。

全国村庄的大事小事也会第一时间展示，千万村民可以通过总号进行互联互通，分享最新致富经、村务自治经验。天南海北的村民在这里成为共同的为村村民。

乡村治理数字化建设，加快数字农村发展进程。"为村"的最大作用就是在于实现了包括党务、村务、事务、商务等各领域的上下交互。智慧党务方面，"党建之家"功能模块服务于党建工作，可实现基层党务公开、党员在线学习、党员日记、基层党支部三会一课、党员在线交党费等功能；智慧村务方面，设置村务公开（办事指南）、财务公开、书记信箱、村委日记、精准扶贫、活动报名、投票评选、问卷调查、换届选举等模块，实现信息透明公开，提升村务效率；便民服务方面，设置服务大厅、供求信息平台、家校直通车等模块，依托互联网为村民提供各便民服务；村庄推广和电商扶贫方面，设置村庄名片、农产品电商、旅游预定、宣传推文等模块，将村庄的特色产品、旅游资源在平台上展示，消费者可以直接通过平台购买特色产品、预订住宿或餐饮和景点门票等，如2018年四川宝山镇通过"为村"平台直接或间接带动收入100万元。

制定考核奖励制度，活跃移动互联网村庄。申请成为"为村"的村庄，可以获得腾讯为村提供的移动互联网工具包、资源平台、社区营造工作坊。为村团队每个季度都会举办一次社区营造主题的工作坊，选出6个能充分应用移动互联网工具包、资源平台的村庄，通过整合优质且具有实战意义的课程，为他们村庄"一村一品"的商业化，提供专业指导。同时以奖励的形式为村庄提供沟通、财务、商业谈判、项目管理、领导力等课程，而每个季度腾讯基金会都会拿出100万元为村创投基金，提供给在商战中胜出的村庄，这也将为农副产品手工艺品的精品化、品牌化、个性化打开未来之门。而这个为村创投基金，最终将开放众筹，让人人都能为自己看好的村庄助力。

（三）国外案例

1. 加拿大—远程社区教育

加拿大的地理区域辽阔、地广人稀，农村人口约占加拿大人口总量的25%，许多农民生活在加拿大北部和偏远地区。为了更好地为身处边远、偏僻地区的学生提供受教育机会，远程教育在整个加拿大从幼儿园到高中的教育系统中具有悠久的历史和传统。受到地理位置的影响，偏远地区网络费用较高，远程教育系统建设面临着严峻挑战。对此，加拿大阿尔伯塔省实施了一项超级网络（SuperNet）计划，联合公共和私有资源，将高速网络扩展到省内的偏远地区。阿尔伯塔超级网是加拿大阿尔伯塔省的一个市政宽带网络，它由13000公里长的沟槽式光纤线路和无线链路组成，连接艾伯塔省的公共机构和该省的农村社区，将分布在艾伯塔省的4700所学校、医院、图书馆和其他政府机构联系在一起。该网络于2001年开始建设，由两部分组成：一个为27个城市社区服务的"基地"网络，另一个是将农村地区与超级网络联结起来的"扩展区域"网络。该网络的部分地区，特别是在阿尔伯塔省北部，由于其地形地貌和伍德布法罗国家公园（Wood Buffalo National Park）的影响，光纤无法覆盖该区域，故在120公里的范围内采用了无线联结。艾伯塔省的超级网通过私人互联网服务提供商将农村家庭和超级网络联结起来，弥合了城乡数字鸿沟，使偏远地区的学生通过远程教育获得了均等的教育机会。

为已经生活在农村地区并致力于社区长远活力的个人提供高等师范教育。《阿尔伯塔省北部发展报告》（2010 年）提出“本土教师”是来自和将留在他们所属的农村社区的教师。由于搬到城市或定期开车到校园的费用太大，师范教育会对学生造成财务和后勤负担，因此很难吸引农村社区的人参加校园课程，进一步导致了农村社区教师教学质量难以提升。此外如果学生确实决定转入以城市为基础的师范教育计划，那么趋势是绝大多数人永远不会回到农村社区，因此吸引这些人上大学的意图可能会进一步削弱农村社区的活力。2015 年 7 月，卡尔加里大学 Werklund 教育学院开始采用“线下 + 远程教育”的在线课程的教育模式，即每年 7 月，学生集中在校园进行为期两周的校园教学，在这两个星期中，学生不仅可以开始他们的课程，而且可以获得由专门的教职员工团队提供的学术、职业和学生支持。之后的课程通过在线课程的模式接受完整的教育并取得学士学位，该模式使学生在学习期间的大部分时间都可以留在当地的农村社区，并且接受比农村地区的教学更有针对性的教学和课程。

通过远程教育为边远地区的学习者提供教育服务。在实施超级网计划之前，阿尔伯特省有许多偏远地区的学生通过电话形式接受远程教育学习，教师和学生之间只有单独维度的沟通，上课效果非常不理想。阿尔伯特省通过超级网计划可以为农村社区的学生提供城市里的优秀教师的在线指导，并接受老师的作业批改。超级网还可以帮助学生打破学校的界限，学生可以根据需要上两所甚至更多学校的课程，同时由于超级网的普及使得课程突破了地区限制，阿尔伯特省还出台了一个相对较新的规定，即要求学校向学生提供多种第二语言（加拿大的官方二外法语之外，还包括德语和西班牙语），学生可以根据自己家庭情况选择。此外阿尔伯特省北部的工人需要提高技能，但没有时间去异地或外地接受培训，超级网技术帮助他们将能够从自己的社区或工作地点参加实时课程，向世界各地的专家学习。

通过信息技术让教育资源双向流动。阿尔伯特省许多偏远地区没有博物馆等科技资源，但是由于超级网技术的普及，这些偏远地区的青少年儿童可以通过在线的方式参观各类博物馆，比如可以跟大城市的孩子一起参观古生物博物馆里的剑龙、翼龙、霸王龙等恐龙。除了通过网络将城市的教育资源引入边远山区外，超级网还将农村地区的特有教育内容引入了城市。阿尔伯特省中部的一个较大的城市雷德迪尔市（人口为 68000）为学生们开设了林业课程，学生们坐在距离洛基山庄小镇 85 公里的城市中听小镇的老师授课，而此前大部分学生和家长对林业相关知识都十分匮乏。

2. 英国—康沃尔郡社区数字中心与乡村数字医疗

康沃尔郡（cornwall）地处英国最西南部的偏远地区，被称为“notspot”，即互联网连接很差的乡村地区。康沃尔大约有 536 个村庄，42% 的居民生活在农村。由于地理位置远离大城市，这些村庄中有许多在经济、地理和社会上处于孤立状态，2011 年康沃尔有 20% 的成年人从未使用过互联网。与此同时，康沃尔郡一直处于欧盟和国家资助项目的前沿，积极发展和实施农村地区数字化的综合战略。通过信息技术培训、加强社区数字中心建设和数字医疗创新等方式解决农村与世隔绝、人口老龄化和企业生产率低下等问题。2011 年欧盟投资 1.32 亿资助康沃尔郡超高速康沃尔项目（Superfast Cornwall）。项目由旨在向乡村社区普及超高速互联网服务的英国全国宽带扩展项目部（BDUK）和康沃尔委员会共同推动实施。通过铺设基于光纤的超高速宽带，超高速康沃尔项目已经将光纤宽带连接到康沃尔和锡利群岛 95% 的家庭和企业。

以社区中心为数字枢纽为村民提供信息技术培训服务。以位于康沃尔郡 Penwith 半岛的村庄 Pendeen 为例，Pendeen 是一个以矿山而闻名的偏远村庄，在 2015 年，超快速康沃尔项目与康沃尔郡农村社区委员会（CRCC）合作在以 Pendeen 社区中心为数字枢纽，向村民提供初学者的 IT 技术培训，该中心有两名接受专业训练的志愿者，每周免费为希望获得 IT 培训支持或技术问题的人员提供服务。培训提高了该社区对互联网和 IT 技能的了解，许多村民为此拥有了新的机会。2019 年，Pendeen 社区中心与普利茅斯大学联合举办了一次活动，向当地居民介绍了包括虚拟现实在内的新技术的潜力，150 人参加了此次会议并表明了学习新机遇的需求。超快速康沃尔计划通过提供以社区中心为数字枢纽的技术培训成了帮助村民们学习基本的 IT 技能、防止该地区居民与数字时代脱节并提高居民的信息化素养和生活品质的重要手段。

通过数字卫生创新解决偏远农村地区缺乏医护人员和医疗设施的问题。欧盟区域发展基金在康沃尔郡投资 270 万欧元建立了 EPIC 项目（E-health，Productivity and Innovation in Cornwall and the Isles of Scilly），EPIC 项目邀请了来自普利茅斯大学的研究人员参与到了电子卫生领域的创新，他们在护理、医学、心理、机器人、商业和公共卫生等领域具有广泛的专业知识，此外 EPIC 项目还与康沃尔郡的众多机构合作，采用自下而上的方法推动在数字卫生领域的创新。Liskeard 地处康沃尔郡，Eventide 是当地一所知名养老院，该养老院在使用机器人宠物陪伴和护理老年人方面做了许多创新尝试并取得了较好的成果。机器人宠物护理员可以降低养老院的护理员工作强度，为老年人提供高质量的护理，机器人宠物护理员得到了该院老年人的积极反馈。除此之外目前 EPIC 项目还在进一步推动实施以下数字卫生创新项目：使用视频电话更好地为在家护理的人员提供技术支持；开发支持鼓励居民做出积极活动的应用程序；研发护理老年痴呆症病人的机器人以及使用无人机将应急设备快速送到农村地区。EPIC 希望通过在偏远山村推行的数字卫生创新项目为缺乏医护人员和医疗设备的农村地区提供更好的医疗卫生环境。

3. 英国—5G 智慧农场

英国作为较早一批对智慧农场建设进行部署的国家，已开展了多个试点项目，从信息感知、智能决策、智能控制、5G 传输以及合作创新等方面全方位提升英国农场智慧水平。

推广以传感器为核心的智能感知技术。英国智慧农场普遍利用传感器结合全球定位系统、个体标识技术和无线网络传输技术实现对农场内部生命体及环境指标的实时感知和监测监控。生命体感知方面，英国农场将载有传感器的小型可穿戴式设备和条码标识置于奶牛等动物身上，对动物生命体征和行为方式进行监测，达到指标追踪记录和异常识别报警的目的。通过应用生命感知技术和装备，农场主可以同时管理多个上千头规模的养殖场，极大地提高了农场的管理效率。环境指标感知方面，英国研制了大量高精度微小型农业环境感知传感器，解决了传统传感器功耗大、后期维护难、在复杂自然环境下工作状态不稳定等问题，实现了对动植物生长环境主要指标的实时监测和精细化控制。

广泛采用基于计算机技术的智能决策系统。利用智能决策系统推动农业生产无人化发展。养殖业方面，英国主要采用计算机建模和指标评价的方式判断动物行为模式和健康状态；种植业方面，英国依托智能决策系统将自动拖拉机、无人机、联合收割机等智能装备统一结合，创建了全球首个从播种到收割都不需要人双手介入的无人农场。在智能决策系统的控制下，智能农机可以根据生产条件自主进行精准播种、灌溉、施肥、收获，最大限度地优化了农田耕种投入，为智慧农业的发展提供了新思路。

利用智能控制系统实现精准作业。英国早已围绕农业机器人和农业环境控制系统开展了大量研发，并在农场进行了大批量应用，取得了良好效果。农业机器人方面，英国利用发达的工业基础开发了多种可在恶劣条件下稳定工作的农业机器人，在解决农业劳动力不足问题的同时提升了农业生产效率；农业环境控制系统方面，英国主要采用计算机管理控制的方式实现农场内部环境的及时、准确调节，既保证了动植物生产条件时时处于最优状态，又避免了人为接触带来的污染。

布局5G无人农场。受成本的影响，英国农村大部分地区居民无法接入高速移动网络。为此，英国政府牵头开展了农村5G试点建设工作，试图通过5G频谱信号共享降低信号覆盖成本，消除城市和农村的数字鸿沟，让农村居民和企业也能享受到高速移动通信带来的信息红利。利用5G网络高速的传输速度，智能农业设备和服务器之间的通信能力和网络承载能力得到极大加强，为解决大规模生产人力监管难等问题提出了解决方案，提高了农业生产的效率和效益。

4. 澳大利亚—农业区块链

澳大利亚农业科技公司Agridigital为农业部门的现实问题开发软件解决方案，通过区块链技术提高全球农业供应链透明度和可信度。与CBH的全资子公司Blue Lake Milling进行了区块链在澳大利亚粮食行业应用的试点。这项基于数字和区块链的谷物安全解决方案作为澳大利亚谷物行业区块链使用案例试点，为区块链技术在现实环境中的商业应用开辟了新的天地。

通过区块链提供安全高效的农业支付路径，保护农民权益。使用Agridigital平台生成了实物商品的数字所有权，并通过区块链技术进行支付，并保存在农户的数字钱包中，七天后交易结算，买方向农户付款，同时从农户向买方转让所有权。从交易开始到结束的全过程农户都拥有代表实际谷物交付的数字所有权令牌。农户交货是在买方现场使用Agridigital平台接收的，在该平台上，获取有关商品数量和质量的信息，并通过各种集成来生成区块链上的数字所有权标记。区块链可以显著提高支付效率，可以完成每秒四笔交易的速度，不到一秒钟就可以完成一项通常需要几天时间执行的粮食交易，为此这种结算方法可以在区块链上快速处理澳大利亚谷物行业的所有交易，同时通过区块链技术能够将所有权转让与支付相匹配，通过降低交易对手风险和增加资产担保直至所有权转让，保障农户和买方的利益。

提供安全、透明的可追溯数据并根据数据评判产品品质。Agridigital和CBH使用区块链技术来跟踪有机燕麦从产地、加工并到零售消费者的全过程。Agridigital 开发了一个分析模型，以确定燕麦的生产、研磨、剥壳、包装、流通是否符合有机燕麦操作流程，是否保留了燕麦有机状态。在有机燕麦生长、加工、运输和销售的各个阶段，都有数千个数据点可供采集。通过获取有机燕麦从产地到消费者手中一系列的实际库存数据点，并将它们捆绑到各个节点中，每个节点都表示一个事件或声明，通过对这些事件或声明的分析来确定燕麦是否是有机状态的。通过对整个供应链中可以证明燕麦有机状态相关的数据点进行分析，模型会生成一个具有较高参考价值的报告来评判燕麦是否可以通过有机认证。

5. 美国—智慧农机

美国农业机械化水平长期世界领先，农业机械化率持续稳步增长，现已突破 70% 大关。美国依靠不到全国总人口 2% 的农业人口就实现了农业高质量发展，农业机械化发挥了重要作用。约翰迪尔公司（John Deere）创立于 1837 年，总部在美国伊利诺依莫林市。是全球领先的工程机械、农用机械和草坪机械设备的制造商。约翰迪尔在 11 个国家设有工业基地，全球雇员达 43000 人，产品行销 160 多个国家和地区，是世界最大的农业机械制造商和世界第二大工程机械制造商，位居世界五百强前列。

投资、收购各细分领域领头企业，增强企业整体全球竞争力。自 1837 年成立以来，约翰迪尔共完成 21 起收购，涉及精量播种、免耕播种、精益农业等技术领域。2017 年 9 月收购 Blue River Technology，Blue River Technology 是一家计算机视觉与机器人公司。其开发的机器人 See & Spray，可利用计算机视觉监控棉花，使其免受杂草的侵害，精准喷洒能够防止对除草剂产生抗药性。2017 年 6 月约收购了德国维特根集团，维特根是全球工程机械 16 强，在建筑机械行业中拥有的 5 大产品品牌：WIRTGEN（维特根—铣刨设备）、VOGELE（福格勒—摊铺设备）、HAMM（悍马—压实设备）、KLEEMANN（克磊镘—移动破碎筛分设备）。2017 年 6 月收购了意大利喷药机制造企业马佐蒂（Mazzotti）。Mazzotti 在技术创新集成以及产品设计和制造方面具有一定的行业优势。2016 年 4 月对高地隙喷药机制造企业海吉（Hagie）公司进行控股式收购。海吉在玉米去雄机的研发和制造方面也处于全球领先地位。2015 年 11 月收购了美国著名播种机厂家 Monosem，Monosem 公司拥有 30 多年的播种机制造经验。通过多次收购在各农机细分领域具有技术和市场优势的公司，约翰迪尔加强了在精量播种领域的竞争优势，补上约翰迪尔在植保设备等领域的短板，和现有的动力机械形成渠道资源联动和共享，也增强了在市场上播种、植保，以及整体的竞争实力。

加快大型智慧农业机械和配套应用创新研发。约翰迪尔公司十分注重研发与创新，每年在研发和创新上的投资约占年收入的 4%。目前已研发了很多智能化的大型农业机械和配套应用。如，AutoTrac 自动导航系统，通过卫星定位和导航，能够大幅提高作业自动化率和精度，减少农业投入品的使用。全新 8RX 系列拖拉机是业界第一台固定框架四履带拖拉机，8RX 系列产品拥有许多约翰迪尔自主知识产权的精准农业创新技术的应用，简化了远程监控、拖拉机和田间作业以及数据传输。8RX 系列的 eAutoPower 变速箱于 2019 年在世界领先的农业技术贸易展Agritecha获得德国农业协会（DLG）颁发的唯一创新金奖。

积极进入数字技术，实现企业、产业数字化转型。随着信息技术的快速发展，约翰迪尔很早就开始了探索数字化转型之路。首先，约翰迪尔将传统的农机装备产品加上传感器、执行器，把它变成了智能化的产品，然后又加上通信模块，使得农机装备产品变成了智能互联的产品，并能与互联网进行连接。同时，企业在互联网上搭建一个农机系统，通过农机系统对企业所有的农机装备、智能互联的播种机、智能互联的联合收割机、智能互联的旋耕机、拖拉机等产品，进行线上的装备管控。其次，约翰迪尔从美国气象局购买了气候数据，并建立了种子优化系统，基于企业的农机系统，完善了农业物联网系统，建立了整个农业管理体系。通过完成企业的数字化转型，约翰迪尔开始以“硬件+软件+服务”的方式开拓市场，提供不同等级的硬件投入和服务，差异化满足不同农户的需求。

6. 印度—农业信息服务

印度的软件业发展迅速，目前已经成为全世界软件业发展速度最快的国家和仅次于美国的世界第二大计算机软件出口国，年均增长率超过50%。软件产业成为印度发展农业信息化，促进乡村产业发展的重要依托，推动其涉农资源开发应用走在世界前列。CropIn是一家总部位于印度班加罗尔的农业科技公司，创立于2010年。公司主要为印度农民提供云应用平台，帮助农民跟踪相关农业生产和农产品运输情况。同时，CropIn还为用户提供具有内置追溯系统的企业资源规划和商务智能平台，通过与供应链参与者的协调合作，监控农产品的实时状态，帮助农民对现场工作人员进行管理。自2017年年末首次在全球范围开展业务以来，CropIn的国际市场营收超过了全部收入的60%。其与亚洲、欧洲、非洲和美洲的50多个国家200多家企业客户合作，通过对240万公顷农田进行数字化改造，使210余万农民从中获益。

软件开发与卫星导航系统相结合，提升农业管理精准性。随着卫星导航全球性民用化的普及，其在农业领域的应用也趋于普遍。卫星导航系统具有的精确定位能力可以在农机导航、个体定位等众多方面帮助农民和相关人员进行农业生产管理，而结合专业的软件系统，农业从业者通过指尖就可以享受到这一福利。CropIn推出的具有预测功能的下一代整体化解决方案“SmartRisk”就是利用高清卫星图像等技术实现了对农田作物的远程监测，并根据公司自主研发的知识模型对作物健康状况和产量进行预测，为用户提供生产、管理、物流、金融等相关方面颇具价值的决策建议。SmartRisk可以依托卫星图像，将10米×10米的地块面积划分为一个单元，每10天进行一次更新，并按照邮政编码、村庄、地区和国家进行整合，方便农资公司、农产品交易商、银行和保险公司等商业实体部门获取特定地区的历史记录，帮助他们优化金融和交易策略，如完善贷款、保险的发放流程，根据预测数据制定采购清单以及进行商业风险评估等。

整合多元农业数据，深度挖掘农业知识信息。从国际上看，用数据服务农业已经有40多年的历史。依托海量农业数据，相关人员可以对包括农产品产前规划、产中管理和产后销售在内的农业全产业链条进行精准管理，降低生产风险，提升农业竞争力和价值品质。CropIn认为，印度的小农经济模型和丰富的农业实践可以为公司提供海量的数据支持。随着公司业务在世界范围的不断扩展，来自其他地区的地面实况信息也会流向CropIn的数据库中。目前，CropIn平台每天可新增来自25种作物3500个品种的10亿多条数据，结合高清卫星影像和气象信息构成机器学习的基础，打造一条农业信息高速公路，实现对农业生产全过程的监测和对作物未来长势、产量的预测。因此，公司有信心通过大量数据的收集和深度挖掘来给全球农业发展模式带来变革。

降低用户运营成本，多种方式积累用户群体。CropIn十分注重对多重资源的整合，如将数据、金融、电商等多平台融合发展，利用智能化、数字化的管理模式对接农业产业链上下游，提高农业生产、经营、流通效率，降低农业生产成本和交易成本。CropIn定义的潜在客户群体并不仅局限于与农业生产相关的公司和农场主，CropIn还注重与农业相关的金融、保险、农资等多方利益相关者合作，试图从多方面整合各类资源，帮助整个农业产业降低生产成本。通过应用程序编程接口，CropIn可以为农业加工商、经销商、农资产品提供商、贷款人和保险商提供近乎实时的分析报告，帮助其更有效地实现对风险和机遇的把控。同时，还可根据平台数据将农业产业与各类金融机构进行对接，提供基于农业各应用场景的金融支持，降低农业的融资成本。

十、附表

表9　全市及各相关区数字农业农村发展水平评价指标数据汇总表

样本对象	综合水平		发展环境水平	其中：							基础支撑
	综合水平	排名		财政总投入（万元）	县均财政投入（万元/县）	乡村人均农业农村信息化财政投入（万元/人）	社会资本总投入	县均社会资本投入（万元/县）	乡村人均农业农村信息化社会资本投入（万元/人）	县级农业农村信息化管理服务机构综合设置情况	互联网普及率（%）
全市	32.2%		29.4%	9035.6	695.0	0.00138	3537154.0%	2720.9	0.00539	73.1%	80.6%
朝阳区	10.2%	13	30.0%	56.9	56.9	0.00003	272.0%	2.7	0.00000	75.0%	42.4%
丰台区	45.3%	3	10.2%	294.9	294.9	0.00350	25000.0%	250.0	0.00297	25.0%	100.0%
海淀区	37.9%	7	41.8%	1759.1	1759.1	0.05174	33294.0%	332.9	0.00979	100.0%	95.6%
门头沟区	69.1%	1	21.4%	2735.3	2735.3	0.04040	35822.0%	358.2	0.00529	50.0%	48.8%
房山区	18.0%	12	20.0%	158.0	158.0	0.00051	200.0%	2.0	0.00001	50.0%	70.0%
通州区	31.5%	9	30.0%	1203.0	1203.0	0.00156	0.0%	0.0	0.00000	75.0%	89.2%
顺义区	38.0%	6	30.0%	633.9	633.9	0.00091	30000.0%	300.0	0.00043	75.0%	99.2%
昌平区	30.4%	10	30.1%	565.3	565.3	0.00036	322560.0%	3225.6	0.00207	75.0%	79.9%
大兴区	25.2%	11	41.3%	200.0	200.0	0.00041	2135888.0%	21358.9	0.04368	100.0%	95.0%
怀柔区	43.6%	4	40.0%	150.0	150.0	0.00121	0.0%	0.0	0.00000	100.0%	76.7%
平谷区	55.4%	2	40.9%	1070.3	1070.3	0.00315	926618.0%	9266.2	0.02729	100.0%	93.1%
密云区	32.4%	8	10.0%	138.5	138.5	0.00057	17500.0%	175.0	0.00072	25.0%	96.7%
延庆区	42.7%	5	40.0%	70.4	70.4	0.00034	10000.0%	100.0	0.00049	100.0%	75.6%

续表

样本对象	生产信息化水平	其中：信息技术在种植业中的应用率（%）	信息技术在设施栽培中的应用率（%）	信息技术在畜牧业中的应用率（%）	信息技术在水产养殖业中的应用率（%）	经营信息化水平	其中：农产品网络销售率（%）	农产品质量安全追溯信息化水平	种植业农产品质量安全追溯信息化应用率（%）	设施栽培农产品质量安全追溯信息化应用率（%）	畜牧业农产品质量安全追溯信息化应用率（%）	水产养殖业农产品质量安全追溯信息化应用率（%）
全市	21.2%	9.5%	20.2%	50.4%	5.8%	8.5%	5.4%	15.6%	8.7%	15.9%	31.9%	6.4%
朝阳区	4.1%	5.0%	10.0%	0.0%	0.0%	0.0%	0.0%	0.0%	0.0%	0.0%	0.0%	0.0%
丰台区	35.0%	35.0%	35.0%			33.5%	5.0%	100%	100.0%	100.0%		
海淀区	6.7%	0.0%	1.4%	75.0%		3.2%	0.9%	8.7%	0.0%	0.0%	100.0%	
门头沟区	92.6%	95.0%	100.0%	68.5%		52.3%	34.3%	94.5%	97.1%	100.0%	68.5%	
房山区	5.9%	6.5%	8.6%	0.0%	8.3%	22.6%	8.6%	55.1%	44.0%	61.3%	74.3%	47.2%
通州区	19.9%	20.4%	39.7%	0.0%	1.1%	2.1%	2.6%	1.2%	1.4%	2.2%	0.0%	0.0%
顺义区	38.8%	18.2%	57.3%	50.0%	6.0%	0.2%	0.3%	0.0%	0.0%	0.0%	0.0%	0.0%
昌平区	5.3%	1.3%	20.8%	0.0%	0.0%	14.0%	20.0%	0.0%	0.0%	0.0%	0.0%	0.0%
大兴区	3.9%	1.4%	3.0%	55.8%	0.0%	3.4%	1.6%	7.4%	0.2%	10.7%	67.6%	0.0%
怀柔区	11.6%	6.8%	15.0%	0.0%	100.0%	65.4%	73.9%	45.6%	58.1%	92.1%	0.0%	0.0%
平谷区	37.7%	12.5%	25.0%	88.7%	9.4%	25.7%	24.6%	28.1%	4.2%	39.4%	71.5%	4.7%
密云区	5.5%	5.3%	8.2%	3.7%		26.5%	32.9%	11.6%	7.2%	35.3%	5.1%	
延庆区	34.0%	1.0%	0.8%	82.6%	6.7%	17.9%	6.3%	44.8%	7.5%	18.3%	95.2%	0.0%

样本对象	乡村治理信息化水平	其中：行政村“三务”公开综合公开水平	信息技术在农村村务公开中的应用率（%）	信息技术在农村党务公开中的应用率（%）	信息技术在农村财务公开中的应用率（%）	农村“雪亮工程”覆盖率（%）	在线办事率（%）	服务信息化水平	其中：信息进村入户村级信息服务站覆盖率（%）	电商服务站覆盖率（%）
全市	58.8%	57.6%	51.6%	51.6%	71.2%	45.2%	73.7%	40.2%	15.1%	65.3%
朝阳区	27.6%	25.4%	26.6%	26.6%	23.8%	25.2%	32.3%	14.3%	9.8%	18.9%
丰台区	95.8%	99.0%	100.0%	100.0%	100.0%	89.5%	98.9%	41.2%	5.3%	77.2%
海淀区	77.2%	33.0%	0.0%	0.0%	100.0%	100.0%	100.0%	50.0%	0.0%	100.0%
门头沟区	78.6%	99.0%	100.0%	100.0%	100.0%	60.7%	75.6%	46.3%	7.9%	84.8%
房山区	46.3%	32.9%	0.0%	0.0%	99.8%	76.5%	30.0%	17.3%	0.2%	34.4%
通州区	70.6%	19.8%	20.0%	20.0%	20.0%	100.0%	93.6%	27.2%	18.1%	36.4%
顺义区	53.1%	59.5%	40.1%	40.1%	100.0%	13.8%	85.7%	44.0%	0.0%	88.0%
昌平区	48.6%	39.5%	39.9%	39.9%	39.9%	15.3%	91.5%	55.5%	11.0%	100.0%
大兴区	31.7%	66.9%	67.6%	67.6%	67.6%	5.3%	21.8%	35.3%	3.0%	67.6%
怀柔区	47.8%	99.0%	100.0%	100.0%	100.0%	3.9%	39.0%	35.9%	59.9%	12.0%
平谷区	66.0%	0.0%	0.0%	0.0%	0.0%	100.0%	100.0%	57.7%	57.7%	57.7%
密云区	67.1%	98.1%	99.1%	99.1%	99.1%	80.3%	21.9%	50.9%	1.8%	100.0%
延庆区	65.1%	99.0%	100.0%	100.0%	100.0%	0.0%	95.4%	61.6%	23.1%	100.0%

表 10 各功能区数字农业农村发展水平评价指标数据汇总表

样本对象	综合水平		发展环境水平	其中：							基础支撑
	综合水平	排名		财政总投入	县均财政投入（万元/县）	乡村人均农业农村信息化财政投入（万元/人）	社会资本总投入	县均社会资本投入（万元/县）	乡村人均农业农村信息化社会资本投入（万元/人）	县级农业农村信息化管理服务机构综合设置情况	互联网普及率（%）
全市	32.2%		29.4%	9035.6	695.0	0.0014	35371.5	2720.9	0.0054	73.1%	80.6%
中心城区	24.6%	4	26.7%	2110.9	703.6	0.0012	585.7	195.2	0.0003	66.7%	75.6%
城市副中心区	31.5%	2	30.0%	1203.0	1203.0	0.0016	0.0	0.0	0.0000	75.0%	89.2%
平原区	30.1%	3	33.6%	1399.2	466.4	0.0005	24884.5	8294.8	0.0091	83.3%	89.6%
生态涵养区	38.5%	1	28.7%	4322.5	720.4	0.0034	9901.4	1650.2	0.0077	70.8%	76.5%

样本对象	生产信息化水平	其中：				经营信息化水平	其中：					
		信息技术在种植业中的应用率（%）	信息技术在设施栽培中的应用率（%）	信息技术在畜牧业中的应用率（%）	信息技术在水产养殖业中的应用率（%）		农产品网络销售率（%）	农产品质量安全追溯信息化水平	种植业农产品质量安全追溯信息化应用率（%）	设施栽培农产品质量安全追溯信息化应用率（%）	畜牧业农产品质量安全追溯信息化应用率（%）	水产养殖业农产品质量安全追溯信息化应用率（%）
全市	21.2%	9.5%	20.2%	50.4%	5.8%	8.5%	5.4%	15.6%	8.7%	15.9%	31.9%	6.4%
中心城区	0.0%	2.2%	9.0%	64.9%	0.0%	3.5%	5.0%	0.0%	44.6%	82.1%	70.6%	0.0%
城市副中心区	19.9%	20.4%	39.7%	0.0%	1.1%	2.1%	2.6%	1.2%	1.4%	2.2%	0.0%	0.0%
平原区	0.0%	6.6%	20.1%	26.9%	4.7%	3.1%	4.4%	0.0%	0.1%	6.8%	5.9%	0.0%
生态涵养区	0.0%	10.9%	10.2%	52.0%	9.2%	16.8%	24.0%	0.0%	18.2%	44.7%	58.4%	13.8%

样本对象	乡村治理信息化水平	其中：						服务信息化水平	其中：	
		行政村“三务”公开综合公开水平	信息技术在农村村务公开中的应用率（%）	信息技术在农村党务公开中的应用率（%）	信息技术在农村财务公开中的应用率（%）	农村“雪亮工程”覆盖率（%）	在线办事率（%）		信息进村入户村级信息服务站覆盖率（%）	电商服务站覆盖率（%）
全市	58.8%	57.6%	51.6%	51.6%	71.2%	45.2%	73.7%	40.2%	15.1%	65.3%
中心城区	61.4%	43.6%	37.7%	37.7%	56.7%	55.2%	86.0%	27.8%	6.7%	48.8%
城市副中心区	70.6%	19.8%	20.0%	20.0%	20.0%	100.0%	93.6%	27.2%	18.1%	36.4%
平原区	49.7%	57.8%	51.6%	51.6%	71.9%	10.6%	80.6%	43.1%	3.9%	82.3%
生态涵养区	59.9%	68.6%	61.3%	61.3%	85.4%	53.1%	57.8%	43.2%	22.9%	63.5%

表 11　各相关区数字农业农村发展水平评价指标填报项数据汇总表

序号	填报项	朝阳	海淀	丰台	门头沟	房山	通州	顺义	大兴	昌平	平谷	怀柔	密云	延庆	合计
1	农业农村信息化财政支出额（万元）	56.9	1759.1	294.9	2735.3	158	1203	633.9	200	565.3	1070.3	150	138.5	70.4	9035.6
2	乡村人口数（万人）	163.6	3.4	8.4	6.8	31.1	76.9	70	48.9	156	34	12.4	24.3	20.4	656.2
3	农业农村信息化社会资本投入额（万元）	2.7	332.9	250	358.2	2	0	300	21358.9	3225.6	9266.2	0	175	100	35371.5
4	农业农村局是否为县网络安全与信息化领导机构成员或组成单位	1	1	0	1	1	1	1	1	1	1	1	0	1	11
5	农业农村局是否成立了网络安全与信息化领导机构	1	1	0	0	0	1	1	1	1	1	1	0	1	9
6	农业农村局是否设置了承担信息化相关工作的行政科（股）	1	1	1	1	1	1	1	1	0	1	1	0	1	11
7	农业农村局是否设置了信息中心或信息站等事业单位	0	1	0	0	0	0	0	1	1	1	1	1	1	7
8	网民数（万人）	147.2	313	202.5	16.8	87.9	111	122	162.6	173	43	20	48.6	27	1474.6
9	全县总人口数（万人）	347.3	327.3	202.5	34.4	125.5	124.4	123	171.2	216.6	46.2	26.1	50.3	35.7	1830.5
10	种植业中应用信息技术的播种面积（万亩）	0	0	0.1	4	1.1	2.3	4.6	0.5	0.3	3.7	0.6	1	0.2	18.4
11	农作物总播种面积（万亩）	0.2	3.2	0.2	4.2	17.1	11.3	25.3	36.3	19.2	29.7	8.1	18.7	19.1	192.6
12	种植业产值（万元）	512	5406.8	4759.3	4797.1	102612.1	99721.2	158517.3	257000	104462	170974	36142	143642.7	47774.2	1136320.7
13	设施栽培中应用信息技术的面积（万亩）	0	0	0.1	0	0.4	2.3	4.3	0.5	0.3	0.3	0.1	0.1	0	8.4
14	设施栽培总面积（万亩）	0.1	0.7	0.2	0	5	5.8	7.5	16.5	1.2	1.2	0.8	1.7	1.2	41.9

续表

序号	填报项	朝阳	海淀	丰台	门头沟	房山	通州	顺义	大兴	昌平	平谷	怀柔	密云	延庆	合计
15	设施栽培产值（万元）	95.4	840	4279.7	41.6	60251.3	62766.4	97921.7	250000	43000	18265	380	42472.8	19670	599983.9
16	畜禽养殖中应用信息技术的数量（万头、万只）	0	0.2	0	1	0	0	11.8	0.3	0	473.2	0	4.6	0.8	491.9
17	畜禽养殖总数（万头、万只）	0.1	0.3	0	1.5	261	10	23.6	0.5	20.7	533.5	1.4	123.3	0.9	976.8
18	畜牧业产值（万元）	246.7	591.7	0	484.5	40396.1	49683.3	130002.4	17000	46979.2	95376	7426	59000	46004.2	493190.1
19	水产养殖中应用信息技术的水域面积（万亩）	0	0	0	0	0	0	0	0	0	0.1	0	0	0	0.1
20	水产养殖总水域面积（万亩）	0	0	0	0	0.4	0.9	0.7	0.1	0.1	0.9	0	0	0.3	3.4
21	水产养殖业产值（万元）	0	0	0	0	2637.9	15578.7	0.6	1200	1237	10813	2916	0	403.6	34786.8
22	农产品网络零售额（万元）	0	50	772250	67	8047.5	1196.6	1000	163.3	15435.7	28000	23400	25000	3264.7	877874.8
23	农产品销售总额（万元）	105	5406.8	15445000	195.5	93204.2	46772	294276	9960.9	77178.3	113800	31660.3	76000	51600.3	16245159.3
24	农林牧渔业总产值（万元）	6025.2	42726.9	14922.5	68081	332759.5	302602.8	433735	277000	231558	358254	145069	332000	188684.3	2733418.2
25	种植业实现农产品质量安全追溯的农产品产值（万元）	0	0	4759.3	4657.4	45197.5	1352	0	600	0	7200	21000	10386	3600	98752.2
26	设施栽培实现农产品质量安全追溯的农产品产值（万元）	0	0	4279.7	41.6	36927.4	1352	0	26776.2	0	7200	350	15000	3600	95526.9
27	畜牧业实现农产品质量安全追溯的畜产品产值（万元）	0	591.7	0	331.9	30000	0	0	11500.4	0	68153.9	0	3000	43800	157377.9
28	水产养殖业实现农产品质量安全追溯的水域面积（万亩）	0	0	0	0	0.2	0	0	0	0	0	0	0	0	0.2

续表

序号	填报项	朝阳	海淀	丰台	门头沟	房山	通州	顺义	大兴	昌平	平谷	怀柔	密云	延庆	合计
29	通过互联网技术和信息化手段实现党务公开的行政村数量（个）	38	0	57	178	0	94	171	356	120	0	284	327	376	2001
30	通过互联网技术和信息化手段实现村务公开的行政村数量（个）	38	0	57	178	0	94	171	356	120	0	284	327	376	2001
31	通过互联网技术和信息化手段实现财务公开的行政村数量（个）	34	52	57	178	458	94	426	356	120	0	284	327	376	2762
32	完成和正在实施“雪亮工程”的行政村数量（个）	36	52	51	108	351	470	59	28	46	274	11	265	0	1751
33	可实现在线办理的事项数（项）	248	1468	1570	612	532	1620	1327	98	1552	1642	48	364	703	11784
34	可办理的事项总数（项）	768	1468	1587	810	1776	1730	1549	449	1697	1642	123	1661	737	15997
35	建有益农信息社的行政村数量（个）	14	0	3	14	1	85	0	16	33	158	170	6	87	587
36	益农信息社总数（个）	14	0	5	14	1	145	0	16	33	175	170	6	87	666
37	行政村总数（个）	143	52	57	178	459	470	426	527	301	274	284	330	376	3877
38	建有电商服务站的行政村数量（个）	27	52	44	151	158	171	375	356	301	158	34	330	376	2533
39	电商服务站总数（个）	52	1300	62	151	219	279	375	356	334	193	65	414	471	4271

注：资料来源于农业农村部信息中心、北京市各相关区农业农村局。

课题负责人：刘军萍

课题组组长：范宏

课题组成员：白晨、常剑、李云龙、郭嘉、丛蕾、贾启山、李瑾、冯献、常倩、王洁琼、贾娜、孙宁、揭晓婧

执　笔　人：常剑、李云龙、郭嘉、丛蕾、李瑾、王洁琼

第四篇

加强和改进乡村治理

乡村治理体系和治理能力现代化研究①

乡村治理现代化既是国家治理现代化的重要内容，又是国家治理现代化的重要基础。推进乡村治理体系和治理能力现代化，就是要建立健全党委领导、政府负责、社会协同、公众参与、法治保障的现代乡村社会治理体制，不断健全党组织领导的自治、法治、德治相结合的乡村治理体系，形成现代化的乡村治理结构和体制机制，切实保障公民基本权利，维护社会公平正义，实现充满活力、和谐有序的乡村善治目标。

一、乡村、治理与现代化

推进乡村治理体系和治理能力现代化，需要我们认识乡村、理解治理、把握现代化。

（一）认识乡村

乡村是与城市相对而言的地理空间概念，一般是指从事农业生产的地方。曾在中国生活近 50 年的美国传教士明恩溥在描述中国乡村社会时指出："中国乡村是自然而然形成的，没有人晓得，也没有人去理会它的前因后果。在那遥远的、无法确定的、朦朦胧胧的过去，有几户人家从其他地方来到这儿安营扎寨，于是乎，他们就成了所谓的'本地居民'，这就是乡村。"②传统乡村与现代城市的自然景观、经济形态、人口集聚、生活方式等有明显不同。城市是在乡村的基础上孕育和发展起来的。乡村是城市之母，城市是乡村之子，乡村培育和支撑了城市的发展繁荣。

2017 年党的十九大正式提出实施乡村振兴战略，着力补齐农业、农村、农民发展的短板，以图实现农业全面升级、农村全面进步、农民全面发展。实现乡村振兴目标，推进乡村善治，必须重新认识乡村的价值和功能。乡村具有城市不可比拟的农业生产价值、人们生活价值、万物生命价值、自然生态价值、乡土文化价值、休闲旅游价值等多重价值和功能。③正如《乡村振兴战略规划（2018 — 2022）》指出的那样，"乡村是具有自然、社会、经济特征的地域综合体，兼具生产、生活、生态、文化等多重功能，与城镇互促互进、共生共存，共同构成人类活动的主要空间。乡村兴则国家兴，乡村衰则国家衰。"④

---

① 本研究完成于 2019 年 3 月。

②［美］明恩溥著《中国乡村生活》，陈午晴、唐军译，中华书局，2006 年 7 月第 1 版，第 7 页 .

③ 张英洪《重新认识乡村的价值》，载《中国乡村发现》2015 年第 2 期 .

④《中共中央印发〈乡村振兴战略规则（2018 — 2022 年）〉》，载《农民日报》2018 年 9 月 27 日 .

（二）理解治理

治理是对公共事务进行控制、引导、整治、调理以及提供公共服务的过程与活动。1995年全球治理委员会界定“治理”的含义是“各种公共的或私人的个人和机构管理其共同事务的诸多方式的总和”。① 有人误认为治理的概念来自西方，其实在中国古代就已经使用“治理”一词，比如《荀子·君道》中就说：“明分职，序事业，材技官能，莫不治理，则公道达而私门塞矣，公义明而私事息矣。”②不过，将“治理”纳入社会科学研究并形成新的治理理论框架的则是20世纪80年代末、90年代初以来的世界银行、联合国有关机构等国际组织。③ 但我们不能简单地将国际组织提出的概念或理论等同于西方提出的概念和理论。当然，不可否认的是，受雇于国际组织的西方学者或其他西方政治学家和经济学家比中国学者更早更多地从社会科学上研究了治理理论，并赋予治理以新的丰富内涵。④2013年11月党的十八届三中全会提出“治理体系和治理能力现代化”之后，治理便成为中国学界关注和研究的重要课题。

“治理”概念的兴起与盛行，是因为时代的发展，使“治理”被赋予了与“统治”“管理”不同的含义。据有关学者研究，治理与统治的区别主要有五个方面：一是权威主体不同。统治的主体是单一的，就是政府或其他公共权力机构；治理的主体是多元的，除了政府以外，还包括企业组织、社会组织、居民自治组织等。二是权威的性质不同。统治是强制性的；治理可以是强制性的，但更多的是协商性的。三是权威的来源不同。统治的权威来源就是强制性的国家法律；治理的来源除了法律以外，还包括各种非强制的契约。四是权力运行的向度不同。统治的权力运行是自上而下的；治理的权力可以是自上而下的，但更多是平行的。五是两者的作用所及的范围不同。统治所及的范围以政府权力所及领域为边界；治理所及的范围则以公共领域为边界，比统治的范围要宽广。⑤ 治理与管理的区别主要有三个方面：一是主体不同。管理的主体是政府，治理的主体除了政府之外还包括社会组织和个人。政府不再只是治理的主体，也是治理的对象；社会不再只是治理的对象，也是治理的主体。二是权源不同。政府的管理权来自权力机关的授权，治理权中的相当一部分由人民直接行使，如自治、共治。三是运作不同。管理的运作模式是单向的、强制的、刚性的，管理行为的合法性常受到质疑，其有效性常难保证；治理的运作模式是复合的、合作的、包容的，治理行为的合理性受到更多重视，其有效性大大增强。⑥

当我们理解了治理概念的产生及其含义后，特别要注意避免“穿新鞋走老路”。当我们使用“治理”一词时，不只是使用了一个新的概念，而必须在思想观念、价值取向、制度安排、行为方式等方面做出相应的改变，以实现“治理”对“统治”和“管理”的有效

① 俞可平主编《治理与善治》，社会科学文献出版社，2000年9月第1版，第4页.

②《荀子》，方勇、相波译注，中华书局，2011年3月第1版，第199页.

③ 俞可平主编《治理与善治》，社会科学文献出版社，2000年9月第1版，第1页。.

④ 俞可平主编《论国家治理现代化》（修订版），社会科学文献出版社，2015年3月第1版，第20页.

⑤ 俞可平等著《中国的治理变迁（1978—2018）》，社会科学文献出版社，2018年5月第1版，第3页.

⑥ 江必新《推进国家治理体系和治理能力现代化》，载《光明日报》2013年11月15日.

弥补与功能超越。

（三）把握现代化

现代化是近代以来中国实现民族复兴的一个核心概念。追求现代化，已成为中华民族的历史使命；实现现代化则是中国从传统社会走向现代社会的一个核心诉求。

现代化研究学者罗荣渠认为，狭义上的现代化是指落后国家迅速赶上先进工业国和适应现代世界环境的过程；广义上的现代化是指人类社会从工业革命以来所经历的一场急剧变革，它以工业化为推动力，导致从传统的农业社会向现代的工业社会的全球性的大转变，它使工业主义渗透到经济、政治、文化、思想各个领域，引起深刻的相应变化。[①]

另一位现代化研究学者何传启认为，现代化是指 18 世纪工业革命以来人类社会所发生的深刻变化，包括从传统社会向现代社会、传统经济向现代经济、传统政治向现代政治、传统文明向现代文明等各个方面的转变。从 18 世纪到 21 世纪末的现代化过程包括第一次现代化和第二次现代化两个阶段。第一次现代化是指从农业社会向工业社会、农业经济向工业经济、农业文明向工业文明的转变过程及其深刻变化。在第一次现代化过程中，经济发展是第一位的。第二次现代化是指从工业社会向知识社会、工业经济向知识经济、工业文明向知识文明的转变过程及其深刻变化。在第二次现代化过程中，生活质量是第一位的。[②]现代化进程使人类在创造出空前的物质财富的同时，也带来了一系列现代性问题，后现代主义的思想流派对现代性的反思和批判也随之产生和发展。[③]

一般认为，中国从 19 世纪中叶开始了现代化进程。[④]一百多年来，中国现代化进程倍经曲折。[⑤]1964 年 12 月，周恩来在三届全国人大一次会议上的《政府工作报告》中提出要“全面实现农业、工业、国防和科学技术的现代化，使我国经济走在世界的前列。”[⑥]1978 年改革以后，邓小平逐步提出我国现代化建设“三步走”发展战略。1987 年党的十三大进一步明确了“三步走”战略部署，第一步实现国民生产总值比 1980 年翻一番，解决人民的温饱问题；第二步到 20 世纪末使国民生产总值再翻一番，人民生活达到小康水平；第三步到 21 世纪中叶，人均国民生产总值达到中等发达国家水平，基本实现现代化。[⑦]历经党的十四大、十五大、十六大、十七大、十八大，2017 年 10 月党的十九大提出在 2020 年全面建成小康社会的基础上，到 2035 年基本实现现代化，到 21 世纪中叶把我国建成富强民主文明和谐美丽的社会主义现代化强国。[⑧]

---

① 罗荣渠著《现代化新论——世界与中国的现代化进程》（增订版），商务印书馆，2004 年 1 月第 1 版，第 17 页．

② 何传启著《东方复兴：现代化的三条道路》，商务印书馆，2003 年 4 月第 1 版，第 7—8 页．

③ 陈嘉明著《现代性与后现代性十五讲》，北京大学出版社，2006 年 4 月第 1 版．

④《中国现代化报告 2010—世界现代化概览》，2010 年 1 月第 1 版，第 175 页。另参见虞和平主编《中国现代化历程》（1—3 卷），江苏人民出版社，2001 年 9 月第 1 版．

⑤ 参见虞和平主编《中国现代化历程》（1—3 卷），江苏人民出版社，2001 年 9 月第 1 版．

⑥《周恩来选集》（下卷），人民出版社，1984 年 11 月第 1 版，第 439 页．

⑦《邓小平文选》（第 3 卷），人民出版社，1993 年 10 月第 1 版，第 226 页。《中国共产党第十三次全国代表大会文件汇编》，人民出版社，1987 年 11 月第 1 版，第 14—15 页．

⑧《中国共产党第十九次全国代表大会文件汇编》，人民出版社，2017 年 10 月第 1 版，第 22—23 页．

几十年来，中国实现现代化的一条主线就是强烈地推动经济的现代化，努力实现国家富强的发展目标。到 2010 年，中国国民生产总值超过日本，成为世界第二大经济体。党的十九大提出，中国特色社会主义进入新时代，我国社会主要矛盾已经转化为人民日益增长的美好生活需要和不平衡不充分的发展之间的矛盾。人民美好生活需要日益广泛，不仅对物质文化生活提出了更高要求，而且在民主、法治、公平、正义、安全、环境等方面的要求日益增长。①2013 年 10 月党的十八届三中全会通过的《关于全面深化改革若干重大问题的决定》首次提出："全面深化改革的总目标是完善和发展中国特色社会主义制度，推进国家治理体系和治理能力现代化。"②治理现代化的提出，大大拓展了我国现代化的视野和领域，丰富了现代化的内涵。

俞可平教授认为，衡量一个国家治理体系是否现代化的标准主要有五个方面：一是公共权力运行的制度化和规范化；二是民主化，公共治理和制度安排体现人民当家作主；三是法治，宪法和法律成为公共治理的最高权威，在法律面前人人平等，任何组织和个人都没有超越宪法和法律的权力；四是效率，治理体系能有效维护社会公共秩序，有利于提高行政效率和经济社会效益；五是协调，纵向层面和横向层面的各种制度安排有机统一、相互协调。民主是现代国家治理体系的本质特征，是区别于传统国家治理体系的根本所在。③

乡村治理体系和治理能力现代化是国家治理体系和治理能力现代化的重要组成部分，也是国家治理体系和治理能力现代化的重要基础。乡村治理体系是在党的领导下国家管理乡村社会以及乡村社会自我管理的制度体系，包括经济、政治、文化、社会、生态文明和党的建设等各领域体制机制、法律法规、乡规民约、道德风尚等软硬件制度安排；乡村治理能力是运用国家制度、乡规民约、道德风尚管理乡村社会各方面事务的能力以及乡村社会自我管理的能力。乡村治理体系和治理能力现代化，就是要通过实现乡村治理的制度化、规范化、程序化，保障人民当家作主、维护社会公平正义、激发社会创造活力、保持社会和谐安定，实现乡村善治。

二、我国乡村治理的历程、方式及特点

我国是一个历史悠久的伟大国家，在漫长的历史演进中，中华民族创造出了伟大的中华文明。中华文明本质上是立足于农业和农村的农耕文明。几千年来，我国乡村社会的治理构成了中华文明的重要内容。在不同的历史时期，中国乡村实行什么样的治理方式，取决于乡村社会生产力的发展水平和乡村社会结构状况。我国历史悠久，各个时期的治理方式都有所不同，即使在同一朝代，乡村治理也有不同的特点。但限于篇幅，为简约起见，我们从传统中国乡村社会、计划经济时期、改革开放以来三个有代表性的历史时期，简要回顾与分析乡村社会治理的方式和特点。

①《中国共产党第十九次全国代表大会文件汇编》，人民出版社，2017 年 10 月第 1 版，第 9 页.

②《中共中央关于全面深化改革若干重大问题的决定》，人民出版社，2013 年 11 月第 1 版，第 3 页.

③ 俞可平等著《中国的治理变迁（1978—2018）》，社会科学文献出版社，2018 年 5 月第 1 版，第 5—6 页.

（一）传统中国乡村治理的方式与特点

在几千年的中国传统社会里，形成了具有中国历史文化特点的乡村社会结构和乡村文明，产生了与此相适应的乡村治理方式及其特点。

1. 传统中国乡村社会结构的基本特征。在经济上，我国传统社会不同时期的经济发展状况和水平有所不同，但总体上属于典型的小农经济，即私有制基础上的小农经济。在南方乡村，呈现出一家一户、男耕女织、自给自足的经济发展格局；在北方乡村，“三十亩地一头牛，老婆孩子热炕头”是农民幸福生活的真实写照。在政治上，自秦始皇到清末代皇帝，我国实行长达两千多年的君主专制统治，普天之下，莫非王土，率土之滨，莫非王臣。国家权力对土地财产和人身具有终极控制权。在社会上，我国形成了以血缘为纽带、以家族为本位的宗法社会，这是传统中国乡村社会组织的基本法则，是乡村社会的基础和主体。在文化上，自汉武帝“罢黜百家、独尊儒术”至清末民初，以儒家为主流意识形态的儒家文化成为中华文化的主体形态。

2. 传统乡村社会治理模式的基本特征。对于我国传统乡村社会的治理模式，费孝通提出“双轨政治说”，认为中国传统政治结构中存在自上而下的政治轨道和自下而上的政治轨道两个轨道，实行中央集权和地方自治并存。① 秦晖将我国传统乡村社会的治理模式概括为“皇权不下县、县下惟宗族、宗族皆自治、自治靠伦理、伦理造乡绅”的治理模式。② 简单地说，传统中国乡村社会的治理模式就是皇权统治下的乡绅自治模式。几千年的传统中国乡村社会的基层治理制度有乡里制度和保甲制度等主要形态。乡里制度起源于夏商周三代，成熟于秦汉时期，延续于整个中国传统乡村社会，是传统中国县以下的乡村基层行政管理制度，它融宗法性与行政性于一体，具有不同于中央权威的地方性权威。保甲制度从宋代开始实行并延续至民国时期，它以“户”（家庭）为基本单位而不同于西方以个人为单位进行社会控制的基层社会管理制度。③

3. 传统中国乡村社会治理的优势与问题。传统中国乡村社会治理是建立在我国农业文明基础上、服从皇权统治需要而针对乡村熟人社会的控制和管理。传统中国乡村社会治理形成了至少两大重要的乡村社会治理资源：一是悠久的乡村自治传统，二是突出的道德教化功能。就是说，传统中国之所以创造出伟大的中华文明，其在乡村社会治理中所形成的自治和德治资源，具有重要的参考价值和借鉴意义。但是，传统中国乡村社会治理是建立在主权在君而不是主权在民的政治合法性基础之上的，国家对乡村社会的管理重在对村民的控制。④ 乡村自治只是乡村精英即乡绅的自治而不是包括普通村民在内的全体村民的自治。同时，传统中国乡村社会治理是在农业社会人口流动相对稳定中的封闭性治理。

---

① 费孝通著《乡土中国》，上海人民出版社，2007 年 8 月第 1 版，第 275—293 页。另见费孝通著《中国绅士》，惠海鸣译，中国社会科学出版社，2006 年 1 月第 1 版，第 46—56 页.

② 秦晖《传统中华帝国的乡村基层控制：汉唐间的乡村组织》，载《中国乡村研究》2003 年第 1 期。也有学者对秦晖的这个概括提出质疑，认为这种固定的概括忽视了几千年中国传统社会复杂的社会形态。另参见胡恒著《皇权不下县？——清代县辖政区与基层社会治理》，北京师范大学出版社，2015 年 5 月第 1 版.

③ 参见祁勇、赵德兴著《中国乡村治理模式研究》，山东人民出版社，2014 年 12 月第 1 版，第 22—35 页.

④ 萧公权著《中国乡村——19 世纪的帝国控制》，张皓、张升译，九州出版社，2018 年 2 月第 1 版.

（二）计划经济时期乡村治理的方式与特征

1949 年共产党执掌全国政权后照搬苏联模式，逐步建立了以马列主义为国家意识形态、以公有制为基础、以高度集中的计划经济体制为特征的全新的国家形态和治理结构。特别是在人民公社时期，我国乡村社会的治理相应发生了空前的历史性巨大变化。

1. 计划经济时期乡村社会结构的基本特征。在经济上，我国以苏联模式为蓝本，以国家权力为后盾，消灭了土地私有制，建立了土地公有制即国有制和农村集体所有制。1950 年代通过“三大改造”，我国农村进入了以土地集体所有制为基础的农业集体化时代，并在此基础上推进国家的工业化进程，党强力主导推动国家由农业国向工业国的转变。在政治上，建立了共产党领导下的人民民主专政的社会主义国家政权。在社会上，传统的宗法社会被共产党建立的政治社会所取代，党组织以及党领导下的其他群团组织覆盖乡村社会每个角落，每个村都建立了党的支部，党支部成为乡村社会的战斗堡垒，其他传统的乡村社会组织被消灭或自动消失。在文化上，确立了以马克思列宁主义、毛泽东思想为指导思想的国家意识形态。

2. 计划经济时期乡村社会治理模式的基本特征。计划经济时期特别是人民公社时期，我国乡村社会的治理模式，大致可以概括为“党的领导、公社体制、干部管理、群众运动”的治理模式，就是党领导下的人民公社模式。在计划经济时期，我国乡村治理体制由四个基本的体制构成：一是党领导一切的体制。党是所有乡村社会组织的领导核心和权威中心。二是集体所有制。整个乡村消灭了私有制，全面建立了集体所有制。三是城乡二元体制。城乡之间建立了以户籍制度为核心的“城乡分治”的二元社会治理体制。四是人民公社体制。与城市社会的单位制不一样，乡村社会实行“政社合一”“一大二公”“一平二调”的人民公社体制，村民成为人民公社中的社员，统一参加集体劳动，实行集体分配。

3. 计划经济时期乡村社会治理的优势与问题。计划经济时期我国乡村社会治理是建立在党的领导和公有制基础上、实现国家工业化目标、国家权力全面控制社会的治理结构。计划经济时期乡村社会治理形成了三大重要的治理资源：一是空前强大的党的领导，二是集中力量办大事的集体组织力量，三是人民当家作主的根本政治原则。计划经济时期我国乡村社会治理主要存在高度集中的计划经济体制、高度集权的政治体制、高度垄断的意识形态体制的问题。

（三）改革开放以来乡村治理的方式与特征

1978 年开始的改革开放，使我国逐步告别计划经济体制、进入建立健全社会主义市场经济体制的新时期。40 多年来，我国乡村社会的治理结构也发生了新的历史性变化。

1. 改革开放以来乡村社会结构的基本特征。在经济上，我国开始改革计划经济体制，明确提出建立健全社会主义市场经济体制，实现了从计划经济体制向市场经济体制的跨越。在农村实行以家庭承包经营为基础、统分结合的双层经营体制。在社会主义新农村建设的基础上，实施乡村振兴战略。在政治上，坚持党的领导、人民当家作主、依法治国的有机统一。在社会上，允许和规范各种经济组织和社会组织依法登记和发展，在党的领导和法律框架内，乡村社会民间组织得到了快速发展。在文化上，坚持马克思列宁主义、毛泽东思想、邓小平理论、“三个代表”重要思想、科学发展观、习近平新时代中国特色社会主义思想在意识形态领域的指导地位，同时提出继承和弘扬中华优秀传统文化，吸收和借鉴当今世界人类文明的共同成果。

2. 改革开放以来乡村社会治理模式的基本特征。改革开放以来我国乡村社会的治理模式，大致可以概括为“党的领导、依法治国、乡政村治、基层民主”的治理模式，就是党领导下的乡政村治模式。改革开放以来，我国乡村治理体制取得了许多新的突破和发展，主要体现在四个方面：一是废除了人民公社体制，建立了乡政村治体制。1983 年废除人民公社体制后，在全国乡镇一级建立政府，在村一级实行村民自治。二是实行家庭承包责任制和农村集体产权制度改革，探索集体所有制的实现形式。三是破除城乡二元结构，推进城乡一体化，实现城乡融合发展。四是坚持党的领导、人民当家作主、依法治国有机统一，健全自治、法治、德治相结合的乡村治理体系。

3. 改革开放以来乡村社会治理的优势与问题。改革开放以来，我国民主和法制建设得到发展，乡村治理开创了新的局面。一是推行村民自治，发展基层民主。在广大农村实行直接的民主选举、民主协商、民主决策、民主管理、民主监督。现代民主理念和民主实践在广阔的乡村得到了培育和发展。二是加强农村普法教育，建设法治乡村。国家连续开展普法教育，已开展了第七个五年普法工作，不断加强涉农立法工作，完善农村法治体系。三是加强农村基层党组织建设，推进全面从严治党向农村基层延伸。四是传承和弘扬中华优秀传统文化，吸收和借鉴传统乡村治理资源。改革开放以来我国乡村社会治理存在的突出问题，主要是城乡二元体制没有得到根本性的破除；集体产权的社区性、封闭性与工业化、城镇化、市场化的矛盾没有得到有效解决；权力没有关进制度的笼子里，存在权力滥用、权力寻租、权力不作问题；市场化改革产生的唯利是图、诚信缺失、道德沦丧、食品药品安全、贫富差距、生态环境破坏等负面影响没有得到有效的制度性解决，等等。

三、走向乡村善治需处理好几个关系①

乡村善治是指乡村的良好治理，即有效保障乡村居民基本权利和自由、维护社会公平正义、保持和谐有序与生机活力的乡村社会状态。②乡村善治既是一种治理理念，也是一种治理过程、治理状态和治理目标。乡村治理在空间结构上，包含乡镇治理和村庄治理两个层级，乡镇一级设立有我国最基层的政府，实行官治；村一级是国家权力延伸至社会最基层的权力末梢，实行自治。乡政村治是我国乡村治理的基本格局。乡村治理在概念内涵上，包括国家对乡村的治理即官治和村庄的自我治理即自治两种形态。推进乡村治理，既要跳出乡村治乡村，又要立足乡村理乡村。乡村处在整个国家和社会的制

① 本部分内容最早系张英洪于 2018 年 12 月 29 日在中国社会科学院农村发展研究所主办的乡村善治与治理体系创新学术研讨会上报告过。

② 俞可平认为善治是公共利益最大化的治理过程和治理活动。参见俞可平著《走向善治》，中国文史出版社，2016 年 10 月版，第 75 页。另参见张英洪《乡村治理要强化维护发展农民基本权利》，载《农民日报》2014 年 8 月 6 日。

度结构与社会环境之中，乡村治理受到整个国家和社会的观念、体制、文化、环境等多种因素的重大制约和严重影响，乡村并不能够置身于国家治理之外而独善其身。当前，我国乡村治理最需要的是“少一点控制、多一点善治”。走向乡村善治，需要处理好以下几个关系。

（一）处理好城与乡的关系

从乡村治理面临的静态空间上说，走向乡村善治，必须处理好城市与乡村的关系。乡村并不是孤立存在的生活空间，而是与城市并存相依的社会共同体。城市与乡村是人们置身于其中的两个性质不同而又紧密相连的地域空间和社会场所。与传统中国相对静止的乡村社会来说，当代中国的乡村治理受到城乡关系的严重影响。处理好城与乡的关系，核心是要实现城乡之间的地位平等、功能互补和对乡村价值的尊重与保护。

走向乡村善治，首先，必须正确认识和处理城乡关系，彻底破除城乡二元体制，构建平等的城乡关系，确保城乡居民在公民权利上的完全平等统一。其次，坚持城乡功能互补，各取所需，相得益彰，实现城乡融合发展。再次，必须尊重乡村发展的自然规律、内在逻辑和文化习俗，改变以城市的思维改造乡村、以城市的眼光建设乡村、以城市的意志破坏乡村的城市式自负与任性。乡村文明是中华文明的根和源，乡村价值是中华农耕文明的核心价值所在。在重新认识乡村价值的基础上，[①]尊重乡村的自然发展规律，克服对乡村的建设性破坏，加强对农民住宅和传统村落的法律保护，特别是要严格禁止一些地方政府与大资本合谋强行驱赶乡村原居民而圈占古村古镇大搞垄断式开发旅游的掠夺乡村现象和其他大拆大建现象。

（二）处理好城镇化与逆城镇化的关系

从乡村治理面临的发展变化上来说，走向乡村善治，必须处理好城镇化与逆城镇化的关系。乡村既不是孤立的存在，也不是静态的存在，而是与城镇化和逆城镇化进程密切相关的动态性存在。改革开放以来，城镇化和逆城镇化是对乡村冲击最大的时代潮流，深刻影响和挑战着乡村的治理，也推动着乡村治理的历史性转型。处理好城镇化与逆城镇化的关系，核心是要实现城乡制度的统一开放和城乡要素的双向自由流动。

城镇化就是乡村人口向城镇集聚的过程。与世界各国不同的是，我国的城镇化是在城乡二元体制没有根本破除的情况下推进的，就是说，是在城乡长期隔离的政策制度没有完全改变的情况下推进的。这就造成了我国特有的“城市病”和“农村病”。这种畸形的城镇化模式，使城乡两头都生“病”了。在城市出现的“城市病”，就是数以亿计的进城农民长期只能当农民工，不能正常融入城市成为新市民。我们的城市不仅不接纳农民融入将之转变为新市民，而且不接纳其他城市的市民融入将之转变为新市民，从而形成了我国蔚为大观的城市外来常住人口。在农村出现的“农村病”，就是数以千万计的农村留守儿童、留守妇女、留守老人。这种城乡同时患上的“怪病”，其实质就是在城市化进程中没有相应改变城乡二元体制而产生的畸形的城镇化之病。

---

① 张英洪《重新认识乡村的价值》，载《中国乡村发现》2015 年第 2 期.

逆城镇化就是城镇化发展到一定阶段以后出现的城镇人口向城镇周边地区和乡村地区疏解的过程。在我国特大城市和超大城市，这种逆城镇化现象早已出现且表现得比较明显。中央提出的京津冀协同发展战略，就是着眼于解决北京的特大城市病，疏解北京的非首都功能，这是推进逆城镇化发展的典型。2018 年 3 月，习近平总书记在参加十三届全国人大一次会议广东代表团审议时明确提出，城镇化、逆城镇化两个方面都要致力推动。城镇化、逆城镇化的健康发展，有利于实现乡村振兴，也有利推进乡村治理创新。

推进健康的城镇化、逆城镇化，核心是要破除城乡二元结构，加快构建城乡融合发展的体制机制和政策体系，其核心是要革除城乡政策制度的封闭性和静止性，建立健全城乡要素自由流动和平等交换的制度体系，实现城乡基本公共服务的均等化和自由接转。在健康的城镇化、逆城镇化进程中，关键是国家要着力建设有利于尊重和实现城乡居民自由选择的现代国家统一的制度体系，农民既可以自主选择进城当市民，市民也可以自主选择进村当农民。

（三）处理好政府、市场、社会之间的关系

从乡村治理依托的主体领域上说，走向乡村善治，必须处理好政府、市场、社会的关系。乡村社会同样存在着政府、市场、社会三大领域，这三大领域之间保持相对平衡的关系，是推进乡村治理的基本依托，也是实现乡村善治的基本前提。处理好政府、市场、社会之间的关系，核心是要实现对公权力的驯服、对资本的节制、对人权的保障。

改革以前，我们建立了全能主义的政府，彻底消灭了市场、社会，由政府取代和包揽市场、社会。改革以来，市场得到了生长和发展，社会也得到了培育和成长。但政府、市场、社会的发展并不平衡，各自的发展也很不充分。在我国，长期以来，政府、市场、社会各自领域权责不明，职责不清，强政府—弱市场—弱社会的“一强二弱”基本格局没有改变，政府强一点、市场乱一点、社会弱一点的现象长期存在，政府、市场、社会彼此之间的关系失衡。

处理好政府、市场、社会之间的关系，需要实行政企分开、政社分开。政府的归政府，市场的归市场，社会的归社会，政府、市场、社会三者之间各得其所而又相得益彰。同时，政府要立足于建设成为现代法治政府、服务型政府、廉洁政府；市场要朝着完善的市场经济体制方向发展，发挥市场在资源配置中的决定性作用，加快建立健全现代市场经济体制；社会要着眼于增强社会活力和自主性，赋予社会成员更多的组织资源，保障社会组织和社会成员的基本权益。要改变政府、市场、社会关系严重失衡的局面，构建一个政府强、市场和社会也强的新格局。

处理好政府、市场、社会之间的关系，尤其要正确认识和对待权力、资本、民众。在如何认识和对待权力、资本、民众上，存在许多认识上的误区和实践上的偏差。① 在如何对待权力上，有三种基本的认识和态度，一是消灭权力的无政府主义，二是

① 有关如何认识和对待权力、资本的观点，参见张英洪《建设保障农民权利的公正社会》，载张英洪著《农民权利研究》（全四册）自序，中央编译出版社，2014 年 9 月第 1 版，第 7—14 页．

迷信权力的国家主义，三是驯服权力的法治主义。消灭和迷信权力，是两种极端的思想观念，在实践中会造成重大的社会悲剧。理性的选择就是驯服权力，将权力关进制度的笼子里，建设现代法治国家。在如何对待资本上，也有三种基本的认识和态度，一是消灭资本，二是崇拜资本，三是节制资本。消灭和崇拜资本也是两种极端的思想观念，在实践中同样会造成重大的社会悲剧。理性的选择就是节制资本，保护资本的合法权益，抑制资本的消极作用，建设法治的市场经济。在如何对待民众上，同样有三种基本的认识和态度，一是精英主义，把民众当臣民、贱民；二是民粹主义，崇拜抽象整体的人民；三是把民众当公民。把民众当贱民，崇拜抽象整体的人民，是两种极端的思想观念，在实践中同样会造成重大的社会悲剧。理性的选择就是把民众当公民，树立和维护宪法权威，坚持依宪治国，尊重和保障公民权利，培育公民美德和公民责任。

在权力、资本、民众三者关系中，既要防止权力与民众合流，彻底剥夺和消灭资本；也要防止权力与资本结盟，共同压榨和掠夺民众。在对待权力、资本、民众上，核心任务是驯服权力，将权力关进制度的笼子里。驯服权力、节制资本、保障人权，是我们建设现代国家、实现治理现代化最为艰巨的时代任务。

（四）处理好党的领导与自治、法治、德治的关系

从乡村治理实施的有效途径来说，走向乡村善治，必须处理好党的领导与自治、法治、德治的关系。党的十九大报告提出，健全自治、法治、德治相结合的乡村治理体系。健全“三治”相结合的乡村治理体系，是实现乡村善治的有效途径。事实上，改革以来我国乡村治理的基本方式是“四治”模式，即党治、自治、法治、德治。党治是统领，自治、法治、德治是党治下的功能分殊与职责分工；或者说我国乡村治理的基本方式是在党领导下的自治、法治、德治。[①] 处理好党的领导与自治、法治、德治的关系，核心是要实现党的领导、人民当家作主、依法治国的有机统一。

党的十九大报告强调坚持党对一切工作的领导，党政军民学，东西南北中，党是领导一切的。《中国共产党支部工作条例（试行）》进一步明确村党支部全面领导隶属于本村的各类组织和各项工作，领导村级治理。在农村基层工作中，至少有三个方面的重大变化，体现和突出了党的领导：一是在资金支持上，各级加大了对村级党建工作的投入。各级有关部门对村里党建工作投入都比较大。我们在北京顺义区高丽营镇一村调研时发现，上级投入 180 多万元到建设中的党建活动中心。二是在人才支持上，北京开始设立党建助理员，取代此前的大学生村官。三是在村“两委”主要负责人上，北京明确要求在 2018 年年底和 2019 年年初的村“两委”选举中，村党支部书记兼村委会主任比例达到 100%。2013 年，北京村党支部书记兼村委会主任比例为 65.7%。

我们在京郊全国民主法治示范村调研时发现，其共同点是村党支部书记领导有力，确

① 中共十九大提出健全自治、法治、德治相结合的乡村治理体系后，我们在相关研究中强调真实世界的乡村治理是党领导下的自治、法治、德治。2018 年 12 月 29 日晚，新华社发布中央农村工作会议在京召开的新闻中明确提出要建立健全党组织领导的自治、法治、德治相结合的乡村治理体系。参见《中央农村工作会议在京召开 习近平对做好“三农”工作作出重要指示》，载新华网 http://www.xinhuanet.com/politics/leaders/2018-12/29/c_1123926575.htm.

保对村庄和村民的有效控制，维持了村民不上访、不闹事的稳定秩序，但村民则大都是“沉默的大多数”。

在强化村庄党的领导、加强党建工作的同时，能否与时俱进地相应加强自治、法治、德治建设，不至于以党支部领导取代和淹没自治、淡化和冷落法治、空洞和虚化德治，是村庄治理需要认真思考和对待的问题。强调村党支部书记全面兼任村委会主任，这既可以增强村级权力的集中统一领导，但也有可能使村民的直接民主选举流于形式。

在传统中国乡村，所谓“皇权不下县，县下皆自治”，乡村有悠久的自治传统，但这种乡村自治也是皇权统治下的自治。不过，历朝历代并没有另外建立一套与官僚体系和自治体系并行且凌驾于其上的单独代表皇权的组织系统，并将之延伸到乡村底层社会进行主导性治理。

正确处理好党的领导与自治、法治、德治的关系，既要坚持党的领导，也要坚持自治为基、法治为本、德治为先，不断健全党组织领导下的自治、法治、德治相结合的乡村治理体制机制，核心是要坚持党的领导、人民当家作主、依法治国有机统一。在坚持党的领导中，我们尤其要克服以党的领导代替人民当家作主、以党的领导取代依法治国的认识误区和实践偏差。党的领导与自治、法治、德治之间关系的任何偏废和失衡，都会导致乡村治理的扭曲和治理异化。

（五）处理好国家、集体、农民的关系

从乡村治理维护的利益关系上说，走向乡村善治，必须处理好国家、集体、农民的关系。马克思指出：“人们奋斗所争取的一切，都同他们的利益有关。”[①]他还说“‘思想’一旦离开‘利益’，就一定会使自己出丑。”[②]几十年来，处理好国家、集体、农民的关系，好像是一个老生常谈的话题。但事实上，这三者之间的关系并未得到真正厘清、理顺。处理好国家、集体、农民的关系，核心是要实现对农民基本权利的尊重和保障。

1978 年 11 月，安徽小岗村农民选择“大包干”时，承诺“交够国家的、留足集体的、剩下都是自己的”，在保障国家、集体利益的基础上，为农民自己的生存利益开辟了道路，从而揭开了中国农村改革的序幕。2002 年 11 月，党的十六大政治报告指出：“共产党执政就是领导和支持人民当家作主，最广泛地动员和组织人民依法管理国家和社会事务，管理经济和文化事业，维护和实现人民群众的根本利益。”[③]

维护和实现人民群众的根本利益，不仅需要政治上的宣示，而且需要制度上的建设和行动上的落实。长期以来，国家、集体、农民三者之间的利益严重失衡，国家侵害集体利益和农民利益、集体侵害农民利益的现象屡见不鲜。这绝不是因为我们在政治上缺乏对农民利益的重视，而在于制度建设和体制安排上的缺失以及实践中的弊端。

走向乡村善治，处理好国家、集体、农民的关系，必须明确农民的三重身份，保障和

---

①《马克思恩格斯全集》第 1 卷，人民出版社 1956 年版，第 82 页.

②《马克思恩格斯全集》第 2 卷，人民出版社 1956 年版，第 103 页.

③ 江泽民《全面建设小康社会开创中国特色社会主义事业新局面——在中国共产党第十六次全国代表大会上的报告》，人民出版社，2002 年版，第 31—32 页.

实现农民的三重权利。第一，农民作为国家公民，拥有公民身份，享有公民权；第二，农民作为集体经济组织成员，拥有社员身份，享有成员权；第三，农民作为村庄社区居民，拥有村民身份，享有村民权。这三重权利是交织在一起的，具体体现为人权、产权、治权三类权利。①

保障和实现农民的公民权，就是要全面依法治国，坚决落实《宪法》规定的公民的基本权利和自由；保障和实现农村集体经济组织的成员权，就是要全面深化农村集体产权制度改革，界定集体经济组织成员身份，落实农民的财产权利和民主参与权利；保障和实现农民（村民）村庄社区的村民权，就是要全面推进村民自治，落实农民（村民）对村庄社区公共事务的自治权以及民主选举、民主决策、民主管理、民主监督的权利，保障和实现农民（村民）当家作主。

（六）处理好传统文化与现代文明的关系

从乡村治理秉持的文明理念上说，走向乡村善治，必须处理好传统文化与现代文明的关系。离开中华优秀传统文化和现代人类共同的文明成果，就不可能有乡村的真正善治。处理好传统文化与现代文明的关系，核心是要实现中华优秀传统文化与现代人类文明有机结合，创造新的中华文明。

中华文明源远流长，博大精深。2017 年 1 月，中共中央办公厅、国务院办公厅印发《关于实施中华优秀传统文化传承发展工程的意见》，强调传承和弘扬中华优秀传统文化，这具有重要的现实意义。但破坏文化易，建设文化难。对中华优秀传统文化，还必须根据时代发展的需要，与时俱进地实现创造性转化、创新性发展。

特别需要指出的是，我国传统文化中信奉的中庸之道，强调不偏不倚和正常的社会政治生态，这既是个人为人处世的人生之道，也是国家经世济民的治理之道。中庸之道的治理哲学，就是反对极左、极右两种极端化的激进治理观念和方式。信奉中庸之道，或许正是中华文明成为人类历史上唯一一个绵延 5000 多年至今未中断的灿烂文明的重要因素之一。中庸之道是我们推进乡村治理现代化、实现乡村善治应当充分吸取的宝贵治理思想资源。

在乡村治理上，应当充分吸收和借鉴人类社会形成的共同文明成果。走向乡村善治，必须吸收的人类现代文明成果相当丰富。就推进乡村善治来说，至少应当充分吸收和发展以下三个方面的文明成果：一是民主。民主就是人民当家作主，这是现代国家合法性的重要来源，也是社会主义核心价值观之一。让人民当家作主，是共产党执政的初心和使命。在中国特色社会主义新时代，必须真刀真枪地深化政治体制改革，大力发展社会主义民主政治，加强社会主义政治文明建设。20 世纪 80 年代以来，我国将现代民主引入乡村社会，发展农村基层民主，实行村民自治制度，这是对现代民主理念的重要认可和践行。邓

① 参见张英洪《公共品短缺、规则松弛与农民负担反弹——湖南省山脚下村调查》，载《调研世界》2009 年第 7 期．张英洪《抓住农村改革的三条主线》，载《中国经济时报》2017 年 2 月 28 日。张英洪《不断促进农民的全面发展》，载《农民日报》2019 年 1 月 8 日．

小平说："没有民主就没有社会主义，就没有社会主义的现代化。"①同样，没有民主就没有善治，就没有乡村治理的现代化。二是法治。亚里士多德在《政治学》中指出："法治应该包含两重含义：已成立的法律获得普遍的服从，而大家所服从的法律又应该本身是制定得良好的法律。"②法治是治国理政的基本方式，也是社会主义核心价值观之一。没有法治就没有善治，就没有乡村治理的现代化。践行法治，必须坚持宪法和法律的最高权威，坚持在法律面前人人平等，坚持立良法行善治。三是市场经济。市场经济是最具效率与活力的社会资源配置方式。市场经济被认为是"人类最伟大的创造，是人类进步最好的游戏规则。"③我国的市场化改革始于农村，但农村的市场化程度仍然不高，特别是土地等生产要素的行政化配置相当明显。完善社会主义市场经济体制，是我国改革开放的基本目标之一。建立健全社会主义市场经济体制，不仅是实现乡村善治的需要，也是实现中华民族伟大复兴的基础性制度保障。

（七）处理好经济发展与生态环境的关系

从乡村治理实现人的永续生存上说，走向乡村善治，必须处理好经济发展与生态环境的关系。我们以前的社会科学研究以及社会治理活动，基本上都是建立在生态环境是给定不变的基础上的。但是，经过改革发展40多年后的今天，生态环境问题已经严重恶化，这不但严重影响和制约社会科学研究以及社会治理活动，甚至危及人们的基本生存和人类永续发展。处理好经济发展与生态环境的关系，核心是要建设生态文明，实现天人合一的永续发展。

走向乡村善治，最根本的是要全面深化改革，发展思想市场，建设制度文明，培育出既有中华文化底蕴、又有现代文明素养的新国民，创造出兼容并包、融中西文明于一体的新中华文明。在经历了40年改革开放后的中国，必须在追求经济增长的基础上，实现全体国民现代文明素质的提高。否则，乡村有的只是控制，而不可能有善治。

四、推进乡村治理现代化的思考和建议

推进乡村治理体系和治理能力现代化，必须坚持问题导向，建立健全党委领导、政府负责、社会协同、公众参与、法治保障的现代乡村社会治理体制，统筹推进乡村经济治理、政治治理、社会治理、文化治理、生态治理和党的建设，将中国优秀传统文化、改革开放伟大实践、人类政治文明共同成果有机结合起来，为实施乡村振兴战略提供有力支撑和保障，推动实现新时代农业全面升级、农村全面进步、农民全面发展。

（一）在总体思路上，坚持走中国特色乡村善治之路

中国特色乡村善治之路，就是在中华文化的基础上，在现代政治文明的发展中，坚持和完善党领导的自治、法治、德治相结合的乡村优良治理之路。在当代中国，党的领导是

① 《邓小平文选》(第二卷)，人民出版社1994年10月第2版，第168页.

②（古希腊）亚里士多德著《政治学》，吴寿彭译，商务印书馆1965年版，第199页.

③ 张维迎著《市场的逻辑》，上海人民出版社2010年7月第1版，第1页.

乡村治理的政治前提和保障，自治是乡村治理的核心和本质，法治是乡村治理的关键和规范，德治是乡村治理的引领和支撑。

走中国特色乡村善治之路，一要解决新时代面临的三大问题。一是必须解决计划经济体制遗留下的老问题，二是必须解决市场化改革以来产生的新问题，三是必须解决国家实现民主法治转型的大问题。二要认真处理好三大基本关系。一是必须处理好国家与农民的关系，加强现代国家民主法治建设，切实保障农民的基本权利和自由尊严；二是必须处理好官治与自治的关系，加强现代法治体系建设，明确官治、自治的领域边界和各自职责；三是必须处理好城市与乡村的关系，从根本上破除城乡二元体制，坚持城乡价值平等，实现城乡融合发展。三要切实保护农民的三大权利。一是必须维护和发展好农民的人身权利，二是必须维护和发展好农民的财产权利，三是必须维护和发展好农民的公共治理权利即民主权利，促进农民自由而全面发展。四要着力推进三方面的改革开放。一是必须在制约和规范公共权力上深化改革，切实将权力关进制度的笼子里；二是必须在驾驭和节制资本上深化改革，着力引导资本趋利避害；三是必须在保护和激活社会上深化改革，真正让社会充满生机与活力。

（二）在重点工作上，加快构建八大制度体系

一是大力加强农村党的建设，加快构建党全面领导乡村的制度体系，强化乡村善治的政治保障。办好农村的事情，实现乡村振兴，推进乡村治理体系和治理能力现代化，关键在党。党的领导是当代中国推进乡村治理最基本的政治前提。必须提高党把方向、谋大局、定政策、促改革、抓治理的能力和水平。不断完善党领导乡村工作的体制机制，落实《中国共产党农村基层组织工作条例》，加强农村基层党的建设，将全面从严治党向广大农村基层延伸和全覆盖，以全面从严治党引领和推动乡村治理走向制度化、规范化和程序化。

二是着力破除城乡二元体制，加快构建城乡融合发展的制度体系，形成乡村善治的城乡格局。城乡二元结构是制约乡村全面发展的最关键的体制性根源之一。要全面破除城乡二元体制，持续推进城乡发展一体化，加快构建城乡融合发展的体制机制和政策体系。必须在经济、政治、社会、文化、生态文明和党的建设等方面，建立健全全国城乡统一、平等、开放的制度体系，形成城乡等值、制度公平、平等交换、自由流动的新型城乡关系。

三是深化农村集体产权制度改革，加快构建维护集体财产权利的制度体系，夯实乡村善治的产权基础。集体所有制是乡村治理面临的最基本的体制环境和约束条件。必须适应健全社会主义市场经济体制新要求，不断深化农村集体产权制度改革，积极探索农村集体所有制有效实现形式，尽快建立健全归属清晰、权能完整、流转顺畅、保护严格的中国特色社会主义农村集体产权制度，构建完备的集体经济治理体系，保护和发展农村集体和广大农民合法的财产权利，为乡村善治提供坚实的产权基础。

四是强化农村基本公共服务供给，加快构建城乡基本公共服务均等化的制度体系，织牢乡村善治的社保网络。农村基础设施和基本公共服务的滞后与短缺，是长期城乡二元社会管理的产物，是城乡发展不平衡、农村发展不充分最突出的体现。必须大力优化财政支出结构，持续提高民生支出占财政支出的比重，加大农村基础设施、公共服务设施和基本公共服务的投入，推进城镇基础设施和公共服务向农村延伸，加快实现城乡基础设施和基本公共服务一体化，全面提升农村基本公共服务水平，实现城乡基础教育、基本医疗、基本养老等基本公共服务均等化和一体化，推进精准脱贫，加快提高农村社会保障水平，让全体农民都能过上体面而有尊严的现代生活。

五是不断健全村民自治方式，加快构建保障村民自治权利的制度体系，增强乡村善治的社会活力。由于长期的历史文化传统等多重原因，农民群众的主体作用没有得到应有的发挥，村民自治的优势没有充分地显现，乡村社会的活力存在不足。必须着眼于村民民主自治权利的保障和实现，不断创新村民自治方式，加强村民自治制度建设，用制度保障和落实村民依法行使民主选举、民主决策、民主管理、民主监督的权利，丰富乡村民主协商的形式，保障农民自己“说事、议事、主事”，做到村里的事村民商量着办，不断激发乡村社会的活力。基层自治的层级既要向自然村下沉，也要向乡镇一级拓展与提升。必须明确界定党务、政务、自治事务、集体经济事务的领域与边界，做到既能各行其是，又能协同共治。必须适应城乡融合发展的需要，实现农村社区公共事务的开放，使全体社区成员都能平等有序参与社会公共事务的管理，实现农村社区的多元民主参与治理。

六是加大“三农”立法工作，加快构建法治乡村的制度体系，实现乡村善治的法治保障。必须按照法治中国建设的总目标，加快建设法治乡村。在全面依法治国进程中，必须全面加强乡村立法工作，善于运用法治思维和法治方式推进“三农”工作，切实将政府各项涉农工作全面纳入法治轨道，加快建设法治政府，真正坚持依法行政。必须将农村基层的党内民主、自治民主、集体经济组织民主、社会民主、基层协商民主等各种形式的民主纳入法治框架，推进基层民主的法治化建设和规范化建设。必须将乡村的各种公共权力关进制度的笼子里，做到有权必有责，用权受监督，失职要问责，违法有追究。在加强平安乡村建设中，依法打击危害农村公共利益和侵害农民合法权益的违法犯罪活动，对村匪地霸等农村黑恶势力必须集中整治、依法严惩，维护社会公平正义。要在惩恶扬善中加快重塑乡村优良的政治生态和公正的法治环境。

七是突出乡村文化建设，加快构建乡村道德文化的制度体系，激活乡村善治的道德力量。发源于乡村的农耕文化是中华文化的基因和底色。必须大力弘扬和传承中华优秀传统文化，警惕和制约权力与资本对乡村文化的恣意破坏，尊重和敬畏独具中华特色的乡村传统风俗和地方乡土文化，培育和建设新乡贤文化，推进中华优秀传统乡村文化的创造性转化、创新性发展。必须立足我国乡村熟人社会的明显特征，深入挖掘乡村熟人社会蕴含的道德规范，倡导和培育现代新君子，强化道德教化作用，加强乡村道德建设，营造全社会崇德向善、惩恶扬善、重义守信、尊老爱幼、守望相助的乡村风尚，重振具有悠久历史传承的乡村道德，建设具有强大感染力向心力、留得住乡愁乡情和心灵归宿的新道德乡村。

八是促进农业农村绿色发展，加快构建美丽健康乡村制度体系，优化乡村善治的生态环境。必须坚持和贯彻绿水青山就是金山银山的理念，推动农业农村绿色发展，形成乡村绿色发展方式和生活方式。加强农村人居环境整治，大力发展生态有机农业，持续开展植树造林，严格控制和减少农药化肥等使用量，增加生态健康产品和服务的供给，保障和提高农产品质量以及食品安全质量，加强乡村生态文明体制建设，加大影响人们身心健康的环境问题的治理力度，从严整治和惩处一切破坏生态环境、损害身心健康的行为。落实《“健康中国 2030”规划纲要》，切实保障食品药品安全，构建美丽乡村和健康乡村的制度体系，全面提升乡村环境宜居水平和农民身心健康水平。通过有效治理，加快建设一个与实现中华民族伟大复兴相适应的山清水秀、天蓝地绿、村美人和、身心健康的美丽健康乡村。

（三）在工作方式上，要实现六大转变

一是从长期注重农业现代化向更加注重农村和农民现代化转变。在新时代推进乡村治理现代化，既要持续推进我国农业的现代化进程，实现工业化、城镇化、信息化与农业现代化同步发展，补齐“四化”同步中的农业现代化的短板，必须更加重视和推进农村和农民的现代化，实现农村社会的全面进步和农民的全面发展，补齐国家现代化中的农村和农民现代化的短板。

二是从长期注重乡村自我发展向更加注重城乡融合发展转变。在继续推进乡村建设和发展的同时，必须更加注重跳出乡村看乡村、跳出“三农”看“三农”、跳出乡村治理看乡村治理，坚持从城乡融合发展的高度，加快构建新型城乡关系，建立健全全国城乡统一、平等、开放的制度体系和市场体系，实现城乡要素的双向自由流动和平等交换，实现乡村振兴与新型城镇化的协调发展。

三是从长期注重农民增加收入向更加注重满足农民对美好生活的向往转变。在持续增加农民收入、大力实施精准脱贫、不断满足农民群众对物质文化生活需求的同时，必须紧紧把握新时代我国社会主要矛盾已经转化为人民日益增长的美好生活需要和不平衡不充分的发展之间的矛盾新变化，更加重视满足广大农民群众对民主、法治、公平、正义、安全、环境等方面日益增长的新需要，全面提高农民的生活质量，保障和促进农民的全面发展。

四是从长期注重物质技术投入向更加注重乡村制度供给转变。在持续加大对农村的科学技术项目、基础设施、公共服务设施建设、扶贫帮困等物质技术投入的基础上，必须更加注重加强现代乡村社会的民主法治制度建设，强化民主法治制度供给，将“三农”工作全面纳入制度化、程序化、规范化的轨道。

五是从长期注重政府主导向更加注重发挥农民主体作用转变。在坚持党的领导下继续发挥政府在“三农”工作中的主导作用基础上，必须更加注重实行政企分开、政社分开，处理好政府与市场关系、政府与社会的关系，不断深化经济体制、政治体制、社会体制、文化体制、生态文明体制等各方面体制改革，真正尊重和发挥农民的主体作用，用现代民主法治制度体系保障农民当家作主的权利。

六是从长期注重“三农”政策引导向更加注重“三农”法治建设转变。在继续发挥有关政策在“三农”工作中的积极引导和重要规范作用的同时，必须积极适应全面依法治国的新要求，更加注重加强“三农”领域的立法工作，推进“三农”工作的法治建设，不断将各项涉农工作全面纳入法治的轨道，在建设法治中国的进程中更加有效地全面建设法治乡村。

执　笔　人：张英洪

基于北京市科技资源优势的智慧休闲农业平台建设研究

一、绪论

（一）研究背景

休闲农业是根植于农业、农村、农民并服务于城乡居民的产业，欧美等国家已发展了100多年，随着社会生产力的发展，在农业人口不断减少、农业效益不断下降的情况下，以休闲农业来带动农村的发展、促进农业产业结构的调整和升级，成为各国共同的选择。全球休闲农业以法国、德国和日本等发达国家最为盛行，当前休闲农业模式更加重视为市民或游客提供参与农业的机会，呈现出多样化和特色化的特征，依托信息技术，不仅开展线上宣传销售、信息服务等活动，还衍生出社区支持农业、虚拟农业等新模式。根据农业农村部统计数据，2019年我国乡村休闲旅游接待游客32亿人次，营业收入超过8500亿元，成为经济社会发展的新增长极。近年来，由于互联网信息技术的快速发展，城乡发展打破常规的边界限制，为休闲农业建设带来了转型升级发展的重要契机，为休闲农业智慧化建设提供了可能。

2020年年初，农业农村部、中央网络安全和信息化委员会办公室印发了《数字农业农村发展规划（2019—2025年）》，明确提出“加快生产经营数字化改造，鼓励发展智慧休闲农业平台”的任务。北京市作为全国休闲农业提出最早、研究最早、发展最早的地区，不但积累了丰富的行业管理经验，还具有全国科技创新中心的优势，集聚了全国一流的数字研发资源，在发展智慧休闲农业平台方面具备早谋划、早研究、早实施、早受益的优势。

全国范围看，随着国家支持力度的加大，休闲农业发展迅速，其中与互联网结合的休闲农业成为其中的发展亮点。各地因地制宜，不断创新发展模式，优秀案例不断涌现。浙江省鲁家村以旅游引领为核心，以产业融合为基础，最重要的是以互联网为助推器，通过基础设施的投入，利用大数据、云计算等技术为智慧旅游提供软硬技术支撑，实现集智慧旅游服务、管理和营销于一体的智慧旅游一体化平台。2020年，农业农村部印发《全国乡村产业发展规划（2020—2025）》，提出了要充分利用互联网及新媒体资源，运用APP小程序开发“想去乡游”，为消费者推介适合乡村休闲旅游的景点和线路，推介乡村休闲旅游精品线路130条。文化和旅游部印发《文化和旅游部办公厅关于统筹做好乡村旅游常态化疫情防控和加快市场复苏有关工作的通知》，强调要“注重培育一批本地、本村网络直播带货能人，扩大乡村土特产品的直播销售。拓展乡村物流布点，便利游客乡村购物的邮寄、快递服务，鼓励乡村旅游点、经营户主动向游客提供游后二次消费联络信息”。各地实施文化和旅游创客行动，依托互联网搭建乡村旅游创新创业服务平台。

2020 年，农业农村部指导各地创新开展乡村休闲旅游“云观赏”“云体验”“云购物”等线上体验，举行“云主播”“云锁客”“云认养”等线上活动。文化和旅游部会同国家发展改革委联合启动全国乡村旅游重点村名录建设工作，在 2019 年第一批 320 个乡村旅游重点村基础上，2020 年继续推出第二批 680 个乡村旅游重点村，丰富了乡村旅游产品供给。以乡村旅游重点村为节点，文化和旅游部推出了全国 300 条乡村旅游精品线路，在 2020 年“中秋”“国庆”双节假期前后进行集中宣传推广。指导抖音、快手等新媒体平台上线“乡村旅游”专门话题频道，整合乡村旅游优质短视频内容，集中提供素材，协调流量资源，全站重点推送。截至 2020 年上半年，“乡村旅游”专门话题累积点击浏览已超过 9000 万次。

在北京，休闲农业经营主体在疫情期间也充分发挥了数字化的作用，有很多鲜活的案例。耘泽谷以“农庄 + 城市田园餐厅 + 线上平台”模式积累的会员，在疫情期间坐在家中等待最新鲜的有机蔬菜；天葡庄园董事长孙宝胜，用抖音直播展示园区的苦菜春天、葡萄发芽等与宅在家中的消费者保持沟通；受疫情影响，今年平谷区推出“云上桃花源”网上看桃花活动，市民可足不出户，不扎堆、不聚集，线上实时实景感受平谷桃花；在平谷享誉世界的小提琴由于疫情遭遇销售难题，试水直播带货，入驻淘宝、快手、抖音等新媒体平台直播间，把拼板、刮板、刻头、装头、油漆等多道制作工序原原本本展现在网友面前，小提琴线上直播能够让更多人了解小提琴文化，将成为常态化的展示和销售渠道。这些都为北京市智慧休闲农业平台建设提供了很好的借鉴意义。

（二）研究意义

2020 年全国“两会”召开之后，北京市委市政府提出通过“五新一保”的措施促进首都新发展。“五新”分别是以新模式增强新动能、以新基建扩大新投资、以新供给带动新消费、以新举措推动新开放、以新服务打造新环境。所谓的新模式，就是通过数字技术的深度运用，带动经济社会的发展，包括推动数据的开放与共享触动数字经济的发展，推动“互联网 + 经济”的发展。这些新模式必将为城市发展、经济发展、社会发展带来新的动能。

北京市智慧休闲农业平台建设符合“五新一保”政策导向，有利于推进北京休闲农业经营主体信息化应用能力水平的提升，有利于推动行业管理的精准度，有利于提升政府相关部门的治理效能。

（三）研究思路与方法

本课题是实践性的课题。由于休闲农业产业本身所具有的综合性，本课题在研究思路上采取理论研究、案例搜集、实践探索、架构搭建的方式进行，借鉴农产品销售、旅游产品销售、智慧旅游管理等方面的经验，梳理智慧休闲农业的概念，综合形成智慧休闲农业平台的基本内容和基本建设思路，提出发展智慧休闲农业平台的战略步骤。

（四）研究内容

现有一些休闲农业智慧平台建设的研究，如南京市开展了基于智慧软件应用的南京市江宁区休闲农业服务平台设计研究，也是集中在消费端。从管理端来说，国内休闲农业界尚未形成有效的智慧平台。并且休闲农业作为第一产业的延伸，也有其特殊性。尤其是当前数字经济发展如火如荼，数字基础设施建设突飞猛进，可以说，《数字农业农村发展规划（2019—2025年）》提出的“智慧休闲农业平台”在国内还是一项空白。

二、智慧休闲农业的概念及特征

（一）概念

关于智慧休闲农业的研究起步较晚，但近年涌现的研究成果较为丰富。有的学者指出智慧乡村建设为北京智慧休闲农业提供了升级转型发展的时机。有的学者以秦皇岛为案例，指出智慧休闲农业促进休闲农业的可持续发展。有的学者从婺源案例出发，探讨了智慧旅游平台建构设计的方法。有的学者以成都为案例，探索智慧旅游市场营销对休闲农业发展的影响。有的学者通过凝练智慧休闲农业发展的模式，为智慧休闲农业未来发展提供了思路和方向。总的来说，当前我国关于智慧休闲农业主要偏向于市场营销和实地案例的研究和分析，对于智慧休闲农业理论研究方面尚未成熟。然而，有学者指出，智慧乡村旅游是以乡村社区为整个景区场所，以乡野农村独特的自然景观、人文景观、民俗风情以及传统的手工艺品等旅游资源为依托，以各种休闲农业产品为载体，以现代都市人为主要客源市场，以吸引游客注意力，满足游客休闲、娱乐等各方面的需求，从而获取利益为目的的一种新型的旅游业态，从而明确了智慧乡村旅游的概念。

（二）主要特征

智慧休闲农业得到相关部门的重视，拥有着诸多政策红利优势、环境优势和市场优势，具有如下特征：

1. 空间自由化

空间自由是智慧休闲农业的首要特征。智慧休闲农业的建设借助于互联网信息技术的发展，突破了原有严格的城乡边界限制，联结了实体空间和虚拟空间，形成了广阔的互联网自由空间。通过打破原有乡村的空间格局，形成“休闲农业产业 + 旅游服务主体 + 互联网”的产业特征，为休闲农业高效化发展提供了可能。

2. 体验深刻化

智慧休闲农业加深游客体验是其重要特征。区别于传统的休闲农业，智慧休闲农业给予游客最大的变化就是互联网等信息技术的融入，将引领游客参与休闲农业互动体验，促使游客对当地本土文化能有更深的理解和印象，从而提升游客对目的地的记忆和参与度。

3. 功能多样化

智慧休闲农业发挥信息技术的优势，拥有多重功能。在满足城乡居民旅游消费需求的同时，以休闲农业所承载的空间为基础，促进农业生产、农民生活、农村经济发展等多重发展，形成休闲农业、物流运输、文化传承等居住、交通和生产等多重功能融合发展模式。

三、休闲农业信息化现状

（一）信息化覆盖程度不高

《中国休闲农业与乡村旅游深度调研投资战略规划分析报告》显示，截至2012年，我国共有170万家休闲农业与乡村旅游经营主体，其中农家乐150万家，从业人员2800万，年接待游客8亿人次，实现营业收入超过2400亿元。但截至目前，全国范围内，没有权威信息平台为消费者提供包含大部分休闲农业经营主体的信息服务、帮助消费者减少选择成本的信息服务。区域范围内，部分地区建立的休闲农业网站，如“中国农家乐发源地”四川省，由省休闲农业协会委托主办的网站“麦味网”，目前上线的休闲农庄仅有二十余家，上线的农产品也很有限。同时我们可以看到，休闲农业信息化发展相对较好的北京市，部分平台如“大美田园”整合了北京1299家休闲农园中的500多家，也没有统一平台能够全面覆盖首都休闲农园。以休闲农业整体的发展规模和发展速度为参照，休闲农业信息化呈现覆盖程度较低、整合程度较低的特点。

（二）经营者信息化水平呈两端聚集态势

休闲农业经营者信息化水平整体偏低，但部分科技密集型企业的信息化建设水平较高。如北京金福艺农农业科技公司，不仅使用了互联网网站建设、移动互联网技术、二维码技术等常规方式，同时在设施农业生产环节的物联网使用方面也取得了很大的成绩。与此类同的部分北京五星、四星休闲园区，信息化使用水平在业内也处于领先水平，但同时也存在大量星级园区网站建设落后、信息更新较慢的情况。在休闲农业经营者中占比较高的民俗村、民俗户，以及大批规模较小的休闲农庄，几乎没有开展系统的信息化工作。经营者信息化一高一低、两端聚集的特征非常明显。

（三）休闲农业信息不能满足消费需求、管理需求

消费需求：如前文所述，消费者对休闲农业的信息化需求几乎体现在消费过程的各个环节，目前休闲农业面向消费者提供的信息化产品根本无法满足消费需求。如缺少囊括大部分休闲庄园和农家乐的统一平台满足一站式预定需求、缺少权威信息化渠道获取消费者建议意见、缺少统一平台吸纳消费过程的体验分享以促进行业的优胜劣汰等。

管理需求：休闲农业信息化相对滞后的情况，使行业管理部门难以客观、准确、快速地掌握行业发展规模、地域分布特点、行业发展优势、消费市场需求、周边区域行业发展格局等情况，难以即时掌握行业信息、为决策提供科学依据。

（四）行业数据收集困难，信息化方式使用不足

休闲农业行业信息收集工作中，信息化使用方式不足。现有行业信息收集工作，主要依靠行政主管部门用问卷调查的方式进行，在实际工作中面临经营者分散、问卷填写过程主观因素较强的问题，显现出信息收集工作效率不高、数据一定程度失真、信息收集工作成本过大的情况。依托信息化方式开展数据收集工作，能够及时、准确、客观地反馈经营者现状，同时还可拓宽信息收集范围，取得消费市场信息、增强行业管理部门数据互通的

效果。

（五）休闲农业信息化人才匮乏

休闲农业行业中，特别是规模较小的休闲农庄和农家乐，从业人员多是原有农民转型成为行业从业者，整体学历不高、年龄偏大、对信息化的了解理解和运用困难。休闲农业信息化发展面临人才缺乏的困难，这也是造成上述现状的重要原因之一。休闲农业的信息化发展过程，需要根据现有的从业人员状况，找到现有困难的解决途径。

（六）信息收集质量不高，导致休闲农业的信息化产品匮乏

我们在课题调查了解过程中发现，国内休闲农业信息化产品较少，大部分信息化产品缺少数据支撑，甚至缺少行业规模、经营者数量、消费人次、人均消费构成等基本行业数据。基本行业数据信息的缺失，导致休闲农业行业产品不多，信息化产品更加匮乏。在休闲农业和信息技术快速发展的今天，休闲农业信息化产品亟待丰富。

（七）信息孤岛现象明显、缺乏信息资源互通机制

休闲农业信息孤岛现象比较明显，信息孤岛不利于信息共享共用及深度开发，解决信息孤岛问题需要建立基于多方应用需求的信息资源互通平台。信息孤岛现象表现在：信息化较高的休闲农业园区，多以个体形式开展互联网信息化应用及推广工作，推广的具体形式是建立具有个体标签性质的网站、公众号、微博等，休闲农业园区信息由于标准化的缺失，在行业内都很难实现互通，就更不用说没有形成平台整体面向市场、面向管理者。同时，消费者消费信息、体验感受、经验分享等分散在各互联网平台上，信息碎片化和孤岛化严重。消费者和经营者作为信息来源基础，信息孤岛现象严重，决定了整个行业的信息孤岛现象严重，需要建立统一的信息互通机制将各方信息进行互通共用。

四、基于数字中台的智慧休闲农业平台建设设想

（一）北京科技资源优势的体现——新基建

进入 2020 年，一场声势浩大的新型基础设施建设（即“新基建”）正在神州大地拉开帷幕。以 5G 和 F5G 为代表的新联结，和以云、AI 等为代表的新计算，构成了新基建的两大核心，是数字化时代的“发动机”，也将是夯实数字经济基础、实现数字化全面转型和塑造新优势的关键利器。“新基建”正逢数字经济与数字商业新时代，数字商业正推动新一轮产业变革，从而拉升数字经济。

北京是软件产业规模最大的“中国软件名城”，软件和信息服务业发展连续多年领跑全国。2020 年 7 月 28 日下午，由北京市经济和信息化局主办、北京软件和信息服务业协会承办的“新基建引领北京软件高质量发展论坛”在线上成功举办。在这次论坛上发布的《新基建下的北京软件和服务业的发展机遇》报告指出，北京新基建聚焦“新网络、新要素、新生态、新平台、新应用、新安全”六大方向，通过共性支撑软件、共享开源平台等软件设施建设，带动软件和信息服务业高质量发展，构建数字经济发展基础，催生更多新服务、新产品、新业态。如：北京加速推进“数字政府”建设，运用大数据提升城市治理的现代化水平，推进电子政务、智慧城市建设等，让我们感受到了疫情期间信息流和物流

的通畅，支撑了疫情的溯源、跟踪、观测、救援，保证了在线学习、工作与娱乐的顺利进行。

（二）数字中台概述

数字中台是新基建。数字中台是在近两年出来的新型数字商业基础设施，如果说云计算和边缘计算是新型数字商业基础设施硬件，那么数字中台就是新型数字商业基础设施软件，而企业互联网、产业互联网、工业互联网等则是其上的应用。数字中台作为数字商业的新型基础设施，将加深各产业的数据化、智能化、平台化和生态化，完成数据汇聚处理与数据运营两大功能，最终实现一切业务数据化、一切数据业务化。

北京市休闲农业数字中台（以下简称“数字中台”）就是将休闲农业涉及的共性需求进行抽象，并打造为平台化、组件化的系统能力，以接口、组件等形式共享给各业务单元使用。使休闲农业经营者可以针对特定问题，快速灵活地调用资源构建解决方案，为休闲农业的业务创新和迭代赋能。

总体设计上，数字中台是基于云计算、大数据、人工智能等新一代技术打造的持续演进的休闲农业经营主体业务能力和数据共享服务平台。是“业务中台 + 数据中台”双中台系统，两者相辅相成，业务中台是基础，进行业务数字化，产生的数据不断反馈到数据中台，进行数据资产化，驱动业务创新发展，两者相辅相成，相互演进融合，形成增强闭环。数字中台支撑休闲农业主体数字化应用的标准化建设及快速定制，沉淀主体的数据资产，实现数据驱动的精细化运营，提升休闲农业各业务在面向互联网和生态发展过程中的应变和响应能力。数字中台提供了数字经济时代用技术解决商业领域未知问题的支撑能力，从而助力企业进行数字化创新。

数据中台的建设分为三个阶段：第一个阶段，把数据搞准，用准确的基础数据帮助业务决策；第二个阶段，打通各种数据，通过数据分析帮助业务决策；第三个阶段，人工智能阶段，通过算法预测业务。

（三）休闲农业数字中台设想

数据中台将为休闲农业经营者提供强大的数据资产的获取和存储的能力。数据中台不仅要建立到源数据的通路，还需要提供分析数据的工具和能力，帮助业务人员去探索和发现数据的业务价值。数据中台是一个生态平台，在数据中台上面会不断生长各种数据服务，所以从一开始就构建好数据服务的治理结构是非常重要的，数据服务需要可以被记录、可被跟踪、可被审计、可被监控。数据中台从后台及业务中台将数据汇入，进行数据的共享融合、组织处理、建模分析、管理治理和服务应用，统一数据标准口径，是综合性数据能力平台。数据中台为前台业务部门提供决策快速响应、精细化运营及应用支撑等，让数据业务化，避免“数据孤岛”的出现，提升业务效率，更好地驱动业务发展和创新。

业务中台会不断沉淀行业数据，业务中台的能力和价值度会越来越强，业务中台本身是与场景绑定的。数字中台通过对业务、数据和技术的抽象，将业务按领域，比如订单、商品、会员、用户、库存、支付等进行拆分，并以服务化的形式输出共享能力。

建设业务中台需求可能大而全，但我们不能直接建大而全的数字中台，应该根据业务重要性来排需求的优先级。要充分认识到数字中台建设的复杂度，不要操之过急，不要期待毕其功于一役。从小中台做起，围绕具体有价值的业务场景去建设，尽量不脱离场景去搞周期长、大而全的纯工具平台建设。数字中台应该从小数据、小场景做起。“大数据＋区块链＋共享经济＋休闲农业”的发展模式，将开启“大数据＋共享经济”休闲农业乡村旅游发展新里程。透过大数据洞悉游客出行路线和消费倾向，对于农户发展乡村旅游选址提供决策支撑，同时也为开发休闲旅游产品提供依据，大数据促进休闲农业和乡村旅游的发展。

在这里，我们以两个模块进行业务中台的简单设计，还需要在实践中不断完善。

一是电子商务模块。电子商务平台是广义的平台，农产品销售、住宿、休闲农业体验产品等涉及交易的业务都可以在电子商务模块进行业务汇总，是一个为企业或个人提供网上交易洽谈的平台，相对于传统的商品交易，电子商务以其24小时开放的空间和潜在的客户遍及世界各地等优势得到迅速的发展。区别于普通的电子商务平台，此平台建立在对电商全网交易数据抓取的历年积累数据，用大数据模型，精确判断适宜销售的特色畅销电商农产品和本区域人员对农产品的偏好，可采取分人群、分区域和分时段进行针对性精准营销，极大提升此农产品电商平台的用户黏度和商品畅销度。在电子商务模块建设中涉及的功能菜单可以涉及商品检索、商品促销、商品分类、商品管理、购物车、订单支付、订单跟踪、订单管理、个人中心等模块，将农产品、住宿、休闲农业体验产品等具体业务中同性的东西抽象出来，形成业务平台。

二是作物认养互动模块。作物认养互动模块是以互联网技术为基础、物联网技术为支撑、大数据挖掘分析技术为核心，是将现实中的农作物认养从园区搬到了网络，实现在线认养、在线实时监控农作物生长情况及其环境状况（如园区阳光、空气干湿度、二氧化碳的含量等），以物联网设备采集上来的数据为基础，然后通过大数据的挖掘分析，不但可以为农户提供种植参考和建议，还可以实现自动给农作物进行施肥、浇水等操作。认养平台上线后，随着时间的积累，可对认养人的消费金融、种类等行为和现场活动参与的喜好进行大数据建模分析，继续有针对性地推荐相关的认养项目和消费项目，促进线上线下消费相互拉动。在作物认养互动模块建设中涉及的功能菜单可以涉及监控中心、数据中心、标准化管理、通知中心、任务中心、远程协助、报表中心、认养中心等，该模块最终也是与数据中台互联互通的。

目前来看，业务中台更偏实时交易，是从上往下沉淀业务；数据中台更偏分析、决策和洞察，为业务提供数据服务，但是随着两个平台数据业务频繁的联通，数据中台跟交易会慢慢结合得更为紧密，随着计算能力越来越强，以及微服务架构的进一步发展，未来业务中台和数据中台可能会融为一体，那样就是真正意义的数字中台。

五、智慧休闲农业平台生态系统

休闲农业的产品包括无形的休闲产品和有形的农产品，智慧休闲农业营销平台要兼顾这两类产品的营销、管理。智慧休闲农业平台是指以云计算、现代通信等信息技术为载体，以满足游客需求为核心，通过整合休闲农业资源信息，方便管理层、游客和服务主体管理决策与服务营销的新兴乡村休闲旅游工具。主要包括了休闲信息管理、休闲服务供给和休闲产品营销等方面的数据管理系统。必须要强调的是，智慧休闲农业平台并不是单独一个平台，而是一整套休闲农业产业数字化的生态系统，是一系列平台的集合。结合当前的普遍做法，这个集合包括但并不限于以下几种形式：

1. 智慧休闲农业云数据中心

智慧休闲农业云数据中心主要是集合休闲农业资源信息的数据管理平台，包括了休闲农业景点或景区资源、游客信息数据、休闲农业餐饮服务数据、休闲农业住宿服务数据、休闲农业娱乐项目数据、休闲农业产品信息数据、休闲农业线路信息数据等管理数据，是智慧休闲农业平台的核心，为旅游服务管理层和游客提供信息数据支撑。

2. 智慧休闲农业网络监控管理平台

智慧监控管理平台指通过网络智能监控，能够对休闲农业智慧休闲农业网络监控管理平台主要是通过网络信息技术对休闲农业主体经营状况进行动态智能监控的管理技术，通过对休闲农业经营信息的全时全域监控，把握休闲农业资源的经营现状，同时对休闲农业所在区域自然环境、人文环境进行有效的监控，为休闲农业可持续发展提供技术指导。

3. 智慧休闲农业安全管理平台

智慧休闲农业安全管理系统主要是通过文旅与公安、工商、质检、交通等部门的联系合作，形成休闲农业的安全管理格局体系。通过多部门信息数据共享，形成休闲农业的智能预警机制，保障休闲农业的市场秩序高效化运作。以全时全域的智能监管，减少休闲农业市场的信息失灵，从而提升休闲农业的安全管理水平。

4. 智慧休闲农业交通管理平台

智慧休闲农业交通系统主要是基于交通部门采用互联网等信息技术实行“万物互联”的监测机制，通过 WLAN 技术获取游客的空间位置信息，在云端进行数据分析和管理，生成旅游区域交通状况，并以信息化技术向游客端推送交通信息，更好地引导游客基于不同交通状况进行旅游行为决策，提升游客的旅游体验。

5. 智慧休闲农业营销平台

智慧休闲农业营销平台主要是基于休闲农业企业的农产品和服务产品，提供全时全域的营销管理系统，为市民提供旅游服务、旅游产品、特色农产品等在线预定和支付等多重功能。同时，休闲农业目的地经营主体通过微博、抖音、快手等新媒体渠道进行网络营销、品牌营销，提升休闲农业服务的形象和品牌。

6. 智慧休闲农业网站或 APP

智慧休闲农业网站信息平台主要是通过搭载区域休闲农业网络平台，加载休闲农业目的地资源、实时天气动态、游客流量状态、旅游活动状态等多种旅游资源信息的网站平台，并为游客提供旅游目的地景点门票、活动门票、食宿住行等多重信息的支付和预定功能。同时基于休闲农业网站信息平台，生成休闲农业移动端APP应用，为游客提供方便可行的信息平台。通过休闲农业APP，了解休闲农业资源信息，并提供休闲点评服务，更好地提升休闲目的地管理和服务的水平与质量，促进休闲农业智慧化和可持续化发展。

六、对发展智慧休闲农业平台的政策建议

（一）建设智慧休闲农业平台应秉持的原则

1. 系统化的原则

智慧休闲农业平台是多个平台的集合体，是一个生态系统。这是由休闲农业产业本身的融合性、交叉性特征所决定的，也是由智慧休闲农业平台服务对象的多元化所决定的。因此，必须秉持系统化的观念，加强前瞻性思考、全局性谋划、战略性布局、整体性推进，统筹好农、旅两大领域，做好管理、营销两大系统，服务好政府、行业、消费者三大用户。

2. 市场化的原则

首都的科技优势集中体现在科技企业的数量和水平上，体现在新基建的广度和深度上。智慧休闲农业平台的建设，必须走市场化的道路，让听得见炮声的人指挥战斗。要充分依托市场主体开发建设，尤其是发挥头部大数据企业的优势，支持其运用新技术、新理念、新模式在休闲农业领域开展创新，用好信息时代的各项数字基础设施，以信息化的要求倒逼行业管理升级。同时要注重数据产品的开发，形成一系列的有市场价值的行业发展指数评价报告，形成智慧休闲农业平台运营维护的长效机制。

3. 分类建设的原则

针对智慧休闲农业平台系统化的特性，应分类实施整个生态系统的建设。政府和企业共建共享共治，依据不同需求，建立生态系统的不同部分。政府着力解决信息基础设施问题和休闲农业企业标准化建设、数据库建设，最终营销平台应该交予企业建设、运营，最终形成监管、服务于一体，涵盖政府部门、行业主管、信息技术服务商、休闲农业经营主体、在地农民、消费者等多主体共同参与的生态系统。

（二）重点开展的工作

1. 构建智慧休闲农业管理平台（TO G）

对于政府部门来说，智慧化应用，行业监管领域应是重点和先行领域。构建休闲农业大数据管理平台，是智慧休闲农业下一步建设的核心任务。通过提高休闲农业智慧管理系统、品牌营销、动态监测、市场监管等多重能力，完善智慧休闲农业的软硬件条件，加强休闲农业智慧化管理，促进智慧休闲农业的建设和转型升级。政府决策、监管平台，注重重点镇域、村域管理、人员流动、应急管理等基于移动信令信息建设的监管平台。主体是政府和行业监管部门。

2. 通过市场渠道完善智慧休闲农业营销体系（TO C和TO B）

面向消费者（C端）的平台，建设主体是市场主体（信息服务商与休闲农业经营

者）。政府部门不应该，也没有这样的效率直接建设消费端平台。北京是全国的科技创新中心，当前面向 C 端的三大巨头（阿里、腾讯、美团）都视北京为发展重镇。注重休闲数据收集和业务流程再造的北京市休闲农业数字中台，其建设主体是也应该是专业的市场主体（信息服务商与休闲农业经营者）。政府部门在这个领域应该做的事情是做好行业的基础建设，加快推进休闲农业企业的标准化、规范化、信息化建设，促进经营主体能够尽快符合智慧化营销系统的要求，建设休闲农业基础数据库（包含特色库、经营场所库、企业库、资源库、公共服务设施库、行业主管部门与协会库、从业人员库、新媒体库、目的地信息库、目的地客流库等），最终形成监管、服务于一体，涵盖政府部门、行业主管、信息技术服务商、休闲农业经营主体、在地农民、消费者等多主体共同参与的生态系统。

3. 加快休闲农业服务标准化建设

新总规提出要把乡村休闲旅游培育成惠及全市人民的现代服务业的要求。标准化是现代服务业区别于传统服务业的重要特征，也是数字化发展的前提。因此，智慧休闲农业平台首先是一个解决基础的问题，其次才是一个建设问题。所谓标准化，是通过对服务标准的制定和实施，以及对标准化原则和方法的运用，以达到服务质量目标化，服务方法规范化、服务过程程序化，从而获得优质服务的过程，称为服务标准化。应当指出的是，服务质量目标化、服务方法规范化和服务过程程序化三者是不可分割的整体，由它们共同实现服务标准化的功能。只有实现标准化，才能有效对接各类智慧化平台。这是一项基础工作。

4. 加强休闲农业人才培养

人是第一位的生产力要素。在农业农村各类人才培训中，要加强对“数字型”人才的培养力度，要鼓励具有新媒体、计算机专业背景和从业经历的新农人返乡下乡。鼓励、培训经营主体充分依托微信公众号、微博、抖音、快手等宣传平台和 APP，把挖掘出来的特色宣传出去，提升休闲农业影响。同时，加强一线从业人员的培训和教育，提升休闲农业目的地农民的综合素养和应用能力，保障休闲农业标准化、规范化、专业化发展。

七、智慧休闲农业平台的初步实践——基于移动大数据的北京休闲农业重点区域监测平台

课题组依托中国移动北京分公司“司马大数据（Smart Data）平台”在国庆假期（2020 年 10 月 1 日—8 日）开展了乡村旅游与休闲农业大数据监测。

（一）监测口径约定与说明

数据来源：北京移动大数据，未按移动市场份额扩样。

分析周期：2020 年中秋国庆“双节”（10 月 1 日—8 日），共 8 天；2019 年国庆（10 月 1 日—7 日），共 7 天。

分析对象：分析周期内出现在圈选区域基站下的游客，剔除常驻用户和过路用户。

分析范围：北京 11 条休闲农业线路所有圈选区域。

常驻用户：上月中有 10 天及以上每天在对应区域累计驻留时长大于等于 30 分钟的用户。

过路用户：分析当天在对应区域累计驻留时长 <30 分钟，算过路用户。

过夜游客：当日夜间 21 点至第二天早上 6 点驻留时长最长为圈选的任意区域即为该区域的过夜游客。

人次统计：当天一个人去多个区域算多个人次。

（二）监测区域划定

2020 年，按照市农业农村局、市财政局《北京市休闲农业“十百千万”畅游行动实施意见》的总体布局，课题组选取了全市 11 条休闲农业路线、15 个路段和 54 个休闲农业村域。

表 1　线路明细表

线路	线路段	区	范围
三山五园	三山五园海淀段	海淀区	苏家坨镇后沙涧村、海淀苏家坨片、苏家坨镇柳树村、海淀上庄片、旱河路沿线
乐享妫川	乐享妫川延庆段	延庆区	康张片、旧井片、旧县镇东羊坊村、旧县镇盆窑村、刘斌堡片、千家店镇白河沿线（1）、千家店镇白河沿线（2）、千家店镇白河沿线（3）、千家店镇白河沿线（4）
京西古道	京西古道门头沟段	门头沟区	清水片、斋堂片、灵水、高铺、门头沟妙峰山片、王增地区韭园村、妙峰山镇水峪咀村
幽岚山谷	幽岚山谷房山段	房山区	霞云岭片、十渡风景区、周口店地区黄山店村
桃花仙谷	桃花仙谷平谷段	平谷区	大华山镇甲峪村、平谷黄松峪片、金海湖地区将军馆村、平谷金海湖片
白桦满乡	白桦满乡怀柔段	怀柔区	喇叭沟门头
舞彩浅山	舞彩浅山顺义段	顺义区	顺义龙湾屯片、顺义大孙各庄片、南彩镇河北村、马坡地区白的各庄镇、马坡地区石家营村、赵全营镇北郎中村、赵全营镇忻州营村
西山永定	西山永定丰台段	丰台区	丰台王佐片
运河湿地	运河湿地大兴段	大兴区	大兴庞采片、大兴安定片、大兴永定片
	运河湿地通州段	通州区	于家务回族乡西马坊村、于家务回族乡大耕垡村、西集镇南小庄村、西集镇沙古堆村
百泉汤河	百泉汤河密云段	密云区	百泉汤河
长城风情	长城风情密云段	密云区	密云古北口片、遥桥峪
	长城风情延庆段	延庆区	延庆八达岭片、珍珠泉乡旅游带
	长城风情怀柔段	怀柔区	怀柔九渡河片、渤海镇大榛峪村、怀柔渤海片、怀柔雁栖片
	长城风情昌平段	昌平区	昌平十三陵片、昌平草莓

表 2　业态分类表

片区分类	线路	区	范围
民宿	三山五园	海淀区	苏家坨镇后沙涧村
	乐享妫川	延庆区	旧井片、旧县镇东羊坊村、旧县镇盆窑村、刘斌堡片
	白桦满乡	怀柔区	喇叭沟门片
休闲娱乐	三山五园	海淀区	海淀上庄片、旱河路沿线
	乐享妫川	延庆区	康张片、刘斌堡片
	幽岚山谷	房山区	十渡风景区、周口店地区黄山店村
	桃花仙谷	平谷区	大华山镇挂甲峪村
	舞彩浅山	顺义区	顺义龙湾屯片、顺义大孙各庄片、南彩镇河北村、马坡地区白各庄镇、马坡地区石家营村、赵全营镇北郎中村、赵全营镇忻州营村
	运河湿地	大兴区	大兴庞采片
	运河湿地	通州区	于家务回族乡西马坊村、于家务回族乡大耕垡村、西集镇南小庄村、西集镇沙古堆村
	百泉汤河	密云区	百泉汤河
	长城风情	昌平区	昌平草莓
景区	三山五园	海淀区	海淀苏家坨片、苏家坨镇柳树村
	乐享妫川	延庆区	康张片、千家店镇白河沿线（1）、千家店镇白河沿线（2）、千家店镇白河沿线（3）、千家店镇白河沿线（4）
	京西古道	门头沟区	清水片、斋堂片、灵水、高铺、门头沟妙峰山片、王增地区韭园村、妙峰山镇水峪咀村
	幽岚山谷	房山区	霞云岭片
	桃花仙谷	平谷区	平谷黄松峪片、金海湖地区将军馆村、平谷金海湖片
	西山永定	丰台区	丰台王佐片
	运河湿地	大兴区	大兴安定片、大兴永定片
	长城风情	密云区	密云古北口片、遥桥峪
	长城风情	延庆区	延庆八达岭片、珍珠泉乡旅游带
	长城风情	怀柔区	怀柔九渡河片、怀柔渤海片、怀柔雁栖片
	长城风情	昌平区	昌平十三陵片

（三）休闲农业大数据监测平台功能概述

1. 常住人口分析

（1）人口总量

统计区域内常住人口总量、工作人口总量、居住人口总量、职住统一人口总量（常驻 = 工作 + 居住的并集，去重；职住统一 = 工作 + 居住的交集，去重）。可按整体区域、各路线、各重点区域分别统计常住人口总量。

可按不同周期做同比、环比分析展示。周期粒度最小为月。

（2）人口热力分布

以热力形式展示常驻、工作、居住、职住统一人口分布情况，可按整体区域、各路线、各重点区域分别展示。

（3）人口趋势

按月粒度统计常住人口、工作人口、居住人口、职住统一人口趋势，可按整体区域、各路线、各重点区域分别展示。

2. 人口迁徙分析

在长周期内，根据旅游淡旺季分析人口迁回、迁出规律，分析展示旺季人口热力分布、淡季人口热力分布、迁徙距离分层等。

3. 人口画像分析

（1）性别构成

分析人口男女比例，可按常驻、工作、居住、职住统一分别统计，可按整体区域、各路线、各重点区域分别统计。

（2）年龄分层

分析各年龄段人口占比，可按常驻、工作、居住、职住统一分别统计，可按整体区域、各路线、各重点区域分别统计。

（3）消费分层

分析各通信消费水平人口占比，可按常驻、工作、居住、职住统一分别统计，可按整体区域、各路线、各重点区域分别统计。

（4）星级分层

分析各星级人口占比，可按常驻、工作、居住、职住统一分别统计，可按整体区域、各路线、各重点区域分别统计。

（5）终端特征

分析各终端品牌人口占比，可按常驻、工作、居住、职住统一分别统计，可按整体区域、各路线、各重点区域分别统计。

（6）APP 偏好

统计使用各 APP 人口占比排行，取 TOP5。可按常驻、工作、居住、职住统一分别统计，可按整体区域、各路线、各重点区域分别统计。

4. 客流量分析

可统计实时游客量，或过去某一周期内游客总量统计，包含总人次、总人数，可按整体区域、各路线、各重点区域分别统计游客总量进行分析展示。可按不同周期做同比、环比分析展示。

以热力形式实时 / 按分析周期展示游客在各农业休闲游览区域分布情况。

可按实时、近 24 小时、近 7 天、近 30 天、自定义时间段展示客流趋势，可按整体区域、各路线、各重点区域分别统计。针对固定周期，可分析日均小时客流趋势。

5. 游客来源构成

实时或按某一周期，统计实时 / 周期内本市、外省、国际及中国港澳台游客量及占比，可按整体区域、各路线、各重点区域分别统计游客来源构成进行分析展示。

实时或按某一周期，统计实时 / 周期内本市各区、外省各省及直辖市、自治区、国际及中国港澳台各国家和地区来源地游客量排行，可按整体区域、各路线、各重点区域分别统计来源地排行进行分析展示。

6. 游客画像分析

分析游客男女比例，可按整体区域、各路线、各重点区域分别统计游客画像进行分析展示。

分析各年龄段游客占比，可按整体区域、各路线、各重点区域分别统计年龄分层进行分析展示。

分析各通信消费水平游客占比，可按整体区域、各路线、各重点区域分别统计消费分层进行分析展示。

分析各星级游客量占比，可按整体区域、各路线、各重点区域分别统计星级分层进行分析展示。

分析各终端品牌游客量占比，可按整体区域、各路线、各重点区域分别统计终端特征进行分析展示。可按不同周期做同比、环比分析展示。

统计各 APP 游客量占比排行，取 TOP5。可按整体区域、各路线、各重点区域分别统计 APP 偏好进行分析展示。

7. 游玩行为特征分析

统计平均驻留时长、各驻留时长分层游客占比，可按整体区域、各路线、各重点区域分别统计驻留时长进行分析展示。

周期内游客平均游玩天数及各分层游客占比，可按整体区域、各路线、各重点区域分别统计游玩天数进行分析展示。

统计各路线游客量排行，可按整体区域、各路线、各重点区域分别统计游玩路线进行分析展示。

统计外地游客各抵京交通方式占比，可按整体区域、各路线、各重点区域分别统计外地游客抵京交通方式进行分析展示。可按不同周期做同比、环比分析展示。

统计游客到达 / 离开时间分布，可按整体区域、各路线、各重点区域分别统计到达 / 离开时间进行分析展示。

8. 游客住宿分析

统计住宿乡村游客总人数、本 / 外地游客人数等，可按整体区域、各路线、各重点区域分别统计住宿乡村游客量进行分析展示。可按不同周期做同比、环比分析展示。

游客在乡村住宿率分析，可按整体区域、各路线、各重点区域分别统计乡村住宿率进行分析展示。

统计本 / 外地游客在乡村住宿天数分布，可按整体区域、各路线、各重点区域分别统计本 / 外地游客住宿天数进行分析展示。

分析本 / 外地住宿乡村游客画像，包含年龄分层、性别比例等，可按整体区域、各路线、各重点区域分别统计本 / 外地住宿游客画像进行分析展示。

（四）核心结论

1. 游客总览

2020 年中秋国庆“双节”期间，得益于疫情常态化防控显著成果，旅游业迎来大规模复苏。并且由于全市景区按最大承载量的 75% 限流，游客向郊区、乡村溢出，休闲农业旅游迎来爆发式增长。11 条线路接待游客总人数 224.6 万人，同比增长 19.0%；总人次 358.0 万人次，同比增长 28.7%；10 月 3 日为客流高峰日，接待游客 54.4 万人，同比增长 6.8%。市内游客占比超 8 成，随着疫情的逐步稳定，外省游客量也有了明显提升，但是较去年略有下降。

2. 线路对比分析

（1）游客总量

长城风情、乐享妫川和运河湿地接待游客量连续两年国庆期间位居前三，2020 年分别接待游客量为 114.1 万人次，62.0 万人次，38.5 万人次。各线路游客量均呈上升趋势，其中舞彩浅山增幅最高，为 57.2%。

（2）游客行为

白桦满乡过夜率最高，为 32.5% ，每日人均驻留时长最长 7.6 小时。大部分线路本地游客出游距离较远，京西古道、幽岚山谷和白桦满乡 20km 以上占比超 8 成。

（3）游客画像

各线路男性占比略高于女性，舞彩浅山和运河湿地男女占比差异较明显，男性占比均接近 6 成；26—60 岁为主要客群；不同线路游客通信消费水平均以中低及以下消费水平为主。

3. 线路段对比分析

（1）游客总量

2020 年中秋国庆“双节”期间，长城风情怀柔段接待游客量位列第一，共接待游客 70.2 万人次，同比上升 20.2%。

（2）游客行为

白桦满乡怀柔段过夜率最高，日平均驻留时长最长；三山五园海淀段过夜率最低，为 7.5%。三山五园海淀段、舞彩浅山顺义段、西山永定丰台段、运河湿地通州段等线路段的游客出游距离分布比较均衡，而其他线路段游客以 20km 以上远距离出游为主。

（3）游客画像

各线路段男性游客偏多，26—60 岁为主要游客群。

4. 业态区域对比分析

（1）游客总量及行为

休闲娱乐和景区业态区域接待游客量远大于民宿业态区域；民宿业态区域游客过夜率

最高，为 20.8%。平均驻留时长最长，为 5.20 小时，游玩天数最长，为 1.70 天。

（2）游客画像

男性占比更高，46 岁及以上年龄较大人群倾向于景区业态；各业态区域游客通信消费水平偏低，相比之下，景区业态区域游客通信消费水平稍高。

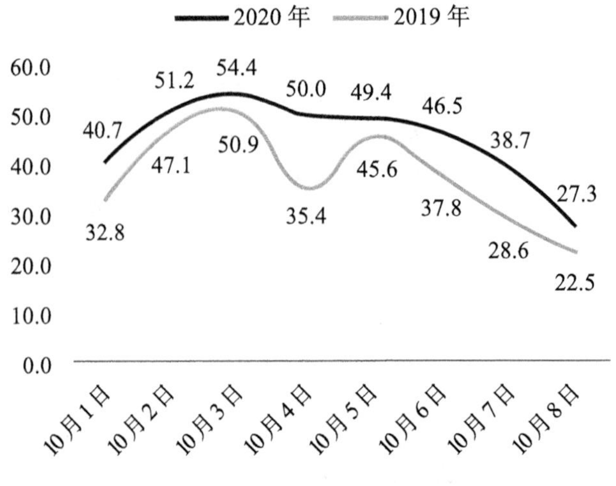

图 1 “双节”日游客趋势及同比变化

注：数据为扩样前北京移动用户数据。

（五）游客来源构成

2020 年“双节”期间，休闲农业旅游线路接待游客中，本市游客占比相对去年同期略有升高，达到 80.5%；外省游客量同比略有降低，为 19.3%；受国际疫情影响，国际及中国港澳台游客量同比降幅较大，仅为 0.2%。

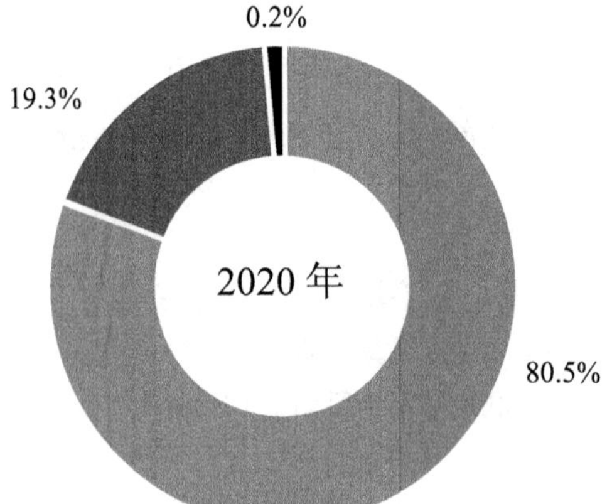

图 2 2020 年“双节”游客来源构成

注：数据为扩样前北京移动用户数据。

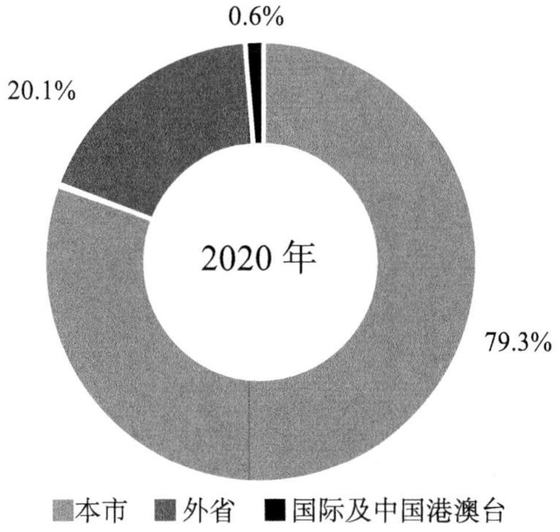

图 3　2019 年十一游客来源构成

注：数据为扩样前北京移动用户数据。

（六）游客来源地排名

2020 年“双节”期间，本市游客来源中 TOP3 与去年同期相同，分别为海淀区、朝阳区、昌平区。

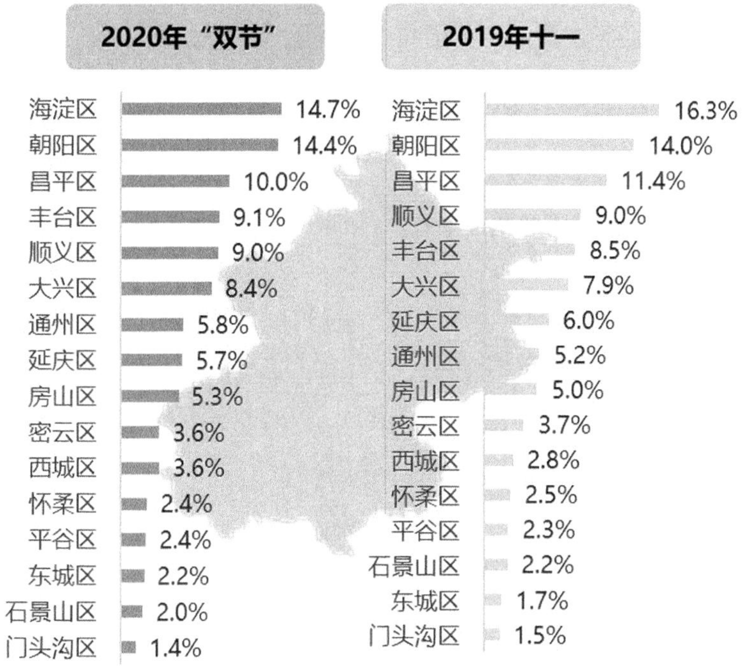

图 4　本市游客来源

注：数据为扩样前北京移动用户数据。

外省 TOP10 中，河北游客占比超四成，同比增加 2.4 个百分点，其次为内蒙古、天津等临近省市为主。

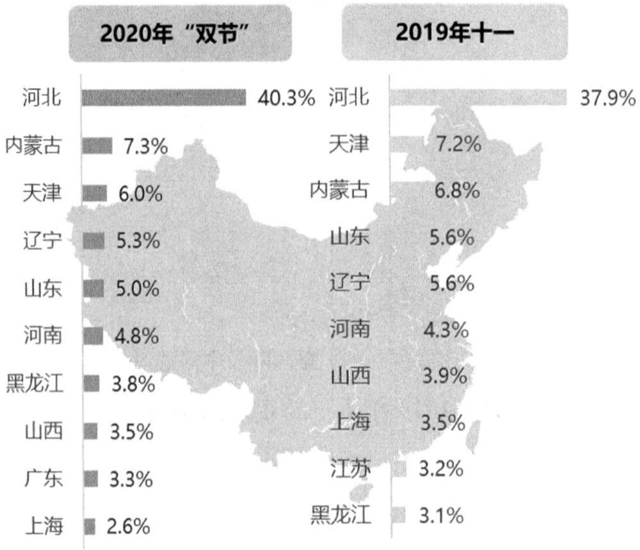

图 5　外省游客来源 top10

注：数据为扩样前北京移动用户数据。

国际及中国港澳台游客主要来自美国和中国香港。

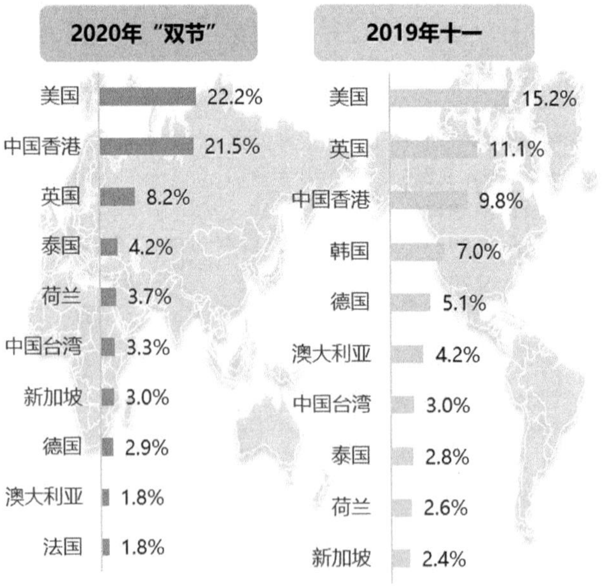

图 6　国际及中国港澳台游客来源 top10

注：数据为扩样前北京移动用户数据。

参考文献

[1] 刘斌 . 贫困乡村的旅游扶贫新路径研究 [J]. 农村金融研究，2020（06）:15-20.

[2] 黄琳琳，金川，任亚青，吴婷婷，王晓梅 .“智慧旅游”背景下的京郊旅游发展研究 [J]. 旅游纵览（下半月），2013（24）:212-213.

[3] 张本阔 . 浅析智慧旅游对秦皇岛乡村旅游发展的重要性 [J]. 中国报业，2013（18）:86-87.

[4] 田勇，吕利云 . 基于智慧旅游平台的婺源乡村旅游提升建设初探 [J]. 旅游纵览（下半月），2014（20）:203-204.

[5] 毕春梅 . 成都乡村旅游的智慧化发展研究 [D]. 西华大学，2014.

[6] 吕倩 .“互联网 +”视野下智慧乡村旅游发展模式研究 [J]. 旅游纵览（下半月），2016（18）:161-163.

课题负责人：刘军萍
课题组组长：陈奕捷
课题组成员：贾启山、薛晓娟、赵晨、乔通、陈建周
执　笔　人：陈奕捷、贾启山

信息化手段助力新冠肺炎疫情防控的做法与启示

新年伊始，一场突如其来的新型冠状病毒感染肺炎疫情牵动着全国人民的心。全国上下众志成城，万众一心，共同抗击疫情。面对疫情防控的严峻形势，互联网、大数据、人工智能等现代信息技术，打破时空界限，24 小时不间断、全方位服务，助力疫情防控。市城乡经济信息中心信息服务处通过新媒体报道、微信、朋友圈、电话等渠道收集了近期有关信息化手段助力疫情防控的报道及相关情况，整理如下。

一、全国做法

（一）大数据、人工智能支撑疫情精准防控

面对全国疫情严峻的形势，各级政府和社会各界快速响应，集聚各方力量与新技术手段精准定位工作重点区域、重点人群和重点场所，协助统计和预判疫情可能扩散的范围和趋势，实现对传染源（人员）的筛查、追踪、控制和隔离，落实确诊、疑似病例人员的相关信息，追根溯源，实现疫情的精准防控。如，百度公司向社会提供了“全国春运人员迁徙热力图”的城市数据，揭示了春运期间从武汉（起始地）流向全国各地的城市客流量。三大电信运营商通过对驻留、到访武汉、湖北客户进行流动分析和大数据画像，为政府部门做好疫情防控提供决策支撑。各种基于大数据技术的 APP 工具相继开发应用，如“确诊患者交通工具同乘查询系统”“疫情数据实时更新系统”“发热门诊分布地图”“新型冠状病毒感染自测评估系统”等，帮助公众做好自身防护，阻断疫情传播。百度、阿里、京东等企业发挥人工智能赋能效用，阿里云向全球免费开放 AI 算力，百度智慧医疗免费开放智能咨询助手，京东云成立应急资源信息发布平台，帮助科研机构缩短药物研发周期，为公众提供有关新型冠状病毒肺炎的在线科普、在线咨询，高效打通供应方与需求方的应急智能供应链。

（二）5G 高科技手段实现远程监控

此次抗击疫情中，刚刚商用不久的 5G 技术发挥了重要作用，在应急指挥、交通枢纽和医院管理等领域提供重要通信保障。同时在远程指挥、远程会诊、大数据管理、防疫机器人、红外线测温仪等公共卫生管理方面发挥保障作用。武汉火神山和雷神山医院建设现场借助 5G 通信，通过新华社、央视网等多个媒体平台提供 24 小时建设实景直播，全国“云监工”共同见证中国奇迹。中国电信和华为公司完成的武汉火神山医院“远程会诊平

台”，使得远在北京的优质医疗专家通过远程视频连线的方式，与火神山医院的一线医务人员共同对患者进行会诊。5G+热成像体温筛查服务信息化平台通过热成像技术+人脸识别等技术，在人群密集区域，快速完成大量人员的测温及体温监控，快速识别温度异常的个体，并将视频及响应数据准确快速实时传送至大屏或云平台，帮助政府和企业筑起疫情防控第一道防线。

（三）高科技打造“无接触”模式

为了更好地防控疫情，红外热图像、无人机、AI人工智能机器人等一批高科技，迅速被运用到防疫一线和防控宣传当中，推出了一系列“无接触”服务。中国移动5G智能医护机器人，在污染区和隔离区实现无人化操作，无须防护设备，就可以代替医护人员完成远程看护、测量体温、消毒、清洁和送药等工作，有效减少人员交叉感染，减轻医护人员人力紧张的状况，并极大节约了十分紧缺的防护服、口罩等物资。京东物流的智能配送机器人不仅能够助力医疗物资高效顺畅地到达抗疫前线，还可以让市民通过配送机器人接收自己的货物，避免与他人产生面对面接触，减少感染病毒的风险。在部分地区，智能设备还被应用到政府疫情防控工作中。如，利用无人机监控公共区域的人员流动，利用“疫情防控机器人”向居民主动拨打电话，进行近期行踪调查，监测和跟踪重点人员健康状况。

（四）涉农信息全方位支持疫情防控

上海市为了帮助市民“在线买到菜”、农民“容易卖好菜”，48小时争分夺秒完成“上海地产农产品直达配送套餐查询系统（地图模块版）”的研发，2月14日正式上线。合作社、基地配送区域进一步扩大，套餐更加丰富，市民和农民只要在手机上动动手指，就可以获取132家蔬菜供应合作社和265个农产品套餐最新资讯，不仅提供地图查询服务，还标记了合作社地理位置，支持通过行政区域、配送范围进行筛选。绿色认证、二维码、套餐精准配对等功能，助力蔬菜精准配送。广西通过“广西农情信息管理平台”“广西农产品产销价格监控预警系统”开展农业生产信息监测，对全区14个市、112个县（区、市）、45个农产品产地价格监测点，全面征集疫情期间农民群众、农业新型经营主体、农产品经纪人和农产品运销企业反映的困难和问题。截至2月12日，共收集问题86条。腾讯“为村”平台自1月22日起及时传递官方权威防控资讯，监测村庄舆情，有效避免谣言和迷信信息的传播。广东省和平县在“为村”平台上发起“疫情防控，我们在努力”的话题，369个村在线参与，村民浏览量超过7万次。在云南，通过中国电信“村村享”APP的“大喇叭”多次播报防疫知识，879个行政村70多万名农民群众快速了解疫情最新情况和防治方法。

二、北京做法

（一）科技创新资源助力疫情防护

北京市积极应对疫情防控工作。1月30日，北京新型冠状病毒肺炎疫情地图上线试运行，通过可视化的地图形式，在北京市政务数据资源网向公众直观展示北京市各区累计确诊病例、累计治愈数量及当前疫情分布等情况。并提供数据公开与数据下载服务，方便相关企事业单位开展疫情数据的开发应用，力争汇聚更多社会力量，携手并肩，共克时艰。海淀区注重发挥科技优势，及时对接人工智能、生物医药等领域高科技企业及高校院所、科研机构，推动新技术新产品研发应用，充分发动辖区内的科技企业从疫苗研发、快速检测试剂盒研发、大客流体温检测、政府紧急指挥调度系统、小型芯片隔离人群体温监测仪器等领域切入，快速研发调试，推出旷视 AI 测温系统、智能外呼系统等产品，为疫情防控提供坚实的科技支撑。

（二）智慧医疗远程关心市民健康

丰台区依托“智慧家医”线上健康管理模式，通过手机端 APP 软件向广大居民推送防控知识、在线解答病症问题，利用智能回访机器人对重点人群进行回访关照，确保签约居民在疫情阻击战中健康不掉队。软件新开通了“家医远程服务”，向所有居民开放，即使居民没有签约，只要扫码加入该系统就能享受值守医生的在线解答，实现一对一的疫情防控问诊和咨询，减少了医院就诊过程中可能存在的交叉感染风险，在线守护辖区百姓的健康。

（三）加快实现信息采集便捷化

疫情防控工作需要完成大量的人员信息采集，为进一步保障群众健康，减少人群聚集，各地纷纷推出线上 H5、微信小程序、线上办公软件、二维码等智能化手段在线填写信息，见屏不见面，精准高效智能汇总数据，加快报送效率，实现信息采集便捷化、无接触。大兴区清源街道、高米店街道、魏善庄镇和亦庄镇等应用线上智能化平台，登记返京人员信息。延庆区康庄镇通过微信公众号发布文章，号召所有进入康庄镇地区的来（返）京人员扫描文章里的小程序码，填报个人信息进行登记。丰台区新村街道将来京人员电子登记“二维码”张贴在小区出入口的显著位置，印发至出租中介，充分利用公众号、微信群等线上平台广泛宣传，动员邻里间互相提醒，租户及时登记，严密排查。

（四）农业企业齐心守护市民“菜篮子”

全市层面，市委农工委、市农业农村局及时成立防控领导小组，对京郊 238 个城乡接合部农村进行防控督导，利用微信小程序提升数据采集报送的及时性和便捷性。积极部署“菜篮子”稳产保供工作，稳定“菜篮子”供应。要求各区加强生产技术指导，强化产销对接，畅通绿色通道，积极帮助生产主体解决实际困难。截至 2 月 7 日，全市蔬菜在田面积约 4.8 万亩，其中设施农业 4.5 万亩，包括 30 多个品种，日产量约 2100 吨。

农业园区（企业）积极利用自身渠道优势，采取线上线下多种途径，保障市场供应。首农食品集团旗下的北京裕农优质农产品种植公司，自有蔬菜种植基地全面加大生产种植量，全力开展育种、播作，合理布局合作基地种植茬口安排，保证库存量充足，并推出“裕农微店”线上渠道下单，邮政 EMS 合作配送的送菜上门新服务，每天为市民提供 50 多吨新鲜蔬菜。延庆区北京北菜园农业科技发展有限公司利用智慧农园系统，对接有机蔬菜生产、库存等数据信息，精准快速调配全国 12 个有机蔬菜生产基地，日供应华北地区 50 家超市和购物中心 30 余种 8000 斤左右有机蔬菜。密云区农产品电商品牌密农人家为保障电商订单供应，严格执行防控措施，加班加点，日销售密云地区蔬菜 2 万斤左右，既满足市民供应，又消减了村民的库存积压。昌平区北京天安农业发展有限公司一方面调用备用库存，另一方面紧急调运海南基地的蔬菜到京，以最快的速度送到盒马鲜生等超市，实现蔬菜日供应量 55 吨。平谷区峪口禽业利用智慧蛋鸡 APP 全方位服务全国近 10 万养殖场（户），构筑起鸡群健康的防护墙，帮助养殖场（户）足不出户就能养好鸡。

（五）京郊镇（村）积极打造疫情“防护网”

在这场疫情防控阻击战中，京郊各镇、村及时通过智慧乡村建设系统平台、微信推送、电话宣传、电子显示屏、乡村大喇叭、无人机、广播等宣传疫情防控知识，提高群众疫情防控意识，提升农村疫情防控效率和水平。昌平区南口镇镇政府高频率利用智慧乡村视频会议系统，自 1 月 26 日至 2 月 12 日召开视频会议 5 次，与 28 个村、11 个社区进行防疫工作调度、部署，及时沟通基层情况，提升工作效率，并通过“晓村务”村民微信小程序，积极发布市、区、镇、村相关的防疫通知和宣传普及知识。北京广播应急系统充分利用门头沟、房山、顺义、大兴、昌平、平谷、怀柔、密云、延庆等 9 个区 132 个乡镇约 2000 个行政村有线广播全覆盖资源，普及防控知识，提高了农村地区防控能力。昌平区兴寿镇通过昌平先锋、微信群、电子显示屏等方式广泛宣传疫情防控知识。顺义区南法信镇通过广播、电子屏、巡逻车、微信、微博等多渠道，最大限度普及科学防护知识。通州区漷县镇主动与移动、联通等运营商合作，对进入漷县镇地域内的民众进行短信通知。怀柔区桥梓镇家庭医生通过微信、拍摄小视频、短信链接转发等方式向村民宣传防护知识。怀柔镇通过户外电子显示屏，滚动播放疫情防控要点、上级政策精神、新型冠状病毒科普小知识。密云区“村村响”广播、延庆区大篷车等都发挥着重要作用，为京郊每个角落织密疫情“防护网”。

三、思考与启示

（一）新技术引领：强化信息技术在农业农村落地应用

在此次全国疫情防控工作中，5G 通信、互联网、物联网、大数据、人工智能等一批新理念、新技术、新产品积极探索落地应用，并迅速转化为战胜疫情的有效武器，提升了疫情监控、追踪、诊断、治疗、防控等方面的效率和成果转化，使公众和政府更加深刻地体会到未来科技发展的应用前景。

对于北京“三农”来说，以“智慧乡村”建设为抓手，用信息技术突破农业农村现代化瓶颈成为迫切的现实需求。需要发挥首都技术、资源、科技优势，持续加大数字农业、数字乡村建设力度，提升数字化、网络化和智能化基础设施建设，不断优化提升基础网络环境，重视鼓励宽带互联网、广播电视网、无线网络、物联网、5G 通信等在村镇、农业企业（园区）布局，健全村镇、农业企业（园区）网络设备长效管护机制，加强基础性应用，加强社会治理，促进现代信息技术与北京农业农村加速融合发展。

（二）集约高效：统筹构建北京农业农村大数据

在疫情防控期间，在政府层面构建了中央—省市—地方垂直的大数据管理应用平台，基层数据采集报送更加及时便捷，在数据集聚汇总过程中，逐步形成“基础广、中间实、顶层优”的金字塔形态，减少了数据枝节，防止因网状交叉造成的基层工作繁杂、数据冗余等问题，使疫情管理防控工作真正做到底数清、情况明、数字准。2020 年 1 月 20 日，农业农村部、中央网信办联合印发《数字农业农村发展规划（2019—2025）》，明确指出，在加快构建统一的农业农村大数据中心上下功夫，切实发挥大数据预测预警和优化投入要素结构两大核心功能。

北京数字农业农村建设不仅要瞄准基层，还需进一步突出政府主导作用，科学制定“十四五”时期北京市数字农业农村发展规划，与北京都市农业、北京市“百村示范、千村整治”工程、农村人居环境整治等有序衔接，突出统筹发展，集成应用，探索乡镇级智慧乡村建设模式，提升北京物联网应用服务平台、涉农信息资源平台服务能力，加快构建贯通各领域、各环节的大数据服务平台和公共数据库建设，为农业生产经营、乡村治理体系和治理能力现代化提供服务与数据支持。形成市—区—村（农业企业）的农业农村大数据闭环管理与服务，规范数据标准，加强基础性数据采集管理，形成畅通稳定的信息化沟通渠道、数据流转渠道，进一步提升农业生产经营、乡村治理水平。

（三）创新服务：打造贴合农业农村基层需求的便捷化产品

在此次京郊农业企业（园区）、各镇、村疫情防控方面，微信小程序、微博、微信公众号、APP、有线广播、在线办公、在线支付等各显神通，在线化、便捷化的信息产品操作简单，备受青睐。由此可见，未来在农业农村信息产品应用服务上，要补短板，更加贴合农民和企业的需求和能力，重点打通服务农民“最后一公里”，把智慧民生应用放在重要位置，加速公共信息服务普惠落地。

借鉴智慧医疗等线上管理模式，打造更加丰富和精准的公共信息产品与服务，既利于政府管控，又方便村民日常生活，让每一个村民“可用”“想用”“会用”“必用”。在涉及农业生产经营、乡村治理等数据采集、报送、监控等环节，以解决实际问题为导向，探索利用小程序、小软件等，注重即时性、实用性，弱化非关键数据，切实发挥信息技术的支撑和价值。在流通领域，创新发展农产品电商，打通流通销售渠道，提升品牌影响力。

执　笔　人：常剑、丛蕾

分类推进首都乡村治理现代化的思考与建议

超大城市治理具有独特的系统性和复杂性。推进城乡一体的治理体系和治理能力现代化建设是解决超大城市所面临的发展难题的必经之路。超大城市有效治理的关键短板在于乡村治理现代化滞后于乡村社会转型。北京市乡村治理现代化面临着超大人口规模和乡村分化的基本形势。一方面，北京市拥有一个相当于一个特大城市人口规模的常住外来人口群体[①]。2019年北京市常住外来人口745.6万人，占常住人口的比重为34.6%[②]，相当于我国特大城市的人口规模，这些外来人口主要聚居于城乡接合部的村庄之中。另一方面，随着城市化和农村改革的不断深入，北京郊区农村社会快速转型，乡村发展呈现出明显的梯度性差异，乡村形态也出现了明显的分化。面对超过30%的常住外来人口和逐渐分化的乡村，传统的乡村治理理念和统一的治理政策与制度安排事实上导致了治理的虚化，表现出治理成本高涨、治理效能下降等问题。认清乡村发展分化的基本趋势，把握不同类型乡村的基本特点以及面临的主要挑战与问题，有利于因地制宜、分类施策，提高各类型乡村的治理效能，整体提升超大城市乡村治理体系和治理能力现代化水平。本报告尝试从超大城市与村庄分化的视角分析乡村治理现代化的实现路径。

一、北京村庄分化的类型与基本特点

在城市化、工业化的进程中，京郊乡村发展呈现三个新特点：一是京郊村庄数量在逐年减少。据北京市统计局数据，1985年京郊共有4394个行政村，2018年京郊行政村减少到3915个，减少了479个。二是京郊乡村社会转型有较强的阶段性。2018年，北京市近郊地区的朝阳区、海淀区、丰台区的城镇化率已经达到99.9%，远郊平原和浅山区的门头沟区、昌平区、房山区、大兴区、通州区、顺义区的城镇化率分别为89.1%、83.1%、74.6%、73.1%、67.6%和56.5%，远郊山区的怀柔区、平谷区、密云区和延庆区的城镇化率分别为70%、63.8%、59.4%和58.3%。三是京郊村庄发生了较为明显的分化。这种分化具体表现在村庄内部农民的产业分化、集体经济组织的分化和村庄形态的分化。由于这

① 2014年10月国务院发布的《关于调整城市规模划分标准的通知》明确“城区常住人口500万以上1000万以下的城市为特大城市；城区常住人口1000万以上的城市为超大城市”.

② 数据来源：《北京市2019年国民经济和社会发展统计公报》.

三个分化的内在动因均为城市化和工业化，村庄内部农民产业分化、集体经济组织的分化与村庄形态的分化具有一定的同步性。本报告根据京郊农村城市化进程的梯度性和近远郊区乡村社会转型的阶段性，以京郊村庄形态分化为依据，将京郊村庄划分为三无村、拆迁村、倒挂村、空心村和传统村[①②]，并探讨五类村庄的基本情况和主要特点。

（一）三无村：城市社区、拥有成员权的农民与三重治理

三无村是指无农业、无农村、无农民，但有村集体经济组织的村庄。据北京市“三农普”数据，2016 年在全市 3925 个村中，无农民的村 169 个，无农业的村 461 个，无耕地的村 924 个，无农业、无农村、无农民仅保留村委会牌子的村 103 个。三无村是最接近于城市社区的过渡型社区，三无村比较突出的特点：一是从村庄形态上来看，已经看不到传统村庄的影子，已经是城市社区形态，村庄发展基本依托于大城市、服务于大城市。二是从农村社会特征来看，农村社区已经从封闭走向开放。三是从农民生产生活状态来看，三无村居民已经基本转为城市居民，与市民、外来人口混合而居，但仍保留着集体经济组织成员身份，拥有普通市民所没有的集体经济组织成员权。四是乡村治理处于三重治理状态，既有城市社区居委会又有农村居民委员会、村集体经济组织。

（二）拆迁村：过渡型社区、混居人口与维稳型治理

拆迁村是指因城镇化建设征地或居住环境改善等因素整建制拆迁或搬迁上楼的村庄。这类村庄有 720 个。因城镇化建设征地拆迁的村庄主要集中在城市化进程比较快的城乡接合部地区，也有因大项目落地导致的整建制搬迁，如大兴区因新机场建设整建制拆迁了 65 个村。因环境改善等因素搬迁上楼的村庄主要集中在山区，延庆区 2013—2016 年第三轮山区搬迁涉及 8 个乡镇 29 个行政村，2017—2020 年第四轮山区搬迁涉及 5 个乡镇 8 个行政村[③]。拆迁村是向三无村过渡的村庄形态，拆迁村的经济结构、社会组织体系、生活空间状态、公共管理服务、传统文化习俗等都发生了深刻变化，其主要特点：一是从村庄形态来看，原有村庄全部拆除，在其他地块建设回迁社区。二是从农村社会特征来看，拆迁村常住人口异质化比较突出，在回迁新居之前，拆迁村的村民由原居住地分散到各处居住；回迁新居以后，回迁社区中可能包括了原有村民、其他拆迁村村民和外来务工人员。三是从农民生产生活情况来看，农民生产生活状况发生较大被动的改变。因城镇化征地拆迁的村庄，拆迁后农民家庭财产、户籍、社保、就业等都因房屋和土地被征占而发生较大的变化。因城镇化征地的拆迁村的集体土地资源转变为集体资产；山区易地搬迁村的原有农民住房有的没有及时拆除，变成了“闲置农宅”或“集体产业用地”，有的村集体经济组织利用这些原有村搬迁的农房发展乡村民宿。四是在乡村社会治理方面，在回迁之前，拆迁村仍保留着村民委员会为主体的传统治理模式，但治理的主要任务是维护拆迁村的社会稳定；在回迁之后，拆迁村社会治理向三无村治理结构转变，但需要一定的过渡期。

---

① 北京市农研中心课题组. 首都乡村发展基本情况分析 [J]. 北京人大，2018（9）：22-25.

② 张英洪. 从北京村庄分化实际谋划振兴 [N]. 农民日报，2018 年 6 月 9 日第 3 版.

③ 资料来源：http://www.bjyq.gov.cn/yanqing/zbm/nw90/gzdt59/2725229/index.shtml；http://www.bjyq.gov.cn/yanqing/zbm/ nw90/gzdt59/1537551/index.shtml.

（三）倒挂村：开放社区、外来人口聚居与封闭治理

倒挂村是指外来人口多于本村户籍人口的村庄。根据北京市统计局数据，外来人口多于本村户籍人口的倒挂村 498 个。倒挂村主要集中在城乡接合部地区。2020 年大兴区倒挂村有 65 个。大兴狼垡地区是目前北京五环内最大的城中村，隶属于大兴区黄村镇，包括狼垡一村、二村、三村、四村和长丰园社区等几个社区，是典型的人口倒挂村①。大兴区黄村镇海子角村、辛店村、刘一村、刘二村四个人口倒挂村，昌平区北七家镇东沙各庄、西沙各庄、八仙庄、白庙等 4 个外来人口倒挂村，通州区潞城镇小甘棠村、张家湾镇里二泗村等也是典型的人口倒挂村。倒挂村的主要特点：一是从村庄形态来看，在低端瓦片经济驱使下，农村住房私搭乱建、违章建设问题比较突出。二是从村庄社会结构来看，外来人口大量聚居，村庄社会处于高度开放、村民异化和主体多元化的状态。三是从居民生活来看，村庄基础设施和公共服务资源承载人口的能力往往被利用到极限，或者超负荷承载状态。农村生活居住环境压力比较大，人口拥挤导致污水、垃圾处理压力巨大。四是社会治理面临的主要矛盾是以传统的封闭式治理应对开放的乡村社区，外来人口被排除在自治体系之外，乡村社会公共安全面临较大挑战。

（四）空心村：要素大量外流与治理空心化

空心村主要是在城镇化进程中大量中青年人口流出村庄、进城务工经商或在城镇安家置业，有的老年人随子女离开村庄，有的村庄成为留守子女、留守妇女、留守老人居住生活之地，人口稀少、闲置农宅较多的村庄。根据北京市统计局“三农”普查数据，常住人口不足户籍人口 50% 或闲置农宅超过 30% 的空心村 338 个，村内常住人口（1 年内有 6 个月以上时间在村内工作或生活）占村里户籍人口 50% 以下的行政村有 147 个，其中有 108 个村分布在生态涵养发展区，占比 73.47%。空心村的主要特点：一是从村庄形态来看，大量农村房屋闲置。二是从社会结构特征来看，空心村劳动力要素的大量外流，人口空心化、老龄化。北京市延庆区、怀柔区、门头沟区等山区农村常住人口老龄化率超过 50%，延庆区四海镇 18 个村常住人口在 60 岁以上的占比达到 50%。三是从乡村发展来看，与人口外流如影随形的是资本的大量外流，乡村产业空心化，大量资源浪费，特别是农村土地大量荒芜或处于低效粗放的经营状态。历史文化资源比较丰富，但也面临着亟须保护与发展的危机。四是从居民生活来看，空心村居民生活面临着农村基础设施和公共服务相对滞后导致的生活不便比较突出，空心村普遍面临就医难、就学难等公共服务短板。五是乡村社会治理面临着没人治理和没钱治理的危机。

（五）传统村：转型社区、农民分化与“三治”相结合的治理

传统村是指与原来形态没有显著变化的村庄，根据市统计局数据，北京市 3925 个村委会中，传统村落有 1432 个。这类村庄的主要特点：一是从村庄形态来看，传统村没有发生巨大改变，仍保持着原有居住格局和乡村风貌。二是从传统村的社会特征来看，随着城市化进程推进，传统乡村社会也已经逐步从封闭走向开放，本村居民与外地居民混

---

① 资料来源：http://rfb.beijing.gov.cn/rf_ywdt/rf_tpxx/202003/t20200330_1749311.html.

居，但人口倒挂问题不是非常突出，农村经济成分、组织形式、就业方式和利益主体日益复杂化和多元化。三是从居民生活来看，传统村村民也面临着老龄化的问题，农村人居环境整治在新农村建设和美丽乡村建设的过程中得到了较大的改善，成为留住乡愁的主要阵地。四是传统村治理中村民委员会、村集体经济组织发挥核心主导作用，在维护社会稳定的基础上，重点是加强基层党组织的领导作用，推进自治、德治、法治相结合的乡村治理体系。

二、各类村庄治理面临的三重挑战与五个难点

（一）超大城市乡村治理面临着三重挑战

推进超大城市乡村有效治理，必须清醒地认知超大城市乡村治理面临的乡村社会治理的核心矛盾、基本制度环境、乡村发展的基本特征，进而认清超大城市乡村治理面临的主要挑战。当前超大城市乡村治理主要面临三重挑战：一是从核心矛盾来看，传统乡村治理模式的转变滞后于农村城市化进程，封闭的乡村治理组织体系与开放的乡村社会之间矛盾突出，表现为开放社区与封闭治理、多元主体与单一治理、组织分化与政经合一之间的深刻矛盾。超大的人口、资源规模在城乡之间的快速流动，导致人口的户籍地与居住地分离、居住地与就业地分离，市场空间、城市空间和人们的经济社会空间已经没有严格的行政区域划分，这种开放、快速、大规模的要素交换给封闭、滞后、有限承载力的乡村治理模式带来巨大的挑战。这在三无村、倒挂村和拆迁村中体现得尤为突出。二是从基本制度环境来看，歧视性的发展理念和城乡二元体制机制难以适应快速城市化带来的深度融合化的城乡要素交换关系。从城乡统筹发展到城乡一体化发展，再到城乡融合发展，我国城乡差距日益缩小，城乡关系得到有效改善。然而，长期以来形成的城乡二元结构始终没有得到根本解决。在超大城市，随着大规模外来人口的流入，传统的城乡二元结构逐步演变为城乡二元、城市二元的城乡“双重”二元结构交错存在并相互影响①，导致乡村社会利益群体多元化、社会阶层多极化、利益诉求复杂化。这给传统的“内在束缚、外在排斥”的乡村治理结构带来空前的挑战。这在倒挂村中体现得最为明显。三是从乡村发展的基本特征来看，统一的乡村治理模式难以应对分化乡村所面临的治理难题，乡村分化对一元化的乡村治理制度与乡村治理政策提出了新挑战。不同类型的乡村城市化进程和乡村发展都具有不同的特点，它们所面临的人口规模、要素流动速度、乡村社会开放程度、城乡“双重”二元结构、利益诉求的复杂程度不同，各类型乡村的治理难点也有较大差异。

（二）不同类型村庄治理面临五个方面的难点

一是政经合一的制度安排下，集体经济组织承担着乡村治理的“无限责任”，面临较大经济压力。这一问题在各类型村庄中表现得都比较突出，但表现形式和治理难点又各有不同。在城市化进程比较快的三无村，居委会、村委会、村集体经济组织“三位一体”的治理组织体系，农村集体经济组织仍然在社区治理中发挥重要作用。三无村集体经济组织继承了村委会在村庄建设与管理等方面的“无限责任”，承担巨额的村庄治理成本，增加

---

① 张英洪. 统筹城乡发展重在破除双重二元结构[J]. 中国乡村发现，2011（01）:101-103，121.

了集体经济组织的负担。倒挂村集体经济组织往往超负荷承担过大的公共服务压力，倒挂村存在村级开支大、收入少、管理运行难以为继的占比达到 58%。传统村、空心村集体经济非常薄弱，基层组织常处于“无钱办事”的尴尬境地，缺乏公共财力支撑成为基层治理掣肘。村级集体经济组织的收支难以平衡，67% 的受访空心村集体经济组织面临着管理运行难以为继的问题。空心村的村干部收入与倒挂村的村干部收入差距比较大，2017 年倒挂村平均每个村支付村干部报酬达到 77.8 万元，而空心村平均每个村只有 3 万元，两类村庄干部平均报酬的极差达到 74.8 万元①。

二是集体经济组织的内在封闭性，导致难以建立开放的现代乡村治理机制，也难以将治理覆盖到全部常住人口。三无村的三重治理组织体系下，逐步形成了新的具有封闭性的“社区共同体”，并趋向于“村庄单位化”。这对村庄治理与发展有两个方面的潜在风险：一方面以单位制作为运行机制的集体企业主导治理模式的乡村治理存在自我发展的封闭性和利益分享的排他性趋势，进一步与开放的社会形成对立。同时，开放社区实行自闭式治理，各种资源难以形成良性的互动，难以实现村庄公共服务针对所有常住人口的全覆盖，这种治理与发展是不可持续的。在倒挂村，集体经济组织进行的封闭型乡村自治的模式难以应对高度开放、日益分化的乡村治理需求。原本只为村民提供村级公共服务和集体福利的村集体经济组织，却承担了数倍于村民的外来人口的公共服务压力，导致倒挂村公共服务水平和服务能力与实际常住人口需求存在较大差距。

三是拆迁过渡期过长，以及空心村的人口老龄化、空心化导致村庄治理真空。拆迁过渡期过长导致治理真空、治理盲点比较突出。丰台区葛村西里拆迁到一半后 13 年没有进展，直至今日，整栋楼只有 9 户有窗户且正常居住，其余的全部被拆除且无人居住。空心村治理面临的难点主要是人口老龄化、空心化、产业空心化导致的没人治理、没钱治理的问题。农村人口老龄化严重，山区村庄的空心化加剧，谁来治理的问题日益突出。

四是乡村治理中传统道德缺失，乡村社会稳定压力空前。拆迁村由于农民被动上楼带来了一系列社会问题，导致拆除村、回迁社区的社会矛盾冲突多发，拆迁农民因“一夜暴富”后，对原有勤劳致富、勤俭节约、团结互助等优良的传统美德造成较大的冲击，有的拆迁农民因赌博或其他奢侈消费又“一夜返贫”，有的因为拆迁补偿的家庭分配不均等问题导致极端社会治安问题，给乡村社会安定带来较大不安定因素。拆迁村、倒挂村人口社会结构复杂导致社会公共安全风险较高。传统村庄面临着乡村德治较弱的问题，在开放社会的冲击下，传统人情伦理、道德规范受到较大冲击，拜金主义、等靠要思想、铺张浪费、攀比心理等普遍存在，有的村村规民约未能发挥实际作用。

五是传统治理思维难以转变，社区认同感、归属感弱化，治理主体缺失，难以建立多元共治体系。从农村社区到城市社区的治理转变过程中，拆迁后的回迁社区居民的社区认同感、归属感都比较低②。拆迁农民被动上楼，传统生活方式被打破，传统的熟人社区变为

① 北京市农研中心课题组. 首都乡村发展基本情况分析 [J]. 北京人大，2018（9）：22-25.

② 林莉，张劲松. 过渡与协同：城镇化发展中城乡结合部新型社区治理 [J]. 福州大学学报（哲学社会科学版），2015，29（01）:65-71.

半熟人乃至陌生人社区，然而，生活习惯和社会文化的城市化相对滞后。拆迁农民对原有乡村社会网络的依赖程度较高、对新市民身份的认同度低，不同拆迁村的回迁居民与外来人口混居在一个社区，居住人口的社会分层多元化、利益诉求差异化，给拆迁村社区治理带来了较大的困难。一些传统村的"管控思维""维稳思维"仍旧存在，认为村里无人上访就是治理成功，服务意识、村民参与意识不强。传统村的人治思维还是比较突出，基层法治文化建设依然薄弱，有的乡村干部法律意识还不够强，村庄黑恶势力依然存在，小官巨腐问题比较突出。

三、思考与建议

首都乡村治理现代化在一定程度上决定着北京市超大城市治理现代化的进程。应从顶层设计层面加快构建城乡一体平等开放的制度体系，解决传统封闭型乡村治理体制机制与现代开放的社会结构之间的矛盾；加快转变治理理念，加快建立公共服务全覆盖的新市民制度体系。因地制宜，分类推进超大城市乡村治理现代化，针对超大城市各类村庄的主要特点和村庄治理面临的挑战与难点，明确各类型村庄治理的重点任务。

（一）加强顶层设计，建立城乡融合平等开放的制度体系

各类型村庄治理都不可避免地受到宏观制度环境的制约，推进首都乡村治理现代化必须坚持以平等公正的理念、以开放包容的胸襟、以锐意改革的精神，加快推进集体经济产权制度、城乡户籍制度和公共服务制度体系的深化改革，构建城乡融合的平等开放的制度体系。一是继续深化农村集体产权制度改革，建立开放的新型农村集体经济产权制度。明晰和保护农民个人产权，明确集体经济产权制度中集体股份、农民个人股份之间的关系。从封闭性的产权结构转变为开放性的产权结构。优化集体经济组织的法人治理结构，建立起特别法人与公司法人之间的内在有机联系，推动集体经济组织从劳动的联合向资本联合转变，优化股权结构，打破集体经济的封闭性，激励高层管理人员参与集体经济组织的经营管理，实现责权利高度一致，激活创新发展的内在动力。设立农村集体经济组织成员准入机制和退出机制，集体经济组织成员既可以自愿加入，也可以自愿退出。二是打破户籍的地域限制，建立超大城市的新市民制度，实现常住外来人口的市民化。加快转变对外来人口的治理观念。超大城市乡村治理现代化需要正视和接纳外来人口，而不是简单地实行"严格控制大城市规模"政策。从实质上推进户籍制度改革，建立城乡统一、身份平等的现代户口登记制度，改革实质上歧视外来常住人口的超大城市积分落户政策。从实际操作层面，按照个税在哪里缴纳就应该在哪里享受公共服务和社会保障制度的原则，利用现代信息化技术手段，进一步破除户籍在省域之间的壁垒，使得外来常住人口只要对本地发展做出应有贡献，就可以与本地户籍的居民享有同等的居住、教育、医疗、养老等基本公共服务和社会保障待遇。三是建立覆盖全体常住人口、城乡融合的基础设施和公共服务制度体系。加快补齐乡村基础设施建设短板，适应各类型村庄特点和发展需要，提高农村居民公共交通、道路管网、垃圾污水处置的建设水平，推动基础设施保障实现常住人口的全覆盖，真正取消城乡差别和本地户籍常住人口与外地户籍常住人口的差别。建立覆盖全体

常住人口、城乡统一的公共服务制度体系，进一步推动基本公共服务均等化，推动城乡居民、常住人口能够同等地享受就业、教育、医疗等公共服务，增加就业的机会平等性，实行更加公平公正开放的就业制度，提高免费教育、免费医疗的供给率。建立统一平等开放的社会保障制度体系，提高对农村居民的养老、救助的财政支持力度，缩小城乡居民、城镇职工与城镇居民在养老待遇上的巨大差别。

（二）逐步推进三无村撤村建居，实现城乡治理体系的顺畅衔接

以城市化进程较快的三无村为试验试点，探索深化农村集体产权制度改革、乡村政经分离、转变农转非的方式以及转变乡村治理模式的有效实现路径。一是进一步深化三无村农村集体产权制度改革①，通过深化改革解决农村集体资产中存在的呆账、坏账、欠账、外债等历史遗留问题，进一步明确集体股和成员股的比例，优化集体资产的股权结构，明确撤村建居后集体资产处置方向。二是加快推进乡村政经分离。有序推动三无村、倒挂村、拆迁村的行政事务与村集体经济事务的分离，具体而言，就是推动村集体经济组织与村委会在政务与经济事务、人员配备、财务记账、管理方式等方面的分离。政经分离后，还原农村集体经济组织市场主体的本原，村民委员会专门负责村级公共服务和村民事务。三是加快修订《北京市建设征地补偿安置办法》（俗称 148 号令），按照以人为本的新型城镇化思路，拓宽农民市民化的渠道，让农民真正成为带着资本进城的新市民。2004 年以来，北京市执行《北京市建设征地补偿安置办法》，确立了“逢征必转”“逢转必保”的原则，这一要求本意是让市民化的农民享受城镇社会保障，然而，在城乡二元的社会保障体系下，农转非的成本极高，在实际操作中，一个超转人员平均需要缴纳 300 万—400 万元，按照平均寿命 80 岁，从 60 岁到 80 岁一共 20 年计算，平均一年领取的养老金却只有 2 万元左右。朝阳区、海淀区、丰台区等城市化进程比较快的区，在执行 148 号令的过程中都付出了高昂的城市化成本，这也成为很多三无村撤村建居的主要壁垒之一。建议进一步转变城市化模式，废除“逢征必转”的 148 号令，同时加快推进城乡社会保障体系均等化、一体化。四是加快推进三无村、拆迁村和倒挂村社区治理方式的转变。可以借鉴海淀区的做法，在政经分离的基础上，将村委会职能与居委会职能进行归并整合，同时，将村委会成员的待遇提高至社工待遇，并压缩工作经费，这就解决了三无村村庄治理中村委会、村集体经济组织、居委会多元主体治理的复杂治理体系。

（三）推进三无村、拆迁村和倒挂村的自治、法治、德治、精治、智治的“五治”相结合的现代乡村治理体系

《北京城市总体规划（2016 年—2035 年）》指出，首都大城市治理要实现精治、法治、共治。我国乡村治理体系和治理能力现代化的目标提出要建立和完善自治、法治、德治相结合的现代治理体系。针对超大城市乡村治理面临问题的复杂性和现代化要求的超前性，本文认为，应进一步加快城市化较快的三无村、拆迁村和倒挂村治理的精细化和智能化，实现自治、法治、德治、精治、智治的“五治”相结合的超大城市现代乡村治理体系。一

① 张英洪．北京市撤村建居调研报告 [J]. 北京调研，2020（2）：29-36.

是在自治方面，要建立自治与共治相结合的新型自治模式，重点建立对外来常住人口开放的自治体系，允许外来常住人口平等地参与社区公共事务的治理，包括参与民主选举、民主决策、民主监督、民主协商。同时，加强对外来常住人口的服务，设立“社区外来人口一站式服务中心”，为外来常住人口的居住、就业、教育、医疗、社会保障等方面给予帮助和支持。二是在法治方面，要切实贯彻在党的领导下加强依法治理，做到有法必依、执法必严。将乡村治理、新型城镇化纳入法治化的轨道，从事基层治理的党员干部要带头守法、遵法，维护法律的权威性、公正性，切实保护超大城市乡村的每一位合法居民的人身权利和财产权利，形成充满公平正义的超大城市乡村法治新局面。三是在德治方面，要注重三无村、拆迁村、倒挂村中各类文化交汇的特点，加大对优良传统道德文化的宣传教育，推动传统文化与现代文明的有机结合。四是在精治方面，要细化每种类型村庄治理中面临的特殊难点问题。乡村治理的精细化体现在：对问题调查得更加深入具体，挖掘治理困难背后的原因；对群众反映的问题的解决方式更加科学，不是采取简单的方式进行解决；给予社区居民以更多的人文关怀，而不是机械化、程序化地处理问题。五是在智治方面，中共中央办公厅、国务院办公厅于2019年5月印发的《数字乡村发展战略纲要》强调立足新时代国情农情，要将数字乡村作为数字中国建设的重要方面，注重建立灵敏高效的现代乡村社会治理体系；着力发挥信息化在推进乡村治理体系和治理能力现代化中的基础支撑作用，构建乡村数字治理新体系；并明确提出到2025年，乡村数字治理体系日趋完善。利用信息化平台+智能化技术的科技手段，推进城市化进程较快的三无村、拆迁村和倒挂村的智慧乡村建设，为乡村治理能力现代化注入新动能。六是推进超大城市乡村“自治、法治、德治、精治、智治”的有机结合，形成有机的整体，互相促进，发挥各自的治理优势，既要强调柔性治理，又要维护法治刚性，在加强现代化技术应用的同时秉承传统治理中的有效方式。

（四）加快补齐空心村和传统村村庄治理现代化面临的四个短板

在完善顶层设计，推进自治、德治、法治相结合的乡村治理体系的基础上，重点加快补齐空心村和传统村治理中面临的四个短板。一是加快补齐人才短板。人才是乡村治理最重要的基础性资源。在空心村和传统村，应重点关注通过多种渠道吸引更多的新农人、新乡贤、新型社会组织、公共服务人才进入空心村和传统村。通过党政机关派驻第一书记等方式，充实治理人才队伍；通过营造良好的营商环境、优惠的创业政策，吸引新农人、新型经营主体、社会企业进入乡村；通过高薪厚遇吸引教育、医疗、卫生人才到乡村工作生活；培养本地村级教师、村医等本土人才成长，提高他们的工资待遇，让他们扎根乡村。二是加快补齐乡村集体经济短板。进一步深化农村集体产权制度改革，推动乡镇集体产权制度改革，理顺乡镇与村级集体经济组织的关系，进一步明晰产权关系，完善集体经济组织治理结构。推动有条件的村试点政经分离，推动村集体经济组织成为真正的市场主体。鼓励乡镇统筹、组团式发展模式，鼓励传统村、空心村利用其资源优势，与三无村、拆迁村集体经济组织以及社会企业的资本优势、先发优势、市场优势相结合，实现先富带动后富的合作发展、利益共享模式。鼓励集体经济组织充分发挥区位优势，明确自身在首都城市功能定位中的地位和作用，找到适合本集体经济组织的发展项目和新型支柱产业，加快“腾笼”后的“换鸟”。三是加快补齐社会组织短板。重点培育乡村生产性服务、生活性服务、公益慈善、文化娱乐等类型的社会组织，简化农村社会公益性组织登记管理程序，支持农村社会公益性组织承接相关公共服务功能和项目，逐步形成乡村治理共建共治共享的新局面。四是加快补齐基础设施建设短板。在空心村和传统村要加大美丽乡村建设力度，着力推进厕所革命、垃圾和污水处理设施建设，改善传统村庄的生产生活环境，提高传统村和空心村的生态服务功能。进一步提升农村道路、安全饮水、新型能源利用、农业农村信息化基础设施建设水平，为乡村传承文化、承接首都国际交往、科技创新等功能，发展乡村集体产业提供基础保障。加快传统村和空心村的文化教育、医疗卫生等公共服务设施建设，提高基础设施和公共服务水平。

课题负责人：曹四发
课题组组长：张英洪
执　笔　人：王丽红

北京市乡村治理数字化研究

一、绪论

（一）研究背景及意义

1. 研究背景

贯彻落实推进国家治理体系和治理能力现代化要求。数字化是现代乡村治理体系和治理能力现代化重要支撑和手段，习近平总书记强调："要建立健全大数据辅助科学决策和社会治理的机制，推进政府管理和社会治理模式创新，实现政府决策科学化、社会治理精准化、公共服务高效化。"随着信息技术在农业农村经济社会发展中的应用推进，乡村治理数字化的重要性日益显现。没有乡村的有效治理，就没有乡村的全面振兴，没有信息化就没有现代化。进入新时代以来，我国已经制定实施了系列政策文件，作出了推进乡村治理数字化的制度设计，提出了数字化治理的对策措施（见表）。乡村治理需要自治化、法治化、德治化，同样少不了数字化。如果人民公社是新中国乡村治理的1.0版、乡政村治是乡村治理2.0版、三治合一是乡村治理的3.0版，那么随着信息技术的推动，社会经济实践的变化，尤其是随着《关于加强和改进乡村治理指导意见》的出台，"党委领导、政府负责、社会协同、公众参与、法治保障、科技支撑"的目标指向和格局塑造就开启了乡村治理的4.0版，自治、法治、德治三治融合的格局也就开启了向自治、法治、德治、智治四治合一的乡村治理升级版的跃迁之路，也是必由之路。

表1　乡村治理数字化相关政策法规分析

时间	政策名称	主要内容
2016年6月	《国家信息化发展战略纲要》	从创新电子政务运行管理体制等方面，对深化电子政务以推进国家治理现代化提出了总体要求
2016年9月	《关于加快推进"互联网+政务服务"工作的指导意见》	对加快推进"互联网+政务服务"，实现"互联网+政务服务"城乡基层全覆盖工作作出了总体部署
2018年1月	《中共中央国务院关于实施乡村振兴战略的意见》	在部署实施乡村振兴战略时，提出了"实施数字乡村战略"，要求加快农村地区宽带网络和第四代移动通信网络覆盖步伐，开发适应"三农"特点的信息技术、产品、应用和服务，弥合城乡数字鸿沟

时间	政策名称	主要内容
2018年7月	《关于加快推进全国一体化在线政务服务平台建设的指导意见》	就深入推进“互联网＋政务服务”，加快建设全国一体化在线政务服务平台，全面推进政务服务“一网通办”，实现网上政务服务省、市、县、乡镇（街道）、村（社区）全覆盖作出了部署
2019年	《中国共产党农村基层组织工作条例》	要注重运用现代信息技术，提升乡村治理智能化水平
2019年6月	《关于加强和改进乡村治理的指导意见》	建立健全党委领导、政府负责、社会协同、公众参与、法治保障、科技支撑的现代乡村社会治理体制

数字化是弥补城乡数字鸿沟，增强城乡融合治理，坚持农村优先发展的重要机遇。树立优先发展农业农村的理念，推动创新，农村是改革的发源地更是主战场。习近平总书记在党的十九大报告中首次提出“坚持农业农村优先发展”的重大战略要求，随后召开的中央农村工作会议、2018年中央一号文件、2019年中央一号文件对坚持农业农村优先发展作出系统部署和政策安排，党的十九届五中全会又进一步吹响“优先发展农业农村”的进军号角。然而在社会发展的诸多方面，乡村的建设还远落后于城市，以北京为例，在数字化治理这块，2016年以来北京市加快“智慧政府”建设，经历了“数字北京”“智慧北京”阶段，2017年，一站式政务APP“北京通”上线运行，该App是一款由政府主导的“智慧城市”管理平台，以“互联网政务服务”的方式，通过实名认证、用户授权等实现跨委办局信息互联互通。由此可见，北京的城市数字化治理已经优先于农村，但从整体上看，北京智慧城市建设与国内外大城市进展相似，同样处在理论与技术研究及应用提升的建设阶段，因此在乡村治理领域，借助数字化的技术，加强研究和实践探索，数字化的应用向乡村倾斜，这样完全可以追赶甚至实现弯道超车。乡村治理数字化的本质是利用先进技术收集梳理乡村公共事务数据信息，精准预测治理问题，促使基层干部科学决策并高效处理村民的实际诉求。实现乡村治理数字化，不但能够创新治理模式，持续提升治理能力，而且能够打破传统治理壁垒限制，破解传统治理无法规避的难题。

2. 研究意义

为数字化在乡村治理领域应用提供理论创新。本课题的研究有助于拓展乡村治理数字化的研究领域，丰富研究内容。目前国内外现有研究对于乡村治理数字化的概念内涵尚未进行深入探讨，没有形成明确定义，乡村治理数字化的建设内容尚不明确，体制机制及发展路径也没有理论支撑，在实践方面，虽有一些探索及经验，但还没有形成可借鉴的案例和模式，从某种角度上说，对于乡村治理数字化的理论研究一定程度上滞后于其实践探索。因此，有必要对乡村治理数字化的实践探索加以总结分析和理论提升，在对实践典型的具体做法、成效进展、经验启示等方面进行系统、深入的调查和分析的基础上，对有关探索作出客观、准确的评价，以探寻乡村治理数字化的发展规律，增强典型经验推广的适用性、实效性。本课题将理论与实践相结合，明确乡村治理数字化的相关概念内涵以及内容，探讨乡村治理数字化的体制机制等问题，为数字化在乡村治理领域应用提供理论创新。

为北京市乡村治理数字化建设提供发展路径。北京作为科技创新中心，已进入全面推进以数字经济为核心的新型“智慧北京”关键时期，《中国城市数字治理报告（2020）》中从数字基础设施、数字行政服务、数字公共服务、数字生活服务四个维度，对2019年度GDP排名前100位的城市数字治理水平进行了研究分析，北京在杭州、深圳之后位列第三。应该说北京的数字治理水平在全国是领先的，但这只限于城市，针对乡村数字化治理，与部分典型省市建设与应用相比，已经明显落后于在全国率先打出了“数字乡村”和“乡村治理数字化”旗帜的浙江省、坚持以数字政府建设赋能乡村数字治理，持续地推进智慧湖北和数字政府建设的湖北省，以及基于大数据发展战略的乡村数字治理探索的贵州省。但北京“大京郊小城区”的基本市情，凸显了乡村治理在北京城市治理中的重要地位。基于此，本课题拟通过广泛的实地调查，摸清北京市乡村治理数字化发展现状、成效及找出存在的主要问题，对典型案例进行深入剖析，并邀请相关领域专家开展咨询，通过反复讨论、研究等，从而提出既符合北京市发展现状，又具可操性的北京市乡村治理数字化实现路径。

（二）研究现状

通过文献研究，我们发现关于乡村治理数字化理论方面的研究目前还在起步阶段，究其原因，一是概念的提出时间较短，针对乡村治理数字化的研究不多，虽然在有些方面已有专家学者有所论述，但并未形成完整理论。二是数字化与信息化是一脉相承的，虽然没有专门数字化的研究，但相关的信息化、智能化等相关研究也较为丰富。我国学术界和政策制定领域对此问题的重视是在党的十九大后出现的。党的十九大提出“实施乡村振兴战略”，并将“治理有效”作为乡村振兴的总要求之一，其中的“乡村”“治理”等概念在中央涉农政策内容中的提出具有开创性，得到了社会各界对乡村治理的广泛关注，相关的研究也从此迅速增长。相关研究视域主要集中在大数据与乡村治理、互联网与乡村治理网格化管理、乡村“互联网＋政务服务”、数字乡村与公共服务、智慧乡村等方面，研究内容涵盖了从理论到实践、从基础到前沿、从现状到路径等类型。

如在乡村治理目标上，孔晓娟以广东农村信息化实践为例，提出结合农村信息化治理的实践，在“乡村善治”的基础上创新提出“乡村信息化善治”的新模式，并将其作为农村基层民主与治理的最高目标选择。在治理主体上，邹静琴、黄嘉琪强调了乡村数字化治理主体的多元化。指出乡村数字化治理的主体不仅停留在“村两委”以及基层干部身上，还应该让广大农民成为治理主体。在治理模式选择上，林忠心、秦静指出乡村数字时代治理是与以往公共行政截然不同的治理模式，是对新公共管理的超越。王谦、李天云提出了自治、法治、德治及技治四治合一的最优型善治方案。在乡村治理信息技术运用上，王谦、李天云、杜钰指出大数据、人工智能、物联网、云计算、区块链等信息技术日新月异的背景下要更加注重乡村治理中的科技维度，运用信息技术“优政、惠民、兴业”。赵秀玲指出要实现乡村治理方式的重大转型，应当从信息化向乡村倾斜开始，借助信息化战略发展的重大机遇，撬动乡村治理这一巨大版块。

诸多方面的研究中，我们发现，国内在大数据语境下探讨乡村治理创新问题逐渐成为研究热点。其中，《从基于经验到基于数据——大数据时代乡村治理的现代化转型》提出，近年来，我国乡村治理水平、村民生活水平不断提升，但是还面临不少难题，如集权化和行政化倾向依然存在，村民对乡村治理参与不足，治理决策科学性还有待提高等。大数据嵌入乡村治理，可以提升治理主体的协同性、过程决策的科学性、问题应对的有效性，但却面临乡村信息基础设施“底子薄”、数据传输和共享过程中存在“中梗阻”、乡村大数据意识和人才存在“大短板”、乡村大数据应用技术支撑“不牢靠”等现实“堵点”。《大数据驱动国家治理的未来图景》中指出，大数据是信息化发展的新阶段。大数据是一种创新技术、一种基础设施、一种生产要素、一种战略资源、一种科技产业，也是一种治理技术。随着互联网技术的迅猛发展，大数据已经成为了组织创新、产业升级、经济社会发展、国家治理能力现代化的核心驱动力。大数据作为国家治理技术，通过科学决策、精细管理、精准服务、精确监管、高效协同等作用机理驱动国家治理走向数据化、标准化和精细化，实现智能治理、简化治理、绩效治理。因此，在推进乡村治理数字化的进程中，针对农业农村大数据应用开展研究，对于促进政府数据开放共享，实现国家治理体系和治理能力现代化，具有重要的现实和战略意义。

诸多研究成果均证实，数字技术为乡村治理带来了革命性影响，推动乡村治理数字化具有紧迫性与必要性。然而，现有研究对于乡村治理数字化概念内涵、主要构成、现实表现尚未进行深入探讨，对乡村治理数字化实践的系统考察在国内文献中未曾发现，实践先于理论的特征较为明显。

（三）研究方法及内容

1. 研究方法

（1）文献分析法

对外省市、北京市乡村治理数字化相关内容、模型、成果进行归纳、总结，总结乡村治理数字化发展成效、做法、经验及适用条件，为北京乡村治理数字化提供可借鉴经验。

（2）案例分析法

采取访谈、档案文件、实地考察、二手资料查询等渠道进行数据收集，对外省市、北京市乡村治理数字化的典型案例进行剖析，总结出典型模式，找出具有普遍性，可操性的经验和模式。

2. 研究内容

乡村治理伴随着大数据时代的到来，传统的治理方式已经跟不上时代的要求。未来，要充分发挥现代科技的力量，将大数据技术引入其中，促成治理方式全面革新，提升乡村治理的智能化、智慧化水平，本课题研究的主要内容是以国家对乡村治理的总体要求和主要任务为指导，以北京市农村基层治理实际需求为导向，明确北京市乡村治理数字化的总体思路，提出北京市乡村治理数字化实现路径。重点分析研究北京市乡村治理数字化路径，提出乡村治理过程中，信息化手段植入后，如何提升乡村治理的效率和效能。

针对北京市乡村治理数字化建设，本课题首先分析北京市乡村治理数字化应用现状，通过实地调研摸清北京市乡村治理数字化的发展情况和典型模式。梳理外省市乡村治理数字化的典型案例，总结乡村治理数字化的成功经验、做法及对北京乡村治理数字化的启示。在对北京市乡村治理数字化需求研判的基础上，提出具体的北京市乡村治理数字化实现路径，即以乡村新型基础设施建设为基础，消弭城乡数字鸿沟；以乡村治理大数据为基础，构建数字化治理新机制；以"互联网＋党建"为抓手，加强基层组织数字化建设；以"互联网＋公共服务"为重点，提升数字化服务水平；以"智慧美丽乡村"为主线，提高公共事务数字化治理能力；并在最后从顶层设计、体制机制、典型示范、重点工程、人才培育等几个方面提出具体的意见建议，为北京乡村振兴战略的实施提供支撑。

（四）相关概念界定

"治理"源自古典拉丁文或古典语中的"引导领航"一词，原意是指统领、引导或操纵之行为或方式，经常与"统治"一词相互叠加使用。联合国全球治理委员会对治理做如下界定，"治理是各种公共的或私人的个人和机构管理其共同事物的诸多方式的总和。它是使相互冲突的或不同的利益得以调和并且采取联合行动的持续的过程。这既包括有权迫使人们服从的正式制度和规则，也包括各种人们同意或以为符合其利益的非正式的制度安排"。我国有学者认为治理指在一个既定的范围内运用权威维持秩序，满足公众的需要。治理的目的是在各种不同的制度关系中运用权力去引导、控制和规范公民的各种活动，以最大限度地增进公共利益。

"乡村治理"这一概念是我国学者徐勇教授领衔的华中师范大学中国农村问题研究中心吸收了"治理"理念和中国乡村实际最早提出的。但直到20世纪末，当"农村真穷，农民真苦，农业真危险"的呼声响起，三农问题再次引起广泛关注后，以"乡村治理"为关键词的乡村问题研究才成为乡村问题研究的主流范式。从字面理解，乡村治理是在治理前加前缀，特指治理的限域，即治理地域范围。因此，乡村治理特指以农村为单位村域范围的管理活动，与城市社区的管理活动相对，都属于基层社会治理的范畴，是国家治理体系的微观基础。一般而言，"乡村治理"的基本要素包括治理主体、治理客体、治理目标和治理方式等，我国学者对乡村治理的定义虽然不尽相同，但基本内涵相差不多。如党国英将其界定为"以乡村政府为基础的国家机构和乡村其他权威机构给乡村社会提供公共产品的活动"，郭正林定义为"性质不同的各种组织，通过某种一定的制度机制共同把乡级以下的公共事务管理好"，周朗生认为"是一个由国家和社会共同作用形成公共权威，实现对乡村社会的调控、引导和规范，以最大限度地增进公共利益的动态过程"。综合以上专家观点，本课题把乡村治理理解为多元治理主体以一系列规则、制度、规范等为依据共同管理乡村事务、维护乡村秩序，促进乡村发展的动态过程。

"乡村治理数字化"概念的首次提出是在《数字农业农村发展规划（2019—2025年）》中，其中要求"加快推进农业农村生产经营精准化、管理服务智能化、乡村治理数字化"。《数字乡村发展战略纲要》提出的"构建乡村数字治理新体系"发展要求，就从广义上将"数字治理"赋义"数字治理新体系"。乡村治理数字化，从本质上说，是基于数字化的价值和要求进行乡村治理，因此我们可以从数字化的内涵入手进行阐释。目前主流观点认为

“数字化就是将许多复杂多变的信息转变为可以度量的数字、数据，再以这些数字、数据建立起适当的数字化模型，把它们转变为一系列二进制代码，引入计算机内部，进行统一处理，这就是数字化的基本过程”。《中国数字经济发展白皮书（2020 年）》中把“数字化治理”界定为“推进国家治理体系和治理能力现代化的重要组成，是运用数字技术建立健全行政管理的制度体系，创新服务监管方式，实现行政决策、行政执行、行政组织、行政监督等体制更加优化的新型治理模式”。结合赵春江院士认为乡村数字化治理能力建设包括建设乡村集体资产、公共服务、公共事务、公共安全、乡村党建等数字系统，实现乡村治理体系和治理能力现代化。本课题研究把乡村治理数字化理解为多元治理主体在管理乡村各项事务，推动乡村发展的过程中，运用数字化手段推动乡村治理体系架构、运行机制的数字化智能化网络化再造，实现乡村治理体系和治理能力现代化的动态过程。

由以上概念可以看出，乡村治理数字化的主体仍然是多元主体共治共管，乡村治理数字化的客体主要包括以强化基层组织数字化建设为主要内容的农村党建；以提升数字化服务水平为主要内容的农村公共服务；以提高数字化治理能力为主要内容的公共事务；以健全数字化网络为主要内容的公共安全；以乡村治理大数据为主要内容的农村集体“三资”管理等相关领域，以达到乡村治理精准有效的目标。

二、北京市乡村治理数字化现状

近年来，北京市紧紧围绕首都城市功能定位，不断推进实施网络强国战略、“互联网 +”行动计划、数字乡村建设，在乡村治理数字化应用方面取得了阶段性的成效。在建设市、区、乡镇（街道）、村（社区）四级贯通、协同联动、一网办理、运行高效的政务服务体系、推行政务服务标准化，实行网格化管理、建设数字化城市管理网络等方面走在全国前列。推行“12345 接诉即办”工作机制，全面提升了社会治理效能。在农村基层积极推进“智慧乡村”“智慧乡镇”建设，为乡村精准治理和惠民服务注入了数字化元素。

（一）京郊信息基础设施建设支撑乡村治理数字化

宽带和网络覆盖面广，近几年通过实施信息化基础设施提升计划、宽带北京行动计划，全市完成了铜缆网络光纤化改造，建成了全光纤网络城市，宽带接入能力大幅提升，目前北京市所有行政村已实现光纤和 4G 网络全覆盖，重点行政村宽带接入速率达 50M 以上，重点交通干线和景区实现连续覆盖。

《2019 北京统计年鉴》数据显示，农村居民家庭每百户计算机、移动电话拥有量为 66 台、248 部，移动电话已成为农村家庭最主要的信息获取终端。根据 2019 年 /2020 年全国县域数字农业农村发展水平评价工作上报数据显示，2019 年全市城乡居民人口互联网普及率由去年的 79.2% 提升至 80.6%，2018 年全市城乡居民使用移动、联通、电信网络的人均消费额 1041.42 元，可见，全市城乡居民互联网普及程度较高，信息消费基础较好，对于北京市数字农业农村发展起到一定的支撑作用。

随着近年来智慧乡村、雪亮工程、物联网建设等信息化项目的推进，信息化硬件设备的应用价值已得到基层认可，成为各村信息化建设的首选和基础。各区通过增强宽带接入、加设摄像头、村域广播等方式，扩大了生活区、村委会办公区、重点企业园区、重要交通枢纽、重点旅游景区等主要公共场所的网络及监控覆盖面，有助于改善村内治安管理，为村民生活服务、企业生产运营、市民休闲旅游提供便利，成效显著直观，得到村内认可。部分村庄甚至实现了村域无线网络全覆盖。

（二）乡村治理数字化发展环境及意识逐步优化

按照中央陆续印发的《乡村振兴战略规划（2018—2022年）》《数字乡村发展战略纲要》《数字农业农村发展规划（2019—2025年）》等文件精神，结合《北京城市总体规划（2016年—2035年）》文件部署，北京市高度重视数字农业农村发展，积极推进美丽乡村、智慧乡村建设。2016年，《北京市“十三五”时期信息化发展规划》（京政发〔2016〕57号）提出“到2020年，建设运行1000家益农信息社、200个智慧乡村和500家智能农场的建设任务”，后陆续发布《关于全面推进信息进村入户工程的实施意见》（京政农发〔2017〕23号）、《北京市乡村振兴战略规划（2018—2022年）》、《强化创新驱动科技支撑北京乡村振兴行动方案（2018—2020年）》，智慧乡村建设多年列入市财政农业改革发展专项转移支付资金预算任务清单、农业领域和农业农村信息化重点工作。

作为实施主体，区、镇、村三级立足实际，发挥主体作用，与“三农”重要工作有机结合，逐步实现资源的优化配置和统筹集约发展，满足村庄经济社会发展的需要，逐步实现需求与资源的有效对接，严格按照市级要求，注重体现村庄特色，结合区域实际，以解决实际问题为导向，激发基层使用的积极性，从不同层面、不同领域多角度多层次地推进数字乡村的建设，涌现出丰台区“智慧草桥社区互联网平台”、昌平区“南口镇智慧村镇”、房山区黄山店村“互联网＋休闲农业与乡村旅游”、平谷区“互联网＋大桃”、密云区“智慧村务”等一批典型模式和案例。

2020年疫情期间，北京市迅速响应，积极应对，以“智慧乡村”为抓手，协同各方力量，利用信息化手段，提升工作效率，助力精准防控，齐心守护京郊美丽乡村。农村地区疫情防控面临的难点问题很多，做好农村地区疫情防控宣传工作，提高村民防护意识，做到群防群控，成为打赢防疫战的关键。“晓村务”公众号覆盖京郊75个村，研发上线“乡村防疫”和“数字出入证”功能模块，促进乡村疫情防控全方位宣传，实时掌握村民进出村的相关情况和数据，大幅提高村民出入管理效率，有效支撑和加强了乡村疫情防控管理。另外，部分镇村利用视频会议系统高效应对镇村战“疫”部署。

在京郊乡村治理数字化的进程中，除政府的大力推进外，个别社会力量也进行了尝试和创新，如北京守朴科技有限公司研发的“晓村务”平台，设置大家说、党务、公共服务、乡村治理、乡村防疫、垃圾分类等版块，助力提升精细化管理。歌华有线通州分公司基于歌华有线高清电视云平台的资源优势，开创性地开发了村内专属“生活圈”，为村民提供了丰富而有特色的智能服务，开拓了村政务服务的新窗口，创建了村民喜闻乐见的公共服务新模式。

（三）政务信息服务体系加强向乡村治理领域扩展

2019年以来，北京市开始实行“闻风而动、接诉即办”群众诉求快速响应机制，作为党建引领“街乡吹哨、部门报到”改革的深化延伸。2020年10月28日《中共北京市委北京市人民政府关于进一步深化“接诉即办”改革工作的意见》正式公布，建立“七有”“五性”综合评价制度，进一步强化智能热线建设，打造北京12345网上互动平台，开通社情民意“直通车”，充分利用各区、市级各部门网络平台，融合媒体反映渠道，形成品牌统一、覆盖全面、服务高效的线上线下“接诉即办”受理系统。

市区成立本级政务服务管理行政机构，名称均统一为“政务服务管理办公室”。以市级政务服务平台为龙头，16个区级平台为主体，331个乡镇（街道）级平台为基础，并向6911个村（社区）服务站（点）延伸的四级服务体系框架构建基本完成，设立各级各类政务服务窗口2.5万个，窗口工作人员4.3万余人。北京市13个涉农区均设立了较为完善的区级农业农村信息化管理服务机构，明确了区主管领导、责任科室和人员。

全市建成一体化的互联网政务服务平台，按照统一入口、统一认证、统一申报、统一查询、统一互动的原则，覆盖市、区、乡镇（街道）、村（社区）四级政务服务。开设个人服务、法人服务、便民服务、利企服务、阳光政务5个版块，设立103个服务主题，集中发布办事指南270663项，积极推进网上办事，实现全市网上政务服务资源的一站式汇聚，2019年在线办事率达到74%以上。北京市12316三农服务热线、北京移动农网、官方微信公众号“乡慧”、北京农民远程教育平台等市级农口便民公共信息服务渠道多年在京郊均发挥了重要作用。

（四）多部门多角度统筹推进乡村治理数字化

全市智慧乡村建设多年列入市财政农业改革发展专项转移支付资金预算任务清单、农业领域和农业农村信息化重点工作，并在2016年发布的《北京市“十三五”时期信息化发展规划》（京政发〔2016〕57号）中提出了全市建设200个智慧乡村的任务目标。重点围绕村庄信息化基础设施、产业发展、乡村治理、公共服务、村民信息化能力培养等方面，加强信息化应用于服务，带动农村产业提质增效，提升乡村治理和公共服务精细化水平。经过多方共同努力，到2019年年底，智慧乡村建设已提前完成“十三五”全市建设200个智慧乡村的目标任务，全市智慧乡村建设数量230个，涉及13个区92个镇，初步形成了乡村治理型、生产经营型、休闲农业与乡村旅游型、城乡结合型、区域建设型等建设类型。如昌平区南口镇率先探索全镇域智慧乡村建设新模式，搭建了区—镇—村—村民四级网络服务平台和运营服务体系，利用防汛监测设备、远程视频会议系统、村务管理平台解决了镇村内防汛人员危险、半山区人员召集困难、防疫人员管控等乡村治理实际难点，开辟了村镇整体推进数字化、智能化村镇治理新路径。

北京市信息进村入户工程积极联合涉农资源，汇聚社会力量，共同探索和实践。市级通过整合12316三农服务平台、221信息平台、城乡经济信息网等公益服务资源及金融、保险、旅游、水、电、票务等各类社会化服务资源，促进北京信息进村入户工程综合服务管理云平台与党员远程教育等系统进行对接和资源共享，利用北京各类村级服务站点资源，按照“填平补齐”的原则，依照原农业部“六有”标准，在北京市3964个行政村全面建设益农信息社，实现公益服务下行和涉农数据信息上行。截至2019年年底，北京市依托村级益农信息社提供公益服务 6.34 万次，主要包括通过短彩信发布、村群提供政策咨询 0.67 万次、技术咨询 1.53 万次、市场信息 2.61 万次、技术培训 1.53 万次，另外 187 个村级益农信息社的电子商务交易额 2270.18 万元，农产品上行 605.6 万元、生产资料下行 561.34 万元、工业品和生活必需品下行 1103.24 万元。

北京农民远程教育平台由北京市农林科学院农业科技信息研究所打造，已在郊区建立面向农民的远程站点 3693 个，面向社区居民的远程站点 2779 个，实现北京地区农村、社区全覆盖，并向机关、企事业单位和“两新”组织延伸，平台注册用户 123 万，平台访问量超过 1.6 亿人次，日均访问量达到 3 万人次。作为全市覆盖面最广、科技资源最丰富的农民远程教育服务平台，平台访问量累计达 1.63 亿次，累计传播优质教学资源 1.6 万余部，视频课程在线学习时长累计达 750 万小时，传播农业适用技术 4000 余项。

三、北京市乡村治理数字化面临的问题

北京市虽然在乡村信息基础设施、智慧乡村建设、“互联网＋政务服务”方面取得一定成就，基层治理数字化意识也逐步显现，但是在乡村治理数字化方面仍然面临如下问题：

（一）统筹规划和顶层设计未能有效实施

北京市在乡村治理数字化建设统筹规划和顶层设计方面仍有欠缺，虽然很多项目都是市级统筹推进的，但在实践落实中却未形成统一合力，这在智慧乡村和信息入户等项目中有所体现。各治理主体把握乡村治理数字化的主战场，把握数字经济和信息技术发展新趋势还有所欠缺，导致对乡村治理数字化建设意识不足，目标认识不够，治理效率不高，效果不明显。最终形成各治理主体的理念不一，职责不清，资源难以共享，信息难以互联互通，工作推动中不能分级分类、逐步推进乡村治理数字化的建设。

（二）多元主体共建共治共享格局尚未形成

北京市乡村治理数字化建设中尚未形成政府引导、市场主导、社会参与的多元主体共建共治共享格局。当前政府依然发挥着治理的主导作用，统一规划、安排布置治理事务，没有充分调动各个社会治理主体的积极性和能动性。政府治理的方式大都依靠行政命令来执行，其他组织和村民只是被动的执行者，没有实现沟通、合作、协商的共建方式，多元治理主体间的协同推进机制没有形成，乡村治理数字化的水平没有明显改观，导致全民共享治理成果的愿景尚未实现。

（三）基层主体信息化应用能力不足，普及推广难

乡村治理与服务信息化应用程度较低，北京市乡村还没有普遍利用互联网技术和信息化手段公开党务、村务和财务信息。基层治理主体缺乏专门的信息化人才以及对于乡村治理数字化的认识程度有限致使乡村治理及信息化服务普及推广难度大。在乡村治理数字化转型过程中，乡镇和村两委是信息化建设、应用和维护的重要主体，目前其信息化应用意识和能力较弱，还难以支撑数字乡村建设。受乡村老龄化严重、村民受教育程度低等因素的制约，村民应用数字化产品的意识和能力较弱。

（四）数据整合共享不足，大数据治理手段欠缺

多元化治理主体各自为战，乡镇和乡村干部需要登录多个业务系统或 APP 输入数据，导致数据都被封闭在各个单位内部，部门之间“条块分割”造成“信息孤岛”现象严重，缺少部门之间数据的整合与共享。同时由于北京市乡村治理大数据平台的欠缺，导致各个业务系统仍旧独立运行，没有实现汇集共享，基础数据的采集、存储、管理尚未实现规范化和标准化，对数据的深度分析和价值挖掘能力不够，乡村治理没有实现“后治”到“预治”的转变。

四、国内乡村治理数字化的经验与启示

为强化科技支撑，推进乡村治理的数字化，从中央到地方，从政府到社会，在乡村数字治理基础设施建设、乡村数字政务体系建设，以及数字农业、数字民生等方面，进行了多种多样的实践探索。全国各地在乡村治理数字化方面进行了大量的实践探索，在全国范围内，《中国数字乡村发展报告 2019》指出，乡村治理现代化持续创新，提升农村党建数字化水平，加快升级农村电子政务服务，提高农村治理现代化水平，推进乡村资产管理数字化。课题组通过对大量国内案例进行分析，通过实地调研、走访、座谈等方式，总结了国内典型案例的成功经验，发现以下几个特点：

（一）政府统筹推动和数据整合是乡村治理数字化基本保障

乡村治理数字化是系统工程，没有政府强有力的统筹协调是很难推进的，特别在项目建设初期更是特别关键，自上而下的覆盖推广离不开领导重视，跨部门的数据整合更加依赖政府的统筹协调。

以上海市宝山区“社区通”推广为例，2017 年 2 月在社区开始试点，到 2017 年 6 月实现社区居民全覆盖，2017 年 7 月 7 日，社区通作为推动党建工作智能化的有效手段被写入《中共上海市委关于全面加强城市基层党建工作的意见》，并开始向农村全面推广，2017 年 7 月 30 日，实现全区村委社区通全覆盖，2.2 万余名党员亮身份，2017 年 12 月，上海市委副书记尹弘专题调研“社区通”，并在上海全市推广，2018 年之后社区通向全国扩散。从中可以看出，推广的速度之快源于领导的重视和统筹推进，具体措施最重要的一环是加强了绩效考核，具体到每个书记一天发几篇文章的程度。江西省农村人居环境治理“万村码上通”5G+ 长效管护平台于 2019 年在江西省武宁县开展试点建设，历经 1 年时间实现武宁县的全域覆盖，这也是政府统筹推动的一个典型。

“云享乌镇”运营中心、德清县乡村治理数字化平台两个案例注重数据整合是一大亮点。浙江省全面整合公共数据、电子政务、政府门户网站建设管理，电子政务发展、政务和社会公共服务信息资源开发利用等职责，组建大数据发展管理局统筹管理公共数据资源和电子政务，为推进两个案例的政务数据资源整合提供了有力的组织保障。德清县乡村治理大数据中心打通了民政、交通等 58 个部门的数据，归集水、空气、垃圾、出行等 282 类基础数据，“数字乡村一张图”叠加自然资源、农业、文旅、民政等部门 17 个图层数据。

此外，河南省长垣市依托“长垣微脑”，整合农业农村、自然资源、综合治理、文明创建等信息资源，重庆渝北利用互联网集成数据，建成乡村综合治理信息系统网，实现部门信息横向联系、上下信息纵向互通等都是政府整合数据资源的典范。

（二）社会积极参与和多元共治是乡村治理数字化根本动力

乡村治理数字化是长效工程，仅仅依靠政府的推动显然难以达到持续高效运营，政府引导、市场主导、社会参与的多元主体共建共治共享是理想格局，实践中也证实了只有加入市场元素，才能提供持续动力。

腾讯公司搭建的“为村”平台，从2015年上线后有20个村入驻，到如今全国近15000个村入驻。四川省邛崃市利用“为村”信息平台，创新实施全域“为村”工程，探索实践线上线下相结合的“为党建、为服务、为治理、为产业”的“两轨四为”工作模式，搭建数字乡村治理平台，不断创新完善乡村治理体系，推动信息技术与基层党建、便民服务、基层治理、产业发展高度融合。中国电信搭建“村村享”平台，从管理和服务两个方面对接社会各方资源，构建自治、法治、德治相结合的乡村治理体系，服务国家乡村振兴战略。甘肃省两当县委县政府委托中国电信结合本地“党建＋旅游”的发展思路和当地特有的“民事直说”特色服务，建设“村村享”信息平台，旨在加强基层党建、提升乡村治理、改善人居环境和便捷百姓生活。阿里巴巴“乡村钉”乡村数字化治理平台，具备乡镇乡村办公办事平台、基层治理现代化工具、惠民服务三大版块功能，在模块设置上更切合基层治理的实际应用，因地制宜，以满足各地不同的乡情民情。浙江省建德市以钉钉为基础，搭建“区县、镇、村（社区）、组、户”多级管理架构，依托钉钉的数字化组织管理和协同的优势，实现乡村治理和为民服务的在线化、精准化、实时化，并将乡村治理重要事务量化为积分指标，通过积分管理，激发村民参与乡村治理的内生动力，提高乡村治理效能。此外，还有利用多平台的重庆渝北建设“村村享”智慧化治理平台，系统高效整合多项数据，建立“村村享—数字乡村”综合服务体系。同时，大力推广“钉钉乡村”数字治理平台，推广应用“钉钉乡村”手机APP，实现乡村治理的在线化、精准化、实时化。

除了比较成熟的全国平台，各地也结合自身特色进行了其他探索。如湖北省政府联合中国移动湖北公司在孝感、恩施等地试点推行“智慧党建”“村务云”等信息云平台，帮助基层组织提升治理效率，实践效果良好。江西省农村人居环境治理“万村码上通”5G+长效管护平台租用中国电信的摄像头设备，用于村容村貌的视频监控。河南省长垣市充分发挥社会组织作用，激发社会力量，将长垣青年普法协会、志愿者服务协会、青年企业家协会、爱心敬老协会等各类社会组织纳入“长垣微脑”参与乡村治理；四川省崇州市创新校院企地融合发展机制，与院校机构深度合作，建立农业服务总部，整合大数据、大服务、大物流等资源，提升乡村公共服务供给能级和智慧化水平。

（三）队伍体系建设和党建引领是乡村治理数字化制胜法宝

乡村治理数字化是日常工程，离不开人才队伍和管理机制建设，在这方面，党建引领尤为突出，各省市依托党组织体系作为基础进行乡村治理数字化的队伍建设，另外“网格员”也是各地数字化的主要队伍体系。

浙江省建德市运用党建引领整体性治理思维，绘制“2468”塔基工程施工图，形成了2大目标，4大中心任务，6项重点工作，8个活动载体的“金字塔”形组织体系，覆盖到市、镇、村、户各个方面。江苏南通海门区在数字化治理过程中探索“五统五专五强化”村书记专职化管理模式，实现村党组织书记身份专职化、管理系统化、薪酬结构化、保障制度化，加强以党组织引导下的村（居）“有事好商量”协商议事平台建设，探索建立党群议事“半月谈”“四议两公开”“三会治事”等村民自治制度，推动党员群众主动参与乡村治理。上海市宝山区调动多方智力参与，探索驻村第一书记工作机制，选派全国农村青年致富带头人、管理经验丰富的村党组织书记排头兵等人员担任示范村第一书记；发动青年开展乡村振兴青春建功行动，打造“妇女微家”，开展“家燕归巢”计划，每年安排2000万元出台政策促进市民下乡、能人回乡、大学生返乡，凝聚治理合力。

江西省武宁县5G+长效管护平台率先开创多员合一机制，解决传统七大员分散多头管理、收入低效益低的问题，也打造了强有力的专职管护员队伍，也是平台最根本的使用者和数据生产者，通过整合“多员”管护（护林员、保洁员、养路员、河道巡查员、新农村建设村庄护绿员、农村建房监督员和社会事务网格化管理员），保障了平台的持续运行。浙江省建德市探索出“镇考村聘”农村储备人才、青年人才“引凤还巢”等一批有效做法，围绕有效组织群众，建立“平安守护”“调解和事”“红色代跑”等基层治理“十支队”，有效破解基层治理中“党员干部在干、群众在看”的难题。河南省长垣市探索“智慧网格”服务管理，构建“四个一”网格化治理体系，配备4605名专（兼）职网格员。

（四）数字技术和积分综合运用是乡村治理数字化重要手段

乡村治理数字化是共治平台，离不开广大人民群众的参与。任何系统和平台的运用都离不开村民的参与，而调动村民的一大法宝就是积分制，通过信息化的手段对积分进行管理也成为每个系统必备的功能。

任何行动都可以转换成积分，用积分可以换生活用品、小礼品、优惠券、门票等各种东西。实地调研中，上海宝山“社区通”APP、桐乡市“云享乌镇”运营中心、德清县乡村治理数字化平台、江西省武宁县5G+长效管护平台几乎每个平台都有积分系统，将治理要素转化为评价、评估、评分要素，把管理范围扩展到村民精神文明领域，随着模式的推广，积分内容会越来越多，权值计算也会越来越复杂，届时信息化的手段将会发挥更大的价值。

江西省武宁县5G+长效管护平台，推行“五好家庭”“清洁家庭”创评自治机制，建立“公德银行+公德超市”20家，将农户环境卫生的行为以积分制登记入册、实行积分兑换物资。上海市奉贤区探索生态村组·和美宅基积分制，以村民小组为单位，积分达标后给予一定奖励，提升了村民的自治意识，吸引了多元力量参与到乡村治理中，有效改善了村组风貌，形成了共建共治共享的格局。河南省长垣市利用“长垣微脑”社会治理综合服务系统，推行农村积分管理，通过积分超市调动群众积极性，建设“党群积分兑换超市”，同时探索构建“垃圾—积分—商品”废品利用新模式，逐步形成了全民参与环境治理的浓厚氛围。江苏南通海门区探索建立“道德积分”机制，在镇村开设“道德银行”“志愿服务项目超市”等服务站，以积分形式强化村民自治管理。湖南省津市市创新“三色存折”制度，运用积分管理理念，创新红色存折、绿色存折、爱心存折积分管理模式，引导党员、群众、志愿者共同参与乡村治理，形成了乡村共建共治共享新格局。

（五）县镇统筹和村级分类治理是乡村治理数字化主要方式

乡村治理数字化是体系建设，数字“大脑”应设在相对较高的层级上。从全国实践来看，乡村治理数字化建设从县镇统筹切入最为有效，村级在县镇平台下统一分类管理最为便捷。实践中，乡村治理数字化典型案例也以县镇为主。

数字化成本的投入以及日常的运维工作是一个村级组织所不能承受的，这就要求统筹的职能需要在上一级进行，从目前的效果看，县级或镇级政府承担这一职责具有很好的效果，这点也在基层实践中得到了很好的印证。

浙江省德清县强化顶层设计，推动县域乡村整体智慧治理。探索构建“一三五”整体框架体系，全力打造乡村治理数字化平台，充分利用“城市大脑”数据支撑，打造乡村治理统一的数据底座，形成“一图一端一中心”应用支撑体系，整体谋划建设一个“数据融通、跨域联动、平急结合”的乡村数字治理中心，推动乡村经营、乡村服务、乡村监管、乡村治理、基础设施五大领域全方位数字化。浙江省桐乡市乌镇构建“1+4+X”体系，即：一个中心、四个平台和X个部门，打造反应迅速、多方联动、防控有效的综合信息指挥联动中心，其中“乌镇管家联动中心”更是成了乌镇社会治理的“神经中枢”，以“乌镇管家”为代表的自治组织走出了探索基层治理的新路径。四川省崇州市将智慧治理与乡村治理深度融合，汇集智慧城管、智慧执法等功能，构建起“市级大脑、镇街中脑、村（社区）小脑、小区院落微脑”的智慧治理“一网”体系，不断提升乡村治理数字化能级水平。

五、北京市乡村治理数字化实现路径

（一）实现目标

乡村治理数字化的核心目标是以数字化技术和理念助力乡村治理体系和治理能力的现代化，也是要构建乡村数字治理体系和打造乡村数字治理能力。从治理体系和治理能力的不同维度来展开，本课题认为可以将上述目标分解为实现“五化”，即：治理决策科学化、治理执行高效化、治理服务精细化、治理监督公开化和治理主体多元化。

治理决策科学化，即运用数字化技术为决策提供全面、精准、实时的数据支撑，提升决策制定的科学性。治理执行高效化，即为基层治理执行过程提供技术工具和数据服务，节省基层干部工作时间，提高治理效能。治理服务精细化，即为治理服务提供精细加工的数据支撑，促使服务供给更加灵活、个性化和精细化。治理监督公开化，即为基层治理权力事项的监督提供透明化和公开化的信息，保障各方的知情权，以更高效地发挥内外部监督作用。治理主体多元化，即为多元主体参与决策和监督提供便捷化渠道，快速反映民意诉求，推动治理体系多元化。

立足现状和需求，对标“五化”，“十四五”期间北京市要加快推进乡村治理数字化进程，构建和完善乡村数字治理体系，打造和提升乡村数字治理能力，逐步提高“五化”水平，使数字化技术在乡村治理各个实践过程中得到创新应用和模式提炼，形成一系列治理有效、充满活力、和谐有序的乡村数字治理创新“样板间”，进而推动数字化技术与乡村治理全要素、全过程的深度融合，最终形成与国际一流和谐宜居之都的定位相匹配的北京乡村数字治理体系和能力。

（二）总体思路

实现北京乡村治理数字化的总体思路是要以习近平新时代中国特色社会主义思想为指导，全面贯彻党的十九大和十九届二中、三中、四中、五中全会精神，以《关于加强和改进乡村治理的指导意见》《数字农业农村发展规划（2019—2025 年）》《北京市乡村振兴战略规划（2018—2022 年）》等文件中国家和北京市对乡村治理工作的总体要求和主要任务为指导，面向北京市乡村治理工作需求，立足北京城市战略定位，把握建设国际一流和谐宜居之都的总体方向，紧紧抓住新一代数字技术发展机遇，着力发挥数字化在推进乡村治理体系和治理能力现代化中的基础支撑作用。要健全乡村数字治理体系，创新乡村治理格局和治理方式，提升乡村数字治理能力，实现治理决策科学化、治理执行高效化、治理服务精细化、治理监督公开化和治理主体多元化。

具体来说要推动乡村治理主体、治理过程、治理内容等要素的数字化，以乡村治理数字化基础设施和大数据建设和应用为支撑点，以基层党建、公共服务、公共事务、公共安全等乡村治理过程的数字化能力建设为突破点，增强乡村治理主体数字化联结，全面推进乡村治理数字化进程，以智治与自治、法治、德治的四治合一推动实现乡村“善治”。在推进乡村治理数字化进程中，要做到“五个注重”，即：

注重统筹谋划与实践探索相结合。一方面要准确把握北京市乡情农情，并遵循数字技术发展规律，顺应信息社会发展新趋势，切实开展和落实全市的统一规划和顶层设计，重点突破，分步推进，谋划构建全市统一的乡村治理数字化平台和体系，并因地制宜，以区 / 乡镇为单位进行全域平台定制化建设。另一方面也要关注以乡镇为基本单元对乡村数字治理创新模式的实践探索，将基层经验上升为市级政策，将好的数字化应用扩展为市级平台。

注重以人民的需求作为根本导向。为人民服务是乡村治理数字化的核心宗旨，北京市乡村治理数字化要注重以人为本，以人民的需求为根本导向，围绕保障和改善农村民生、促进农村和谐稳定的根本目的，针对村民关切的问题为其提供满足其需求的数字化服务，提升村民的幸福感、满意度和参与感，针对基层干部反映的痛点问题提供便捷高效的数字化工具，为农村基层干部减轻负担，减少重复工作，使其能够把有限的成本投入到更有价值的业务中。

注重完善多元主体协同推进的机制。完善政府负责、社会协同、公众参与的协同推进机制，发挥政府统筹引领作用，带动社会企业协同创新，运用互联网思维，建立开放式数字化平台，动员农民群众和社会公众广泛参与，形成多元主体参与的共建格局。

注重以数据普惠共享驱动业务协同。以资源汇集、数据共享为途径，全面整合碎片化数据，实现全域数据一盘棋，推进数据融合、挖掘与应用，建立乡村治理数据共享机制，实现乡村治理数据互联互通、资源共建共享、业务协作协同，让数据多跑路，让广大农民群众和农村基层干部享受到数字红利。

注重以科技创新和示范应用加速带动。充分利用北京科技资源优势，面向乡村治理中的迫切需求，大力推进科技创新攻关，加强新技术新装备新理念在乡村治理中的试点示范与集成应用，提高乡村治理能力的科技含量，加速带动北京市乡村治理现代化水平的提升。

（三）实现路径

1. 夯实乡村新型基础设施支撑，消弭城乡数字鸿沟

乡村信息基础设施是实现乡村治理数字化的基本支撑和保障。尽管近年来北京郊区以行政村为单元的信息基础设施覆盖日趋完善，但在全域覆盖度特别是山区地区的覆盖度、网络速率的提升、新型基础设施的布设和应用等方面仍然存在明显的城乡差距，城乡数字鸿沟的存在仍是实现北京市乡村治理数字化的短板。推动北京市乡村治理数字化要首先补齐这一基础上的短板，充分借助智慧经济时代新型基础设施建设的浪潮，加速完善乡村信息基础设施建设。

一是要推动 5G 等新型基础设施在北京郊区的部署和落地转化，立足北京作为全国科技创新中心的定位，在重点区域和各类应用场景中推动 5G 基站建设，实现 5G 网络覆盖，为传感器、智能管理终端接入和智能应用提供高速通道，打造新型基础设施应用于乡村治理的创新示范，为实现乡村治理智能化注入技术动力。

二是要进一步提高北京市农村地区宽带通信网、移动互联网、数字电视网和下一代互联网覆盖的广度、深度和速度，补齐偏远山区网络覆盖度短板，提高生活区、村委会办公区、重点企业园区、重要交通枢纽、重点旅游景区等主要公共场所的网络速率，为村民生活服务、企业生产运营、市民休闲旅游提供便利。

三是要加强传感器、摄像头、智能终端等物联网基础设施和人工智能技术在乡村治理应用场景中的覆盖和应用。大力推进实施农村“雪亮工程”，提高高清摄像头覆盖度，实现全覆盖的公共安全视频监控。加快推动传统基础设施的数字化、智能化升级，构建全方位的乡村治理物联感知网络，实现乡村治理数据智能采集和智能应用。

2. 构筑乡村治理大数据基础，创建数字化治理新格局

加快乡村治理大数据部署，深化乡村治理大数据应用，是推动乡村治理数字化，创建数字化治理新格局的内在需要和必然选择，也是乡村治理数字化在技术层面所要实现的最终目标。目前国内部分省市如浙江省已经在构筑乡村治理大数据这一基础上先行开展了探索，而北京市在这一方面仍为空白。因此，实现北京市乡村治理数字化必然需要填补这一空白，加速跟进，部署北京市乡村治理大数据的构建与应用。本课题认为需要从数据基底、平台功能和协同参与三个方面着手：

（1）加强乡村治理大数据建设，打好数据基底

数据是乡村治理数字化平台的基底。打好这一基底，需要从以下四个点入手：

一是要汇集村级在用的业务系统，统一采集入口，减轻基层负担，实现由传统报数转变为自动抓取，着重完善村、乡镇、区、市四级乡村治理数据采集、传输和共享基础设施，建立和维护好乡村治理数据采集、存储、管理、应用、服务体系；

二是要整合归集各层级、各部门的乡村治理基础数据和业务数据流，横向打通，真正实现数据共建共享，让数据多跑路，促使支撑乡村治理由传统的经验治理转变为数字治理；

三是要以村域为基本单元开展全面的数据治理，进行数据规范化、标准化，并在村庄基础地理空间信息上融合人、地、财、物、事等各类要素信息，提高数据有效性；

四是建立乡村治理“画像”标签体系，运用标签体系实现数据的挖掘分析，打造基于数据的智能感知和评价能力，促进乡村治理由“后治”转变为“预治”。

（2）深化乡村治理大数据应用，打造平台功能

深化乡村治理大数据应用，需要以北京市乡村治理大数据平台（以下简称“平台”）为基础。北京市乡村治理大数据平台可以作为全市乡村振兴大数据平台的重要组成，共享数据流和业务流，并聚焦乡村治理业务需求。从技术架构上，平台要满足复杂多样的乡情村情和不断变化的乡村治理业务需求，需通过“中台”架构，将乡村治理业务本身资源化，统一设计开发框架体系，实现资源或功能模块的共享共用。平台需要建设的功能资源池包括：农村基层党建、村民服务、村务管理（包括农村自然资源管理、农村生态环境管理、农村集体“三资”管理、农村土地承包管理、农村宅基地管理、村庄规划管理、农村产业管理）、美丽乡村管理、平安乡村管理，等等。在市级基本要求的基础上，各区、各乡镇根据自身需求搭积木式地组建更多创新应用，实现数字化业务功能的快速构建。

（3）注重乡村治理大数据联结，促进协同参与

针对乡村治理“上面千条线，下面一根针”的碎片化现象和乡村治理主体的多元性，必须要增强北京市乡村治理大数据平台在跨部门、跨层级、跨主体间的互联互通，以扁平化的方式实现跨部门、跨层级、跨主体的协同合作和互动参与，真正实现多元治理主体的数字化联结。在平台基础之上，统筹构建移动化、轻量化、便捷化的前端服务体系，统一框架，逐步扩充。面向农村基层干部提供统一的移动办事应用，解决重复录入、多头报送的问题，提升办事效率。面向村民提供统一的移动门户入口，提供民意诉求一键直达的通道、随时随地参与治理的渠道以及一站式获取和评价服务的门户。同时，也要注重确保信息化建设与治理机制的匹配和融合，建立线上线下有效结合的乡村治理创新机制。

3. 推进重点治理过程数字化，实现乡村治理精准高效

结合北京特点，课题组认为北京市乡村治理数字化建设应以乡镇为中心进行建设，结合南口镇智慧乡镇建设的典型经验，积极探索镇级治理和服务平台的建设。以乡镇作为乡村治理数字化发展的抓手，提高数字化对乡村治理体系和治理能力现代化的支撑作用，提升数字乡村发展的集约性、高效性和全面性。乡镇是农村资源要素交换的关键节点，也是公共服务的主要供给者，还是乡村治理的重要环节，要提高乡镇服务管理能力，使乡镇成

为带动农村发展的龙头，努力把乡镇建设成乡村治理的中心，从乡镇层级强化社会治安、食品安全、道路交通安全、矛盾纠纷化解等方面的监督和管理，有效化解农村社会的矛盾隐患；把乡镇建成农村的服务中心，加强乡镇层面公共服务和基础设施的规划建设，不断完善农村义务教育、医疗卫生、社会保险、劳动就业、文化体育等基本公共服务，加强乡镇中小学、乡镇卫生院、农技推广站等条件建设，形成区域性服务中心。

（1）以“互联网＋基层党建”为抓手，筑牢乡村治理战斗堡垒

党建是乡村治理的引领，因此推动北京市乡村治理数据化的首要抓手应是实现“互联网＋党建”。在此方面市级和区级层面都有一定的工作基础，下一步要总结推广怀柔区区级数字党建引领的典型经验，进一步提升基层党建数字化水平，强化党组织在乡村治理中的核心引领作用，发挥农村基层党员在乡村治理中的战斗堡垒作用。具体来说包括：

一是“建队伍”，首先要明确基层党组织在乡村治理数字化中的核心主体地位，将基层党员干部队伍建设成为乡村治理数字化执行过程的核心队伍。通过党员干部线上实名注册、干部信息采集、治理动态数据分析，实现干部队伍动态监测，以数据支撑市级部门开展农村基层党组织带头人队伍建设。

二是“促党建”，全面开展农村基层党组织网上党建，实现党建活动在线化、便捷化、常态化，为党中央和市级精神快速准确传导提供在基层的触角延伸，为基层党建活动的开展提供易操作、促互动、可留痕的移动端平台，增强基层党组织的战斗力。

三是“亮身份”，通过数字化技术实现农村党员亮明身份并与农户结对服务，党员在线上亮明身份结合各项治理活动的线上参与和积分考评公示，能够更好地发挥农村党员参与乡村治理的主力军作用和先锋模范作用，通过提供结对对象的全方位信息，包括家庭、低保、就业等基本信息和线上活跃度等动态信息，为党员联系农户机制的建立提供便利。

四是“强监督”，完善基层党组织数字化监督能力，通过村级权力事项数据填报和镇级、区级、市级数据逐级自动比对，实现对涉农资金拨付、物资调配、惠农项目实施等环节的数字化追踪，将权力运行放置在数字化的监控中，为打击基层小微权力腐败问题提供可随时调取、可分析预警的数字化方案。

（2）以“互联网＋政务服务”为重点，提升乡村治理服务效能

乡村治理的重点在于服务。服务对象的满意度和幸福感是乡村善治的核心评价标准。以移动互联、大数据、人工智能为代表的新一代数字化技术所具有的方便快捷、共享高效、实时互动、平等性、个性化等优势能够实现服务效能的质的提升。近年来北京市一直致力于推进政务服务整合，各区也在不断探索以乡镇为单元的综合服务中心建设和一站式服务。北京市乡村治理数字化要进一步加强“互联网＋政务服务”，促进城乡公共服务均等化，提升乡村治理服务效能。具体包括以下三点：

一是整合农业农村局系统涉农政务服务，完善为农服务体系。首先要整合内部各项行政事项实现网上办理，包括土地承包管理、土地流转管理、宅基地管理、农业生产经营管理，等等，为农民生产经营和资产管理提供清晰的办事指南和便捷的办事服务，并在其中公开国家和市级政策文件，真正做到政策公开透明，增强基层干群信任；其次要整合农业

生产技术推广服务、农村金融服务、农民培训等各类涉农信息服务资源，将服务方式和内容集中地呈现在农民的手机上，真正实现服务资源的普及；再次是实现涉农补贴的申报、查询、发放，既减少层层上报的工作量，提高工作效率，也实现市级补贴直接到农民的精准发放和公示，让农民放心。

二是推动北京市政务服务事项数字化整合向农村的覆盖和延伸。为农民群众办事提供“一网通办”式移动应用，根据办理人的属性标签个性化地推荐服务主题。对接接入市级各部门包括公安、社保、医疗、教育等的政务服务入口和针对农村地区的详细办事指南，实现网上办理提交、办理动态提醒和预约线下办理等。对村级便民服务站和镇级服务中心也要提供整合后的基于互联网或移动端的办事入口，助力“一门式办理”和“一站式服务”，让农民群众和基层干部少跑腿，真正实现“小事不出村，大事不出镇”，提升农村地区政务服务水平，推动城乡一体化融合发展。

三是整合接入社会公共服务入口，为农民生活提供便利。推动医疗、教育、就业服务、法律服务等社会事业公共服务数字化资源向农村地区下沉和延伸，围绕互联网 + 医疗、教育培训、养老服务等方面推进在线便民服务的开展，促进城乡基本公共服务一体化融合。为村级便民服务站、养老站等村级服务组织提供服务对象数据分析，提示重点关注对象，实现服务的精细化。

（3）以乡村治理事务数字化为主线，实践多元化治理新模式

乡村公共事务、乡村建设以及公共安全保障是乡村治理的主要过程。近年来，通过“智慧乡村”等各项工作的推动，北京市涌现出昌平南口镇级统筹治理、平谷刘家店乡村生态文明数字搭桥、通州歌华生活圈等典型经验，实现北京市乡村治理数字化要进一步总结推广这些模式，继续提升全市乡村治理事务数字化水平，继续深化和拓展“智慧乡村”村级建设成果，以区、乡镇为单元，针对上述治理过程，运用数字化技术助力智慧村务管理、美丽智慧乡村打造以及数字平安乡村建设，有效地提高乡村公共事务管理能力、乡村环境治理能力和公共安全保障能力，增强决策科学性，提升治理执行效率，实现监督立体化，并促进多元主体广泛参与，构建乡村治理新格局。

一是推进智慧村务管理。实现村庄基础台账数字化和村级事务运行数字化，在村庄基础地理空间信息上加载人、地、财、物、事等各类要素信息，为村级事务运转和决策制定提供精准化立体化的数据支撑，提升乡村公共事务的治理效率。开展村庄规划、集体经济、产业发展、工程实施等重大决策事项的网上议事和公开决议，让村民能够随时随地全程参与和表达意见，切实推进党务、村务、财务“三务”数字化规范化公开，保障村民的知情权、决策权、监督权，提高自治主体的参与度。

二是打造美丽智慧乡村。在农村人居环境治理方面，首先要综合应用新型数字化装备，打造数字化乡村人居环境和生态环境感知能力，自动发现和提示问题；其次要建立线上乡村环境综合治理应用，为工作人员提供手机端打卡上传工作成果功能，为监管人员提供数据依据，实现过程可追溯，落实环境治理责任，提升乡村环境治理能力，助力美丽乡村建设；再次要总结推广平谷刘家店镇和房山区黄山店村在生态文明和垃圾回收上采用积

分制的经验，通过线上积分、线上打卡、随手拍等方式，激励村民主动参与治理，实现村庄环境网络监督，打造人人参与的“移动”式感知网络。在乡风文明建设方面，要建立村庄生活圈，为村民提供实时互动交流、了解村庄动态、传播乡村文化、共享文化生活的数字化平台，增强村民联系纽带，在网络空间中重塑乡村熟人社会，让宝贵的乡村文化数字资源能够在最大范围内充分地发挥作用，丰富村民的精神文化生活。同时要为乡风文明积分制提供数字化支撑，实现积分规则定制、线上申报、审核、积分兑换、文明评比等，营造争创乡风文明的良好氛围。

三是建设数字平安乡村。要织密织牢平安监控网络，大力推进农村“雪亮工程”，提高农村主要公共场所的高清摄像头覆盖度，围绕智能防汛、智能防火等需求在重点区域加装摄像头和传感监测设备，建立联网联控的智能安防后台，同时要巩固提升疫情防控期间形成的数字化管理手段，如健康码、电子出入证、人脸识别等，完善平安乡村防控体系。

六、北京市乡村治理数字化对策建议

（一）强化政府统筹，加强顶层设计落实力度

市级相关部门出台可实施的政策文件，强化顶层设计，整体推进，做好统分结合的文章。加强乡村治理数字化应用的指导服务，提高针对性和实效性。结合当前乡村振兴战略的推进，建立健全工作推进机制，实现市、区、乡镇、村、村民五级各类信息有效联结，破除地方利益、部门利益的思想局限性，真正在大局和全局上实现数字化治理工作的“一盘棋”。做好绩效考核工作，在推动具体工作时，要有量化指标，考核完成情况，真正落实顶层设计的各项规定，不打折扣。切实做好数字乡村发展需要的资金保障，加大乡村治理数字化的资金投入力度，鼓励创新投融资模式，探索通过政府与社会资本合作等方式，引导和撬动金融社会资本加大乡村治理数字化投资。

（二）引进社会力量，建立共建共治共享机制

引导各类社会主体和市民群众积极参与，实现共建共治共享，注重全国平台的本土化引用，强化本土企业的科技创新。多元主体参与，协同合作，增强各级治理主体的扁平化多元治理，真正实现多元治理主体的数字化联结。注重数字化应用建设与治理机制的匹配和融合，建立政府企业有效结合的乡村治理创新机制。充分发挥政府、市场、社会三个领域的各自优势，通过共商共议、共建共享、共治自治等方式，有效化解制约社会和谐的诸多社会问题和矛盾。政府需要将企业在人才、技术方面的优势充分发挥出来，采用购买的方式来强化各方面的合作，如数据的挖掘、处理、分析、存储等，重视企业相关专业化服务团队的创建，如综合服务协会、行业管理协会等，在多个方面将协同治理的理念贯彻在乡村治理数字化建设中。

（三）总结典型经验，推动示范引领推广应用

北京乡村治理数字化建设应实现由“盆景”向“风景”的转变，开展典型示范的基础上进一步全面实施。典型的作用在于示范，更在于引领。总结、提炼现有典型成熟经验，选择部分地区结合实际推广应用。按照统筹规划、整合共享、集聚提升的原则，统筹开展

乡村治理数字化典型示范工作，边试点、边总结、边推广，探索有益经验。依托房山区、平谷区国家数字乡村试点工作，探索乡村数字治理新模式。促进信息化与乡村治理深度融合，补齐乡村治理的信息化短板，提升乡村治理智能化、精细化、专业化水平。如：镇村区域管理数字化、乡村环境治理数字化、村民公共服务数字化、一站式政务服务站、电视端生活圈等。

（四）完善配套队伍，打造线上线下结合体系

乡村治理数字化成功的关键是线下队伍体系的建设。线上的数据和事件的分享、处理都源于线下工作人员的操作，因此与线上相配套的线下队伍体系建设就尤为关键。结合各省市经验做法，课题组认为北京应以“网格员”为基础建设线下的配套系统。针对目前实际，应大力建设乡村治理数字化应用型人才队伍，强化多元协同共治的人才保障。市、区、乡镇等各级党委政府要做好乡村治理数字化人才队伍建设的整体规划，制定科学的人才选用机制，优化多类型数字化应用人才引进政策，构建多层次的乡村治理数字化人才选拔培养体系，建设满足多样性需求的乡村治理数字化人才队伍。开展乡村治理数字化应用人才培训工程，加强乡镇、村两委人员、村民乡村治理数字化应用知识的普及，内部挖掘乡村治理数字化应用人才，定期开设专题学习班和信息化操作培训班，加深基层干部和村民对于乡村治理数字化的理解认知，提高实际应用能力和水平，提升村民网络运用技术。

参考文献

[1]“乡村信息化善治”：乡村治理的目标选择和路径分析 [J]. 孔晓娟、邹静琴、黄嘉琪 . 广东农业科学 .2014（08）.

[2] 数字化社区治理的内涵、特征及其实现 [J] 林忠心、秦静 . 中国管理信息化 .2017（01）.

[3] 信息化促进乡村治理方式转型 [J]. 赵秀玲 . 中国社会科学报 .2016（09）.

[4] 大数据嵌入乡村治理的路径创新 [J]. 谭九生、任蓉 . 吉首大学学报（社会科学版）.2017（06）.

[5] 大数据时代的乡村治理转型与创新 [J]. 张春华 . 重庆社会科学 2017（06）：21-26，

[6] 大数据驱动社会治理的创新转向 [J]. 陈潭．行政论坛，2014（06）.

[7] 大数据时代乡村治理的转型及创新路径探析 [J]. 马彦涛、赵聪聪．党政论坛，2018（05）.

[8] 大数据驱动新时代乡村治理的路径建构 [J]. 王欣亮、魏露静、刘飞．中国行政管理，2018（11）.

[9] 互联网时代的乡村治理：变迁与挑战 [J]. 房正宏、王冲 .《电子政务》，2017（01）.

[10] 从基于经验到基于数据——大数据时代乡村治理的现代化转型 [J]. 赵敬丹、李志明．中共中央党校（国家行政学院）学报，2020（24）.

[11] 大数据环境下“智慧农村”治理机制研究 [J]. 高国伟、郭琪．电子政务，2018（12）.

[12] 新时代中国乡村治理现代化的优治方案 [J]. 王谦、李天云 . 电子科技大学学报（社科版）.2020（03）.

课题负责人：刘军萍
课题组组长：张春林、马俊强
课题组成员：马晓立、王彩虹、贾启山、李冬玲、王增飞、薛晓娟、丛蕾、张琳
执　笔　人：贾启山、王彩虹、王增飞、薛晓娟、丛蕾、张琳

北京市农村财务管理程序规范化研究

2020年不仅是全面建成小康社会目标实现之年，也是全面打赢脱贫攻坚战收官之年，要攻克脱贫攻坚最后的堡垒，必须补齐“三农”领域的突出短板。党的十九大开始从顶层设计把“三农”问题定位为“乡村振兴”，并设定了具体的三步走目标，指出要按照产业兴旺、生态宜居、乡风文明、治理有效、生活富裕的总要求，实施乡村振兴战略。其中的产业兴旺、治理有效总要求，在聚焦新时代农村经济管理工作的同时，也为我市农村财务规范管理划定了总纲领。完善乡村治理结构，推进农村财务管理规范化，是加强农村基层工作，实现乡村振兴的重要环节，也是防止基层小微权力滥用的有效手段。

一、绪论

（一）课题研究背景

一方面，我市具有明显的“大城市小农业、大京郊小城区”的特点，决定了我市的农村财务管理要有首都特点，这是因地制宜实现农业农村高质量发展的必由之路。2019年，北京市继续加大集体经济组织扶植力度，在深化集体经济产权制度改革、开展“一村一策”试点扶持、推进集体建设用地交易入市、加快集体经济产业转型升级、推进农村集体产权交易建设等方面做了大量工作，但由于受到总体经济下行压力、清产核资产权权属调整、清理低端落后产能后新产业尚未落地等因素影响，农村集体经济发展形势表现为：资产总量涨幅下降，集体经济收入降幅增大，集体经济资产分布不均衡，对农村财务管理提出了更高的要求。2019年年底，全市集体资产总额8349.3亿元，同比增长548.2亿元，增长7%，涨幅较上年下降6.4%。其中，乡级集体资产3198.5亿元，所占比重为38.3%，村级集体资产5150.8亿元，所占比重为61.7%。农村集体经济总收入673.8亿元，同比减少44.7亿元，降幅较上年扩大5.5%。全市14个涉农郊区，朝阳、海淀、丰台的集体资产都在千亿元以上，而平谷、怀柔、密云的集体资产总额不足百亿元。

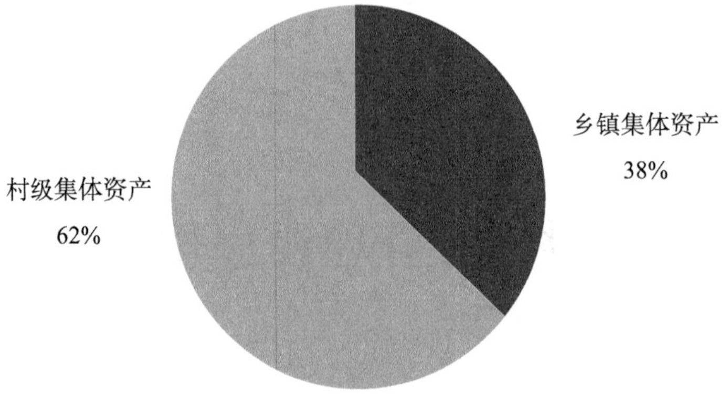

图 1　全市农村集体资产总额分布情况

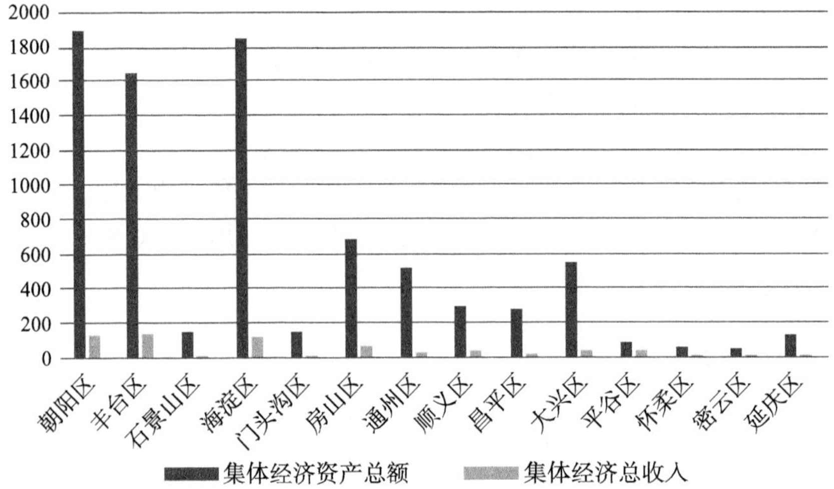

图 2　农村集体资产总额和总收入各区分布情况

另一方面，我市的村级财务管理模式也不统一，目前为村账自管、村账镇管和第三方会计委托代理三种模式并存。自 1999 年起，我市开始在部分村进行村账托管试点，在当时经济发展水平有限的情况下，解决了农村财务人员记账水平低、会计职能单一等问题，有效支撑了基层党风廉政建设取得新进展。从 2004 年起，延庆区开始设立试点，率先实行会计委托代理模式，通过政府购买服务，引进第三方会计公司，签订会计委托代理合同，开展村级会计委托代理业务，随后密云区、朝阳区、顺义区三个区均有部分乡镇实行了委托代理模式。目前，全市采用村账镇管模式的村有 3723 个，占全市总村数 82.17%；采用第三方会计委托代理方式记账的村（主要分布于延庆、密云、顺义、朝阳）有 562 个，占 14.12%；采用村账自管模式的村有 148 个（主要分布于丰台、海淀、石景山），占 3.72%。

此外，在近些年频发的小微权力滥用案件中，农村财务管理环节成为案发“重灾区”。如怀柔区北房镇驸马村原助理会计许某，在负责村财务管理工作期间，挪用村里公款达到

850万元；昌平区马池口镇会计事务服务中心原主任张佩山任职6年，累积挪用集体资金9亿多元用于购买理财产品和风险投资，造成集体资产损失达2000多万元；延庆区旧县镇农村经济经营管理中心原主任袁学勤挪用公款2400万元等，为我们敲响了警钟，也暴露出我市在农村财务规范化管理过程中的不足之处，农村财务管理规范化亟待推进。

（二）国内对农村财务管理程序规范化的研究现状

近年来，我市农村普遍开展了乡镇政务公开、村务公开工作，对发展农村经济、加强基层党风廉政建设起到了积极作用，但农村财务管理程序方面仍然存在程序不清、规范性不足等问题。当前国内关于农村财务管理程序规范化的研究现状主要集中在以下几个方面：

1. 关于农村财务管理程序规范化存在问题的研究

史俊清指出，目前我国农村财务管理存在的问题主要包括现行会计核算制度落后、村集体经济组织资产管理不到位、财务管理监督体系不完善、村财会人员专业水平低等问题[1]。张士燕则从财务公开角度出发，指出当前的农村财务管理中存在民主理财小组形同虚设，民主监督缺位的问题，并对部分村议事会不理事，理财小组不理财，干村关系紧张的现状进行了分析[2]。游开云在肯定加强农村财务管理重要意义的基础上，从财务基础工作薄弱、财务管理制度弱化、财务监督工作滞后、财务人员素质不高的角度分析农村财务管理存在的问题[3]。荆宝珍从农村财务管理的必要性出发，指出目前广大农村干部普遍存在文化水平低、法纪观念淡薄的问题，进而造成部分村会计核算不及时、财务公开不准确、财务管理制度不健全的问题[4]。许磊指出，目前村级财务管理运行中存在的主要问题包括财务管理制度执行不够严格、落实不够到位；基层财务人员数量不够充足，结构不够合理；民主理财监督制度不够完善，效果不够明显等，且部分村还存在村集体债务负担沉重，财务公开制度缺位的问题[5]。方迎风则从财务核算出发，指出目前村级财务核算制度需要进一步完善，财务核算基础工作特别是资金核算工作需要进一步加强，内部控制制度也需要不断更新等问题，并给出了具体解决办法[6]。张伟从具体的财务管理流程入手，对村级财务存在的问题及成因进行了分析，表明村级财务规范性不足的原因主要是会计委托代理制度难以贯彻落实、村级财务管理混乱、村级报账不及时、资金收支多使用白条，需要不断强化审计监督，依法依规管理财务[7]。从瑞芳指出，目前财务管理程序存在会计选聘制度落实不到位、绩效考核制度落实不到位、费用开支制度落实不到位、基层政策执行不到位等问题，许多村会计人员（报账员）由村领导直接指定，缺乏财务知识，绩效考核制度未能真正发挥作用，村领导的法律意识和规则意识不足，怠慢执行工作制度，导致村级财务管理水平低下[8]。

2. 关于农村财务管理程序规范化的路径对策研究

王徽以淮安市洪泽区农村财务监管改革试点为研究对象，指出应从建立健全村级财务监管机制、完善村级财务监管体系、加强村级财务监管队伍建设、强化责任追究机制四方面着手解决现存的监管难题[9]。荆宝珍认为规范当前农村财务管理工作，需要从制定完善的财务管理制度入手，不断强化审计监督，提高村级财务人员素质，确保广大村民的知情权、参与权、表达权、监督权，确保发挥村级财产的最大效能。孙在国认为，应当在农村财务管理中建立“五化五步”的监管模式，实现收支预算化、库存清零化、支付直接化、垫付货币化、管理台账化，财务管理月流程按照月初预算、月末理财、报送审核、代理记账、财务公开五步执行，不断加强乡村财会人员队伍建设，堵塞农村集体“三资”管理漏洞和清产核资成果[10]。杨春娟建议，加大财政转移支付力度、盘活资产资源存量、健全村级民主管理制度、注重对农村财务人员的业务培训和后续教育[11]。刘传厚提出严格执行预算指标、民主决策、责任考核三项指标，从制度上严格决策，强化财务人员职责达到严格预算的目的[12]。刘春瑾在分析了村级财务管理存在的诸多问题后从加强法制宣传、规范集体财产管理、建立健全监督机制、探索新农村财务管理形式，以及搞好财务公开、旅行民主理财小组和财务会计建设等方面提出了解决对策[13]。

3. 村级财务管理模式与农村财务管理程序规范化的研究

农村财务管理程序规范化对不同财务管理模式的要求不同，我国村级财务管理的主要模式有“村账村管”模式、“村账自管”模式、“村会计委托代理制”模式等。许磊认为，影响村级财务管理可能的因素包括村级财务管理制度、村会计的业务素质、村级监管的方式方法等，其中，村级财务管理制度的建设是影响村级财务管理健康运行的重要因素之一，有必要对两者关系进行研究。

吴行辉认为，村账镇管模式是促进新农村建设和开展廉政工作的有效手段，有效保障了农村会计资料的准确性和真实性，但是也存在管理流程不完善、责任意识欠缺、监督不到位等问题[14]。王徽在《村级财务监管问题及对策研究》一文中指出，村账镇管模式存在上级部门监管难全面的问题。实行“村账镇管”后，在一定程度上限制了村干部的权限，也杜绝了部分违规违纪支出，但是农经部门仅仅负责村级账务的记录，并未参与村级事务的管理，只能对村集体提供的原始票据进行审核，对会计业务是否真实发生或是否在报账时已经过变通，难以进行精准把控。而区级部门在日常监管中，更是难以插手村级事务，加之基层事务繁多，本着多一事不如少一事的思想，将监管职责全部委托给镇级监管机构，仅以定期开展督促来推进财务监管工作。索金龙从新会计制度的运行状况出发，指出农村财务管理模式对推进财务管理程序规范化具有重要意义，其中，村账自管模式的应用范围较广，但是缺少相应制度规范，会计人员自身独立性不足，容易出现财务混乱问题。车时认为，村会计委托代理制度的建立对农村集体经济的管理工作非常有效，但是仍然需要不断完善内部控制制度，建立更加完备的奖惩机制和优质的资产交易平台，为农村发展和资产管理创造安全稳定的条件[15]。

综上所述，国内对于农村财务管理程序规范化的研究整体上比较丰富，但多是围绕财务管理制度展开，与财务管理模式结合不够紧密，且大部分研究集中于个别乡镇，专门针对北京特别是京郊农村的研究不够细致。因此，有必要结合京郊农村的现实情况，在对我市三种财务管理模式进行分析的基础上，对我市农村财务管理程序的规范化开展研究。

（三）本课题研究的主要内容及创新点

1. 在对农村财务管理模式进行深入研究的基础上，坚持问题导向，对农村财务管理程序上存在的问题进行了深入查摆，堵塞漏洞。

2. 选取典型村镇，从实际操作程序、管理流程、专业人员配置等方面入手，跟踪指导，有针对性地推进农村财务管理规范化建设。

（四）课题研究不足之处

2020 年因疫情影响，下乡调研较少，对全市的主要财务管理情况的摸底分析不够深入，未对全市的财务管理情况进行总结，仍需要深入系统地研究。

二、我市农村财务管理程序规范化现存问题

（一）村账自管财务管理模式流程及现存问题

村账自管模式是村级财务管理的基本模式，该模式出现在改革开放初期，是村民委员会自行设立财务管理部门对村级财务进行管理的一种财务模式。该模式的实行方式主要是村内独立配备会计人员，独立设置账簿、开设银行账户，独立进行核算和管理，适用范围主要是经济发达、集体经济发展较好、财务管理水平较高的村或地区，我市实行村账自管模式的村主要分布于丰台区、石景山区和海淀区。村账自管模式保障了财务管理制度的合理性，符合《村民委员会组织法》的规定，有效发挥了乡镇部门的指导和监督职能，推动了农村财务管理的规范化。

1. 村账自管模式下财务管理流程—以丰台区卢沟桥乡周庄子村为例

周庄子村辖区面积 0.79 平方公里，属于 2010 年全市启动的 50 个重点改造村之一，2016 年人均年收入达 30445 元。2014 年村民全部完成转居，纳入社会保障体系。2015 年下半年，成立村级投资管理中心，引进道和财务软件系统对本村 13 家企业进行财务网格化统一管理。村账自管的审计力度和村务监督委员会的监督力度都比较大，村级财务情况运行良好。村里每年营业收入大致在 1.6 亿元左右，本村村民除取得工资性收入，每年每人可以领到 3000 元的综合补助，村民实现医疗费用 100% 报销。其财务管理流程如下：

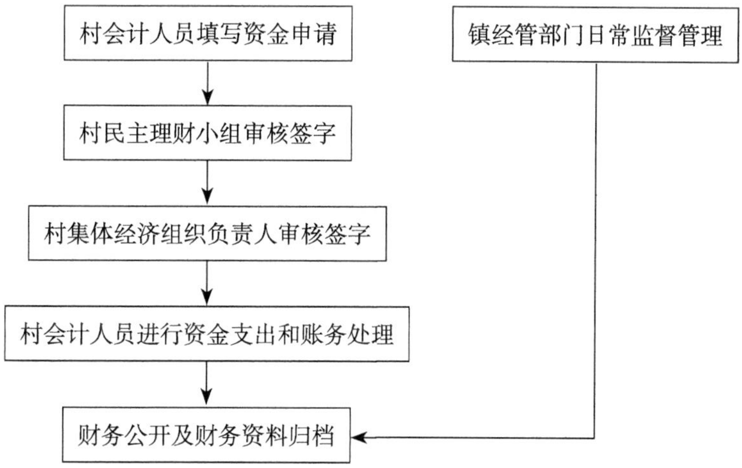

图 3　财务管理流程

2. 村账自管财务管理模式存在以下主要问题：

（1）在财务决策上，容易产生一言堂。由于村会计是村委会负责选拔任用的，因此村干部和村级财务的主要负责人有较大的控制权，村干部权力较为集中，存在违反民主程序的现象。很多村曾经暴露出的财务决策不够透明、财务公开不够彻底的现象，都与村干部权力集中相关，进而增加了村内的财务风险。同时，由于村会计与村干部存在的依附关系，也造成任人唯亲现象较为普遍，会计的审查和监督职能难以有效发挥。

（2）监督机制不能落实到位。财务监督是确保村级财务管理有效运行的重要手段，也是基层民主管理的重要体现，而在村账自管财务管理模式中，村干部干预财务管理工作的现象较为严重，村民理财小组监管不到位，部分村未能按时开展民主理财活动，个别村干部甚至将理财活动当作借机吃喝的理由，同时，有些理财小组人员不认真审核单据，草率签字，有的甚至由村干部代签，给集体资产带来损失。而村民由于知识水平所限，加之大部分年轻人均外出打工，留守村内的人员缺乏必要的监督意识和财务知识，无法进行有效监督。

（3）会计队伍不稳定。在村账自管模式下，村干部与村会计的联系较为密切，容易出现村会计随着村干部换届而更换的现象，而部分会计人员的责任心不够强，不能主动钻研村级财务相关知识，对财务记录和监管工作放松要求，放低标准。同时，随着村级集体经济不断增强，不稳定的会计队伍也不利于经济活动的连续开展，甚至会造成会计人员不能坚守职业道德，出现损害集体利益的行为。

（二）村账镇管财务管理模式流程及现存问题

村账镇管模式是指在农村财务管理过程中，村级账务财务由乡镇统一管理的管理模式，该模式在乡镇设立农村财务托管中心或是农村财务管理中心，配备专职会计对所辖村的财务账目实行统一代理记账、核算、并定期公布各村的财务收支情况。各村设有财务报账员，定期到经管站对本村日常收支进行报账。我市村账镇管的村主要分布于昌平区、怀柔区、门头沟区、大兴区、通州区、房山区等。村账镇管模式能够在一定程度上规范村级财务管理工作，增强了村级财务工作人员工作的独立性，有助于增强村级财务管理的透明度。

1. 村账镇管模式下财务管理流程—以门头沟区妙峰山镇桃园村为例

桃园村位于门头沟区妙峰山镇，该村自2002年起采用村账镇管模式。村内共有64户，123人，地域面积5平方公里，无基本农田，有果园地190亩，生态林5000多亩，村内无支柱产业，经济业务较为固定，需要处理的经济业务较少。其财务管理流程如下：

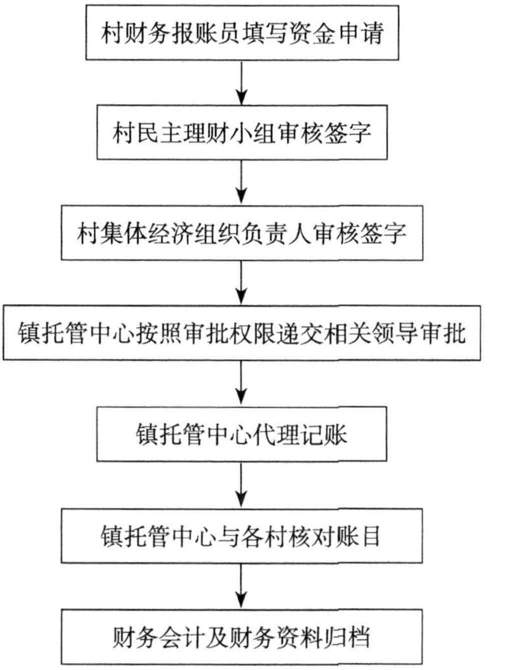

图 4　财务管理流程

2. 村账镇管财务管理模式存在以下主要问题

（1）违背了村民事务自治原则。在村账镇管模式下，乡镇工作人员在处理村级账务的同时，也对村级账务进行监督，出现了既当运动员又当裁判员的情况，容易造成财务管理制度执行不规范、财务处理缺乏监督的情况。而从法律角度看，村账镇管不符合《村民委员会组织法》中村民自治的相关规定，实际上是侵犯了村民进行自我管理、自我服务的权利，也与会计法和代理记账管理办法的有关规定相违背。

（2）存在行政命令代替村民决议的问题。在村账镇管的推行过程中，有些镇干部忽视农民意愿和利益，以行政命令代替村民决议，未征求村民意见建议，侵犯了村民的合法权益，许多村民对于村账镇管政策的意见较大，认同度不高。同时，基层政府工作人员对于财务工作的重视程度普遍不足，多数村干部将村级财务管理工作简单理解为记账，认为只需要将账目记清楚就可以了，将财务工作当成是财会人员的个人事务，并没有意识到农村财务管理工作对地方经济发展的不可缺性和重要性，对于各项政策制度的贯彻落实不够，进而导致在执行预算、信息公开等环节得到的效果不够理想。

（3）财务管理效率较低。一方面，财务流程较为烦琐，镇财务托管中心一般设在镇政府内部，有些村距离镇政府较远，经常因为 300 或者 500 的花费就需要 2—3 天来找镇长或者管理人员签字，不利于村里各项事务的开展，同时也增加了不必要的村内开支。另一方面，有些地方规定村中收支需要向镇级第三方进行报账审批，而第三方审批存在人数少、效率低等现象，以顺义区南彩镇为例，26 个村和一个社区仅有 3 人负责审核，报账速度慢，效率低。特别是对于一些集体资产数额较大，发展状况较好的地区如丰台区长辛店镇，财务管理效率低的问题更为突出，该镇虽然设立了三资管理办公室作为镇级指导部门，但是由于三资管理办公室人员少，只能将一级单位财务集中管理，二级、三级企业由村级自己管理，使得管理出现依赖和空当，甚至造成没人管的现象，而有的村为了逃避审查监督，将本应归于一级企业的资金放入二三级企业，造成资金缺乏监管的情况。

（4）村中日常工作不方便。受巡视巡查等工作的影响，目前我市部分村镇不允许保留备用金，导致村内日常工作如交电费等都需要进行审批，特别是今年疫情期间，很多村镇因为疫情出现的花费无法得到保障，很多时候需要村干部自行垫资，进而引发新的财务隐患。例如顺义区南彩镇东江头村，自 1 月 26 日至今防疫支出共计 40 万余元，该笔资金至今未能发放到位。

（三）第三方会计委托代理模式流程及现存问题

第三方会计委托代理模式，是指在保证村级集体资产所有权、使用权、收益权、监督权不变的前提下，通过政府购买服务，引进第三方会计公司，签订会计委托代理合同，由社会服务机构负责代理村集体经济组织账务管理工作。该模式避免了村账镇管模式下乡镇记账同时还要自我审计的问题，有效改善了村级会计整体素质不高、记账不规范的现状，便于对账务进行审核和监督。我市第三方会计委托代理的村主要分布于延庆区、密云区等。

1. 第三方会计委托代理模式下财务管理流程—以密云区溪翁庄镇为例

密云区溪翁庄镇位于密云区西南部，从 2016 年 3 月起，溪翁庄镇与北京盛强正泰会计咨询有限公司签订合同，开始实行第三方委托代理。目前，密云区已有 9 个镇实行了第三方委托代理。并制定了《溪翁庄镇财务托管中心主管会计的职责和报账流程》，对村级财务管理各岗位分工情况、报账的具体流程和报账需要注意的事项进行了具体规定。其中，镇经管站总出纳负责开具支付令；村级报账员为村级出纳，负责及时登记现金日记账和银行存款日记账。会计公司驻镇财务人员为主管会计，负责总分类账、明细分类账及专项款实时账。其财务支出流程如图 5。

2. 第三方会计委托代理模式存在以下主要问题

（1）缺乏对经济业务真实性的了解，存在就账做账现象。多从形式上把关，缺乏对资金使用真实性了解。一方面，由于第三方会计代理机构的财务管理人员并不熟悉村里的发展情况，只能对村报账会计提供的各项原始资料进行审核，无法提出适合村内经济发展的有效建议。另一方面，区县一般为集中托管，例如延庆区 15 个乡镇的 376 个村的托管业务就主要集中在北京京隆会计师事务所和北京天德佳信会计服务有限责任公司，使得一个会计公司通常要处理多个乡镇的会计业务，无法对经济业务进行实质审核。

（2）代理记账多在乡镇开展，偏远村的报账员往返不便。由于我市实施第三方会计委托代理模式的均为远郊区县，各村之间路程较远，而代理记账的地点大部分位于乡镇，很多地理位置较为偏僻的村报账员每周均要花费 1—2 天进行报账，加上审核程序较多，往往花费一上午也未能正常完成报账流程，继而降低了村级财务管理的效率。

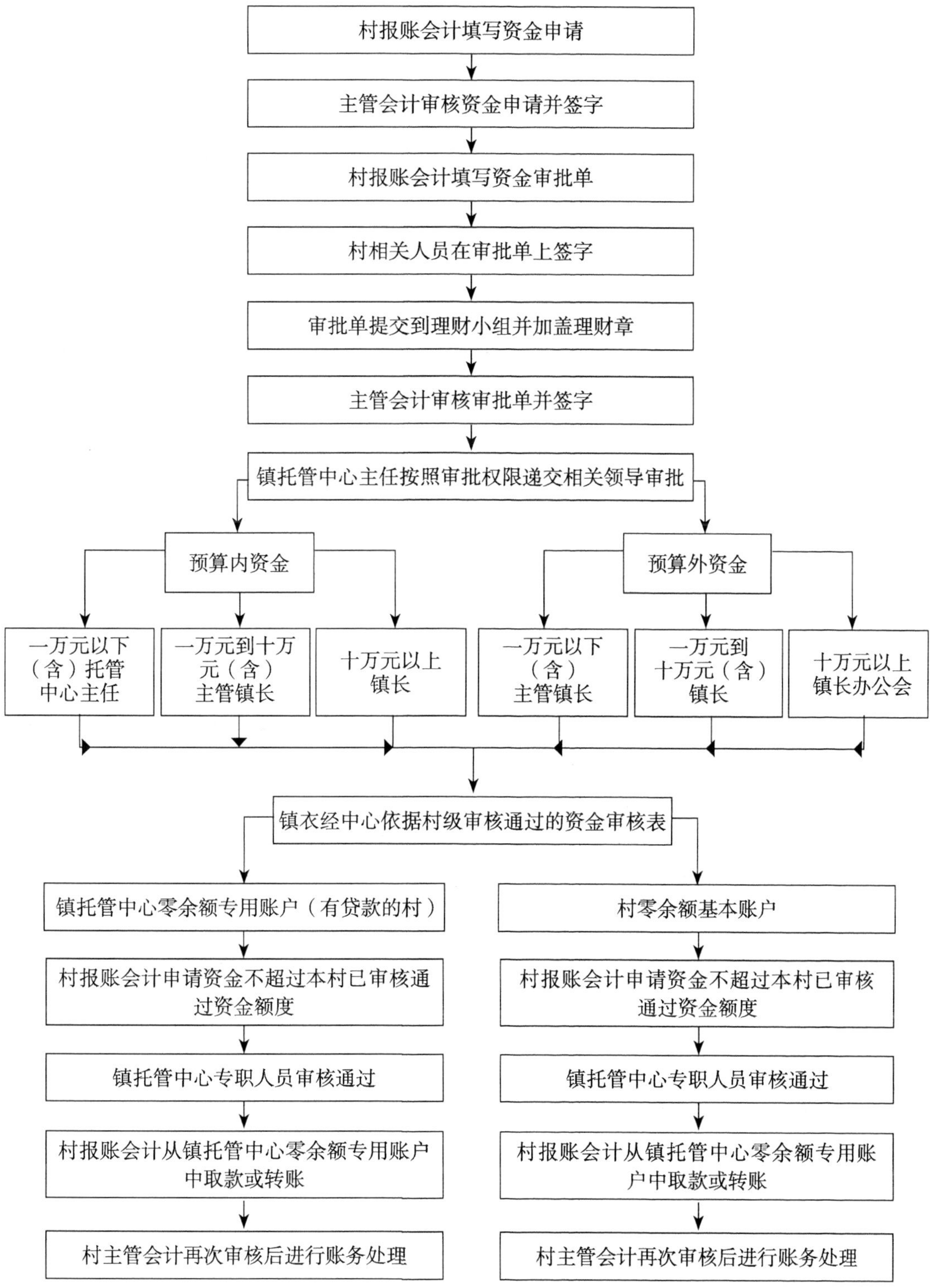
村报账会计填写资金申请
主管会计审核资金申请并签字
村报账会计填写资金审批单
村相关人员在审批单上签字
审批单提交到理财小组并加盖理财章
主管会计审核审批单并签字
镇托管中心主任按照审批权限递交相关领导审批
预算内资金
预算外资金
一万元以下（含）托管中心主任
一万元到十万元（含）主管镇长
十万元以上镇长
一万元以下（含）主管镇长
一万元到十万元（含）镇长
十万元以上镇长办公会
镇农经中心依据村级审核通过的资金审核表
镇托管中心零余额专用账户（有贷款的村）
村报账会计申请资金不超过本村已审核通过资金额度
镇托管中心专职人员审核通过
村报账会计从镇托管中心零余额专用账户中取款或转账
村主管会计再次审核后进行账务处理
村零余额基本账户
村报账会计申请资金不超过本村已审核通过资金额度
镇托管中心专职人员审核通过
村报账会计从镇托管中心零余额专用账户中取款或转账
村主管会计再次审核后进行账务处理

图 5　财务支出流程

（四）三种财务管理模式共性问题

1. 部分村财务管理模式与实际情况不匹配。为方便管理，大部分地区或乡镇一般采用统一的村级财务管理模式，没有因村而异，如在资产管理方面，朝阳、海淀、丰台的集体资产都在千亿元以上，而平谷、怀柔、密云的集体资产都不足百亿元，各区之间、各镇之间的集体资产及其管理水平都存在很大差异。“一刀切”的财务管理模式是造成集体资产收益率低、资本运营能力不足的原因，也不利于调动农民积极性。

2. 预算管理不到位。村级财务预算管理是“三资”监管中的重要内容，是规范村级财务收支运行的有力抓手，目前，部分村存在预算管理缺失或不够到位的现象，在财务收支上缺乏限制，开支随意，坐收坐支，特别是一些经济实力不够雄厚的村，收入来源非常少，支出又不严格控制，收不抵支，造成债务量巨大，尤其是账外债务，一个村可以达到好几千万的规模。如在密云区开展的村级债务试点工作中，8 个试点村债务总金额达到 6000 多万元，其中账外债务多达 5000 多万元，成为发展集体经济的沉重负担。

3. 财务人员队伍建设薄弱。随着我市农村财务管理程序规范化的推进，财务工作越来越专业，对财务人员的要求也越来越高，与此对应的是人才断层等问题逐步凸显。一方面，村会计人员年龄偏大且整体素质不高。经过调查发现，村级财务管理人员中高中学历的人员最多，本科及以上学历人员不到 10%，初中及以下学历者超过 10%，且超过三分之一的人员缺乏会计基础知识。村级财务管理人员专业基础较差，专业胜任能力不强。学历层次普遍较低，专业素质不高，从而导致学习钻研新知识、接受新事物的积极性不高，能力不强。另一方面，村会计身兼数职，工资较低且无保障。很多村会计除了要完成日常的账务处理工作，还需要完成较为繁杂的统计、户籍、残联、档案等其他工作，而工资却不够理想，有些村干部兼任村级财务专管员，但收入仅为村干部的收入，财务工作并没有获得相关补助。整体来看，现阶段我市很多村级财务专管员的收入达不到最低收入水平，且一半以上都没有缴纳保险，部分有社保的人员也是自己缴纳的社保，并不是村里的统一缴纳的，基本社会保障的缺乏，是造成财务人员流动性大、后继无人的重要原因。

4. 财务监督不完善。虽然在制度上，我市的村级财务监督程序较为完善，具有村民代表大会、村民理财小组、乡镇审计所等制度安排，但是大部分村的制度安排形同虚设，并未发挥监督作用。有些村虽然按照规定进行了财务公开，但是在公开内容、时间、程序上都不够严格，公开内容往往难以满足群众的实际需求，如对于一些集体经济较为发达的村，公布的内容过于专业化，难以看懂，有较多村仍然使用财务公开栏进行公示，网络公示方式没有被采用。

同时，尽管我市出台了《北京市农村集体经济审计条例》，对集体经济组织的审计规则，审计机构的任务和职权、审计程序、法律责任等做了规定，但因各经管站力量不足，大部分区经管站聘请第三方中介进行审计，审计的内容往往仅局限于账面材料，对于账务过程中的问题难以审出，加上村干部的流动性较大，很多村干部即使被审计出问题，但后续的责任追究也难以落实。

三、我市农村财务管理程序规范化的对策分析

（一）因地制宜选择村级财务管理模式，做到“因村施策”

对于一些经济体量比较大、发展比较好、村级财务管理制度比较完善，内部监督机制较为健全的村，可以选择逐步松绑镇级农村财务管理权，将财政管理权下放复位，重新实行“村账自管”，在财务制度上逐步与《民法典》规定的农村集体经济组织“特别法人”地位实现有效对接。使村民参与到财务管理和村委会各项事务的决策中来，为村级经济的发展增添民意基础，推进村级民主化进程。

同时，着眼于我市农村发展区域发展不平衡不充分的实际，对于农村财务会计管理水平较低，村内经济业务较少的村，应发挥好村账镇管和第三方会计委托代理制度的过渡作用，按照《关于进一步规范“四议一审两公开”“三务公开”制度运行的通知》要求，通过乡镇监管和第三方中介机构监管的方式，完善监督管理机制，保障农民群众的合法权益，特别是在签订委托合同时，应当抓好委托代理的实质，通过村民代表大会等程序，尊重村民的选择权。

（二）全面推行村级财务预算管理

一是要坚持民主决策，夯实预算编制基础。村集体经济组织要成立以村集体主要干部任组长、副组长的预算管理领导小组，由预算管理领导小组负责制定、实施、监督全面预算工作。其次乡镇（街道）“三资”办人员要全程参与预算的编制与指导工作。二是要加强预算的过程控制、提高预算的可控性。应充分发挥内部监督管理运营制度，实现资金、人员在预算执行过程中的全程跟踪控制，提升全面预算管理效率。细化分解各项预算指标，做到收入应收尽收，严格控制，本着“有多少钱办多少事”的原则，合理安排各项事业发展所需支出。三是加强考核与评价机制，提高预算有效性。要建立全面预算管理考核机制，设定科学合理的考核指标和考核方式。

（三）健全人才培养与引入制度，重视专业人才队伍创建

一是完善村级财务管理人员的选拔与管理机制，村级的财会队伍不仅包括出纳、会计人员，还包括村报账员、民主理财小组等成员，农村集体经济组织的出纳、会计、报账员要保持相对稳定，民主理财小组成员要按照规定公开选拔，保证聘用的农村财务人员具有一定的业务水平和道德修养。同时，还可以利用首都农业院校云集的资源优势，拓宽职业教育就业上升渠道，帮助中高考落榜或有意愿成为新农人的年轻人入校进行农业技术及经营管理专业研修辅导，并提供实地实习机会。

另一方面，应当加强对农村财务人员的业务培训，提升现有人员的政策法规水平和业务操作能力。从财务会计基础知识、电算化管理、信息化建设等方面开展培训，解决村级财务会计人员现有的文化程度不高、财会知识缺乏、信息化技术手段滞后等问题。还应加强对财经法规的培训，全面提升财务人员的整体素质。同时，还应逐步落实农村财务人员的工资福利保障，通过工资财政拨款、加大补贴力度等方式，激发财务管理人员的工作积极性。

（四）完善村级财务管理制度，落实财务公开和财务审计

应当不断加大财务审计力度，引入第三方等外部审计模式。不断加强农村集体财务管理，特别是大额资金和专项资金管理。推行村级财务信息化建设，提高村级财务的透明度，提升村民、村务监督委员会、镇经管站和乡镇政府的内部监督力度。同时，还应创新财务公开途径，提高财务管理公开透明度。针对目前我市村级财务公开中存在的公开意识不够、公开内容形式化、答疑环节重视不够、档案不规范等问题，逐步建立电子化的财务公开系统、通过手机客户端、微信公众平台、微信群等形式进行公开，使村民真正了解财务管理情况并及时反馈问题，切实保障村民的知情权。

参考文献

[1] 史俊清 . 基于农村集体产权制度改革的 JC 社区村集体经济组织财务管理研究 [D]. 沈阳农业大学，2019.

[2] 张士燕 . 论农村民主理财与财务公开的问题 [J]. 农业经济 .2018 年 4 月：127.

[3] 游开云 . 农村财务管理存在的问题与对策 [J]. 乡村科技 .2019 年 11 月下 :45-46.

[4] 荆宝珍 . 浅析农村村级财务管理的问题及对策 [J]. 财会研究，2020（6）:73-74.

[5] 许磊 . 泰兴市村级财务管理存在问题与对策研究 [D]. 扬州大学 .2018.

[6] 方迎风 . 新时期规范村级财务核算刍议 [J]. 商业经济，2018（6）：110-111.

[7] 张伟 . 新型管理模式下农村财务管理存在的问题及对策 [J]. 农村经济学，2019（5）:261-263.

[8] 从瑞芳 . 湛江市村级财务管理存在的问题及对策研究 [D]. 广东海洋大学，2019.

[9] 王徽 . 村级财务监管问题及对策研究 [D]. 江西财经大学 .2018.

[10] 孙在国 . 推行“五化五步”加强“三资”监管 [J]. 中国集体经济，2020（8）：13-14.

[11] 杨春娟 . 新形势下促进农村财务管理规范化的路径探究 [J]. 中国集体经济，2018 年 11 月 :142-143.

[12] 刘传厚 . 三个严格、两个强化做好农村财务预算 [J]. 农村财务会计 .2009（1）:29.

[13] 刘春瑾 . 村级财务管理现状与新农村建设探析 [J]. 甘肃科技 .2009 年 10 月：124-126.

[14] 吴行辉 . 新形式下村账镇管模式完善和创新思考 [J]. 财务管理 .2016（11）:58-60.

[15] 车时 . 村级会计委托代理规范化的实现路径研究 [J]. 农业经济，2019，27（10）：44-45.

[16] 余文彬 . 从村集体会计委托代理制看当前农村财务规范化管理 [J]. 北京农业，2013 年 11 月下旬刊 .

[17] 邵富荣 . 推进村级会计委托代理规范化的研究——以陆良县为例（D）. 云南大学，2015 年 .

[18] 许美剑 . 谈薄弱村的农村财务管理规范化对策 [J]. 中国集体经济 .2018（21）:133-134.

[19] 刘小宁 . 新形势下促进农村财务管理规范化的路径探究 [J]. 中国集体经济，2018 年 11 月 :142-143.

[20] 牛采荣 . 新形势下促进农村财务管理规范化的路径探究 [J]. 山西农经，2019 年 6 期 :144-146.

[21] 张春 . 乡村治理现代化背景下农村财务管理规范化路径研究 [J]. 农业经济，2019（11）:58-60.

课题负责人：吴志强

课题组组长：周庆林

课题组成员：陈新美、王宇峰、张琰、逄晓、王振宇

执　笔　人：逄晓、陈新美

关于农村承包土地经营权抵押贷款试点的思考与建议

为进一步深化农村金融改革创新，有效盘活农村资源、资金、资产，为稳步推进农村土地制度改革提供经验和模式，2015 年 12 月，第十二届全国人民代表大会常务委员会第十八次会议决定：授权国务院在北京市大兴区等 232 个试点县（市、区）行政区域，暂时调整实施《中华人民共和国物权法》《中华人民共和国担保法》关于集体所有的耕地使用权不得抵押的规定。就此，农村承包土地的经营权抵押贷款试点工作在全国范围内展开。大兴和平谷两个区作为北京市试点，在市委市政府、市农工委市农委的领导下也积极开展起来，并取得了实效。2018 年试点结束后，承包土地的经营权抵押贷款工作可以在全市推开，但据了解，截至 2020 年 8 月底，除大兴和平谷两个区继续开展此项工作外，其他各区没有真正开展起来。笔者基于对大兴、平谷两个区农村承包土地的经营权抵押贷款试点工作的参与和对试点情况进行分析，形成此报告。

一、国家及北京市政策脉络

2015 年中央一号文件在第四方面“围绕增添农村发展活力，全面深化农村改革”中提出要“做好承包土地的经营权和农民住房财产权抵押担保贷款试点工作”。

2015 年 8 月，国务院出台《关于开展农村承包土地的经营权和农民住房财产权抵押贷款试点的指导意见》（国发〔2015〕45 号），明确了总体要求、试点任务等，并在法律授权方面“允许试点地区在试点期间暂停执行相关法律条款”。

2015 年 12 月，全国人大常委会通过《关于授权国务院在北京市大兴区等 232 个试点县（市、区）、天津市蓟县等 59 个试点县（市、区）行政区域分别暂时调整实施有关法律规定的决定》，将北京市的大兴、平谷两区列为全国农村承包土地的经营权抵押贷款试点区。

2016 年 3 月，中国人民银行、银监会、保监会、财政部和农业部联合下发《农村承包土地的经营权抵押贷款试点暂行办法》（银发〔2016〕79 号），明确了“农村承包土地的经营权抵押贷款”的定义，对申请贷款的农业经营主体资格、贷款用途、贷款利率、经营权抵押登记的部门等进行了规定，对试点区的政府、银行金融机构、银行业监管机构、保险监管机构等提出了要求。

2016 年 4 月，中国人民银行营业管理部、北京市金融工作局向中国人民银行总行呈送了《北京市农村承包土地的经营权抵押贷款试点工作方案和任务分工方案的报告》（银管文〔2016〕54号），明确了试点工作时限为2016—2017年，对各阶段工作进行布置和任务分工。

2016年12月，北京市农村工作委员会、北京市金融工作局、中国人民银行营业管理部联合印发《关于加大农业领域贷款贴息多功能金融扶持的办法（试行）的通知》（京政农函〔2016〕58号），明确了试点支持对象、支持方向、支持方式等。

2016年12月，中国人民银行营业管理部、市金融局、市发展改革委、市财政局、市规划国土委、市农委、市园林绿化局、北京银监局、北京保监局联合印发《关于进一步明确北京市农村承包土地的经营权抵押贷款试点工作有关事项的通知》（银管发〔2016〕358号），明确要加快推进确权登记颁证和抵押登记、完善价值评估体系、强化信用增进措施、加强贷款补贴支持、规范流转处置程序、建立风险补偿机制等有关事项。

2017年12月，全国人大常委会通过《全国人民代表大会常务委员会关于延长授权国务院在北京市大兴区等二百三十二个试点县（市、区）、天津市蓟州区等五十九个试点县（市、区）行政区域分别暂时调整实施有关法律规定期限的决定》（人大常会字〔2017〕46号），将“试点期限延长一年至2018年12月31日”。

2018年12月第十三届全国人民代表大会常务委员会第七次会议修订的《农村土地承包法》在第四十七条规定：“承包方可以用承包地的土地经营权向金融机构融资担保，并向发包方备案。受让方通过流转取得的土地经营权，经承包方书面同意并向发包方备案，可以向金融机构融资担保。”

2020年中央一号文件在“强化农村补短板保障措施”中提出要“推动土地经营权依法合规抵押融资”。

二、试点做法及成效

（一）做法

在相关文件和法律的支撑下，有关单位和机构积极行动起来。一是主动做好试点准备工作。如2016年，市农研中心联合北京农村产权交易所开展了“北京市农地农房‘两权’抵押登记系统研究”课题，从实操层面研究了抵押登记系统的建设思路，设计了抵押登记制度；在此基础上，北京农村产权交易所成功开发了“两权”抵押登记系统，设置抵押登记、变更登记、注销登记、登记查询等功能，并于2017年2月正式运行，为两个区开展试点工作提供了技术支持；涉农金融机构与时俱进，适时研发了针对承包土地的经营权抵押贷款产品。二是构建联动格局做好宣传和业务培训。如2016—2017年，市级农口相关部门主动对接市、区两级涉农金融机构、北京农村产权交易所和试点区原农委、金融办、经管站、农联等部门或组织，共同开展对乡镇干部以及农民专业合作社等农业经营主体负责人的政策解读和业务培训，为试点的有效开展奠定基础。三是试点区积极成立相关机构，及时出台配套文件。大兴、平谷两个区均制订了工作方案，成立了由区主要领导任组长、相关委办局为成员组成的工作领导小组，明确了工作内容。在此基础上，2016年12

月大兴区农委、金融办和经管站联合出台了《北京市大兴区农村承包土地的经营权抵押贷款试点实施办法》(京兴政农〔2016〕29 号)，2017 年 11 月平谷区政府印发了《平谷区农村承包土地经营权抵押贷款暂行实施办法》(京平政发〔2017〕43 号)，两区均对抵押条件、贷款申请、抵押登记管理、抵押权的处置、风险控制与补偿机制等进行了明确规定。四是多部门参与，共同推进试点工作。市级农口有关部门主动协调涉农银行、农村产权交易所和试点区金融办、经管站、农联等部门或组织，发挥四级联动机制，做到经营主体吹哨，相关部门集体报到，现场解决问题，合力推动试点工作。

（二）成效

在市、区、乡镇、村四级联动，有关部门协调配合的工作格局下试点工作顺利开展起来。截至试点结束的 2018 年年底，大兴、平谷两个区共完成农村承包土地的经营权抵押贷款 45 笔，抵押土地面积 1608.3 亩，累计贷款金额 2229 万元。对农业经营主体，特别是农民专业合作社和农业企业实施农业扩大生产和提档升级等方面发挥了积极作用。据了解，上述贷款未发生违约现象。三年的试点取得了积极成效。

1. 实现了农村用益物权资本化

一直以来，农村“融资难”最直接的表现是农业经营主体少有或没有符合金融机构要求的抵押物。《土地承包法》第五条明确规定：“农村集体经济组织成员有权依法承包由本集体经济组织发包的农村土地。任何组织和个人不得剥夺和非法限制农村集体经济组织成员承包土地的权利。”由于承包土地的经营权属于用益物权，以经营权做抵押从金融机构获得贷款，实现了用益物权的资本化、商品化，激活了土地资源的“沉睡资本”，不仅为广大农户增加了融资渠道，更是突破了“融资难”的瓶颈，使每个农户都拥有了符合金融机构条件的抵押物，而不再是“望贷兴叹”。

2. 带动了土地合理流转和利用

承包土地的经营权可以用来抵押贷款，使承包户认识到，土地不仅是一种生产、生存的资源，还可以作为一种生产要素参与融资从而实现土地金融等生产要素的有效配置。北京市农民户均承包土地 4.4 亩，农户大多通过外出打工或兼业经营获取收入。经营权可以融资，一方面提高了农户对土地的保护意识，减少“撂荒”现象和简单生产模式，碎片化的土地逐步向经营大户流转起来。土地得到集中利用为经营者发展生产提供了信贷支持，从而有效提高土地的产出率和农产品的商品化程度，实现土地合理利用和开发；另一方面，一旦抵押人出现贷款违约，金融机构可以将经营权及地上附着物一起进入土地流转市场进行拍卖转让，使土地资源的配置更趋合理。

3. 拓宽了普惠金融服务新渠道

对于金融机构来说，开展以承包土地经营权为抵押物的贷款业务具有符合条件的农户多、潜在客户群体大、覆盖面广等特点，同时，市相关部门积极出台相应政策予以鼓励和支持，在构建农业信贷、农业保险、农业投资等“十大”普惠金融服务体系的基础上，又为金融机构进一步开发农村金融市场提供了新的渠道。金融机构在试点中也做到了与时俱进，在很短的时间内完成了“农权贷”“农权保”“土地承包经营权抵押贷”“农村承包土地经营权抵押贷款”“流转贷”等创新产品开发并实现了项目落地。

4. 推动了农村金融软环境改善

在试点初期，市、区、镇相关部门联合银行、农担、农村产权交易所等金融机构和企业对试点区农业经营主体开展的专题培训，不仅解读了国家和北京市的有关政策法规和扶持政策，更详细讲解了贷款主体应具备的条件、贷款业务流程、抵押登记内容及违约处置等实操层面的知识，并通过课上分析案例、现场互动交流、课下答疑解惑以及会后发放宣传资料等方式，让广大经营主体在了解和掌握有关金融知识的同时，清晰贷款人应享有的权利与应尽的义务，增强法律观念和信用意识，做知法、懂法、守法的经营主体。

三、存在的问题

（一）借贷双方供需度不匹配

承包土地的经营权抵押贷款对参与试点的各方来说，特别是对金融机构和经营主体来说都是新事物。试点中发现，在开展政策解读和业务培训后，现场登记有贷款需求的经营主体较多，但最终得到贷款的农户较少。主要原因是经营主体的期望值与金融机构的授信额存在较大差异。如，平谷区一农户承包 30 多亩土地种植大桃，希望通过经营权贷款进行果树品种更新，融资需求约 20 万元。但金融机构联合农担公司仅给出 4 万元的贷款授信，由于贷款额度太低，最终该项目未能落地。

（二）流转土地抵押贷款较难

2016 年，中国人民银行、农业部等五部门联合下发的《农村承包土地的经营权抵押贷款试点暂行办法》第五条规定，“通过合法流转方式获得承包土地的经营权的农户及农业经营主体，可按程序向银行业金融机构申请农村承包土地的经营权抵押贷款”；第七条规定，“通过合法流转方式获得承包土地的经营权的农业经营主体申请贷款的”，应符合“承包方同意承包土地的经营权可用于抵押及合法再流转”的条件。在实际运作中难度较大。如，平谷区一大桃种植能手，流转的土地涉及 200 多户，为更新品种申请了经营权抵押贷款，在征得原承包人书面同意抵押的环节，由于户数多、耗时长以及有的原承包户不配合等情况，最终该经营主体不得不放弃该项目。类似这样的情况不在少数，因为北京郊区人均承包土地数量很小，土地流转得越多，涉及的农户越多。

（三）相关法律法规尚不健全

虽然《土地管理法》《土地承包法》《担保法》等相关法律已经相继完成修订，农村承包土地的经营权抵押贷款不再存在法律障碍，但人民银行等相关部门尚未出台相关细则，影响了其他区开展农村承包地经营权抵押贷款的积极性。据了解，目前除平谷和大兴参照试点方式继续开展此项工作外，其他区虽有开展意愿，但因缺乏上位政策法规的支持而处于观望状态。

（四）贷款人担忧处置变现难

根据中国人民银行、农业部等五部门联合下发的《农村承包土地的经营权抵押贷款试点暂行办法》有关要求，两个试点区在各自制定的《农村承包土地的经营权抵押贷款试点实施办法》中，明确将抵押登记贷款机构确定为北京农村产权交易所，在抵押权的处置上规定“因借款人不履行到期债务，或者按借贷双方约定的情形需要依法行使抵押权的，贷款人可依法采取贷款重组、按序清偿、协议转让、交易平台挂牌再流转等多种方式处置抵押物。处置农村承包土地经营权所得价款，在支付完发包方或承包方相关土地费用后，抵押权人有权优先受偿，如不足以偿还债权的，则不足部分由抵押人继续清偿”，并且从试点开展至今，虽然未发生借款人不履行到期债务的现象，但金融机构对农村承包土地经营权抵押处置效率和变现效果方面存在较大的顾虑，这也是业务量小、授信额度低的一个因素。

四、政策建议

（一）完善相关法律法规体系

参考中国人民银行、农业部等五部门联合下发的《农村承包土地的经营权抵押贷款试点暂行办法》，在两个试点区制定的实施办法的基础上，统筹各区实际，出台全市统一的《农村承包土地的经营权抵押贷款实施办法》，推动各区开展经营权抵押贷款工作。

（二）继续加大政策扶持力度

完善2016年由市农委、市金融局和人行营管部联合出台的《关于加大农业领域贷款贴息多功能金融扶持的办法（试行）》。如，扩大支持范围，凡开展农村承包土地的经营权抵押贷款的区都享受扶持政策；延长贷款贴息诚信奖励时间，根据农业生产周期特点，将贷款期限由1—3年改为1—5年；加强动态监测，对于讲诚信守规矩的经营主体，除给予经济上的补贴奖励和贷款额度增信外，应在审批环节开通“绿色通道”，培养经营主体形成良好信用的习惯。

（三）发挥产权交易平台作用

总结试点经验，充分发挥农村产权交易平台作用，为承包土地经营权抵押贷款产品设计提供支撑服务。一是授权北京农村产权交易所作为各区承包土地的经营权抵押登记机构，并通过政府购买服务的方式给予服务补贴；二是鼓励北京农村产权交易所提供组织开展评估、贷后监管及处置等服务。

（四）建立政府风险补偿机制

建议政府尝试建立一支收储基金，用于遇有违约处置时该基金先行进行代付，资产处置后的资金直接归还到该基金中，解除金融机构的后顾之忧，解决涉农金融机构开展此项工作动力不足问题。

执　笔　人：曹晓兰

北京市农村土地承包经营权确权数据应用研究

一、绪论

（一）课题背景及研究意义

开展农村土地承包经营权确权登记颁证工作，是党中央为进一步完善农村基本经营制度，稳定现有农村土地承包关系并保持长久不变，加快构建“归属清晰、权能完整、流转顺畅、保护严格”的农村土地产权制度做出的一项重大决策。开展确权登记颁证工作有利于强化对农民土地承包经营权的物权保护，稳定农民土地经营的预期，增加农民的财产性收入；有利于保持土地承包关系稳定，激发农村生产要素的内在活力，促进土地经营权流转，发展农业适度规模经营；有利于完善农村社会管理，妥善解决土地承包的突出问题，促进农村社会和谐稳定，推进城乡发展一体化。

按照原农业部等六部门《关于认真做好农村土地承包经营权确权登记颁证工作的意见》（农经发〔2015〕2号）要求，用5年左右时间基本完成农村土地承包经营权确权登记颁证工作。

北京市于2015年制定《关于认真做好本市农村土地承包经营权确权登记颁证工作的意见》（京办字〔2015〕10号），决定全面开始确权登记颁证工作，力争用三年左右时间基本完成全市确权登记颁证工作任务。

截至2018年年底，北京市基本完成农村土地承包经营权确权登记工作。通过确权登记工作形成的数据是农业主管部门近年来获得的一个重要数据，如何应用北京市确权数据，目前还没有专门的文献对此进行阐述，因此有必要开展深入研究，充分挖掘数据价值，为“三农”工作高质量发展提供数据支撑。

（二）研究内容

1. 北京市确权数据现状分析

阐述北京市确权登记颁证工作情况和数据采集流程，分析数据现状，提取数据指标。

2. 北京市确权数据指标和农村土地承包特征

通过对北京市确权数据的指标进行横向和纵向分析得到北京市农村土地承包情况的特征。

3. 北京市确权数据应用研究

将不同用户的具体需求与特征指标对应，从用户角度出发阐述在不同场景中数据的应用。

4. 北京市确权数据问题阐述

针对北京市确权数据的问题，提出相应的对策建议。

（三）研究现状

全国范围来看，2018 年年底各省市向原农业部基本完成数据汇交。国家层面还没有推出确权数据的应用案例，国家和各省市下发的文件基本上是要求各地积极探索确权数据的转化应用，推动确权登记颁证红利的不断释放，实现确权登记颁证经济效益和社会效益的最大化。各地区一般以区县为单位对确权数据在某项具体业务工作开展时的应用进行试点。

鉴于确权数据是这两年才获得的数据，相关文献资料基本以如何开展确权登记颁证工作、如何获得准确的确权数据和某些技术在确权登记颁证工作开展中的应用为主，缺少对于确权数据现状的分析，也缺乏对确权数据应用的探讨。

（四）研究方法和技术路线

1. 研究方法

（1）典型调研：实地访谈和座谈（对象包括政府部门、农业保险机构）；

（2）文献研究法：查阅农村土地确权登记颁证及数据应用相关的文献资料，加以分析研究；

（3）文本分析法：以相关政府部门文件为研究对象，通过分析文件，理解其对确权数据应用的具体需求；

（4）定量分析法：通过数字量化分析北京市确权数据，更科学地揭示规律、提取数据指标、获取数据特征，为领导决策提供数据支撑。

2. 技术路线

本课题研究技术路线如图 1 所示。

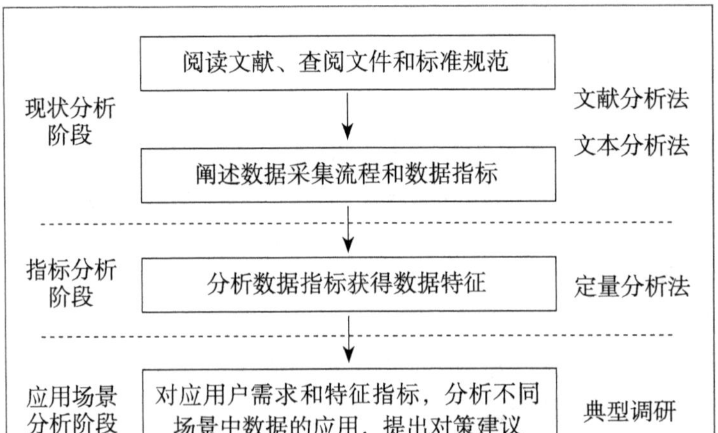

图 1　研究技术路线

二、北京市确权数据现状

（一）北京市确权登记颁证工作开展情况

北京市确权登记颁证工作开展依据为现有农村土地承包合同、权属证书登记成果，针对以家庭承包方式取得农村土地承包经营权的土地，包括确权确地、确权确股（利）形式。鉴于朝阳区、海淀区和丰台区已经列入城市规划区，故而暂不开展此项工作。因此，北京市开展农村土地承包经营权确权登记颁证工作的区包括门头沟、房山、通州、顺义、昌平、大兴、怀柔、平谷、延庆、密云十个区。同时，按照相关要求，针对存在如下情形的村暂不开展确权登记颁证工作。具体情形如下：

→城市化进程较快，属于待拆迁村范围，如大兴机场周围区域；

→因地质灾害等原因造成的搬迁村；

→村里对于确权工作有争议的，在解决争议后再行开展。

根据上述情况，北京市共有 10 个区、124 个镇、2543 个村开展确权登记颁证工作。

北京市开展确权登记颁证工作的流程如下：

1. 准备工作：方案准备、宣传培训和基础资料准备工作。

2. 权属调查：对发包方、承包方和承包地块的调查。

3. 地块测绘：技术人员、村、组、农户共同到地块现场指认界址点线，技术人员通过影像在调查底图中标绘，内业通过正射影像数据和标绘草图完成地块绘制。

4. 审核公示：审核公示、勘误修正和结果确认。

5. 数据库和信息系统建设：包括农村土地承包经营权确权登记数据库建设和管理信息系统建设。

6. 证书打印与颁发：完善农村土地承包合同，建立农村土地承包经营权登记簿，按照一户一证原则制作打印和颁发农村土地承包经营权证书。

7. 成果整理：对文字、图件、簿册和数据的整理。

8. 检查验收：包括自检、互检、抽检和验收等。

2018 年年底北京市农村土地承包经营权确权登记工作基本完成，并在数据库和信息系统建设工作中，以区为单位进行数据建库，制作汇交数据包，区级在数据质量自检合格后由专人报送至市级，市级在完整性初检和软件质检合格后，形成北京市农村土地承包经营权确权登记数据（以下简称“确权数据”）。北京市对确权数据的质量检查工作贯穿数据建库、验收、汇交、接边工作始终，通过测绘单位自查、入库前质量检查和入库后质量检查确保数据的准确性、完整性、一致性和规范性。

2018 年年底北京市十个区的确权数据全部通过原农业部组织的质检软件检查和人工核查，完成了部里要求的数据汇交任务。

（二）北京市确权数据基本情况

依据原农业部对数据汇交工作的要求，北京市制定《北京市农村土地承包经营权确权登记数据库规范》，对确权数据主要分为四类：

1. 矢量数据：以坐标或有序坐标串表示的空间点、线、面等地块图形数据及与其相联系的有关属性数据的总称。

2. 权属数据：包括承包方信息、发包方信息、承包合同信息、承包地块信息、登记簿信息、承包经营权证书信息等。

3. 栅格数据：将地理空间划分为行、列规则排列的单元，且各单元带有不同“值”的数据集。

4. 图件数据：表示地理物体位置、形态、大小和分布特征以及几何类型的数据，如地块示意图、公示图等数据。

北京市确权数据中的地块矢量数据通过测绘获得，权属数据及其他文档类数据通过调查编辑获得。为配合确权登记工作，从北京市规划与自然资源委员会共享获得数字正射影像图、永久基本农田划定数据、集体土地所有权数据。

北京市确权数据量约为486GB，其中矢量数据量为5.5GB，权属数据量为1.6GB，栅格数据量为195GB，图件数据量为284GB。

（三）北京市确权数据逻辑结构图

北京市确权数据在层级上分为市级、区级、乡级、村级四级数据。承包方和发包方之间通过对承包地块进行承包形成承包合同，并据此生成承包经营权登记簿和承包经营权证，承包地块流转时签订流转合同。数据逻辑结构图如图2所示。

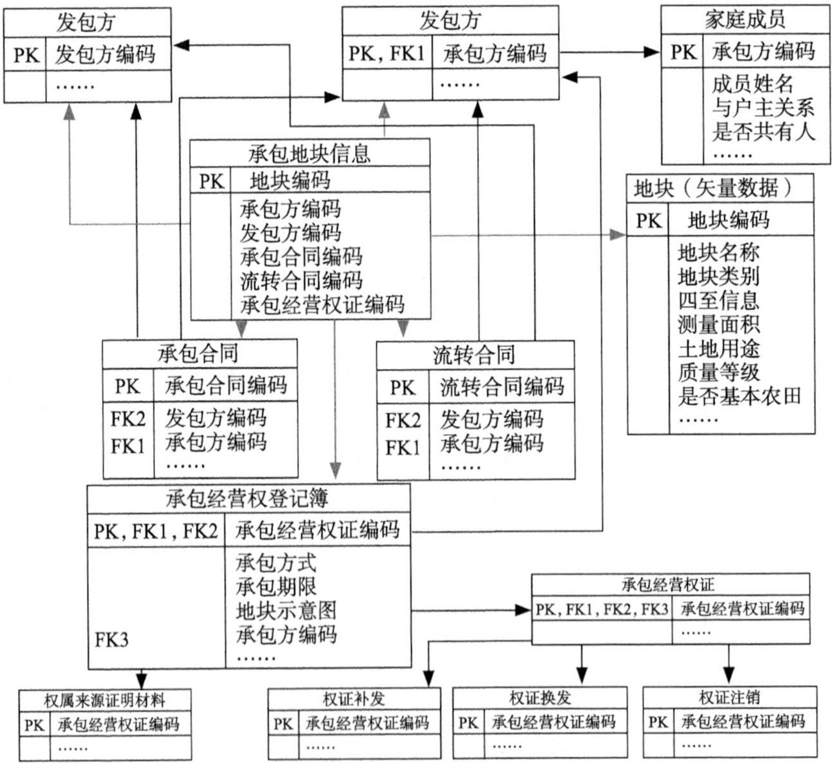

图2 数据逻辑结构图

通过对北京市确权数据从汇交单位数、发包方、承包方、承包方成员、地块面积、承包合同、登记簿、权证、确权确股、土地用途、承包期限、原合同面积、基本农田 13 个类别可以提取到 60 多个数据指标。具体如表 1 所示。

表 1 数据指标明细

序号	指标类别	指标名称
1	单位数	汇交乡（镇）数量（单位：个）
		汇交行政村数量（单位：个）
		汇交村民小组数量（单位：个）
2	发包方	发包方数量（单位：个）
		其中：乡级发包方、村级发包方、组级发包方
3	承包方	承包方数量（单位：个）
		承包方年龄（单位：岁）
4	承包方成员	承包方成员数量（单位：人）
		其中：男性成员数量、女性成员数量
		承包方成员年龄（单位：岁）
5	地块面积	实测地块面积（单位：亩）
		其中：乡级发包方、村级发包方、组级发包方
		确权地块（合同）面积（单位：亩）
		其中：乡级发包方、村级发包方、组级发包方
		承包地块总（合同）面积（单位：亩）
		其中：乡级发包方、村级发包方、组级发包方
		实测地块数量（单位：块）
		其中：乡级、村级、组级
6	承包合同	完善土地承包合同数量（单位：份）
7	登记簿	建立土地承包经营权登记簿数量（单位：份）
8	权证	已颁发土地承包经营权证书数量（单位：份）
		未颁发土地承包经营权证书数量（单位：份）
9	确权确股	确权确股（利）涉及的区数量（单位：个）
		确权确股（利）涉及的乡镇数量（单位：个）
		确权确股（利）涉及的行政村数量（单位：个）
		确权确股（利）涉及的村民小组数量（单位：个）
		确权确股（利）涉及的发包方数量（单位：个）
		确权确股（利）涉及的承包方数量（单位：个）
		确权确股（利）涉及的承包地实测面积（单位：亩）
		确权确股（利）涉及的承包地合同面积（单位：亩）
		确权确股（利）涉及的承包地块数量（单位：块）

续表

序号	指标类别	指标名称
10	土地用途	承包地农业用途实测面积（单位：亩）
		承包地非农业用途实测面积（单位：亩）
		承包地农业用途合同面积（单位：亩）
		承包地非农业用途合同面积（单位：亩）
11	承包期限	2023 年到期的承包合同数量（单位：个）
		2024 年到期的承包合同数量（单位：个）
		2025 年到期的承包合同数量（单位：个）
		2026 年到期的承包合同数量（单位：个）
		2027 年到期的承包合同数量（单位：个）
		2028 年到期的承包合同数量（单位：个）
		2029 年到期的承包合同数量（单位：个）
		长久不变的承包合同数量（单位：个）
12	原合同面积	原承包合同面积（单位：亩）
		原承包合同面积对应的实测面积（单位：亩）
		原承包合同面积对应的确权面积（单位：亩）
13	基本农田	涉及的地块实测面积（单位：亩）
		其中：基本农田面积、非基本农田面积
		涉及的地块数量（单位：块）
		其中：基本农田面积、非基本农田面积
		涉及基本农田的承包地确权面积（面积：亩）
		涉及基本农田的承包方数量（单位：个）
		涉及基本农田的发包方数量（单位：个）
		涉及基本农田的乡（镇）数量（单位：个）
		涉及基本农田的行政村数量（单位：个）

（四）北京市确权数据覆盖范围

北京市确权数据涉及 10 个区、124 个镇、2543 个村。其中房山区、怀柔区、平谷区、密云区、延庆区开展确权工作的乡镇和行政村较多；昌平区、门头沟区开展确权工作的乡镇和行政村较少。具体地区范围如表 2 所示。

表 2　北京市确权数据涉及的地区范围（2018 年年底统计数据）

地区	涉及乡镇数量（个）	涉及行政村数量（个）
门头沟	4	82
房山	22	365
通州	9	331
顺义	15	303
昌平	4	83
大兴	9	282
怀柔	14	225
平谷	16	230
密云	16	308
延庆	15	334
合计	124	2543

（五）北京市确权数据汇总分析

北京市确权数据涉及 58 万余户承包方，86 万余块承包地，确权总面积为 280 万余亩。其中房山区开展确权的乡镇、村和承包方最多，分别为 22 个、365 个和 10 万余户，顺义区确权总面积最多，为 71 万余亩，占确权总面积的 25%。具体汇总数据如表 3 所示。

表 3　北京市确权数据统计数据

地区	涉及乡镇数量（个）	涉及行政村数量（个）	涉及承包方数量（个）	涉及地块数（块）	确权总面积（亩）	基本农田面积（亩）
门头沟	4	82	6617	10707	24310	1821
房山	22	365	109481	57332	343828	183860
通州	9	331	83818	77034	409986	175619
顺义	15	303	78274	605	710938	660806
昌平	4	83	11975	27991	41618	12716
大兴	9	282	49467	118939	319832	144417
怀柔	14	225	40970	61195	146234	56439
平谷	16	230	66205	77954	242526	77563
密云	16	308	83553	259597	247929	104998
延庆	15	334	50747	176449	316247	139980
合计	124	2543	581107	867803	2803448	1558218

三、北京市农村土地承包经营权的主要特征

北京市确权数据涉及面大、数据量大、结构复杂。基于对发包方、承包方、承包地块、承包合同的相关指标开展分析，得到北京市农村土地承包经营权的主要特征如下：

（一）村级发包为主，组级发包极少

北京市确权数据涉及 2598 个发包方，不存在乡级发包方，村级发包方数量为 2537 个（占比高达 98%），组级发包方的数量为 61 个（占比仅为 2%），涉及怀柔区，其余九个区全部为村级发包方式。各层级发包形式统计如表 4 所示。

从全国 2838 个县级确权单位、55 万多个行政村的发包形式来看，村民小组发包方式比例高达 90% 以上。其中，上海市几乎都采取组级发包形式，与北京的情况正好相反。

表 4　各层级发包形式统计

地区	发包方总数量（个）	乡级发包方（个）	村级发包方（个）	组级发包方（个）
门头沟区	82	0	82	0
房山区	365	0	365	0
通州区	331	0	331	0
顺义区	303	0	303	0
昌平区	83	0	83	0
大兴区	282	0	282	0
怀柔区	280	0	219	61
平谷区	230	0	230	0
密云区	308	0	308	0
延庆区	334	0	334	0
合计	2598	0	2537	61

（二）承包方代表年龄大，户均人口偏少

北京市确权数据涉及 58 万余户承包方，承包方代表平均年龄为 62 岁，远高于全国承包方代表平均年龄（57.5 岁）。十个区各自面临的承包方代表老龄化严重程度不尽相同，只有昌平区承包方代表年龄 55 岁，低于全国平均水平，其余各区都高于全国平均水平，尤其是门头沟区的承包方代表平均年龄高达 66 岁，远高于全国平均水平。家庭承包方基本情况统计见表 5 所示。

北京市承包方户均人口为 3.63 人，相比全国承包方户均人口 3.84 人，北京市承包方户均人口相对偏少。其中昌平区、顺义区、大兴区、延庆区的户均人口高于全国平均水平，门头沟户均人口仅为 2.97 人，远低于全国平均水平。

表 5　家庭承包方基本情况统计

地区	家庭承包数量（个）	承包方平均年龄（岁）	户均人口数量（个）
门头沟区	6617	66	2.97
房山区	109481	62	3.67
通州区	83818	63	3.15
顺义区	78274	63	4.02
昌平区	11975	55	4.26
大兴区	49467	59	3.95
怀柔区	40970	59	3.42
平谷区	66205	62	3.3
密云区	83553	63	3.66
延庆区	50747	64	3.89
合计	581107	62	3.63

（三）实测面积多于原合同面积，确权确地偏少

北京市确权数据涉及 86 万余块地，原承包合同面积为 277 万余亩，实测面积为 302 万余亩，实测面积比原承包合同面积多 25 万余亩（百分比 9.1%）。最终确权面积为 280 万余亩，与原承包合同面积更为接近，由此可知全市以原承包合同面积确权为主，其中平谷区和昌平区存在以实测面积确权的情况，其余八个区全部以原承包合同面积确权。区级各面积统计数据如表 6 所示。

北京市采取确权确地形式的面积为 132 万余亩（占比 48%），采取确权确股（利）形式的面积为 144 万余亩（占比 48%），对比全国各省市确权确地形式的比例，北京市确权确地的占比最少，接着依次是上海市（52%）、广东省（76%）、天津市（82%），其余省市比例都在 90% 以上，其中有 17 个省市确权确地形式占比高达 99% 以上。分区来看，昌平区、密云区、大兴区、延庆区确权确地形式占比在 80% 以上，比例较高；房山区、平谷区、怀柔区确权确地形式占比不到一半，比例较低。

表 6　区级各面积统计数据

地区	承包合同面积（亩）	实测面积（亩）	确权面积（亩）	确权确股（利）面积（亩）	确权确地 面积（亩）
门头沟区	24310	29575	24310	10198	14112
房山区	342827	411284	343828	270746	73082
通州区	408559	410174	409986	166111	243874
顺义区	710938	710922	710938	354323	356615
昌平区	38968	52498	41618	7184	34433

续表

地区	承包合同面积（亩）	实测面积（亩）	确权面积（亩）	确权确股（利）面积（亩）	确权确地 面积（亩）
大兴区	319561	345018	319832	21482	298350
怀柔区	145814	169907	146234	77809	68425
平谷区	215523	255792	242526	141758	100768
密云区	247929	290478	247929	42614	205315
延庆区	316245	348175	316247	11947	304300
合计	2770674	3023823	2803448	1104173	1699274

（四）承包地存在碎片化现象，山区更为严重

基于北京市确权数据分析，全市采用确权确地方式的地块总数量为 85 万余，对应确权面积为 134 万余亩。

针对地块面积统计得知，全市承包地平均地块面积为 1.58 亩，地块面积 0.5 亩（含）以下地块数量为 24 万余，占确权确地方式地块数量的 29%；0.51 亩到 1 亩的地块数量为 18 万余，占比 21%；1.01 亩到 1.5 亩的地块数量为 11 万余，占比 14%；1.51 亩到 2 亩的地块数量为 9 万余，占比 11%；2 亩以上地块数量为 9 万余，占比 25%，因此全市承包地存在地块碎片化现象。分区来看，平原地区如通州区、大兴区的平均地块面积相对较大，山区地区的地块面积相对较小，如密云区平均每块地面积仅为 0.8 亩，故而山区地块碎片化更为严重。确权确地方式下地块情况统计表如表 7 所示。

表 7　确权确地方式下地块情况统计

区名	地块数量（个）	确权面积（亩）	地块数量（0—0.5 亩）	地块数量（0.51—1 亩）	地块数量（1.01—1.5 亩）	地块数量（1.51—2 亩）	地块数量（大于 2 亩）	平均每块地面积（亩）
门头沟区	10199	14112	2145	3203	1940	1277	1634	1.38
房山区	52112	73082	14311	11214	8103	7444	11040	1.40
通州区	75545	243874	4801	7525	6775	9692	46752	3.23
顺义区	0	0	0	0	0	0	0	
昌平区	27388	34433	7456	7415	4673	3069	4775	1.26
大兴区	118671	298350	12597	18616	15992	16324	55142	2.51
怀柔区	59430	68425	17065	16441	10948	7191	7785	1.15
平谷区	73917	100768	18846	18491	12669	8213	15698	1.36
密云区	258207	205315	125921	63009	31638	18304	19335	0.80
延庆区	175852	304300	41131	35301	24000	21107	54313	1.73
合计（亩）	851321	1342659	244273	181215	116738	92621	216474	1.58
各面积地块数量占比	100%		29%	21%	14%	11%	25%	

（五）七成承包合同在 2027 年和 2028 年集中到期

基于北京市确权数据分析，2027 年和 2028 年到期的全市农村土地承包合同涉及 41 万余份，占比 72.2%；2026 年及之前到期的承包合同为 4347 份，占比 0.8%，涉及密云区、通州区、怀柔区、昌平区、大兴区、房山区；2029 年及之后到期 15 万余份承包合同，占比 27.1%。确权确地方式下地块情况统计表如表 8 所示。

表 8　确权确地方式下地块情况统计

承包合同到期时间	合同份数（份）	占比
2026 年及之前	4347	0.8%
2027 年	275844	47.5%
2028 年	143688	24.7%
2029 年	47631	8.2%
2030 年	61680	10.6%
2031 年及之后	47917	8.3%
合计（户）	581107	100%

四、北京市确权数据应用场景分析

经过五年的努力，北京市已经基本完成农村土地承包经营权确权登记颁证工作，北京市确权数据成果得之不易，数据量大、指标众多、特征明显、潜在应用价值高，应对数据应用开展深入研究，构建多元化应用场景，以应用场景建设推动农业农村高质量发展。

（一）用于政府部门制定政策，提高政策实用性

北京市确权数据作为农口主管部门获得重要数据，业务人员通过分析数据指标，提取北京市农村土地承包经营的特征，结合对全市承包地现状的清晰掌握，制定相应的农业发展政策。根据前文所述的五个特征，本课题提出如下措施建议。

鉴于北京市以村级发包形式为主，北京市应重点关注村级发包的家庭承包合同，并且七成以上承包合同在 2027 年和 2028 年会集中到期，因此应依据北京市确权数据摸清土地承包及人口变化情况，研判可能遇到的问题，结合近期到期的合同尽快开展三十年延包试点，结合试点经验后期以村为单位整体推进合同网上续签。为 2027 年和 2028 年全市 7 成合同的网上续签提供经验。

北京市承包方代表平均年龄远高于全国平均水平，北京市面临着更为严重的承包方代表老龄化现象，各区承包方代表的老龄化程度也不尽相同，其中门头沟区面临的承包方代表老龄化最为严重，户均人口也最少。对未来谁来种地的问题需要各区结合实际情况制定相应的措施，既要考虑到农村承包地仍是部分农民重要就业和收入来源的实际，又要考虑到部分农民已经不再经营承包地的特殊性，通过积极培养职业农民、培育农民合作社等新型农业经营主体，引导健康规范发展，使之成为引领现代农业发展的重要力量。

结合确权方式来看，北京市的确权方式更为多样，管理更为复杂。在农村土地管理方面，采取确权确股（利）方式的一般都是大地块，经营权流转时应以整村或者大地块流转更为适宜，确权确地方式下的地块也可以连片成块地流转给龙头企业或者农业合作社，形成适度规模化经营。坚持家庭经营基础性地位，发展多种形式适度规模经营，创新农业经营组织方式，推动承包土地经营权规范有序流转。

依据确权确地方式下的平均地块面积可知，山区的承包地碎片化严重，平原地区碎片化相对较轻，政府部门可以指导村级在平原地区开展适度规模化经营等方式促进农业经济发展，在山区地区采取家庭农场等灵活性更强的方式开展高附加值农作物的种植。

（二）用于信息化管理，提升承包地管理水平

1. 明确承包地权利归属，有效化解产权矛盾纠纷

由于北京市农村土地价值大，确权确股（利）情况较多，承包地管理更为复杂，因此明确承包地权利归属、有效化解产权矛盾纠纷尤为重要。北京市确权数据库集图形、影像、权属为一体，可以实现对承包地块的图形化管理，明确承包方及其所属地块的对应关系，实现以地查人、以人查地。针对确权确地到户情况，北京市确权数据能够解决承包地块面积不准、四至不清、空间位置不明、承包权益不落实、登记簿不健全等问题，把承包地块、面积、合同、证书全面落实到户，强化对农民土地承包经营权的物权保护；针对确权确股（利）土地，北京市确权数据能够解决土地承包经营权益不落实等问题，增加农民的财产性收入。

2. 实现农村土地承包合同和证书的信息化管理

北京市确权数据能够实现对承包合同的全流程信息化管理，提供合同的网络签订、续签、变更及终止管理，提高合同签订的便捷性和准确性。还能实现对承包经营权证书的登记、打印、发放、注销的信息化管理，提升证书管理水平。

另外还能快速查询统计全市农村土地的承包经营权信息：可以随时查询发包方、承包方、承包合同、承包地块、登记簿、承包经营权证的具体信息，也可以按照行政级别统计承包经营权信息。

3. 支撑农村承包地的信息化监管

北京市经济发展较快、土地价值高、土地供需的矛盾多，要进一步加强承包耕地用途管制，坚持农业用途，有效遏制粮田非粮化，严禁农地非农化，加快建立健全农村承包地日常监管机制，增强管理服务的精准性和有效性。基于北京市确权数据，结合卫星遥感技术，通过构建承包地的信息化监管体系，实现“以图管地”的精准管理和全程监控。针对农村老龄化严重无人耕种造成的耕地撂荒、乱占耕地从事非农建设等情况，实现智能监测、及时预警、快速处置。

（三）用于数据共享服务，发挥数据更大价值

北京市确权数据还可以与农地流转数据、农业补贴数据、产业规划数据及其他领域的数据共享融合，发挥更大的价值。

服务农村土地流转：通过与北京市农村土地产权交易平台数据共享融合，将农村土地

流转逐渐变成政府引导、市场对接为主、统一规范的农地流转市场，基于承包地的实测面积科学评估承包经营权的价值，引导土地价格市场化，开拓形式多样的适当规模经营。

服务农业补贴：基于北京市确权数据库可以清晰地管理每一块承包地信息和每一户承包方信息，在实际工作中可利用北京市确权数据分析统计拟补贴承包地的面积、位置、权属等，形成补贴费用预算，补贴过程中避免传统台账式管理的弊端，防止瞒报谎报，真正将承包地补贴落实到每一个地块和每一个农户，提供有力的数据支撑。

服务农业产业规划：基于北京市确权数据的权属、面积、地理位置、地力等级等指标，依据产业发展规划的原则，可以科学制定现代农业产业发展规划，稳步推进农业供给侧结构性改革，积极调整农业产业结构，加快现代农业发展步伐。

服务北京市农业农村空间资源“一张图”：基于北京市确权数据的北京市农业农村空间资源“一张图”，通过地块的唯一编码实现与其他系统数据的整合，实现科学掌握全市农业资源的空间分布、数据规模、品种结构等，实现农业农村精细化、精准化管理，为政府决策提供支撑。

保护基本农田：北京市确权数据中的地块数据与基本农田数据共享融合，可以明确该地块是否为基本农田，通过将永久基本农田信息上图入库，可以及时掌握基本农田项目划定和保护情况，有效解决权属不明、划定不实、非法占用等问题，为守住耕地红线和永久基本农田控制线提供空间数据和权属数据支撑。

服务土地征占用：在土地征占用过程中，可以利用农村土地承包经营权确权登记颁证成果作为重要参考数据和图件，在进行实地核实后，确定征收范围内各类用地的面积、位置以及权属等信息，并据此形成补偿安置、税费缴纳的依据。在承包地征占用过程中，可以做到四至边界更清晰、地理位置更精准。

服务智慧农业保险：基于北京市承包地碎片化在山区更为严重，保险公司不可能投入大量的人力、物力逐村逐户核实每个投保农户情况和地块信息。基于北京市确权数据能够清楚掌握每个地块信息及对应农户情况，快速准确地确定投保地块的空间位置情况，减少农户现场指认地块上图的工作量，结合农户投保数据，有效推动精准承保、精准理赔模式在散户承保中的实施，实现“按图承保、在线查勘、科学定损、按图理赔”的网上作业。保险公司也可以依据北京市确权数据设计出更加科学合理的农业保险产品，为农业经营者提供更多更好的选择。

五、对策建议

虽然北京市确权数据在不同应用场景中都能有很好的作用，然而在完善及更新机制、数据管理和服务体系方面的欠缺影响了数据成果的有效利用，为此本文拟提出以下对策建议，希望能进一步扩大北京市确权数据的应用：

（一）尽快形成北京市确权数据的完善和更新机制

针对前期个别村镇暂缓确权的问题，应在后期的“回头看”工作中着力解决，做到“应确尽确、应发尽发”，进一步完善北京市确权数据。另外，针对农村土地承包经营权变更、互换、转让和农村土地征用等因素造成的农户土地变动的情况，应尽快形成常态化的北京市农村土地承包经营权确权登记颁证工作机制，建立北京市确权数据的更新机制，保证数据的准确性，为北京市确权数据的广泛应用奠定基础。

（二）尽快构建北京市确权数据的管理体系

北京市确权数据包含大量个人身份信息和地理空间位置信息，数据安全非常重要，因此要尽快构建北京市确权数据的管理体系，工作中要实现数据分级分类管理，专人负责；并且制定数据管理规范，完善数据质量检查机制、明确数据的更改权限、备份机制；最后对数据开展全生命周期管理，防止数据泄密、失密、破坏，切实保证数据安全。

（三）尽快构建北京市确权数据的共享服务体系

由于北京市确权数据涉及十个区、市级、部级之间的数据交换，因此要坚持统一的标准规范、保证数据能在不同单位间正常地交换，工作中要完善数据质量检查机制，确保数据的规范性、准确性。同时要构建数据共享服务体系，保证数据能够有效安全地与其他数据共享融合，发挥数据更大的价值，为北京市农村土地承包工作信息化管理水平和“三农”工作高质量发展奠定基础。

参考文献

[1] 梅一同《成都市农户土地经营权抵押贷款意愿及其影响因素研究》.

[2] 陈然《基于 GIS 的范县农村集体土地使用权确权信息管理系统研究》.

[3] 孔姗《面向农地确权的内外业一体化信息采集系统设计与实现》.

[4] 龙文军《农业保险助推普惠金融的实现路径》，载《农业发展与金融》2020 年第 6 期 .

[5] 罗鹏、卫炜《推进农村土地承包信息化管理的几点思考》，载《农村经营管理》2016 年第 11 期 .

[6] 赵淑莉《信息互联推动确权成果转化》，载《农村经营管理》2018 年 3 月 .

[7] 朱翔《农村基础信息数据采集质量控制的思考》，载《第 16 届中国标准化论坛论文集》.

[8] 连文威《农村土地承包经营权确权在智慧农业保险中的应用探讨》，载《中国保险》2020.9.

[9] 薛凤蕊《我国农地确权对耕地保护影响研究》，中国农业科学院研究工作报告 2014.8.

[10] 周贵有《新时代信息化测绘体系构建与数据采集》，《智能城市》2019.5.

[11] 陈惠《安徽省农村土地确权登记成果应用研究》，《安徽农业大学》2017.5.

[12] 赵健《苍穹地籍管理信息系统在平川区农村集体土地确权中的应用》，《测绘技术装备》2016.1.

[13] 原农业部等六部门《关于认真做好农村土地承包经营权确权登记颁证工作的意见》，农经发〔2015〕2 号 .

[14] 北京市《关于认真做好本市农村土地承包经营权确权登记颁证工作的意见》，京

办字〔2015〕10号.

[15] 农业部办公厅《农村土地承包经营权确权登记数据库建设技术指南（试行）》《数据库成果汇交办法（试行）》2015-04-29 农办经〔2015〕13号.

[16] 原农业部《农村土地经营权流转交易市场运行规范（试行）》，农经发〔2016〕9号.

[17] 原农业部《关于做好农村土地承包经营权信息应用平台建设工作的通知》，农经发〔2016〕10号.

课题负责人：白晨

课题责任人：王增飞

课题组成员：王增飞、薛晓娟、贾启山、纪静文、张寅、白博

第五篇

他山之石

探寻大同黄花产业的扶贫逻辑

——山西省大同市云州区考察报告

2000 年 5 月 11 日，习近平总书记视察山西省大同市，首站即来到云州区有机黄花标准化种植基地和西坪镇坊城新村，了解巩固脱贫攻坚成果工作情况。大同市云州区立足本地独特的资源禀赋，大力发展特色黄花产业，靠产业扶贫实现了稳定脱贫。这种将产业发展贯穿到脱贫攻坚、全面小康和乡村振兴的全过程的工作思路，受到了习近平总书记的高度赞扬。

“十四五”乡村振兴规划是引领首都“三农”未来发展的重要纲领性文件。为高质量、高水平编制好《北京市“十四五”乡村振兴战略实施规划》，为更加细致深入地借鉴大同市产业扶贫助力乡村振兴的先进做法，5 月 29—31 日，北京市“十四五”时期乡村振兴战略实施规划编制工作领导小组办公室副主任，市农村经济研究中心党组成员、副主任，市城乡信息中心主任刘军萍率规划写作专班部分人员前往山西省大同市，开展实地调研和考察，探寻大同黄花产业的扶贫逻辑。

一、从地域识别的角度确定黄花为主打产业

云州区是国家燕山—太行山集中连片特困地区，有贫困村 80 个、贫困人口 32926 人。如何答出一份优异的精准扶贫考卷？不同于“短、平、快”的扶贫模式，有别于“输血式”扶贫，大同市和云州区在起心动念之初，就将精准扶贫、杜绝返贫与可持续发展和乡村振兴紧密统筹在一起。

习近平总书记指出，“发展产业是实现脱贫的根本之策”。乡村振兴要靠产业，产业发展要有特色。要扶真贫、真扶贫，首要任务是要因地制宜确定一个主导产业。大同市云州区立足本地特色找资源，群策群力、分析研判、反复比较，得出了大同黄花是一个群众认可、市场价格高、比较效益好、历史上留得住、发展前景好的优势特色产业。

为什么选择黄花呢？我国是世界上唯一的黄花菜原产地，黄花享有“四大素山珍”的美称。大同是中国黄花之乡，有着 600 年的种植历史。云州区位于火山地带，土壤中有丰富的微量元素及对人体有价值的成分，使得大同黄花的品质优，是我国唯一的“火山黄花”。在黄花成熟时，采摘晒干也无须进行机器烘干，利用地表温度可直接达到烘干的效果，也是大同黄花的地域优势之一。

实践证明，这是一个正确的选择。目前，云州区黄花种植达到 17 万亩，采摘期黄花

9万亩，产值达到7亿元，已成为全国最大的黄花产业基地。培育了15家龙头企业，打造了8个国家级品牌。盛产期黄花亩均收入7000元左右，仅此一项，全区农民人均可增收5000元。其中，以乡办、村办合作社带动贫困户种植黄花3.8万亩，实现了12194户29722名贫困人口人头一亩黄花的目标，形成了政府支持力度大，群众参与热情高，社会支持氛围浓，脱贫攻坚效果好，黄花种植、加工、旅游一二三产联动发展的良好态势，不仅贫困人口将有稳定、可持续的收益，为打赢脱贫攻坚战奠定了坚实的基础，而且成为全区农民增收致富的支柱产业，带动“三农”转型，实现乡村振兴。

二、科学分析研判，确定大同黄花产业扶贫模式

巨大的跨越让我们对大同的产业扶贫模式充满好奇。为什么高品质的黄花在600年间都没有实现让农民增收致富呢？大同市委市政府、云州区委区政府到底做了什么，才获得如此巨大的成功？大同黄花的扶贫思路是什么样子的？带着这些疑问，先来看看“三三三”扶贫模式的组合拳（如图1所示）。

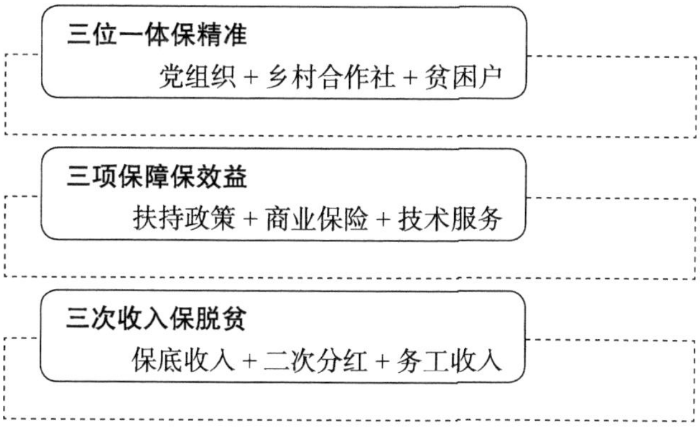

图1　大同市云州区“三三三”扶贫模式

三位一体保精准。全区除社保兜底外，12194户29722名贫困人口，由各乡党委牵头，分别成立乡社、村社一体合作社，按每人一亩的标准入股合作社，统一种植黄花，切实将所在乡或村的贫困户组织起来。

三项政策保效益。贫困户按人种植的一亩黄花政府每亩补贴1000元，加入合作社统一种植的再给予两年的土地流转费和田间管理费。三年以上的黄花可以承保黄花自然灾害险和目标价格险，确保所种黄花不因天灾和市场波动受到影响。黄花种植过程中，有任何技术问题，农技人员均上门服务。

三项收入保脱贫。前三年每亩500元的流转土地收入，三年之后每亩60%的收益分红。另外，有贫困户32760人次参与黄花采摘和田间管理，涉及贫困户人均年增工资性收入约3400元。

三、大同黄花产业的扶贫逻辑及经验做法

“三三三”扶贫模式看起来简单，但是每一个字的背后都蕴藏着智慧和力量。过去，

黄花在大同一直是一家一户的小规模种植，农户种植两三亩就觉得困难重重，没有形成大的产业，没有规模就没有效益。

大同市委市政府、云州区委区政府从历史眼光、战略思维、长远角度出发，思路明确、举措精准，以人民福祉为中心、以产业扶贫为重心、以品牌建设为核心，以直面问题不怕难的韧劲、咬定青山不放松的干劲、不达目的不罢休的激情，持续推动黄花产业向着现代农业和融合产业发展。

（一）以人民福祉为中心，直面问题不怕难

——农民种植黄花的困难到底有哪些？谁来帮助农民解决这些困难？怎样将工作做细做实？

直面难题，逐一破解。通过调研，黄花从种植到采收主要存在五方面困难：一是每亩黄花至少需要 2 个劳动力采摘，且只能人工采摘，而农村劳动力严重不足；二是传统的自然晾晒需要大面积的晾晒场地；三是黄花种植周期长，前三年没有收益；四是受自然灾害影响严重，遇阴雨天来不及晾晒会烂掉，遇冰雹侵袭会绝收等；五是水浇地不足。因病施策，对症下药，一件一件地解决。针对用工短缺，从省外、省内、周边县区、大同大学、技校、中专院校大量发布招募信息，组建山东、河南专业劳务采摘队，车接车送。针对晾晒场地不足，对全区各黄花专业村的街巷、广场、废弃宅基地、荒滩地等闲置土地进行硬化，要求全区学校在暑假期间全部开放，为黄花晾晒提供方便，鼓励黄花加工企业上马烘干设备。针对前三年没有收益的问题，政府给补贴，2012 年至 2016 年实行普惠制，每亩财政给予 500 元补贴；2017 年，对贫困户每种植 1 亩给予 1000 元的补贴。针对受灾问题，设立黄花保险，既保成本又保效益，黄花因风、冻、雹、病虫害而受到损失后，均可获得补偿，采购 12 架无人机进行病虫防治。针对水浇地问题，提供水利扶持和灌溉设施。黄花栽到哪里水利设施就跟进到哪里。

俯下身子，提供“保姆式”贴心服务。成立领导小组和黄花办，组建黄花协会，加强政策扶持，全力跟进服务。制订黄花产业发展规划、特色产业精准扶贫规划，集中连片种植，打破乡、村界线。每年年初都要召开推进会，总结现状，查找问题，研究解决办法。年中召开现场观摩会，组织乡村干部和群众到先进乡镇、农村观摩，与身边人对比算账，鼓舞士气。年底开展“冬季行动”，组织发动群众，筹措资金，流转土地，联系秧苗，为来年开春种植做好准备。

事无巨细，想在前头。农民提出的问题不仅都解决好，农民没想到的问题也要提前安排妥当。在黄花采摘的关键时期，所有单位和党员干部，要全部投身于黄花产业各环节中。农委要公开农技人员名单电话，随时接受农户咨询；供电部门对黄花加工企业所在村线路要提前进行线路检修，并建立保电预案，确保不因雷电等意外突发灾害天气断电，影响黄花冷藏加工；交警运管部门对拉运黄花车辆，加大安全宣传教育力度，发现轻微违章的以警告、教育为主，不得采取扣车、罚款等措施；气象部门要每天播报黄花天气专项预报；金融部门要积极为种植户，加工、收购企业提供资金支持。

（二）以产业扶贫为重心，咬定青山不放松

——解决了黄花种植的基础性问题，如何将其打造成一个产业呢？如何将广大的农民群众组织起来？如何让农民群众成为受益主体？

要想让黄花成为一个大产业，规模是硬道理。黄花产业从最初的1.6万亩到如今的17万亩，从种植技术、田间管理、采摘烘干到市场销售，各个层面各个环节，一切围绕黄花产业发展，一切服务于黄花产业发展。以产业扶贫为重心，把推动“一村一品一主体”建设作为重点，以培育合作社、龙头企业、能人大户、家庭农场等新型经营主体为着力点，通过土地确权，鼓励贫困户以土地、补贴资金等要素入股合作社，由合作社统一经营，贫困户参与分红，通过获取薪金、租金、股金，实现资源变资产、资金变股金、农民变股东，充分调动了广大农民的积极性和主观能动性。

以公司+农户+基地的方式推动产业扶贫。大同市云州区现有25家涉农龙头企业与贫困村建立了扶贫带动利益共享机制，流转土地13万亩，组织化程度22%。云州区政府和大同市经建投公司共同出资成立了宜民产业发展公司，投资2.7亿元，流转土地种植黄花11416亩，每亩流转费500—600元/年；委托15家合作社进行田间管理，费用每亩430元/年，带动了1318名贫困户脱贫；建成4条黄花加工流水线，配套育苗、冷库和展厅等设施。

以党组织+合作社+贫困户的形式扩大种植。习近平总书记强调，产业链上设立党组织。党支部是产业发展的中坚力量。大同市云州区共有黄花专业合作社95家，有7905名贫困户成为社员，种植黄花2.8万亩，根据入股比例给予分成。比如倍加造镇的5个村共同出资组建合作社，种植黄花1000多亩，年收益100万元，每个村根据投入比例享受收益。成立50家乡社、村社，统一为贫困户种植，除去流转土地和种植管理费用后，60%的收益归群众、40%归集体所有，为17486名贫困户种植22049亩。

延长产业链，带动市场销售。培育黄花龙头企业改进工艺，提高品质。兴农黄花公司研制了黄花咀嚼片、食用酱和黄花泡菜等食品，形成了上百种黄花菜宴。忘忧农场开发了黄花洁颜面膜、乳酸菌等产品，在黄花深加工上取得突破。大连冰山黄花菜真空冻干项目、云萱公司，实现了当年开工、当年投产。目前，黄花已经形成9个系列120多种产品，带动了附近810名村民就业，促进了黄花的增值。

（三）以品牌建设为核心，不达目的不罢休

——当黄花发展成产业，品牌打造就显得尤为重要。如何创品牌？如何实现“特色+规模=品牌效益”？如何提升黄花的附加值？如何让黄花发挥出串联一二三产业的功能？

大同黄花的品牌打造，不仅仅以脱贫攻坚为目标，而是目标长远，以乡村振兴为己任，动员全社会力量，在扩大规模、保证品质、延长产业链的基础上，真正形成了打造大品牌的阵势。

一是加强宣传引导和市场监管，提升品牌效益。创建了大同黄花网、微信公众号，及时宣传发布有关信息。连续两年召开了“黄花文化旅游月”，由成龙进行代言，与全国5省5县建立了产业发展联盟，《人民日报》、人民网、新华网等报道36篇。每年采摘期，大同市委市政府“四大班子”集体采摘，引导全社会关注黄花。加强市场监管，教育引导农民注重农业安全，确保产品质量，实施标准化种植1000亩，绿色认证8万亩，有机认证1.6万亩。“大同黄花”获得了8个国家级品牌（国家原产地保护标志、黄花种植和加工标准化示范区、农产品质量安全县、出口食品质量安全示范区、全国绿色食品原材料标准化生产示范基地、农副产品百强区域品牌、特色农产品优势区、县域品牌农业示范县）。

二是农文旅融合提升品牌效益和产业附加值。推进农业绿色发展是农业发展观的一场深刻革命，也是农业供给侧结构性改革的主攻方向。大同市依托黄花产业、40天花期、近郊区位、乡土文化等资源，推进农业与生态旅游、文化康养等深度融合，大力发展休闲观光、养生养老、创意农业、农耕体验、乡村手工艺等，取得了初步成效。在中科院地理所张义丰老师的倡导下，成立了“全国黄花产业联盟”，创办了“黄花产业论坛”。大同市云州区得到了国际地理联合会的认可，成为我国第一个“国际健康养生基地”。规划了黄花旅游观光线路，既为广大市民提供新的休闲观光景点，也宣传了大同黄花，带动黄花消费。投资3000多万元打造火山黄花田园综合体，建成火山天路、忘忧大道、忘忧农场等一批黄花采摘观光、健康养生等景点，与大同火山群国家地质公园、峰峪国家湿地公园连成一线，形成山水田林湖的美丽景观；引进黑陶文化、赛马场项目，筹建考古遗址展览馆，以此为带动，已经形成以黄花为媒的乡村旅游点23个。2019年接待游客197万人次，旅游收入19亿元，实现接待游客和旅游收入双增长22%。

四、启示

大同市围绕黄花产业，从种到摘、从收到销、从村到户，从一产到三产，所前进的每一步都是稳稳地站在广大农民群众的立场上，一个具体问题一个具体问题地去解决，一个困难一个困难逐一去攻克。正是有了政府事无巨细的考虑、真金白银的政策引领、坚定不移地朝着既定方向和目标去努力，才打消了农民群众、企业、社会资本所有的顾虑，才有了农民群众积极主动的热情参与、企业家和社会资本的果敢投资，让黄花从“忘忧草”变身“致富花”和“摇钱草”，成为大同农村的“美丽草”、广大农民的“富裕草”和“幸福草”。

2020年是决战决胜脱贫攻坚和全面建成小康社会的收官之年。“十四五”时期，北京市虽然没有脱贫攻坚的艰巨任务，但是京郊的低收入村和低收入户在脱低之后，依然面临返低的风险。如何防止低收入人口返低以及实现可持续稳定脱低是我们要面临的问题。从大同黄花的扶贫逻辑中汲取营养，得出以下三条启示：

从近处着手，往远处谋划。以防止返低为中心，将工作做实做细，在力度、广度、深度和精准度上下功夫。大同市并没有将精准扶贫当作一项任务，而是与乡村振兴、全面建成小康社会相统筹。任何一项工作，如果只满足于完成眼下任务，一定不会取得最佳的效果。只有从长远考虑，方能蹄疾步稳向前迈进。

从产业入手，千方百计让农民受益。确保低收入户有稳定的收入来源，是防止脱低的关键。通过政策引导，鼓励和支持龙头企业、农民专业合作社、家庭农场等带动贫困户，发展京郊特色产业，与村集体、农户建立起利益联结机制，实现可持续的稳定脱低。

从细节下手，要有工作的韧性、干劲和激情。大同扶贫从黄花种植的困难下手，到扩大规模形成产业，到打造品牌，这个扶贫的“三步走”被绝大多数人所认同。但是为什么大同黄花就做成了呢？关键是有直面问题不怕难的韧劲、咬定青山不放松的干劲、不达目的不罢休的激情，靠着“努力到无能为力，拼搏到感动自己”的工作干劲，调动起全社会力量参与进来，是最可贵之处。扶贫不仅仅是政府部门的事，更是全社会共同的事。在实现乡村振兴的伟大征程中，一个农民都不能掉队，一个人的力量都不可缺少。

考察组组长：刘军萍

考察组成员：徐建军、陈奕捷、范宏、吴国庆、张秀莉、张颖、张燕

执　笔　人：张燕

打通从绿水青山向金山银山的转化路径

——山西省大同市灵丘县考察报告

灵丘县是山西省面积第四大县、大同市面积第一大县，位于北京西南部、大同市东南角，处在大同、张家口、北京、天津、保定、石家庄、太原经济圈的中心位置，是山西面向京津冀和雄安新区发展的桥头堡。2700平方公里的版图无山不秀、有水皆清、资源富饶。近几年来，灵丘县以"建设面向京津冀和雄安新区宜居宜业宜游山水特色城镇"为目标，坚决摒弃以牺牲生态环境为代价的经济发展模式，以有机农业为主打方向，以基础设施建设为保障，努力将生态优势转化为发展生态经济的优势，走出一条创新能力强、发展活力足、生态环境优的崛起之路。

5月29—31日，北京市农村经济研究中心党组成员、副主任，市城乡经济信息中心主任刘军萍带队前往山西省大同市调研和考察，在灵丘县重点考察了车河有机社区、龙渠沟有机社区、思源现代农业科技园和花塔村，详细了解灵丘县的工作思路和主要做法，形成调研报告。

一、打造"美丽宜居"新灵丘是实现绿水青山向金山银山转化的基础

改善农村人居环境，让农业发展方式和农民生活方式更绿色，让农村生态美起来，环境靓起来，是切实贯彻落实"绿水青山就是金山银山"理念的具体实践，也是推动乡村振兴、顺应广大农民过上美好生活期待的必然要求。美丽的自然环境是灵丘的本底，宜居则是满足农民群众对美好生活向往的需要。灵丘县从布局美、环境美、生活美、身心美四个层次，逐级深入，打造了美丽宜居的新灵丘。2019年灵丘县被中央农办、农业农村部评为全国村庄清洁行动先进县，确定为农村集体产权制度改革整县试点单位；被住建部确定为农村住房建设试点和设计师下乡试点县；入选全国乡村治理体系建设试点县；入选山西省有机旱作农业示范县创建名单；等等。

注重"布局美"，一张蓝图绘远景。灵丘县强化顶层设计，以"车河国际有机农业论坛"为平台，邀请日本、瑞典、德国等国外专家学者和国内知名设计单位共同研讨，委托在乡村建设领域有丰富经验的台湾建筑师谢英俊团队进行整体规划设计，以垃圾治理、污水治理、"厕所革命"为重点，从山水、产业、环境等六方面着手规划，建设有机绿色、宜居宜游、文明幸福家园。将乡村建设与历史遗迹、美丽景点结合起来，深入研究挖掘村庄的肌理和文化内涵，把秀美风光、独特文化、红色印迹、矿山修复等融入建筑风貌，提

炼地域文化元素，打造具有灵丘特色的乡村风貌，走工业与农业融合协调发展之路。完成了《灵丘县乡村振兴战略总体规划》《灵丘县县域乡村建设规划》《美丽乡村集中连片建设规划》等。

注重“环境美”，整治村容提风貌。灵丘县投资2.79亿元，实施乡村提升工程，制定“星级村”评定标准，推动249个行政村创建三星级卫生乡村、四星级美丽乡村和五星级旅游乡村。全县12个乡镇、249个行政村深挖地名文化内涵，建设了各具特色的“村标”“步道”“景观”“墙绘”等，一村一景，一隅一韵，打造乡村特色风貌旅游带。以实现“山水画廊、四季花乡”为目标，对国道和省道沿线45个乡村村容村貌进行重点改造，打造乡村文化长廊。将红色元素融入美丽乡村建设，设计绘制文化主题墙绘200余幅，打造平型关大捷遗址沿线红色风貌旅游带。

注重“生活美”，危房改造享幸福。灵丘县坚持乡村提升与易地搬迁、危房改造相结合，高标准建设安置点13个，109个自然村、20个行政村全部实现搬迁，14471名群众喜迁新居。今天移民搬迁点，明日乡村俱乐部。按照这一目标定位，打造了龙渠沟、小寨等集美丽乡村和旅游示范村建设于一体的移民安置点，实现群众居住条件从“危”到“安”向“宜”质的飞跃。同时，对全县所有农村住房进行全面细致排查，开展危房改造，2018年年底农村彻底告别危房。

注重“身心美”，培育新风展新颜。全县所有行政村通过开展村民自治，制定《村规民约》，成立新时代文明实践站，建立爱心超市，开展美丽庭院“四互”活动，提升群众的精神风貌，良好道德风尚逐步兴起。目前，全县有12个村入选全国绿色村庄名单，12个村成为省、市级美丽宜居示范村，1个乡被评为省级美丽宜居乡村集中连片示范区，48个村被命名为省级生态村，77个村达到美丽乡村和旅游乡村标准。

二、以车河有机社区为例，解锁绿水青山向金山银山的转化路径——“有机农业＋有机社区＋有机社会”

车河有机社区位于红石塄乡，包括上车河、下车河两个行政村，人口182人，面积27平方公里，耕地1213亩。气候环境适宜，生态资源优势明显。由于产业结构单一、经营粗放，2007—2013年农民人均年收入长期徘徊在3000元左右。纵然有绿水青山，但是日子过得就是不富裕。

转机发生在2013年。那一年，中国农业大学牵头组织全国71名专家共同编制完成的《灵丘有机农业园区实施规划（2013—2030）》于当年9月通过由中国工程院、国务院研究室等权威机构专家组成的验收评定委员会审定。在此规划指导下，以车河村为先行试点，进行了“车河有机社区”建设的实践。

经过三年多的建设，车河有机社区新造土地120亩、改造土地380亩，完成杂粮、蔬菜等有机种植500亩，养殖有机鸡3万只，蔬菜、鸡蛋、杂粮等三十几个产品获得有机认证，初步得到市场认可。在2015年实现了整村脱贫，2016年人均收入已超过1.6万元，实现了绿水青山富乡亲的美好愿望。从2014年8月起，已经成功举办6届“车河国际有机农业论坛”，在国际国内扩大了车河有机农业的影响力。

搞有机农业并不新鲜，但是如何通过有机农业带动农民增收致富的呢？车河有机社区为我们贡献了三个锦囊。

锦囊一：找准农民需求，鼓励本地人才和资本下乡“扎根”，让农村成为安居乐业的家园。农民的需求其实很朴素，朴素到“安居乐业”就足以概括。所以车河社区并没有采取简单粗暴地消灭农民、让农民上楼的方式，而是选择让农民就地享受现代文明成果，不离地、不失地、不失业、不失居、保增收。

一方面引入本地重点龙头企业，搭建长期且深度的合作关系，为乡村注入新的活力。山西金地矿业集团在车河投资3.8亿元，派驻工作人员50余人，形成车河有机社区目标化的产业创造力“生根”效应，而不是更多依靠扶持性的政府补贴和更多追求资本溢价套利为目的的外部资本。开展有机农业和有机社区的建设，就为“乐业”打好坚实的基础。另一方面，对民居进行改造，车河新建的上下二层的新型民居，一层作为民宿，二层作为民居，不仅大大改善了社区居民的居住条件，让农民就地享受城市生活品质，同时也保留了乡村文化特点，为产业融合和城乡融合创造了条件。如今车河有机社区在“安居”的同时创造了“乐业”，居民不出村就实现了就业，在村里也可以享受到城市级品质。

锦囊二：村社一体成立合作社，让农民成为真正的经营主体和利益主体。不同于传统的“公司+合作社+农户”的经营模式，车河有机社区的做法是：采取政府主导，把上、下车河两个行政村78户182名村民承包的1113亩耕地、3万亩四荒林地的承包经营权和宅基地使用权集中流转到由全体村民组建的产权清晰的村社一体的合作社，实现了土地所有权与承包经营权在合作社组织框架下的并轨和村社一体的组织再造。

车河社区把合作社集中起来的土地经营权与山西金地矿业集团合作成立“灵丘县车河有机农业综合开发有限公司”，合作社股份占比30%，建立起以土地为利益纽带、责权利边界清晰、从事有机农业和乡村旅游开发经营的利益共同体。合作社委派代表参加公司董事会，对公司重大事项拥有一票否决权，包括资源、人力、资金、市场等诸要素根据双方的合作意愿进行配置，收益分配也按照双方的股份比例进行，从制度上保障双方的利益不受损害。

锦囊三：以有机生产建设为基，实现有机社会的高质量发展。有机生产建设包括有机粮食作物、有机蔬菜、有机干鲜果和有机中药材的种植，有机羊、牛、猪和散养鸡鹅等畜禽养殖，有机农产品初、深加工，以及其他相关产业有机化建设与科学经营管理。有机社区建设指园区范围内建筑设施体系与地理生态环境的有机化建设与管理。包括交通、住宅、加工业厂区有机化建设，历史遗址、地理生态环境场所、野生动物保护区的有机化建设与管理。有机社会建设指从生态、旅游、人居、文化、艺术、健康、精神需求等多方面融合相关资源与服务，衔接社区有机农业向品质化、高附加值的融合发展，创新倡导“有机生活”模式，使社区文旅体验向生活化、艺术化、健康化的常态发展。把乡村作为载体发展特色农业和休闲产业，推动有机农业向多元化、综合化方向迈进，实现一二三产融合，走出一条北部贫困山区可持续发展的路子。

三、以花塔村为例，解锁绿水青山向金山银山的转化路径：“传统村落＋文化赋能＋线上直播”

灵丘县在绿水青山、美丽宜居的基础上，把“全域旅游”作为绿色发展的支柱产业。灵丘县独峪乡花塔村就成为一个著名的网红打卡地。

2019年6月6日，花塔村被住房和城乡建设部、文化和旅游部、国家文物局、财政部、自然资源部、农业农村部公布为第五批中国传统村落。这个传统村落有什么特点呢？海拔低，558米，是大同市境内海拔最低点，因此也是全市每年春天绿得最早的地方。景色美，花塔村的得名就是因村后山势如塔、桃花满山，整个村庄被群山环抱，河水绕村，景色秀丽。生态好，村内重峦叠嶂，国家二级保护稀有树种青檀在这里集中生长，周边生态环境优良。乡愁浓，宁静清新，与世隔绝，唯有“农业学大寨”时期人工开凿的红沙岭隧道隧洞与外界联系，游人由繁华闹市穿越隧洞进入景区，眼前豁然开朗：一派淡朴田园风光，村内居民生活及建筑仍保持原始的状态。这种日出而作日落而息的生活习惯，自得其乐的生活态度，让人顿时感受到现实版的“世外桃源”。

2020年5月30日，大同首届乡村艺术节在花塔村隆重开幕。当传统村落遇上艺术和文化，再叠加上直播，会碰撞出什么样的火花呢？当天，来自大同市文联、各大戏曲剧种的代表性传承人、曲艺名家、工人艺术家等200余名艺术家组成的18支演出队伍，通过“田园乡村景色＋浸入式艺术表演＋线上直播”的方式开展乡村旅游活动。18支队伍以美丽的乡村田园为舞台，随意融入花塔村的田间地头表演京剧、晋剧、北路梆子、二人台等精彩的节目，观众自由地选择想去的地方和喜欢看的艺术形式，让整个花塔村变成艺术的天地。夜晚的篝火晚会以一场主题鲜明的沉浸式互动演艺，将整个艺术节的氛围推向高潮，让观众享受到艺术与乡村交融的视听盛宴。

从本质上讲，乡村艺术节是通过农业、文化和旅游的跨界融合，以文化做内容、以旅游带农产；通过电商平台、直播带货及新媒体营销助力乡村特产销售；通过线路策划，丰富乡村内容，开发乡村产品，以点带线，提升乡村旅游的吸引力。那这场创意独特、形式新颖的活动效果如何呢？乡村艺术节在大同家喻户晓、妇孺皆知，创造了百万点击率的传播量。花塔村通过一场活动，让全市、全省乃至全国的游客知道了花塔，民宿订满了、餐饮供不应求，连村民家里的花椒也被一扫而空，让花塔村的村民真真切切感受到发展乡村旅游带来的实惠。不仅如此，这场节庆活动如同一剂强心针，给疫情后的大同文旅市场注入活力，带动行业复苏，拉开了全域旅游发展的帷幕。

四、对北京的启示

灵丘的经验对首都生态涵养区的绿色发展有着重要的借鉴作用。怀柔区计划在“十四五”期间大力发展有机农业，门头沟区拥有全市最多的传统村落。广阔的京郊山水资源丰富，生态环境良好，背靠北京城市巨大的消费市场，这是最大的优势和潜力。怎样在好山好水好生态的基础上，建成宜居宜业宜游的绿色发展示范区？对于传统村落，如何进行保护性发展？如何将京郊的绿水青山转化为金山银山呢？

让“有机社会”赋能“有机农业”和“绿色乡村”。有机农业仅仅是就一产而言，它是一种生产系统，可以维持土壤健康和生态系统的健康。在发展有机农业的基础上，建设有机社区，打造有机社会，传播有机理念，融合生态、旅游、人居、健康、精神需求等多方资源与服务，让“有机”从生产延伸至生活中，推动有机农业向多元化和综合化的方向迈进，进而影响到人的生命，变成一种倡导人与大自然相和谐的生活方式。“绿色乡村”内涵丰富，还包括选用对环境无害的有机食品、天然环保的生活用品，并且节俭消费、不过度购买，尽量节省自然资源和能源，用分类回收的方式进行垃圾减量。

让“文化创意”活化“艺术乡村”。艺术改变村庄气质，艺术有效联结城乡，艺术可以让人们记住乡村生活之美。深度挖掘并厘清乡村的艺术资源，从而固本培元，唤醒和激活乡村文化。沈阳锡伯族镇的“稻梦空间”、河北馆陶粮画小镇、怀柔红庙村“京郊灯笼第一村”、江西抚州大通彩绘村等，都是通过一些挖掘文化、植入创意的手段，让看似平淡无奇的大地绽放光芒，让普普通通的小山村有了特色，有了生机和活力。对于特色鲜明的传统村落，如何活化呢？不妨想想故宫，600岁的故宫通过一系列大胆而有新意的尝试，让更多年轻人感知传统文化IP的魅力。

让“现代技术”助力“智慧农业”和“智慧乡村”。在农业生产领域，针对山西特有的矿区环境下的绿色矿山修复，灵丘县与国内外知名院校合作进行技术研发和科技创新，将日本植物工厂、荷兰文洛型温室、以色列节水滴灌技术融会贯通，形成了一套完整的农业工业化产业模式，实现温度、湿度、光照度等生态因子的自动检测、闭环控制，植物所需的水肥养料，通过营养液循环配给到植物根部。农业生产告别了“面朝黄土背朝天”，走向了“科技智能高大上”。在休闲农业和乡村旅游领域，在文化和艺术、传统文明与现代文明有机结合的过程中，借助现代信息技术、新媒体传播平台和创新手段，进一步丰富艺术载体，将乡风文明建设和乡村传统文化传承结合起来，彰显乡村传统文化的展演性、体验性和观赏性，把乡村变成打卡胜地和旅游景点。

考察组组长：刘军萍

考察组成员：徐建军、陈奕捷、范宏、吴国庆、张秀莉、张颖、张燕

执　笔　人：张燕

“遇见秦岭，预见未来”绿色发展引领生态富民

——全国首批“绿水青山就是金山银山”实践创新基地陕西留坝考察报告

绿水青山就是金山银山。如何做好“生态富民”这篇大文章，切切实实在“绿水青山”和“金山银山”之间架起桥梁，是新时代的重大课题。近年来，位于秦岭腹地的陕西省汉中市留坝县践行绿色发展理念，坚持人居环境整治与脱贫攻坚、乡村振兴统筹谋划、一体推进，坚持生态优先、群众主体，乡村环境提升快，特色产业做得实，组织服务落得细，走出了一条美丽宜居乡村建设助推绿色发展生态富民的路子，被命名为全国首批“绿水青山就是金山银山”实践创新基地。2020 年 8 月 6 日至 9 日，在市农研中心党组成员、副主任、市城乡经济信息中心主任刘军萍的带领下，北京市“十四五”乡村振兴战略实施规划写作专班部分执笔人，以及市农研中心资源区划处、经济体制处、社会处、北京观光休闲农业行业协会组成联合调研小组，前往留坝县参观学习。

一、基本情况

留坝县位于秦岭深处，距离汉中市区 1.5 小时车程，辖 7 个镇、1 个街道办事处，75 个行政村、1 个社区，总面积 1970 平方公里，林地面积占 93.6%，人口 4.7 万，其中农村人口 3.8 万。留坝是国家南水北调水源保护地，大秦岭生态保护限制开发区。大秦岭联结东西，和合南北，是孕育周秦汉唐四大鼎盛王朝，以及长安、洛阳两大千年帝都的中华“父亲山”，更是中国顶级生态空间，被誉为中华绿芯、世界物种基因库、中华地理自然标识。2020 年 4 月 20 日下午，习近平总书记在陕西考察调研，首站即到秦岭山区考察生态保护和脱贫攻坚工作情况。长期以来，留坝经济基础薄弱、基础设施落后。2011 年本级财政收入仅 2000 万元，农民人均年纯收入 4700 元，是国家级扶贫开发重点县。

党的十八大以来，留坝县委、县政府提出“生态立县、药菌兴县、旅游强县”发展战略，大力发展绿色产业，先后获得国家级生态示范县、全国首批天然氧吧、全国休闲农业与乡村旅游示范县，全国首批“绿水青山就是金山银山”实践创新基地、全国乡村治理体系建设试点县等荣誉称号。2016 年，留坝县创新机制，开展村级扶贫互助合作社试点工作，发展壮大集体经济助力脱贫攻坚。2019 年 5 月，实现整县脱贫。2019 年 10 月，留坝扶贫互助合作社入选由世界银行、联合国粮农组织、中国国际扶贫中心等机构联合评选出的全球减贫案例。2020 年 8 月，留坝县政府以“遇见秦岭，预见未来”为主题，召开规

模盛大的文旅产业招商大会，吸引了全国文旅产业界的目光。将“绿水青山”转化为“金山银山”，留坝县探索出了一条生态美、产业兴、村庄治的绿色可持续发展道路。

二、主要做法

留坝县坚持美丽宜居乡村建设，农村人居环境整治和乡村振兴协同推进，留绿、留人、留魂，夯实了美丽乡村建设基础，找准了绿色产业发展方向，实现了乡村善治支撑。

（一）“留绿”打造生态美

村庄干净整洁是“乡愁”得以安放的基础。留坝坚持生态立县，推进农村人居环境整治，建设美丽乡村，为绿色产业发展提供了优良的物理空间。

1. 坚决留住绿水青山大生态

20 世纪 80 年代，留坝靠“伐木头、挖石头”，也曾有过短暂的繁荣。但卖木头、卖石头，毁了生态，却依旧贫困，没有换来富民强县。严酷的事实使留坝人认识到，对资源的掠夺性开发，只会陷入恶性循环，只有绿水青山才是最宝贵的财富。另一方面，作为水源保护地，为保一江清水，留坝县建立“环保第一审批”和“一票否决”制度，树立了生态自觉，坚决不留破坏生态的项目。从 2011 年开始，留坝关停了矿山，关停了风电、生物质发电和小水电项目。特别是在2012年，拒绝了总投资10亿元的紫柏山风力发电项目，这对于一个山区贫困小县来说是“天价”大项目。与此同时，还拒绝了另一个未必“生态”的生物质发电项目。就这样动真格、见真章，凡与“生态立县”不符的项目，留坝坚决不留，从源头上根除破坏生态行为的发生。留旧绿，造新绿。留坝大力推进天然林保护、小流域治理和绿色长廊建设，现在全县森林覆盖率高达 90% 以上，成为名副其实的“天然氧吧”，登上“全国百佳呼吸小城”名单。

2. 大力建设美丽乡村小生态

一是理念前瞻，着力长远。在环境综合整治过程中，按照“做农家像农家，建村庄像村庄”的原则，突出乡村格调，留住乡愁记忆，不是一味追求洋气。同时，做好了乡村道路框架、饮用水和污水处理系统、村户垃圾清理、沿途景观打造等重点工作，在建设“面子”工程的同时也打好乡村建设的“里子”。二是久久为功，持续发力。累计投入 4.6 亿元启动“精美留坝 · 城乡环境综合整治工程”，彻底解决了农村垃圾、污水、环境美化等问题，大幅提升了公共服务设施水平。全县农村自来水普及率达 98.5%，电力入户率 100%，农村生活垃圾集中处理率达到 83%，农村生活污水集中处理率达到 62%。三是用时代特征、生活元素、提升服务活化当地的民俗文化，打造了传统建筑与现代休闲和谐共融的留坝老街、留侯古镇、留坝书房等景区（点），留住“舌尖记忆”，开发具有鲜明地域和文化特征的留坝小吃、秦岭风物宴，用鲜活的民俗滋养出一批“网红打卡地”。

3. 科学引导农家庭院微生态

农家庭院微环境在美丽乡村建设中起着至关重要的作用，一方面农家庭院是村民生产、生活的直接场所，构成农村生态系统的基本单元。另一方面，庭院具有地域性和文化风俗特征，是村民的“精神和文化空间”。留坝县从三方面入手，科学引导农家庭院营造微生态。一是坚持主题不变、目标不变，久久为功，组织广大农民群众积极参与“清五堆”（清理柴草堆、垃圾堆、沙石堆、杂物堆、肥粪堆）、改“六小”（改造小厨房、小柴房、小厕所、小鸡圈、小猪圈、小牛圈）、“美化四旁”（美化村庄旁、住宅旁、道路旁、沟渠旁）活动，农村环境处处干净，户容户貌和农民精神面貌焕然一新。二是强化村民垃圾分类与处置。各村建立“垃圾银行”，建成可回收垃圾集中回收点，为每户居民建了一个绿色账本，村民可凭借收集的玻璃制品、废旧塑料瓶等可回收垃圾兑换积分，以一分一元的标准在德美屋兑换相应的生活用品，提高村民意识。三是在建好居民点主辅干道的同时，因势利导打造一些小景观、小节点，进行民居风貌改造，扮靓民居环境，实现了“城在林中、路在绿中、居在园中、人在景中”的美丽蝶变，夯实了美丽乡村建设的基础，激活了美丽乡村经济。

栽下梧桐树，方能引来金凤凰。留坝守住绿水青山底色，开展农村人居环境整治，大生态、小生态、微生态层次递进，为发展绿色产业打下了坚实的生态基础和环境基础。

（二）“留人”推动产业兴

脱贫攻坚，产业是基础；乡村振兴，产业是关键。没有产业支撑的乡村，脱贫工作不可持续，振兴工作无从谈起。对于生态涵养区来说，不是不发展产业，而是发展什么产业，怎么发展产业的问题。留坝全域禁止发展工业，但依托大秦岭，生态资源得天独厚。念上山水经、打好休闲牌，认准特色路，留坝要留人。用生态农业奉献好风物，用生态旅游开发好风景，人气旺了，财气来了，生态富民的道路越走越宽广。

1. 因地制宜发展特色，确立“四养一林一旅游”的长中短结合的主导产业和“旅游一业突破”的发展战略

“四养”是指养殖或种植生态猪、散养鸡、中蜂、食用菌，四五个月可以变现，是“短产业”；“一林”是林上的板栗林、林下的特色中药材，用四五年的时间可以实现规模效益，是“中长产业”。2018 年，留坝县发展袋料香菇 687 万筒、椴木香菇 1.53 万架；建设母猪良种繁育点 9 个、商品猪养殖示范点 13 个，发展土猪 1.1 万头；发展中华蜂 3.1 万桶、土鸡 8.5 万只，种植中药材面积 313.33 公顷。目前，留坝已获得香菇、木耳、土蜂蜜、白果、板栗、西洋参、猪苓 7 个农产品国家地理标志认证，申报注册地标集体商标 5 个，优势特色农产品突出。这些大秦岭的生态农产品“养在深闺须人识”，必须要通过长线的旅游业引来人流，将无形的生态旅游产品和有形的生态农业产品一起消费、一体营销。好风物加上好风景，留坝要留人，县委、县政府大胆提出了“旅游一业突破”的战略，充分利用旅游业的乘数效应，延伸、对接产业链条，闯出一条“旅游一业兴，带动百姓旺”的全域旅游发展路子。

2. 引进民宿特色产业，实现一个目标、两个和谐、三个盘活

党的十九大指出，中国特色社会主义进入新时代，我国社会主要矛盾已经转化为人民日益增长的美好生活需要和不平衡不充分的发展之间的矛盾。精品民宿一头联结乡村闲置农宅，一头联结旅游者对美好生活的向往，成为乡村旅游提质增效的突破点。在“旅游一业突破”战略的实施中，留坝抓住了精品民宿这个突破点。但是涉及集体资产、农民利益的事，都不是简单的事。在开发乡村精品民宿的过程中，如何平衡各方利益，保障农民权

益，留坝交出了满意的答卷。“一个目标”是产业富民；“两个和谐”是与周边环境和谐，与周边村民关系和谐；“三个盘活”是指盘活闲置农宅、盘活闲置劳动力、盘活当地食材。

以“大秦岭的小日子”为主题的楼房沟精品民宿群为例，它位于留坝县紫柏街道办事处小留坝村，是北京隐居乡里民宿品牌与当地村集体合作的项目，目前已有9处院落投入运营。小留坝村扶贫互助合作社统一收购村中老旧房、闲置房，委托北京隐居乡里进行民宿产品的规划设计和运营管理，所开发的房屋院落及配套设施永久归小留坝村扶贫互助合作社所有，所得收益30%归村集体经济合作社。即使今年受疫情影响，入住率仍超过97%，仅开业一个月，收入15万元，集体分红4.6万元，实现了产业发展带动当地农户增收。除此之外，民宿还吸纳了当地劳动力就业，如民宿管家和技术工种全部雇佣当地村民；民宿使用在地食材，使劳动转化了价值。与此同时，带动当地特色产品如土蜂蜜、西洋参、香菇、木耳等产品的销售。

3. 立足优势，深耕农、学、文、旅、林、体融合发展六大体系

旅游产业关联度高、带动力强，其经济乘数效应远高于其他行业，能够直接带动交通、通信、建筑、餐饮、商业、饭店、娱乐等十多个产业的发展，带动周边土地升值，对国民经济的拉动作用十分明显。随着乡村民宿业态的不断演化和升级，也催生了乡村民宿设计、建设、融资、运管、培训、用品、餐饮、营销、预订网络等多种服务业态，促进了游乐娱乐、度假、健康疗养、医疗、养老、体育、教育、环保、生态农业、创意农业等多种产业发展。留坝“旅游一业突破”战略能够在短期内取得成效，正是因为立足自身的生态优势、环境优势、组织优势，依托良好的生态、深厚的人文、优越的环境，做足“旅游+”“民宿+”的文章，构建全产业融合的旅游发展框架，深耕农、学、文、旅、林、体融合发展六大体系，全力打造“中国·大秦岭山地度假旅游目的地”，最终形成秦岭小农、秦岭研学、秦岭文创、旅居度假、森林康养、户外运动的产业融合发展格局，实现全民参与、全域发展、全产业融合，实现绿色产业助推乡村振兴。

调研小组现场参观了营盘国际青少年足球研训基地一期工程。该项目建成4个标准化天然草坪足球场和2个5人制天然草坪足球场。2020年，又投资建设营盘国际青少年足球研训基地（二期），打造以足球运动培训、赛事需求为主的国际足球交流中心，实现以球养球，以球促产，促进了体育与旅游的有效对接、深度融合。悉心打造山地融合之城，推进山地示范区建设，形成以足球、滑雪、山地骑行、户外拓展等为主的融合发展业态。

2019年，全县实现旅游综合收入22.76亿元，连年保持30%的增幅。旅游及三产占地区生产总值的53%，老百姓人均纯收入的80%以上来自旅游和农业产业收入。在2020年留坝县文旅产业招商大会上，县委、县政府梳理出63处闲置国有土地、房产，14处闲置农村集体土地，10处有一定规模的农户腾退房，推出11处优质待开发旅游资源，面向全社会招商。社会资本进得来、留得下，本地农民有就业、留得下，外来游客有体验、留得下，留坝“留人”成效初现。

（三）“留魂”实现村庄治

产业兴旺，必须要有优良的营商环境。对于乡村产业来说，最好的营商环境来自乡村

善治之"魂"。留坝县坚持全面夯实村级党组织的主体责任，以"两会一规一屋一治"（"两会"即村道德评议委员会、院坝说事会，"一规"即村规民约，"一屋"即德美屋，"一治"即乱象整治）为抓手，推动自治、德治、法治"三治融合"，为"留绿""留人"提供坚实的体制机制保障。

1. 强"党魂"，坚持党建引领，忠诚担当是重要保障

一是留坝县委、县政府凝聚共识，忠诚担当，做乡村振兴的领路人。县委、县政府谋求发展的信心和魄力，创新发展的眼光和长远打算，与村民、企业共同发展的服务心态，发挥了重要引领作用。政府推出"乡村闲置资产管理平台"，特别设立"社会资本参与旅游开发奖励扶持专项资金"，创新扶贫互助合作社，做善谋发展的有心人、贫困群众的暖心人。二是充分发挥村党支部的战斗堡垒作用和党员的先锋模范作用。以脱贫攻坚为目标，以夯实组织基础为重点，留坝县创新开展"党建＋脱贫攻坚"，通过完善农村基础设施、为贫困家庭开"药方"、引导贫困群众发展特色产业等帮扶措施，让贫困群众逐渐走上脱贫致富的道路。留坝县河口村根据个人特长，实行党员设岗定责，签订履职践诺目标责任承诺书，明确工作责任，每季度开展一次考核，实现了无职党员从"无位"到"有为"的转变，充分调动党员的工作热情，使他们积极发挥作用。

2. 聚"民魂"，坚持治理创新，激发村民活力是关键

以管理组织体系创新为抓手，创设扶贫互助合作社，联结小农户，对接大市场，助力扶贫攻坚。留坝县从2016年8月开始试点推行扶贫互助合作社。扶贫互助合作社是依托村党支部成立的集体经济组织，由政府扶持，村集体以资源入股，全体村民是最大的股东。各村扶贫互助合作社由村支部书记担任理事长，社员以贫困户为主，其他村民自愿入股参与。扶贫互助合作社之下，设立若干个生产服务队，分为生产经营和公益服务两大类。扶贫互助合作社主要通过承接政府各类惠农项目、资金和龙头企业订单，管理运营集体资产，为群众发展产业提供产前、产中、产后服务，增加村集体积累。按照"村财镇管"的制度，扶贫互助合作社运营资本金及收入全部进入村集体账户，交由镇财政所管理。

依托扶贫互助合作社，留坝75个村不仅发展起了食用菌、高山花卉等种植产业，还创新性地探索诸如户外亲水营地、精品民宿等产业，全县82.6%的农户和100%的贫困户都被"镶嵌"在产业链上，极大提高了农民的组织化程度，以贫困户为主的农户发展产业持续增收问题得到彻底解决。截至2019年年底，留坝全县75个村扶贫互助合作社有产业基地170个、产业生产队146个、公益服务队225个。村集体积累账面余额由不足1500万元增长到8875万元，"空壳村"全部消除；村民累计享受分红近1000万元。扶贫互助合作社实现了群众收入增加、村集体积累增加、村级组织力提升，成为百姓欢迎、干部喜欢、上级党组织信任的"永不离开的扶贫工作队"。

3. 凝"治魂"，坚持"三治"融合，建设善治乡村是方向

以自治激发内生动力。通过村规民约立规矩。将改善农村人居环境纳入村规民约，作为群众行为规范。涉及关系群众切身利益的事，如环境整治项目如何实施、水费卫生费收缴标准、村庄卫生怎么管等，都由扶贫互助合作社组织群众召开院坝说事会集体商议。县

上还出台了项目代建制，把投资“30万元以下、技术要求不高”的小项目交给扶贫互助合作社组织以贫困户为主的群众代为实施。

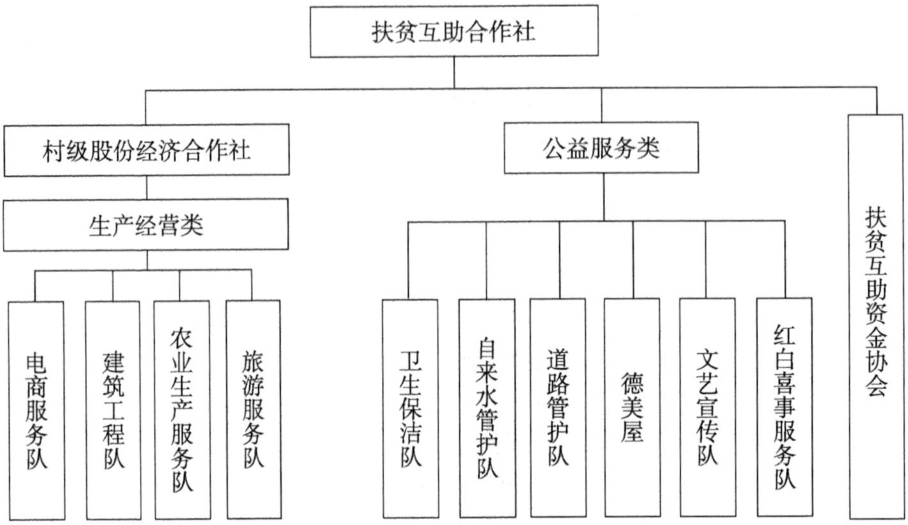

图1　留坝县村级扶贫互助合作社组织构架图

以德治教化引导。创新建立“德美屋”道德评议和积分奖励机制。各村都建起道德评议会，定期对全体村民执行村规民约情况、农户家庭环境卫生等行为评议赋分。美德美事上“红榜”，加分；违规违约的人和事上“黑榜”亮相，扣分。积分与年底集体经济组织的分红挂钩。上“黑榜”的贫困户实施3—6个月“停办、歇帮”（停办指村委会停止为其办理村务、提供服务；歇帮指暂停一切帮扶措施），非贫困户扣减相应的村级分红；农户的积分平时可到德美屋兑换生活用品。通过对道德行为量化积分，激发引导群众内生动力。引导群众转观念、促提升，有力推进乡村建设，改善村容村貌，提升幸福指数。

以法治推进现代治理。乡村治理不光要“定纷止争”，还要树立法律权威，遵守规则意识。村民要遵守《中华人民共和国村民委员会选举法》《中华人民共和国村民委员会组织法》等相关法律规定。村级扶贫互助合作社要遵守《村级扶贫资金实施意见》等相关文件规定。

三、启示与借鉴

北京北部的燕山和西部的太行山区，与古老的大秦岭一脉相承，是当代中国首都重要的生态屏障和水源保护地，是城市的“大氧吧”和“后花园”，在北京城市空间布局中处于压轴的位置。市委、市政府高度重视生态涵养区的工作，不断强调要深入学习贯彻习近平总书记视察北京工作系列重要讲话精神，牢固树立和践行绿水青山就是金山银山的理念，坚持走生态优先、绿色发展之路，推动生态涵养区高质量发展。留坝以美丽乡村建设为基础，以绿色产业发展为方向，以乡村善治为支撑，为北京市生态涵养区提供了宝贵的经验借鉴。

（一）坚持生态优先，强化系统治理，大、中、小环境整治一体推进

“留绿”是出发点。没有绿水青山，就没有金山银山，要心怀国之大者，自觉扛起生态涵养区生态保护的政治担当，牢固树立保护生态环境就是保护生产力、改善生态环境就是发展生产力的理念。在保护好大环境的同时，要持续改善村庄的“中”环境和农村庭院的“小”环境，推行绿色生产生活方式，在生态环境保护、农村基础设施建设及管护、农村人居环境建设方面构建长效机制。在确定生态涵养区各镇村特色发展定位及优化产业空间布局的基础上，对所有村庄分类、定级，挂牌整治，精细管理，按照“缺什么、补什么”的原则，科学施策，合理配置资源，为特色产业进村提供坚实的生态基础、环境基础、设施基础。

（二）坚持绿色发展，强化产业支撑，推动“绿水青山”向“金山银山”的转化

“留人”是落脚点。贫穷不能保生态，没有金山银山，也没有绿水青山，生态与富民是不可分割的整体。留坝以及全国各地的实践表明，生态旅游产业就是撬动“绿水青山”向“金山银山”转化的“金杠杆”。《北京城市总体规划（2016 年—2035 年）》用独立的篇幅（第六章第三节）对提高服务品质、发展乡村观光休闲旅游提出具体要求。近几年，北京市生态涵养区大力发展精品民宿，农宅合作社、民宿联盟纷纷成立，村企联营的机制普遍建立，取得了良好的成效，乡村旅游品质有所提升。同时，林下经济形成了林菌、林药、林花等多种模式。下一步，各区应该全面梳理农村闲置资源，厘清闲置资源权属关系，积极探索农村闲置资源的多元化利用，引入城市要素，鼓励具有运营能力的中小企业下乡，延伸发展高质量的农、林、学、文、旅、体、养融合性产业，城乡携手共建“生态＋特色农业”“生态＋研学”“生态＋康养”“生态＋精品民宿”“生态＋山地运动”等产业融合新业态，补齐资金短板、内容短板、运营短板，为生态富民打造产业新保障。

（三）强化党建引领，激发内生动力，发挥农民主体作用

“留魂”是保障。一方面，和群众建立血肉联系，一切为了群众，一切依靠群众，从群众中来，到群众中去，把党的正确主张变为群众的自觉行动，调动亿万农民的积极性、主动性、创造性，是我们党取得革命胜利的关键之一，也是夺取新时代中国特色社会主义伟大胜利的关键之一。“农村富不富，关键看支部”。特别要发挥基层党组织的引领作用，通过发展壮大村级集体经济增强党组织的凝聚力、提升组织力。另一方面，脱低攻坚、乡村振兴，农民是行动主体，也是受益主体，要激发农民内生动力，切实发挥农民的主体作用。在人居环境整治过程中，依靠群众力量，通过“村规民约”将改善人居环境转化为群众的自觉行动。在村庄规划中，注重广泛听取村民对规划的意见和建议，确保规划接地气。要引导村民参与乡村治理，村上的公共事务大家议、众人评、集体办，推进乡村治理体系和治理能力现代化。在发展产业过程中，要一手抓招商引资，一手抓联农带农机制建设，确保农民利益不受损，确保农民能分享全产业链增值收益。

北京生态涵养区要走好“生态优先，绿色发展”的高质量发展之路，就是要紧紧抓住美丽乡村建设、乡村振兴的历史机遇，用新发展理念切实推动发展转型，用系统化的思维打好“组合拳”，生态保护、绿色产业、党建引领三位一体，不可分割，不可偏废。要用心、用情、用力解决好群众和产业发展面临的痛点问题，认准绿色产业，振兴绿色经济，实现生态富民，推动“两山”理论在北京生态涵养区形成生动实践。

考察组组长：刘军萍

考察组成员：陈雪原、杜力军、陈奕捷、吴国庆、翟翠立、张秀丽、张燕、李敏、乔通

执　笔　人：李敏、陈奕捷

以数字赋能，为乡村振兴植入“智慧大脑”

——江西省数字农业农村建设考察报告

江西是农业大省，农业资源丰富，生态优势明显，全省土地总面积16.69万平方公里。江西农业在全国具有得天独厚的优势和非常重要的地位，是长三角、珠三角和闽三角等地优质农产品重要供应基地。生态环境优美，非常有利于发展绿色高效农业。近几年来，江西省通过数字赋能乡村振兴，加快转变农业发展方式，走出一条产出高效、产品安全、资源节约、环境友好、彰显特色的江西现代农业发展之路。

2020年10月20—22日，北京市农村经济研究中心党组成员、副主任，市城乡经济信息中心主任刘军萍带队前往江西省调研，先后与省农业农村厅信息中心交流了在农业农村信息化推进过程中的整体情况，参观了省智慧农业体验中心、农业大数据平台建设成果，走访了九江三县、五乡、两园区，重点考察了省级智慧农业大数据的建设应用情况，以及九江市武宁县“万村码上通”5G+长效管护平台，详细了解武宁县运用“5G+”手段，实现农村人居环境整治数字化转型的工作思路和主要做法，形成调研报告。

一、筑数据之基，赋智慧之能，打造江西现代农业“升级版”

为积极顺应“互联网+”的时代要求，努力实现传统农业大省向现代农业强省的发展转型，2015年，江西省农业农村厅紧抓“互联网+”发展机遇，率先在全国采取PPP（政府与社会资本合作）模式，整省推进智慧农业建设，创新性地将“互联网+农业”战略转化为智慧农业“123+N”建设总体构架。该项目2016年入选国家财政部PPP示范项目，2017年入选国家发展改革委首批农业PPP试点项目，成为全国农业领域首个PPP示范项目。

（一）智慧农业助力江西现代农业“弯道赶超”

随着“互联网+”时代的到来，现代农业嬗变出全新的发展理念，为江西省现代农业实现“弯道超车”，插上腾飞的翅膀。经过近两年时间，以“一个云”（江西农业数据云），“二个中心”（农业指挥调度中心、12316资讯服务中心），“三个平台”（农业物联网平台、农产品质量安全监管追溯平台、农产品电子商务平台），“N个子系统”（涉及种植业、养殖业及农业技术服务等）构成的“123+N”为主要建设内容的智慧农业初见成效。江西智慧农业建设坚持理念创新、顶层设计、规划先行、整省推进，重点打造“123+N”模式，实现了“四好”。

“种得好”——建设物联网平台、配方施肥、高产创建、农机调度等系统，解决了农民“种得好、养得好”的问题。农业物联网云平台用于实现精准生产和节本增效，逐步形成全省农业生产大数据。平台已接入全省 173 家现代农业示范园和企业的视频、图像、环境参数等数据，部署物联网设备 5510 个，年数据量达 1.54 亿条。其中，在鹰潭邓家埠水稻原种场试点成功了全国农业领域首个 NB—IOT 项目。

“管得好”——建设农产品追溯监管平台、移动执法、投入品监管、畜禽监管等系统，实现了生态环境安全、农资安全、农产品安全。农产品质量安全监管追溯平台分别建立了政府管理、企业备案和公众查询三个专业应用系统，备案企业近 35000 家，生成追溯二维码 7189 个。

“卖得好”——建设赣农宝电商平台，打造县级运营中心、村级益农信息社，创新互联网金融、智慧物流、众筹认领等新型业态，实现买江西农产品风行天下，在省外叫响了“要想吃得好，就上赣农宝”的口号。农产品电子商务平台“赣农宝”针对全省名特优新农产品免费推广销售，分别设立了“三品一标”名优展馆和市县特色馆，更为偏远地区、贫困地区的土特产打开了销路。平台现开设店铺 527 家，产品 5120 个，其中“三品一标”产品 1974 个，平均月销售额达 500 万元。

“服务好”——建设 12316 综合服务中心、农业大数据中心，开展三农热线、短彩信、专家坐席、App、远程诊断等服务，提升农民获取快捷、便利、高效信息的能力。据统计，自 2015 年以来，江西 12316 综合服务平台已累计受理各类咨询近 23 余万次，回复率达 100%，发送惠农短信 2000 余万条，制作广播节目 1200 余期，受众群体超 1000 万人，农民满意度达 99%。2019 年推出了 12316“一码找专家”“小码施肥”“乡村人居环境码上通”“专家微课堂”等新媒体“码上”系列服务，获各级领导肯定和农民朋友赞誉。

（二）智慧农业成为江西现代农业转型的“靓丽名片”

智慧农业建设是一项以“大数据”思维颠覆传统农业发展方式的革故鼎新之举，是一项推进农业发展转方式的大工程。江西作为传统农业大省，通过加快转变农业发展方式，走出一条江西现代农业发展之路。那么，江西省在推动智慧农业建设上究竟有哪些“智慧锦囊”呢？

智慧锦囊一：顶层设计，科学布局整体框架

智慧农业建设属于全局性、战略性的工程，在建设的过程中，江西采取先谋后动、谋定而动的策略，立足高起点、高站位、管长远，统筹规划全省智慧农业战略布局，制定《江西省农业信息化十三五规划》，确立了“123+N”的总框架，即以农业数据云作为大脑核心，对海量数据进行集中处理储存、建模分析研判，统领各平台正常运行；以农业指挥调度中心、12316 资讯服务中心为依托，提供指挥调度、观摩演示、农情会商、特色资讯等保障服务；以农产品电商、物联网、农产品质量安全追溯平台和“N 个系统”为建设重点，搭建行业数据汇集渠道，实现数据互联互通、自动获取，最终形成江西农业大数据，有效避免以往决策凭经验、“跟着感觉走”。

智慧锦囊二：注重实效，明确功能定位

江西智慧农业建设围绕农业生产智能化、经营网络化、管理高效化、服务便捷化的目标，坚持理念创新、顶层设计、规划先行、整省推进，重点打造“123+N”建设，即：一云（智慧农业云）、二中心（农业指挥调度中心和12316综合服务中心）、三平台（农业物联网云平台、农产品质量安全监管追溯平台、农产品电子商务平台）和涉及种植业、养殖业、农业技术服务等全厅各业务应用的N系统（目前系统规划了60个业务系统）。同时在全省“百县百园”开展农业物联网示范应用，推进信息进村入户服务工程，建立起全面支撑现代农业和城乡一体化发展的信息化新格局。

智慧锦囊三：多管齐下，确保工作落到实处

为抓好智慧农业建设，全省上下形成共识、积极行动、步调一致，部门之间密切配合、通力协作。加大整合省直单位、涉农企业资源，聚合三大通信运营商、邮政、银行、保险、金融及淘宝、京东、苏宁等IT企业力量，与邮政、人保、农行等单位签订共同推进益农社建设的协议；与江西联通合作共建农业数据云；与江西电信合作共建全省农业系统OA无纸化办公系统；与新媒体合作推出手机App、微信公众号等，与电视台合作打造品牌栏目“稻花乡里”，进一步强化12316资讯服务中心平台功能，进一步提升农民获取快捷、便利、高效信息的能力。

智慧锦囊四：巧借外力，运用互联网思维突破瓶颈

江西在智慧农业建设前期缺资金、缺人才和缺设备的情况下，将农业大数据作为重要资源，吸引社会资本和专业公司来投资建设。通过政府与社会资本合作（PPP）模式，引进北京农信通、重庆兴农股权投资公司作为社会资本，参与江西智慧农业建设，有力化解全省农业IT人才、技术革新、资金筹措等多方面难题，率先在全国启动了江西智慧农业建设布局，构建了“政府引导、企业运营、社会参与、服务农民”的服务体系。江西智慧农业建设PPP项目总投资约2.18亿元，合作期15年（建设期2年、运营期13年）。2018年完成了项目的招标及合同签订，并成立了项目公司（由政府方出资代表南昌鑫富维农业发展有限公司、社会资本方北京农信通公司及重庆兴农投资共同组成），2020年3月，发布项目开工建设令，计划两年内完成建设任务。通过不懈努力，江西省将今后15年智慧农业建设列入省级PPP项目，并作为全国首例“互联网＋现代农业”项目成功获批国家第三批PPP示范项目，这在全国“互联网＋农业”领域属第一家，成为江西农业转型升级的一张“靓丽名片”。

二、刷新“颜值”，提升“气质”，推进农村人居环境整治数字化转型

改善农村人居环境是以习近平同志为核心的党中央从战略和全局高度作出的重大决策，是一项民生工程、民心工程，江西始终坚持高规格推动、高效率落实、高强度投入、全方位发动。绿色是江西农业最亮的底色，在推进农业绿色发展的道路上，江西省利用数字化手段，打造出江西省乡村振兴的“富春山居图”。

（一）借力“5G+”人居环境治理，赣鄱大地换新颜

农村人居环境治理“万村码上通”5G+长效管护平台是江西省农业农村厅联合中国电信江西公司打造的5G智慧化平台。该平台运用物联网、云计算、大数据、5G、AI等新

技术手段，实现农村管理精细化、群众上报便捷化、问题处理及时化和长效管护科学化目标。平台主要由管护调度一张图、监督考核系统、大数据辅助决策、生态环境物流感知应用、群众监督投诉系统应用五大功能模块构成，并由省、市、县、乡、村五级共同参与，分级响应、协同共治。

1. 立足高位推动

江西省“万村码上通”5G+ 长效管护平台着眼于推进农村管理信息化建设，提高乡村治理现代化水平，主要目的是畅通农民群众监督投诉渠道，切实把群众反映的问题解决在基层，让“五定包干”长效管护落地生根见效。该平台标志着江西“五定包干”长效管护工作步入了标准化、规范化、智慧化的新阶段，也标志着全省农村人居环境整治迈入了“共建共治共享”新格局，是加快推进乡村治理体系和治理能力现代化的重要举措。

2. 注重规划引领

以推动省、市、县、乡、村五级互联互通为首要任务，江西省在建设“万村码上通”平台上计划分“三步走”，从 2020 年起利用 3 年时间，实现“万村码上通”平台互联互通。第一步，试点运用。2020 年在省本级、九江市本级、武宁县三级平台试运行的基础上，逐步向 11 个设区市、19 个“美丽宜居示范县”推广运用。第二步，梯次推进。2021 年从第二批美丽宜居试点县、农村人居环境整治试点县中遴选 40 个县，纵深推进平台建设。第三步，在全域推开。2022 年，94 个涉农县（市、区）全面完成平台建设。

（二）武宁县：从“一时美”转为“持久美”，绘出乡村振兴“美丽底色”

习近平总书记强调：“建设好生态宜居的美丽乡村，让广大农民在乡村振兴中有更多获得感、幸福感。”建设生态宜居的美丽乡村，是实施乡村振兴战略的一项重要任务。农村人居环境整治是实施乡村振兴战略的“前哨战”。为此，江西省九江市武宁县坚持以人民为中心的发展思想，将打造“最美小城”样板区的经验复制到创建“美丽宜居试点县”上来，扎实推动村庄清洁行动、厕所革命和生活污水治理长效管护出成效、高质量、走前列。特别是在率先开创农村生态管护“多员合一”机制基础上，迈好“数字乡村”建设新步伐，引入智能化管理平台构建“事常管、景常美、民常乐”新境界，实现了农村面貌品质提升、环境洁美。

江西省农村人居环境治理“万村码上通”5G+ 长效管护平台于 2019 年在江西省武宁县开展试点建设，历经 1 年多两期项目建设，现已成功实现武宁县的全域覆盖。全县新农村建设覆盖率 89.2%、农村垃圾无害化处理率 98%、户用无害化卫生厕所普及率 90.87%。获评 2019 年度全国村庄清洁行动先进县、全省首批美丽宜居示范县等殊荣，被誉为全省“最干净县”，连续两年以全省第一名的成绩荣登“中国最美县域”榜单，在全省村庄环境长效管护考核和全市城乡环境综合整治工作考核中均位列第一。

调研组在武宁县农业农村局参观了县级“万村码上通”5G+ 长效管护信息化平台演示，并到罗坪镇棉花山金色家园和长水村就长效管护运行进行了现场考察。

1. 构建便捷高效的“智”数据平台

本着“政府统筹、多方参与、分类定标、智慧监管”的原则，武宁县投入 2000 余万元搭建跨区域、跨层级、跨部门的“万村码上通”5G+长效管护平台，给乡村装上“智慧脑”、安上“千里眼”、注入“神经元”。

一是运用“5G+管理”，实行云台统管。该平台实行“四个一”，即一平台、一中心、一张图、一个端的运行模式，将全县农村生态环境和农村居民生产生活区域统一纳入一个立体空间，构建“乡村大脑”，设置“垃圾处理、污水处理、厕所革命、村容村貌、长效管护”等版块。以“一图全面感知”的方式，运用“5G+管理”技术，实现全县农村人居环境治理工作统一指挥调度、物联告警分析和预警研判、长效管护综合管理服务。二是推行“物联感知”，助力智慧监控。在全县318个一类村以及乡村主要交通路口、人流量大的密集场所、垃圾中转箱和生活污水检测站配备565个监控摄像设备，实时联网接入指挥大厅调度中心。在罗坪镇试点建立智能垃圾监测及垃圾分类管理体系的基础上，推广至全县一类村庄并配备226套智能垃圾箱，各乡镇27辆垃圾收集车辆根据垃圾箱满溢情况的预警信息，实时处理，车辆活动轨迹自动录入平台。三是试行终端监管，问题及时处理。与“全省农村人居环境政策咨询和问题投诉处理端口”无缝对接，设立县级管理员，对于群众通过手机App在“码上通”平台发送的村庄垃圾、生活污水、村容村貌等相关问题实时语音、上传的现场图片，及时反馈至平台进行可视化管理和调度。

2. 构建对账闭环的“智”管理机制

按照“一抓到底，构建常态”的理念，充分发挥平台“大数据”比对能力，全方位、全时段、立体化对“五定包干”落实情况进行监管。

一是“数字”助力生态长效管护。武宁县创新推广“多员合一”生态管护机制，按照农村服务人口2‰—3‰的比例全面整合原有分散的、季节性的、收入低的护林员、养路员、保洁员等队伍，转化为集中的、全季性的、收入相对合理的专业队伍，实现“一人一岗、一岗多责”。通过集中培训、分片指导和网格监督方式，对生态管护员实行GPS定位管理，利用NB卡牌技术将工作信息数据及时上报汇总调度平台，全面提高生态管护员的水平和能力，保障全县农村人居环境得到更有效的监管和运行。二是“数字”助力精准高效5G+监管。积极践行“全生命周期”管理理念，将全县1942个自然村庄划分为“一、二、三类”三个管护类别，通过电子设备的全天候监控、管护人员的流动式监控、群众的随机性监控，构建涵盖水质、垃圾、管护等方面大数据汇总的监控物联网，主动发现问题、上报问题、及时处理问题，推动人居环境持续向好。

3. 构建共建共治共享的“智”治理体系

将5 G + 长效管护作为推进乡村治理体系和治理能力现代化的有力抓手，通过政府主导并发动群众参与、凝聚各方力量，绘就“共建、共治、共享”的美丽乡村新画卷，为“乡村善治”配上“金钥匙”。

一是政府主导塑颜值。成立县乡两级农村生态环境管护领导小组，建立联席会议制度，结合“涉农项目资金监管平台”，合理安排和核定新农村建设项目资金，实现秀美乡村“从建成到建好、从管住到管好、从干起来到干得好”的转变。二是群众主体美乡风。推行“五好家庭”“清洁家庭”创评自治机制，建立“公德银行+公德超市”20家，将农户环境卫生的行为以积分制登记入册、实行积分兑换物资。三是社会参与兴产业。在乡村人居环境显著提升的基础上，越来越多农民返乡创业。今年五一期间，5 G平台系统监控下的长水村紫杉醇客栈游人如梭，发展民宿经济、数字经济的积极性空前高涨。

三、启示与借鉴

科技与智慧，数字乡村“吹”来的是乡村振兴新机遇。数字化建设带来的是农民幸福感、获得感、安全感的同步提升。江西省的经验对北京市农业农村数字化转型助力乡村振兴有着重要的借鉴作用。北京市作为科技创新中心，已进入全面推进以数字经济为核心的新型“智慧北京”关键时期，“大京郊小城区”的基本市情，凸显了乡村振兴数字化转型的重要地位。如何统筹推进数字乡村发展战略与乡村振兴战略的深度融合，着力发挥数字化在推进乡村治理体系和治理能力现代化中的基础支撑作用？如何发挥智慧农业的优势，助力现代农业发展转型？如何发挥5G+技术潜力，实现农村人居环境整治数字化？

（一）整体智治：以顶层设计理念引领“数字乡村”发展

加强规划引领，资源聚合。面向现代农业建设主战场，把握数字经济和信息技术发展新趋势，强化顶层设计，因地制宜，重点突破，分步推进，制定出符合市情的数字农业农村发展规划及地方配套推进办法，为数字乡村发展描绘总体发展框架，制定目标和路线图，形成市级数字乡村发展一盘棋局面。江西省农业生产大省的基本情况与北京市大城市小农业的情况有所不同，但其“棋盘”虽大，尚能统一谋划、层级联运、整体推进，下好全省“一盘棋”的经验值得北京市借鉴。目前北京市各涉农部门、各区都零散建设了农业信息化业务系统，但存在“信息孤岛、数据烟囱”的问题，且建设力量分散，标准不一，导致系统运行推广不畅、农业数据资源家底不清等问题。借鉴江西省经验，抓住编制《北京市“十四五”时期数字农业农村实施规划》这一有利契机，加大顶层设计和组织实施力度，整合农业农村全行业、全系统数据资源，建设统一管理、开放共享的大数据平台，在统一架构下进行各系统数据流和业务流的打通和汇聚。

（二）创新驱动：以市场化合作模式引领“智慧农业”发展

拓宽智慧农业的投融资渠道。建立以政府投资为引导，以企业投资为主体，金融机构积极支持，民间资本广泛参与的多元主体参与的共建格局，撬动社会资金投入智慧农业建设，并通过合理方式授权企业参与运营和管理，形成可持续的商业模式。江西属经济欠发达省份，财政支持农业力度有限。面对资金不足的问题，江西省农业农村厅通过市场运作，大胆探索PPP模式，引入北京农信通集团作为江西智慧农业发展战略合作伙伴，借助社会资本为全省智慧农业提供保障。并采用BOT模式，促进社会力量探索项目长期可持续运营，实现政企双赢。同时，江西省对扶持农业信息化企业高度重视，为江西农信通这样的企业进驻和发展壮大提供有力支持，从而促使农业信息化企业扎根和反哺。借鉴江西省经验，充分发挥北京的资金、技术、人才优势，进一步加强吸引社会资本投入京郊数字农业农村建设的力度，深入探索采用市场化运作机制，破除资金投入的限制，加速农业农村信息化的进程，同时利用社会力量探索可持续运营机制，破解生产经营中面临的问题，实现农业信息化、农业现代化的弯道超越，缩短城乡之间的数字鸿沟。

（三）技术赋能：以大数据智能化引领“美丽乡村”发展

改善农村人居环境，让村民望得见山、看得见水、记得住乡愁，是建设生态宜居的美丽乡村题中应有之义。利用“互联网+平台”的技术，通过农村人居信息服务平台，以大数据智能化引领“美丽乡村”发展，构建网络实时、智能、精准监测生态的新局面。北京市高度重视农村人居环境治理，在探索长效管护模式的过程中，需要考虑综合运用大数据、AI、物联网、移动互联网，搭建人居环境长效管护平台，实现村庄环境一网统管，村庄数据一图感知。整合各部门、各层级业务流，运用“互联网+”技术实现乡村人居环境管理决策定量化、精细化，生态环境信息服务多样化、专业化和智能化，减少基础资源的重复建设和投入，对各乡镇的村容村貌、污水处理、垃圾转运箱、生态管护员、垃圾转运车辆等要素动态进行实时感知和精准管控，让管护工作上报和监管在线化、便捷化、标准化，全面实现农村人居环境治理向智能化和智慧化提升，让北京市一幅幅丰收的田园剪影擘画出乡村振兴的“富春山居图”。

“数字乡村”让乡村振兴有“智”更有“质”。习近平总书记强调，要推动互联网、大数据、人工智能和实体经济深度融合，加快推动农业数字化、网络化、智能化。坚持整体智治，在顶层框架构建上走在前列；坚持创新驱动，在引资下乡合作模式上走在前列；坚持技术赋能，在推进大数据应用上走在前列；以数字赋能，真正把首都打造成为乡村“智慧大脑”建设的标杆城市，让“数字乡村”建设不断擦亮高质量全面小康底色！

考察组组长：刘军萍

考察组成员：马俊强、李云龙、王彩虹、薛晓娟、张琳

执　笔　人：张琳、薛晓娟

以林下经济拓展绿色发展新空间

——河北省承德市林下经济考察报告

河北省承德市是习近平总书记亲定的京津冀水源涵养功能区，南邻京津、北倚辽蒙，全市总面积3.95万平方公里，有205个乡镇，2455个行政村，383万人，其中乡村人口251万。近年来，承德市立足得天独厚的生态优势和北方农牧业交错带资源禀赋特点，规划建设北方最大的食用菌基地，实施百万亩经济林、百万吨食用菌、百万亩中药花海、百万头优质肉牛、百万只优质肉羊“五个百万”基地建设，不断发展壮大优势特色产业。

8月3日—5日，市农研中心社会处组织怀柔区、昌平区、房山区的部分乡镇领导及合作社理事长一行13人前往承德市调研林下经济和中草药产业发展。重点调研考察了滦平县虎什哈镇大河北村、四道河村，金沟屯镇下营子村，热河中药“花海小镇”，隆化县西川中药材种植基地和棋盘山、御道口牧场和鱼儿山牧场，特别考察了林下立体复合种植和区域化、标准化、规模化种植方面的做法，形成如下报告。

一、承德市林下经济和中草药种植基本情况

承德市林地面积达到3442万亩，森林覆盖率58.1%。林下产业发展模式主要为林药、林苗、林菜、林粮、林草、林花、林菌、林蜂、林禽等方面，种植面积51万亩，实现产值3.4亿元。

承德市中药资源富集且质量上乘，具有药用价值的中药材640余种，占河北省药材资源种类总数的71%，其中道地大宗药材60余种、名贵药材20余种。至2019年，中药材种植面积已发展到34.65万亩，其中黄芩、柴胡、北苍术、黄芪、苦参、桔梗、连翘、射干、金莲花等品种种植面积均超过万亩以上。

（一）林下种植和林下养殖情况

林下种植以林药、林草、林粮等为主。丰宁县发展林药以企业、大户为主，林下套种黄芩、柴胡、苍术、朱芩等中药材，得到较快发展；滦平县林下经济发展依托中药材，中药材产业取得较快发展，种植面积8.7万亩，产量5.68万吨，产值1.2亿元，从业人员3.8万人；围场县林粮种植面积1万亩，林草种植面积2万亩，特色种植榛子、蕨菜、金莲花、沙棘、连翘、欧李；隆化县为更好地推动林下经济的发展，提升林下经济技术水平，增加产品的效益和生命力，先后发展了一批有市场潜力和经济效益的林下经济企业。

林下养殖主要发展模式有林蜂、林禽、林畜。林禽主要以林下放养或圈养柴鸡、鸭、

鹅为主，丰宁县主要以林下养鸡，林下放养小黄牛、黑山羊、山猪等为主，年产值 3650 万元；围场县林禽养殖面积 2000 亩、林畜养殖面积 20 万亩，特色养殖品种是山鸡、狍子、鹿，年产值 3600 万元；宽城县林下养蜂面积约 3 万亩，以槐花蜜和荆梢蜜为主打产品，占地面积 3 万平方米，年产值 200 万元。

（二）中草药种植发展成效

中药材产业是承德市农业五大主导产业之一，已建立中药材生产直供基地、中药材生产原料直控基地、中药材生产股份制合作基地、合作共建股份制中药材初深加工企业。已发展成为繁荣当地农业农村经济、促进农民增收的朝阳产业。2011 年以来，全市已培育中药材加工企业 26 家，其中初加工企业 15 家、深加工企业 11 家，年加工能力达到 22 万吨；从事中药材种植的新型经营主体已培育 500 余家。2018 年，以入股主体分股金、流转土地获租金、劳务雇工获薪金等途径带动贫困户增收脱贫，已累计带动贫困户 12224 户，贫困人口 23203 人，贫困人口年均增收 800 元以上。

二、承德市林下经济发展的五条经验

（一）因地制宜，做好产业选择

这是要解决种什么的问题。不论是林下经济还是中草药种植，承德市在区域规划的基础上，坚持适地、适药的原则，经过实地考察、科学论证，选择与当地生态环境相适应的种植品种和栽培模式。林下发展中草药，更是要结合树种、树龄、林间距等来确定，中草药的品种选择要因地制宜、因时制宜，综合考虑病虫害少、管理成本低、市场受欢迎、兼具景观效果等。

（二）集中连片，做好规模开发

这是要解决种多少的问题。承德市各个县在谋划之初，就力求在一个区域内集中连片，规模开发，形成产业集聚优势，增强市场竞争能力。有规模有品质，才有定价权和话语权。一般就某个单品种植来说，超过千亩就会有药企找上门来，上万亩就会有定价权。滦平县 2019 年中药材面积 12.26 万亩，产量 5.68 万吨，产值 19.8 亿元。隆化县中药材种植面积达到 16.8 万亩，药材总产量 3.5 万吨。

（三）效益优先，做好科技支撑

这是要解决怎么种好的问题。有科技支撑才能最大限度地收获效益。随着国家级和省级中药材综合试验推广站落户承德，两个试验站已在滦平、围场、丰宁、隆化、平泉 5 个县市设立了 17 个试验示范基地，依靠专业扎实的科研队伍和科研院所的持续深度合作，在育种、节水灌溉、病虫害防治及机械化种植方面都体现出科技的力量。

抓好重点乡镇的试验示范基地、种质资源圃建设、良种选育及示范推广、标准化栽培技术试验示范。从渠道防渗、低压管道输水灌溉、喷灌、微灌、渗灌等节水工程技术以及覆盖保墒、选用抗旱品种等节水农业技术方面来降低水的消耗。积极推广病虫草害绿色防控技术，利用粘虫板、杀虫灯等进行物理诱杀，并进行人工、机械除草，施用有机肥，杜绝农药、化肥的使用，保证药材产品无污染、无残留，实行绿色中药材生产。由于人工

贵，承德市当地的农技人员自行研发改造了系列农机，有的还申请了专利，既降低用工成本，又提高劳动效率，一举两得。政府对于用于中草药生产的机械设备给予一定的购置费补贴，或列入专项项目实施发展。

（四）利益共享，做好农民增收

这是要解决农民怎么受益的问题。在总体层面按照“产业发展＋科技支撑＋精准扶贫＋美丽乡村”融合发展模式持续打造规模化、标准化、产业化中药材融合发展片区，实现中药材一二三产融合与生产、生活、生态融合的“三产三生”融合发展模式。在具体层面全力推进中药全产业链富民，采取“公司＋基地＋农户”“公司＋合作社＋农户”等形式，建立企业与农户之间紧密的联结机制，利益共享、共同发展。首创中药材“一地生四金”模式：一地即中药材种植基地；四金即贫困群众流转土地收租金、入园打工挣薪金、金融扶贫贷款入股分股金、资产收益股权量化分现金。通过以上举措，药农年人均增收 3200 元。

（五）完善体系，做好全程服务

这是要解决从种、收、加工、销售各个环节谁来负责的问题。承德市成立市、县级中药材产业推广服务中心、中药材产业协会、产业联盟构建起了较为完备的管理体系及认真负责的管理人才。中药材产业协会，为中药材产业提供咨询、指导、培训等服务，并在重点乡镇、村，建立集信息咨询、技术服务、产品购销为一体的服务网络。产业联盟下设技术服务、质量追溯、农机服务、产品检测、产品营销等委员会，并对联盟成员产品实行保底价格收购。

三、启示

北京市从 2013 年开始实施“平原造林”工程，目前已经进入到第二个百万亩平原造林时期，再加上果林等经济林，京郊林下有很大的发展空间和发展潜力。近几年，在京郊也有一些有益的探索和尝试。比如，通州区永乐店镇在海棠树下种植药食同源的百合花；大兴区长子营镇小黑垡村抓住林下空间发展林下种养，从低收入村逆袭成林下经济明星村；怀柔区桥梓镇前辛庄村通过“林＋”发展林下经济 900 亩，入选 2018 年国家林下经济示范基地；房山区石楼镇在林下发展蛋白桑茶树，走上致富新路；密云区西田各庄镇新王庄村将 34 亩林下土地充分利用起来，组织低收入户种植木耳，并在产品销路上下足了功夫，创造出“脱低摘帽”的新模式。

2019 年 6 月，北京市委书记蔡奇在房山调研时强调，“林下经济也是旅游资源，要开拓思路，实现乡村绿色发展”。2020 年全市农村工作会上，陈吉宁市长在讲话中提到，全市林下经济约有 17 万亩，仅占林业总面积的 1%，要因地制宜发展林下经济，带动壮大村级集体经济。

结合承德市经验和北京市实际，我们认为，要大力发展林下经济，强化农林综合发展，提高农林利用率和农林综合效益，壮大农村集体经济，助力实现乡村振兴。

（一）统筹谋划，制订“十四五”首都林下经济产业发展规划

山水林田湖是一个生命共同体，将“林”与“田”统筹谋划，摸清底数，找准优势，因地制宜，经过实地考察、科学论证，选择与各区域生态环境和资源禀赋相适应的种植品种和栽培模式。充分利用林下土地资源和林荫优势，从事林下种植、养殖等立体复合经营，将发展林下经济与林业产业化建设、农业产业结构调整、推进循环经济、美丽乡村建设融合在一起，从而实现农业与林业的资源共享、优势互补、循环相生和协调发展，既可以分担一部分北京百万亩生态林建设的日常管护成本，也可以最大限度地实现经济效益。

（二）政府引导，明晰林下经济发展相关政策

加大扶持力度，明确发展方向。充分发挥政府引导作用，整合林业、水务、农业农村、发改、自然资源等涉农项目资金，与市园林绿化局、市中医管理局等部门合作对接，出台政策，形成合力，鼓励利用大量闲置的林地资源发展林下绿色经济，实现林菌、林药、林游等综合立体开发模式，满足城乡居民对美好生态产品和生态环境的向往。积极鼓励企业、团体和个人投资建设，引导金融资本、民间资本和社会资本注入林下经济领域。

（三）注重科技，充分发挥首都科技优势

北京具有得天独厚的农业科技资源，涉农科研院校科技人员近 2 万人。市、区、乡镇、村四级农技人员有 3846 人，其中村级全科农技员占 63%。要把科技创新作为实现产业开发效益最大化的支撑点，发挥首都的科技优势，为林下经济的发展做好全程服务。从前期规划，到选种、育苗、灌溉、除草、机械化等一产环节，再到三产融合、林下旅游等领域，都需要科技的力量和创意的植入。加强良种选育、规范化种植、适时采收等关键环节的技术研究和成果应用，加强对延伸产品的深度开发，药食同源等大健康产品的开发，中草药在饲料上的运用和产品开发，依靠科技提升整体效益。

（四）完善架构，服务农林复合产业发展

承德市农业农村局有特色产业办，下设有绿色生态种植技术服务中心，依托市科委成立产业联盟，综合各方力量，服务于产业发展。首都的林下经济，也需要融汇各方力量，在政府的引领和带动下，在林下经济发展到一定的阶段时，成立自己的协会、联合会或者联盟等社团组织。充分发挥社团组织在产业化经营体系中的桥梁和纽带作用，发挥好政策咨询、技术服务、人才培养、信息沟通、利益调整等职能，使全市林下经济逐步走上互相促进、互利共赢、管理有序、健康发展的轨道。

（五）引入市场机制，吸收社会资本，实现产业、创业、就业“三合一”

引入社会资本不仅可有效缓解财政资金压力，提高财政资金的使用效率，真正让财政资金发挥了“四两拨千斤”的作用；更为重要的是，还引入了专业的管理运营团队，使得管理思维和运营手段不断进步和完善，助推构建科学发展的决策理念。承德市正是通过搭建创新创业平台，引入社会资本和社会力量，将林下经济快速做大做强。首都可结合自身优势，探索利用产业基金等现代金融手段，建立社会资金统筹自愿帮扶农村基础设施建设投入和产业发展的有效组织形式。

未来，首都林下经济的发展既要坚持人与自然的协调发展，拓展绿色发展空间，实现林下生态产业的可持续发展；又要坚持从农民利益出发，创新林下经济发展模式，不断壮大村集体经济组织；还要坚持遵从市场规律，培育多元化、多层次的林下经济类型，不断适应和满足市场需求，让农民有更多获得感，让市民有更多幸福感。

考察组组长：杜力军

考察组成员：张燕、彭贵华、彭明才、瓮振松、蔡长青、佟福军、郑迪先、魏艳青、齐福全

执 笔 人：张燕

天津双城生态屏障区对北京市二绿地区建设的启示

2020 年 8 月 21 日—22 日，市委书记蔡奇，市委副书记、市长陈吉宁率北京市党政代表团赴天津市学习考察。在考察天津双城生态屏障区时，蔡奇同志指出“这是天津重塑城市空间布局、推动绿色发展的重要举措，为首都构筑起了京东生态屏障。”9 月 3 日，由北京市城乡办、市农研中心、市规划院等单位组成的调研小组到天津市就双城生态屏障区建设情况进行专题调研。通过调研研讨，调研小组一致认为，天津市建设双城生态屏障区在体制机制层面的经验做法对我市二绿地区建设具有借鉴意义。

一、基本情况

2017 年 5 月天津市第十一次党代会贯彻落实习近平生态文明思想，作出建设双城生态屏障区的重大决策部署。通过在滨海新区与中心城区之间规划建设 736 平方公里绿色生态屏障，拓展京津冀环境容量、改善京津冀生态环境、重塑城市空间布局、避免城市盲目“摊大饼”发展。其近期目标到 2021 年实现蓝绿空间面积占比达到 65%，到 2035 年实现蓝绿空间面积占比达到 70%。

目前，该区域已实现拆迁村庄 152 个，通过撤销取缔 35 个工业园区，破解“园区围城”困境，将产业项目基本控制在规划保留的园区内发展；与此同时，通过农用地、林地统筹方式将该区域中原有碎片化的斑块地联网成片、以环贯通、以带连缀、以楔集聚，基本形成了产业集片、农林连片的发展态势，初步显现出“生态屏障，津沽绿谷”特色风貌。按照规划，后续将拆迁村庄 17 个，保留村庄 29 个。

二、主要经验和做法

（一）高度重视，凝聚共识

天津市委、市政府高度重视生态文明建设，坚持把双城生态屏障区建设工作摆在重要位置，把各职能部门、区级单位等主要领导和全体人员的思想意识统一到建设双城生态屏障区的重大决策部署上来，凝聚各方共识形成强大合力，共同推进工作实施。

（二）建章立制，先行管控

自天津市第十一次党代会作出建设滨海新区与中心城区中间绿色生态屏障的重要战略部署以来，天津市人大常委会注重发挥人民代表大会的立法功能，于 2018 年 5 月制定《天津市人民代表大会常务委员会关于加强滨海新区与中心城区中间地带规划管控建设绿色生态屏障的决定》，在双城生态屏障区建设前就实现管控，为后续落实规划节省了行政成本。随后，天津市相关职能部门制定了一系列政策文件，包括指导意见、工作方案、实施细则等。这些文件的出台为指导开展双城生态屏障区工作建立了工作体系，提供了制度规范，形成了制度保障。

（三）高位推动，统筹实施

为有效落实《双城中间绿色生态屏障区规划》各项具体工作，天津市委、市政府高度重视，成立了加强滨海新区与中心城区中间地带管控建设绿色生态屏障工作领导小组。时任天津市委副书记、市长张国清任领导小组组长，由各职能部门主要领导组成小组成员。由市级指挥部为指挥中枢，下设 7 个区级指挥部，构成“1+7”指挥系统，形成整体战略推进、局部独立实施的组织架构和工作体系。

（四）因地制宜，优化格局

天津市委、市政府坚持规划引领，在充分尊重历史和现状的前提下，科学编制《双城中间绿色生态屏障区规划》。规划按照“生态屏障，津沽绿谷”的目标定位，将生态屏障区分为一、二、三级管控区，其中一级管控区主要是蓝绿空间本底，二级管控区主要是乡镇，三级管控区主要是产业园区。对于二、三级管控区规划也提出了绿色开敞空间、森林覆盖率管控目标，真正实现了生态屏障内的全域管控。同时因地制宜，通盘考虑土地利用现状，按照“四宜”（宜林则林、宜水则水、宜田则田、宜草则草）以及保留适宜村庄的原则，整合优化土地利用。在此规划的指导下，引导开展各区区级层面规划，统筹制定各专项规划和详细规划，最终形成由主干规划、专项规划和实施性规划组成的规划体系，为引领生态屏障区建设提供了技术支撑。

（五）多方参与，共建共治

天津市委高度重视中国特色社会主义参政党建设，委托各民主党派市委会开展专项民主监督，将宣传政策、推动工作、解决问题，融入监督全过程。在监督工作中深入调查研究，及时反映发现的问题，积极建言资政，形成多方参与、共建共治的有效模式。

天津市各级政府秉承“经营城市”的理念，引导社会力量，吸引社会资本参与建设。各区积极采用了 PPP、BOT 等多种模式，吸引央企、金融机构以及其他民间资本参与生态屏障区建设。在滨海新区双城中间绿色森林屏障项目立项实施过程中，滨海新区政府创造性地采用了项目与社会资本结合的资金方式来运作，解决了政府一次性投资压力大的困境，也为资本找到了投资方向，实现政府与企业共赢。

三、与我市“二绿”地区的比较分析

我市第二道绿化隔离地区（以下简称二绿地区）和天津双城生态屏障区在城市功能上都是控制城区无限蔓延发展的生态屏障作用，但是二者之间建设基础、目标任务具有明显差异。

（一）建设基础薄弱

天津市自2005年以来开展示范小城镇建设，按照这条路径，解决了农民集中上楼、农业用地统筹的问题。15年以来政策的一贯性，已将绿色生态屏障区5个行政区内85%的村庄拆迁上楼，完成了土地整理的统筹工作，为生态屏障区建设奠定了坚实的基础，为区域内土地管控节约了成本。可以说当前天津市生态屏障区的建设是顺势而为，是在完成城镇化进程的基础上将工作重点转向生态文明建设。

北京市二绿地区涉及10个行政区、43个乡镇和350个村庄，与天津生态屏障区相比建设面积大、范围广，但城镇化完成度并不高，85%的村庄未实现上楼，土地、农民、产业发展还有一系列的问题尚未解决。

（二）目标任务艰巨

与天津相比，我市二绿地区建设承担多重任务，既要实施《北京城市总体规划（2016年—2035年）》（以下简称《总规》）“减人、减地、增绿”的规划任务，还要承担大量保障中心城区和城市副中心发展的基础性公益项目。

1. 规划实施任务重。《总规》提出二绿建好、加快城乡一体化以及全面实现绿化隔离地区减量提质增绿和集体产业、基础设施、民生保障、社会管理的城乡一体化发展的总体目标。提出二绿地区“减人、减地、增绿”的发展目标，力争2020年实现35万—40万人口疏解，2035年实现80万—90万人口疏解；2020年城乡建设用地较现状减量约30—40平方公里，2035年较现状减量约90—100平方公里；2020年绿色开敞空间占比由现状59%提高到63%，2035年提高到70%左右的工作目标。

按照《总规》的工作目标，全市城乡建设用地减量的任务55%—62%位于二绿地区；从待减量用地的用地权属来看，20%为国有单位（天津减量主要为集体用地）。与天津相比，我市二绿地区减量发展压力大、实施任务重。

2. 战略保障任务重。二绿地区在保障中心城区、城市副中心发展方面发挥了重要战略发展保障和设施承接地的作用。全市尤其是为中心城区、副中心服务的市政基础设施、交通设施大部分位于二绿地区。同时，二绿地区也是首都产业功能协同发展区，需要协调各类功能园区及产业发展建设需求。

四、对我市二绿地区建设的启示

（一）二绿地区建设意义

二绿地区是构建我市平原地区生态安全格局、控制中心城向新城及新城向外围地区蔓延的生态屏障，同时也是全市城乡接合部改造、人口规模调控、低端产业疏解和环境污染治理的集中发力地区。

在首都生态文明建设的新阶段，二绿地区在进一步保障首都生态韧性、综合安全、重大基础设施、防疫战勤空间储备等方面发挥着重要的作用；在对生态多样性保护、生态系统服务供给、传统农耕文化传承等人与自然和谐共生方面，将成为新时代生态文明发展理念的首都实践。

（二）二绿地区存在的问题

1. 重视程度不够。在市级层面没有相应管控的法律法规和系统地开展工作的指导性文件，对于开展二绿地区建设缺乏相应的工作遵循；在区级层面二绿地区建设未纳入各区重点减量发展范围，缺乏统筹的项目带动实施。

2. 建设路径不明。二绿地区涉及行政区多、乡镇多、村庄多，统筹难度大，至今没有明确的建设路径。

（1）在土地整理和储备方面：与一绿地区相比，土地整理成本、农民转居上楼成本相当，但二绿地区区位因素导致地价相对较低，在有限的土地资源上不能实现资金平衡。

（2）在集体产业发展方面：由于二绿地区集体经营产业效益偏低，产业结构仍需优化，缺乏创造提升价值的能力。此外，集体产业发展现状与北京市的高质量发展要求存在较大差距，转型升级仍未实现。

3. 组织落实机制不完善。当前，市级层面有专门机构负责，但是在区级层面尚未设立落实绿隔地区建设目标任务的专职部门，也未形成相应的工作体系和统筹机制。未建立有效的市、区、乡（镇）三级联动监督机制，缺乏广泛的社会民主监督机制。

（三）借鉴和建议

二绿地区现实情况和发展目标有别于天津，故而不能完全照搬照套，可以充分借鉴天津在体制机制层面的经验和做法，形成推动二绿地区城乡融合发展的政策保障。

1. 提高政治站位，探索实施路径

我市二绿地区是贯彻落实习近平生态文明思想的主战场，是深入实施新版城市总体规划、构建首都核心区生态屏障的主要部分，是市委、市政府构建大尺度绿化空间的重要承载地，是彰显建设国际一流的和谐宜居之都的主要窗口。在首都明确“四个中心”功能定位、疏解非首都功能、减量发展的背景下，要进一步提高政治站位，深化认识二绿地区建设的重要性，将认识转变为探索二绿地区城乡融合发展路径的动力，推动二绿地区建设。

2. 加强顶层设计，形成指导体系

从二绿地区建设的各方面来看，需要统一规划、统筹考虑，全面考虑用地减量、产业发展、农民上楼、美丽乡村、资金平衡，以及整合绿化空间、完善基础设施等。要加强顶层设计，形成全市一盘棋，从市级层面统筹做好二绿地区系统性规划，尽早出台相关的规章制度和指导意见。

3. 健全组织构架，完善工作机制

我市二绿地区的建设涉及范围大、问题复杂，要建立完善的组织架构和工作机制，市级高位推动，各区责成有关部门或组建新的机构专职负责二绿地区建设工作，与市级部门形成市区两级联动机制，强化区乡两级高效落实的工作机制，共同推动二绿地区建设。

4. 营造参与氛围，吸引社会资本

在减量发展的背景下，既要谋求发展，又要严控规划建设。为了弥补资金不足，可以适当引导社会资本参与二绿地区建设。更需要从政策引导到产业规划等各个层面给予政策上的支持，如贴息贷款、税收减免等政策，让参与企业能够谋求发展，看到未来。

调研组成员：禹学垠、田文杰、徐润清、禹爱民、董辉、姚进、季虹、吕佳、刘先锋、路伟、张尔薇、李尧

执　笔　人：赵术帆、季虹

安徽发展农村集体经济助力美丽乡村建设

一、安徽省发展集体经济助力美丽乡村建设的主要做法

（一）发挥党建引领，坚持外力与内功兼修，发展壮大集体经济

安徽省注重从强化“外援”和增强“内功”两个方面着手，授鱼更授渔，激发党员群众共同参与，形成推动村级集体经济发展强大合力。村子富不富，关键看支部。安徽省强化党建引领，选优配强村“两委”班子，开展“双技”培训、“双培双带”先锋工程等，提高党员带头发展集体经济、带领群众脱贫致富的能力。全面推进县级党政干部包村联系，全省 105 个县（市、区）共有 1300 多名党政干部开展包村联系，做到对重点扶持村全覆盖。合肥市庐江县、宁国市、徽州区都坚持党建引领促发展，强化村级自我发展，发挥基层党组织的战斗堡垒作用，切实增强发展集体经济本领。合肥市还成立了由市委政研室、市委组织部、市委农办牵头的三个调研组，针对合肥实际，提出扶持壮大村级集体经济的意见建议，探索合肥市发展新型村级集体经济基本路径。安徽乡村产业发展坚持市场导向，立足自身优势，不断拓宽发展渠道，集体经济发展路径由过去简单的发包租赁，拓展到特色种养、乡村旅游、农村电商等领域。据统计，全省村集体收入中土地流转收入占比 11%，产业项目收入占比 13%，资产租赁收入占比 22%，光伏发电收入占比 26%，乡村旅游、投资入股、生产服务等其他收入占比 28%。经过基层党员干部的共同努力，目前，在全省 15000 多个行政村中，村级集体经济发展呈现“两降三升”态势：与上年相比，空壳村基本消除、薄弱村减少 49.4%；集体经济收入 5 万元至 10 万元的村增加 10%，10 万元至 50 万元的村增加 24.8%，50 万元以上的村增加 89.8%。

（二）突出规划引领，强化科学指导，突出务实管用

安徽美丽乡村建设坚持省委、省政府为总牵头，多部门共同协作，以先规划后建设为原则，规划走在农村发展的前面，以规划引领农村发展。以县（市）域乡村建设规划为指导，结合“多规合一”进一步优化中心村布点规划，科学编制乡镇政府驻地整治建设规划和中心村建设规划。根据国家、省相关法律法规、标准规范的要求，结合本省实际，编制印发《安徽省美丽乡村建设“十三五”规划》《安徽省县域乡村建设规划编制导则》《乡镇政府驻地建成区整治建设导则》和《安徽省农村人居环境整治导则》等相关规划及技术导则，指导全省各市县（区）科学开展规划编制工作。适应规划改革需求，适时出台了《安

徽省村庄规划指南》，引导编制实用性的“多规合一”村庄规划，引导村民积极参与村庄建设，规划编制质量和管理水平得到不断提升。庐州县坚持规划先行，以美丽乡村建设、集体经济发展为主线，谋定而后动。明确村庄定位，组织对全县216个行政村分级分类，确定中心村131个。突出多规合一。按照“不规划不建设、不规划不投入”的原则，力推设计师下乡。强化县校合作，组织开展规划师下乡工程，分别向各镇派驻一名首席规划师和规划团队，指导各镇进行规划编制。统筹村庄、土地、公共服务和生态环境等要素，组织编制“实用管用、群众易懂、镇村能用、便于实施”的村庄规划。综合考虑产业发展、基础设施建设、公共服务配置等县域整体布局，该县已经打造了云里安凹、黄山寨等典型示范村。

（三）美丽乡村建设坚持“三先三后”，发挥村民主体作用，完善建管机制

安徽美丽乡村建设坚持“综合改造提升、不搞大拆大建”原则，突出工作重点，狠抓关键环节，突出“三先三后”，强化乡村建设实效性。先地下后地上。污染处理和资源利用相结合，梯次推进污水处理设施建设，推动城镇污水管网向周边村庄延伸覆盖。先硬化后美化。针对农村道路破损、建筑缺乏特色，充分利用农村废弃建筑材料，全面推进通村组、入户道路等基础设施建设，充分利用农村废旧砖瓦等闲置材料，组织乡土工匠建造围墙、铺设地坪等，引导村民在房前屋后栽植果园，建造以小菜园、小果园、小花园、小竹园和小茶园为主体的“小五园”等进行美化，全面提升农村建筑风貌。先整治后提升。在抓好基本整治工作的基础上，优先提质提品新时代文化实践站、儿童娱乐设施、农家书屋等基础设施，加大农村分类垃圾兑换点建设，强化乡村治理，全面提升乡风文明。庐江县在乡村建设过程中，充分发挥农民主体作用，尽量使用本地村民及本地企业，不仅实现村民增收和集体经济发展，而且有效调动了村民参与乡村建设的积极性。通过不断组织、引导、教育群众，切实把美化村庄变成提升群众文明素质的过程。运用“四议两公开”等民主决策机制，充分保障村民在规划设计、方案制订、组织施工、后期管护等方面的决策权、参与权、监督权。支持村内石匠、瓦匠、篾匠等能工巧匠“带头人”承接村内环境整治、村内道路、植树造林等小型涉农工程项目，有效激发群众参与积极性。设立1359个专岗，让贫困群众在参与整治中增加收入。400万元以下小额零星建设工程，优选本地企业参与乡村振兴工程建设。开展“星级文明户”“美丽庭院”等评比，营造乡村美化赶学比超的良好氛围，激励群众从“要我做”到“我要做”。定期对农村垃圾、污水管网、绿植等管护情况进行考核，考核结果与奖补资金发放、干部能上能下相挂钩。形成“县级统筹、镇级管理、村组主抓、农户参与”的乡村建设长效管护机制。

（四）突出资金保障，强化多方投入，盘活闲置资产

省市县三级加大专项资金投入力度，完善财政专项投入稳定增长机制，实行先建后补、以奖代补，对扶贫开发工作重点县、大别山集中连片特困地区、美丽乡村建设皖北片区给予倾斜。省级财政自2013年起，每年设立10亿元以上专项资金，市级每年安排5000万元以上，县级每年安排1000万元以上。去年中央支持安徽省美丽乡村建设资金3.296亿元，省级美丽乡村建设资金安排10.8亿元。目前，已完成全省位于城市、县城建设用地范围之外的1133个乡镇政府驻地建成区整治建设任务。在建和已建的省级中心村5791个，市县自主建设中心村2499个，总计8290个，其中2020年在建省级中心村798个。合肥市蜀山区小庙镇、宁国市港口镇、庐江县罗河镇均利用盘活闲置资源的模式，助力集体经济的发展。蜀山小岭南将军岭项目是政府引导社会资本完成老旧村舍改造的，将闲置农宅打造成精品民宿。农户将房屋流转给合作社，在合作社担任民宿管家，不仅可以从合作社获得房屋租金及年度分红，还可以获得工资性收入。宁国市港口镇寻求社会资本发展民宿，成立村民宿、农家乐行业协会，同时利用农民闲置房屋，通过统一收储改造租赁，盘活闲置资产增加集体经济收入。庐江县万山镇以盘活利用闲置宅基地、闲置住宅为切入点，以维护农户根本利益为出发点，改善人居环境。政府投资3000多万元引进浙江投资方对长冲村18栋宅院进行改造提升，建立乡村酒店，成立运营公司进行管理运营。由投资公司、政府及村集体等参与方实行按股分红。鼓励农户自愿将闲置农房整体或者部分使用权采取入股的方式，与村集体、经营主体统一开发经营，促进农户、村集体、经营主体三者共同发展增收。立足自身优势资源，通过盘活存量资产，实现村集体经济保值增值。

（五）依托农村股份经济合作社，集中整治撂荒地，盘活闲置农用地，增加农村集体经济发展活力

近些年来，随着我国城乡发展一体化步伐的加快，农民承包土地碎片化难以实现适度规模经营，导致农业生产效益低下，大量青壮劳动力进城务工，农村土地普遍存在大面积撂荒现象。为了有效整治撂荒地，宁国市在港口镇西村村进行了试点，依托农村集体经济股份合作社，将农户撂荒的几百亩承包地以每亩300元—500元的价格回购，充分保障农户的承包经营权，一次性回购期限20年。然后由股份经济合作社适度加价统一流转给外来的农业投资生产经营主体，明确农地农用，不允许改变土地用途，村集体将低收高卖的土地流转差价作为股金，投入到农业公司，参与分红，发展壮大集体经济。通过建立有效的多方利益联结机制，不仅实现了农户、集体股份合作社和外来投资主体的“三方共赢”，而且有效盘活了闲置农用地，实现了土地产出率、资源利用率、劳动生产率有机融合。

（六）坚持生态发展理念，弘扬传统文化，推动集体经济和美丽乡村建设同步进行

安徽坚持“绿水青山就是金山银山”理念，把生态文明建设融入乡村建设的全过程。无论是宁国市港口镇、还是徽州市西溪南镇，都坚持绿色发展，充分利用生态美超市，以垃圾兑换积分再兑换洗衣粉、牙膏、食盐、抽纸等日常生活用品，有效促进村民自发捡拾垃圾并对垃圾进行分类。生态美超市的设立不仅能有效提升村民变废为宝的环保理念，激发村民生态保护意识，增强村民环保和垃圾分类意识，也推进了农村清洁，激发群众积极参与共建美丽乡村的热情。文化建设在实施乡村振兴战略中发挥着引领和带动作用。宁国市港口镇坚持文化铸魂，把传承传统文化与多艺术融入有机结合，实现传统文化创新性发展。西村村利用该村非物质文化遗产花鼓戏，打造“皖南花鼓戏第一村”。大力弘扬农耕文化和皖南花鼓戏文化，探索将摄影艺术、户外装置艺术、传统手工艺艺术等有机融合，打造全省首屈一指的田园综合体，展现文化艺术在农村的魅力，探索多艺术融合，实施乡土文化工程，连续三年举办了宁国市民俗文化系列活动。该村率先探索和实践艺术援乡和艺术家驻村计划，成为全国首家摄影艺术乡。通过提高村民的文化幸福感获得感，从而为乡村全面振兴提供精神动力和创造力。农村集体经济发展能有效地促进美丽乡村建设，美丽乡村建设也反哺了集体经济的发展。宁国市几种集体经济的发展类型有力地支撑了美丽乡村建设。一是劳务经济型。在美丽乡村建设中，把乡村建设项目交给各村成立的劳务公司进行建设和管理，带动村集体经济发展，同时为美丽乡村建设管护找到主体。二是旅游经济型。在美丽乡村建设过程中，坚持把有旅游发展潜力的村优先建设成为美丽乡村。当前，宁国市有旅游发展潜力的25个村全部进行了省级中心村建设，并建成了旅游景点和网红打卡点。三是产业发展型。在产业基础较强的村，通过发展特色产业，带动村集体增收，进而助力美丽乡村建设。

二、安徽发展集体经济助力美丽乡村建设对北京的启示

2012年9月，安徽省委、省政府作出全面推进美丽乡村建设的决策部署。8年来，全省上下围绕“生态宜居村庄美、兴业富民生活美、文明和谐乡风美”的总体目标，科学规划实施，扎实有序推进，美丽乡村建设取得了阶段性成效，呈现出健康运行、持续推进的良好态势。与此同时，安徽省通过“资源变资产、资金变股金、农民变股东”的“三变”改革，激发了村级集体经济发展的新动能，“变”出了农民增收致富的新天地。善抓脱贫攻坚、乡村振兴等发展机遇，用足用活扶持政策，在推进农村人居环境整治等工作中，找到发展村级集体经济的切入点，既推动了农业农村重点工作的落实，又促进了村级集体经济发展，还带动了农民增收。村集体经济发展壮大了，更好地助力了脱贫攻坚、推动美丽乡村建设。安徽的经验做法对北京市发展集体经济和美丽乡村建设有以下五个方面的启发。

（一）健全领导体制，突出高位推动，强化组织引领

农村集体经济发展和美丽乡村建设作为我市“三农”工作的重要任务，需要坚持市、区、乡（镇）、村四级联动，形成整体推进合力。市直各相关部门都把农村集体经济发展和美丽乡村建设作为分内之事、应尽之责，树立“一盘棋”思想，完善配套政策，加强业务指导，搞好协作配合，协调一致地推进各项工作。各区也要认真落实与市里签订的目标责任书，党政一把手是第一责任人，坚持城市农村一起抓，做到干部配备、资源配置、财政投入、公共服务等“四个优先”安排。切实把压力和责任传导到每个层级，形成一级抓一级、层层抓落实的工作格局。真正将农业农村优先发展、全面推进乡村振兴、加快农业农村现代化落到实处，推动我市农业农村同步实现现代化。

（二）认真编制我市乡村振兴“十四五”实施规划，坚持规划先行，提高建设标准

我市应该按照《乡村振兴战略规划（2018—2022年）》和《中共中央关于制定国民经济和社会发展第十四个五年规划和二〇三五年远景目标的建议》精神，突出强调规划先行，借鉴安徽经验，健全工作机制，有序分类编制乡村振兴战略规划，强化全域规划理念，注重“通盘考虑、多规合一、彰显个性”，坚持农业现代化和农村现代化一体设计、一并推进，加强全域村庄规划与土地利用总体规划、城镇体系规划、基础设施建设规

划、产业发展规划等有机衔接，做到分类指导、因村制宜、精准施策，确保一本规划管到底。重点落实乡建专家参与乡村规划，以差异化、个性化为美，更加注重内涵挖掘、个性塑造、产业发展，确保规划设计有品位、有深度，可实施、可落地。在美丽乡村建设过程中，按照中央的阶段性要求，不抢跑，不搞“大跃进”，必须始终突出规划的基础性作用，把规划贯穿于建设的全过程，成熟一个建设一个，成熟一批建设一批。科学把握好各类规划的定位和深度，努力达到总体规划明方向、专项规划相协调、重点规划有深度、建设规划能落地的要求。美丽乡村建设努力做到以点带面、连线成片，实现美丽乡村“一处美”向“处处美”转变、“一时美”向“长久美”转变、“外在美”向“内在美”转变、“风貌美”向“风尚美”转变、“环境美”向“发展美”转变。

（三）顺应内循环发展要求，大力整治撂荒地，稳产保供，保障首都菜篮子、米袋子安全

此次新冠肺炎疫情告诫我们，在突遇不可抗力的自然社会灾害的情况下，保有一定蔬菜粮食等重要物质自给能力对于维护首都城市安全平稳运行具有重要意义。针对当前和今后一个时期，国际环境日趋复杂、不稳定性不确定性明显增加的情况，需要进一步强化“三农”风险意识和底线思维，把握发展主动权，积极顺应构建以国内大循环为主体、国内国际双循环相互促进的新发展格局，大力整治京郊农村撂荒地，挖掘并释放土地潜力。各级政府应该组织力量对这些闲置土地进行摸排统计，采取必要措施，坚决守住农业生产空间底线，将大量撂荒土地利用起来，与促进我市农村集体经济发展政策进行有效衔接，抓好粮食、蔬菜、生猪等政策措施的落实落地，进一步巩固农业基础地位，守好“三农”战略后院，切实增强首都稳产保供的责任意识，为经济社会发展大局提供更加强有力的支撑。

（四）尊重农民主体地位，激发内生动力，自力更生建设生态美好家园

实施乡村振兴战略，要充分发挥农民主体作用，调动村民参与美丽乡村建设的积极性。把乡村建设与村民自治紧密结合，大胆创新，不断完善乡村治理的体制机制建设。农村的事，最好交由全体村民通过民主协商解决，更好地体现村民自治。目前，我市农村集体经济发展普遍存在增长乏力缺点，村里小的工程项目，尽量不用第三方公司，把更多的就业机会留给村集体组织发动村民自建，实现农村集体经济发展和村民增收。借鉴安徽经验，村里可以成立劳务服务合作社，承接村域内环境整治、道路养护、水利建设、绿化管护等工程，丰富乡村产业发展，拓展村集体经济组织及村民增收空间。以百万平原造林为例，现在绝大多数村的平原造林管护费均由第三方公司收取。如顺义区南彩镇东江头村，近 700 亩地被用于百万平原造林，每年的森林管护费有 170 多万元，因为区镇承包给第三方公司管护，村民享受不到管护红利。村民不仅是村域产业发展的主体，更是本村环境整治的主体。我市从 5 月 1 日开始实施垃圾分类，经过 6 个多月的总结发现，凡是垃圾分类做得好的农村社区都是充分尊重村民主体地位，培育在地村民环境保护意识。安徽省建立生态美超市，可以为我市垃圾分类提供一些启示，设立智能垃圾桶，每户垃圾投放都有一个密码，智能垃圾桶根据投放垃圾是否正确及垃圾投放量的多少，对每户的垃圾分类情况进行积分，一个月或是两个月，社区根据每户的积分情况，对居民进行物质奖励，从而激发居民参与垃圾分类的积极性。物质奖励式垃圾分类引导居民养成从“要我做”到“我要做”的习惯。

（五）发挥生态涵养区位优势，实行“点状供地”，大力发展休闲与乡村旅游产业

北京生态资源丰富，7 个生态涵养区绵延环抱，几十个国家级古村落散落其间，宛若一幅风景宜人的山水画，为发展休闲农业与乡村旅游产业提供得天独厚的自然条件。同时，我市人均 GDP 从 2018 年开始超过 2 万美元，达到发达经济体的水平，每年接待 400 多万境外游客、3 亿多名国内游客，为发展乡村旅游提供了独特区位优势。北京是一个拥有 2100 多万常住人口的大都市，围绕建设都市型现代农业，应该开发农业多种功能潜力，发挥三次产业融合发展的乘数效应，抓好休闲农业、乡村旅游等新产业新业态，实现乡村经济多元化。乡村不单是从事农业的地方，也是一个令人向往的休闲观光和农事活动体验的地方，特别是在疫情防控常态化形势下，人们的旅行方式更多从出境游、长途游转为周边游、周末游。京郊旅游发展前景广阔。在适应新形势下，我市乡村旅游和民宿经济的作用价值更加彰显，政府需要在提质增效上下功夫，总结和推广门头沟区“点状供地”试点经验，借鉴安徽省鼓励采取土地或房屋等乡村资源入股、引进社会资本、实行股份所有制进行开发建设及运营管理的经验做法，突出差异性，避免同质化，开发富有地域特色、本土气息浓厚的乡村休闲旅游产品，打造一批精品民宿、精品旅游路线，让逛京郊旅游度假成为市民出游的首选。

调研组组长：张光连
调研组成员：吴志强、周庆林、朱淑英、陈新美
执　笔　人：周庆林、陈新美

乡级专业合作社带动联村发展

——拉萨市卡如乡农牧民专业合作社调查

一、基本情况

卡如乡位于西藏自治区拉萨市尼木县西南部，地处雅鲁藏布江中游北岸高山峡谷地带，紧邻“中国最美公路”318国道。乡域内地广人稀，全乡面积875.35平方公里，约为全国乡镇面积平均水平的4倍；2017年人口1371人，人口密度1.57人/平方公里，远低于同年西藏自治区2.75人/平方公里的人口密度。乡域下辖卡如、赤朗2个村委会，为全国乡镇辖村数平均水平的1/8。全乡宜种土地面积少，耕地不足900亩，人均耕地面积仅0.65亩，长期保持着传统的“二牛抬杠”式的农牧业方式，劳动生产效率低。地区经济仍以农牧业为主，经济结构单一、基础设施薄弱。

为带动群众脱贫致富，2017年以来卡如乡以乡级专业合作社为产权主体，通过“党委委员+合作社+社员”模式，将全乡贫困户纳入合作社，带领社员积极参与产业发展，并充分发挥坐拥绿水青山资源优势和区位优势，依托沟域经济融合发展传统农业与文化旅游产业，改变传统种养模式，壮大集体经济，助推脱贫攻坚。

2017年，合作社实现收益34余万元，带动社员务工1200余人次，通过年底分红和劳务分红，实现59户社员户均增收2800元。2018年，卡如乡获评“中国美丽休闲乡村”，全乡经济总收入同比增长14.5%。2019年，全乡所有建档立卡贫困户全部脱贫，卡如村、赤朗村退出贫困村行列，建档立卡贫困户人均可支配收入13475.6元，贫困发生率从2015年的13.7%大幅下降至1.3%。

二、主要做法

（一）党委主导，成立乡社一体的专业合作社

1.成立乡级合作社。2017年3月，在尼木县委和北京援藏对口帮扶的支持下，卡如乡党委牵头成立了卡如乡加纳日绿色农业发展农牧民专业合作社，成员出资总额100万元。社员由全乡具有民事行为能力的精准扶贫户、贫困边缘户、土地流转户组成，共112户591人，约占全乡总人口的43.1%。其中，精准扶贫建档立卡户44户191人；贫困边缘户14户93人；土地流转户59户319人。社员中既为建档立卡贫困户又为土地流转户的共5户12人。合作社主要发展种植业和养殖业，其中卡如村以种植雪桃、平谷大桃、雪菊及温室大棚、牧草为主，赤朗村以养殖藏鸡、冷水鱼、牦牛为主。

2. 统筹产业发展。县、乡组织召开协调会，明确产业发展从“小农经济”转向培育旅游产业作为打赢脱贫攻坚战的产业依托，打造“文化 + 科考”“观光 + 民宿”“度假 + 农场”等特色模式旅游品牌。成立了乡产业发展领导小组，由县委常委、政府副县长任组长，乡党委书记、乡长担任副组长。领导小组办公室设在乡产业办，下设宣传讲解组、矛盾调节组、产业项目跟进组、文字材料搜集组、劳务协调组、督导检查组 6 个小组，各小组明确职责、各司其职。成立乡土地流转领导小组，宣传土地流转政策，制定土地流转协议，规范土地流转行为，为合作社产业发展提供资源整合服务。

3. 党委带头组织生产。在全乡产业发展中，合作社主要负责生产环节，党员领导干部走在产业发展最前线。合作社社长由乡党委书记担任，设立理事会、监事会，由乡党委副书记、乡长任理事长，卡如村第一书记任监事长，只带领带动，不入股、不分红。设立经济作物管理组、宣传讲解组、项目建设组、桃园管理组，分别负责对外联络、思想宣传、项目建设和桃树管理等工作；成立温泉部、种植产业部、纪检部、财务部、劳务部、人事部等 6 个部门。各组负责人和各部部长，分别由乡党委委员及卡如村第一书记担任。

4. 提供资金和人员保障。为保障合作社的运营，县乡两级政府给予财力、物力支持。由于桃树种植 2 年后才能结果并产生效益，合作社成立初期 1—2 年无盈利，土地流转费用由县政府拨付，每年约 23 万元。合作社成立初期经营管理由乡党委政府暂时代管；前期微耕机、有机肥、农具、种子的购买费用，由乡党委政府向县级单位申请。连续参加劳动 3 天以上的赤朗村社员，由乡政府提供食宿；距离较远的社员出工时，由乡党委政府派车接送。

（二）促进资源要素整合，探索有效的运行模式

1. 土地变资本。卡如村共流转 164.25 亩土地到合作社进行统一经营，已种植雪桃 18.37 亩、多品种桃树苗 90 亩、核桃树 75 亩、雪菊 20 亩；桃园行间闲置空地上种植经济作物胡萝卜、白萝卜、芫根、小白菜等，提高流转土地附加值。

2. 拓宽资金来源。合作社资金包括各级扶持资金、销售经济作物收入以及承包项目收入。其中，合作社承包了卡如村桃园道路修建项目、饮水项目和卡如村二组环境整治项目，增加合作社收益，同时也改善了产业发展的基础设施条件。

3. 整合技术人才。除 1 名拥有一定桃树管理技术的乡干部职工外，合作社聘用 3 名年轻有活力、思路清晰、有学习技术意愿的农牧民群众为专业技术人员，负责果园管理技术；培养项目实施技术员，为产业发展提供专业人才。

4. 强化与公司的技术和就业协作。乡合作社联合县政府 100% 持股的尼木县城投、社会资本和美布达拉公司组建了尼木和美乡村民俗文化旅游有限公司，负责精准扶贫项目和沟域经济建设。同时，合作社对接尼木和美公司，引入技术和就业支持，形成了“公司 + 合作社 + 农户 + 互联网”的运行模式。包括引入尼木和美参与合作社产业园预防病虫害、绑芽、间桃、施肥等田间作业，指导农牧民群众加强专业技术；组织精准扶贫建档立卡户参加集体劳动，工资标准 150 元 / 天，2017 年上半年就雇佣小工 650 人次。

（三）建立健全分工协作的体制机制

1. 产业分区，明确干部职工职责。围绕产业促脱贫的战略部署，将合作社产业园区划分为卡如村二组核桃区、乡政府东侧园区、卓别组桃园区等三大片区，各片区成立工作组，由专人分工负责各项工作。工作组组长分别由卡如村第一书记、乡党委书记和乡长担任，副组长由乡主要领导担任，成员由乡干部担任，组长、副组长和成员都制定了明确的职责。各组建立巡查台账，乡党委政府安排干部职工负责各园区日常巡查，详细记录园区内存在的问题和解决办法。

2. 健全利益分配机制。合作社利润依据家庭性质、土地流转面积、投入劳动量等进行分红。利润分配比例为精准扶贫建档立卡贫困户（包括贫困边缘户）占40%，内部按照人数再分配；土地流转户占15%，内部按照土地流转面积再分配；合作社占5%，主要用于合作社日常管理；村集体占20%，其中卡如村与赤朗村分红比例由两村届时讨论；全体群众占20%。社员家中有劳动力参加合作社劳动的，还将在合作社中获得按劳务分配的工资。

3. 集体自主劳动下的社员管理。积极宣传引导社员参加园区劳动，组织全乡干部职工和农牧民群众投入到树苗种植、剪枝、套袋、挖坑、培土、浇水等种植环节中。其中，种植树苗的主要是全乡精准扶贫建档立卡户、贫困边缘户，每日每人工资150元。各片区工作组建立用工登记台账，详细记录每日用工情况。对确定参与劳动而无故未到的社员，罚款50元/天，交由合作社进行管理。对不认真配合产业发展工作的成员、社员，由乡纪委通报处分。

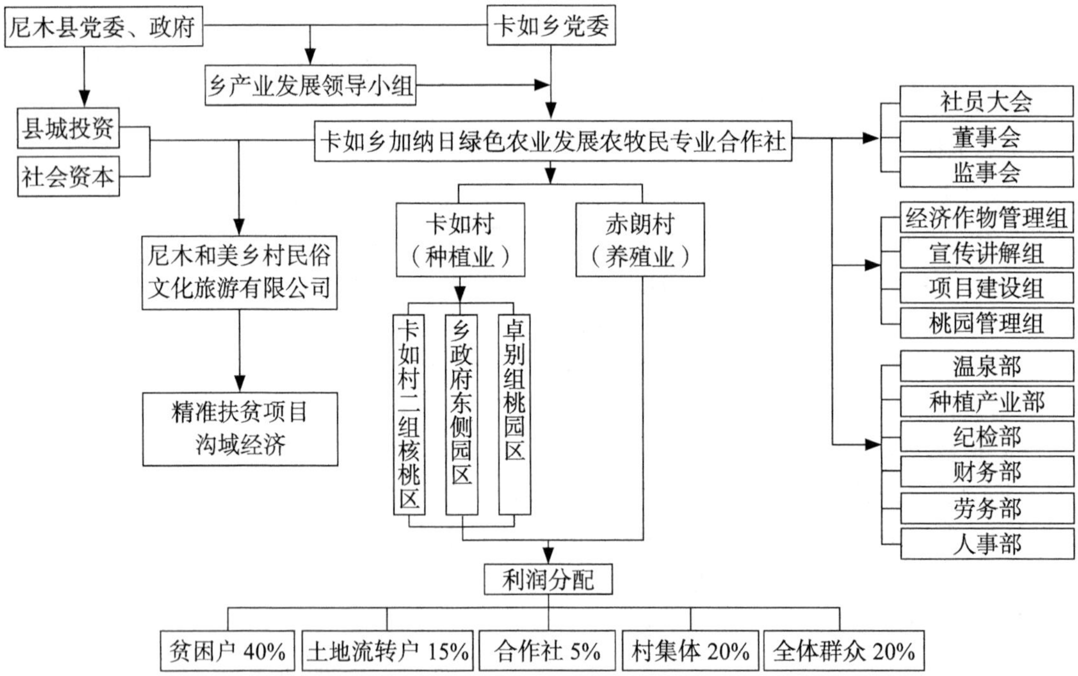

图1　拉萨市卡如乡农牧民专业合作社运行机制示意图

三、几点启示

（一）加强党对农村工作的领导是深度贫困地区脱贫的原动力

“三区三洲”深度贫困地区实现脱贫，是全国决胜脱贫攻坚的难点。卡如乡充分发挥党组织的引领带动作用，成立乡级专业合作社，整合了各类资源要素，培育了有效率的产权主体，带动产业发展和脱贫，是西藏自治区脱贫攻坚的一个缩影，是党建脱贫的又一示范。县、乡两级党委政府是脱贫攻坚的主体，统筹谋划产业发展、牵头成立合作社并为其发展提供资金、技术和人才支持，同时承担政策宣传、制度建设、对外联络、人员组织等工作，使合作社能专注从事生产和发展；乡党委委员等党员领导干部带头参加合作社的运营管理和日常田间管理，深入田间地头，发挥党员干部政策把握准、文化水平高、学习能力强的优势；党员干部在党组织的统一领导下，统一群众思想，加强内部规范化建设和管理，加快技术转化，充分体现了党组织在全乡产业发展、壮大集体经济中的战斗堡垒作用和党员领导干部的先锋模范作用。

（二）跨村联营可以采取乡级农民专业合作社的形式

卡如乡农民专业合作社在打破“村自为战”，实施乡域内统筹发展。以乡级农民专业合作社为经营主体，在自然资源较好的卡如村布局种植业，条件略差的赤朗村发展养殖业，带动全乡两个村的土地、产业、资金、人力等资源跨村统筹。同时乡级农民专业合作社产业发展与全乡沟域经济“旅游 + 休闲 + 采摘”发展模式相结合，依托千年核桃树、温泉等资源，投资 6000 万元建设卡如乡旅游项目，盘活农村资源，发展壮大集体经济，进一步带动农民就业和增收。

（三）设置贫困边缘户体现了“精准扶贫”的本质内涵

扶贫工作的归宿在于解决现存的社会问题，而不是制造新的矛盾。精准扶贫是要提高扶贫的针对性，但不能机械地落实“精准”。相较于建档立卡贫困户有系统性政策帮扶，贫困边缘户更容易被忽视。特别是在深度贫困地区，解决好贫困边缘户问题将直接影响脱贫攻坚成效。卡如乡合作社以带动群众实现脱贫致富为主要目的，吸纳的社员除建档立卡贫困户、土地流转户外，也没有忽略贫困边缘户，社员中贫困边缘户人数约占 16%，利润分配时也将贫困边缘户与建档立卡户同等对待，均按人数分配。乡合作社分红比例设置中涵盖了社员、村集体、合作社和全体群众，更倾向于乡域内的均衡性和普惠性，与深度贫困地区解决区域性整体贫困的需求相适应。

（四）发展集体经济有利于培育“集体主义”精神

卡如乡合作社的成立和沟域经济的发展，通过土地流转租金、分红、合作社劳动收入、公司务工收入带动了卡如乡农牧民，特别是贫困户增收，土地统一经营还解放了本乡青壮年劳动力，增加外出务工收入。除了物质生活的改善外，在党组织和党员干部的思想引导和带头示范下，合作社增强了社员的合作意识，帮助社员和群众克服了“等、靠、要”思想，改变了劳动力漫无目的、随意性较大的打工模式，提高了劳动技能和劳动积极性、主动性，增强了群众自力更生、依靠劳动实现增收致富的获得感和满足感，使得卡如乡实现物质脱贫的同时也实现了精神脱贫，激发了乡村振兴的内生动力。

执　笔　人：王洪雨、陈雪原、翟翠立

塘约道路引领下的“酿蜜”扶贫模式

——贵州省毕节市箐口村调查

一、基本情况

箐口村位于大方县城西南65公里，距离毕节市70公里，也是猫场镇最边远贫困的村庄，属于喀斯特地貌，没有水源，没有平地，出入仅靠一条4.5米宽的盘山公路跨越崇山峻岭。村域总面积8.8平方公里，共8个村民组、498户2019人，其中贫困户206户685人，贫困发生率41%。以往以种植玉米为主，没有产业，没有村集体合作社，因此没有村集体经济来源，环境卫生脏乱差。部分能人成立了若干个专业合作社，承包小工程建设，或购置小货车搞货物运输，但由于单打独斗，技术、管理及营销手段较落后，未能做大做强，也缺乏带动群众脱贫致富的能力。

箐口村村支“两委”在大方县委、猫场镇党委政府组织下深入考察学习了“塘约道路”，解剖村里长期以来贫穷的根源：“土地分散不长钱，劳力闲散不来钱，资金零星不生钱，房屋空置不值钱，自然风光不卖钱，集体空壳没有钱。”制定了“党建引领、激发动力、整合资源、抱团发展”的助推脱贫攻坚发展新思路，建立了“党支部＋村集体公司（村土地股份合作社、组级专业合作社）＋农户（贫困户）”的新型集体经济组织架构，带领群众和贫困户联合劳动、共同致富。2017年6月，毕节市委书记、市人大常委会主任周建琨来调研时定义箐口村为践行“塘约道路”的示范村。

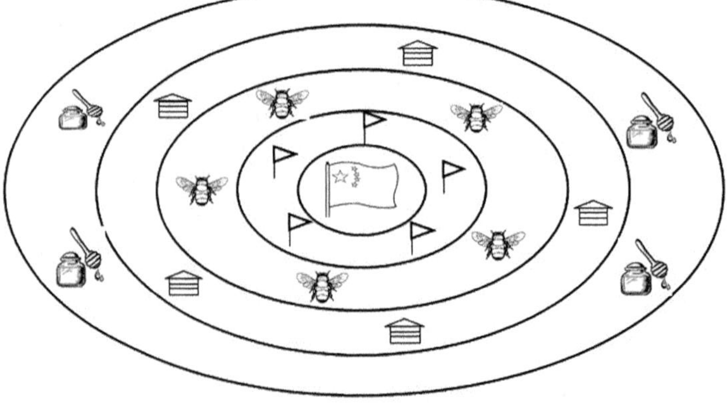

图1 箐口村“酿蜜”扶贫模式示意图

如图 1 所示，酿蜜扶贫模式中，中间第 1 圈的红旗代表蜂王，指村支“两委”带领下的村级集体经济组织，目的是通过党建引领，组建村社一体的产权主体，发挥带动农民进入市场的“龙头”作用；第 2 圈的小旗就如雄蜂，代表 8 个组的 8 个组社一体的专业合作社，体现了相对专业化的分工发展模式；第 3 圈的蜜蜂代表工蜂，喻义联合劳动，抱团发展；第 4 圈的蜂箱代表酿蜜的体制机制，喻义优化社区治理机制；第 5 圈就是大家一起努力的结果，整合村内、村外资源，联合酿蜜，最后的分配方式是按劳分配，多劳多得，少劳少得，不劳不得。

2017 年，箐口村“酿蜜”扶贫模式仅运行 1 年多时间，就迅速显现出农民组织起来的强大力量，共带动农户 215 户（其中贫困户 153 户）种植李子、猕猴桃等经果林 4600 余亩，初产期可实现总收入 300 万元，户均可增收 4800 元；养蜂 650 箱，覆盖 67 户贫困户，户均增收 800 元。近年来，箐口村集体经济收入实现了三级跳：2017 年村集体收入 4 万元，2018 年村集体收入 12 万余元，2019 年在遭受冰雹灾害情况下，村集体收入 16.3 万元。2019 年，社员人均收入 9477 元。

二、主要做法

（一）培育村社一体的产权主体

1. 组织起来。以村土地股份经济合作社、本村 8 个村民小组的 8 个专业合作社以及群众和贫困户为股东，注册成立村集体公司贵州聚合同步生态农业发展有限公司，形成公司管理合作社、合作社带群众和贫困户的“1 个公司 +N 个股东”的“1+N”组织模式。如图 2 所示，组建工程队、运输队、爱家环卫队、治安维护小组、残疾人创业协会等，更好地把老百姓组织起来。公司负责整合资源，成立工程队、运输队、营销团队，合作社负责组织农户进行养殖产业的具体实施；村民以土地、荒山入股，在合作社指导下开展生产。箐口村土地股份经济合作社主要是将农户现有土地资源进行整合，形成连片土地入股，用于猕猴桃、李子等种植经营。合作社负责前期秧苗、支架等投入，提供技术服务、帮助产品销售，收回投入成本后，合作社获得净收益的 10%；入股农户负责猕猴桃栽种、浇水、治虫、除草、剪枝、施肥、更换死亡苗木、管理以及后续所有工作，收回投入成本后，农户获得净收益的 90%（土地入股占 30%、劳动力入股占 60%）。截至目前，共带动贫困农户 51 户，兑现分红 9.6 万元。

2. 资源整合。一是土地资源。箐口村人少地多、户均耕地面积 10 亩以上。在村干部带动下，群众转变了传统思想，主动要求把土地资源入股到合作社，全村群众参与度达 81%。二是整合政策资金和资产资源。以贫困农户产业扶贫资金和“特惠贷”资金作为股金，农民用土地、房屋、车辆、机械等折价入股加入合作社，农机具等财产折价入股 28 万余元。三是调整种植结构。将原来种植收入较低的洋芋苞米地和荒山大部分种上收益较高的猕猴桃、李子、樱桃等果树，并在经果林里套种油菜、辣椒、荞麦等经济作物，提高土地利用效益，确保每年都有收成。累计整合土地 1650 余亩、荒山 1500 余亩；共种植猕猴桃 1250 亩、青脆李 1500 亩、樱桃 400 亩、布朗李 800 亩，发展油菜、荞麦、辣椒、黄豆等林下种植，养殖近 800 箱中华蜂。农户通过自己制作蜂箱、自行浇筑猕猴桃架子，各种项目统筹实施，有效降低了生产成本。

3. 收益共享。在种养殖项目中，主要按照两种方式进行利益分配：一是农户有能力参与种养殖的，利益分配中农户占 90%、公司占 5%、村集体占 5%；二是农户无种养殖能力的，由公司整合资源、合作社负责实施，农户获得每亩 300 元的保底收入，产生的利益再次进行分红，农户占 60%、合作社占 30%、公司占 5%、村集体占 5%。工程队获得的净利润，按照工程队 70%、集体经济 30% 的比例分配。

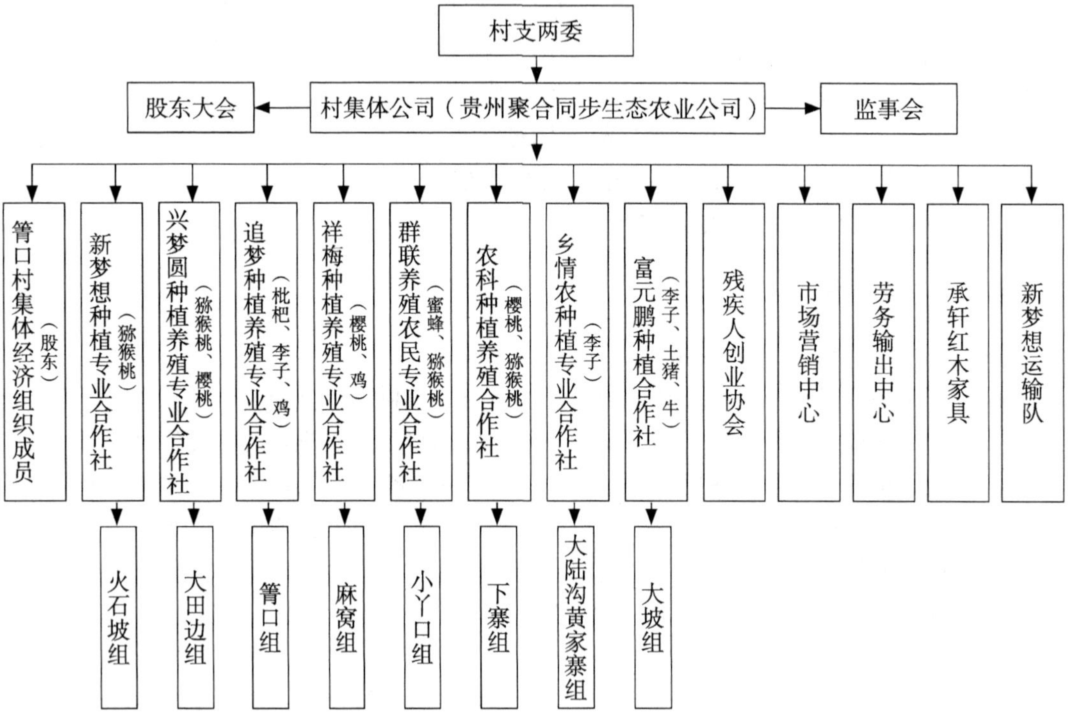

图 2 箐口村“酿蜜”扶贫模式组织架构图

（二）组社一体

依托专业合作社培育专业化的新产业。新梦想种植专业合作社，主要种植猕猴桃，重点带动火石坡组；兴梦圆种植养殖专业合作社，主要种植猕猴桃和樱桃，重点带动大田边组；追梦种植养殖专业合作社，主要种植枇杷和李子以及养鸡，重点带动箐口组；祥梅种植养殖专业合作社主要种植樱桃和养鸡，重点带动麻窝组；群联养殖农民专业合作社，主要养殖蜜蜂和种植猕猴桃，重点带动小丫口组；农科种植养殖合作社，主要种植樱桃和猕猴桃，重点带动下寨组；乡情农种植养殖合作社，主要种植李子，重点带动大陆沟黄家寨组；富元鹏种植合作社，主要种植李子和养殖土猪、牛，重点带动大坡组。

（三）抱团发展

1. 干部带头引领产业发展。2016 年箐口村完成了村“两委”班子调整，吸收“80 后”返乡能人加入班子，提高了基层组织的战斗力。新班子肩负起了将资源、资金、农户组织起来的任务，要求全村现有党员除了年长的，要结合自身技术专长带动一个产业，如村支书带头养蜂，村主任带头种植猕猴桃，副支书带头养鸡，副主任带头种樱桃。通过调整农业产业结构，全村种植李子2200亩、猕猴桃1500亩、枇杷700亩、樱桃400亩、中药材300亩，农业效益大幅提升。为提升品牌效应，公司以箐口谐音“沁口”为品牌注册商标，并在工商部门注册“沁口”牌生态农业产品系列商标数十个；对所有农产品进行订单销售，使箐口村所有农产品以统一品牌进入高端市场，卖出更高的价钱。2017年第一批猕猴桃销售为社员带来户均5600多元分红。

2. 劳动力分工合作。全村劳动力按照年龄、技术分工合作。组织有一技之长的劳动力，组建技术指导队，对全村种养殖技术进行指导；组织所有的砖工、瓦工、水泥工、木工等组建工程队，承接房屋、道路、沟渠等项目建设；其余劳动力，男性编入工程队当副工，女性编入种植、养殖合作社队伍。目前，192名60岁以上的老年人主要负责看管留守在家的孩子；624名60岁以下群众，男劳动力加入重体力活的建筑队等队伍，女劳动力加入主要以手工为主的种植、养殖合作社。合作社根据发展情况，因时因需吸纳就业，借助产业结构调整还吸引外出务工人员返乡就业，提高了村民生活的幸福指数。2016年底至2017年8月，外出务工人员从300余人降到90多人，留守儿童从121人降至60人，空巢老人从31人减为1人。

（四）优化社会治理机制

发展经济的同时，箐口村还效仿塘约村“红十条”，制定了“三建七改十不准”的村规民约和“箐口村村民十讲十美”标准，通过制定村规民约，提高村庄治理水平。“三建”即建和谐家庭、建和睦邻居、建文明村庄；“七改”即改思想、改饮水、改道路、改圈舍、改厨房、改沟渠、改厕所；“十不准”即不准房屋乱建、不准车辆乱停、不准垃圾乱倒、不准污水乱排、不准粪土乱堆、不准柴草乱放、不准家禽乱跑、不准乱砍滥伐、不准滥办酒席、不准种毒吸毒。每个村民小组30岁以上的男性自发组成自保小组，将以前无所事事的影响社会治安的青年经思想改造后组成发展和治安维护小组，加强晚间巡逻，提高全村治安水平。村规民约的实行，改变了群众生活陋习，形成群众相互监督、自我管理的长效机制。

三、“酿蜜”扶贫模式的一般意义探讨

（一）党建引领是“酿蜜”扶贫模式的灵魂和原动力

村集体经济发展，村党支部是核心。在箐口村发展的各个重要环节上，都能看到村党支部和党员的身影。如，通过村支“两委”换届优化了村支“两委”的年龄结构和文化程度，增强了凝聚力和号召力；通过乡村能人、实用人才等各种形式的培训，增强了干部队伍整体素质；村支“两委”班子成员和党员带头发展产业，重点做好群众和贫困户尤其是钉子户的思想工作，增强脱贫攻坚的信心和干劲。党的先进性得到了充分的体现和发挥，是脱贫攻坚的标杆和引擎。

（二）村集体是“酿蜜”扶贫模式的核心实施主体

传统户自为战、单打独斗的发展模式限制了土地、资金等农村资源的合理配置和有效

利用。单个农民或农户很难独自提升技术水平、拓展销售渠道、形成产业链，已经不能适应市场化条件下产业发展需求。外来社会资本由于过高的交易成本和自身的逐利性，也难以有效实现村域内部的资源整合。箐口村通过成立村集体公司，将农民和贫困户组织起来，是土地资源、政策扶贫资金集中统筹使用的关键点。

村集体能成为“蜂王”，取决于自身的唯一、不可替代的组织比较优势。一是交易成本节约化，全村大部分土地在短时间内流转到了村级，快速实现了土地资源整合，为农地规模经营创造了先决条件。二是土地资源开发立体化，如充分利用果树多的特点发展了养蜂业，进而组织生产队承担村里的道路建设、制作蜂箱、制作猕猴桃支架等统一劳动，实现蜂箱制作自给自足，猕猴桃架子自行浇筑，有效降低了生产成本。三是产权社会化，高效融入市场经济，通过打造“沁口”品牌、开展订单销售等，打通了产品的销售渠道。目前在集体公司工作的专业技术人员165人，占全村人数的8.2%。四是收益在地化。村集体经济获得收益的40%用于带动贫困农户发展，30%用于扩大村集体经济，20%用于公司管理人员工资，10%用于公益事业。五是社会成本内部化。对鳏寡孤独、老弱病残、精神障碍等无劳动能力导致贫困的村民，在民政兜底的基础上，由村集体公司给予固定股份分红，对因学因病致贫的村民，在相应时期内采取“输血式”帮扶脱贫。村集体由于改变了传统发展模式，对资源、资金、人力、产业等进行集中统筹，使箐口村经济开始增长，最终摆脱贫困。

（三）“酿蜜”扶贫组织形态反映了农村集体经济组织架构的普遍特征

集体经济一般为“社＋公司”的组织形态。社下属公司的组织结构，一般是由总公司、专业公司、市场化公司三级组织构成。箐口村的组织架构体现出了集体经济组织形态这一特点。村集体下设了村社一体的村集体公司，公司下面设置了8个与村民小组重合的专业合作社，每个专业合作社的任务是带动所在地区的产业发展。随着专业合作社规模的扩大，组织体系势必由各个专业合作社进一步往下细化和扩展，公司、合作社、家庭农场等各类新型经营主体组织形态将更加丰富多样。

四、“三变”改革若干模式对比

贵州省2014年开展“资源变资产、资金变股金、农民变股东”的农村“三变”改革以来，以打造“股份农民”为核心，聚焦精准扶贫，通过产业项目带动，激活了农村资产、资源、人力、资本等发展要素，激发农村集体经济造血功能，成为农村脱贫攻坚和实现全面小康的“新引擎”。省内各地在统筹模式、组织体制、收益分配机制等方面进行了广泛探索，形成了若干典型模式。基于初步考察和总结，与箐口村扶贫模式进行比较分析，寻找不同模式的共同点。

沙湾片区联村联建模式。沙湾片区包括陇财、隆黑、金华、朱官、陈堡5个村。借助现代农业生态旅游示范园区沙湾农业大观园项目，带动农民向产业工人转化，实现了农民增收和环境改善。主要做法：1. 推进土地经营权确权登记颁证，开展土地经营权抵押贷款试点，鼓励土地流转到规模农业经营主体，建立沙湾农业大观园。2. 整合了发改、林业、水利、移民、农业、扶贫、国土等各类政府资金共 8000 万元，撬动社会资金 1.2 亿元。3. 开展特色农业保险试点，包括茶叶、蔬菜、家禽、家畜、农房等。4. 成立用水协会，建立现代高效节水灌溉系统。5. 实施了环保、道路硬化、民居改造、设施建设等工程，成立旅游服务公司。6. 成立了县、镇、村三级公司，县级公司负责融资与规划，镇级公司负责项目管理，村级公司负责组织生产，农业、水务局等相关部门提供技术指导。村级公司成立时，由政府注入 100 万元作为周转资金，分三至五年偿还。2016 年园区总计脱贫人口 535 户 1628 人，占整个片区贫困户总数的 56%，贫困发生率从 2013 年的 25.1% 下降到了 5.1%。

秀水村社会企业帮扶模式。社会企业兴伟集团在省政府“千企帮千村”政策引领下，选派百余人的帮扶团队进驻秀水村，与安顺市政府共同出资打造农旅综合开发项目，随后交由村集体经营管理，推动秀水村经济发展。主要做法：1. 企业、政府共同出资打造产业。其中，集团出资 73.2%，其他由政府整合项目资金和群众筹资，发展乡村旅游、特色农业产业和农家休闲产业。2. 项目建成后，全部交由村集体负责运营，集团提供指导。为与集团对接开展项目运营，村集体成立了旅游、农业、花卉、文化产业 4 家公司，组织农民将土地、林地、房屋、资金、技术、劳动力等资源折股参与企业经营。项目为农户提供就业岗位，平均每户吸纳 1.9 人就业。3. 创新“五股”收益分配机制。以村集体发展旅游产业产生的全部纯收入作为村民分红股金，按照人头股 10%、土地股 30%、效益股 30%、孝亲股 5%、发展股 25% 进行利益分配。2016 年秀水村农民人均可支配收入达 11147 元，为 2014 年的 2 倍。

大用镇镇合作社带动模式。猕猴桃基地在国有企业平台公司带领下，通过“公司 + 合作社 + 基地 + 农户（贫困户）”的模式，整合扶贫资金、集体土地资源，发展山地特色农业产业，带动农户增收。主要做法：1. 农户以土地入股与公司合作。骂冗村、凉水井村的农民把土地流转到镇合作社，合作社以土地作为股份与公司合作，股份比例为 30%。2017 年，入股土地 6000 亩，盘活闲置的荒山荒坡 2000 余亩。2. 推进农业产业结构调整。基地在充分利用自然资源发展红心猕猴桃的基础上，发展农业休闲旅游、农产品冷链加工、林下种植、农业体验旅游、医疗养老、乡村休闲度假酒店等，进一步升级为农旅一体化发展的高效农业园区。3. 多方式带动农户增收。公司负责基地的投资、生产及销售，在基地未产生效益期间，由公司每年给农户 800 元 / 亩的保底收益；产生效益后，按照镇合作社所占股份进行分配。此外，村级合作社组织农户（贫困户）到基地务工，增加农户工资收入。目前，户均土地入股分红每年 1800 元，带动两个村所有建档立卡贫困户 305 户 553 人参与产业发展；发放务工分红累计 210 万元，其中，贫困户务工分红 59 万余元，每人次约 71 元。

落别乡板照村政府带动模式。基地最初由个人投资成立，通过投入资金、流转土地、完善配套设施、养殖销售等，填补了六盘水市水产养殖的空白，取得了较好的成效。随后，政府平台公司以涵盖 400 户贫困户的 700 万元扶贫资金入股到水产养殖公司，占股 30%，共同扩大经营规模。经营中，由公司负责养殖、销售，贫困户按照资金比例参与经济分红。扩大生产后，基地预计可为400户贫困户每户每年增加3432元的分红收益，参与养殖水面流转的农户每年可获得每亩800元的流转保底金和纯利润8%的分红收入。

表1 "三变"改革若干模式对比分析

发展模式	典型案例	资源特点	主要资金来源	组织形式	主要成效
1. 联营联建模式	沙湾片区	石漠化地区	政府资金撬动社会资金	政府＋项目＋农户（贫困户）	1. 传统农业向规模农业、现代农业转变； 2. 农户向产业工人转变，促进增收； 3. 环境改善
2. 社会企业帮扶模式	秀水村	旅游资源丰富	社会资金＋政府资金	企业＋集体＋农户	1. 荒山转金山、瘠地转肥土、农村转景区、农业转产业、碧水转秀水； 2. 带动农民就业； 3. 创新"五股"收益分配机制
3. 镇合作社带动模式	大用镇猕猴桃基地	喀斯特山区	政府扶贫资金、国企投资	公司＋合作社＋基地＋农户（贫困户）	1. 盘活集体闲置的荒山荒坡资源； 2. 农业产业结构调整，形成山地特色农业产业链； 3. 覆盖村贫困户，全部参与产业发展
4. 政府带动模式	落别乡板照村	水资源丰富、水质优良	政府扶贫资金	政府＋公司＋基地＋贫困户	1. 扩大产业规模； 2. 提高扶贫资金使用效益； 3. 带动贫困户增收
5. 村集体带动模式	塘约村、箐口村	贫困村	政府＋投资/贷款	支部＋村集体＋合作社＋农户	1. 将土地、资金、资源、人力组织起来发展产业； 2. 提升基层党组织凝聚力； 3. 发展壮大集体经济实力，带动农户增收脱贫

从以上5类扶贫模式相互比较发现，箐口村"酿蜜"扶贫模式的运行模式与其余4类具有相同点，如基层党组织的引领、资源要素整合、市场化运作等。而基本点是发展壮大集体经济，即用集中统筹发展模式替代传统"村自为战，户自为战"模式，充分发挥基层党组织的引领作用和集体经济组织的主体作用，整合农村和贫困地区的资源要素，提高政府扶贫资金的使用效率，促进产业升级、农民和贫困户增收。箐口村"酿蜜"扶贫模式和实践的一般性意义，在于让扶贫脱贫变"输血"为"造血"，推动基于乡村的发展战略。

执 笔 人：王洪雨、张凌、陈雪原